衡 阳 市 人 民 政 府 主 办
衡阳市地方志编纂委员会办公室编

衡陽年鑑

2017

方志出版社
Publishing House of Local Records

图书在版编目（CIP）数据

衡阳年鉴．2017/衡阳市地方志编纂委员会办公室编．—北京：方志出版社，2017.12
ISBN 978-7-5144-2726-4

Ⅰ．①衡… Ⅱ．①衡… Ⅲ．①衡阳—2017—年鉴
Ⅳ．①Z526.43

中国版本图书馆 CIP 数据核字（2017）第 296799 号

衡阳年鉴（2017）

编　　者：衡阳市地方志编纂委员会办公室
责任编辑：顾　洁
出 版 人：冀祥德
出 版 者：方志出版社
地址　北京市朝阳区潘家园东里 9 号（国家方志馆 4 层）
邮编　100021
网址　http：//www.fzph.org
发　　行：方志出版社发行中心
电话（010）67110500
经　　销：各地新华书店
印　　刷：衡阳顺地印务有限公司
开　　本：889×1194　1/16
印　　张：48.5
字　　数：1255 千
版　　次：2017 年 12 月第 1 版　2017 年 12 月第 1 次印刷
印　　数：0001~2000 册
ISBN 978-7-5144-2726-4　定价：320.00 元

《衡阳年鉴》编辑委员会

罗春耀　　衡阳市科技局局长
蒋勋伟　　衡阳市文体广电新闻出版局（版权局）局长
周小风（女）　衡阳市民政局局长
陈　淼　　衡阳市统计局局长
谭春兰（女）　衡阳市档案局局长
谢　虹　　中共衡阳市委党史研究室主任
蒋宏来　　中共衡阳市委保密办公室（市保密局）主任（局长）
李　军　　中共衡南县委副书记、县人民政府县长
孙鹏伟　　中共衡阳县委副书记、县人民政府县长
蒋　青　　中共衡山县委副书记、县人民政府县长
徐志毅　　中共衡东县委副书记、县人民政府县长
胡果雄　　中共祁东县委副书记、县人民政府县长
吴乐胜　　中共常宁市委副书记、市人民政府市长
李向阳　　中共耒阳市委副书记、市人民政府市长
王　燕（女）　中共南岳区委副书记、区人民政府区长
何子君　　中共雁峰区委副书记、区人民政府区长
刘　浪　　中共石鼓区委副书记、区人民政府区长
刘桢干　　中共珠晖区委副书记、区人民政府区长
袁谷平　　中共蒸湘区委副书记、区人民政府区长
肖　泓　　衡阳市地方志编纂委员会办公室副主任
张艳辉（女）　衡阳市地方志编纂委员会办公室副主任

《衡阳年鉴》编辑部

主　　编　杨伟东

副 主 编　肖　泓（执行）　张艳辉　蒋大英

编　　辑　曾士青　李旭东　周嘉晖　郭　琦　熊　雯　申沁生

编　　务　陈　俊　贺　静　胡东捷　陈怡静　祝胜强

《衡阳年鉴》2017 年卷总撰稿人

（按姓氏笔画顺序排列）

市直单位　马浩铭　王　亮　王　莉　王　磊　王　滢　王巨文　王玉艳
王艺璇　王华杰　王灵芝　王国朝　王军云　王超民　王雄军
毛增禄　文新华　文杨晓　尹建恒　尹舒平　阳　方　阳建斌
孙　柱　孙腾飞　文爱菊　方博文　邓石成　邓亚楠　左轩丞
石卓越　卢　霞　冯　栋　田海洋　申沁生　宁　彦　朱明生
朱珍晶　刘　全　刘　均　刘　罡　刘　蓓　刘　斌　刘　辉
刘　毓　刘　璐　刘小云　刘良平　刘旭中　刘金兰　刘春峰
刘玲玲　刘振国　刘敏佳　刘清华　刘雪芬　刘蔚玮　刘辉辉
刘超英　宋俊辰　汤泽宇　杨　纯　杨　帆　杨　彬　杨祚唐
李　乐　李　宁　李　刚　李　沛　李　君　李　政　李　湘
李　慧　李文杰　李长君　李国为　李文涛　李文翔　李兴隆
李旭东　李依蓓　李俊青　李育建　李顺立　李铭中　严海山
肖　菁　肖冬平　肖振兴　肖恒兵　肖银银　旷碧峰　吴辉君
何　成　何　雄　何少吉　何宏伟　何荣芝　何晓钦　何琴琴

	何谦礼	邱运鹏	谷仍贤	邹　琰	邹东亮	邹合意	张　银
	张子良	张艺于	张东坡	张远毅	张新宇	张婉瑶	陆　娟
	陆　璐	陆政伦	匡　俊	陈　洁	陈　科	陈　诚	陈　艳
	陈　静	陈　黎	陈安华	陈洪任	陈跃英	陈志鹏	陈铭浩
	陈智慧	易　芳	易　念	易宣传	罗　玟	罗　彦	罗　剑
	罗　辉	罗素如	罗歆宏	罗惠泽	金添智	周　林	周　雪
	周乐天	周立平	周叶华	周仲辉	周志超	周智毅	郑　玮
	胡　耀	胡兴安	胡革立	胡高培	赵　俊	赵利民	秦　军
	段　斌	段光辉	段安圭	段海文	段奕宏	贺仕阳	袁　燕
	夏平平	钱　涛	徐佳琳	殷秀成	郭　娟	郭绍林	高　莹
	高尚海	高福生	高鹏志	唐　乐	唐　笑	唐　玮	唐　莉
	唐　薇	唐　鹏	唐小红	唐东荣	唐华明	凌正华	涂闻卿
	宾　丹	宾金琳	康　乐	姜自文	黄　成	黄　俊	黄　彪
	黄　鹏	席　敏	彭　迪	彭　涛	彭　慧	彭巧玲	彭年春
	蒋　平	蒋　鹏	蒋宏伟	湛玉平	顾文岚	傅泽军	曾向璟
	曾诗玉	曾静静	曾德伟	谢　扬	谢水长	谢志纯	谢湘俊
	管雪丽	廖芬良	廖章立	蔡　杰	蔡小志	贺　晶	雷欣雨
	谭　媛	谭勇超	谭建林	谭盛成	谭美纯	熊　斌	熊仲荣
	樊倩蓉	颜娟华	戴佳兵	魏　英			
县市区	仇　琼	苏　静	李云志	李新华	周　婷	段云席	胡英武
	胡青燕	贺文君	徐成文	宾科鹏	曹启文	蒋后园	曾文仲
	颜知明						

编辑说明

一、《衡阳年鉴》是由衡阳市人民政府主办、衡阳市地方志编纂委员会办公室编辑的地方综合年鉴，系统记述衡阳市上一年度自然、政治、经济、文化、社会等方面的情况，是具有权威性、综合性、信息性、史料性、实用性的资料文献、工具书。于1994年创刊，每年一卷，本卷是第24卷本。

二、《衡阳年鉴（2017）》以马克思列宁主义、毛泽东思想、邓小平理论、“三个代表”重要思想、科学发展观、习近平新时代中国特色社会主义思想为指导，坚持辩证唯物主义和历史唯物主义的立场、观点和方法，全面、系统、真实地记载2016年全市经济社会发展情况和发展特点，突出经济建设和改革开放的新情况。全书共35个类目，依次是：特载、大事记、衡阳概况、中国共产党衡阳市委员会、衡阳市人民代表大会、衡阳市人民政府、中国人民政治协商会议衡阳市委员会、中共衡阳市纪律检查委员会、民主党派·工商联、人民团体和社会组织、武装、法治、综合经济与管理、农村经济、工业、园区经济与区域开发、政府投融资平台、城建城管、国土资源与环境保护、交通·邮政·通信、商贸服务业、旅游业、财政·税务、银行·保险·证券、科学技术与科技服务、教育、文化、体育、新闻出版广电、卫生和计划生育、社会福利与社会保障、县市区概况、人物、经济社会主要统计数据、政策法规选登。

三、《衡阳年鉴（2017）》所用稿件由市直机关、县（市）区政府及国省驻衡阳单位撰写，并经有关单位领导审核。全市国民经济和社会发展的数据以统计公报为准，其他数据由各部门提供。

四、《衡阳年鉴（2017）》刊登的市、市直机关、县（市）区及国省驻衡阳单位、市属大型企业领导人名录（不含非领导职务人员），原则上收录到2016年12月底止，范围为行政正、副职和党内专职正、副职，以及纪委书记（纪检组长）、工会主席。

五、《衡阳年鉴（2017）》采用分类编辑法，以类目编纂下设分目、条目，以条目为主体。类目、分目用不同字号、字体区别，条目标题用黑体字加【　】表示。

六、《衡阳年鉴（2017）》的出版得到市委、市政府及各部门、各县（市）区和有关单位的大力支持，在此谨表谢意。因时间仓促，疏漏和差错之处在所难免，敬请社会各界和广大读者指正。

为建设经济繁荣、百姓富裕、
生态优美、社会和谐、政治清明的
“五个新衡阳”而努力奋斗！

2016年1月10日，政协衡阳市第十一届委员会第四次会议开幕（肖友良/摄影）

2016年1月11日，衡阳市第十四届人民代表大会第五次会议开幕（彭　斌/摄影）

2016年3月4日，衡阳市组织党员干部集中观看警示教育片《不可触碰的底线——衡阳破坏选举案警示录》（彭　斌/摄影）

2016年3月下旬，武警衡阳市支队在衡南车江等地开展融体能、技能、战术、心理、意志于一体的“魔鬼周”训练（彭　斌/摄影）

周农

全 市

2016年4月1日，衡阳市召开全市领导干部大会。湖南省委组织部副部长蔡建和宣读省委关于衡阳市委主要领导职务调整的决定：周农任中共衡阳市委书记，提名为衡阳市人大常委会主任候选人（彭 斌 摄影）

1

2

①2016年4月7日，全市纪检监察系统“铸剑工程”举行2016年第一次专题讲座（肖湘东/供图）

②2016年4月12日，衡阳市2016年首轮巡察派出5个巡察组，进驻市中级人民法院、市卫生和计划生育委员会、市住房和城乡建设局、市城市建设投资有限公司、市交通运输局5个市直单位，开展为期两个月的巡察工作（肖湘东/供图）

③2016年5月4日，大唐华银电力股份有限公司耒阳分公司2016年党风廉政建设宣教月活动在耒阳市党史陈列馆启动（梁春根/摄影）

2016年5月18日，衡阳市第十四届人民代表大会第六次会议在衡阳市召开（肖友良/摄影）

2016年5月18日，周农在衡阳市第十四届人民代表大会第六次会议上当选为市人大常委会主任（罗　盟　肖友良/摄影）

1

2

3

①2016年5月19日，全市县乡领导班子换届工作会议召开（罗　盟/摄影）

②2016年5月27日，市委书记、市人大常委会主任 周农参加所在的市委办直属机关党委一支部“两学一做”学习教育第一个专题集中学习讨论，并为支部党员上党课（罗　盟/摄影）

③2016年7月27 日，市委书记、市人大常委会主任 周农走访慰问驻阳衡部队指战员（罗　盟/摄影）

④2016年9月9日，雁峰区委、区政府慰问过境部队（雁峰区政府办/供图）
⑤2016年9月12日，全市换届风气监督暨人大代表、政协委员提名工作会议举行（罗　盟/摄影）
⑥2016年9月23日，省委书记杜家毫到衡阳调研（肖友良/摄影）

①2016年9月28日，中国共产党衡阳市第十一次代表大会开幕（刘晓飞/摄影）

②2016年9月30日，中国共产党衡阳市第十一届委员会举行第一次全体会议（彭　斌/摄影）

③2016年9月30日，中共衡阳市第十一届纪律检查委员会举行第一次全体会议（肖湘东/供图）

④2016年9月30日，中国共产党衡阳市第十一届委员会举行第一次全体会议，会议选举产生的中共衡阳市委新的领导班子集体亮相（肖友良/摄影）

中国共产党衡阳市第十一次代表大会全体代表合影（肖友良/摄影）

4

2

①2016年10月10日，衡阳高新区采霞社区工作人员正在张贴“换届选举”宣传海报（王　翟/摄影）

②2016年10月12日上午，市委全面深化改革工作推进大会召开（罗　盟/摄影）

③2016年10月12日下午，市委中心组举行“两学一做”学习教育第三专题——“讲道德、有品行”学习研讨（罗盟/摄影）

1

4

3

5

④2016年10月15日，湖南省委副书记、代省长许达哲到衡阳调研，对衡阳发展特色产业以及形成的竞争优势表示肯定（白沙洲工业园/供图）

⑤2016年10月28日，国家禁毒委督查组到衡阳检查禁毒工作（彭　斌/摄影）

1

3

①2016年11月11日，湖南耒阳市举行建市30年庆典系列活动（梁春根/摄影）

②2016年11月19日，湖南省第十一次党代会闭幕，图为衡阳市代表团全体代表会议期间合影（韦 刚/供图）

③2016年11月22日， 市委书记、市人大常委会主任 周农到耒阳市水东江街道办事处专题调研街道党建工作（罗 盟/摄影）

湖南省第十一次代表大会
阳市代表团全体代表合影
2016.11.16 九所

①2016年2月14日，农历春节刚过，湖南机油泵有限公司已全部恢复生产，力争猴年“开门红”（彭　斌/摄影）

②2016年3月23日，2016年度湘南地区全面建成小康社会工作座谈会在衡阳召开（彭　斌/摄影）

③2016年5月12日，湖南省委常委、常务副省长陈向群到衡阳考察工作时在南岳电控（衡阳）工业技术有限公司调研（罗　盟/摄影）

④2016年5月26日，世界最高电压等级的“±1100千伏特高交直流输变电装备研发制造中心暨产能提升”技术改造项目在衡阳开工（彭　斌/摄影）

⑤2016年6月15日，衡阳市人民政府与五大金融机构签订战略合作协议（彭　斌/摄影）

⑥2016年6月21日，湖南省副省长向力力到衡阳检查防汛抗旱工作（彭　斌/摄影）

⑦2016年6月24日，阿里巴巴农村淘宝项目正式落户衡阳县（衡阳县政府办/供图）

⑧2016年7月5日，湖南雨母旅游投资发展有限公司揭牌，雨母景区建设提速（彭　斌/摄影）

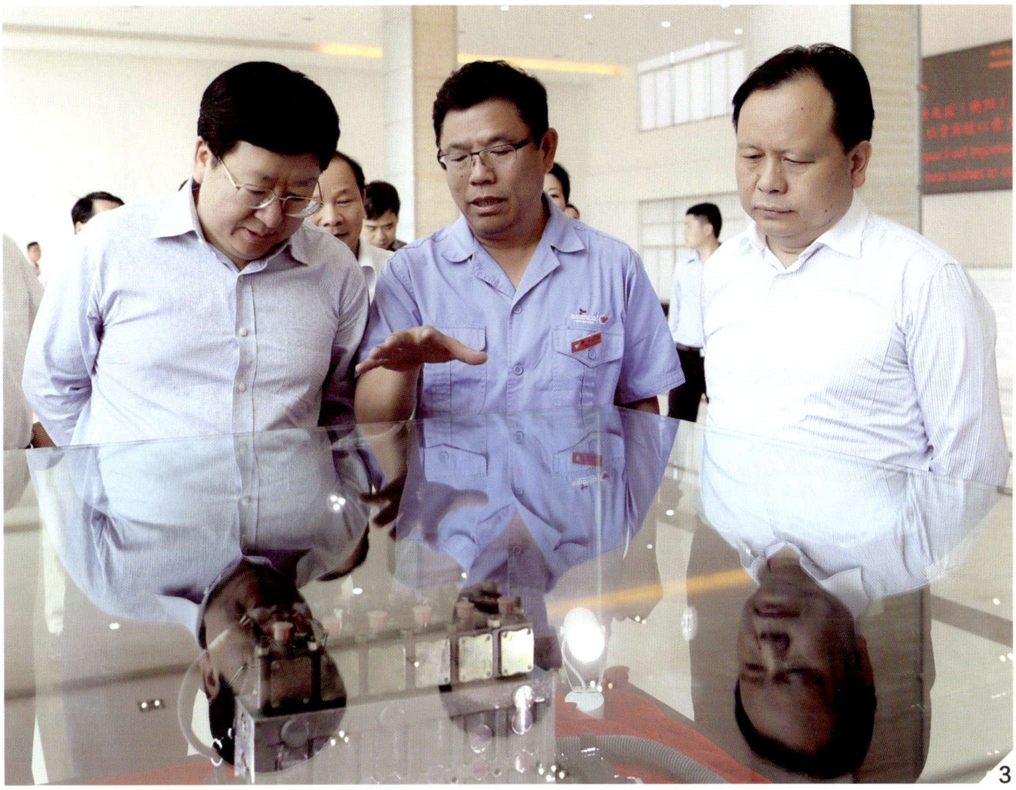

3

特高压交直流输变电装备研发制造中心暨产能提升开工仪
TBEA

4

电商产业园
Alibaba农村淘宝
阿里巴巴
cun.taobao.com
农村淘宝 衡阳县服务中心

7

旅游

8

2

4

1

2016年9月13日，全国政协委员、省政协主席李微微率领在湘全国政协委员调研团到特变电工衡阳变压器有限公司，就“深化国有企业改革，促进混合所有制经济发展”进行专题调研（罗　盟/摄影）

3

5

①2016年7月8日，长沙银行衡阳分行正式开门纳客（彭　斌/摄影）
②2016年8月12日，市委书记、市人大常委会主任 周农调研滨江新区项目建设情况（罗　盟/摄影）
③2016年8月25日，市委书记、市人大常委会主任 周农调研来雁新城项目建设情况（罗　盟/摄影）
④2016年8月31日，市委书记、市人大常委会主任 周农到衡阳镭目科技有限责任公司调研（罗　盟/摄影）
⑤2016年8月31日，市委书记、市人大常委会主任 周农到衡阳运输机械有限公司调研（罗　盟/摄影）

①2016年10月21日，“2016衡州经济发展论坛”在衡阳广电中心开幕（彭　斌/摄影）
②2016年10月21日，“2016衡州经济发展论坛”嘉宾如云，高朋满座（彭　斌/摄影）
③2016年10月21日，国务院参事室参事、国家发改委原副主任徐宪平应邀在“2016衡州经济发展论坛”作主题演讲（周智毅/供图）

衡州经济发展论坛开幕式
1

2

徐宪平
组织“十二五”国民经济和社会发展规划、全国主体功能区规划、国家新型城镇化规划、“十二五”综合交通运输体系规划、“十三五”国民经济和社会发展规划基本思路、关于深化收入分配制度改革若干意见、关于依托黄金水道推进长江经济
3

1

2

3

①2016年10月31日，南岳机场“重庆—衡阳—福州航线”正式开通（罗　盟/摄影）

②2016年10月31日—11月1日，全市三季度经济形势分析暨重点项目调度会召开（彭　斌/摄影）

③2016年11月1日下午，市委书记、市人大常委会主任周农会见中油金鸿能源投资股份有限公司董事长陈义和一行，就有关合作事宜进行深入交流（罗　盟/摄影）

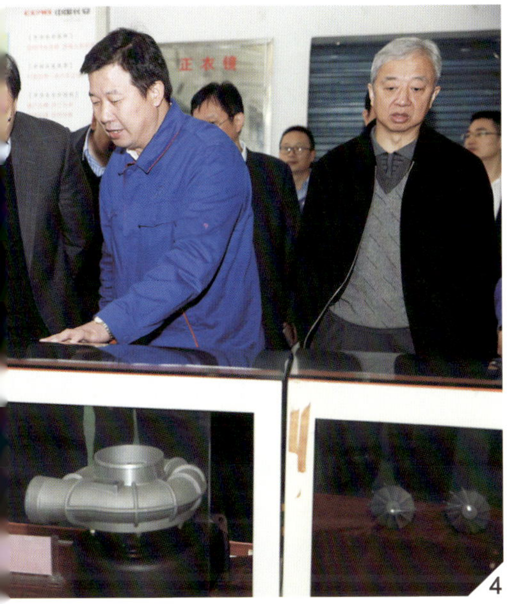

4

5

6

④2016年11月2日，湖南省副省长张剑飞到衡阳调研工业经济发展情况。图为调研组一行在湖南天雁机械有限责任公司了解情况（彭 斌/摄影）

⑤2016年11月30日，衡大高速松木互通正式通车（彭 斌/摄影）

⑥2016年11月30日，湖南机油泵股份有限公司在上海证券交易所正式挂牌交易（衡东县政府办/供图）

1

2

3

①2016年12月2日，2016年衡阳房交会在华新大道南段启幕，全市40余家主流房产企业携旗下品质楼盘项目与市民相约，集中展现衡阳城市建设和商品房开发的新成果（刘晓飞/摄影）

②2016年12月9日，市委书记、市人大常委会主任周农专题调研财税工作（罗　盟/摄影）

③2016年12月13日，市政府召开全市财税收入工作调度会议（彭　斌/摄影）

④2016年12月19日，衡阳市第一条过江隧道——合江套湘江隧道盾构掘进正式始发（刘晓飞/摄影）

4

5

6

7

8

⑤2016年12月19日，唯品会中南地区运营总部项目在衡阳县西渡高新区举行奠基仪式（衡阳县政府办/供图）
⑥2016年12月21日，衡阳市城市生活垃圾焚烧发电厂正式投产，每天可处理500吨生活垃圾（彭 斌/摄影）
⑦2016年12月28日，衡阳市公共自行车系统在衡阳高新区全部安装完毕，以待元旦迎客（王 翟/摄影）
⑧2016年12月30日，娄衡高速正式开通，道路大气宽敞，建设标准高（王 翟/摄影）

1

①2016年1月1日，衡阳200名冬泳健儿畅游湘江，欢庆元旦（彭　斌/摄影）

②2016年1月23日，湘南地区最大图书城——衡阳图书城在衡阳高新区落成（王　翟/摄影）

③2016年2月28日，电视连续剧《女游击队长》（原型毛泽建烈士）创作座谈会在耒阳市遥田镇陈芬烈士故居举行（梁春根/摄影）

④2016年3月23日，2016年室内田径世锦赛男子三级跳远冠军董斌带着喜悦和荣誉回到家乡衡阳。在母校市二中，学弟学妹们团团围住董斌索要签名。（罗　盟/摄影）

⑤2016年3月26日，衡阳市蒸湘区举办衡阳市第二届市民徒步大会（蒸湘区政府办/供图）

⑥2016年4月1日，一所小学组织学生在衡阳高新区国防教育广场参观。近年来，为了让义务教育阶段的学校加强国防教育，衡阳市中小学校开展各种形式的国防教育，让国防知识走进校园（王　翟/摄影）

3

2

5

6

①2016年4月8日，湖南省人民政府办公厅领导及省政府方志编委会专家到耒阳杜陵书院收集民国时期湖南省政府在迁移地办公
像史料和文字史料（梁春根/摄影）

②2016年5月5日，衡阳技师学院实习工厂内，学生们正认真学习操控各类设备（刘晓飞/摄影）

③2016年5月16日，历时三天的2016年中国、新西兰、捷克、黑山四国女篮对抗赛（衡阳站）在衡阳师院东校区综合体育馆
幕，备战里约奥运会预选赛的中国女篮以三战全胜的战绩夺取本次对抗赛冠军（彭　斌/摄影）

2

5

6

④2016年5月23日，衡钢小学举行“足球文化节”活动，图为千人足球操 （王 翟/摄影）

⑤2016年5月29日，2016年湘江马拉松赛·衡阳站比赛在市体育中心鸣枪开跑，2000余名参赛选手冒雨参加角逐（刘晓飞/摄影）

⑥2016年6月4日，衡阳市艺术学校舞蹈表演专业的学生在练功厅练习傣族舞蹈。学生们伴随音乐舞动，在房间内留下轻快明朗的影（刘爱成/摄影）

①2016年6月8日下午5点，全市4.7万余名高考考生打完“人生一次重要战役，同学们开心走出考场（罗/摄影）

②2016年6月9日，正值中国传统节日端午节，湘江域茶山坳、樟木乡段举行一年一度的赛龙舟活动，吸引万名市民围观助威（王　翟/摄影）

③2016年6月11日，2016年衡阳健康彩色跑活动欢开跑，5000多位彩跑爱好者尽情感受欢乐、火热、激情色彩盛宴。（刘晓飞/摄影）

2

6

7

④2016年6月13日，衡阳市艺术学校2016届衡州花鼓戏班毕业生汇报演出在衡阳红旗影剧院举行，该班毕业生们集体登台亮相，演出新编大型古装衡州花鼓戏《公主抢亲》，展示校企合作培养非物质文化遗产传承人的教学成果（刘爱成/摄影）

⑤2016年6月23日，衡阳市庆祝中国共产党成立95周年“红旗颂”大型群众合唱比赛在市体育中心举行（刘爱成/摄影）

⑥2016年6月30日，衡阳市石鼓区合唱团参加湖南省“红旗颂”大型群众合唱比赛获金奖（石鼓区政府办/供图）

⑦2016年6月30日，衡山县2016年“欢乐潇湘·幸福衡山”暨庆祝建党95周年文艺汇演决赛在衡山剧院上演，以省级非物质文化遗产——席草龙为原型的“拜龙表演”将现场气氛推向最高潮。（刘晓飞　罗　盟/摄影）

1

2

3

5

4

①2016年6月30日，衡阳市石鼓区人民路小学组织小学生表演禁毒操（彭　斌/摄影）

②2016年7月2日，崇盛国际中心微风音乐节吸引万人参与（石鼓区政府办/供图）

③2016年7月17日，2016·湖南山地户外健身休闲大会在衡南县近尾洲镇莲湖湾国家湿地公园举行（刘晓飞/摄影）

④2016年7月19日，衡阳日报社从老城区环城北路搬迁到高新区天台路办公（彭　斌/摄影）

⑤2016年8月2日，一游客在南岳红星村观赏向日葵（刘晓飞/摄影）

⑥2016年8月9日，农历七夕节，第二届南岳星空节在“中国南方最佳观星地”南岳祝融峰举行，马可的一首《祝融星》将整场活动推向高潮（刘晓飞/摄影）

6

①2016年8月16日，南华大学附二医院手术室，罗志刚教授带领他的团队实施一台换肾手术（刘晓飞/摄影

②2016年9月6日，常宁市烟洲镇烟洲完小教师余芙蓉在课堂上对学生竖起大拇指。教师节前夕，全省对包括余芙蓉在内的20位优秀乡村教师授予“湖南最可爱的乡村教师”荣誉（刘晓飞/摄影）

③2016年9月8日，市委书记、市人大常委会主任周农慰问全国模范教师李成效（罗　盟/摄影）

④2016年9月20日，2016’衡阳“科技周”开幕（王　翟/摄影）

⑤2016年9月23日，著名学者阎崇年应邀到衡阳石鼓书院做客百家讲堂，与大家一起分享自己读好历史的秘诀（王　翟/摄影）

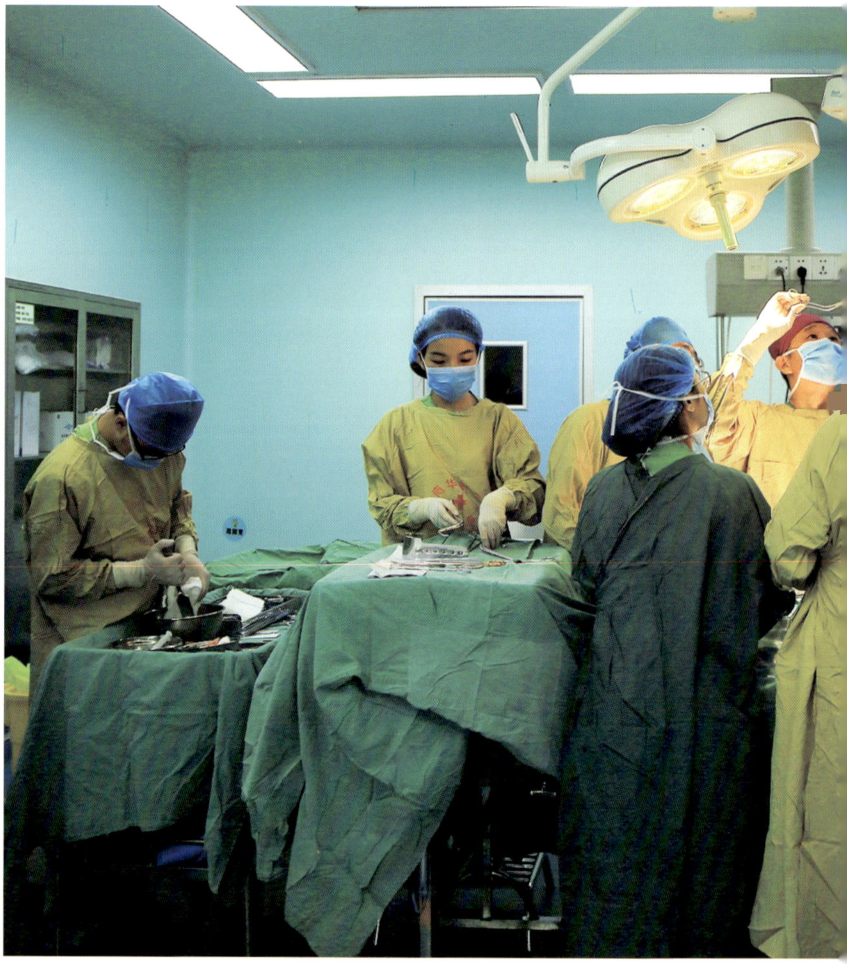

2

3

4

5

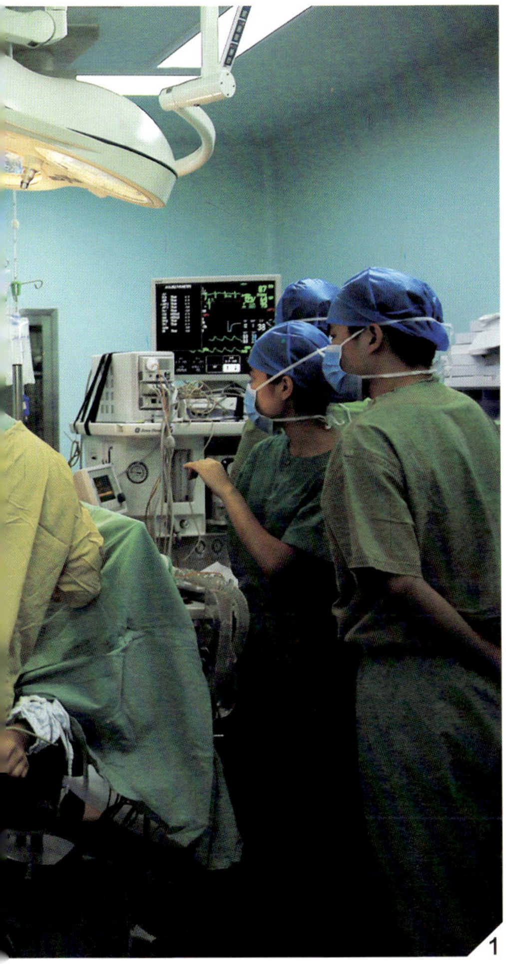

1

⑥2016年9月26日，市委书记、市人大常委会主任周农会见衡阳籍奥运健将董斌，要求全市用奥运精神激发干事创业热情（刘爱成/摄影）

⑦2016年9月27日，为纪念孔子诞辰2567周年，衡阳高新区蒸水小学举行“祭孔子”活动（刘晓飞/摄影）

6

7

南省大中学生羽毛球比赛
：湖南省教育厅
执行机构：湖南省学生体育协会
：衡阳师范学院
比赛日期：2016年10月16-20日

1

4

2016'中国（耒

湖南交响乐团

6

2

3

5

①2016年10月16日，2016湖南省大中学生羽毛球比赛在衡阳师院开打（彭　斌/摄影）

②2016年10月21日，衡阳千人广场舞比赛在市体育中心外广场举行（王　翟/摄影）

③2016年10月21日，谢维俊烈士铜像揭幕仪式在耒阳市淝田镇肥美村谢维俊烈士故居举行，前来瞻仰的少先队员行队礼重温历史　（梁春根/摄影）

④2016年11月4日，衡阳首场时装周在连卡福（衡阳）商业广场开幕。本次时装周以“纸雁絮语”为主题，在展示国际服饰流行趋势的同时，更对中国传统纸文化进行深度解读（刘晓飞/摄影）

⑤2016年12月17日，2016中国（耒阳）罗含学术研讨会在罗含故里耒阳市召开（梁春根/摄影）

⑥2016年12月26日，湖南交响乐团在衡东县奏响新年祝福（彭　斌/摄影）

1

2

①2016年1月17日，农历腊月初八，南岳大庙举行第五届“善行天下，温暖腊八”腊八节品腊八粥暨公益慈善活动，吸引成千上万的游客和南岳市民前来排队品尝腊八粥（罗　盟/摄影）

②2016年1月20日，超级寒潮来袭，市民全副武装出行（刘晓飞/摄影）

③2016年1月27日，时隔135年，南岳大庙再次大修开工（彭　斌/摄影）

4

3

④2016年2月9日，常宁市天堂山办事处一乡村公路竣工，村民春节舞龙祝贺（阳利华/摄影）

⑤2016年2月15日，农历正月初八，衡阳火车站迎来返程高峰，武警官兵挺拔的身躯站在客流大军中格外让人安心（刘晓飞/摄影）

⑥2016年3月15日，聚集在衡阳县界牌镇圣寿寺前的群众正准备参加一年一度的界牌火灯节（彭　斌/摄影）

⑦2016年3月16日，农历二月初八，为传承民俗文化，推广乡村旅游，衡山县东湖镇举行首届“火龙节”（刘晓飞/摄影）

⑧2016年3月18日，衡东地方皮影戏传承人彭水桥在衡东县恒瑞商业步行街开心剧场表演皮影戏，吸引众多游客和当地居民前来观看。作为中国民间古老的传统艺术，皮影戏在民间有多种流派，湖南衡东皮影戏独树一帜，皮影型样夸张，唱腔火辣有趣，有着浓厚的乡土味（刘爱成/摄影）

⑨2016年3月19日，衡东县杨林镇杨林村修表匠罗秋生在家里为顾客维修手表（刘爱成/摄影）

5

6

7

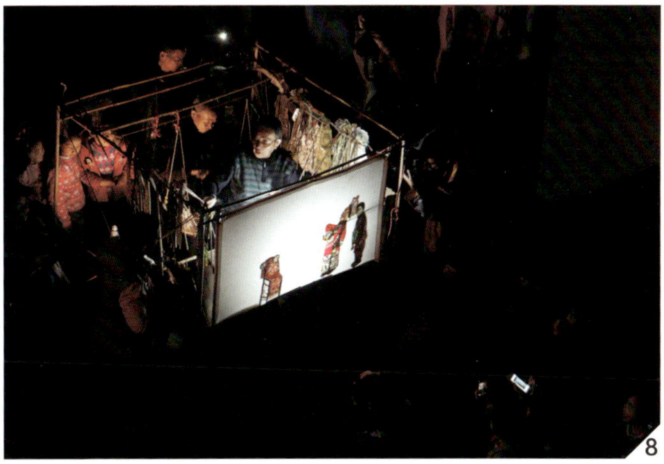

8

9

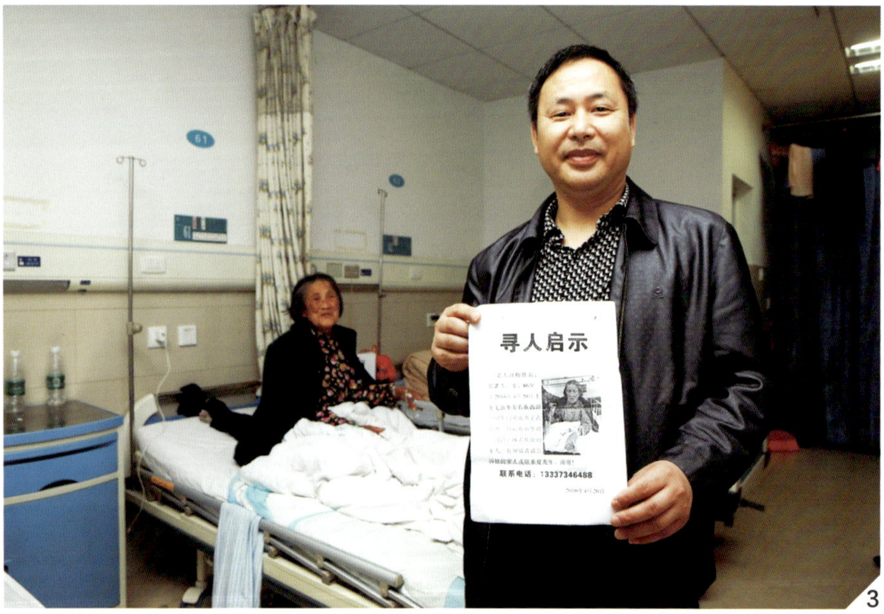

①2016年4月2日，南岳忠烈祠举行大型祭拜抗战英烈活动。本次活动由中国宋庆龄基金会忠魂公益基金、中华社会救助基金会关爱抗战老兵公益基金、民革衡阳市委联合举办。图为参加活动的部分志愿者合影。（阳利华/摄影）

②2016年4月21日，市委书记周农到夕阳红公寓调研时与入住老人亲切握手交谈（罗　盟/摄影）

③2016年4月22日，衡阳司机夏良糙撞倒老人张子秀后贴百份启事寻老人亲属，被誉为“中国好司机”。事后，夏良糙被老人收做干儿子（彭　斌/摄影）

④2016年4月24日，“中华茶祖节·南岳祭茶大典”举行，游行队伍在南岳衡山牌坊前恭迎新茶的到来（刘晓飞　罗　盟/摄影）

⑤2016年5月1日，劳动节，环卫工人何庆大凌晨时分开着清洗车穿梭在空荡荡的大街小巷（罗　盟/摄影）

⑥2016年5月7日，衡阳市基督教堂举行第三届信徒代表大会（肖友良/摄影）

⑦2016年5月13日，来自邵阳的3000多名香客统一到南岳朝圣，再现历史记载的热闹场面（彭　斌/摄影）

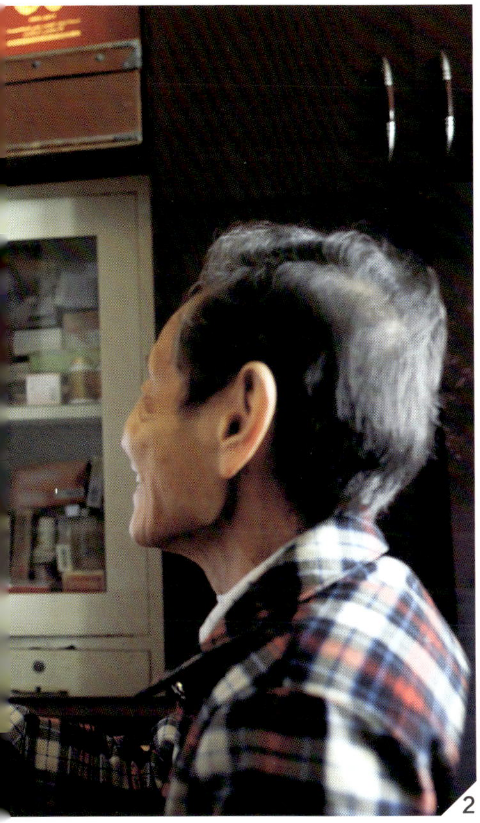
2

5

6

7

1

①2016年5月15日晚，蒸湘交警大队到南华大学给学校一百余名留学生开展“交通法”讲座。据介绍，针对南华大学不少留学生仍使用摩托车作为交通工具，蒸湘交警与校方取得联系，敦促这些留学生变卖自己的摩托车。为了更好地让这些留学生了解中国的交通法规，交警和校方联合组织此次讲座（王　翟/摄影）

②2016年5月31日，市委书记、市人大常委会主任周农在珠晖区看望留守儿童（罗　盟/摄影）

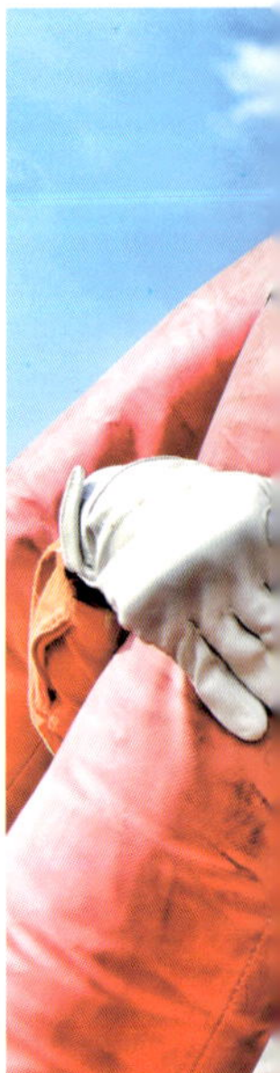

5

6

2

3

4

7

③2016年6月13日，衡阳市首次举行成品油输油管线泄漏爆炸事故应急演练（彭　斌/摄影）

④2016年6月28日，衡阳市雁峰区业主黄惠民领到市本级不动产统一登记首证（彭　斌/摄影）

⑤2016年8月4日，娄衡高速笋安山隧道右洞顺利贯通，隧道内一工人正在水泥堆上稍作休息（彭　斌/摄影）

⑥2016年8月12日，常宁市西岭镇石山村异地扶贫搬迁建设地基加固施工（彭　斌/摄影）

⑦2016年8月18日，衡阳市消防支队参加全省消防部队特勤中队实战化比武竞赛。在高温下，消防战士身着灭火防护服肩扛消防水带比武操练。（罗　盟/摄影）

①2016年9月7日，广州退休女教师彭少柔来到千里之外的祁东县步云桥镇攸陂联校免费支教，帮助山区的小学生学习美术（刘晓飞/摄影）

②2016年9月10日，衡阳市在衡阳火车站举行2016年度新兵起运欢送会。在兵站候车时，一女友给踏上征程的新兵男友送上祝福（罗　盟/摄影）

③2016年10月9日，重阳节，衡阳高新区高岭办事处采霞社区为10对金婚老人举办庆典，活动为每对老人夫妇送上用精致相框裱好的合影，这些合影是社区之前请摄影师免费为老人拍摄的（刘晓飞/摄影）

④2016年10月15日，原衡阳拖拉机厂退休工人冯树元用12年时间给世界一个惊喜——将传世佳作《清明上河图》通过立体镂空的雕刻技艺，再现于总长7米、宽0.7米、高25厘米的樟木之上（彭　斌/摄影）

2

1

3

4

5

6

⑤2016年10月18日， 市委书记、市人大常委会主任周农调研常宁塔山，与瑶民亲切交谈（罗　盟/摄影）

⑥2016年10月18日，市青少年宫幼儿园举办“大手拉小手·快乐向前冲”亲子运动会（刘晓飞/摄影）

1

2

3

4

①2016年11月9日，市委书记、市人大常委会主任周农，市委副书记邓群策，市委常委、宣传部长刘丽华一行走街串巷调研文明城市创建情况（罗 盟/摄影）

②2016年11月9日，居住在耒阳市坛下乡间的罗冬元是省级非物质文化遗产传承人，他的铜锣厂每年要产铜锣近十万面、鼓上万个，图为他正在给新制的铜锣试音（彭斌/摄影）

③2016年11月12日，以“生态生活乡约乡游”为主题的2016第二届宝盖银杏文化节暨衡南乡村旅游节启幕，一对新人在旅游节集体婚礼上举起酒杯深情相望（刘晓飞/摄影）

④2016年11月29日，南岳衡山供奉佛祖释迦牟尼舍利子的南台寺金刚舍利塔“开门迎客”，首次公开接受瞻礼（刘晓飞/摄影）

⑤2016年12月24日，平安夜，衡阳市解放大道人头攒动，20万衡阳市民上街庆祝圣诞（彭 斌/摄影）

5

南岳雾凇（2016年1月24日，阳利华/摄影）

南岳华严湖修整后的第一次蓄水（2016年2月18日，阳利华/摄影）

衡阳市南湖公园。南湖公园坐落于衡阳市雁峰区，为市区湿地面积最大的公园，总面积约246公顷，其中水库面积约33公顷，系以水面为主题的原生态型、以休闲娱乐为主要功能的综合性公园（2016年3月12日，刘爱成/摄影）

2016年6月7日，在湖南省衡东县霞流镇拍摄到的蓝喉蜂虎。

近年来，随着生态环境的改善，蓝喉蜂虎每年初夏都会到湖南省衡东县霞流镇大泥塘村的山林中栖息、繁育后代。蓝喉蜂虎属蜂虎科鸟类，羽色艳丽，极具观赏价值。（刘爱成/摄影）

衡阳市西湖公园。西湖位于市区，面积数百亩。宋代学者郑向，曾筑室于西湖北岸。其外甥周敦颐，曾就读讲学于此，写下《爱莲说》。后人循周的遗迹，建有西湖书院、爱晚亭。夏夜风凉，白莲竞放，故有“西湖夜放白莲花”之说，为古衡州八景之一。（2016年6月21日，刘爱成/摄影）

2006年7月5日，正值湖南省祁东县黄花菜采摘旺季，当地黄花飘香，一派繁忙。

湖南祁东是著名的黄花菜之乡，黄花菜种植历史悠久。祁东黄花菜因其规模和品质享誉全国，2015年获评国家地理标志保护产品。（刘爱成/摄影）

石鼓洪水（2016年3月24日，刘爱成/摄影）

湘江上游全线超警戒水位，暴涨的河水改变湘江的颜色，淹没沿岸风光带。（2016年5月9日，刘晓飞　罗　盟/摄影）

石鼓洪水（2016年4月18日，彭　斌/摄影）

衡山白果洪水（2016年6月15日，彭　斌/摄影）

衡阳高新技术产业开发区的晚霞（2016年7月25日，刘晓飞/摄影）

衡阳市船山大道日出（2016年8月15日，刘晓飞/摄影）

衡阳市凌晨两点的超级月亮和飘动的云（2016年8月19日，刘晓飞/摄影）

平湖月夜（2016年9月17日，刘晓飞/摄影）

衡阳国家高新

市委书记、市人大常委会主任周农考察高新区陆家新区建设

衡阳国家高新技术产业开发区（以下简称高新区）1992年6月经湖南省人民政府批准成立，2012年8月19日经国务院批准升级为国家高新区，总面积137.35平方千米，其中，核心区面积43.35平方千米。

衡阳高新区位于衡阳市城区的西南部，交通网络四通八达，地理位置优越，区位优势明显。蒸水河穿境而过，湘桂铁路、怀邵衡铁路、安张衡铁路三条铁路，衡昆高速公路、衡邵高速公路、潭衡高速公路、衡炎高速公路等高速公路环绕而行；衡阳中心汽车站、华新客运站分别位于高新区东西两侧，距衡阳火车站8千米、南岳机场20千米、高铁衡阳东站13千米。区内形成三横四纵交通“大动脉”，船山大道、解放大道、衡州大道三条交通要道东西横贯，蔡伦大道、长丰大道、华新大道、蒸水大道南北相连。区内道路纵横交错，与周边城区形成便捷的交通路网体系。

高新区核心区东至蔡伦大道，西至蒸水河-衡南县界，北至船山大道，南至湘桂铁路，行政管辖范围内有华兴、蒸水、高岭3个街道，常住人口达23万人。集中全市90%以上的党政机关，市委、市政府、市政务中心、市公共资源交易中心、衡阳海关均坐落于其内，政务服务成本优势明显。

2016年，高新区核心区实现地区生产总值增长8.2%；财政总收入增长9%，高于全市平均增速3%；固定资产投资增长26%，增幅居全市前列；社会消费品零售总额增长11.7%；市场经营主体迅速壮大，增长到9311家，同比增长37.2%。

截至“十三五”末，高新区核心区实现建成区面积和综合实力实现“双倍增”，地区生产总值达到150亿元以上，财政收入35亿元以上，全社会固定资产投资600亿元以上，高新投资产达到300亿元以上，新增市场主体2万家以上，引进专业技术人才1000人以上，综合实力进入全省园区前3名，全国高新区综合排名进入前50位。

衡阳高新区风顺车桥展示厅内，产品背后的“创新发展企业之魂”显得尤其醒目

衡阳高新区中兴网信内工作人员聚精会神地对各地“智慧城市”项目进行实时监控

技术产业开发区

①总部基地鸟瞰图
②会展中心效果图
③创业中心效果图
④虚拟大学城效果图

湖 南 衡 阳 松 木

2016年9月23日，省委书记、市人大常委会主任杜家毫调研松木经开区

2016年4月11日，市委书记、市人大常委会主任周农调研松木经开区

湖南衡阳松木经济开发区（简称松木经开区）原名松木工业园区，于2006年4月设立，2013年1月正式更名；规划控制面积54.66平方千米，行政区划面积23.95平方千米，下辖1个街道办事处、4个社区、2个社区（筹）；是全国第七批省级开发区、第一批国家循环化改造示范试点园区，也是国家高新技术产业基地、湖南省信息化和工业化融合试验区。2016年，松木经开区完成工业总产值73亿元（不含石鼓区坐落在松木经开区范围内的8家规模以上工业企业产值），同比增长9%；完成规模工业增加值21.9亿元，同比增长8.6%；完成固定资产投资49亿元，同比增长22%；实现财政总收入9.21亿元，同比增长15%。松木经开区的主要优势和特色是：

盐卤资源丰富。这是松木经开区最大的优势，辖区内已探明的岩盐资源储量达140亿吨，芒硝可利用资源储量达4.4亿吨，是长江以南最大、湖南省岩盐、芒硝资源基地。

交通区位优越。107国道、衡大高速穿境而过，从区内主干道路蒸阳北路可直接上衡大高速；衡邵怀铁路途经经开区，并在区内设立火车站；拥有一个千吨级码头——衡阳港松木港区（共三个千吨级泊位），能充分发挥湘江“黄金水道”的作用。

配套设施完善。建成“四纵六横”的主干道路48千米；创新创业园建成50多万平方米标准厂房，在建和拟建标准厂房40多万平方米，配套建设20万平方米公租房和5.2万平方米廉租房；水厂、污水处理厂、变电站、天然气调压站、电镀

经 济 开 发 区

中心等配套设施一应俱全。

产业集群发展。区内新能源、新材料、盐卤化工及精细化工等三大支柱产业集群集聚发展优势日益凸显，累计引进工业项目106个，合同引资额100多亿元，实际到位资金60多亿元，投产的规模以上企业48家。一是新能源产业方面。引进瑞达电源、电科电源、鑫晟新能源和理昂电力等10多家企业，形成储能、太阳能、生物能等三大板块。二是新材料产业方面。引进中民筑友、中航集团、金山水泥、志远新材料和凌云特种材料等20多家企业。三是盐化工产业方面。以建滔化工、新澧化工为龙头，带动恒光化工、达利化工、锦轩化工、骏杰化工、建衡实业、力泓化工等30多家下游企业的发展。其中，衡阳建滔化工是香港和新加坡上市公司，是建滔化工集团在中南地区最大的化工生产基地，是松木经开区盐卤化工及精细化工产业的龙头企业。

循环经济特色鲜明。松木经开区最大的特色就是循环经济，初步形成企业内部、企业之间、产业之间、园区与外界之间的四重循环经济模式。一是企业内循环。如建滔通过地下采卤、脱硝、精制、电解生产出烧碱、氯气、氢气，其电解后产生的淡盐水和其利用氯气生产环氧氯丙烷所产生的环化废水都重新回井采卤。二是企业间循环。如建滔的副产品氯气通过管廊输送给盛亚化工生产氯化石蜡，盛亚化工产生的氯化氢又反过来通过管廊卖给建滔生产聚氯乙烯。三是产业间循环。主要是化工为新材料服务，新材料为新能源服务。如建滔、恒光的产品卖给瑞达电源、志远新材料、仁发科技用于生产新能源、新材料产品，反过来，这些企业的发展又会带动建滔等化工企业的发展。四是园区与周边地区间循环。主要是依靠水口山的金铜资源，打造以覆铜面板、线路板产业链为主的衡阳建滔电子信息产业园。通过循环化改造，经开区的生态环境改善，环境效益更加突出。

松木经开区创业大厦

衡阳港松木港区

松木经开区标准厂房

松木经开区企业建滔化工

松木经开区企业——中民筑友

松木经开区企业——瑞达电源

衡阳市白沙

2016年9月26日，省委书记杜家毫考察园区企业——南岳生物制药

2016年10月15日，省委副书记、省长许达哲考察园区企业——南岳电控

白沙洲工业园区于2006年3月经市委、市政府批准成立。园区位于衡阳市城区南部，地处湘江南北两岸，东面、南面与珠晖区接壤，西面、北面与雁峰区相邻。面积37.57平方千米，辖2个街道办事处、11个行政村，人口4.1万人。园区有便捷的水、陆、空交通网络，城市主干道蒸湘南路、蒸阳南路、白沙大道将园区与城区连为一体，蔡伦大道、南三环、S214、G107、衡昆高速公路、京广高铁、湘桂铁路穿境而过，距京珠高速公路仅5分钟车程，距全国内河第二位的丁家桥千吨级码头仅2千米，距新建的南岳机场仅10分钟车程；园区有简便的产品进出口报税报关平台，综合保税区集退税、保税、免税于一体，可一站式办理海关、商检等手续。2013年，园区与市高新区联合申报国家级衡阳高新区获批，对外一块牌子，对内独立运作。2015年12月，园区融资平台白沙洲开发建设投资有限公司（以下简称白沙投）独立运行。2016年1月，衡阳综合保税区并入园区实行“两块牌子，一套人马”。

截至2016年年底，园区共有企业103家，其中规模以上企业32家。电子信息、先进制造、生物制药和现代物流成为主导产业。拥有富士康、燕京啤酒、南岳电控、合力工业车辆、华菱重卡、南岳生物制药、白沙洲物流园等一批国内外知名企业，从业人员达2.2万余人。累计实现规模以上工业总产值452.88亿元，完成进出口总额57亿美元，完成财政总收入89.48亿元。白沙投累计融资60亿元，总资产达120亿元，净资产62亿元，资产负债率48.33%。累计完成基础设施投资90.62亿元，建成“11纵3横”共14条道路，总里程33.4千米，建成标准厂房78.5万余平方米，安置房31.43万平方米，廉租房、公租房16.89万平方米，在建廉租房和公租房40.87万平方米。厂房和配套设施齐备，项目入园即可使用。

湖南省首家综保区——衡阳综合保税区

洲 工 业 园 区

1

3

4

2

5

6

①燕京啤酒（衡阳）有限公司厂区

②拥有完善的生活配套设施，图为园区一楼盘外景

③富士康在园区投资项目之一——富泰宏精密工业衡阳有限公司

④富士康鸿富锦精密有限公司生产车间

⑤天锦纺织生产车间的现代化生产设备

⑥白沙洲工业园区鸟瞰图

衡 山 科 学

衡山科学城一期工程

雁鸣湖畔效果图

城

HENG SHAN KE XUE CHENG

衡山科学城是衡阳市委、市政府在深入贯彻落实党的十八大和十八届五中、六中全会精神，加快实施创新驱动和发展战略，抢抓高端智能制造、移动互联网技术应用等重大产业发展机遇的大背景下，按照市场化运作方式，建设的生态智能新城，主要目的是为弥补衡阳市科技创新产业乏力，没有特色产业集群这一重大缺陷。科学城选址衡阳市雁峰区、蒸湘区境内，规划范围：东至蔡伦大道、南至湘江、西至岳临高速、北至南三环，总规划面积20平方千米。科学城以培育一批上市企业、行业领军企业为己任，坚持开放共享、科技创新、绿色环保的发展理念，致力通过“高端产业引导、配套环境先行、资本技术推动、集群品牌创建”，打造湖南和衡阳高新科技产业新的特色优势和名片。

衡山科学城科技创新中心

衡山科学城南华产学研中心

衡山科学城整体鸟瞰图

衡南县

市委书记、市人大常委会主任周农在衡南县调研脱贫攻坚工作

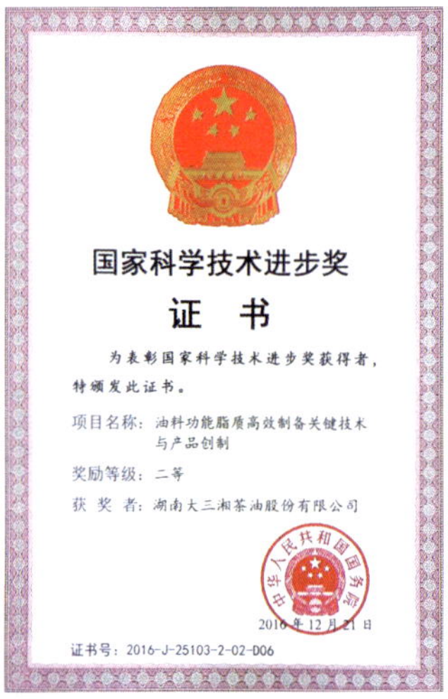

大三湘茶油产品获国家科技进步奖二等奖

2016年，全县实现GDP315.69亿元，增长7.7%；完成一般公共预算收入17.55亿元，增长6%；完成社会固定资产投资219.68亿元，增长18.4%；规模工业增加值同比增长8%，增速居全市第一；实现社会消费品零售总额100.36亿元，增长11.8%；城乡居民人均可支配收入分别达27841元、17581元，分别增长8.6%、8.3%；金融机构存贷款余额分别达230.37亿元、86.6亿元，新增存贷比达63.05%，居全市第一。发展动能不断增强，全县48个市重点项目完成投资63.8亿元，占年度计划的116%，土谷塘航电枢纽4台机组全部投产发电；举办“引老乡、回故乡、建家乡”活动，全年共引进过10亿元项目2个、过亿元项目7个，衡云中学、医友科技等项目相继签约入驻。产业水平逐步提升，三次产业结构调整为22.7∶43.1∶34.2，第三产业对经济增长的贡献率达47.7%；新增规模以上工业企业21家、高新技术企业2家，实现高新技术产业增加值34.78亿元，占GDP比重11.02%；粮食生产再获“全省标兵县”，大三湘跻身国家级农业龙头企业，并获

土谷塘航电枢纽

县城文化广场

县委书记　杨洪峰

县长　李　军

国家科技进步奖二等奖；全县累计接待游客人次、实现旅游总收入同比分别增长28%、29%；农村电子商务全面推开，“新网工程”顺利试行，“农村淘宝”项目正式启动。城乡面貌日益改观，县城核心区道路提质改造达20千米，湘江大桥、沿江风光带夜景亮化完工亮灯，文化广场、绿化轴E段建成竣工，湘江两岸风光带项目有序推进，县城绿化覆盖率居全市第一。三塘镇跻身“湖南省新型城镇化试点镇”，宝盖镇挂牌“湖南省特色旅游名镇”，小城镇综合承载力明显提高。衡州大道西延线（朝阳路）路面工程基本完工，完成农村公路提质改造150千米。社会事业协调发展，全年民生支出36.73亿元，占财政总支出的69%；中考“阳光招生”有效实施，县一中高考二本上线人数稳居全市第一；特色文体活动繁荣开展，全县人均公共文化体育设施面积居全市第一；深入推进“平安衡南”创建，综治工作连续三年被评为省市先进。

农村淘宝店开业

美丽乡村建设

县城夜景

汇景度假小镇效果图

衡阳县

衡阳市委书记、市人大常委会主任周农，衡阳市委副书记、市长周海兵在衡阳县委书记曾秀，县委副书记、县长孙鹏伟陪同下，出席衡阳县电商产业园开园仪式

2016年8月，衡阳县召开第十二次党代会，提出“生态立县，产业兴县，文化强县”三大发展战略

衡阳县地处湘中偏南，位于湘江中游。县境总面积2558平方千米，辖25个乡镇，443个村（社区），总人口约 125万，是典型的地域大县、人口大县、农业大县。

历史悠久，人文荟萃。境内西汉便有县的建制，迄今已有2200多年历史。明末清初伟大思想家王船山，清代兵部尚书彭玉麟，伟大革命先驱夏明翰，近代著名书画家曾熙，当代著名作家琼瑶、唐浩明，国画大师钟增亚等，都孕育于这片古老的热土。

山川秀美，风景宜人。县境东部岣嵝峰是国家级森林公园，享有“湖南生物基因库”美誉。西部石船山下“湘西草堂”是王船山隐居著书之地，与“杜甫草堂”齐名。中部伊山寺为东晋政治家桓伊幼时读书习武、晚年隐居修身之处。境内织女湖、万源湖、黄门寨、宇石寨、九峰山等自然景点，山清水秀，令人神往。

物产丰饶，资源富足。全县农林产品丰富，粮油棉猪总产量曾跻身全国百强行列。野生动植物种类繁多，有梭罗树、青钱柳、楠木、银杏等珍稀树种，以及穿山甲、灵猫、猴面鹰等10余种国家二级保护动物。已探明矿产资源有瓷泥、陶土、花岗石、铁、五氧化二钒、黄金等40余种。界牌瓷泥被国际瓷品业誉为“衡阳土”，花岗石、铁矿、五氧化二钒储量均居全国前列，具有广阔的开发前景。

区位优越，交通便捷。县城西渡距衡阳市区仅18千米。境内有武广高速铁路、潭衡西高速公路、衡邵高速公路、衡岳高速公路、娄衡高速公路、107国道、S315和S210省道通过，京广铁路、湘桂铁路、京港澳高速傍境而过，船山西路2016年已建成通车，到衡阳市区仅15分钟车程。怀邵衡铁路在县内规划设立客、货运站点，建成投入运营后，客货运输将更为便利。

经济繁荣，社会进步。近年来，全县坚持稳中求进总基调，统筹做好稳增长、促改革、调结构、惠民生、防风险各项工作，经济社会持续健康发展。先后获得全国粮食生产先进县、全国油料生产大县、全国文化先进县、全国科普示范县、全国经济普查先进单位、全国文明县城、全国卫生县城、全省新型工业化先进县、全省新农村建设先进县、全省内联引资先进县、全省人口和计划生育工作先进县、全省安全生产工作先进县等一系列荣誉称号。

新组建的湖南衡阳农村商业银行挂牌营业

县城蒸水河南北岸风光带建设项目正式开工建设

①衡阳首个分布式太阳能光伏发电站——衡阳县俊虹光伏电站(一期)通过验收并网发电

②衡阳县设计标准最高、办学设施最全、设计办学规模最大的九年一贯制义务教育公办学校——衡阳县实验学校正式开学招生

③衡阳县城西渡通过国家卫生县城技术评估验收

④衡阳县举办2016年金秋房地产交易展示会

⑤船山大道西延线正式通车

衡山县

县委书记　尹培国

县　长　蒋　青

2016年，衡山县地区生产总值149.75亿元，增长8.1%。财政总收入9.54亿元，增长10.2%。固定资产投资94.25亿元，增长16.5%。社会消费品零售总额29.63亿元，增长11.4%。城乡居民人均可支配收入分别达28171元、17681元，分别增长8.7%、8.2%。

新增规模工业企业11家，高新技术企业发展到9家，园区综合排名进入全省40强。两公顷以上种粮大户发展到1050户，新增农民专业合作社45家、家庭农场35家。新发展市场主体1383户，完成“个转企”234户。新引进总投资过千万元项目24个，其中总投资过亿元项目8个。开云大道加紧建设，紫巾路实现开工，垃圾压缩中转站重新选址并开工建设，体育馆建设加快推进。新建和拓宽农村公路201.2千米，改造危桥3座、渡口码头3个。潭农商村镇银行挂牌运营。31家企业单位获得银信贷款9.8亿元。争取国家专项建设基金4.6亿元、国省预算内资金1.2亿元。四大投融资公司融资9.87亿元。全面小康实现程度达88.2%。新增城镇就业2610人、农村劳动力转移就业4500人。建设公租房678套，改造棚户区913套，改造农村危房1700户。成功获批萱洲国家森林公园，获评全市第一个省级教育强县、第一个完成广电三项工程的县，计划生育工作连续十二年获全省先进。

恒岳重钢风电塔筒生产线

1

2

3

4

5

①衡山经济开发区

②弘山科技工业园

③宜居衡山盛豪世纪城小区

④美丽乡村山竹村

⑤衡山烈士纪念园

县委书记　吴伟生

县长　徐志毅

衡东县

2016年，全县完成生产总值261.70亿元，增长7.9%；财政总收入13.25亿元，增长6.5%；全县固定资产投资152.01亿元，增长18.2%；社会消费品零售总额达89.52亿元，增长11.6%。

新型工业稳步发展，全年完成规模工业增加值41.69亿元，增长7.2%；着力补齐工业经济短板，县财政安排5000万元工业发展基金，大力实施“一企一策”精准帮扶，全县工业经济逐步“回暖”；湖南机油泵公司于2016年11月在主板成功上市，“湘江牌”机油泵荣获“中国驰名商标”。现代农业增产增效,完成农业总产值80.79亿元，增长3.8%。粮食总产达41.87万吨，继续保持全国产粮大县、全省粮食生产先进县、全国生猪调出大县地位，获全国油茶产业发展示范县称号。市级以上农业龙头企业发展到38家，规模以上农产品加工值占农业总产值比重提高到33.6%。全域旅游加快推进，全年共接待游客530万人次，实现旅游综合收入35亿元。举办首届房地产交易会，共成交房产2438套，成交金额10.22亿元，有效化解库存。成功创建省级文明县城，县城人居环境更加舒适。民生保障切实改善，民生支出占公共财政支出比重达到79.9%，城市居民人均可支配收入和农村居民人均可支配收入分别达到28226元、16989元，分别增长9.0%、8.1%。社会事业全面进步，优先发展教育事业，城区大班额问题有效缓解，教育质量稳居全市前列。大力发展卫生事业，医疗服务体系进一步完善。广泛开展群众文化体育活动，顺利通过全国文化先进县复评。实施“天网工程”，强力打黑除恶，人民群众安全感和满意度不断提高，民调排名大幅上升。

①市委书记、市人大常委会主任周农前往衡东县调研指导村支两委换届选举工作

②市委副书记、市长周海兵前往湖南东健药业有限公司调研

③县委书记吴伟生，县委副书记、县长徐志毅调度重点项目建设

④湖南机油泵股份有限公司在上海证券交易所正式挂牌交易

⑤仙境般的衡东县城

祁东县

市委书记、市人大常委主任周农，市委副书记、市长周海兵到祁东调研

祁东县举办“2016中国智能手机发展10年高峰论坛”

祁东县举办“2016中国·祁东黄花菜节”

2016年，祁东县面对严峻的宏观形势和经济下行压力，面对艰巨繁重的换届、发展、治理、改革任务，紧紧围绕建设“工业祁东、特色祁东、活力祁东、生态祁东、幸福祁东”的目标定位，主动适应把握引领经济新常态，积极应对各种压力和挑战，凝心聚力，攻坚克难，全力以赴稳增长、促改革、调结构、惠民生、防风险，实现“十三五”的良好开局，经济社会发展再上一个新台阶。全县实现地区生产总值266.17亿元，是2012年的1.5倍，年均增长9.37%；三次产业结构比优化为25.14:33.88：40.98；完成固定资产投资156.15亿元，是2012年的2.27倍，年均增长22.76%；一般公共预算收入11.11亿元，是2012年的2.39倍，年均增长24.39%；城乡居民人均可支配收入分别是22695元、11986元，是2012年的1.24倍和1.33倍，年均增长5.59%、7.34%；社会消费品零售总额达105.73亿元，是2012年的1.74倍，年均增长14.85%；金融机构存、贷款余额分别为290.98亿元、93.7亿元，分别是2012年的1.86倍、2.21倍，年均增长16.77%、21.88%；年出口总额1897万美元，是2012年的49.92倍。

①省人大常委会副主任、省总工会主席刘莲玉到祁东调研

②省委宣传部副部长、省文明办主任刘进能一行到祁东考察省级文明县城创建工作

③省林业厅副厅长彭顺喜到祁东县指导森林防火工作

市委书记　刘达祥

市长　吴乐胜

常宁市

2016年，常宁市辖18个乡镇、3个办事处，另设1个风景名胜管理处，土地面积2046.6平方千米。完成地区生产总值296.67亿元，增长7.8%。完成固定资产投资179亿元，增长15.9%。完成财政总收入16.85亿元，增长3.2%。金融机构存贷款余额247.98亿元、104.7亿元，分别增长20.8%、27.9%。工业转型大有成效。新增规模工业企业16家，总数达78家，规模工业增加值增长7.2%。“一区一园”加快建设，水口山经济开发区水、电、路、气等设施不断完善，金铜项目一期、华兴冶化、宏兴化工等一批企业建成投产；宜阳工业园大力承接产业转移，荣诚鞋业等一批加工制造企业逐步壮大。现代农业大力推进。“两油两叶”特色产业加快发展，新造油茶林3.67万亩，垦复5万亩；夏收油菜40万亩，总产量4.83万吨；收购烟叶8.41万担，实现烟叶税收2500万元；新建高山有机茶园200公顷，被评为“全国重点产茶县”“中国生态有机茶之乡”。被命名为首批国家农产品质量安全县（市），成功争取到全省农业一二三产业融合发展示范项目。城乡面貌大为改观。深入开展“四城同创”，成功创建省级卫生城市。加快完善城乡基础设施，城市一环建成通车、城北110千伏变电站建成使用、砚池山公园开园、华岁国际商贸城主体工程加快建设。加快推进水口山、庙前等特色小镇建设，成功举办湖南省（常宁站）山地户外健康休闲大会。民生事业大步发展。全民医保、基本养老、最低生活保障实现城乡全覆盖，城乡居民养老保险工作连续六年获省先进。优先发展教育事业，城区新增学位3000个，教育质量稳步提升。大力发展健康卫生事业，中医院医疗综合服务大楼建成使用。强力推进扶贫攻坚，易地扶贫搬迁经验在全省推介，塔山瑶族乡狮园村被评为全省脱贫攻坚示范村和湖南十大最美茶叶村。严守安全生产、信访维稳、环境保护等底线，防范金融风险，社会大局和谐稳定。

五矿铜业（水口山金铜项目一期）厂区

1

2

3

①湖南省委常委、常务副省长陈向群到常调研水口山金铜项目

②衡阳市委书记、市人大常委会主任周农到常宁调研县乡换届工作

③与中核集团合作建设光伏项目框架协议签订仪式

④宽阔整洁的西一环

⑤罗桥湖波洞双季稻全程机械化生产示范片

⑥天湖国家湿地公园

4

5

6

耒阳市

1

耒阳市辖1个省级正处级经济开发区，24个乡镇、6个街道，土地总面积2656平方千米，总人口143.11万人。2016年，耒阳市面对诸多矛盾叠加、困难压力交汇局面，迎难而上，砥砺前行，较好地完成全年目标任务，经济社会保持平稳健康发展，“十三五”实现良好开局，完成GDP428.6亿元，增长7.9%；完成财政收入27.16亿元，增长6%；完成全社会固定资产投资总额357.58亿元，增长7.5%；三次产业结构为16.1：36.1：47.8；城乡居民人均可支配收入分别达29444元、17461元，增长8.6%、8.2%。获得全国双拥模范城、国家计生协流动人口工作示范点单位等荣誉称号，东湖、永济、三都、淝田等4个乡镇卫生院被评为全国“2015—2016年群众满意的乡镇卫生院”，烈士陵园被批准为国家级烈士纪念设施，小水镇小圩村、三都镇南基村和太平圩乡寿洲村被确定为国家级传统村落，原泗门洲镇易成村、大市镇大市社区创建为国家级防灾减灾示范社区，兴隆生态农牧公司被评为中国好羊肉“百强企业”。2016年是耒阳建市30周年，耒阳市举办建市30周年发展报告大会、建市30周年发展成果展、名优产品及电子商务展、“新八景”发布暨第三届“耒阳好人”颁奖晚会、项目推介集中签约等系列活动，17家企业集中签约，签约金额达258.88亿元。2016年5月9日，耒阳市政府与衡阳海关签署合作备忘录，正式挂牌成立衡阳市海关驻耒阳市工作站，对提升耒阳对外开放水平和形象、促进产业升级、改善投资环境、加快外向型经济发展具有重大意义。

4

2

①衡阳市委书记、市人大常委会主任周农到耒阳调研

②衡阳市委副书记、市长周海兵到耒阳调研

3

③耒阳建市30周年发展报告大会

④耒阳“新八景”发布

⑤部分重点项目集中开工仪式

⑥马阜岭公园开园

⑦耒阳新大桥于2016年10月1日正式通车

6

7

市委书记、市人大常委会主任周农调研安置房建设

市委副书记、市长周海兵市长调研社区建设

雁峰区

“回雁峰前声断处，青山翠竹是衡州”。坐落在湘江河畔，回雁峰下的衡阳市雁峰区，是雁城雅称的发祥地。因南岳七十二峰之首的的回雁峰位居城中而得其名。全区辖1镇、5街道，33个社区、14个村（管区），总面积73平方千米，总人口21.3万。

雁峰历史悠久，是衡阳的文化胜地。自汉初设县以来，雁峰区历来为衡阳的政治经济文化中心。王勃、李白、杜甫、苏东坡等众多历史名流在雁峰留下“雁阵惊寒，声断衡阳之浦”等千古名句。区内坐落的南岳第一峰回雁峰是衡阳的地理依托和标志景观。明末清初唯物主义大思想家王船山就出生于回雁峰北侧的王衙坪。回雁峰上被称为“南天第一刹”的“雁峰寺”，截至2016年，有一千五百多年历史。回雁峰西面的接龙山上有衡阳境内现存年代最早、体量最大的惜字塔——接龙塔，截至2016年，也有300余年历史。雁峰区曾是衡阳保卫战的主要阵地之一，“衡阳抗日英雄纪念塔”就矗立于岳屏公园内。大雁文化、宗教文化、船山文化、抗战文化等文化在雁峰交相辉映。

雁峰工业基础雄厚，是衡阳的工业基地。雁峰区是衡阳的老工业基地，一直是衡阳工业发展的重点区域。依托老工业基地的产业优势，雁峰大力推进产业集聚发展，形成输变电、汽车（农机）

南湖公园一角

美丽湘江

区委书记邹致和参加群众文化活动

区长何子君调研教育项目建设

和零部件、纺织服装、生物医药及食品、环保混凝土等五大优势产业群。雁峰是衡阳规模工业最多的城区，区内坐落有特变电工、紫光古汉、金杯电缆、恒飞电缆等77家规模以上工业企业。其中，“古汉”“金杯”“恒飞”三大商标成为中国驰名商标。近年来，雁峰区连续多年被湖南省委、省政府评为推进新型工业化先进区。

雁峰商贾云集，是衡阳的商贸中心。雁峰区地处衡阳中央商圈核心地段，商贾云集，商业网点密布，是全市重要的商贸中心。境内有宇元万向城、崇业商业广场、美美世界城商业广场、金钟时代城等商业城市综合体。有大洋百货、人人乐百货、香江百货等众多知名大型商贸企业。区内中山南路是颇有名气的商业街，该路为“全国百城万店无假货示范路”，素有“小南京路”之称；先锋路电脑软件一条街，建有颐高数码广场，是衡阳市标志性IT中心；解放路是衡阳最繁华的路段，店铺鳞次栉比，人气十分旺盛。

雁峰环境优美，是衡阳宜居宜游的乐园。雁峰区位居全市中心地带，境内铁路、高速公路、水路集结成网，交通极为快捷。古“潇湘八景”之一的“平沙落雁”，以及古“衡州八景”中的“雁峰烟雨、岳屏雪岭、花药春溪、东洲桃浪”五大盛景坐落境内。当今雁峰，更是拥有“一岛、一带、两山、两水、六园”的优美景色，是衡阳人居环境最好的城区。（分别为：东洲岛；湘江风光带；营盘山、奇罡山；湘江、幸福河；南湖公园、雁峰公园、岳屏公园、南郊公园、营盘山公园、湘江流域重金属综合治理湿地公园）。

中国共产党衡阳市雁峰区第四次代表大会投票现场

衡阳市雁峰区第四届人大常委会成员宣誓

衡阳市雁峰区召开政协四届一次会议

石鼓区

区委书记　杨龙金

区长　刘　浪

石鼓区位于衡阳市区西北部，因境内拥有宋朝时著称全国“四大书院”之一的石鼓书院而得名。现辖1个乡、6个街道、16个行政村、30个社区，总面积112平方千米，常住人口24.31万。

近年来，区委、区政府确立打造“湘南地区最具活力的商贸文化中心”战略目标，培育五一、华源、中湘、永兴等诸多专业市场，布局华耀城、中亿汽贸城、崇盛国际中心等许多现代商贸物流企业，2015年获评湖南省首批现代服务业示范集聚区。全区财政总收入、固定资产投资、社会消费品零售总额等主要经济指标连年攀升，位居全市前列。2016年，全区地区生产总值达141.65亿元，增长9%，增速排名全市第一；实现财政总收入22.13亿元，增长11.8%，增速排名全市第一、总量排名全市第二；完成固定资产投资141.94亿元，增长22.5%，增速排名全市第一；完成社会消费品零售总额109.28亿元，增长12%，增速排名全市第二；城乡居民人均可支配收入分别达30908元、17466元，分别增长9.8%、9.9%，增速分别排名全市第二、第一。全面小康总体实现程度达90%，顺利通过省全面小康县市区达标认定。

现代商贸物流航母——衡阳华耀城，项目开发建设与招商运营齐头并进

汽贸汽配专业市场——中亿汽贸城，让老百姓轻松实现“一站式”购车

绿化提质，让社区置身绿色海洋之中

珠江帝景“酒百家”美食文化一条街

晚霞中的石鼓书院与青草桥尽显古城衡阳的历史风韵

活力、文明、特色石鼓——城市建在公园里，图为西湖公园。

珠晖区

省市区领导考察服务里社区

珠晖区素有衡阳“东大门”“后花园”之称。全区辖3个乡镇、7个街道、1个农场，总面积234平方千米，人口34.7万人，是全市面积最大、人口最多的城区。2016年，区委、区政府着力营造小环境，突出稳增长、调结构、促改革、惠民生、防风险各项工作成绩斐然。

经济企稳向好。2016年，全区实现地区生产总值（GPD）228.16亿元，比2015年增长8.8%，全区农业林牧渔业实现增加值100.44亿元，增长3.8%。建筑业完成总产值132.87亿元，增长13%。完成固定资产投资187.31亿元，增加17.4%。完成社会消费品零售总额125.22亿元，增长11.9%。一般公共预算收入达15.3亿元，增长6.1%，地方收入合计6.25亿元，增长10.3%。

城建加速提质。全年总投资2180.74万元，硬化路面2400平方米，增加路面油化4862平方米，疏通下水道4200米，清理化粪池297座，维修路缘石7217米；安装太阳能灯87盏，修复路灯175盏。

科教卫不断创新。全区中学适龄人口入学率100%，巩固率99.9%；小学儿童入学率100%。全区有社区活动中心

衡阳市体育中心

51个，6000平方米以上的全民健身广场5个，体育场地290个。区内拥有各类卫生机构254个，免费医疗救助困难慢性病18250元，赠送药品总价值150.2万元。

人民生活大幅提高。全区新增就业4451人，失业人员再就业3153人，零就业家庭动态清零100%。全区居民人均可支配收入30343元，增长9.4%；农村居民人均可支配收入17483元，增长8.8%。

“欢乐潇湘”群众文艺演出

珠晖区鸟瞰图

金甲一景

市委书记、市人大常委会主任周农考察蒸湘区"三清三建"工作

2016年1月，区委书记周玉梅在长沙接

蒸湘区

蒸湘区于2001年5月28日挂牌成立，位于衡阳市城区西部，因蒸水河在此与湘江合流贯穿全境而得名，辖有雨母山、呆鹰岭2个镇，蒸湘、红湘、联合3个街道，29个社区居委会，27个行政村，总面积111.65平方千米，常住人口31.48万。

蒸湘是宜业之区。借助衡钢集团坐落蒸湘区的地缘优势，把配套衡钢、发展钢管深加工产业作为全区工业发展的主攻方向，打造钢管深加工产业园，形成以衡钢为核心的西外环线沿线地段的衡钢管材配套加工企业集群。钢管深加工产业园发展钢管深加工配套企业30余家，年钢管加工能力达70余万吨，累计产值超过100亿元，累计上缴利税超过5亿元，2010年被国家工信部授予"国家新型工业化产业示范基地"。近年来，继续加速推进新型工业化进程，致力抓好华菱钢管及区属钢管深加工产业园和呆鹰岭中小企业创业园两个工业园区的建设工作，以衡钢获得核用钢管生产资质为契机，推进特种钢管深加工，以金坤包装为龙头发展纸品深加工产业，使"蒸湘工业板块"更具特色，更增活力。

区政府大楼

蒸湘是宜商之区。近年来，蒸湘区按照衡阳市"东文西商"的总体布局，围绕"现代服务业领先"的发展战略，现代服务发展向高端化迈进，引进世界五百强的泰国正大集团卜蜂莲花、国内五百强的万达商业广场，以及香港铜锣湾广场、奢侈品保税行邮直购广场、上海喜盈门家居广场、法国迪卡侬等数十个大项目、好项目。衡阳商业步行街将为蒸湘区打造中央商务区奠定基础。以蒸湘北路、解放西路、船

府授予“全面小康达标县（市区）”称号

市委副书记、市长周海兵调度衡西公路蒸水大桥建设

山西路、蔡伦大道为主轴线的“蒸湘商圈”已初步形成。

蒸湘是宜学之区。蒸湘区人文氛围浓厚，科技资源丰富。南华大学、湖南环境生物学院（南院）、湖南交通工程学院等高校坐落其中，南华大学是衡阳市唯一已被列入本科一批招生院校，并在雨母山镇征地66.67余公顷，建设一个功能完善、环境优美的主校区。

蒸湘是宜游之区。蒸湘区境内城乡连体。距城区仅10千米的雨母山生态环境清雅、人文景观优美，被誉为“城市绿肺”和“后花园”。长约28千米的雨母绿道更是全省最长的郊野型绿道，得到广大游客的亲睐。雨母山历史文化底蕴深厚，景点众多，乃三皇五帝之一帝喾南巡之地，现有全国唯一祭祀帝喾的寺宇。2016年，雨母山景区总体规划出台，加紧制定详细规划，成功申报国家AAA级景区。

蒸湘是宜居之区。境内湘桂铁路、322国道、S315线、西外环线、衡枣高速连接线纵横交错，潭衡西高速、衡邵高速贯通其中，城区主干道解放大道、华新大道、船山大道、蔡伦大道、立新大道在辖区穿过，基本形成纵横交错、便捷舒适的交通网络。蒸湘区还是全市唯一一个省级文明城区，也是全市中高档住宅最为集中的城区，冠都现代城、融冠亲城、英伦首府、蒸水湾1881、衡府、沐林美郡、尚邦·领域、中泰·峰境、水映豪廷、蒸湘世纪城、愉景湾等一大批房产项目有效提升全区的居住品质。向着打造“山水宜居新城”的目标迈进。同时，2016年初，蒸湘区被省委、省政府确定为全省20个“全面建成小康社会达标县市区”之一，也是全市唯一获此荣誉的县市区。

雨母飞霞

南岳区

区委书记　曾建华

区　长　王　燕

南岳区辖1乡1镇1街道，即寿岳乡、南岳镇、祝融街道办事处，共18个建制村，296个村民小组，7个社区居委会，101个居民小组。全区土地面积181.5平方千米，为湖南省最小的县级行政区。2016年末，常住人口6.29万人，其中：城镇人口4.34万人。实现地区生产总值36.21亿元，同比增长8.9%；财政总收入6.78亿元，增长10.13%；三次产业结构比为10.2:9.0:80.8。全年累计接待游客875.67万人次，增长10.15%；实现旅游总收入69.84亿元，增长10.07%；实现门票收入3.83亿元，增长21.05%。城乡居民人均可支配收入33518元，比2015年同期增长8.8%。为打造一个文旅交融、健康休闲的全域旅游景区，全区以列入“国家全域旅游示范区”创建名录为契机，结合城市拓展、功能配套、产业升级和城乡统筹发展，实施重点项目25个，完成投资12亿元。成功举办旅游营销签约大会、“南岳如飞”山地越野赛、星空节、南岳佛教协会成立60周年等“一月一活动”，景区的知名度和影响力进一步提升。

2016年，南岳区跻身“国家全域旅游示范区”创建名录，获“湖南省旅游产业发展十佳县（市、区）”“湖南省2016年度风景名胜区行业先进单位”“2016湖南最佳避暑胜地”等称号。南岳古镇获“2016年中国报业特别关注古镇”称号。

举办“乐游南岳”旅游APP平台、“12345”南岳旅游热线启动暨首届“南岳如飞”山地越野赛活动

举办全域旅游联盟大会

①南岳区松麓街开街

②2016年11月28日，南岳举办佛教协会成立60周年纪念晚会暨南岳佛教文化研究院授牌仪式

③南岳云雾茶业在2016年第八届湖南茶叶博览会上获绿茶和红茶两个金奖，南岳贵妃凰菊获评新茶金奖

④举办乡村旅游文化节

⑤飞机喷洒防治森林病虫害

双田村

衡阳市地方志编纂委员会办公室到双田村宣讲扶贫攻坚政策

南岳镇双田村坐落南岳衡山主峰南麓，地处北纬27° 14′ 16″ ~27° 17′ 15″，东经112° 42′ 20″ ~112° 45′ 39″之间，距衡山县城15千米，至衡阳市区50千米。地貌类型以山地丘岗为主，呈阶梯层状结构。属亚热带季风湿润气候，四季分明。年降水量1515~2058毫米，年日照时长1438~1863小时。土壤由花岗岩风化物发育而成，山下土壤为水稻田、麻沙土、红壤为主，山上以山地黄壤、山地黄棕壤及山地草甸土为主。境内水系属湘江流域，溪流发源于南岳山中。2016年，双田村辖18个村民小组，人口1955人，共442户，全村总面积296.67公顷，人口密度每平方千米659人。其中，耕地67.2公顷，村道全长6.7公里。境内植被茂密，环境优美，物产丰茂。1992年1月，南岳区科技部门在双田创办科技实验村；1993年，科技开发服务中心境内进行牛蛙示范养殖，举办养殖技术学习班。2016年，全村有果蔬苗木特色种植基地2个，特色食品加工厂1处——金钱蝠手擀麻糖。境内村民以同宗共族聚居为主，主要有旷、谭两大姓，分别建有旷、谭氏宗祠。其中，旷氏宗祠为南岳房（南岳区）、攸县房（株洲）、店门房（南岳）、河东房（郴州）共祭，祭祀为三年一大祭，该祠为明清仿古建筑，雕梁画栋、制作精美、用材考究，为南岳古建筑修复和建造业兴盛发达的代表。

双田村老龄协会成立20周年

双田村的旷氏祠堂

旷氏祠堂族训

双田村名优产品

双田村苗圃基地

双田村蔬菜基地

修志问道

——衡 阳 地 方

2013年6月29日，湖南省地方志编纂委员会党组书记、副主任易介南一行到耒阳市考察蔡侯祠

2005年和2009年，耒阳市地方志办、衡阳市地方志办先后被评为全国地方志系统先进集体

衡阳素有编修地方志的优良传统，自东晋耒阳人罗含编纂的《湘中山水记》始，代代相传，永续华章。至中华人民共和国成立前，衡阳地区共修州（郡）、府、县志50余种，现存23部。1986年9月，衡阳市地方志编纂委员会及市地方志编纂委员会办公室（简称“市地方志办”）相继成立，开始有组织、有计划地开展第一轮新方志编修，衡阳新方志事业由此起步。30年间，衡阳市坚持“党委领导、政府主持、地方志工作机构组织实施”的修志工作体制，市委、市政府加强对修志工作的组织领导，市地方志办切实履行组织、协调、检查和指导职能，全市广大修志工作者以“筚路蓝缕，以启山林”的开创精神，淡泊名利，默默耕耘，不断开拓地方志事业新领域，至2016年初步形成“二轮修志全面完成、一年一鉴全面覆盖”的地方志事业发展新格局。

全国独一无二的衡阳市“市志巷”

衡阳地方志多项工作走在全省前列，首部《衡阳市志》被评为全省一等奖，《衡阳年鉴》先后有2卷获全国优秀奖、3卷获全省一等奖，耒阳市地方志办、衡阳市地方志办先后被评为全国地方志系统先进集体。2015年12月，衡阳市地方志办在湖南省第七次地方志工作会议上被评为全省修志先进单位。

以启未来

志 工 作 30 年

2006年9月15日，全国政协副主席、中国社会科学院院长、中国地方志指导小组组长陈奎元到衡阳县王船山故居——湘西草堂考察

2010年12月17日，中共中央政治局委员、国务委员刘延东在北京人民大会堂接见“全国地方志系统十杰”、耒阳市地方志办主任郑久芳

衡阳市县两级地方志办近年出版的部分地方志、旧志、年鉴及地情丛书

衡阳
地方史资料

稿　约

《衡阳地方史资料》由衡阳市人民政府主管，衡阳市地方志编纂委员会办公室主办。2013年创刊，每年编纂1~2辑，系内部资料，免费向社会各界赠阅。

《衡阳地方史资料》通过征集衡阳境内自然、政治、经济、文化和社会的历史与现状的资料性文献，记述衡阳的过去和现在，为衡阳当下和未来的发展提供历史参照，以起到地方志“存史、资政、教化”的作用。

稿件要求内容真实，资料翔实，秉笔直书，文字流畅。来稿一经刊用，即致稿酬。

地址：湖南省衡阳市先锋路98号衡阳市志办《衡阳地方史资料》编辑部

邮编：421001

电话：0734-8259919

传真：0734-8143228

电邮：hynj8226327@126.com

联系人：周嘉晖　申沁生

衡陽年鑑

当年之积　来年之鉴
今人可用　后人可考

《衡阳年鉴》是由衡阳市人民政府主办，衡阳市地方志编纂委员会办公室承编出版的地方综合年鉴，是全面、系统、翔实地载录衡阳市自然、政治、经济、文化和社会等方面基本面貌和发展情况的年度资料性工具书；创刊于1994年，尔后逐年出版，一年一鉴，国内外公开发行。至2016年，《衡阳年鉴》共出刊23卷，为传承文明、资政育人、服务社会、宣传衡阳发挥积极作用。

衡陽年鑑

地址：湖南省衡阳市先锋路98号衡阳市志办《衡阳年鉴》编辑部
邮编：421001
电话：0734-8226327
传真：0734-8143228
电邮：hynj8226327@126.com
联系人：李旭东　郭　琦　熊　雯

YEARBOOK OF HENGYANG

衡陽年鑑 2017（总第24卷）

挑战·跨越·成长

目 录

特 载

大 事 记

衡阳概况

中国共产党衡阳市委员会

衡阳市人民代表大会

衡阳市人民政府

中国人民政治协商会议衡阳市委员会

中共衡阳市纪律检查委员会

民主党派·工商联

人民团体和社会组织

武　装

法　治

综合经济与管理

农村经济

园区经济与区域开发

政府投融资平台

城建城管

国土资源与环境保护

交通·邮政·通信

商贸服务业

旅游业

财政·税务

银行·保险·证券

科学技术与科技服务

教　育

文　　化

体　育

新闻出版广电

卫生和计划生育

社会福利与社会保障

县市区概况

人　物

经济社会主要统计数据

政策法规选登

彩版插图

衡东县

祁东县

常宁市

耒阳市

雁峰区

石鼓区

蒸湘区

珠晖区

南岳区

双田村

衡阳地方志工作

衡阳地方史资料

衡阳年鉴

挑战·跨越·成长

Main Contents

The Chinese People's Political Consultative Conference Committee of Hengyang

Hengyang Municipal Committee of the CPC for Discipline Inspection

Democratic Parties & Association of Industry and Commerce

People's Organizations and Social Organizations

Military Affairs

Government by law

Comprehensive Economy and Management

Rural Economy

Industry

Economic and Regional Development of the Park

Government Platform of Investment and Financing

Urban Construction and Management

Administration of National Territory Resources and Environmental Protection

Transportation, Postal Service and Telecommunication

Commerce and Trade Service Industry

Tourism

Finance and Taxation

Banking & Insurance & Securities

Scientific and Technological Services

Education

Culture

Sports

Press and Publication&Radio, Film and Television

Health and Family Planning

Social Welfare and Social security

County and City District overview

Figures

Major Economic and social statistics

Selected Policies and Law Regulations

Color Plate onset

Appendix

(Penghui)

特　载

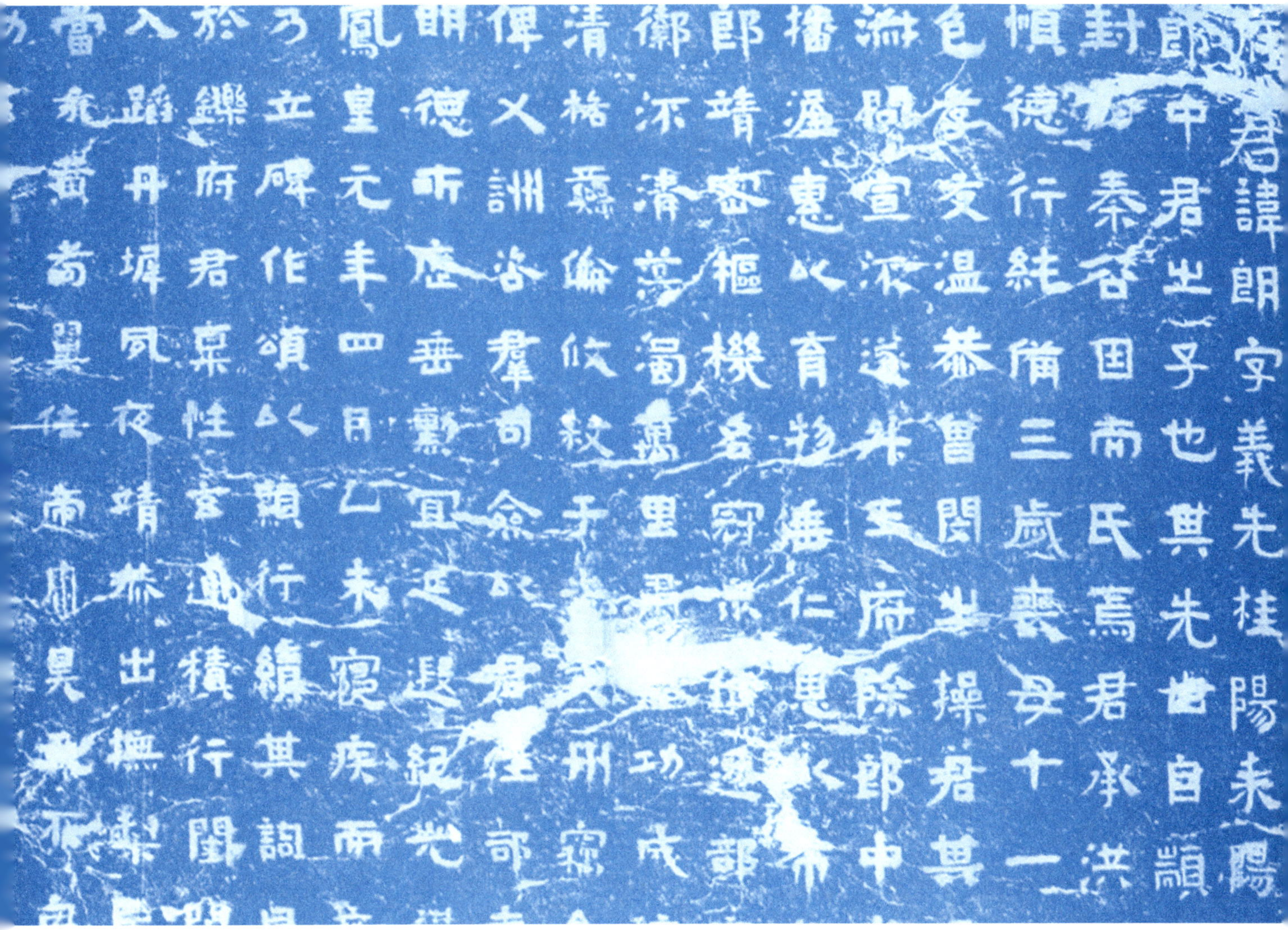

责任编辑：李旭东

在中国共产党衡阳市第十一次代表大会上的讲话

（2016年9月28日）

中共衡阳市委书记、市人大常委会主任　周　农

各位代表、同志们：

现在，我代表中国共产党衡阳市第十届委员会向大会作报告。

中国共产党衡阳市第十一次代表大会，是在衡阳市大力实施“十三五”规划、决胜全面建成小康社会、努力实现第一个百年奋斗目标的关键时期召开的一次重要会议。大会的主题是：贯彻五大发展理念，坚持全面从严治党，号召全市党员干部群众进一步解放思想、凝心聚力、真抓实干、开拓创新，为建设经济繁荣、百姓富裕、生态优美、社会和谐、政治清明的新衡阳而努力奋斗。

一、回顾前五年，我们攻坚克难，负重前行，衡阳发展站上新起点

过去的五年，是极不平凡、极富挑战的五年，是负重奋进、砥砺前行的五年。在中央和省委的坚强领导下，我们团结带领广大党员干部群众有效应对经济下行压力较大等不利因素，旗帜鲜明地严肃查处衡阳破坏选举案及李亿龙严重违纪违法案，顽强拼搏，开拓进取，较好地完成市第十次党代会确定的目标任务，各项事业发展取得新成效。

五年来，我们突出聚焦发展第一要务，综合经济实力大幅提升。2015年地区生产总值达到2601.57亿元，五年翻了近一番，年均增长11%。财政总收入达到261.86亿元，翻了一番多，年均增长18.2%。银行业金融机构存款突破2700亿元，年均增长16.4%。实施重点项目1728个，完成投资3503亿元，分别是“十一五”时期的2.7倍和4倍。三次产业结构由“十一五”末的18.6：45.5：35.9调整为15.2：44.6：40.2，三产对经济增长贡献率达64.9%。新型工业化加速推进，有色冶炼、盐卤化工、输变电制造、汽车及零部件等支柱产业形成集群，电子信息、生物医药、新型材料等战略性新兴产业蓬勃发展。旅游业加快发展，南岳获评“全国文明风景旅游区”，石鼓书院、蔡伦竹海、罗荣桓故居获批国家AAAA级景区。农业生产能力持续提高，新型农业经营主体竞相发展，粮食连年增产，祁东县获评“国家农村产业融合发展试点示范县”。建成南岳机场、土谷塘航电枢纽一期、五矿金铜一期等一批重大项目，进一步夯实发展基础。全市全面小康总体实现程度达到88.6%，蒸湘区获评全省首批“全面小康达标县市区”。

五年来，我们突出解放思想与时俱进，改革开放取得重大进展。全面深化改革实现良好开局。完成新一轮政府机构改革、合乡并村和社区整合。行政审批制度改革和商事制度改革取得明显成效，行政效能持续提升。市属国企改制圆满完成。市本级投融资公司现代企业制度基本建立。耒阳市农村“五权”抵押贷款改革试点经验被广泛推介。土地管理制度、不动产登记制度、医疗卫生体制、户籍管理、基层治理等领域改革取得重大进展。积极扩大开放，获批国家级湘南承接产业转移示范区、国家级高新技术开发区。全省第一家综保区在衡阳建成运行，20家世界500强企业和18家央企来衡阳发展，53家“雁字号”企业走出国门，对外经济合作遍及全球40余个国家和地区。

五年来，我们突出统筹城乡一体发展，城乡面貌展示新形象。新型城镇化加快推进，全市城镇化率达49.2%，中心城区建成区面积达123平方千米。统筹推进“八城同创”，城市品质进一步提升，获批“全国文明城市”提名城市。城市路网更加完善，衡州大道等一批城市主干道建成通车。来雁新城、滨江新区等一批城市地标项目顺利推进。大力推进“三清三

建”，城市面貌持续改善。数字衡阳建设成效明显，获评“宽带中国示范城市”。大力加强新农村建设，解决50.3万农村人口饮水不安全问题，城乡环境综合整治成效明显，衡阳县岘山镇等7个乡镇获评全国文明村镇，常宁市平安村等21个村获评全省“美丽乡村”。生态建设扎实推进，森林覆盖率达46.4%，顺利完成湘江流域保护与治理第一个“三年行动计划”，获批国家生态文明先行示范区。

五年来，我们突出发展为民发展惠民，保障和改善民生取得明显成效。坚持财政支出民生导向，五年累计投入1200亿元，年均增长24.5%。城乡居民人均收入分别达到26515元、14407元，是2010年的1.7倍和2倍。累计新增城镇就业35.6万人、农村劳动力转移就业32万人。25.6万贫困人口实现脱贫。教育事业稳步发展，建设义务教育合格学校1347所，高中教育、职业教育、高等教育走在全省前列，雁峰区获评“全国社区教育示范区”，珠晖区获评“全国校园足球试点区”。社会保障体系更加健全，城乡居民养老保险制度全覆盖，城乡低保标准稳步提升，残疾人事业健康发展。医疗卫生服务体系更加完善，人口保持均衡发展。大力推进保障性住房建设，帮助22.4万人解决住房问题。“广场旬旬演、社区周周乐”“船山故里·国学飘香”等群众文化活动丰富多彩，“公共文化服务进社区”活动被评为国家公共文化服务体系示范项目，电视剧《铁血男儿夏明翰》荣获省“五个一工程”奖，衡山影子戏成功入选世界非物质文化遗产，耒阳市荣获“千年古县”称号。全民健身运动蓬勃开展，成功举办市十运会，衡阳籍运动员董斌勇夺里约奥运会三级跳远铜牌和波特兰世界室内田径锦标赛冠军。积极推进依法执政、依法行政、公正司法、全民普法，法治衡阳建设迈出新步伐。国防后备力量建设得到加强，人防工作获评“全国先进单位”。全面推进社会治理网格化、信息化，大力加强社会治安防控体系建设，扎实做好社会治理、信访维稳、安全生产等工作，社会大局和谐稳定。

五年来，我们突出加强基层党建工作，党的建设持续推进。扎实开展党的群众路线教育实践活动、“三严三实”专题教育、“两学一做”学习教育，党员干部理想信念更加坚定，党性观念、宗旨意识得到增强。深入推进干部人事制度改革，有力整治“三超两乱”问题。认真落实基层党建责任，建立党组织书记基层党建工作联述联评联考等制度。扎实推进社区“两化两体系”建设，94个社区完成标准化建设。积极开展党建网格化管理，2.8万名党员干部“沉网入格”联系服务群众，“三有两评”工作法获评全省组织工作重大创新奖。严格落实中央八项规定精神，大力开展“纠‘四风’、治陋习”等专项整治活动，干部作风明显好转。深入推进党风廉政建设和反腐败斗争，全市纪检监察机关五年共立案4608件，处分4782人。特别是2016年以来，我们深刻反思衡阳破坏选举案及李亿龙严重违纪违法案，严格落实全面从严治党要求，加大正风肃纪力度，政治生态正在逐步好转。市县乡同级领导班子同步换届工作有序推进，县乡两级党委换届风清气正、圆满成功。

过去的五年，市委积极发挥总揽全局、协调各方的领导核心作用，大力支持人大、政府、政协依照法律和章程履行职能，大力支持民主党派、工商联和无党派人士参政议政，统筹推进民族、宗教、侨务、对台等工作，积极支持工会、共青团、妇联、残联、文联、社科联、科协等群团组织开展工作，扎实开展双拥共建，各项工作取得新进步。

这些成绩的取得，是党中央、国务院和省委、省政府正确领导的结果，是全市各级党组织、广大共产党员和人民群众团结奋斗的结果，是各民主党派、工商联、人民团体、驻衡部队、武警官兵和所有关心衡阳发展的各界人士大力支持的结果。在此，我代表中共衡阳市第十届委员会，向关心支持衡阳发展的同志们、朋友们，表示衷心的感谢和崇高的敬意！

同时，必须清醒认识到，我们工作中还有一些不足，前进的道路上还有不少困难和问题。主要体现在：一是全面深化改革进入攻坚期和深水区，突破思想观念的禁锢和利益固化的藩篱难度加大，部分党员领导干部忧患意识、危机意识、进取意识不强，推动改革创新的力度不大；二是经济发展总体上存在总量不大、结构不优、质量不高、后劲不足、机制不活等问题，县域经济、工业经济、旅游经济短板明显，营商环境、政务环境与经济发展要求还不完全相适应，社会投资信心不足；三是改善民生和加强社会治理的任务还很艰巨，一些关乎群众切身利益的问题还需要下大气力解决，影响社会稳定的矛盾还比较多，社会治理的基础不牢固，全社会崇尚法治和依法办事的氛围还不够浓厚；四是党的建设存在薄弱环节，党的领导作用发挥不够好，管党治党不够有力，一些基层党组织软弱涣散，“四风”问题还没有得到彻底根除，反腐败斗争形势依然严峻复杂，风清气正的政治生态还没有完全形成，构建良好的从政环境任重道远；五是干部队伍中干事创业的氛围不浓，一些干部担当意识不强，作风不实，工作缺乏干劲，为官不为、为官慢为的现象比较突出。以上问题，我们必须敢于面对，认真对待，采取有效措施加以解决，在新起点上寻求新突破。

特别要指出的是，过去五年里，衡阳市相继发生衡阳破坏选举案及李亿龙严重违纪违法案，对党和国家的事业造成严重损害，对市委的威信和形象造成严重伤害，对衡阳的改革发展造成严重影响。中央、省委严肃查处衡阳破坏选举案及李亿龙严重违纪违法案，充分表明我们党加强党风廉政建设和反腐败斗争的坚强决心和鲜明态度。案件发生后，我们按照中央、省委的要求，紧紧依靠全市广大党员干部群众，坚定不移加快经济社会发展，坚定不移推进全面从严治党，维护社会大局稳定，保持了经济平稳发展，这充分体现了全市广大党员干部群众良好的整体素质和精神风貌。同时，我们必须清醒地看到，这两起案件危害巨大、教训深刻，必须痛定思痛、深刻反思。深入剖析其发生原因，主要是法纪监督约束严重缺位、形同虚设，执行制度规定严重变形走样，民主集中制落实不到位，党内政治生活缺乏严肃性、原则性、战斗性，有的党员干部法纪观念和党性原则严重缺失，政治生态和从政环境严重扭曲，归根结底是党的领导弱化、党的建设缺失、从严治党不力。我们必须汲取教训，以壮士断腕、刮骨疗毒的勇气和决心，正风肃纪、正本清源，坚持全面从严治党，切实净化政治生态，重塑衡阳良好形象。

五年的实践，有收获的喜悦，也有深刻的教训，我们深深体会到：必须始终坚持从严治党，认真履行“两个责任”，全面推进党的建设，严格落实从严治党要求，坚决纠正一切不正之风，坚决查处一切腐败问题，为经济社会健康发展营造良好环境；必须始终坚持科学发展，主动适应和引领经济发展新常态，牢牢扭住项目建设这个“牛鼻子”，千方百计稳增长，坚定不移促转型，用发展来凝聚人心、改善民生、提升形象；必须始终坚持问题导向，面对困难和问题敢于担当，敢于负责，敢于创新，不回避矛盾，不推卸责任，有效应对各种复杂局面和困难挑战；必须始终坚持以人为本，把人民放在心中最高位置，着力解决群众反映强烈的突出问题，让人民群众更多更好地共享改革发展成果。

二、展望新五年，我们要提振信心，继续前进，谱写衡阳发展新篇章

未来五年，对衡阳市而言，是全面建成小康社会的决胜阶段，是加快产业转型升级的黄金时期，也是重构政治生态、重塑良好形象的紧要关头。我们既面临不少的困难、严峻的挑战和空前的压力，更有着有利的条件、自身的优势和光明的前景。我们必须化压力为动力，变不利为有利，引导全市广大干部群众坚定信心，阔步前行。

我们的信心来自中央、省委的坚强领导。党的十八大以来，以习近平同志为总书记的党中央举旗亮剑、谋篇布局、攻坚克难、固本强基，带领全党全国各族人民开辟治国理政新境界，开创中国特色社会主义事业新局面，中华民族伟大复兴展现出前所未有的光明前景。中央、省委对衡阳的发展十分关注，充满期待。有中央、省委的坚强领导，我们就没有迈不过的坎，就没有实现不了的目标。我们的信心来自全市人民追求美好生活的强烈愿望。衡阳市是一座有着光辉历史的城市，衡阳保卫战后全城夷为一片废墟，现在屹立在我们面前的是一座123平方千米的美丽新城。靠的就是衡阳人民自强不息、顽强拼搏的品格，靠的就是干部群众团结一心、众志成城的精神。靠着这种品格和精神，衡阳正在走出破坏选举案及李亿龙严重违纪违法案的阴影，全市上下政通人和的局面正在加速形成，人民群众求发展盼富裕的愿望非常强烈，对衡阳未来的发展充满信心。这是衡阳加快发展的强大精神动力。我们的信心来自厚积薄发的基础优势。我们是全国26个老工业基地城市之一，是国家重要的农产品生产基地，产业基础厚实；我们是全国交通枢纽城市，立体交通格局基本形成，区位优势明显；我们是全国有名的“有色金属之乡”“非金属之

乡”“鱼米之乡”，物产资源丰富；我们有800万人口、50万熟练工人，有11所高校、15万在校大学生，人力资源丰富；我们有国家级产业转移示范区、国家现代服务业综合改革试点城市、全国二级物流园区布局城市等一批“国字号”金字招牌，政策红利丰厚。靠这些基础，我们完全有底气去夺取新的胜利。我们的信心来自总体向好的外部条件。世界经济在深度调整中曲折复苏，全球治理体系深刻变革，国际力量对比趋向平衡，国际环境总体于我有利；国内经济运行虽然面临较大下行压力，但经济发展长期向好的基本面没有变，“一带一路”“中国制造2025”等重大战略稳步推进，新的发展空间不断拓展；湖南正在大力实施“一带一部”战略，促进“三量齐升”，推进“五化同步”，发展势头强劲。国际国内形势表明，我们的发展仍然面临着宏观环境持续向好、政策红利继续增加、新的动能不断成长的良好形势。面对新形势新任务，我们必须提振精神，鼓足干劲，坚定信心，继续前行！

今后五年，全市工作总体要求是：高举中国特色社会主义伟大旗帜，以马克思列宁主义、毛泽东思想、邓小平理论、“三个代表”重要思想、科学发展观为指导，深入贯彻习近平总书记系列重要讲话精神，按照“五位一体”总体布局和“四个全面”战略布局，牢固树立和贯彻落实创新、协调、绿色、开放、共享发展理念，瞄准打造“现代产业强市、文化旅游名城、幸福和谐家园”，决胜全面小康，着力植优补短，坚持改革开放，全面从严治党，为建设经济繁荣、百姓富裕、生态优美、社会和谐、政治清明的新衡阳而努力奋斗。

今后五年，我们要按照“现代产业强市、文化旅游名城、幸福和谐家园”的发展定位，努力创建全国文明城市、国家创新型城市、全国重要物流枢纽城市，着力打造湖南先进制造业基地、优质农产品主产区、文化旅游融合发展示范区，加快构建区域性科技创新中心、物流贸易中心、金融中心、医疗卫生中心，把衡阳建设成为更具影响力的全国重要节点城市、更具竞争力的全省第二大城市、更具辐射力的区域性中心城市。

今后五年，我们的奋斗目标是：

——经济更加繁荣，综合实力显著增强。经济保持中高速增长，产业迈向中高端水平。主要经济指标增速高于全省平均水平，经济总量超过4000亿元。以新型工业为支撑、现代服务业为主导、现代农业为基础的产业体系更加完备。城镇化水平明显提高，城乡发展更加协调。发展的体制机制更加完善，经济外向度进一步提高。

——百姓更加富裕，民生福祉大幅提升。就业比较充分，群众的收入不断增加。现行标准下贫困人口实现整体脱贫。教育、社保、医疗、住房等公共服务体系更加健全。群众文化生活更加丰富，成功申报国家历史文化名城。全民素质和社会文明程度进一步提高，成功创建全国文明城市。

——生态更加优美，人居环境持续改善。低碳绿色生产生活方式基本形成，资源能源得到高效利用，主要污染物排放量明显下降，环境质量持续改善。森林覆盖率力争超过50%。“两型社会”建设取得明显成效。

——社会更加和谐，民主法治日益健全。人民民主不断扩大，协商民主广泛多层制度化发展，基层民主更加健全。法治衡阳建设取得新进步，法治政府基本建成，司法公信力明显提高，市民法治意识不断增强。社会治理体系更加完善，社会大局和谐稳定。

——政治更加清明，政治生态得到净化。党的建设全面加强，干部作风持续好转，腐败问题得到有效遏制，形成风清气正、崇廉尚实、干事创业、遵纪守法的良好政治生态。

建设“五个新衡阳”，全面小康是核心任务。我们要顺应人民群众对美好生活的向往，集中力量加快全面建成小康社会，顺利实现第一个百年奋斗目标。植优补短是主要抓手。我们要变文化优势为竞争优势，变区位优势为开放优势，变资源优势为产业优势，变生态优势为发展优势，着力补齐县域经济、工业经济、旅游经济短板，增强经济发展整体实力。改革开放是强大动力。我们要以创新引领经济社会发展，以“啃硬骨头”的精神推进各项重点改革，以“海纳百川”的胸怀全面提升开放水平，在创新中增强发展动能，在改革中释放发展红利，在开放中激发发展活力。从严治党是根本保证。我们要坚持党要管党、从严治党，真管真严、敢管敢严、长管长严，重构山清水秀的良好政治生态，不断增强自我净化、自我完善、自我革新、自我提高能力。

建设"五个新衡阳"，必须不忘初心，继续前进。以坚定的理想信念、赤诚的为民情怀、无私的奉献精神、严格的规矩意识，牢记宗旨，坚守信仰，朝着"两个一百年"奋斗目标阔步迈进。必须解放思想，奋发图强。对于选准的路子、认准的目标、看准的事情，就大胆地试、大胆地闯、大胆地干，创造性地完成新使命。必须勇于担当，敢于负责。把心思集中在"想干事"上，把能力体现在"会干事"上，把目标落实在"干成事"上，奋力开创工作新局面。必须团结一心，苦干实干。大力发扬雁阵精神，思想同心、目标同向、工作同力，干字当头，善作善成，推动全市经济社会发展再上新台阶、再创新辉煌！

三、奋战新五年，我们要脚踏实地，真抓实干，开创衡阳发展新局面

建设"五个新衡阳"，需要我们以中国特色社会主义政治经济学为指导，深入贯彻落实五大发展理念，以踏石留印、抓铁有痕的劲头，一步一个脚印推动工作落实。

（一）加快转型发展，壮大经济实力

着力补齐县域经济短板。县域兴则全市兴，县域强则全市强。要聚焦县域，把发展壮大县域经济作为全市重大战略，集全市之力推动县域经济发展，力争"十三五"时期，各县市在全省县域经济排名明显前移，2~3个县市进入全省十强。要做大总量，全面提升招商引资水平，集中力量推进项目建设，着力引进和实施一批打基础、利长远的重大基础设施项目和产业项目，用项目建设助推县域经济发展。要彰显特色，支持各县市利用资源禀赋、发挥比较优势，做大做强龙头企业，发展壮大特色产业，实现县域经济差异化发展。要优化服务，大力支持民营经济发展，推进大众创业、万众创新，最大限度释放各类市场主体创业创新活力。

着力补齐工业经济短板。新型工业化是实现富民强市的第一推动力。要坚定主攻工业的发展理念，坚持把做大做强工业作为首要任务，发展优势产业、扶持新兴产业、淘汰落后产业，推进工业往集约化、高端化、绿色化方向转变。要帮助企业树立信心，引导企业主动适应供给侧结构性改革，紧密对接"中国制造2025"和"互联网+"战略，大力实施品牌战略，加大技改投入，努力扩大有效供给。要下更大功夫服务好现有企业，加强要素保障，帮助企业解决难题，扶持优势企业做大做强，支持企业上市，放开搞活小微企业，努力形成大企业"顶天立地"、小企业"铺天盖地"的局面。要围绕完善产业链条，积极引进聚集一批大企业、好项目，促进产业集群发展，打造电子信息、高端装备制造、有色金属加工三大千亿产业集群。要把工业园区作为发展工业的主战场，完善园区基础设施，创新园区运行机制，加快高新开发区、白沙洲工业园、衡山科学城建设，打造千亿级国家高新技术开发区，努力将松木、水口山经开区升格为国家级经济技术开发区；做大做强县市工业园区，力争各县市工业园区产值突破200亿元。

着力补齐旅游经济短板。旅游业是国民经济的战略性支柱产业。要大力实施全域旅游战略，着力构建以南岳为龙头、城区为中心、市县为基础、景区景点和旅游项目为支撑的全域旅游发展大格局。南岳要瞄准打造国际旅游目的地的目标，加强营销推广，完善旅游设施，创造新型业态，丰富旅游产品，真正发挥旅游龙头作用。加强南岳与周边县市旅游业的联动开发，构建南岳衡山旅游经济新区。城区要突出抓好雨母风景区、酃湖公园、横江湿地公园、滨江旅游休闲度假区、青草桥风情休闲街等重点景区建设，提质建设石鼓书院、东洲岛、雁峰，打捆创建AAAAA级景区。大力发展县市特色旅游，每个县市要新创建1~2个AAAA级以上旅游景区，建设一批"望得见山、看得见水、记得住乡愁"的旅游名镇名村。要大力挖掘本地文化资源，促进旅游与文化融合发展。要培育旅游龙头企业，打造品牌旅游路线，使旅游成为全市经济发展的领跑产业。

继续巩固农业基础地位。农业是保障经济持续健康发展的"压舱石"。要始终把"三农"工作作为重中之重，加快转变农业发展方式，促进农业与二三产业融合发展，保持农业稳定发展和农民持续增收，推动衡阳市由农业大市向农业强市转变。坚持最严格的耕地保护制度，严守耕地红线，稳定粮食总产量。大力实施"十百千万"现代农业发展工程，推进农业机械化耕作和标准化生产，支持种养大户、家庭农场、农民合作社等新型农业经营主体和服务主体建设

成为现代农业的骨干力量。大力发展油茶、茶叶、林竹、特色水果、中药材等特色农业，实施特色农业示范建设工程和品牌化建设，加大龙头企业引进和培育力度，支持南岳云雾茶、大三湘、绿海粮油、角山米业等一批农产品加工企业做大做强。

加快发展现代服务业。现代服务业是推动经济转型升级的重要引擎。要推动生产性服务业向专业化和价值链高端延伸，生活性服务业向精细化和高品质转变。加快发展金融、电子商务、总部经济等产业关联度大、带动力强的生产性服务业，推动检验检测、信息服务、研发设计、知识产权等高技术服务业发展。加快发展第三方物流和智能物流，积极发展空港物流、临港物流，推动物流业与制造业、现代农业、商贸业联动发展。大力发展现代商贸业，规划建设一批特色商业街区，加快推进华耀城、万达广场等商贸综合体建设。积极发展健康、养老、社区服务等新兴服务业，更好满足群众服务需求。

大力实施创新驱动战略。创新是引领发展的第一动力。要以创建“国家创新型城市”为目标，推进以科技创新为核心的全面创新，发挥科技创新对经济社会发展的支撑引领作用。加快构建以企业为主体、市场为导向、政产学研用相结合的技术创新体系，努力建设一批国家级和省级重点实验室、工程技术研究中心、企业技术中心。建立健全技术成果交易平台，积极发展技术认定、咨询、估价等中介服务，引导和支持驻衡高校、科研机构科技创新成果就地转化。实施人才强市战略，加大人才引进和培养力度，集聚一批“高精尖”创新创业型人才。

（二）推进改革开放，增强发展的动力和活力

着力深化重点领域改革。改革是加快发展的关键一招。要坚决打好全面深化改革攻坚战，充分释放改革活力。扎实推进供给侧结构性改革，抓好“三去一降一补”重点任务，做到去得坚决、降得有效、补得精准。深化国有企业改革，加快建立现代企业制度，积极稳妥发展混合所有制经济。加强国有资产监管，确保国有资产保值增值。深化金融体制改革，完善金融市场体系，加强融资监管，建设金融生态安全区。健全投融资管理体制机制。深化商事制度改革，营造公平有序、诚信规范的市场环境。深化财税体制改革，建立全面规范、公开透明的预算制度，建立规范合理的政府债务管理机制，抓好增值税、消费税、资源税、房地产税等税制改革落实。大力推进农村综合改革，探索推行农村土地所有权、承包权、经营权三权分置有效途径，加大以农村“五权”抵押贷款为核心的农村金融改革创新力度。加快户籍制度改革，有序推进农业转移人口市民化。深化城市执法体制改革，构建权责明晰、服务为先、管理优化、执法规范、安全有序的城市管理体制。

加快推进政府职能转变。转变政府职能是深化行政体制改革的核心。要持续深化行政审批制度改革，放权于市场和社会，保证各类市场主体权利平等、机会平等、规则平等。进一步完善各级政府权责清单管理体系，构建约束权力的制度笼子。加强市县两级政务服务中心软硬件建设，深入推进“两集中、两到位”改革，建立健全公共资源交易平台，为企业和群众提供更加优质高效的服务。加快事业单位分类改革，加大政府购买公共服务力度，推进政事分开、事企分开和管办分离。

构建全方位开放格局。对外开放是我国的基本国策。要坚持内外需并重、进出口并重、引进来和走出去并重、引资和引技引智并重，发展更高层次的开放型经济。抢抓国家扩大内陆开放的战略机遇，主动对接“一带一路”、长江经济带战略，构建全方位开放格局。着力抓好精准招商，对接引进一批战略投资者。实施装备制造、工程承包、服务外包出国出海行动计划，支持有实力的优势企业走出衡阳，走向世界。推进大浦通用机场、湘江2000吨级航道建设，完善铁路、航空、港口等口岸体系，扩大对外开放优势，将衡阳打造成为全省开放型经济发展新高地。

（三）统筹城乡发展，推进城乡一体化

构建新型城镇化发展格局。城镇化是现代化的必由之路，是扩大内需的最大潜力。要推动城镇建设与产业布局相配套，与资源环境相适应，构建中心城区和市县城镇协调发展的城镇化格局。发挥中心城区龙头作用，推动周边地区与中心城区基础设施互联互通、产业发展互补互助，加快西渡、南岳、云集、大浦、三塘、樟木等重点城镇与中心城区融合发展。加大行政区划调整力度，拓宽中心城区发展空间，增强辐射带动能力。做大做强县市中心城镇，积极发展特色小城镇，打造一批工业强镇、农业重镇、商贸旺

镇、旅游名镇。

建设高品质城市。城市是现代文明的标志。要遵循城市发展规律，坚持以人为核心，进一步提高城市规划、建设、管理水平。按照200平方千米、200万人口的规模抓好中心城区新一轮规划修编，推进多规合一，建立统一衔接、功能互补、相互协调的城市规划体系。着力完善城市功能，健全城市路网，抓好海绵城市、智慧城市和城市管廊建设，谋划城市轨道交通建设。推进旧城区改造，继续抓好主次干道两厢提质改造和社区“三清三建”。加快来雁新城、滨江新区、酃湖新城、陆家新区、雁峰南部生态新城等城市新区建设步伐，不断提升城市品质。创新城市治理体系，全面提升城市管理科学化、规范化、精细化水平，成功创建国家卫生城市、国家园林城市、国家交通管理模范城市。

打造现代美丽乡村。美丽乡村建设是社会主义新农村建设的重要任务。要遵循乡村自身发展规律，体现农村特点，注重乡土味道，保留乡村风貌，努力建设农民幸福家园。科学编制乡村建设规划和村庄规划，加强农村建房规范管理，建设雨母山、茶山坳、横江、萱洲等一批高档次、高品位的美丽乡村特色片区。深入推进农村环境综合整治，全面改善农村生产生活条件。着力完善农村公路、农田水利、河流治理、安全饮水、网络宽带等基础设施，三年内完成新一轮农村电网改造。加大传统村落、民居和历史文化名村名镇保护力度，建设美丽宜居乡村。

（四）保障和改善民生，共享发展成果

打赢脱贫攻坚战。脱贫攻坚是第一民生工程。要围绕“两不愁、三保障”的基本目标，按照“四个切实、五个一批、六个精准”的要求，以更大的决心和力度扎实抓好十项扶贫举措。广泛动员各方力量投身扶贫开发工作，构建专项扶贫、行业扶贫、社会扶贫等有机结合的大扶贫格局，确保完成4.8万贫困人口的易地扶贫搬迁任务，确保祁东县如期摘除贫困县帽子，确保2018年实现全市贫困人口整体脱贫。

推进教育现代化。教育是社会进步的基石。要坚持教育优先发展，落实立德树人根本任务，深化教育领域综合改革，全面提高教育教学质量。大力发展学前教育，加快义务教育均衡发展，推动高中教育高质量特色化发展，促进优质教育资源共建共享，努力解决“大班额”“择校热”和进城务工人员子女上学难等问题。大力发展职业教育，加快职业教育产教融合示范基地建设。支持高校加快发展，引导高校提升服务地方发展水平。加强继续教育，提升特殊教育水平。支持和规范民办教育发展。加大农村、边远、贫困和民族地区教育投入，努力实现家庭困难学生资助全覆盖。加强教师队伍建设，逐步提高教师待遇。

促进居民就业增收。就业是民生之本。要实施更加积极的就业政策，扎实做好高校毕业生、退役军人、城镇困难人员、农村转移劳动力等重点人群的就业工作。完善就业服务体系，建好市、县、乡（街道）、村（社区）四级联网的人力资源公共服务平台。着力构建和谐劳动关系，坚决维护劳动者权益，努力让劳动者实现体面劳动、全面发展。建立科学的工资水平决定机制、正常增长机制、支付保障机制，持续增加城乡居民收入。

健全社会保障体系。社会保障是社会的稳定器。要坚持全民覆盖、适度保障、权责清晰、运行高效，建立更加公平更可持续的社会保障制度。配合推进职工基础养老金全国统筹，逐步提高城乡居民基本养老金标准。健全统一的城乡居民基本医疗保险制度，完善城乡医疗救助、大病救助和临时救助制度，积极发展社会福利事业。扎实做好被征地农民社会保障工作。完善城乡最低生活保障制度。加大保障性住房建设力度，加快住房公积金向民营企业和进城务工人员覆盖步伐。

提高人民健康水平。健康是人的全面发展的必然要求。要贯彻落实“健康中国2030”规划纲要，把人民健康放在优先发展的战略地位，以普及健康生活、优化健康服务、完善健康保障、建设健康环境、发展健康产业为重点，加快推进健康衡阳建设。深化医药卫生体制改革，努力在分级诊疗制度、现代医院管理制度、全民医保制度、药品供应保障制度、综合监管制度等方面取得突破，着力解决看病难、看病贵问题。鼓励社会资本兴办健康服务业。推动中医药事业发展。完善医疗纠纷调解机制，依法惩处涉医犯罪和“医闹”行为，构建和谐医患关系。加大食品药品安全监管力度，全面提升农产品质量安全水平，让人民群众吃得安全，吃得放心。

促进人口均衡发展。促进人口均衡发展，关系国家发展和民族未来，关系亿万家庭幸福。要坚持计划生育基本国策，全面实施一对夫妇可生育两个孩子政策。积极发展妇幼保健事业。加快建设以居家为基础、社区为依托、机构为补充、医养相结合的养老服务体系，更好地满足养老服务需求。保障妇女和未成年人权益。完善残疾人服务保障体系。建立健全农村留守儿童和妇女、老人关爱服务体系。

（五）推动文化大发展大繁荣，建设文化名城

努力创建全国文明城市。创建全国文明城市事关衡阳形象和百姓福祉。要以创建全国文明城市为总揽，统筹推进“八城同创”，确保2020年前实现创建目标。把社会主义核心价值观融入国民教育全过程，加强社会公德、职业道德、家庭美德、个人品德建设，形成向上向善、诚信互助、文明和谐的良好社会风尚。加大关心下一代工作力度，抓好未成年人思想道德建设，推进志愿服务和诚信建设制度化，充分发挥道德模范示范引领作用，不断提高市民素质和社会文明程度。深化文明县城、文明村镇、文明单位、文明家庭、文明校园等创建活动，创新形式内容，增强创建实效。

大力发展文化事业。让人民享有健康丰富的精神文化生活是全面建成小康社会的重要内容。要构建现代公共文化服务体系，促进基本公共文化服务标准化、均等化。着力完善文化基础设施，推进农村广播“村村响”、直播卫星“户户通”、乡村文体小广场、社区文化活动中心等文化惠民工程建设，加快“两馆一中心”等文化标志性工程建设。实施文化精品工程，深入挖掘衡阳本土文化的内涵和精髓，重视繁荣发展哲学社会科学，创作更多的优秀文化产品。积极申报国家历史文化名城，加大文物和非物质文化遗产保护力度，力争2020年前顺利通过验收。积极开展群众喜闻乐见的文化活动。精心组织好王船山诞辰400周年纪念活动。大力发展体育事业，推广全民健身，承办好省十三运会。

致力壮大文化产业。文化产业是“朝阳产业”。要谋划和实施一批重大文化产业项目，培育和引进一批有实力的文化企业，提升壮大广播影视、新闻出版、文化旅游、文学艺术等传统文化产业，培育发展文化创意、现代传媒、网络动漫、文化会展等新兴文化产业。加快推动经营性文化单位转企改制，组建具有较强市场竞争力的广电集团、报业集团等文化产业集团。加强文化市场综合执法，规范文化市场秩序。

（六）坚持绿色发展，大力推进生态文明建设

加大生态环境保护力度。保护生态环境就是保护生产力，改善生态环境就是发展生产力。要严格落实主体功能区制度，严守资源消耗上限、环境质量底线、生态保护红线。加强人工造林、封山育林和森林管护。抓好通道绿化和“三边造林”，构建生态、景观、经济三位一体的绿色长廊。新建一批国家级、省级湿地公园。努力创建国家森林城市、国家环境保护模范城市，建设天蓝、地绿、水净的美丽衡阳。

推进环境综合治理。环境问题是重大的民生问题。要以提高环境质量为核心，以解决损害群众健康的突出问题为重点，坚持预防为主、综合治理，强化大气、水、土壤等污染防治。深入推进湘江流域保护与治理“一号重点工程”，加强水口山、松木、合江套、雁栖湖等重点区域污染治理。加强城乡污水垃圾处理设施建设。严厉打击破坏环境行为。

加强生态文明制度建设。生态文明制度建设是生态文明建设的根本保障。要健全资源有偿使用和生态补偿制度，完善排污权交易市场化运转机制，推行排污许可制度。健全环保监管机制，完善生态文明绩效评价体系，强化考核约束。建立领导干部任期生态文明建设责任制，实行党政同责、离任查责、终身追责。大力倡导节约资源、保护环境的生活方式和消费模式，积极推广绿色建筑、绿色交通、绿色照明、绿色消费，努力营造共建共享生态文明的浓厚氛围。

（七）发展社会主义民主政治，努力构建和谐衡阳

保证人民依法行使民主权利。发展社会主义民主政治是我们党始终不渝的奋斗目标。要坚持党的领导、人民当家作主、依法治国的有机统一，推进社会主义民主制度化、规范化、程序化，巩固和发展民主团结、生动活泼、安定和谐的政治局面。

坚持和完善人民代表大会制度，支持和保证各级人大及其常委会依法履行职能，支持、规范和保证人大代表依法履行职责和行使权力，发挥各级人大联系群众、反映民意、解决矛盾的主要民主渠道作用，使地方立法、讨论决定重大事项、监督“一府两院”、人事任免等工作更好地体现人民的意志，维护人民的

利益。坚持和完善中国共产党领导的多党合作和政治协商制度，健全重要问题在决策前和决策执行中进行协商的制度，支持和保证人民政协依照章程履行政治协商、民主监督、参政议政的职能，充分发挥协商民主重要渠道作用，更好地协调关系、汇聚力量、建言献策、服务大局。积极扩大基层民主，更好保障人民民主权利。加强对群团工作的领导，支持群团组织依法依章程开展工作。

加快推进法治衡阳建设。法治是治国理政的基本方式。要认真贯彻依法治国基本方略，牢固树立社会主义法治理念，加快推进依法治市各项工作，创造公正、高效、权威的法治环境。加强市委对立法工作的领导，支持市人大按照科学立法、民主立法、依法立法的要求，在城乡建设与管理、环境保护、历史文化保护等领域加强立法。全面抓好《法治政府建设实施纲要（2015—2020）》的贯彻实施，确保到2020年基本建成法治政府。推进司法体制改革，支持审判机关和检察机关依法独立公正地行使审判权和检察权，促进司法公正，维护司法权威。加强公共法律服务体系建设，完善法律援助和司法救助制度。深入开展“七五”普法工作，形成人人自觉知法守法用法的社会氛围。

巩固和发展最广泛的爱国统一战线。统一战线是党的事业胜利的重要法宝。要牢牢把握大团结大联合的主题，构建党委统一领导、统战部牵头协调、有关方面各负其责的大统战工作格局，促进政党关系、民族关系、宗教关系、阶层关系、海内外同胞关系和谐。支持民主党派和无党派人士积极履行职责。加强党外代表人士队伍建设。促进非公有制经济健康发展和非公有制经济人士健康成长。扎实做好民族工作。着力提高宗教工作法治化水平。深化交往合作，加强与港澳台和海外联系交流。搭建党外知识分子联谊会、欧美同学会等工作平台，做好党外知识分子和新的社会阶层人士工作。

切实维护社会和谐稳定。发展是硬道理，稳定是硬任务。要坚持把维护社会稳定放在事关大局的重要位置，加强党对政法工作的领导，坚持系统治理、依法治理、源头治理、综合施策，注重从源头上预防和减少社会矛盾，构建全民共建共享的社会治理格局。扎实做好信访维稳工作，正确处理维稳与维权、活力与秩序的关系，妥善解决好群众合理合法的利益诉求。坚持以人为本、生命至上，切实抓好安全生产工作，坚决遏制重特大事故的发生，推动安全生产形势持续稳定向好。大力推进平安衡阳建设，着力完善社会治安防控体系，严厉打击各类犯罪行为，不断提高人民群众的安全感。关心、支持国防后备力量和驻衡部队、武警部队建设，广泛开展国防教育，深入做好拥军优属、拥政爱民工作和开展军地共建活动，不断巩固和发展军政军民团结。发挥驻军大市优势，深入推进军民融合发展。

四、启航新五年，我们要痛定思痛，从严治党，为加快衡阳发展提供坚强保证

建设“五个新衡阳”，必须坚持一手抓经济社会发展，一手抓全面从严治党，着力重构衡阳政治生态，用从严治党推动经济社会发展，以经济社会发展检验从严治党成效。

（一）落实管党治党责任

党要管党、从严治党，是党的建设一贯要求和根本方针。各级党组织要牢固树立抓好党建是最大政绩、不管党治党是严重失职的观念，聚精会神抓党建，强化领导核心作用，坚持敢抓敢管，把全面从严治党要求落实到“五位一体”建设的各方面和全过程，推动管党治党从宽松软走向严紧硬。党委（党组）书记要做从严治党的书记，履行好第一责任人职责，对本地区本单位的政治生态负责，对干部健康成长负责，把责任传导给所有班子成员、压给下一级党组织书记，确保层层落实责任。各级纪检机关要全面履行监督责任，敢于动真碰硬，勇于执纪问责。

（二）严肃党内政治生活

严肃党内政治生活是全面从严治党的根本性基础工作。要围绕坚持党的政治路线、思想路线、组织路线、群众路线，严格党的组织生活等重点内容，集中解决好突出问题。要固本培元，把加强思想政治建设摆在首位，加强党员干部的学习教育和培训，引导党员特别是领导干部筑牢信仰之基、补足精神之钙、把稳思想之舵，坚定中国特色社会主义道路自信、理论自信、制度自信、文化自信，增强政治意识、大局意识、核心意识、看齐意识，做到以信念立身、以人格立身、以实干立身。要立规明矩，坚持在政治方向、

政治立场、政治言论、政治行为方面守好规矩，时刻绷紧政治纪律这根弦，始终做政治上的明白人。要开展严肃认真的党内生活，倡导清清爽爽的同志关系，规规矩矩的上下级关系，增强党内生活的政治性、时代性、原则性、战斗性，使各种方式的党内生活都有实质性内容，都能有针对性地解决问题，努力营造健康洁净的党内政治生态。要以上率下，从市委常委会做起，从各级各部门党委（党组）做起，从领导干部做起，模范遵守党章，严格按党的制度和规矩办事，任何时候都不搞特权，都不破坏党的制度和规矩。

（三）树立干事创业用人导向

营造良好政治生态，选人用人是关键。要坚持党管干部原则，坚持新时期好干部标准，坚持德才兼备、以德为先，坚持五湖四海、任人唯贤，坚持事业为上、公道正派，真正选出一批忠诚干净担当的好干部，特别要注意选拔那些原则性强、对群众感情深、一身正气、敢抓善管和工作中有思路、有激情、有韧劲、贡献大的干部，进一步树立正确用人导向。坚决防止和纠正选人用人上的不正之风，坚决防止“带病提拔”，对那些不讲原则、不负责任、不敢碰硬的干部不能提拔重用，让那些阳奉阴违、阿谀逢迎、弄虚作假、不干实事、跑官要官的干部没市场、受惩戒。进一步深化干部人事制度改革，健全干部绩效考核制度，试行干部推荐实名制，加大干部交流力度，推动干部能上能下。要贯彻好民主集中制，加强领导班子建设，统筹做好培养选拔年轻干部、妇女干部、党外干部和少数民族干部工作，不断提高领导班子整体功能。要更加关心关爱基层干部，为他们扎根基层、服务基层、奉献基层创造良好环境。要扎实做好老干部工作，积极发挥老干部作用。要充分信任青年、热情关心青年、严格要求青年、积极引导青年，为广大青年成长成才、创新创造、建功立业做好服务保障工作。

（四）驰而不息加强作风建设

党的作风就是党的形象。严格执行中央八项规定、省委九项规定和市委十条规定，确保有令必行、有禁必止。要巩固和拓展党的群众路线教育实践活动、“三严三实”专题教育成果，深入开展“两学一做”学习教育，持之以恒加强和改进干部作风。深入开展“纠‘四风’、治陋习”专项整治，紧盯作风领域问题的新动向，重拳整治收受红包礼金、公款吃喝、滥发津补贴、涉赌涉毒、索拿卡要等不良风气。大力开展“为官不为”专项整治，重点解决工作落实不力、敷衍塞责、群众观念淡漠等问题。鼓励党员干部敢于担当、主动作为，落实中央提出的“三个区分开来”要求，把干部在推进改革中先行先试出现的失误、探索性试验中的失误、推动发展的无意过失，同明知故犯、我行我素、谋取私利的违纪违法行为区分开来，最大限度调动和保护干部的积极性。健全改进作风长效机制，坚持抓常、抓细、抓长，使党员干部作风持续好转。

（五）夯实党建基层基础

党的基层组织是党的全部工作和战斗力的基础。要加强学习型、服务型、创新型党组织建设，不断提升基层党建科学化水平。严格落实基层党建工作责任制，扎实抓好党建工作联述联评联考制度落实，将全面从严治党要求落实到每一个支部、每一名党员。强化农村、企业、城市社区和机关、学校等领域的基层党组织建设，加大非公经济组织、社会组织等新领域组建党组织的力度，实现党的组织和党的工作“两个全覆盖”。选优配强基层党组织班子和带头人队伍，大力整顿软弱涣散的基层党组织，使每一个基层党组织强起来、活起来。做好发展党员工作，创新党员教育管理方式，加大不合格党员的教育转化和处置力度，保持党员队伍的先进性和纯洁性。完成中心城区社区办公服务用房、农村综合服务平台和省级以上园区党群活动服务中心建设。继续抓好社区“两化两体系”建设，创建一批星级文明社区。深化“机关联基层、党员联群众”活动，严格落实党员领导干部联系群众制度。强化基层经费保障，充实基层党务工作力量。

（六）牢牢掌握意识形态工作主导权

严格落实党委（党组）意识形态工作责任制，切实加强对意识形态领域的新闻舆论、网络宣传、社科理论、文化文艺等阵地的管理和引领。着力构建大宣传工作格局，将宣传思想工作同各领域的行政管理、行业管理、社会管理紧密结合，形成宣传思想工作强大合力。把正确导向贯穿到媒体发展的各环节和全过程，健全社会舆情引导机制，加强社会舆情应急管理，切实提高舆论引导能力和水平。大力宣传衡阳先进典型和经验，弘扬主旋律，传播正能量。推动传统媒体和新兴媒体融合发展，加快媒体数字化建设，增强媒体的传播力和影响力。

（七）以“零容忍”态度惩治腐败

要从衡阳破坏选举案及李亿龙严重违纪违法案中汲取教训，旗帜鲜明、毫不动摇地深入推进党风廉政建设和反腐败斗争，切实让衡阳的政治生态清朗起来。坚持标本兼治、综合治理、惩防并举、注重预防的方针，建立健全惩治和预防腐败体系，构建不敢腐、不能腐、不想腐的有效机制。全面落实党风廉政建设主体责任和监督责任。认真贯彻执行中国共产党《廉洁自律准则》《纪律处分条例》《问责条例》等党纪党规，让铁规发力、禁令生威。始终保持惩治腐败的高压态势，对腐败行为“零容忍”，有腐必反、除恶务尽，让腐败分子没有藏身之地。深入开展“雁过拔毛”式腐败问题专项整治，坚决纠正发生在群众身边的不正之风和腐败问题，推动全面从严治党向基层延伸。健全权力运行的监督制约机制，坚持党内监督和党外监督、专门机关监督和群众监督相结合，形成监督强大合力。推动巡视巡察工作全覆盖，充分发挥巡视巡察“利剑”作用，促进反腐败斗争深入开展。

同志们！今后五年是衡阳市击鼓奋进的五年，发展目标已经确立，美好蓝图已经绘就，我们必须坚定不移地朝着宏伟目标奋勇前进；今后五年是衡阳市攻坚克难的五年，改革发展稳定任务非常艰巨，困难风险挑战不可低估，我们必须勇于担当、迎难而上，努力战胜一切艰难险阻；今后五年是衡阳市奋发赶超的五年，发展基础更加坚实，多重机遇相互叠加，我们必须只争朝夕、阔步前行，切实担负起建设“五个新衡阳”的历史重任！

让我们高举中国特色社会主义伟大旗帜，紧密团结在以习近平同志为总书记的党中央周围，在中共湖南省委的坚强领导下，率领全市干部群众，万众一心，锐意进取，为建设经济繁荣、百姓富裕、生态优美、社会和谐、政治清明的新衡阳而努力奋斗！

政府工作报告

——在衡阳市第十五届人民代表大会第一次会议上

（2017 年 1 月 5 日）

衡阳市人民政府市长　周海兵

各位代表：

现在，我代表市人民政府，向大会作政府工作报告，请予审议，并请各位政协委员和其他列席人员提出意见。

一、本届政府工作回顾

市十四届人大一次会议以来的四年，是我市发展进程中极具挑战、极不平凡的四年。在省委、省政府及市委的坚强领导下，市政府团结、带领和依靠全市人民，积极适应经济发展新常态，有效应对经济下行压力，坚持以发展提振信心、以发展重塑形象，经济社会发展呈现稳中有进的良好态势，谱写了加快全面建成小康衡阳的新篇章。

四年来，我们主要做了以下工作：

一是积极适应新常态，综合实力迈上新台阶。从经济总量看：地区生产总值 2013 年突破 2000 亿元，2016 年达 2820 亿元（预计数，下同），年均增长 9.1%；一般公共预算收入 2013 年突破 200 亿元，2016 年达 277.96 亿元，年均增长 10.7%；社会消费品零售总额 2013 年突破 700 亿元，2016 年达 1127 亿元，年均增长 12.6%，主要经济指标增长稳定性增强，综合实力稳居全省第一方阵。全市全面小康实现程度预计达 91%，蒸湘区获评全省首批全面小康达标县（市），珠晖区获评全省全面小康推进工作十快进县。从发展支撑看：项目个数和投资规模连创新高，累计实施重点项目 1763 个、完成投资 3291 亿元，投资对经济增长的贡献率保持在 55%以上。累计争取国省资金 850 亿元。深入开展精准招商，20 家世界 500 强企业和 18 家央企来衡发展，富士康工业新城、五矿金铜、中兴网信等一大批产业项目形成新的经济增长点。从创新驱动看：大众创业、万众创新扎实推进，新技术新业态新模式不断涌现，全市市场主体达 20.86 万户。多层次资本市场加快发展，新增上市企业 13 家，湖南机油泵成功在 A 股上市。创新创业园区“135”工程建设推进有力，累计建成标准厂房 369.8 万平方米。智能制造和“互联网+”行动扎实推进，高新技术产业增加值年均增长 21.7%。发明专利申请量和授权量年均分别增长 47.4%、30.7%，衡山获评全国知识产权强县工程试点县，耒阳获评国家知识产权试点城市。

二是加快转型升级步伐，产业发展开拓新局面。三次产业结构优化为 15.1∶43.9∶41.0，三产占比较 2012 年提升 6 个百分点。现代农业加速转型。粮食年产量稳定在 330 万吨以上，收购量稳居全省第一，获评全国粮食生产先进市。油茶、有机茶、酥脆枣等特色产业不断发展壮大，获评全国油茶产业发展示范市。市级以上农业产业化龙头企业达 338 家，农产品加工业总产值年均增长 25%。在全省率先建成农业农村信息化示范基地。完成水利工程建设 32.86 万处，衡邵干旱走廊综合治理成效明显。新型工业加速推进。克服清理历史虚增等影响，工业保持平稳健康发展，规模工业增加值年均增长 8.7%。天雁机械、湖南机油泵、南岳电控等 20 多家企业在全国细分行业处于领先地位。项目环保、能耗准入门槛明显提高，六大高耗能行业增加值占规模工业增加值比重较 2012 年下降 4.6 个百分点。市直“两区一园”完成调规扩区，衡山科学城、白沙绿岛军民融合产业园启动建设，全市园区新增建成区面积 51.45 平方千米；获批国家级高新技术产业开发区、国家循环化改造示范试点园区、国家现代农业科技示范园区；省级以上园区规模工业增加值占全市规模工业增加值比重达 62.6%，较 2012 年提升 31.8 个百分点。现代服务业加速壮大。国家服务业综合改革试点工作顺利完成，服务业对经济增长的贡献率达 56.5%，较 2012 年提高15.8个百分点。红星美凯龙、中建衡阳中心等城市综合体形成消费新热点，丽波酒店、崇盛国际中心加快建设，万达、碧桂园、恒大等知名企业纷纷抢滩登陆，华耀城、衡缘物流中心等物流枢纽项目建设取得突破性进展。电子商务来势喜人，电商年交易额突破100亿元，成为全国首批信息消费试点市。金融事业蓬勃发展，全市金融机构本外币各项存、贷款余额分别达3300亿元、1423亿元，年均分别增长16.5%、19.5%。旅游经济持续升温，接待国内外游客、实现旅游总收入年均分别增长12.6%、17.8%，新增国家AAA级以上旅游景区9个，南岳区获批“国家全域旅游示范区”创建单位，耒阳被评为全国休闲农业与乡村旅游示范县。

三是全面深化改革开放，内生动能激发新活力。供给侧结构性改革推进顺利。去产能、去库存、去杠杆成效明显，水泥、煤炭、钢铁分别压缩产能800万吨、299万吨、16万吨；烟花爆竹生产整体退出；中心城区房地产库存去化周期缩减为12个月，处于合理区间；政府债务管理日益规范。投融资体制改革扎实推进，市本级投融资公司现代企业制度基本建立，县域投融资公司实现全覆盖。财税体制改革稳步推进，“营改增”及各项企业减税降费政策全面落实，累计为企业减负24亿元以上。重点改革成效显著。395家市属国有企业改制圆满完成，国企国资改革持续深化。在全省率先推出商事制度“改革套餐”，“五证合一”登记制度改革全面启动。农村综合改革不断深化，金融服务“三农”在全国创造“衡阳经验”，耒阳“两权”抵押贷款和综合行政执法体制改革国家试点成效明显。城区4家信用联社成功改制组建市农商行。城市公交改革成为人民满意的民生工程。国有林场改革全面完成。不动产登记制度、公务用车制度、生态文明体制、园区管理体制等改革扎实推进。开放带动效应不断放大。全省首家综合保税区运行良好，公路口岸建成投用。深入实施“走出去”战略，累计实现外贸进出口总额102.4亿美元，总量居全省第二，对外经济合作遍及全球40余个国家和地区。累计实际利用外资38.37亿美元、内资1107.5亿元。

四是突出统筹协调发展，城乡面貌呈现新变化。城市骨架全面拉开。完成第7次城市总体规划修编。中心城区带动战略加快实施，来雁新城、滨江新区、陆家新区、酃湖高铁新城、东洲岛片区建设有序推进；累计新（扩）建衡州大道、船山路、蒸湘南路等城市主次干道22条，基本形成“三纵三横三环”的城市路网格局。交通融城战略扎实推进，县城扩容提质步伐不断加快，城镇综合承载力不断提升，全市城镇化率达50%。农村公路通畅率达100%，行政村客班车通达率达97.8%。城市功能大幅提升。南岳机场成功通航并开辟8条航线；湘桂高铁、吉衡铁路开通运行，怀邵衡铁路建设推进顺利，娄衡高速建成通车，绕城高速“三纵两横”全线贯通，铁路、高速公路总里程分别跃居全省第2、第3位；湘江土谷塘航电枢纽4台机组全部投产发电，湘江2000吨级航道衡阳至株洲段开工建设。“两供两治”建设扎实推进，全市新（扩）建污水处理厂9座，垃圾焚烧发电厂建成投产，餐厨垃圾处理中心基本建成，城市生活污水、生活垃圾处理率分别达85.7%、100%。海绵城市及地下综合管廊加快建设，“四湖一河一湿地”建设推进顺利。建成公园5个，新建“三江六岸”风光带30.8千米。获评电信普遍服务试点城市，宽带出口流量占全省35%。城市管理明显加强。统筹推进“八城同创”，成功获批全国文明城市提名城市。市区两级管理职能调整持续深化，城管、环卫、园林等职能全面下放。大力开展“城市管理年”“六大战役”“两大工程”等活动，深入实施“规电”“禁停”等专项行动，社区“两化两体系”建设和中心城区“三清三建”、主次干道两厢提质改造、农贸市场标准化改造扎实推进。烟花爆竹逐步限放禁放。殡葬改革经验在全省推介。城乡环境持续改善。圆满完成湘江保护和治理“一号重点工程”第一个“三年行动计划”，水口山、合江套等重点区域及湘江流域综合整治成效明显，省里下达的节能减排任务全面完成。县级以上饮用水水源地水质达标率稳定为100%。全面实施大气污染防治，城区空气优良率达80%。扎实开展“三边”造林、通道绿化和裸露山地造林，森林覆盖率达47%。围绕城市周边连片推进新农村建设，30个村被评为省级“美丽乡村建设示范村”或“秀美村庄示范村”。农村环境综合整治实现全覆盖，中心集镇“五乱”现象得到有效整治，农村基本不见暴露垃圾。获批全国生态文明先行示范区。

五是坚持民生为本，社会民生得到新改善。人民生活水平明显提高。坚持财政收入用于民生支出主导向，民生支出累计达1229.38亿元，占财政总支出的67.9%，年均增长17.2%。城乡居民收入稳步提高，2016年城乡居民可支配收入分别达28901元、15675元。脱贫攻坚扎实推进，全市395个贫困村实现驻村帮扶全覆盖，累计减少贫困人口25.6万，农村低保兜底脱贫经验在全省推广。农村电网第二期改造基本完成。解决205.6万农村人口饮水不安全问题。社会保障不断健全。累计新增城镇就业29万人、农村劳动力转移就业27万人。五大险种参保基本实现全覆盖，新农合参合率稳定在99%以上，企业退休人员养老金实现“十二连调”。保障性安居工程开工建设15.7万套，完成危房改造4.66万户。社会救助、社会福利体系不断完善。社会事业协调发展。全面或超额完成省、市重点民生实事98件。创建义务教育合格学校1449所，高中招生改革顺利完成，中心城区中小学“大班额”现象有效化解。公立医院综合改革有序推进，药品零差率销售实现公立医院全覆盖。生育政策调整平稳有序，出生人口性别比稳步下降。“公共文化服务进社区”荣获国家公共文化服务体系示范项目，新闻出版、广播影视、文学艺术繁荣发展。市游泳馆、体育馆建成投用，市十运会成功举办，全民健身运动蔚然成风。社会大局和谐稳定。安全生产“六大攻坚战”扎实推进。

应急管理和食品药品安全监管全面加强。平安衡阳创建深入推进，社会治安防控体系进一步健全，防范打击违法犯罪有力有效。信访工作制度改革稳步推进，房地产领域矛盾纠纷化解有力，获评2010—2015年全省信访工作先进集体。严厉打击非法集资，守住了不发生系统性和区域性金融风险的底线。民族宗教管理规范有序。

六是深入推进政府职能转变，政府自身建设取得新进展。市县政府职能转变和机构改革、并乡合村工作圆满完成。“放管服”改革不断深化，在全省率先完成权力清单动态调整，创新推行“两集中、两整合、两公开”改革，企业、政府投资项目审批时间分别提速70%、65%。市县两级“12345”政府服务热线建成投用，服务质量位列全国地级市第4位。自觉接受人大及其常委会的法律监督和工作监督、政协的民主监督以及社会各界的监督，充分采纳各民主党派、工商联和无党派人士意见、建议，累计办理市人大代表议案4件、建议1177件，办理市政协提案1448件。政府法律顾问制度积极推行。建市以来首获地方立法权，首部地方性法规《衡阳市南岳区综合管理条例》经省人大常委会批准，即将施行。“六五”“七五”普法有序衔接。第九次村委会换届选举圆满完成。党的群众路线教育实践活动、“三严三实”专题教育和“两学一做”学习教育扎实开展。坚决落实市政府党组全面从严治党主体责任，强化效能监察和审计监督，深入推进党风廉洁建设和反腐败斗争，大力建设廉洁政府，发展环境持续优化。

各位代表！四年来，我们坚决落实党在新形势下的强军目标，全力支持国防和军队现代化建设，国防动员和后备力量建设不断加强，人防工作获评全国先进，军民融合发展开创新局面。

各位代表！本届政府取得的成绩来之不易，这是省委、省政府及市委正确领导的结果，是全市人民团结拼搏、共同奋斗的结果，是社会各界人士关心支持、大力帮助的结果。在此，我代表市人民政府，向全市各族人民，向各民主党派、工商联、无党派人士、人民团体，向驻衡部队、武警官兵和政法干警，向国内外所有关心支持衡阳发展的各界朋友，表示诚挚的感谢和崇高的敬意！

回顾四年历程，我们深刻体会到：只有坚持解放思想才能赢得主动，我们正是在持续深入解放思想中不断抢抓机遇、顺势而为，才牢牢把握住了新常态下经济发展的主动权；只有坚持改革创新才能永葆活力，近年来衡阳经济社会保持平稳健康发展的良好势头，关键在于立足实际，坚定不移加快改革开放步伐、加大创新力度，让发展活力在改革创新、扩大开放中倍乘释放；只有坚持真抓实干才能奋发有为，在全市爬坡过坎的攻坚时期，我们围绕既定目标任务埋头苦干、一任接着一任干，展示了敢于担当、积极进取的责任政府形象；只有坚持执政为民才能砥砺前行，衡阳的改革发展历程告诉我们，必须把扩大群众获得感作为想问题、办事情的第一标尺，在谋求发展中集中民智、在抢抓发展中汇聚民力、在共享发展中赢得民心。我们坚信，这些宝贵的精神财富必将继续转化为推动发展的强大动力。

同时，我们也清醒认识到，我市改革发展中仍存在不少问题：经济下行压力仍然较大，发展不足、不优、不平衡的状况尚未根本改变，社会投资动力不足，企业整体创新能力不强，金融等领域存在风险隐患，财政收支矛盾比较突出，部分经济指标低于预期。新旧增长动力接续不畅，冶炼、化工、钢铁等传统支柱产业拉动作用逐步减弱，电子信息、高端装备制造等新兴产业支撑作用有待加强，城镇综合承载力不足，县域经济、工业经济、旅游经济等发展短板亟待补齐。保障改善民生任重道远，生态文明建设面临不少挑战，脱贫攻坚任务艰巨繁重，教育、医疗、住房等民生领域还存在薄弱环节，部分群众生活还比较困难。政府自身建设仍需进一步加强，“四风”问题还没有彻底根除，部分党员干部的进取精神和担当意识有待提升，为官不为、为官慢为等现象还不同程度存在，政务服务、亲商环境有待进一步改善。对此，我们必须积极应对、努力解决，确保经济发展行稳致远。

二、新一届政府工作的总体要求及奋斗目标

今后五年，是我市全面建成小康社会、开启实现基本现代化新征程的关键时期。只要我们牢牢把握目前我市所处的历史方位和阶段特征，抢抓机遇、乘势而上，就一定能在新的起点上谋求新发展、实现新突破。

今后五年，全市经济社会发展的指导思想是：高举中国特色社会主义伟大旗帜，以马克思列宁主义、毛泽东思想、邓小平理论、“三个代表”重要思想、科学发展观为指导，深入贯彻习近平总书记系列重要讲话精神，按照“五位一体”总体布局和“四个全面”战略布局，牢固树立和贯彻落实创新、协调、绿色、开放、共享发展理念，瞄准打造“现代产业强市、文化旅游名城、幸福和谐家园”，决胜全面小康，着力植优补短，坚持改革开放，全面从严治党，为建设经济繁荣、百姓富裕、生态优美、社会和谐、政治清明的新衡阳而努力奋斗。

今后五年的奋斗目标是：

——坚持植优补短，建设经济繁荣新衡阳。落实创新引领、开放崛起战略，持续厚植已有优势、全面补齐发展短板，有序推进中心城区周边县调整为市辖区，建成更具竞争力的全省第二大城市。到2021年，全市实现地区生产总值4000亿元以上，一般公共预算收入突破400亿元，固定资产投资年均增长16%以上，规模工业增加值年均增长8.5%，社会消费品零售总额年均增长12%以上。县域经济总量、一般公共预算收入均占全市的45%以上。高新技术产业产值占工业总产值的比重超过40%。旅游业真正成为富民强市的主导产业。

——坚持共建共享，建设百姓富裕新衡阳。2018年率先实现整体脱贫，2020年如期全面建成小康社会。到2021年，全体居民人均可支配收入年均增长9%以上，城镇登记失业率控制在4.5%以内；每千人医疗床位数达6.0张，社区医养结合日间照料服务覆盖率达30%，基本医疗保险覆盖率超过95%，建成区域性医疗卫生中心。建立文化旅游融合发展体系，成功申报国家历史文化名城，推进南岳衡山申遗工作。加快构建综合交通枢纽体系。市民文明素质与受教育程度明显提高。成功创建全国文明城市。

——坚持绿色发展，建设生态优美新衡阳。生态保护与环境治理全面加强，能源资源开发利用效率大幅提高。大气环境质量、重点流域和重要水库水质达标率、饮用水安全保障水平稳步提升，湘江干流及主要支流水质稳定在Ⅲ类标准以上，全面完成节能减排目标任务。加快建设全国生态文明先行示范区。到2021年，全市城镇化率达56.2%，森林覆盖率超过50%，空气优良率超过85%，县级以上污水处理率达95%，生活垃圾资源化利用率达35%，90%的村庄生活垃圾得到有效处理。

——坚持以人为本，建设社会和谐新衡阳。始终把维护人民合法权益摆在首要位置，扎实办好省、市重点民生实事。基层群众自治组织和社会组织发展壮大，多方参与的现代社会治理体系不断完善。公共突发事件防范和处置、防灾减灾能力大幅增强。信访法治化改革深入推进，社会大局持续和谐稳定。

——坚持依法行政，建设政治清明新衡阳。中国梦和社会主义核心价值观更加深入人心。社会主义民主政治全面加强，法治政府基本建成。司法透明度和公信力明显提高，人民权益和社会公平正义得到切实保障。全面从严治党深入推进，干部作风持续好转，

腐败问题得到有效遏制，政治生态风清气正。

三、2017年的工作安排

2017年是新一届政府的开局之年，是实施“十三五”规划的关键之年，是供给侧结构性改革的深化之年。做好2017年政府各项工作，必须全面落实中央、省委、市委经济工作会议精神，坚持稳中求进工作总基调，以推进供给侧结构性改革为主线，全力做好稳增长、促改革、调结构、惠民生、防风险各项工作，努力实现经济社会持续健康发展。

2017年全市经济社会发展主要预期目标是：地区生产总值增长8.5%左右，一般公共预算收入增长7%左右，规模工业增加值增长7.5%左右，固定资产投资增长14%左右，社会消费品零售总额增长12%左右，全体居民人均可支配收入增长8.5%左右，全面完成省里下达的节能减排、安全生产等约束性指标。

围绕以上目标，重点做好以下工作：

（一）着力推进植优补短，确保经济平稳健康发展

加快县域经济发展。发展特色产业。引导和支持各县（市）结合自身优势和产业基础，分别打造1~2个具有鲜明特色的主导产业：衡南重点发展高端装备制造、空港物流产业，衡阳县做大做强生物医药、陶瓷产业，衡山提质发展旅游、汽车零部件制造产业，衡东加快发展机械制造、化工产业，祁东重点推进新材料、农副产品深加工产业，常宁致力打造全省最大的水口山铜铅锌深加工综合基地、油茶生产基地，耒阳着力发展工矿业、煤电冶炼产业。抓实重点项目。积极实施重大项目带动战略，大力推进五矿金铜（二期）、特变电工南方智能电网科技产业园等项目建设，重点支持中科光电、恒生制药等骨干民营企业发展壮大。挖掘园区潜力。各县（市）按照“先建园区再引项目”的思路，加快园区规划编制及基础设施建设，加大重大产业项目招引力度，深化园区管理体制改革，着力打造县域经济增长极。

加快工业经济发展。提升制造业层次和水平。实施制造强市“663行动计划”，打造全省先进制造业基地。加快产业集聚集群发展。着力发挥细分行业领军企业的辐射带动作用，支持富士康南方精密模具生产基地、中兴衡阳科技园、镭目科技核辐射安全监测成套设备研发及产业化发展，加速形成电子信息产业集群；支持特变电工智能电网配套、湖南机油泵节能汽车零部件智能制造、天雁机械涡轮增压器、南岳电控高压共轨项目建设，加速形成高端装备制造产业集群；支持五矿金铜、建滔化工、春昌有色等企业延长产业链，加速形成有色金属加工产业集群。支持种子期、初创期成长型中小企业发展，推动小微企业转型升级为规模企业。提质升级市直工业园区。优化“一核一圈二带”工业产业空间布局，推进产城融合发展，加快衡山科学城基础设施建设和高新区、白沙洲工业园、松木经开区扩区提质。

加快旅游经济发展。统筹规划“一龙头、一中心、两圈、三带、四区”空间布局，加快旅游产品开发，打造全域旅游示范区。启动南岳衡山旅游经济新区建设，抓好方广寺禅修文化养生基地、传奇古镇等重点项目建设。打破封闭性景点景区建设和经营模式，支持各县（市）对接南岳打造精品旅游景区和线路，加快庙前、蔡伦竹海、岣嵝峰、四明山、岐山、四方山等景区提质改造。积极申报雨母省级风景名胜区，建设城区后花园。抓好酃湖公园、青草桥风情休闲街等景区建设，支持石鼓书院、东洲岛、雁峰打捆创建国家AAAAA级旅游景区。大力发展乡村旅游，推进宝盖、渣江、归阳、新市等古镇的保护和开发，积极创建全国休闲农业与乡村旅游示范县、示范点。探索推进旅游市场和景区管理体制改革，加强风景名胜区保护，强化基础设施配套，实施“旅游服务质量提升行动”和“引客入衡”工程，力争全市接待国内外游客、实现旅游总收入分别增长15%、24%。

（二）全面深化改革开放，不断增强经济发展的动力活力

坚决落实创新引领战略。加强创新平台建设，加快构建区域性科技创新中心，建立多层次工程技术研究中心、重点实验室和企业技术中心，推进衡山科学城科技创新中心、高新区双创中心等一批科技孵化器和众创空间建设，力争高新技术企业突破100家。鼓励企业加大研发投入，重点突破核级海绵锆（铪）、重型共轨供油泵、国六喷油器等关键技术。推动产学研合作体制机制创新，支持园区、企业与高等院校、科研机构等加强科技信息对接，合作开展核心技术、共性技术、关键技术研发与攻关，加快创新成果转移转化。启动企业与在衡高校联合培养人才计划，加强专业人才培养和智力引进，加快建设人才强市。

深入推进供给侧结构性改革。继续推动钢铁、煤炭、水泥等行业化解过剩产能，防止已化解的过剩产能死灰复燃，有序处置“僵尸企业”。支持合理自住购房，加快发展机构化、规模化住房租赁企业，科学合理供应住宅用地，促进房地产市场平稳健康发展。完善支持金融发展的政策体系，建立政银企对接长效机制，加大股权融资力度，降低企业杠杆率。下决心处置一批风险点，着力防控资产泡沫。大力振兴实体经济，提高金融支持实体经济的精准度和实效性，加大减税、降费、降低要素成本工作力度，推动企业眼睛向内降本增效。引导企业发扬“工匠精神”，加强品牌建设，培育“百年老店”。

着力促进关键领域改革落地。深化国有企业改革，健全国有资产监管体制，推进混合所有制改革，加快驻衡中央、省属企业“三供一业”分离移交。加强投融资体制改革，努力降低融资成本，大力推广PPP模式。深入推进公共资源交易体制改革，实现阳光交易。深化商事制度改革，加强事中事后监管。大力推进农村综合改革，重点推动农村土地“三权分置”，抓好农村产权制度和新一轮农垦体制改革。有序推进户籍制度改革，全面实施居住证制度，加快农业转移人口市民化。统筹推进医药卫生、财税、价格、生态文明等体制改革。

全面提升开放型经济发展水平。坚持开放崛起战略，提升开放平台功能，加快建设开放强市，打造更具辐射力的区域性中心城市。支持有色、钢管等优势产业抱团出海，转移优质剩余产能，进出口总额增长8.5%左右。重点围绕龙头企业开展建链补链强链招商行动，着力引进一批行业领军企业，努力提升招引的质量效益。做好外事侨务和港澳台工作，充分发挥异地商会作用，引进有实力的外地客商来衡投资兴业。

（三）统筹推进“三农”发展，加快农业现代化步伐

发展现代农业。大力实施新增粮食产能工程，确保粮食总产量稳定在330万吨以上。全面推进“十百千万”现代农业发展工程，支持大三湘、绿海粮油、角山米业等一批农产品加工企业做大做强，培育领军型农业产业化龙头企业10家以上，力争全市农产品加工业总产值增长20%以上。加快国家现代农业科技示范园、九龙生态等现代农业特色产业园建设，促进一二三产业融合发展。着力打造以精细农业为特色的优质农副产品供应基地，加快发展蔬果、油料、茶叶、烟叶等高效经济作物，支持油茶加工主导行业标准制定。实施新型职业农民培育工程，推进多种形式的适度规模经营，构建新型农业经营体系。强化农业科技创新与推广应用，加大种质资源创新和新品种开发力度，不断提高农业机械化水平。加强“五小”水利工程建设，着力解决农田灌溉“最后一公里”问题。

建设美丽乡村。开展新农村建设提质升级行动，重点打造雨母山、茶山坳、横江、萱洲等一批高档次、有品位的美丽乡村特色片区，常态化推进农村环境综合整治，力争全市文明村镇达标率在30%以上。加快完善农村公路、农田水利、自来水、网络宽带等基础设施。规范农村新建、扩建、改建房屋，鼓励引导村民到农村集中居住点建房，大力推进农村“空心房”拆除工作。

加快脱贫攻坚。全面落实十大扶贫举措，按照“四跟四走”思路，加大产业扶贫力度，扎实推进易地扶贫搬迁和农村危房改造。加大扶贫小额信贷支持力度。加强农村最低生活保障制度与扶贫开发政策的有效衔接，将符合政策规定的贫困人口全部纳入农村低保范围。确保贫困村全部通电、通路、通电视、通宽带。力争贫困村居民人均可支配收入增长10%以上，贫困县“摘帽”、贫困村退出、贫困人口基本脱贫。

（四）推进服务业集聚发展，着力打造区域性服务中心

全面放宽服务业市场准入。推进服务业市场便利化改革，进一步放开银行、证券、保险、电信、邮政快递等行业市场准入，鼓励社会资本进入教育、医疗、健康、文化等领域，加快形成统一开放、公平竞争的市场体系。积极扩大向社会购买基本公共服务的范围和比重。规范完善政府采购办法，加快公共资源配置市场化。

引导传统服务业创新发展。繁荣商贸服务业，提质改造老旧商业区，加快华耀城、万达广场、丽波酒店、衡阳国际会展中心建设，规划建设、培育壮大新

兴专业市场，推动批发零售、住宿餐饮、休闲娱乐等生活性服务业向精细化和高品质转变。完善市场体系，建设华新跨境电商产业园，加快推进乡镇配送中心和农村电子商务网络建设。

推动现代服务业加速发展。做强现代物流业。努力建设全国重要物流枢纽城市。发挥临铁、临空、临港优势，发展云集空港物流产业，加快大浦通用机场建设；加快白沙洲物流园、衡缘物流园及唯品会配送、衡东仓储物流中心建设，支持品牌快递企业在衡建立区域转运中心。壮大金融服务业。加快金融信用信息服务中心建设与运用，健全金融信用信息服务体系；吸引各类金融机构来衡设立分支机构，实现全市县域村镇银行全覆盖。大力发展总部经济、科技研发、文化创意、汽车后市场等业态。

（五）加快构建新型城镇体系，建设安居乐业美好家园

增强中心城区辐射能力。实施第8次城市总体规划修编，推进中心城区区划调整，加强重要地段、街区的城市设计。启动城市轨道交通前期工作，加快推进怀邵衡铁路衡阳段、瓦松铁路及湘江2000吨级航道衡阳至株洲段等项目建设，加快二环路、北三环形象进度，基本完成中心城区主次干道提质改造。深入推进交通融城战略，加快衡州大道西延、衡岳大道北延、东风路南延建设。加大来雁新城、滨江新区、陆家新区、酃湖高铁新城、东洲岛片区建设开发力度。推进蒸水北堤、湘江西岸风光带建设。大力建设海绵城市、智慧城市，构建城市防洪防涝、山洪地质灾害防御体系。加强城市供水及能源通道建设。加快旧城改造步伐，加大政府购买棚改服务力度。

实施县城建设攻坚行动。支持各县城对标中心城区强化基础设施配套，不断完善服务功能，努力提高管理水平，真正让县城成为各县（市）推进新型城镇化的主阵地。衡南全力推进新县城“两带四新区”建设开发，衡阳县加快西渡高新区核心片区建设和船山西路沿线开发，衡东、衡山与南岳区融合打造南岳—开云—新塘组团，祁东着力推进撤县设市，常宁有序实施“三年兴城行动”，耒阳加快打造中等规模城市。

差异化推进小城镇建设。推进西渡、樟木、云集、三塘、车江、店门、南岳等城镇与中心城区高效联动、一体发展。各县（市）每年抓好1~2个特色集镇建设，打造一批经济强镇、特色小镇。提高市、县边际中心城镇建设水平。完善城镇水、电、路、讯等基础设施和环卫、绿化等配套设施，启动新一轮农村电网改造升级，加快国省干线公路和农村公路提质改造步伐，大力开展路域环境和超限超载整治，推进农村信息基础设施三年行动计划。

提高城市管理水平。深入开展全国文明城市创建工作，充分运用“数字衡阳”建设成果，推进信息采集服务外包。扎实推进城市执法体制和管护市场化改革，强化交通动态管控和智能化管理。加强城市停车设施建设管理。严格控违拆违，加大建成区违法建设清理整治力度。深化社区“两化两体系”建设，全面完成中心城区“三清三建”和农贸市场标准化改造，加快推进人行天桥和地下通道建设，深入开展占道经营、乱停乱放、渣土污染和火车站、高铁站周边环境等专项治理，全面推进城区烟花爆竹禁放限售工作，让城市更洁净、更美丽、更有序。

（六）致力改善生态环境，努力建设美丽衡阳

推进低碳发展。建立健全绿色发展引导机制和政策体系，积极参与碳排放交易市场建设。大力推进“气化衡阳”工程，加快煤改气、电改气、油改气步伐。鼓励绿色出行，加强公共自行车租赁系统建设，提高城市公共交通运输比重，扩大新能源交通工具使用范围，推动城区公共交通加速向“零排放时代”迈进。加快淘汰改造10蒸吨以下燃煤锅炉，全面完成黄标车淘汰任务。推广装配式建筑和绿色建材，加快住宅产业化步伐，确保政府投资的公建项目产业化建设全覆盖。

抓好污染防治。扎实推进湘江保护和治理“一号重点工程”第二个“三年行动计划”，强化水口山、松江、大浦、合江套等重点区域污染治理，全面封堵蒸水两岸排污口，巩固提升规模养殖污染防治成果，确保湘江、蒸水城区段水质稳定在Ⅲ类标准以上。加快雁栖湖等城市黑臭水体整治。加强河道采砂、船舶、码头污染执法监管和饮用水水源保护，确保县级以上饮用水水源水质达标率稳定为100%。推行污染源在线监测设施全覆盖试点，完成角山、松木、酃湖等污水处理厂建设，中心城区、主要工业园区基本实现污水全收集、全处理；加快重点建制镇污水处理设

施建设。推进城镇垃圾转运站、垃圾填埋场建设。

强化生态保护。努力争创国家园林城市、国家环境保护模范城市。严守环境质量底线、耕地保护和生态保护红线。加快推进横江、幸福河等湿地公园建设。全面推行河长制，加强河湖空间用途管制，维护河湖健康生命。健全生态保护补偿机制，加快山水林田湖生态修复及重点土壤污染治理修复项目建设。加大祁东、衡南国家水土保持重点治理工程实施力度。强化人工造林、封山育林和森林管护，巩固提升“三边”造林、通道绿化、村庄绿化和砂场复绿成果。力争全市森林覆盖率达47.6%、城市建成区绿化覆盖率超过42%。

（七）积极弘扬先进文化，着力打造文化名城

丰富群众精神文化生活。深入开展中国梦和社会主义核心价值观教育。大力推进公民思想道德建设工程，加强未成年人思想建设和大学生思想政治工作，培育传承良好家风家教、校风校训、企业精神和乡贤文化。组织开展群众性精神文明创建活动，不断提升社会文明程度。继续实施文化惠民工程，提升“周末百姓剧场”等群众文化品牌影响力，促进基本公共文化服务标准化、均等化。加快市影剧艺术中心、市图书馆、市艺术学校实验剧场等项目建设。

加快国家历史文化名城建设。大力挖掘并弘扬具有衡阳个性特征的优秀传统文化。加强名人名居及纪念设施保护展示，加大船山书院、申公馆、来雁塔、珠晖塔、接龙塔、湘江东路等文物古迹、历史建筑、历史街区的保护和修缮力度。加强张家山抗战遗址、酃县遗址、云集古窑遗址的保护与开发。

增强文化产业竞争力。挖掘整理并传承保护好衡州花鼓戏、衡阳湘剧、祁剧、衡山影子戏、南岳庙会等地方传统文化，努力申报一批国家、省级非物质文化遗产。提升壮大传统文化产业，鼓励发展新型文化业态，推进文化与科技融合发展，培育和引进一批有实力的文化企业。加快衡阳文化“走出去”步伐，讲好衡阳故事，传播衡阳声音，扩大衡阳影响。

（八）促进社会事业全面发展，切实保障改善民生

做好就业托底工作。加强创新创业孵化基地建设，做好“双百资助工程”、省级示范基地、“2151工程”申报推荐工作。实施“雁归兴衡”行动计划，加大大学生自主创业奖补扶持力度，支持大学生创业园区建设。积极开展职业技能培训和创业培训，做好高校毕业生、就业困难人员、农村转移劳动力、退役军人等重点群体的就业工作，确保城镇登记失业率控制在4.5%以内。

打造人民满意教育。落实教育优先发展战略，全面提升教育教学质量。完成义务教育学校标准化建设试点，规范、扶持发展义务教育阶段非营利性民办教育，推进县域内城乡义务教育一体化建设。扩大学位供给，努力解决“大班额”“择校热”和进城务工人员子女上学难等问题。加快市铁一中、市九中搬迁，逐步普及高中阶段教育。推进市中小学素质教育综合实践基地、职业教育产教融合示范园区建设。继续实施第二轮学前教育三年行动计划。支持在衡高校发展，加快南华大学新校区建设。大力发展继续教育。办好特殊教育。强化教师队伍建设，推进教师职称制度改革，深入实施“名师工程”，逐步提高教师待遇。加强学校周边环境综合治理。

建设健康衡阳。加强公共卫生服务，推进医疗卫生信息平台和分级诊疗制度建设，建立覆盖城乡的基本医疗卫生制度。强化重大疾病疫情防控。大力发展健康产业，加强社区医养结合、居家养老日间照料等服务能力建设。加强重点专科建设，支持中医药事业发展。完善医疗纠纷调解机制，依法严惩涉医犯罪和“医闹”行为。坚持计划生育基本国策，促进人口均衡发展。广泛开展全民健身运动，扎实做好省十三运动会和省第十届残运会筹备工作，加快市体校搬迁，促进群众体育和竞技体育全面发展。

完善社会保障体系。实施全民参保登记计划，健全参保缴费激励约束机制，提高统筹层次。鼓励发展政策性保险及商业保险。发展社会福利和慈善事业，完善临时救助和重大疾病医疗救助制度，积极关爱留守儿童和孤寡老人。全面完成保障性安居工程建设任务。加强国有土地上房屋征收和集体土地上房屋拆迁货币结算安置工作。

加强社会治理创新。坚持安全发展，落实安全责任，强化重点行业和领域安全监管，完善自然灾害、突发事件监测预警和应急处理机制，全面加强食品药品安全监管体系建设。扎实推进社会治理“四化一制”，加快“雪亮工程”等治安防控体系建设，推行

网格化管理，加强禁毒工作，严厉防范、依法惩处各类违法犯罪行为。加强和改进信访工作，完善矛盾纠纷多元化解机制。把防控金融风险放到更加重要的位置，规范民间融资，加快构建地方金融组织的过程监管体系，确保不发生系统性和区域性金融风险。依法管理民族宗教事务和场所，深入开展民族团结进步创建“六进”工作。积极创建社会管理综合治理优秀城市。

（九）加强政府自身建设，提高行政能力和服务水平

坚持依法行政，加快法治政府建设。深入开展“七五”普法宣传。健全重大决策公众参与、专家论证、合法性审查、集体决定、跟踪评估和责任追究机制。党政机关普遍建立法律顾问制度，加强和改进行政应诉工作。不断完善政府合同管理。积极推动雨母山生态保护立法。深化行政执法体制改革，推行行政执法公示、执法全过程记录、重大执法决定法制审核三项制度试点工作，探索委托乡镇开展行政执法。自觉接受人大及其常委会的法律监督和工作监督、政协的民主监督以及社会各界的监督，认真办理各级人大代表议案建议、批评、意见和政协提案。支持监察、审计、法制等部门依法开展工作。

坚持科学施政，提升服务发展水平。加快简政放权，深化“两集中、两整合、两公开”改革，深入推进“互联网+政务服务”，让群众和企业少跑腿、好办事。全面推进行业协会商会与行政机关脱钩，建立完善综合监管体系。构建“亲”“清”新型政商关系。加强并乡合村后续管理，加快农村基层综合服务管理平台建设，推进便民服务向基层全覆盖。健全有利于科学发展的考评机制、容错纠错机制及绩效管理体系，完善政府债务管理和风险防控机制。

坚持从严治政，切实改进工作作风。继续扩大财政预决算公开范围，严格控制“三公”经费支出。深化和扩大政务公开，全面公开“三清单一目录”及政府权力运行流程。严格实行首接首办制，重点整治行政不作为、乱作为、慢作为等问题，坚决纠正推诿扯皮、效率低下等行为，确保政令畅通、执行高效。完善提升“12345”政府服务热线功能。

坚持廉洁从政，提升拒腐防变能力。全面推进惩治和预防腐败体系建设，建立健全廉洁风险防控体系。严格执行领导干部重大事项报告制度。加强对国家公职人员行使权力的监督，严禁领导干部插手政府采购、工程招标、土地矿产拍卖等经济活动。坚决整治和查处侵害群众利益的不正之风和腐败问题，努力建设廉洁政府。

加强国防和后备力量建设。支持国防和军队改革，广泛开展全民国防教育、国防动员和“双拥”共建活动，争创全国双拥模范城市。做好人民防空和军事设施保护工作。推进军民技术双向转移和融合发展，扎实推进白沙绿岛军民融合产业园建设，开创军政军民团结新局面。

各位代表！立足新起点，展望新征程，我们深感责任重大，使命光荣。让我们紧密团结在以习近平同志为核心的党中央周围，在市委的坚强领导下，团结和带领全市人民，凝聚共识、锐意进取、开拓创新，为建设“五个新衡阳”、加快全面建成小康社会而努力奋斗！

大事记

责任编辑：李旭东

2016 年 1—12 月大事记

1 月

1 日

▲“奔向文明、追逐梦想”衡阳市 2016 年“滨江杯”元旦环城赛跑开幕。

4 日

衡南农商银行获代理国家金库资格，系全省第一家农信系统国库代理银行。

5 日

▲ 衡阳市石鼓书院景区获批为国家 AAAA 级旅游景区。

6 日

▲ 省人大常委会委员、法制委员会主任委员钟实率省人大调研组到衡阳，开展《湖南省实施〈中华人民共和国非物质文化遗产〉办法（草案）》立法调研。

7 日

▲ 落户水口山集团的金铜项目主工艺关键设备单体试车成功。

▲ 德汉剧高腔保护中心《孟姜女传奇》在衡阳市上演。

9 日

▲《陈中华中国画全国巡展》首展在市博物馆举行。

▲ 2015 年度衡阳市乒乓球总决赛在市体育馆举行。

10 日

▲ 政协衡阳市第十一届委员会第四次会议开幕。

11 日

▲ 衡阳市第十四届人民代表大会第五次会议开幕。

▲ 教育部官方网站公布国家教育督查检查组对湖南省 12 个县（区）义务教育均衡发展督查检查反馈意见，衡阳市蒸湘区以 99 分成绩通过国家评估验收，排名位列全省第一。

16 日

▲“衡阳发布”政务微博首届粉丝答谢会暨新版 LOGO 启用仪式举行。

18 日

▲ 省商务厅厅长徐湘平到衡阳调研外贸工作。

▲ 全省巡演的湖南省第五届艺术节获奖剧目《月亮粑粑》在衡阳上演。

19 日

▲ 衡阳市留学人员创业园在市高新技术产业开发区正式开园，首批 30 余个创新项目入驻。

▲ 市中医院博士后科研流动站挂牌成立。

▲ 衡阳中民筑友绿色建筑科技园项目在松木经开区动工。

20 日

▲ 中国民主建国会衡阳市委员会成立 60 周年暨湖南融达慈善基金会成立 3 周年庆祝大会举行。

▲ 衡阳市首届企业和个人慈善排行榜进入评审发布阶段，共有 26 家企业，29 名个人入围榜单。

21 日

▲“丹心向阳”阎肃作品音乐会在市体育中心体育馆内举行。

22 日

▲ 2016 年“三下乡”暨“中共十八届五中全会精神进农家”活动启动仪式在衡东县新塘镇宋坪村举行。

▲ 市政务服务中心举行社会组织统一社会信用代码“三证合一”新证书颁发仪式。

25 日

▲ 衡阳日报社旗下《衡阳晚报》《衡阳日报》两大微信公众号，在刺猬公社发布的《全国各地区纸媒公众号排行榜》分别获得湖南区冠亚军。

28 日

▲ 廖家湾变电站升压工程 1 号主变第五次充电成功，标志着衡阳市中心城区首座 220 千伏智能变电站正式投运。

▲ 由湖南俊虹置业股份有限公司投资建设的太阳能光伏电站首期通过验收发电并网成功，这是衡阳建成的首个分布式太阳能光伏发电站。

29 日

▲ 2016 年珠晖区春节花展在衡阳火车站广场、高铁站广场拉开帷幕，花展的时间是 1 月 29 日至 2 月 24 日，展出花卉有 12 个品种近 20 万株。

▲ 由市人社、住建、公安等八个部门组成的联合检查组，突击走访衡阳市部分建筑、餐饮等劳动密集型行业的用工现场，督

查农民工的工资支付情况。

30 日

▲ 省委常委、省纪委书记傅奎出席省十二届人大五次会议衡阳代表团会议。

▲ 市图书馆引进的 3 台图书自助借还机正式运行，读者可在设备上全自助式借书、还书、续借、查询借阅记录。

▲ 南岳区寿岳乡拜殿村举办首届灶王节年味篝火宴暨贤达竹酒出山仪式。

31 日

▲ 省委扶贫开发暨全面建成小康社会推进工作会议上，衡阳 2015 年全面建成小康社会推进工作综合优秀评比位居全省第一，蒸湘区在全市率先成为全面建成小康社会达标县（市）区，全市有 3 个县（市）区全面小康提升幅度成绩显著，另有 3 个县（市）区跻身全省经济强县前 20 强。

▲ 省委扶贫开发暨全面建成小康社会推进工作会议上，“全省 20 个全面小康达标县区”名单出炉，蒸湘区成为衡阳市率先达标县区。

是月

▲ 公安部在北京召开全国公安首次文艺工作座谈会，来自全国的 10 个公安文艺工作成绩突出集体和 10 个公安文艺工作者获得表彰。其中，湖南省公安美术家协会主席、衡阳市公安局机关党委专职副书记张卫是湖南省唯一受表彰者。

▲ 南华大学 SIX 设计创新工作室的四件作品入围“首届中国创 e 工业设计大赛”。

▲《湖南财经工业职业技术学院校史（1958—2015）》获全省首届优秀教育史志类书籍（湖南省教育历史文化成果）一等奖。

▲ 由华融湘江银行衡阳分行创新参与设立的雁峰区南郊高兴棚改基金 45 亿元，经华融湘江银行总行批准落地，为衡阳市最大的一笔产业基金。

▲ 2015 年衡阳市湘江保护农业项目完成全部建设任务的 105.92%，在省农业委组织的专项考核中获得全省第一。

▲ 2015 年，经过省科技厅评审，蔡伦现代农业科技示范园基地被认定为省科学技术普及基地。

▲ 衡山县民政局继 2014 年被省民政厅评为全省民政新闻宣传信息工作先进单位后，2015 年再次获评。

▲ 国家减灾委员会、民政部公布“2015 年全国综合减灾示范社区”名单，衡阳市雁峰区黄茶岭街道幸福社区、石鼓区黄沙湾街道雁栖湖社区、珠晖区东风街道前进里社区、石鼓区合江街道江燕社区、蒸湘区长湖乡衡邵社区、白沙洲工业园金龙坪街道金龙二社区 6 个社区上榜。

2 月

1 日

▲ 衡阳日报社旗下衡阳手机报新版本正式上线。

▲ 中央电视台第二届《中国成语大会》栏目总决赛上，来自衡南县泉湖镇的彭敏和李剑章夺得冠军。

2 日

▲ 副省长戴道晋到衡阳督查安全生产工作。

▲ 惠及衡山后山 20 多万群众、连接南岳景区的交通大动脉——南岳至衡山马迹公路改建工程在衡山县东湖镇举行竣工通车仪式。

3 日

▲ 省委书记、省人大常委会主任徐守盛，省人大常委会副主任、省总工会主席刘莲玉到衡阳看望慰问困难群众。同时，考察南岳机场和来雁新城项目的建设情况。

▲ “掌上衡阳” 3.0 版正式上线。

▲ 蒸湘区举办的衡阳籍企业家恳谈会暨区招商引资推介会上，现场发布 16 个重点推介项目、总投资 219.75 亿元的“精品招商套餐”。

▲ 2016 衡南县物流产业融合发展推介大会举行，800 多名来自全国各地的衡南籍物流业界代表参加。会后，举行衡南县物流产业融合签约仪式和衡南县物流产业发展高峰论坛，首批 22 家意向企业签约。

▲ 市总工会、市工人文化宫联合市同心书画社主办的“送春联”活动在莲湖广场举行，为社区职工群众和广大市民送去新春祝福。

4 日

▲ 中共衡阳市第十届纪委第六次全会召开。

7 日—13 日

▲ 全市各交通运输单位共完成客运量 170 余万人次，未出现大面积滞留旅客的情况，交通运输形势整体安全平稳。

14 日

▲ 市委常委（扩大）会议召开，安排部署新年工作。

▲ 市委常委、市委秘书长张贺文与北斗产业联盟秘书长、北京邮电大学工程技术转移中心主任邓中亮率领的团队举行第四次会谈，双方就北斗羲和无缝定位及信息处理系统、相关产业研发、生产基地在衡山科学城的建设内容、计划进度达成一致。

▲ 市委副书记、市长周海兵赴衡东县，专题调研重点工业企业复工复产。

▲ 市委副书记邓群策前往祁东县调研农村农业工作。

17 日

▲ 2016 年衡阳市“来雁新城杯”万人徒步大拜年活动举行。

18 日

▲ 2016 年“春风行动”活动月启动仪式暨大型现场招聘会在莲湖广场举行。

▲ 全市交通运输工作会议召开，初步拟定“十三五”衡阳市的交通运输发展总体目标和任务，交通运输规划投资规模约 350 亿元。

21 日

▲ 自本日起，衡阳至上海、昆明航线从每周 4 个班次增加到每周 7 个班次，即每日 1 班次。

23 日

▲ 市住房公积金管理中心启用全省统一的“12329”短信服务平台，为全市住房公积金缴存客户发送住房公积金业务短信。

24 日

▲ 周海兵会见到衡阳考察的湖南省广东商会会长张建辉一行。

25 日

▲ 周海兵主持召开市政府 2016 年第 2 次常务会议，研究《政府工作报告》任务分解、易地扶贫搬迁、公务用车改革、加快发展休闲农业等工作。

▲ 全市加速推进新型工业化工作会议召开。

▲ 衡东农商银行正式挂牌开业，并向衡东县慈善总会捐款 20 万元。

26 日

▲ 市中医医院一台价值 300 万元的东软双排螺旋 CT 机起运前往新疆鄯善县维吾尔医医院，支援当地医疗卫生事业建设。

▲ 白沙洲工业园区召开经济工作会议。

29 日

▲ 周海兵专题调度城区安置房建设工作。

▲ 万达商业广场成功挂牌，标志着总投资达 30 亿元项目正式落户蒸湘区。

▲ 2016 年中国室内田径赛南京站三级跳远比赛中，衡阳籍国家队田径运动员董斌，以 17 米 41 的成绩打破本人保持的 17 米 16 的亚洲纪录，夺得该比赛冠军。

是月

▲ 昆明市衡阳商会举行 2015 年年会暨迎新春联欢晚会，300 名在昆衡商支持家乡各项建设和公益事业，在云南当地捐款 200 余万元，支持衡阳家乡建设 300 余万元。2016 年春节前，到常宁市教育局与当地贫困学生进行对接，实行“一对一”帮扶。

▲ 衡阳市企业直接融资规模创新高，“新三板”挂牌企业增至 8 家，居全省第二，证券期货交易市场活跃且平稳运行，新增 5 家证券营业所。

▲ 衡南县召开 2016 年首场金融支持实体经济政银企对接会，搭建银企交流沟通平台，促进银企双方相互了解，破解中小企业“融资难”“融资贵”的难题。7 家银行现场签约 9 家企业，达成贷款意向 9.23 亿元。

▲ 住房和城乡建设部公布第三批 42 个全国美丽宜居小镇示范名单，珠晖区茶山坳镇榜上有名，成为此批次衡阳市唯一入选的乡镇。全国美丽宜居小镇是茶山坳镇继获得“全国计划生育依法行政示范乡镇”和“全国综合减灾示范社区”称号后，再一次获得“国字号”荣誉称号。

▲ 衡阳技师学院南岳电控共同开展的“现代学徒制”新型试点班，在衡阳市率先启动校企合作“现代学徒制”育人模式。

▲ 江苏中远助学帮老基金会在湖南省设立的第一个“圆梦班”正式落户市八中，该基金会用于资助八中部分品学兼优的贫困学子。

▲ 由中国书协、中国美协、中国文联、中华文艺协会联合西泠印社共同推出的国家级精品艺术典藏《艺术巅峰》系列图书出版发行。衡阳市书法家赵桂顺近 50 幅作品入编《艺术巅峰》书法卷，并担任该书名誉顾问。

▲ 全市地税工作暨思想政治工作会议召开，“十二五”期间，衡阳地税收入从 2010 年的 45.25 亿元增长到 2015 年的 117.43 亿元，年均增幅达

20.91%，税收总量近几年稳居全省第二。

▲ 特变电工衡阳变压器有限公司与老挝国家电力公司签署总承包项目合同，承建老挝万象115千伏输变电项目。

▲ 中国科协下发决定，命名首批2016—2020年度全国科普示范县（市）区，常宁市、蒸湘区名列其中，是常宁市继2011年后第二次获得此项荣誉。

▲ 衡阳技师学院机械工程系12级数控高技4班学生谭佳林，收到中国工程物理研究院的录用函，2016年毕业后可正式入职中国工程物理研究院。

▲ 衡山县农村经营管理局获2015年度“全省农村经营管理工作先进单位”和“全省农民合作社省级示范社建设先进单位”称号。

▲ 2016年1月，衡阳市外贸进出口总值15.5亿元，外贸总额居全省第二。

▲ 国务院教育督导委员会拟认定的2015年全国义务教育发展基本均衡县（市、区）名单出炉并公示。全国545个县（市、区）入列，其中湖南省有12个县（市、区）入选，衡阳市的蒸湘区、雁峰区、石鼓区和珠晖区榜上有名。

▲ 由湖南省委宣传部、省教育厅组织评选的首批省级重点马克思主义学院和重点思想政治理论课教学科研机构名单公布，南华大学马克思主义学院入选支持建设的省级重点思想政治理论课教学科研机构。

▲ 省文明委对湖南省2015年文明创建先进单位进行公示，衡阳市共有15个先进单位名列其中。

▲ 全省政府网站建设工作会议上，“中国·蒸湘”党政门户网站再次跻身全省优秀政府网站行列，被评为“2015年度湖南省优秀政府网站”。

3月

1日

▲ 市委政法工作会议召开，2015年全市政法综治工作蝉联全省先进，维稳工作名列全省前茅。

▲ 公安部装备财务局一行检查验收祁东县公安局“210工程”建设工作。此次全省推荐接受公安部“210工程”检查验收的仅有祁东县公安局和长沙县公安局两个县级公安机关。

3日—4日

▲ 省征兵办主任、省军区参谋长郭辑山到衡阳考察民兵整组备案、征兵登记工作。

7日

▲ 衡阳市老干部活动中心、老干部（老年）大学举行揭牌仪式。

▲ 全市依法行政工作会议召开。

▲ 全市检察长会议召开，市人民检察院16个内设机构有13个获全省先进，反贪、反渎的立案数、判决数在全省均排名第一。

▲ 阿里巴巴集团代表、区域经理李永强应邀到衡阳，为2016年市委党校春季主体班学员作农村电商相关业务辅导培训。这是衡阳市首次把电子商务列入市委党校的干部培训内容之一。

▲ 衡阳市召开政务公开政务服务工作会议。

8日

▲ 全市2016年精神文明建设暨宣传部部长会议召开。

9日

▲ 全市公安工作会议召开。

10日

▲ 全省“裸露山地”绿化攻坚暨春季造林现场会在耒阳市召开。娄底市、耒阳市在会上作典型发言。

11日

▲ 市委宣传部、市社科联召开《文化衡阳》丛书编写专家学者座谈会，省湖湘文化研究会会长、教授周秋光，省地方文献研究所所长、教授任国瑞到衡阳参会指导。

12日

▲ “欢乐潇湘·幸福衡阳”蕙质兰心衡阳市第四届女子书画展在市书画院启动。

14日

▲ 衡阳市召开全市环境保护工作暨国省环保考核项目调度会。

18日

▲ 2016“全市放心农资下乡进村宣传周活动”在衡阳县台源镇盘江村启动。市农委将10吨化肥、3000株果树苗和5000包蔬菜种子免费发放给村民。

▲ 2016年全市家庭教育宣传月启动仪式暨家庭教育公益讲座在衡州小学举行。中国青少年研究会副会长、中国少先队工作学会副会长陆士桢参加启动仪式。

▲ 中国水电八局衡阳东山安置房项目部与珠晖区和平乡党委签订企地党建共创协议。该企地

党建、共创方式系衡阳市首次。

20日

▲在美国波特兰举行的2016年室内田径世锦赛男子三级跳远比赛中，衡阳选手董斌以17.33米的成绩夺得冠军。此为中国选手在室内田径世锦赛历史上的第三个冠军。

▲广东衡阳物流商会在广州市白云区佳润云凯酒店举行换届，选举出以“康业物流”总经理刘雅心为会长的新一届商会理事会。

22日

▲市政府召开2016年第一次全体会议暨廉政工作会议。

▲市综治委2016年第一次全会暨创建全国综治优秀城市推进会召开。

22日—23日

▲台湾“华侨协会总会”理事长陈三井率领参访团一行36人到衡阳参访衡阳保卫战纪念馆和南岳忠烈祠等抗战史迹。

23日

▲2016年度湘南地区全面建成小康社会工作座谈会在衡阳召开。

25日

▲市委副书记、市长周海兵专题调度城区棚户区改造工作。

▲全省全民国防教育委员会第二十四次全体（扩大）大会上，衡阳市国防宣传教育经验被推广。

26日

▲连卡福衡阳商业广场正式营业。

28日

▲市政府召开全市治安视频监控系统建设工作会议。

▲市委现场调研衡山科学城、幸福河改造、二环东路、船山东路、滨江新区、来雁新城6个重点项目建设，看望慰问项目一线的建设者。

29日

▲市人大常委会党组书记、常务副主任谢宏治率市直相关部门负责人、专家，赴东洲岛调研船山书院规划建设情况。

▲湖南省中小企业信用担保有限责任公司与小7金融（www.x7jr.com）合作的首标正式上线。

▲衡阳市农业产业协会正式成立。会议审议通过多项决议，选举产生第一届会长、常务副会长、副会长、名誉顾问等。陈新文当选为市农业产业协会第一届会长。该协会吸纳首批会员389名，其中会员单位332家，个人会员57名，会员主要来自全市规模较大的农业产业化龙头企业和其他农业新型主体。

30日

▲市总工会第十八届六次全委（扩大）会议召开。

▲全市反贪工作会议召开，2015年全市检察机关反贪部门共立案查办贪污贿赂犯罪案件128件162人。

▲2016年，衡阳市首场残疾人就业援助月专场招聘会在珠晖区人力资源市场举行。来自全市的化工、服务、保险等行业的27家企业提供85个工作岗位，130余名残疾人进场求职，现场63人达成用工意向。

▲市城管执法局系统举行创建全国文明城市工作推进会。

31日

▲衡阳市政府与湖南省水运建设投资集团有限公司签订《关于衡阳港松木港区开发建设战略合作框架协议》。

▲省政府党组成员、省长助理袁建尧一行到衡阳调研“12345”政府服务热线整合建设工作。

▲2015年全国机场生产统计公报发布，中国境内民用航空机场共有210个，衡阳南岳机场以7222.2%的航班起降架次增幅和11729.6%的旅客吞吐量增幅，同时占据全国机场航班起降架次及旅客吞吐量增幅榜首。

▲2015年度寻访“中国大学生自强之星”活动，在浙江大学举行颁奖典礼。因见义勇为，用红旗旗杆勇救两人的“红旗男孩”——西安工程大学学生曹承全（耒阳人，革命烈士曾木斋的后代）被共青团中央评为“中国大学生自强之星标兵”。此次活动共评出“中国大学生自强之星标兵”10名，曹承全是唯一一名湖南籍在校大学生。

是月

▲蒸湘区钢管深加工产业园区的衡钢鸿华物流有限公司的污水处理和循环利用设备、高效能的筛分系统等6项实用新型专利和2项软件著作权，通过国家专利局的审核。

▲省政府办公厅通报的2015年度全省政府网站绩效评估结果显示，衡阳市党政门户网站以总分排名全省地州市第二的成绩，被评为“优秀市州政府门户网站”；珠晖区、衡山县、常宁市、蒸湘区、祁东县、雁峰区6个县（市）区政府网站获评

“优秀县市区政府门户网站”，其中珠晖区排名全省县（市）区第一。

▲《中国国土资源报》头版头条推介衡阳。“数字衡阳”建设经验全国推广。市国土资源局的“数字衡阳”建设在全省甚至全国处于领先地位。

▲ 衡阳市成龙成章中学的胡勇哲获得全国“最美中学生”称号。

▲ 石鼓区区国安工作被评为全省先进，综治、稳定、信访工作分别被评为全市先进单位。

▲ 省发改委发布公告称，拟确定50个项目作为湖南省2016年中央预算内投资城镇污水垃圾处理设施建设备选项目，衡阳共有4个项目进入备选之列，总投资约10亿元。

▲ 省工商局公布33家“湖南省2014—2015年度诚信示范市场”名单，其中衡阳市有4家市场入列，分别是衡阳市华源装饰材料专业市场、衡阳市红星美凯龙全球家居生活广场、衡阳电脑城和衡东建材大市场。此外，衡阳市华源装饰材料专业市场被推荐上报为“全国2014—2015年度诚信示范市场”。

▲ 有“烈士故乡”之称的衡阳县洪市镇入选湖南省第二批“美丽乡镇”。

▲ 衡阳市普外腹腔镜微创外科学组在市中心医院成立，来自省内外的300余名专家参加见证。

▲ 衡山县新桥镇举行“诗词之乡”授牌仪式，中华诗词学会顾问、省诗词协会会长赵焱森授予该镇湖南省“诗词之乡”匾牌。

▲ 由中国著名文学家、书法家贺京沙创作的巨型石刻《参同契》，在佛教圣地南岳的南台寺落成。

▲ 由中国工艺美术协会主办的第51届全国工艺品交易会在南京国际展览中心举办。衡阳市“立祥雕刻”的彭立祥的黄杨木雕作品《游》等7件工美艺术精品，分获3金、1银、2铜的成绩。

▲ 在全省建制村合并工作业务培训会上，衡东县并村改革工作经验被作为典型推介。

4月

1日

▲ 衡阳市召开全市领导干部大会。省委组织部副部长蔡建和宣读省委关于衡阳市委主要领导职务调整的决定：3月24日，省委常委会研究决定，李亿龙不再担任衡阳市委书记、市人大常委会主任职务；周农任衡阳市委书记，提名为衡阳市人大常委会主任候选人。

▲ 衡阳市举行异地衡阳商会会长恳谈会。

2日

▲ 在南岳忠烈祠举行祭奠抗战英烈活动。

6日

▲ 市委书记周农前往华菱衡钢、特变电工衡变公司等部分重点工业企业调研，并召开座谈会。

▲ 全市县乡换届工作推进会召开。

▲ 2015年，全市水上交通实现“零死亡”，市地方海事局被评为全省水上交通安全管理目标考核先进单位。

7日

▲ 全市安全生产“监管执法年”暨二季度例会召开。会议通报一季度安全生产工作情况，部署和推动2016年安全生产“监管执法年”活动。市委常委、常务副市长段志刚出席会议。

7日—8日

▲ 省人大农业与农村委员会副主任委员殷海清率领省人大调研组到衡阳，就衡阳市稳定和完善农村土地承包工作情况进行调研。

7日—10日

▲ 2016年湖南省职业院校技能竞赛在湖南大众传媒职业技术学院、长沙民政职业技术学院等24个赛点同时举行。湖南财工院共派出18个专业的48名选手，共获得团体一等奖3项、二等奖4项、三等奖4项；个人一等奖1项、三等奖3项。

8日

▲ 2016年全市全面小康推进、农业农村暨扶贫开发工作会议举行。

11日

▲ 衡山科学城北斗羲和产业基地发展研讨会举行。

12日

▲ 市纪委监察局官方微信“清风衡阳”正式开通上线。

13日

▲ 全市“强化全民安全意识，提升职工安全技能”安全生产大培训开班仪式在建滔（衡阳）实业有限公司举行。周农出席开班仪式。

14日

▲ 市委副书记、市长周海兵

会见到衡阳考察的香港瀚德集团有限公司主席钟瀚德。双方就瀚德集团在衡阳投资建设年产 1 万吨高纯氧化钒项目进行洽谈。

▲ 全省餐饮“明厨亮灶”创建工作现场推进会在衡阳市召开，全省各地级市食品安全监管部门负责人聚集南岳，交流工作经验，研究部署全省食品餐饮安全监管工作任务。

15 日

▲ 万达商业广场项目开工。该项目总投资 20 亿元，占地 5.59 公顷，总建筑面积达 10 万余平方米。

▲ 美国当地时间 4 月 17 日，第 49 届休斯顿国际电影节，来自 91 个国家的 4000 多部影片参与角逐，祁东籍青年导演李军林拍摄的公益电影《一个人的课堂》夺得“评审团特别大奖”。

18 日—24 日

▲ 2016 年“民营企业招聘周”活动在衡阳市各地举行。其间，市本级和各县（市）区围绕“帮人才就业，促民企发展”的主题，举办一系列形式多样的招聘活动，为民营企业和求职者搭建双向选择平台，满足企业用工需求，重点帮扶高校毕业生、农村劳动力等群体实现就业。

19 日

▲ 2015 年度湖南新闻奖评选会议在衡阳市召开。

20 日

▲ 衡阳市创建全国文明城市暗访情况通报会召开。省委宣传部副部长、省文明办主任刘进能对衡阳市创建全国文明城市工作给予肯定。

21 日

▲ 2016 年全市全民国防教育工作会议召开。

▲ 衡阳市召开非遗保护工作会议。截至本月，衡阳市有联合国公布的“非遗”保护名录 1 项，有国家级“非遗”保护项目 5 项、省级 11 项、市级 61 项、县级 216 项；有国家级非遗代表性传承人 4 人、省级 13 人、市级 45 人、县级 144 人。

22 日

▲ 市委书记周农主持市委中心组（扩大）集中学习“供给侧结构性改革”理论专题。

▲ 市委书记、市委全面深化改革领导小组组长周农主持召开市委全面深化改革领导小组第九次会议，审议研究相关改革事项。

24 日

▲ 2016 年“中华茶祖节·南岳祭茶大典”在南岳大庙正殿举行。副市长陈竞致辞，省茶业协会荣誉会长曹文成宣布祭茶大典开始。

25 日

▲ 市委书记周农前往石鼓区调研经济社会发展情况，强调将石鼓区打造成为湘南地区最具活力的商贸文化中心。

25 日—26 日

▲ 省人大常委会副主任王柯敏率领省人大环保工作调研组到衡阳，就衡阳市环境状况和 2015 年环境保护目标完成情况等开展调研。

26 日

▲ 市委副书记、市长周海兵专题调度城区河道管理和非法砂场整治生态复绿工作。

▲ 2016 年全市“三湘农产品质量安全行”活动启动。

▲ 衡阳市“一张纸·一件衣·献爱心”慈善公益活动启动仪式在香江城市广场举行，市慈善总会会长蒋勋功及相关支持单位负责人、爱心志愿者共 100 余人出席启动仪式。

▲ 市人大召开评议义务教育工作动员大会。

▲ 衡阳市召开 2016 年全市烟草市场综合治理工作会议。

28 日

▲ 市医保中心组织召开衡阳市医保基金智能审核平台建设动员暨培训会。

29 日

▲ 衡阳市召开“两学一做”学习教育工作视频会议。

▲ “自然生态·共享大美——柯桐枝花鸟画作品展”在市美术馆开展。

▲ 衡阳市举行“书香雁城·文化衡阳”第八届全民读书月活动启动仪式。在启动仪式上，文昭林、廖先悟、林新华 3 户家庭受到表彰获得 2015 年度全国“书香之家”家庭称号。

▲ 市人大常委会举办全市立法工作培训班，特邀省人大法制委副主任委员、省人大常委会法工委主任肖迪明到衡阳，就地方立法工作开展作专题讲座。

30 日

▲ 省文化厅党组书记、厅长李晖前往衡阳市美术馆（书画院）参观“自然生态·共享大美”柯桐枝花鸟画作品展。

是月

▲ 2015“向上向善好青年·文明守法好网民”颁奖仪式在长沙市举行，30 名“湖南好青年”

和30名“湖南好网民”获表彰。衡阳市李锋等7人列入其中。衡山县公安局民警李锋、衡南县川口中学教师党博杰、南岳区青创会会长胡志毅、浦发银行衡阳分行行长刘宇清获得2015年“向上向善湖南好青年”称号。南华大学附属南华医院医疗服务部干事唐宏羽、湖南千雁文化传媒有限公司总经理肖志旺、“耒阳乡土”总编辑匡金明获得2015年“文明守法湖南好网民”称号。

▲ 湘南地区2016届师范类毕业生暨衡阳师院2016届毕业生供需见面会在市体育馆举行。与往届供需见面会不同，该次见面会为期两天，分师范类专场和非师范类专场。来自全国各地的近400家单位进场揽才，提供就业岗位12600多个。其中，教育类的岗位8600余个，非教育类的岗位4000余个。

▲ 衡东少年军校被省体育局、省武术协会评为2015年度“湖南省武术工作突出贡献单位”“湖南省先进武术段位考试点”“湖南省先进武术馆校”“湖南省武术协会副主席单位”。校长李彦军被授予“武术工作贡献奖”“武术先进工作者”称号、“武术功勋章”等多项荣誉。

▲ 衡东林业网跻身全国县级林业网站第一。这是自2010年起，国家林业局启动各级林业网站绩效考核以来，衡东林业网首次位列全国第一。

▲《湖南省旅游业“十三五”发展规划纲要》出台，明确“十三五”期间，湖南省将培育70个旅游资源重点县（市）区，并建成100个特色旅游小镇。其中，衡阳市分别有4个县（市）区、7个乡镇上榜。

▲ 衡阳市共减少建制村2576个，减幅达到52.7%，较省里下达任务多撤并290个建制村。全省建制村合并工作业务培训会上，将衡阳市合村改革经验作为培训范本，向省内其他市州推介。

▲ 2015年衡阳市有两家企业的商标被国家工商总局审核认定为中国驰名商标；另外省工商局审核认定衡阳市44个商标为湖南省著名商标，其中首次认定的有21件。至此，衡阳市拥有中国驰名商标达到15件，湖南省著名商标157件。

▲ 衡东县大浦镇中心卫生院被国家卫生计生委评为首批群众满意的乡镇卫生院，这也是该县首家获得该项荣誉的乡镇卫生院。

▲ 2016年湖南省职业院校技能竞赛成绩揭晓，衡阳市各职业院校代表队获得一等奖16个，二等奖23个，三等奖24个。团体总分位居全省第二。

▲ 台湾桃园国际机场股份有限公司董事长郭蔡文、台湾迦乐医院董事长龙应达、台湾大展工程顾问有限公司董事长龙应腾一行10人到衡阳，就推进台湾、衡阳两地物流产业的合作展开洽谈。

▲ 全国自办发行协会第七届代表大会上，衡阳日报社获得“全国地市报先进发行单位”称号。

5月

1日

▲ 衡阳市开出首张增值税普通发票，标志着全市全面实施“营改增”试点，“营业税”自此退出舞台。该发票号为05248048，价税合计198元。

4日

▲ 衡阳警备区党委第一书记任职大会上，省委常委、湖南省军区司令员黄跃进宣布省军区党委批复，同意增补周农为衡阳警备区党委委员、常委、第一书记。

▲ 全长607米，建设投资2.4亿元的船山东路跨耒水大桥合龙。

▲ 全省水利系统“青春与水利同行”主题演讲比赛决赛中，衡阳水文局选手伍梦诗获三等奖第一名。

5日

▲ 衡阳创建全国文明城市工作座谈会召开。

▲ 市委党的群团工作会议召开。

▲ 祁东县步云桥镇中心卫生院预防接种数字化门诊通过省卫计委的考核验收。这是衡阳市乡镇卫生院中首家数字化门诊。

6日

▲ 南岳衡山景区与国内多家旅行社举行签约大会，现场与携程网、同程网、驴妈妈旅游网、扬州乐游山水旅游网等大型OTA企业以及宝中旅游、张家界万达原野旅行社等二十余家旅行商签约。

▲ 2016年全省专项社会事务工作会议在衡阳召开，会议就湖南省的殡葬改革事业发展、流浪乞讨人员救助、婚姻登记服务规范化建设等社会事务工作进行经验交流。省民政厅副厅长陈慈英出席会议并讲话，对衡阳市殡葬

改革等社会事务工作予以肯定。

▲ 湘梦集团与衡山县人民政府正式签署《投资合作协议》，该集团计划投资5亿元在衡山县开云镇打造湘梦衡山智慧农业电商产业园。

7日

▲ 燕京啤酒衡阳公司引入的湖南第一条罐装啤酒生产线正式投入生产，该生产线每小时可生产3.6万罐啤酒，年产量可达5万吨。

8日

▲ 金钟购物公园·南城步行街首批商家签约会在金钟时代城营销中心拉开序幕。近300余位商家代表以及金钟时代城业主参加。

9日

▲ 湖南第三家新型建筑材料企业——湖南国禧新型材料环保节能建筑材料有限公司落户衡阳。该公司建设完成后，可年产2000万平方米新型轻质建筑墙板，有望成为湖南地区产量最大的新型建筑材料基地。

9日—10日

▲ 泰国能源部采购委员会官员及泰国电力局技术专家一行10人，到湖南共创光伏科技有限公司参观考察。

10日

▲ 省公安厅刑侦总队队长赵剑出席衡阳市刑事科学技术暨刑侦工作会议。

10日—12日

▲ 省委副秘书长龚武生率领全省全面深化改革第一梯次督察第五督察组到衡阳，督察指导衡阳市农村综合改革、科技创新、食品药品安全监管三项改革工作。

11日

▲ 全市安全生产工作调度会召开。

▲ 全省“绿色湘江·我们共同见证”大型漂流、骑行衡阳站活动暨全市“六五”世界环境宣传月启动仪式在石鼓广场举行。

▲ 衡阳市召开贯彻落实中央、省委统一战线重大决策部署情况汇报会。

12日

▲ 省调研组到衡阳调研衡阳市实施权责清单和取消下放行政审批事项落实情况。

▲ 石鼓书院举行国家AAAA级旅游景区揭牌仪式，标志着石鼓书院成为继罗荣桓故居、蔡伦竹海景区之后，衡阳市第三家国家AAAA级旅游景区。

13日

▲ 市政府召开青年创新创业座谈会。

▲ 祁东县政府与阿里巴巴签订《祁东县阿里巴巴农村电商商务合作协议书》，成为阿里巴巴集团村淘项目在衡阳市的首批试点县。

▲ 第七次全国人民防空会议在北京举行，市人民防空办公室获评全国人防先进单位，市人防办主任刘检元获评全国人防先进个人，这是衡阳市人防办继获得原广州战区人防机关综合考评第一、人防比武第一、全国人防宣传先进单位，融合发展“衡阳经验”在全国推介学习后，又一次获得荣誉。

14日

▲ 西安市衡阳商会在西安举行成立大会暨第一届会员代表大会，开启湖南地级市在陕西成立商会的先河。市人大常委会党组书记、常务副主任谢宏治，西安市人大常委会副主任史南征为西安市衡阳商会揭牌，在陕衡商及全国各地衡阳商会代表逾400人出席大会。

▲ 中国、新西兰、捷克、黑山四国女篮对抗赛在市体育中心体育馆拉开战幕。

15日

▲ 第二十六个“全国助残日”活动暨“衡阳市特殊教育研究中心”挂牌仪式在市特殊教育学校举行。

▲ 2016全国“最美家庭”揭晓暨第十届全国五好文明家庭表彰大会上，聂东元家庭当选为全国“最美家庭”。

16日

▲ 四国女篮对抗赛决赛在衡阳市体育中心体育馆举行，中国队以74：35大胜黑山队，以三战全胜的战绩夺取衡阳站冠军。

17日

▲ 衡山县人民政府与湘潭农商银行正式签约，共同组建村镇银行。此系衡山县设立的首家村镇银行，重点为该县“三农”、中小微企业发展提供存款、贷款、结算等金融服务。

17日—18日

▲ 衡山县拟整合紫金山森林公园、萱洲“千年古镇”和福田铺乡禹王碑遗址公园生态资源，申报“衡山国家森林公园”，初步规划面积4383.13公顷。国家林业局森林公园办公室管理处处长俞晖率考察组，前往衡山县考察

评估国家森林公园建设。

17 日—19 日

▲ 省农业综合开发办主任李丙力率队就衡阳市 2015 年度最严格水资源管理制度落实情况进行重点抽查和现场检查。副市长陈竞参加活动。

18 日

▲ 市十四届人大六次会议闭幕。经过大会选举，周农当选市人大常委会主任。

▲ 省科技厅副厅长贺修铭率队到衡阳调研，主题是企业技术创新税收优惠政策落实现状与对策。

19 日

▲ 全市加强社会治安防控体系建设、深入推进平安衡阳创建工作会议召开。

▲ 全市县乡领导班子换届工作会议举行。

▲ 第七届全市大学生科技创新大赛总结暨项目对接会举行。

▲ 中华香文化祖师——神农祭奠暨“香祖文化发源地——南岳衡山”学术交流会在北京大学会议中心举行。湖南省史志处处长黄俊军博士作“香祖文化发源地——南岳衡山”学术报告。会议期间，北京香文化促进会与衡山县人民政府签署合作开发中华香文化产业园的协议。

20 日

▲“山高水长——衡阳 · 白山书画联展”在市美术馆开展，展览集中展示衡阳市与白山市二地书画名家 80 余幅作品。

22 日

▲ 截至 5 月 22 日 14 时，衡阳市 6 个县（市）区、75 个乡镇遭受洪涝灾害，受灾人口 15.792 万人，转移人口 0.763 万人，农作物受灾面积 16425.33 公顷，农房倒塌 360 间，农房严重损坏 351 间。衡东县和衡阳县灾情最为严重。

23 日—26 日

▲ 住建部质量安全司副司长王英姿率队对衡阳市“工程质量治理两年行动”开展监督执法检查。

24 日

▲ 省住建厅专家组到衡阳，对衡阳市创建国家园林城市工作展开调研。

25 日

▲ 衡阳市召开创建国家园林城市专家调研指导意见反馈会。

▲ 省政协研究室副主任江涌率队到衡阳，就省政协云平台建设开展需求调研。

25 日—26 日

▲ 省关工委副主任、省人大常委会原副主任王四连一行到衡阳，调研衡阳市关心下一代工作特别是青少年党史国史（“两史”）教育情况。

26 日

▲ 在耒阳建市 30 周年之际，G107 耒阳绕城公路、亿丰国际商贸城、江东生鲜冷链物流、生物降解膜等 12 个重大项目举行集中开工仪式。

▲ 市委副书记、市长周海兵到特变电工衡阳变压器有限公司，就“±1100 千伏特高交直流输变电装备研发制造中心暨产能提升”技术改造项目建设现场办公。

27 日

▲ 四川成都红苹果科技有限公司衡阳分公司开展农村留守儿童饮水改善公益活动，前往耒阳市小水镇小圩小学，为当地留守儿童捐赠 18 台总价值 7 万余元的净水机。

29 日

▲ 副省长张剑飞、中核集团副总经理和自兴到衡阳考察调研时表示，全力支持衡阳加快建设军民融合产业示范区。

▲ 2016 湘江马拉松赛 · 衡阳站比赛在市体育中心开跑，2000 余名参赛选手冒雨参赛。

31 日

▲ 全市防汛抗灾工作现场会在常宁召开。

▲ 市委副书记、市长周海兵会见到衡阳考察的浦发银行长沙分行党委书记、行长李征。双方就做大做强衡阳实体经济进行磋商。

▲ 第 29 个“世界无烟日”，衡阳市在高新区蒸水小学举行 2016 年万人戒烟公益活动启动仪式。

▲ 湖南省电网工程公司在昌吉至古泉 ±1100 千伏特高压直流输电线路工程（甘 9 标段）N5869#塔位举行首基试点暨开工仪式，标志着该工程全面拉开基础开挖施工序幕。这是该公司首次承建 ±1100 千伏特高压工程。该工程刷新世界电网技术的新高度，它是最高电压等级、最高最大容量、最远距离、最先进技术的世界首条 ±1100 千伏特高压输电直流线路。

是月

▲ 本月注册入驻衡山科学城红树林研发创新区的衡阳市南光光电科技公司缴纳 78300 元企业增值

税，系衡山科学城建设以来首笔税金。截至当月，衡山科学城签下23个项目，总投资86.95亿元，其中19家企业完成注册，注册资金达6.72亿元。

▲ 常宁市人民检察院获得“第六届全国先进基层检察院”称号，是衡阳市唯一获此荣誉的基层检察院。

▲ 衡阳市首个反邪教宣传教育微信平台——“衡阳反邪”正式上线。

▲ 第37届湖南省青少年科技创新大赛在邵阳市邵东县一中举行，衡阳市科协主要负责人应邀出席开幕式，并观摩大赛作品展览。此次大赛，衡阳市共报送43个作品参加6类项目角逐，共获一等奖6项、二等奖16项、三等奖17项。衡阳市科学技术协会、常宁市科学技术协会和衡阳市八中获得优秀组织奖，祁东县鼎兴特色教育学校校长李跃进获得“湖南省十佳教师”的称号。

▲ 衡阳市首个金融扶贫服务站在祁东县凤歧坪乡韭菜坪村挂牌。

▲ 全省首家县级软件研发高新技术研发基地——耒阳软件开发创意园正式入驻耒阳市经济开发区。

▲ 广东东莞的宏鑫三维科技、千雁商城两家企业与衡山科学城招商分队签约。其中千雁商城成为衡山科学城互联网板块签约入驻的首家企业。

6月

1日

▲ 全省加强换届风气监督工作调度会（湘南片）在衡阳举行。省委常委、省纪委书记傅奎出席会议。

▲ 湘南地区最大图书城——衡阳图书城正式开业。

▲ 城区首家国地联合办税服务厅——珠晖区办税服务厅正式投入运行。截至次日，接待纳税人412人次，办结业务630多笔。

1日—2日

▲ 中组部和省委组织部调研组到衡山县开展第三次全国远程教育“百村抽查”调研。

2日

▲ 康家溪Ⅲ号地块重金属污染场地治理工程、水口山沿江居委会杨家湾重金属污染场地治理工程、大渔村化工冶炼聚集区历史遗留涉重金属废渣治理工程开工。这三大环保工程开工，标志着常宁市湘江流域综合治理工作的强化。

2日—5日

▲ 市贸促会组织市10多个食品食材企业参加第五届中国（广州）国际食品食材展览会，共对接客商数百余人、达成合作意向几十项、签约金额数千万元。

3日

▲ 衡阳市举行2015年环境保护工作新闻发布会。

4日—5日

▲ 九三学社衡阳市第八次代表大会召开。

5日—6日

▲ 民建衡阳市第十四次代表大会召开。

7日

▲ 市委副书记、市长周海兵就湘江流域治理幸福河改造项目建设现场办公。

▲ 市委副书记、市长周海兵会见湖南省广东商会会长张建辉，双方就衡阳市农贸市场体系建设进行洽谈。

12日

▲ 衡阳市首家医养结合单位——世和医院在蒸湘区正式营业，开启衡阳市老年人养老、疗养、疾病治疗新模式。

12日—21日

▲ 国家土地督察武汉局对衡阳市耕地保护、土地利用、土地执法开展实地督察。

13日

▲ 全省法院执行工作座谈会在衡阳中级人民法院召开，围绕最高人民法院《关于落实“用两到三年时间基本解决执行难”问题的工作纲要》展开讨论。

13日—14日

▲ 副省长、省公安厅厅长黄关春到衡阳调研公安工作和重点产业项目发展。

▲ 民盟衡阳市第十五次代表大会召开。

14日

▲ 省人大常委会委员、环资委副主任委员姜玉泉率领环保工作检查组到衡阳，就《中华人民共和国水污染防治法》执法检查报告的审议意见研究处理情况和交办问题整改落实情况开展跟踪检查。

14日—15日

▲ 民进衡阳市第八次代表大会召开。

15日

▲ 市政府与国开行湖南省分行、农业银行湖南省分行、中国

人寿湖南省分公司、浦发银行长沙分行、长沙银行战略合作协议签约仪式在衡阳举行。

▲ 由市怡和实业发起，南北特食品、衡州花鼓戏艺术公司等16家企业加盟，45名“非遗”传承人参与的市非物质文化遗产保护协会成立，选举产生以市怡和实业发展有限公司董事长周小初为会长的第一届理事会。

16日

▲ 市委十届九次全委（扩大）会议提出衡阳市做好下阶段工作的总体要求，强调要努力建设经济繁荣、百姓富裕、生态优美、社会和谐、政治清明的新衡阳。

17日

▲ 由市政府与市保险行业协会共同举办的保险业诚信示范创建活动正式启动。

▲“意象衡阳”2016年衡阳首届油画双年展在衡阳师范学院举行，参展作品为衡阳本土画家创作的112幅精美油画作品。

18日

▲ 市委书记、市人大常委会主任周农会见到衡阳考察的新疆吐鲁番市市委常委、市委组织部部长王久忠一行。

▲ 省人大常委会副主任、民进湖南省委主委谢勇到衡阳调研，强调将岳云学习教育基地打造成民进全国学习教育实践基地。

▲ 一艘装载20个标准集装箱的货轮“湘运6号”从松木港码头出发，标志着“衡阳松木港—长沙—上海港”集装箱航线进入试运行阶段，这是衡阳集装箱货轮历史上首次实现通江达海。

▲ 甘建华获得第七届冰心散文奖。

20日

▲ 省政府督查组对衡阳市启动环保综合督查。

21日

▲ 副省长向力力到衡阳，检查防汛抗旱工作。

▲ 市委副书记、市长周海兵会见到衡阳考察的正威国际集团副总裁、大文化事业群总裁、深圳市文化创意行业协会秘书长陈鹤平一行。

22日

▲ 省科技厅党组书记、厅长童旭东率队到衡阳调研科技创新工作。

23日

▲ 衡阳市纪念中国共产党成立95周年“红旗颂”大型群众合唱比赛在市体育中心体育馆举行。

▲ 副省长何报翔到衡阳调研综合保税区运行和发展情况以及园区建设。

25日

▲ 甘建华以专著《冷湖那个地方》获得首届“丝路散文奖”。

26日

▲ 蒸湘区雨母山艺术家部落举行纪念建党95周年书画展。24位国家级、省级艺术家正式入驻该部落进行艺术创作。

▲ 东莞台商协会到衡阳招商引资推介会举行。

▲ 装载着28个标准集装箱的2000吨级货轮“湘远8号”从松木港码头驶向上海港口。这标志着衡阳至上海的水运集装箱航线正式开通。松木港码头也成为湖南省继长沙霞凝港、岳阳城陵矶港和常德盐关港之后又一个可直航上海的集装箱港口。

28日

▲ 市本级不动产统一登记首证颁发仪式举行。省国土资源厅厅长方先知将市本级第一本不动产统一登记证书发到雁峰区业主黄惠民手中，市委副书记、市长周海兵在仪式上致辞并颁证。

30日

▲ 市委书记、市人大常委会主任、市委全面深化改革领导小组组长周农主持召开市委全面深化改革领导小组第十次会议，专题研究衡阳市供给侧结构性改革和公车改革工作。

▲ 市工商联（总商会）第十六次会员代表大会开幕。

▲ 截至当天，衡阳市全面推行营改增试点首个申报期结束，共有建筑业、房地产业、金融业和生活服务业四大试点行业纳税人3319户完成申报，首期申报率达100%。

▲ 酒泉——湖南±800千伏特高压直流输电线路工程湘2标段全面进入导线展放阶段，即送电前的最后阶段。

是月

▲ 湖南裕华化工集团有限公司15万吨/年氯化铵项目点火试产。这标志着全球首套自主研发的热法回收氯化铵装置正式落成并试产。投产后，该项目即可形成消耗处理100万立方米/年高浓度母液水的能力，并从废水中回收15万吨/年氯化铵，成为全国最大的小苏打生产企业。

▲ 衡阳保卫战纪念馆沙盘模型全面完成提质提标，于本月开

始对外展出。

▲ 全国休闲农业和乡村旅游经验交流会在四川省雅安市召开，会上举行“全国休闲农业和乡村旅游示范县”的授牌仪式，耒阳市农业局负责人接受农业部、国家旅游局的授牌。耒阳市成为衡阳市第一个跻身“全国休闲农业和乡村旅游示范县”的县（市）区，全省仅有12个县（市）区获此荣誉。

▲ 自2014年开始，衡阳县确立“生态立县”发展战略，以绿化通道为重点，推进生态林业建设。截至2016年5月底，全县投入超过1亿元，完成通道绿化2627.6千米，种植各种绿化树1300多万株，通道绿化里程居全省前列。

▲ 耒阳农商银行为联络行的耒阳首家金融扶贫服务站在大和圩乡瑶洞村正式成立。

▲ 由衡阳市歌舞剧团创办的以文化体验、休闲度假、旅游购物为主的衡阳首个“非遗”体验基地正式落户南岳区松麓街。

▲ 省林科院专家一行到常宁市就油茶森林认证标准的科学性、适用性和可操作性，以及认证体系运行中的相关问题，进行交流和讨论，并决定在该市开展湖南第一个森林认证。

▲ 教育部公示2016年全国青少年校园足球特色学校入选名单，共233所学校入围，常宁市明珠学校、常宁市第八中学入列其中。

▲ 教育部公示2016年“全国青少年校园足球特色学校”名单，衡阳市29所中小学跻身为国家级校园足球特色学校，新增数量居全省第一。

▲ 湖南财工院通过省教育厅专家组的专项督查，获得2016年湖南省普通高等学校就业创业工作“一把手工程”督查优秀单位。

▲ 由湖南大学、衡阳师范学院联合主办的“纳米光学与等离子光学”国际研讨会在衡阳市举行。来自新加坡国立大学、清华大学、北京大学等国内外高校90余名教授、青年学者参加讨论与交流。

7月

1日

▲ 雨母山百万花海开园。

▲ 衡阳市庆祝中国共产党成立95周年大会举行。

▲ 居民身份证跨省异地受理工作在衡阳市正式启动，市公安局蒸湘分局人口与出入境管理大队为衡阳市试点单位。

2日

▲ 省公安厅党委委员、副厅长汤向荣率队到衡阳，对衡阳市重点企业、重点领域、重点环节开展为期5天的安全生产大检查。

4日

▲ 根据省发改委批复同意衡阳市的农村综合服务平台建设方案，并下发的2016年省预算内首批补助资金1900万元，标志着衡阳市正式在全市铺开建设农村综合服务平台。平台建设覆盖全市2261个村、116个乡镇。

▲ 祁东县被中国蔬菜流通协会授予“中国黄花菜之乡”称号。

5日

▲ 衡阳市新版食品生产许可证发证工作正式启动，衡阳康辰桂林米粉有限公司获得衡阳市首张新版食品生产许可证，并启动对全市400余家食品生产获证企业分批换发新证。

▲ 省总工会党组书记、副主席徐文龙到衡阳调研指导工会工作。

▲ “2016中国·祁东黄花菜节”启动。祁东黄花菜节高峰论坛举行。黄花源景区举行开园仪式。

▲ “2016中国·祁东黄花菜节”高峰论坛期间，百余在中国乃至国际上颇具影响力的知名专家学者、龙头企业和协会业主共商祁东黄花菜产业转型升级“大计”，引起全国从事黄花菜研发和生产的学术界及产业界关注。

6日

▲ 市委副书记、市长周海兵会见广东省衡阳商会党支部书记兼秘书长、广东省衡商投资有限公司总经理石志明一行。双方就加快衡阳综保区发展及加强衡阳招商引资工作进行洽谈。

8日

▲ 长沙银行衡阳分行举行开业暨银企合作签约仪式。

11日

▲ 衡阳市高速公路交通事故快处快赔中心在杨柳汽贸城云驰汽车销售服务有限公司正式挂牌运营。

12日

▲ 市委副书记、市长周海兵会见到衡阳考察的湖南航天管理局局长胡雪梅一行。双方就环保、实体经济发展、智慧城市建设等方面开展合作进行洽谈。

13日

▲ 衡阳市召开城乡规划工作汇报会。

▲ 衡阳市启动2016—2018年“公益扶贫光明行”惠民工程，计划在三年的时间里，在全市范围内全面展开公益救助，提供6000个全免救助名额，解决贫困白内障患者因眼疾而失明的问题。

▲ 衡州农商银行正式挂牌开业，成为全省高风险联社改制的典范。

15日

▲ 2016年度新疆吐鲁番市高技能人才到湖南培训工作启动。首批来自吐鲁番市10所技工院校及职业技能培训学校的42名教师抵达衡阳，在衡阳技师学院接受为期两个月的专业理论和实践操作技能培训。

16日—17日

▲ 为期两天的2016·湖南山地户外健身休闲大会（衡南站）暨“莲湖湾荷花节”在近尾洲镇莲湖湾国家湿地公园举行。3200名来自全国各地的山地户外健身运动爱好者参加。

18日

▲ 华为（衡阳）联合创新实验室正式落户高新区并举行揭牌仪式。

19日

▲ 国家安监总局副局长孙华山到衡阳，督导调研安全生产工作。

▲ 省委副秘书长郭光文率省督查组到衡阳督查全省旅游发展大会精神贯彻落实情况。

▲ 市委常委、市委宣传部部长刘丽华到位于高新区天台路33号的衡阳市新媒体中心视察，祝贺衡阳日报社全媒体发布中心（俗称“中央厨房”）正式启用。

20日

▲ 衡阳市委常委会“两案”（衡阳破坏选举案和李亿龙严重违纪案）反思专题民主生活会举行。省委常委、省纪委书记傅奎到会全程指导，强调要深刻吸取“两案”的教训，做政治上的明白人，把净化衡阳政治生态作为重点工作来抓，同时继续深入抓好对“两案”的反思。

22日

▲ 市委书记、市人大常委会主任周农调研雨母景区及美丽乡村建设。

25日

▲ 全市“统战文化大讲堂”暨“老干部形势报告会”开讲，省政协副主席、民革湖南省委原主委刘晓应邀到衡阳作报告。

26日

▲ 南岳版画馆正式开馆纳客。

▲ 由省住房和城乡建设厅、市政府联合举办的湖南省新型城镇化领导干部衡阳培训班开班。

27日

▲ 市委书记、市人大常委会主任周农率领市五大家主要负责领导走访慰问驻衡阳部队指战员。

28日

▲ 市人大常委会党组召开“两案”反思专题民主生活会。

▲ 市公安文联成立大会在市公安局召开。

▲ 市政协召开驻衡阳省政协委员学习交流座谈会。

29日

▲ 市政府2016年第9次常务会议召开，研究全国第三次农业普查、城市公立医院综合改革、全市公共资源交易平台整合建设等工作。

▲ 耒阳市第四次被全国双拥工作领导小组、民政部、中央军委政治工作部联合表彰为“全国双拥模范县”。这是耒阳继2004年、2008年、2012年之后，连续第4次获此项“国字号”荣誉。

31日

▲ 南岳首条文化旅游街区——松麓街正式开街。

是月

▲ 中国机械工业联合会在京召开特变电工衡阳变压器有限公司新产品鉴定会，鉴定委员会通过该公司16项新产品的国家级鉴定，其中各有8种类型产品分别达到国际领先水平或者国际先进水平。至此，衡变公司累计申请召开国家级新产品鉴定会9次，完成国家级新产品鉴定102种，世界级新产品增至51项。

▲ 衡东县第一家“贫困村”金融扶贫服务站——衡东县吴集镇江山村金融扶贫服务站正式挂牌成立，首批建档立卡的贫困农户与衡东农商银行签订贷款合同。

▲ 中国科协、财政部公布2016年“基层科普行动计划”奖补单位，衡阳市6家单位和1人上榜。

▲ 2016年全省引智基地和示范单位工作会议在岳阳市举行。省人社厅领导和来自省直、各市州人社局的分管领导、外专科（局）长以及全省引智基地和示范单位负责人共100多名代表参加会议。特变电工衡阳变压器有限

公司作为全省的引智示范单位代表，在会上作经验交流发言。

▲ 全国侨商社会组织工作会议上，衡阳市侨商会被授予“全国优秀侨商社会组织”称号。此系湖南省地市级侨商组织首获此项荣誉。

▲ 全市市级以上龙头企业发展到338家（其中国家级3家、省级43家）、专业大户74087户、家庭农场2669个、农民合作社3427个，新型农业经营主体流转土地、出产的主要农产品占比均超过50%。

8月

1日

▲ 自本日起，市直党政机关正式实行新的公务用车制度。衡阳市成为全省公车改革推进最快、最平稳的市（州）之一。

▲ 特变电工衡阳变压器有限公司自主研制的SFP-JT-1180000/500现场组装发电机变压器通过专家评审和现场审核，入选2016年省首台（套）重大技术装备认定产品名单，获得全省首台（套）重大技术装备奖励资金的资助。

2日

▲ 新任国家人防办主任、中央军委国防动员部人防局局长殷勇一行到衡阳调研人防工作。

3日

▲ 衡阳警备区领导班子部分成员调整命令大会举行。省军区参谋长郭辑山少将宣读中央军委国防动员部命令，市委书记、市人大常委会主任、衡阳警备区党委第一书记周农出席会议并讲话。

4日

▲ 省政协副主席欧阳斌一行到衡阳考察，对衡阳市历史文化街区保护修复工作给予肯定。

▲ 2016年湖南省射击锦标赛（步手枪）在市体育中心拉开战幕。此次比赛为期5天，32个比赛项目共计产生个人和团体金牌56枚。

8日

▲ 衡阳市举行发展县域经济、工业经济、旅游经济工作专题调度会。

▲ 市政府召开全市财税工作调度会。

▲ 2016年衡阳市“8·8全民健身日”暨“我爱足球”中国足球民间争霸赛衡阳赛区启动仪式在市体育中心举行。

9日

▲ 副省长戴道晋到衡阳调研早稻收购工作。

▲ 市委书记、市人大常委会主任周农会见庆祝建党95周年中央和省委表彰对象代表先进事迹巡回报告团一行。

10日

▲ 市科技馆试运行，市民可进行3D打印魔法坊、机器人活动区、球幕电影等科技体验。

▲ 衡山县政府与衡山紫盖峰旅游度假有限公司正式签约，该公司拟投资5亿元开发湖南衡山紫盖峰风景区。

10日—11日

▲ 省人大常委会副主任王柯敏率省人大调研组到衡阳，就衡阳市贯彻实施宗教事务“两个条例”情况开展调研。

11日

▲ 衡阳市召开创建全国文明城市工作推进会。

▲ 在全省新闻战线“好记者讲好故事”主题演讲比赛决赛中，市委宣传部选送的衡山县广播电视台记者周自红、衡东县广播电视台记者曹莉分别夺得三等奖。

12日

▲ 200余名机关干部走进市第一强制隔离戒毒所，接受禁毒宣传教育。原市委正厅级干部、市禁毒协会会长彭辉出席活动。

15日

▲ 市委书记、市人大常委会主任周农主持召开市委常委会议，听取中纪委、中组部换届风气第三巡回督查组反馈意见及问题整改方案的情况汇报。

16日

▲ 市委书记、市人大常委会主任周农前往衡南县、衡阳县调研全市农业农村工作。

16日—20日

▲ “沪洽周”在上海举行。期间，副市长王洪斌率队拜访上海衡阳商会企业，推介衡阳投资发展环境，邀请在外企业家回乡投资兴业。

17日

▲ 由省商务厅、市政府主办的2016年湖南（上海）投资贸易洽谈周（简称）衡阳重要客商座谈会在上海举行。

18日

▲ “沪洽周”举行湖南省工商界知名人士恳谈会暨重大项目签约仪式。副省长何报翔出席会议并讲话。会上，衡阳市松木经开区与香港建滔化工集团，现场

签订年产5万吨环氧氯炳烷及背压式热电联产项目，总投资15亿元。此次“沪洽周”衡阳市共签约项目32个，总投资额190.9亿元，总引资额190.5亿元。其中，省级签约项目13个，市级签约项目19个；新型工业项目占15个，占比46.9%；现代服务业项目11个，占比34.4%；其他类项目6个，占比18.7%。32个项目中，有31个项目为合同项目，1个项目为协议项目，独资项目24个。

22日

▲ 2016湖南（上海）投资贸易洽谈周上，衡山科学城与中金九峰（北京）公司的智能机器人创业基金现场签约建设智能机器人产业园项目，总投资10亿元。

25日

▲ 在由团市委主办、市希望工程办公室承办的“青春扶贫·爱心圆梦”2016年全市希望工程大型助学活动现场，衡阳市170名寒门学子获得56万元助学金。副市长陈竞为爱心企业代表颁发爱心证书。

26日

▲ 衡阳农村商业银行股份有限公司授牌开业暨市政府与省农村信用社联合社签约仪式举行。

▲ 2016湖南海关特殊监管区专题招商推介会在深圳举行。会上，衡阳综合保税区与深圳电科电源有限公司签约建设锂电储能项目。

▲ 25组集装箱重箱通过铁路从衡阳到达珠海高栏港站，珠海港集团与中远海运合作的衡阳至高栏集装箱铁海联运通道正式开通。

30日

▲ 由省委宣传部、省文化厅、省总工会主办，市委宣传部、市文体广新局、市总工会、市广播电视台承办的2016年“欢乐潇湘”全省群众文艺汇演决赛（衡阳市专场）举行。

▲ 中央信访工作联席办副主任、国家信访局副局长李皋到衡阳，调研衡阳市信访维稳工作。

31日

▲ 市十四届人大常委会第二十九次会议首次审议衡阳市第一部地方性法规——《衡阳市南岳旅游区综合管理条例（草案）》，这标志着衡阳市首部地方性法规正式进入市人大的立法审议程序。

▲ 全省地税系统“我身边的优秀共产党员”巡回宣讲衡阳专场在市广电中心举办。

▲ 衡阳农信社系统9家行社各项存款突破700亿关口，达到737.16亿元，比年初净增82.33亿元，完成省联社全年分配任务的102%。其中，衡阳农商行、衡州农商行存款分别达到127.93亿元、127.90亿元，衡南农商行突破100亿元，进入“百亿元俱乐部”。

是月

▲ 第16届中国青少年机器人竞赛在中国科学院大学举行。衡阳市选派的3支队伍11名选手获得1个一等奖、2个三等奖。

▲ 第八次全国法治宣传教育工作会议上，衡东县被授予“2011—2015年全国法治宣传教育先进县（市、区）”称号。

▲ “衡阳国家高新区创新创业示范基地”被批准为全省“双创”示范基地，此系衡阳市唯一入选的示范基地。

▲ 第十三届全国见义勇为英雄模范评选投票活动全面铺开，衡阳市耒阳籍大学生曹承全进入候选人名单。

▲ 珠晖区被教育部命名为“全国青少年校园足球试点县（区）”，是全省本次唯一被教育部命名的试点县（区）。同时该区英发实验学校、第二中学、实验小学、茶山坳镇中心学校、第一中学5所学校被授予“全国青少年校园足球特色学校”称号。

▲ 上海衡阳衡岳商会成立，BAYON集团董事副总裁颜昌平当选为会长。

9月

2日

▲ 省人大常委会法工委副主任戴少一率调研组到衡阳，开展《湖南省湘江保护条例》立法后评估调研。

5日

▲ 市委书记、市人常委会主任周农主持召开专题会议，调度全市县域经济、工业经济、旅游经济“植优势、补短板、促发展”工作开展情况。

6日

▲ 白沙洲工业园区管委会与中科院下属的北京中科众能科技有限公司签订共建合作协议书，该公司将首期投资1000万元，在园区内注册成立中科众能绿圃科技成果转化服务平台，以促进衡阳市企业在科技创新、科研成果

等方面的转化及应用。

▲“湖南好人”8月评选正式揭榜，衡阳市李泽华、宋国清等30人入选“湖南好人榜”。

▲省林业厅总工程师吴剑波一行到衡阳，督查衡阳市林业安全生产和森林防火工作。

7日

▲市委书记、市人大常委会主任周农主持召开专题会议，调度全市县乡人大代表、县（市）区政协委员推荐提名以及换届选举工作。

▲市委中心组（扩大）集中学习“人口计生”和“依法治国”理论专题。

8日

▲全市基层党建工作推进会在衡山县举行。

9日

▲“2016中国食品餐饮博览会”在长沙拉开帷幕，衡阳三大品牌所体现的“衡阳湘味”在开展当天吸引客商及普通消费者近3000人次。

▲衡阳市举行庆祝第32个教师节表彰大会，表彰一批为全市教育工作做出重大贡献的教师。

12日

▲衡阳市2016年“质量月”活动启动仪式在莲湖广场举行。

▲《首善之地·昌明国学——孔庙和国子监文化展》衡阳巡展活动在市博物馆举行。

13日

▲全国政协委员、省政协主席李微微率领在湘全国政协委员调研团到衡阳，就“深化国有企业改革，促进混合所有制经济发展”主题进行调研。省政协副主席、秘书长袁新华，全国政协常委、国防科技大学原政委徐一天中将，市委书记、市人大常委会主任周农参加调研。市委副书记、市长周海兵主持调研座谈会并作表态发言。

▲由江苏中远助学帮老基金会捐资设立的衡阳市八中浩林“圆梦班”正式启动。

▲2016年衡阳市民间国际学术交流论坛在市疾控中心举行，衡阳籍旅美博士胡少华作“美国慢性病现况和防治对策”专题讲座。

18日

▲衡阳市正式启动安全生产“百日大整治”行动。

▲耒阳市彭桥小学五年级135班谢湘、南岳区文定学校七年级龙思宇、常宁市胜桥中学初中三年级何光东等40名青少年获湖南“最美孝心少年”称号。

19日

▲省委宣传部副部长周湘带领省经信委等相关部门负责人专题调研特变电工衡阳变压器有限公司企业文化。

20日

▲市委城市工作会议召开。

▲全市县域经济暨工业经济“植优势、补短板、促发展”动员大会举行。

▲全国首个宗教文化生活体验馆——“一履”在南岳松麓街正式上线。

21日

▲衡阳师范学院蒋芬芬与3名队友在里约残奥会田径女子T35-38级4×100米接力比赛中，以50秒81的成绩夺得冠军，打破该级别世界纪录。

▲“数字衡阳市县一体化地理信息公共服务云平台”建设项目通过由省国土资源厅组织的专家验收，该平台是湖南省首个市级时空信息云平台。

22日

▲第四届中国湘南承接产业转移投资贸易洽谈会在郴州开幕。副省长何报翔宣布开幕，市委副书记、市长周海兵出席开幕式。2016年衡阳市有衡阳万达广场、湖南杜克智能化设备有限公司机器人及智能设备制造项目等12个项目列入第五批重大项目并启动，总投资额68.38亿元。

▲衡南县、常宁市不动产登记首证颁发暨不动产登记中心揭牌仪式正式举行，标志着衡阳市本级和县（市）区全面实现不动产统一登记发证工作。截至本月底，全市颁发不动产证书证明8626本。

▲广州铁路（集团）公司对湖南衡缘物流铁路专用线组织开展验收工作，铁路专用线通过竣工验收。

22日—23日

▲省委书记杜家毫到衡阳，检查指导换届工作，调研经济社会发展情况。

24日

▲市委召开十届十次全会。会议决定于9月27至30日召开市第十一次党代会。

26日

▲衡阳市召开衡阳籍运动员参加2016年里约奥运会表彰会。

▲“文明衡阳·幸福小康”书法、美术、摄影作品展在市博

物馆开展，150件文艺作品展示雁城厚重的历史文化底蕴。

26日—30日

▲ 在衡阳市召开党代会期间，省委派驻现场督导组到衡阳，对市级党委换届选举风气进行督导。

28日

▲ 市第十一次党代会召开。市第十一次党代会当选代表共486名。从选举结果看，这次选出的代表具有广泛的代表性和先进性。这些代表中，各类专业技术人员代表101名，占20.78%；各条战线先进模范人物代表55名，占11.32%。代表总数中，妇女代表91名，占18.72%；少数民族代表3名，占0.62%；50岁以下的代表304名，占62.55%。代表中，具有大专以上文化程度的466名，占95.88%；一线工人、农民、社区居民16名，占3.29%。

▲ 中国共产党衡阳市第十一次代表大会在市政府会议中心开幕。市委书记周农代表中国共产党衡阳市第十届委员会，向大会作题为《贯彻五大发展理念，坚持全面从严治党，为建设“五个新衡阳”而努力奋斗》的报告。

30日

▲ 衡阳市在市烈士陵园举行烈士公祭活动。

▲ 中国共产党衡阳市第十一届委员会第一次全体会议召开。

▲ 中国共产党衡阳市第十一届纪律检查委员会举行第一次全体会议，会议选举产生新一届市纪委常务委员会委员、书记和副书记。

是月

▲ 衡阳市确定南岳区为衡阳市林地和森林生态补偿试点单位，衡南县江口鸟洲湿地类型（自然保护区）为衡阳市湿地生态补偿试点单位。

▲ 市政府下发《关于印发〈建设“十百千万”现代农业发展工程的实施方案〉的通知》。“十三五”期间，全市将着力培育10家领军型龙头企业、100个特色产业园、1000个示范性家庭农场、10000名农村致富带头人。

▲ “2016年中国地级市民生发展100强”名单出炉，衡阳位列第33位。

▲ 有“中国文化馆（站）发展风向标”之称的2016年中国文化馆年会在宁夏银川举行，衡南县文化馆获得“2016年全国优秀文化馆”荣誉称号，成为湖南省唯一获此殊荣的文化馆。

▲ 湖南省商务厅公示第三批“湖南老字号”名单，全省共有37家单位品牌入选，衡阳有四家老品牌上榜。

▲ 衡阳市公布全市空气质量排名，衡阳县、祁东县及常宁市空气质量最好，并列第一；其后依次为衡南县、南岳区、衡东县、衡山县。这是衡阳市首次发布县（市）区空气质量排名。

▲ 在民建全国社会服务工作会议上，民建衡阳市委被民建中央授予“全国社会服务工作先进集体”称号，王诚良被授予“全国社会服务工作先进个人”称号。

▲ 由国家旅游局和湖南省政府主办的中国（湖南）国际旅行商大会暨中国湖南国际旅游节在张家界开幕。全国十佳休闲农庄、全国休闲农业与农村旅游示范点、国家五星级休闲农庄——珠晖区怡心生态园旗下品牌“符哆哆”土酒入列，这是衡阳休闲农业土特产参会的唯一代表。

▲ 衡阳市稳步推进农村集体产权制度改革，以改革促土地流转。截至本月，全市农村土地流转面积达508.86万亩，占农村土地总面积的29.78%，其中流转耕地259.43万亩，占耕地总面积的53.75%。

▲ 衡阳市新型农业经营主体蓬勃发展。截至本月，全市各类专业大户发展到74087户；农民合作社达4032个，工商登记家庭农场2624户，2016年分别新发展420个和440户；市级以上农业产业化龙头企业达338家。全市新型农业经营主体流转土地、出产主要农产品实现双过半。

10月

1日

▲ 中国共产党衡阳市第十一次代表大会闭幕。此次全会应到市委委员61名，实到61名；应到市委候补委员11名，实到11名，符合规定人数。全体新当选的市纪委委员列席会议。省委现场督导组组长、省纪委常委王前良出席会议。根据会议选举办法，周农当选为新一届市委书记，周海兵、邓群策为副书记。当选第十一届市委常委的是：周农、周海兵、邓群策、罗东海、包昌林、刘丽华（女）、邓柯、何录春、张贺文、贺小坤、陈竞。

1 日—7 日

▲ 全市共接待游客人数 312 万人次，实现旅游收入 14.4 亿元，同比增长 13% 和 11%。

▲ 中国·衡山乡村生态旅游节暨西游洞天·花果山景区开园。

8 日

▲ 三千余老年人参加衡阳市第三届“千叟宴”。

▲ 衡山县纪念红军长征胜利八十周年书画作品展在该县农民运动纪念馆开展。

9 日

▲ 中国社科院工业经济研究所工业发展研究室主任、研究员吕铁到衡阳调研工业经济发展情况。

10 日

▲ 市政府召开全市湘江保护和治理“一号重点工程”暨创新创业园区“135 工程”调度会。

11 日

▲ 副省长蔡振红率调研组到衡阳调研商事制度改革情况。

▲ 省教育厅副厅长应若平到湖南财工院实地考察，并就衡阳市职业教育发展情况进行调研。

11 日—13 日

▲ 省政协“精准扶贫、精准脱贫政策落实情况专项民主监督”第四监督组来衡阳开展民主监督工作。

12 日

▲ 市委中心组（扩大）举行集中学习。省委改革办专职副主任秦国文应邀作“全面深化改革”辅导报告。

13 日

▲“建设政治清明新衡阳”大讨论活动全市性综合类研讨会举行。

▲“中国梦·文明心”2016 年中医中药湖南行衡阳站活动暨“共建文明·拥抱健康”大型公益活动在衡阳市启动，来自省、市相关医疗机构的 20 位专家在莲湖广场为市民进行现场义诊。

▲“魅力遗产·给力衡阳”非物质文化遗产三进专题展演在蒸湘区立新小学举行。

15 日

▲ 省委副书记、代省长许达哲率队到衡阳调研。先后前往衡钢集团、南岳电控、特变电工实地视察。

17 日

▲ 祁东县创建的省级“出口食品农产品质量安全示范区”通过由湖南出入境检验检疫局、省农业委、省商务厅组成的专家组考核验收，这标志着衡阳首家省级“出口食品农产品质量安全示范区”正式诞生。

18 日

▲ 民建中央副主席、全国政协常委陈政立一行到衡阳视察调研。省政协原副主席、民建湖南省委原主委龙国键参加调研。

▲ 市委常委、市委秘书长张贺文会见由全国多家投资公司组成的“特色小镇开发联盟”专家团，洽谈开发衡阳旅游资源有关合作事宜。

▲ 耒阳市东湖兴隆黑山羊养殖基地迎来衡阳市引进的首位法国畜牧专家贝莱·吉尔。

19 日

▲ 全国政协委员、社会和法制委员会委员、最高人民检察院检察委员会原专职委员杨振江率队来衡阳，就土壤污染防治与土地资源保护情况进行调研。

▲ 市委副书记、市长周海兵会见中国银行湖南省分行行长魏国斌。

20 日

▲ 国家发改委原副主任、国务院参事徐宪平召集市相关部门及部分企业负责人座谈，就科技创新、民营经济和中小企业发展、政府职能转变等进行座谈，为衡阳市补齐县域经济、工业经济、旅游经济三大短板建言献智。

21 日

▲“2016 衡州经济发展论坛”开幕。国务院参事室参事、国家发改委原副主任徐宪平，中国社科院农村发展研究所所长魏后凯，中国社科院工业经济研究所工业发展研究室主任吕铁，天洋控股集团董事局主席兼总裁周政应邀分别作主题演讲和论坛互动交流。

21 日—22 日

▲“2016 衡州经济发展论坛”在衡阳市举行，来自全国各地的专家学者、商会代表、企业精英参加。论坛包括“开幕式暨主题论坛、党政领导与企业代表座谈会、党政领导与异地商会代表座谈会、银企对接及签约、投资环境推介及项目签约”五大活动，其中银企对接共签约合作项目 182 个、涉及金额近 460 亿元，招商引资签约项目 65 个、总引资额 422.94 亿元。

22 日

▲“2016 衡州经济发展论坛投资环境推介暨项目签约仪式”上，65 个项目现场签约，引资金

额达 422.9 亿元。

▲“2016 衡州经济发展论坛银企对接及签约会”上，银企双方签约 182 个合作项目，签约金额近 460 亿元，其中现场签约 8 个项目，金额 23.97 亿元。

25 日

▲ 省委改革办专职副主任罗云寿率调研督察组调研衡阳市全面深化改革工作。

▲ 省委统战部常务副部长谭平率队到衡阳调研换届党外人士安排工作。

▲ 衡南县政府与国网衡阳供电公司签订“衡南县农网升级改造工程合作框架协议”。此举标志国网衡阳供电公司将该县纳入衡阳市第一批农网改造升级试点县。

▲ 在市人社局召开的全市省级创新创业带动就业示范典型授牌暨经验交流会上，衡阳市获得 2015 年度省级创新创业带动就业示范典型的 26 个单位及个人受到表彰通报，并获颁奖牌。

▲ 中国福利基金会“授渔计划”携手湖南大三湘油茶科技有限公司到衡阳，为实施“授渔计划”项目的衡阳电大信息网络工程学校正式授牌，并为该校“大三湘班”50 名受助学生发放 50 万元助学金。

28 日

▲ 衡阳市“银税互动”税银签约仪式在市国税局举行。

29 日

▲ 交通部“十三五”规划重点项目衡缘物流铁路专用线正式通车。

▲“乐游南岳”旅游 APP 平台、“12345”旅游热线以及首届“南岳如飞”山地越野赛“三大活动”同时启动，推进南岳全域旅游。

30 日

▲ 来自重庆的周天才第一个冲破终点线，成为南岳如飞——2016 首届南岳山地越野赛 50 千米赛道冠军。当天，共有 876 名选手冲出起跑线，沿途吸引上万名游客和市民观看。

31 日

▲ 南岳机场“重庆—衡阳—福州航线”正式通航。首航为南航重庆公司执飞的 CZ8151 次航班，装载乘客 143 位。

是月

▲ 中国政府网发布《国务院关于同意新增部分县（市、区、旗）纳入国家重点生态功能区的批复》，湖南省共有 19 个县（市）区被新增纳入国家重点生态功能区，南岳区是衡阳唯一一个入选该名单的县区。

▲ 由中国文物学会、中国建筑学会联合公布的“首批中国 20 世纪建筑遗产”名录在北京公布，南岳忠烈祠入选公布的 98 项建筑名录，这是湖南省唯一入选该名录的建筑遗产。

▲ 省重点办主任石刚超调研梦东方·梦幻三湘旅游度假区项目。该项目梦东方·梦幻三湘旅游度假区项目选址衡南县云集镇车江片区境内，总面积约 666.66 公顷，计划总投资约 100 亿元。

11 月

1 日

▲ 市人大常委会主任、市委书记周农会见中油金鸿能源投资股份有限公司董事长陈义和一行。市委副书记、市长周海兵参加会见。

2 日

▲ 副省长张剑飞到衡阳，专题调研工业经济发展情况。

3 日

▲ 2016 年全市党政领导干部过“军事日”活动举行，国防大学教授吴国辉受邀就中国空天安全进行国防教育讲座。

3 日—6 日

▲ 德国著名音乐家齐格费里德·耶路撒冷在湖南第一师范学院开启“湖南·国际声乐大师班”讲学。讲学期间，决定录取衡阳学子李卓轩为其研究生。

5 日

▲《行云流水——王平雕塑中国画艺术展》在市博物馆开幕。

5 日—6 日

▲ 中国美术家协会分党组书记、驻会副主席、秘书长徐里等 40 位国画名家应邀齐聚南岳采风、座谈。

7 日

▲ 中华全国新闻工作者协会第九届理事会第一次会议暨中国新闻奖、长江韬奋奖颁奖会在北京举行。林新华在《衡阳晚报》发表的评论《漠视生命是最可怕的沉沦》摘得本届中国新闻奖一等奖，是湖南省在本届中国新闻奖中唯一获得一等奖的作品，衡阳新闻界因此实现中国新闻奖一等奖“零的突破”。

9 日

▲ 在由司法部主办的“全国社区参与式法律需求评估总结会”上，衡阳市、石鼓区、祁东县法

律援助中心负责人先后作经验发言,“衡阳经验”在全国总结推介。

▲ 由市委组织部党员教育中心、市电大联合主办的衡阳市首届“农民大学生培养计划”教学实践与创业基地授牌、“土专家、田秀才”授证、志愿者服务分队授旗(简称“三授”)仪式,在衡山县山竹村举行。

9日—10日

▲ 湖南省第十六次市州关工委主任会议在衡阳召开。

11日

▲ 在耒阳市建市30周年项目推介活动中,17个项目集中签约。

12日

▲ 省人防办主任卜功富率队到衡阳调研。

▲ 市农业产业协会举办现代农业发展论坛。来自全市各县(市)区的专家学者、金融代表、农业企业代表近200人共商衡阳现代农业发展计策。

▲ 2016衡阳市第二届宝盖银杏文化节暨衡南乡村旅游节开幕。

13日

▲ 省政协主席李微微到衡阳代表团驻地,看望出席省第十一次党代会的衡阳代表团代表。省委常委、常务副省长陈向群,省委常委、省委组织部部长王少峰参加。副省长蔡振红作为衡阳代表团代表参加。

14日

▲ 省第十一次党代会衡阳市代表团召开代表团会议。副省长蔡振红作为衡阳市代表团代表出席会议并讲话。市委书记、市人大常委会主任周农被推选为衡阳市代表团团长。周农强调,要坚决拥护和贯彻省委关于开好省党代会的系列要求,集中精力开好会议,严格遵守各项纪律。

15日

▲ 湖南省侨务扶贫工作会议在衡阳市召开。会上,衡阳市作侨务扶贫工作经验介绍,省外侨办副主任张建新为衡阳市蒸湘腾跃工艺厂授牌“侨务扶贫示范基地”,这是湖南省首家“侨务扶贫示范基地”。

16日

▲ 常宁市以高分通过省爱卫办技术评估,跻身“省级卫生城市”。

17日

▲ 一辆牌号1474东风机车满载货物驶进湖南衡缘物流铁路专用线企业站,标志着湖南衡缘物流铁路专用线正式试营运。

17日—18日

▲ 文化部评估工作组一行到衡阳,就衡阳市贯彻落实《中华人民共和国非物质文化遗产法》情况进行检查评估。

18日

▲ 2016年《衡阳市年度企业和个人慈善排行榜》座谈会召开。

19日

▲ “海博星都”杯首届衡阳中老年模特大赛决赛在莲湖广场举行,共有14支中老年模特队伍参加,17个精彩的节目上演。

20日

▲ 来自省内外的媒体记者团参访祝圣寺,体验行禅、坐禅、听经等“禅·夜”活动,感受南岳独特的宗教文化。

21日

▲ 市委副书记、市长周海兵会见五矿有色控股有限公司总经理黄国平一行,双方就做大做优做强水口山有色金属产业、全面升级改造现有生产工艺、共同打造铜锌铅综合基地等事项交换意见。

22日

▲ 省政协副主席葛洪元率队到衡阳调研,听取市县政协对省政协的工作建议。

▲ 市委副书记、市长周海兵主持召开市政府党组(扩大)会议,传达学习省第十一次党代会精神,听取市政府党组成员履行党风廉政建设“一岗双责”情况汇报,并就“两学一做”学习教育作研究部署。

▲ 省教育督导委员会在衡阳召开县级教育工作“两项督导评估考核”意见反馈会,常宁市和衡山县教育工作集中接受意见反馈。

23日

▲ 衡南县政府与阿里巴巴“农村淘宝”项目签订战略合作协议,标志着该县推进农业产业化,实施“互联网+”战略取得重大突破。衡南县阿里巴巴农村淘宝项目实施目标分为两期,2016年12月底前建成阿里巴巴农村淘宝县级服务中心1个、村级服务站50个;到2018年年底,实现全县村级(1500人以上的行政村)服务站基本全覆盖。

24日

▲ 省安委安全生产工作考核衡阳汇报会召开。

24日—25日

▲ 国家开放大学调研组首次到衡阳调研“一村一名大学生计划”发展现状,对衡阳市相关做

法和经验予以肯定。

25日

▲ 市人大常委会主任、市委书记周农调研东洲岛及湘江东岸项目建设情况。

▲ 市政府召开2016中国衡阳第七届农产品博览会筹备会，决定2016中国衡阳第七届农产品博览会于12月12日至19日在西湖公园举行。

28日

▲ 市政府与中国电信湖南公司“电信普遍服务试点”项目合作协议签约暨启动仪式举行。该项目计划完成对衡阳市1318个行政村宽带网络覆盖，满足对中小学、村委会等农村公共服务机构以及居民的覆盖。签约仪式上，市委书记、市人大常委会主任周农宣布“电信普遍服务试点”项目启动。

▲ 省、市重点项目——衡阳市横江湿地公园项目在衡阳县樟木乡塔兴村开工。

▲ 市政府金融办、白沙洲工业园与建行衡阳分行共同举办2016年政银企对接座谈会。会上，建行衡阳分行与13家企业成功对接，现场签约授信3.64亿元。

▲ 南岳佛教协会成立60周年系列活动的在南岳万寿广场启动。

29日

▲ 省工商联（总商会）联合省直有关单位发布“2016湖南省民营企业100强”名单。衡阳市入围企业9家，分别为特变电工衡阳变压器有限公司、华融建筑工程（集团）有限公司、湖南省衡洲建设有限公司、衡阳富泰宏精密工业有限公司、湖南春昌有色金属有限公司、湖南珠江合创投资集团有限公司、衡阳恒飞电缆有限责任公司、王一实业集团有限公司、湖南机油泵股份有限公司。

▲ 南阳矿业有限公司迎来建企四十周年。40年来，南阳矿业累计上缴利税8.18亿元。

30日

▲ 市委副书记、市长周海兵专题督查城建项目安全生产工作。

▲ 衡大高速松木互通正式通车。

▲ 国内最大的机油泵制造企业——湖南机油泵股份有限公司（简称湘油泵）A股股票，在上海证券交易所挂牌上市。

是月

▲ “2016年中国百强城市排行榜”出炉，衡阳位列该榜单第80位。

▲ 湖南省首届校园武术段位赛决赛在长沙举行，共62支代表队、1300多名武术运动健儿参加比赛。衡东县功夫健儿获得小学组、中学组一等奖。

▲ 衡阳市2015年度农业综合开发工作被评为全省先进。项目区年新增粮食1256.47万公斤、油料148.94万公斤，项目区直接受益农民年收入增加总额2450.67万元，农业进入公司化、机耕化、规模化、集约化生产快车道。

▲ 衡山萱洲国家湿地公园在日常监测中发现确认四只国家一级保护动物中华秋沙鸭。

▲ 在2016年9月举行的第九届中国村镇银行发展论坛上，衡南浦发村镇银行（以下简称衡南浦发）以服务“三农”与小微企业成绩显著，从全国1412家村镇银行评比中，获得2015年度“全国服务‘三农’与小微企业优秀村镇银行”荣誉称号。此项荣誉在全国仅评选30家村镇银行，湖南省仅衡南浦发榜上有名。

▲ 第十二届中国茶业经济年会上，常宁市被授予“2016年度全国重点产茶县”称号，并获颁荣誉证书，其生态有机茶产业发展的“常宁经验”得到中国茶业经济年会这一国内茶业界最大盛会的肯定和关注。截至当月，常宁市高山生态有机茶园5193.33公顷，年产春茶500吨，年产值5000万元。

▲ 记者从市政府信息调度指挥中心获悉，知名调查机构发布《2016年上半年12345热线监测结果》，监测结果显示，衡阳市“12345”政府服务热线得分95.6分，位列全国地级市中的第4位，在湖南省排名第一。

▲ 2016届湖南省文明家庭候选家庭名单新鲜出炉，衡阳市有8个家庭入选，分别是单玉平家庭、邓满秀家庭、黄明高家庭、李福生家庭、李隆生家庭、刘雪梅家庭、巫爱桃家庭、钟玫家庭。

▲ 2016—2017年度第一批中国建设工程鲁班奖（国家优质工程）在北京揭晓，衡阳市南岳生物制药有限公司血液制品产业园项目建安工程（一期）获得该项荣誉。此系衡阳建筑工程项目获得的首个鲁班奖。

▲ 常宁市国有苗圃被省林业厅评选为湖南省林业保障性苗圃。

▲ 在沈阳举办的第七届全国

青少年科学影像节展映展评活动中，耒阳市一中曹淑媛、李诺捷和蒋郅佳创作的科学探究纪录片《会移动的主航道》摘得全国一等奖、CECTV 青少年科普创意专项奖。这是衡阳市学子第一次摘得该活动全国最高奖项。

12 月

1 日

▲ 湖南省教育系统关工委工作年会在衡阳举行。

▲ 市领导廖健在市工商局高新分局长丰工商所颁出衡阳市首批个体工商户“两证整合”营业执照，标志着衡阳市个体工商户“两证整合”改革正式启动。

▲ 中央文明办“中国好人榜”和“湖南好人”评选活动11 月榜单出炉，衡东县南湾完小教师李卫兵获评“中国好人榜”“孝老爱亲好人”，许中辉和邹玉祥分别入选“湖南好人”“见义勇为”和“诚实守信”好人。

2 日

▲ 省十二届人大常委会第二十六次会议表决通过省人大常委会关于批准《衡阳市南岳区综合管理条例》等地方性法规的决定。这标志着衡阳建市以来第一部地方性法规正式诞生。

5 日

▲ 衡阳市党外知识分子联谊会成立，并召开第一届第一次会员代表大会。

▲ 衡阳市 2016 年退役士兵安置工作会议召开。

▲ 2016 衡阳房交会落下帷幕。

7 日

▲ 衡阳市举行学习贯彻省第十一次党代会精神省委宣讲团报告会。

8 日

▲ 抗战档案史料暨名家书画作品捐赠仪式在太阳广场举行。

9 日

▲ 衡阳市工程机械安全监管工作启动暨湖南省城乡工程机械管理中心衡阳中心、衡阳市城乡工程机械应急救援支队成立，标志衡阳市工程机械管理步入法制化、规范化管理轨道。

10 日

▲ 省财政厅厅长郑建新一行到衡阳，听取衡阳市省人大代表、省政协委员对省财政工作的意见和建议。市委副书记、市长周海兵参加会议。

▲ 市工商联（总商会）与天津津南区工商联（总商会）签署“友好商会协议”。

10 日—11 日

▲ 衡阳市第一批公车进行拍卖，首批 100 辆公车参拍。

▲ 市直工交系统举行第九届“雁能房产杯”乒乓球邀请赛。

11 日

▲ 衡南烟叶获评“中国地理标志”商标。

12 日—19 日

▲ 由省农业委员会和市政府联合主办的 2016 年中国衡阳第七届农博会在西湖公园举行。近三百个参展商，上千种农产品可任衡阳市民挑选。

13 日

▲ 中央文明委 2016 年评选表彰的第一届全国文明家庭 12 月 12 日揭晓，湖南 10 户家庭获“第一届全国文明家庭”荣誉称号，其中衡阳 1 户，为衡阳市珠晖区冶金街道新风里社区聂东元家庭。

▲ 2016 中国青岩·古镇峰会在贵州省贵阳市花溪区启幕。在峰会的主题活动之一——报旅融合创新发展高峰论坛上，百名报业社长总编共同研讨古镇创新发展之路，寻求报旅融合共建。当天，论坛公布“2016 中国报业特别关注古镇”名单，衡阳市南岳古镇位列其中。

14 日

▲ 衡阳市政府网站“办事服务”定制频道正式上线，为公众、企业提供便捷高效的“一站式”服务。

15 日

▲ 市书院文化研究院成立并召开首届理事会。

16 日

▲ 第 31 届衡阳市青少年科技创新大赛决赛在市科技馆举行。

▲ 湖南省高级人民法院联合《湖南日报》《三湘都市报》《潇湘晨报》《法制周报》、湖南卫视、湖南经视等 8 家省级主流媒体齐聚市中级人民法院，开展“司法公正三湘行”集中采访活动。

17 日

▲ 中国（耒阳）罗含学术研讨会在耒阳举行。

17 日—18 日

▲“中国首届智能手机发展10 年高峰论坛”在祁东县举行。包括华为、小米等国内知名手机品牌负责人及南京邮电大学、华南理工大学多位专家学者在内的

近500人参加座谈。

19日

▲ 雨母山景观大道项目正式动工。

▲ 中国衡阳第七届农博会落下帷幕，共成交各类农产品价值2亿多元。

▲ 自19日起，市直党政机关公务用车进行统一喷涂标识。规定330余辆公务用车于12月底前全部完成喷涂，接受社会监督。

20日

▲ 南岳召开全域旅游联盟营销大会，全面发布南岳旅游招商建设项目、九大特色旅游线路，组建衡阳全域旅游线路联盟和“景区+媒体”营销联盟，并签署五岳旅游卡发行意向协议，开启全域旅游新方式。

▲ 副省长何报翔到衡阳调研南岳旅游发展情况、天子山火文化园项目、衡山景区交通运营现状。

▲ 湖南省首个通用航空项目——大浦通用机场项目开工建设。

20日—21日

▲ 衡阳市城市生活垃圾焚烧发电厂正式投产。

21日

▲ 市长周海兵会见中钢冶金资源有限公司总经理王洪森一行。双方就推进衡阳市停车场建设和管理进行磋商。

▲ 市委人才工作领导小组2016年第一次会议召开。

▲ “2016衡州经济发展论坛”总结大会召开。

▲ 南华大学与衡山科学城战略合作签约仪式暨产学研座谈会举行。

▲ 中国流动科技馆湖南巡展活动衡阳常宁站启动仪式在宜阳小学举行。

22日

▲ 省委宣传部副部长孔和平一行到衡阳市调研文化基础设施建设和党报党刊发行工作。

▲ 衡阳市人大常委会发布公告，公布《衡阳市南岳区综合管理条例》全文，这标志着衡阳建市以来第一部地方性法规正式出台。

25日

▲ “雅韵雁城”2017衡阳新年音乐会举行，特邀德国海顿交响乐团参加。

26日

▲ “世界铅都”湖南水口山有色金属集团有限公司举行120周年纪念活动。

▲ 由湖南省文化厅主办，衡东县委、衡东县人民政府承办的2016演艺惠民高雅艺术将走进衡东县，举办“2017年新年音乐会”。这是衡东县首次举办以交响乐为主题的新年音乐会，也是湖南交响乐团首次下县演出。

▲ 省重点建设项目责任目标考核组到衡阳，就衡阳市2016年重点项目推进情况进行考核。2016年，衡阳市实施市重点项目481个，截至12月25日，项目全部开工；实施省重点项目25个，全部开工复工。

27日

▲ 衡东县委巡察办举行揭牌仪式，这是衡阳成立的首个县级巡察机构。

▲ “翰墨丹青、锦绣潇湘”衡阳、郴州、永州三市美术作品迎新联展，在衡阳市崇盛国际柏石艺术中心举行首展。

28日

▲ 省重点建设项目责任目标考核组召开意见反馈会，向市政府通报考核相关情况。

29日

▲ 湖南省现代农业产业园建设推进会在衡阳市召开。会议全面交流现代农业产业园建设经验，部署相关工作。副省长戴道晋出席会议。

▲ “道德之光·璀璨衡阳”——衡阳市第四届道德模范暨“身边雷锋·衡阳好人”颁奖典礼举行，40位衡阳道德方面的先进典型接受表彰。

▲ 全国13个大中城市惩治侵财、毒品犯罪警务协作座谈会在耒阳市召开。

30日

▲ 2016年度全市财税收入汇报会召开：2016年全市一般公共预算收入完成277.96亿元，增长6.03%，总量稳居全省第一方阵。其中，地方收入完成204.66亿元，首次突破200亿元关口，标志衡阳市地方可用财力增强。

▲ 湖南首条民营企业营运铁路——衡缘物流铁路专用线正式开通。

是月

▲ 世界银行贷款湖南省森林恢复与发展项目检查组考察常宁市，对该市申报的森林恢复与发展项目落实情况进行考察。

▲ 国家林业局场圃总站专家组对萱洲国家级森林公园申报进行现场考察和评估。拟设立的萱洲国家森林公园由萱洲片区、紫

金山片区和白云片区组成，总面积 2995.17 公顷，森林覆盖率 89.90%（不含水域），森林面积 2458.98 公顷。

▲ 衡阳市档案局对湖南财经工业职业技术学院档案工作规范化管理省一级进行评估验收。在听取档案工作汇报和档案库房、查阅室实地考察后，该院以 94.5 分优异成绩被评为“档案规范化管理省一级单位”。

▲ 2016 年中南、华南地区外语院（系）负责人协作会议暨湖南省外语学科专业联盟工作会议在衡阳师院举行，来自各地外语院（系）近 200 名专家学者汇聚一堂，为外语专业人才培养和教育教学改革创新出谋划策。

▲ 特变电工衡阳变压器有限公司自主研制的 750 千伏级世界最大容量的 1230 兆伏安现场组装式发电机变压器，一次性通过出厂试验、型式试验和特殊试验，各项性能指标均优于技术协议和国标要求。

▲ 市粤沪供应链有限公司正式成立运营。这是市物流商会为启动农村物流网络节点体系建设，逐步在 7 县 5 区分别设立物流业务办理网络，解决农村物流“最后一公里”问题的一大举措。

▲ 天津市衡阳商会成立。

▲ 衡山县招商引资集中签约仪式在县经济开发区管委会举行，佳诚新材料二期项目等三大环保项目正式落户该县经开区，总投资 4.4 亿元。

▲ 衡阳市 2016 年未发生区域性金融风险，获得 2016 年湖南省防范和处置非法集资综合治理考评全省第一的成绩。

▲ 衡阳县被列为全国第二批农民工返乡创业试点县。截至 2016 年年底，该县累计返乡 6.2 万人，选择自主创业 4100 人，带动就业 5.3 万人。（李　政）

衡阳概况

责任编辑：李旭东

自然地理

【位置与面积】 衡阳，古为三苗故地，称衡州，有“寰中佳丽”之誉。相传“雁不过衡阳”，故衡阳城亦被称之为“雁城”。衡阳市位于湖南省中南部，湘江中游。地处北纬26°07′05″~27°28′24″，东径110°32′16″~113°16′32″。东邻株洲、攸县、安仁，南界永兴、桂阳，西接冷水滩、祁阳、东安、邵阳、邵东，北靠双峰、湘潭。南北长150千米，东西宽173千米，总面积15310平方千米，占全省土地总面积的7.23%，在全省各市、州中，幅员位居第7位。

【地形地貌】 衡阳市处于湖南省凹形面的轴带部分，四周山、丘围绕，为古老宕层形成断续环带的岭脊山地，东部为罗霄山余脉天光山、四方山、园明坳，南部为南岭余脉塔山、大义山、天门仙、景峰坳，西部为越城岭的延伸熊罴岭、四明山、腾云岭，西北部、北部为大云山、九峰山和南岳衡山；中部主体大面积分布白垩系和下第三系红层的红色丘陵台地，使衡阳地区的地貌轮廓成为一个以衡阳市为中心、南高北低，向东北方向稍有延伸的类椭圆形盆地。境内最高点为衡山祝融峰，海拔1289.8米；最低点为衡东的彭陂港，海拔只有39.2米。整个地形比降为7.9‰。地貌类型以岗丘为主，山地占总面积的21%，丘陵占27%，岗地占27%，平原占21%，水面占4%。

【动物资源】 已知衡阳市有兽类和鸟类200余种，其中兽类30种，鸟类17目40科170种以上。国家一级保护动物有云豹、白鹳、河鹿（车獐）、中华秋沙鸭。国家二级动物有穿山甲、虎纹蛙、水獭、大灵猫、小灵猫、果子狸、水鹿、斑羚、鏖麝、鸳鸯。猛禽类有草峭、猫头鹰、褐林峭、短耳峭、大庐、红脚隼、白鹇、峭鹞、白冠长尾雉、红腹角雉、大鲵等。省重点保护动物有白鹭、环颈雉、竹鸡、白骨顶、珠颈斑鸠、华南虎、山斑鸠、苍鹭、牛背鹭、颀鹚、中华竹鼠、银星竹鼠、狐、青鼬、豹猫、蛇、蟾蛙30余种。

【植物资源】 全市有木本植物99科、342属、1047种。国家一级保护珍稀树种有银杏、金钱树、摇钱树、水松伯乐树（钟萼木）、绒毛皂荚、香果树等。国家二级珍贵树种有莲子三尖杉、杜仲、榉木、闽楠、红豆杉、厚朴等。国家三级保护树种有黄枝油杉、柔毛油杉，凹叶厚朴、桢楠青檀、银鹊树、青钱柳、香框、金叶、白兰花、湖南石楮、瑶山梭罗等。速生优良树种有杉树、马尾松、楮、栲、栎类、青冈、枫香橡木、木荷、刺楸等20科120种。引进树种主要有湿地松、火炬松、柳杉、油松、黄山杉、华山松、水杉、池杉、落地杉、光皮桦、桤木、意大利杨等。经济林名特优自选、自繁、自育树种有楠竹、油茶；檀桥板栗、祁东无核香柚、衡山九龙李、苹果李、光皮枣、白果等。

【土地资源】 衡阳市所辖土地总面积为1.53万平方千米，计1529923.97公顷。其中耕地面积39.15万公顷，主要分布在湘江谷地平原及耒水、洣水、蒸水、春陵水等湘江一级支流两岸，地势平坦、土壤肥沃、灌溉便利，有利于建设高产、稳产农田；在紫色砂页岩丘岗地区的岗间谷地、丘间谷地的耕地，土壤中富含磷、钾，自然生产力也较高。按照耕地质量等级评估，全市一等耕地占62%，二等耕地占25%，三等耕地仅占13%。林地面积71.48万公顷，主要分布在南岳衡山以及市境周边的九峰山、四明山、大云山、天光山、大义山、塔山、五峰山、天门山、四方山等山地一带。园地、牧草地面积分别为3.48万公顷和7.4万公顷，数量少，分布散。城镇村及工矿用地面积12.74万公顷，交通运输用地面积2.59万公顷，水域及水利设施用地面积11.40万公顷，其他土地面积4.69万公顷。按三大类分，全市农用土地125.98万公顷，建设用地15.01万公顷，未利用土地面积12.00万公顷。土地利用类型结构有三个突出的基本特点：（1）土地利用类型结构以林、耕地为主。全市农业用地、建设用地和未利用土地的结构是82.35：9.81：7.84，反映衡阳市自然条件和区位比较优越，开发历史悠久，以及工农业生产和交通运输发达的特点。林地面积占46.72%，是全市土地利用比值最高的类型；耕地面积占25.59%，其比例居土地利用类型的第二位，而水田面积又占耕地面积的83.67%，是以水田为主的耕地类型。林、耕地面积占到全市土地总面积的72.31%。（2）类型齐全，数量不丰。全市土地资源8大一级类型俱全，44个二级类型基本齐全，山、丘、岗、平兼有，以岗丘为主，岗丘面积约占全市土地总面积的56.8%。全市人均拥有土地量仅为0.020公顷，为全国人均0.095公顷（既1.125亩）的25%，为全省人均量的63%，人均拥有耕地面积仅0.05公顷，即0.75亩，属土地资源数量极不丰富的地区之一。（3）地域差异明显，类型结构不够均衡，全市土地利用各类型的总量和结构呈现出极大的地域差异，且主要地类林地、耕地和建设用地的分布相对集中连片。位于衡阳盆地中部岗平地区，包括蒸湘、石鼓、雁峰、珠晖4个城区面积51830.58公顷，占全市土地总面积的3.39%。本区地势平坦开阔，交通发达，城镇村居民点及工矿、商贸、文教卫等机关企事业单位的比例大，水域、园地用地面积较多，土地利用效益高于其他土地利用区，但"三废"污染较为严重。东北部丘岗区，包括衡东、衡山两县，面积286168.99公顷，占全市土地总面积的18.70%，地形以丘岗为主，水域面积比例较大，是建设商品粮、优质水果和水产养殖基地的理想之地。南岳山地区，面积17927.78公顷，仅占全市土地总面积的1.17%，地形以山地为主，占81.67%，林业、旅游业用地比例居全市各区之首，土地利用效益高，保护生态环境和人文景观、开发旅游资源任务繁重，前景广阔；但耕地、水域面积比重甚微。西南地区，包括祁东县和常宁、耒阳市，面积为656717.02公顷，占全市土地总面积的42.92%，该地区地形组合结构较为均衡，山、丘、岗、平比例均在20%以上，林、牧产值比例较高，矿产资源丰富，城镇村居民点及工矿用地比例大，工业污染严重，待复垦土地面积大，难利用土地多。中北部丘岗区，包括衡南、衡阳两县，面积为517279.60公顷，占全市土地总面积的33.81%，紫色砂页岩广布是本区的突出特点，而耕地面积尤其是水田面积多、比重大，又是该区的主要优势，是全市重要农业区，是建设商品粮基地的主产区。

【矿产资源】 衡阳市地处华夏系第二沉降带平（江）—衡（阳）凹陷带，位于阳明山—塔山东西向隆起带北缘、祁阳弧形构造南缘，著名的衡阳红色盆地位居本区中部，区内地层发育齐全，构造运动强烈，岩浆活动频繁，矿产极为丰富，是湖南省著名的"有色金属之乡"和"非金属之乡"。截至2000年年底，已发现矿产地500余处（不包括砖瓦用黏土、采石场、采砂场377处）、矿产66种，占湖南省已发现的141种矿产的46.8%。其中探明资源储量的51种，占湖南省已探明资源储量101种矿产的50.5%；在已发现的66种矿产中，已纳入矿产资源储量表的有40种。全市矿产总资源储量1275723万吨，矿产资源潜在价值3511多亿元。在全省37种主要矿产资源中，衡阳市有29种，占78.38%；在对国民经济发展有重要意义的15种大宗支柱性矿产中，衡阳市有10种，能源、有色、黑色及非金属矿产为全市四大优势矿产。主要有煤、石煤、铁、锰、钒、铅、锌、钨、铜、锡、金、银、铍、铌、钽、钼、铀、砷、硼、汞、钴、锑、硫铁、高岭土、石膏、岩盐、钙芒硝、重晶石、萤石、钾长石、钠长石、硅灰石、滑石、大理石、常宁玉、花岗岩、石灰石38种。

固体燃料矿产：以煤为主，已发现矿床17处、矿点13处，为湘南地区重要的产煤区。烟煤、无烟煤累计探明储量50796万吨，截至2000年年底，保有资源储量441018万吨，居全省第三位，主要分布在耒阳、常宁两市，祁东、衡东等县亦有少量分布。煤炭资源储量的90%集中在耒阳白沙、永耒、马水和常宁斗岭、盐湖矿区。全市含煤地层3个，其中龙潭组为主要含煤地层，众多工业矿床产于龙潭煤系；测水煤系和下侏罗纪煤系含煤较差，多不构成工业矿床，仅常宁武房有小型煤矿分布。石煤是水泥生产和民用的重要辅助能源。衡阳市石煤资源已发现矿产地2处，由于工作程度低，暂列为矿点，分布在衡阳礼梓和衡南永兴。

黑色金属：黑色金属矿产有铁、锰、钒矿，主要为铁矿，次为锰矿，发现铁矿床7处，其中大型1处、小型6处，资源总储量37097万吨，主要分布于祁东县，常宁、耒阳、衡山等县(市)亦有少量分布。祁东铁矿为全省规模最大的铁矿，属沉积变质铁矿床，品位偏低，选矿难度较大，2003年开始开发利用。锰矿资源主要分布于耒阳、常宁两市，共发现矿产地15处，其中小型矿床2处，其余均为矿点；锰矿产于二迭系当冲组，经风化淋滤次生富集局部形成矿床，但极少构成工业矿床，已探明耒阳春陵水和仁义圩锰矿，资源总储量43.5万吨。钒矿资源主要分布在衡阳礼梓和衡南永兴，与石煤共生，远景储量大。

有色金属矿产：衡阳市素以“有色金属之乡”著称，矿床规模大、种类多，具有巨大经济价值，是湖南省重要的有色金属矿产基地，已探明有铜、铅、锌、钨、锡和钴、铋、锑、汞等九种；已知矿床（点）132处，其中大型矿床4处、中型矿床10处、小型矿床95处，此外尚有大量矿化点分布各地。区内已知铜矿产地52处，其中单一小型铜矿床9处、共生小型铜矿床2处、伴生铜矿床7处、矿点33处，资源总储量256317吨，居全省第三位，主要分布于常宁和衡南，衡东亦有少量分布。沉积型铜矿床以车江铜矿为代表；同生沉积后期再造型铜矿以常宁大坪铜矿为代表，并有大里矿点、矿化点分布；高—中温热液—接触交代矽卡岩型铜矿床以麻石岭及大义山岩体东侧通天岭、杨柳塘等众多矿化点为代表，矿体赋存于岩体外接触带矽卡岩中；常宁铜鼓塘和衡南谭子山、龙秀桥、金鸡岭铜矿床属中低温热液充填型铜矿。衡阳市铜矿以硫化铜为主，铜品位一般在0.7%~3.8%，共生矿产占57.14%，单一矿产占42.96%。铅锌矿产地44处，其中大型矿床1处、中型4处、小型8处、伴生矿床3处、矿点28处。到2003年年底止，全市已探明铅资源储量629600吨、锌资源储量778900吨，居全省第二位。铅锌矿床主要分布在常宁市，其次在衡东、祁东县，主要矿区有水口山矿田、东岗山矿田和清水塘矿田。铅锌矿石绝大部分是硫化铅锌矿石，矿产组合以共生矿产为主，其次为伴生矿产，综合利用组分多，主要为铜、银、金、锡、铋、锗等。水口山矿田老鸦巢、鸭公塘、康家湾铅锌矿属中温、中高温热液交代型铅锌矿床，规模较大，是大型多金属矿床，占全市铅锌资源总储量的61.17%；东岗山、清水塘、双溪铅锌矿属中温热液充填型脉状铅锌矿床，受断裂构造控制，矿体形态复杂，品位较高，矿床规模小—中型；低温热液充填。矽卡岩。伴生铅锌矿床也有分布。钨矿产地26处，其中大型矿床1处、中型2处、小型7处、矿点16处，已探明资源储量187700吨，居全省第二位。钨矿主要分布在衡南县，其次在衡东县、常宁市；成因类型为高温热液石英脉型；矿石类型主要为黑钨矿，占52.61%，次为白钨矿，占47.63%。钨矿伴生组分丰富，综合回收利用良好，主要回收铜、铋、钼。锡矿产地23处，其中中型矿床6处、小型9处、伴生矿床2处、矿点6处。按成因可分为原生锡矿和砂锡矿床两类，累计探明资源储量172929吨，居全省第二位，主要分布于常宁大义山岩体及其周边地区，衡东、衡山等地也有少量分布。钼、铋未构成独立工业矿床，以伴生矿产赋存于矽卡岩多金属矿床中。汞矿产地有4处，衡东县石峡汞矿探明汞金属量63吨，与金共生，伴生砷，属低温热液型汞矿床。衡东吴集钴土矿系湖南省仅有的2处独立工业矿床之一，已探明资源储量341吨。此外，衡东县潭泊钴土矿远景较大，区内钴矿床均为风化淋滤型次生富集矿床。全市已知锑矿产地8处，分布于耒阳、衡阳、祁东和衡东，资源储量29422吨，属中低温热液矿床。

稀有分散元素矿产：稀有分散元素矿产有铌、钽、锗、镓、铟、铊、锆、镉、硒、碲、铍等11种，除铌、钽、锆、铍呈共生或独立矿产分布外，其余均呈伴生矿分布于水口山和东岗山矿田，均可随主矿产综合回收；水口山矿田锗矿和铊矿是全省唯一上省储量表的锗矿和铊矿。稀有分散元素矿产资源储量位居全省首位。

放射性矿产：主要为铀矿，已知矿产地5处，其中独立矿床2处、伴生矿床3处，独立铀矿床分布于衡东大浦和衡山罗渡。衡东大浦铀矿于20世纪60年代初开发，用作原子核能，中国第一颗原子弹主铀即取于此。

贵金属矿产：主要有黄金、白银，资源较丰富，矿产类型多，分布较集中，已知金矿产地19处，其中大型共生矿床2处（即常宁康家湾铅锌金银矿、常宁市仙人岩金矿）、独立矿床1处、伴生矿床2处、矿点14处，累计探明资源储量73.70吨，居全省第一位。区内金矿均为岩金，主要分布在常宁市，衡山、衡东、衡南、祁东、衡阳等地亦有大量金矿点分布，多处含金品位甚高，资源前景看好；已探明银矿6处，其中大型1处（常宁康家湾铅锌金银矿）、中型2处、小型3处，资源储量1363.1吨，居全省第一位。

非金属矿产：种类齐全、储量大，多种矿产位居全省乃至全国首位，已探明的主要有钠长石、钾长石、高岭土、石膏、大理石、石灰石、石英砂岩、硅石灰、黏土、泥岩、滑石、岩盐、钙芒硝、硼、重晶石、砷、萤石、磷、花岗岩等；按工业用途，可分为化工原料矿产、冶金辅助原料矿产、建筑材料及其他非金属矿产。已知矿床（点）53处，其中大型矿床13处、中型矿床6处、小型矿床17处，形成在全省乃至全国具有广泛影响的非金属矿产基地。化工非金属矿产已探明储量的矿种有硫铁矿、钙芒硝、岩盐、重晶石、砷、硼等6种，累计探明矿产地22处，其中大型矿床9处、中型6处、小型4处；岩盐、钙芒硝矿是江南迄今发现最大的岩盐、钙芒硝矿床，矿区面积大约60平方千米，矿层累计厚度100~150米，全市岩盐远景储量达124亿吨，钙芒硝远景储量达100亿吨；硼矿资源储量仅次于辽宁和青海省，为江南唯一的硼矿产区，由三个中型矿床组成，累计探明资源储量75.6万吨；硫铁矿主要分布在常宁市水口山矿田，耒阳上堡有少量分布，呈共生、伴生矿床出现，累计探明资源储量3630.3万吨。建筑材料及其他非金属矿产已探明矿产资源储量的矿种有硅灰石、钠长石、钾长石、石膏、高岭土、滑石、紫砂陶土、大理石、水泥用泥岩及黏土、水泥用灰岩、玄武岩12种。衡山马迹钠长石矿为全国独有的特大型钠长石矿床，资源储量占全省的97.4%；常宁硅灰石矿为全省独有，由水底下和张家冲两个大型矿床组成，累计探明资源储量363.7万吨，居全国第二位；高岭土矿床主要分布于衡阳、衡山县和耒阳、常宁市，计有大型矿床2处、小型矿床8处，累计探明资源储量2284.2吨，居全省第二位，其中耒阳集贤片状高岭土矿床规模大、质量优良，矿石可选性好，矿层埋藏浅，水文地质及工程地质条件简单；石膏、钾长石、紫砂陶土、水泥灰岩、水泥泥岩及黏土等多种非金属矿产，储量在全省均占有一定的位次，并具有较大的开发前景。冶金辅助原料已探明资源储量的矿种有萤石、白石、耐火黏土3种，萤石为衡阳市重要冶金辅助原料，分布于衡南和衡东，由2处大型矿床和1处中型矿床组成，累计探明资源储量481.28万吨，居全省第三位。

特种矿产：有宝石、矿泉水、地下热水和重质碳酸钙。宝石类包括绿柱石、水晶、红柱石、金刚石等。玉石类包括常宁玉和衡南冠市玛瑙。重质碳酸钙矿产地1处，由于工作程度低，列为矿点，分布于常宁张家坪大义山岩体北部外接触带。矿泉水资源丰富，共有24处，其中符合医疗矿泉水标准的12处，符合饮用矿泉水标准的16处，符合工业矿泉水标准的3处，各县（市）均有分布。从1991年起，先后有衡阳县船山、耒阳市汤泉、衡阳市营盘山等矿泉水，经省级及国家级矿泉水技术评审鉴定，陆续投资建设开采。地下热水资源主要分布于衡阳、衡东、祁东县和常宁、耒阳市境内，共12个点（区），均属低温热水，其中常宁大坪、衡东杨桥和耒阳东湖温度稍高，东湖温泉开发利用已初具规模，其他暂未开发利用。

【地质遗迹资源】 地质遗迹是指在地球演化的漫长地质历史时期，由于各种内外动力地质作用，形成发展并遗留下来的珍贵的、不可再生的地质自然遗产，包括有重要观赏价值的地质地貌景观和具有重大研究价值的地质剖面、古生物化石等。具有重要观赏价值的地质遗迹也是宝贵的旅游资源，为开发旅游事业起着重要的基础作用。衡阳市有重要地质遗迹点22处，其中地形地貌景观4处、岩溶洞穴15处（目前已调查的）、地层剖面及古生物化石3处。

地形地貌景观：（1）南岳风景名胜区：位于南岳花岗岩体的北体，总面积181平方千米，区内为典型的花岗岩地貌，山势总体呈东陡西缓走势，可划分为：①花岗岩中低山峰林地貌。在南岳岩体中部120平方千米范围内，有48座海拔500米以上的高峰，组成一个长20千米、宽约6千米的北北东向的峰林地貌景观地带，主峰祝融峰海拔为1289.8米，切割深度一般为300~700米，最大1000米，呈中高周低之势，该带具有山坡陡、山顶圆、山脊较宽的特征。②花岗岩低山——残丘地貌。在500米标高以下，至南岳镇附近100米标高之间，环绕着花岗岩中低山峰林地貌景观带分布；上部因水系及地形切割而形成垂直于前述峰林地带长轴方向的一排排山脊和沟谷，具坡陡、谷深的特征；下部则因长期剥蚀、侵蚀而形成馒头状残丘，风化壳较厚，一般达15~30米。③花岗岩球状风化景观。具有典型的花岗岩球状风化特征，造就南岳岩体中的各种奇特地貌景观。(2) 天堂山风景区：包括天堂山森林公园、天堂湖、庙前风景区等数十个景点，总面积415平方千米；区内海拔800米以上的山峰51座，其中1000米以上的16座，天堂山主峰海拔1264米；区内水系发育，呈树枝状分布，河谷横断面呈“V”形，纵剖面呈阶梯状下降，在下降地段造成跌水，形成瀑布。地形地貌往北依次为：①浅变质砂页岩低山陡坡侵蚀构造地形地貌。切割深度为350~500米，坡角为30~50度。②构造侵蚀溶蚀地形地貌。海拔200~688米，相对高差100~400米；山脉受构造线控制，常见呈微斜之平台、石芽、石峰、漏斗、落水洞、洼地、溶洞、暗河等微地貌。③剥蚀堆积地形地貌。一般海拔150~300米，相对高差30~100米，山坡坡角为10~20度，呈馒头状零星分布，水系不发育，且呈树枝状，常见溶沟、溶槽、石芽等。总体大致可分为五级夷平面，反映早三叠世末以来至第四纪前的五次间歇性地壳抬升的遗迹，保留部分地史发展的基本框架。（3）岣嵝峰国家森林公园：位于衡阳县境内，总面积2067公顷，地处南岳花岗岩体及外接触带，南岳72峰中的岣嵝、白石、嫘祖等五峰则处园中，主要地貌为浅变质岩中——低山侵蚀构造地形地貌景观与碎屑岩丘陵构造剥蚀地貌景观。①浅变质岩中——低山侵蚀构造地形地貌。由元古界冷家溪群及板溪群砂岩地形形成，海拔标高500~951米，主峰岣嵝峰951米；相对高差一般为400米，最大为700米，坡角为30度，最大可达50度，山尖、脊窄、坡度大、山脊常在平面图呈锯齿状。②碎屑岩丘陵构造剥蚀地貌。位于中、低山侵蚀构造地貌周围，海拔200~500米，相对高差100~200米；坡度5~20度，冲沟发育宽阔，地势较平缓。（4）大义山区：大义山花岗岩体位于常宁市和郴州市桂阳县境内，岩体长38千米、宽约8千米，呈北北西方向展布，最高峰为桂阳境内的泗洲山，海拔1428米；桂阳与常宁交界处的狮子岭海拔1088米，乃著名的“大义山式构造”所在地；地形地貌奇特，种类齐全，集浅变质砂页岩中—低山陡坡侵蚀构造地形地貌、花岗岩中—低山陡坡侵蚀构造地形地貌、构造侵蚀溶蚀地形地貌及侵蚀堆积地形地貌于一体。大义山花岗岩体山顶浑圆，浅变质砂页岩侵蚀构造山脉受构造线控制，山顶尖、山脊窄、脊线呈锯齿状；大义山区地表水系发育，呈树枝状分布，沟谷横断面呈“V”形；纵剖面呈阶梯下降，地表水常流，在阶梯下降地段形成瀑布，构造侵蚀地形地貌分布于大义山岩体周围，石芽、石峰、漏斗、落水洞、洼地、溶洞、暗河等微观地貌随处可见。

岩溶洞穴：①衡南县花桥溶洞群：位于衡南县花桥镇龙溪水库东西两侧，地层为上泥盆统余田桥组及锡矿山组灰岩，其中豹泉洞与狮子洞为顺层落水洞，顺层面及裂隙面延伸（深）大于200米，宽0.8~5米，高1~5米，支洞、叉洞频频出现，洞中石笋、石钟乳、石柱、石幔等千姿百态；麦元洞为顺层和裂隙生成之近水平的地下河出口洞，顺近南北方向延伸200米后为水所淹，无法进入，其洞身较大，水流量3000立方米/日左右，另有川口洞等小溶洞。②衡东县石峡—锡岩冲—夏浦岩溶洞穴带：位于金觉峰背斜的东翼、北部转折端及西翼，从东翼的石峡直至夏浦，全长17千米，包括2条地下暗河及锡岩仙洞、敏各冲洞、夏浦风洞、石峡下湾洞等数10个岩溶洞穴。溶洞带包括充水溶洞和无水溶洞，均产于中泥盆统棋子桥组地层中下部。锡仙岩洞位于该岩溶洞穴带中部，已开发约800米，洞口位于锡岩村的瓦子坪，海拔

141米，该洞由三个重叠的溶洞组成，上洞长600米，中洞长1100米以上，下洞可进深度150米左右，其余被水所淹；主洞走向为北北东，基本沿顺裂隙带延伸，三层相互贯通，洞身有大有小、有宽有窄，呈串珠状；洞中岩溶景观齐全，有石笋、石钟乳、石芽、石柱、石幔、石磴、石塔、石盘等，晶莹剔透，大小不一，形态各异，具有极高的观赏价值；溶洞堆积物及石柱之形态对于喜山期构造、人类活动史等均具极大的研究价值。③常宁庙前岩溶裸露区及岩溶洞穴群：地层为上泥盆统锡矿山组下部，灰岩已经大义山岩体的热接触变质而形成大理岩，走向北北西；岩溶裸露区位于庙前海己湾，面积33.33余公顷，属构造侵蚀地形地貌，区内石芽广布，奇石遍地；岩溶洞穴包括金龙洞、古龙洞、紫云洞、财神洞4个大洞。财神洞全长6千米，面积达数十公顷，溶洞沿地层走向及裂隙延伸，方向各异，互相交叉重叠，主体走向近南北，最底层为地下河；洞中石笋、石柱、石幔十分发育，景观奇特。常宁板桥鸡公塘岩溶洞穴群。包括1平方千米的石林区及具有一定规模的浆衣洞、大井岩洞、半仙洞、猴子岩等洞穴，地层为中泥盆统棋子桥组，属构造侵蚀溶蚀地形地貌。除前述外，祁东县燕子岩洞、步云桥金龙洞、耒阳东湖溶洞群及余庆枫林寺等溶洞，尚待开发。

地层剖面及古生物化石：①祁东县双家口中奥陶统剖面。祁东县双家口组笔石相页岩沉积以栅笔石和直笔石为主，双家口笔石的发现，使得中国含笔石的地层得以和英国的卡拉通克阶可对比。祁东县双家口中奥陶统剖面可分为城步组、双家口组、百马冲组。衡南县向阳桥上白垩统戴家坪组和东塘组剖面。该剖面中的戴家坪组岩性组合具有显著特征，轮藻化石极为丰富，其组合是华南晚白垩世的典型；东塘组厚度较大，以盛产古脊椎动物——恐龙蛋化石为特征。②衡东县允秀公祠第三系古新统至始新统霞流市组和始新统栗木坪组。自1933年至1986年，不少单位和学者对衡阳盆地的第三系进行不断研究，最后确定第三系古新统至始新统的霞流市组和始新统的栗木坪组。霞流市组为原北京地质学院等单位1960年所创建，创名地点为衡东县霞流市。该组为衡阳盆地岩盐工业矿体所在地层，故具有典型的找矿意义。栗木坪组为石油队1970年所创建，创名地点为衡东县栗木坪，产轮藻、介形类和古脊椎动物化石。该组为研究衡阳盆地古地史、古气候、古生物有特殊意义。

【气候】 2016年气温继续维持在历史较高水平，为显著偏高。全年多高温，其中不乏40℃以上酷热天气，但每次持续时间不长，最长仅有15天，每次高温过后均有一场及时雨，以至于旱季不旱。降水前多后少，前汛期降水偏多，成为洪涝灾害多发时段，后汛期降水偏少但分布均匀。9月后一改往日秋高气爽景象，秋雨连绵。全年日照正常略偏少，年风速持续减弱，各方位风向频率差距有所缩小。年内洪涝及寒害度评价均为无，热害度评价达到重度等级，好在全年电量供应充足，未出现拉闸限电状况。雨季始于3月下旬至4月上旬，但结束时间不明。受气温偏高影响，稳定通过8、11℃日期分别提前了16天、8天，这对早稻播种育秧十分有利。气温偏高也导致冬、春、夏季开始日期提前，秋日推迟，夏日数较历年偏多近30天。（1）气温显著偏高。2016年衡阳平均气温18.9℃，较历年偏高0.9℃，较2015年偏高0.2℃，气候评价显著偏高。衡山县、衡阳市区、常宁市1960—2016年气温距平变化曲线显示，2016年气温距平数较2015年上升明显，目前处于历年较高水平，受全球气候变暖影响，衡阳年气温今后仍将维持较高水平。从2016年衡阳气温空间分布可以发现，总体呈西高东低特点。衡阳市区由于人口密度大，热岛效应明显，为高值中心（19.3℃），衡东县气温最低（18.7℃），衡阳西部及西南部区域也为气温高值中心。从气温距平变化分析，各区域均为正距平，总体有东南低，西北高的特点。各区域年度评价结果显示：衡阳市区、祁东县、常宁市异常偏高、衡东县偏高，其他区域显著偏高。月气温：对2016年气温月际间变化分析，全年有10个月正距平、2个月负距平，气温正距月份较2015年偏多一个，偏高月份占全年83.3%。年气温偏高最多的是3月（2.1℃），其次为12月（1.8℃），气温偏低最多出现在5月（-1.1℃）。（2）降水正常。2016年衡阳降水

1375.6毫米，较历年偏多1.5%，较2015年偏少8.6%，气候评价正常。对衡山县、衡阳市、常宁市1960—2016年降水距平百分率变化曲线分析发现，自20世纪90年代末开始，衡阳年降水量呈下降趋势，2011年达到历史最低值，之后年降水量逐步增多，现在均值附近波动。5年滑动平均结果显示，目前总体呈上升趋势。年降水：2016年衡阳降水空间分布为东多西少。衡阳西部年降水量在1100毫米~1300毫米之间，东部区域在1300毫米以上。降水量最多的是衡山县（1552.1毫米），祁东县最少（1093.9毫米）。距平统计结果表明大部分区域为正距平，耒阳市偏多最明显（9.7%），降水偏少区域有祁东县（-13.7%）、衡阳市区（-5.3%）、衡阳县（-4.2%），各区域降水评价正常。南岳山2016年降水2364.9毫米，较历年偏多14.9%，较2015年偏多16.6%。月降水：2016年各月降水距平正负各半。1、3、4、5、9、11月为正距平，其中11月偏多最明显（89.3%），负距平月份平均偏少26.2%，其中6月偏少最明显（-64.1%）。由于降水偏多月份集中在少雨期，尽管下半年降水偏多明显，年总降水量仅略偏多。（3）日照正常。2016年衡阳日照时数为1403.4小时，较历年偏少5.2%，较2015年偏多22.3%。对衡山县、衡阳市区和常宁市1960—2016年日照时数平均变化分析，在经历连续两年日照减少以后，2016年日照数较上年度明显回升。5年滑动平均分析结果显示，20世纪80年代到90年代日照的年际间变化都比较小，进入21世纪以来，日照数的年际间变幅增大。对衡阳日照空间分布分析，有东多西少特点。衡东县日照最多（1532.6小时），祁东县最少（1309.2小时）。日照距分析与日照时数分布状况基本一致，全市大部分区域日照为负距平，其中祁东县（-14.2%）、衡山县（-11.8%）、衡阳市区（-10.8%）日照达气候偏少标准，其他区域在正常范围，其中有衡阳县（0.8%）、南岳山（2.8%）日照为正距平。2016年各月日照时数及距平变化分析情况。全年有7个月日照负距平，其中1月（-43.4%）、4月（-46.3%）、10月（-54.1%）和11月（-46.2%）偏少明显。7、8、9、12月日照基本接近常年。在日照偏多月份中，2月（136.5%）、3月（35.7%）及6月（32.1%）偏多较明显。尽管2016年日照偏少月份较多，且偏少明显，由于偏少月份日照基数相对较小，其对全年日照总数影响有限。（4）风速持续减弱。2016年衡山县、衡阳市区、常宁市平均风速为1.7米/秒，较历年偏小0.2米/秒，较2015年偏少0.1米/秒。从历年风速变化趋势分析，20世纪90年代初期，风速下降到历史最低，之后呈缓慢增大，2010年上升到阶段性大值区，2016年风速与2015年变化不大。5年滑动平均曲线分析表明，近年来年风速变化幅度减少，在均值附近波动。对月平均风速及距平变化分析，月平均最小风速为1.5米/秒，出现在12月，风速最大在6、7月（2.2米/秒），其次是10月（2.1米/秒）。2016年有8个月的风速为负距平（66.7%），风速较历年偏小最明显的有3月（-0.31米/秒）、4月（-0.34米/秒），全年仅6月风速明显偏大（0.24米/秒）。（5）风向风速玫瑰图分析。年风变化：2016年风向以偏北风为主，其中N向风出现几率最大（16.0%），其次是NNE向风（12.7%），全年E和ESE向风出现几率最小（1.9%）。与2015年比较，最多风向频率略有减少，而最小风向频率较2015年有所增大。相对于风向的变化，各方位风速大小差异并不十分明显，风速最大为N、SSW向风（1.8米/秒），较2015年减少0.1米/秒，风速最小的是W向风，平均为0.9米/秒，与2015年持平。

【水文】 2016年，全市年降水量在1004.5毫米~1882.3毫米之间，最大为常宁市洋泉雨量站，最小为衡阳县沅江冲雨量站。全市年平均降水量为1323.0毫米，比历年平均值1339.9毫米偏少1.3%，比2015年的1467.0毫米偏少9.8%，属枯水年景。各县（市、区）年平均降水量最多的是南岳区为1572.0毫米，最少的是祁东县为1153.0毫米，衡东县为1445.0毫米，耒阳市为1319.0毫米，衡阳市城区为1186.0毫米，衡山县为1554.0毫米，常宁市为1429.0毫米，衡南县为1268.0毫米，衡阳县为1250.0毫米。全市降水日数在131~184天之间，平均约为155天，较2015年的

170 天偏少 15 天。2016 年汛期（4 月—9 月），衡阳市面平均降雨 804.7 毫米，与历年同期均值 838.4 毫米偏少 4.0%。空间分布上，南岳区累计平均降雨 1038.0 毫米为最大，较历年同期均值 978.1 毫米偏多 6.1%，衡南县最小，面平均降雨为 684.2 毫米，较历年同期均值偏少 9.8%。时间分布上，全市主要的降雨过程基本上集中在 4 月、5 月，累计平均降雨 430.2 毫米，占整个汛期降雨的 53.4%。6 月、7 月、8 月降雨相对偏少。2016 年汛期，全市共出现 12 站次超警戒水位洪水过程，其中，湘江干流归阳站 9 次，衡山站 1 次，一级支流洣水衡东站 2 次，其他各干支流控制站均未出现超警戒水位洪水。湘江干流衡阳站全年最高水位 55.38 米出现在 3 月 24 日，距离警戒水位 56.50 米还有 1.12 米。2016 年全市水势较为平稳，没有出现流域性的大洪水，没有发生流域性的洪涝灾害。主要洪水过程：3 月 23 日 21 时，归阳站出现洪峰水位 44.81 米，超警戒水位 0.81 米，相应洪峰流量 5460 立方米/秒；24 日 7 时，衡山站出现洪峰水位 49.66 米，超警戒水位 0.66 米，相应洪峰流量 12100 立方米/秒；24 日 0 时，衡东站出现洪峰水位 50.64 米，超警戒水位 0.14 米，相应洪峰流量 2520 立方米/秒。4 月 4 月 8 日 20 时，归阳站洪峰水位 44.91 米，超警戒水位 0.91 米，洪峰流量 5340 立方米/秒；11 日 14 时归阳站出现洪峰水位 44.57 米，超警 0.57 米，洪峰流量 4820 立方米/秒。4 月 19 日 07 时归阳站出现洪峰水位 45.44 米，超警 1.44 米，洪峰流量 6130 立方米/秒。5 月 6 日 19 时，归阳站出现洪峰水位 45.49 米，超警戒水位 1.49 米，洪峰流量 6140 立方米/秒；5 月 9 日 11 时出现复峰，洪峰水位 45.21 米，超警戒水位 1.21 米，洪峰流量 5690 立方米/秒；20 日 1 时衡东站出现洪峰水位 51.95 米，超警戒水位 1.45 米，相应洪峰流量 3740 立方米/秒。6 月 4 日 20 时，归阳站出现洪峰水位 44.18 米，超警戒水位 0.18 米，洪峰流量 4380 立方米/秒。12 日 10 时 35 分，湘江一级支流宜水常宁站出现洪峰水位 69.71 米，为 2010 年建站以来最大的一次洪水过程。15 日 18 时，湘江干流归阳站出现洪峰水位 44.90 米，超警戒水位 0.90 米，洪峰流量 5280 立方米/秒。17 日 14 时，湘江干流归阳站出现洪峰水位 45.66 米，超警戒水位 1.60 米，相应洪峰流量 6300 立方米/秒。汛期 6 月 16 至 8 月 4 日出现了一段高温晴热少雨天气，全市累计面平均雨量 99.0 毫米，较历年同期均值 220.9 毫米偏少 55.2%。根据市区衡阳水文站气温观测资料统计（每日 8 时、14 时、20 时观测），7 月份出现 35 度以上高温天气有 23 天，其中 19 日至 31 日连续 14 天。到 8 月 1 日 8 时止，市区、衡山、衡南、衡阳和南岳出现了中度干旱，其中市区接近严重干旱标准。耒阳、衡东、祁东、常宁出现了轻度干旱，局部达到中度干旱。8 月 5 日出现明显降雨过程，旱情得到缓解。（段安圭）

【水资源调查】 水量方面，2016 年全市自产地表天然径流量为 108.0 亿立方米，比历年平均值 109.4 亿立方米偏少 1.24%，比 2015 年的 119.34 亿立方米偏少 9.5%，其中市区（雁峰、石鼓、蒸湘、珠晖四区）为 2.54 亿立方米、衡阳县为 14.34 亿立方米、衡南县为 18.02 亿立方米、常宁市为 15.71 亿立方米、耒阳市为 20.94 亿立方米、衡东县为 15.21 亿立方米、衡山县为 7.99 亿立方米、南岳区为 1.61 亿立方米、祁东县为 11.64 亿立方米。全市农田灌溉用水 19.2348 亿立方米、林牧渔畜用水 1.2991 亿立方米、工业用水 7.4587 亿立方米、城镇公共用水 1.2539 亿立方米、城镇居民生活用水 2.0281 亿立方米、农村居民生活用水 1.1280 亿立方米、生态环境用水 0.1232 亿立方米，总用水量为 32.53 亿立方米，其中地下水用水量为 2.3968 亿立方米。市境内湘江干流及四大支流实测年径流总量：湘江干流归阳水文站为 329.5 亿立方米、衡阳水文站为 546.0 亿立方米、衡山水文站为 703.2 亿立方米，蒸水神山头水文站为 17.2 亿立方米，耒水耒阳水文站 120.2 亿立方米，洣水衡东水文站为 101.9 亿立方米，舂陵水欧阳海水文站（河道）58.60 亿立方米，（河道加渠道）62.10 亿立方米。根据湖南省水环境监测中心衡阳分中心对全市各主要河流 52 个水质监测断面水环境监测资料，依据《地表水环境质量标准》（GB 3838—2002）进行评价，市境内湘江干流归阳、横塘冲、赵家湾、大洲、瑶塘湾、衡南县水厂、云集村、文昌、南大桥、衡阳、大浦11个监测点水环境类别为Ⅱ类水，松柏、茭河口、合江套、站门前、周家湾、金峰村、衡山、石湾、石湾水厂、三樟10个监测点为Ⅲ类水；蒸水洪市镇、石门坎、花果山、神山头为Ⅱ类水，英陂、蒸水河口的水质为Ⅲ类水；耒水沙头大桥、耒阳、向阳、茶市、鄙湖、白渔潭6个监测点为Ⅱ类水，耒水河口段为Ⅲ类水；洣水谢家屋场、渡头坪、衡东为Ⅱ类水，洣水河口为Ⅲ类水；宜水常宁水厂、洋泉水库为Ⅱ类水，宜水河口为Ⅲ类水；涓水白果为Ⅱ类水；祁水砖塘为Ⅱ类水；舂陵水荫田为Ⅱ类水，欧阳海、白沙、舂陵水河口为Ⅲ类水；曹口堰水库为Ⅱ类水；石门水库为Ⅱ类水；红旗水库为Ⅱ类水；兴隆水库、华严湖水库为Ⅱ类水。监测评价项目为水温、PH值、电导率、溶解氧及溶解氧饱和度、高锰酸盐指数、氨氮、六价铬、汞、砷、镉、铅、铜、锌、氟化物、挥发酚、氰化物、总磷、粪大肠菌群、石油类、悬浮物、五日生化需氧量、总硬度、氯离子、硫酸根、总碱度、矿化度、碳酸根、重碳酸根、钾、钠、钙、镁等。

（段安圭）

国民经济和社会发展

【概况】 2016年，面对错综复杂的宏观环境，全市上下主动适应经济发展新常态，认真落实省委省政府各项决策部署，全面贯彻发展新理念，着力推进供给侧结构性改革，统筹稳增长、促改革、调结构、惠民生、防风险各项工作，全市经济运行保持总体平稳、稳中向好的发展态势，实现“十三五”良好开局。

初步核算，2016年全市实现地区生产总值2853.02亿元，按可比价计算，增长7.9%。其中，第一产业实现增加值430.61亿元，增长3.5%；第二产业实现增加值1184.78亿元，增长6.4%；第三产业实现增加值1237.62亿元，增长11.1%。按常住人口计算，人均地区生产总值39020元，增长8.0%。

全市三次产业结构为15.1∶41.5∶43.4。第三产业比重比2015年提高3.2个百分点；工业增加值占地区生产总值的比重为35.7%，比2015年下降3个百分点；高新技术产业增加值占地区生产总值的比重为13.3%，比2015年提高0.9个百分点；非公有制经济增加值1787.01亿元，增长11.8%，占地区生产总值的比重为62.6%。第一、二、三次产业对经济增长的贡献率分别为6.8%、36.4%和56.8%，第三产业贡献率比2015年提高1.3个百分点。其中，工业增加值对经济增长的贡献率为31.8%。

全市新增城镇就业6.52万人，失业人员再就业3.40万人，就业困难对象再就业1.07万人，新增农村劳动力转移就业6.27万人，城镇登记失业率3.80%，新增创业主体2.30万个，创业带动就业4.10万人。

【农业】 全市农林牧渔业总产值709.89亿元，增长3.6%。其中，农业产值330.36亿元，增长3.4%；林业产值35.44亿元，增长7.7%；牧业产值276.16亿元，增长2.6%；渔业产值49.23亿元，增长4.8%；农林牧渔服务业产值18.70亿元，增长9.5%。农作物总播种面积1008.99千公顷，增长0.8%；粮食作物播种面积572.41千公顷，增长0.4%；油料种植面积221.01千公顷，增长0.6%；蔬菜种植面积114.66千公顷，增长4.2%。粮食总产量330.72万吨，下降1.5%；出栏肉

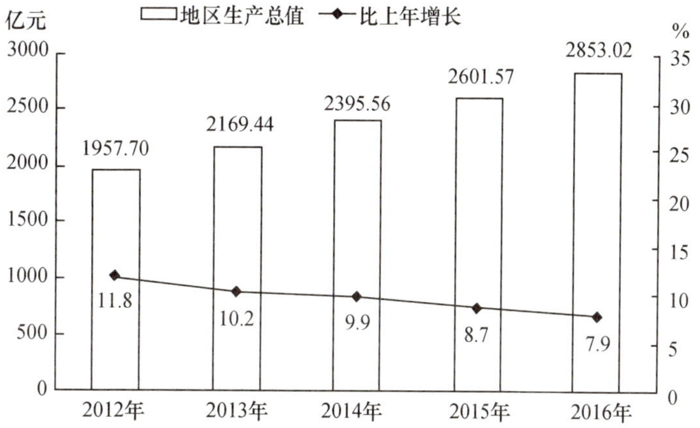

图1 2012—2016年衡阳市地区生产总值及其增长速度示意图

猪933.06万头，减少2.4%；当年出售和自宰的肉用牛14.47万头，增长1.4%；当年出售和自宰肉用羊66.36万只，增长3.2%；出笼家禽10938.54万羽，增长1.4%；水产品产量29.59万吨，增长2.1%。

2016年衡阳市主要农产品产量一览表

表1

主要农产品质量	产量（万吨）	比上年同期增长（%）	主要农产品质量	产量（万吨）	比上年同期增长（%）
粮食作物	330. 72	-1. 5	蔬菜及食用菌	376. 27	4. 6
油料	35. 97	3. 6	猪肉	71. 37	-1. 4
#油菜籽	32. 48	4. 2	牛肉	1. 82	5. 2
棉花	2. 2	-1. 3	羊肉	1. 09	2. 4
烤烟	2. 11	3. 7	牛奶	0. 09	1. 2
茶叶	0. 28	2. 4	水产品	29. 59	2. 1
水果	81. 13	3. 5			

全市农民合作社4217个，增长21.5%；农民合作社成员21.28万人，增长15.6%；家庭农场2910个，增长54.5%；耕地流转面积18.59万公顷，增长7.2%。年末农业机械总动力558.79万千瓦，增长1.6%。

【工业和建筑业】 全市规模工业增加值增长6.9%。在规模工业中，轻工业增长8.2%；重工业增长6.3%。规模工业的六大重点行业中，有色金属冶炼及压延业增长6.1%；电气机械及器材制造业增长4.5%；化学原料及化学制品制造业增长6.2%；黑色金属冶炼及压延业下降4.4%；煤炭开采和洗选业下降11.3%；非金属矿物制品业增长1.9%。2016年年末，全市规模工业企业达到948家。

全市规模工业实现产销率98.7%，比2015年提高0.2个百分点。主要工业产品产量有升有降。其中：饲料产量132.17万吨，增长5.2%；水泥972.62万吨，增长4.5%；钢材107.38万吨，下降1.9%；变压器10043.38万千伏安，增长1.3%；十种有色金属39.20万吨，增长8.9%；原盐213.72万吨，增长11.9%；机制纸及纸板22.31万吨，增长11.4%。

全市规模工业中，高加工度工业增长7.2%，高技术产业增长19.3%。六大高耗能产业增长得到有效控制，全年增长5.2%，比2015年提高0.1个百分点。

全市规模工业经济效益综合指数达到246.68，降低10.27个百分点。

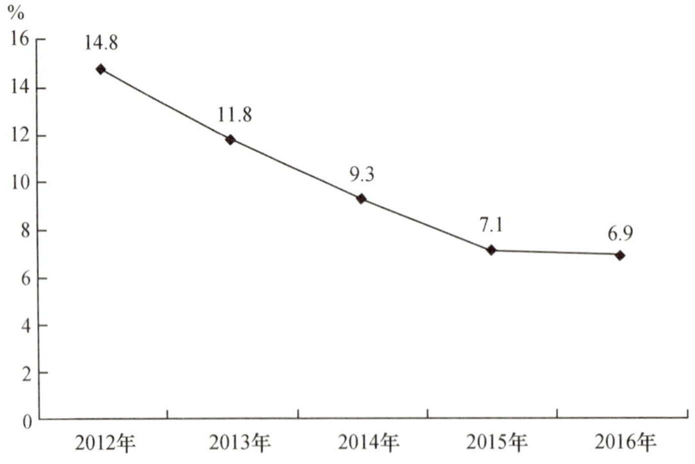

图2 2012—2016年衡阳市规模工业增加值增速示意图

2016 年衡阳市规模工业主要产品产量一览表

表 2

产品名称	计量单位	产量	增长（%）	产品名称	计量单位	产量	增长（%）
饲料	万吨	132. 17	5. 2	十种有色金属	万吨	39. 2	8. 9
水泥	万吨	972. 62	4. 5	原盐	万吨	213. 72	11. 9
钢材	万吨	107. 38	-1. 9	机制纸及纸板	万吨	22. 31	11. 4
变压器	万千伏安	10043. 38	1. 3				

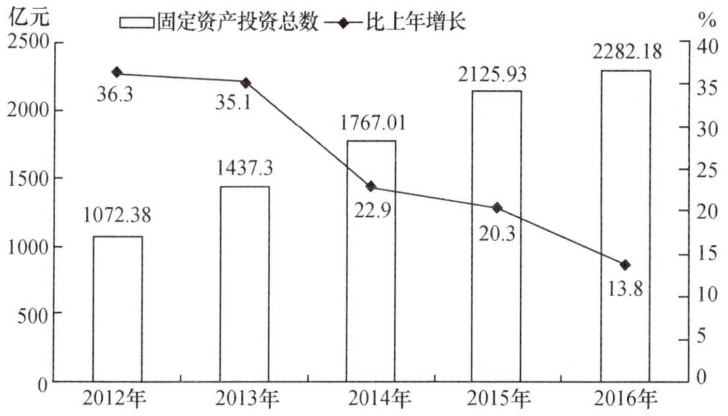

图 3　2012—2016 年衡阳市固定资产投资及其增长速度示意图

全市建筑业总产值 482.46 亿元，增长 9.9%；全市建筑业增加值 165.23 亿元，增长 7.0%。房屋建筑施工面积 2832.49 万平方米，下降 1.4%；房屋建筑竣工面积 1346.04 万平方米，下降 11.3%。

【固定资产投资】 全市固定资产投资（不含农户）2282.18 亿元，增长 13.8%。其中，城镇和非农户固定资产投资 2131.34 亿元，增长 14.3%；国有投资 860.80 亿元，增长 37.1%。年内新开工项目个数 3404 个，增长 6.9%。

全市工业固定资产投资 813.25 亿元，增长 1.6%。其中，工业技术改造投资 413.05 亿元，下降 21.9%，工业投资占固定资产投资的比重为 35.6%；制造业投资 681.07 亿元，下降 3.5%；电力、燃气及水的生产供应业投资 75.63 亿元，增长 66.2%；全市基础设施投资 585.24 亿元，增长 33.4%。其中，交通运输、水利设施、民生、卫生和社会工作投资分别增长 34.6%、34.0%、72.7%、42.7%。全市 2016 年施工项目共有 4170 个，2016 年投产项目 3112 个。亿元以上项目 468 个，完成投资 751.50 亿元，占全部投资的比重为 32.9%。民间投资 1324.13 亿元，下降 2.4%。

全市房地产投资完成 150.84 亿元，增长 7.1%。商品房销售面积 506.83 万平方米，增长 35.0%。

【国内贸易和物价】 全市社会消费品零售总额 1127.98 亿元，增长 11.8%。在限额以上批发零售企业零售额中，家用电器和音像器材类增长 18.6%，家具类增长 19.5%，文化办公类增长 20.3%，通信器材类增长 7.8%，汽车类增长 18.1%。

全年居民消费价格比上年上涨 2.5%。分类别看，食品烟酒价格上涨 5.1%，衣着上涨 0.9%，居住上涨 0.7%，生活用品及服务上涨 0.2%，交通和通信下降 1.4%，教育文化和娱乐上涨

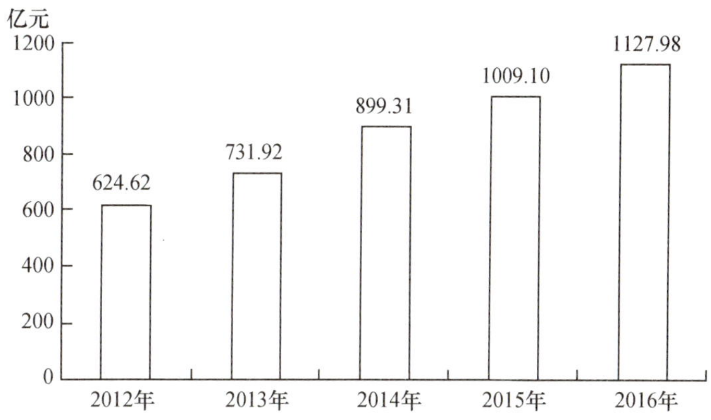

图 4　2012—2016 年衡阳市社会消费品零售总额示意图

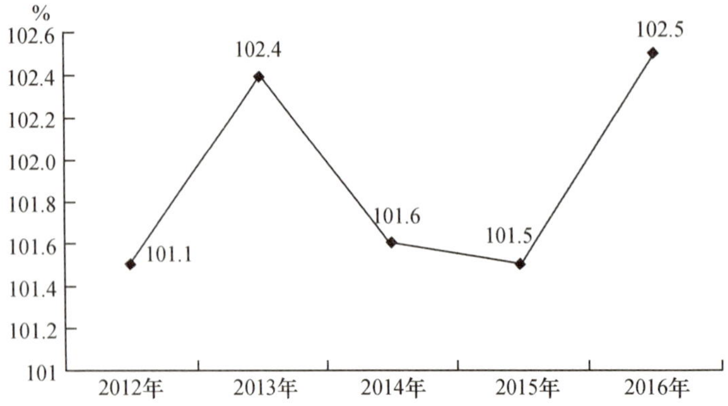

图 5　2012—2016 年衡阳市居民消费价格指数（CPI）示意图

3.1%，医疗保健上涨 7.2%，其他用品和服务上涨 1.0%。

【对外经济和旅游】　全市进出口总额 177.17 亿元，回落 9.2%。其中，出口 107.05 亿元，回落 14.7%；进口 70.12 亿元，增长 0.7%。对外贸易中，加工贸易进出口总额 17.62 亿美元，下降 22.2%，其中出口额 10.51 亿美元，下降 15.4%，进口额 7.10 亿美元，下降 30.5%。

全市引进内资项目 517 个，增长 5.9%，实际到位内资 336.25 亿元，增长 14.7%；实际利用外资 11.46 亿美元，增长 11.2%。

全市实现国内旅游总收入 388.66 亿元，增长 26.4%；接待国内外游客 5818.01 万人次，增长 15.2%。其中，国内游客 5812.35 万人次，增长 15.2%；国外游客 5.66 万人次，增长 20.6%。2016 年年末，全市有等级旅游区（点）22 个。

【交通和邮电】　全市民用车辆有量达到 74.67 万辆，其中民用汽车为 41.03 万辆，增长 20.2%，民用私人轿车已达到 18.99 万辆，增长 25.6%。公水路客货运换算周转量 346.41 亿吨千米，增长 2.7%，货物周转量 340.31 亿吨千米，增长 2.8%。其中公路货物周转量达 303.47 亿吨千米，增长 3.0%；水运货物周转量 36.85 亿吨千米，增长 1.3%；客运周转量 60.94 亿人千米，下降 5.5 %。全市公路线路年末里程 2.09 万千米，增长 0.3%，其中高速公路 668 千米，增长 16.9%。

全市邮电业务总量（按不变价计算）105.55 亿元，增长 55.7%，其中邮政业务、电信业务总量分别为 9.93 亿元和 95.62 亿元，分别增长 41.5%、57.3%。年末固定电话用户 75.75 万户，增长 2.9%。移动电话用户 477.42 万户，增长 14.4%。2016 年年末，互联网宽带用户数 92.65 万户，增长 27.0%，固定电话普及率为 10.44 户/百人，每百人增加 0.41 户，移动电话普及率为 65.80 户/百人，每百人增加 8.94 户。

【财政、金融和保险】　全市一般公共预算收入 277.96 亿元，增长 6.0%。地方收入 204.67 亿元，增长 7.5%。其中，税收收入 87.91 亿元，下降 4.0%；非税收入 116.76 亿元，增长 18.3%。上划中央收入 56.95 亿元，增长 0.9%；上划省级收入 16.35 亿元，增长 6.2%。全市一般公共预算支出 541.36 亿元，增长 10.0%。其中，社会保障和就业支出 86.06 亿元，增长 14.2%；医疗卫生与计划生育支出 55.7 亿元，增长 9.8%；交通运输支出 23.6 亿元，增长 3.6%。

2016 年年末，全市金融机构本外币各项存款余额 3283.44 亿元，增长 17.8%。其中，住户存款 2135.88 亿元，增长 11.2%，非金融企业存款 674.86 亿元，增长 36.2%，广义政府存款 463.73 亿

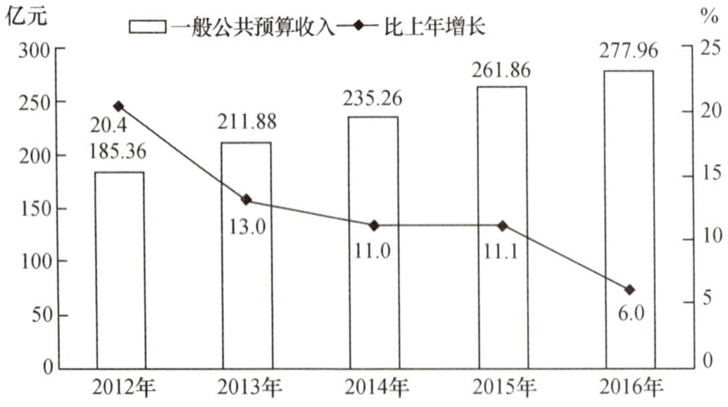

图 6　2012—2016 年衡阳市一般公共预算收入及其增长速度示意图

元，增长28.4%，非银行金融机构存款7.25亿元，下降2.0%。金融机构本外币各项贷款余额1674.28亿元，增长15.8%。其中，短期贷款为412.74亿元，增长0.3%；中长期贷款881.96亿元，增长25.0%。中小企业贷款487.26亿元，增长10.9%。2016年年末，银行主要金融机构不良贷款余额48.01亿元，下降10.5%，不良贷款比率3.38%，同比减少1.1个百分点。

全市证券公司营业部24家，比2015年年末增加1家，证券交易额5076.78亿元，下降47.0%。

全市保险保费收入达73.21亿元，增长26.1%。其中，财产险保险保费收入23.08亿元，增长16.5%；人身险收入54.18亿元，增长17.7%。全年各项赔款支出28.38亿元，增长30.9%。其中，财产险赔款支出12.04亿元，增长14.6%；人身险赔款支出16.33亿元，增长43.3%。

【教育和科学技术】 全市按要求完成218所中小学义务教育合格学校和22所农村公办幼儿园建设项目，共投入义务教育合格学校和农村公办幼儿园建设资金11392万元，用于城市义务教育基础设施建设的经费共15879.30万元。新增校园面积15.19万平方米，校舍面积9.66万平方米。全市小学生入学率100%，毕业生升学率100%，初中生巩固率98.63%。广泛开展社会捐资助学工作，全市共募集贫困生资助资金1851.70万元。2016年，实际就读职业教育的人数为4.30万人，普职分流比为47.38%，招生比为43.86%。2016年度认定普惠性民办幼儿园773所，其中2016年新增普惠性民办幼儿园109所，全市学前三年入园率78.54%。

2016年衡阳市各级学校招生、在校学生及毕业生数一览表

表3

指标	招生数		在校人数		毕业人数	
	绝对数（万人）	增长（%）	绝对数（万人）	增长（%）	绝对数（万人）	增长（%）
研究生教育	0.12	2.7	0.36	7.5	0.11	5.5
高等教育	5.42	7.5	15.51	2.6	4.64	13.5
中等职业教育	2.94	27.3	7.68	8.3	2.20	-7.6
普通高中	4.86	-1.2	13.83	5.7	3.88	4.3
初中学校	9.22	0.2	27.91	-2.8	9.93	7.0
普通小学	10.09	0.5	56.97	1.5	9.10	-1.1
特殊教育	0.04	100	0.14	7.7	0.02	1.00

全年完成高新技术产业增加值380.73亿元，增长17.0%。专利申请量4645件。新增省级工程技术研究中心1家，省级重点实验室2家，衡阳中关村金种子创业谷投入试运营。特变电工组建湖南高端输变电装备创新战略联盟，湖南高速铁路职业技术学院组建湖南盐卤化工产学研战略联盟。

全市有法定计量检定机构8个，特种设备检验机构7个。完成定期工业产品质量监督抽查675批次，工业产品定期抽查合格率93.4%。发放工业产品生产许可证98张，强制检定计量器具10.95万台件，参与制订国家标准3项，组织制定地方标准2项。测绘部门提供基础地理信息数据成果25000幅，为经济社会发展提供各种航摄成果2481片。

【文化、卫生和体育】 全市拥有各类艺术表演团体11个，群众艺术馆、文化馆13个，公共图书馆14个，博物馆、纪念馆13个。全市国家级非物质文化遗产保护项目6个，省级21个。全市2200多个村启动建设农村综合公共服务中心。

全市有广播电台9座，中、短波广播发射台和转播台23座，广播综合人口覆盖率97.2%。电视台11座，电视综合人口覆盖率99.5%。有线电视用户77万户，放映农村公益电影5.87万场。出版各类报纸5种，期刊7种，期刊出版量0.57亿册。全年新闻出版业销售收入0.56亿元，全年新闻出版业利润总额0.06亿元。2016年年末，全市有档案馆14个，开放各类档案119万卷(件)。

全市拥有各类卫生机构5869个，其中医院、卫生院330个，妇幼保健院（所、站）13个。卫生技术人员3.94万人，其中执业医师和执业助理医师1.71万人，注册护士1.57万人。医院、卫生院床位3.93万张。拥有乡镇卫生院201个，床位数1.17万张，新建、改建乡镇卫生院3所，全市疾病预防控制中心13个。

全市拥有体育场地14513个，其中体育馆20座。运动场1332个，游泳池51个，各种训练房797个。完成3200个行政村的农民体育健身工程建设任务。衡阳籍运动员董斌获得2016年里约奥运会男子三级跳远铜牌，创造历史。省十三次运动会筹备工作全力推进，成效明显。

【资源、环境和安全生产】 全年平均年降水量1355.40毫米，总用水量32.73亿立方米，人均用水量449立方米。总体水质状况为合格，其中满足Ⅲ类标准的断面比例为96.6%，满足Ⅳ类标准的断面比例为100%。

全年已发现的矿产69种，探明资源储量的矿种有57种，其中能源矿产4种，金属矿产29种，非金属矿产23种，水气矿产1种。实施地质勘查项目（含续作项目）100个，完成资源整合的重点矿区1个。

全市环境质量总体保持稳定，城市空气质量优良天数281天，优良率76.8%，地表水达标率99.6%，饮用水源达标率100%，主要污染物化学需氧量、氨氮、二氧化硫、氮氧化物排放量同比去年分别削减2.5%、4.7%、5.4%、7.0%，未发生重大环境污染事故。

全市共发生各类事故154起，死亡95人，受伤120人，未发生较大及以上事故。亿元GDP生产安全事故死亡率0.0337；工矿商贸企业十万人生产事故死亡率0.91；道路交通万车事故死亡率2.15；煤矿百万吨事故死亡人率0.32。

【人口、人民生活和社会保障】 全年出生人口10.4万人，出生率12.75‰；死亡率5.9‰；人口自然增长率6.85‰；出生人口性别比为107.71。

全市城镇居民人均可支配收入28848元，增长8.8%。城镇居民人均消费支出19615元，其中食品烟酒支出6164元、居住支出3360元、医疗保健支出1083元、教育文化娱乐支出3419元。城镇居民家庭恩格尔系数为31.4%。

全市农村居民人均可支配收入15603元，增长8.3%。其中工资性收入7380元、经营净收入4473元、转移净收入3521元。农村居民人均消费支出10945元，其中食品烟酒支出3657元、居住支出2656元、医疗保健支出785元。农村居民家庭恩格尔系数为33.4%。

全市城镇基本养老保险职工参保人数372.70万人，城镇基本医疗保险职工参保人数73.26万人，失业保险职工参保人数60万人，工伤保险职工参保人数60.28万人，生育保险职工参保人数40.49万人。全市全年共征缴各类基金111.56亿元，三项基本医疗保险参合率达到99.7%。

全市有8.15万人城镇居民得到政府最低生活保障，发放城镇居民最低生活保障经费3.49亿元；有15.45万人农村居民得到政府最低生活保障，发放农村居民最低生活保障经费3.98亿元。

全年销售社会福利彩票5.49亿元，筹集社会福利资金1.544亿元，直接接受社会捐赠0.63亿元。

2016 年衡阳市人口及其变动情况统计年报表

表 4

			衡阳市	珠晖区	雁峰区	石鼓区	蒸湘区	南岳区	衡阳县	衡南县	衡山县	衡东县	祁东县	耒阳市	常宁市
年末总户数（户）			2472469	103171	72576	76259	98634	19808	375502	343752	126742	212731	359028	392184	292082
年末总人口	合计		8072669	291266	193373	202564	268261	58942	1256777	1107670	454392	765552	1072624	1431138	970110
	城镇人口		2117467	197847	152357	141710	200320	28100	143966	162754	72619	75597	357745	333721	250731
	乡村人口		5955202	93419	41016	60854	67941	30842	1112811	944916	381773	689955	714879	1097417	719379
	性别	男	4238170	147002	96792	101091	135961	29583	663886	586768	235655	396705	568597	757048	519082
		女	3834499	144264	96581	101473	132300	29359	592891	520902	218737	368847	504027	674090	451028
	年龄	0~17 岁	1936368	51992	34653	38011	59479	13510	298175	263068	103224	182073	258360	383563	250260
		18~34 岁	1885526	59394	39143	42575	61635	14248	300345	274221	107902	181186	249235	332588	223054
		35~59 岁	2826070	113184	77789	81172	105064	21924	433566	374555	160250	266856	362896	492567	336247
		60 岁及以上	1424705	66696	41788	40806	42083	9260	224691	195826	83016	135437	202133	222420	160549
本年度人口变动	出生	合计	95849	3365	2161	2288	4163	984	14556	13559	5078	10469	11106	15441	12679
		男	51594	1725	1148	1171	2261	532	7817	7341	2698	5629	5923	8493	6856
		女	44255	1640	1013	1117	1902	452	6739	6218	2380	4840	5183	6948	5823
	死亡	合计	36758	1779	1224	1185	1037	656	6482	4714	2820	2604	3617	7104	3536
		男	23172	1018	717	671	586	374	4052	3125	1718	1811	2391	4435	2274
		女	13586	761	507	514	451	282	2430	1589	1102	793	1226	2669	1262
	迁入	省内迁入	24603	1521	2059	1676	8578	371	1491	2890	600	956	1402	1608	1451
		省外迁入	11748	471	338	485	808	114	1399	1630	425	889	1537	1870	1782
	迁出	迁往省内	30042	2188	2310	2362	2061	268	3921	4236	1331	1715	3281	3536	2833
		迁往省外	21900	1382	940	788	1413	130	2995	2673	947	1429	3417	3512	2274

2016 年衡阳市城镇人口增减情况统计年报表

表 5

				甲	衡阳市	珠晖区	雁峰区	石鼓区	蒸湘区	南岳区	衡阳县	衡南县	衡山县	衡东县	祁东县	耒阳市	常宁市
年末城镇人口数				1	2117467	197847	152357	141710	200320	28100	143966	162754	72619	75597	357745	333721	250731
增加情况	合计			2	59358	4105	4409	3317	13315	1175	2876	4043	1289	1634	10969	6488	5738
	出生			3	23288	1821	1381	1260	3050	454	1479	1826	754	858	3891	3609	2905
	退出现役			4	322	22	35	23	86	5	21	18	7	7	11	67	20
	港澳台人员和华侨回内地（回国）定居及外国人/无国籍人入籍			5	1	0	0	1	0	0	0	0	0	0	0	0	0
	城镇人口迁入	省内迁入		6	9519	605	912	704	4364	256	242	476	137	156	577	635	455
		省外迁入		7	3093	279	240	190	615	32	227	253	81	108	435	341	292
	农业转移人口落户城镇	小计		8	17881	1145	1666	990	4930	326	386	868	204	263	5252	972	879
		来自地区	本市（地）	9	11881	657	1269	552	3767	231	91	303	108	71	4328	287	217
			本省外市（地）	10	2520	218	191	140	593	25	105	255	35	75	344	328	211
			外省	11	3480	270	206	298	570	70	190	310	61	117	580	357	451
		增加原因	大中专院校招生	12	135	45	0	1	71	0	1	8	2	3	3	0	1
			录(聘）用	13	373	52	67	62	63	15	7	26	13	7	22	21	18
			务工经商	14	0	0	0	0	0	0	0	0	0	0	0	0	0
			投资(创业)	15	21	0	0	0	4	0	0	10	2	0	5	0	0
			购(租）房	16	6658	520	644	447	3962	156	89	181	51	54	172	252	130

表5续

			甲	衡阳市	珠晖区	雁峰区	石鼓区	蒸湘区	南岳区	衡阳县	衡南县	衡山县	衡东县	祁东县	耒阳市	常宁市
增加情况	农业转移人口落户城镇	增加原因 投靠亲属	17	3909	423	360	286	762	107	163	297	124	129	605	273	380
		移民搬迁	18	130	46	2	0	0	4	3	25	0	0	9	0	41
		城中村改造	19	0	0	0	0	0	0	0	0	0	0	0	0	0
		城乡属性调整	20	4688	0	542	0	0	0	0	0	0	0	4146	0	0
		其他	21	1967	59	51	194	68	44	123	321	12	70	290	426	309
	其他		22	5254	233	175	149	270	102	521	602	106	242	803	864	1187
减少情况	合计		23	23518	2787	2078	1748	2125	282	1675	1929	769	902	4127	2921	2175
	死亡		24	10260	1464	1097	968	746	158	572	752	440	384	1278	1394	1007
	服现役		25	387	15	16	22	75	3	36	43	10	9	53	52	53
	赴港澳台和国外定居及加入外国籍		26	280	33	45	44	24	6	15	24	1	3	48	24	13
	城镇人口迁出		27	10614	1264	887	686	1259	93	966	988	294	472	1457	1322	926
	其他		28	1977	11	33	28	21	22	86	122	24	34	1291	129	176

市、市直机关、国省驻衡单位及市属大型企业领导人名录
（截至2016年12月31日）

中共衡阳市委员会

书　　记　周　农
副 书 记　周海兵　邓群策
常　　委　罗东海　包昌林
刘丽华（女）
邓　柯　何录春
张贺文
章　彰（挂职）
贺小坤　陈　竞
秘 书 长　张贺文
副秘书长　程少平　张韶晖
王湘淮　蒋崇华
邹　锟　伍尤平
吕正平（兼）
王发贵（兼）

衡阳市人大常委会

主　　任　周　农
党组书记
常务副主任　谢宏治
副 主 任　李慧星　苏　营
王旭明　康　强
周晓云　晏华衡
伍清明
党组成员　谭敦龙
秘 书 长　伍清明
副秘书长　唐振湘　张新华
罗国清　李光伟
陶朝晖（女，挂职）

衡阳市人民政府

市　　长　周海兵
副 市 长　段志刚（常务）
罗东海
章　彰（挂职）
陈　竞　刘正兴
党组成员　廖　健　胡志文
秘 书 长　邓小林
副秘书长　颜东程　胡深源
罗卫华
李传思（兼）
肖春林　刘定安
李育全　张少华
彭丽堂

政协衡阳市委员会

主　　席　廖炎秋
副 书 记
副 主 席　李　平　肖长贵
副 主 席　刘日煊
李鹏飞（兼）
张　亮
谢明芳（女，兼）
许云生（兼）
马俭平（女）
黄保锦
秘 书 长　胡花云
副秘书长　谢昭亿　王平云
贺回乐
李康杏（挂职）
王　平

衡阳警备区

司 令 员　贺小坤
副政治委员　欧阳大力
政治部主任　彭国平
后勤部部长　蒋后春

衡阳陆军预备役后勤保障旅

旅　　长　王喜滨
政　　委　李春华
副 旅 长　雷文忠
副 政 委　牟作明
参 谋 长　周　君
政治部主任　吴义国

中共衡阳市纪律检查委员会

书　　记　包昌林
副 书 记　唐浩然　卜茂平
张　军
常　　委　陈辉芝　龙亚春
刘志宏
孙艳平（女）
罗名志

中共衡阳市委巡视工作联络组

办公室
主　　任　龙祝元
副 主 任　万　科（常务）
谭刚山
三组副组长　谭树理
四组副组长　雷安青
五组副组长　范高潮　陈麦珍

衡阳市中级人民法院

院　　长　张经纬
副 院 长
副 书 记　李来清
副 院 长　阳小云　陈龙飞
匡彬文（女）
政治部主任　王如铁
纪检组组长　刘学佩
党组成员　任志恒　曹亚民
罗小韩

衡阳市人民检察院

检 察 长　刘孙承

副书记 副检察长 纪检组组长　费旭东(常务)
副检察长　彭生宝　曹文恒
　罗　洵(女)
　龙仕达
政治部主任　张知义
党组成员　曾建军　曾志平
　贺安凡

市委工作部门

市委办公室
主　　任　张贺文
副主任　黄　伟　张　斌
纪检组组长　邓国军

市委全面深化改革领导小组办公室
主　　任　张贺文
专职副主任　侯健康

市委组织部
部　　长　何录春
副部长　雷雨时　胡小宁
　封哲夫　张　军
　谢　虹(女,兼)
部务会成员　陈国辉
纪检组组长　段海明

市委宣传部
部　　长　刘丽华(女)
副部长　王郦君(常务)
　刘晓军　吕正平
　谭崇恩

市委统一战线工作部
部　　长　罗东海
副部长　陈群洲(常务)
　张永英(女)
　胡新武
纪检组组长　周其钢

市委政法委员会
书　　记　邓　柯
副书记　王东文(常务)
　汤守春　孙团才
　胡征星(兼)
　刘云宝
政治部主任　曾小成
纪检组组长　欧阳强

市委政策研究室
主　　任　周宏辉
副处级纪检员　周晓明
副主任　邹　舸　朱松泉

市委直属机关工作委员会
第一书记　张贺文
书　　记　谢　柯
副书记　黄晓慧　白少友
　陈水清
工会主席 工委委员　廖　青(女)
纪工委书记　廖激扬

市委机构编制委员会办公室
主　　任　廖秋文
副主任　陆亚利
　李晓红(女)
纪检组组长　曾庆虎

市委防范和处理邪教问题领导小组办公室
主　　任　胡征星
副主任　宋景军
　刘晓军(兼)
　资永古

市信访局(市委群众工作部)
局(部)长　罗卫华
副局(部)长　唐昌平　张位德
　陈晓春

市委党校(市行政学院、市社会主义学院)
校(院)长　邓群策
常务副校(院)长　尹同君
副校(院)长　李诗衡　李保民
　欧正国
副校(院)长 纪委书记　蒋受安
教育长　唐云涛(女)

市委直属单位

市委老干部局
局　　长　谢　虹(女)
副局长　卢　蔚　王绍良
纪检组组长　戴孝明
市关工委秘书长　刘文娟(女)

市档案局
局　　长　谭春兰(女)
副局长 副书记　王山诚
副局长　贺春兰(女)
纪检组组长　江秀秋(女)

市委党史研究室
主　　任　周美好
副主任　谢志成　蒋金鑫
副处级纪检员　黄舜梅

市委讲师团
主　　任　成新平
副主任　洪明星　肖振军

市委台湾工作领导小组办公室
主　　任　李瑞荣
副主任　周　强　龙旗胜

市委政法委员会维稳一室
主　　任　刘利民

市委政法委员会维稳二室
主　　任　刘爱民

市流动人口与出租屋综合管理办公室、市流动人口出租屋信息中心
主　　任　黄增林

市综合治理办公室
主　　任　汤守春(兼)
副 主 任　唐　晨　文剑锋

衡阳日报社
社　　长　周玉军
总 编 辑
副 书 记　林新华
副 社 长　刘虹梅(女)
　　　　　黄魁斌　周卫国
纪委书记　邓湘源
工会主席　陈文进

市委部门管理机构

市委督查室
主　　任　孔维政
副 主 任　彭绍清　刘秩坤

市委保密办(市委保密局)
主　　任
(局　长)　蒋宏来
副 主 任
(副局长)　王加福

市委机要局
局　　长　王发贵
副 局 长　刘少荣
总工程师　文建华
专职密码
督 查 员　胡庭伟

市委基层党建工作领导小组办公室
主　　任　陈国辉

市事业单位登记管理局
局　　长　范秋平

市老干部活动中心
主　　任　黄　雄
书　　记　李湖平

市文明办公室
主　　任　罗东云

市新闻办公室
主　　任　王卫全

市网络新闻宣传管理办公室
主　　任　王永华

市纪委工作部门

办公室
主　　任　齐文川

党风政风监督室
主　　任　万　科

信访室
主　　任　张晓辉

案件监督管理室
主　　任　廖尚清

第一纪检监察室
主　　任　刘伯辉

第二纪检监察室
主　　任　吴明伟

第三纪检监察室
主　　任　谭刚山

第四纪检监察室
主　　任　宋宁生

第五纪检监察室
主　　任　周立友

案件审理室
主　　任　许亚春(女)

纪检监督干部监督室
主　　任　彭　华

预防腐败室
主　　任　钟　斌

信息技术保障室
主　　任　李青山

调研法规室
主　　任　曹朝晖

市人大专门委员会

内务司法委员会
主任委员　曾　静
副主任委员　李祥云

财政经济委员会
主任委员　何旭明
副主任委员　贺熙欢　周天庆

教育科学文化卫生委员会
主任委员　龙雪一

农业与农村委员会
主任委员　王美志
副主任委员　易　彬(女)

城乡建设与环境保护委员会
主任委员　卢劲松
副主任委员　彭有贵

市人大常委会工作部门

办公室

主　　任　龙雪一

纪检组组长　刘文静（女）

信访办主任　曾小军（女）

预算工作委员会

主　　任　贺熙欢

副 主 任　谭丽霞（女）

法制工作委员会

主任委员　廖桂元

副主任委员　肖新平

选举任免联络工作委员会

主　　任　郁晓初

副 主 任　杨应辉

研究室

主　　任　谢慧斌

副 主 任　江　勇

市人民政府工作部门

市人民政府办公室

主　　任　邓小林

副 主 任　梁刚龙　周　强　周湘晖

纪检组组长　蒋小利

市发展和改革委员会

主　　任　雷高飞

副 主 任
副 书 记　刘乔华

副 主 任　许云生　李　旭　杨云祥　奉小明　万韩建　肖军阳　李定慧

总经济师　邹顺初

纪检组组长　吴小艳（女）

党组成员
市优化办
主　　任　邹庆华

市经济和信息化委员会

主　　任　胡花云

副 书 记
副 主 任　张兴二

副 主 任　刘梓恒　彭振霖　万克俭　周子超　任福荣

工会主席　李笃清

市教育局

局　　长　周法清

副 局 长
副 书 记　马建新　罗胜利

副 局 长
纪委书记　彭天文

副 局 长　马俭平（女）　谭小华

党委委员　李智平　肖智亮

工会主席　宋腾飞

市科学技术局

局　　长　罗春耀

副 局 长　刘启静　谢德文　周卿文　罗菲菲（女）

工会主席　黄长生

纪检组组长　唐　彦

市公安局

书　　记　胡志文

副 局 长
副 书 记　肖海波

党组成员　李百顺

副 局 长
政治部主任　何恒芹

副 局 长　钟正军　李　衡　吴　起　谢先进

纪委书记　谢少珍

市监察局

局　　长　唐浩然

副 局 长　陈辉芝　龙亚春　贺公民

市预防腐败局

局　　长　唐浩然

市民政局

局　　长　周小风（女）

副 局 长
副 书 记　冯国旺

副 局 长
纪工委书记　尹晓洪

副 局 长　全姗姗（女）　吴　斌

工会主席　谭民政

市城市管理行政执法局

局　　长　谢茂文

工会主席　符义承

纪检组组长　贺银生

副 局 长　谭长青　席小平　邓建华　汪楚纯

总工程师　陈建颖

市司法局

局　　长　魏中发

副 局 长
副 书 记　单永泉

纪工委书记　刘　文

副 局 长　匡　华　熊　鹰

政治部主任　谭满林

工会主席　唐宏伟

市财政局

局　　长　秦振衡

副 书 记
副 局 长　邹可成

副 局 长　何小平　刘　军　陈安平

总会计师　龙海鹰
党组成员　奉伍元　谢树连
纪检组组长　文小荣
工会主席　王集文

市人力资源和社会保障局
局长　曾祥月
副局长　副书记　石献忠
副局长　张晓平　曾崇伟　郭建中
总会计师　王志刚
纪检组组长　万荣禄
工会主席　胡小麦(女)

市国土资源局
局长　廖义智
副局长　副书记　刘兴中
副局长　阳秋桂　黄光辉
副局长　总工程师　傅中良
总规划师　李兴国
总会计师　龚国清
工会主席　蒋远翔
纪检组组长　盛荣伟
党组成员　执法支队队长　易德庆

市住房和城乡建设局
局长　宁资理
副局长　副书记　李卫明
副局长　谢肃　曾良贵　夏益才　蒋文龙　唐学清　李佐军　唐修华　吴志强　段菊生
工会主席　万常红
总工程师　张云球
党委委员　李逢丁

纪工委书记　贺根定

市交通运输局
局长　罗光耀
副局长　副书记　张洁成
副局长　纪工委书记　罗端林
副局长　总工程师　李贞生
副局长　谢福君　彭立
工会主席　冯赤军
党委委员　肖仁贵
总会计师　欧阳巍巍(女)

市农业委员会(市委农村工作办公室)
主任　汪维
副主任　曾向国　胡高明　肖章平　颜桥生　邱宁　卢正世　彭素云(女)　胡荣华　罗金华
总农艺师　曾金国
纪检组组长　刘庆凡
工会主席　赵爱民

市水利局
局长　岳健
副局长　文昌荣　肖志华　刘吉林　李朝华
总工程师　高银生
纪委书记　喻金平
工会主席　刘安平

市林业局
局长　陈骏
副局长　刘九江　曹敏慧　雷盛华
纪工委书记　朱祥云
工会主席　周德湘
总工程师　梁瑞军

总会计师　陈伟

市商务和粮食局
局长　黄建军
总会计师　许任明
副局长　刘克春　王凌志　程治纲　张柏君　陈书贵　康新生(女)　夏建华　赵芳(女)
工会主席　王春华
党委委员　罗宏华
副局长　纪工委书记　史子发

市文体广电新闻出版局(市版权局)
局长　蒋勋伟
副局长　副书记　易鸿斌
副局长　肖芳葵　李新祥　吴水根　张衡安　刘晓文　曾臻
纪工委书记　邹和平

市卫生和计划生育委员会
主任　邹爱民
副主任　陈兰林　邓玉生　胡晓明　刘枚武　谢福生　谭绪平　欧阳琴(女)　陈忠明　刘景友
党委委员　袁金宏
副主任　纪工委书记　肖友儒
工会主席　谢笃菊(女)

市审计局
局长　李艳丽(女)
副局长　李鹏飞　廖义伟　邱文

工会主席 周紫娟(女)
纪检组组长 许常礼
总审计师 李焕勇
党组成员 段小军

市环境保护局
局长 刘晓利
副局长 蒋宏伟 郭石军
唐小平
总工程师 鲁骥
工会主席 刘环建
副局长 纪工委书记 曹运才

市统计局
书记 李晓霞
局长 陈森
副局长 谢明菊 李尔平
罗理义
总统计师 刘霖
纪检组组长 刘颖(女)

市城乡规划局
局长 陈添喜
副局长 杨承友 侯跃泽
汤绍锋
纪检组组长 何光
总规划师 杨劲松
工会主席 龙瑞祥

市安全生产监督管理局(市煤炭管理局)
局长 胡小刚
副局长 副书记 邹炜
副局长 曹书厚 欧阳早香
吉仕统 丁佳生
胡振业(女)
纪工委书记 褚启虎
总工程师 何辅韩

市食品药品监督管理局(市食品安全委员会办公室)
局长(主任) 颜昌正
副局长 副书记 李柯俭
副局长 谭艳林
武亚明(女)
彭桂华
工会主席 尹建生
纪检组组长 屈苏权

市旅游外侨民宗局(港澳事务办公室)
书记 康国雄
局长 向前
副局长 沈骏明 周明阳
晋敦琦 周大可
夏建平 王文华
李欣 许荣华
纪检组组长 高文英(女)

市工商行政管理局
局长 蒋云良
副局长 副书记 冯建伟
副局长 罗云学
王清(女)
谢卫华 周新春
纪检组组长 吕曙光

市质量技术监督局
局长 夏日新
副局长 万新华 阳永庚
肖亚明
纪检组组长 吴刚

市人民政府法制办公室
主任 杨安定
副主任 肖精华 彭峥嵘
曹卫清 蒋文彬

市人民政府金融工作办公室
主任 段映春
副主任 刘国华 郭文波
总经济师 李立
纪检组组长 罗新华(女)

市人民防空办公室(市民防局)
主任 刘检元
副主任 王召大 刘和平
邓伟
纪检组组长 伍传松
总工程师 宋登飞

市政府直属特设机构

市政府国有资产资产监督管理委员会
主任 白润民
副书记 纪委书记 刘业伟
副主任 彭少波 贺宏光
工会主席 李伯林
总经济师 张晓冬

市政府直属事业机构

市供销合作总社
理事会主任 宋贫农
监事会主任 文运芝
理事会副主任 王继松 向明
董晓波

市委、市政府接待处
处长 龚志桂
副处长 赵华(女)
刘春晖

市地方志编纂委员会办公室
主任 杨伟东
副主任 肖泓

市移民开发局
局长 贺礼霁

副局长 周高生 刘志斌 刘春贵 刘红旗
总工程师 刘良启
纪检组组长 邹生华

市公共资源交易中心
主任 邹学铭
副主任 周轻装 万潜平 周洪亮

市工业企业改制服务办公室
主任 阳文华
书记 副主任 李朝晖(女)
副主任 邓启明
副主任 纪委书记 唐小忠
副主任 向为 尹小平 陈书伟 刘小平 陈中文 温妙莲(女) 蒋仕高 洪庆涛 雷福生
副主任 工会主席 王宏威

市商业企业改制服务办公室
主任 易长春
书记 肖俊
副主任 工会主席 凌巍峰
副主任 刘文革
副主任 纪委书记 段秋生

部门归口管理事业单位

市电子政务管理办公室
主任 陶小平
副主任 陈列忠 金洪亮 周晓勇
纪检组组长 金长河

市公路管理局
局长 肖仁贵
副局长 副书记 李兴志
总工程师 仇斌正
副局长 胡庆保 郑晓宏 邹宏
纪委书记 肖华宝
工会主席 唐玉铭

市农业机械管理局
局长 侯明星
纪委书记 陈金华
副局长 王斌 唐东明
总工程师 周文

市畜牧水产局
局长 张永亮
副局长 邓中华 周笃春 盛衡清 肖小清 陈晔
工会主席 陈建云
纪委书记 全昌盛
总畜牧师 贺晓霞
总水产师 段夙成

市广播电视台
台长 邹斌初
副台长 副书记 朱锡君
总会计师 蒋乐念
副台长 何志勇 蒋清 邹仲奇
副台长 纪检组组长 张文标
工会主席 陈娟(女)
广播电台台长 唐西湖

市农业综合开发办公室
主任 谢树连

副主任 周志刚 贺四清 肖绍甘 刘旭
纪检组组长 黄柏青

市文化市场综合执法局
局长 刘小平
副书记 副局长 唐能平
副局长 王友良 沈登成 谢建军
纪检组组长 曾剑鸣

政府直属管理部门

市政务服务中心
主任 戴新贤
副主任 副书记 贺治国
副主任 谭晓林 凌北辰 杨正明

市住房公积金管理中心
主任 宋京生
书记 刘建
副主任 李文喜 花明 肖华生 贺水源
纪检组组长 匡春风
总会计师 陈黎(女)

衡阳弘湘(国有投资控股)集团公司
董事长 张力沛
总经理 张雨民
监事会主席 袁铁军
工会主席 曾康
副总经理 蒋永忠 唐蔚 周名扬
纪检组组长 阳丽萍(女)
财务总监 龙玮(女)

市城市建设开发总公司
总经理 陈卫
副总经理 李任保 任邵江

王　集
总工程师　何小巧(女)
纪委书记　宋为忠
总会计师　刘琳琳(女)

市城市建设投资有限公司
董事长　秦方进
主持公司经理工作　田　奇(女)
监事会主席　李育和
副总经理　龙武星　周宗宝
总工程师　钟爱军
财务总监　欧剑菲
工会主席　王立新
纪检组组长　魏玉华

市水务投资集团有限公司
董事长　郑湘山
总经理　唐仲民
副总经理　曹祥生　周铁牛
　　　　　魏晓然
财务总监　陈生满
工会主席　张自钢

市交通建设投资有限公司
董事长　陈探宇
主持工作　周正雄
副总经理
副书记　尹茂苏
财务总监　宁俊祺
副总经理　胡琼峰
工会主席　陈新骥

市湘江水利投资开发有限公司
董事长　唐夏元
总经理　庞　华
副总经理　王海燕(女)
　　　　　刘建平
财务总监　尹快平
纪检组组长　谢振华

衡阳市湘江流域治理来雁新城建设投资有限公司
董事长　蒋水文
主持公司经理工作　唐学石
监事会主席　于吉林
副总经理　彭晓峰　王元军
　　　　　胡　凡(女)
工会主席　肖功雨
财务总监　雷金城
纪检组组长　谢湘云(女)

衡阳市滨江新区投资有限公司
董事长　肖　斌
主持公司经理工作　白一峰
监事会主席　刘贵生
副总经理　李锦明　魏谷生
总工程师　郑小帅
工会主席　曹　丹(女)
财务总监　刘　韶
纪检组组长　丁平正

市发展投资集团有限公司
董事长　刘　波
总经理　李　明
监事会主任　王大宏
副总经理　刘红粒
财务总监　高旭光
工会主席　王　琴(女)

衡阳高新投资有限公司
总经理　朱章金
监事会主席　龙建民
副总经理　肖　兵　张重晖
总工程师　江　芯
财务总监　李朝晖
工会主席　贺　军

湖南衡阳松木经济开发区投资有限公司
总经理　袁万谋
监事会主席　刘小平
副总经理　曹亮塔
财务总监　黄　艳(女)
总工程师
工会主席　熊南恒

衡阳市白沙洲开发建设投资有限公司
总经理　陈建华
监事会主席　刘德灿
副总经理　李宇柱　邹红华
　　　　　邓红宇
工会主席　罗仁田

市农业科学研究所
副书记
纪委书记　朱　捷
副所长　罗柳青　李建仁
　　　　周泽友
总农艺师　黄益国
工会主席　陈友平

市政府派出机构

衡阳高新技术产业开发区管理委员会
工委书记　林喜洋
主任　欧　杏
副主任　张国庆　杨为群
　　　　李　勇　罗仁元
　　　　胡海平
纪工委书记　王小勤

衡阳松木经济开发区管理委员会
主任
工委书记　雷　华
副主任
工委副书记　陈新龙
副主任　周建国

廖德萍(女)
纪工委书记 王晓园

市白沙洲工业园区管理委员会
主持工作 林喜洋
副主任 尹生文(兼)
刘向阳 张金华
工会主席 刘林生

衡阳综合保税区管理委员会
主任 尹生文
党工委副书记 纪工委书记 刘璋

衡山科学城管理委员会筹备组
组长 谭建华
副组长 王韬 胡仲敏
刘国庆 许和平

衡山科学城投资开发有限公司
董事长 王韬
副总经理 刘国庆 陈昕昕
吴颖
工会主席 贺志文
财务总监 张少华

市政府驻北京办事处
副主任 周明秋

市政府驻广州(深圳)办事处
主任 唐志军
副主任 刘安华

市政府驻长沙办事处
主任 陈洪任

市政协工作机构

办公室
主任 夏平平
纪检组组长 乐慧华(女)

提案联络委员会
主任 傅小林
副主任 周胜(女)
谭晓余

经济委员会
主任 易晔
副主任 罗湘衡

人口资源环境委员会
主任 徐云会
副主任 肖志喜

教科文卫体委员会
主任 左琼颖
副主任 贺喜洋

社会和法制委员会
主任 陈文杰

文史学习和港澳台侨外事委员会
主任 万春生
副主任 李文康

政策研究室
主任 陈侃
副主任 麻小平

民主党派

中国国民党革命委员会市委员会
主任委员 谢肃(兼)
专职副主任委员 郭露薇(女)
兼职副主任委员 刘文华 文祥峰

中国民主同盟市委员会
主任委员 谢宏(兼)
专职副主任委员 颜娟华(女)
兼职副主任委员 廖可兵 马汉钦
陆秀艳(女)

中国民主建国会市委员会
主任委员 李鹏飞(兼)
专职副主任委员 刘冰(女)
兼职副主任委员 陶朝晖(女)
谢炜 廖洪军

中国民主促进会市委员会
主任委员 陈森(兼)
专职副主任委员 廖晟
兼职副主任委员 曾海燕(女)
赵桂芝(女)
周湖北

中国农工民主党市委员会
主任委员 许云生(兼)
专职副主任委员 陈其芳(女)

中国致公党市委员会
主任委员 江红(女,兼)
专职副主任委员 曾小蕙(女)
兼职副主任委员 唐小平
匡彬文(女)
邓春华

九三学社市委员会
主任委员 龚学余(兼)
主持工作 何华榕
兼职副主任委员 唐林生
彭素云(女)
谭建辉

市工商联合会(衡阳市总商会)
主席(会长) 谢明芳(女)

书记(兼)
副主席 胡新武

副主席
副书记 吕国荣

副主席 凌均梅(女)

吴高兴 李宏雪

纪检组组长 任诗文

群众团体

市总工会

主席 李慧星(兼)

书记 肖吉顺

副主席 彭建元 蒋孝仲

纪检组组长 李诗文

女工委主任 刘彦香(女)

经费审查
委员会主任 谭志平

共青团市委

书记 刘英(女)

副书记 范苏媛(女)

邓明君

纪检组组长 戴诗庭(女)

青少年宫
主任 蒋新星

市妇女联合会

主席 周红玲(女)

副主席 资艳(女)

聂玉萍(女)

龙华(女)

市科学技术协会

主席 凌球(兼)

书记 杨辉(女)

副主席
纪检组组长 谢雅萍(女)

党组成员 刘欣

曾芳(女)

市社会科学界联合会

主席 王柏新

副主席
副书记 李岳平

副主席 邹燕娇(女)

市文学艺术联合会

主席 林乐伦

副主席 周厚君

市归国华侨联合会

主席 李玲(女)

书记 张永英(女)

副主席 徐志明 胡仲敏

戴毅明(兼)

王文军(兼)

谢云鸿(女,兼)

市残疾人联合会

理事长 刘红丹

副理事长 曾东华 张桂生

张含英(女)

纪检组组长 陈倩(女)

中国国际贸易促进会衡阳市支会

会长 魏岩

副会长 廖雄燕

副处级
纪检员 李国生

双重领导、以省厅(局)为主管理的机构

市国家安全局

局长 李传思

副局长
纪委书记 毛巧嫦(女)

副局长 周克宇 肖启华

副局长
政治部主任 秦兴桥

市国家税务局

局长 李立平

副局长 刘小明 陈洪贵

罗捷 钟志荣

纪检组组长 李济民

总经济师 李炜

总会计师 张沙丽

市地方税务局

局长 陈云丽(女)

副局长 张位喜 黄湘衡

唐建华

总经济师 佘南涛

纪检组组长 张琳(女)

行业工会
主任 唐振辉

衡阳海关

关长 戴勇

缉私分局
局长 刘自力

缉私分局
政委 王宇

副关长 张振 陈贤贵

衡阳出入境检验检疫局

副局长 蒋晓明 李术明

中国人民银行衡阳市中心支行

行长 杜文

副行长 陈海彦 邓齐荣

曾辉

纪委书记 丁云骏

工会主任 陈伟群

中国银行业监督管理委员会衡阳监管分局

局长 王剑星

副局长 曾拓绿

纪委书记 罗安宝

中国农业发展银行衡阳市分行

行长 陈晓明

副行长
纪委书记(兼) 蒋春林

副行长　陈良东
副行长、工会主任　刘　峰

市气象局
局长　谭湘民
副局长　黄　峰　袁智生
纪检组组长、工会主席　肖　健（女）

市邮政管理局
局长　彭　立
副局长　文湘安

国家统计局衡阳调查队
副队长　魏冬伍　何　宁
纪检组组长　吕柏林

省煤矿安全监察局衡阳分局
局长　张永成
书记　易承长
副局长　张　弘　王训生
监察专员　黄跃明

衡阳水文水资源勘测局
局长　黎　华
副书记、纪委书记　段安圭
副局长、总工程师　李明胜
工会主席　洪自强
副局长　杨跃卫

市烟草专卖局
局长、经理　万　伟
副局长　王　勇
副经理　熊海韬　陈　览
总农艺师　刘兰芬

国网湖南省电力公司衡阳供电分公司
总经理　谢运来
党委书记、副总经理　熊　巨
副总经理　陈孜孜　刘光良
田国元
纪委书记　陈庆祯
总工程师　尹建国
总会计师　郭宜刚

湖南盐业股份有限公司市分公司（市盐务管理局）
总经理　刘小伟
书记　刘　军
副总经理　黎红辉

武警、消防、司法机构

武警湖南省总队衡阳市支队
支队长　黎升旗
政治委员　黄向红
副支队长　蒋建军
副政治委员　王成刚
参谋长　金　亮
政治处主任　柳　杨
后勤处处长　罗衡军

市公安消防支队
支队长　温国坤
政委　王三红
副政委　李玉荣
政治处主任　罗　毅
后勤处处长　甘向前
防火处处长　李　政

市华新地区检察院
检察长　黄龙庆
副书记　杨晓春
纪检组组长　范　明
政治处主任　杨期华
副检察长　陈顶生

耒阳上堡地区检察院
检察长　董谢云
副书记　陈文新
政治处主任　李　俊
纪检组组长　陈　炜

湘南监狱（万世达机械能源有限责任公司）
监狱长　卜江清
副书记、政委　张小平
总经理　李世荣
纪委书记　孟克辉
副监狱长　刘　斌　伍衍波
陈安德　周考生
工会主席　张从根
政治处主任　伍碧海
副总经理　伍尤明　张国芳
刘　奇
总经济师　伍良哲

雁北监狱
监狱长　李志军
副书记、政委　朱永红
副书记、纪委书记　吴　卉
副监狱长　陈平湖　彭小强
谢　广
瑞奇织造副总经理　杨良雄　卢　浩
黄小衡
工会主席　李金明
瑞奇织造总工程师　武　权

雁南监狱
监狱长　刘　波
副书记、政委　欧阳海涛
副书记、凌风实业总经理　周　乾

工会主席　曹水平
凌风实业常务副总经理　肖小华
凌风车架公司总经理　黄本忠
政治处主任　罗国辉
副监狱长　王孝庆　罗宏国
　　曾宪金
凌风实业副总经理　宁建防　伍川南

衡州监狱
监狱长　冯加业
政委副书记　侯德康
副政委副书记　彭智勇
副监狱长　常振军　戴金定
　　刘　衡　王斌绪
纪委书记　赵靖华
政治处主任　周春艳(女)

市强制隔离戒毒所
所长　屈国原
政委副书记　李孝连
副所长　钟剑勇　刘卫民
　　唐承利
纪委书记　蒋丽芳(女)
政治部主任　唐　恒

部门内设副处级机构

市政府研究室
主任　黄健骅

市政府应急办公室
主任　钟小健

市政府督查室
主任　周湘晖

省无线电管理委员会办公室衡阳管理处
主任　李逢各

市中级人民法院执行局
局长　罗小韩
政委　阳泉江

市中级人民法院司法警察支队
政委　张兴德

市人民检察院反渎职侵权局
局长　曾建军

市人民检察院反贪局
局长　贺安凡
政委　吕云斌

市人民检察院检查委员会
专职委员　曾志平
　　左才轩　李波林

市人民检察院公诉局
局长　宾湘锡

市公安局警令部
主任　何致远

市警官培训中心
第一主任　何恒芹(兼)
主任　成立伟
党总支书记　欧召荣

市公安局警务保障处
处长　贺启航
政委　熊卓卫

市公安局法制支队暨直属分局
队长　吴洪均
政委　李久扬

市公安局国内安全保卫支队
支队长　曾郴生
政委　农　勇

市公安局刑事侦察支队
支队长　颜海波
政委　段政文

市公安局治安支队
支队长　沈华国
政委　肖良彪

市公安局交警支队
支队长　唐耀兵
政委　何　湛

市公安局特巡警支队
支队长　周志清
政委　史瑞光

市公安局经济犯罪侦察支队
支队长　谭志锋
政委　钟天视

市公安局禁毒支队
支队长　张爱国
政委　李育衡(女)

市公安局警务督察支队
政委　杨君伟

市公安局监管支队
支队长　夏　剑
政委　欧建雄

市公安局网监与行动技术支队
支队长　刘小龙
政委　肖　波

市公安局人口与出入境管理支队
支队长　宁　杰(女)
政　委　王桂芳

市公安局警卫处
处　长　刘国良
政　委　曹忠民

市公安局环境与食品药品犯罪侦查支队
队　长　唐宏晖

市公安局雁峰分局
局　长　陈俊华
政　委　谭　璇

市公安局石鼓分局
局　长　朱建社
政　委　肖鸿元

市公安局珠晖分局
局　长　何玉竹
政　委　李绍力

市公安局蒸湘分局
局　长　吴小平
政　委　胡国平

市公安局八角塘分局
局　长　徐海生

市森林公安分局
局　长　秦洪伟
政　委　彭彰学

市城管执法支队
队　长　李文华
政　委　李　凯

市环卫处
处　长　李晓斌
书　记　屈　路

市园林管理局
局　长　王荣华

市依法治市办公室
副主任　旷文政

市公证处
主　任　刘慧明

市军转干部安置工作领导小组办公室
主　任　邹　泓

市劳动保障监察支队
支队长　彭庆衡
政　委　刘　昱

市公务员局
局　长　岳　红

市外国专家局
局　长　周丽萍(女)

市人力资源服务中心
主　任　濮龙文
党总支书记　李金华

市社会养老保险处
处　长　陈　军

市医疗保险基金管理中心
主　任　张建华
副主任　刘晓辉(女)

市社会保险基金征缴处
处　长　屈安群

市干部培训中心
主　任　王上元

市劳动人事争议仲裁院
院　长　田开华

市老龄办公室
主　任　张巧营

市社会救助管理处
处　长　陈楚颖

市军队离退休干部管理办公室
主　任　江石初

市民间组织管理局
局　长　倪强华

市军供站
站　长　谢才生

市文物局
局　长　吴建波
副局长　陈　默

市计生协会
常务副会长　袁金宏
办公室主任　刘小兵(女)

市红十字会
专职副会长　尹向阳

市疾病预防控制中心
主　任　陈秋生
书　记　陈康明

市卫计执法局
局　长　谢培岳

市食品药品检验检测中心
主　　任　傅黎春(女)
党总支书记　杨学军

市地震局
局　　长　何黎明

市第三产业办公室
主　　任　曹永福

市成本调查队
队　　长　曾怀民

市价格监督检查局
局　　长　刘益民
党总支书记　肖启明(女)

市能源局
局　　长　龙朝华

市政府重点工程建设办公室
主　　任　曾广庆

市投资咨询中心(国家投资项目评审中心)
主　　任　伍守国

市城调队
队　　长　刘贤君

市道路运输管理处
处　　长　许运良
书　　记　宋世文

市交通工程质监处
处　　长　贺宇顺
书　　记　廖运华

市地方海事局
局　　长　王军波

市场服务中心
主　　任　张万林
党总支书记　舒金剑(女)

市商务综合执法支队
支 队 长　陈　林
政　　委　陈福生

市粮食储备处
处　　长　罗宏华

市财政监督检查局
局　　长　邹祥利

市非税收入征收管理局
局　　长　奉伍元

市国库集中支付核算中心
主　　任　李玉芳

市政府采购管理办公室
主　　任　杜中毅

市领导干部经济责任审计中心
主　　任　段小军

市固定资产投资审计中心
主　　任　彭云生

市粮食储备处
处　　长　罗宏华

市烟叶生产管理办公室
主　　任　罗颂军

市能源办公室
主　　任　谢文辉

市农村经营服务站
站　　长　唐东荣

市农民素质教育管理办公室(市农广校)
主任(校长)　邹友明

市农业行政执法支队
支 队 长　梁长城
政　　委　林金桥

市蔬菜办公室研究所
原 所 长
党支部书记　旷碧锋

市防汛抗旱指挥部办公室
主　　任　康志毅

市城市防洪管理处
处　　长　罗共产

市环境监察支队
支 队 长　杨承书
政　　委　段华斌

市环境监测站
站　　长　彭　放

市人防(民防)指挥信息保障中心
主　　任　苏惠翔

市国有土地房屋征收管理办公室
主　　任　蒋小兵

市房地产产权监理处
处　　长　李逢丁
书　　记　梁　建

市市政工程公司
总 经 理　欧阳中意
书　　记　申湘伟

市城市道路建设总公司
总经理 贺善达
书记 鲁晓强

市建设工程质量监督站
原书记 王时雄

市规划设计院
院长 龙青云
党总支书记 刘彬

市教育考试院
院长 李智平

衡阳广播电台
台长 唐西湖

衡阳电视台
台长 肖雄

衡阳有线电视台
台长 蒋玉成

市广播电视传输网络中心
主任 李远彪

大中专院校

南华大学
书记 王汉青
校长 张灼华
副书记 罗成翼
副校长 丁德馨 阳小华 刘升学 唐振平 姜志胜
纪委书记 熊哲琰
正校级督导员 邹长城 赵红

衡阳师范学院
书记 刘沛林
院长、副书记 皮修平
副书记 张登玉
副院长 刘福江 李玲玲(女) 聂东明
正校级督导员 邝代治

湖南工学院
书记 谢国保
院长 罗建华
副院长 刘俊学 张平 陈世平 王利华 曹执令 崔晓利(女)
纪委书记 刘龙昌

湖南环境生物职业技术学院
书记 罗振新
院长、副书记 左家哺
副院长 雷小生 屈中正 雷巍峨(女) 周凌云 刘振湘
纪委书记 李友华

湖南财经工业职业技术学院
书记 高楚云
副院长 戴旻 戴前虎 夏由清 蒋团成 邓昌大
纪委书记 刘荣策
工会主席 赵琼(女)

湖南高速铁路职业技术学院
书记 刘一华
院长、副书记 陈春泉
副院长、副书记 邹学琼
工会主席 李社初
副院长 陈志刚 曹毅 粟清 赵宏旭
纪委书记 李岚(女)

衡阳技师学院
书记 何东球
院长、副书记 邱家才
副书记 唐远春
副院长 唐和平 常家增 刘金春 王静 陈干甲 蒋崇华
纪委书记 刘忠贤

市广播电视大学
校长 萧烽
书记 马建新(兼)
副校长 龙永葆 阳年 陆秀艳 肖海源
纪委书记 刘智
工会主席 刘燕(女)

耒阳师范学校
校长 张子龙
书记 杨安季
副校长 段春华 何继明
工会主席 王新科
纪委书记 匡祯训

衡阳师范学校
校长 杨旭
书记 张淑芝
纪委书记 邓国华
副校长 刘益民 吴荣昌 林祥春
工会主席 李建熙

市职业中等专业学校
校长 黄建国

书　　记　刘秀文
副 校 长　王大生　王乃千
　　　　　胡　燕（女）
工会主席　周理德

市艺术学校
校　　长　刘树明
党委书记　刘爱成

市第一中学
校　　长　李仲辉
书　　记　罗光伟

市第二中学
校　　长　彭书敏
书　　记　唐　麟

市第六中学
校　　长　贺仁忠
书　　记　文思源
原 校 长　罗柏林

市第八中学
校　　长　龚彩福
书　　记　熊晓民

衡铁一中
校　　长　李进杰
书　　记　谭卓伟

市第二十六中学
校　　长　宁中平
书　　记　熊益华

衡钢中学
校　　长　谭欣荣
书　　记　黄子芳

市体育运动学校
校　　长
书　　记　张利民

金融、保险经营机构

中国工商银行股份有限公司衡阳分行
行　　长　李　勇
副 行 长　刘晓云　杨春宋
　　　　　滕小莉
纪委书记　谭　见

中国农业银行股份有限公司衡阳市分行
行　　长　伍小荣
副 行 长
纪委书记　胡庆华
副 行 长　陈少荣　尚　前
　　　　　杜志坚

中国银行股份有限公司衡阳分行
行　　长　何远年
副 行 长　陈志云
纪委书记
副 行 长　胡继红

中国建设银行股份有限公司衡阳市分行
行　　长　尹向东
纪委书记
工会主任
副 行 长　龚澂光
副 行 长　赖　俊　胡　旻
　　　　　郭顺英　阳晓莲

华融湘江银行股份有限公司衡阳分行
行　　长　王衡锋
副 行 长　李达希　黄建国
行长助理
纪委书记　邹海军
行长助理
风险总监
工会主席　吴　枫
授信审批官　黄建华

中国邮政储蓄银行股份有限公司衡阳市分行
行　　长　张　军
副 行 长　刘社忠　何中意
　　　　　潘清山
纪委书记
副 行 长
工会主席　龙华梁

湖南省农村信用联社衡阳办事处
主　　任　陈伟林
纪检组组长　孙小平
党组成员　常　力

交通银行股份有限公司衡阳分行
行　　长　聂玉辉
副 行 长　唐　砚　李晓斌
　　　　　周　旭（女）

中国民生银行股份有限公司衡阳分行
行　　长　左　浩
副 行 长　孙曙光　吕小云

广东发展银行股份有限公司衡阳分行
行　　长　谭　婧
副 行 长　杜小龙　罗文军

招商银行股份有限公司衡阳分行
行　　长　谢　伟
副 行 长　刘舟生　陈燕鸣
　　　　　刘源文（女）
　　　　　陈栖梧

中信银行股份有限公司衡阳分行
行　　长　彭娇强
副 行 长　黄亚克　王晓洪
行长助理　熊丰龙

中国光大银行股份有限公司衡阳分行

行　　长　钟文辉

副总经理　张孝友

行长助理　刘宇帆　肖功策

办公室主任　邓　坤

衡南浦发村镇银行

行　　长　刘宇清

副 行 长　蒋卫平

行长助理　唐　卓

衡阳县沪农商村镇银行

董 事 长　戴赋期

行　　长　何文新

副 行 长　蒋先军　夏小兰

综合部经理　赵卫东

常宁珠江村镇银行

董 事 长　车　铭

营销总监　任绍豪

监 事 长　吴贵明

副 行 长　张世林

耒阳融兴村镇银行

行　　长　王桂霞(女)

副 行 长　梁　倚

行长助理　蒋义达

中国人民财产保险股份有限公司衡阳市分行

总 经 理　赵智国

副总经理、工会主席　陶新华

副总经理、纪委书记　何朝晖

副总经理　刘数一　左齐团

高级主管、办公室主任　罗红东

中国人寿保险股份有限公司衡阳分公司

总 经 理　刘　辉

副总经理　宇卫国　李慧明　洪新生　廖　凯　谭晓东

中华联合财产保险股份有限公司衡阳中心支公司

总 经 理　刘树清

总经理助理　何长征　李国宏

万联证券有限责任公司衡阳证券营业部

总 经 理　朱　亮

方正证券衡阳船山大道证券营业部

营业部负责人　赵晓群

卫生事业机构

南华大学第一附属医院

院　　长　曹仁贤

书　　记　姜　浩

纪委书记　李志高

副 院 长　王元星　吴善良　刘江华　王文军

南华大学第二附属医院

院　　长　汤永红

书　　记　张　琍

副 院 长　王　毅　赵兴斌　廖勇仕　周玉生　肖美美

纪委书记、工会主席　颜亚平

南华大学附属南华医院

院　　长　彭秀达

书　　记　阳学风

副书记、纪委书记　陈端阳

副书记、工会主席　赵立新

副 院 长　覃事范　马嫦英　邹　伟

中国人民解放军第169医院

院　　长　郭立新

副 院 长　李中秋　陈　斌　晏红超

市中心医院

院　　长　申惠龙

副 院 长　黄志坚　资小龙　刘小平　邹建军　唐业华

副院长、总会计师　罗晓波

工会主席　蔡春香(女)

纪委书记　周素英(女)

市中医医院

院　　长　王诚喜

书　　记　龙双才

副 院 长　邹岳萍　徐基平　钟新林　罗国生

工会主席　匡　肇

纪委书记　董秋萍(女)

市第一人民医院

院　　长　傅友生

书　　记　李主慧

市妇幼保健院

院　　长　刘志伟

书　　记　许萩琰(女)

市第三人民医院

院　　长　李　北

市中心血站
站　　长　曹晓娟(女)
书　　记　唐先绪

重点驻衡国省属企事业单位

中国电信股份有限公司衡阳分公司
总 经 理　周小玩
副总经理
纪委书记
工会主席　方　胜
副总经理　肖劲凤　肖昊亮
　　　　　康　劲

中国移动通信集团湖南有限公司衡阳分公司
总 经 理　胡思贤
副总经理　朱振辉　胡　滨

中国联合网络通信有限公司衡阳市分公司
总 经 理　伍文亮
纪委书记　刘方平
副总经理　李志武　高亚红

中国石化股份有限公司衡阳石油分公司
经　　理　冯赛松
纪委书记
工会主席　龙志俏
副 经 理　谢　华

湖南省电网工程公司
总 经 理　张金亮
副 书 记
纪委书记　成　煜
副总经理　汤志强　刘风华
　　　　　彭展旗
副总经理
总工程师　陈小平
总会计师　义处善

湖南新华书店有限责任公司衡阳市分公司
总 经 理　陈志辉
副总经理　梁继辉　邹亿平
　　　　　马建春

市新华实业分公司
总 经 理　刘文兵

南岳电视调频发射台
台　　长　李少春
副 台 长　李向军　张沐兴
　　　　　刘源西
纪委书记　刘承彰
总工程师　黄安民

省有色地质勘查局 217 队
队　　长　邹长安
书　　记　曾维平
副 队 长　雷世平　李剑雄
总工程师　宛克勇

省地质矿产勘查开发局 417 队
队　　长　孟德保
书　　记
纪委书记　王根生
副 队 长　谭海明　阳慕尧
工会主席　吴贤均
总工程师　吴志平

湖南省地质测绘院
院　　长　赖继文
党委书记
工会主席　阳志芳
副 院 长　刘德辉　张铁红
　　　　　王小云
总工程师　史与正
纪委书记　王向阳

湖南省煤田地质局第一勘探队
队　　长　吴兵良
书　　记
总工程师　廖光明
纪委书记
工会主席　袁勇茂
副 队 长　龙文韬

湖南衡阳华菱钢管有限公司
董 事 长
总 经 理　赵建辉
书　　记　左少怀
副总经理　凌仲秋(常务)
　　　　　殷世清　宁建成
　　　　　刘光穆
副总经理
总会计师
财务总监　戴佐军
工会主席　肖东田
总经理助理　吴乐胜　程斯祥

湖南水口山有色金属集团有限公司
总 经 理
副 书 记　吴世忠
书　　记　肖富国
副总经理　肖功明(常务)
　　　　　何从行　曾祥虎
　　　　　胡清华　李诚星
副 书 记
工会主席　吴保华
纪委书记　关亚君
总会计师　张跃进

湖南省煤业集团白沙实业有限责任公司
总 经 理　徐泽民
书　　记　刘航朝
副总经理　颜建辉　蒋厚今

湖南省煤业集团红卫矿业有限公司
董 事 长
总 经 理　周益文
书　　记　郭立群

纪委书记 工会主席 刘求生
副总经理 饶 高 许长清
总工程师 副总经理 蒋益森

湖南省煤业集团兴源矿业有限公司
董事长 总经理 胡瑞连
书记 石武军
副总经理 樊五即 王 清 周 新 张俊杰

白沙矿区安全生产管理局
局长 王双开
副局长 总工程师 刘国泉
副局长 谢阶平 裴凯雄

湖南省煤业集团南阳矿业有限公司
总经理 谭景茂
书记 李永富
副总经理 阳忠义 袁振华
总工程师 廖春林
工会主席 纪委书记 王建军

湖南省煤业集团白山坪矿业有限公司
董事长 总经理 何文飞
书记 纪委书记 工会主席 陈秋华
总工程师 陈再安
副总经理 龙秋根 罗秋德 周晓明 梁瑞虎

中钢集团衡阳重机有限公司
书记 张耀明
副总经理 李传林 甘育林 谢驰中
副总经理 总工程师 曾 星
财务总监 蔡顺利

湖南天雁机械有限责任公司
总经理 刘鹏展
书记 袁天奇
副总经理 刘耀光 胡辽平

湖南核工业宏华机械有限公司
董事长 张存新
总经理 王春来
副总经理 华云飞 杨卫国 刘军生

中核二七二铀业有限责任公司
总经理 谢凌峰
书记 姚泽军
总会计师 崔蜀鄂
副总经理 蒋树武

衡阳中地装备探矿工程机械有限公司
总经理 贺建波
书记 王永扬
总工程师 欧阳志强
纪委书记 陈法安
副总经理 肖钢庆

湖南工业设备安装公司五公司
经理 黄烟泉
书记 黎海平
副经理 谭朝前
总工程师 宁 煌

大唐耒阳电厂
厂长 彭朝晖
书记 罗崇锡
副厂长 纪委书记 田海军
副厂长 邓昌安 周亦可 冯 伟
后勤副厂长 肖重德
工会主席 杨宏业
总工程师 龚资林
总会计师 张启葵

湘衡盐化有限责任公司
董事长 周立葆
总经理 吴荣都
财务总监 肖 彧
副总经理 赵昌武 王冬云
副书记 纪委书记 工会主席 刘发云

金杯电工衡阳电缆有限公司
总经理 周祖勤
书记 李伟光
副总经理 夏君山(常务) 周正初 王桃明 唐竞成
总工程师 陈善求
财务总监 李永强

衡阳恒飞电缆有限责任公司
董事长 何忠诚
副书记 总裁 何厚廷
副书记 工会主席 刘永坚
项目指挥长 厉春阳
生产副总 欧名利

湖南星马汽车有限公司
总经理 肖小华
副总经理 彭少勇 何建元

衡阳风顺车桥有限公司
书记 杨华文
总经理 副书记 贺四清

副书记 工会主席 纪委书记　杨新浩
财务总监　邱玉华
副总经理　王喜亮
总经理助理　周广明

市属大型企业

南岳电控（衡阳）工业技术有限公司
董事长　樊　江
总经理 书记　周志全
常务 副总经理　龙美彪
副书记 副总经理　邹凡丁
副总经理　欧阳玲湘　胡文祥
工会主席　徐庆收
高级经理　凌黎明　谭天诚

市公共交通有限公司
董事长　何咕桦
副董事长　刘忠诚
董事兼 总经理　邓世鹏
董事兼 工会主席　王爱民
副总经理　凌铁民　陈传胜　戴林峰
财务总监　傅翔燕（女）
总经理助理　王秋生　廖文君

紫光古汉集团有限公司
董事长　王书贵
董事、总裁 书记　陈凤华
董事 副总裁　刘炳成
副总裁 董事会秘书　曹定兴
财务总监　袁瑞芝
技术总监　伍新滨（女）
行政总监 副书记　张孝柏
纪委书记　周华佗
监事 工会主席　谢卫华（女）
董事长助理　刘　映

衡阳市天然气有限责任公司
总经理　乌　林
副总经理　欧阳敏　刘国辉　全玉生
财务总监　岳　娜
总经理助理　唐雄志　周小华

（李　政）

中国共产党衡阳市委员会

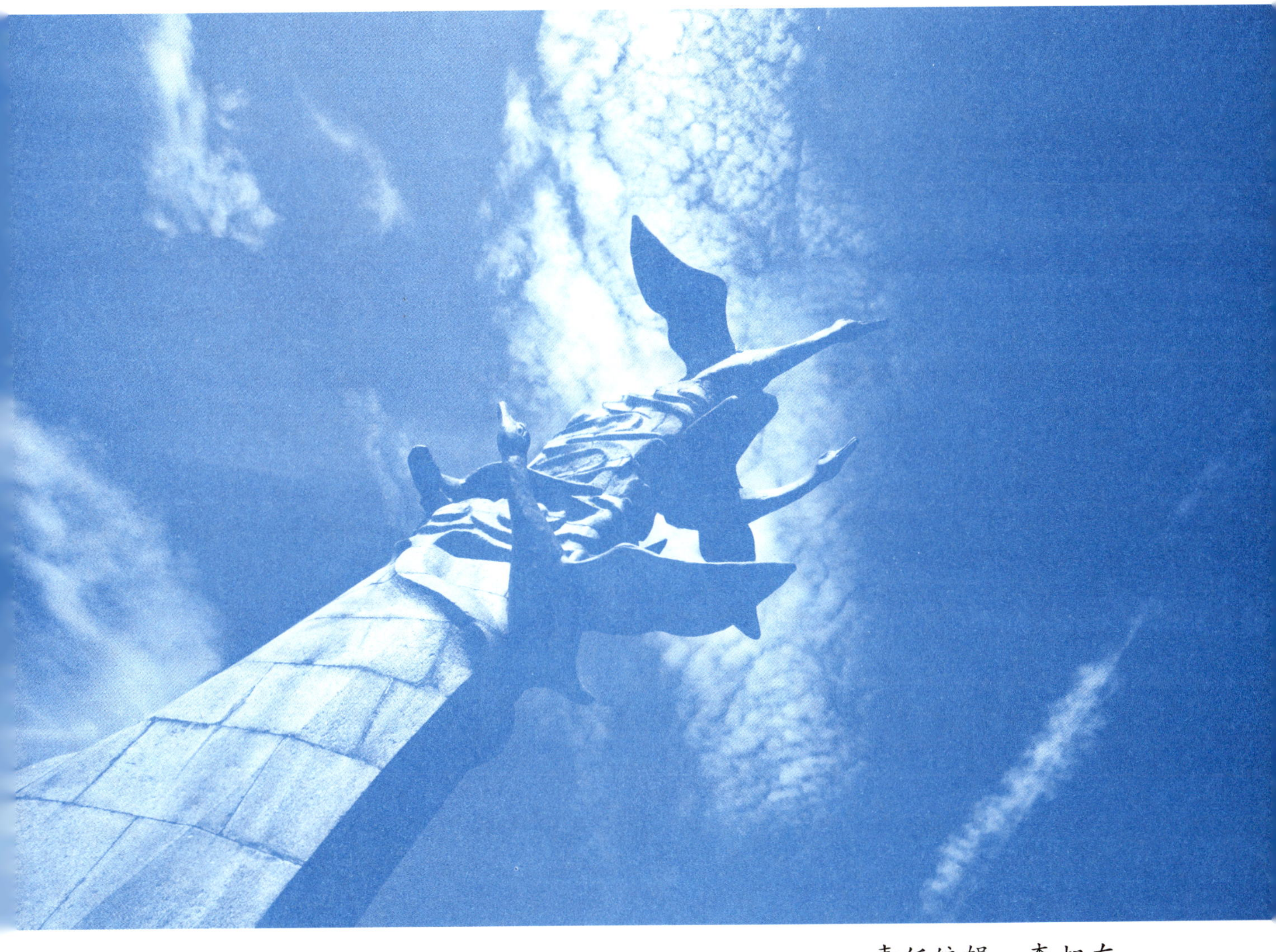

责任编辑：李旭东

重要会议

【2016年2月2日市委常委会议】

2016年2月2日，中共衡阳市委员会召开市委常委会议。会议传达学习贯彻《关于三年来中央政治局贯彻执行中央八项规定落实加强作风建设措施情况的报告》精神，听取中纪委十八届六次全会和省纪委十届八次全会精神及贯彻落实情况、南岳大庙除夕安保工作情况、市政工程公司和市城市道路建设总公司整合改革情况汇报，审议《中共衡阳市委关于加强换届风气监督的暂行办法》。市委副书记、市长周海兵出席会议。会议强调，要加强学习领会。要在思想上高度重视，认真学习领会好中纪委十八届六次全会和省纪委十届八次全会精神；要抓好贯彻落实。认真组织好市纪委全会，根据衡阳实际，确定每年需要着力解决的重点问题，逐年突破，把纪律挺在前面，确保2016年换届工作风清气正、圆满成功；要坚持以上率下。领导干部要带头落实好“忠诚、干净、担当”的六字要求，做到对党忠诚、做官做人干净、勇于担当；要完善制度建设。要建好制度、定好规矩，坚持制度面前人人平等，开创衡阳党风廉政建设和反腐败斗争的新局面。会议指出，出台《中共衡阳市委关于加强换届风气监督的暂行办法》很有必要，一定要按照“细致、明确、有特色”的要求进一步修改完善，做到规定细致明确，体现衡阳特色。会议强调，对南岳大庙除夕安保工作要进一步高度重视，绝不能有丝毫麻痹和松懈，确保万无一失；要充分准备，抓好每一个环节，把各项准备工作落实到位；要精心部署，做好预告，加强宣传；要统一指挥，确保指挥系统高度灵敏；要落实“三防”，确保人防、物防、技防全面到位。同时要做好春节期间全市各方面的安全工作，确保全市人民过上一个祥和平安的春节。会议要求，要按照职能归口、机构撤并、以费养事、以事定人的原则，进一步完善市政工程公司和市城市道路建设总公司的整合改革工作方案。市领导廖炎秋、谢宏治、段志刚、罗东海、包昌林、廖茂雄、刘丽华、邓柯、何录春、张贺文、王雄飞出席会议。全体在职副市级以上领导干部列席会议。

（李　政）

【2016年2月26日市委常委会议】

2016年2月26日，中共衡阳市委员会召开市委常委会，学习传达中央、省委扶贫开发工作和农业农村工作会议暨省委全面建成小康社会推进工作会议精神，听取全省宣传部长会议等系列会议精神及贯彻落实情况汇报，听取政法工作有关情况汇报，审议《中共衡阳市委常委会2016年工作要点（讨论稿）》，研究乡镇党委换届工作。市委副书记、市长周海兵出席会议。会议肯定衡阳市2015年的扶贫开发暨农业农村工作，明确下阶段突出抓好五个重点：要把扶贫攻坚工作摆在重中之重的位置，分年度扎实抓好工作落实；要在农村综合改革上力求新突破，重点在产权制度、经营制度、土地经营方式等方面着力，力求实效；要抓好产业发展，既要制定好产业发展规划，又要重视发挥市场的调节作用；要在小城镇建设上谋求突破；要抓好基础设施和环境建设。会议要求，全面建成小康社会推进工作要对照考核体系，补好短板，确保按期全面建成小康社会。会议肯定衡阳市2015年的宣传思想工作，强调2016年要在“把握定位、牢记使命、坚持方向、明确路径、加强领导”的前提下，进一步加强以习近平总书记系列重要讲话、社会主义核心价值观为重点的理论学习，进一步加强以创建全国文明城市为重点的文明建设，进一步加强以新媒体舆情为重点的舆论引导，进一步以公共文化服务、文化产业发展为重点开展好以文化人的工作，坚持常抓不懈、常抓常新，为全市经济社会发展营造良好的意识形态环境和思想基础。会议肯定衡阳市2015年的政法工作，强调下阶段要增强法治意识、完善防控体系、加强队伍建设、确保稳定平安。会议听取全省乡镇党委换届工作会议主要精神及贯彻落实建议的汇报，强调乡镇党委换届工作务必坚持选优配强、预留空间的原则，坚决不搞“拉郎配”、不搞“一刀切”，做到公开公正，确保换届风清气正。会议还审议通过《中共衡阳市委常委会2016年工作要点（讨论稿）》。市领导邓群策、廖炎秋、谢宏治、段志刚、包昌林、廖茂雄、刘丽华、何录春、张贺文、王雄飞参加会议，市领导刘运定、唐文峰列席会议。

（李　政）

【2016年3月17日市委常委会议】 2016年3月17日，中共衡阳市委员会召开市委常委会议，学习传达全国人大、政协“两会”精神，听取关于调整市第十四届人民代表大会、市政协第十一届委员会换届时间的情况汇报，听取全国、全省组织部长会议、统战部长会议等系列会议精神及贯彻落实情况汇报，听取中央、省委群团工作会议精神及贯彻落实情况汇报并审议《关于加强和改进党的群团工作的实施意见》，研究衡阳市公车改革工作。市委副书记、市长周海兵参加会议。会议学习传达十二届全国人大四次会议、全国政协十二届四次会议精神并指出，全国人大、政协“两会”深入贯彻党的十八大和十八届三中、四中、五中全会精神，对2016年的工作作出安排，对未来五年的工作进行部署，是一次十分重要的会议。全市上下要进一步深入学习贯彻全国“两会”特别是习近平总书记参加湖南代表团审议及在全国政协联组会上的重要讲话精神，切实领会会议精神实质，切实把行动落实到推动全市改革发展稳定的实践上来。会议同意衡阳市第十四届人民代表大会关于调整换届时间的报告，要求按法定程序报省人大常委会批准后实施。会议同意政协衡阳市第十一届委员会关于调整换届时间的请示，要求按照法定程序履行好相关手续。会议肯定全市2015年的组织工作情况，指出要深入学习领会全国、全省组织部长会议等系列会议精神，尤其在全面从严治党、强化干部队伍建设、为发展提供人才支撑等方面苦下功夫。会议强调，衡阳统战工作对象多、基础好，下一步要力争取得新的建树、新的发展、新的作为和新的贡献，要把推进中国共产党与各民主党派的多党合作和政治协商作为工作主线，要把凝心聚力作为最高宗旨，要把鼓励、支持和引导非公经济发展作为最大品牌，要把抓好海外联谊作为重要抓手，全力推动衡阳市统战工作再上新台阶。会议指出，群团工作是党的事业的重要组成部分，要切实增强政治性、先进性、群众性，充分发挥群团组织的生力军作用；要坚持问题导向，“去机关化”“去模式化”“去娱乐化”；要研究新形势下群团工作面临的新特点和新挑战，以更加扎实细致的工作，广泛调动各方面的积极性，为全面建成小康衡阳献计出力。会议听取衡阳市公车改革总体方案及相关情况汇报，要求认真执行上级关于公车改革的政策规定，积极借鉴外地的经验做法，进一步细化和完善车改方案，达到节约开支、公平公正、分步推进、有利工作的目的。市领导邓群策、廖炎秋、段志刚、罗东海、刘丽华、邓柯、何录春、张贺文、王雄飞出席会议，其他市领导列席会议。　（李　政）

【2016年4月15日市委常委会议】 2016年4月15日，衡阳市委书记周农主持召开市委常委会议。衡阳市委副书记、市长周海兵出席会议。会议听取2016年度全市重点项目建设情况汇报，全省“雁过拔毛”式腐败问题和“纠‘四风’、治陋习”专项整治工作电视电话会议、全省加强换届风气监督工作视频会议精神及贯彻建议情况汇报；审议并原则通过《县市区纪委书记、副书记提名考察办法（试行）》等四个文件和《衡阳市基层党建工作要点》。会议指出，项目建设是衡阳发展的一大亮点，有力拉动全市经济社会发展，全市上下要充分统一思想认识，牢牢抓住项目建设这个“牛鼻子”不放松，坚持“一个项目、一名领导、一套班子、一抓到底”的工作机制，在项目审定上严格把关，对项目建设考核加大力度，进一步加强领导、强化调度、做好规划、抓住重点、精准服务、破解瓶颈、依法办事、优化环境，确保全面完成2016年重点项目建设目标任务。会议要求，要认真学习领会全省“雁过拔毛”式腐败问题和“纠‘四风’、治陋习”专项整治工作电视电话会议、全省加强换届风气监督工作视频会议精神。要全面加强换届风气监督，把纪律和规矩挺在前面，以“零容忍”的政治态度，让换届风气严起来；以驰而不息的宣传教育，把换届风气立起来；以强有力的监督检查，把换届风气管起来；以严肃查处问责，让换届风气正起来。要深入开展“雁过拔毛”式腐败问题和“纠‘四风’、治陋习”专项整治，让人民群众感受到身边实实在在的变化，切实优化经济发

展环境。会议强调，要高度重视基层党建工作，扎实开展“两学一做”学习教育，以乡镇党委换届为契机加强农村基层组织工作，推进农村综合公共服务平台建设，从严落实基层党建责任。会议还研究其他事项。衡阳市领导邓群策、廖炎秋、谢宏治、段志刚、罗东海、包昌林、廖茂雄、刘丽华、邓柯、何录春、张贺文、王雄飞出席会议。市领导周学农、周辉斌、刘正兴、陈竞、李辉列席会议。（李　政）

【2016年5月18日市委常委会议】2016年5月18日，衡阳市委书记、市人大常委会主任周农主持召开市委常委会议。会议听取全国政法机关队伍建设工作会议、全省政法系统领导干部培训会议精神及衡阳市贯彻落实意见汇报，研究关于在全市党员干部中开展拒收红包礼金专项整治工作的有关事项，听取中央和全省对台工作会议精神及衡阳市贯彻落实意见汇报。会议强调，中央和省委的指示部署，抓住做好新时期政法工作的关键，为大家指明方向。下一步，全市政法工作要以队伍建设为龙头，以正规化、专业化、职业化为方向，以建设信念坚定、执法为民、敢于担当、清正廉洁的政法队伍为目标，全面提升政法队伍自身建设水平，为推进全面依法治国、维护社会公平正义提供坚强保障。要从确保忠诚可靠、提高履职能力、坚持从严治警、加强党的领导等方面抓好具体工作。会议研究关于在全市党员干部中开展拒收红包礼金专项整治工作的有关事项。会议要求，做好2016年的对台工作，全市各级各部门要深入学习习近平总书记的系列重要讲话精神，学习贯彻中央、全省对台工作会议精神，不断增强政治意识和大局意识，准确把握对台工作面临的新形势新任务，进一步认清形势、坚定信心，把中央、省委各项对台方针政策、要求落到实处。要从加强与台湾经贸交流合作、加强与台湾人文交流合作、进一步做好宣传工作、优化台商发展环境、严守对台工作纪律等方面抓好具体工作。会议还研究其他工作。市领导邓群策、廖炎秋、谢宏治、罗东海、包昌林、廖茂雄、刘丽华、邓柯、何录春、张贺文、王雄飞出席会议。其他相关市领导列席会议。（李　政）

【2016年6月24日市委常委会议】2016年6月24日，衡阳市委书记、市人大常委会主任周农主持召开市委常委会议。会议听取做好建党95周年纪念活动情况、市人大常委会工作情况汇报，审议“两案”反思整改专题教育方案，传达学习省军区围绕强军目标抓建基层工作会议精神。市委副书记、市长周海兵出席会议。会议强调，要高度重视，加强领导，把做好建党95周年纪念活动作为当前一项重要任务来抓，按照省委组织部提出的“庄重热烈，务实节俭，注重实效”的要求安排好、组织好。要密切配合，精心组织，把专题党课组织好，把系列活动开展好，把节日氛围营造好。要注重结合，务求实效，做到与“两学一做”学习教育相结合，与推进换届工作相结合，与推进当前工作相结合。会议指出，要统一思想，深刻汲取衡阳破坏选举案和李亿龙严重违纪案教训，深入开展好反思整改专题教育，将其作为一项重要政治任务来抓；要找准问题，坚持问题导向，聚焦问题不跑偏，扭住问题不放松；要研究对策，出台务实举措，确保整个专题教育取得实效；要加强领导，密切配合，合力推进，切实形成齐抓共管、上下联动的工作格局。会议要求，要认真贯彻落实省委人大常会委工作会议和省委书记、省人大常委会主任徐守盛重要讲话精神，切实加强中国共产党对人大常委会工作的领导，进一步完善党委领导人大常委会的工作机制，确保人大常委会工作正确的政治方向。要着力提升人大常委会工作水平，围绕市委、市政府推动工作的着力点、社会舆论关注的焦点、人民群众期待美好生活的关注热点，加大监督力度，拓展监督实效。要扎实抓好县乡人大换届工作，切实将思想和行动统一到中央、省委和市委的要求上来，确保换届风清气正、圆满成功。要抓好当前重点工作，着力抓好立法工作、专项评议工作、代表议案和建议办理工作及“两学一做”学习教育。会议强调，要认真贯彻落实省军区围绕强军目标抓建基层工作会议精神，始终把握正确政治方向，强化思想政治建设，坚定不移地听党话、跟党走；要切实加强基层国防后备力量建设，不断提高民兵预备役工作法制化、

正规化建设水平；要全力支持基层基础建设，认真落实拥军优属和军转安置的各项政策，大力加强基层武装部、民兵营（连）建设，整体提升基层建设的质量水平。会议还研究其他工作。市领导邓群策、谢宏治、段志刚、罗东海、包昌林、廖茂雄、刘丽华、邓柯、何录春、张贺文出席会议。

（李　政）

【2016年7月12日市委常委会议】

2016年7月12日，衡阳市委书记、市人大常委会主任周农主持召开市委常委会议，研究全市重点项目有关工作，审议关于举办“2016衡州经济发展论坛”工作方案（草案），审议市政协换届工作方案（草案），研究新农村建设和市领导联系美丽乡村示范点（片）建设工作。市委副书记、市长周海兵参加会议。会议审议并原则通过《关于进一步完善重点项目建设管理的意见（草案）》和《2016年衡阳市重点项目增列计划表（第二批）（草案）》，会议充分肯定2016年上半年全市项目建设推进成效。会议强调，项目建设的管理职责要进一步归位、推进方式要进一步规范，要加强项目调度，完善考核办法，加大奖惩力度，营造良好环境，确保2016年发布的重点项目100%开工、100%完成实物工程量。会议审议并原则通过《关于举办“2016衡州经济发展论坛”工作方案（草案）》。会议指出，举办“2016衡州经济发展论坛”要达到营造发展氛围、问计发展路径、招商发展项目、凝聚发展活力、推动衡阳发展的目的，要将论坛打造成政协履职、把脉问计、交朋结友的平台，打造成招商引资的平台，打造成建设“亲”“清”新型政商关系的平台。会议强调，要统一认识，精心组织，加强宣传策划，坚持务实高效，着力将论坛办出水平、办出特色、办出品牌、办出影响。会议审议并原则通过《衡阳市政协换届工作方案（草案）》。会议认为，市政协换届是全市人民政治生活的一件大事，要高度重视，严格要求，把握节点，严肃换届纪律，加强对县（市）区政协换届的统筹指导，确保换届风清气正、圆满成功。会议审议并原则通过《关于加快推进美丽乡村建设的通知（草案）》。会议强调，美丽乡村示范片是城市建设向农村扩展的增长点，是发挥新农村建设示范效应、推进全域旅游的着力点，是对外展示形象的新亮点，要统一思想认识，认真做好规划，以创新思维、超常手段抓好项目建设和招商引资，进一步加大投入、加强协同，确保早见实效。市领导邓群策、廖炎秋、谢宏治、段志刚、罗东海、包昌林、廖茂雄、刘丽华、邓柯、张贺文参加会议，市领导周学农、周辉斌、刘正兴、陈竞、王洪斌、李平、肖长贵、谢明芳、刘运定、李辉列席会议。

（李　政）

【2016年7月18日市委常委会议】

2016年7月18日，衡阳市委书记、市人大常委会主任周农主持召开市委常委会议，深入学习贯彻《中国共产党问责条例》，并就市委常委“两案”反思专题民主生活会的相关准备工作进行安排部署。市委副书记、市长周海兵出席会议。会议传达学习《中国共产党问责条例》，并指出，《中国共产党问责条例》是继《中国共产党廉洁自律准则》《中国共产党纪律处分条例》修订颁布后中央审议通过的又一项党内重要法规，进一步扎紧全面从严治党的制度笼子，是加强党的建设的必然要求，是全面从严治党的利器，是落实全面从严治党主体责任、监督责任和领导责任，加强党内法规制度建设的重要举措，是解决管党治党突出问题的现实需要，对统筹推进“五位一体”总体布局和协调推进“四个全面”战略布局，实现“两个一百年”奋斗目标和中华民族伟大复兴的中国梦，实现中国共产党的伟大历史使命，具有重要的现实意义和深远的历史意义。会议要求，要高度统一思想认识，高度重视抓好《中国共产党问责条例》的学习。要把学习贯彻《中国共产党问责条例》作为一项重要政治任务，纳入“两学一做”学习教育的重要内容，认真组织学习宣传，深刻理解精神实质，准确把握条例要求，力求学深学透，入脑入心，切实把《中国共产党问责条例》的学习贯彻落到实处。会议强调，要深入学、带头学，深刻领会和准确把握《中国共产党问责条例》的深刻内涵。特别要深刻领会《中国共产党问责条例》对加强党的领导、党的建设、党风廉政建设等方面的特殊作用，从全面从严治党、制度治党、依规治党的战略高度，把管党治党的政治责任担当起来，敢于较真碰硬、层层传导压力，让“失责必问、问责必严”成为常态。会议强调，要迅速动员部署，深入开展好《中国共产党问责条例》的学习贯彻活动。要结合衡阳市党的建设、结合“两学一做”、结合对“两案”的反思、结合换届选举、结合当前各项工作来加强学习，及时制定具体实施办法。会议还就市委常委“两案”反思专题民主生活会的相关准备工作进行安排部署。市委常委、市纪委书记包昌林在会议上宣读《中国共产党问责条例》全文。市领导邓群策、廖炎秋、谢宏治、段志刚、罗东海、廖茂雄、刘丽华、邓柯、何录春、张贺文、章彰出席会议。

（李　政）

【2016 年 8 月 4 日市委常委会议】

2016 年 8 月 4 日，衡阳市委书记、市人大常委会主任周农主持召开市委常委会议。会议传达学习省委书记、省人大常委会主任徐守盛在集中约谈道路交通安全重点县、重点监管部门和重点企业主要负责人时的重要讲话，安排部署衡阳市道路交通运输安全监管工作，审议市委常委班子“两案”反思专题民主生活会整改方案，审议《市委常委会议事规则》。市委副书记、市长周海兵出席会议。会议强调，要把思想认识统一到省委、省政府对道路交通安全重要性的深刻阐释上来，统一到省委对当前形势的分析判断上来，统一到省委提出的目标任务上来。道路交通安全涉及部门多、涉及环节多，要突出重点、狠抓要害，盯紧重点对象、重点环节、重点隐患。要按照“党政同责、一岗双责、失职追责”，严格落实好各级党委政府的领导责任；要按照“谁主管谁负责、谁审批谁负责、谁发证谁负责”的原则，进一步强化相关部门的安全监管责任；要严格落实交通运输企业的主体责任；要严格贯彻执行《中国共产党问责条例》，使道路交通安全领导“失责必问、问责必严”成为常态。会议指出，抓好市委常委“两案”反思专题民主生活会问题整改是落实全面从严治党政治责任的需要，也是加强常委会自身建设的迫切要求，全体常委会成员和各级各部门务必高度重视，以实实在在的整改成效取信于党、取信于民。措施要落实到位，坚持照单全收、突出重点、台账管理，以务实管用措施推进整改工作。责任落实要到位，要强化主体责任、协同作用、督查责任。工作要落实到位，2016 年 8 月底前市、县两级机关和企事业单位都要对照市委常委会的标准，高质量开好“两案”反思专题民主生活会，市委要对各级各单位反思整改情况进行检查验收。会议审议并通过《市委常委会议事规则》。会议指出，要充分认识《市委常委会议事规则》的重要性。要认真遵循民主集中制原则，履职尽责，担当负责，自觉做到科学决策、民主决策、依法决策。要始终突出常委会的议事重点，抓好党的路线方针政策的执行、上级党组织重大决定的实施和全市五个文明及党的建设重要决策的制定落实，加强市委常委会对全市各项重点工作的统筹协调。会议还研究其他有关事项。市领导邓群策、廖炎秋、谢宏治、段志刚、罗东海、包昌林、刘丽华、邓柯、何录春、张贺文、章彰出席会议。市领导伍清明、周学农、周辉斌、刘正兴、陈竞、王洪斌、尹同君列席会议。（李　政）

【2016 年 8 月 15 日市委常委会议】

2016 年 8 月 15 日，衡阳市委书记、市人大常委会主任周农主持召开市委常委会议，听取中纪委、中组部换届风气第三巡回督查组反馈意见及问题整改方案的情况汇报，强调使纪律真正成为换届选举的硬约束、高压线。市委副书记、市长周海兵参加会议。日前，中纪委、中组部换届风气第三巡回督查组对衡阳市换届风气监督工作进行全面督查。督查组在查阅资料、个别谈话、电话询查后，分别抽查耒阳市、马水镇的换届风气监督工作。会议认为，中央对衡阳市开展换届风气督查督导非常及时、非常重要，给我们进行全面体检，也敲一记警钟，警示我们换届风气监督这根弦一刻也不能松，必须始终盯紧看牢、盯住不放。会议指出，要深入开展“两案”反思。全市各级各部门要按照中央、省委要求，对照市委常委专题民主生活会的标准，深入开展“两案”反思整改。要通过反思，把履行从严治党的政治责任摆在首位，以极端认真负责的态度对待换届工作；切实提高制度意识和法纪观念，划出个人行为的底线和红线，清楚地知道什么事能做、什么事不能做，不越雷池半步；切实把思想认识统一到中央、省委、市委对换届形势的分析研判上来，坚决克服麻痹思想和松懈情绪，坚决防止出现侥幸心理，把换届这根弦绷得紧而又紧，把换届工作抓得实而又实，确保换届风气不出任何问题。会议要求，要全面压实换届责任。市委明确对换届工作实行“捆绑责任制”，详细划分“十个责任主体”的责任，下一步关键是要全面压实换届责任，层层传导压力，决不能出现“上紧下松、层层递减”的现象。近期，市委还将出台进一步严明换届工作责任的文件。对履责不到位造成不良影响或选举不成功的，市委将严肃追责。会议强调，要严把各项提名关口。认真落实“四个凡提”要求，执行干部选拔任用全程纪实等制度，注重运用“两全一贯一关键”的方法识人用人，严把“两代表一委员”、县（市）区委委员（候补委员）、县（市）区纪委委员、人大常委、政协常委和提名人选的资格关、程序关、结构关、廉政关等关口，杜绝身份失真、结构失衡、人选失察，杜绝出现“带病提拔”“带病提名”，对提名人选出问题的，严肃追究提名单位和审查单位的责任。要持续加强风气监督。目前各县（市）区党代会召开在即，现场督导组和换届风气巡察组要充分履职尽责，紧盯重点人、重点地方、重点事件、重点问题，力争把问题解决在萌芽状态。要始终坚持铁腕执纪问责，对换届风气出现的任何问题坚持露头就打、绝不姑息，使纪律真正成为换届选举的硬约束、触碰不得的高压线，营造风清气正的换届环境。会上，市委常委会成员签订并递交《严守换届纪律责任状》。会议还研究其他事项。市领导邓群策、廖炎秋、谢宏治、段志刚、罗东海、包昌林、刘丽华、邓柯、何录春、张贺文参加会议。

（李　政）

【2016年8月19日市委常委会议】

2016年8月19日，衡阳市委书记、市人大常委会主任周农主持召开市委常委会议。会议听取加快发展县域经济、工业经济、旅游经济工作情况汇报，审议《关于在全市开展“讲规矩、守纪律、扬正气、树形象”建设政治清明新衡阳大讨论活动的实施方案》，听取全市计生工作情况汇报。市委副书记、市长周海兵出席会议。会议指出，补齐县域、工业、旅游三大短板，是市委、市政府立足当前、着眼长远作出的重大战略决策部署，既是当前保持经济平稳持续增长、确保完成年度发展目标的现实需要，又是落实供给侧改革要求、实现发展转型提质增效的长远之计。会议明确对补短板工作成立专门领导机构和工作班子，即一个总的领导小组和下设的三个专项小组。领导小组和三个专项小组要重点抓好规划引领、政策扶持、考核奖惩、办点示范等工作。当前，三个专项小组要摸清底子、加强协调，尽快制定出各自领域的总体目标和行动方案，吹响补齐三个短板的“集结号”。会议通过《关于在全市开展“讲规矩、守纪律、扬正气、树形象”建设政治清明新衡阳大讨论活动的实施方案》，明确由市委宣传部牵头组织实施。会议要求，各级各部门要积极参与和配合大讨论活动。同时，要敞开大门，引导社会各界和广大群众积极参与，广泛听取、征求意见和建议，确保活动收到良好效果。要充分利用报纸、电视台、网站等媒体平台，多渠道加大宣传力度，营造全民参与的良好舆论氛围。会议强调，要深刻认识人口计生工作“三个不变”，即计划生育基本国策不变，计生工作“一把手负总责”不变，计生工作“一票否决”不变。全市上下要清醒认识到当前计生工作存在的不足，尽快出台计生工作责任追究办法，健全工作制度，实施科学方法，做好迎接省检各项准备工作，确保计生工作年终在全省进位争优。会议还研究其他事项。市领导邓群策、廖炎秋、段志刚、罗东海、包昌林、刘丽华、邓柯、何录春、张贺文、贺小坤等出席会议。市领导刘正兴、陈竞、王洪斌、刘运定等列席会议。

（李　政）

【2016年9月6日市委常委会议】

2016年9月6日，衡阳市委书记、市人大常委会主任周农主持召开市委常委会议。会议传达学习中央及省委关于深刻吸取辽宁拉票贿选案教训的有关文件精神；审议市第十一次党代会工作报告及纪委工作报告；听取市人大代表、市政协委员推荐提名有关工作情况汇报；听取全省第十一次党代表大会代表选举工作会议精神及贯彻建议情况汇报；听取全省“两学一做”暨基层党建工作推进会议精神及贯彻建议情况汇报。会议对中央及省委关于深刻吸取辽宁拉票贿选案教训的有关文件精神进行传达学习，要求全市上下要切实把思想和行动统一到中央《通报》精神上来，进一步牢固树立政治意识、大局意识、核心意识、看齐意识，始终在思想上、政治上、行动上与以习近平为总书记的党中央保持高度一致。要以案为鉴，全面落实从严治党责任，抓好当前各项工作，全面推进从严治党，全力抓发展、稳定和换届。要持续抓好案件的传达学习和警示教育，努力构建风清气正的良好政治生态。会议指出，起草好党代会两个报告，对于统一思想认识，明确目标路径，提振发展信心，加快建设“五个新衡阳”具有重要的指导引领作用。要广泛征求意见，修改完善两个报告的过程，既是发扬民主、集思广益的过程，也是统一思想、凝聚共识的过程，又是理清思路、明确任务的过程。要认真梳理征集的意见建议，精心修改完善。会议要求，各级党委要充分发挥总揽全局、协调各方的领导核心作用，加强党对人大代表、政协委员工作的领导，自始至终将这项工作牢牢抓在手里，把握正确方向。要落实责任，在市委的统一领导下，形成分工合作、各司其职、齐抓共管的工作格局。要严格把关，坚持“谁推荐谁负责、谁提名谁负责、谁考察谁负责”，建立责任倒查和追究机制。要严格依法办事，各级领导干部要增强法治意识，带头学法、尊法、守法、用法，尊重依法按章选举的结果，确保形成风清气正、心齐气顺的良好氛围。会议指出，选举好出席省第十一次党代会的党代表，是一项光荣而严肃的政治任务，要严把资格关、结构关、程序关，纪律关。会议强调，全市上下务必把思想和行动统一到中央和省委的要求上来，从严从实落实党建责任，确保“两学一做”深入推进、基层党建基础加强、非公党建取得突破。要突出“两学一做”学习教育、基层党建七项重点任务、“两新”组织和园区党建工作等重点，通过加强领导、配强力量、保障经费、建好阵地等方式强化基础保障。会议还研究其他有关事项。市领导邓群策、廖炎秋、谢宏治、段志刚、罗东海、包昌林、刘丽华、邓柯、何录春、章彰、贺小坤出席会议，晏华衡、伍清明列席会议。

（李　政）

【2016年9月18日市委常委会议】 2016年9月18日，衡阳市委书记、市人大常委会主任周农主持召开市委常委会议。会议听取市第十一次党代会筹备工作情况、司法体制改革有关情况、全省财税工作视频会议精神及衡阳市财税工作情况汇报。市委副书记、市长周海兵出席会议。会议听取市第十一次党代会筹备工作情况汇报，并强调，认识要再提升，要从讲政治、讲大局的高度，进一步增强责任感和紧迫感，以饱满的政治热情、良好的精神状态、一流的工作作风，全身心投入工作，确保高标准、高质量完成党代会筹备工作的各项任务；工作要再过细，要统筹做好会务工作，扎实做好人事和文件起草工作，认真完善两个报告，精心组织好大会各项工作，切实做好社会稳定工作，加强宣传工作，营造良好氛围；责任要再落实，各工作组之间要加强沟通、主动配合、步调一致，确保各项工作高效运转、有序推进；纪律要更严格，要确保形成风清气正的换届环境，确保市第十一次党代会圆满成功。会议听取司法体制改革有关情况汇报，并要求，要高度统一认识，确保各项改革任务顺利推进、圆满成功；要明确目标任务，严格按政策办事，按照“人员要精干、责任更严格、待遇要提升、管理要统一”的要求，按时高质量完成各项改革任务；要加强领导，明确责任，积极稳妥地推进好改革；要做好干部的思想政治工作，严明各项纪律规定，确保大局稳定。会议听取全省财税工作视频会议精神及衡阳市财税工作情况汇报，并指出，要充分肯定财税工作成绩，具体体现在：服务发展有成效、财税征管有突破、保障民生有力度；要深刻认识当前面临的严峻形势，全市各级都要高度重视财税工作，将其作为当前经济工作的核心来抓，拿出切实可行的举措，确保经济持续健康发展；要努力提高财税工作水平，培植壮大财源，提升管理水平，确保完成任务。市领导邓群策、廖炎秋、谢宏治、段志刚、罗东海、包昌林、刘丽华、邓柯、

何录春、张贺文、章彰、贺小坤出席会议。市中级人民法院院长张经伟、市人民检察院检察长刘孙承列席会议。（李　政）

【2016年11月2日市委常委会议】2016年11月2日，衡阳市委书记、市人大常委会主任周农主持召开市委常委会议。会议研究全市贯彻落实党的十八届六中全会精神意见；听取全省党校工作会议精神及衡阳市贯彻落实意见汇报。市领导周海兵、邓群策、谢宏治、段志刚、罗东海、包昌林、刘丽华、邓柯、何录春、张贺文、章彰、陈竞参加会议，伍清明、尹同军列席会议。会议研究全市贯彻落实党的十八届六中全会精神意见。会议指出，全市各级各部门要把学习宣传贯彻十八届六中全会精神作为首要政治任务来部署和推进，要通过丰富多样的形式，在全市迅速掀起学习宣传贯彻全会精神的热潮，引导全市广大党员干部和群众，把思想和行动统一到全会精神上来，把力量凝聚到实现全会确定的各项任务上来。要准确把握好学习宣传重点内容，把握好党的领导核心，进一步增强“四个意识”；要深入学习习近平总书记的重要讲话，把握好《关于新形势下党内政治生活的若干准则》和《中国共产党党内监督条例》的主要精神，努力打造衡阳市政治生态上的绿水青山。要精心组织好学习宣传，分层次组织学习，分阶段开展宣传，努力营造浓厚氛围；各级党委（党组）要加强对学习宣传贯彻的组织领导。要全力抓好当前各项目标任务落实，把学习宣传十八届六中全会精神与抓好市第十一次党代会精神贯彻落实结合起来，与抓好全面从严治党和换届选举工作结合起来，与抓好全年各项目标任务落实和谋划好明年工作结合起来，与“两学一做”专题教育和衡阳破坏选举案及李亿龙严重违纪违法案反思、“政治清明新衡阳大讨论活动”结合起来，与抓好改善民生和社会稳定工作结合起来，进一步统一思想和行动，以优异成绩迎接省第十一次党代会胜利召开。会议听取全省党校工作会议精神及衡阳市贯彻落实意见汇报。会议强调，要坚持党校姓党，以正确方向引领党校发展，一切教学、科研、办学活动都必须坚持党性原则、遵循党的政治路线，以党的旗帜为旗帜、以党的意志为意志、以党的使命为使命，做到在党爱党、在党言党、在党忧党、在党为党。要突出主业主课，以教育实绩彰显党校特色，深入开展党的基本理论教育，积极开展党的理论创新成果宣讲，当前重点抓好十八届六中全会精神的学习培训。要围绕中心工作，以服务发展彰显党校作为，发挥思想引领、助推发展、新型智库的作用，当好党委政府科学决策的智囊团。要坚守政治责任，以坚强领导推进党校建设，各级党委要加强和改进对党校工作的领导，落实好管校治校的直接责任，进一步严明校规校纪校风，将党校打造成最讲纪律、最讲学习、最讲正气的教育学府。会议还研究其他事项。（李　政）

【2016年11月24日市委常委会议】　2016年11月24日，市委书记、市人大常委会主任周农主持召开市委常委会议。会议研究市委十一届二次全体（扩大）会议有关筹备工作；听取关于召开衡阳市第十五届人民代表大会第一次会议、政协第十二届委员会第一次会议有关情况汇报；听取衡阳市巡察工作情况汇报。市委副书记、市长周海兵出席会议。会议指出，市委十一届二次全会是在衡阳市深入贯彻落实党的十八届六中全会、省第十一次党代会精神的背景下召开的，对于落实“四个全面”战略布局、推动全面从严治党向纵深发展，进一步落实省、市党代会描绘的发展蓝图，加快建设富饶美丽幸福新湖南和“五个新衡阳”都具有十分重要的意义。这次全会的中心任务，就是审议和通过关于推动全面从严治党向纵深发展和贯彻落实省党代会精神的两个《实施意见》。对于这两个管大局、管方向、管长远的文件，必须集中精力抓紧修改和完善好。要按照会议确定的时间和工作要求，严谨细致做好各项会务工作，进一步完善议程安排，印制好会议文件资料，起草好讲话材料，安排好宣传报道，确保大会开出氛围、开出效果。会议强调，市“两会”召开在即，要严格对标省、市党代会标准，扎实做好各项筹备工作，确保会议顺利进行、圆满成功。认识要到位。此次“两会”是衡阳市换届之年的收官之战，是重塑衡阳形象的关键之战，要精心筹备，认真组织，把其当作

重要的政治任务，切实抓好；工作要到位。要全面梳理会务工作，细化量化工作安排，有计划、有步骤、有组织地做好“两会”宣传报道工作，营造良好氛围。保障措施要到位。要落实“两联三包”要求，抓好会风会纪监督，确保换届选举依法依规，风清气正。会议认为，衡阳市巡察工作开展很有成效，走在全省前列，对各项纪律规定在衡阳的落实落地起到促进作用，有力地推动全市党风廉洁建设和反腐败工作。会议指出，巡察工作非常重要，既是中央明确要求，也是形势所迫、现实所需，是推进全面从严治党向基层延伸的重要抓手，是加强党的建设和党内监督的内在要求；市委将进一步加强巡察工作，完善机构设置，配强巡察力量，保障办公设施，为巡察工作的有序开展创造良好条件；市委将出台《市县党委巡察工作实施办法》，进一步规范巡察工作，实现巡察工作的常态运转。会议还研究其他相关工作。市领导邓群策、廖炎秋、谢宏治、罗东海、包昌林、邓柯、何录春、张贺文、章彰、贺小坤、陈竞出席会议。

（李　政）

【2016年12月9日市委常委会议】 2016年12月9日，衡阳市委书记、市人大常委会主任周农主持召开市委常委会议。会议听取全省科技创新大会、省科协第十次全省代表大会精神及衡阳市贯彻落实情况汇报，听取全省部署出席党的十九大代表选举工作会议精神及衡阳市贯彻落实建议情况汇报，传达学习省委、省委组织部关于做好市州人大、政府、政协换届工作有关文件精神。市领导周海兵、邓群策、谢宏治、段志刚、罗东海、包昌林、刘丽华、邓柯、何录春、张贺文、章彰、陈竞出席会议。会议指出，党中央、国务院把科技创新摆在国家发展全局的核心位置，省委、省政府也高度重视科技创新工作。全市上下要统一思想，把学习贯彻全国科技“三会”和全省科技创新大会精神作为一项重要任务，切实把思想和行动统一到中央、省委的决策部署和工作要求上来。要围绕创建“国家创新型城市”的目标，着力推进以科技创新为核心的全面创新，发挥科技创新对经济社会发展的支撑引领作用，最大限度地释放创新活力。要聚焦问题，通过发挥衡阳高校和科研机构众多、科研基础雄厚的优势，进一步增强科技创新的氛围，加快补齐科技创新的短板。会议指出，认真做好十九大代表推选工作，是迎接党的十九大的重要基础工作。要加强宣传教育，按照中央关于开展代表选举工作宣传的要求，有组织、有计划、有步骤地做好宣传报道工作。要把握时间节点，按照省里要求的进度，抓紧抓实抓细各项工作。要规范推选程序，坚持党的领导与发扬民主有机统一。要坚持好中选优，严把入口关、政治关、廉洁关、身份关。要强化纪律监督，把严格监督贯穿于代表推选工作全过程。会议强调，全市各级各部门要切实增强政治意识、大局意识、核心意识、看齐意识，按照省委文件精神要求做好市人大、市政府、市政协换届选举工作。要按照职责分工，明确专人专班，集中精力做好市“两会”的筹备工作。要严格落实“三联三包”、谈心谈话等工作责任制，有针对性地做好思想政治工作。要严肃执纪问责，对换届风气全程监督、全面监督，对违法违纪行为“零容忍”，确保换届选举风清气正。会议还研究其他工作。（李　政）

【市委十届九次全委（扩大）会议召开】 2016年6月16日，市委十届九次全委（扩大）会议召开，会议提出衡阳市做好下阶段工作的总体要求，强调要努力建设“经济繁荣、百姓富裕、生态优美、社会和谐、政治清明”的新衡阳这一目标。市委书记、市人大常委会主任周农在市十四届人大六次会议闭幕式上的讲话中提出这一目标，指明努力建设新衡阳的五个要求。要求以“踏石留印、抓铁有痕”的干劲和作风，齐心协力把五个要求的建设任务牢牢抓在手上，落到实处，奋力开创工作新局面，努力展示衡阳新形象。

（李　政）

【市委城市工作会议召开】 2016年9月20日，市委城市工作会议召开。会上，市委书记、市人大常委会主任周农强调，要坚持以人为本、科学发展、改革创新、依法治市，转变城市发展方式，完善城市治理体系，提高城市治理能力，解决城市突出问题，不断提升城市环境质量、人民生活质量、城市综合竞争力，把衡阳建成全国文明城市，建成更具影响力、竞争力、辐射力的区域性中心城市。市委副书记、市长周海兵主持会议。市领导廖炎秋、段志刚、罗东海、包昌林、刘丽华、邓柯、张贺文、章彰、贺小坤、苏营、李平出席会议。衡阳县、石鼓区、市住建局、南岳镇主要负责人在大会上发言。

（李　政）

【中国共产党衡阳市第十一次代表大会举行】　2016年9月28日上午，衡阳市第十一次党代会在市政府会议中心开幕。市委书记、市人大常委会主任周农代表中国共产党衡阳市第十届委员会，向大会作题为《贯彻五大发展理念，坚持全面从严治党，为建设“五个新衡阳”而努力奋斗》的报告。周农指出，中国共产党衡阳市第十一次代表大会，是在衡阳市大力实施“十三五”规划、决胜全面建成小康社会、努力实现第一个百年奋斗目标的关键时期召开的一次重要会议。大会的主题是：贯彻五大发展理念，坚持全面从严治党，号召全市党员干部群众进一步解放思想、凝心聚力、真抓实干、开拓创新，为建设经济繁荣、百姓富裕、生态优美、社会和谐、政治清明的新衡阳而努力奋斗。中共湖南省委对衡阳市召开第十一次党代会高度重视，专门派出现场督导组到会指导。省委现场督导组组长、省纪委常委王前良出席大会开幕式。大会应到代表486人，因事、因病请假8人，实到代表478人，符合规定人数。会议由市委副书记、市长周海兵主持。包昌林代表中共衡阳市纪律检查委员会向大会作书面工作报告。9月30日上午，中国共产党衡阳市第十一次代表大会完成各项议程，在市政府会议中心闭幕。大会号召，全市各级党组织和全体共产党员，要紧密团结在以习近平为中共中央总书记的党中央周围，在中共湖南省委的坚强领导下，率领全市干部群众，万众一心，锐意进取，为把衡阳建设成为经济更加繁荣、百姓更加富裕、生态更加优美、社会更加和谐、政治更加清明的活力之城、开放之城、幸福之城而努力奋斗。周农主持闭幕式并发表讲话。省委对衡阳市召开第十一次党代会高度重视，专门派出现场督导组，对大会进行全程指导。省委现场督导组组长、省纪委常委王前良出席大会闭幕式。大会应到代表486人，因事、因病请假4人，实到代表482人，符合规定人数。大会通过《中国共产党衡阳市第十一次代表大会关于十届市委报告的决议》和《中国共产党衡阳市第十一次代表大会关于纪律检查委员会工作报告的决议》。大会认为，周农代表中共衡阳市第十届委员会所作的报告，高举中国特色社会主义伟大旗帜，以马克思列宁主义、毛泽东思想、邓小平理论、“三个代表”重要思想、科学发展观为指导，深入贯彻中共中央总书记习近平系列重要讲话精神，以“贯彻五大发展理念，坚持全面从严治党，建设经济繁荣、百姓富裕、生态优美、社会和谐、政治清明的新衡阳”为主题，全面总结衡阳市第十次党代会以来的工作，科学谋划未来五年经济社会发展的蓝图，对全面从严治党提出明确要求，符合中央、省委的要求和衡阳的实际，体现全市人民的共同期盼，具有鲜明的时代特征，是指导衡阳各项工作的纲领性文件。大会认为，包昌林代表中共衡阳市第十届纪委所作的工作报告，实事求是地总结中共衡阳市十届纪委五年来的工作，提出今后五年的工作建议，对全市党风廉政建设和反腐败工作具有重要的指导作用。　（李　政）

【中国共产党衡阳市第十一届委员会第一次全体会议召开】　2016年9月30日下午，中国共产党衡阳市第十一届委员会第一次全体会议召开。会议选举产生第十一届市委常委，市委书记、副书记，并通过《关于中国共产党衡阳市纪律检查委员会第一次全体会议选举结果的报告》。新当选的市委书记周农代表新一届市委常委会作重要讲话，以“做好六个方面的表率”向全市党员和人民做出庄严承诺。此次全会应到市委委员61名，实到61名；应到市委候补委员11名，实到11名，符合规定人数。全体新当选的市纪委委员列席会议。省委现场督导组组长、省纪委常委王前良出席会议。根据会议选举办法，周农同志当选为新一届市委书记，周海兵、邓群策为副书记。当选第十一届市委常委的是：周农、周海兵、邓群策、罗东海、包昌林、刘丽华（女）、邓柯、何录春、张贺文、贺小坤、陈竞。

（李　政）

重要文件

2016年，市委制定颁发的相关重要文件有：

5月30日《中共衡阳市委印发〈关于党员干部拒收送红包礼金的九条规定〉的通知》

8月11日《中共衡阳市委办公室衡阳市人民政府办公室关于加强道路运输安全监管的通知》

8月15日《中共衡阳市委办公室衡阳市人民政府办公室印发〈2016年全市减轻企业负担工作实施方案〉的通知》

8月19日《中共衡阳市委关于衡山县部分领导干部违规聚餐严重违反换届纪律案处理情况的通报》

8月22日《中共衡阳市委办公室衡阳市人民政府办公室关于加快推进美丽乡村建设的通知》

9月19日《中共衡阳市委办公室衡阳市人民政府办公室关于成立衡阳市县域、工业、旅游经济“植优势、补短板、促发展”行动领导小组的通知》

9月19日《中共衡阳市委办公室衡阳市人民政府办公室关于蒸湘区二塘、湘桂村委托衡阳高新区管理的通知》

10月18日《中共衡阳市委关于认真学习贯彻中国共产党衡阳市第十一次代表大会精神的通知》

10月18日《中共衡阳市委办公室衡阳市人民政府办公室关于举办“2016衡州经济发展论坛”活动有关事项的通知》

10月21日《中共衡阳市委办公室衡阳市人民政府办公室关于举办全市脱贫攻坚工作业务培训班的通知》

11月21日《中共衡阳市委办公室关于举办衡阳市学习贯彻省第十一次党代会精神大会的通知》

11月29日《中共衡阳市委办公室关于召开市委第一届二次全体（扩大）会议的通知》

11月30日《中共衡阳市委办公室关于举办省委宣讲团“学习贯彻省第十一次党代会精神”报告会的通知》

12月26日《中共衡阳市委关于成立中共衡阳市委非公有制经济组织和社会组织工作委员会的通知》

（李　政）

办公室工作

【概况】　2016年，在市委领导下，市委办公室（以下简称市委办）发挥参谋助手、综合协调、督促检查和后勤保障等职能作用。

一、文稿服务方面。全年共起草、整理市委领导各类讲话稿130余篇、60多万字；起草各类会议材料、汇报材料70多个、40余万字；牵头开展“基层调研献策”活动，围绕县域经济、旅游经济、工业经济、非公经济供给侧改革、创新创业、农村治安防控体系建设等开展专题调研13次，起草一批高质量调研报告，被省级以上刊物单篇刊发8篇。先后在《中国纪检监察报》、省委《内刊》、新华社《湖南领导专供》等国省级刊物发表市委主要领导署名文章3篇，众多决策建议变成市委文件、决策部署、工作规划，直接服务和助力衡阳改革、发展、稳定大局，文稿服务得到市委领导的肯定；在省委办公厅开展的“五比五做”主题活动中，被省委办公厅评为全省优秀单位。

二、决策落实方面。先后围绕各类重要会议，以及重点项目建设、植优补短、全面小康推进、精准扶贫等中心工作，下发工作《提示函》《督办函》100余期，按照进度要求，组织专项督查30多批次；下发《督查通报》17期，向省委督查室和市委主要领导报送《督查专报》15期。配合省委办公厅、省政府办公厅组织开展党风廉洁建设、全省市（州）委书记座谈会精神贯彻落实、全省县乡人大代表直选工作，以及市县两级人大、政府、政协换届等8批次督查调研活动。全年办理领导批示件360件，其中省委主要领导批示件3件，市委主要领导批示件91件，市委其他领导批示件266件，按时办结率100%，得到市委主要领导肯定性批示件12件。

三、机要保密方面。全天候加强与各县（市）区的对接调试，反馈信息200余条，提升全市密码通信能力和应急通信保障能力，确保党委系统政令安全畅通，完成全市涉密计算机“三合一”保密监控系统和门户网站敏感信息搜索平台建设任务。

四、财务规章制度建设方面。2016年，市委办加强财务管理，严控“三公”经费，汲取李亿龙案教训，开展财务工作自查自纠，主动发现和查处秘书协会和《衡阳通讯》编辑部多年前的财务违规问题，相继出台《关于明确财务报账制度的通知》《关于在市委办实施衡阳市级预算单位公务卡强制结算目录的通知》《关于严肃财经纪律加强财务管理的规定》等一系列财务规章制度。配合市委、市政府开展“政府采购、建设工程招投标、财政专项资金、公用经费”等四项专项检查。坚持精细化管理，实施公务卡支付制度、公务用车集中统一管理制度和规范公务接待等制度。推进公车改革，落实公务用车派车制度。

（雷　恒）

【市委办绩效考核科成立】 2016年，经市委常委会批准，成立市委办绩效考核科，负责全市目标管理绩效考核和全面小康监测考核日常工作，整合全市全面建成小康社会监测评价体系和目标管理绩效考核体系，完善督促检查、绩效考核、小康推进“三位一体”绩效管理衡阳模式。

（雷　恒）

【获评为“向中办报送信息工作先进单位”】 2016年，市委办发挥党办信息“主渠道”作用，把服务市委科学决策作为第一目标，把向中办、省委报送重要信息作为主攻方向，把畅通县（市）区和市直部门信息渠道作为重要措施。全年，市委办上报《衡阳信息》747条，编辑《要情汇报》100期，编发《今日动态》250期，以手机短信形式向市委领导报告紧急信息80余次，收到市委书记周农批示60余次，信息报送做到及时、准确、全面。全年被中央办公厅采用31条，被省委办公厅单条采用72条，被评为“向中办报送信息工作先进单位”。

（雷　恒）

【联动信访工作局面创建】 2016年，市委信访处创新接访制度，形成“由市委常委、市委秘书长挂帅，市委办领导主抓，市委办信访科具体负责，院内各单位联合互动”的信访工作局面。全年共接待群众320余起8300余人，其中接访80余起4000余人，处理率达到100%，处理各类紧急突发事件10起。编印《信访值班登记记录本》《各单位到市委接访登记本》，及时编发信访专报及时呈报市委领导，加大对县（市）区和市直单位接访处访的调度、指挥力度。

（雷　恒）

【《市委常委会议议事规则》修订】 2016年，市委办推动日常工作流程再造，学习借鉴省委办公厅8月份编发的《工作流程汇编》，结合衡阳实际，对办公室各处局室科工作流程进行全面梳理和重新设计，以图表形式明确全办各项工作流程，确保各项工作、每个环节标准化。重新修订《市委常委会议议事规则》，确保严格按程序、按制度和规则议事决策，全面提升常委会议实效。对全市性大型活动和会议，建立信访、安全、交通、城管、卫生、新闻等部门和承办单位的会务协调机制，确保市委大型活动和重要会议零失误、零差错。推行科室职责清单式管理，建立权利清单、责任清单、负面清单，结合“一岗双责”责任制要求，将工作和纪律责任细化到岗、到人。

（雷　恒）

【“四大家”秘书长联席会议制度】 2016年，市委办恢复完善“四大家”秘书长联席会议，适时通报、商议四大家重要工作，形成步调一致的服务格局；创新建立政情分析会制度，会议由市委常委、市委秘书长张贺文每月定期主持召开，市委相关副秘书长将当期中央、省内最新政策动态，市内舆情民意和经济、社会、文化生态、党建等领域的重点工作进行通报、研究、分析，为市委下月重点工作安排提出可行性建议，推动办公室工作向谋全局、当高参转变。坚持每周编发一期《市委主要领导一周重要工作、重要活动预安排》，每月编辑一张《市委主要领导决议事项一览表》，每季度开展一次重大决策、重点项目、重要工作和决议事项督查，确保中央，省委、市委各项决策部署落到实处。（雷　恒）

【优化干部队伍结构】 2016年，市委办在全办内部树立良好的用人导向，深化干部人事制度改革，推行干部内部轮岗和交流，合理调配干部资源，坚持任人唯贤、德才兼备的原则选任干部，建设团结协作、奋发有为的干部队伍，优化干部结构。全年全办共提拔科级干部27名，调整科级干部

9名；遴选5名优秀人员充实办公室政务科室。抓好干部选任工作。推荐2名县处级干部到县（市）区担任正职、内部提拔重用1名；配合相关部门做好一名人大代表和一名政协委员的考察和联络工作。创新公务员管理机制。探索干部考核评价机制，健全考核办法，强化对干部德行的考核，调动干部工作积极性，推荐综合调研室主任廖文基参评“全省人民满意公务员”。（雷　恒）

组织工作

【概况】 2016年，市委组织部坚持从严从实，发挥职能作用。“两学一做”学习教育活动获省委组织部肯定，在湖南卫视等主流媒体推介报道；干部教育内容形式多样，参训干部规模大、效果明显，干部队伍素质显著提高；市县乡换届程序规范、纪律严明，取得衡阳换届工作有史以来最好成绩；干部队伍选拔调整公开公正透明，干部挂职锻炼经验在全省推介；人才引进、培养和使用力度大，结构合理，人才竞争优势显现；基层党组织建推进有力，基层党建薄弱环节改善，工作经验在全国推介，成立“两新”组织非公有制经济和社会组织党工委；省市县党代会代表选举工作扎实有序，党群干群关系密切；党员教育工作全面到位，《当好“钢筋”——乡村基层工作行与思》一书获评为全国党员教育培训优秀教材。（李　君）

【“两学一做”学习教育】 全年，把“两学一做”学习教育作为一项重大政治任务抓严抓实，省委组织部给予高度评价，湖南卫视、《湖南日报》等主流媒体作报道推介。一是高位推动早谋划。市委常委会坚持“三个带头”——带头联线包县，带头学习讨论，带头边查边改。各级党组织谋划，创新方式推进学习教育，在全市上下营造“两学一做”的浓厚氛围。二是分类施学全覆盖。针对机关单位党员、企事业单位党员、农村党员等各类群体，有针对性地开展党性教育活动，全市各级党组织共组织讲授党课26000余堂。依托党员教育云平台开展各类竞赛促学活动，“两学一做”微视频、微动漫创作竞赛荣获全省优秀组织奖。三是边学边做促整改。开展收送红包礼金、“雁过拔毛”式腐败问题、公务消费、财经纪律执行情况等六个专项整治。集中开展专项督查暗访310次，共查处381人，给予党纪政纪处分223人。（黄　彪）

【干部教育工作】 2016年，落实《2014—2018年衡阳市干部教育规划》，开展大规模干部教育培训。全年共选派99人参加中组部、国家部委等省级以上的集中调训，分批组织1500余人参加市本级集中培训，整个组织工作及参训干部素质多次受到中组部和省委组织部的表扬。构建干部在线学习平台，全市有15935人注册、11895人选课学习，注册人数、参学人数均位居全省前列。探索推行“理论学习+现场教学+交流研讨”三位一体项目式培训方式，在清华大学、浙江大学等地开设新农村建设、城市规划建设、投融资公司管理等6个专题培训班，干部队伍整体素质提升。（黄　彪）

【市县乡换届获历史最佳成绩】 2016年，市委组织部坚决落实中央“四个好”工作目标，严格换届程序，严肃换届纪律，换届工作风清气正。在全省率先出台《关于加强换届风气监督的暂行办法》，结合衡阳实际出台“九个不”纪律要求，受到中纪委和中组部的肯定。抓严抓实监督检查，全市派出932个督导组，开展督导4500余次，实现12个县（市）区、147个乡镇全覆盖。整个换届过程平稳有序，换届风气监督工作经验在全省推介。县（市）区领导班子换届中，市委提名的344人全部以超过99%的得票率当选，为衡阳换届历史上取得的最佳成绩。其中，224人满票当选，占总数的65%。乡镇领导班子换届中，县（市）区委提名人选全部高票或满票当选，营造衡阳山清水秀的基层政治生态。新华社、湖南卫视新闻联播等进行深度报道推介。（黄　彪）

【干部队伍建设经验在全省推介】 2016年，市委组织部全年调整干部10批次837人次。加强和改进援疆干部人才选派、优秀年轻干部培养选拔等工作，率先建立县处级后备干部信息库，受到省委组织部的肯定。做好干部挂职锻炼工作，2016年3月，全省干部挂职锻炼工作会上，衡阳作为唯一市（州）代表作典型发言，工作经验在全省推介。此外，推行新闻媒体现场观摩等措施，做好选调生、公务员、法检两院工作人员招考及市直单位集中遴选公务员工作，提高选人用人公信度。（黄　彪）

【干部监督工作】　持续整治“三超两乱”，共消化超职数配备干部2355人，其中51个超配副处级以上领导职数全部消化到位，受到省委组织部肯定。开展领导干部个人有关事项报告工作，抽查核实市管领导班子换届提名对象及“两代表一委员”提名人选651人，给予提醒谈话或诫勉谈话22人，取消提名或提拔资格16人。严格执行干部选任预审制度，全年受理干部选任预审3484人，暂缓任用32人。加大举报查核力度，全年受理举报172件，函询16人，组织处理5人。开展认“干亲”、党内称呼庸俗化整治，全市累计整改党内称呼庸俗化182起，自愿解除干亲关系97起。（黄　彪）

【人才引进、培养和使用工作】　全年，坚持全球视野，坚持高端引领，推动人才工作提档升级，《中国组织人事报》《湖南日报》等多家媒体给予报道推介。在全省率先建成人才信息库、人才信息资源查询平台，受到省委组织部肯定。加快人才引进步伐，全市共引进具有博士学历或高级职称的高层次人才115人，其中省“百人计划”专家2人。推进人才创新创业，指导市中医院与湖南中医药大学合作，建立博士后科研流动站；指导市高新开发区建立留学人员创业园，入驻企业达30家。人才工作竞争优势日益凸显，截至2016年年底，全市拥有“两院”院士、“千人计划”专家等国家级优秀人才167名，省级优秀人才110名。其中，省“百人计划”专家人数、发明专利申请数均名列全省第二。发挥科技特派员作用，全市选派省市县三级科技特派员302名，联系指导科技开发项目201个，推广新技术、新品种231项，带动驻地农民人均增收10%以上。（黄　彪）

【基层组织建设经验在全国推介】　2016年，推行党建任务清单、问题台账、明察暗访、党建述职等七项措施，强化管党治党责任。对基层党建薄弱环节进行集中排查整治，全市1.2万名流动党员与党组织重新取得联系，整顿软弱涣散村（社区）党组织343个，全市98%的软弱涣散基层党组织实现晋位升级。强化基层党组织骨干队伍建设，结合换届择优选拔129名“三类人员”进入乡镇领导班子。建立健全市、县、乡三级教育培训体系，分层分批次对基层党组织书记、乡镇（街道）党（工）委组织委员等进行培训，实现基层党组织书记和党务干部全覆盖。全面启动农村综合服务平台建设，受到中组部肯定，工作经验在全国推介。全面推进社区“两化两体系”建设，建成新型现代化社区180个，社区党组织服务功能明显提升。推进社区党代表工作站建设，建成高标准挂牌工作站106个。扩大党建工作覆盖面，新成立“两新”组织党组织252个。提高基层工作经费保障标准，村级运转经费增加到15万元，中心城区社区增加到40万元。创新实施党建考核末位恳谈制度、“五个日子”组织生活制度，工作经验被新华社、《人民日报》等中央媒体推介。（黄　彪）

【党代表联络工作】　做好省市县党代会代表选举工作，共选举产生58名省党代表、486名市党代表、3274名县（市）区党代表。全面推进党代表提案工作，共收集和交办提案1036件，涉及经济、政治、文化、生态等各个领域。出台《中国共产党衡阳市代表大会代表履职积分管理办法（试行）》，全面推行党代表“三联一帮”制度，全市各级党代表一线走访帮扶群众，融洽党群干群关系。（黄　彪）

【党员教育工作】　实施“农民大学生培养计划”，招生人数突破1000人，易晓军获评全国“优秀农民大学生”。省委组织部给予高度肯定，国家开放大学进行专题报道。推进远教站点“四加六代”综合改革工作，被中组部选入《全国党员教育培训案例》，新疆吐鲁番市、陕西渭南市等地来衡阳学习经验。“三授”活动开全省先河，《当好“钢筋”——乡村基层工作行与思》一书评为全国党员教育培训优秀教材，是全省14个市（州）中唯一获奖的参赛

作品。（黄　彪）

【组织部门自身建设】 出台从严加强全市组织部门自身建设的一系列制度文件，选优、训强、严管组工干部。带头严守换届纪律，组织全市332名组工干部签订《严守六大纪律和“九个不”换届纪律公开承诺书》。提升组工干部业务素养，编撰《组织工作常用文件选编》。课题《新形势下加强组工干部专业化能力建设》荣获全省“重大调研成果奖”，并作为全省唯一一个市（州）参与中组部课题起草。建立健全组织工作宣传制度，在各级媒体上发表稿件8900余篇。（黄　彪）

【《当好“钢筋”——乡村基层工作行与思》获评全国党员教育培训优秀教材优秀奖】 2016年，中组部联合举办的第三届全国党员教育培训教材展示交流活动公布获奖名单显示，中共衡阳市委组织部党员教育中心报送的《当好“钢筋”——乡村基层工作行与思》获“优秀教材”奖，成为全省14个市（州）中唯一获此奖项的教材。该书为黄常耿所著，全书共十篇10万余字，前六篇主要讲述十个鲜活的乡村基层干部经常遇到的做农村工作中的故事，并在每个故事后面编写启示，总结一些成功做法的要点以及值得注意的问题。后四篇则是建立在实践基础上的理性思考，有关于处理突发性问题的“三步循环”规律、如何做好农村工作的十三大感悟、关于农村经济发展和文化建设中有关问题的思考等，观点既有新意又接地气。该书2015年由湖南人民出版社公开出版发行。作者将本人在基层工作24年间的亲身经历、成功做法与感悟思考编写成书，探讨如何做好基层干部，发挥基层党组织钢筋堡垒作用，为社会主义建设奉献出力。全书语言平实、事例生动，对广大乡镇干部和大学生村官开展基层工作具有现实指导意义。全国党员教育培训教材展示交流评选每两年举办一次。衡阳共报送41本教材至省委组织部党员教育中心，经筛选推荐其中2本到中组部参选。（李　君）

【衡阳市首个企地党建共创协议签订】 2016年3月18日，中国水电八局衡阳东山安置房项目部与珠晖区和平乡党委签订企地党建共创协议，以党建工作的开展助推生产经营工作，做到互通信息，加强联系，开创一条党建工作的新思路，该企地党建共创系衡阳市首次。珠晖区东山安置房项目位于珠晖区东山村，规划总用地9.86公顷，总建筑面积约40万平方米，项目总投资约10亿元，工期2年。该安置房项目是衡阳市重点项目和民生项目，首次采用企地党建共创的方式，主动融入到地方，与当地政府联动，有助于赢得项目生产外围环境的支持，遇到困难地方协助解决。同时，村民通过企地党建共创能够知晓项目的进度、形成合力，共推项目建设。（李　君）

【“两学一做”学习教育工作视频会议召开】 2016年4月29日，全市召开“两学一做”学习教育工作视频会议。市委书记周农在动员部署中强调，切实增强政治责任感和使命感，精心组织，稳步推进，确保“两学一做”学习教育取得实效，为加快全面建成小康衡阳提供坚强保障。市委副书记、市长周海兵主持会议。周农指出，要高度统一思想，深刻认识开展“两学一做”学习教育，是推进全面从严治党的重要举措，是加强党的思想政治建设的重要部署，是推动管党治党向基层延伸的重要实践，是全面建成小康社会的重要保障。党的工作最坚实的力量支撑在基层，最突出的矛盾和问题也在基层。开展“两学一做”学习教育，就是要畅通末梢血管，推动全面从严治党要求在基层落地生根，让党的每一个细胞都健康起来、每一个组织都健全起来，更好地保持党的先进性和纯洁性，不断巩固党的执政之基和力量之源。周农强调，要坚持严实标准，扎实抓好“两学一做”学习教育各项任务。一要把握好“学”这个基础，坚持把党章党规与系列讲话贯通起来学习、统一起来领会，在学系列讲话中加深对党章党规的理解，在学党章党规中更好领悟系列讲话的基本精神和实践要求。二要把握好“做”这个关键，践行“四讲四有”标准，即讲政治、有信念，讲规矩、有纪律，讲道德、有品行，讲奉献、有作为，做到以知促行、知行合一。三要把握好“改”这个重点，对照问题细查，盯住问题深挖，对一些党员、干部身上存在的问题要揪住不放，坚决整改。当前尤其要突出整治为官不为的问题。四要把握好“准”这个要求，做到分类指导、精准施策。各级党组织要针对不同领域、不同行业、不同层级党员的特点，对学习教育的内容安排、组织方式等提出具体要求，防止照搬照抄、“上下一般粗”，避免学习教育与日常工作脱节。五要把握好“常”这个特点，以党支部为基本单位，以党的组织生活为基本形式，以落实党员教育管理制度为基本依托，做到抓细抓长、形成常态。周农强调，要加强组织领导，确保“两学一做”学习教育取得实际成效。要全面压实责任，坚持以上率下，从严督导指导，注重统筹结合，将学习教育的成果转化为新常态下推动改革发展的强大动力。周海兵要求，全市各级各部门迅速动员、尽快启动“两学一做”学习教育工作，抓紧制定实施方案，坚持问题导向，坚决防止学习教育走过场，全面统筹推进，进一步提升全市党员干部的精气神，展示衡阳党员干部的新形象和新作为。市领导邓群策、廖炎秋、谢宏治、段志刚、罗东海、包昌林、刘丽华、邓柯、何录春、张贺文、王雄飞及其他副市级以上党员领导干部参加会议。

（李　君）

【全市县乡领导班子换届工作会议举行】　2016年5月19日，全市县乡领导班子换届工作会议举行。市委书记、市人大常委会主任周农出席会议并强调，要认真贯彻落实中央精神和省委要求，以背水一战的决心抓好换届工作，通过换届的风清气正、圆满成功展示衡阳良好的新形象，为全面建成小康衡阳提供坚强的组织保障。市委副书记、市长周海兵主持会议。截至5月，全市147个乡镇完成党委换届选举工作。同时，根据省委的统一安排，市委研究明确，7月底前完成县（市）区党委换届，9月底前完成市委换届，10—11月完成县（市）区人大、政府、政协和乡镇人大、政府换届，2016年12月—2017年1月，完成市人大、政府、政协换届。周农指出，此次换届是对全市政治生态的一次集中检验，必须站在战略和全局的高度，充分认识做好这次换届选举工作的极端重要性。要通过抓好换届，绘出好蓝图、选出好干部、配出好班子、换出好面貌。周农强调，一是要选好“两代表一委员”，必须把党的领导贯穿始终，规范推荐提名工作，严格考察审查把关。坚持谁推荐谁负责，谁提名谁负责，谁考察谁负责，建立责任倒查和追究机制，出问题，严肃倒查追责。二是要选优配强领导班子。切实树立敢于担当、群众公认、重视基层的导向，严把政治关、作风关、能力关、廉政关。对党政正职人选，绝对不能搞平衡照顾；对党政正职岗位，绝对不能作为培养干部的“试验田”。通过年龄上梯次配备，结构上统筹配备，专业上按需配备，着力提升班子整体功能。三是要营造良好换届风气。注重把纪律和规矩挺在前面，始终把监督检查贯穿全过程，坚决把查处和追责落到实处。对违反换届纪律的问题，发现一起查处一起，不仅要查处当事人还要追究相关责任人，不仅要严肃查处还要通报曝光。四是要加强组织领导。这次换届涉及面广，政治性、政策性、程序性都很强，要强化领导责任，教育引导干部正确对待进退留转，统筹安排好换届工作与改革发展稳定各项工作，实现换届工作与经济社会发展“两不误、两促进”。周海兵要求，务必及时传达此次会议精神，切实加强教育引导，把严肃换届纪律与开展“两学一做”学习教育相结合，统筹抓好各项工作，特别是要注重抓好经济社会发展，让广大群众有更多获得感。市委常委、市委组织部部长、市委统战部部长何录春作工作报告。市领导邓群策、廖炎秋、谢宏治、罗东海、包昌林、廖茂雄、刘丽华、邓柯、张贺文、晏华衡、王洪斌、肖长贵参加会议。

（李　君）

【中组部和省委组织部调研组到衡山县开展第三次全国远程教育“百村抽查”调研】　2016年6月1日至2日，中组部和省委组织部调研组到衡山县开展第三次全国远程教育“百村抽查”调研。市委常委、市委组织部部长、市委统战部部长何录春参加调研。调研组先后考察衡山县开云镇山竹村、九龙村，长江镇柘塘村和胜利村，萱州镇贺家山社区，永和乡黄周村、龙凤村等7个村（社区），了解基层远教站点在“两学一做”学习教育中的作用以及远程教育存在的困难，并征询对远教站点建设的建议等。6月2日，调研组召开汇报会，何录春向调研组介绍衡阳市远教站点建设在理念上着力向建设服务型、开放型、复合型转型升级；在功能上，围绕群众的需求抓服务，围绕群众服务建平台转型升级；在建设上，由不求建设的“高大上”，向只求服务的“真善美”转型升级；在投资方式上，采取项目化推进的方式向银行融资，有计划、有步骤地建设好远教站点。中组部、省委组织部调研组对衡阳市抓好党员教育的认识、决心和思路，以及远教站点转型升级工作取得的成效予以肯定，并指出“远教站点+”模式有机地将党建工作和服务群众结合起来，以党建为龙头，带动其他工作，平台配套、管理服务工作做得很好，为抓好农村远程教育和村级综合服务平台建设提供很好的经验。（李　君）

【全市基层党建工作推进会在衡山县举行】 2016年9月8日，全市基层党建工作推进会在衡山县举行。市委书记、市人大常委会主任周农出席会议并强调，基层党建是党的建设新的伟大工程的基础工程，是全面从严治党的重要方面，抓紧抓实基层党建各项工作要持续发力，为建设“五个新衡阳”提供坚强组织保障。座谈会上，周农强调，要聚焦推进基层党建重点任务。第一，要夯实基层战斗堡垒。重点抓好“大力整顿软弱涣散基层党组织、努力提升服务群众水平、着力完善基层治理体系”三项工作。第二，要建强基层党建队伍。着重建强三支队伍：选优配强基层党组织书记队伍，严进严管党员队伍，配齐配强党务工作者队伍。第三，要落实基层经费保障。务必做到足量拨付不打折扣、按期发放不得截留、依规使用公开透明。村级组织运转经费不得列支招待费，任何部门和单位不得挤占、挪用。第四，要攻坚基层党建重点难点。中央、省委近期明确提出的党员组织关系集中排查等7项重点任务，要一项一项明确责任、倒排进度，确保完成任务。同时，关于基层党组织按期换届、非公有制企业和社会组织“两个覆盖”、党建促脱贫攻坚、农村综合服务平台建设四个方面的工作要扎实有序开展，务求实效、确保进度。第五，要深化学习教育。坚持把学习教育与做好中心工作紧密结合起来，与推动转型发展、打赢脱贫攻坚战、保障和改善民生、维护社会安全稳定、抓好三级换届、推进全面从严治党等工作相结合，确保两手抓、两促进。（李　君）

【首届三授活动仪式在衡山县举行】 2016年11月9日，由市委组织部党员教育中心、市电大联合主办的衡阳市首届“农民大学生培养计划”教学实践与创业基地授牌、“土专家、田秀才”授证、志愿者服务分队授旗（简称“三授”）仪式，在衡山县山竹村举行，此举在全省属首创，有助推动“精准扶贫”开展。此次“三授”活动是根据中央、省里有关“农民大学生培养计划”要求，以及2016年4月8日省委组织部“农民大学生培养计划”助力“精准扶贫”电视电话会议精神，结合衡阳市实际组织实施的。此次授牌基地23个，授证“土专家、田秀才”24人，授旗志愿者服务分队12支。省委组织部党教中心主任黎池、省电大副校长刘建军对衡阳市在培养农民大学生过程中“三授”“七优先”“四员一者”的做法予以肯定，称这在全省均属首创，值得在全省推介。截至本月，衡阳市“农民大学生培养计划”已连续开展12年，培养人才8382人，2016年报名人数达1027人，其中技术类专业最受群众欢迎。（李　君）

宣传工作

【概况】 2016年，市委宣传部评论文章《漠视生命是最可怕的沉沦》获得中国新闻奖一等奖，实现衡阳中国新闻奖一等奖“零”的突破，是2016年全省唯一获得一等奖的作品；基层宣传思想工作加强年做法得到中宣部《宣传工作》推介，形势政策宣传教育经验在中宣部培训班上作典型发言；聂东元家庭获评第一届“全国文明家庭”；衡南文化馆是16个全国优秀文化馆之一，为全省唯一。（陆　璐）

【理论学习】 全市各级党委（党组）中心组学习做到“三有三专三注重”，“三有”即年初有计划、年中有学习、年底有考核，“三专”即突出专家辅导、专门党课、专题讨论，“三注重”即注重上情与下情的结合、网上与网下的结合、理论与实践的结合，集中学习党的十八届五中、六中全会精神，习近平总书记系列重要讲话精神等，坚定理想信念，树牢四个意识。年底，结合党委（党组）意识形态工作责任制落实情况对全市县处级以上单位中心组学习进行一并督查。衡阳市委中心组“四求学习模式”（内容求精、形式求活、制度求严、效果求实）得到《光明日报》《湖南日报》推介。（陆　璐）

【理论宣讲】　坚持从微小处入手，以小切口讲清大道理，通过培育“微讲师”、精选“微话题”、营造“微场面”、用活“微技巧”，用通俗易懂的语言、喜闻乐见的形式、丰富多样的载体，广泛开展党的十八届五中、六中全会精神进基层“百姓微宣讲”活动。全年共开展各类“微宣讲”2000多场次，增强理论宣传教育的吸引力和感染力。市委讲师团主任成新平的《新时期统领中国特色社会主义建设的根本指针》被评为全省优秀理论宣讲报告、石鼓区委宣传部屈二民被评为全省理论宣讲先进个人。（陆　璐）

【国学活动】　广泛开展“船山故里·国学飘香”系列活动，活动设置国学讲座、国学征文、国学竞赛、国学展示“四大版块”，演绎国学经典，培育核心价值。其中，国学讲座市县联动、每周一讲，内容紧扣节日节点、行业特点、民生热点，形式实行一人多讲、一家多办，宣传采取多媒体传播、多载体推送，有效扩大活动的覆盖面和影响力。2016年先后邀请刘和平、阎崇年、王立群等知名学者到衡阳讲座，全市1200多场国学讲座让石鼓书院大讲坛香飘雁城，100多场“才高八斗”国学知识竞赛掀起学国学用国学热潮，全民学习之风日益浓厚。“石鼓书院大讲坛国学讲座”被中国成人教育协会评为2016年“终身学习品牌项目”，被省委宣传部评为全省优秀理论资助栏目。（陆　璐）

【讲好衡阳故事系列活动】　一是围绕新题材讲好故事。围绕市委市政府“五个新衡阳”战略目标、“植优补短”战略举措等新理念，讲好衡阳发展的故事；围绕换届选举“党员干部拒收红包礼金承诺”“九严禁、九不准”，建设“政治清明新衡阳”大讨论等工作举措，讲好“全面从严治党”的故事；围绕“诚信包子店主蒋细云”“见义勇为大学生侯建”“小车祸撞出大感动”等凡人善举，讲好身边好人的故事。中央电视台、《人民日报》、新华社等主流媒体先后对此进行专题报道。二是运用新媒体讲好故事。加大媒体融合力度，做大做强“三微一端”（“衡阳发布”官方微博、“衡阳发布”官方微信、“文明雁城”微信公众号、“掌上衡阳”手机客户端）新媒体，综合运用现场直播、集体推送、交流互动等方式，把好故事推送到受众眼前。截至2016年年底，“衡阳发布”微博、微信粉丝突破54万，“衡阳发布”政务发布平台在2016腾讯湖南影响力峰会上被评为年度政务发布创新奖；“掌上衡阳”手机客户端用户20多万，“掌上衡阳”对衡阳市第十一次党代会、乡村旅游文化节等进行网络直播，受市民喜爱，连在国外的衡阳籍人士都纷纷关注、点赞。三是完善新机制讲好故事。采取“走出去主动衔接”与“请进来采风采访”相结合的方式，与中央、省主流新闻媒体的合作交流，全年在省级以上主流媒体发稿969篇，放大衡阳正面声音。建立健全新闻主题活动策划机制、新闻线索征集机制、政情舆情会商机制，有针对性地向市委市政府提出工作方向和建议，为领导决策提供参考，及时化解矛盾，不让“事情”转化为舆情。同时，依托各类微信群、QQ群、朋友圈，将信息触角延伸到村镇社区，及时发现、推介正面新闻线索，整理、疏导负面信息，起到扬正控负的作用。（陆　璐）

【创建文明城市工作】　2016年，全市在创建全国文明城市中，推动12个专业工作组、8个单项城市荣誉品牌创建齐头并进；开展“文明创建、党员先行”交通文明劝导活动，机关干部轮岗上路劝导文明；各级党政机关开展包路段、包社区活动，与广大市民共创共建。（陆　璐）

【第四届道德模范暨“身边雷锋·衡阳好人”评选表彰活动】

2016年，通过群众推、群众评，评出40位道德模范及提名奖，举办道德模范颁奖典礼；同时，广泛开展“我推荐、我评议身边好人”、寻找“最美家庭、最美创业、最美故事”“最美志愿者”评选等活动；截至2016年年底，全市共有21人入选“湖南好人榜”，10人入选“中国好人榜”，并组织开展关爱道德模范、宣传道德模范、学习道德模范系列活动，在全社会营造学好人、做好人的浓厚氛围。年底，央广网就衡阳市身边好人作《“好人现象”引发“好人效应”》专题报道。

（陆　璐）

【市民文明教育活动】　组织“相约文明”市民教育活动，精选10堂主课，分级分层分领域巡回讲课1000多场次，50多万市民受到教育。开展自我实践，引导全市70万市民注册成志愿者，组织开展“志愿你我他、文明靠大家”“我们的节日”等主题实践活动，引导市民讲文明、树新风，涌现出1个全国最佳志愿服务组织、1个全国最佳志愿服务项目、9个全省优秀志愿者及团队。开展“文明单位”“文明村镇”“文明社区”创建活动，掀起群众性精神文明创建热潮。（陆　璐）

【开展地域特色文化活动】　一是文化活动有特色。坚持高雅与通俗相结合，组织开展“幸福衡阳”“雁舞新春”大型群众文艺汇演、“红旗颂”大型合唱比赛、“广场旬旬演、社区周周乐”“周末百姓剧场”等群众文化活动，举办多场交响音乐会、民族音乐会；承办“女篮四国邀请赛”，中央电视台体育频道进行现场直播。衡阳市为全省“欢乐潇湘”汇演被表彰单位和个人最多的市（州），并夺得“红旗颂”大型群众合唱全省金奖。二是文艺作品显风骨。坚持集天下之人才打造衡阳文艺精品，开展“幸福小康、文明衡阳”群众美术、书法、摄影文艺创作大赛，收到各类作品8000多幅；力邀国家、省知名艺术家担当主创，融入衡阳文化元素，指导筹拍影视剧《衡阳保卫战》、歌剧《一塘清水一塘莲》等重点文艺作品，展示衡阳文化之城、英雄之城的精神风骨；湘剧小戏《妈妈，儿子回来》、少儿歌曲《一甲麻雀》获得国家艺术基金扶持，美术作品《湘南暴动》入选庆祝建党95周年全国美术作品展。先后组织优秀文艺团队、文艺作品到长白山、鄯善等地演出、展览，加强衡阳文化对外交流。三是文化项目惠民生。坚持政府主导与民间投资相结合，采取交钥匙工程等方式，融资近20亿元，建设“三馆两中心”等一批重大文体设施，成为城市文化新标识；市体育馆、市游泳馆、市新媒体中心投入使用，湘南地区最大的图书卖场衡阳图书城开门营业，南岳电视调频发射台铁塔重建项目进展顺利；卫星直播“户户通”工程在全省率先完成任务，农村广播“村村响”工程全面铺开。同时，引导民间资本投资文化项目，推进“百万花海”“2688文化创意园”等文化产业项目，举办“宝盖银杏节”“油菜花节”、乡村生态旅游节等文化节会。（陆　璐）

【宣传工作重要活动】　1月21日，“丹心向阳”——阎肃作品音乐会在市体育馆举行，现场观众近5000人聆听音乐会。

3月4日，衡阳市组织开展“我是雷锋家乡人湖湘文化送春风”2016年文化志愿服务学雷锋活动。市委常委、市委宣传部部长刘丽华雁峰区白沙洲街道联盟山社区和市福利院，走访慰问困难居民。当天，市直各机关单位、各县（市）区组织志愿者开展形式多样的学雷锋志愿活动。

3月8日，衡阳市召开全市精神文明建设暨宣传部长会议，会议由市委常委、常务副市长段志刚主持，市委常委、宣传部长刘丽华就全市宣传思想工作作工作报告，市委副书记邓群策就全国文明城市创建工作作具体部署，市委主要领导作讲话。会议总结2015年衡阳市精神文明建设和创建全国文明城市工作，对2016年工作进行安排部署。全体市委常委，市人大、市政协主要负责人，市政府副市长参加会议。

3月18日，2016年衡阳市文体广电新闻出版工作暨“扫黄打非”工作会议在市政府全会会议室召开，市委常委、宣传部长刘丽华出席会议并讲话。会议总结2015年工作，对2016年工作进行安排部署。

3月23日，2016年室内田径世锦赛三级跳冠军董斌载誉回家。市委常委、市委宣传部长刘丽华等市领导会见董斌。对于董斌在世锦赛上的突出表现，市委市政府给予表彰奖励。

3月25日，全省国防教育教

育动员会召开，市委常委、宣传部长刘丽华代表衡阳市作为全省四个市（州）代表之一作经验发言。

4月18日，衡阳市文明委召开2016年第一次会议，市委常委、宣传部部长刘丽华，副市长周辉斌，市文明委成员单位负责出席会议，市委副书记邓群策作重要讲话。会议审定2015届衡阳市文明县城（城市、城区）、文明单位、文明村镇、文明社区（小区）表彰名单和2016届评选通知，并研究部署2016年衡阳市精神文明建设工作。衡阳市委副书记邓群策强调，要科学谋划，准确把握精神文明建设工作大势，突出重点，整体推进精神文明建设各项工作，健全机制，全面落实精神文明建设工作责任。

4月19日—22日，2015年度湖南新闻奖评选会议在衡阳市召开。会议收到全省各新闻单位报送的报纸、广播、电视、网络新闻作品以及央媒作品共计744件，46位评委在4天里评选出一批优秀的新闻作品。省委宣传部常务副部长、省委副秘书长李发美，省委宣传部副部长、省记协主席孔和平，市委常委、市委宣传部部长刘丽华出席会议并讲话。

4月29日，第八届“书香雁城·文化衡阳”全民读书月启动式暨《石鼓书院大讲坛·国学讲座》第47期在市广电中心举办，中南大学文学院副院长阎真主讲《中国传统文化现代命运的历史性逆转》。

5月5日，衡阳市创建全国文明城市工作座谈会在市委常委会议室召开。市委常委、市委宣传部部长刘丽华主持座谈会并介绍衡阳创建全国文明城市工作情况，市委书记周农强调，全市上下要坚持目标不变、部署不变、力度不减，以志在必得的决心，全面加快“八城同创”步伐，确保如期实现创建目标。市领导邓群策、张贺文、唐文峰出席座谈会。

5月11日，省委“学习贯彻《条例》和《准则》巡回宣讲报告会”在衡阳市举行，省委宣讲团成员、省委讲师团副主任谭跃湘主讲，全市副处级以上领导干部参加听讲。

5月14日，四国女篮对抗赛在衡阳市体育中心体育馆举行，CCTV5连续直播、录播，“中国·衡阳”首次频频亮相央视体育频道。市领导周农、周海兵、刘丽华等观看比赛。

5月31日，“小手拉大手，文明健康行”2016年衡阳市万人戒烟公益活动启动仪式在衡阳市高新技术产业开发区蒸水小学举办。启动仪式由市人民政府副市长周辉斌主持，市委常委、市委宣传部部长刘丽华讲话并宣布活动启动，市政协副主席张亮出席活动。

6月24日，衡阳市纪念中国共产党成立95周年“红旗颂”大型群众合唱比赛在市体育中心体育馆举行。比赛共有市直机关、12个县（市）区和市青少年宫等14支代表队参赛。省委宣传部巡视员魏委，省文化厅党组副书记、副厅长禹新荣，省新闻出版广电局副局长毛良才以及周农、周海兵、邓群策、谢宏治等全体在衡阳副市级以上领导观看比赛。

7月29日，市委书记、市人大常委会主任周农调研市直宣传文化单位，并召开调研座谈会。会上，周农书记审阅市直宣传战线各单位的书面发言材料，要求全市上下要深刻认识做好宣传思想文化工作的重大意义，扎实抓好宣传思想文化重点工作，切实加强党对宣传思想文化工作的领导，共同营造风清气正的新闻舆论环境，为建设经济繁荣、百姓富裕、生态优美、社会和谐、政治清明的新衡阳提供强大的精神动力。

7月，衡阳市作为代表在中宣部主办的全国地方党委宣传部形势政策宣传教育工作培训班上作题为《接地气、重实效、促常态——让基层形势政策宣传教育活起来》的典型发言。

8月10日，衡阳市举行庆祝建党95周年中央和省委表彰对象代表先进事迹报告会（衡阳会场），会议由市委副书记邓群策主持，市委书记周农参加会议并作重要讲话，全市在职市级领导、市委组织部及宣传部部务会成员、市直机关党委主要负责人、县（市）区委书记、四城区乡镇党工委书记和党组织代表以及党员群众代表共400余人参会。

8月11日，衡阳市创建全国文明城市工作推进会在市政府会议中心召开。市委书记、市人大常委会主任周农出席会议并讲话，强调全市上下要充分认识创建全国文明城市的重大意义，突出创建全国文明城市的工作重点，全面落实文明创建的工作责任，统一思想、坚定信心、持续发力，力争如期实现创建全国文明城市的奋斗目标。市委副书记、市长周海兵主持会议，市委副书记邓群策作全市创建全国文明城市工作报告。市领导廖炎秋、谢宏治、段志刚、罗东海、包昌林、刘丽华、邓柯、张贺文、贺小坤、章彰等副市级以上领导参加会议，市直各单位和各县（市）区相关负责人参加会议。

8月16日，衡阳籍选手董斌在里约奥运会男子三级跳远决赛中以17米58的成绩摘得铜牌，为中国在奥运会三级跳远项目上实现奖牌零的突破。

8月30日，2016年湖南省“欢乐潇湘”群众文艺汇演决赛衡阳市专场在市政府会议中心举行。市委书记、市人大常委会主任周农，省委宣传部巡视员魏委，省文化厅党组书记、厅长李晖，市委副书记、市长周海兵及市领导谢宏治、刘丽华、康强、张亮，省文化厅党组副书记、副厅长禹新荣亲临现场观看演出。

9月26日，衡阳市召开衡阳籍运动员参加2016年里约奥运会表彰会。市委书记、市人大常委会主任周农，市委副书记、市长周海兵会见回乡的奥运健儿董斌，以及董斌、柴飚的亲属与教练。表彰会由市委常委、市委宣传部部长刘丽华主持，授予董斌、柴飚“衡阳青年五四奖章”，授予两人的教练“衡阳市优秀教练员”称号。

10月13日，“建设政治清明新衡阳大讨论”全市性综合类研讨会在市委一号楼一楼会议室召开，各县（市）区宣传部、市纪委、市委办、市委组织部、市直机关工委、一区两园等单位负责人参加会议，会议由市委常委、宣传部长刘丽华主持，来自社会各界的代表进行讨论、发言，市委副书记邓群策作重要讲话。

10月13日，衡阳市创建全国文明城市迎测动员会召开。会议分析全市当前创建全国文明城市工作面临的困难和问题，并对迎接中央文明委的第二次测评进行再动员、再部署。市委副书记邓群策出席会议并讲话，市委常委、市委宣传部部长刘丽华主持会议，市领导唐文峰参加会议。

12月29日，“道德之光·璀璨衡阳”——衡阳市第四届道德模范暨“身边雷锋·衡阳好人”颁奖典礼在市广播电视台演播厅举行。衡阳40位道德方面的先进典型上台接受表彰，省委宣传部副部长、省文明办主任刘进能，市领导周农、周海兵、邓群策、廖炎秋、谢宏治、段志刚、刘丽华、康强、张亮、欧阳大力出席典礼并颁奖。（陆　璐）

统一战线工作

【概况】 2016年，市委统战部发挥职能作用，组织贯彻执行中央、省委和市委关于党的统一战线方针、政策；协助市委贯彻党领导的多党合作和政治协商制度以及对民主党派的方针、政策，发挥市级各民主党派参政议政和民主监督作用，负责党外人士的政治安排等各项工作稳定有序开展。

一、统一战线重大决策部署贯彻实施。一是强化党的领导。市委高度重视，成立由市委书记任组长的市委统战工作领导小组，分别召开市委统战工作会议和第一次市委统战工作领导小组会议，出台《中共衡阳市委关于加强统一战线工作的意见》《贯彻落实〈中共衡阳市委关于做好统一战线工作的意〉2016—2017年重点工作规划》《中共衡阳市委统一战线工作领导小组工作规则》及《中共衡阳市委统一战线工作领导小组办公室工作细则》等5个重要文件。全市12个县（市）区均成立党委统战工作领导小组，实现党委常委专职担任统战部长，绝大多数市直单位和高等院校明确统战工作机构，党对统战工作的领导得到空前加强。二是夯实基层基础。市委统战部在全省率先增设党外知识分子工作科，市委统战工作领导小组会议对规范县和区一级统战部门机构，增加编制人员分别提出明确具体的要求。衡阳县、衡东县、祁东县、常宁市、耒阳市、石鼓区等县（市）区统战部门相继增加机构、编制、人员和工作经费，交流培养统战干部，配优配强工作力量，统战工作基层基础夯实。三是抓好问题整改。9月，由市委统战工作领导小组牵头，组织开展全市贯彻落实重大决策部署情况全面调研检查，下发调研检查情况通报；对在贯彻落实重大决策部署存在问题的县（市）区和单位逐一列出整改清单，明确整改任务和整改时限；约谈未按期落实省委统战工作领导小组调研检查整改要求的4名县委书记和区委书记。

二、人大、政协换届中党外人士安排。严格按要求履行各项工作程序，制订完善工作方案，选派严谨守纪、精干务实工作力量和联合考察审查队伍，扎实做好人选协商推荐、联合考察审查、综合评价、人员公示、研究审定等各环节工作；严格纪律要求和责任追究，推荐人选和相关工作人员签订《严守换届纪律承诺书》，实行全程纪实，以严密的程序和铁的纪律确保党外代表人士在人大、政协中的安排符合政策要求。

三、凝聚党外人士工作。成立全市统一战线凝心聚力"十三五"行动协调小组，出台《衡阳统一战线凝心聚力"十三五"行动实施方案（2016—2020年）》，将该项工作纳入市委、市政府对各县（市）区党委政府绩效考核内容。举办凝心聚力"十三五"行动系列主题培训班，在衡阳统一战线网、衡阳微信公众号开设专栏，开展系列主题宣传，营造浓厚氛围。一是深化教育，凝聚共识。开展党外代表人士"两学一助"学习教育，实现学习教育范围从市级组织（团体）到基层支部（团体）的有效覆盖，578名党外代表人士主动报名参加"湖南网上社院"学习，189个基层组织掀起"两学一助"学习教育热潮。创新开展各类学习活动，组织开展全市"学讲话、学《条例》"知识竞赛，先后有9支党外人士队伍、1341人参加比赛；举办"统战文化大讲堂""统战摄彩"活动。二是突出特色，示范先行。着力打造致公党衡阳市委凝心聚力"十三五"先行示范点，引导致公爱心企业和爱心人士捐款20万元，推进"一家一"助学就业·同心温暖工程，在湖南财工院成立"致公·阳光班"，帮助50名品学兼优的学生完成学业。三是打造品牌，彰显作为。开展"献计新衡阳，建功'十三五'"活动，评选出一批优秀稿件。助力精准扶贫战略实施，引导统战系统各单位、各民主党派分别对接衡南县谭子山镇高杨村、常宁塔山瑶乡等10余个乡村开展精准扶贫工作，通过走访慰问、医疗服务、教育扶贫、产业扶贫、改善基础设施建设等方式帮助贫困地区和家庭脱贫。引导党外人士参与"四同创建"工作，截至年底，全市创建4个省级示范点，28个市级示范点。 （唐　鹏）

【多党合作事业】 巩固和拓宽政治协商平台，出台《中共衡阳市委2016年度政党协商计划》，市委书记主持召开党外代表人士座谈会，就市第十一次党代会报告征求党外代表人士意见；组织召开全市1—10月经济发展情况向党外代表人士通报会，经济工作成为继党风廉政建设和司法公开之外开展政党协商的又一新领域。组织党外人士围绕经济社会发展开展调查研究和建言献策，形成调研报告20余篇，一批建言献策成果得到省、市领导批示。完善民主监督机制，启动新一轮特约人员聘请工作，22个市直政府部门和司法机关单位聘请81名民主党派成员、无党派人士担任新一轮特约人员。 （唐　鹏）

【党外知识分子工作】 建立健全工作机构平台，成立衡阳市党外知识分子联谊会并召开第一次全体会员代表大会，选举产生联谊会领导班子；各县（市）区、高校成立或筹建党外知识分子工作机构及党外知识分子联谊会。建立完善党外知识分子、无党派代表人士和社会组织党外代表人士数据库，完成各类人员登记造册近千人，摸清资源底数。开展教育培训，选派无党派代表人士、新社会组织代表人士、新媒体从业人员、网络意见人士60人参加省、市各级组织的学习培训。开展活动，做好凝聚、引领和服务工作，组织召开首次归国留学生座谈会，举办"我的归国创业故事"征文比赛活动。 （唐　鹏）

【非公经济服务工作】 由市委常委、统战部长牵头带队，市县两级统战部、工商联联合相关职能部门1000余家企业开展"访民企、解难题、办实事、强信心"调研活动，为非公企业解难帮困。市委书记亲自主持召开全市民营企业家座谈会，倾听民营企业家的困难、诉求和意见建议，提振发展信心。组织异地衡阳商会恳谈会，来自19家异地衡阳商会的60余名代表参会，现场签署项目20个，引进投资210亿元。衡阳促进非公有制经济人士健康成长工作经验得到省委统战部《统战工作》专题推介。1. 民族宗教领域和谐稳定。规范做好少数民族服务管理工作，出台《关于做好外来少数民族工作的意见》；推进民族团结进步示范社区创建，确立两个省级民族团结进步示范社区创建点，在湖南工学院组建市级民族团结进步教育基地；实施少数民族地区精准扶贫，共争取5个项目、51万元资金扶持塔山瑶乡发展。启动教风创建“回头看”，全市所有宗教场所建立会计、预算、收支等财务管理制度，配合省宗教部门妥善处理南岳大庙“3·17”一般火灾事故善后处理；开展“两滥”专项整治；支持宗教团体加强自身建设和开展文化、公益活动，指导南岳佛协成功举办成立60周年纪念活动，建立衡阳市首家宗教慈善基金会——南岳道缘慈善基金会，全市宗教界全年慈善捐款总额达200余万元。2. 海外交流交往密切频繁。组织开展“湘品出湘东欧行”交流活动，组团赴美国看望侨胞、走访侨企、调研侨情。协调处理涉台涉侨矛盾纠纷，倾力服务台侨资企业，配合有关方面妥善处理耒阳宝升鞋业罢工事件，全力服务常宁田野绿世界、衡东台湾物流园项目发展。3. 党外代表人士管理严格规范。强化党外干部管理，开展市管党外干部履职报告和党外干部任前谈话，组织87名市管党外干部向市委统战部作年度履职报告，首次召开挂职党外干部座谈会。强化党外干部教育培训，完成省委统战部安排的党外干部调训6批18人次，在市社会主义学院举办为期一个月的党外干部培训班，组织50名党外干部赴清华大学开展异地学习培训。理论研究先导作用彰显。紧贴全市中心工作和统战工作重点领域，开展《换届选举中非公经济人士无序政治参与的防范研究》《基层统战工作运行机制的研究与思考》等课题研究；努力发挥统战理论研究基地特约研究员队伍作用，举办全市统战理论研究和信息宣传工作培训班，全年形成调研成果85项，选送6项优秀成果参与全省评选，为推动工作实践提供科学有效对策。

（唐　鹏）

【民主党派市级组织和市县两级工商联换届工作】 2016年，市委统战部加强对换届工作领导，市委常委会多次专题研究部署换届工作，安排专项工作经费200多万元，制订《衡阳市各民主党派市级组织换届工作实施方案》《2016年全市工商联（总商会）换届工作实施方案》，分别成立民主党派和工商联换届工作领导小组、拟提名候选人考察小组和加强换届风气监督工作领导小组。严把人事关、纪律关，反复开展警示教育，充分进行人选协商，实行最严格的综合评价，坚持“凡进必评”，对拟推荐的党外代表人士实行一人一档全程监督纪实，实施分片督导和“点穴式”督查。确保民主党派和工商联换届工作圆满完成，7个民主党派市委主委全部满票当选，其他各职位人选得票率均在99%以上。

（唐　鹏）

【邓焕生到衡阳开展专题调研】 2016年4月12日—14日，省委统战部副部长、省社会主义学院党组书记邓焕生率队到衡阳市开展“访民企、办实事、强信心”专题调研。邓焕生一行先后前往衡东县、衡山县、衡阳县及衡阳市区，实地走访湖南机油泵厂、华夏湘江农业示范园、衡阳恒生制药有限公司、湖南角山米业有限责任公司、衡阳市得阳鞋业有限公司、衡阳奇石文化博物馆，详细了解企业生产经营状况，存在的实际困难以及发展诉求和建议。调研过程中，调研组召集民营企业家进行集中座谈，宣传解读习近平总书记重要讲话精神，听取企业家的意见建议，探讨新常态下企业转型升级和实现非公经济“两个健康”的科学路径。邓焕生从带头自觉学习中共中央总书记习近平讲话精神，增强发展信心；研究把握大势，主动谋划新形势下的新发展；实时推进创新创业，不断为企业获得新的发展动力；加强个人能力建设，提升综合素质，尤其是要增强发声能力和提高政治品德修养；主动为构建新型政商关系努力五个方面对与会企业家进行勉励。

（罗歆宏）

【陈潇一行到衡阳调研检查】 2016年5月11日，衡阳市召开贯彻落实中央、省委统一战线重大决策部署情况汇报会，市委常委、市委组织部部长、市委统战部部长何录春代表市委向省委统战工作领导小组第一调研检查组组长、省委副秘书长卿渐伟，调研检查组副组长、省委统战部副部长陈潇一行专题汇报衡阳市贯彻落实情况。省委统战工作领导小组调研检查组肯定衡阳贯彻落实中央、省委统一战线重大决策部署所取得的成绩，要求认真研判统战工作的新形势、新问题，最大程度发挥统一战线的优势，为地市经济社会发展贡献力量。调研检查工作从5月10日持续到5月12日，采取召开汇报会、座谈会和访谈个别党外代表人士、查阅资料、实地考察等方式进行。市委党校常务副校长尹同君及市委统战工作领导小组成员单位的相关负责人出席汇报会。（罗歆宏）

【全市“统战文化大讲堂”暨“老干部形势报告会”开讲】 2016年7月25日，全市“统战文化大讲堂”暨“老干部形势报告会”开讲，活动由市委统战部、市委老干局、民革衡阳市委联合举办。省政协副主席、民革湖南省委原主委刘晓应邀到衡阳作报告。刘晓以“海权与南海问题”为题，结合自身在国防战略研究班学习和赴南沙群岛考察的经历，对当前南海局势进行深刻分析。他从海洋意识与海权、南海问题两大方面，论述提高国民海洋意识，维护国家海权的重大意义。民革湖南省委专职副主委雷震宇、市政协副主席谢明芳、老领导彭辉等出席活动。市委统战部系统、市委老干局的机关干部，各民主党派成员，老领导共计400余人聆听报告。（罗歆宏）

【统一战线重大决策部署问题整改推进会召开】 2016年8月，省委统战工作领导小组就第一调研检查组到衡阳开展调研检查的相关情况下发通报，开出衡阳贯彻落实统一战线重大决策部署问题整改清单。为切实抓好整改落实，8月15日，市委统战部召开贯彻落实统一战线重大决策部署问题整改推进会。（罗歆宏）

【谭平调研衡阳党外人士安排工作】 2016年10月25日，省委统战部常务副部长谭平率队到衡阳调研换届党外人士安排工作。调研组成员分赴衡阳县、蒸湘区开展实地调研，并在市委统战部会议室召开专题座谈会，听取各方面意见和建议。会议强调：一要高度重视，做好中央、省委统一战线工作领导小组调研检查的相关迎检工作，是一项重要的政治任务，各地各单位要保持高度的政治敏感性和清醒的政治头脑，把此次工作作为对统战工作的一次有力推动，向主要领导做好汇报，确保在干部新老交接的特殊时期工作不留死角、没有盲区；二要对存在的问题按时按要求整改到位，尤其要对统战力量比较薄弱、党外干部安排不到位、党外人大代表和政协委员安排程序不到位、比例不达标等问题逐条整改，按照相关要求落实到位。三要认真做好迎检工作，确保万无一失，省委、市委要求切实做好迎接中央来衡就贯彻落实统一战线系列重大决策部署情况调研检查的准备，各地各单位要坚持问题导向，对照相关要求，全面自查，切实抓好整改，迎接检查。（罗歆宏）

【中央爱国宗教界人士研修班到衡阳参观学习】 2016年11月4日，中央统战部二局组织第11期爱国宗教界人士研修班到衡阳市进行爱国主义教育和参观学习。研修班一行先后参观石鼓书院、陆家新屋、南岳祝融峰、忠烈祠和大庙。市委统战部副部长、市工商联党组书记胡新武，市旅游外侨民宗局副局长周大可陪同参观。（罗歆宏）

【全市党外知识分子联谊会第一届第一次会员代表大会召开】 2016年12月4日，衡阳市党外知识分子联谊会召开第一届第一次会员代表大会，选举产生衡阳市党外知识分子联谊会第一届理事会理事、常务理事、理事会领导班子。会议审议通过《衡阳市党外知识分子联谊会章程（草案）》《衡阳市党外知识分子联谊会五项制度（草案）》《衡阳市党外知识分子联谊会会费缴纳暂行规定（草案）》《衡阳市党外知识分子联谊会第一届第一次代表大会选举办法（草案）》，选举产生衡阳市党外知识分子第一届理事会理事119名、常务理事41名和理事会领导班子。向前当选为会长，张永英当选为常务副会长，冯春娥、赵盛丽、文利平、唐斯萍、王曼娟、彭雅茜、夏良树当选为副会长，王杰当选为秘书长。衡阳市党外知识分子联谊会是根据《中国共产党统一战线工作条例（试行）》、省委《关于贯彻〈中国共产党统一战线工作条例（试行）〉的实施意见》和市委《关于进一步做好统一战线工作的意见》有关精神成立，初步确定会员323名，主要组成人员为没有参加任何党派、有参政议政愿望和能力、对社会有积极贡献和一定影响的人士，具有中高级职称的党外知识分子，学科带头人或者重要业务骨干中的党外知识分子，担任中层以上领导职务的党外知识分子，其他有成就、有影响的党外知识分子、无党派人士以及出国和归国留学人员。

（罗歆宏）

【市党外知识分子联谊会成立】2016年12月5日，衡阳市党外知识分子联谊会（简称“市知联会”）正式成立，并召开第一届第一次会员代表大会。省委统战部副部长邓焕生到会祝贺，市委常委、市委统战部部长、副市长罗东海出席并讲话。邓焕生代表省委统战部、省知联会向市知联会的成立表示祝贺，并希望衡阳市有关部门和社会各界从中华民族实现中国梦的高度，深化对党外知识分子的重要认识；从党外知识分子是统战资源重要源头的高度，做好党外知识分子工作，为他们发挥作用提供良好平台，支持他们深入调研、建言献策，为经济发展和社会进步提供智力支持。会议审议通过市知联会《章程》、选举办法，选举产生第一届理事会领导班子，向前当选市知联会第一届理事会会长。市领导伍清明、廖健、肖长贵、谢明芳参加会议。（罗歆宏）

对台工作

【对台工作会议】 2016年7月21日，市委召开对台工作会议，共70余人参加。市委副书记邓群策出席会议并作讲话，市人民政府副市长王洪斌主持会议。会议传达省委对台工作会议精神，总结2016年的工作，部署全年全市对台工作任务。10月10日，市台办召开全市台办主任会议，听取各县（市）区上半年的对台工作汇报及下阶段的工作打算，部署开展全市台资企业、定居台胞、两岸婚姻家庭等情况摸底工作。

（张新宇）

【省台办调研组到衡阳检查调研】2016年，湖南省台办调研组来衡阳检查调研对台工作，对衡阳市对台工作给予肯定。省台办副主任傅雷、丁学新以及副巡视员左新良等分别率相关处室到衡阳市就《关于对台工作归口管理的意见》落实情况、台资企业产业转移、台资企业党建情况进行调研。

（张新宇）

【衡台经贸交流合作】 2016年，国际国内两大市场疲软，经济下行压力较大，台资企业面临生产成本升高，劳动用工短缺等不利因素。一是全市各级台办以招商引资为重点，开展对台经贸工作。利用东莞市台商投资企业协会到衡阳市召开“第十届第十三次正副会长会”的机会，邀请30多名有实力、有影响的客商来衡阳参访考察。6月26日，东莞市台商投资企业协会一行实地参观考察衡阳白沙洲工业园（衡阳台湾工业园）及综合保税区，参加市政府招商引资推介会，听取白沙洲工业园、松木工业园、衡山科学城负责人推介发言，客商对衡阳美好前景以及园区的发展，给予好评。东莞市台商投资企业协会辅导会长谢庆源表示，衡阳环境优美，交通便捷，物产丰富，未来将是珠三角经济发展的延伸，他们计划带动更多台商到衡阳考察投资。二是全市各级台办做好台商来衡阳经贸交流、考察工作。全年邀请台商考察团组13个、100多人。台湾桃园国际机场民航公司董事长郭蔡文率考察团一行16人考察衡东台湾物流园，达成合作意向；市台办多次接待东莞市台商投资企业协会桥头分会财务长苏陈朝煌率团到衡阳考察旅游休闲农业项目。该台商计划在衡阳市珠晖区东阳渡街道新坪村境内（云鹭峰），投资3亿~6亿元，打造集休闲、度假、生态农家乐于一体的综合性旅游休闲胜地。12月15日，台商创办的东莞市泰景源旅游投资有限公司与珠晖区人民政府签订《云鹭峰风景区整体开发项目合作框架协议》，年底就正式签约进行磋商。经市台办多方商谈对接，促成台湾屏东迦乐医院前院长龙应达先生来衡阳市兴建现代养老公寓项目的投资意向。三是组织小分队前往沿海台商集中地区及岛内招商。市县各级台办配合政府、园区，组织小分队前往台商集中地招商。市台办多次组织招商小分队，赴东莞、广州、深圳等地拜会各地台商协会和台商，通过推介项目，宣传优惠政策等，先后促成多批次台商到衡阳作投资考察。11月8日，受东莞市台商投资企业协会的邀请，市台办主任李瑞荣率小分队参加东莞市台商投资企业协会大岭山分会第十一、十二届会长交接暨二十三周年庆典活动，认识一批重要台商，积累人脉资源。衡南县台办开展入岛招商，于4月份组织以县委副书记吴旭东为团长的经贸交流团赴台湾进行经贸考察交流。拜会衡南籍在台重要人士、岛内知名企业家，参观在衡南投资的台资企业总部，洽谈多个合作意向，取得良好成效。7月5日祁东县台办利用举办“2016中国祁东黄花菜节”活动，邀请“花莲县各乡镇地区农会”“金针协会”部分会员参会，为“黄花为媒，经贸唱戏”做工作。

（张新宇）

【配合重点项目建设工作】

2016年，富士康集团逐渐将模具研发、加工生产线全部迁入衡阳，将衡阳打造成集团的模具制造基地。公司进出口总额突破13亿美元。得意精密电子继续保持良好的发展态势，生产销售总值增速保持在9%以上，该公司拟策划将总部从广州迁到衡阳。祁东县归阳工业集聚区台湾工业园有企业12家，有7家开工建设。常宁市田野休闲农牧有限公司一期项目——田野绿世界（百万樱花园）申报省级“四同创建”项目，纳入该市旅游总体规划，实现周边环境、交通网络、沿途建设风格一体化。一期项目建设基本完成，二、三期项目建设完成规划。由台资企业衡阳名洋开发置业有限公司投资3亿元，征地32公顷建设的“卡纳湖谷”项目一期主体工程基本完成。衡东台湾物流园项目在市台办领导的促成下，在衡东县委、县政府领导的重视下，一、二期建设进展顺利，展示中心完成建成，进入运营筹备阶段。

（张新宇）

【涉台法律法规建设】

2016年，全市各级台办配合市人大开展《中华人民共和国台湾同胞投资保护法》和《湖南省实施〈中华人民共和国台湾同胞投资保护法〉办法》执法检查工作，营造有利于台资企业发展的社会环境。开展台资企业调研工作，为做好全市对台经济工作问诊把脉，10月12日至14日，市台办全体班子成员带队到各县（市）区及市属园区的台资企业开展调研活动，通过调研，全面掌握全市台资企业的基本情况以及存在的困难和需要解决的实际问题，为推动全市对台经济工作打好基础。

（张新宇）

【涉台经济纠纷调处】

近年来，随着衡阳市吸引台商投资逐渐增多，台商投诉信访案件也逐渐增多。2016年，全市共受理台胞投诉案17件，结案率保持在90%以上，一批久拖不决的疑难案件得以解决，未结案子取得重大突破。年内，协助有关部门解决万福陵园案的遗留问题；妥善处理耒阳宝升鞋业600余工人罢工案；9月份，台资企业鸿伟鞋业因搬迁停产补偿标准问题引发劳资纠纷，员工多次集众到政府上访，市县两级台办妥善做好台商和员工之间的工作，截至2016年年底，该纠纷由劳动仲裁部门裁决处理。

（张新宇）

【全市台资企业普查登记工作】

截至12月底，全市批准登记台资企业有64家，正常生产运营的49家，投资总额46096万美元；其中，2016年新增台资企业2家，合同资金2000多万美元。在衡阳台资企业投资总额在1000万美元以上的达到8家。衡阳市台资企业的发展呈现出台资稳步增长、投资规模扩大等特点。（张新宇）

【对台交流交往】

2016年，全市各级台办以弘扬湖湘文化和开展经贸交流为平台，推进与台湾的各项交往交流工作。衡台人员往来发展迅速，交流层次提高，交流领域拓宽。一是为台胞提供优质服务，做好台胞接待工作。随着两岸关系的发展，来衡阳市旅游观光、学术交流、考察投资的台胞、台商日益增多，全年全市接待台胞400多人次，有“台湾振兴中华民族暨文化经济促进协会”会长臧幼侠为团长的参访团；中国国民党副秘书长、“台东市议会”议长饶庆铃率领的参访团；台湾新竹县中华黄埔亲属协会常务副会长徐正文参访团；多次接待“中华两岸新家庭协会”理事长蒋明霞一行等。二是向政协推荐台联界别委员人选工作。2016年是换届之年，市县各级台办以市县两级人大、政协换届为契机，向市、县推荐优秀的台属和台界人士担任各级人大代表和政协委员，让广大台胞台属能够参政议政，为全市经济社会发展建言献策。市台办经过多轮甄别考察推荐在台重要人士的亲属作为市政协委员或市人大代表，其中担任市级人大代表、政协委员的台属有7名人选。三是赴台交流工作。2016年，全市因公赴台成行的有20批298人次。其中经贸考察6批、70人次，与2015年同期相比，增长8.6%；交流14批228人次，增长9.8%。赴台交流规模比2015年有所增长。交流内容涉及经济、科技、农业、教育、书画、旅游、体育等方面，一批具有衡阳优势和特色的项目相继赴台交流，各界别、各行业、各领域交流推进，与台湾中下层民众、青少年学生交流活动增多。通过交流加强与台湾各界的联系，促进两岸乡亲的感情联络。四是邀请台湾团组到衡阳开展文化学术交流。9月26日，世界汉诗协会邀请“台湾全球粥会总会长”“台湾文化艺术界联合会”理事主席、“台湾海峡两岸和谐文化交流协进会”会长陆炳文到衡阳参加东方诗风论坛衡山诗会，“以诗为友，以诗会友”；湖南工学院邀请台湾多所大学的负责人到衡阳参加学术论坛以及与台湾中华大学达成交换学生协议。11月，耒阳罗含学术研讨会邀请罗青、孔维勤两位台湾学者参加学术交流活动。台湾衡阳籍书画家周廉溪、谢松泉等回家乡举办个人书画展。五是引导台胞参与社会公益事业。引导和动员全市广大台胞捐款资助家乡公益事业。8月份，常宁市召开旅台常宁同乡会奖助学基金会第21届颁奖大会，为家乡高考的品学兼优10名学子颁发助学金，共2万元人民币，并在电视台、网络媒体宣传旅台乡亲爱心善举。全年衡阳市台商、台胞主动对贫困地区奉献爱心，捐款捐物达20余万元。（张新宇）

【对台宣传工作】 一是台胞面对面宣传工作。近年来，大批台胞回衡阳探亲、旅游、经商考察，为开展对台胞面对面宣传创造有利条件。市台办派专人陪同参观、现场考察、座谈等形式，向他们介绍衡阳经济社会发展情况。南岳、耒阳、常宁结合本地特点，有针对性地组织台胞参观当地人文景观。2016年9月，台胞臧幼侠应邀回衡阳访问，衡南县台办陪同参观当地人文景观，让其感受近年来家乡发生的变化，并赠送宣传资料。二是加强与台湾新闻媒体联系合作，打造对台宣传精品。市台办注重突出地方特色，选择衡阳市人文历史、古迹名胜、地方特色艺术等台胞喜闻乐见的宣传题材，组写稿件，制作宣传品，在台湾媒体刊登播出，或向台胞赠送。组织反映衡阳历史文化和旅游资源的宣传稿件50篇，先后在《台商》、台湾版《湖南文献》等刊物、媒体发表，扩大衡阳市在台湾的知名度，展现衡阳市美丽的自然风光和淳朴的人文精神，弘扬湖湘文化。三是邀请台湾媒体到衡阳进行采访活动。全年接待到衡阳采访的台湾媒体记者4批50人次，有《联合报》《经济日报》《工商时报》等台湾的主流媒体。2016年，以乡情、乡音、乡恋为题材，利用微信等新媒体，开展对台入岛宣传。利用微信群，向旅台同胞宣传大美衡阳、衡阳美食、衡阳民俗，加深旅台同胞特别是新生代同胞对家乡认知。同时，借助各种媒体平台，开展对台宣传信息工作。全年向《湘台连线》《台湾工作通讯》《中国台湾网》《华夏经纬网》《湖南对台工作》等媒体投稿137篇。（张新宇）

【涉台教育工作】 一是加大力度对干部群众、大中小学生、窗口行业进行涉台教育。1月，在全市开展涉台宣传教育活动，编印《衡阳与台湾》特刊第8期10000余册分发到全市100余所中小学校以及县（市）区直机关等，进行台海形势教育。全市共组织两岸关系形势报告会、讲座10场次、听众2000多人次。二是利用网络开展涉台教育。2016年，市台办升级衡阳对台工作网站，在网站专门开辟对台工作、台海形势、涉台事务、招商引资等宣传专栏，设立涉台政策和知识专栏，开通热线电话，解答有关咨询，扩大涉台宣传教育覆盖面。三是开展涉台教育进社区活动，印发涉台知识宣传手册，张贴涉台知识图片。四是开展两刊杂志的征订工作。市县两级台办《台湾工作通讯》《两岸关系》的征订工作，全年共征订500余份。（张新宇）

【涉台事务管理】 一是为在衡阳的台胞排忧解难。2016年，全市各级台办共为台胞解决经济纠纷、子女上学、证照延期、家庭婚姻等各方面问题80余起，以维护台胞合法权益。二是加强涉台事务规范管理，确保衡台交流健康发展。市台办加强对赴台团组的行前教育工作，加大对赴台行为的防范督查等措施，避免可能影响涉台稳定的各种隐患。三是配合市委组织部对因私或因公赴台进行专项核实统计。（张新宇）

【陈三井一行参访衡阳抗战史迹】 2016年3月22日至23日，台湾华侨协会总会理事长陈三井率领参访团一行36人到衡阳，参访衡阳保卫战纪念馆和南岳忠烈祠等抗战史迹。市政协副主席刘日煊出席活动。期间，刘日煊向陈三井一行介绍衡阳经济社会发展情况、人文景观和自然景观情况，欢迎台湾同胞常到衡阳旅游观光、投资兴业，实现互利双赢。台湾华侨协会总会前身为1942年在重庆创立的“南洋华侨协会”，1945年更名为“华侨协会总会”，现有海外25个分会。该会致力于侨史研究，广泛联络海外侨界，传承中华文化，参与两岸交流，与大陆侨务机构保持着密切交往。（罗歆宏）

【衡台两地物流产业合作展开洽谈】 2016年4月，应衡阳市物流与采购联合会邀请，桃园国际机场股份有限公司董事长郭蔡文、台湾迦乐医院董事长龙应达、台湾大展工程顾问有限公司董事长龙应腾一行10人到衡阳，就推进台衡两地物流产业的合作展开洽谈。郭蔡文、龙应达等台商系衡东台湾物流园董事长龙检成的亲友，市物流与采购联合会知晓后主动联系对接，通过龙检成与台湾水果产业开展相关合作，并在龙检成的牵线搭桥下，促成此次洽谈。市物流与采购联合会会长侯光昆表示，加强与台湾物流界合作，有利于促进衡阳物流产业提质升级，推动衡阳经济社会发展。（罗歆宏）

【东莞台商协会到衡阳招商引资推介会举行】 2016年6月26日，东莞台商协会到衡阳招商引资推介会举行。副市长、衡阳县委书记王洪斌出席推介会。东莞台商协会在衡阳期间，实地考察白沙洲工业园。推介会上，白沙洲工业园、松木经开区、衡山科学城作推介发言。王洪斌全面介绍衡阳的自然资源、工业基础、产业特点、交通区位优势、投资环境和机会等，希望参会台商加强宣介，让更多的台商了解衡阳，促进两地经贸往来。东莞台商协会负责人表示，衡阳招商引资热情高，产业资源丰富，将加强两地的沟通联系，带动更多的客商来衡阳考察，投资兴业。（罗歆宏）

改革工作

【概况】 2016年，市委改革办在全省绩效考核中获得122.5分的成绩，连续三年走在全省前列。

一、顶层设计抓改革谋划。立足衡阳实际，为市委、市政府当好改革参谋。市委、市政府高度重视改革工作，市委书记周农来衡阳任职召开的第一个会议是市委深改组会议，市第十一次党代会选举产生的新一届市委领导班子参加的第一个大会是改革推进大会。全年共召开4次深改组会议、1次全市改革推进大会、5次市委常委会召开形势研究改革工作，审议通过改革方案26项。

二、调研调度抓改革推进。坚持改革问题导向，组织相关部门就老工业基地转型升级系统性改革、补齐发展短板、出租车行业改革等开展专题调研，为衡阳市跻身全省系统性改革试点城市争取主动权。建立四级调度机制，即深改组调度县（市）区和专项小组、改革办调度县（市）区改革办和专项小组联络办、专项小组调度责任单位、责任单位调度参与单位。全年召开改革工作调度会议4次、改革研讨会2次。

三、督察考核抓改革成效。按照“六必督、六必查、六必究”要求，先后开展改革试点专项督察、改革中期督察、改革全面督察，下发5批次督办函，发挥改革督察尖刀作用。科学制订2016年绩效考核指标，考核内容与计分方式更加侧重于改革任务的落实与落地。衡东县、石鼓区、雁峰去设立“改革创新奖”，对勇于先行先试、探索创新的单位、个人给予适当奖励。（罗辉　熊斌）

【改革专题报道与推介】 2016年，省党代会期间，《湖南日报》刊载市委书记周农署名文章《以更大智慧胆识推动改革向纵深迈进》，并开辟“幸福衡阳”“创新衡阳”专栏，图文并茂展示衡阳改革成绩单。《衡阳日报》等市级媒体开办改革专栏，先后40余次刊发专题报道。市委深改组在全市范围通报推介市委政法委社会稳定风险评估改革等16个改革典型案例。《人民日报》对衡阳市全域旅游等改革进行专题推介，《湖南日报》对商事制度“改革套餐”给予专版报道；深化校园安全管理改革、养老服务业改革、农村土地确权颁证、推进法治宣传教育改革等，分别在中央、省级相关会议作典型发言；法检两院率先在全省完成员额制改革工作；不动产登记总体运行情况在全省位居前列；“两集中、两到位”行政审批制度改革等受群众好评；衡山县农村综合公共服务经验得到中组部肯定推介，衡东县补齐县域经济短板、衡南县农村综合改革、南岳区补齐旅游发展短板、珠晖区精准扶贫、蒸湘区教育综合改革等得到省委改革办推介，衡阳县扩权强镇、祁东县农村电商、常宁市循环经济、耒阳市金融服务三农、雁峰区创业创新、石鼓区社区养老服务等改革都各有特色，富有成效。

（罗　辉　熊　斌）

【重点改革工作推进】 2016年，市委改革办坚持重点改革重点抓，省定20项重点考核事项和市定9项重点突破改革事项落地。承接国家级试点8项、省级试点31项，自主开展7项探索试点，探索出全面深化改革的“衡阳新经验”。供给侧结构性改革、全域旅游、建设领域行政审批制度改革、机构改革、公车改革、农贸市场改造提升等重大改革有序推进。耒阳市农房抵押贷款国家级试点效益渐显，衡山科学城发展“飞地经济”试点加快推进，商事制度“改革套餐”红利凸显，“五证合一、一照一码”全面启动，市场主体赞誉度高。

（罗　辉　熊　斌）

【重点领域改革落实】 2016年，市委改革办聚焦经济发展问题，推进重点领域各项改革，“三去一降一补”成果明显，完成市本级党政机关公车制度改革；聚焦百姓更加富裕，推进民生领域各项改革，衡阳市26所涉改城市公立医院全部实行药品零差率销售，精准扶贫、精准脱贫改革扎实推进；聚焦生态更加优美，推进生态文明体制改革，健全生态文明建设考核和责任追究机制，衡南县开展江口鸟洲湿地生态补偿试点工作；聚焦社会和谐关系创建，推进全面依法治市各项改革，制定出台衡阳市首部地方性法规《衡阳市南岳区综合管理条例》，完成全市检察机关679名检察官的等级套改；聚焦政治更加清明，推进从严治党各项改革，在全省率先公布换届选举监督办法，完成全市县（市）区、乡镇纪委换届。

（罗　辉　熊　斌）

【2016年度湘南地区全面建成小康社会工作座谈会在衡阳召开】 2016年3月23日，2016年度湘南地区全面建成小康社会工作座谈会在衡阳召开。湖南省全面建成小康社会推进工作领导小组副组长、湘南地区全面建成小康社会推进工作指导小组组长、副省长何报翔强调，要准确把握形势，精准推进工作，加快湘南地区全面建成小康社会步伐。市委副书记、市长周海兵代表市委、市政府介绍推进全面建成小康社会经验。座谈会上总结衡阳市2015年全面小康社会建设工作成果。2015年，衡阳市全面小康总实现程度达88.6%，比2014年提高6.6个百分点，49项指标中有23项实现程度排名全省第一，获“全省全面建成小康社会工作综合优秀奖”，蒸湘区率先步入全省首批“全面建成小康社会达标县（市）区”。何报翔指出，全面建成小康社会是党中央作出的重大战略部署，是党中央对全国人民的庄严承诺。湘南地区全面建成小康社会工作已形成推力强、基础好、机制活、氛围浓的良好态势，但困难和挑战不少、任务仍然艰巨。各级党委、政府要准确把握形势，以问题为导向，以发展为重点，找准切入点，选准突破口，培育增长极，打好组合拳，精准推进工作。要突出发展任务，把经济发展放在首位，继续抓好承接产业转移，抓好供给侧结构性改革，抓好县域经济发展；要补齐发展短板，转变农业发展方式，增加农民收入，提升新农村建设品质；要强攻发展难点，聚焦贫困地区和贫困人口，因地制宜，分类施策，打好扶贫攻坚战；要破解发展瓶颈，加强农村生态建设，做好城市节能减排工作，抓好城乡公共服务、基础设施建设、乡村治理等工作。省政府副秘书长熊方平主持会议，省相关

部门负责人讲话。蒸湘区介绍全面建成小康社会经验。市领导邓群策、段志刚、张贺文、陈竞、王洪斌、刘运定参加会议。

（罗歆宏）

【市委中心组（扩大）集中学习“供给侧结构性改革”理论专题】 2016年4月22日，市委书记周农主持市委中心组（扩大）集中学习“供给侧结构性改革”理论专题。周农强调，全市各级各部门要深入学习领会中央关于推进供给侧结构性改革的有关精神，结合实际，扎实抓好供给侧结构性改革各项工作。市委副书记、市长周海兵参加学习。国务院发展研究中心资源与环境政策研究所副所长李佐军，受邀作主题为《推进供给侧改革，实现“十三五”良好开局》辅导报告。李佐军围绕“正确理解供给侧结构性改革”“为什么要推进供给侧结构性改革”“如何推进供给侧结构性改革”“地方政府如何贯彻落实供给侧结构性改革”四个部分进行讲解，对供给侧结构性改革作全面系统的阐述，将中国供给侧结构性改革与西方供给学派理论进行对比，并紧密联系中国改革开放实践对供给侧结构性改革进行解读。此外，李佐军联系中国和衡阳市经济社会发展实际，解读中央供给侧结构性改革政策的重点内容，回答供给侧结构性改革方面群众普遍关心的一些现实问题。 （罗歆宏）

【秦国文应邀作“全面深化改革”辅导报告】 2016年10月12日，市委中心组（扩大）举行集中学习。省委改革办专职副主任秦国文应邀作“全面深化改革”辅导报告，市委中心组随后举行“两学一做”学习教育第三专题——“讲道德、有品行”学习研讨。市委书记、市人大常委会主任周农主持并讲话，市委副书记、市长周海兵参加学习。秦国文从“改革最大的动力是思想认识、改革最大的难题是利益藩篱、改革最大的原则是问题导向、改革最大的学问是制度设计”四个维度，阐述“用改革的思维推进改革攻坚”的宏观思路、实践途径和操作方法。周农强调，“讲道德，有品行”是做合格党员的基本标准。要学深悟透丰富内涵。作为党员干部，特别是领导干部，必须树立高尚的道德情操，不断提升思想境界，永葆先进性和纯洁性。要深入开展学习研讨。各级党组织、党支部要按照时间节点要求，组织安排好“两学一做”学习教育第三个专题学习研讨。市委副书记邓群策，市委常委、市委宣传部部长刘丽华，市委常委、市委组织部部长、市委统战部部长何录春分别围绕“讲道德、有品行”这一主题，联系各自实际谈学习体会。谢宏治、段志刚、罗东海、包昌林、邓柯、张贺文、贺小坤、陈竞及全体在职市级领导参加学习。市委讲师团副主任肖振军围绕“讲道德、有品行”这一主题，从“道德之谓、道德之重、道德之行”三个方面作学习提示。 （罗歆宏）

【罗云寿率督察组调研衡阳市全面深化改革工作】 2016年10月25日，省委改革办专职副主任罗云寿率调研督察组调研衡阳市全面深化改革工作。罗云寿指出，衡阳全面深化改革工作有力度、有广度、有深度，亮点频现，下一步要进一步解放思想，在探索中让改革工作充满活力。市委常委、市委秘书长、市委改革办主任张贺文出席调研座谈会。调研督察组先后走访衡阳中兴网信科技有限公司和衡阳镭目科技有限责任公司，详细了解衡阳市互联网与经济社会融合发展及全面深化改革工作情况。2016年，衡阳市全年部署9大类46大项71小项改革事项，紧扣发展主题，协同推进经济、农村、行政、党建、纪检等重点领域改革。同时，紧抓互联网与经济社会融合发展，着力推进“互联网+工业、农业、服务业”等方面的发展，全面推动衡阳市经济发展。座谈会上，罗云寿肯定衡阳市全面深化改革工作，强调衡阳全面深化改革工作要进一步解放思想，在探索中下功夫，让改革工作充满活力；要进一步加强调查研究，在提高质量上下功夫；改革要进一步突出重点，总结先进经验，推进改革有序发展。同时指出，未来互联网将全面影响城市经济发展，要加快互联网改革工作，大力推动经济转型，争取在互联网应用上走在全国前列。 （罗歆宏）

政策研究工作

【概况】 2016年，市委政策研

究室按照“研究高地、工作高参、写作高手”的定位，发挥职能作用。注重参政设谋，抓实政务服务。全年共起草领导讲话、重要文件、署名文章、调研报告等重大文稿180余篇、110余万字；开展调研活动15次、形成调研报告15篇，刊发《政研参考》32期、《党代会专报》8期，国家和省级刊物发表文章14篇。（蒋　平）

【文稿材料起草工作】 2016年，市委政策研究室先后起草市第十一次党代会报告、市委经济工作会议报告、市纪委六次全会讲话、市委十一届二次全体（扩大）会议、县域经济工业经济补短板工作会议讲话、市委城市工作会议讲话、全市基层党建工作推进会上的讲话、市委党校工作会议讲话、季度经济形势分析会上的讲话、市委全面深化改革推进会上的讲话、全市社会治安综合治理创新讲话等材料。撰写多篇领导署名文章。其中，《当好全面从严治党的书记》《唤醒责任意识重塑良好形象》均刊发于《中国纪检监察》；《以更大智慧胆识推动改革向纵深迈进》《始终坚持和发展党的先进性》刊发于《湖南日报》。（蒋　平）

【市第十一次党代会报告起草】 2016年6月，市委政研室开始起草报告起草工作，历时3个多月时间，前后经过调研、初稿起草、征求意见、深度修改、形成定稿等环节。在起草准备阶段，召开30多场次专题调研会，调研遍及12个县（市）区和50多个市直部门；初稿形成以后，召开征集意见座谈会25场次、吸收意见300余条；在深度修改过程中，反复打磨，十易其稿。整个报告突出谋划建设“五个新衡阳”这个主题，突出落实五大发展理念、坚持全面从严治党这个重点，突出继往开来、提神鼓劲目的，成为全市下一个五年及未来更长一段时间发展的行动纲领。（蒋　平）

【调查研究工作】 组织实施党代会报告起草、国有林场、南岳旅游、工业园区、非公经济、金融创新、县域经济、农村治安防控体系等市委重大课题调研15次，大部分调研成果进入省委、市委决策，10篇调研报告在国家级、省级刊物发表。其中，《衡阳国有林场转型发展之路》刊发于《中国林业》《省委送阅件》，并被省林业厅批示转发各市（州）林业局；《一座千年古镇的华丽蝶变》刊发于省委《送阅件》；《衡阳市农村治安防控体系建设调查》刊发于《湖南工作》，有关对策建议写入市委文件；《让产业园区成为县域发展的主阵地》刊发于省委办公厅《工作情况交流》，市长周海兵批示全市园区学习借鉴，并在《衡阳日报》全文转载；《美丽瑶乡的脱贫致富之路》刊发于《湖南工作》；《南岳旅游经济调查》《衡阳市采石场调研与思考》在全市上下反响较好。全室调研报告在省市形成“品牌效应”，深受领导群众和省委政研室好评。5月份，全市“达德杯”2015年度优秀调研报告评选表彰活动在常宁市举办，收到各县（市）区和市直单位各类调研报告121篇，评选表彰优秀调研报告30篇。（蒋　平）

【政策研究工作】 2016年，市委政策研究室着力于政策解读、政研参考和政研网站三大政策研究平台。政策解读在求深、求精上下功夫，在每季度的经济形势分析会上，深度解读宏观经济政策，深度梳理国省出台的产业政策，深度研判国内经济走势，为全市经济运行把脉问诊。《政研参考》在求新、求实上下功夫，重点刊发重大政策解读、重要理论文章和重要经验推介，可读性、参考性和针对性更强，市委主要领导多次在重要会议予以表扬，8期得到市委常委批示。衡阳政研网在求量、求活上下功夫，网站内容更加丰富，政研特色更加明显，访问量和含金量同步提升，社会影响力和美誉度加大，已经成为全市政研工作者学习交流的重要渠道、全市公务员考试的学习园地和调研报告写作的示范网站。（蒋　平）

党史研究工作

【概况】 2016年，市委党史研究室继2014年、2015年在全省评先后，2016年，再度被获评为”全省党史工作先进单位”。党史标志性工程《中国共产党衡阳历史》第二卷出版发行，第三卷初稿完成。以史资政取得新突破，开展“衡阳市国有工业企业改革发展”

专题调研，结合工业调研，撰写《衡阳特变电工的三次华丽转型》《南岳打造国际旅游目的地的实践与探索》两篇资政文章，分别入选中央和湖南改革开放实录。先后前往贵州、广西、湘潭、长沙等地交流学习，为衡阳党史陈列馆建设积累经验衡阳市共征订《湘潮》8998份，征订量居全省前列，覆盖率超过本地人口数的9‱，达到10.3‱。省委党史研究室推介衡阳市加强平台建设、服务“以史铸魂”的经验。2016年5月组织编写《衡阳优秀党史人物摘编》一书，该书收集罗荣桓、伍中豪等20余位衡阳著名党史人物的先进事迹，作为“两学一做”学习内部学习教育资料，发放至相关单位党员干部手中。统筹各方优秀力量编党史，加强基本队伍（党史研究室的）、优势队伍（离退休老）、骨干队伍（专家、学者、教师和爱好者）“三支队伍”的建设。（刘　辉）

【“衡阳市国有工业企业改革发展”专题调研】 2016年，开展“衡阳市国有工业企业改革发展”专题调研，形成《衡阳市国有工业企业改革发展经验教训》专题资政报告。报告对衡阳国有工业企业改革与发展的历程、经验、教训、建议进行深刻的总结、分析和反思，为衡阳工业企业的改革、改制和发展提供有益借鉴，受到市委秘书长张贺文的肯定。（刘清华）

【“中共衡阳党史网”维护工作】 2016年年初，“中共衡阳党史网”闪亮登场。中共衡阳党史网开设“工作之窗”“党史研究”“党史人物”“党史遗址”“党史宣传”“在线阅读”等栏目，内容丰富，页面清新，编排科学，为党员干部和群众学习党史架设桥梁、搭建平台。不定期在党史网站更新党史新闻和党史工作动态，完善网站设置，将党史网站打造成为全室对外展示的一张名片。（刘清华）

【衡阳党史陈列馆建设工作】 2016年，市委党史研究室与国土、规划、发改委、财政、市志办等部门对接，以推动党史馆建设工作。先后前往贵州、广西、湘潭、长沙等地参观，学习借鉴陈列馆文物征集、展览布展等工作经验。衡阳党史陈列馆规划建筑面积5000平方米，集党史陈列展览、党史宣传教育、党史文物、资料储藏于一体，初步选址在珠晖区酃湖公园附近。（刘清华）

【“衡州丰碑”系列党史宣传活动】 2016年，“衡州丰碑”系列党史宣传活动从新闻的角度，以史实为依据，让史实说话，从小切口展示大主题，以小画面展现大场景，用百姓听得懂的语言、感兴趣的话题，对衡阳市及各县（市）区有重大影响、感染力强、教育效果好、有重要资政育人作用的党史人物、党史事件、党史遗址进行挖掘、宣传和推介。2016年，市委党史研究室继续深化“衡州丰碑”系列党史宣传活动，结合长征胜利80周年，推出“长征中的衡阳人”重头宣传专栏，宣传欧昌驷、王光泽、陈鹏、郑效峰等26名革命前辈在长征前后的先进事迹。“衡州丰碑”和“长征中的衡阳人”成为党史工作的“展示窗”、党史知识的“传播台”、党史部门对外交往的“联通桥”。（刘清华）

【党史理论研究工作】 组织撰文参加各类研讨会，《从屈原到毛泽东的美政理想》一文参加湖南省委党史研究室在汨罗市举办的“毛泽东与屈原”学术研讨会，并入选“毛泽东与屈原”学术论文集和《湘潮》。《论长征精神和中国梦》一文，参加“红军长征与湖南”研讨会和湖南省纪念红军长征胜利80周年大会，入选“红军长征与湖南”优秀论文集并公开结集出版。衡山县、耒阳市史志办主任撰写的“红色湘女之情”学术研讨论文，参加省“红色湘女之情”学术研讨会。南岳区史志办参加由湘潭大学举办的全国性湖湘学派与湖湘论坛学术研讨会。（刘清华）

【《中国共产党衡阳历史》第二卷出版发行】 2016年7月1日，《中国共产党衡阳历史》第二卷在全市庆祝中国共产党建党95周年大会上举行首发式。征编《中国共产党衡阳历史》是衡阳党史工作的标志性工程，也是一项基础性工作。该卷于2015年3月开始编写，主要采用以纵为主，纵横交错；以史为主，论从史出；以叙为主，夹叙夹议的写史手法，全面、系统、科学地记叙衡阳各级党组织29年间的历史。为保证该卷顺利出版发行，市委书记周农前往市委党史研究室看望党史干部，调研党史工作，并为《中国共产党衡阳历史》第二卷作序。市委常委、市委秘书长张贺文多次到市委党史研究室调研，听取党史工作汇报，帮助解决实际问题，并交办工作任务。市政府将第三卷纳入财政预算，同时追加第二卷经费40万元。2016年5月11日，组织召开《中国共产党衡阳历史》第二卷评审会议。市委副书记邓群策，省委党史研究室副主任王文珍，市政协副主席刘日煊，市老领导雷良玉、蒋勋功，以及省内部分市州党史部门负责人、市直有关部门负责人和专家出席会议。评审稿由五篇、十七章和图照等集成，共计60余万字。叙述衡阳从解放到中国共产党十一届三中全会召开，中共衡阳地委和市委率领衡阳人民自力更生、艰苦奋斗、求真务实、开拓进取的历史。邓群策肯定市委党史部门和各界人士为编纂该书付出的心血和汗水，指出该书是中共衡阳党组织的“族谱”，是“传家宝”，能让后人了解衡阳中共党组织在这段历史时期发挥的重要作用、发生的重大事件，以及值得吸取的经验教训，意义深远。邓群策要求市委党史部门广泛吸纳大家的意见和建议，对书稿进行精益求精的深加工，对历史问题作出客观、公正、准确的记述和评价，坚持“众手写史、众目审史、众口评史”，认真细致做好编纂工作，彰显衡阳地方特色，努力将书稿打造成一本经得起历史检验的精品佳史，争取早日成书出版。同时，要求各有关部门结合“两学一做”学习教育，运用好《中国共产党衡阳历史》第二卷这部历史教科书，发挥党史以史鉴今、资政育人的重要作用，为全面推进小康衡阳、美丽衡阳建设服务。2016年6月，《中国共产党衡阳历史》第二卷印刷成书。2016年7月1日，举行首发仪式。（刘　辉）

档案工作

【概况】　2016年，市档案馆各业务科室通过上门服务、电话咨询、网上联络等方式对全市210家单位的立卷归档工作进行业务指导。根据机构改革进度，继续开展对衡阳市机构改革撤并转36个单位进行移交前的档案指导、督促工作，大部分单位基本完成整理工作，部分单位启动移交档案的工作程序。衡阳市新农村建设档案工作建设年活动启动以来，县（市）区根据阶段目标任务开展相关工作，在抓好试点的同时，开展精品档案馆室建设、土地承包经营权确权登记颁证档案指导工作。2016年11月份在市委督查室的牵头下，联合市农委、市民政局对县（市）区进行督查、验收。各县（市）区就此项工作进行推动和认真落实。大部分乡镇的档案意识有所提升，基础设施有所改善，档案管理有所规范。2016年，衡阳市档案局被评为“全省档案工作先进单位”“二星级文明单位”“全市宣传思想工作先进单位”“高新区综合治理先进单位”。（陈志鹏　唐　莉）

【馆藏资源建设】　启动1994年至2004年市直机关和涉改机关单位的档案移交进馆工作；做好国有企业档案处置工作，接收改制企业档案1.8万余卷（册）；开展政府机构改革单位档案的移交工作，接收档案2万余卷；举办“抗战档案史料暨名家书画作品捐赠仪式”，收集到抗战档案史料180余件，书画作品220余幅。征集地方特色档案和珍贵档案资料640余卷（件），收集2015年市四大家主要领导人主要公务活动照片档案200余张，宣传报道资料480余件。（陈志鹏　唐　莉）

【档案馆库建设】　2016年，投入200多万元市档案馆完善院内和馆内的基础设施建设，安装监控和消防系统，加强机关大院的卫生保洁和安保管理，定期做好馆藏档案消毒、温湿度检测、重点档案抢救与保护等日常工作。牢固树立“安全责任重于泰山”的意识，加强消防设备的管理。新馆建设纳入“衡阳市国民经济和社会发展十三五规划”。

（陈志鹏　唐　莉）

【档案行政执法】　2016年，市档案馆抽调业务人员参与宜凤高速“6·26”特别重大交通事故国家调查组工作和市委组织部干部人事档案审核工作。对县（市）区开展档案行政执法检查。办结衡阳县民政局涉嫌销毁档案案件。对市中医院退休职工举报的个人人事档案丢失事件进行核查。

（陈志鹏　唐　莉）

【档案信息化建设】　2016年，数字档案馆（室）建设项目第二期工程启动，有序推进。衡阳档案信息网站纳入衡阳党政门户网的统一管理，网站运行良好。2016年在衡阳党政门户网发布政府公开信息120余条。

（陈志鹏　唐　莉）

【“6·9”国际档案日宣传活动启动】　2016年6月8日，衡阳市档案局联合雁峰区、石鼓区、珠晖区、蒸湘区档案局在雁峰广场开展“6·9”国际档案日广场宣传活动。市委分管档案工作的副秘书长伍尤平，雁峰区委常委、区委办主任李竞雄等到活动现场进行指导，市直有关单位、驻衡国省管单位、四个城区有关单位等近百余名档案工作者参加广场宣传活动启动仪式。活动展出档案宣传展板，发放家庭档案知识、档案资料征集倡议书、查档须知、查档流程等宣传资料，编辑档案宣传知识群发手机短信，进行档案知识抢答赛。

（陈志鹏　唐　莉）

【抗战档案史料暨名家书画作品捐赠仪式举行】　2016年12月8日，抗战档案史料暨名家书画作品捐赠仪式在太阳广场举行。捐赠仪式上，萧培、余庭良、蔡丹萍等多位民间藏家、书画名家、业余作家和文史研究专家向市档案馆捐赠档案。市委常委、市委宣传部部长刘丽华出席活动。主要捐赠物有书画作品、历史文献、记录光碟等珍贵档案资料。市人大常委会副主任李慧星对捐赠者致以感谢，并强调要重视各类档案史料征集工作，开辟思路、拓宽渠道，广泛征集社会各类珍贵和富有特色的档案资源，永久保存，不断丰富全市档案馆馆藏资源。市领导刘日煊出席活动。

（刘　辉）

老干部工作

【概况】　2016年，全市各级老干部工作部门贯彻中央文件精神，采取措施落实全市老干部工作。学习宣传。联合市委组织部下发通知，举办“学文件、谈感想、促发展”专题研讨班，在《今日老年报》和网站平台上开设专栏等，理解和把握文件的新精神、新观点、新要求，为贯彻落实打下基础。

一、调研工作。2016年3月中下旬，市委老干部局组成4个调研组，分赴12个县（市）区和21个市直单位进行专题调研，重点听取老干部工作部门、涉老部门和老干部代表的意见建议。

二、起草文件。确定思路框架，明确原则内容，从总体要求、思想教育、服务保障、阵地建设、发挥作用、组织领导六个方面着手起草实施细则，本着体现中央、省委文件精神又结合衡阳实际，注重指导性和具有操作性的原则，提出19条细化的具体措施。

三、协调工作。按照部门职能分门别类就老干部工作重点难点问题，与市委组织部、市财政局等9个部门进行沟通协调，对实施细则中涉及的许多政策性问题达成有效共识。经广泛征求市直相关部门和全市离退休干部工作部门的意见，反复修改完善后，报市委办、市政府办审定签发。在贯彻落实两个文件精神的同时，拟在全省率先成立市委离退休干部工委，推进市县两级全面实行老干部局长兼任组织部副部长工作。衡东、南岳等地通过集中学习、专题会议、宣讲辅导等多种形式，及时传达学习、宣传贯彻文件精神。祁东、雁峰、蒸湘等地相继成立离退休干部党工委。

（何宏伟）

【开展三大正能量系列践行活动】　2016年，市委老干部局紧扣“展示阳光心态、体验美好生活、畅谈发展变化”主题，部署开展“金秋助贫·正能量系列践行活动”“我看衡阳新变化·正能量系列讲谈活动”“互助关爱传递温暖·正能量系列帮扶活动”，推行“三个一”工作举措，即一个学校开展一次募捐、一个协会联系一个贫困村、一个支部重点帮扶一户特困村民，推动三大正能量活动取得实效。一是“金秋助贫·正能量系列践行活动”。市关工委开展项目助学，募集价值1.5亿元教学终端设备改善贫困地区教育教学设施；市老年大学广泛发动学员募集资金15万元对口帮扶祁东县步云桥镇演塘村；市老书协加大县（市）区“创建书画之乡”力度，举办纪念建党95周年和抗日战争胜利80周年老干部书画展；市老科协情系贫困山区，组建专家服务团帮建科技示范园172个、科技示范点296个、科技示范户2400户；市老年保健协会衡山、祁东等县和江雁等社区大力开展“关爱老年人健康行”活动，广泛宣传老年保健知识；市老体协组织200名老年运动员参加全省第九届老年人运动会13个项目比赛获历史最好成绩和最佳组织奖，成为全省获综合奖项最多的地市。二是“我看衡阳新变化·正能量系列讲谈活动”。全市离退休干部党员参与“喜迎党代会、问计新衡阳”“我看从严治党新气象”访谈活动，为衡阳市经济社会发展建言献策110余条，老干部网宣员上网发帖5万余条。注重典型引领，对全市24个老干部先进集体和37名老干部先进个人进行表彰，广泛宣传他们的先进事迹，在全市形成老干部比学赶超的生动局面。三是“互助关爱传递温暖·正能量系列帮扶活动”中。在全省率先建立离退休干部特殊困难帮扶机制，筹措300万元帮扶基金帮扶困难老干部200多人次。各地各单位结合各自实际开展特色鲜明的正能量活动。如祁东县着力开展“增强四同四新、争当最美老人”主题活动；常宁市开辟“道德讲堂”，掀起离退休干部争当道德模范的热潮；耒阳市开展“学习之星、奉献之星、关爱之星、家风之星、健康之星”的“正能量之星”评选活动；市委办、市人大办、市政府办、市政协办、市国土局、南华大学和省第一测绘院等单位突出地方和行业特色开展正能量活动。涌现出全国先进离退休干部赵中福、首批全国文明家庭聂东元家庭和全市最美志愿者周正国等离退休干部先进典型。省委老干部局局长崔永平对全市正能量活动给予肯定。在常德召开的全省为党和人民事业增添正能量活动推进会上，市委老干部局作交流发言。

（何宏伟）

【老干部政治思想关爱工作】2016年，市委老干部局落实理论学习、走访慰问、情况通报、参观考察等各项制度，从政治上、思想上关心爱护老干部。开展“两学一做”学习教育。按市委统一部署，印发《关于在全市离退休干部党员中开展“两学一做”学习教育实施方案》，对全市5.26万离退休干部党员“两学一做”学习教育工作进行分类指导、组织120余名市级老干部前往衡阳县、蒸湘区和松木工业园参观考察，实地参观三地经济社会发展、重大项目建设、美丽乡村建设，聚焦建设“五个新衡阳”建言献策。（何宏伟）

【离退休干部走访帮扶工作】完善离休干部保障、共享、帮扶“三大机制”，为老干部办实事、做好事、解难事。推行局机关党员干部“五上门”（两学一做送上门、夏季清凉送上门、爱心敬老送上门、政策宣讲送上门、问计衡阳送上门）制度和采取政府购买服务方式，为市直机关400名离退休干部较好地解决居家养老方面的后顾之忧。在建党95周年和红军长征胜利80周年之际，各地各单位普遍开展走访慰问和特困帮扶工作。市委老干部局先后两次对全市485名离退休干部进行全覆盖走访慰问，对61名市属困难企业离退休干部及遗孀进行帮扶慰问。（何宏伟）

【老干部活动阵地建设工作】2016年，充分发挥老干部活动中心、老年大学文化健康养老阵地平台的重要作用，加大投入、加强建设、强化应用，开展示范性老干部活动中心、老年大学的创建达标活动，老干部活动学习阵地建设取得新的进展。截至2016年年底，全市建有老干部活动中心（室、站）310个、老年大学154所。新的市老干部活动中心、老年大学顺利运营，新增学位5000个，开设16个专业50门课程，142个教学班，注册学员接近13000余人次。适应老干部队伍需求变化，强化服务管理，创新活动方式，开展适合老特点、健康向上、丰富多彩的文体活动，活跃老精神文化生活。举办“雁城颂、晚霞情”衡阳市老干部（老年）大学第二届校园文化艺术节、“中信银行杯”十大老干部歌手、老年模特大奖赛。在老干部活动中心、社团协会和老年大学班级中成立临时党支部115个，发挥思想教育和政治引领作用。耒阳、珠晖等市区加强社区建设，完善社区功能，利用社区资源开展离退休干部服务工作，让老就近学习、就近活动、就近得到关心照顾、就近发挥作用。市老年大学被评为全国示范性老年大学。（何宏伟）

【获评全省老干部工作先进集体】 2016年，市老干部局开展选树表彰先进典型，全市2个集体、5名个人受到省委组织部、省人社厅和省委老干部局表彰，30个先进集体、50名先进个人受到市委组织部、市人社厅和市委老干部局表彰，市委老干部局获评全省老干部工作先进集体。 （何宏伟）

【市老干部活动中心、老干部（老年）大学举行揭牌仪式】 2016年3月7日，衡阳市老干部活动中心、老干部（老年）大学揭牌。市人大常委会党组书记、常务副主任谢宏治参加揭牌仪式。市老干部活动中心新址与高新开发区生态公园相邻，建筑面积1万余平方米。揭牌仪式后，老干部活动中心、市老干部（老年）大学举行2016年春季开学典礼。该校2016年春季开学，报名注册学员达1000人，24个班。学校两个教学区计划可开设班级114个班，学员超5000人。市老干部（老年）大学创办于1987年6月，截至3月份，学校开办有诗词、楹联、写作、书法、绘画、英语、电脑、保健、摄影等26门课程，85个教学班，师资力量均为中高级职称和有一技之长的优秀教师，学员人数近3500人，广大市民把学校誉为“老年精英人才库”。谢宏治在开学典礼上强调，老干部（老年）大学要始终坚持走政治立校道路，秉持为党和人民事业增添正能量的价值取向，继续深入开展以“展示阳光心态、体验美好生活、畅谈发展变化”为主要内容的正能量活动，充分发挥老干部、老传递正能量的重要阵地功能，让更多的老干部、老年人共享改革发展成果，让更多老干部、老年人晚年生活更加丰富多彩、更加幸福安宁。老领导符棣华、钟名智、刘增科、谢青生、阳新丽、高殿升、张新文参加揭牌仪式。 （刘　辉）

【李龙一行到衡阳县调研老干部工作】 2016年3月11日，省委老干部局党组成员、纪检组长李龙一行到衡阳县委老干部局，调研工作落实情况。座谈会上，省、市、县参会人员对进一步加强老干部工作和制订《进一步加强和改进离退休干部工作实施细则》进行详细的探讨和深入的交流。李龙一行聆听汇报并参观县委老干部局、县老年大学、县老干部活动中心的场地建设，为该县老干部门克服困难，创新服务，将工作开展得有声有色点赞。并希望该县把基层老干部工作做扎实、做到位，让老干部满意，让社会满意，为文明衡阳的建设添砖加瓦。 （刘　辉）

机关党建工作

【概况】 2016年，市直属机关工委（以下简称市直工委）以服务中心、建设队伍为核心，以推进“两学一做”学习教育为主线，以“两案”反思为重点，落实从严治党各项任务，为“五个新衡阳”建设提供坚强的组织保障。

一、“三张清单”压实党建责任。切实履行党要管党、从严治党职责要求，全面构建机关党建责任体系，推进党建标准化管理。一是建立重点任务清单。年初，确定全年市直机关党建工作“1+5”的工作目标，并按照“时间表”，列出市直机关党建年度工作要点、季度重点工作提示和任务清单，下发给机关基层党组织。定期召开市直机关党建工作推进会，对机关党建重点工作任务进行逐项梳理和安排部署，明确相关工作程序和时间节点，为党建重点工作任务落实划出“硬杠杠”。二是建立问题督办清单。为督促党建重点任务落实到位，9—11月，集中三个月时间对市直机关600余个基层党组织七项重点工作落实情况进行地毯式督查，在督查过程中，对发现的问题当场列出问题督办清单，责令限期整改。通过督促检查和问题督办，2016年，市直工委所属95个机关党组织补缴党费106.3万元；15个未按期换届的机关党组织及时整改。在12月上旬开展的全省市（州）书记党建述职评议交叉检查中，市直机关实现“零扣分”，在全市基层党建述职测评中，市直工委在4个行业系统中排名第一。三是建立考核评议清单。组织召开市直机关基层党组织书记述职测评大会，5名机关党委（总支、支部）书记口头述职，其余94名党组织书记进行书面述职，并由“两代表一委员”、基层党员代表对履职情况进行测评。建立机关党建考核评议清单，将党建日常考核、述职测评和年度集中检查情况计入清单内容，采取量化计分的办法，对发现的问题进行严格扣分。建立党风廉政建设考核评议清单，按照市委的统一部署，对没有派驻纪检监察机构的51个市直单位党委（党组）书记和纪委（检）书记（组长）党风廉洁建设履职情况进行考核评议，考核结果纳入全市目标绩效考核评分，有效推动市直机关党风廉政建设“两个责任”的落实。

二、“三心建设”凝聚党员思想。结合“两学一做”专题教育，着力把好党员思想“总开关”，凝聚市直机关奋发向上、崇德向善的强大力量。一是以党性教育塑“忠诚之心”。组织开展各类主题鲜明、向上、丰富多彩的“主题党日”活动，通过举办“两学一做”党的基本知识抢答赛、“红旗颂”合唱比赛、建设“政治清明新衡阳”大讨论、手抄党章评比等活动，引导机关党员坚定理想信念、强化宗旨意识。在省直工委开展的手机平台知识竞赛中，市直机关14名党员闯入决赛，2名党员分获一、二等奖。选拔30名党员参加全省“两学一做”电视抢答赛，2名进入全省决赛，市直工委委获全市优秀组织奖。二是以典型教育塑“敬业之心”。在市直机关和县（市）区直工委开展“我身边的共产党员”演讲赛和宣讲会，并通过层层选拔，确定10位宣讲员集中宣讲身边的党员故事。以庆祝建党95周年为契机，在市直机关开展“两优一先”评选活动，于“七一”前夕集中表彰69名优秀共产党员、20名优秀党务工作者、10个先进基层党组织，树立标杆，扬先策后。联合市委宣传部、衡阳日报社，策划优秀青年党员“立足岗位做贡献”主题报道活动，10名优秀机关党员先进事迹在《衡阳晚报》集中宣传，在市直机关引起强烈反响。三是以道德教育塑“奉献之心”。邀请省委党校专家唐月娥教授以《塑造阳光心态》为题为机关党员干部作专题辅导，引导广大党员干部保持向上的精神状态和阳光平和的良好心态。结合文明创建工作，组织市直机关1万余名志愿者广泛开展“立足岗位做贡献”“到社区报到、到家门口服务”、文明交通劝导和精准扶贫等活动。2016年以来，市直机关各级党组织集中组织党员到社区报到6000余人次，开展文明交通劝导等各类志愿服务活动2万余人次，开展精准扶贫3000余人次，服务群众10万余人。

（刘蔚玮）

【“七一”表彰先进活动】 2016年，市直机关和县（市）区直工委开展“我身边的共产党员”演讲赛和宣讲会，通过层层选拔，确定10位宣讲员集中宣讲身边的党员故事。以庆祝建党95周年为契机，在市直机关开展“两优一先”评选活动，于“七一”前夕集中表彰69名优秀共产党员、20名优秀党务工作者、10个先进基层党组织。（刘蔚玮）

【长期失联党员除名处理】 2016年，市直工委与900余名失联党员取得联系，并按规定给予5名失联党员相应处理，将市贸促会1名长期失联党员定为不合格党员，作党内除名处理，开市直机关处置不合格党员先例。

（刘　辉）

【机关作风建设】 2016年，市直工委推动干部作风建设，以促机关作风持续好转。一是选举纪律监督。市直机关党代表选举工作。联合代表人选所在基层党组织、纪检（监察）以及公安、法院、检察院等11个部门和单位对代表情况进行审查。分类签订《严守换届选举纪律承诺书》400余份，对机关基层党组织书记、党代表候选人、工作人员分别提出“四个绝不”“十二个绝不”“四个杜绝”的要求，确保选举风清气正。二是“四风”问题整顿。牵头开展市直机关“纠四风、治陋习”专项整治活动，会同财政、审计等有关部门，组成5个专项检查组，对市直机关15个重点单位和民生部门及二级机构“四风”问题进行解剖核查，共查处“四风”问题9个，查处违规公款吃喝、滥发津补贴、收送礼品礼金等问题10余起，对2个问题单位负责人进行约谈。重要节日期间，对市直机关单位“四风”问题及上班纪律进行督查，查处违纪问题10余起。三是违纪案件查办。持续加大对市直机关科级以下干部违法违纪案件查办力度，对顶风违纪腐败现象零容忍，不姑息、不放过，做到发现一起、查处一起，始终保持高压严打态势。2016年，市直工委独立立案查办案件4起，督办指导协审案件8起，参与市纪委查办案件2起，给予6人相关党纪处分，追缴违纪款45.03万元。

（刘蔚玮）

机构编制工作

【概况】 2016年，全市机构编制工作围绕“控总量、优结构、盘存量”的总目标，坚守“财政供养人员只减不增”总基调，突出“深化改革、控编减编”主线，服务党委政府、服务中心工作、服务基层群众，推进年度各项工作任务。

一、机构编制管理。一是健全管理制度。印发《关于对县（市）区进人用编实行双控管理的通知》《关于严肃机构编制纪律严格责任追究的通知》和《关于做好县（市）区控编减编工作的通知》等制度性文件，从制度层面扎紧机构编制日常管理的笼子。二是实名制数据库建设管理。出台《衡阳市实名制数据库安全操作规程》《衡阳市实名制数据库管理和信息保密制度》，市直单位全部实行在线办理人员出入编手续；针对数据库人员信息不准确、单位基本信息不完整等问题，先后开展两轮复核完善，修改单位基本信息200余条，完善个人信息1万余条，提升数据的准确性和规范性。三是坚守控编减编底线。一方面注重夯实管理基础。集中专人，历时近两个月对市、县所有机关事业单位在编人员的实名制信息数据库进行核对完善，更换市、县机关事业单位机构编制日常管理台账，摸清底数，实现账、卡、册、网的四维统一。另一方面依纪依规严格管理。严格执行机构编制“一支笔”审批，坚持用编“事前申报、事后备案”制度；落实机构编制动态管理机制，做到编制核定“总量控制、内部调剂”，机构设置“撤一建一、增减平衡”，人员实行“统一管理、内部调剂”，确保全市2016年机构、编制和实有人员三个总量不增长（相对于控编减编基数）。市直财政供养人员较2015年净减少337人（其中，党政群机关减少37人、政法机关减少111人、机关后勤减少26人、事业单位减少163人）。得到国院院专项督查组的肯定。四是开展督查信访。全年，合计受理“12310”电话举报、网上举报和日常信访件9件。其中，网络举报2件，上访举报7件。重点对政府职能转变和机构改革的落实情况、控编减编进展情况、2011年以来批复县（市）区有关机构编制事项的落实情况和机构编制实名制数据库建设情况进行专项督查，现场办理机构编制事项10余件，印发《关于县（市）区机构编制工作专项督查评估的通报》，推动县（市）区的机构编制管理；继续配合市专治办做好“三超两乱”专项治理工作，对个别县（市）区和市直单位存在“混编混岗”问题进行集中整治。

二、专项业务工作。一是机关事业单位工作人员养老保险参保和公车改革人员审核工作。配合市人社、财政等部门，完成602个机关事业单位数据的审核和采集，审核参加养老保险人数43209人，审核参加公车改革人员7248人。二是法、检两院机构编制上收工作。完成全市2383名法、检两院编制和2270名在职人员信息的审核比对，确保法、检两院上收人员信息数据的准确性和时效性。三是对市属投（融）资平台（公司）人员规模的界定。市编办组织专门力量，对11家市属投（融）资平台（公司）开展调研，为市委市政府领导科学决策投（融）资平台（公司）人员规模提供建议，从严拟定11家市属投（融）资平台（公司）的人员规模方案。四是信息调研工作。聚焦深化改革和规范管理两大课题，着重加强对机构编制的基础性、前瞻性、战略性问题研究，形成一批有特色、有价值的创新成果；高标准完成《控编减编体制机制建设》课题研究；全年向市委市政府提供机构编制决策参考信息80余条，为领导科学决策提供依据。

三、登记管理工作。一是启动机关、编办直接管理机构编制的群众团体统一社会信用代码工作。截至2016年年底，为44个市直机关、群团单位办理统一社会信用代码证书。二是完成中文域名注册和党政机关事业单位网站审核挂标工作。截至12月，市直党政机关事业单位中文域名注册覆盖率达109%，县（市）区党政机关事业单位中文域名注册覆盖率已达85%，网站“挂标”覆盖率达50%以上；全市域名注册数由年初的2664个增加到截至2016年年底的4428个，净增1764个，增幅达到66%以上。三是开展事业单位登记管理和年检年审工作。市直430个事业单位中，已登记428个（新设登记14个、变更登记78个、注销登记20个、换领新证425个、补领证书1个），其中有425个单位上报年度报告书，合格率达98%；10月中下旬，抽查市直4个系统22家单位的法人公示信息工作，印发《衡阳市市直事业法人公示信息抽查工作通报》。四是推进事业单位诚信体系建设和法人治理结构试点工作。建立事业单位信用信息数据库，全年向市信用信息共享交换平台传送信息近5000条；建立和完善事业单位信用信息公示平台，设立事业单位诚信专栏，定期发布事业单位行政许可和行政处罚信息；加强对法人治理结构试点单位的跟踪指导，督促市群众艺术馆加快推进步伐，确保定期完成改革试点任务。

（何少吉）

【行政审批制度改革】 一是精简行政审批项目，权力清单实现动态管理。按照中央、省里有关文件精神，全市先后承接上级下放职权43项，取消行政职权25项；出台《衡阳市人民政府关于调整市政府工作部门权力清单的通知》，对市直212项权力清单及时进行动态调整，在全省14个市（州）中率先完成权力清单动态调整工作。二是规范行政审批事项，办理流程更加简便。下发《第一批清理规范41项行政审批中介服务事项通知》，对全市41项行政审批中介服务事项进行清理规范；成立专项调查组，衡阳县、衡东县、常宁市、珠晖区等县（市）区及市住建局等部门，开展行政审批事项落实情况“回头看”调研；按依法依规、精简高效的原则，压缩审批的前置环境和许可流程，使行政审批效率在原有的基础上再提升10%；开展建设领域行政审批制度改革，将原涉及10余个部门的串联审批改为并联审批，实现“一次受理、一并办理、一文办结”。三是开展“精准放权”，落实省直管县赋权目录。探索“精准放权”，共收集拟下放事项189项，初步同意下放133项；协助耒阳市做好省直管县赋权衔接和落实工作，协助相关部门出台《衡阳市关于支持省直管县经济体制改革试点工作的实施方案》，确保省直管县改革工作的稳步推进。5月11日，获得省“权责清单”调研组和9月27日国务院“放管服”专项督查组的好评。

（何少吉）

【市县机构改革】 一是理顺市县海事管理职能。市编办推进海事管理职责下放县市管理，调整编制，移交人员，重新印发交通海事部门的“三定”规定。二是整合全市公共资源交易平台。为规范全市公共资源交易平台运行，提高公共资源配置效率和效益，按照“市县一体”的要求，拟定《衡阳市公共资源交易平台整合方案》，整合组建全市公共资源交易中心。三是强化事业单位分类改革工作。为推动事业单位结构优化，切实解决事业单位臃肿庞杂和有效供给不足的矛盾，2016年市直单位撤并“僵尸”事业单位11个，新设科级公益服务保障类事业单位5个，调剂盘活事业编制50余名，提升公共服务供给质量。四是不动产登记工作。对2015年出台的《关于整合市级不动产统一登记职责有关事项的通知》重新进行细化、调整，印制机构编制方案，整合组建队伍，在全省较早实现不动产登记颁证工作。五是整合城乡居民基本医疗保险职责。将原由市、县卫生和计划生育委员会承担的新型农村合作医疗行政管理职责划入市、县人力资源和社会保障局，完善管理机构，理顺人员编制关系。六是完成耒阳市综合行政执法体制改革试点。省里批复耒阳市综合行政执法体制改革方案后，市编办加大调研指导力度，督促耒阳市抓紧推进综合行政执法体制改革试点工作，在省里规定时间内组建领导班子，印制“三定”规定，完成人员、资产划转移交工作。

（何少吉）

【2016年机构编制工作务虚会召开】 2016年3月2日，衡阳市编办召开2016年度机构编制工作务虚会，全面回顾总结2015年机构编制工作，分析新常态下机构编制工作面临的新形势、新情况和新问题，研究谋划2016年机构编制工作。会议指出，2016年全市机构编制工作处于编制资源倍显紧张、增编愿望倍加强烈、编制工作倍受关注的“三倍时期”。一是在工作思路上要更加突出“优服”和“优编”两大元素。要转变服务观念，提高服务质量，变被动服务为主动服务，变滞后

服务为提前介入，变节点服务为全程跟踪；要进一步优化编制结构，盘活存量资源，提高编制使用效益。二是在工作重点上要更加突出“改革”和“控编”两大主题。改革方面，重点抓好本轮政府职能转变和机构改革的扫尾工作，抓好纪检、审计、司法、城市综合执法等面上改革，抓好市公共资源交易中心、市属投融资平台建设等局部体制机制微调，抓好简政放权的动态管理等工作；控编上，要着重在控制用编和增编上想办法、出策略。三是在工作推进上要更加突出“创优”和“创新”两个目标。要以开展“创先争优”活动促进机构编制工作大提质、大发展、大跨越；要在强化机构编制日常管理创新的基础上，不断强化创新研究，聚焦深化改革和规范管理两大课题，重点加强机构编制基础性、长远性、战略性问题研究。四是在工作管理上更加突出“基层”和“基础”两个层面。要推进工作管理精细化、问题治理精准化、责任追究精到化。基层工作要立足规范管理，重点配合相关部门抓好“三超两乱”“混编混岗”等专项治理工作；基础工作要切实抓好实名制数据建设、中文域名注册续费、事业单位法人结构治理试点等一系列基础性工作。五是在自身建设上要更加突出“提神”和“提质”两个大项。要树立机构编制工作者的良好形象，坚决不做缺乏精气神的“老人”、整天无所事事的“闲人”和缺乏执行力的“游人”。要加强学习，以学风促新风；要严守纪律，以纪律促律己；要增进交流，以活动促和谐。（李俊青）

【全市机构编制工作会议在衡阳县召开】 2016年3月30日至31日，全市机构编制工作会议在衡阳县召开。会议传达学习全省市（州）编办主任会议精神，回顾总结2015年全市机构编制工作，安排部署2016年主要工作任务。市编办主任廖秋文作工作报告，衡阳县编办、衡东县编办、南岳区编办在大会上作工作典型发言。会议指出，2015年全市机构编制系统围绕市委、市政府工作大局，加强和创新机构编制管理，成绩可喜。一是以转变政府职能为核心，各项改革取得新成效。行政审批制度改革成效明显，审批时限提速77.9%；市县政府机构改革顺利推进；事业单位分类工作全面完成；事业单位登记管理制度改革稳步实施。二是以控总盘存为目标，机构编制管理取得新进展。截至2015年年底，全市除政策性安置和工商、质监系统下放移交增编、增人外，其他各类编制均没有突破2012年年底统计基数。三是以提升服务水平为抓手，机构编制队伍建设取得新突破。以“三严三实”专题教育为契机，开展政治理论和业务知识学习。组织机关党员干部深入常宁市天堂山办事处黄洞村开展“一进二访”活动，转变机关干部工作作风，提高机关干部的服务意识和能力。会议强调，2016年是“十三五”规划的开局之年，也是供给侧结构性改革的启幕之年，全市机构编制工作围绕“控总量、盘存量、优结构”的目标，把握“财政供养人员只减不增”的总基调，突出“深化改革、控编减编”主线，着力唱响“服务党委政府、服务中心工作、服务基层群众”的主旋律，加强机构编制队伍建设，构建机构编制工作良好生态，为全市经济社会发展提供体制机制保障。重点要抓好三个方面的工作：一是多管齐下，持续深入推进各项改革。要加大简政放权力度，坚持问题导向，聚焦重点领域，切实解决审批事项下放不同步、不协调、不到位等问题，坚决把有利于地方经济发展、便于群众办事、更能直接发挥监管效果的权力放下去。要继续推进政府职能转变。切实巩固政府职能转变和机构改革成果，开展跟踪问效和适度微调，督促指导县（市）区做好机构改革扫尾工作。要继续深化事业单位改革。创新事业单位管理方式，明确政府与事业单位的职责划分，减少对事业单位的行政审批和直接干预。要积极开展专项体制改革。主动配合做好省以下法检两院机构编制统一管理、环保监测执法垂直管理工作，完善环保、自然资源等领域管理体制。协同推进纪委派驻机构改革、省直管县体制改革、司法体制改革，认真做好巡视办、网信办、“两新”组织党建、审计等机构设置和体制机制改革。要切实抓好事业单位登记管理。继续深化事业单位年检和开办资金验资制度改革。积极推进事业单位法人治理结构试点工作，力争在市直单位率先全面开展法人治理工作。二是多措并举，全力加强机构编制管理。要严控机构编制总量，持续抓好控编减编工作方案的组织实施，适时开展控编减编专项检查。要围绕贯彻供给侧结构性改革，不断创新机构编制管理理念、方法和措施，盘活机构编制资源。要完善机构编制管理机制，健全完善机构编制动态管理调控机制，推广用编核准制度，严格审批程序，严格政策标准，逐步建立编制动态管理制度化、规范化的工作机制。三是多方发力，切实提升服务保障能力。要突出在调查研究、加强基础建设和队伍建设方面下功夫，着力打造一支能干事、干得成事、不出事的干部队伍。会议期间，与会人员实地考察衡阳县政府政务服务中心窗口。（李俊青）

党校工作

【概况】 2016年，市委党校坚持党校姓党，聚焦主业主课，抓好干部培训，发挥“补钙”“壮骨”“铸魂”“智库”功能，稳步推进党校事业健康发展。

一、干部培训工作。一是完成培训任务。全年举办21个主体班，培训学员规模、数量较2015年度扩大一倍以上。二是探索分类培训。除常规主体班调训之外，突出专题培训，如乡镇正职班、新型城镇化班、统战骨干班、投融资高管班等。三是注重干部培训效果。强化教学考评，优化教学管理，专题更新率为51%，质量考评优良率达99%。在全省社会主义学院教学比赛中，市委党校教员伍斌获三等奖。四是实施“三名”战略。以“打磨名课、争当名师、创建名校”为奋斗目标，人力、物力、财力，尽量向教研教改倾斜，促进教研素质整体上升。五是探索创新教学方法。本校在项目教学上积累一定经验，形成的调研报告供呈市领导参阅。

二、党性教育工作。一是聚焦主业主课，突出党的理论教育和党性教育。坚持“三个到位”，即教学时间到位、教学内容到位、教材使用到位，每个班次都设置专门的“党性教育单元”。二是创新方式，增强党性教育针对性实效性。在主体班开展党性教育学员论坛，组织学员开展党性锻炼；开展衡阳破坏选举案和李亿龙严重违纪案的反思教育，在全校开展“建设政治清明新衡阳”大讨论；举办国学讲座，用优秀传统文化升华党性修养；推行体验式教学，打造党性教育活载体。

三、科研资政服务。坚持将科研当作兴校之基、强校之本，努力推进“红色智库”建设。一是明确聚焦点。“建设富饶美丽幸福新湖南”“建设五个新衡阳”，是科研调研的聚焦点。二是增强性。完善科研激励机制，全年成功申报省社科规划课题2个、申报省委党校课题立项5个；公开出版专著1部，在省级以上刊物发表论文51篇，其中，省委智库刊物文章2篇。三是提升影响力。部分科研成果在核心报刊发表，在《人民日报》（内部参阅）上发表《党校要扛好党的旗帜》；1月份，在中国新闻社《中新舆情》上发表《纠偏与正伦》一文提出文化自信，高度契合习近平总书记建党95周年重要讲话中所提的“四个自信”相关内容；新推出《智库咨要》内刊供市领导参阅，其中第二期《反思衡阳破坏选举案和李亿龙严重违纪案》调研文章得到市领导肯定，市委书记周农作批示；承担市委委托的纠错容错的课题研究。

四、决策部署落实。贯彻落实市委市政府各项决策部署。一是举办学习十八届五中全会精神轮训班。年初举办轮训班，参学对象为全市正处级领导干部及各县（市）区委常委班子成员。二是贯彻落实市第十一次党代会精神。响应市党代会提出建设政治清明新衡阳、优化政治生态环境号召，围绕“建设政治清明新衡阳面临的挑战和机遇”主题，在主体班举办项目教学和电视大讨论。三是贯彻落实全市党校工作会议精神。四是落实市长专题调研党校座谈会精神。2016年8月2日，市长周海兵专题调研党校工作。五是落实市委新农村建设工作。派出专人驻点工作，支持衡山县萱洲镇萱洲河社区道路水利建设，金额为5万元。六是做好精准扶贫工作。为30余户贫困户选择罗汉果种植，筹集资金10万元，帮助解决技术难题和完善基础设施，协调3个项目支持。七是搞好“双联”帮扶工作。联系相关部门，帮助衡阳韵翔电机公司解决改制问题，支助20户困难职工家庭1万元。

五、思想政治工作。把思想

政治工作作为党校工作的灵魂和保障，筑牢思想堡垒和精神堤坝。一是落实党委意识形态工作责任制。自觉强化“四个意识”，严守政治规矩和政治纪律，制定执行《课堂教学、科研和校园网络工作纪律》。二是抓好意识形态相关教学工作。邀请省委党校副校长吴传毅作“新形势下的意识形态工作”专题报告；设置相关课程体系，突出意识形态专题教育。三是抓好重点节庆纪念活动。组织学习习近平总书记“七一”讲话精神和纪念红军长征胜利80周年重要讲话精神。四是抓好党的十八届六中全会精神宣传活动。采取宣传栏、横幅标语等方式宣传全会精神，邀请专家学者来校讲座授课。（王　帆）

【文明创建获“省级文明单位”】 2016年，市委党校在2015年市“三星级文明单位”基础上，提升文明创建工作成效，获评为“省级文明单位”。（李俊青）

【电子商务首次列入市委党校干部培训内容】 2016年3月7日，在市委常委、市委组织部部长、市委统战部部长何录春的主持下，阿里巴巴集团代表、区域经理李永强应邀到衡阳，为2016年市委党校春季主体班学员开展农村电商相关业务辅导培训。全市各县（市）区委书记、组织部长、分管副县长和乡镇党委书记共200余名学员参加讲座。这是衡阳市首次将电子商务列入市委党校的干部培训内容之一。培训讲座上，李永强以中国“淘宝”村——浙江临安白牛村的实践为例，结合淘宝在农村的现状、需求、天时地利、愿景、落地、流程和现实意义，剖析实施“互联网+”行动的发展趋势和优势。（李俊青）

【清华大学何庆到衡阳举办讲座】 2016年4月8日，清华大学道德与宗教研究中心研究员何庆到衡阳举办讲座。何庆作客《石鼓书院大讲坛·国学讲座》第44期，讲述《国学的古今善治与马克思主义中国化》。何庆从国学的古今善治之渊源及发展；国学的古代善治之特点；国学的近、现代善治之途径；国学的当代善治之探索四个方面来讲述中华五千年文化中善治的发展历程。何庆认为，在新时期、新阶段、新常态下，马克思主义中国化就是国学在近现代善治的途径，通过马克思主义在延伸中发展、创新中国文化，培育和践行社会主义核心价值观“立德树人”，介入社会治理。推动国家治理体系的创造性转化和治理能力的创新发展进程。通过善治与善政的互动过程，全面提升社会治理能力现代化水平。此外，何庆从文化创新、文化教育和文化治理的视角出发，分享自己人生管理的经验和看法。市委党校常务副校长尹同君出席讲座。（李俊青）

【全市党校工作会议召开】 2016年11月9日，全市党校工作会议召开。会上，市委书记周农发表讲话，出台《中共衡阳市委关于加强和改进新形势下党校工作的实施意见》。会后党校及时抓落实，坚持严字当头，努力推进从严治校；实施精品课工程、师资班及教学比赛三个项目，促进全市党校“名课名师工程”快出成效；同时，加强对各县（市）区落实会议精神的督促。（李俊青）

讲师团工作

【概况】 2016年，市委讲师团完成全年各项工作任务，连续第14年获得全省讲师团系统争先创优单位考评一等奖。

一、市委中心组学习。2016年，市委讲师团高频率超额完成市委中心组学习任务。先后组织市委中心组围绕“习近平在中央政治局民主生活会上的重要讲话精神”“供给侧结构性改革”“‘两学一做’学习教育系统专题”“习近平总书记‘七一’重要讲话精神”“十八届六中全会精神”等专题开展14次35天的中心组学习，超过规定任务每年六次的2倍以上。每次学习均由市委书记、市人大主任、市委中心组组长周农亲自主持，全体中心组成员参与学习，研讨发言，每次参学率均达95%以上。

二、理论宣讲工作。2016年，市委讲师团团工作人员以中国特色社会主义理论，特别是习近平总书记的系列重要讲话精神和各级党委必备的相关知识武装全市党员干部，在全市范围开展的理论宣传工作。一是“菜单式”服务为全市各级党委中心组学习释疑解惑。2016年年初，制订《全市副处以上单位2016年度党委中心组理论专题学习安排意见》，为各级中心组理论学习把握重点任务和重点内容提供指导和参考。同时，围绕党的十八届五中、六中全会，习近平总书记系列重要讲话和省委、市委第十一次党代会等主题精心备课，并下发授课菜单，供各单位按需选课。全年，共准备十八届五中全会、十八届六中全会、“四讲四有”四个专题、省委和市委党代会精神等20余个学习专题，根据不同层面的需求制订专题学习计划。县（市）区、高校、企业、市直各单位以及乡镇、社区等共进行理论辅导近230场次，受众近5万人，受全市广大党员干部欢迎。2016年年底，联合市委宣传部对全市副处级以上党委（党组）中心组学习特别是落实意识形态专题学习进行全面督查，指导各中心组开展理论学习。二是“高标准”培训全市理论宣讲骨干。2016年，采取“请进来”与“走出去”相结合的方法，先后多次选派优秀年青教学骨干参加省委宣传部、省委讲师团组织的哲学社会科学培训班和全省理论骨干及中心组秘书培训班的学习。主任成新平参加省委党校2016年处干班学习培训，综合科长凌正华参加市委党校科干班培训。11月下旬，与市委宣传部共同举办全市“学习贯彻党的十八届六中全会精神”理论骨干培训班，培训理论骨干280多人。尤其是邀请省委讲师团干部理论学习辅导处处长欧阳文风、干部理论教学科研处处长柳行两位专家为培训班授课，提升培训档次，得到市委常委、宣传部部长刘丽华和广大学员的肯定。三是“全方位”优化完善理论宣传平台。对“湖南省党委中心组理论学习网络服务平台”的网页进行优化，及时更新信息，充实内容，及时向省委宣传部和省团汇报学习情况，加强与各市（州）的学习情况交流。与市委宣传部一起完善丰富衡阳新闻网理论频道。四是“多触角”宣传社会主义核心价值观。2016年，市委讲师团编写的15万字的《爱祖国、爱学习、爱劳动》理论教材，下发到衡阳市各大、中、小学，引起较大反响，不少师生反映，这本教材通俗通懂，有血有肉，弘扬社会主义核心价值观。帮助学生们提升道德素质，树立正确的世界观、人生观和价值观。

三、理论成果方面。2016年，市委讲师团理论研究活动丰硕，共在省级以上报刊发表16篇理论文章，取得丰硕的理论成果。一是市委中心组学习专题理论调研全市有权威。围绕《2016年衡阳市委中心组理论学习安排意见》中的6个专题开展理论调研，撰写出各个专题的调研报告，既为市委中心组集中学习作好准备，也为衡阳市经济社会科学发展提供必要的参考和理论支撑。二是教学科研理论调研“全省有地位”。围绕“四个全面”进行理论研究，被列入全省的重点课题，完成2016年湖南省党的创新理论研究重大课题“‘四个全面’战略布局的重大意义”的研究工作。在全省讲师团系统学习贯彻党的十八届六中全会理论征文中，主任成新平获得二等奖，副主任洪明星获得三等奖，其余三篇参评论文获得优秀奖。成新平撰写的《新时期统领中国特色社会主义建设的根本指针》被省委宣传部评为2016年优秀理论宣讲报告。副主任肖振军在备课会上为全省讲师团系统进行六中全会宣讲演示。廖朝华获全省讲师团系统“以习近平为总书记的党中央新理念新思想新战略”教学比武三等奖。三是热点难点理论调研“全国有影响”。2016年，市委讲师团围绕党和国家的大政方针和群众关注的热点问题，撰写大批理论文章。成新平主任撰写的《四个全面，引领民族复兴的战略布局》《从无字句处读书》《“全面从严治党”必须“全面从严治家”》《愿政治清明成为衡阳的主旋律》《动员千遍不如问责一次》《铸就对党的绝对忠诚之魂》发表在《人民日报》《人民论坛》《湖南日报》和《学习导刊》上，并被人民网、新浪网、党建网、凤凰网、中青在线、中国社科网等媒体转载。肖振军为市委主要领导撰写的《始终坚持和发展党的先进性》在《湖南日报》上发表。凌正华撰写的全省学习明星典型事迹《从锅炉房到市委讲师团，他是如何改变命运的》《理论宣讲“四法”》分别发表人民网、湖南省党委中心组学习专刊《学习导刊》上，廖朝华撰写的《信仰引领中国共产党从苦难走向辉煌》发表在《学习导刊》上。四是开展理论征文“全民有声音”。2016年7月以来，结合建党95周年，开展“坚定理想信念，铸就对党忠诚”理论征文，共收到国内外征文作品320余篇，参加征文的最大的76岁，最小的才14岁。经过组织初审和专家评审，共评选出组织奖5名，作品一等奖2篇、二等奖5篇、三等奖8篇、优秀奖10篇。（凌正华）

【权威专家专题学习辅导】 2016年，市委讲师团先后邀请国务院发展研究中心资源与环境政策研究所副所长、研究员李佐军，国防大学教授吴国辉，省委讲师团主任郑昌华，省委讲师团副主任谭跃湘、邓清柯，省社科院副院长周小毛，省卫计委党组书记詹鸣、省委改革办专职副主任秦国文等多名高级专家进行学习辅导。（李俊青）

【“培育新型农民”重大课题调研】 2016年，由市委讲师团联合省委讲师团完成的“培育新型农民”重大课题调研任务完成，形成上万字调研报告“做有体面收入的体面农民”。报告发表在2016年2月11日的《湖南日报》上，省委内参2016年第2期全文刊发，文章得到省委书记徐守盛的批示：“衡阳培训新型职业农民是发展现代农业的一条有效途径，要在全省推广。”该调研报告获得全省宣传文化系统优秀调研报告一等奖，被省委宣传部评为湖湘智库优秀成果。（李俊青）

衡阳市人民代表大会

责任编辑：周嘉晖

重要会议

【市十四届人民代表大会第五次会议】 2016年1月11日至1月15日，举行衡阳市第十四届人民代表大会第五次会议。会议听取和审查衡阳市人民政府工作报告；审查和批准衡阳市国民经济和社会发展第十三个五年规划纲要；审查和批准衡阳市2015年国民经济和社会发展计划执行情况与2016年计划草案的报告，批准衡阳市2016年国民经济和社会发展计划；审查和批准衡阳市2015年预算执行情况与2016年预算草案的报告，批准衡阳市2016年市本级预算；听取和审查衡阳市人大常委会副主任谢宏治所作的衡阳市人大常委会工作报告、市中级人民法院院长张经伟所作的衡阳市中级人民法院工作报告、市人民检察院检察长刘孙承所作的衡阳市人民检察院工作报告。审议通过《衡阳市第十五届人民代表大会第五次会议补选办法（草案）》，补选晏华衡、伍清明为衡阳市第十四届人民代表大会常务委员会副主任、廖桂元为委员，王洪斌为市人民政府副市长。

（孙　柱）

【市十四届人大常委会第二十四次会议】 市十四届人大常委会第二十四次会议于2016年1月6日举行，会议审议通过市人大常委会关于接受张贺文辞去衡阳市人民政府副市长职务的决定，关于接受万伏秀、肖刚强辞去省十二届人大代表职务的决定；补选胡伯俊、徐文龙为省十二届人大代表，报省人大常委会代表资格审查委员会审查。会议审议通过市人大常委会代表资格审查委员会关于异动和补选的市十四届人大代表的代表资格审查报告，确认廖桂元等12人的代表资格有效。会议审议市十四届人大五次会议补选办法（草案）、主席团和秘书长名单（草案），通过列席人员名单。

（孙　柱）

【市十四届人大常委会第二十五次会议】 市十四届人大常委会第二十五次会议于3月2日举行，会议审议并通过市人大常委会2016年工作要点、市人大常委会关于调整衡阳市第十四届人民代表大会换届时间有关情况的报告、衡阳市第十四届人大常委会代表资格审查委员会副主任委员补选名单。

（孙　柱）

【市十四届人大常委会第二十六次会议】 市十四届人大常委会第二十六次会议于4月27日举行，会议听取和审议市人民政府关于全市城区规划2015年实施情况和2016年计划情况的报告，会议听取和审议市人大常委会关于修订《衡阳市规范性文件备案审查办法》有关情况的报告、通过《衡阳市人大常委会规范性文件备案审查办法》，会议决定接受李亿龙辞去市十四届人大常委会主任职务和省十二届人大代表职务，会议决定市第十四届人民代表大会第六次会议于2016年5月17日召开。

（孙　柱）

【市十四届人大常委会第二十七次会议】 市十四届人大常委会第二十七次会议于5月11日举行，会议审议市十四届人大六次会议补选办法（草案）、主席团和秘书长名单（草案），通过市十四届人大六次会议列席人员名单，会议审议通过市人大常委会代表资格审查委员会关于异动和补选的市十四届人大代表的代表资格审查报告，确认周农的代表资格有效。

（孙　柱）

【市十四届人民代表大会第六次会议】 5月17日至5月18日，举行衡阳市第十四届人民代表大会第六次会议。会议审议通过《衡阳市第十五届人民代表大会第六次会议补选办法（草案）》，补选周农为衡阳市第十四届人民代表大会常务委员会主任。

（孙　柱）

【市十四届人大常委会第二十八次会议】 市十四届人大常委会第二十八次会议于6月28日举行，会议听取和审议市人民政府关于全市公共法律服务体系建设情况的报告、关于2015年度市本级财政预算执行及其他财政收支情况的审计工作报告、关于2015年全市及市本级财政决算草案的报告、关于2015年环境状况和环境保护目标完成情况的报告。会议还审议和通过有关人事任免事项。

（孙　柱）

【市十四届人大常委会第二十九次会议】 市十四届人大常委会第二十九次会议于8月30日、31日举行，会议听取和审议市人民政府关于2016年上半年全市及市本级财政预算执行情况、关于全市贯彻实施《中华人民共和国预算法》情况的报告、关于衡阳市2016年上半年国民经济和社会发展计划执行情况的报告、关于《中华人民共和国非物质文化遗产法》贯彻实施情况的报告，听取和审议市人大常委会执法检查组关于《中华人民共和国水法》（以下简称《水法》）执法检查情况的报告。会议表决通过有关人事任免事项：决定任命章彰为市人民政府副市长，邓小林为市人民政府秘书长，雷高飞为市发展和改革委员会主任，曾祥月为市人力资源和社会保障局局长，廖义智为市国土资源局局长，陈骏为市林业局局长。会议审议市人民政府《关于提请审议〈衡阳市南岳旅游区综合管理条例（草案一次审议稿）〉的议案》。会议还表决通过有关决定。

（孙　柱）

【市十四届人大常委会第三十次会议】 市十四届人大常委会第三十次会议于9月22日举行，会议审议市人大法制委员会关于《衡阳市南岳旅游区综合管理条例（草案）》（以下简称《条例（草案）》修改情况的汇报。本次会议是《条例（草案）》的二审。会后，名称修改为《衡阳市南岳区综合管理条例（草案）》，并划分章节，调整结构，增减内容，完整体例，形成二次审议稿。

（孙　柱）

【市十四届人大常委会第三十一次会议】 市十四届人大常委会第三十一次会议于10月27日、28日举行。会议对“两院”执法信息平台工作、城市公交工作、全市义务教育工作、全市农村改革与发展工作进行专项评议，审议并通过《衡阳市南岳区综合管理条例（草案）》（三次审议稿），听取和审议市十四届人大五次会议以来代表建议、批评和意见办理及督办工作情况的报告，审议并通过有关人事任免事项。

（孙　柱）

【市十四届人大常委会第三十二次会议】 市十四届人大常委会第三十二次会议于11月24日举行，会议对市人民政府办理《关于加强衡阳市城市物业管理的议案》情况进行专题询问，审议通过《关于召开衡阳市第十五届人民代表大会第一次会议的决定》，会议决定，衡阳市第十五届人民代表大会第一次会议于2017年1月5日召开。会议通过有关人事任免。

（孙　柱）

【市十四届人大常委会第三十三次会议】 市十四届人大常委会第三十三次会议于11月29日举行，会议补选周农为湖南省第十二届人民代表大会代表，并报请省十二届人大代表资格审查委员会审查。

（孙　柱）

【市十四届人大常委会第三十四次会议】 市十四届人大常委会第三十四次会议于12月22日举行，会议听取和审议市人民政府关于2015年度市本级财政预算执行及其他财政收支审计工作报告反映问题整改情况的报告、全市2016年国民经济和社会发展计划执行情况与2017年计划草案的报告、2016年全市及市本级预算执行情况与2017年预算草案的报告，审议通过《关于批准衡阳市2016年国民经济和社会发展计划调整方案的决议》。会议审议通过市人大常委会代表资格审查委员会关于市十五届人大代表的代表资格审查报告，确认王凤英等528人的代表资格有效。会议审议市十五届人大一次会议关于设立计划和预算审查委员会、议案审查委员会的决定及相关名单（草案）、市十五届人大一次会议主席团和秘书长名单（草案），审议市十五届人大一次会议选举办法（草案）、关于设立市十五届人民代表大会专门委员会的决定（草案），通过市十五届人大一次会议列席人员名单。会议补选乌兰为省十二届人大代表，报省人大常委会代表资格审查委员会审查；接受梁尔源辞去省十二届人大代表职务。会议通过有关人事任免事项。

（孙　柱）

履职工作

【概况】 2016年，衡阳市人大常委会贯彻落实省委、市委重大决策部署，依法履行各项职责，顺利完成各项工作任务。一是加强监督，推动经济发展。重点推动重大项目建设，关注“三农”工作发展、监测宏观经济的良性运行。二是关注民生，增进人民福祉。运用一系列举措，优化环境、服务大众，引领和谐社会。三是推进法治建设。制定施行《衡阳市南岳区综合管理条例》，规范南岳发展；开展《中华人民共和国水法》《中华人民共和国非物质文化遗产法》《中华人民共和国预算法》等法律法规的执法检查，督促一些问题得到解决；建立“两院”司法工作人员执法信息平台，为193名法官、检察官建立执法信息档案，并将档案中的执法记录作为任命司法工作人员的重要依据，促进司法公正；开展“国家宪法日”活动，采取多种形式进行宪法宣传教育，增强广大人民的宪法意识。四是为民履职，发挥代表作用。开展各种主题实践活动；创新代表议案建议督办方式，提高办结率、落实率和满意率；通过各种培训会议相结合，不断提高代表履职能力，扩大代表知情知政渠道；指导县乡人大换届选举，解决基层选举的各类问题。五是强化自身建设。重视思想建设，弘扬清风正气；着眼长远，建章立制；新设立衡阳市人民代表大会法制委员会和衡阳市人大常委会法制工作委员会，巩固组织基础。

（孙　柱）

【重点项目建设】　2016年，市人大常委会负责牵头全市农业板块重点项目，常委会领导深入项目现场调研，定期组织责任领导、责任单位、业主单位、建设单位进行调度，推动农业板块重点项目加快建设。全市61个农业板块重点项目，全部开工复工，开复工率为100%。总投资299.39亿元，年度计划完成投资76.43亿元，全年完成投资76.56亿元，投资完成率为100.2%，项目进度完成率为98.6%。

（孙　柱）

【推动“三农”工作发展】　对农村改革与发展工作进行专项评议，着重就农村产权制度改革、农业产业化经营、精准扶贫等方面存在的问题和不足，提出要加大农村产权制度改革力度、加快农业产业化经营步伐、推进精准扶贫工作等意见，督促政府加以改进。坚持依法兴农护农，开展《水法》执法检查，督促政府加大《水法》宣传贯彻力度、加强水利设施建后管护、加强水资源管理与保护、加强水政执法能力建设，推进衡阳市生态水利、民生水利和可持续发展水利建设。

（孙　柱）

【宏观经济良性运行】　强化预决算审查监督职能，听取和审议预算执行情况报告、决算报告，审查批准市本级决算。听取国民经济和社会发展计划调整方案的报告，依法调整全市国民经济和社会发展计划，促进全市经济社会持续健康发展。支持审计部门发挥审计监督作用，听取和审议审计工作报告和审计整改工作报告，要求7个单位在市人大常委会上报告审计反映问题整改情况，并进行满意度测评。对全市政府性债务情况进行调研，督促政府健全完善监管制度，防范金融和财政风险。

（孙　柱）

【维护“美丽衡阳”】　听取和审议城区规划2015年实施情况和2016年计划情况的报告，督促政府解决宣传不够深入、编制不够超前、执行不够严肃等问题，充分发挥规划在城市建设中的引领作用。听取和审议全市环境状况和环境保护目标完成情况的报告，提出加强法律法规宣传、突出污染防治重点、加强监管能力建设、健全环境保护机制、依法接受人大监督等审议意见，着力守护碧水蓝天，努力建设美丽衡阳。听取在城区范围内进一步限制烟花爆竹燃放的报告，支持政府进一步加强烟花爆竹管理，有效减少城市污染，促进文明城市创建。

（孙　柱）

【服务人民群众】　重视与人民群众生活息息相关的教育、医疗、交通工作，推进民生实事，提高人民群众的幸福指数。关注教育事业发展。对义务教育工作进行评议，以持续的监督和支持，推动解决教育经费投入、教育资源配置、教师队伍建设、教育环境优化等方面的问题，夯实义务教育工作基础，推动义务教育均衡发展，提高义务教育办学水平。关注医疗卫生工作。市、县两级联动，高度关注村卫生室建设，督促市政府有关部门根据全市农村综合服务平台建设规划，尽快制定村卫生室建设总体规划，开展村卫生室建设基础报建、乡村医生培训培养工作，提高农村卫生服务能力。关注城市公共交通。开展城市公共交通工作评议，促使城市公交的经营体制、设施建

设、车辆装备、服务质量等有新的面貌和提升。（孙　柱）

【促进社会和谐】　2016年，市人大常委会牵头，组织相关职能部门，持续开展“环保世纪行”“三湘农产品质量安全行”“三湘农民健康行”和“民族团结进步行动”专项活动，组织媒体加强宣传，推动职能部门解决具体问题。调研合乡并村改革、非物质文化遗产保护等工作，推动一些事关事业发展和社会稳定问题的解决。对群众反映强烈的信访件，加强督办，跟踪监督，2016年，受理来信来访3268件次，全部依程序按规定进行处理。（孙　柱）

【出台首部地方性法规】　2016年，市人大常委会将制订《衡阳市南岳区综合管理条例》作为首个立法任务。通过问卷调查、召开听证会、专家论证会、座谈会、向社会公开征求意见等多种形式，集众智，纳贤言。在审议过程中，针对城乡规划、环境保护、村民建房、道路交通秩序等问题从立法层面进行规范，突出立法重点，体现南岳特色。该条例经过市人大常委会三次审议后表决通过，获省人大常委会批准，2017年3月1日施行。（孙　柱）

【开展主题实践活动】　在全市人大系统继续深入开展以“三联三帮三评”为主要内容的“心系群众，为民履职”主题实践活动，全市各级人大代表和人大工作者加强与人民群众的联系，帮助群众解疑惑、建真言、办实事。人大代表在代表联系群众工作站定期接待群众，听取民意，反映民情，帮助群众解决问题。通过开展主题实践活动，促成民生实事，融洽代表与人民的感情，提升代表的信任度和美誉度。（孙　柱）

【督办代表议案建议】　市十四届人大五次会议主席团确定议案1件，市十四届人大五次会议以来市人大代表提出建议328件。市人大常委会不断创新代表议案建议督办方式，变“文来文往”为“人来人往”，变“关门办理”为“开门问计”，变“答复型”为“落实型”，提高办结率、落实率和满意率。把《关于整治西园蔬菜批发市场的建议》等10件反响强烈、事关民生的建议确定为重点建议，由市人大常委会主任会议成员牵头，市人大各专门委员会对口重点督办。对市十四届人大四次会议主席团确定的《关于依法规范管理农村村民建房的议案》进行跟踪督办，开展专题调研，听取相关单位继续办理议案情况的汇报，推进农村村民建房管理工作。对市十四届人大五次会议主席团确定的《关于加强衡阳市城市物业管理的议案》办理情况开展专题询问，督促市人民政府出台《关于规范衡阳市城区物业管理工作的实施意见》，加大对城区物业工作的管理力度。对闭会期间的代表建议实行网上受理，集中交办，督促承办单位高效落实。328件代表建议全部得到办理，办结率为100%。

（孙　柱）

【指导县乡人大换届选举】　2016年，市人大常委会把指导县乡人大换届选举工作作为一项重要的政治任务。强化培训，举办全市县乡两级人大换届选举工作培训班，对负责换届选举工作的相关领导和工作人员进行培训。市委书记、市人大常委会主任周农出席培训班并讲话，就如何做好换届选举工作提出明确具体的要求。开展调研，深入全市12个县市区和20个乡镇进行调研，了解基层工作动态和群众思想动态，特别是合乡并村改革对县乡人大换届选举工作的影响，提前制订工作措施和预案，为做好换届选举工作打牢基础。深入指导，根据换届选举工作的时间节点和工作进度，组织县市区人大和相关单位，先后召开6次座谈会，探讨问题，现场答疑。常委会主任会议成员多次深入到所联系的县市区和基层一线，加强指导，解决问题。（孙　柱）

衡阳市人民政府

责任编辑：李旭东

重要会议

【市政府2016年第一次常务会议】

2016年1月22日，市委副书记、市长周海兵主持召开市政府2016年第1次常务会议，给市政府外聘的法律顾问颁发聘书，研究春节和全国、全省“两会”期间相关工作，审议国有土地上个人私有住宅征收货币化安置实施意见。会议给市政府外聘的3名法律顾问颁发聘书。会议指出，外聘专家律师作为市政府法律顾问，体现市政府坚持依法行政的态度和决心。市政府外聘的3名法律顾问要帮助政府加强法律建设，对政府工作进行法律指导。政府及相关部门要主动与法律顾问沟通，借助专家的力量，提升法律意识和依法履职的能力，全面加快法治政府建设进程。会议强调，要扎实做好春节市场物资供应、水电气保障、安全生产、雨雪冰冻天气应对、信访、春运等相关工作，让人民群众过上一个平安、祥和的春节；要保安全，要加强对煤矿及非煤矿山、烟花爆竹、建筑施工等重点领域的监管，做好交通、消防、旅游、森林防火等各项安全生产准备工作，立足长远、不断创新，抓好公共安全工作；要保稳定，切实做好信访维稳、社会治安、困难群体帮扶救助等方面的工作，确保社会大局和谐稳定。针对近期的低温雨雪冰冻天气，要高度重视，积极防范应对，做好各项预案，加强监测预警和应急值守。会议审议《衡阳市人民政府关于大力推行中心城区国有土地上个人私有住宅征收优先货币化安置的实施意见》，要求各级各部门吃透政策、完善方案、先试后推，确保拆迁工作顺利进行，加快推进项目建设。会议还研究其他事项。市领导段志刚、罗东海、贺小坤、晏华衡、周学农、周辉斌、刘正兴、陈竞、王洪斌、李辉、唐文峰参加会议。（曾诗玉）

【市政府2016年第二次常务会议】

2016年2月25日，市委副书记、市长周海兵主持召开市政府2016年第2次常务会议，研究《政府工作报告》任务分解、易地扶贫搬迁、公务用车改革、加快发展休闲农业等工作。会议指出，《政府工作报告》是经市人大会议审议通过的法定文件，是全市人民对政府的要求，也是政府对全市人民的承诺，更是政府及相关部门全年工作的指挥棒。各级各部门要敢于担当，努力奋斗，确保全面完成《政府工作报告》中的各项工作，向全市人民交一份满意的答卷；要进一步细化责任，制定方案，将任务分解到每个月、每个季度、每个单位、每个人，分阶段督查督办，实行月总结、季评估、年度考核，将任务完成情况与奖罚挂钩，层层传递工作压力，按照时间节点推进工作；要加强督查考核，及时通报任务完成情况，以督查考核促进工作平衡开展、促进任务全面完成。会议强调，易地扶贫搬迁是整个扶贫工作的重要组成部分，各级各部门要认识到位、理解政策到位，认真做好相关工作，坚决打好扶贫攻坚战。扶贫工作最难解决的问题就是解决村民住房不安全问题，实行易地扶贫搬迁是党中央做好扶贫工作的新的重大举措，各级党委、政府及驻村工作队要落实好政策，逐村逐户调查，严格把关，确定搬迁对象，做好群众思想工作；要用好用活用足政策，积极筹措资金，加强资金管理，实行专款专用；市、县两级要加强领导，形成合力，共同推进项目建设。会议要求，必须按上级要求将公务用车改革相关工作做到位。要进一步细化方案，严格执行政策，做好原有车辆封存工作。会议认为，社会发展迫切需要休闲农业，衡阳是农业大市，发展休闲农业对提升全市农业生产水平、改变农村面貌、提高农民收入都将发挥重要作用，各级各部门要大力支持休闲农业发展，打造农业经济增长亮点；鼓励发展国家级休闲农业企业，全面提升休闲农业发展水平。市领导段志刚、贺小坤、周辉斌、陈竞、李辉、唐文峰参加会议。

（曾诗玉）

【市政府2016年第四次常务会议】

2016年4月21日，市委副书记、市长周海兵主持召开衡阳市政府2016年第4次常务会议，研究防汛救灾、旅游发展、农村低保及建设领域行政审批改革等工作。会议指出，全市各级各部门要切实做好防大汛、抗大灾的准备，确保人民群众生命财产安全。要密切关注天气变化，加强防汛会商，及时预报预警，为党委、政府决策提供可靠参考；要层层压实责任，突出工作重点，严格防汛纪律，加强值班值守，畅通信息渠道，确保不发生群体性伤亡事故；要进一步加强工程隐患排查和整改，水库、渠道、涵闸、塘坝及山洪地质灾害点等重要部位要明确行政责任人、技术责任人和巡查责任人，发现问题及时整改到位；要进一步增强应急救灾能力，要成立抢险应急队伍，加强防汛演练，做到召之即来、来之能战、战之能胜；要进一步做好受灾群众救助帮扶工作，确保受灾群众生活不受影响，确保社会大局稳定。会议要求，要认真贯彻落实全省旅游发展大会精神，持之以恒地推进旅游项目建设，加快推动衡阳旅游业发展。要广泛征求各级各界对《衡阳市旅游业“十三五”发展规划纲要》的意见，集思广益，使旅游业成为带动全市经济发展的主导产业。要加大投入，搞好景区建设，创建一批AAAA景区，发展一批AAA景区；要列出项目清单，加快推进项目建设，打造一批精品旅游项目；要加强配套设施建设，完善景区功能，为游客创造良好旅游环境。会议认为，全面清理农村低保、实施社会保障兜底脱贫，是一项惠民的重大民生工程，是实现三年扶贫攻坚目标的重要举措。各县（市）区要立即召开专门会议进行部署，并成立工作班子，强力推进工作，实现农村低保线和贫困线“合二为一”，确保建档立卡贫困人口实现兜底脱贫全覆盖；要按照省委、省政府要求，提高城市、农村低保标准。会议强调，实施建设领域行政审批“两集中、两整合、两公开”，是供给侧结构性改革的重要内容，要通过推行“两集中、两到位”改革，进一步整合为“一个窗口进出、一枚公盖审批”，公开“涉审中介目录、涉企收费目录”，实现项目投资建设审批环节的再精简，审批时限的再缩短。通过制定收费清单，做到清单外无收费；通过清理规范中介机构，确保公平、公正。衡阳市领导段志刚、罗东海、贺小坤、周学农、周辉斌、刘正兴、陈竞、王洪斌、李辉、胡水龙、唐文峰参加会议。

（曾诗玉）

【市政府2016年第五次常务会议】2016年5月4日，市委副书记、市长周海兵主持召开市政府2016年第5次常务会议，部署二季度经济工作，研究市属投融资公司相关工作。会议指出，目前，经济发展正处于速度换挡、结构优化时期，全市各级各部门必须增强责任感和紧迫感，采取切实可行的措施，形成工作合力，提振信心，共同推动全市经济社会又好又快发展。要加强领导，市政府各分管领导要加强调度，及时掌握分管部门经济运行情况，帮助解决具体问题；市政府主管部门要统筹协调，及时解各条战线经济发展状况，推动各部门协调发展；各县（市）区主要领导要加密调度，实行经济运行快报制，形成你追我赶的竞争态势，增强各地发展的信心，促进县域经济平衡发展；各级统计部门要加强上下沟通协调，确保不迟报、不漏报、不错报，如实反映各地经济社会发展情况。要强化督查考核，落实工作责任，通过考核的杠杆作用，层层传递发展的压力，发挥每个人的积极性和创造性，确保全市经济持续平稳增长，确保二季度圆满实现“双过半”，争取各项经济指标在全省争先进位。会议强调，衡阳市属投融资公司要坚持问题导向，形成系统、有效的管理模式，规范管理。人员招聘要严格条件、严格把关，确保公开、公平、公正；工程管理要依法依规，项目必须公开招标，严格实行项目负责人工程质量终身责任制，确保工程进度和质量；资金管理要严谨规范，严格控制融资成本和融资期限，提高闲置资金使用效率，加强项目资金监管，资金必须按进度拨付，确保资金借得来、用得好、还得起。市领导段志刚、贺小坤、周学农、周辉斌、刘正兴、陈竞、王洪斌、李辉、胡水龙参加会议。

（曾诗玉）

【市政府2016年第七次常务会议】2016年6月22日，市委副书记、市长周海兵主持召开衡阳市政府2016年第7次常务会议，研究推进全市供给侧结构性改革、不动产统一登记的相关工作，审议《衡阳市乡村教师支持计划（2015—2020年）实施细则》。会议指出，积极推进供给侧结构性改革是党中央、国务院为稳定经济增长、解决当前突出矛盾、增强长远发展动力的重大战略决策。各级各部门要围绕“三去一降一补”，把握基本原则，加强领导，完善方案，因地制宜，确保改革政策落地。去产能方面，要把握省里确定的重点，结合衡阳实际，进一步压缩产能，提高技术含量，确保安全生产。去库存方面，要落实上级各项政策，加快棚户区改造和货币化安置进程，加强土地利用的监管；进一步澄清商业用房的底子，鼓励商业用房出租；加强市对县（市）宏观政策的指导，将压力传递到县（市）。去杠杆方面，要加强对投融资公司的管理，防范政府债务性风险。降成本方面，要保证中央、省里方案落地；推进以“两集中、两整合、两公开”为主要内容的政务改革，降低制度性交易成本；实行“一企一策、分类推进”的办法，协助企业改革，降低生产性成本。补短板方面，要对照省里要求和衡阳实际，认清自己存在的不足，采取有效措施，实现均衡发展。会议认为，不动产统一登记是事关城市发展和民生保障的重要工作，相关部门要确保人员迅速到位、工作有效运转，按照时间节点要求完成各项工作。要合理确定部门职能划分，实现网络互联互通、信息资源共享。要整合相关机构、人员、职能，提高工作效率，强化房地产市场管理。会议强调，乡村教师队伍建设是全市教育工作的突出短板，要把乡村教师队伍建设摆在优先发展的突出地位，努力打造一支结构合理、素质优良、甘于奉献的乡村建设队伍。相关部门要摸清现状，总结经验，进一步完善乡村教师队伍建设方案；要明确乡村教师培养标准、模式，严格把关，优化办事流程，尽快启动公费定向师范生培养市级计划，保证乡村教育发展的人才需要。市领导段志刚、罗东海、贺小坤、周学农、周辉斌、刘正兴、王洪斌、李辉、胡水龙、唐文峰参加会议。（曾诗玉）

【市政府 2016 年第八次常务会议】 2016 年 7 月 7 日，市委副书记、市长周海兵主持召开市政府 2016 年第 8 次常务会议，研究安全生产、重点项目建设、行业商会、南岳旅游管理等工作。会议指出，安全生产高于一切，各级各部门要认真吸取“6·26”特大道路交通事故教训，扎实开展安全生产大排查、大管控、大整治行动，确保全市安全生产平稳向好。必须将“三大行动”要求落实到位，“三大行动”历时半年，相关部门要分块、分线制定专项方案，召开动员会、推进会，加强调度，将存在的问题整改到位；必须将安全隐患排查整改到位，要痛下决心，舍弃部门利益，逐个问题制定整改方案，该淘汰的车辆坚决淘汰，该关闭的场所坚决关闭；必须落实党政同责、一岗双责，建立健全各项规章制度，认真落实企业主体责任、部门监管责任和党政属地管理责任，层层传导安全生产的压力，强化督查考核，以督查考核促进责任落实和问题整改；必须建立安全生产长效机制，要持之以恒地坚持大培训、大排查、大管控、大整改，建立有效的调度机制，配齐安全设备设施，建立健全问责追责机制。会议认为，抓项目就是抓发展，各级各部门要正确认识重点项目建设与经济发展的关系，坚持重大项目抓进度、重点项目抓考核，明确奖罚标准，形成你追我赶的项目建设氛围；要进一步健全领导干部联点项目责任制，协调解决项目建设中的各类问题，强化项目考核，加快推进项目建设；要完善重点项目准入退出制度，严格申报标准和审核程序，依法依规推进项目建设。会议要求，要全面落实上级要求，加强领导，细化方案，积极开展行业商会与行政机关脱钩试点工作，确保如期全面完成工作任务。会议讨论《衡阳市南岳旅游区综合管理条例（草案）》。会议强调，地方立法权是提升地方政府治理能力的重要抓手，南岳衡山风景名胜区是衡阳旅游的一张重要名片，要通过制定《衡阳市南岳旅游区综合管理条例》，提升南岳景区质量，提升全市旅游服务水平。要注重立法的实效性，坚持以问题为导向、以高标准为目标，针对南岳旅游管理中存在的问题，确定《衡阳市南岳旅游区综合管理条例》内容，为行政执法提供依据。要广泛征求各方面的意见和建议，完善《衡阳市南岳旅游区综合管理条例》。会议还研究其他事项。衡阳市领导段志刚、罗东海、章彰、贺小坤、周学农、周辉斌、刘正兴、陈竞、王洪斌、胡水龙、唐文峰参加会议。

（曾诗玉）

【市政府 2016 年第十三次常务会议】 2016 年 10 月 13 日，市委副书记、市长周海兵主持召开衡阳市政府2016年第13次常务会议，研究政务督查、商事制度改革、政府投资项目管理、涉企收费清理、推进标准化等工作。会议审议通过衡阳市政府《关于进一步加强政务督查工作的实施意见》。会议认为，督促检查工作是政府工作的重要组成部分，是政府全面履行职责的重要环节，是落实党和政府重大决策部署的重要保障。制定《实施意见》，就是要强化责任落实和督查手段，层层传递工作压力，确保各项重大决策部署落地生根、早见实效。市相关部门要增强事业感和责任心，打通工作中的“肠梗阻”，以踏石留印、抓铁有痕的作风抓落实。一方面要规范程序，明确职责，加大跟踪督办的力度，加强部门联动，提升工作效率；另一方面要理顺机制体制，配齐配强督查人员，制定督查细则，不断提升各级各部门的督查能力。会议听取关于深化商事制度改革工作的情况汇报。截至9月底，衡阳市市场主体总数由改革前的14.94万户增加到目前的20.34万户，注册资本同比增长27.3%。会议指出，商事制度改革是市场经济制度改革的重要内容，涉及面广，人民群众广泛关注。前期全市完成注册资本改革、年检改年报、先证后照改先照后证、五证合一等改革，市场主体呈井喷式增长，进一步激发全市大众创业、万众创新的热潮。下阶段，进一步深化改革，要落实“宽进”要求，增加办事窗口，提升服务水平，方便群众办事，激发市场活力；要在“严管”上取得突破，按照“双告知”、“双随机”、“一公开”的要求，加强事中、事后监管，进一步规范市场秩序。会议审议《衡阳市政府投资项目管理暂行办法》，要求聚焦市政府投资项目，进一步完善相关细则，建立决策科学、运作规范、监管严格的政府投资管理体制。要通过《办法》实施，强化内部管理，规范工作程序，堵塞工作漏洞。相关部门要严格落实规定要求，严格招投标纪律，确保项目建设公开、公平、公正，通过规范工程管理倒逼建设单位管理能力的提升。会议认为，涉企收费和中介服务清理是政务服务改革的重要内容。相关单位要全面掌握涉企收费及涉审中介情况，做到心中有数，对合理的收费要逐项公开，让老百姓明明白白缴费；对有背政策要求的收费项目、上级明令禁止的收费项目要坚决取消，杜绝乱收费。所有中介机构必须集中到市政务服务中心办公，设立办事窗口，方便企业办事。会议强调，全面推进标准化工作是增强市场竞争力、提升地方形象的重要途径，出台《关于全面推进标准化工作的实施意见》就是要形成政府引导、市场驱动、社会参与、协同推进的标准化格局。各级各部门要进一步细化《意见》，认真执行上级标准，积极参与标准的制定；要进一步认清差距，明确目标，夯实基础，确保标准化工作目标实现，促进全市标准化工作迈上新台阶。衡阳市领导段志刚、罗东海、陈竞、刘正兴、王洪斌、李辉、唐文峰，市政府秘书长邓小林参加会议。

（曾诗玉）

【市政府2016年第十四次常务会议】 2016年11月10日，市委副书记、市长周海兵主持召开市政府2016年第14次常务会议，听取相关法律讲座，研究南岳机场航班航线、规范城区物业管理等工作。会议听取建纬（北京）律师事务所主任谭敬慧《PPP项目模式实质与风险防范》专题法律讲座。会议指出，开展专题学法是建设法治政府的基本要求，实施PPP项目模式是破解项目建设资金瓶颈的新途径，各级各部门要以这次学习为契机，进一步深入研究PPP项目模式实施办法，加快推进项目建设，促进项目顺利落地并尽快建成达效。会议认为，南岳机场是衡阳加强对外开放的重要窗口，更是衡阳一张闪亮的城市名片，自通航以来，无论是航线开拓还是安全运行都取得良好成绩。下阶段要进一步加强与航空公司沟通和对接，降低飞行成本，开辟新的航线。要进一步加强机场管理，强化督查督办，及时整改存在的问题，确保安全运行；强化外部环境整治，净化临空环境，提升机场形象；增开高铁站至云集镇公交车，方便群众出行。会议原则通过《关于规范衡阳市城区物业管理工作的实施意见》，要求进一步修改完善后提交市人大常委会审议。会议认为，物业管理是典型的最基层的自治方式，是涉及千家万户的重要民生工作，规范城区物业管理既是现实的需要，更是政府的职责。各级各部门要注重政策引领，突出矛盾解决，加大领导力度，做好保障工作，发挥社区职能，推动城区物业行业市场有序发展。会议还研究其他事项。市领导段志刚、罗东海、章彰、贺小坤、陈竞、刘正兴、王洪斌、唐文峰，市政府秘书长邓小林参加会议。（曾诗玉）

【市政府召开2016年第一次全体会议暨廉政工作会议】 2016年3月22日，市政府召开2016年第一次全体会议暨廉政工作会议。市委副书记、市长周海兵强调，各级政府部门要树立强烈的政治意识、大局意识、核心意识、看齐意识，以求真务实的精神高效推进各项重点工作，站在讲大局的高度扎实办理人大建议和政协提案，以零容忍的态度推动政府系统党风廉政建设。会议传达国、省、市“两会”精神，通报2016年衡阳市《政府工作报告》重点工作任务分解和《关于拟开展全面清理农村低保实施社会保障兜底脱贫工作的方案》，集中交办市人大议案、代表建议和政协提案，表彰2015年市政府系统办理人大代表建议、政协提案工作先进单位。各县（市）区及市直相关部门递交2016年工作责任状。周海兵强调，市政府系统要把学习和贯彻全国“两会”及习近平总书记重要讲话精神当作当前重要的政治任务来抓，结合衡阳实际，推进政府的系列工作，切实做到学用结合、学用相长。要扩大有效需求，保持稳中求进势头，主要是要抓项目稳投资，抓帮扶稳产业，抓招商稳园区；要加快动能转换，提升发展质量效益，更多地转向创新驱动、改革促动、开放带动；要抓实文明创建，统筹城乡一体发展，加快城区扩容提质，加紧县城基础设施配套，加强小城镇开发建设；要注重共建共享，持续改善社会民生，重点是办好民生实事，守住发展底线，推进社会事业；加紧脱贫攻坚，加快建成全面小康，目标要实现，重点要突破，作风要务实。周海兵要求，务必以最高的热情、最大的力度，全面完成建议提案办理任务，赢得市人大、市政协的认可和支持，维系和发展好代表、委员参政议政的热情，最大程度凝聚支持、帮助政府工作的合力。办理责任要层层传递，办理方式要大胆创新，办理过程要务求实效。周海兵指出，结合即将开展的学习党章党规、学习系列讲话、做合格党员的“两学一做”学习教育，全面落实“两个责任”，持续加强党风廉政建设和反腐败斗争。要深入改革，推进源头反腐；专项整治，推进严查治腐；立足长远，推进制度防腐。周海兵强调，要进一步增强责任感和紧迫感，扎实抓好当前各项工作。要贴心服务，助推项目开工复工；密集调度，确保实现“开门红”；未雨绸缪，认真抓好农业生产；沟通衔接，争取上级更多支持。市领导段志刚、罗东海、晏华衡、周辉斌、刘正兴、陈竞、王洪斌、肖长贵、李辉、胡水龙、唐文峰参加会议。（曾诗玉）

【市政府召开2016年第二次全体会议】 2016年12月20日，市政府召开2016年第二次全体会议。市委副书记、市长周海兵强调，全市上下要统一思想、真抓实干、开拓进取，推动全市经济社会持续健康发展。会议首先通报2016年《政府工作报告》重点工作落实情况。2016年《政府工作报告》重点工作任务分解下达后，市政府办坚持定期调度与动态督查相结合，一月一调度、一季一通报，推动各级各部门按照市政府的统一部署，认真履行职责，抓工作落实，较好地完成全年目标任务。截至年底，《政府工作报告》分解交办的189项重点工作，已落实或落实较好的有175项。周海兵指出，要在总结工作中增强发展信心。2016年，市政府团结带领全市人民积极抢抓发展机遇，沉着应对各种挑战，经济社会发展呈现缓中趋稳、稳中向好的良好态势。全市突出项目建设，发展动力明显增强；突出改革开放，市场活力不断激发；突出城乡统筹，小康进程全面加快；突出民生改善，社会大局和谐稳定。周海兵指出，要在谋划2017年中聚焦工作重点，坚持以推进供给侧结构性改革为主线，全面做好稳增长、促改革、调结构、惠民生、防风险各项工作，以优异成绩迎接党的十九大召开。要着力加快转型升级步伐，推进植优补短，发展现代农业，集聚发展服务业；要全面提升改革开放水平，以钉钉子精神抓好改革落实，大力实施创新驱动发展战略，全面提升开放型经济水平；

要加快构建新型城镇体系，加快基础设施建设，完善城镇支撑体系，积极创新城市管理；要加大保障改善民生力度，守住工作底线，办好民生实事，兜底社会保障，推进脱贫攻坚；要切实加强政府自身建设，规范公共权力运行，切实改进工作作风，全面加强廉洁建设。周海兵强调，要在紧抓当前中强化责任落实，确保2016年工作完美收官，2017年工作开好头、起好步。要对照年度任务，强化运行调度；要加强沟通对接，争取更多支持；要关心群众生活，维护社会稳定。市领导段志刚、罗东海、章彰、陈竞、胡志文、刘正兴、李辉、胡水龙、唐文峰，市政府秘书长邓小林参加会议。（曾诗玉）

重要文件

2016年，市政府制定颁发的相关重要文件有：

1月6日《衡阳市人民政府关于做好第三次全国农业普查的通知》

1月15日《衡阳市人民政府关于加快发展养老服务业的实施意见》

3月17日《衡阳市人民政府关于大力推行中心城区国有土地上个人私有住宅征收优先货币化安置的实施意见（暂行）》

3月17日《衡阳市人民政府关于进一步推进户籍制度改革的实施方案》

4月12日《衡阳市人民政府关于加快休闲农业发展的意见》

8月18日《衡阳市人民政府关于严控新增政府投资BT项目大力推行政府与社会资本合作的规定》

8月18日《衡阳市人民政府关于印发〈衡阳市政府信息依申请公开操作规范〉的通知》

9月12日《衡阳市人民政府关于印发〈关于整合城乡居民基本医疗保险制度的实施方案〉的通知》

10月17日《衡阳市人民政府关于进一步规范政府投资项目招标投标活动的实施意见（暂行）》

10月24日《衡阳市人民政府关于进一步加强政务督查工作的实施意见》

11月8日《衡阳市人民政府关于深化商事制度改革加强事中事后监管全力促进全民创业的实施意见》

11月8日《衡阳市人民政府关于进一步加强和改进消防工作的意见》

（曾诗玉）

办公室工作

【概况】　2016年，市政府办公室围绕中心、服务大局，履行参谋助手职责，强化服务，加大落实，保证市政府各项工作高效有序运转，为全市经济社会平稳较快发展做出贡献。

一、突出以文辅政。全年完成市政府领导各类讲话稿300余篇，完成向党和国家领导人及省委、省政府领导汇报材料30余篇，完成各类会议主持词、致辞70余篇，撰写常务会议纪要16期，市长办公会议纪要60余期。高质量完成市《政府工作报告》、市政府全会讲话及经济形势分析暨重点项目建设调度会议讲话等一系列重要会议材料。

二、强化信息调研。先后组织开展房地产去库存、公共交通、建设领域行政审批等10多个专题调研，形成系列优质调研报告，其中《对全市城市公共交通发展的调查与思考》得到市政府主要领导的充分肯定和批示，《努力打造政务服务升级版——衡阳市扎实推进行政审批领域制度改革》在省政府《调查与研究》刊登。继续加强和改进信息报送，全年共编发政务通报11期，36条信息被省政府办公厅采用，3条被国务院办公厅采用。

三、抓实督查督办。全年围绕政府工作报告责任分解，市委、市政府的重大决策、重点工程、重要民生等工作，共组织或参与各类督查62次，下发督查通知39期，交办通知79期，督办函131件，形成督查专报54期，编发督查通报45期，获得市政府主要领导肯定性批示43次，推动落实《政府工作报告》重点工作和市政府各类会议议定事项1000多项，有效落实率达92%。办理省、市领导批示件107件，办结率达100%。承办国务院第三次大督查等国、省督查和检查活动共35次，筹备、联络、汇报和服务等均得到督查组的好评。（王军云）

【文会规范办理】　公文办理方面，严格公文运转、质量管理、审核把关、印制发布等程序和措施，规范发文行为，精减文件数量。全年共发文 429 个，文件总数相比 2015 年精简 29%，文件差错率为零。会务筹办方面，严格执行会议审批制度，认真审查会议议题，努力做到少开会、开短会。狠抓会前准备、会中服务、会后落实三个环节，确保会议主题明确，中心突出，务求实效。全年共召开市政府全会 2 次，市政府常务会议 16 次，市长办公会议 59 次，市政府系统工作会议 40 次，会议数量较 2015 年同期减少 33 次，同比减少 22%。

（王军云）

【应急管理】 组织修订颁布市级专项应急预案 3 件，按规定及时上报《湖南省突发事件预警信息发布管理办法》等文件修订意见。部署指导衡南、常宁、衡阳县等县（市）区、市直交通、水利、公安消防等部门举行应急演练 10 余次。科学应对低温雨雪冰冻灾害、防汛抗洪、疫情预防和群体性事件较大以上突发事件 40 余起。加强应急体系建设，完成“十三五”应急体系建设规划，并经政府常务会议审议通过。

（王军云）

【议案办理】 通过抓交办、督办两个关键环节，突出工作重点，确保工作落实，较好地完成人大代表议案、建议和政协提案办理工作。收到省政协十一届四次会议提案 1 件、来信 1 件，沟通率、办复率、满意率均达 100%。承办市第十一次党代会提案 11 件，按要求全部交办；承办市十四届人大五次会议以来议案 1 件，代表建议 299 件，市十一届政协四次会议提案 496 件，均按要求进行书面答复，沟通率、办复率 100%。

（王军云）

【后勤保障】 加强机关保卫工作，全面落实 24 小时值班制度，切实维护机关大院安全。按期完成公务用车改革，建立公务用车专用停车场，所有公务用车集中停放，节假日全部封存。严格遵守财经纪律，严把财务支出关，“三公”经费预算数较 2015 年下降 20%。全面完成超标准办公用房清理整改工作。落实领导带班、干部轮流值班的接访工作制度，全年共接待 5 人以上的群众集访达 759 起、18917 人次，未出现一例矛盾激化情况。（王军云）

【服务效能】 精简审批环节、压缩审批时限，提高审批速度，最大限度方便企业和群众办事。实现政府职能转变和集中归并，行政审批“两集中、两整合、两公开”改革经验在全省推介。推行建设领域行政审批制度改革。全面推进不动产登记制度改革。加强项目建设代办服务中心的工作流程。规范涉审中介行为。拓展政府信息公开范围，规范政府信息公开内容和形式，扩大群众的知情权和监督权。（王军云）

政务服务工作

【审批改革】 2016 年，市政务中心一是推行行政审批“两集中、两到位”改革。以搬迁提质为契机，采取面对面交流、一对一检查、点对点督查等方式，确保进驻职能和人员调整归并到位。通过多轮谈话、检查和督查，与群众办事密切相关的 49 个单位的 321 名工作人员实现全进驻，可受理、办理 494 项审批服务事项和水、电、气、通信等公共服务事项，为企业和群众提供“一站式”服务。二是推行建设领域“两整合、两公开”改革。通过实行“一个窗口进出，一枚公章受理”，部门审批时间大幅压缩，非政府投资项目审批时间压缩至 47 个工作日，提速率达 70%，政府投资项目审批时间压缩至 60 个工作日，提速率达 65%。2016 年，共受理报建项目 252 个，办结项目 57 个，办结各类审批事项 496 项，优质便捷的代办服务得到项目业主的肯定。（田海洋）

【政务服务】 一是优化事项办理流程。对 494 项进驻事项实行分类管理和流程再造，审批环节总数从 2070 个精简到 755 个，精简率 63.53%；承诺时限从法定的 8280 个总工作日减少到 1546 个总工作日，提速率 81.33%。为所有进驻事项逐一编制流程清单，包括审批程序、申请材料等 16 个要素，为办事群众提供统一、全面、规范、清晰的办事指南，最大限度方便群众办事。二是提供便捷优质服务。开展预约服务、上门服务、延时服务、代办服务等四项服务，提升服务水平；设置咨询服务台、银行、文印室、刻章室、邮政室等便民服务设施，把服务触角延伸至最微处；开通政务中心网站和微信公众号，通过多种渠道为企业和群众提供高效、便捷服务。（田海洋）

【管理监督】 一是完善管理制度。完善首席代表制、限时办结制等一系列规章制度，并制定窗口绩效考核办法，考核意见作为市委、市政府对所在部门绩效考核是否合格实行一票否决和年度政风行风测评的重要依据。二是完善电子监察。推进电子监察系统建设，确保实时监控、实时考核。开展办件跟踪回访制度，及时掌握窗口工作动态。三是主动接受监督。通过设置服务评价器、邀请第三方定期开展测评等方式主动接受各界监督。发挥人大代表、政协委员、民主党派、人民团体和新闻媒体的监督作用，强化社会监督。（田海洋）

【“互联网+政务服务”工作】 2016年，按照“部门全覆盖、事项全覆盖、流程全覆盖”的要求，推进网上政务服务和电子监察系统改造升级，将所有的行政审批事项纳入网上政务服务和电子监察系统，对每一个事项、每一个办理环节设立办理时限，明确工作责任，设置预警提示，确保实时监控、实时评价、实时考核，实现监控、考核自动化。（田海洋）

【政务公开】 坚持“以公开为常态，以不公开为例外”原则，加大政务公开工作力度，推行决策公开、执行公开、管理公开、服务公开、结果公开。结合行政权力清单清理工作，向社会全面公开政府职能、法律依据、实施主体、职责权限、管理流程、监督方式等事项。重点推进财政预算、公共资源配置、重大建设项目批准和实施、社会公益事业建设等领域的政府信息公开。涉及公民、法人或其他组织权利和义务的规范性文件，按照政府信息公开要求和程序及时予以公布。推行行政执法公示制度，加强政务信息数据服务平台和便民服务平台建设，推进政务公开信息化。（田海洋）

【基层便民服务中心建设】 全面推进乡镇（街道）便民服务中心和村（社区）便民服务代办点标准化建设，将乡镇（街道）便民服务中心标准化建设纳入全市重点民生实事项目。本着方便群众的原则，在合并的乡镇片区完善便民服务中心，作为直接服务群众办事的窗口。各县（市）区根据实际，统筹民政、人力资源社会保障、邮政、供销合作社等各类代办点，推进村（社区）便民服务代办点规范化建设，明确代办员日常工作职责，确保功能齐全，管理规范、办事方便，切实解决便民服务“最后一公里”问题。（田海洋）

【社会组织统一社会信用代码“三证合一”举行新证书颁发仪式】 2016年1月22日，市政务服务中心举行社会组织统一社会信用代码“三证合一”新证书颁发仪式。衡阳市福建商会、衡阳市博仁职业培训学校等12家社会组织成为衡阳市首批取得全国“身份证号”的社会组织。自当日起，衡阳市在社会组织领域全面实施统一社会信用代码制度改革。原来成立社会组织必须办理的法人登记证书、组织机构代码证、税务登记证等，合并为加载有统一社会信用代码的法人登记证书，新版的社会组织法人登记证书由民政部门统一核发。此次改革是按照国务院有关“法人和其他组织统一社会信用代码制度建设总体方案”的要求和国家民政部、省民政厅的部署进行的。改革后，通过“一窗受理、互联互通、信息共享”方式，将原来由民政、质监、地税部门核发的三本登记证，整合为民政部门核发的一本登记证。新版的社会组织法人登记证书，在醒目位置标注18位的统一社会信用代码，取代原来的登记证号和组织机构代码。统一社会信用代码是社会组织在全国范围内唯一的身份识别码，社会组织变更或注销，统一社会信用代码保持不变，保留回溯查询功能。2016年1月1日至2017年12月31日为改革过渡期，过渡期内社会组织未换发的证照可继续使用，相关税务登记按照原有规定执行。过渡期结束后，一律使用加载社会组织统一社会信用代码的登记证书办理相关业务，未换发的登记证书不再有效。（李铭中）

【全市政务公开政务服务工作会议召开】 2016年3月7日，全市召开政务公开政务服务工作会议。市委常委、常务副市长段志刚强调，要进一步规范和简化审批流程、优化政务服务环境，推动衡阳市经济又好又快发展。市委常委、市纪委书记包昌林主持会议。2015年，在全省的绩效考核中，衡阳市在政务公开政务服务方面取得满分，是全省没有扣分的三个地市之一。段志刚就做好2016年的政务公开政务服务工作强调六点意见：审批监管分离理念要更新，要改变过去“重审批，轻监管”的老观念，树立“宽审批、严监管”的新理念，构建“决策、审批、监管”三权分离的行政管理格局；行政审批改革力度要加大，压缩审批时限，创新服务模式，提升服务水平；流程清单编制程序要简化，简化办理环节，压缩办理时间；要选派骨干进驻，各单位要重视窗口队伍建设，对素质高、表现好、群众满意的窗口人员优先提拔重用；政务公开范围要扩大，着力推进财政预决算、公共资源配置、重大建设项目批准和实施、社会公益事业建设等重点领域信息公开，扩大公开范围，细化公开内容；政务体系建设步伐要加快，加强县（市）区政务服务中心的建设，完善乡镇（街道）便民服务中心的功能，形成市、县（市）区、乡镇（街道）三级联动，构建纵向到底的政务服务体系。包昌林指出，各单位要深刻认识政务中心的地位和作用，强化组织领导，狠抓干部作风。市领导肖长贵出席会议。（李铭中）

【市政府网站“办事服务”定制频道上线】 2016年12月14日，市政府网站“办事服务”定制频道正式上线，为公众、企业提供便捷高效的“一站式”服务。“办事服务”频道设置“重点办事服务”“个人服务”“法人服务”“网上政务服务大厅”便民信息及查询等板块。针对网上办事，网上政务服务大厅整合36个市级部门312项行政审批事项办事指南在线查看，并为其中约64%事项提供在线申报和表格下载；针对个人服务，频道整合社保医疗、就业创业、住房交通、户籍出境等12项民生领域民生信息，提供与民生相关的权威政府政策解读、优惠政策说明；针对法人服务，频道整合经营设立、招商引资、税收优惠、资质认定等面向企业的服务，提供在线集中展示和查询；针对重点民生服务，频道提供生育服务、公积金、居住证等10大项重点办事服务，为创业者尤其是大学生、农民工提供创业优惠、税负减免及随迁子女就近入学等提供便利。

（李铭中）

地方金融工作

【概况】 2016年，全市金融工作适应金融发展新常态，应对金融维稳压力，推动金融改革发展，提升金融服务水平，金融运行总体保持平稳较快发展态势，完成全年各项目标任务，为“五个新衡阳”建设提供有力金融支撑。

一、金融运行情况。截至2016年12月末，全市金融业（含银行、保险、担保、小贷）资产总额达3625亿元，同比增长13.2%，其中银行业资产总额3412.63亿元，同比增长12.9%。金融业纳税额11.14亿元，同比增长36.7%。银行业金融机构各项本外币存款余额3283.43亿元，同比增长17.8%，较年初新增496.17亿元；各项贷款余额（含表外）1674.28亿元，同比增长15.8%，较年初新增228.5亿元（表内新增227.2亿元），银行存、贷款余额及增量均位居全省第二。

二、保险证券期货情况。实现保费收入77.64亿元，同比增长17.2%，保费收入全省第二。1—12月，证券、期货交易额分别为4179.3亿元和960.52亿元，证券、期货交易额均全省第二，月末本市股民股票市值256.4亿元。融资性担保公司在保余额61.27亿元，全省第三。小贷公司贷款余额18.3亿元，全省第二。

三、全市金融工作成效。2016年全市金融工作呈现“1223”亮点，即1项工作被国家推介：地方金融市场专项整治工作经验国务院处置非法集资部际联席会议内部刊物作典型介绍。2项工作全省考核第一：2016年防范和处置非法集资工作综合治理考评连续两年全省第一，年度企业上市数量全省第一。2个纲领性文件制定出台：《关于加快金融业改革发展的实施意见》和《关于加快推进金融业信用体系建设的实施意见》先后经市政府常务会、市委全面深化改革领导小组会议审议通过。3项工作实现重大突破：四城区信用联社改制组建市农商行成功挂牌开业，全市农信社改革基本完成；“湘油泵”

(股票代码 603319) 在上交所 A 股成功上市，实现衡阳近 20 年来企业首发上市零的突破；中科光电子在澳大利亚国家证券交易所上市，实现衡阳企业境外上市零的突破。（黄　俊）

【金融维稳】　维护金融安全稳定。把防控金融风险放在更加突出位置，守住不发生系统性、区域性风险底线。一是开展处非工作。非法集资防范宣传、风险排查、督查督办、接访维稳等工作扎实开展。处非工作机制完善，市委、市政府成立高规格的防范和处置非法集资工作领导小组，以市委、政府两办发文明确处非工作成员小组名单。加强处非宣传和风险专项排查，全方位、多渠道、大声势开展处非宣传月、进社区、公益广告等宣传教育活动，组织处非成员单位开展广告信息清理及非法集资风险等专项排查活动，取得良好效果。加大对涉非线索督办查处力度。全年接听咨询投诉举报电话 300 多个，下发督办函 22 件（含地方金融市场专项整治工作队 1 件），督查对象公司 21 家，其中 1 家公司被公安部门立案。主动做好接访疏导维稳工作，及时通报、预警群访信息，编制《金融稳定专报》12 期，为市委、市政府开展处非维稳提供有效信息。根据公安部门统计，全市非法集资立案数量、涉案金额、涉案人数三个指标同比均下降，涉非维稳形势总体平稳可控，全年未发生较大规模的涉非聚集活动和重大突发事件，确保市党代会、衡州经济发展论坛等重大活动的顺利进行。二是抓好专项整治。在全省率先出台《地方金融市场专项整治工作方案》，成立专项整治工作队，开通咨询举报电话，"地毯式" 排查涉及地方金融市场活动的公司 452 家，发现涉嫌非法集资、超范围经营、虚假或夸大宣传及重点关注公司 86 家，对问题公司通过移交县（市）区和公安、工商等部门进行分类处置。该整治工作经验被国务院处置非法集资部际联席会议办公室编的《处置非法集资动态》2016 年第 6 期作典型介绍。按照国、省统一部署，出台《互联网金融风险专项整治实施方案》，排查 33 家涉及互联网金融业务的公司，开展相关专项整治。三是稳妥处置民间融资风险。通过案情通报、项目对接、企业约谈、协助追款等工作，配合有关部门做好民间融资担保风险处置化解工作。（黄　俊）

【融资规模】　融资规模扩大，多措并举拓宽融资渠道，创新融资方式，全年各项融资规模达 376.7 亿元，同比增长 71%。一是信贷投放大幅增长。银行新增表内贷款突破 200 亿元大关，达 227.2 亿元，同比增加 58.1 亿元，超额完成全年目标任务。非金融企业及机关团体贷款新增 163.97 亿元，同比增加 71.3 亿元，其中中长期贷款新增 100.86 亿元，同比增加 53.19 亿元，有力支持全市基础设施、社会民生等重点项目建设。小微企业贷款较年初新增 48 亿元，同比增加 19 亿元，涉农新增 42.6 亿元，同比增加 18.2 亿元。二是直接融资快速增长。通过首发上市、上市公司再融资、公司债、企业债、短融中票、非公开定向票据、信托、私募股权等方式直接融资 149.43 亿元，同比增长 73%。三是担保小贷融资稳步增长。小贷公司全年累计投放贷款 401 户、金额 11.94 亿元，其中中小企业贷款 2.47 亿元，占比 20.7%；涉农贷款 8.42 亿元，占比 70.6%。融资性担保公司全年累计担保额 34.6 亿元。（黄　俊）

【金融改革】　一是农信社改革接近尾声。衡东农商行、衡州农商行、衡阳农商行先后成功挂牌开业，祁东联社改制组建农商行工作加快推进，计划 2017 年上半年挂牌。二是金融招商有新成效。长沙银行、平安老养保险、华林证券成功开业，兴业银行衡阳分行、衡山湘潭农商村镇银行获批筹建，金融机构数量不断增加。截至 2016 年年末，全市金融机构数量达 150 家，其中银行业金融机构 28 家，保险、证券、担保、小贷等非银行业金融机构 122 家。三是担保小贷规范发展。严把担保、小贷公司设立初审关，对股权、增资扩股、高管、场地等变更事项严格按照有关监管制度进行复审或批复。坚持按每季度对辖区内担保、小贷公司进行全面检查，对发现问题及时下发整改通知并就整改落实情况进行复查。全市有融资性担保公司 12 家，注册资本 14 亿元，行业平均放大倍数 3.2 倍，纳税 1772 万元。小贷公司 25 家，注册资本 17.85 亿元，纳税1539万元。根据省金融办分类评级管理办法，衡阳市有5家小贷公司被评为A级，行业占比20%。四是创新试点成效初显。耒阳“两权”抵押贷款国家试点实现两项全省之最（最先发放全省首批农房抵押贷款49万元、最大单笔土地流转经营权抵押贷款800万），2016年耒阳共发放农房抵押贷款181笔，新增贷款0.81亿元。新型农村经营主体贷款保证保险试点稳步推进，中华保险为衡东、衡南两县8户新型农业经营主体提供贷款保证保险，涉及贷款金额700多万元。国寿财险在衡南县开展小额贷款保证保险试点取得突破，开展4笔业务贷款额达到600万元。五是产业基金组建稳步推进。学习借鉴长沙等地经验，起草《衡阳市产业投资基金设立方案》获市政府主要领导批示。由市高新技术开发区与广州南粤基金管理公司共同组建的“高新南粤基金”正式运作，基金规模200亿，分别是100亿的产业发展基金和100亿的高新区城市建设发展基金。首期将发行2000万元的产业引导基金和1亿元的产业投资基金，助力高新区产业转型。（黄　俊）

【金融服务】 强化金融协调服务力度，营造良好的金融发展环境。一是政银企合作深化。先后举办市政府与国家开发银行湖南省分行、农业银行湖南省分行、中国人寿湖南省分公司、浦发银行长沙分行、长沙银行五家金融机构战略合作签约、衡州经济发展论坛银企对接签约会，“植优补短”园区专场银企对接会等政银企合作对接活动，实现银行对政府授信300多亿元，对企业授信近500亿元。出台《县域经济“植优补短”综合金融服务方案》，衡南县综合金融服务创新成果初显，通过深入调研、策划咨询、整合项目等多种举措共规划第一批23个项目共96.9亿元，已经落实9个项目20多亿元，为该县发展建设增添强劲动力。二是企业上市有新进展。2016年湖南省重点上市后备企业资源库企业达15家，省新三板后备资源库企业达16家。全年新增2家上市公司，其中湖南机油泵在上交所A股成功IPO（首发上市），中科光电子在澳大利亚国家证券交易所上市。新增2家新三板挂牌企业，全市新三板挂牌企业达9家。恒生制药已在湖南证监局报备。南岳电控完成股改。为鸿铭科技、恒缘电工、天衡股份3家新三板企业争取到省中小企业融资补助150万元，补贴额全省第二。三是保险保障功能稳步提升。商业车险改革、道路交通“快处快赔”、反保险欺诈行动、诚信示范创建、保险行业自律等工作扎实有效推进。稳妥处置6.26特大交通事故理赔工作，人保财险替8家共保体两次垫付1750万元赔款用于事故处置，衡阳保险业在大难面前，承担社会责任，彰显大爱情怀，获得各级政府和社会舆论好评。“三农”保险稳健发展，政策性“三农”保险保费收入2.64亿元，同比增长10%。四是金融扶贫精准有力。人民银行累计发放扶贫再贷款3亿元。按照“政府主导、人行主推、银行主建”模式，提前一年完成全市395个贫困村（合并后323个贫困村）金融扶贫服务站建站工作，金融扶贫服务站形成“小额信贷引路、分贷统还带路、产业扶贫铺路”的金融扶贫“点、线、面”立体模式。贫困村助农取款“村村通”有序推进，行政村助农取款覆盖率达98%，较好满足偏远农村地区农户对金融服务的迫切要求。发放易地扶贫搬迁贷款投放超过7亿元。建档立卡贫困户146163户，完成信贷评级授信142068户，完成率97.2%，获得授信117556户，授信额度26.71亿元，全年累计投放小额扶贫信贷2.49亿元。

（黄　俊）

【金融工作重要活动】 2月19日，全市金融机构座谈会召开，银行、保险、证券等金融机构负责人参加座谈。市委常委、常务副市长段志刚要求，金融行业科学研判形势，做到“因势而谋、因势而动、因势而进”，促使衡阳经济发展再上新台阶。

2月19日，全市防范金融风险工作会召开，会议明确将在全市开展以防范和处置非法集资为重点的地方金融风险专项整治行动，确保将金融风险防控好、化解好。市委常委、常务副市长段志刚在会上要求，各相关职能部门要抓好预警排查，落实排查责任，突出排查重点，注重排查效果，从源头上防范非法集资问题的发生。

4月26日，全市一季度金融形势分析会召开，会议总结一季度金融工作，分析当前金融形势，部署下段金融工作。市委常委、常务副市长段志刚指出，在一季度非常复杂严峻的形势下，全市各银行金融机构作为、不断创新、勇于担当，全市金融工作有成效、有亮点，值得肯定。

6月15日，衡阳市人民政府分别与国开行湖南省分行、农业银行湖南省分行、中国人寿湖南省分公司、浦发银行长沙分行、长沙银行签订战略合作协议。根据协议内容，衡阳市与五家金融机构达成超过400亿元的综合授信额度。

6月17日，衡阳市保险业诚信示范创建暨“胸怀梦想·诚信健行”健步走竞赛活动在南湖公园举行，正式启动衡阳市保险业“四个十佳”及“诚信服务示范窗口”评选活动。市委常委、常务副市长段志刚出席启动仪式并讲话。启动仪式后，来自全市保险行业以及相关单位的500余人共同参加健步走竞赛活动。

6月21日，全市金融稳定及打非宣传工作会议召开，市委常委、常务副市长段志刚出席会议并作重要讲话。市领导胡水龙市主持会议。市政府金融办、市公安局等单位分别就金融稳定工作、非法集资打击等作汇报。

7月22日，全市2016年上半年金融形势分析会召开，市委常委、常务副市长段志刚主持会议并讲话，会议要求全市金融机构要强化担当，主动作为，努力实现信贷投放扩规模、资本市场有突破、优化服务出实招、防范风险见实效四大目标。

8月26日，衡阳农村商业银行股份有限公司（简称“衡阳农商银行”）授牌开业暨市政府与省农村信用社联合社签约仪式举行。市委书记、市人大常委会主任周农，省联社党委书记、理事长张志军共同为衡阳农商银行授牌。市委副书记、市长周海兵出席仪式并讲话。衡阳农商银行是经中国银监会批准成立，在原石鼓联社、蒸湘联社、雁峰联社、珠晖联社的基础上，以新设合并方式发起设立的市级地方性股份制农村商业银行，银行网点覆盖市城区各乡镇和主要街道。该行各项存贷款规模位居全市银行业金融机构前列。

8月28日，市政府举行保险行业专题知识培训讲座，市委常委、副市长章彰指出，衡阳市保险机构及相关部门人员应从改变理念做起，改变工作方法、思想行为，在创新的前提下，用共同的资源去实现双赢；在良好的政策环境下营造诚信环境，降低成本，使金融产品的供求双方都能享受利益最大化。

10月19日，全市金融稳定工作会议召开，市委常委、常务副市长段志刚要求要切实把防范和处置全市非法集资工作做实做细，稳妥化解矛盾和风险。市委常委、副市长章彰主持会议。

10月22日，2016年衡州经济发展论坛举行银企对接及签约会议。本次活动共计达成182个合作项目，涉及金额近460亿元，其中现场签约8个项目，金额23.97亿元。市委书记、市人大常委会主任周农，市委副书记、市长周海兵，市政协主席廖炎秋出席会议并见证签约。

11月11日，全市三季度金融形势分析会召开，对全市三季度金融运行情况进行总结分析，并安排部署下一阶段金融工作。市委常委、副市长章彰出席会议并要求，要着力扩大融资规模，围绕补齐“县域经济、工业经济、旅游经济”三块短板，加大对重点项目、重点产业、重点企业和“三农”、小微企业的金融服务支持力度，为全市经济社会发展保驾护航。

11月28日，全市“植优补短”园区专场银企对接座谈会在白沙洲工业园召开。衡阳市委常委、副市长章彰出席座谈会并讲话，建行衡阳分行作为活动主办银行，进行金融政策宣讲和融资产品介绍，现场与园区签订战略合作协议，并与园区13家企业成功对接，签约授信3.64亿元。

11月30日，湖南机油泵股份有限公司（简称“湘油泵”，股票代码603319）在上交所A股成功首发上市，实现衡阳近20年来企业首发上市零的突破。

12月13日，全市防范和处置非法集资工作领导小组会议召开，对全市防范和处置非法集资工作进行安排和调度。衡阳市领导邓柯、胡志文、胡水龙参加会议。

12月22日，全市“植优补短”政银企对接会暨招商银行衡阳分行专场举行，这是全市政银企对接系列活动的第二场。会上，招商银行衡阳分行与恒飞电缆、南岳生物等8家企业成功对接，现场签约授信5.94亿元。市委常委、副市长章彰出席会议并讲话。

12月27日，衡阳市召开县域经济“植优补短”综合金融服务工作会议，出台《县域经济“植优补短”综合金融服务方案》。市委常委、常务副市长段志刚，市委常委、副市长章彰，市委常委、副市长陈竞出席会议并讲话。

（黄　俊）

【衡南县召开金融支持实体经济政银企对接会】 2016年年初，衡南县召开2016年首场金融支持实体经济政银企对接会，搭建银企交流沟通平台，促进银企双方相互解，破解中小企业“融资难”“融资贵”的难题。7家银行现场签约9家企业，达成贷款意向9.23亿元。本次融资对接会前后，全县银行业金融机构对93家企业授信23.79亿元。会议的主题是“合作、创新、守信、共赢”。“合作”即在当前宏观经济下行的环境下，银行和企业必须加强合作，报团取暖，共渡难关。“创新”即银行必须有创新意识，要用活、用足现有金融产品，不断创新更优的金融产品来服务企业；“守信”即企业要以诚信为原则，营造安全的金融生态环境。“共赢”即政府、银行、企业通过沟通、合作，携手奋进，共兴共赢。会上，衡南县人民政府与农发行衡阳市分行行长梁刚签订《政银合作协议》；全县各银行机构负责人分别作表态发言，并与衡阳清泉建设开发有限公司、湖南大三湘油茶股份有限公司、湖南省广林农业科技开发有限公司等9家企业进行现场签约。（李铭中）

【省小贷协会第一期小贷沙龙举行】 2016年4月30日，省小贷协会于衡阳市举办第一届“小贷沙龙”。省政府金融办小贷处负责人、衡阳市金融办、省小贷协会相关人员，以及衡阳市湘银、博达、银泰、弘华、瑞丰、鑫鑫、弘毅等17家公司高管参加此次活动。参会代表围绕活动主题“小额贷款公司现状分析与危机应对”展开讨论，分析衡阳市小额贷款公司发展中面临的“机构定性不明确、税负较重、经济下行压力增大、外部发展环境欠佳等困难和问题，分享自身经营的体验与心得，共同探讨未来发展的想法与思路。同时，针对衡阳市金融市场存在的“诚信缺失、制约不够”的问题，呼吁行业发展政策的完善，加大行业宣传力度，改善小贷公司外部经营环境。

（李铭中）

【首个“金融扶贫服务站”在祁东县挂牌】 2016年5月5日，衡阳市首个“金融扶贫服务站”在祁东县风岐坪乡韭菜坪村挂牌，人民银行衡阳市中心支行、祁东县金融办、祁东县扶贫办、风岐乡等单位参加揭牌活动，并就如何开展金融扶贫进行座谈。风岐坪乡韭菜坪村位于祁东县西北角，地处“衡邵干旱走廊”中心区，土地贫瘠，干旱少雨，自然条件极差，人均耕地面积不到半亩，为祁东县的四个省级贫困村之一。2014年以来，市委组织部、省高级人民法院先后在该村驻点扶贫，使该村贫穷落后的面貌发生巨大变化，但受自身条件局限，仍存在资金不足、技术不到位等问题，无法形成规模种植和养殖。祁东县金融办联合县扶贫办、人民银行等单位多次深入实地进行调研，决定在祁东县的四个省级贫困村进行试点，设立“金融扶贫服务站”，因地施策，精准施策，解决村民发展生产所急需的资金问题。祁东县信用联社在“金融扶贫服务站”配置支农金融服务终端和保险柜，集存取款、汇兑、电子转账等功能于一体，满足农户小额存取款、转账、缴费等基本需求，实现“基础金融服务不出村、综合金融服务不出乡”。发挥农村的金融资源、搭建普惠金融服务平台，开展信用授信，解决新型农业经营主体和农民创业存在的“融资难，融资贵”等困难。

（李铭中）

【张勇一行到衡阳调研】 2016年5月，省农发行党委书记、行长张勇一行到衡阳，先后前往湘江水利投、松木经开区、白沙洲物流园等地，就农发行支持的重点项目展开调研。农发行衡阳分行多年来全力服务和支持地方重大基础设施和重大民生项目建设，自2008年来累计为水利投发放各类贷款达14亿元。至2016年6月，为松木经开区的安置房建设、棚户区改造等项目累计贷款19.5亿元等。2016年1—4月，农发行衡阳分行累放各项贷款12.45亿元，同比多投放5.66亿元；投放2016年第一批重点基金28个、金额11.78亿元。市领导唐文峰陪同调研。

（李铭中）

【省银监局、省联社督导祁东县信用联社产权制度改革工作】 2016年5月18日，省银监局副局长黄向阳、省联社副书记邓德林一行前往祁东县信用联社调研产权制度改革工作，现场办公并帮助化解改革发展中的疑难问题。市银监分局局长王剑星、衡阳办事处主任陈伟林陪同。（李铭中）

【长沙银行衡阳分行举行开业仪式】 2016年7月8日，长沙银行衡阳分行举行开业暨银企合作签约仪式，市委副书记、市长周海兵，市领导段志刚、章彰、伍清明、肖长贵、胡水龙等见证签约。衡阳高新技术产业开发区管委会、市弘湘国有投资（控股）集团、市滨江新区投资有限公司与长沙银行衡阳分行分别签订战略合作协议。朱玉国表示，作为湖南省最大的地方法人金融机构，长沙银行一直与湖南经济社会发展同呼吸、共命运。未来3年，长沙银行计划审批投放不低于150亿元，为衡阳基础设施建设、工业园区及县域经济、智慧城市建设、公用设施建设等领域提供最优质的金融服务。按照计划，未来3年，长沙银行将在衡阳地区设立5家城区支行、8家县域支行、15家社区支行，实现县域经济、社区金融全覆盖，努力发展普惠金融，担当社会责任，为衡阳的民生和社会事业发展做出贡献。（李铭中）

【举办全省处非工作人员综合业务培训班学习】 2016年9月19日—20日，9月21日—22日，9月27日—28日，省处非办在湘潭市、衡阳市、湘西州三个市州分片区举办2016年度全省处非工作人员综合业务培训班，全省各市州、县（市）区350余名处非工作人员参加培训。此次培训授课老师由省处非办、省公安厅和非法集资风险防范与预警系统开发公司的业务专家担任，开设综合知识讲座、案件分析及处置知识讲座、惩治和处置非法集资预警系统应用操作等课程。（李铭中）

【全市金融稳定工作会议召开】 2016年10月19日，衡阳市金融稳定工作会议在市政府召开，常务副市长段志刚要求要切实把防范和处置全市非法集资工作做实做细，稳妥化解矛盾和风险。2016年，衡阳市处置非法集资工作基本稳定，金融风险总体可控，但民间投融资中介公司及各类投资公司数量庞大，涉及全市大部分的县区，包括三个园区以及有向农村转移和扩散的倾向和可能。民间融资爆发的案件越来越多，涉及的企业和投资户越来越多，给衡阳的维稳压力，维护群众利益的诉求压力也越来越大。段志刚强调，处非工作责任重大、任务艰巨，对于防范和处置非法集资工作，要抓落实、抓到位，要完善机构，加强对处非工作的领导。要明确责任，落实“属地管理”责任，各县（市）区本着“谁的孩子谁抱走”的原则，对辖区内处非工作负总责；落实行业监管责任，按照“谁审批、谁监管，谁主管、谁监管”和“管行业必须管风险”的原则，严格落实一线把关责任；要按照信访维稳责任，严格落实信访“属地管理”责任。强化督办，全市各级各部门要牢固树立“一盘棋”思想，敢于担当，密切配合，落实责任，协调联动，着力凝聚全市防范和处置非法集资工作合力，为建设“五个新衡阳”提供有力的金融环境保障。市委常委、副市长章彰主持会议。衡阳市领导胡水龙出席会议。（李铭中）

【2016年衡州经济发展论坛举行银企对接及签约会议】 2016年10月22日，衡州经济发展论坛举行银企对接及签约会议。此次活动共计达成182个合作项目，涉及金额近460亿元，其中现场签约8个项目，金额23.97亿元。市委书记、市人大常委会主任周农，市委副书记、市长周海兵，市政协主席廖炎秋出席会议并见证签约。对接会共吸引26家金融机构、63家企业及11家投融资企业参加。2016年1—9月，全市金融机构本外币存款余额3206.2亿元，增长18.7%，存贷比持续提升为51.5%，实现利润24.96亿元。在周农、周海兵等领导的见证下，现场签约分两批进行。其中，农发行与金雁粮食购销公司签约金额1.96亿元，建设银行与五矿铜业（湖南）有限公司签约金额13亿元，工商银行与华耀城（衡阳）有限公司签约金额2.7亿元。衡阳农商行与湖南交通工程学校签约金额5亿元。华融湘江银行与南岳生物制药公司签约金额4400万元，签约项目以实体经

济和基础设施建设为主。市委常委、副市长章彰主持会议。市领导段志刚、张贺文、刘正兴、黄保锦出席并见证签约。（李铭中）

【市“银税互动”税银签约仪式举行】 为搭建税银合作平台，促进小微企业发展，2016年10月28日，衡阳市“银税互动”税银签约仪式在市国税局举行。常务副市长段志刚出席活动并讲话。全年全市有6家银行参与“银税互动”项目，为80余户企业提供信用贷款1.56亿元。签约仪式上，市国税局、市地税局先后与交通银行、建设银行、光大银行、华融湘江银行、邮储银行、工商银行签署合作蓝本；6家银行分别与6家纳税良好的企业签约。会上，各银行还对其对应的产品进行推介。（李铭中）

【“湘油泵”在上交所A股成功上市】 2016年11月30日，市委书记周农与“湘油泵”董事长许仲秋在上海证券交易所敲响锣声，“湘油泵”在上交所A股首发成功，当天开盘呈一字涨停。首次发行流通A股2023万股，发行价10.46元，融资2亿余元。“湘油泵”是湖南机油泵股份有限公司上市简称（股票代码603319）。该公司成立于1994年，二十余年来一直从事发动机泵类产品研发、制造和销售，是中国发动机泵类产品生产企业领军者，主要产品为机油泵、水泵、输油泵等发动机关键零部件，被广泛应用于汽车、工程机械、发电机组和船舶动力等领域，“湘江”牌机油泵被认定为中国驰名商标。十多年来，“湘油泵”与国内外主机厂实现同步设计开发，截至2016年，共获国家专利200余项，其中发明专利12项，主持制定两项国家和行业标准，有20多项科研成果获得省、衡阳市科技进步奖。在节能环保、中大马力、模块化等技术领域，公司居国内领先水平，部分达到国际一流水平。（李铭中）

【衡阳防范和处置非法集资工作名列全省第一】 2016年，全市范围内开展的系列防范和惩治非法集资活动，维护广大人民群众的合法利益。一是市委书记、市人大常委会主任周农在相关会议上多次部署安排，市委副书记、市长周海兵，常务副市长段志刚分别于2月、6月、10月、12月四次专门召开全市性防范和处置非法集资工作会议，多次组织召开处非专题工作会议，分析研究处非形势，制订工作计划和文件，进行具体安排部署。二是开展宣传防范和打击非法集资“五进”（进社区、进学校、进企业、进机关、进家庭）活动，全市30家银行机构900余家银行网点悬挂宣传条幅、滚动播出宣传标语，发送宣传资料5万份。各县（市）区处非办在5月17日至20日联合公安部门开展“防范经济犯罪宣传日”活动，还出动移动宣传车到城区繁华广场定点宣传，到各县（市）区开展巡回宣传和下乡宣传，通过视频和音频的形式教育广大市民自觉抵制非法集资。三是加强督查督办，打早打小。市处非办对外公布非法集资举报电话号码8800393，全年接听咨询电话近300个。根据群众来电举报，市处非办下达涉嫌非法集资督办函21件，督查对象公司共计21家，其中1家公司被公安部门立案。化解多家公司涉嫌非法集资的风险，教育一批公司，挽回居民的经济损失。全年未发生区域性金融风险，在2016年湖南省防范和处置非法集资综合治理考评中获全省第一。

（石卓越　李铭中）

信访工作

【概况】 2016年，衡阳市信访局统筹工作安排部署，强化制度建设，提升业务工作能力，促进做好社会稳定工作。

一、办信处理方面。2016年，全市共处理群众来信4994件，其中，国家信访局交办、转办来信381件；省信访局交办、转办来信889件，市信访局自行登记、交办来信1093件，县（市）区及市直单位登记、处理来信2731件。其中，初信3385件，重复信1609件，办结率达99%以上。国家信访局交办群众满意度评价信16件（2件积案），经督促整改，全部办结。省信访局交办群众满意度评价信件105件，系统上全部办结。省委书记、省长初信信件共89件，全部按要求办结。全年，市信访局对初信100%回访；对重复信尽可能100%进行回访；县（市）区及市直单位对初信100%回访，对重复信的回访率达到70%。全年，每月对群众来信情况进行定量与定性分析，提出意见建议，向市委、市政府及省局办信处报告。其中，得到市领导批示5次、省信访局推介2次。

二、到省信访方面。一是到省访总量下降25.4%。二是对到省访事项逐一交办督办。三是对未在基层逐级走访而越级到省进京访的，每月通报，并责成基层通过信息系统登记、受理、交办、督办，并按期办结。四是到省重复访下降52%，未发生30人以上集体访和因处置不当造成影响的事项，未出现调度不灵、工作不力的情况。五是驻长沙分流中心值班及时、接访劝返得当，未发生失控倒流和过激行为的现象。

三、驻京维稳劝返工作。一是工作力量增员。2016年，调整市驻京维稳劝返办领导班子，设一正三副，新增综合科长。对县（市）区和公安机关选派人员全部进行换防，12个县（市）区新派1名干部驻京劝返、市公安局增派4名干警驻京维稳，另聘用司机、炊事员各1人，共有工作人员22名。二是健全规章制度。建立包括组织领导、职责分工、议事决策、日常管理、党建廉政、后勤保障等在内的22项制度，做到驻京各项工作有法可依、有章可循。三是进京非访治理方面。截至年底，全市非访总人数107人次，比2015年同期下降36.7%。全年共组织"两会"、六中全会、杭州峰会等17次信访维稳特护期。

四、"网上信访"方面。一是网信占比全省第二。2016年，全市信访总量为17080件，网信量为9583件，网信占比达到56.1%。全年共接收国投办网上投诉件341件，网上信访216件，领导信箱304件，市本级和县（市）区网上投诉平台接收群众网上投诉8722件，网信按要求全部办办结。二是网信"五率"明显上升。信访部门及时受理率86.7%，责任部门及时受理率71.9%，按期办结率96.9%，群众满意率98.4%，参评率为3.8%。三是网信办理及时。2016年，共接收网信交办件47件，其中网上信访交办件28件，领导信箱交办件16件，省长批示件3件；到期交办件均已按期办结。四是网信宣传到位。2016年4月28日，开展全市网信宣传活动。全市12个县（市）区和13个市直单位同步开展网上信访宣传活动，发放宣传手册、资料约10万余册，出动流动宣传车辆20台次，制作各类宣传板报40余张，电视宣传片2部。县（市）区利用"5·12"防灾减灾日、宪法宣传日、乡镇赶集日等活动宣传网上信访高效、快捷的特点，引导群众在网上反映诉求。

五、督查督办方面。一是日常交办督办经常。全年，衡阳市联席办接收、处理省联席办关于积案化解"千案攻坚"行动、网上录入、"三跨三分离"信访事项协调处理等方面的函电共计40余件，均按照省信访局的时限及要求及时报送处理。在网上信访信息系统接收省督查处网上督办的70余件信访事项，并及时通过网上系统及纸质文件交办到各县（市）区、市直单位。二是"三跨三分离"事项协调处理有效。在全市范围内开展"三跨三分离"信访事项排查摸底，按要求协助配合省联席办开展跨市州"三跨三分离"信访事项，并在本市组织开展跨县"三跨三分离"信访事项协调处理32起。三是特殊化解资金专款专用。市本级信访化解资金保底配套150万元，多用多拨、不设上限，县（市）区配套资金都在100万以上，远超1∶1.5的配套要求。在管理使用上，从申请、初审、审核、下拨、验收都实行专人专账管理。全年市本级下发化解资金312万，救助信访人136人。

六、复查复核方面。全市复查复核办公室共受理办理信访事项复查复核案件191件。其中，市本级受理办理信访事项复查复核案件65件（复查44件、复核21件，截至年底已全部办理，按期办结率为100%。）出具意见书48件，通过协调3件，通过评议1件；维持原处理（复查）意见46件，撤销2件。

七、综合信息方面。一是日常业务受肯定。市本级信访综合调研力量较强，全年承担5次中央和省领导信访工作汇报会、7次全市性信访工作会议、8次市领导研究部署会、3次现场推进会的资料准备，全年撰写各类文稿120余万字，文稿质量得到省局领导和市委、市政府主要领导的多次肯定。二是调研成果丰富。全年组织房产、涉军、工业园区、金融、基层基础、网络信访等专题调研12次，每月有课题、有成果，向省局报送调研报告7篇，改制企业遗留问题调研报告得到市委、市政府主要领导批示。三是宣传报道突出。全年在《湖南日报》报道5篇、“新湖南”7篇、“湖南信访”网站和简报等媒介16篇、衡阳日报和晚报22篇。全面开通衡阳市信访网站、微信公众号、今日头条、手机APP，即时宣传衡阳信访工作。编印信访简报26期、呈阅件59起、快讯128条，推动工作落实和问题解决。

【基层基础建设】 按照《湖南省关于加强县（市）区信访工作的意见》的要求，出台《衡阳市关于进一步加强基层信访工作的实施意见》，对基层党委政府及党员干部的信访工作责任及实际工作制度作明确规定。市本级联合接访中心新设涉法涉诉接访中心、心理咨询师、领导接访室、律师服务室。县（市）区联合接访中心全部超过500平米、乡镇街道群众工作站全部超过30平方米。同时，以县（市）区为单位，建立网站、公众号、手机终端和电子触摸屏等受理平台，网上投诉平台延伸到所有乡镇街道。将联席会议延伸到乡镇街道，明确乡镇街道联席会议职责，成立由“专职副书记为召集人、2名机关干部、2名公安司法干警、1名专职技术人员”组成的信访干部队伍，由财政统一发放岗位津贴。县（市）区党政领导每天轮值、乡镇党政领导随时接访、部门选派干部驻点联合接访，实行党政机关每月1排查、1研究部署、1包案处理的“三个1”阅信处访包案制度，推行信访简易办理，推动问题及时就地解决，减少重复越级访。2016年，衡阳市雁峰区、蒸湘区、衡山县、祁东县无进京非访登记、无30人以上到省集体访、无涉访极端恶性事件和舆论负面炒作事件，超过省定标准13个百分点。（刘良平）

【信息系统建设】 信访信息系统覆盖率和应用率超出省定基数，实现“信、访、网、电”一网打尽。全年开展集中业务培训4次，培训操作人员400余人次，通过建成的视频会议系统培训3次，培训150余人次。督促12个县（市）区和3个工业园区在党政门户网站和微信公众号设置网上投诉平台链接。2016年7月，市信访局自筹资金建成联通12个县（市）区信访局和3个工业园区集视频接访、视频会议、业务培训于一体的云视频会议系统，每月联合办信、接访、督查等科室通过视频会议系统开展1次业务培训和业务讲评会，提高信访工作人员业务操作水平。（刘良平）

【信访积案攻坚】 开展“千案攻坚”行动，省联席办交办衡阳市信访积案化解共52件，其中纳入红牌管理6件，黄牌管理38件，蓝牌管理8件。截至年底，52件积案均已办理结案，结案率为100%，并已经全部按要求在系统内录入相关资料。按照省信访局统一安排，52件积案中有39件在全国信访信息系统中标识为积案，被替换的13件没有标识为积案，但均在系统内录入完毕。在中共十八届六中全会及湖南省第十一次党代会期间，省交办的52件交办案件中没有被省信访局局通报为赴省进京非正常上访的人员。年初，将阳光信访列为衡阳市2016年信访工作的重要内容，并制定衡阳市“阳光信访”工作制度。督查的信访事项处理情况，按照“阳光信访”工作制度，及时向信访当事人进行公开。注重充实督查力量，吸纳新闻媒体、法律人士、各级人大代表参与信访督查，全年组织人大代表到市人民来访接待中心参与接访、督查1次，组织法律人士参与信访案件督查3次。（刘良平）

【李皋调研衡阳市信访维稳工作】 2016年8月30日，中央信访工作联席办副主任、国家信访局副局长李皋到衡阳，调研衡阳市信访维稳工作。李皋强调，加强基层治理是抓好信访工作的重要前提，要把信访问题发现和化解在一线，营造和谐稳定的发展环境。省政府副秘书长、省信访工作联席办副主任、省信访局局长许忠建，市委副书记、市长周海兵参加调研。李皋先后到市信访局、蒸湘区信访局和市12345政府服务热线，现场了解群众信访情况。对于衡阳市开通网上信访，实行网上信访投诉二维码，以及整合资源、方便群众反映问题、提高部门服务质量的作法给予肯定。李皋在蒸湘区立新二社区和石鼓区潇湘街道，调研基层信访建设工作时，强调社区是城市最基层的单位，与群众距离最近，要充分发挥自媒体的作用，建立与居民交流、互动的平台，及时反映社情民意；要高度重视初信初访工作，提高初信初访一次办结率和化解率。调研中，周海兵要求市相关部门严守稳定底线，完善信访平台，简化办事程序，及时解决群众合理合法诉求，将矛盾化解在基层、化解在萌芽状态，确保全市社会大局稳定。社区和街道要不断创新工作方法，提升服务水平，提高信访维稳工作效率，从源头减少信访案件的发生。

（李铭中）

外事侨务港澳工作

【概况】 2016年，衡阳市以贯彻落实中央、省委外事工作会议精神为主线，外事侨务港澳工作取得新局面。

一、严格归口管理，严格因公出国（境）审批。2016年来，全市共办理审核审批因公出国团组49批82人次，审核审批因公出境团组20批53人次。严格涉外审核，2016年共审批邀请外籍人士来湘47批71人次。加大APEC商务旅行卡的宣传力度，为特变电工、镭目科技、华胜精模、华意机械等企业审批申请APEC商务旅行卡7批16人次。

二、加大友好城市联系，扩大对外交往渠道。衡阳市在巩固与现有5对友好城市关系的基础上，加强与法国、美国德克萨斯州等城市建立友好关系。

三、落实侨务政策，做好惠侨工作。加强“侨法宣传角”建设，依法维侨。2016年，市旅游外侨民宗局为符合条件的6名“三侨生”办理高考加分申报手续；走访慰问困难侨务对象，真情助侨。为1名老年归侨申请生活补助，与衡阳市衡侨医院进行合作，组织全市60多名困难归侨侨眷进行免费体检看病，为其送去党和政府的关怀。

四、加强对接，推进衡阳市与港澳地区协同发展。4月份，衡阳市政府、有关部门、高校领导赴港澳拜会港澳政商、文化、教育界上层人士，向港澳政界、商界知名人士赠送《开放中的衡阳》宣传光碟100余张、宣传资料200余份，并与香港中华总商会、工业总会、中华厂商联合会、香港总商会、中国企业协会、工商联、贸发局、旅游协会进行对接联系，重点向他们推荐衡阳市旅游招商引资项目增进友谊，扩大交流，深化合作。（湛玉平）

【市侨商会被授予全国优秀侨商社会组织称号】 2016年7月，在北京召开的全国侨商社会组织工作会议上，衡阳市侨商会被授予全国优秀侨商社会组织称号，这是全省地市级侨商组织首获此项荣誉。衡阳市侨联是全省第一个成立并拥有独立法人的市级侨商组织。2012年5月成立以来，该联合会主动适应经济发展新常态，在促进衡阳市经济发展和供给侧改革等多方面做出积极贡献。截至2016年7月，通过参与“侨商侨智聚三湘”、世界华商大会、海外侨社团联谊年会等活动，引资引智引技，先后接待国内外客商150批次、1300余人次，向海内外侨企推荐衡阳市招商引资项目，宣传衡阳和衡阳产品，引进项目10余个，到位资金近10亿元，安排就业岗位近2000个，帮助100多名寒门学子完成学业。

（高鹏志）

【省侨务扶贫工作会议在衡阳召开】 2016年11月15日，湖南省侨务扶贫工作会议在衡阳市召开。会上，衡阳市作侨务扶贫工作经验介绍，省外侨办副主任张建新授予衡阳市蒸湘腾跃工艺厂“侨务扶贫示范基地”称号，这是全省首家“侨务扶贫示范基地”。衡阳市是全省重点侨乡之一，近年来，侨务扶贫工作走在全省前列。截至年底，有华人华侨、归侨侨眷及港澳同胞近7万人，其中困难归侨侨眷260多户。为帮助困难归侨侨眷脱贫，衡阳市多措并举，通过定期组织召开归侨侨眷代表座谈会，及时解他们的思想动态，并成立侨务志愿者服务队，对全市有困难的归侨侨眷予以帮助；借助境外侨务资源，与爱尔兰华协会、香港乐善行基金会等一些侨务机构合作，先后筹集发放奖、助学金100万余元；了解贫困归侨侨眷实际困难，科学分析致贫原因，一户一策实施帮扶措施。对生活在城区的女性困难归侨侨眷，衡阳市以侨资企业蒸湘腾跃工艺厂为培训基地，开展手工编制培训，在培训合格后，她们以家庭模式进行加工生产。对于农村的困难侨务对象，根据对象的不同需求进行不同种类的种养殖培训，帮助贫困侨务对象增强“造血”功能；对年事已高，既无劳动能力，又无其他经济来源的，加强临时救助。

（高鹏志）

民族宗教工作

【概况】 2016年，衡阳市民族宗教工作抓发展、创特色、强服务、育亮点、促团结，成效明显。

一、以开展民族团结进步创建活动为牵引，努力构建和谐民族关系。2016年，衡阳市加强外来少数民族服务管理工作。根据省综治考评的要求，制定并下发对各县（市）区民族宗教综治考评方案及考评细则；指导蒸湘区蒸湘街道太平二社区申报全省民族团结进步示范社区；指导湖南工学院创建“市级民族团结进步教育基地”。加强与甘肃临夏等少数民族人员流出地的沟通交流，开展异地协作工作；引导外来少数民族参与衡阳市社会管理，推荐1名外来少数民族作为市政协委员。

二、以发展少数民族民生事业为根本，促进少数民族地区经济社会发展。2016年，为促进常宁市塔山乡的经济发展，市旅游外侨民宗局向省民宗委申报5个资金项目，争取资金共50余万元，并指导常宁塔山乡西江村参加全省少数民族最美村寨评选参评工作。

三、以教风创建为抓手，规范宗教事务管理，确保宗教活动健康有序。2016年12月14日，衡阳市委书记周农主持召开常委会，专题传达全省宗教工作会议精神并研究贯彻落实措施。2016年来，结合全国文明城市创建工作，开展文明寺观教堂创建活动。组织开展“乱建寺观教堂，乱塑宗教露天造像”和乱设功德箱、私设聚会点的专项整治；加强与公安、国安部门联系联络，确保反渗透信息渠道畅通，为惩治非法宗教活动提供信息保障；重点解决一批宗教人士和信教群众反映强烈的突出问题，维护宗教教徒的合法权益。协调处理衡东观音禅寺多年未决的债务债权、罗汉寺的拆迁用地、雁雨寺的征地、市天主教堂养老院的体育器材安装等问题。通过协调，向宗教界归还神州祖庙、神龙寺的管理权，做到使用权、管理权、所有权三权统一，化解社会矛盾，增进团结；充分发挥宗教界正能量，打造“五教同行·慈爱学子”“天柱慈善奖学金”等慈善公益活动品牌。指导成立衡阳市首家宗教慈善基金会——南岳道缘慈善基金会。引导全市宗教界捐款70余万元资助200余名贫困学子。全年宗教界慈善捐款达300余万元。

（湛玉平）

【巨型石刻《参同契》落成于南岳南台寺】 2016年3月，由中国著名文学家、书法家贺京沙创作的巨型石刻《参同契》，在佛教圣地南岳的南台寺落成，这是该佛教著作问世1300多年来，首次将其以石刻形式立在禅宗祖庭。南台寺号称“天下法源”。南朝梁天监年间海印禅师创建，唐天宝年间禅宗七祖弟子希迁和尚将其定名为南台寺。石头希迁，人称石头和尚，相传著有《参同契》《草庵歌》。2015年年底，受南岳佛教协会委托，贺京沙创作《参同契》，经工匠历时3个多月阳刻（字往外凸出）而成，近300余字。《参同契》立在南台寺正门右侧，含基座长8米，宽3.1米，石刻立在南台寺正门右侧。

（高鹏志）

【王柯敏一行到衡阳调研】 2016年8月10日至11日，省人大常委会副主任王柯敏率省人大调研组到衡阳，就衡阳市贯彻实施宗教事务“两个条例”情况开展调研。省人大民侨外委主任委员石光明，市人大常委会党组书记、常务副主任谢宏治参加调研。衡阳市是湖南宗教工作重点市，共有市、县两级爱国宗教团体16个，已登记宗教场所481处。调研组先后前往南岳区南岳大庙、黄庭观、南台寺、福严寺、坤道学院等宗教活动场所调研。在座谈中，王柯敏肯定衡阳市贯彻落实宗教事务“两个条例”取得的成绩。他指出，要充分认识宗教工作的特殊重要性，增强做好宗教工作的责任感、紧迫感。当前要认真贯彻落实全国宗教工作会议精神，把思想和行动统一到中央的决策部署上来。要坚持宗教中国化的方向，发挥宗教界的积极性和主动性，增强宗教的中华文化内涵，使宗教更加适应现代中国社会的发展，更好地服务广大信教群众。要进一步提高宗教工作的法治化水平，发扬光大好传统好经验，弘扬宗教工作的正能量，确保宗教领域和谐稳定，推动衡阳经济社会发展。市人大常委会副主任康强主持座谈会，副市长王洪斌作工作汇报。

（高鹏志）

【全国首个宗教文化生活体验馆“一履”在南岳上线】 2016年9月20日，通过互联网全方位打通线上线下服务平台的全国首个宗教文化生活体验馆——“一履”，在南岳松麓街正式上线。近年来，南岳区围绕“一庙一品牌，一观一特色”主题，实施旅游转型升级，另投资数百万元设立南岳旅游电商平台，着手打造“互联网+”的模式，顺利引进“一履”，首轮投入千余万元打造全国首家宗教文化线上平台及线下体验空间，推动南岳祈福朝圣特色文化体验逐步走向国际化、现代化、市场化。作为国内首个特色文化体验产品线上平台，“一履”通过APP平台将传统景点与南岳人文、旅游产品元素等众多信息有机串连，开发出合理完善的旅游路线，并在相关位置设置二维码进行信息标识，让游客能够通过互联网平台便捷、有效地探访南岳的名山胜地。该平台设有闻经听法、梵音道乐、国学研习深度体验活动。

（高鹏志）

【南岳佛教协会成立60周年系列活动启幕】 2016年11月28日，南岳佛教协会成立60周年系列活动纪念晚会在南岳万寿广场启动。国家宗教事务局办公室主任陈红星、省委统战部副部长龙建湘、省民宗委副主任范文彬、省妇联副主席鲁华以及市领导罗东海、廖健、胡志文等观看晚会。晚会分《法愿》《传灯》《欢喜》三个篇章，通过以南岳佛教协会60周年为时间线，展现南岳佛教的发展历程，主要节目内容有《钟声偈》、独唱《愿做如来使》、情景剧《磨砖》、舞蹈《寿岳祭》、歌伴舞《菩萨面前许个愿》等。此次南岳佛教协会成立60周年系列纪念活动由省宗教文化交流促进会、省佛教协会、南岳区民族宗教局共同指导，南岳佛教协会主办，共包括“千年修行路·弘禅护法心”南岳佛教协会成立60周年纪念晚会、南台寺“护佑苍生，瞻礼舍利”启动仪式、南岳佛教协会成立60周年书画图片展、纪念南岳佛教协会成立60周年暨成立南岳佛教文化研究院座谈会、祝圣寺“禅·夜”活动启动仪式、三德讲堂讲经活动、禅意人生修炼营7项活动。

（高鹏志）

地方志工作

【概况】 2016年，衡阳市地方志编纂委员会办公室各项工作进展顺利，超额完成各项任务。

一、加快第二轮修志进度。衡阳市本级二轮志书及《衡阳县志》《祁东县志》《衡山县志》《南岳区志》《耒阳市志》《常宁市志》《衡阳市郊区志》《衡阳市郊区续志》《衡阳市城南区志》9部县（市）区志先后出版发行。《衡阳市蒸湘区志》通过省地方志编纂委员会终审验收，提交方志出版社安排出版相关事宜。《衡南县志》《衡东县志》《石鼓区志》《珠晖区志》4部县区志及《南岳衡山志》加紧征集收集资料。同时注重做好专业志行业志的编纂指导工作，截至2016年年底，全市共出版专业志行业志85部。

二、全市综合年鉴编辑出版工作。《衡阳年鉴（2016）》2016年11月由方志出版社正式出版发行，至此，《衡阳年鉴》连续出刊23卷。《耒阳年鉴》《常宁年鉴》《南岳年鉴》《衡山年鉴》《雁峰年鉴》做到一年一鉴，《衡阳县年鉴》《衡东年鉴》《祁东年鉴》做到两年一鉴，预计到2018年，全市12个县（市）区实现综合年鉴编辑出版全覆盖。

三、方志资源开发利用工作。一是为衡阳市“十三五”规划及衡阳市历史文化名城保护规划提供衡阳历史沿革、城市发展、地方文化特色研究的相关资料1000多万字。二是开展衡阳历史文化研究，助力政治清明新衡阳建设，通过挖掘衡阳现存5部《衡州府志》及境内各县30余部旧志中关于清官能吏的历史记载，于2016年上半年启动编写《衡阳旧志名宦录》《衡阳古代清官能吏选记》两书。

四、市志办文献资料室维修工作。市志办办公楼建于1986年，由于年久失修，文献资料的保存情况堪忧。在市委、市政府的高度重视下，市志办文献资料室维修工作于2016年5月完成，修缮一新的资料室分地方志书、综合年鉴、史志资料等藏书室，各类珍贵文献资料有安全、洁净的保存环境。

（申沁生）

【民国时期省政府办公迁移地施政史料搜集】 2016年4月7日至8日，湖南省政府办公厅湖南政报社社长，省政府志编委会委员、执行主编兼编辑部主任唐仁春一行到衡阳调研，收集民国时期省政府办公迁移地施政史料。衡阳市地方志编纂委员会办公室、耒阳市史志办等部门陪同调研。2016年3月22日，根据省地方志编纂委员会编纂《湖南省志（综合本）》工作分工，省政府办公厅负责第三卷政治卷中的《政府篇》编纂工作。上限为湖广行省分置湖南省时的康熙三年（1664），下限为2002年。为收集民国时期省政府在迁移地办公的影像史料和该时期省政府施政中的大事、要事、对历史有重大影响的相关文字史料。经省政府办公厅同意，由唐仁春率编辑组一行依次分赴怀化市沅陵县，衡阳市耒阳市，郴州市桂阳县、嘉禾县、临武县和永州市蓝山县采集入志资料。调研组一行先后前往耒阳史志办、耒阳市一中、档案馆、图书馆。在耒阳市一中，采集到国民政府湖南省政府驻耒阳旧址图片和相关文字史料，在耒阳市档案馆采集到国民政府湖南省政府驻耒阳期间相关施政文字史料193条。抗战期间，国民政府湖南省政府迫于安全需要，1938年11月3日至1945年7月，依次迁往沅陵县、耒阳县、桂阳县、嘉禾县、临武县、蓝山县。其中，在近7年的迁转期间，在耒阳市达5年之久（1939年5月20日至1944年6月18日）。

（李旭东）

【衡阳首部村志《金沙村志》举行首发仪式】 2016年7月1日，衡阳县金兰镇金沙村村志编写委员会编纂的《金沙村志》在该村广场举行首发仪式。这是该村有史以来的第一部村志，也是衡阳地区第一部村志。《金沙村志》共134页，图文并茂，详载金沙村的村名由来、地理环境、群众生活、风土人情、人文精神，以及村规、民约、物产、名人乡谚、重大事件、重大成就等，客观、真实地记录该村从1949年至2014年66年的发展历程。金沙村坐落于衡阳县西部，距县城35千米，村域面积4平方千米，交通便利、环境优雅，该村2011年被评为市级新农村建设示范村，2014年被评为湖南省级示范村。（李旭东）

【《衡阳地方史资料》第五辑出版发行】 2016年10月，《衡阳地方史资料》第五辑编辑出版发行。《衡阳地方史资料》于2013年创刊，先后出版5辑，每辑印刷3000册，全部采取免费赠阅的形式与社会各界分享。《衡阳地方史资料》第五辑共32万字、图片130余张，除常规栏目外，专设“世家”“沿革”“城事”三个特色栏目。“世家”栏目重点记录衡阳历史上知名的文化、政治世家；“沿革”通过三篇文章介绍衡阳县、耒阳市的建制沿革史话；“城事”主要记述衡阳城池的历史演变以及古代衡阳的交通和节庆生活习俗。该辑的特色更表现在其扎实的史料基础上，其中《民国时期湖南省政府驻耒阳各机关部队调查表》和《民国时期湖南省政府在耒阳所印施政史料》是通过多方渠道获取的珍贵史料，对湖南省政府抗战时期搬迁历史，耒阳在抗战中的政治地位都是第一次挖掘。（申沁生）

【《衡阳旧志名宦录》出版发行】 2016年8月，由衡阳市地方志编纂委员会办公室编纂的《衡阳旧志名宦录》完成编辑出版发行，全书共计20万字。该书通过挖掘衡阳现存的府志、县志等史料，坚持辨证唯物主义和历史唯物主义立场、观点和方法，记叙衡阳历史上370位名宦（历史上居官而名声地位显赫者）的典型事迹。其中，详细载述唐及以前15人，宋元时期21人，明代35人，清代42人。此外，收录府县志中其他名宦共计257人。该书编写得到市委、市人大、市政府、市政协、市纪委相关领导的重视，部分市领导参与指导编写和审稿。衡阳市地方志编纂委员会办公室负责该书的具体编纂和出版发行工作，杨伟东、肖泓负责全书统筹调度、分工安排、评审校对，熊雯、李旭东、周嘉晖、郭琦、申沁生负责书稿资料收集、编写和校对工作。书稿具体编写过程中，得到市内外相关文史和地情专家的支持和协助。（李旭东）

【《衡阳年鉴》2016年卷公开出版发行】 2016年11月，《衡阳年鉴（2016）》由方志出版社公开出版发行，全书共113.8万字，彩色专版140个。《衡阳年鉴（2016）》为衡阳市委、衡阳市人民政府组织编纂的年度大型资料性工具书，全书内容丰富、编排成熟，客观、全面地记叙衡阳2015年自然、政治、经济、文化、社会等方面情况，为各界了解、研究衡阳提供较为权威、全面的资料。《衡阳年鉴（2016）》坚持以中国特色社会主义路线为导向，贯彻国家政策，严把政治关、质量关。全书体例结构完整、框架覆盖全面、层次分明、领属得当、编排有序。资料翔实，内容真实，信息含量丰富，客观肯定取得的成绩和存在的问题，对于服务地方经济社会等方面的发展有参考借鉴意义，具备重要的存史价值。为彰显地方特色，该年鉴在内容选取上强化对服务群众生产生活的民生信息的选录和编辑，力求增强本书的实用性和可读性。全书行文流畅，语言朴实，文风统一，记叙客观，注重编纂质量。《衡阳年鉴（2016）》封面装帧设计精美，正文采用双色印刷，彩版编排有序、丰富美观。

（李旭东）

【易介南调研衡阳市地方志工作】 2016年11月29日至30日，湖南省地方志编纂委员会党组书记、副主任易介南一行到衡阳市调研。11月29日，在衡阳市地方志编纂委员会办公室召开相关调研座谈会。湖南省地方志编纂委员会党组书记、副主任易介南，综合处处长张征远，综合处行政后勤科科长李震翚，衡阳市人民政府副市长胡水龙，衡阳市地方志编纂委员会办公室全体在职人员、老干部代表，以及部分县（市）区史志办主任出席座谈会。会上，衡阳市志办主任杨伟东立足本市地方志工作实际，围绕贯彻落实《条例》《纲要》和《办法》《意见》，开展依法修志工作；推进市县两级二轮修志进度、全市综合年鉴编辑出版工作全覆盖；编好《衡阳地方史资料》、做好《湖南乡镇简志·衡阳分卷》组织编纂工作；开发利用方志资源，服务社会经济，以及切实加强自身建设等方面工作展开汇报。其后，市志办退休老干部代表和部分县（市）区史志办主任就各自工作领域取得的成果和经验、存在的问题、个人心得与体会发表看法。衡阳市人民政府副市长胡水龙指出，衡阳市委市政府对于全市地方志事业各项工作的开展非常重视，积极做好“三个纳入”，即将地方志工作纳入衡阳市“十三五”发展规划；纳入市委市政府议事日程；纳入财政、编制等具体保障体系，以期促进地方志工作的顺利开展。同时，胡水龙勉励本市方志工作者在工作过程中，要坚持艰苦工作与快乐工作相结合，依法修志和创新方法相结合，发掘历史和把握当下相结合，抓好与全市相关部门、兄弟市（州）的横向协调工作，抓好与省志委、各县（市）区史志办的纵向协调工作，抓好政治大局与经济发展的协调工作，更好地服务地方社会经济发展。湖南省地方志编纂委员会党组书记、副主任易介南对于衡阳市地方志工作取得的成绩给予肯定，并就存在的具体问题进行精准阐释和深入剖析。易介南强调，做好地方志工作要加强顶层设计，严格按照《地方志工作条例》和《全国地方志事业发展规划纲要（2015—2020年）》指导相关工作，切实做好“一纳入八到位”，确保二轮修志工作的有序稳妥开展。要牢记中华文明的根系，挖掘中国文化的优秀成分；要加强队伍建设，注重改善硬件基础设施条件，大力培育修志专家和复合型人才；要勇于担当，敢于作为，用事业凝聚人、团结人，广大方志工作者须苦练内功和本领，要有谋事创业的气概，在自己的专业领域内做出一番成绩。11月30日，易介南率调研组一行前往衡阳县调研地方志工作，衡阳市地方志办公室负责人、衡阳县政府办公室负责人、衡阳县地方志办公室负责人和相关人员陪同调研。调研组一行听取衡阳县地方志工作进展情况的具体汇报，并给予点评和肯定。会后，调研组一行前往王船山故居湘西草堂、夏明翰烈士故居进行实地考察。结束衡阳县之行后，易介南率调研组前往衡阳市农业科技示范园，与衡阳市人民政府常务副市长段志刚，衡阳县委书记曾秀、县长孙鹏伟、常务副县长王苏龙等开展座谈。双方就衡阳县大力发掘和打造地方历史文化资源品牌展开讨论和交换意见。会议一致认为，衡阳县历史悠久，文化底蕴深厚、资源丰富。衡阳县在“十三五”期间应大力实施“文化强县”战略，加大对文化产业的投入和资金倾斜力度，依托市县两级史志部门深挖本土历史文化资源的潜力，集中力量打造一批文化产业精品项目，使之成为推动经济社会发展的重要增长点。新一届衡阳县委班子主要成员对于实施“文化强县”战略目标表达决心；易介南肯定衡阳县的做法，看好衡阳县未来文化产业的发展前景；段志刚对衡阳县“文化强县”战略目标提出一些实际操作性的指导意见，并表示尽力予以支持。（李旭东）

【《衡阳古代清官能吏选记》公开出版发行】 2016年12月，衡阳市地方志编纂委员会办公室主编的《衡阳古代清官能吏选记》完成编辑工作，由北京线装书局公开出版发行，全书共计19万字。该书通过挖掘《衡州府志》及境内各县30余部县志中的记载，以时间先后为序，以人物为篇，详细载述衡阳历史上57位清官能吏的生平事迹，宣传正面典型，传播正能量，展示衡阳良好形象，激发党员干部廉政勤政情怀，为建设“五个新衡阳”提供思想保证、舆论支持和精神动力。中共衡阳市委、市人民政府对本书的编写高度重视，市委书记、市人大常委会主任周农，市委副书记、市长周海兵等市领导担任本书编委会顾问，市委常委、常务副市长段志刚担任本书编委会主任，多次对书稿编写做出具体指示和要求。市委、市人大、市政府、市政协、市纪委相关领导指导编写工作，参与初稿审稿，提出意见。本书资料收集、编写、出版工作由衡阳市地方志编纂委员会办公室具体实施。全书统筹整合、分工调度、评审校对由杨伟东、肖泓负责。资料收集、初稿编写按县域划分，衡南县、衡阳县及衡阳市四城区相关稿件由熊雯编写，共12篇；祁东县、衡山县、衡东县、南岳区相关稿件由李旭东编写，共16篇；耒阳市稿件由周嘉晖编写，共6篇；常宁市稿件由郭琦编写，共3篇；外地在衡阳任职者主要由申沁生编写，共14篇。该书资料收集和编写得到衡阳市各界人士的支持和帮助。刘定安、萧培、周安林、甘建华、欧阳利华、谢乐、谢嫔等为本书编写提供资料和帮助。该书编写结构严谨，史料丰富，兼具专业性与可读性。（李旭东）

【《湖南乡镇简志·衡阳市卷》组织编辑工作】 自2015年年初启动以来进展顺利，2015年年底，全市12个县（市）区全部完成初稿编写任务，从2016年4月开始，对各县（市）区的初稿以评议会的形式逐一评议，截至2016年年底，完成12个县（市）区的评议工作。（申沁生）

公共资源管理工作

【概况】 衡阳市公共资源交易中心是市人民政府直属正处级公益一类事业单位，2016年，内设办公室、组织人事科、财务科、技术信息科、建设工程交易科、政府采购交易科、国土资源交易科、国有产权交易科、法律事务科9个科室，在编人员49人。2016年，各项工作启动顺利。

一、制订三定方案。在调研和摸底的基础上，中心结合衡阳实际，起草三定方案，在广泛听取意见和论证下形成《衡阳市公共资源交易中心主要职责、内设机构和人员编制规定》，明确中心主要职责、内设机构及人员编制，经市政府批准正式印发。

二、完成平台整合。根据《国务院办公厅关于印发整合建立统一的公共资源交易平台工作方案的通知》和《湖南省人民政府办公厅关于印发整合建立统一的公共资源交易平台工作实施方案的通知》精神，2016年，中心制订《衡阳市整合建立统一的公共资源交易平台工作实施方案》。按照“管办分离、依法监管”的要求，开展全市公共资源交易平台整合工作。2016年，将市土地矿产交易中心、市产权交易管理中心、市有形建筑市场管理中心、市联合产权交易中心、市水利工程招投标中心的职能统一整合划入市公共资源交易中心，将市发改委、市交通运输局、市卫计委等市直单位承担的公共资源交易职能划入市公共资源交易中心。其中将市有形建筑市场管理中心、市土地矿产交易中心的人员、经费、资产、职能全部进行移交，实现人财物全方位整合。同时按照“一市一中心，集中交易，分级监管”的要求，撤销各县（市）区公共资源交易机构。

三、推进场地建设。在交易场地规划建设上，坚持“硬件从实、软件从优、功能齐全”理念，由公共服务区、开标区、评标区、拍卖大厅、电子竞价室、谈判询价室、专家过夜评标休息区、监控区、办公区和其他配套功能区组成，共设8个开标室、16个评标室（其中有3个电子评标室）、6个答疑室、1个总监控室、3个询价谈判室和1个专家抽取室，每天能保障约20个项目进场交易，可满足衡阳市各级各类项目交易活动需求。配备综合信息发布系统、电子监控系统、同步传声系统和多媒体展示系统，对招标投标交易活动进行即时信息发布、全程监控及综合监察管理，为衡阳公共资源交易工作提供优质、便捷、高效的交易监管和服务保障条件。整个装修工程由市城建投负责，属交钥匙工程。是年，工程装修基本完成，完成办公家具、档案密集柜、电脑电子设备等采购工作。

四、组织员工培训。中心先后分两批组织干部职工17人赴长沙、湘潭、株洲、湘西等市州交易中心跟班学习，组织全体员工进行集中封闭性培训，通过外出跟班学习和封闭性业务知识培训，提高员工的业务水平。

（吴辉君　李　乐）

【管理中心重要活动】 2016年1月15日，市委常委、常务副市长段志刚在蒸德大厦施工工地召开现场办公会议，专题研究市公共资源交易中心交易场地装修和租赁问题。

3月16日，市公共资源交易中心邀请县（市）区公共资源交易中心在市政府三楼会议室召开会议，研究部署全市公共资源交易中心平台整合移交工作。

5月27日，衡阳市直属机关工作委员会批复，同意市公共资源交易中心成立临时党支部，邹学铭任临时党支部书记。

7月15日，市委常委、纪委书记包昌林，市政府副市级干部胡水龙，市公共资源交易中心主任邹学铭赴湘西自治州参加全省推进公共资源交易平台整合工作现场会。

7月21日，市政府办公室印发《衡阳市公共资源交易中心主要职责内设机构和人员编制规定》的通知。

7月22日，市政府完成市级平台职能整合工作，并将市有形建筑市场管理中心、市产权交易管理中心的人员全部移交给市公共资源交易中心。

7月29日，市长周海兵在市政府三楼常务会议室主持召开市人民政府2016年第9次（14届45次）常务会议，研究决定全市设立统一的市公共资源交易中心，撤销各县（市）区公共资源交易机构，将分散在市直各部门的各种公共资源交易整合至市公共资源交易中心。

9月5日，湖南省公共资源交易中心管理委员会函复衡阳市人民政府，同意衡阳市公共资源交易平台整合方案。

10月9日，市委机构编制委员会撤销县（市）区公共资源交易中心机构，其人员由各县（市）区自行分流安置。

10月11日，市人民政府同意，决定成立衡阳市公共资源交易管理委员会，段志刚任主任。

12月12日，市土地矿产交易中心的人员、资产、职能移交市公共资源交易中心。

（吴辉君　李　乐）

电子政务工作

【概况】 2016年，市电子政务工作主要工作继续位列全省第一方阵，“12345”政府服务热线获评全国第四，全省第一，省政府文件点名推介衡阳热线整合经验；“中国·衡阳”党政门户网站荣获2016年度中国政务网站绩效评估优秀奖，位列全国地市级政府网站第23名，在全省绩效评估中位居市州第二，被省政府评为优秀，5个县（市）区政府门户网站被省政府评为优秀；网上政务服务及电子监察工作在全省排名前茅；继续保持市级文明单位称号。

（周乐夭）

【数字衡阳】 “数字衡阳”市县一体化稳步推进。“数字衡阳”一期工程建设项目投资规模1.96亿元，于2014年年初全面交付使用，被评为“中国智慧城市优秀案例”。一期主要建设内容为“1+4”，即一个云中心平台和平安城市、数字城管、智能交通、应急指挥四大核心应用。市电子政务办做好一期的优化完善，制定“数字衡阳”运维考核管理办法，建立机制，明确责任，加强对运维企业及整个系统平台的监管，整个平台运行情况良好，系统平台正常率、外场设施在线率处于行业较高水平。2015年，“数字衡阳”一期实现与全市信息调度指挥中心、12345政府服务热线无缝对接。2016年，在一期建设的基础上，政府投入1300余万元，启动数字环保一期建设。“数字衡阳”构成由“1+4”发展为“1+5”。加快推进“数字衡阳”空间地理信息框架市县一体化建设，完成市核心区40平方千米三维倾斜摄影，为“数字衡阳”、不动产统一登记、应急测绘保障提供数据支撑。（周乐天）

【“12345”政府服务热线】 “12345”热线服务水平提高。衡阳市“12345”政府服务热线现已整合5条部门热线，与110报警电话对接，2016年，在市长周海兵的关心下，实现120急救指挥中心平台与“12345”的整合，“12345”政府服务热线已经成为党委、政府联系服务群众的“最先和最后一公里”。2016年以来，“12345”政府服务热线共计接打市民来电总量达28万余次，日均779次，形成有效工单18万余件，通过狠抓督办落实，热线各成员单位作风明显转变，回复质效显著提升，工单综合办结率达99.39%，市民满意率达96.93%，切实取得“转变作风、提高效能、解决问题、满意群众”的效果，常有市民到热线赠送锦旗。在由知名调查机构发布的全国《2016年上半年12345热线监测结果》中，衡阳市“12345”政府服务热线综合得分95.6分，取得全国第四、全省第一的好成绩。《省政府办公厅关于加强110报警服务平台与社会求助服务平台对接工作的意见》要求各市州借鉴衡阳热线整合经验。按照“一城一平台”原则，衡东县、常宁市、衡南县、衡山县、南岳区建立本级“12345”热线平台，并开通试运行。其他县（市）热线平台加快筹建。（周乐天）

【政府网站建管】 政府网站集约化建管规范有序。集约建设政府及部门网站群是做好全市政府网站工作的关键。根据工作计划，市直部门42家政府网站2016年分三批次已全部完成集约化建设。县（市）区政府门户网站分步分批向市党政门户网站平台上移，县直部门和乡镇不再新建网站。衡东县、南岳区已完成本级门户网站平台上移，完成本辖区内子站整合上线；其他各县（市）区提交集约化建设方案。同时，市电子政务办继续做好市党政门户网站运维管理。2016年，市党政门户网站五大版块栏目共发布各类政务信息超过10万条，发布新闻发布会18次，听证7期，开展在线问政30期，发布征集调查29个。丰富公共服务类信息，提供全面的政策解读和便民查询，建设5个一体化展示的重点办事服务专题，更新服务类信息近500条，切实服务群众办事和日常生活。市党政门户网站英文站完成改版，扩大衡阳国际影响力。通过集约化建设政府及部门网站，健全完善政府网站督查考核机制，实时公布全市政府网站日常监测排名等措施，切实规范政府网站管理工作，未发生衡阳市政府网站被国、省通报事件。2016年，“中国·衡阳”党政门户网站获中国政务网站绩效评估优秀奖，位列全国地市级政府网站第23名，在全省绩效评估中位居市州第二，被省政府评为优秀。珠晖区、雁峰区、衡山县、常宁市、南岳区等5个县（市）区进入全省优秀政府网站行列。（周乐天）

【电子政务内网】 电子政务内网（涉密域）建设及时启动。2016年，省委、省政府办公厅启动涉密内网建设，市委、市政府明确由市电子政务办负责衡阳市涉密内网的建设工作。一方面，加强党政内部工作专网（原电子政务内网）运维管理。出台《衡阳市电子政务内网管理办法（试行）》，集中组织五期共101个单位的收发文人员培训，完成应用支撑平台提质升级改造工程，网络整体运行情况良好，未出现过重大故障。另一方面，加快电子政务内网（涉密域）建设。邀请有相关资质的第三方公司编制衡阳市电子政务内网（涉密域）建设方案，向市政府请示明确内网机房用房，以两办名义起草并出台《关于加快推进全市电子政务内网建设的通知》。2016年10月9日，市电子政务办与市委机要局一同召集12个县（市）区内网建设分管负责人召开县（市）区电子政务内网建设工作推进会议，认真贯彻落实省委省政府要求，确保不打折扣完成内网（涉密域）建设任务。（周乐天）

【政府信息公开】 政府信息公开逐渐规范。一是扎实抓好政府信息主动公开。2016年，主动公开政府信息15万余条，12个县（市）区党政门户网站主动公开政府信息近11万条，市直部门主动公开1.47万条。二是及时做好依申请公开答复。共收到依申请公开信件48件，其中网上申请42件，书面6件，均已依法依规进行答复。三是建立健全信息公开相关机制。起草出台《衡阳市贯彻落实省政府办公厅关于2016年政务公开工作要点的通知》《衡阳市政府信息依申请公开操作规范的通知》《衡阳市政务公开工作领导小组办公室关于印发〈衡阳市政务公开工作考核办法〉的通知》等系列文件。四是注重拓宽政策解读途径。关系民生的重要规范性文件要求向市法制办提交文件的政策解读，由市法制办审核后，统一由信息公开主管部门进行发布。2016年共发布规范性文件的政策解读78条，市政府常务会议解读信息43条。五是主动回应公众关切。通过在线访谈、热线问政及“12345”政务服务热线等方式回应公众关切，共发布回应信息17090条。

（周乐天）

【网上政务服务和电子监察】 网上政务服务扎实开展。网上政务服务是列入省委、省政府绩效考核的重点工作。2016年以来，全办对网上政务服务工作进行多次梳理，优化审批流程，实现与省政府网上审批和电子监察系统的数据交换，推动衡阳市网上审批并联管理、数据共享，结合电子监察平台的“实时监察、预警纠错、绩效考核”等功能，提高行政审批权力监测和约束。将市网上政务服务及电子监察系统与新政务中心服务管理平台紧密结合，优化审批流程，推动数据交换，在方便市民办事的基础上推进网上政务服务应用。衡阳市已实现省、市、县、乡纵向四级和横向146个部办委局的互联互通。非涉密的行政许可、非行政许可审批和公共服务事项全部纳入网上政务服务办理系统，实现审批事项全程留痕、全程可控、全程监管。2016年累计办件77万余件，未出现红、黄牌。

（周乐天）

【“衡阳发布”政务微博首届粉丝答谢会暨新版LOGO启用仪式举行】 2016年1月16日，“衡阳发布”政务微博首届粉丝答谢会暨新版LOGO启用仪式举行。市委常委、市委宣传部部长刘丽华出席活动。2015年度阅读量近7000万人次，在全国外宣类政务微博影响力排行榜上名列第31位，获“2015湖南最具影响力政务微博”。截至2016年年初，该微博关注人数突破28万。刘丽华在致辞中指出，利用政务微博平台开展网络宣传和网络问政，汇聚衡阳发展正能量，架起党委政府与群众的连心桥，希望广大网民能理性看待社会现象，及时通过衡阳发布等政府网络平台反映问题，把握好自己的“麦克风”，为衡阳的发展多点赞。活动仪式上，新浪湖南负责人为衡阳发布运营方颁发“2015湖南最具影响力政务微博”奖牌。同时，融入互联网元素和地域文化特色的“衡阳发布”政务微博新版LOGO正式启用。

（高鹏志）

【衡阳市党政门户网站以总分排名全省地州市第二】 2016年年初，省政府办公厅通报的2015年度全省政府网站绩效评估结果，衡阳市党政门户网站以总分位居全省地州市第二，被评为“优秀市州政府门户网站”；珠晖区、衡山县、常宁市、蒸湘区、祁东县、雁峰区等6个县（市）区政府网站获评“优秀县市区政府门户网站”，其中珠晖区排名全省县（市）区第一。经过第一次全国政府网站普查，衡阳市共有145家政府网站上线运行，形成以衡阳市党政门户网站为主站，各县（市）区政府门户网站及市直各部门网站为子站的衡阳市政府网站群。衡阳市党政门户网站现分为衡阳市情、信息公开、办事服务、政民互动、衡阳旅游等五大功能区，与12个县（市）区政府门户网和61个部门子站相连，共有3969个栏目，12个模块，15万余个页面。

（高鹏志）

【袁建尧一行调研衡阳“12345”政府服务热线整合建设工作】 2016年3月31日，省政府党组成员、省长助理袁建尧一行到衡阳调研“12345”政府服务热线整合建设工作。袁建尧对衡阳市“12345”热线整合建设工作给予肯定，认为衡阳市“12345”热线敢于创新，管理规范，反响良好，为打造服务型政府，提升服务效率做出示范。省政府办公厅巡视员熊惠明、市领导胡水龙参加调研。衡阳市“12345”热线开通一年以来，通过电话、微博、微信、移动客户端、短信、网站、“书记、市长信箱”等7种渠道，共收到市民有效工单29.4万余件，工单综合办结率达99.73%，市民满意率达96.05%。通过开拓创新，打造合并接听模式，整合12342（监察）、12369（环保）、12318（文化市场执法）、12328（交通）、12319（城管）等5个政府公共服务电话，成功实现与公安110的合并接听，创新警政联动方式，大幅提高工作效率，节约大量的人力物力。此外，依托“数字衡阳”云平台，实现“12345”热线系统与“数字城管”“智能交通”的深度融合，可以对井盖、路灯、变压器等37万个城市部件的准确位置和责任单位进行实时查询。（高鹏志）

【衡阳市“120”急救指挥中心平台开通运行】 2016年6月29日，衡阳市“120”急救指挥中心平台正式开通运行。以往，衡阳紧急医疗救援指挥中心挂靠在市中心医院，市内各大医院都有各自的“120”急救电话，既不利于应对突发公共卫生事件的统一调度，也不利于患者的紧急救治。市政府高度重视，决定在“12345”政府服务热线平台的基础上进行整合，实现“12345”“110”“120”三台合一。截至6月底，8家接诊网络医院已按照要求配备急救车，并完成急救车喷绘、车载软件设备及医用设备安装，急救分站建设验收合格，专业接线员培训到位。在“120”急救指挥中心平台开通运行座谈会上，市委副书记、市长周海兵强调，各相关单位要明确责任，科学分工，突出重点，各司其责，发挥好“120”急救指挥中心的指挥、管理与服务职能。要加强联动协作，前台、后台以及网点医院之间要做到“统一调度、快速反应、及时沟通、密切联动”，形成工作合力，发挥平台效能，确保生命急救的绿色通道畅通无阻；要切实履职尽责，认真做好机构、人员、财物等保障工作，为平台高效平稳运行保驾护航；要规范平台管理，建立健全相关制度，规范工作流程，配足配强医护力量，确保院前急救工作有序开展；要加大宣传力度，利用各种媒体宣传院前急救知识，普及灾害事故的抢救、自救和互救知识。副市长陈竞参加座谈会。（高鹏志）

【李皋一行到衡阳调研】 2016年8月30日，中央信访工作联席办副主任、国家信访局副局长李皋、国家信访局人事司司长李晓鹏一行到衡阳调研信访维稳工作。调研团一行在省政府副秘书长、省信访工作联席办副主任、省信访局局长许忠建，市委副书记、市长周海兵的陪同下，到衡阳市人民政府信息调度指挥中心实地解市“12345”政府服务热线运行情况。调研团首先现场参观“12345”政府服务热线接线受理大厅，与热线工作人员亲切交谈，详细询问热线工作流程、办理程序、具体办件落实情况以及群众满意度等多项指标数据，然后听取市电子政务办主任、党组书记陶小平对热线工作的介绍。“12345”政府服务热线自运行以来，截至2016年8月30日，共计接打市民来电来信总量达622246次，日均833次，接通率达99.57%；共受理群众诉求325926件，办结率达99.80%，市民满意率达95.98%。同时，与“110”“120”、市信访局形成有效对接，实现群众求助事项的分类处置，大为提高办事效率，成为政府联系服务群众的“最先和最后一公里”，被群众誉为“电话信访局”。李皋对衡阳市“12345”政府服务热线在整合资源、方便群众反映问题以及提高部门服务质量等方面的做法给予肯定。他强调，面对信访工作的新情况、新问题，衡阳始终以人民为中心、以问题为导向，把群众难点作为工作的着力点。持续改革创新信访工作，强化基层基础，便于群众上访、干部下访，搭建快速、便捷的网络平台。调研过程中，周海兵要求要及时解决群众合理合法诉求，将矛盾化解在基层、化解在萌芽状态，确保市“12345”政府服务热线工作稳定发展。（高鹏志）

【《2016年上半年12345热线监测结果》发布】 2016年11月，《2016年上半年12345热线监测结果》监测结果显示，衡阳市“12345”政府服务热线得分95.6分，位列全国地级市中的第4位，在湖南省排名第一。本次热线调查，由零点有数（原零点研究咨询集团）的调查员扮成“神秘客”，对全国31个省（区、市）（港澳台除外）的332条12345热线的服务质量进行监测，并从接通情况和服务水平两方面对热线服务质量进行测评。其中，接通情况从接通率和转人工时间两方面进行测评；服务水平从接待礼仪、沟通技巧和问题回应等方面进行测评。监测结果显示，全国12345热线总体得分77.1分，与2015年76.7分相比基本持平，热线服务质量总体处于良好水平。其中，湖南整体服务质量得分84.5分（百分制），排名全国第四；而在城市排名中，衡阳市在全国231个城市中排名第4位，得分95.6分，远超全省整体服务质量，位列湖南首位。（高鹏志）

无线电管理工作

【概况】 2016年，市无委办通过规章制度，增强技术力量，完善监测设备，提高执法水平，改进服务方式，优化电磁环境，辖区通信畅通运行。

一、对辖区内的移动通信台站进行清理核查。5—8月，按计划对辖区内的移动通信台站进行清理核查，并将核查后的台站技术资料登记存档，录入数据库。

二、坚决惩治“黑广播”和“伪基站”，维护正常通信秩序。2016年，市无委办对3起“黑广播”进行坚决快速的查处，维护航空、铁路的通信安全，确保公众通信畅通。

三、坚持和完善监测月报告制度。首先是制订完整的监测计划。其次是建立日常监测档案。此外，加强对重点台站、重点地区、重点频段的监听监测。不断完善频率监测样本数据库，为干扰排查、清查非法台站提供技术支持，为重点业务、重点区域的电磁环境状况及变化提供宝贵资料。

四、进行电磁环境测试和基站设备年检，为服务单位提供技术保障。2016年无委办对衡阳移动、联通及电信公司新建基站进行电磁环境测试，为上述单位新建基站的站址选定提供依据。五是开展频谱使用评估工作。根据《湖南省无线电频谱使用评估专项活动实施方案》，结合单位实际组织实施，完成无线电频谱使用评估数据采集任务，对公众移动通信系统的频谱利用效率进行评估，准确掌握各频段频率的使用效率，提高无线电管理的精细化、科学化水平。（肖冬平）

【公共安全监控】 履行无线电管理职责，充分发挥无线电监管设施作用，保障“两会”、南岳机场、大浦机场、武广高铁通信安全，保障高考和各种公共考试公平、公正的竞争环境，对机场、高铁专用频率都进行日常保护性监测，对每次考试都进行周密的监测部署，确保每个任务顺利完成。（肖冬平）

【市无线电管理指挥中心建设项目通过验收】 为提高基础设施保障水平，在已有2个固定站和2个移动站基础上，向省里争取新增1个固定站。2016年1月7日，市无线电管理指挥中心建设项目通过湖南省无委办专家组验收，正式投入运行使用。验收会上，专家组成员一致同意指挥中心建设项目通过验收。市无线电指挥中心主要由视频接入系统、大屏幕显示系统、音频扩声系统、数字会议系统、中央控制系统、监控系统、电源及防雷接地系统、无线电监测联网平台、综合布线和操作控制台等组成，是集管理指挥、视频会议、频谱管理、应急处置等功能为一体的无线电数字管理指挥平台。指挥中心通过无线电监测联网平台，可同步将全市每个固定监测站和移动监测点的监测情况及时传回中心，后台对监测数据进行集中分析、处置，实现应对紧急状态和突发事件的快速反应，提高全市无线电监控应急指挥以及协调、处置能力。该中心建设项目通过验收，正式投入使用，标志着衡阳市无线电技术管理保障能力迈上一个新台阶。指挥中心为衡阳市有效处置和应对无线电突发事件，保障武广高铁、湘桂铁路、南岳机场、空八师等重点区域的无线电安全，维护全市广播电视、移动通信、社会台站等无线电业务通信秩序，实现全市无线通信指挥、控制、调度、监测、会商等多功能于一体，提供坚实的保障。（匡　俊）

【国家职业资格全国统一鉴定考试保障工作】 2016年5月21日至22日，2016年湖南省国家职业资格全国统一鉴定考试在湖南财经工业职业技术学院举行。应组织考试部门邀请，衡阳市无委办派出工作人员5名、移动监测车辆1台、便携式监测设备2套，赴考点开展无线电监测保障工作。考试期间，监测技术人员对相关频段进行扫描，未发现可疑信号，

圆满完成此次考试无线电安全保障工作。（匡　俊）

【会计专业中级资格考试无线电安全保障工作】 2016年9月10—12日，应市财政局的邀请，市无委办合理安排人员、设备、车辆，协助考试主管部门，为2016年全国会计专业技术中级资格考试衡阳考区提供无线电监测技术支持，完成考试保障任务。此次考试中，市无委办共派出包括执法人员、技术人员等在内15名人员组成综合保障组，出动监测车2辆、便携式测向设备2台（套），对湖南财经工业职业技术学院考点进行严密巡查保障，以遏制不法分子利用无线电设备作弊的企图，维护考试良好的电波秩序，受到考试主管部门赞扬。（匡　俊）

【雷文辉一行到衡阳督查调研】 2016年11月10日，省无委办副主任雷文辉一行到衡阳进行年度业务工作督察与调研。衡阳管理处主任李逢各将单位一年来工作开展情况进行专题汇报。管理处分管负责人分别对无线电频率台站管理、无线电行政执法、无线电监测、技术演练、干扰查处、频率评估及基础设施建设等工作进行具体汇报。雷文辉一行参观衡阳市无线电指挥中心和中心机房，对衡阳管理处一年来的工作做出肯定，并对衡阳的无线电管理工作提出指导性的意见。

（匡　俊）

驻北京办事处工作

【概况】 2016年，市驻京办事处履行经济协作、联络协调、驻京维稳、资产管理等职能，较好完成各项工作任务。

一、项目对接方面。加强与国家相关部委、央企和大型民营企业的联络协调和项目跟踪，为衡阳市在北京争取资金，引进项目做好服务。全年，先后陪同市长周海兵、副市长陈竞考察北京大兴区现代农业项目、农产品社区直销项目；陪同书记周农等对接北京航天大学院地合作事项；对接北京市政协科技委员会，计划2017年上半年组织科技投资实力强的北京市政协委员到衡阳考察投资；多次对接北京中关村创业园，陪同市长海兵、副市长刘正兴、市经信委等市领导和市直相关单位到访中关村科技有限公司、中国国际招商引智、人民网，鼓励企业家们到衡阳发展，打造高端电商平台。

二、招商引资方面。助力梦东方——中南国际旅游度假区项目落户衡南。北京红隼资产管理有限公司与耒阳市合作，各出资5亿元成立产业并购基金，提升耒阳产业结构优化，产业并购基金已经域名注册。北京上康林健康科技有限公司在衡阳新种植油茶基地2000公顷；在湘西改造低产老油茶林800公顷；在湘西投资新建油茶生产厂，一期已投产，二期在建，总投资3.4亿元，已投资1.4亿元。成都九尾猫农业控股集团公司投资衡阳县5000万元~1亿，种植3333公顷元宝枫木本油。

三、公务接待方面。严格遵守中央八项规定和省、市接待标准，按照“从严、从细、从精”的方针，完善公务接待标准和公车管理制度。全办协助衡阳市政协为“2016衡阳经济论坛”邀请专家主讲，邀请国务院参事徐宪平主讲“宏观经济”、中国社科院农村发展研究所所长魏后凯主讲“区域经济”、中国社科院工业经济研究所工业发展研究室主任吕铁主讲“工业经济”、天洋控股集团董事局主席兼总裁周政主讲“旅游经济”。论坛次日，组织北京商会代表参加党政领导与企业代表及异地商会代表座谈会等活动，为衡阳市“营造发展氛围、问计发展路径、招商发展项目、凝聚发展合力”献计献策。9月下旬，协助市工商联组织市民营企业家考察北京衡阳商会代表企业北京天洋控股集团和北京资源亿家集团等活动。10月中旬，市政协在北京开展异地衡阳商会调研活动，市政府驻北京办事处全程陪同考察并协助商会组织召开座谈会。全年共接待市级领导44批51人次、县（处）级领导90批255人次。

四、宣传推介方面。3月27日，组织北京衡阳商会会员企业和衡阳名优特产经销商参展北京湖南企业商会会员大会，帮助北京衡阳商会会员企业搭建平台，推广衡阳市名优特产品。11月中旬，在办事处召开座谈会向北京企业家们宣传衡阳市招商引资最新优惠政策。衔接北京市委宣传部、中国红色文化联合会来衡实地考察毛泽建烈士革命活动，筹拍电视连续剧《女游击队长》（原型毛泽建烈士），宣传衡阳革命热土、红色旅游圣地。全年共编写驻京简讯6期邮发市领导，为领导决策提供服务。

五、维稳工作方面。2016年，共处置进京上访564人次，与2015年基本持平。其中非正常上访80人次，同比下降38%，没有发生接不出、稳不住、送不回的现象，没有发生规模聚访和恶性涉访事件，严守安全底线，完成省市下发的非访总量同比下降的工作目标。

六、设施建设方面。利用政府资源通过资产置换的方式购置的办公、接待用综合楼，面积2254.78平方米，通过市场化运作，除综合楼资产成数倍增值外，每年还有一些租金收入使办事处得以正常运转，实现市政府确定的以楼养楼、以楼养办的经营目标，确保国有资产保值、增值。

（夏平平）

【公共服务】 2016年，驻北京办事处通过汇聚和优化各方资源，依托首都相关组织机构和衡阳籍在北京企业家、律师、公益人士，为在京老乡提供服务和帮助。一是指导北京衡阳企业商会规范运作、健康发展，为衡阳企业在京发展搭建平台。服务商会会员经济工作，为资源亿家集团、云中鹤公司等十多家会员企业产品找销路，为资源集团和北京上康林健康科技有限公司等企业对接精准扶贫项目，并吸引他们回家乡投资发展，参与家乡的经济建设。二是重视省驻京团工委的工作，帮助湖南特别是衡阳在京团员青年更好地发展自己、发展北京、回馈湖南。4月28日，协办并组织衡阳在京创业青年参加由湖南省驻京团工委在北京湖南大厦举行主办的“纪念五四运动97周年暨我的北京故事报告会”主题活动、主持两个星期北京青年在湖南群“我的北京微故事”节目、协助筹备“湖南青年企业家协会”等，为搭建衡阳创业青年交流平台开展服务。三是开展就业指导。在人才与企业之间“牵线搭桥”，全年帮助40余名衡阳老乡在北京找到工作。四是法律服务。组织在北京的衡阳籍律师为衡阳市在京务工创业人员提供法律咨询等服务30余次。五是信息咨询。接待在京群众来电来访，告知咨询电话和需要递交的材料、办事程序等。六是应急帮助。6月13日，组织观看“衡阳师院音乐学院赴中国音乐学院交流教师李巧伟独唱音乐会”，并衔接北京衡阳企业商会赞助1万元用于音乐会的筹备。负责联系在京医疗单位，帮助来京求医问药30余人次；帮助衡阳籍各类人士订机票（火车票）80余人次；解决老乡子女上学等问题10余次；帮助2名遇突发事件而身无分文的老乡回到衡阳。七是全年共接待其他到北京人员230余人次。（夏平平）

【考察北京大兴区现代农业项目】 2016年3月12日，为发展衡阳市现代农业产业，改善民生，降低城市居民生活成本，引进项目。市长周海兵利用“两会”休会时间，在副市长陈竞陪同下，考察北京大兴区现代农业项目、农产品社区直销项目，市政府驻北京办事处全程做好服务工作。

（匡　俊）

【梦东方——中南国际旅游度假区项目落户衡南】 经驻北京办事处一年多的项目跟踪和各方努力，2016年3月22日，衡南县政府与天洋控股集团签订《梦东方——中南国际旅游度假区投资合同》，标志着总投资100亿元的梦东方——中南国际旅游度假区项目正式落户衡南，项目选址衡南县云集镇车江片区，总面积约666.67公顷，总投资约100亿元。

（匡　俊）

【衡阳军民产业融合园对接】 2016年12月13—17日，市领导周农、刘丽华、张贺文、贺晓坤、刘正兴一行前往北京对接北京航天大学院地合作事项。驻北京办事处发挥自身优势，将北京市海淀区军民融合产业园的先进做法向书记和市领导汇报，引起高度重视，周农指示驻北京办事处对接服务好衡阳的军民产业融合园建设。衡阳军民产业融合园建成可实现年工业产值30亿元以上。

（匡　俊）

驻广州（深圳）办事处工作

【概况】 2016年度，围绕衡阳的中心工作，开展“两学一做”

和扶贫帮困活动，强化内部管理，拓展外部关系，重视基地建设，宣传衡阳形象，架通衡粤两地资讯桥梁，服务衡阳经济社会发展，各项工作有序完成。

一、招商资源推介方面。对衡阳市赴广州、深圳人员及团队，提供体贴周全服务，尽力提供各种方便，保障他们在粤期间的工作、生活便利。全年共接待大型重要团队8次，其他赴粤人员约30余次。

二、政商资源联络方面。广州市协作办联络处的具体指导下，全办加强与广州社会各个层面的联系，包含政府、企业和个人。2016年，参加广州市协作办组织的各项活动，同中南片区各驻穗办事机构开展互动。配合市政协活动，走访广东省行业协会和广富诚集团总部、广州华睿电子科技有限公司；参加广东省内各地衡阳商会的活动，参加深圳衡阳商会、广东耒阳商会、广州衡山衡东商会、南岳工艺品商会、广州祁东商会、东莞耒阳商会的多项活动，同广东总裁商会、广东省衡阳商会、珠海衡阳商会、江门衡阳商会等建立经常性的互动往来；加强各地驻广州办事处等同业单位的联系，湖南办、普宁办、湛江办、揭阳办，互有往来，互享信息，互帮发展；不定期走访衡阳籍在粤政要贤达，凝聚同乡感情，汇聚人心智慧，借力推动衡阳。

三、信息呈报参考方面。发挥在粤优势，广泛搜索信息。安排相关人员关注大粤网，广州市政务网，广东省政务网、广州协作网等相关网络资源；订阅《广州日报》《新快报》等相关报纸，收看收听广东地方电视广播节目，及时掌握改的开放前沿信息；参加珠三角的各类经济分析会形势报告会，获取宏观经济信息数据；借助微信添加朋友圈，掌握人脉资讯。通过整合各渠道获取的资讯，筛选比对综合后，报送给衡阳市人民政府决策参考。

（陈安华）

【基础设施建设】 2015年12月，驻广州（深圳）办事处通过盘活自有资金，经请示衡阳市政府主要领导同意，做好驻粤工作基地建设，改善办公条件。新购买的办公室位于广州南站奥园新时代，面积106平方米，2016年，为做好装修设计，先后对接联系5家公司，收集5套比较方案，并请专业人士提出评选意见。因为项目小，不符合公开招标条件，在控购办办理装修控购手续，在选择最优方案的基础上展开谈判，签订装修合同。施工过程全程监督，专人管理，不虚报乱支，崇尚简约，厉行节约。（陈安华）

【广东自贸区前海管理局管理模式调研】 2016年，驻广州（深圳）办事处发挥职能作用，配合市有关单位做好专题调研服务。10月，为搞好全市开发区和政府各融资平台的结构性改革，受衡阳市委组织部委托，驻广州（深圳）办事处联络安排并参与广东自贸区前海管理局管理模式的调研。来粤调研的部门包括市委市政府多个部门。通过调研，详细获得机构设置、人员编制、聘任规则、薪酬制度、政企关系等诸多有效信息，获得宝贵、可资借鉴的改革经验。（匡俊）

驻长沙办事处工作

【概况】 2016年，驻长沙办事处按照统一部署安排，发挥自身职能作用，为推动全市经济社会发展项目做好保障。

一、项目对接方面。参与衡阳市重大项目的联络协调，推动重大项目落户衡阳；与五矿、中建、中铁、建工集团、新天地集团、华菱集团等大型央企和省内知名企业建立广泛联系，开展洽谈对接，对外宣传推介衡阳。全程跟踪服务五矿集团与衡阳合作投资建设的水口山金铜项目和瓦松铁路等大型项目，使该些项目建设顺利落地。参与2016年衡州经济发展论坛的筹备规划，全程跟踪，做好与会嘉宾徐宪平参事、吕铁主任在长沙的接待服务工作。

二、政务联络方面。推进衡阳与省直机关部门政务对接。高质量完成市领导交办的各项政务联络服务工作，先后陪同市领导和市直部门负责人到省发改委、人社厅、统计局、审计厅、财政厅、地税局等单位联络联系工作，精准服务到位；主动与省机关事务管理局和长沙市外管办对接，为办事处机构建设、后勤体制改革及驻省会办事机构交流创建新的平台。

三是服务接待方面。克服工作人员少、工作任务重的困难，

全年接待衡阳市来长沙办事的市级领导、市直部门人员以及外地经长沙赴衡阳的的领导和客商共计1603人次。 （陈洪任）

【招商引资工作】 一是加强经济意识，打好招商引资基础。及时掌握省内经济动态，调动一切有利资源，与省发改委、商务厅等单位建立长期联络关系，开拓央企驻湘机构和省内知名企业交流渠道，密切关注政策走向、企业意向和相关需求，及时联系、交流、反馈，为衡阳市在省会争资跑项、招引客商打下基础。二是强化商会工作指导力度。先后多次参加长沙市衡阳商会组织各种形式的会议，就商会的活动开展、组织建设、发展路线等方面作具体指导，使衡阳商会被评为全国AAAAA级商会和长沙市首批“五好商会”，彰显衡商在长沙的地位。为衡商投资回报家乡的几个重点项目做联络协调工作，促使项目建设顺利进行，激发衡商投资回报家乡的热情。三是配合市招商部门开展对外联络招商服务。为市商务局到长沙联系工作和宣传推介提供联络协调服务，在做好现有项目联系工作的基础上，以推介会为契机，加强城市形象宣传，推介衡阳优秀的经济发展环境，力促更多的项目和资金落户衡阳。 （陈洪任）

【驻长沙办事处机关党支部成立】 2016年6月，经市政府办机关党委批准，驻长沙办事处机关党支部正式成立。支部成立后，按照市委、市政府的部署开展“两学一做”学习教育活动，紧抓党风廉政建设和党员个人教育，贯彻落实“一岗双责”，一手抓业务工作，一手抓组织建设，在组织和制度建设上实现从无到有的突破。 （陈洪任）

中国人民政治协商会议
衡阳市委员会

责任编辑：周嘉晖

重要会议

【政协衡阳市第十一届委员会第四次会议】 1月10日上午，政协衡阳市第十一届委员会第四次会议举行第一次大会（开幕会）。本次会议应到委员和特聘委员468人，因事因病请假22人，实到446人，符合《中国政治协商会议章程》（以下简称《政协章程》）及《政协衡阳市委员会全体会议工作规则》规定的有效人数。担任大会开幕式执行主席是李平、李鹏飞。李平主持会议。上午8时30分，大会开幕，全体与会人员起立，奏唱《中华人民共和国国歌》。廖炎秋代表政协衡阳市第十一届委员会常务委员会作《中国人民政治协商会议衡阳市第十一届委员会常务委员会工作报告》（以下简称《报告》）。《报告》回顾2015年的工作。2015年，市政协贯彻落实中共十八大及十八届三中、四中、五中全会和习近平总书记系列重要讲话精神，按照中共衡阳市委的决策部署和工作要求，把握团结、民主两大主题，发挥协商民主重要渠道作用，服务大局，坚持履职为民，加强能力建设，汇聚发展合力，为促进全市经济社会又好又快发展作出新的贡献。主要表现为：履行职能，服务发展大局，突出建言献策、民主监督、提案办理、反映社情民意、服务项目建设5个重点；探索创新，推进协商民主，建立协商机制，优选协商议题，组织协商，跟踪落实；夯实履职平台，发挥委员作用，全面铺开委员工作室建设，创新民主监督小组委派方式，进一步强化界别工作，开展委员履职与创业经验交流活动；践行“三严三实”，提升履职能力，强化学习培训，提高综合素质，突出问题导向，深入调查研究，完善制度机制，提升整体水平，加强合作共事，促进社会和谐。廖炎秋安排部署市政协2016年的工作，强调要充发挥好专委会的基础性作用。受政协衡阳市第十一届委员会常务委员会委托，市政协副主席肖长贵作《中国人民政治协商会议衡阳市第十一届委员会常务委员会关于十一届三次会议以来提案工作情况的报告》。2015年，市政协收到提案496件，立案486件，截至2015年11月底，立案提案全部办复，解决的243件，列入计划拟解决的218件，因条件所限不能解决或留作参考的25件。

1月12日上午，政协衡阳市第十一届委员会第四次会议举行第二次大会。大会执行主席张亮、谢明芳。张亮主持会议。会议听取政协委员李康杏、胡文星、梁国雄、周艳春、谢宏、江红、赵德琼的发言。内容涉及关于创建核技术产业园的建议；发展衡阳养老服务产业的建议；建设地下综合管廊的建议；防治农村污染、推进美丽乡村的建议；大力发展休闲农业的建议；调整规划、打造衡阳高铁经济圈；主动作为、做好政协民主监督工作等。

1月13日下午，市政协十一届四次会议举行第三次大会。担任本次大会执行主席的是许云生、黄保锦。黄保锦主持会议。下午2点30分，大会开始。本次大会应到委员450人，实到委员414人，符合《政协章程》规定的有效人数和本次会议《选举办法》规定的有效人数。大会通过《政协衡阳市第十一届委员会关于免去郑成华同志职务的决定》；通过《政协衡阳市第十一届委员会第四次会议补选办法（草案）》；通过《政协衡阳市第十一届委员会第四次会议总监票人、监票人名单（草案）》；指定政协衡阳市第十一届委员会第四次会议总计票人、计票人。经委员们举手表决，胡花云当选为政协衡阳市第十一届委员会秘书长。

1月13日下午，在完成各项议程后，政协衡阳市第十一届委员会第四次会议举行第四次大会（闭幕会）。担任大会执行主席的是廖炎秋、肖长贵、马俭平。廖炎秋主持会议。此次会议应到委员和特聘委员468人，因事因病请假31人，实到437人，符合《政协章程》规定的有效人数。会议通过政协衡阳市第十一届委员会提案委员会关于十一届四次会议提案审查情况的报告，通过政协衡阳市第十一届委员会第四次会议政治决议及其他各项事项。

（周智毅）

【政协衡阳市第十一届委员会常务委员会第二十四次会议】 2016年1月12日上午召开。会议主要议题是：听取市委关于人事安排的说明；审议《政协衡阳市第十一届委员会第四次会议补选

办法（草案）》；审议《政协衡阳市第十一届委员会第四次会议总监票人、监票人建议名单（草案）》。（周智毅）

【政协衡阳市第十一届委员会常务委员会第二十五次会议】2016年1月13日上午召开。会议主要议题是：听取大会秘书处关于各小组讨论情况的综合汇报；听取各小组关于审议大会各项决议的情况汇报；听取各小组关于人事任免酝酿情况的汇报；听取各小组关于《政协衡阳市第十一届委员会第四次会议补选办法（草案）》和《政协衡阳市第十一届委员会第四次会议总监票人、监票人名单（草案）》的协商情况汇报；通过候选人建议名单；审议政协衡阳市第十一届委员会提案委员会关于十一届四次会议提案审查情况的报告（草案）。（周智毅）

【政协衡阳市第十一届委员会常务委员会第二十六次会议】2016年3月2日召开。会议的主要议题是：听取《关于政协衡阳市第十一届委员会调整换届时间工作的说明》；协商《关于政协衡阳市第十一届委员会调整换届时间的决议》；协商有关人事任免事项。（周智毅）

【政协衡阳市第十一届委员会常务委员会第二十七次会议】2016年5月17日上午召开。会议的主要议题是：就市人大常委会主任候选人进行协商。（周智毅）

【政协衡阳市第十一届委员会常务委员会第二十八次会议】2016年6月21日召开。会议的主要议题是：听取市旅游外侨民宗局对全市旅游工作的情况汇报；听取市政协民主评议工作领导小组对全市旅游工作情况的评议报告；市政协委员及相关方面代表作评议发言；市政协常委会组成人员对全市旅游工作进行满意度测评。（周智毅）

【政协衡阳市第十一届委员会常务委员会第二十九次会议】2016年9月1日上午召开。会议主要议题是：听取市环保局《关于市政协十一届四次会议的提案办理情况》的汇报、市政协民主评议提案办理工作第一小组《关于对市环保局2016年度政协提案办理情况的评议报告》、政协委员就市环保局提案办理情况的发言；听取市卫计委《关于市政协十一届四次会议的提案办理情况》的汇报、市政协民主评议提案办理工作第二小组《关于对市卫计委2016年度政协提案办理情况的评议报告》、政协委员就市卫计委提案办理情况的发言；市政协常委、提案评议组成员和提案委员对市环保局和市卫计委提案办理情况进行满意度测评。（周智毅）

【政协衡阳市第十一届委员会常务委员会第三十次会议】2016年12月13日下午召开。会议的主要议题是：总结民主评议全市旅游工作情况；协商十二届市政协委员名额、人选及界别设置；审议政协衡阳市第十一届委员会常务委员会关于召开政协衡阳市第十二届委员会第一次会议的决定（草案）；审议政协衡阳市第十二届委员会第一次会议议程（草案）；审议政协衡阳市第十二届委员会第一次会议日程（草案）；审议政协衡阳市第十一届委员会常务委员会工作报告（草案）；审议政协衡阳市第十一届委员会常务委员会提案工作报告（草案）。（周智毅）

【政协衡阳市第十一届委员会常务委员会第三十一次会议】2016年12月22日下午召开。会议的主要议题是：审议市政协十二届一次会议筹备工作情况的报告（草案）；审议市政协十二届一次会议主席团名单（草案）；审议市政协十二届一次会议主席团会议主持人名单（草案）；审议市政协十二届一次会议主席团常务主席名单（草案）；审议市政协十二届一次会议执行主席名单（草案）；审议市政协十二届一次会议秘书长、副秘书长名单（草案）；审议十一届市政协常委会工作报告报告人名单（草案）；审议十一届市政协常委会提案工作报告报告人名单（草案）；审议市政协十二届一次会议提案审查委员会组成人员名单（草案）；审议市政协十二届一次会议委员小组召集人名单（草案）；审议通过市政协十二届一次会议列席人员名单（草案）；审议通过市政协十二届一次会议开幕式主席台就座人员名单（草案）。（周智毅）

履职工作

【概况】 2016年，在党的十八届六中全会和习近平总书记系列重要讲话精神的指引下，在中共衡阳市委的领导下，市政协把握团结民主主题，围绕全市工作大局，履行政治协商、民主监督、参政议政职能，凝聚智慧服务科学发展，发挥优势助推民生改善，协调关系促进社会和谐，推动衡阳“四个全面”建设进程，树立“有为政协”的良好形象。

（周智毅）

【政治协商】 2016年，市政协有序推进“一三五”协商工作机制，开展“基层公共文化服务体系建设”“整合临港经济资源，促进流域经济发展”和“畜禽规模养殖业环境污染治理”3个专题协商活动，提出的协商意见大多得到市委市政府的重视和采纳。如：6月13日，市政协召开全市“基层公共文化服务体系建设”专题协商会议。会后，各县市区及市直相关单位严格按照市委、市政府出台的《关于加快构建现代公共文化服务体系建设的实施意见》和市政协专题协商会议所提出的15条意见建议，整改落实。基层公共文化服务体系建设被列入衡阳市创建全国文明城市考核内容，市县两级文体部门签订基层公共文化服务体系建设目标管理考核责任状。七个县市区启动建设13个文体基础设施项目，同时在全市2200多个村启动建设农村综合性文化服务中心，首批9个农村综合性文化服务中心建设示范点已在衡山县建成。全市基层公共文化服务体系建设按照规划有序推进。7月19日，市政协召开“关于整合全市临港经济资源，促进湘江流域经济发展”专题协商会议，并与市政府达成四项协商意见：党委政府做好顶层设计，统筹相关事项；政府摸底，尽快编制专项发展规划；要尽快出台细则，科学统筹发展；要加强保障，提质基础设施。8月，市政协充分利用本次协商成果，向中共衡阳市委、市人民政府递交《关于尽快编制全市湘江流域科学发展规划的建议案》，引起市委、市政府主要领导的重视，周海兵市长作出明确批示，2016年11月，市发改委牵头编制出台《湘江流域（衡阳）科学发展总体规划（2016—2020年）》，明确湘江流域的整体规划思路、基本原则、建设发展目标和管理体制机制。8月11日，市政协召开“推进畜禽规模养殖污染防治”专题协商会。市政府吸收、采纳政协的协商意见，明确将衡阳市的畜禽规模养殖污染防治纳入对县、乡两级政府及相关职能部门的年度目标考核；市、县两级政府分别成立畜禽规模养殖污染防治工作领导小组，以政府主要领导任组长，分管环保、农业的领导为副组长，环保、畜牧、农业、发改、财政、规划、国土、公安、宣传、水利、林业等相关部门为成员单位，市、县两级政府还分别设立“畜禽规模养殖污染防治专项资金”，并将其列入年度财政预算，用于激励、引导废弃物资源化利用和禁养区关停、退养等补贴。2016年底，衡阳市畜牧水产局代市政府起草《畜禽养殖污染防治管理办法》（征求意见稿），并制定出台衡阳市《畜牧业发展规划》；市环保局对应出台《畜禽规模养殖污染防治规划》。2016年，市政协对2015年开展的“县市区采血点建设情况”“县级工业园区建设”等协商议政，开展“回头看”活动，促进协商成果的转化。

（周智毅）

【提案工作】 2016年，收到提案612件，经审查立案533件，其中集体提案62件，个人提案471件。提案涉及的内容广泛，其中经济建设方面的提案146件，占27.4%；政治建设方面的提案33件，占6.2%；文化建设方面的提案68件，占12.8%；社会建设方面的提案255件，占47.8%；生态文明建设方面的提案31件，占5.8%。市政协筛选30件作为重点提案，报送市委、市政府、市政协领导进行签批，由提案委负责重点督办；其余的提案都分解给各个对口联系的委室进行督办，确保所有提案件件有督办、事事有回音。市政协开办《提案追踪》电视栏目，进一步增强提案的监督作用。2016年，市政协对“关于开展衡阳市医疗养老康复业的建议”“关于加快推进美丽乡村建设的建议”“关于加强农村宅基地管理的建议”等3件重点提案，分别与市民政局、市农委、市国土局开展提案办理协商活动，并分别邀请市政府分管领导全程参与。如7月14日，对第54号提案《关于开展我市医疗养老康复业的建议》进行专题协商。针对有关建议，市民政局与市卫计委共同研究制定《衡阳市医养结合养老服务机构建设方案（征求意见稿）》。市民政局计划在全市打造1所公办养老机构、1所民办养老机构和2所公立医院的四种类型医养融合试点，通过样板示范带动，逐步铺开医养融合机构的建设工作，并在中心城区每个街道建成1所社区老年人服务中心，争取用3至5年的时间实现中心城区140个社区居家养老服务全覆盖。同时，依托社区卫生服务中心，整合社区信息平台数据资源，重点在中心城区城镇社区建立集日间照料、家政服务、医疗康复等为一体的综合性服务中心或站所，推动医养结合服务延伸至社区和家庭。（周智毅）

【社情民意】 全年收到各类社情民意来稿1800余篇，编发《社情民意》专刊259期，其中有16篇信息稿件被省政协采用，在全省政协系统社情民意信息工作考核中名列第二。新创办《委员建言》内刊，点对点地向各县市区党委政府或相关职能部门反映问题、提出建议，并将其打造成全市各级政协委员建言献策、民主监督、参政议政的一个新的重要平台。《委员建言》所反映的问题得到相关单位的重视和整改。（周智毅）

【民主监督】 2016年，市政协对全市旅游工作开展民主评议。评议领导小组分成6个调研组，召开座谈会30多次，发放调查问卷200多份，收集各类专家学者的意见建议100余条，形成评议报告。年初，市政协按照“一年一委派”的要求，派出12个民主监督小组、86名政协委员，分别进驻市中级人民法院、市人民检察院等12个受派单位，提出监督意见120余条。各民主监督小组通过开展一系列扎实有效的工作，帮助各受派单位发现问题、改进工作、提高效率。（周智毅）

【建言献策】 市政协继续按照“分管主席联系专委会，专委会联系界别，界别联系委员，委员参与活动”的履职模式，组织委员围绕精准扶贫政策落实、文化与旅游产业协同共进发展、湿地公园建设、第三人民医院北院南迁、全市医务人员工作状况、少数民族地区寄宿制学校建设、惩治毒品犯罪等30多个事关全市经济社会发展的重大课题和人民群众普遍关注的现实问题，深入实际开展专题调研，形成的调研成果为市委、市政府科学决策提供参考。（周智毅）

【扶贫帮困】 一是参与“三个一”扶贫行动。市政协响应省政协号召，下发《关于切实做好委员参与“三个一”扶贫行动工作的通知》，动员全市各级政协委员参与“三个一”扶贫结对活动。驻衡阳28名省政协委员与37户贫困户进行结对，市政协委员结对帮扶贫困户393户，县级政协委员结对帮扶贫困户2739户。二是开展“三助”暨魏基成天籁列车万台助听器捐赠活动。5月份，通过市政协特聘委员牵线搭桥，组织市政协“三助”暨魏基成天籁列车万台助听器捐赠活动，向全市残疾人朋友捐赠助听器1万台，价值超过2000万元。三是精准扶贫。按照市委统一安排，市政协领导分别进驻各个扶贫联系点，做好精准扶贫工作，帮助各工作队制定帮扶计划，帮助贫困户解决生产生活难题。（周智毅）

【换届工作】 一是全面征求委员意见，制订换届工作方案。以“分管主席牵头、委室负责、界别组织”的方式，就调整换届时间征求全体市政协委员的意见，作出提前换届的决定。制订市政协换届工作方案和新一届政协第一次全会的筹备工作方案，创办《衡阳市市县两级政协换届选举工作简报》，加强对县市区政协换届选举工作的指导，为基层政协换届选举提供支持和帮助。二是全面核实委员履职信息，提出留任委员建议名单。将2013年以来本届市政协委员出席会议、参加活动、大会发言、撰写提案、反映社情民意等各个方面的履职信息，全部录入“委员管理信息平台”，并进行量化打分。各委室根据委员履职计分情况，提出所联系界别的留任委员建议名单。配合市委有关部门做好新一届市政协委员的提名、推荐和考察工作。新一届市政协委员名单提请市委常委会议研究通过，并在相关媒体进行公示。三是全面启动《履职成果丛书》编纂工作，总结提炼工作经验。3月，市政协全面启动

《十一届市政协履职成果丛书》（以下简称《丛书》）的编纂工作。12月，《丛书》如期出版。整个《丛书》按内容共分为6辑，分别为优秀调研报告汇编、大会发言汇编、优秀提案选编、社情民意信息选编、委员工作室和民主监督小组履职成果选编、履职活动画册。（周智毅）

【2016衡州经济发展论坛】10月份，市政协以“新常态·新理念·新衡阳”为主题，举办“2016衡州经济发展论坛”活动。在为期两天的活动中，来自全国各地的专家学者、商会代表、企业精英齐聚衡阳，为衡阳提振信心、提升观念、提速发展献计献策，投资投智。通过论坛及相关活动，促成银企对接签约项目182个、总融资额460亿元，达成招商引资签约项目65个、总引资额423亿元，实现“营造发展氛围、问计发展路径、招商发展项目、凝聚发展合力、推动衡阳发展”的目的。（周智毅）

中共衡阳市纪律检查委员会

责任编辑：李旭东

纪检监察

【概况】 2016年，市纪律检查委员会（以下简称市纪委）落实全面从严治党要求，聚焦中心任务，突出主责主业，深化作风建设，强化权力监督，坚决惩治腐败，为全市经济社会良性发展提供坚强有力的纪律保证。

一、严明纪律规矩，确保政令畅通。开展“党纪条规教育年”活动，组织开展“两案”（衡阳破坏选举案和李亿龙严重违纪违法案）、政治清明大讨论等系列活动，教育引导党员干部深刻汲取“两案”教训。加强监督检查。开展“严守纪律、严明规矩”专项治理，2016年，全市共查处违反政治纪律和政治规矩的案件16起，处分16人。强化换届风气监督。汲取衡阳破坏选举案的教训，出台《加强换届风气监督暂行办法》，实行领导干部联点捆绑责任机制、投诉举报快速核查机制、纪律监督全程纪实制度等，将零容忍态度贯穿换届工作全过程，派出12个换届督导组前往各县（市）区，对换届业务全程指导，对换届风气全程监督。查处衡山县部分领导干部违规聚餐、衡南县冠市镇公塘村镇人大代表选举中相关人员拉票问题等27起违反换届纪律案件，给予党政纪处分63人、组织处理51人，在全市予以通报曝光。

二、强化政治担当，落实“两个责任”。一是抓好组织协调。协助市委抓好党风廉洁建设责任分解和检查考核工作，担负监督责任。2016年年初，制定下发责任分解表和分工意见，层层“签字背书”，实行“约法三章”；2016年年底，由市委常委、市政府党员副市长带队，对全市12个县（市）区和市直单位党风廉洁建设“两个责任”落实情况进行检查考核，考核结果在市纪委全会上进行通报，层层传导压力，逐级落实责任。二是规范责任体系。将“两个责任”落实情况作为党风廉洁建设责任制考核、巡察监督、党内民主生活会、党政正职述责述廉评议的主要内容，健全责任约谈、报告、分类指导等制度。编印《落实“两个责任”操作手册》，划定“责任区”，明确“流程图”，促使责任到岗到人，落到实处。三是强化责任追究。坚持以问责倒逼责任落实，以铁的手腕促使“两个责任”落地生根。2016年，先后查处“两个责任”落实不力问题267起，追责374人。

三、加强反腐力度，坚决惩腐肃贪。一是加大执纪审查力度。截至12月底，全市各级纪检监察机关共立案1759件，处分1722人，同比增长12.66%、14.8%。市纪委、监察局立案64件，涉及县处级干部55人，同比增长36.17%、120%，给予党政纪处分72人，同比增长118%。严肃查处邹小敏、申伟亮、邹长青、聂晓黎、邓俊义、吴之初等一批领导干部严重违纪违法案件。二是改进执纪审查方式。严格按照五类办法，科学妥善处置每一条线索，不放过任何有价值的举报线索。认真落实监督执纪“四种形态”，对党员干部存在的苗头性、倾向性问题“早打招呼”“早咬耳朵”，让“红脸出汗、咬耳扯袖”成为常态。2016年，共对1127名党员干部进行函询谈话；给予党政纪轻处分人数较2015年增长10.03%；移送司法机关人数较2015年下降59.02%。做好反腐败协调工作，印发《衡阳市涉嫌违纪违法犯罪案件协作配合工作实务手册》。2016年，先后组织召开市委反腐败协调会议3次，各反腐败协调小组成员单位移送案件线索59条。三是做好信访和审理工作。出台《委局领导定期接访实施方案》和《衡阳市信访举报工作规程》，加大信访督办和积案化解力度，有效遏制越级访。2016年，市纪委监察局共受理群众信访举报3189件次，其中办理上级转办件1457件，共转交案件线索238件。推进案件审理规范化建设，落实“二十四字”工作方针，抓好案件审理、申诉复查和行政复议各项工作，查办案件治本功能发挥。全年共受理并审结现实案件63件、申诉复查案件3件。

（何　雄）

【“四风”建设】 2016年，全市先后集中开展482次专项督查、暗访活动，235次点名道姓通报典型案件，形成“节点必查、日常抽查、联合督查”的常态化模式。2016年，全市共查处违反作风建设规定697人，给予党政纪处分436人。开展“雁过拔毛”式腐败问题和“纠四风、治陋习”专项整治，创新增加认“干亲”和“党内称呼庸俗化”两个自选动作，出台“认干亲”十条规定、“党内称呼庸俗化”五条规定。全市主动申报认“干亲”情况145起，自愿解除97起；发现并纠正党内称呼庸俗化情况182起，开展提醒谈话326人次，诫勉谈话1人。出台《关于党员干部拒收红包礼金的九条规定》，市委常委带头做出公开承诺，狠刹收送红包礼金歪风。2016年，全市共查办查办“雁过拔毛”式腐败问题282起，给予党政纪处分272人，移送司法机关28人；查办“四风陋习”问题321起，给予党政纪处分335人；下发典型案例通报119期、案例457起。

（何　雄）

【监督工作】　把好“廉洁审查关”，对拟提拔重用以及党代表、人大代表候选人等639人进行廉洁审查，否决10人，防止“带病提拔”。全市党员干部向“5910”廉政账户上交红包礼金787.24万元。严格落实省纪委《关于规范党和国家工作人员操办婚丧喜庆事宜的暂行规定》，共受理领导干部操办酒席申报62次，查处利用婚丧喜庆等事宜借机敛财问题9起，处分9人。强化巡察工作，派出5个巡察组，对市中级人民法院等5个市直单位开展巡察，发现问题79条，发现案件线索27条，选人用人问题4个。做好上级巡视交办问题整改工作，对2015年省委巡视组对衡阳市10个县（市）区巡视反馈意见的188个问题，细化为392项整改事项，进行全面建档管理，督促整改落实，年底，已按照省委巡视组的要求全面整改到位。同时，对省委巡视组移交被巡视地区的144个问题线索进行督办，年底，相关部门已立案70起，给予党纪政纪处分65人，移送司法6人。

（何　雄）

【预防腐败工作】　一是抓实廉政教育，筑牢思想防线。开展党章党规教育，把《准则》《条例》纳入中心组学习计划，党委（党组）书记讲授学习贯彻《准则》《条例》党课130余次。组织专家学者到各市直单位和县（市）区开展《准则》《条例》专题讲座50余次。加强警示教育，共组织34批次3500多名党员干部到雁南、雁北、衡州监狱接受警示教育，组织全市党员干部观看《不可触碰的底线——衡阳破坏选举案警示录》《镜鉴》等警示教育片。二是注重舆论宣传，营造浓厚氛围。打造报刊、广播电视、微信微博、短信等立体宣传平台，大力宣传反腐倡廉新形势、新任务、新要求。办好“衡阳反腐网”，截至2016年年底，点击量已突破300万人次。开设“清风衡阳”官方微信，吸引全市2.3万人关注，单条微信最高浏览量达3.8万余次。在衡阳电视台推出《廉政视窗》栏目22期，推出《衡阳日报》“反腐倡廉专版”16期。举办全市“学党章党规、树清廉新风”知识竞赛、开设党纪党规“微考堂”。突出廉政文化建设，开展“倡廉洁、树清风”廉政文化宣传活动，在全市醒目位置设立廉政文化宣传栏和廉政公益广告牌，在蒸水河畔建设全国首家廉政文化雕塑园。健全涉腐涉纪网络舆情的监测、报送、处置工作机制，办结网络舆情60余件，下发重要舆情交办函40件。防止衡山县部分领导干部违规聚餐事件、衡阳医学会工作人员粗暴对待上访群众等事件的炒作。三是全力追逃防逃，推进源头预防。加强对因私出国（境）证照的管理，在全市组织开展国家公职人员利用假身份、假信息办理因私出（国）境证照专项整治，对清理出的违规人员全部按规定处理到位。截至2016年年底，全市13名外逃人员已追回6人，共对全市61748名国家公职人员因私出国境证照进行登记备案。强化廉政风险防控，开展制度廉洁性评估工作，2016年，共对130份文件进行制度廉洁性评估。加强反腐倡廉理论研究、信息报送等工作，衡阳市上报的6篇反腐倡廉信息被李克强、张高丽、李源潮等党和国家领导人批示。

（何　雄）

【纪检队伍建设】　一是完善纪检监察机制体制。落实“两个为主”要求，出台《县（市）区纪委书记、副书记提名考察办法（试行）》等4个提名考察办法。加强基层党风廉洁建设，出台《关于推进县（市）区纪检监察工作一体化建设的指导意见》。做好市县乡三级纪委换届工作，全市12个县（市）区、147个乡镇纪委换届完成。二是加强干部队伍建设。开展“铸剑工程”，先后组织开展或指导开展业务培训41次，共560余名纪检监察干部参加培训。坚持“信任不能代替监督”，贯彻《湖南省纪检监察干部监督工作暂行办法》，严格管理纪检干部，严防“灯下黑”。2016年，共受理关于纪检监察干部的信访举报52件，立案17件，给予党政纪处分16人。三是完善机关组织建设。创新方式抓学习，建立“清风文苑”微信平台，通过微信平台组织党员学习国学经典、党纪条规等115余次，组织机关党员开展“手抄党章一百天”活动和“清风党课”评选活动等。结合“两学一做”活动，继续做好衡东县宋坪村新农村建设和桔林村精准扶贫、衡东县太平寺村“一进两访”后续工作，解决“两化两体系”联系点荷花坪村办公场所问题和“双联”点精蓁厂旧房改造问题。共帮助群众解决问题140余个，解决扶贫帮困资金207余万元。继续办好机关文学内刊《清风文苑》，建设书香机关。结合“两学一做”与市委宣传部联合开展“争当先锋、勇攀高峰”主题活动，组织开展“重温入党誓词”和签订拒绝收送红包礼金承诺书。（何　雄）

【中共衡阳市第十届纪委第六次全会召开】 2016年2月4日，中共衡阳市第十届纪委第六次全会召开。市委副书记、市长周海兵主持会议。会议强调，要着重抓好六个方面的工作：一是要尊崇党章，把纪律和规矩挺在前面，确保2016年市县乡三级换届风清气正、圆满成功。二是要坚持不懈纠治“四风”，把作风建设一抓到底，领导干部要带头树立良好家风，正好家风、看好家门、管好家人、处好家事，以良好家风带党风、促政风、正民风。三是要坚持力度不减、节奏不变，保持惩治腐败高压态势，形成干部清正、政府清廉、政治清明的良好氛围。四是要切实解决群众身边的不正之风和腐败问题，推动全面从严治党向基层延伸，让群众更多感受到反腐倡廉的实际成果。五是要深化标本兼治，营造政治生态的“绿水青山”，扎紧织密制度笼子，立“明规矩”、破“潜规则”。六是要积极探索有效途径，不断强化党内监督，让失责必问形成制度、成为常态，以责任追究倒逼责任落实。周海兵指出，要强化政治担当，贯彻落实好会议精神，把本次全会的精神学深悟透，把会议精神传达到每一名党员干部；要遵照全会精神，抓好党风廉政建设，坚持以“零容忍”的态度惩治腐败，坚决把权力关进制度的笼子；要紧密结合实际，推进各项任务的落实，加大执纪问责力度，营造风清气正的政治环境。会上，常宁市、蒸湘区、市审计局作典型发言，各县（市）区委向市委递交2016年度党风廉政建设责任状。市委副书记邓群策宣读《关于表彰2015年全市党风廉政建设优秀单位的通报》，市委常委、市纪委书记包昌林代表市纪委常委会作工作报告。市领导廖炎秋、谢宏治、段志刚、罗东海、刘丽华、邓柯、何录春、张贺文、王雄飞及全体在衡阳副市级以上领导参加会议。（谭勇超）

【市纪委监察局官方微信“清风衡阳”开通上线】 2016年4月12日，市纪委监察局官方微信“清风衡阳”正式开通上线。“清风衡阳”官方微信与官方微博、衡阳反腐网、衡阳日报反腐倡廉专版连成一体，标志着市纪委进入“两微一网一报”宣传新模式。该官方微信开设“我要举报”栏目，包括“四风”随手拍、“四风”随手查、信访举报“一键通”和信访举报件查询，群众可通过手机微信进行举报监督。市纪委书记包昌林在“清风衡阳”发出第一条官方微信：衡阳市纪委邀你做好友。包昌林强调，市纪委通过借助探索政务和新媒体融合的新手段，借助新媒体的强大动能，在日益复杂的舆论场发出衡阳反腐“好声音”，传递正风肃纪“正能量”，希望“清风衡阳”能建成纪检监察机关和广大网友零距离沟通的纽带，既坚持正面倡导，又注重警示教育。办好党员干部指尖上的“微课堂”；积极受理群众关于“四风”问题和信访的举报，铸就正风肃纪的“新利器”。（谭勇超）

【全省加强换届风气监督工作调度会（湘南片）在衡阳举行】 2016年6月1日，全省加强换届风气监督工作调度会（湘南片）在衡举行。省委常委、省纪委书记傅奎出席会议并强调，要正确认识下阶段换届工作面临的严峻形势，加大换届风气监督力度，推动换届工作有序、健康、平稳运行。市委书记、市人大常委会主任周农介绍衡阳相关工作情况。会上，来自衡阳、株洲、湘潭、邵阳、郴州、永州、娄底7市的纪委、组织部门负责人先后作交流发言，介绍前阶段乡镇党委换届的基本情况，分析换届工作面临的风险点，提出相关意见和建议。傅奎指出，全省乡镇党委换届整体良好，为湖南四级换届开个好头，对此要予以肯定。总结乡镇党委换届取得成功的经验，主要在于贯彻落实中央和省委的决策部署，各级各部门责任压得实、工作措施实，富有成效，大家对抓好全省的换届工作要有足够自信。同时，换届是湖南2016年各项工作的重中之重。从查处衡阳破坏选举案以及中央巡视组对湖南开展巡视“回头看”反馈的意见来看，政治生态的修复非一朝一夕所能完成，大家一定要有“战战兢兢、如履薄冰”的紧迫感和危机感，确保类似衡阳破坏选举案的问题不在湖南重演。傅奎强调，要保持清醒头脑，认清严峻形势。相比乡镇党委换届，下一步市、县两级换届面对的群体关系更加复杂，掌握的资源更加丰富，手段更加多样。不排除一些人为个人目的孤注一掷、铤而走险，搞拉票贿选和非组织活动。对这些风险和隐患必须高度警觉，严加防范，切不可掉以轻心、麻痹大意。党员干部要相信组织，服从安排，正确对待自己的进退留转。各级党委和纪委要再接再厉，千万不能有歇一歇、松口气的想法，要严格落实主体责任和监督责任，确保换届风清气正，确保换届圆满成功。傅奎强调，要加大换届风气监督力度。此次换届工作风气是对全面从严治党效果的一次检验。按照中央要求，结合对衡阳破坏选举案的再反思、再认识，要针对当前存在的突出问题，认真梳理在从严治党上哪些方面做得还不够；要坚持正确的用人导向，广泛听取意见，贯彻民主集中制；做到守土有责、严防死守。周农表示，完成乡镇党委换届只是打好第一仗，下阶段的换届任务还非常繁重，工作推进决不能松劲歇气，换届纪律决不能丝毫放松。为确保换届工作平稳推进，衡阳下阶段将深刻汲取教训，高度统一思想；加强党的领导，严格落实责任；抓好干部考察，配强领导班子；严格把好关口，选好代表委员；加强监督执纪，严肃换届纪律；全面从严治党，净化政治生态，确保换届风清气正、圆满成功。省委组织部常务副部长胡伯俊主持会议，并传达全国加强换届风气监督工作片会精神。省纪委副书记李宗文，省纪委常委、省监察厅副厅长陈健，省委组织部部务委员梁平，省纪委党风政风监督室主任施光清出席会议。市委常委、市纪委书记包昌林，市委常委、市委组织部部长、市委统战部部长何录春在会上代表发言。（谭勇超）

【市委常委会“两案”反思专题民主生活会举行】 2016年7月20日，衡阳市委常委会“两案”反思专题民主生活会举行。省委常委、省纪委书记傅奎到会全程指导，强调要深刻吸取“两案”的教训，做政治上的明白人，把净化衡阳政治生态作为重点工作来抓，继续深入抓好对“两案”的反思。市委书记、市人大常委会主任周农主持专题民主生活会，并作总结表态发言。市委副书记、市长周海兵参加会议。会议围绕衡阳破坏选举案进行再认识、再反思、再提高，对李亿龙严重违纪案暴露出来的突出问题进行深刻反思、全面整改等重点，周农代表市委常委班子作对照检查发言，并作自我批评，其他班子成员逐一提出批评意见。市委常委班子成员依次作自我批评，其他班子成员逐一提出批评意见。傅奎对民主生活会进行全面点评，并指出，此次专题民主生活会达到预期效果。常委班子成员开展自我批评都把自己摆进去，反思深刻，能触及到灵魂深处；相互批评“辣味”十足，达到“红脸出汗”的目的。傅奎强调，要深刻吸取“两案”的教训，做政治上的明白人，党的领导干部一定要坚定理想信念，对全面从严治党的态度必须十分鲜明。要把净化政治生态作为重点工作来抓，要坚持从严治吏，敢抓敢管，“拔烂树”、树新风；要确定重点部门带头来做；对一些普遍存在的问题，要进行专项清理整改，出实招、见实效。要继续深入抓好“两案”反思，衡阳要重塑形象必须认真学习贯彻习近平总书记系列讲话精神，“壮士断腕”“刮骨疗毒”，从而“凤凰涅槃”；各县（市）区要按照衡阳市委常委会专题民主生活会标准，深入开展

“两案”反思。要抓好党建工作，结合当前换届等契机，以更加坚定的决心，更加有力的措施，全面从严治党，重塑衡阳良好政治生态。周农表示，市委常委会将以此次专题民主生活会为契机，进一步抓好衡阳全面从严治党工作，重塑衡阳良好政治生态。不断强化“四个意识”，认真履行“党要管党、从严治党”的责任；切实严肃党内政治生活，净化党内政治生态；坚持正确用人导向，坚决整治用人上的不正之风；始终保持惩治腐败的高压态势，扎实推进反腐败建设；把铁的纪律贯穿到换届选举全过程，确保换届选举圆满成功；充分发挥带头作用，进一步抓好市委常委班子建设。省纪委常委、省监察厅副厅长陈健，省委组织部纪检组长刘越高，市领导邓群策、廖炎秋、谢宏治、段志刚、罗东海、包昌林、廖茂雄、刘丽华、邓柯、何录春、张贺文、章彰参加民主生活会。（谭勇超）

【中国共产党衡阳市第十一届纪律检查委员会举行第一次全体会议】2016年9月30日，中国共产党衡阳市第十一届纪律检查委员会举行第一次全体会议，会议选举产生新一届市纪委常务委员会委员、书记和副书记。邓群策出席会议并讲话，包昌林主持会议。会议应到纪委委员35人，实到34人，符合规定人数。会议以无记名投票方式，选举包昌林、唐浩然、卜茂平、张军、陈辉芝、龙亚春、刘志宏、孙艳平、罗名志9人为中国共产党衡阳市第十一届纪律检查委员会常务委员会委员。包昌林当选为中共衡阳市纪律检查委员会书记，唐浩然、卜茂平、张军当选为中共衡阳市纪律检查委员会副书记。选举结果经市委十一届一次全会通过。省委派驻衡阳市党代会现场督导组成员姚震、杨志强到会指导。（谭勇超）

巡视巡察

【概况】 2016年，市委巡查工作领导小组强化巡查监督工作。

一、市直单位巡察工作。4月中旬至6月中旬，市委巡察工作领导小组派出5个巡察组，分别对市中级人民法院、市卫生和计划生育委员会、市住房和城乡建设局、市城市建设与投资有限公司、市交通运输局等五个单位进行巡察。巡察期间，谈话1100余人次，组织召开专题座谈会10余场次，受理信访件120余件，接待群众来电来访180余批次500余人次，调阅、查阅相关资料5300余卷，开展走访调研核查240余次，暗访20余次。甄别、归纳总结出六大纪律方面的主要问题79条，有价值的问题线索27条，选人用人问题专题4个，形成强烈的震慑效果。五个被巡察单位将79条巡察整改问题，细化分解为108个问题进行整改。截至2016年年底，五个市直单位共清退各类违规资金、津补贴共计942.4955万元；问责87人，其中党内严重警告4人，党内警告11人，行政警告5人，诫勉谈话27人，约谈34人，组织处理6人。中国纪检监察、湖南巡视信息专题刊登衡阳的经验。外省和本省一些地（州）市前来衡阳学习考察。

二、换届风气等工作专项巡察。从7月22日开始，市委派出3个巡察组先后进驻12个县（市）区，对县（市）区换届风气、“雁过拔毛”式腐败问题和“纠‘四风’治陋习”专项整治等工作开展专项巡察。截至2016年年底，发现和查处违反换届纪律的案件5起，问责27人，给予党纪政纪处分11人。

三、巡视巡察整改。要求被巡视地区、被巡察单位制定整改方案和整改问题责任清单，市委巡视联络办对整改问题进行跟踪督查、建档管理，建立整改台账，明确方案不具体不放过，整改不到位不放过，问题不解决不放过。2016年上半年，对2015年省委巡视组对衡阳市10个县（市）区巡视反馈意见的188个问题，细化为392项整改事项进行全面建档管理，督促整改落实，截至2016年年底，已按照省委巡视组的要求全面整改到位，并综合2015年省委第三轮巡视涉及衡阳市的巡视整改情况、问题线索办理情况，建立台账，上报省委巡视办（组）。同时，对省委巡视组移交被巡视地区的144个问题线索进行督办，截至年底，相关部门已立案70起，给予党纪政纪处分65人，移送司法6人。对2015年市委巡察组巡察的3个市直单位进行指导督促检查、现场督办，对4个市直单位下发督办函，对涉及3个市直单位的12个重点问题、对涉及10个县（市）区具体人、具体事的127个具体问题进行重点督办。2015年市本级巡察向市纪委移送22个违纪问题和线索，向市委组织部移交专题报告9个，市纪委已立案2起，截至年底，5人受到严重警告处分，4人免职，1人辞退，1人降职。市委巡视联络办（市委巡察办）通过跟踪督办、问题交办，促成10余个民生问题的解决，建章立制30余个，深入推进党风廉政建设和反腐败工作，着力营造良好的政治生态环境。

（宾　丹）

【中央第五巡视组对湖南省开展巡视“回头看”对接服务工作】 2016年2月至4月，中央第五巡视组对湖南省开展巡视“回头看”工作，其中涉及衡阳市的巡视反馈意见整改工作。2016年2月，省委巡视第三组、省委巡视第四组对衡阳市八县区反馈巡视意见，明确八个县区需要整改的问题。6月至7月，省委巡视第十组对衡阳师院、湖南财工院开展专项巡视。为确保中央、省委巡视组工作顺利开展，市委巡察办按照省委、市委的要求，根据中央、省委巡视组的工作任务和工作安排，做好对接中央来衡阳进行巡视回头看、省委巡视衡阳市八县区及两所高校的联络服务工作，各项工作任务，得到市委、市纪委和中央、省委巡视组肯定。期间，配合中央、省委巡视组做好个别谈话、查阅账目、查阅资料、明察暗访、座谈调研等工作。据统计，全办陪同巡视组前往县（市）和市直有关单位开展调研30余次，先后到20余个单位调阅资料、材料、账目300余份。

（宾　丹）

【中纪委、中组部换届风气第三巡回督查组反馈意见及问题整改方案的情况汇报】 2016年8月15日，市委书记、市人大常委会主任周农主持召开市委常委会议，听取中纪委、中组部换届风气第三巡回督查组反馈意见及问题整改方案的情况汇报。市委副书记、市长周海兵参加会议。前期，中纪委、中组部换届风气第三巡回督查组对衡阳市换届风气监督工作进行衡阳市全面督查。督查组在查阅资料、个别谈话、电话询查后，分别抽查衡阳市耒阳市、马水镇的换届风气监督工作。会议认为，中央对衡阳市开展换届风气督查督导非常及时、非常重要，给衡阳市进行全面体检，也敲衡阳市一记警钟，警示大家换届风气监督这根弦一刻也不能松，必须始终盯紧看牢、盯住不放。会议指出，要深入开展“两案”反思。全市各级各部门要按照中央、省委要求，对照市委常委专题民主生活会的标准，深入开展“两案”反思整改。要通过反思，把履行从严治党的政治责任摆在首位，以极端认真负责的态度对待换届工作；切实提高制度意识和法纪观念，划出个人行为的底线和红线，清楚地知道什么事能做、什么事不能做，不越雷池半步；切实把思想认识统一到中央、省委、市委对换届形势的分析研判上来，坚决克服麻痹思想和松懈情绪，坚决防止出现侥幸心理，把换届这根弦绷得紧而又紧，把换届工作抓得实而又实，确保换届风气不出任何问题。会议要求，要全面压实换届责任。市委明确对换届工作实行“捆绑责任制”，详细划分衡阳市“十个责任主体”的责任，下一步关键是要全面压实换届责任，层层传导压力，决不能出现“上紧下松、层层递减”的现象。对履责不到位造成不良影响或选举不成功的，市委将严肃追责。会议强调，要严把各项提名关口。认真落实“四个凡提”要求，执行干部选拔任用全程纪实等制度，注重运用“两全一贯一关键”的方法识人用人，严把“两代表一委员”、县（市）区委（候补）委员、县（市）区纪委委员、人大常委、政协常委和提名人选的资格关、程序关、结构关、廉政关等关口，杜绝身份失真、结构失衡、人选失察，杜绝出现“带病提拔”“带病提名”，对提名人选出问题的，严肃追究提名单位和审查单位的责任。会议强调，要持续加强风气监督。目前各县（市）区党代会召开在即，现场督导组和换届风气巡察组要充分履职尽责，紧盯重点人、重点地方、重点事件、重点问题，力争把问题解决在萌芽状态。要始终坚持铁腕执纪问责，对换届风气出现的任何问题坚持露头就打、绝不姑息，使纪律真正成为换届选举的硬约束、触碰不得的高压线，营造风清气正的换届环境。会上，市委常委会成员签订并递交衡阳市《严守换届纪律责任状》。会议还研究衡阳市其他事

项。市领导邓群策、廖炎秋、谢宏治、段志刚、罗东海、包昌林、刘丽华、邓柯、何录春、张贺文参加会议。（谭勇超）

【市委巡察办获批组建为全省第一个市级巡察机构】 2016年10月19日，湖南省机构编制委员会办公室批复同意《关于设立中共衡阳市委巡察工作领导小组办公室的批复》，衡阳市委巡察办为全省第一个批复的市级巡察机构。截至年底，市委巡察办的各项工作推进顺利，市编办加紧编制《关于中共衡阳市委巡察工作办公室的"三定"方案》，市财政将把市委巡察办所需办公用房调整到位、工作经费列入预算，所需工作人员也选考调入筹集调度。（宾　丹）

【衡阳市成立首个县级巡察机构】 2016年12月27日，在市县两级党委、纪委的高度重视下，衡东县委巡察办举行揭牌仪式。这是衡阳成立的首个县级巡察机构，也标志着全市县级巡察工作迈出衡阳市实质性的一步。市委常委、市纪委书记包昌林出席揭牌仪式。新成立的衡东县委巡察办为正科级机构、县委工作部门，归口县纪委管理，负责组织开展县本级巡察工作和对接省委、市委巡视联络工作。共设立3个巡察组，均为正科级规格，每个巡察组核定人员6名。县委巡察组在县委巡察工作领导小组领导下开展本县巡察工作，实行组长负责制，根据巡察任务确定并授权。（谭勇超）

民主党派·工商联

责任编辑：周嘉晖

民革衡阳市委员会

【概况】 2016年，民革衡阳市委员会（以下简称民革衡阳市委）坚持“议大事、献良策、谋发展、促和谐”的工作思路，加强自身建设，开展参议议政、社会服务和祖统工作。一是提升民革自身素质。2016年，民革衡阳市委加强思想政治学习，做好换届工作、及人大代表、政协委员推荐工作；为组织储备高素质人才，民革衡阳市委发展新党员21人，到2016年末，全市民革党员人数430人，中级职称241人，高级职称52人，大学以上学历254人。宣传方式更加丰富，在利用传统网站、报纸等平台的基础上，加入民革e家信息交流平台，注册启动衡阳民革微信公众号，提升工作效率，加强三者（市委、支部、党员）互动；理论研究添新成果，民革衡阳市委提交统战理论及参政党理论研究成果16篇，李浪、谢诗敏撰写的《湖南省城市少数民族就业竞争力与对策研究》获得省统战理论政策研究成果优秀奖和市统战理论调研优秀成果二等奖；陈美琼的《新时期加强民主党派民主监督的几点思考》被省政协评为人民政协理论研究优秀论文三等奖。二是建言献策。民革衡阳市委参加政治协商，谢肃在中共衡阳市第十一次党代会征求意见期间，提出的8条意见和建议都被采纳。开展调查研究，《关于规范二次供水监管保障居民用水安全的调研报告》获2016年度全市政协系统优秀调研报告二等奖，《关于促进衡阳市建筑市场持续健康发展的调研报告》获2016年度全市政协系统优秀调研报告三等奖。议政热情提升，2016年，提交议案7件、提案44件，其中集体提案4件，议案提案的数量较往年增加，其中《关于促进衡阳市蔬菜瓜果工厂化育苗产业发展的建议》被评为优秀提案。信息报送工作也有成绩，其中刘幼翠撰写的《建议我省尽快实行农业机械回收，确保农业稳定健康发展》被省政协采用。贺桂花撰写的《山东非法疫苗事件暴露中国疫苗交易领域“三大盲区”》等多篇社情民意被市政协采用。三是投身社会服务。民革衡阳市委利用人才汇集的智力密集优势，开展精准扶贫、走访慰问抗战老兵，提升服务水平，传播正能量，树立良好的社会形象。四是立足于衡阳市丰富的抗战文化资源，强化台海两岸交流，打造属于衡阳民革的祖统工作名片。2016年，民革南岳支部获“民革全国祖统工作先进集体”称号，民革衡阳市委秘书长范林获“民革全国祖统工作先进个人”。（邓石成）

【换届及人大代表、政协委员推荐工作】 2016年底、2017年初，市、县（市、区）两级人大政协换届期间，民革主委谢肃当选为市政协副主席。此次市、县两级人大政协换届，民革有市人大代表2人，其中常委1人；市政协委员20人，其中常委5人。县（市、区）人大代表7人，其中常委4人，副主任1人；县（市、区）政协委员44人，其中常委7人。2016年6月，民革衡阳市委完成民革市委换届工作，此次换届代表大会选举产生民革市委委员19人，班子成员4人。19名委员平均年龄45岁，其中女性5人。谢肃连任主委，郭露璐（专职）、刘文华、文祥锋连任副主委，继续任命范林为秘书长，换届期间未发生一例违法违规行为。（邓石成）

【走访慰问抗战老兵】 一是提高老兵待遇。2016年，全市原国民党抗战老兵困难生活补助标准提高到800元/人/月。民革衡阳市委关爱抗战老兵行动被市委统战部提名为全省统战工作实践创新成果。二是开展走访慰问百岁老兵活动。2016年，全市百岁老兵11位。在市委会的策划下，市水务投捐资10万元，开展“弘扬抗战精神·致敬百岁老兵”行动，为百岁老兵送去慰问金和物资。（邓石成）

【衡阳保卫战陈列馆动工开建】 2016年3月，经过近三年规划、筹备、设计的衡阳保卫战陈列馆工程项目，在衡阳市衡阳抗战纪念城中心景区的岳屏山西南山麓，举行开工典礼。衡阳抗战纪念城中心景区建设指挥部指挥长、民革衡阳市委主委、衡阳市住建局副局长谢肃致辞。衡阳保卫战陈列馆是由民革衡阳市委发起，经上级有关部门批准，在国家发改委获得立项的抗战纪念设施。衡阳保卫战陈列馆规划设计为一所具备现代化展示功能的新型展览场馆，以实体文物结合文字图片，利用现代化声光电手段，展现中国军队和人民群众，万众一心，同仇敌忾，与来犯强敌浴血奋战的惨烈场景和大无畏精神，是衡阳抗战纪念城中心景区的首要组成部分，以及衡阳市申报国家级历史文化名城的重要一环。

（邓石成）

【南岳忠烈祠举行祭奠抗战英烈活动】 2016年4月2日，来自深圳、番禺、永州等省内外的民革党员代表、全国各地的关爱抗战老兵的志愿者以及南岳本地的干部群众共计500余人，在南岳忠烈祠举行祭奠抗战英烈活动。此次大型祭奠活动由中国宋庆龄基金会忠魂公益基金会、中华社会救助基金会关爱抗战老兵公益基金、民革衡阳市委联合主办，南岳区文物局、旅游局，民革南岳支部共同承办，并得到衡阳市义工协会协助。省政协副主席民革湖南省委原主委刘晓担任祭奠活动主祭，代表参祭人员上香、奠酒、恭读祭文，民革衡阳市委主委谢肃主持祭奠仪式。南岳忠烈祠是国民政府在大陆兴建的唯一一处纪念抗日阵亡将士的大型烈士陵园，自2012年以来，民革衡阳市委每年清明节都组织民革党员开展忠烈祠祭拜祭扫活动，将在南岳忠烈祠举办清明祭奠抗战英烈活动作为固定纪念方式。

（邓石成　刘玲玲）

【衡阳保卫战纪录片《血火衡阳》举行首映式】 2016年9月，民革衡阳市委在衡阳连卡福花园影院举行衡阳保卫战大型纪录片《血火衡阳》首映式。这是值中国人民抗日战争暨世界反法西斯战争胜利71周年、衡阳保卫战72周年之际，民革衡阳市委推出的一部作品。民革市委主委、市住建局副局长谢肃、中共衡阳市委统战部常务副部长陈群洲出席首映式并讲话，6位来自全国各地曾参加衡阳保卫战的抗战老兵代表、民革党员、抗战老兵代表及社会各界群众二百余人应邀参加首映式并观看纪录片。该片被市委组织部作为宣教材料送至省里参加有关评比，获得省委组织部的嘉奖。（邓石成）

【纪念孙中山诞辰150周年】 2016年11月17日—20日，民革衡阳市委组织部分市委委员、支部主委、市政协委员和机关干部，赴广州、中山、珠海、深圳开展纪念孙中山诞辰150周年“观故居——走多党合作之路”活动，了解孙中山先生的生平事迹和中山精神。从孙中山先生的革命实践中学习智慧、汲取力量，加深对国共两党历史的认识。

（邓石成）

民盟衡阳市委员会

【概况】 2016年，民盟衡阳市委员会（以下简称民盟衡阳市委）结合实际，履行参政党的各项职能，为衡阳市的经济发展、社会进步做出贡献。一是思想建设。开展主题活动，在全市盟员中开展“两学一助”学习教育系列活动，动员全市盟员参加省委统战部在全省党外代表人士中开展的“学习习近平总书记关于统一战线的系列重要讲话精神和《条例》知识竞赛”活动，获竞赛一等奖。加大宣传，出版发行《衡阳盟讯》2期；向各级报刊、网站报送稿件80余篇，大多被采用；运行“民盟衡阳市委”微信公众号。理论研究不断深入，马汉钦主持的课题《做好民主党派组织发展工作》被省委统战部立项并顺利结题，陈国生教授报送的《湖南高校决策协商民主运行机制研究》和管仕福教授报送的《高校民主党派参与学校民主协商和民主监督调查研究》在民盟省委统战理论课题招标中成功中标立项，并在盟省委的课题评比中被评为三等奖。二是履行参政议政职能。2016年，民盟衡阳市委参与政治协商，提交提案建言，向衡阳市政协十一届四次会议提交43件提案，其中集体提案8件，有2件提案获得主要领导批示、督办，向大会提交大会发言材料3篇，其中《关于加快衡阳市休闲农业发展的建议》为大会口头发言，并被选送到省政协作为口头发言材料。调研出成果，全年有立项调研课题7项，有4项调研成果在市政协系统2016年度优秀调研报告评选中获奖，分别是《关于规范二次供水监管保障居民用水安全的调研报告》获二等奖，《关于加快衡阳市装备制造业发展的调研报告》获三等奖，《关于加快衡阳市文化产业与旅游产业深度融合发展的调研报告》《关于衡阳市养殖业新型经营主体发展情况的调研报告》获优胜奖；专题调研和民盟省委立项的课题调研也顺利完成。三是推进组织建设。3月4日，民盟市委召开市委（扩大）会议，对2015年度的先进集体和个人进行表彰。对表现突出并发挥良好模范带头作用的的石鼓支部、文艺支部予以特别表彰；6月14日，召开民盟衡阳市第十五次代表大会，完成市委会换届工作；做好市、县（区）新一届人大代表和政协委员的换届推荐工作，新一届担任县（市、区）人大代表的盟员14人，担任县（市、区）政协委员的盟员34人，担任市人大代表的盟员6人，担任市政协委员的盟员20人。两级人大代表、政协委员共计75人（含3人交叉任职）。全年收到入盟申请书43份，通过考察同意发展为新盟员的35人。其中博士2人，硕士3人，副高职称3人。四是社会服务。继续精准扶贫工作。传统项目也有创新。民盟衡阳市委联合衡阳市义工协会、祁东县义工协会发起“一人一书”乡村儿童图书角项目，面向社会各界筹集三万余册图书，在祁东县29所乡村中小学的180个班级布置图书角，受益学生达5000人；石鼓支部开展下社区送米送油活动；附一、附二支部开展送医下乡和义诊活动；牧联支部盟员为联点扶贫村农户送技术、送温暖；副主委马汉钦在石鼓书院大讲坛开展四场公益国学讲座；雁卫支部举办食品药品安全知识咨询志愿服务活动和爱滋病宣传活动，发放宣传资料500余份，并慰问两名爱滋病患者。（颜娟华）

【党员主要工作成绩】 疾控支部的詹勇所负责的卫生监测一科被评为“中心先进科室”，朱玲被评为“中心先进工作者”，黄颖在全国结核病防控网络知识竞赛中获个人优胜奖；南华附一支部的张济的课题获得湖南省自然科学基金，陈红芳所带领的团队被评为湖南省优质护理服务示范岗位，宋霞制作的“手足口病健康宣教预防篇”在医院首届健康教育视频比赛中获一等奖；师院总支的邓政获专利四项，陈贵发表SCI论文一篇，陈忠发表SCI论文两篇，田小梅编写教材一部；文艺支部的董一静获衡阳市庆祝共产党成立95周年合唱比赛一等奖和市电信局文艺汇演一等奖，编排的舞蹈《不知该怎么称呼你》获衡山县财税系统二等奖；田中支部的申建新被学校推荐为正高职称评选候选人；南华一支部成员在国家级以上刊物发表论文15篇，SCI论文5篇，吴端生、张朝晖2016年制定湖南省地方标准1项；湘环支部的高建亮获发明专利一项；龙泉支部的文琦玮在耒阳市志庆三十周年及耒阳市庆书画院成立30周年、书画名家精品展上展出多幅作品；华新实验中学支部的王文娟响应教育局的号召，赴怀化新晃侗族自治县进行支教，获得老师和学生的一致好评。（颜娟华）

【民盟衡阳市委员会第十五次代表大会召开】 2016年6月13日至14日，民盟衡阳市委员会第十五次代表大会召开。省政协副主席、民盟湖南省委主委杨维刚出席大会并致辞，民盟湖南省委专职副主委胡颖出席大会。中共衡阳市委常委、市委政法委书记邓柯，中共衡阳市委常委、市委组织部部长、市委统战部部长何录春出席大会并讲话。大会审议通过民盟衡阳市第十四届委员会工作报告，选举产生民盟衡阳市第十五届委员会。在民盟衡阳市第十五届委员会第一次全会上，谢宏当选为民盟衡阳市第十五届委员会主委，颜娟华（专职）、廖可兵、马汉钦、陆秀艳当选为副主委。市领导康强、张亮、李辉，老领导欧斐君出席大会开幕式。（刘玲玲）

民建衡阳市委员会

【概况】 2016年是中国十三五规划的开局之年，面对新形势新任务，民建衡阳市委员会（以下简称民建衡阳市委）围绕衡阳市中心工作，各项工作取得良好成效，为衡阳的经济社会发展作出贡献。一是以开展会庆活动为契机，贯穿“两学一助”学习教育活动，思想建设不断加强。为庆祝建会60周年，开展各种活动；深入开展“两学一助”学习教育活动，加强组织领导，加强各阶段的学习，督促各基层单位和骨干会员进行专题学习；加强宣传报道。二是夯实组织基础。完成市委会换届。推进基层组织建设发展，充实会员队伍，全年发展新会员26名。截至12月底，衡阳民建有会员580人；雁峰工委、石鼓工委、蒸湘工委、雁峰二支部、石鼓四支部先后推选出新的工委和支部领导班子；改善和规范基层组织建设。当选人大代表、政协委员的民建会员人数创历史新高，全市民建会员当选市县（区）人大代表、政协委员100人。加强机关工作的规范化、制度化建设。三是社会服务工作。以“湖南融达慈善基金会”为依托，助学帮困，继续在全市七县五区范围内开展公益慈善活动。捐资助学，为79名学生，捐款4万余元；开展“孤寡老人”帮扶行动，在衡南县车江镇天地人和山庄，举办“九九重阳节，幸福来欢唱”慰问演出，现场募集2万元善款；发挥支部力量，助推社会服务工作，石鼓二支部联合市残联，在百万花海举办“关心残障儿童”主题联谊活动，与衡阳市聆音聋儿言语康复中心64名残障儿童共同演出，奉献爱心。以“精准扶贫”为契机，帮助贫困家庭走出困境。努力服务会员。组织会内3名企业家参加在郑州举行的“2016中国（河南）非公有制经济发展论坛”；定期走访会员企业。2016年9月份，在民建全国社会服务工作会议上，民建衡阳市委被授予“全国社会服务工作先进集体”称号，王诚良被授予“全国社会服务工作先进个人”称号。在民建湖南省委八届六次全会上，民建衡阳市委再获全省先进集体表彰，王洁、廖洪军分别获优秀个人奖。（严海山）

【换届工作】 在2016年6月6日举行的代表大会上，李鹏飞再次当选为民建衡阳市第十四届委员会主任委员，刘冰（专职）、陶朝晖、谢炜、廖洪军当选为副主任委员，任命肖新平为秘书长。

（严海山）

【参政议政】 一是调查研究形成合力。成立专家委员会，先后组织3个调研组，对各县区国土局、农业局，市附一、附二医院、市中心医院、市医保中心、市环保局等单位进行走访、座谈，取得较为丰富的第一手资料，并完成《探索耕地实行轮作休耕的调研报告》《关于优化医保资金结算供给服务·助推医疗卫生事业健康发展》《实行省以下环保机构监督执法垂直管理办法》3篇省长直通车课题，其中《探索耕地实行轮作休耕的调研报告》被民建省委采用，并以建议信的形式上报至省政府，分别得到省委副书记、省长许达哲和副省长戴道晋的批示。《关于优化医保资金结算供给服务·助推医疗卫生事业健康发展的调研报告》被市政协评为2016年度优胜奖。二是建言献策。在市政协第十一届四次会议上，民建共提交集体提案4件，个人提案35件，提交大会发言材料4篇，其中《创建核技术产业园·打造新的经济增长点》在大会上作为口头发言，并被市委副书记、市长周海兵批示，被评为优秀提案；《大力整治客运秩序，确保汽车南站不“难产”》被市政协副主席、党组副书记肖长贵批示。另外《建议取消人行道上地面射灯的提案》被市政协评为优秀个人提案。三是反映社情民意。2016年，民建市委会收到各基层支部和机关科室报送的社情民意信息164篇，其中綦尤润撰写的《退役军人创新创业“六难”亟待解决》被民建中央采用，另外有《建议优先抓好科研成果供给侧改革》等3篇稿件被省政协采用，《取长补短，抢抓机遇做好湖南省产业转移对接工作》被中共湖南省委办公厅的《湖南信息》采用，还有32篇稿件被民建省委采用，34篇被市政协采用。2016年，民建衡阳市委被市政协和民建省委同时评为“社情民意信息工作先进单位特等奖”，另外李康杏、綦尤润获得市政协社情民意信息工作先进个人，綦尤润获得民建省委优秀个人特等奖，李康杏、谢炜、苏其辉获得优秀个人二等奖。在市政协其他各项评比中，民建界别被评为“三好界别”；江芯、王赛、仇健被评为“四有委员”；李向东委员工作室获得“优秀委员工作室”称号。

（严海山）

【纪念建会60周年系列活动】 一是召开民建衡阳市委成立60周年纪念大会。大会回顾衡阳民建60年光辉历程，表彰全市104位优秀会员，大会上举行由会员自编自演，各区（县）工委、各支部广泛参与的文艺汇演，向民建衡阳市委成立六十周年献礼；二是开展“我的民建情”主题征文活动。各支部广泛宣传征文活动，会员们积极参与，活动收到各基层支部上报稿件30余篇，并从中评选出16篇优秀征文，刊登在《衡阳民建60年》。三是编印《衡阳民建60年》纪念册。以衡阳民建近十年所取得的工作成绩为主，以历史图片和回忆、征文为辅，图文并茂地反映衡阳民建履行参政党职能和自身建设创新发展的各项成果，并赠阅各相关单位。

（严海山）

【办好“一刊一站”】 全年编印《衡阳民建》刊物1期，下发全体会员，赠阅市政协、市委统战部等单位，并寄送全国其他民建组织作交流；更新民建市委网站工作信息，并根据工作需要及会员要求定期调整网站栏目，网站全年登载各类新闻、信息稿件104篇，并转载到民建中央网站、湖南政协网、三湘统战网、湖南民建网、衡阳统战网等媒体。在民建省委的表彰中，民建衡阳市委获2016年新闻宣传工作先进单位二等奖，苏其辉获优秀个人一等奖。

（严海山）

【民建衡阳市委成立60周年暨湖南融达慈善基金会成立3周年庆祝大会举行】 2016年1月20日，中国民主建国会衡阳市委员会成立60周年暨湖南融达慈善基金会成立3周年庆祝大会举行。省政协原副主席、民建湖南省委原主委龙国键，市政协主席廖炎秋，市人大常委会党组书记、常务副主任谢宏治，民建湖南省委副主委刘长庚，市委常委、市纪委书记包昌林，市政协副主席黄保锦等出席庆祝活动。市政协副主席、民建衡阳市委主委李鹏飞作工作报告。会上，刘长庚勉励衡阳民建再接再厉，继承和发扬优良传统，加强思想建设和组织建设，提高参政议政和社会服务能力，认真贯彻“四个全面”的战略布局，为实现中华民族伟大复兴的中国梦而努力奋斗。包昌林代表中共衡阳市委对民建衡阳市委成立60周年表示祝贺，希望民建衡阳市委围绕五大发展理念和“十三五”规划的实施，针对实施创新驱动和转型升级、推动衡阳经济社会协调和可持续发展中的重点难点问题，深入调查研究、积极建言献策，打造社会服务的精品和亮点，为全面建成小康社会、实现衡阳振兴崛起做出贡献。

（刘玲玲）

【民建衡阳市委员会第十四次代表大会召开】 2016年6月5日至6日，民建衡阳市委员会第十四次代表大会召开。民建湖南省委副主委、省科技厅副厅长罗亚军，中共衡阳市委常委、副市长罗东海出席大会开幕式并讲话。罗亚军对民建衡阳市第十三届委员会的工作予以肯定，并希望新一届民建衡阳市委和全体成员，始终坚持中国共产党的领导，坚定不移地走中国特色社会主义道路；坚持与时俱进，加强自身建设；发挥民建特色，提升履职实效。全体参会代表审议通过民建衡阳市第十三届委员会工作报告和大会决议，选举产生民建衡阳市第十四届委员会及领导班子。市政协副主席李鹏飞再次当选为民建衡阳市第十四届委员会主委，刘冰（专职）、陶朝晖、谢炜、廖洪军当选为副主委。市领导李慧星、刘正兴、黄保锦出席大会。

（刘玲玲）

【获“全国社会服务工作先进集体”称号】 2016年9月，在民建全国社会服务工作会议上，民建衡阳市委被民建中央授予“全国社会服务工作先进集体”称号，王诚良被授予“全国社会服务工作先进个人”称号。（刘玲玲）

【陈政立到衡阳调研】 2016年10月18日，民建中央副主席、全国政协常委陈政立一行到衡阳视察调研。省政协原副主席、民建湖南省委原主委龙国键参加调研。调研期间，陈政立与民建骨干会员就衡阳如何加大宣传推介力度、慈善基金运作、企业发展、民建基层组织建设、粮食安全等方面的话题进行座谈。陈政立强调，衡阳要善于利用互联网资源，加强对南岳衡山、衡阳的宣传推介，吸引更多的游客、人才、资金，助推经济社会又好又快发展；民建衡阳市委要从企业家、公务员、高校、科研单位发展更多的优秀会员，推荐民建优秀干部担任实职、正职；民建衡阳市委要贯彻落实好民建中央组织工作会议、基层建设工作会议、参政议政工作会议和社会服务工作会议精神，在新形势下不断提升工作能力水平，为衡阳的社会经济发展多出谋划策、多做积极贡献。民建湖南省委专职副主委罗亚军参加调研。市委常委、市委统战部部长、副市长罗东海致欢迎词。市委常委、市委秘书长张贺文参加调研。

市政协副主席、民建市委主委李鹏飞汇报民建衡阳市委工作情况。

（严海山　刘玲玲）

民进衡阳市委员会

【概况】　2016年，民进衡阳市委员会（以下简称民进衡阳市委）以坚持和发展中国特色社会主义学习实践活动统领各项工作，以做好政治交接为重点，不断推进自身建设。一是思想建设。加强学习，强化思想教育。8月17日，召开民进市委八届二次全委（扩大）会议暨“两学一助”专题集中学习大会。加强宣传信息报道，发表宣传信息稿件87篇次。理论成果突出，两篇理论研究成果《民主党派市级组织完善职能要“四于”》《民主党派干部应有怎样的“用权”观》获得“全市政协系统优秀理论征文鼓励奖”。二是组织建设。完成民进衡阳市委换届。全年发展新会员13人，其中高级职称2人，研究生学历3人，正科实职2人，副科实职2人。市县区人大、政协换届，推荐15名会员任市政协委员（其中常委5人）、41名会员任县区政协委员（其中常委12人），3名会员当选市人大代表（其中常委1人），15名会员当选县区人大代表（其中常委3人）。三是落实“参政议政主题年”目标任务，强化参政履职实效。四是社会服务。开展教育帮扶、法律服务、文化惠民社会服务活动。1月30—31日，民进市委，民进南岳、衡山总支分别在衡阳市城区、南岳区、衡山县同步开展“春联万家”活动；5月13日，民进市一中支部、市一中工会联合举办书法绘画交流活动，邀请市楹联协会、市蒸湘区诗词楹联协会的书画家们走进校园，为学生们传授书画技艺，并现场创作，赠送书画作品；全年陆续开展多次类似活动。精准扶贫，开展“两学一助”精准扶贫活动。对企业界会员进行引导与扶持。11月1—2日，民进市委专职副主委率领9名企业家会员赴长沙参加民进湖南省企业家联谊会第四次会员大会。五是创新工作方式方法，全面提升机关工作能力水平。

（王　磊）

【参政议政】　一是“主题年”工作。2016年是民进参政议政工作主题年，民进市委按照《民进湖南省委2016年参政议政主题年工作方案》，明确工作目标和内容，形成调研报告《民主党派市级组织如何进一步加强参政议政能力建设》，按时上报民进湖南省委。二是咨政建言。2016年初，在衡阳市“两会”期间，提交调研报告3件、大会发言材料3篇，集体提案9件。会员中的市政协委员、人大代表在市“两会”期间提交个人提案、建议14件。获市政协优秀提案3件、优秀调研报告评选鼓励奖1项，市人大优秀建议2件。三是政治协商。两项建议获市主要领导批示。《关于实施衡阳市农村小学教师公费定向培养市州项目计划的建议》，以直通车形式呈报市人民政府市长周海兵，11月8日获市长周海兵批示。《关于加强衡阳城区公交线路合理布局的建议》得到市政协主席廖炎秋批示，市政协将此建议列为2016年向中共市委、市政府提出的唯一建议案。四是民主监督。完成民进湖南省委下达的脱贫攻坚专项民主监督工作任务。民进市委组织调研组，先后赴衡阳市扶贫办、国家统计局衡阳调查队、祁东县及其有关乡镇，对衡阳市脱贫攻坚工作进行调研和民主监督，形成材料《衡阳市脱贫攻坚民主监督工作情况》上报民进湖南省委。五是社情民意工作。2016年，报送社情民意稿件18篇。其中，会员黄南平撰写的稿件《杜绝客渡船燃油补贴成为“唐僧肉”》被民进中央报送至全国政协，其撰写的稿件《从事国内运输业务船舶的证书需要整合》被民进中央采用。六是课题调研。完成议政调研课题并形成调研报告5件，即《衡阳市环卫工人生存现状调研》《衡阳市物业管理工作情况调研》《关于进一步推进衡阳市人民陪审员工作的调研》《衡阳市电梯运营监督管理情况调研》《衡阳市扶贫攻坚与精准识别情况调研》。4月下旬，配合民进湖南省委语言资源调研组到衡山县进行原野调查。争先创优树典型，获民进中央“参政议政先进个人”奖一名。

（王　磊）

【民进衡阳市委员会第八次代表大会召开】　2016年6月14—15日，民进衡阳市委员会第八次代表大会召开。民进湖南省委专职副主委马石城出席大会并致辞。中共衡阳市委常委、市委组织部部长、市委统战部部长何录春出席大会并讲话。马石城对民进衡阳市委过去五年的成绩予以肯定，并希望第八届民进衡阳市委秉承“以党为师、立会为公、参政为民”的优良传统，以建设高素质参政党的地方组织为己任，探索社会服务工作新路径。何录春指出，全市民进会员立足本职、双岗建功，开展文化惠民、教育帮扶等社会服务活动，得到社会各界的广泛赞誉。全体参会代表审议通过民进衡阳第七届委员会工作报告，选举产生民进衡阳市第八届委员会。在民进衡阳市第八届委员会第一次全会上，陈淼当选为主委，廖晟（专职）、曾海燕、赵桂芝、周湖北当选为副主委。市领导周晓云、陈竞、肖长贵出席大会开幕式。　（刘玲玲）

【谢勇一行调研衡阳岳云教育实践基地】 2016年6月18日，省人大常委会副主任、民进湖南省委主委谢勇到衡阳调研，要求各方要高度统一思想认识，明确任务时间表，将岳云学习教育基地打造成民进全国学习教育实践基地。市委书记、市人大常委会主任周农参加调研。岳云学习教育基地是由衡山县岳云中学里的紫云书院展览馆和南岳半山亭的省心山庄、何炳麟墓园三部分组成。岳云中学坐落于南岳衡山南麓，由近代著名教育家、湖南民进主要创始人何炳麟先生创办，学校享有“北有南开、南有岳云”的盛誉，开湖南中学男女同校之先声。省心山庄始建于1936年，原为岳云中学校董事会会址，后为何炳麟先生避暑之所。2009年4月，岳云基地作为湖南省各民主党派政治交接学习教育基地揭牌。2015年年底，省委统战部将岳云基地明确为民进湖南省学习教育基地，由民进湖南省委具体管理和负责基地建设。根据上级要求，拟将岳云基地升格为民进全国学习实践教育基地。市委常委、市委组织部部长、市委统战部部长何录春主持座谈会并作表态发言。表示在民进湖南省委的统一指导下，市、县（区）两级要带着感情和责任，全力攻坚克难，把岳云基地的完善提质当作政治任务抓实抓好；要抓好项目实施，注重质量监管，加强后期管护。民进湖南省委专职副主委马石城介绍岳云基地相关情况。民进湖南省委巡视员、副主委、省人民政府参事室参事汤泽培，民进湖南省委副主委、省环保厅副厅长潘碧玲参加调研及座谈。市领导谢宏治、张贺文参加调研。

（王　磊　刘玲玲）

农工党衡阳市委员会

【概况】 2016年，农工党衡阳市委员会（以下简称农工党衡阳市委）围绕中共衡阳市委、市政府中心工作，带领全市农工党员，全面加强自身建设，履行职能，为加快建设经济繁荣、百姓富裕、生态优美、社会和谐、政治清明的新衡阳做出贡献。一是思想建设。开展“两学一助”学习教育。农工党市委会主委会议研究决定从2016年6月起，集中一年时间，在全市农工党员中开展“学系列讲话、学优良传统、助力新湖南”（简称“两学一助”）学习教育。开展坚持和发展中国特色社会主义学习实践活动。农工党市委会参与和开展系列活动，取得一定成效。宣传信息工作。2016年，农工党市委主要领导参加各种协商会、情况通报会、征求意见座谈会等50余场次，提出意见建议；完善《宣传信息工作奖励办法》，要求党员向各类刊物投稿，累计报送宣传稿件31余篇次，其中《前进论坛》采用1篇，三湘统战网采用15篇，农工党省委网采用24篇，衡阳市政协网采用24篇，衡阳统战网采用24篇，《衡阳日报》采用2篇；论文《政党协商在市级组织中实施的几点思考》获“2016年度全市统战理论调研优秀成果一等奖”，农工党市委荣获“2016年度全市统战理论调研工作优秀组织奖”；《前进论坛》征订率继续保持80%，被农工党中央评为“2016年度《前进论坛》发行工作先进单位”。二是参政议政。围绕中心、服务大局是民主党派工作的重要原则，农工党市委会发挥自身优势，围绕稳增长、促改革、调结构、惠民生、防风险等经济社会发展重大问题，调查研究，咨政建言，为助推全市经济社会发展贡献智慧和力量。三是组织建设。顺利完成农工党衡阳市委换届。进行党员培训和发展。9月21日，在统战大楼四楼大会议室举办2016年度骨干党员、新党员培训班，培训党员100人次；推荐65名农工党员担任市、区两级人大代表、政协委员；截至12月底，新发展农工党员16人。四是社会服务。2016年，农工党衡阳市委先后举行系列活动：联合其他部分单位，发起“公益扶贫光明行”活动，计划用3年时间，为6000名贫困白内障患者免费实施复明手术；赴衡东县大浦镇长丰村开展“两学一助”联合义诊活动，义诊累计测量血压200余人次，接诊300余人，赠送药品价值10000余元；在蒸湘区雨母山艺术部落举办“跨界的行走——续翔油画、水墨画展”2016年，农工党衡阳市委被农工党湖南省委评为“社会服务先进单位”。（高尚海）

【参政议政】　一是创新调研模式。农工党市委会成功申报1个课题——《湖南省民营医院发展面临的问题和建议》，对湖南省辖5个市县市区的部分民营医院和卫计委进行实地走访调研，形成1万余字的专题调研报告，在全省参政调研成果评审会上，获优秀调研报告二等奖。围绕农村小河小溪治理情况、民间中医特色医疗机构发展情况、输变电产业发展情况等课题，由4个基层工委和个别农工党员分别承担，进行实地专题调研，形成《关于衡阳市农村小河小溪治理工作的调研报告》《关于促进衡阳市输变电产业发展的调研报告》《衡阳市民间中医特色医疗机构发展的现状及对策建议》等5篇调研报告。其中《关于衡阳市农村小河小溪治理工作的调研报告》得到全国政协副主席、农工党中央常务副主席刘晓峰批示：“农村小河小溪对农村生态和生产都非常重要，该课题反映的问题具有普遍性，请参政议政部关注此问题。”二是建议提案。2016年，被农工党湖南省委评为“参政议政先进单位”，被衡阳市政协评为“三好界别”。《关于加强衡阳市农村饮水安全工作的建议》《关于整合重性精神病人救治救助机制的建议》分别得到市水利局和市卫计委上门面对面办理。在市政协十二届一次会议上，《关于加强衡阳市农村饮水安全工作的建议》等3篇提案被评为“优秀提案”。提交的《关于将雨母山风景区打造成衡阳市‘后花园’的建议》，得到衡阳市蒸湘区人民政府的高度重视及答复，市长周海兵2016年3月24日主持召开市长办公会议，专题研究雨母山风景区建设工作。（3）信息工作。截至12月底，收到各基层组织和各科室报送的社情民意信息25条，上报农工党中央、农工党湖南省委10条，市政协15条，统战专网10条。《新一轮行政审批制度改革应突破四大瓶颈》被全国政协办公厅专报采用；《关于全力破解农村饮水安全难题的建议》《关于加强民营医疗机构医药价格监督的建议》被湖南省政协《社情民意》专报采用；《易地搬迁扶贫应关注“三大”难题》等3篇信息被省委统战部专网采用；《高度重视农村危房改造面临的三大难题》《“谁执法谁普法”的要求不可取》被市政协《社情民意》采用；《县域农信社改制农商行后应突破的发展瓶颈》等3篇信息被中共衡阳市委办《衡阳信息》专报采用。

（高尚海）

【换届工作】　2016年是农工党衡阳市委换届之年。农工党市委会先后多次召开主委会议、市委（扩大）会议、严肃换届纪律会议等一系列会议，研究部署换届工作。根据农工党湖南省委《关于做好2016年市级组织换届工作的通知》以及中共衡阳市委统战部《2016年衡阳市各民主党派市级组织换届工作实施方案》的具体要求，在农工党湖南省委和中共衡阳市委统战部的指导下，农工党衡阳市委于2016年6月6日至7日完成换届，市政协副主席、市发改委副主任许云生连任农工党衡阳市第八届委员会主任委员，陈其芳、谢文彪、夏建平、雷雨激当选为副主任委员。（高尚海）

【党员主要工作成绩】　全市广大农工党员发挥专业优势，投身社会发展，取得一定的荣誉。市中心医院乳甲外科主任尹军，身患重病，坚持临床一线工作，被评为2016湖南省雷锋式健康卫士；南华医院肝胆外科副主任医师李卫，开展科研，2016年发表论文SCI1篇，CSCD1篇，国家级1篇，省级一篇；附一医院康复科科长廖瑛获得2016国家自然基金10万元，并在SCI上发表论文一篇；市中医院肿瘤科主任王昊，发扬中医特色，2016年在《光明中医》杂志发表论文；珠晖区卫计局副局长彭荣芳利用高科技为民谋福利，在其委员工作室推行“互联网+智慧医疗”，为65岁以上老人免费上门体检，同时从维护民族团结出发，为生活在衡阳市的维族人免费体检；云集小学校长李锦绣，撰写的《“破窗理论”在班级管理中的运用》获“2016全国中小学德育教师科研成果二等奖；经济贸易系伍方勇老师，指导的学生分别获得2016年全国职业院校职业技能竞赛市场营销项目一等奖、2016年湖南省职业技能竞赛市场营销项目一等奖，他自己获“优秀指导老师”称号，同时获得一项新型专利——一种多功能用市场营销展示柜。电子信息系左伟志老师指导学生分别获得2016年湖南省职业技能竞赛项目三等奖、2016年“嘉杰杯”衡阳市职业技能竞赛项目一等奖。机电工程系教师樊斌峰指导学生获得2016年湖南省职业院校技能竞赛项目二等奖，同时获得一项专利——一种汽车悬挂托架冲孔落料组合模具。副院长蒋团成获一项实用新型专利——一种带充电功能的电机；技师学院模具系教师邓远华，指导两名学生参加全国零部件测绘大赛，分获一等奖和二等奖，他自己获全国行业技能大赛指导一等奖；珠晖区实验小学语文教师罗涛，获得2016年湖南省第二届小学语文团体会员“一年级新教材教学研讨活动”参赛评课一等奖，组建的教师团队参加2016年湖南省信息技术学与学科整合在线集体备课大赛获三等奖；农工党衡阳市委秘书长牟小燕，被市政协评为“四有委员”；“赵德琼委员工作室”被市政协评为“优秀委员工作室”。（高尚海）

【农工党衡阳市委员会第八次代表大会召开】 2016年6月6日至7日，农工党衡阳市委员会第八次代表大会召开。中共衡阳市委常委、市委组织部部长、市委统战部部长何录春，中共衡阳市委常委、市委秘书长张贺文出席大会并讲话。张贺文在大会开幕式上对于农工党衡阳市委多项工作被评为全国、全省先进，以及取得成绩表示肯定并予以祝贺，并希望农工党衡阳市委在提高人民健康水平、推动医疗卫生事业改革发展等方面深入调研、建言献策。农工党湖南省委副主委、南华大学校长张灼华对农工党衡阳市第七届委员会的工作给予肯定，并希望农工党衡阳市委多献睿智之言，多提务实之策；发挥界别优势，开展“送医下乡”等富有成效的社会服务活动；严格按照《中国农工民主党章程》等要求发展党员，确保党员质量。全体参会代表审议通过农工党衡阳市第七届委员会工作报告，选举产生农工党衡阳市第八届委员会，并通过大会决议。在农工党衡阳市第八届委员会第一次全会上，市政协副主席许云生连任农工党衡阳市第八届委员会主委，陈其芳（专职）、谢文彪、夏建平、雷雨激当选为副主委。市领导王旭明、周学农、李平出席大会开幕式。

（刘玲玲）

致公党衡阳市委员会

【概况】 2016年，致公党衡阳市委员会（以下简称致公党衡阳市委）围绕“十三五”规划实施，发挥侨海特色和优势，服务“五个新衡阳”建设，做出成绩。一是思想建设。开展“两学一助”活动，巩固共同思想政治基础，领导带头学习，党员集中学习，各支部“两学一助”活动形式丰富多样。承办致公党中央宣讲团衡阳巡讲活动。开展宣传信息工作。及时更新“衡阳致公网”，截至12月14日，编发各类稿件223条；向上级网站报送稿件，多数获得采纳；建立“衡阳致公”公众号，组织党员关注“中国致公”“湖南致公”公众微信号、新闻客户端。加强理论研究工作。上交2篇“互联网+致公党工作”的研究文章及7篇统战、政协理论文章，6篇在市政协获奖。参与省委文化建设。召开主委会及市委扩大会集中讨论省委文化标识，汇总党员意见上交省委。二是组织建设。遵守各项纪律，顺利完成换届选举。完善基层组织建设。规范主委会议制度，按制度按时召开7次主委会；督促各支部按要求每年开展至少4次活动，并按要求填写记录本；市委按要求建立市直一支部。发展党员质量。2016年发展党员21人，净增率为7.5%；其中14人有直接侨海关系，占比66.7%，6人为归国留学生，4名具有硕士学位。成立9个专委会，探索完善专委会制度。三是参政议政。致公党衡阳市委被中共衡阳市委统战部确定为凝心聚力“十三五”先行示范点，充分发挥“侨”“海”特色，为“十三五”规划献计出力。四是助学扶贫。完成1个“一家一”班。

市委依托致公助学平台，动员致公党员及社会爱心人士建“致公·阳光班”“致公·阳光班”。开展致爱小组活动。打造“致爱小组”项目，对贫困学子开展精神助学和关爱。开展精准扶贫。2016年，致工党衡阳市委与祁东双河村签约“同心致福村”，全力助力双河村精准脱贫；开展同心项目归侨之春志愿者协会活动，党员企业双水湾休闲农庄获评市级“同心乡村”项目。建立致公助学工作体系，开展助学活动。五是侨海工作。成立侨海工作委员会，做好侨海联络工作，推荐有归国留学生身份的党员进入市、县区人大、政协队伍。（刘超英）

【换届工作】 2016年6月15日至16日，致公党衡阳市第六次代表大会召开，大会选举产生致公党衡阳市第六届委员会15名委员，并召开致公党衡阳市第六届委员会第一次市委会议，选举产生以江红为主委的主委会班子。

（刘超英）

【参政议政】 做好人大代表、政协委员推荐工作。致公党员当选市人大代表、政协委员14人，与上届人数持平；县区人大代表、政协委员39人，与上届比总数上增加2人。参与政党协商。1月19日，时任主委刘日煊参加2015年度全市党风廉政建设和反腐败工作情况通报会；9月14日，衡阳市委书记、市人大常委会主任周农主持召开座谈会，征求对市第十一次党代会报告的意见，专职副主委曾小蕙、党员李薇参加会议；12月6日，衡阳市召开经济社会发展情况通报会，向各民主党派、工商联和无党派代表人士通报2016年1至10月全市经济社会发展情况，全体主委会成员均出席会议；12月9日，衡阳市委副书记、市长周海兵前往市政协，征求市政协、各民主党派、工商联对《政府工作报告（征求意见稿）》的意见和建议，致公党衡阳市委主委江红出席并提出意见和建议。参政建言。2016年，提交3件省政协提案，均被采纳并得到相关部门的回复，其中王金枝撰写的《关于全面中止小二型以上水库租赁、外包，保护农村水资源水质的建议》提案被作为联组发言材料的底稿；年初“两会”期间，提交28件市政协提案、10件市人大建议案，其中主委江红在政协大会上代表致公党市委作《夯实基础、调整规划，打造衡阳高铁经济圈》的发言，专职副主委曾小蕙一人提交8个建议案，两次出现在衡阳市电视台“两会”专题报道中，撰写的《关于增强衡阳软实力，打造衡阳市“一岛两岸”文化创意产业聚集区的建议》被评为衡阳市人大年度优秀建议案、市政协优秀提案，《关爱三无精神病患者》等三个调研报告被市政协评委优秀调研报告；致公界别被评选为市政协“三好界别”，党员李小春被评选为“四有委员”，《衡阳日报》《衡阳晚报》对致公党衡阳市委及多名党员进行报道；撰写发送社情民意74篇；党员谭鸣明、戴明欣、肖跃莲、李小春等市政协委员工作室接待上访人数超过100人，形成社情民意43条，肖跃莲委员工作室被评为优秀委员工作室。开展5次专题调研。致公党衡阳市委从15个申报项目中选出5个，组织5次专题调研，分别形成《关于蒸水河衡阳段水环境调研报告》等5个调研报告。其中《关于蒸水河衡阳段水环境调研报告》《营改增对衡阳企业的影响》获市政协优秀调研报告三等奖，《关于加快衡阳特色小镇建设的建议》获优胜奖。（刘超英）

【归侨之春志愿者协会】 募集捐款超过18万元，帮扶困难归侨侨眷及其他对象近11万元在春节前夕看望老归侨；在致公卫校成立义工服务队，开展多次社区义工活动。8月31日，衡阳义工出国门——归侨之春志愿者协会前往马来西亚帮扶当地华人。出国做义工、帮扶当地华人，创湖南侨海工作及社会服务工作先河，相关新闻被诸多媒体转载，并在致公党中央微信公众号上推介。

（刘超英）

【致公党中央宣讲团至衡阳巡讲】 2016年11月底，全国人大常委、教科文卫委副主任、致公党中央副主席严以新率致公党中央“中国梦·侨海情”巡回宣讲团到衡阳。11月23日，周农书记接待宣讲团。11月24日，中共湖南省委统战部副部长龙建湘，致公党湖南省委主委、省监察厅副厅长胡旭晟，中共衡阳市委副书记、组织部长邓群策出席宣讲活动分别致欢迎词。致公党衡阳市委负责安排宣讲活动，增加三项内容：按照市里规定接待外省、市党员，组织140名党员参加学习；扩宽宣传渠道，举办联谊晚会；专职副主委曾小蕙参与宣讲。曾小蕙被致公党中央宣传部邀请在12月15日致公党中央十四届六中全会期间进北京宣讲。她的宣讲表现在全国各地的6位宣讲人中获得最高评价，受到主席万钢、常务副主席蒋作君、副主席严以新的接见。

（刘超英）

【留学生创业园开园】 2016年2月，在致工党衡阳市委的推动及《优化环境，增强引力，打造新生代海归人才创业乐园》等多个调研报告的直接影响下，衡阳市留学生创业园开园，标志衡阳市在聚集海外人才、实施人才强市战略方面迈出新步伐。市委持续关注留学生创业园的运行情况，市委及侨海工作委员会开展留创园运行情况调研，形成《衡阳市归国留学生创业园现状及建议》报告。

（刘超英）

【举办归国留学生座谈会】 2016年11月4日上午，致公党衡阳市委举办衡阳市首次归国留学生座谈会。致公党湖南省委专职副主委向佐谊、衡阳市政协副主席刘日煊、致公党衡阳市委主委江红出席会议并讲话，致公党衡阳市委专职副主委曾小惠主持会议，从美国、加拿大、英国、比利时、西班牙等国家回国创新创业的近30名留学生参与座谈。

（刘超英）

【开展“我的归国创业故事”征文比赛】 致公党衡阳市委与中共衡阳市委统战部在全市归国留学人员中联合举办以“弘扬创业精神，书写创业历程”为主题的“我的归国创业故事”征文比赛活动。

（刘超英）

【考察归国留学生企业】 9月29日，专职副主委曾小蕙考察衡阳市留学生创业园运行情况，并参观归国留学生企业。11月9日下午，主委江红、专职副主委曾小蕙一行前往归国留学生唐帆、赵应龙的企业考察留学生创新创业情况。

（刘超英）

九三学社衡阳市委员会

【概况】 2016年，九三学社衡阳市委参政议政，服务社会，履行参政党职能，完成各项工作。一是思想建设。做好理论学习，增强队伍素质，截至11月底，组织各类会议精神学习活动4次。编印《九三衡阳》总第14期，完成《三湘统战网》《衡阳市统一战线网》等上稿任务。社员王卫国撰写的《浅述周恩来抗日民族统一战线思想与实践》、蒋勇《新时期加强民主党派内部监督的对策建议》分别获得全市统战理论调研优秀成果二等奖、三等奖，南华大学二支社熊正为等5人研究组撰写的《充分发挥无党派人士民主监督动力机制研究》获得全省和全市统战理论论文三等奖。二是组织建设。召开换届大会，完成政治交接。吸收人才入社，做好推荐工作。全年发展新社员24人，界别分布涵盖高校、医卫、科技、文化艺术以及政府部门，截至2016年12月社市委有社员456人；社市委在区（县）推荐政协委员人数较上届整体数量有所增加，人大代表人数在石鼓、雁峰、珠晖区较上届实现零的突破，蒸湘区人数有所增加。提高社员素质。举办新社员、骨干社员培训班。三是参政议政。利用“两会”平台，参与政治协商。四是社会服务。下乡义诊、送医送药一直是社市委社会服务的品牌工作。10月下旬和11月中旬，社市委分别联合市妇幼保健院、南华大学附二医院、康阳骨科医院赴衡山县东湖镇和衡南县冠市镇开展义诊送医送药活动，累计诊断群众达500人次，赠送药品达7000余元。

（李　沛）

【换届工作】 九三学社衡阳市委制定出台《九三学社衡阳市委2016年换届工作实施方案》，成立以市人大副主任、社市委原主委苏营为组长，谢芳、龚学余、王桂田、唐林生为副组长的换届领导小组，全面负责换届选举工作。6月4—5日，九三学社衡阳市第八次代表大会在林隐假日酒店召开，选举产生龚学余、唐林生、彭素云、谭建辉等为新一届社市委领导班子成员，何华榕任机关正处级调研员，负责机关全面工作。

（李　沛）

【参政议政】 一是在全年“两会”上，社市委提交代表建议1件，集体提案6件、个人提案36件。其中，社市委集体提案《关于发展衡阳市医疗养老康复业的建议》和个人提案《关于规范衡阳市中小学教材教辅资料发行的建议》获得相关市领导批示。集体提案《关于发展衡阳市医疗养老康复业的建议》和《关于加快发展新型农业经营主体的几点建议》被列为重点协商提案进行督办。在7月中旬召开的提案督办会上，原专职副主委谢芳就“医疗养老”做重点发言。2016年，社市委获得社情民意工作、“三好”界别、优秀集体提案、优秀调研报告等多项集体奖。社员唐林生撰写的个人提案《关于加快衡阳市生态休闲观光农业发展的建议》获市政协优秀个人提案。二是社情民意。截至11月初，社市委围绕全国经济社会发展和民生问题等方面，报送社情民意稿件30余篇。据市政协不完全统计，截至8月底，《关于出台全国统一的房产土地续期使用权相关规定的建议》稿件被省政协采用；《供给侧改革是医疗保险健康持续发展的治本之策》《关于对精神疾病患者实行医养结合的建议》等6篇稿件被市政协采用。三是调查研究。全年配合社省委、其他地市开展“高端智造”“社区服务业”和“乡村旅游”等调研，针对“精准扶贫”中出现的问题和矛盾开展调研，多方走访、座谈和发放问卷，最终形成调研报告上交市政协和市委统战部。四是民主监督。2016年，社市委参与市政协相关民主监督工作之，受邀赴来雁新城、滨江新区开展民主监督。座谈会上，社内省、市政协委员对学前教育、全民健身、路网交通等提出意见。9月中旬的党代会报告征求意见会上，主委龚学余就提升城市品位、支持高校发展等方面提出意见，得到市委书记周农的肯定。

（李　沛）

【九三学社衡阳市委员会第八次代表大会召开】 2016年6月4日至5日，九三学社衡阳市委员会第八次代表大会召开。省政协副主席、九三学社湖南省委主委张大方，市领导谢宏治、罗东海、何录春出席会议或到会祝贺。大会主要议程有：听取和审议九三学社衡阳市第七届委员会工作报告；选举产生九三学社衡阳市第八届委员会；通过大会有关决议。

（刘玲玲）

工商联

【概况】 2016年，衡阳市工商业联合会（以下简称市工商联）围绕市委、市政府中心工作，以促进非公有制经济健康发展和非公有制经济人士健康成长为重点，加强自身建设。一是思想建设。聚焦思想引导，坚定非公人士理想信念。从2月份开始，市工商联进行三个阶段的专题学习，组织非公人士和机关干部学习贯彻中央、省委、市委统战工作会议精神；在4月13日执委会上，市工商联将习近平总书记的讲话文件《毫不动摇坚持中国基本经济制度，推动各种所有制经济健康发展》印发成册，组织工商联执委以上人员专题学习，并对贯彻落实讲话精神提出明确要求；开展以“守法诚信、坚定信心”为重点的理想信念教育实践活动，向全市非公经济人士发出《守法诚信倡议书》，订立“信言守诺”；市工商联下发《关于印发〈衡阳市工商联凝心聚力“十三五”行动实施方案（2016—2020年）〉的通知》，组织机关各部室、各县市区工商联、市直商协会、工商联各部室在学习教育中凝聚共识；制定《衡阳市工商联“两学一助”学习教育工作方案》，开展“学系列讲话”“学优良传统”和“助力新衡阳”三个专题的集中学习。二是组织建设。市工商联指导12个县市区工商联在5月底全部完成换届，并指导衡阳市浙江商会、市客家联谊会、市江苏商会等先后换届；截至12月，市工商联会员总数为10659个，其中企业会员8228家，团体会员411家，个人会员2020名（含原工商业者和“三小”等老会员）。5月份开始，先后指导永州衡阳总商会、天津衡阳商会的成立。组织发展市直商协会31家，规模位居全省地市州第一。三是参政议政。市工商联以服务经济发展、促进社会和谐为核心，围绕衡阳“十三五”规划实施和衡阳经济社会发展的重点、难点、热点问题，不断建言献策。2016年，提交《发挥人民政协作为社会主义协商民主重要渠道和专门协商机构作用的研究》《关于培植壮大商会经济、助力衡阳经济发展的调研报告》等10多篇调研报告，在政协第十二届委员会上获得“市政协2016年度理论征文优胜奖”“市政协2016年度优秀调研报告优胜奖”“2016年度市政协门户网站信息采编先进个人”等多项奖项，并在全省工商联系统优秀调研成果评选中获得二等奖和三等奖。全年市工商联组织界别委员视察、协商、座谈，利用“两会”平台，提交提案62篇，其中《关于建设衡阳商会大厦的建议》的提案获市长周海兵亲自批阅，要求有关方面和部门认真办理。重视走访。2016年4月，市工商联与市委统战部联合开展“访民企、解难题、促发展、强信心”专题走访调研，深入60余家中小企业和困难企业，掌握实情，专题报告市委、市政府促进新政策措施出台。四是提升服务水平。市工商联进行招商引资，促进地方经济发展；大力扶贫，帮助一些百姓脱贫致富，发动商（协）会、会员企业捐款捐物资助贫困学生和特困户；组织召开“植优势、补短板、促发展”座谈会；4月22日至4月28日，市工商联在市人力资源市场开展“民营企业招聘周”大型招聘会活动，全市包括富士康、中兴、蓝思科技、特变电工等在内的110家企业进场招聘，提供岗位2488个，进场求职人数达3600多人，现场达成用工意向1183人；助推在衡阳公司上市，提高经济影响力。2016年，市工商联被市计生委评为先进单位，被评为2016年度全市社会治安综合治理工作先进单位。（朱珍晶）

【换届工作】 2016年6月30日，衡阳市工商联（总商会）第十六次会员代表大会成功召开，大会选举产生主席（会长）1名、专职副主席（副会长）5名、非公兼职副主席20名、非公副会长12名、秘书长1名，常委81名、执委158名。（朱珍晶）

【绿佰珍生物科技有限公司入驻祁东县】 2016年，市工商联推荐绿佰珍生物科技有限公司入驻祁东县，引进该公司的中药材种植和精加工产业链，与祁东县5个乡镇签订5个合同，流转土地200公顷，总投资2亿元，截至年底投资1500万元。（朱珍晶）

【助推公司上市】 湖南机油泵股份有限公司成功在主板IPO上市，成为衡阳市第一家IPO主板上市的民营企业；衡阳中科光电子有限公司8月29日正式在澳大利亚国家证卷交易所挂牌上市，成为海外中概股群体新成员，是衡阳市第一家海外上市融资企业，也是全国第一家光通信上市企业。（朱珍晶）

【召开“2016年异地衡阳商会会长恳谈会”】 2016年4月1日，市工商联组织召开“2016年异地衡阳商会会长恳谈会”，异地衡阳商会代表60余人参加会议。恳谈会上，广东省衡阳商会、上海市衡阳商会等7个参会代表先后发言。各异地衡商表示将一如继往支持衡阳的发展，发挥桥梁纽带作用，参与招商引资，为建设家乡贡献力量，并对衡阳的发展提出意见建议，现场就一些问题的解决达成共识。现场进行5轮合作协议签订，签署项目20个、引进投资210亿元。（朱珍晶）

【组织召开全市民营企业家座谈会】 2016年7月5日，市工商联组织召开民营企业家座谈会，市委、市政府和30家涉企职能部门主要领导及所有进驻衡阳市的银行、金融机构主要负责人参加会议，市工商联班子成员和新当选的兼职副主席、副会长列席会议。福建商会、温州商会、华南制造、王一集团等11个商会或企业的代表先后发言，就发展中遇到的具体困难进行客观反映，并就如何做大做强相关产业、实现民营经济更好的发展，提出建议。市委书记周农、市长周海兵听取与会代表发言提出的意见建议，指定相关对口部门负责解决，并承诺在制订衡阳市非公经济发展政策时加以体现。（朱珍晶）

【举办“雁商大讲堂”民企管理人员高级研修班】 2016年9月18日，市工商联选送非公企业家代表41名参加在中国人民大学举办的家族企业股权激励专题研修班。企业家聆听郭凡生、高长勇、宋洪祥等一批有丰富的理论造诣和有实战经验的知名学者和企业家对家族企业股权激励、易经与企业经营决策、营改增背景下的企业税收风险与控制等课程的讲解。为使学习更加深入，市工商联带领企业家实地考察创新型和高科技企业2家，并聘请彭建国、谢清顺、唐金龙、刘钧怡等专家为“衡阳市工商联（总商会）第十六届高级经济顾问”。至2016年，市工商联已举办三期走进大学学堂活动，并在活动后先后组织3次、70余名企业家座谈分享学习体会、参观见学。

（朱珍晶）

【承办2016衡州经济发展论坛之“党政领导与异地商会代表座谈会”】 2016年10月份，市工商联承办2016衡州经济发展论坛之“党政领导与异地商会代表座谈会”。来自全国各地的30多位商会会长参加会议。这次座谈会是近年来衡阳召开的规模最大、规格最高的一次异地商会代表座谈会。会上，各异地商会代表围绕“引老乡、回故乡、建家乡”的主题建言献策。座谈会后，市工商联深化“引老乡、回故乡、建家乡”活动，广泛推介衡阳投资环境，招商引资签约项目65个、422.9亿元，银企对接签约项目182个、460亿元。成功与广富诚集团签署框架协议，广富诚集团将在衡阳建设上市企业总部大楼，并承诺在五年内引进50家异地上市公司入驻总部大楼。广东省衡商投资有限公司签约投资衡阳综保区，北京同仁堂由广东衡阳商会入驻衡阳。（朱珍晶）

人民团体和社会组织

责任编辑：熊　雯

总工会

【概况】 截至2016年底，衡阳市总工会下辖13个县级总工会，2个下属事业单位。共建立基层工会组织13158家，其中机关单位工会859家，事业单位工会1334家，国有、集体及其控股企业工会725家，非公有制企业工会9437家，工会会员已达126.7万人，其中农民工会员29.7万人。

一、开展劳动竞赛。2016年，衡阳市总工会在全市广泛开展“践行新理念，当好主力军”劳动竞赛，全市9000余家企业，100余万人职工参赛。全市所有市以上重点建设项目开展“重点建设，我当先锋”主题劳动竞赛，以船山东路建设项目为示范，召开全市重点建设劳动竞赛现场推进会，坚持以竞赛促生产、促安全、促效益。全面推进第八届“芙蓉杯”竞赛活动，开展女职工“建功‘十三五’创新我先行”主题竞赛，开展省市女职工芙蓉标兵岗、芙蓉百岗明星争创活动，新增“牵手共建标兵岗”单位企业12对。

二、劳模管理。2016年，向全国总工会推荐全国五一劳动奖章3名，全国工人先锋号2个，召开庆祝“五一”国际劳动节大会，授予市五一劳动奖状单位6个、市五一劳动奖章40名、市工人先锋号30个。全市各级工会以“道德讲坛”“名师讲坛”“授艺讲坛”等形式，举办劳模讲坛50多场次，新增市级示范性劳模创新工作室6个。开展全市三级劳模工作生活状况大调查及劳模疗休养活动，落实劳模走访慰问和劳模专项补助资金的发放工作，切实保障劳模待遇和权益。

三、构建和谐劳动关系。开展《劳动法律监督条例》的立法调研，推进全市工会劳动法律监督“两书”制度。做好基层工会法人资格登记工作，各县市区核发加载统一社会信用代码的工会法人资格证书。以“规范协商程序，提升协商实效”为重点，以区域、行业为突破口，全市共签订工资集体协商协议1306份，覆盖企业5246家，建制率92%，其中，行业性工资集体协议31份，覆盖企业580家；区域性工资集体协议138份，覆盖企业3529家。世界500强在衡阳企业建制率95%，建设市级工资集体协商工作示范点53个。全省首家组织开展职工代表大会星级创建活动，共有37家企事业单位申报星级职代会，推动衡阳市职代会制度建设创新发展。在全省率先自主编撰《民主管理工作手册》，加强民主管理工作制度的规范化建设。已建工会的百人以上非公企业职代会、厂务公开单独建制率90%以上。全面建立市和县市区政府与工会联席会议制度，举办全市构建和谐劳动关系工作培训班，推动企业承担法律、社会责任，促进职工舒心工作、体面劳动。

四、“双联”帮扶工作。一是开展全市“双联”帮扶。29名市级领导率73家市直参联机关进驻到29家困难企业，与困难职工“一帮一”帮扶结对。市总先后12次深入祁东县太和堂镇大塘冲村对口扶贫，帮助村里筹措扶贫资金80余万元，预脱贫14户。聚焦供给侧改革，结对帮扶15家钢铁、煤炭涉改企业409名困难对象，对其中44名大重病职工发放大病救助金38万元，45名困难职工家庭子女发放助学金22.5万元。二是打造工会帮扶品牌。开展困难职工档案全面清理，规范全市帮扶资金管理。全年共有15.9万名职工参加第三期职工医疗互助，13.9万名职工参加职工特殊疾病保障，共有9776人申领补助金1180万元。市本级对211名困难学子发放“金秋助学”帮扶资金金53.6万元。开展第六期特困职工大病救助，发放帮扶金160人次118.2万元。开展女职工免费“两癌”体检1.2万人次，困难女职工、女农民工免费妇科体检近3000人次。

五、就业培训。开展城乡困难家庭“一户一产业工人、一会一培训基地”工作，市本级招标认定3所学校，针对困难职工、农民工实施免费技能培训416人次、免费月嫂培训60人次，发挥职工书屋、职工教育培训示范点、女职工培训示范学校、女职工素质教育大讲堂等“大学校”作用，打造“工会服务、就业服务、创业服务、技能培训”四大平台。在衡山县召开经验交流会，通过整合资源，衡山县总与县科技中等专业学校委培下岗工人、农民工累计1万余人次，市总工会推荐该校评为全国职工教育培训示范点。

（何晓钦）

【群团工作会议】 5月5日，由市委办牵头，市总工会协助，召开衡阳市委党的群团工作会议。市委书记周农作重要讲话，市委副书记、市长周海兵出席会议，市委副书记邓群策主持会议。会议贯彻落实党中央、省委党的群团工作会议精神，分析研究新形势下全市群团工作面临的新情况新问题，研究部署当前和今后一个时期群团工作任务。市总工会牵头起草，以市委名义出台的《关于加强和改进党的群团工作的实施意见》在会上同步下发，进一步优化工会环境，指明工作方向，提供制度遵循。衡阳市总工会、团市委、市妇联、衡阳县、湖南水口山公司、湖南环境生物学院6个单位党委（组）在会上发言。（何晓钦）

【市总工会第十八届委员会第六次全体（扩大）会议】 衡阳市总工会第十八届委员会第六次全体（扩大）会议召开，会议认真学习贯彻党的十八届五中全会、中央和省委党的群团工作会议、省总十五届五次全会和市委经济工作会议精神，回顾总结2015年全市工会工作，研究部署2016年工作任务。市委副书记邓群策，市人大常委会副主任、市总工会主席李慧星出席会议并讲话。市总工会党组书记、副主席肖吉顺作工作报告。会议补选8名市总工会第十八届委员会委员。（何晓钦）

【开展“衡州工匠”竞赛评选活动】 推进“开展劳动竞赛·培育能工巧匠”竞赛评选活动，配套省总“十行状元百优工匠”活动，数控车工、中式烹调师、导游行业等10个行业的市级竞赛完成，并结合衡阳市特色，增设完成教师、医生（护士）、钢筋工等3个行业竞赛评选。全市产生省级“百优工匠”4名，市级“衡州工匠”（金牌职工）40名，其中女职工3名。大力宣传“衡州工匠”，衡阳电视台累计制作“衡州工匠”专栏22期，衡阳日报刊登“衡州工匠”专版11期。

（何晓钦）

【市总工会第十八届六次全委（扩大）会议】 3月30日上午，市总工会召开第十八届委员会第六次全体（扩大）会议。会议学习贯彻党的十八届五中全会、中央和省委党的群团工作会议、省总十五届五次全会和市委经济工作会议精神，回顾总结2015年全市工会工作，研究部署2016年工作任务。市委副书记邓群策，市人大常委会副主任、市总工会主席李慧星出席会议并讲话。市总工会党组书记、副主席肖吉顺作工作报告。会议肯定2015年全市工会取得的成绩。2016年是实施“十三五”规划和决胜全面小康的开局之年，也是推进结构性改革的攻坚之年。就如何做好2016年的工会工作，会议强调，全市各级工作组织要认真贯彻落实中央、省委党的群团工作会议精神和市委的各项决策部署，推动工会工作实现新的发展。会议要求，各级党委要进一步增强政治意识、全局意识，更加重视和支持工会工作，切实加强对工会组织和工会工作的领导，尽力帮助解决工作中遇到的实际困难，为工会履行职责、开展工作提供更多资源，创造良好条件。会议指出，全市工会要把握强“三性”、去“四化”的方向，解决信心不足、能力不足和动力不足的问题。对如何做好下一步的工会工作，会议强调，要坚定信心，富有作为的开展工作。要切实抓住中央和省委群团工作会议精神这条主线，夯实组织基础、工作基础这两个基础，把握“围绕中心、发挥优势、突出特色”这三大主题，实现“服务对象、活动方式、组织形式、队伍形象”这四个转变。要凝聚力量，富有特色的开展工作。要做合力做加法，凝聚党委、政府和其他社会组织的力量来支持工会工作，发挥工会的桥梁和纽带作用，让广大职工群众感受到党和政府的关怀。要筑牢基础，全力推进工会工作上台阶。要以“建会、维权、服务、作为”为思路，建好基层工会和组织，维护职工的合法权益，做好服务工作，力所能及地作为。会议补选王平凡等8人为市总工会第十八届委员会委员，通报2015年度全市工会工作目标管理结果，部署在全市开展“雁城巧匠”系列劳动竞赛活动进行。市总工会全体班子成员出席会议。市总工会第十八届委员会委员，经费审查委员会委员，不是“两委”委员的市直工业园区总工会（联合会）、各委、局（公司、服务办）、有关规模以上企事业单位主要负责人、市总机关各部室和直属事业单位主要负责人参加会议。（陈跃英）

【徐文龙到衡阳调研】 2016年7月5日，省总工会党组书记、副主席徐文龙，省总工会党组成员、纪检组长李铁华等一行到衡阳调研指导。在市总工会，徐文龙听取市人大常委会副主任、市总工会主席李慧星介绍相关情况。市总工会党组书记、副主席肖吉顺汇报上半年来工作开展情况和贯彻落实中央、省委、市委党的群团工作会议精神情况。衡山县副县级干部、县总工会主席汪炳林，县总工会党组书记、副主席尹俊超在座谈会上发言。徐文龙听完汇报后，对衡阳2016年上半年的工会工作给予肯定。他指出，2016年上半年衡阳工会各项工作很主动，取得成效，衡阳推进衡州工匠竞赛评选宣传工作力度很大，下一步要继续保持，切实把工匠精神弘扬起来。他认为，衡山开展“一户一产业工人”培养工程，打造“四个平台”，推进农民工创新创业工作很实，对衡山县总工会与企业对接，对农民工开展机器人操作技能培训，他当场表态给予支持。同时他也强调，工会在供给侧结构性改革中，要更多地关注关心职工队伍情况，帮助职工和企业度过难关。要重点工程中广泛开展劳动竞赛，对环卫工人等重点人群加强服务工作。参与调研座谈的还有省总组织部长彭岘丹、市总工会全体领导班子成员。 （陈跃英）

【“进企业、讲责任”志愿服务系列活动启动】 2016年9月，衡阳市工会系统启动“进企业、讲责任”志愿服务系列活动，市总工会选取富士康衡阳工业园作为首个企业试点，全面推进全市工会志愿服务工作。 （陈跃英）

【开展“女职工维权行动月”活动】 开展“女职工维权行动月”活动。逐步规范建立省级职工心理咨询示范点3个、市级1个，省级母婴关爱室示范点6个、市级7个，二级心理咨询师102人，三级10人。建立青年职工交友平台，开展丰富多彩的交友联谊活动。 （何晓钦）

共青团

【概况】 2016年，衡阳共青团探索构建“凝聚青年、服务大局、当好桥梁、从严治团”四维工作格局，推动工作，为衡阳经济社会发展作出新贡献。

一、思想引领。1. 争当思想引领者。针对不同青少年群体，开展党的十八大及十八届六中全会，团中央、省委、市委群团工作会议精神和团中央改革精神学习活动、“我的中国梦”“红领巾心向党”主题团队日活动、“奋斗的青春最美丽”分享活动、“我的事业在家乡”报告会以及“学习雷锋精神、争创文明城市”“共走文明路”“汉服成人礼”“船山文化夏令营”等活动，选树谭燕丰、余凌云、罗明、曹中飞、吴少龙、陈红军、谢亮亮等一大批青年典型，开展“青年五四奖章”“乡村好青年”“身边好人”“最美青工”“最美青年卫士”“最美基层团员”和“最美基层团干”等评选表彰活动，让“中国梦”构建起百万青少年的精神坐标。2. 把握青春主战场。坚守学校主阵地，高校的青年马克思主义培养工程、“三走”活动，中学中职学校的“与人生对话”、成人礼主题教育，小学的“红领巾相约中国梦”等活动，坚定广大青少年紧跟党走的理想信念。3. 发出青年好声音。加强新媒体运用，在平台建设上，进一步加强网络文明志愿者队伍、网宣员队伍、微博、微信、网站等团属网络宣传平台的建设和管理。先后4次组织网络宣传相关培训，进一步完善网宣员考核机制和快速联系机制，实行轮流值班制度，及时开展网络舆论引导和舆论斗争。全市网宣员、网评员及青年网络志愿者在网络宣传和舆论斗争中总参与近10万人次，微信公众号关注人数猛增至22万，新媒体排名全省前五，荣获“湖南省最具影响力微博奖”。在活动开展方面，以春节、三五学雷锋、清明节、植树节、“五四”、六一等重大节庆日为契机强力发声。2016年，宣传各类主题活动、党团活动200余场次，覆盖青少年120万人，利用微信公众号开展优秀青年创业项目、青年文明号、青年岗位能手、最美青年卫士等评选活动，选树优秀青年典型150多人。在文化创意方面，创作第一部皮影戏与沙画相结合的工作VCR，指导开发微信H5场景秀产品、志愿服务宣传画、衡阳志愿服务形象宣传片《天空中最亮的星》等一大批新媒体文化艺术宣传产品，宣传党团思想。

二、服务大局。1. 创新创业工作。继续以“五个一工程”布局衡阳市青年“双创”工作格局。精心打造平台。继续打造青春创业梦想秀大舞台，连续四届举办青年创业梦想秀活动，以大赛为练兵场，选树推荐青年创客108名，38名获得无偿资助，筹集发放创业圆梦资金100多万元。在不断巩固中建青年创业园、逛街36街区、留学生创业园、高校大学生创业园等原有平台的基础上，与蒸湘区委、区政府合作，打造衡阳伊电园·易创空间，主动联合市经信委、市科技局，开辟青年创新创业服务中心，面积2000多平方米，成立衡阳青年电商协会，筹建衡阳电商综合服务平台，为青年创业提供更广阔平台。致力多方帮扶。组织开展“市长与创业青年面对面”专题座谈会，30余名优秀创业青年代表与市长进行长达5个小时的沟通交流，有效畅通政府与广大草根创客信息交流的桥梁，市委、市政府专门拿出500万作为人才引进专项资金，并对青年创业人才引进进行专项分块。持续开展大学生无偿创业资助项目，全年推报21个项目获得团省委100万元无偿资助。全市共创建青年创新创业示范基地48家、青年见习实习和孵化基地20家，建成地市级青年创业园9家。通过与市科技局合作，举办创业沙龙讲座，为青年创业指明方向。2016年通过各企业提供就业岗位1165个，见习人数3016人，共开展创业培训4582人次，实现就业人数1835人，帮助青年创业贷款2726万元，落实培训资金161.37万元，新落实培训机构2个。培育创客。2016年新发掘、培育和倡树“特色衡阳”品牌代言陈红军、南岳“一履”创始人陶櫞、“手机维修小王子”张佳毅、“凌宝水晶工艺”专利拥有者谢亮亮等一批优秀创业青年，并获得团市委真金白银的大力扶持。其中，“洣水花千谷”谭燕丰夺得第三届青年创新创业大赛决赛一等奖并代表湖南参加全国“创青春”涉农组比赛；“遐湖生态农庄”吴少龙获得省“创青春”大赛三等奖。2. 志愿服务工作。以创建全国文明城市为契机，根据文明创建测评体系要求，通过大力发展志愿者组织、扩大志愿者队伍、开展志愿服务活动，以此来延伸共青团工作手臂、扩大共青团工作影响力和塑造共青团工作形象。深化品牌创建。2016年衡阳共青团将社区志愿服务工作作为品牌工作来抓，以雷锋号志愿者工作站为示范，以“八个有”为标准，对全市136个社区志愿服务站进行规范化建设，成立由社区主任兼任志愿服务站站长的“站长+社工+志愿者”社区志愿服务队伍，收集发布一批富有特色的社区志愿服务项目，组织开展各种形式的服务活动，特别是备战青年志愿者协会、甘霖社会服务中心等社会组织，结合自身优势，在承接政府职能转移、购买社会服务等方面进行大量的探索，为文明社会创建、“三清三建”等工作做出贡献。市政府常务会议研究通过，每年拿出200万元专门用于社区志愿者工作奖补，调动广大志愿者的组织性；树立示范典型。重点发掘、培育和倡树志愿服务典型，举办志愿服务先进典型表彰活动，表彰十佳志愿服务先进个人、十佳志愿者组织、十佳志愿服务社区和十佳志愿服务项目，制作志愿服务宣传片《天空中最亮的星》，在衡阳各大微信、微博、网站进行广泛传播，点击量达10万次，展示雁城志愿者的蓬勃朝气和良好形象。同时，加大志愿者培训力度和活动开展力度，全市共开展各类志愿服务培训70余场次，培训青年志愿者8000余名，开展各类志愿服务活动1900余场次，覆盖全市136个社区的26万群众；开展各类活动。围绕创建全国文明城市中心任务，结合共青团思想政治引领实际，扎实开展志愿服务工作，组织开展志愿服务“五进五讲”、“党员志愿服务社区行”以及“交通文明劝导”志愿服务行动。其中，雁栖湖社区的“爱心植物角”、牛角巷社区的“五心”志愿服务、和平里小区的“四点半课堂”、建设新村社区的“关爱留守儿童课堂”等一系列特色志愿活动赢得广大市民的点赞，激发市民参与志愿服务和文明创建的热情。全年共召开全市性的志愿服务工作动员、部署、推进会议6次，开展志愿服务活动3000余场次，覆盖青年60多万人。截至2016年年底，全市有志愿者629102人，志愿团队1920个，每天有近4000人次参与志愿服务活动，为衡阳全国文明城市创建、“五个新衡阳”建设贡献着青春力量。3. 扶贫工作。一是直接帮扶。

2016年向大路边村支持扶贫经费10万元，支持村级农业生产发展、村级道路路灯建设；向贫困户捐赠乌鸡苗1000羽、价值约2万元；直接帮扶贫困学生3人；将在春节前为贫困户发放慰问物资价值3万元；二是统筹发力。争取祁东县发改、交通等部门支持，改善村级基础设施，硬化村道1千米。广泛动员青联委员、青年企业家、农村青年致富带头人以及致富能手、种植能手组成青年扶贫志愿者队伍，组织各县市区团委开展志愿者扶贫行动4次，通过村企共建、“大户+合作社+规模特色农业”的模式，发展乌骨鸡、冬枣、黄花菜等特色种养殖业，实行产业扶贫；组织的“青春扶贫工程”——“文妹子”乌骨鸡百村扶贫计划，先后向祁东县太和堂镇大路边村、衡阳县溪江乡九峰村、常宁市塔山乡狮园村等贫困村无偿捐赠乌骨鸡苗5000多只；依托市青少年宫、“青年之家”、扶贫志愿者等资源，开展关爱农民工子女行动、青少年素质培训、农村实用技术培训工程。

三、服务青年。1. 服务成长成才。加强阵地建设，新青少年活动中心主体部分已完工，现已进入装修设计阶段。市青少年宫推出的献爱心公益活动，为社会贫困户提供“爱心学位”100个，优惠资金约7万元。改革优化素质教育培训模式，提升培训服务质量，年培训服务青少年近2万人。参加省级以上比赛荣获多个大奖，并屡屡在省、市重要活动中登台亮相，原创作品获国家级集体金奖2个，市青少年宫教师首次被省级电视台邀请担任节目专家，指导的《小戏骨》节目获得社会各界的肯定。社会影响力、品牌美誉度不断提升，被团省委、省文化厅、省体育局等5部门联合授予全省唯一一家“五星级优秀青少年校外活动基地”称号，进一步巩固和提升市青少年宫在全省青少年校外教育机构中的领先地位。2. 帮扶弱势群体。项目化、品牌化推进“希望工程”事业，利用“慈善一日捐”“金秋助学”“一元捐”“微益中国”等品牌活动对一大批贫困少年儿童进行资助，市、县两级团组织走访慰问困难青少年近2000人；拓宽募资渠道，提高资金使用效益，2016年，筹集资金59万元，为衡阳县甘泉完小、衡东县尚德学校、祁东县曹炎中学、常宁市平安小学等4所贫困偏远地区学校进行基建改造和设施配套。筹集“芙蓉学子”“茅台学子”“华融学子”“衡一学子”等公益助学项目款55.5万元，为170名品学兼优且经济困难应届大学本科新生提供助学资助。筹资23万为珠晖区临江社区、蒸湘区雨母乡竹灵小学、衡阳市特殊教育学校配备希望图书室，改善当地的教学条件和生活设施设备，为贫困偏远地区的孩子们营造相对舒适安全、功能齐备的学习环境，在帮助贫困落后地区教育事业发展上做出贡献。3. 维护合法权益。加强未成年人权益保护工作，扎实开展“共青团与人大代表、政协委员面对面”活动，办理人大代表建议、政协委员提案2件。开展“法制宣传进校园”活动20次，征集“法制三微”创意作品184件。举办社工培训班，规范全市社工队伍的建设与发展。组织开展“寻找最美青年卫士”活动，检察院朱丽兵、消防支队何文兵、公安局吉湘林获评“湖南省最美青年卫士”，同时通过网络投票、实地考察、专家评审评选出10位衡阳市最美青年卫士和10位提名人选。4. 服务普遍性需求。常态化开展学习成长、交流交友、互动联谊、身心健康等活动，品牌化开展“圆梦幸福”相亲交友活动，特别是6月17日，2016“快乐志愿·圆梦幸福”单身青年志愿交友活动和8月20日圆梦幸福——“爱在金秋，牵手军营”相亲活动，共吸引上千名青年参加，微信平台电话热线同步直播，平台访问量近8.5万人次，服务广大青年婚恋交友需求，打造衡阳青年的“玫瑰节”。（廖章立）

【市留学人员创业园开园】 2016年1月19日，衡阳市留学人员创业园（以下简称“留创园”）在市高新技术产业开发区正式开园，从世界各地回归家乡的海归携30余个创新创业项目入驻创业园。市委副书记、市委人才工作领导小组组长邓群策出席并讲话。市委常委、市委组织部部长、市委统战部部长何录春主持开园仪式。省人力资源和社会保障厅副厅长黄赞佳、市政协副主席刘日煊等领导出席开园仪式。（姜自文）

【共青团衡阳市第十九届三次全委（扩大）会议召开】 2016年

2月29日，共青团衡阳市第十九届三次全委（扩大）会议在市委1号楼一楼大会议室召开。市委副书记邓群策、市政府副市长陈竞出席会议。会上，副书记邓群策肯定2015年全市各级团组织围绕中心、服务大局，在引导青年创新创业、服务青少年成长成才、加强自身建设等方面所做的卓有成效的工作及团结带领广大青年为促进全市经济社会持续健康稳定发展所做出的贡献。邓群策强调，2016年是全面建成小康社会决胜阶段的开局之年，是全面推进结构性改革的攻坚之年，也是推进共青团组织与工作改革创新的重要一年。全市各级团组织要从四个方面去推动共青团工作实现新发展。一是要在思想政治引领中凝神聚魂。要深刻理解总书记习近平系列重要讲话精神，深化开展理想信念教育活动，深入推进网络宣传引导工作。二是要在服务发展大局中建功立业。围绕党政中心工作，找准共青团工作的切入点，鼓励青年展示才华，引导青年主动作为，激励青年争先创优。三是要在竭诚服务青年中彰显活力。聚焦青年成长过程中的重点难点，把准青年需求，直面问题，主动回应青年期待；虚功实做，创新工作载体；久久为功，持续突破发展瓶颈；紧贴时代，主动适应青少年需求。四是要在自身建设中落实从严要求。共青团组织作为党的忠实助手和可靠后备军，要不断打牢理想信念基础，要强化服务能力根本，要牢抓作风建设主线。刘英代表共青团衡阳市第十九届委员会作题为《凝青聚力、奋发有为、改革创新》的工作报告。会议现场还宣读表彰文件，并对2015年衡阳市共青团工作红旗单位进行颁奖。审议通过《关于学习贯彻市委十届八次全会精神，团结带领广大团员青年为实现衡阳“十三五”时期奋斗目标做贡献的决定（草案）》《共青团衡阳市委2015年工作情况和2016年工作要点（草案）》等相关文件。下午各界青年代表在市委各会议室就2016年青年工作展开分组讨论。共青团衡阳市第十九届委员会委员、候补委员；新媒体人士、公益人士、著名网评员；城青战线、学少战线团组织负责人，市青企协、市农青协、市留学生协会负责人，部分省青联委员和团市委全体机关干部参加会议。

（姜自文）

【衡阳市2016年“五四”庆祝大会暨青年创业梦想秀开启】 2016年5月4日下午，由共青团衡阳市委员会、市人社局、市科技局、市民政局、市商务和粮食局、市工商局、市广播电视台、衡阳日报社、市科协、蒸湘区人民政府共同举办的青春圆梦行动——衡阳市2016年“五四”庆祝大会暨青年创业梦想秀活动在衡阳广播电视台演播中心隆重举行。市委书记周农出席活动并讲话，市领导邓群策、刘丽华、何录春、张贺文、王旭明、陈竞等出席活动。现场300名大众评审的投票决定创业大赛名次，谭燕丰以186票的得票数夺得衡阳市第三届创新创业大赛一等奖，获得10万元的圆梦基金，活动现场共发放圆梦基金32万元。

（姜自文）

【2016年衡阳市希望工程大型助学活动启动】 2016年8月25日，由共青团衡阳市委举办的2016年衡阳市希望工程“青春扶贫·爱心圆梦”大型助学活动启动。衡阳市人民政府党组成员、副市长陈竞出席活动。现场为170名希望学子共发放56万元助学金。此外，陈竞为爱心企业代表颁发爱心证书。（姜自文）

【澳门青年2016年（湖南）学习交流团到衡阳参观访问】 2016年10月8日，省青联“千人计划”——澳门青年2016（湖南）学习交流团一行33人到衡阳进行参观访问，并与衡阳青年创业代表进行座谈交流。省青联秘书长、团省委联络部部长钟娜，市青联主席、团市委书记刘英及省、市青联相关人员参加本次交流活动。交流团先后参观石鼓书院、回雁峰等衡阳当地的名胜古迹，了解衡阳的历史与文化，领略衡阳这座历史名城、文化名城的人文景观和自然风光。衡阳悠久的历史和深厚的文化底蕴给交流团留下深刻的印象。随后，交流团到衡阳中建青年创业园进行参观考察，并在中建青年创业园与衡阳优秀创业青年代表开展座谈交流。（姜自文）

【湖南青年创新创业典型巡回报告会举行】 12月13日下午，湖南青年创新创业典型巡回报告会暨衡阳市珠晖区青年创业大讲堂在湖南高速铁路职业技术学院举行。报告会由珠晖区宣传部部长段志阳主持。报告会首先观看近年来高铁学院“双创”工作成果展，随后高铁学院书记刘一华致欢迎词，对团省委、团市委及珠晖区各位领导的到来表示热烈欢迎，之后团市委书记刘英发表讲话，希望全市广大青年大学生能以此次报告会为契机，迅速掀起大众创业、草根创业的新浪潮，形成万众创新、人人创新的新态势，为建设“五个新衡阳”做出新的更大贡献。随后湖南盛大金禧金融集团投资总监孟令鸿用《如何用商业计划书打动投资人》，湖南铁公基物联网科技发展有限公司、长沙市邦泽信息技术有限公司董事、总经理苏弘毅用《创业兴邦，匠心筑梦》，先后分享各自的创业故事，介绍各自的创业经历，鼓励广大青年投身创新创业的火热实践中，随后与在场的所有青年进行交流，现场气氛十分活跃。

（姜自文）

妇　联

【优化妇女发展环境】　衡阳市政府常务会议听取妇女工作情况汇报，及时研究和解决妇女工作中的重点和难点问题。市政府颁布衡阳市“十三五”妇女儿童发展规划（2016—2020 年），全力推进妇女儿童事业与经济社会协调发展。全市各级党委政府把推动妇女发展放在新衡阳建设大局中统筹谋划，将妇女发展目标任务纳入经济社会发展总体规划，为妇女事业发展创造良好环境。出台衡阳市《关于在婚姻家庭纠纷民事审判工作中引入人民调解工作机制的意见》，在婚姻家庭矛盾纠纷民事审判中引入独立第三方——婚姻家庭纠纷人民调解委员会。与市综治部门协调沟通，把婚姻家庭纠纷调解工作纳入社会治安综合治理考评内容，并成立衡阳市婚姻家庭纠纷专业调解机构——“衡阳市婚姻家庭纠纷人民调解工作室”。各县（市）区婚调委全部挂牌运行，组建包括 14 名专职调解员，180 余名兼职调解员的工作队伍。（陈　静）

【展现妇女巾帼风采】　一是在经济社会发展中建立新功。广大妇女在各行各业施展才华，踊跃参与“巾帼建功”“巾帼文明岗”创建活动，9 个岗位获省巾帼文明岗，2 人获省巾帼建功标兵，2 个单位获省巾帼建功先进集体。开展“三八红旗手（集体）”评选活动，有 5 人获省“三八红旗手”称号，2 个单位获省“三八红旗集体”称号，有 1 人获全国“三八红旗手”称号。继续实施“创业创新行动”，成立女创客“美创联盟”，在衡阳电视台、《衡阳日报》推出“美创空间”专栏，在“衡州有好女”微信公众号上推出美创 style、创投风向标栏目，提供创业指南，宣传推介创业创新典型。举办农村电子商务带头人、巾帼家政服务员、育婴师、手工编织、女大学生 SYB 培训班，1000 余名女性受益。发放妇女小额担保贷款 7287 万元，扶持带动 1500 多名妇女创业就业。携手市科协在全市开展巾帼现代农业科技示范基地创建活动，通过严格的考察和评审，第一批已有 3 个基地正式挂牌。二是在参与政治建设中作为。抓住市县乡三级同步换届契机，推动优秀女性参政议政。妇联界别推荐并考察 14 名优秀女性提名为市第十二届政协委员。各级党代会女代表、人大女代表和政协女委员比例不断提升，市女党代表 91 人，占比为 18.7%；市人大女代表 167 人，占比为 31.63%，比上一届提高 4.73 个百分点；市政协女委员 119 人，占比为 26.8%，比上一届提高 4.4 个百分点。县区女党代表总数 770 人，占比为 23.53%；县区人大女代表总数 1037 人，占比为 36.22%；县区政协女委员总数 842 人，占比为 32.36%。三是在家庭文明建设中展现风采。广大妇女自觉践行社会主义核心价值观，在寻找“最美家庭”、创建文明家庭、传承良好家风中担当主角，以家庭联动单位、服务社会，促进家庭和谐、邻里和善、社区和美，以优良家风滋养社风民风。举办“醉美衡阳最美故事——全市‘最美家庭’‘最美创业’‘最美湘女故事’分享会”和“指尖上的最美”摄影活动，评选表彰市级“最美家庭”10 户、“最美创业”“最美湘女”各 10 人，有 3 户家庭获省“最美家庭”称号，2 户家庭获全国“最美家庭”称号。毛百花家庭获省“书香之家”荣誉称号，李卫兵家庭、吉湘林家庭获全国“第十届五好文明家庭”荣誉称号，聂东元家庭获首届“全国文明家庭”荣誉称号，并受到习近平总书记接见。开展“我爱我家·同悦书香”亲子阅读暨图书漂流公益活动；举办“传承好家风，共建文明城”家庭教育公益讲座168场，受益家长达56831人；建立4所村（社区）家庭教育指导中心和8个“知心屋”，定期开展家庭教育讲座和农村留守儿童关爱服务活动。

（陈　静）

【全市（2016—2020年）妇女儿童发展规划审议通过】 衡阳市召开2016年第16次市政府常务会议。会议审议通过《衡阳市妇女发展规划（2016—2020年）》和《衡阳市儿童发展规划（2016—2020年）》。新一轮妇女儿童发展规划由6个部分组成。即前言，指导思想和基本原则，总体目标，发展领域，主要目标和策略措施，组织实施与监测评估。规划分为定量、定性和倡导性目标，共110项主要目标。其中新生儿遗传代谢性疾病筛查率、新生儿听力筛查率、3岁以下儿童系统管理率和7岁以下儿童保健覆盖率4项目标高于省级标准。

（左　霞）

【组织实施农村适龄妇女“两癌”免费检查】 组织实施农村适龄妇女“两癌”免费检查民生实事项目，全市有43906人接受检查，有133名贫困“两癌”妇女获得中央和省级共137.4万元救助。携手南华附二医院，成立市乳腺癌康健俱乐部，定期为乳腺癌患者提供康复、咨询服务。

（陈　静）

【杜亚玲一行到衡阳走访慰问困难妇女儿童】 2016年2月3日至4日，省妇联主席杜亚玲、省妇联事业发展部部长陈敏、《今日女报》社长王伏虎一行6人到衡阳，前往特困企业蒸湘腾跃工艺厂、衡山县长江镇柘塘村走访慰问贫困妇女儿童，为她们送去节日的亲切问候和“爱心”慰问金。市副厅级干部刘运定、市妇联主席周红玲陪同。

（左　霞）

【衡阳市妇联召开第十四届五次执委（扩大）会议】 2016年2月23日，衡阳市妇联召开第十四届五次执委（扩大）会议，市委副书记邓群策出席会议并讲话，市政府副市长陈竞出席会议。省妇联执委、市妇联第十四届执委、市直各单位妇委会主任和联系妇女工作的相关负责人、市妇联机关全体干部等180余人参加会议。会上，市妇联主席、党组书记周红玲作题为《“巾帼建新功·助力‘十三五’”全力谱写衡阳妇女事业发展新篇章》的工作报告。报告传达中央、省委党的群团工作会议精神，对衡阳市2015年的妇女工作进行全面回顾和总结，对2016年的工作进行安排部署。会议指出全市各级妇联组织要把认真学习好、宣传好、贯彻好中央和省委党的群团工作会议精神和省委《实施意见》作为当前首要政治任务，领会精神实质，认真落细落小落实，切实抓紧抓好抓出成效。要把握新形势新任务，抓住五个契机，争取妇联工作新的更大作为：一要抓住换届契机，把女干部的能力素质提升到一个新的层次；二要抓住“双创”契机，把推动妇女就业创业提升到一个新的空间；三要抓住共享发展的契机，把维护妇女儿童权益提升到一个新的水准；四要抓住文明创建契机，把倡导文明新风提升到一个新的境界；五要抓住深化改革契机，把妇联自身建设提升到一个新的高度。邓群策在讲话中肯定全市妇女工作取得的成绩，指出2016年，全市各级妇联组织紧扣全市工作大局，把握“党政所急、妇女所需、妇联所能”的工作定位，在促进城乡妇女创业就业、维护妇女儿童合法权益、优化妇女儿童发展环境、弘扬社会主义文明新风等方面，工作有成效，为促进全市改革发展稳定做出贡献。并对新形势下如何加强和改进妇联工作提出三点意见：一要始终坚持妇联事业发展的正确方向：把握好政治性这个灵魂核心、把握好先进性这个内在要求、把握好群众性这个根本特点；二要在服务大局中展现新时代巾帼风采：紧紧围绕全市工作大局，创新工作思路，放大独特优势，狠抓工作落实，在推动改革发展上做出更大贡献、在弘扬文明新风上展示更大作为、在维护妇女儿童合法权益上取得更大成效；三要以改革创新精神加强自身建设：要主动适应新常态新要求，以“强三性、去四化”为主攻方向，全力破瓶颈、补短板，努力提高妇联工作质量和水平，要健全组织体系、要注重自我革新、要建强干部队伍、要创新服务方式。会议还补选市妇联十四届执委、常委。（左　霞）

【《反家庭暴力法》宣传月暨家庭律师社区行活动启动】 2016年3月1日，《中华人民共和国反家庭暴力法》(以下简称《反家庭暴力法》)正式实施。这对预防和制止家庭暴力，弘扬文明家风，创建“平安家庭”具有重要的意义。3月1日，《反家庭暴力法》实行之日，由衡阳市妇联、市司法局主办，中共石鼓区委、区政府、区妇联、区司法局等单位联合承办的衡阳市《反家庭暴力法》宣传月暨家庭律师社区行活动在石鼓区五一街道办事处正式启动。石鼓区各相关单位及五一街道居民群众近200余人参加启动仪式，参加仪式的人员在反对家庭暴力条幅上签名，庆祝《反对家庭暴力法》正式实施。活动还邀请省律师协会的熊冬林律师给参会人员解读反家庭暴力法，学以致用的知识抢答掀起现场的高潮。从3月1日开始，历时一个月，衡阳市12个县市区都开展“反对家庭暴力，促进性别平等”宣讲活动，旨在提高全市对维护妇女合法权益，贯彻男女平等基本国策的认识，为促进和谐衡阳发挥作用。

（左　霞）

【乳腺癌康健俱乐部成立仪式暨病友联谊会启动】 2016年5月28日，南华附二、衡阳市妇联乳腺癌康健俱乐部成立仪式暨病友联谊会温情启动，200余名乳腺癌病友及家属参加此次活动。南华大学附二医院院长汤永红致辞。衡阳市妇联主席、党组书记周红玲倡导社会各界广泛关注，打造好衡阳市乳腺癌康健俱乐部，办好病友联谊会。南华大学附属第二医院业务院长廖勇仕、中医科主任吴晓慧、乳甲外科副主任王佑权分别作题为《如何进行乳腺自检》《乳腺癌的饮食方案》《怎样阅读乳腺报告》的专题讲座。

（左　霞）

【女企业家协会年会召开】2016年6月28日，衡阳市妇联、市女企业家协会联合举办2016年度衡阳市女企业家协会年会暨创业创新分享会。市委常委、宣传部部长刘丽华，市政协副主席、市工商联主席、市总商会会长谢明芳出席会议，市高新技术产业开发区、社会组织管理局、女商会、侨商会等有关部门和协会的领导和嘉宾，以及新老会员共200人参加会议。市委常委、宣传部部长刘丽华代表市委市政府肯定市女企业家协会服务会员、服务大局的工作成绩，肯定女企业家们在创业创新、慈善公益等方面对衡阳经济社会发展做出的贡献，希望女企业家们主动适应衡阳经济社会发展的大局，为推进新衡阳建设、实现全面小康做出贡献。市妇联主席周红玲寄语女企业家志存高远，激情创业，推动企业做大做强，撑起衡阳经济发展的“半边天”。会长谢芸鸿作工作报告。4名女企业家代表作创业创新分享。会上，增补35名新会员和5名副会长，市委常委、宣传部长刘丽华为“全国巾帼建功标兵”谢芸鸿颁奖。会员们自编自演的文艺节目，合唱《鸿雁》、舞蹈《天路》、T台秀《风采》、茶香琴画表演《荷香茶韵 渔舟唱晚》、旗袍秀《女人花》、禅舞《卷珠帘》等，展示企业家们的时代风采。

（左　霞）

【首家“婚姻家庭纠纷调解工作室”成立】 2016年9月22日，衡阳市首家婚姻家庭纠纷专业调解机构——“婚姻家庭纠纷人民调解工作室”揭牌成立仪式在湖南居安律师事务所服务大厅举行。工作室由职业律师、婚姻家庭咨询师、心理咨询师、社会工作师、妇女工作者、巾帼志愿者等组成的专兼职调解队伍。调解方式包括接待咨询、上门调解、热线电话、举办讲座等形式，工作室设置专门的婚姻纠纷接待室和调解室，周一至周五每天都有专人负责接待工作，对需要进一步调解的案例组织专家调解团队进行“一对一”调解。　（左　霞）

侨　联

【概况】 2015年，衡阳市外事侨务港澳工作主动服务衡阳经济社会发展，服务人民群众对外交往，加强与海外华侨的联谊工作，吸引华侨华人、港澳同胞参与衡阳的建设与发展。一是加强与海外华侨的联谊工作。抓住重要节假日海外华侨回乡里祭祖探亲的机缘，采取上门看望慰问和发慰问信、电子邮件等新型联谊方式，让华侨华人看到故乡的巨变和感受来自故乡的温暖。做好海外华侨华人到衡阳访问的接待工作，以诚待友，以情感人。二是配合国家“一带一路”战略，组织衡阳本土企业“走出去”，推介衡阳经济发展情况，讲好衡阳故事；搭建招商引资的桥梁，吸引侨商回家乡投资建厂，服务衡阳经济发展。三是广泛凝聚侨界智慧，更广泛地参政议政。组织侨商代表撰写撰写《关于加强群团组织工作职能的建议》等20份提案、建议，均被政府采纳。此外，还赴各地调研，形成调研报告《进一步加大开放发展力度，打造衡阳经济升级版》，报送相关部门获得好评。四是切实维护侨商侨胞权益，为归侨侨眷排忧解难。做好相关涉侨法律的宣传工作，为保护侨商侨胞权益打下坚实的法律基础。为部分生活困难的归国侨眷，解决生活难题。（王艺璇）

【联络联谊】 以“乡情、亲情、友情”为纽带，加强与海外侨社团中新生力量的联谊工作，培育、增强新侨的认同感和归属感。抓住海外华侨华人回乡寻根祭祖和春节、端午节、中秋节等重大节日等机会，上门看望慰问或寄发慰问信、电子邮件等1000多人次。先后接待回乡探亲的加拿大华人著名画家王安东、德国华人李辉、丹麦华侨黄姝婕、美国国家疾病控制中心高级流行病学专家胡少华博士、美国芝加哥华侨廖凤英、美国王太和律师、德国湖南同乡会会长湘商总会会长李先秋等100多批200多人次知名海外华人华侨。先后促成海外侨胞胡少华、颜利平博士分别到衡阳作学术交流（授课）2次。协助上级侨联同南岳区侨联一起接待台湾华侨协会总会理事长陈三井一行40人参访衡阳保卫战纪念馆、祭拜南岳忠烈祠抗日英雄，做好“侨中有台，台中有侨”工作，加强与台湾侨社团的联系，为推进祖国统一工作做出努力。

（邹　琰）

【服务经济】 一是“走出去”，寻求合作与发展。为开阔衡阳侨商（客商）眼界，把握新时期发展机遇，组织侨商和全球知名客商欢聚北京参加京交会2016世界客商“一带一路”经贸文化论坛。世界客商、海内外各界代表近千人齐聚盛会，结识广东省、福建省、江西省、海南省、天津市、加拿大中华会馆、印尼等10多个海内外的客家联谊会、世界客商的新朋友，推介衡阳经济发展情况，加大衡阳对外宣传，扩大衡阳对外影响力。响应党中央、国务院“大众创业，万众创新”的号召，联络组织湖南海联三一小苏打有限公司、衡阳市蒸湘腾跃工艺厂等侨资企业参加由江苏省侨联承办的中国侨联新侨创新创业成果展，展示衡阳新侨创新创业成果，发挥侨界高端资源聚集的优势，为自主创新能力的全面提升建功立业。首次开展美国侨情调研工作，密切与海外侨社团联系，掌握侨胞们海外企业生产经营和生活状况，听取侨胞们对侨联工作的意见和建议，为他们送去党和政府的亲切问候和关怀。与美国南加州湖南同乡联谊会共商增进两地情谊的工作机制，就为衡阳贫困学生捐资助学，扶贫帮困工作研究制订实施方案。二是搭好“招商桥”，引资引智引技。利用自身优势，多方面助推衡阳经济发展。通过引导侨界群众向海外宣传衡阳发展成果，支持归侨、侨眷、海外侨胞为衡阳市科学发展献计献策、捐资出力。巨子·湖南杜克智能设备有限公司落户衡阳白沙洲工业园，“红娘”是衡阳引进的留德“海归”——湖南杜克智能设备有限公司CEO许哲，成功引进德国技术并进行二次研发，将中国机器人制造业的技术水平提升到世界一流水平，提前实现中国《中国制造2025》设定的产业目标，为“十三五”规划的实施发挥独特作用。参加“衡州经济论坛”，围绕全市“奋力加快发展，实现富民强市”总的发展战略，引导、服务侨企用好发展政策、解决发展困难、突破发展瓶颈、加快转型升级，收到明显效果。参加衡阳市留学人员创业园正式开园仪式，对外加大宣传力度，尽力为新侨人才和归国留学人员的学习、联谊、创新创业牵线搭桥。争取北京市朝阳区侨联支持，在北京海归创业学院“优客工场”，为衡山县留美村官秦玥飞帮助衡阳土特产走向世界搭建平台，为助推衡阳经济发展提供服务。（邹　琰）

【参政议政】 开展多种形式的调查研究活动，参政议政。继续发挥侨联参政议政委员会和法律顾问委员会的作用，为凝聚侨界人才、依法维护侨益、服务衡阳经济社会发展建言献策。一是严格程序把关，做好换届提名工作。经过党员大会和党组会议推荐，市直机关党组织两次差额选举市侨联办公室主任扶金辉当选衡阳市第十一次党代会代表，并出席会议。根据市委安排，结合换届年，党组四次召开会议提名研究，推荐侨联界政协委员、侨界人大代表，进行提名前考察和提名拟定后考察程序，严把质量关。共有95名侨界人士分别当选市、县（市）、区人大代表和政协委员，其中两位专职副主席分别当选市人大常委和市政协常委。二是建言献策，提升参政议政能力。全市共有5篇侨情专报被中国侨联、省侨联采纳，2篇理论调研文章分别获市政协优秀奖和市委统战部优秀理论调研成果优秀奖。同时，组织衡山县、衡阳县、衡南县、常宁市、耒阳市、南岳区等地侨界人大代表和侨联界政协委员撰写《关于加强群团组织工作职能的建议》《县城噪音治理方案》《关于开发建设西渡老街的意见》《关于整治蒸水流域环境的建设》等20多份提案、意见、建议、调研报告，均得到采纳。市侨联机关、常宁市和衡山县等单位宣传工作亮点纷呈，全年共发表在各类媒体信息120多篇，为宣传衡阳做出贡献。三是深入调查研究，服务衡阳科学发展。发挥联系广泛的独特优势，多次深入全省贫困县——祁东县城连墟乡、鸟江镇、石亭子镇、四明山管理区、风歧坪乡等侨乡卫生院和市委部署联点扶贫村——南岳区红旗村进行走访调研。争取社会各界力量进一步关心农村卫生院，服务好基层老百姓，促进农村医疗卫生事业健康发展和精准扶贫工作早日完成。为引导侨企进一步转变方式，适应新形势要求，先后走访50多家侨企，实地开展侨商会会员基本经营情况调研活动，掌握全市侨商会会员基本经营情况，形成调研报告，逐级汇报，促使侨企整合资源，加快推进转型升级，发挥优势做出努力。发挥参政议政委员会作用，开展关爱侨界贫困群众的调研活动。组织侨联界政协委员、侨界专家学者深入衡东县、衡南县、白沙洲工业园、保税区、衡山科学城、市人社局、发改委、商粮局等部门调研，形成调研报告《进一步加大开放发展力度，打造衡阳经济升级版》，报送相关部门获得好评。为使海外侨胞进一步关心家乡经济发展，更好地为衡阳项目、技术、人才引进工作牵线搭桥，利用接待美国侨胞颜利平博士一行的机会，陪同其赴衡阳市和祁东县，实地考察市容市貌、祁东归阳工业园内的湖南中亚光电科技有限公司、湖南福鑫不锈钢制品有限公司、湖南长城科技有限公司等企业，参观园区污水处理厂和归阳千吨级码头建设等情况，并就企业进一步做强和加强城市管理等方面进行交流和探讨，助推衡阳市经济繁荣和侨界扶贫攻坚。

（邹　琰）

【维护侨益】　坚持为侨服务，依法维护侨界群众合法权益。一是加强普法宣传，增强侨界法治观念。为使涉侨法律法规深入人心，扩大影响，承办“统战大讲坛”第十五讲，邀请省侨联党组成员、副主席兼秘书长孙民生以侨联工作实务为主题为全市统战系统干部和侨界群众作侨法讲座。利用全委会，邀请湖南天戈律师事务所党支部书记、副主任、市侨联法律顾问委员会副主任肖启信以《如何保护归侨侨眷的合法权益》为题为侨界群众和侨联工作者讲座涉侨法律知识，答疑解惑，获得一致好评。参加干部在线学习和七五普法考试，认真学法普法用法，取得成绩。二是排忧解难，为侨界办实事。做好侨界群众信访工作，依法维护海外侨胞、归侨侨眷的合法权益。2016年，接待来信来访，协调帮助印度归侨刘梅芳等申请廉租房2套，为残疾老归侨贝文友等协调经济纠纷12人次，使侨界群众满意率达100%。兼职领导和委员戴毅明、王文军、肖启信、傅哲、王毅、谢毅强、胡彪等多次免费帮助侨界群众排忧解难，得到侨界群众的一致称赞。协助省侨联协调市、县政府部门，为福建侨胞刘流水先生等经营的衡阳县日晟石业有限责任公司解决采矿权延续问题，并向上级提出建议意见，收到较好的效果。坚持开展“送温暖、献爱心”活动。在元旦、春节、端午、中秋等重要节日对重点特困归侨侨眷进行走访慰问，并对70岁以上归侨侨眷寿、病、丧等重大事件进行关爱，共走访慰问归侨、侨眷200余户，送去慰问品和慰问金15万元。（邹　琰）

【公益事业】　引导、联系香港吴星可慈善基金会三次来到衡阳分别为常宁市、祁东县、衡山县等地捐赠轮椅、医疗器械、电热毯等100多万元钱物。为纪念美籍爱国华侨、著名实业家、欧阳遇实验中学捐资人黄彰任诞辰一百周年暨建校30周年庆祝活动，协助衡东县欧阳遇中学举办纪念活动，组织海内外校友、各界人士、在校师生近5000人共聚衡东、承建项目、捐资捐物达100多万元支持母校发展。市侨联机关响应市委号召，举办“慈善一日捐”活动，共捐赠3600元，表达侨界人士的爱心奉献精神。（邹　琰）

【精准扶贫】 争取省侨联扶侨帮困专项资金4万元，落实对祁东县等地特困归侨实施维修住房帮扶工作。按照市委安排，重点联系南岳区红旗村11个贫困户，分别对他们进行多次走访、慰问、宣讲党的政策，帮助村委为他们制订脱贫计划，先后利用2.2万元帮扶资金，协助村委使他们在2016年底全部脱贫。成功续办第六个市五中“珍珠班”，解决40位贫困学子免费完成高中学业。（邹　琰）

【李玲会见著名画家王安东一行】 2016年2月5日，衡阳市侨联主席李玲在市侨联机关会见回乡探亲的加拿大华人、著名画家王安东一行，双方进行亲切友好交谈。市侨联副主席兼秘书长徐志明陪同参加会见。（王艺璇）

【衡阳市政协侨联代表团访问美国南加州】 2016年3月29日，由湖南衡阳市政协副主席刘日煊和衡阳市侨联主席李玲带领的衡阳市赴美考察团专程到王太和律师事务所，受到南加州湖南联谊会会长李珮明、前会长颜利平率领联谊会的多位理监事及多位乡亲的欢迎。市政协副主席刘日煊即席发表讲话鼓励乡亲们融入美国社会，取得更大的成就，还代表市委、市政府欢迎乡亲们回到湖南尤其是衡阳投资、兴业。市侨联主席李玲代表市侨联对在美乡亲表达慰问之情，并欢迎大家与侨联联系，市侨联愿意为乡亲们排忧解难，当好侨胞和祖国联系的桥梁，做好海外侨胞的“娘家人”。会上，李珮明和颜利平与考察团的各位领导初步确定将由南加州湖南联谊会出面组织湖南乡亲，并由联谊会的会长、副会长等领导带队，集体回家乡参观、考察，以明确具体的合作项目和方式。（王艺璇）

【衡阳市侨联召开七届五次全委（扩大）会议】 2016年5月23日，衡阳市侨联召开七届五次全委（扩大）会议，市侨联七届委员会、参政议政委员会、法律顾问委员会、市侨商会全体人员参加会议。会议分为两个阶段进行。第一阶段由湖南天戈律师事务所党支部书记、副主任、市侨联法律顾问委员会副主任肖启信以《如何保护归侨侨眷的合法权益》为题作涉侨法律知识讲座。会议第二阶段，市侨联副主席兼秘书长徐志明传达学习省侨联七届三次全委会议精神；市侨联主席李玲代表市侨联七届常委会作工作报告，回顾总结2015年市侨联主要工作，部署2016年主要任务。会上，还分别卸免、增补一名市侨联七届委员会委员，增聘美国国家疾病控制中心高级流行病学专家、美国亚特兰大湖南同乡会会长、湖南省侨联海外顾问胡少华（美国）博士为市侨联顾问。会议由市侨联副主席胡仲敏主持，市委统战部副部长、市侨联党组书记张永英出席会议并作讲话。（王艺璇）

【衡阳市21名侨联工作者获得中国侨联荣誉证书】 2016年是中国侨联成立六十周年，中国侨联决定向全国5997名从事侨联工作20年以上的工作者颁发荣誉证书。湖南省有106名侨联工作者获此殊荣，其中衡阳市有21名侨联工作者榜上有名，分别是吴国良、沈体洋、罗丹、林多湘、廖可与、梁红丽、梁红冰、单新元、戴毅明、吴琼、杜应生、唐亚平、邱曙光、陈伟、郭颂春、李瑞芬、王一社、李波、温枫、谢光明、谭先贤。（王艺璇）

【李玲会见德国湖南同乡会会长李先秋】 2016年10月13日，衡阳市侨联主席李玲会见回乡探亲的德国湖南同乡会会长、湘商总会会长李先秋一行，双方进行亲切友好的交谈。李玲对李先秋会长一行的到访表示欢迎，对他被评为“2015全球湘商十大杰出商会会长”表示祝贺，对德国湖南同乡会为家乡所做的贡献表示感谢。同时向他们介绍衡阳的变化和侨情，对中国侨联成立60周年系列活动情况进行交流，希望李先秋多关注家乡的发展变化，加强沟通，为推动衡阳的对外宣传和交流，为家乡的经济发展多做贡献。李先秋表示，“自中国提出‘一带一路’建设，就一直在寻求机会着手为企业转型牵线搭桥，利用联系广泛的优势，做大做强中德两国间的商品进出口贸易，把商会建设成湘商国际交流的大平台”。市侨联副主席兼秘书长徐志明参加会见。（王艺璇）

社科联

【社科课题规划指导】 2016年，衡阳市社科基金项目立项工作坚持“面向全市、择优立项、保证重点”的原则，共立项重大项目2项、重点项目10项、市情研究课题13项、一般项目23项、自筹经费项目152项、特别委托项目1项。同时，市社科联向省社科联争取到衡阳市应用对策研究课题资助项目1个，共含有20个子课题。市社科联兼职副主席、教授刘沛林的社科研究成果《新型城镇化建设中留住乡愁的理论与实践探索》被《新华文摘》全文转载。（胡兴安）

【社会科学普及工作】 一是宣传贯彻《湖南省社会科学普及条例》2016年1月1日施行的《湖南省社会科学普及条例》是湖南省社会科学领域的第一部法律，标志着湖南省社会科学普及工作走上法治化轨道，也使湖南成为全国第五个出台社会科学普及条例的省（市、区）。为宣传贯彻条例，首先，市社科联订购单行本300余份，分赠市委常委等市级领导、社科机构工作者、社科专家代表人士等人手一份阅读；其次利用市各种社科活动特别是社科工作会议反复宣讲、学习；再次，参加省社科联、支持衡南县社科联举办的2016年度社科普及宣传周活动启动仪式。二是组织开展贯彻中央、省委、市委的有关重要会议精神的各项活动。6月6日，市社科联组织举行全市社科界深入学习贯彻习近平总书记在在全国哲学社会科学工作座谈会上重要讲话精神座谈会，市委宣传部部长刘丽华发表书面讲话。会议强调，全市社科界要认真学习贯彻习近平总书记重要讲话精神推进衡阳社科工作更好地围绕中心服务大局，把握正确导向，加强工作规划引领；围绕中心服务大局，增强工作的针对性和实效性；发挥桥梁纽带作用，增强社科工作的凝聚力；完善制度，强化管理手段，创新机制，整合社科资源，加强机关自身建设，合力把市社科联打造成“市社科工作者之家”。三是市社科联主席、党组书记王柏新参与市委宣传部组织的全市社科理论宣讲活动。全年在市、县、乡三级不同单位开展共20余场次的社科理论宣讲活动，拥有听众达3000多人次。（胡兴安）

【哲学社会科学优秀学术著作出版资助工作】 2016年12月15日，市社科联邀请专家对17部申请2015年度出版资助的学术著作进行审评。经过社科联党组初评，共有11部著作获得2015年度衡阳市优秀社会科学学术著作出版资助。（胡兴安）

【“纪念彭玉麟诞辰200周年学术研讨会”活动】 市社科联参与筹备暨承办“纪念彭玉麟诞辰200周年学术研讨会”活动，邀请专家、彭玉麟研究爱好者等方面人士120多人参加会议。市委常委、市委宣传部部长刘丽华出席会议并讲话；与会专家、彭玉麟研究爱好者等50余人进行学术研讨活动，有40位研究彭玉麟的专家学者在研讨会上进行大会交流或书面交流；《衡阳日报》等传媒分别进行专版、专题报道。（胡兴安）

【《衡阳抗日保卫战史稿》一书审订完成】 由衡阳地方文史学者李岳平牵头，会同衡阳市社科研究者李银、陈桂芬合著的150万字《衡阳抗日保卫战史稿》一书，已经完成该书稿的审订工作，并送交中国文史出版社审定。（胡兴安）

文联

【协会管理和服务工作】 一是加强对协会的管理、指导与服务，切实发挥协会的职能作用。2016年对市舞协、市收藏协会、市音协、市摄协、市评论家协会、市曲艺术家协会进行成功换届。集中为全市各文艺家协会搞好年检工作，为协会服务。指导筹备成立衡阳市公安文联与衡阳市检察文联。7月28日，衡阳市公安文联召开第一次代表大会，选举产生第一届理事会和主席团。市公安局党委委员、副局长、政治部主任何恒芹当选为主席。二是发动重点文艺骨干申报2016年度国家艺术基金，青年画家崔文学成功申报2016年青年艺术创作人才资助项目。启动衡阳市文艺人才“五十工程”第一批扶持项目。7月初，对入选衡阳市文艺人才“五十工程”第一批扶持名单的艺术家召开扶持项目申报会，上报11个项目，经专家评审，给予重点扶持。联合高新开发区帮助成立衡阳市管弦乐团，指导、扶植“生态一号美术馆”建设。参加市政协组织的“基层公共文化体系建设”调研活动，撰写调研报告《衡阳市文艺惠民工作面临的窘境》。

（卢　霞）

【文艺创作】　一是开展以“文明衡阳·幸福小康”为主题的文艺创作活动。根据衡阳市创建全国文明城市工作领导小组办公室《关于举办2016年“文明衡阳·幸福小康”文艺创作大赛的方案》精神，以及市委宣传部的安排要求，市文联于2016年开展以“文明衡阳·幸福小康”为主题的文艺创作活动，发动全市文学、书法、美术、摄影、音乐、民间艺术等专业的文艺创作人员及业余文艺爱好者参加。启动“英雄吉湘林”事迹连环画创作，书法、美术、摄影、文学等艺术门类强强联合，打造文艺精品，弘扬社会正能量。二是开展“庆祝中国共产党成立95周年”主题文艺创作活动。为庆祝中国共产党成立95周年，衡阳市文联发动全市文艺家们以文艺的形式抒唱“共产党好、社会主义好、改革开放好、伟大祖国好”的时代主旋律。特别是美术、书法、摄影家及爱好者精心创作美术、书法、摄影作品上千件。评选出130件优秀作品，在国庆期间，与庆祝建国67周年、纪念红军长征胜利80周年书法、美术、摄影展一块展出。市美术家协会组织革命传统采风创作丰收，围绕庆祝建党95周年，组织画家到江西瑞金、河南洛阳及市内省革命教育基地进行采风，共创作近100件作品。颜志武、李清白、赖尚平三人创作的《湘南暴动》作品入选由中国文联、中国美协举办的“庆祝中国共产党成立95周年全国美术作品展”。颜志武、颜士超《春晖》、邹宏伟《突围》、崔文学《丰稔》、等11件作品入选湖南省文联、湖南省美协举办的“庆祝中国共产党成立95周年湖南省美术作品展”。三是开展以“文明衡阳·幸福小康”为主题的系列艺术展览活动。3月，刘富春九十华诞书法展在衡阳书画院开展。4月，衡阳市作协和王一集团在香江艺术馆举办“春润香江”诗歌朗诵会。4月，著名书法家张羽翔在珠晖区光明街衡阳铁路职工培训基地为大批中青年书法爱好者讲述草书书写的技巧。5月，“绿天蕉影，潇水情怀”罗峰林书法作品展在市美术馆开展。6月，“意象衡阳”衡阳首届油画双年展在衡阳师范学院举行，展出的油画作品共计112件。6月，市美术家协会在珠江合创举办的“庆祝中国共产党成立95周年”优秀美术作品邀请展。7月，南华大学副教授马汉钦在市文联承办的石鼓书院大讲坛·国学讲座主讲《话说彭玉麟的梅花诗》。　（卢　霞）

【组织开展新春送春联猜灯谜文艺惠民活动】　2016年1月26日，市文联组织市书协与市美协的部分艺术名家，来到雨母山艺术部落，配合“蒸湘区2016三下乡暨中共十八届五中全会精神进农家”活动，为当地老百姓现场抒写春联2000多幅。1月27日，组织省文艺惠民基地三缘文化公司的艺术家与市书协的部分名家到衡阳市夕阳红老年公寓，为2000多名老年人献上一台精彩的文艺节目，并抒写春联千余幅。1月29日，市文联组织部分书法名家与楹联家赶往衡南县云集镇高堡村，配合2016年衡阳市“文化下乡、迎春送福”活动，为村民抒写春联达3000多幅。2月3日，市文联组织8名书法名家走进湘衡盐矿，为企业一线员工抒写春联800多幅。

（卢　霞）

【开展“文艺志愿者服务日”文艺惠民活动】　2016年5月23日是毛泽东《在延安文艺座谈会上的讲话》发表74周年纪念日，也是第三个“中国文艺志愿者服务日”。衡阳市百余名文艺志愿者走进耒阳市泗门洲社区开展慰问演出活动。为基层文化站送去上百册书籍，给8名贫困小学生进行捐助，对泗门洲敬老院22名孤寡老人给予物质慰问。省文联文化惠民基地三缘艺术团送上一台文艺惠民节目，耒阳市书协组织4名书法家现场创作书法作品，衡阳市委常委、宣传部部长刘丽华，

衡阳市委宣传部常务副部长王郦君，衡阳市文联主席林乐伦及耒阳市部分领导参加慰问演出活动。（卢　霞）

【近百名文艺家走进茶山坳镇进行文艺惠民演出】　2016年7月17日，值庆祝中国共产党成立九十五周年之际，市委宣传部、市文联组织近百名文艺家走进茶山坳镇堰头村梨园，进行文艺惠民演出。活动现场，市花鸟画家协会向镇政府、力丰公司授牌写生基地，并赠送书画作品，市文联林乐伦参加演出活动。（卢　霞）

武　装

责任编辑：熊　雯

衡阳警备区

【概况】 2016年，衡阳警备区坚持完成上级赋予的各项任务，部队全面建设有新的进步，警备区被省军区评为军事训练、新闻宣传工作、全面停止有偿服务工作先进单位，被中央军委国防动员部评为安全稳定工作先进单位。

一、思想政治建设。坚持把思想政治建设摆在首位，扭住学习中央军委主席习近平系列重要讲话精神这根红线，着力打牢官兵看齐追随的思想根基。统筹抓好部队思想教育。紧跟最高统帅思想步伐，坚持把学习习近平系列重要讲话精神引向深入，突出“治国理政篇”“强军兴军篇”“国防动员篇”，在系统学习、领会要义、知行合一上下功夫，确保思想上行动上保持高度统一；坚持运用“五步法”以上率下抓好理论学习，统筹抓好军队改革教育、主题教育、基础教育和经常性思想教育。适应军队改革要求，跟进做好干部思想稳控工作，引导官兵讲政治、顾大局、守纪律、尽职责，正确对待进退去留，以实际行动接受改革考验，30名转业干部都能坚决服从改革、听从命令，按时到地方报到，做法被省军区转发。

二、练兵备战。牢固树立战斗力标准，围绕强军目标抓实战备训练，着力提高部队遂行多样化军事任务的能力。一是战备训练标准更严。严格落实战备制度，节假日期间通过监控系统，每天组织视频交班，检查战备值班秩序，结合节日组织战备教育和演练，各级战备观念明显增强，师团两级共接受国防动员部、南部战区和省军区战备抽查50余次，无一差错。师团两级投入400余万元添置防汛、防火、维稳等装备器材。坚持把抢险救灾、维稳处突纳入民兵应急分队常态化训练科目，把首长机关训练纳入干部日常管理，每月有计划，每季有考核，严格按照计划组织训练，全年组织45期基干民兵训练，参训合格率保持在95%以上，参加省军区年终考核成绩优异。完成湘南3市共526名军校生、国防生体检面试和全市29420名高校新生、42000余名中学生军训任务。二是民兵整组工作更实。落实“编为战、编为用”要求，把握应急应战双重职能，坚持“任务牵引、均衡合理”原则，对全市民兵队伍进行整合，先后调整民兵分队××支、编组单位××家，在乡镇、街道编组民兵较2015年减少××人，在产业园区和直属局办增编××支队伍××人。“三支队伍”在位率、出动率、退伍率、专业对口率和信息完整率明显提升。三是兵员征集质量更高。落实“五率”要求，细化指标参数，落实主体责任，明确各级岗位职责和奖惩措施，逐个签订责任书，严格奖惩，狠抓征兵宣传，完成直招士官征集任务，大学生征集比例达到35%，18周岁男性公民网上兵役登记率100%。

三、制度规范建设。适应新政新规，突出抓好全面停止对外有偿服务和财经秩序专项整治等工作，扎实抓好后勤管理。严格财务管理。坚持党委集体理财，严格落实财务管理各项新政新规，制定完善警备区财务管理各项规定，严格落实联签审批、资金集中支付、物资集中采购和公务卡强制结算制度，着力纠治预算管控不力、经费开支不规范、审批把关不严、公务消费超标、虚假发票报销等重点敏感问题，全面从严规范财经秩序；坚持集中财力优先保障战备训练、人才培养、基层建设和重大演训活动，警备区本级投入战备训练及解决基层实际问题经费占比达71%，经费保障效益不断提升。专项整治从严从紧。严密组织财经秩序专项整治，成立由警备区组干、战勤、供应等人员组成外调暗访组，暗访定点采购、定点维修点等业务相关单位，查看警备区基本账户与各供应商经费往来情况；采取交叉检查方式，对2013年以来所有经费开支进行逐一核查，逐一列出问题清单，严格按上级规定，逐一整改落实，确保问题清零见底，经得起上级审计检查。全面停止有偿服务。中央军委、国防动员部和省军区关于全面停止开展对外有偿服务通知下发后，警备区行动迅速，态度坚决，及时研究制定方案，对全区有偿服务工作进行全面清查，切实摸清底数，按上级明确的时间切点关停项目115个，其中本级25个，各人武部90个，得到省军区首长肯定。

四、基层基础建设。始终把工作重心放在抓基层打基础上，聚焦省军区“两个转变”要求，着力提高基层建设整体水平。一是建强民兵应急队伍。制作下发图册和民兵“七本”“两卡”，全面规范民兵分队组、训、管、建、用、保等十项标准。争取地方党委政府支持，将应急分队建设经费纳入各级政府财政预算，建立常态化保障机制。市、县两级专项解决民兵建设经费473万元，为专武干部、基干民兵配备服装、鞋帽和配饰，解决民兵通用装备采购和征用问题。依托四个城区组建市民兵应急营，投入100万余元改造市应急营营部办公场所，完善配套设施建设，按规范要求配齐专业装备。二是优化基层武装机构。适应地方乡镇区划调整变化，警备区党委专题研究基层武装机构建设，共撤销合并基层武装部37个，明确撤并后武装工作隶属关系，防止武装工作出现空档。公开选拔招录14名专武干部，提拔使用26名基层武装部长，对34名表现一般的专武干部调整任职。注重加强民兵党组织建设，在应急营设立党委，在15个应急连设立党支部，发挥党员民兵模范带头作用。三是持续抓好基层建设。制定民兵基层建设《标准与规范》，细化量化抓建标准，明确办公场地设置、物品摆放、资料整理等基本要求，警备区常委分片督导抓建，机关干部每人定点指导1个单位；人武部领导分片包干，深入基层督导检查，搞好帮扶帮建，常态化抓好末端落实；基层单位依据标准逐项逐条抓好落实，全力推进基层建设。截至年底，全市基层武装部和有村部的村级民兵营全部达标。

五、党管武装建设。通过强理念、建机制、抓协调，市县两级地方党委政府管武装、建武装、用武装意识不断增强，兴武强市氛围越来越浓。一是党管武装有亮点。在地方党委换届后，及时协调召开党管武装暨抓建基层工作会议，给党政主要领导上好党管武装第一课，议军会重点研究解决退役军人及随军家属安置、经费保障、军人优抚优待、涉军维稳等重难点问题，制定出台《关于加强国防后备力量建设若干问题的意见》，两个做法被省军区转发。结合地方党委换届，组织珠晖、衡南、常宁等8个县市区人武部党委第一书记宣布任职命令和任前谈话，强化第一书记落实党管武装责任意识。协调地方党政领导组织召开人武部营院建设推进会，推进蒸湘区和珠晖区人武部营院搬迁新建、石鼓区人武部综合楼建设。组织全市党政领导过军事日，邀请国防大学教授到衡阳进行空天安全威胁与应对的专题辅导授课，增强各级党政领导国防意识和党管武装观念。二是国防教育有特色。打造国防教育网、微信公众号、《衡阳国防》杂志、《衡阳日报》“国防后备军”专栏、衡阳电视台“国防之声”专栏、手机短信“六位一体”具有衡阳特色的全民国防教育品牌，宣扬以深化国防和军队改革为重点的国防教育知识，全年共发稿5000余篇（次），网上和微信点击量近100万次。组织召开市国教委全会，参观不同类型国防教育现场，总结工作、部署任务，表彰先进，进一步压实各级责任。落实国防教育“六进”制度，师团两级领导带头到地方党政机关、学校、企业、社区进行国防教育讲座近100场（次），宣讲国防教育法规、解读国家安全形势，各级国防意识明显增强。三是双拥共建有进步。坚持以创建全国双拥城、全国文明城市为抓手，动员组织驻衡阳部队和民兵预备役人员深入开展双拥共建，组织开展新农村建设、“一帮一”助学助民、义务献血、慈善一日捐等活动，先后出动官兵和民兵预备役人员38次、2852人，为减少灾害损失、维护社会稳定、支援地方经济建设做出贡献，军政军民关系更加融洽。四是精准扶贫有成效。发挥驻军牵头协调职能作用，协调驻军踊跃参与，实施结对帮扶。师团两级党委班子成员带头进村联户，带头与贫困户“结穷亲”，各级领导带头深入田间地头，对帮扶贫困户和贫困人口进行全面精准识别，核准贫困对象，找准致贫原因，定准贫困类别，建立台账，因地制宜搞好解难帮困、扶贫攻坚，全年共完成脱贫210户、959人。

（徐佳琳）

【郭辑山到衡阳考察民兵工作】 2016年3月3日—4日，湖南省征兵办主任、省军区参谋长郭辑山到衡阳考察民兵整组备案、征兵登记工作。市委常委、衡阳警备区政委廖茂雄出席汇报会，衡阳警备区司令员贺小坤作工作汇报。2016年，衡阳警备区师团两级对照省军区整组备案问题，从“四个方面”深入研究作战任务：立足实际定任务，把防卫作战干什么搞清楚；瞄准打赢定部署，把防卫作战怎么打搞清楚；围绕作战定需求，把作战力量怎么分配搞清楚；合理区分定防卫，把重要目标怎么防搞清楚，做到精确构想作战行动，合理编配作战力量，精准对接作战任务与编组需求，有效增强整组备案工作成效。考察期间，郭辑山随机对衡阳警备区官兵军事体能、战士内务进行考核，抽查雁峰区人武部民兵整组备案、征兵登记工作，检验蒸湘区森林防火分队、石鼓区民兵应急分队机动演练能力，以及市人防办人防指挥中心升级建设情况。（彭　涛）

【全市全民国防教育工作会议召开】 2016年4月21日上午，2016年全市全民国防教育工作会议召开。市委常委、衡阳警备区政委廖茂雄主持会议，市委常委、市委宣传部部长、市国教委主任刘丽华出席会议并讲话。2016年，衡阳市成立市国防教育宣传中心，并在全省率先创造国防教育“互联网+”宣传模式，开办市国防教育网、“衡阳国防”微信公众号、《衡阳国防》杂志。廖茂雄强调，要把国防教育摆到国家安全形势这个大背景下来思考，摆到推动地方经济社会建设中来筹划，摆到服务军队改革中来研究，突出抓好国防和军队改革政策宣传，强化大局观念和政治责任，从思想上、舆论上营造拥护支持改革的良好氛围，为全面实施改革强军创造良好环境和条件。刘丽华就进一步加强新形势下国防教育工作提出明确要求，要正确把握当前形势，进一步增强做好国防教育工作的责任感和紧迫感；突出重点，注重实效，扎实推进我市国防教育工作创新发展；加强领导，改进工作，努力开创衡阳市国防教育工作新局面。副市长、市国教委副主任陈竞，衡阳警备区副政委、市国教委副主任欧阳大力出席会议。（彭　涛）

【张剑飞、和自兴到衡阳调研考察】 2016年5月29日，副省长张剑飞、中核集团副总经理和自兴来衡阳考察调研时表示，全力支持衡阳加快建设军民融合产业示范区。市委书记、市人大常委会主任周农主持座谈会并讲话，市委副书记、市长周海兵介绍本市相关工作情况。在周农和周海兵的陪同下，张剑飞、和自兴来到中核二七二铀业有限责任公司了解企业的光荣历史、项目建设及发展规划情况。中核二七二铀业公司始建于1958年，是“二五”期间由原苏联援建的156个重点项目之一，曾为中国“两弹一艇”的研制做出重要贡献，是中核集团规划的南北两个铀纯化转化生产基地之一，在技术研发和高端制造方面拥有一系列自主知识产权。衡阳市在白沙洲与东阳渡交汇部位，规划总面积达10平方千米的军民融合产业示范区，发展军民融合科技开发、节能环保、核材料配套、现代物流与综合保税区发展平台等主导产业。在座谈会上，张剑飞表示，衡阳加快推进军民深度融合发展前景广阔、潜力巨大，中核集团与湖南省、衡阳市两级政府在支持军民融合产业示范区建设上思路吻合、理念一致。要加快推进项目建设，全力以赴积极对接相关部门，加强园区规划与衡阳市经济社会发展规划的融合衔接。希望中核集团与省、市两级充分利用现有基础和条件，发挥各自优势，推动园区做大做强。和自兴对衡阳市一直以来支持中核二七二铀业有限责任公司的发展表示感谢。他表示通过调研座谈，增强对军民融合产业示范区和相关具体项目推进的信心，中核集团愿意积极参与湖南这片热土的经济社会建设，希望各方抢抓国家推进军民融合发展的历史机遇，加强各项工作对接，全力支持衡阳加快建设军民融合产业示范区，努力将其打造成军民融合发展的一张名片。周农表示，衡阳发展核工业有历史、有基础、有条件、有情结、有决心，坚定不移支持中核二七二铀业有限责任公司加快发展，全力以赴促进军民融合示范区尽快落地、加快实施，抢抓机遇推动核产业成为衡阳未来的支柱产业之一，让核能更广泛地造福于民。省经信委主任谢超英、省发改委副主任卓群，市领导张贺文、刘正兴及南华大学党委副书记龚学余参加调研及座谈。（彭　涛）

【耒阳第四次获得“全国双拥模范县”称号】 2016年7月29日，耒阳市第四次被全国双拥工作领导小组、民政部、中央军委政治工作部联合表彰为“全国双拥模范县”。这是耒阳继2004年、2008年、2012年之后，连续第4次获此“国字号”荣誉。近年来，耒阳以构建军民深度融合新格局为重点，优先投入，不断加大为官兵解难题、办实事的力度。不仅出台多个地方性拥军优属文件，将优抚经费足额纳入财政预算，在家属安置就业、子女入学等方面给予特殊照顾，还先后投资1500多万元、无偿划拨土地2.27公顷，支持部队修建营房，架设水电线路，修筑“拥军路”。近五年来，该市先后为19129名优抚对象按政策落实国家规定待遇，并将其中特别困难的家庭纳入城乡社会救助体系给予救济；深入开展“慰烈工程”，先后投入4700余万元对烈士陵园进行提质改造，共完成2600余座革命烈士墓的修缮和保护工作，新建乡镇烈士纪念园23座；五年来，该市所有符合安置政策的退役士兵全部进行安置，共安置符合由政府计划安排工作的退役士兵840多名；对1600余名自主就业退役士兵进行免费技能培训。投入专项资金在龙塘镇江头村和原泗门洲镇泗门村建立两个退役士兵“双带双促”示范基地。与此同时，驻耒官兵以支持驻地建设为己任，先后参加耒阳市重大工程建设42项，抢险救灾56场次，出动官兵2.5万人次，车辆7000余台次，抢救群众300余名，挽回经济损失1亿多元；积极开展“军民携手共创”活动，植树5.4万株，清运垃圾2.4万立方米。

（彭　涛）

衡阳陆军预备役后勤保障旅

【思想政治建设】　坚持把“思想追随”作为政治建军第一要务。理论学习抓得深入，围绕学习中央军委主席习近平系列重要讲话精神，探索落实理论学习“五步法”要求，完成四个专题的党委中心组带机关理论学习，形成一批研讨成果，10余篇材料在各类杂志上刊发。“两项教育”抓得扎实，常委全程带头参加和指导帮带，机关坚持结合融合和督导检查，各支部全体党员参与，教育成效明显，经验做法两次被湖南省军区转发。经常性思想工作抓得经常，适时跟进组织形势政策和是非观、价值观教育，广泛开展“新体制、新职能、新使命”和“政治工作发挥生命线作用”大讨论。党委班子建设抓得自觉，“一班人”带头讲学习强武装，讲政治顾大局，讲纪律守规矩，贯彻民主集中制，全面肃清郭徐流毒，维护内部团结，发挥党委班子核心领导作用，树立领导干部良好形象。干部队伍建设抓得给力，调整选配公平公正，21名调整岗位，14名晋升军衔，4名安排转业，4名确定后备，新建文体活动中心和卫生计生小屋，坚持看望生病住院人员，及时慰问救济困难家庭，全力协调解决随军家属安置和子女入学问题。参建参治抓得出色，为定点扶贫村协调市级扶贫资金，并安排旅本级专项扶贫资金，组织开展义务献血、送药义诊、访贫问苦、慰问演出、结对助学、军地共建等活动，赢获驻地政府及人民群众的肯定。

（杨祚唐）

【战备训练】　以使命任务为牵引，抓战备训练落实。战备方案不断完善，采取自上而下、逐级对接、实地勘察的方法，选定动员集结和疏散地域，修订各类预案计划，实战性、操作性增强。战备秩序不断正规，结合重大演训、重大节日、敏感时节抓好战备教育，按照值班首长不离营区、值班员不离岗位、值班分队不离驻地要求抓实战备值班。战备建设不断加强，补充完善战备训练用图、指挥所物资器材及配套设施，战备物资完善。战备演练不断深化，营区应急处突、防暴恐和消防行动训练逐步常态化，组织首长机关带值班应急分队战备拉动，应急能力提高。基础训练不断强化，完成首长机关在职训练、抢险救灾训练、现役营连长集训、入队训练、预任军官集训、“四会”教练员集训和大学生军训、成建制训练，参训1347人次，其中预备役官兵1272人次，开支训练经费约420余万元，遂行多样化军事任务能力提升。

（杨祚唐）

【安全管理】　牢固树立安全发展理念，抓安全管理工作落实，全旅被军委国防动员部表彰为安全稳定工作先进单位。坚持抓教育，专题学习军委国防动员部“六部法规”，及时传达事故通报，定期召开形势分析会，组织开展“条令条例月”“百日安全活动”，官兵法治素养和安全常识得到提高。坚持抓规范，严格落实请销假、部务会、考勤、周末离队报批和随机抽查、车辆派遣等制度规定，严格核心涉密岗位人员政审，规范涉密文件载体和文印室管理。坚持抓预防，开展6个方面清理整治，拉网式排查重点人员、关键部位和周边场所，明确整治重点、整改时限和责任人，加强随机检查，重大节日全面检查；升级改造旅监控系统和大门门禁系统，安装营区测速报警装置，实现营区实时监控全覆盖，有效消除管理盲区。坚持抓落实，层层签订《安全管理目标责任书》，修订完善旅队安全管理制度，坚持每周大交班报告安全稳定工作情况，形成纵向到底、横向到边的安全管理责任网络。（杨祚唐）

【基层建设】 按照基层建设和提高平战转换能力要求，采取措施推进基层各项工作落实。抓好整组备案，精准解读编制，对全旅71个专业2056个需要编组专业对口退伍军人的关键岗位进行研究论证，采取“拓展编、对口编、求益编”的方法，调整编组布局，优化编组结构，非专业技术岗位退伍军人比例达到76.8%，专业技术岗位对口率为97.5%。着力强化战斗堡垒，抓好预任军官选配，选准配强各级班子成员，完善各类组织，组织党委（支部）书记业务培训，按照营每季度、连每月至少组织一次活动的要求，推动营连预建党组织作用的发挥。聚力提升建设水平，认真学习贯彻省军区围绕强军目标抓建基层工作会议精神，强化各级双重领导和融合抓建意识，协调地方人力、物力和财力，统一营连部“四室一窗”，规范营连“五本三册”和预备役官兵档案资料，软硬件建设进一步加强。

（杨祚唐）

中国人民武装警察部队衡阳市支队

【思想政治建设】 学习贯彻习主席系列重要讲话和古田全军政工会精神，抓实“两项重要教育”。支队参加总部纪念红军长征胜利80周年知识竞赛，被评为“先进单位”；参加总队“强军风采”系列文化活动，政治处荣获“优秀组织奖”，5幅摄影、书画作品分获一、二等奖，举办支队“实践强军先进典型”颁奖晚会，表彰10名强军标兵，江臻被总队评为“最佳带兵育人标兵”。做好肃清郭徐案件影响工作，开展郭徐周信息清查，确保组织纯洁巩固，抓好个别人的排查帮教转化和新兵“三查”工作。落实整治工作“八个到现场”要求，紧贴“卫士—16”演习、新兵野营拉练、南岳香客安保等任务实际开展政治工作。全年在总队政工网以上媒体发表理论文章32篇，网稿336篇，排名总队第二。

（杨　纯）

【中心任务】 坚持紧贴实战抓训，先后组织勤训轮换、新兵教育训练、特战队员集训，首长机关带部分队实兵拉动、成功筹办湘南片区“魔鬼周”极限训练和参加“卫士—16”演习等演训活动，整体提升部队实战化训练水平。AB队在总队特战分队比武竞赛中分别取得第三和第二名的好成绩，七中队韦术、梁欢、谢立展获“三湘勇士”荣誉。杨啸鸣、卢益强被总队评为“优秀教练员”；金波、龚明被总队评为“十大训练标兵”；13人因执勤训练表现突出荣立三等功，常宁市中队被总队表彰为“执勤标兵中队”。组织各类重大临时勤务和处突反恐维稳任务，全年出动兵力2932人次，完成南岳安保、岳阳监狱600名罪犯长途转监、联勤武装巡逻等临时勤务369批次，处置1起抢劫事件，出色完成“11·20”特大杀人案抓捕任务，受到总部王宁司令员批示表扬。教导队、四中队、七中队、衡阳县中队、南岳区中队、衡山县中队在“百日安全竞赛”活动中表现突出，受到总队表彰。全年有效消除隐患288处，部队安全底线更加牢固、加大参谋队伍能力培养力度，切实转改作风，树立服务基层的鲜明导向。全年司令部在总队综合信息网上刊发网稿200余篇，《押解勤务组织与实施》、“犬防建设”等经验做法在总队网上宣介。（杨　纯）

【基层建设】 对16个中队进行分类排队，制定抓建措施和精准帮建方案，形成一队一策，派出4批88人蹲点帮建，开展“千人大谈心”活动，常宁市中队跨入总队先进系列。推进5个“革命传统教育基地”挂牌，抓好政治教员队伍培养，2人被总队表彰为十佳优秀“四会”政治教员。2016年有6人考取军校，1人提干，勤务中队二排战士黄勇被总队表彰为“十大标兵士官”，三中队被总队评为“标兵中队”，教导队被总队表彰为“先进大队”，一、二、七、南岳区、常宁市中队被表彰为“基层建设先进中队”。19名干部被总队评为“优秀基层干部”。（杨　纯）

【打黑除恶】　3月15日，支队出动耒阳市中队××名兵力，配合耒阳市司法公安部门，对“特大团伙抢劫案”数名犯罪嫌疑人进行为期4天的公审公判途中押解和现场警戒勤务。

7月6日至7日，支队出动××名兵力、车辆3台，携带95式自动步枪××支、03式自动步枪××支、防暴枪××支、92式手枪××支、子弹××发，历时25个小时，往返路程约1000千米，协助公安机关完成559名罪犯由岳阳监狱押解至湘南监狱特大型跨区转监长途武装押解勤务。

7月15日，支队联勤武装巡逻官兵成功处置一起艾滋病毒感染者抢劫儿童项链事件，抓获涉案嫌疑人1人，解救儿童1人。

11月20日至22日，支队出动兵力××人次，赴衡阳市大和圩乡陡岭村五组，协助当地公安机关，担负恶性杀人案件犯罪嫌疑人武装抓捕任务。（杨　纯）

【武装巡逻】　1月1日至3日，支队出动××名兵力，承担衡阳火车站、高铁衡阳东站、市区主要干道武装巡逻任务。

3月14日至20日，支队出动××名兵力，承担衡阳火车站、高铁衡阳东站、市区主要干道武装巡逻任务。

7月3日至31日，支队出动××名兵力，承担衡阳火车站、高铁衡阳东站、市区主要干道武装巡逻任务。

10月1日至7日，支队出动××名兵力，承担衡阳火车站、高铁衡阳东站、南岳景区武装巡逻任务。（杨　纯）

【安全保卫】　1月21日，支队出动××名兵力，承担在衡阳市体育馆举行的“丹心向阳”——闫肃作品音乐会安全保卫任务。

2月7日至8日，支队出动××名兵力，承担南岳衡山“大年三十”香客高峰安全保卫任务。

5月14日至16日，支队出动××名兵力，承担在衡阳市体育馆举行的“2016中国女篮四国邀请赛”衡阳站安全保卫任务。

7月4日，支队出动××名兵力，承担在祁东县举行的“2016年中国·祁东黄花菜节”开幕式文艺晚会安全保卫任务。

8月31日至9月1日，支队出动××名官兵，承担南岳衡山“八月初一”香客高峰安全保卫任务。

11月28日，支队出动××名官兵，承担在衡阳市南岳区举行的南岳佛教协会成立60周年庆典晚会安全保卫任务。

12月24日至26日，支队出动××名兵力，承担衡阳市中心城区圣诞节“平安夜”安全保卫任务。（杨　纯）

【春运执勤】　2月11日至29日，支队出动××名兵力，协助铁路公安、客运部门担负衡阳火车站、祁东火车站、高铁耒阳西站、高铁衡山西站春运执勤任务，安全运送旅客近80万人次，帮助旅客排忧解难90余次。

2月25日16时30分许，执勤官兵在车站候车室成功挽救一名突发心脏病的老人。（杨　纯）

【抢险救灾】　2月7日，衡阳县赣西镇发生大面积山火，过火面积达33.33公顷，支队出动衡东县中队××名兵力，携带风力灭火机、背负式水枪等器材装备××套，清理火点2处、开辟隔离带300米，完成大火扑救任务，挽回经济损失30余万元。

2月8日，衡东县甘溪镇发生森林大火，过火面积达800公顷，支队出动××名兵力，携带风力灭火机、背负式水枪等器材装备××套，清理火点5处、开辟隔离带300米，完成大火扑救任务，挽回经济损失120余万元。

7月10日至8月9日，支队出动××名兵力，完成赴益阳市资阳区沙头镇抗洪抢险任务。（杨　纯）

衡阳市人民防空办公室

【概况】　2016年，衡阳市人民防空办公室（以下简称人防办）贯彻落实人民防空长期准备、重点建设、平战结合的方针，认真履行“战时防空、平时服务、应急支援”使命任务，围绕市委、市政府中心工作，强化战备建设，推进融合发展，人防各项工作在全国、全省领先。衡阳市人防办被评为“全国人民防空先进单位”“全省人民防空绩效先进单位”“全市二星级文明单位”；衡阳市人防办主任、党组书记刘检元被人力资源社会保障部、中央军委国防动员部评为“全国人防先进工作者”。

一、平战结合模式在全国推介。市人防疏散基地“四合一”建设模式、县级人防指挥中心“五合一”建设模式全国首创，共接待全国各级人防参观学习220余次。

二、人防战备建设在全省排前列。人防地面指挥所、地下指挥所、机动指挥所和人防疏散基地建设在全省领先，全市人均防护面积超过全省平均水平，常态化指挥通信演训机制和人防专业队伍建立健全，疏散地域建设有序推进。

三、行政审批执法在全省有位置。简化报建程序，降低企业负担，缩减人防审批事项2项，人防易地建设费降标36%，设立全省第一家人防审图分支机构。

四、业务工作在战区有影响。继续深化“植入式、嵌入式、开放式、公园式”人防宣传教育，实现党政机关、企事业单位、大中小学校、社区全覆盖。

（马浩铭）

【衡阳人防在第七次全国人民防空会议获先进】 2016年5月13日，第七次全国人民防空会议在北京举行，衡阳市人民防空办公室获评全国人防先进单位，市人防办主任刘检元获评全国人防先进个人。衡阳市人防平战结合“衡阳经验”在全国得到推介，全国已有120余个省、市、县人防办来衡阳借鉴学习。（彭 涛）

【衡阳人防指挥通信实现全面信息化】 2016年5月17日，衡阳市人防地下指挥所（1502工程）信息化系统正式通过验收，衡阳人防指挥通信实现全面信息化。验收现场，参验专家一致认为该系统要素齐全，功能完善，建设目标明确，采用技术符合行业标准和国家、省人防办人防指挥所信息系统建设规范要求，能在战时防空、平时服务、应急救援行动中发挥良好作用。湖南省人防指挥通信专家张朝华、周雷、黄铁军，市人防办有关专家参与验收。

（彭 涛）

【殷勇调研衡阳人防工作】 2016年8月2日，国家人防办主任、中央军委国防动员部人防局局长殷勇到衡阳调研人防工作。殷勇考察人防疏散基地、市人防地下指挥所建设和运行情况。在市人防疏散基地，殷勇一行徒步参观融入古今中外人防文化打造的“五个一百”人防文化区，现场查看疏散指挥保障区建设情况，了解防空防灾教育训练体验馆建设和疏散指挥保障区非保密部分的平战结合情况。在市人防地下指挥所，殷勇查看地下指挥所各功能区，并在指挥大厅观看指挥通信系统互联互通演示。随后，殷勇在地下指挥所指挥大厅听取市人防办党组书记、主任刘检元关于衡阳人防工作的汇报，并发表讲话。中央军委国防动员部参谋胡志博，省人防办副主任舒平，省人防办人事处副处长杨绍国，市委常委、副市长罗东海，衡阳警备区司令员贺小坤，衡阳警备区参谋长宋玉清参加调研。

（彭 涛）

【衡阳市2016年度人防工作调度会议召开】 2016年10月17日，2016年度衡阳市人防工作调度会议在市人防地面指挥所第二指挥室召开。市人防办党组班子各成员，各县市区人防办主任，市人防办机关各科室、办属各单位主要负责人参加会议。市人防办党组书记、主任刘检元参加会议。市人防办党组成员、副主任王召大主持会议。刘检元听取各县市区人防办主任关于县级人防指挥所、开放式人防宣传教育场所建设情况，早期人防工程安全维护管理情况以及人防行政执法情况的汇报，并对2016年前三季度各县市区人防工作开展情况点评，就做好第四季度各项工作要求。会议还传达省政府人防年度执法检查工作的要求，并对迎接省政府人防年度执法检查工作作具体安排部署。（彭 涛）

【卜功富率队到衡阳调研】 2016年11月12日，省人防办主任卜功富率队到衡阳调研，肯定衡阳人防工作所取得的明显成效，在全省、全国都有重要影响。市委书记、市人大常委会主任周农强调，要深入学习贯彻中共十八届六中全会精神，落实全面从严治党要求，加强人防队伍和设施建设，推动人民防空与经济社会深度融合发展，发扬成绩再立新功，确保衡阳市人防工作始终走在全省前列、争当全国先进。

（彭　涛）

【儿童军事主题拓展活动在市国防（人防）教育训练基地举行】 2016年10月18日，“会师虎形山·沙场秋点兵”军事主题拓展活动在市国防（人防）教育训练基地（虎形山人防公园）举行。来自人民路小学的千余名小学生“童军”在教官们的带领下，开展一系列军事主题拓展活动。在4个小时的活动中，学生们游览“百部兵书道”和“百将爱国诗林”，参观“百项防护知识区”“百年空袭灾难警示墙”和“百名衡阳军事人物风云录”，体验射击预习、炮弹运输、穿越火线、投掷手雷、密林潜行、“罗马炮战”、支援前线、飞夺“泸定桥”等军事拓展游戏。（彭　涛）

【衡阳市2016年“11·1”防空警报试鸣活动取得成功】 2016年11月1日，由衡阳市人民防空办公室组织实施的一年一度防空警报试鸣活动于在全市开展。防空警报试鸣于上午九时三十分开始进行，上午九时四十九分结束，依次鸣放预先警报、空袭警报、解除警报三种警报信号。当日，市人防办及各县市区人防办结合防空警报试鸣进行形式多样的防空防灾演练活动和人防宣传教育活动。（彭　涛）

【衡阳市获全省人防先进城市】 2016年12月30日，全省人民防空会议在长沙召开。会前，省委书记、省军区党委第一书记杜家毫会见受表彰的人民防空先进集体和先进个人代表，省委副书记、省长许达哲出席会议并讲话。省政协主席李微微参加会见。省领导乌兰、盛荣华、黄跃进、王柯敏、张剑飞、杨光荣、郭辑山出席会议或参加会见。此次会议表彰一批人民防空先进集体、先进个人。衡阳市及所辖衡南县等7个县市区共获得全省人民防空先进城市、全省人民防空先进集体、全省人民防空先进单位和全省人民防空先进个人等17项先进荣誉称号，为全省各市州之最。市人防办党组书记、主任刘检元作为全国人民防空先进工作者在会上接受颁奖。（彭　涛）

法　治

责任编辑：熊　雯

政法委及综治

【概况】 中共衡阳市委政法委员会（以下简称市委政法委）协助市委及组织部门切实把好提名、考察、审批关，确保县市区政法委书记和公检法“三长”换届风清气正。出台重大事项报告、责任追究等制度和挺纪在前、从严治警实施意见，举办高规格的全市政法系统领导干部培训班，评选优秀基层政法单位和政法干警，开展执法大检查。市委政法委牵头负责的涉法涉诉信访、稳定风险评估、政法宣传、教育培训、纪律作风建设、铁路护路、见义勇为、执法监督等工作，名列全省前茅；市人民检察院13项工作保持全省先进，5项工作位居全省第一；全市法院结案率、办案均衡度等多项指标进入全省先进行列；全市公安机关侦破、执法质量、监所管理等业务工作名列全省前茅市司法局业务工作进入全省一类单位，市法律援助中心被评为全国先进；国家安全机关综合绩效考核排名全省第二，荣获“三个一流”优秀单位；反邪教网宣工作名列全省第一，教育转化基地建设位居全省前列。

（殷秀成）

【推进法治建设】 市委书记周农亲自组织召开平安衡阳创建、综治创新等会议。市委审定出台《关于深化治安防控体系建设的实施意见》等重要文件，原则同意参照省里的做法，调整和完善综治奖励办法，推动建立健全信访维稳履责台账制度和追责问责制度。

（殷秀成）

【维护社会稳定】 完善涉法涉诉信访工作机制，全市排查化解矛盾纠纷2.36万余起，化解一批群体性事件，处置一批涉稳突发事件；同时，深入开展反渗透、反间谍、反分裂、反恐怖斗争，实现“七个没有发生”的目标，确保中共十八届六中全会、G20杭州峰会、省党代会和市县乡集中换届选举、南岳除夕夜等重要节点平安。衡阳市维稳工作多次得到省委、省政府的肯定，被评为全省先进。

（殷秀成）

【治安防控】 一是信息化防控。全市新增1.1万个视频探头，建成集接处警、应急指挥处置等功能于一体的实战型指挥中心。二是立体化防控。全市协辅警达到4000余名，并整合力量，建立多警种联动巡逻机制，实现治安巡逻的“全天候”“全覆盖”，最大限度地提高见警率，强化实时震慑。三是严打整治，重拳惩治“盗抢骗”“黄赌假”、毒品犯罪，专项整治交通秩序、火车站周边治安、涉耒阳“四类”外流犯罪问题，刑事破案率同比上升2.06%，发案率同比下降30.95%。四是社会服务管理，重点人员、重点物品、重点行业管理不断完善，精神障碍患者肇事肇祸行为得到有效控制，刑释人员、社区矫正人员重新犯罪率分别控制在3%、2‰以内，“三实”信息采集等基础工作位居全省前列。187个乡镇（街道）配备专职党委政法委员。全市4个县市区综治工作进入全省先进行列，其中2个被评为平安县市区。

（殷秀成）

法治政府建设

【依法行政指导监督】 一是推进改革创新。2016年市法制办全面落实市委市政府交付的探索委托乡镇开展行政执法试点、代拟《政府合同管理办法》、完善法律顾问制度三项重大改革事项。同时，服务全市重大改革创新，推动市政务服务中心“两集中两到位”改革、建设领域审批改革、全市机构改革、全市公共资源交易体制改革、户籍制度改革等改革工作有序推进。二是深入推进责任清单动态管理。2016年4月，市法制办联合市编办对“三清单一目录”工作进行回头看专项督查工作，摸清清单制定后落实情况，并与市编办一起，明确规定将对各单位的清单实行动态管理制度，现涉及责任清单的动态调整已全面完成。三是探索委托乡镇一级行使部分县级行政执法权工作。2016年市法制办将探索委托乡镇开展行政执法作为一项重点改革狠抓落实，联合市编办选取衡山县、衡阳县作为开展此项工作的试点单位。通过考察学习、征求意见等多方面工作形成的《衡阳市关于探索委托乡镇开展行政执法的实施意见》提交市委深改领导小组审议并原则通过。

（汤泽宇）

【公职人员法治培训】 一是领导学法制度化常态化。2016 年，全市市县两级政府领导常务会议会前学法都形成每年两次的制度化常态化安排，各市直局（办委）务会议会前学法和各县（市）区直局（办委）务会议会前学法均形成常态。二是各级各部门开展多层次的依法行政专题培训。2016 年为提高行政执法人员法治思维和法治意识，及配合“两证”换发电子化考试，市法制办专门组织全市行政执法人员在市委党校开展专题培训。除此之外，全市各级各部门开展形式多样的依法行政专题培训，全年培训人数不下于 1 万人次。三是组织全市行政执法人员执法资格电子化考试。2016 年全省首次对行政执法人员执法资格考试采用电子化考试，全市近 2 万人次参加 2016 年行政执法人员执法资格电子化考试。（汤泽宇）

【法治政府建设】 全面履行法治政府建设的组织指导、考核评价、协调监督职。一是规划先行。组织专家起草《衡阳市法治政府建设十三五规划》，全面落实党中央国务院《法治政府建设实施纲要（2015—2020）》。二是考核引导。2016 年 3 月组织召开全市依法行政工作会议，下发《衡阳市人民政府办公室关于印发〈2016 年度依法行政工作安排〉和〈2016 年度依法行政考核方案〉的通知》，以考核指标引导全市法治政府建设推进。三是编制指导案例。2016 年全市收集各市直单位指导案例 52 例，上报省政府法制办 10 个案例，市政府发布 6 个指导案例，以指导案例的制作发布规范全市行政执法行为。四是创新案卷评查。2016 年首次采用委托法学教授、资深法官、知名律师等为第三方的评估方式进行全市案卷评查，公平公正地将全市行政执法案卷进行评查，为严格规范行政执法起到很好的监督作用。5. 个案监督。2016 年收到市民对行政执法行为中的违法问题举报 10 余起，全部依法开展个案监督。（汤泽宇）

【规范性文件管理】 一是履行合法性审查职责。2016 年，市法制办共审查规范性文件 109 件。其中，审查市政府规范性文件 21 件，市政府办公室规范性文件 66 件，审查登记部门规范性文件 22 件，全年共组织召开各类协调会议 40 余次；备案各县（市）区规范性文件 166 件，并全部进行登记。严格审查重要的规范性文件，对缺乏法律依据、存在法律漏洞的文件，采取退回原单位修改补充完善的方式，共退回原单位文件 8 件，以确保文件出台合法、合规。二是落实规范性文件“三统一”制度。审查通过的政府规范性文件均实行“三统一”制度，即统一登记、统一编号、统一公布，对报送登记审查的部门规范性文件，除进行形式审查外，市法制办还对其内容的合法性进行实质性核查，对于发现的问题都要求及时修改，做到有错必纠。规范部门规范性文件“三统一”程序，要求所有部门规范性文件在报送市法制办登记审查前，必须经部门法制科实质审查，部门主要负责人签发，同时要求报送市纪委制度廉洁性审查。三是开展规范性文件清理。2016 年是规范性文件定期清理年。全年，共清理 431 件规范性文件，其中，329 件为继续有效的规范性文件，52 件为失效的规范性文件，45 件为重新公布的规范性文件，5 件为废止的规范性文件。四是强化规范性文件报备及公示工作。做到市政府规范性文件报送省政府备案应报尽报，全部规范性文件均实行“三统一”登记，并严格按要求对文件正稿、起草说明、合法性初审意见、制度廉洁性评估表进行备案，正式公布的规范性文件均向报省政府报备。做到规范性文件第一时间在党政门户网上公示，截至 2016 年年底，公布的 42 件政府规范性文件全部在市政府党政门户网上公示，确保公民能通过便捷的方式及时解政府重大决策内容、查阅政策文件信息。五是发挥规范性文件制定的参谋助手作用。全年共回复征求意见函询 11 件，其中省法制办的征求意见稿 3 件，市政府办征求意见 5 件，市政法委征求意见 1 件，其他市直机关征求意见 2 件。严格按照法律法规对征求意见进行讨论回复，发挥参谋助手作用。（汤泽宇）

【法律事务工作】 一是会议纪要审查工作。2016 年度，市法制办共审查政府会议纪要 222 件。经审查后提出修改意见 118 条，采纳率达 99.15%。二是合同审查工作。2016 年度，市法制办共审查政府合同98份，涉及金额1667.1597亿（含战略合作协议）。同时还加强合同审查制度建设，为更专业地对政府合同审查把关，合同承办单位在送审之前，需要承办单位的法制机构或法律顾问对合同文本进行审查，通过内部法律力量为承办单位自身负责。市法制办接件后，实行两步走，一份交由市政府法律顾问进行合法性审查并出具意见，一份由市法制办工作人员进行合法性审查，最后出具市法制办的审查意见，法律顾问意见附后。三是完善法律顾问制度。2016年，市法制办出台《衡阳市人民政府外聘法律顾问工作规则》，组建法律事务科，具体承担法律顾问事务工作职责，并在认真调查研究的基础上代拟《关于全面建立党政机关法律顾问制度的实施意见》，提交市委深改领导小组审议通过。还聘请廖永安（湘潭大学副校长、法学教授、博导）、高向荣（湖南君见律所主任、一级律师）、肖启斌（湖南居安律所主任、省人大代表）三名专家作为市政府外聘法律顾问。据不完全统计，接近60%的市直工作部门已经聘请兼职法律顾问。四是领导交办的法律事务。自2016年5月份市法制办成立法律事务科，共接到领导书面批示37件，出具书面意见26份，组织专家论证会12次。

（汤泽宇）

【地方立法工作】 一是开展电动自行车登记上牌立法研究论证。起草《衡阳市电动自行车管理办法（讨论稿）》。2015年12月底，依照市长周海兵的指示，市法制办就电动车登记上牌管理组织开展多次立法前调研论证工作，结合上海、海口、武汉等地已出台的地方性法规，起草《衡阳市电动自行车登记管理办法（讨论稿）》。并向公安、交警、工商、质检等市直单位部门征求意见，对初稿进行修改完善。2016年1月16日，市法制办将讨论稿提交在湖南工业大学举办的“依宪治国与地方立法研讨会”征求专家学者的意见。同时，向市政府法律顾问书面征求意见。3月初，又先后召集市交警、工商、质监局、城管执法等部门对电动车行业标准、电动车定性等问题开展论证。3月底，委托湘潭大学法学院倪洪涛教授、衡阳师院法学院院长谭和平教授等专家，对电动车与电动自行车的区别、电动车如何定性与管理、电动车登记上牌的上位法依据及立法形式等涉及到立法项目立项合法性问题进行论证。5月24日，邀请湘潭大学法学院欧爱民副院长、省电动车商会会长蒋立志、省摩托车商会秘书长田育民以及市公安、交警、工商、发改、质监等部门共同对电动车登记上牌事项开展立法论证。为顺利推动电动车登记上牌立法工作，先后多次向省人大、省政府法制办、市人大请示汇报。3月31日，在全省政府立法工作培训班上，专题向省政府法制办张建华副主任、省政府法律顾问尹平生进行报告。鉴于存在电动车定性不准、行业标准滞后、立法权限受限、省人大及省法制办不支持、社会舆论压力大等困难，2016年2月和7月又先后两次向市政府领导书面报告工作开展情况及存在的困难。市领导先后批示法制办寻找立法之外的解决办法和指示由市交警支队重新组织调研论证电动车治理相关措施。二是全程参与衡阳市首部地方性法规的制定。1. 完成《衡阳市南岳区综合管理条例（草案）》（以下简称《条例（草案）》）的起草、修改工作。5月，市法制办与市人大法工委、南岳区人大一起成立衡阳市首部地方性法规起草工作领导小组，在南岳全区开展两轮大范围调研，广泛听取南岳区各个层面的意见建议后，梳理出现南岳区综合管理方面亟需解决的问题清单，对照上位法，同时在借鉴外地已有的立法经验的基础上，完成文稿的第一轮起草和修改工作，形成《条例（草案送审稿）》。2. 组织完成地方性法规草案的征求意见、审查，及时报请市政府常务会议审议。5月底，在收到南岳区报送的《条例（草案送审稿）》后，市法制办立即组织广泛征求意见工作。在深入调查调研和广泛征求意见并向省人大汇报的基础上，按照立法权限对《条例（草案送审稿）》进行审查和修改。7月6日，《条例（草案送审稿）》经办务会讨论修改后，形成草案，报市政府常务会议审议通过。3. 参与市人大审议工作。代市政府起草向市人大提出的法规议案，向市人大正式提出，保证市人大三次审议时间。其后，市法制办参与市人大的三次审议工作及其期间组织召开的征求意见、专家论证会、听证会等，并多次加班加点参与《条例（草案）》三次审议稿的修改工作，保证审议任务顺利完成。三是筹备2017年全市立法计划。1. 广泛征集立法项目。9月，市法制办起草《关于公开征集衡阳市地方立法项目建议的公告》《关于报送2017年立法计划项目的通知》等文件，采取公开与定向征集相结合方式，通过衡阳党政门户网、衡阳人民政府法制网，向全市各级国家机关、社会团体、企事业组织和公民等广泛征求立法意见建议。2. 深入开展立法项目调研论证。截止到2016年10月底，结合市政府领导要求，市法制办共征集到市林业局、市畜牧水产局等单位提出的《衡阳市森林防火条例》《衡阳市畜禽规模养殖污染防治管理办法》《衡阳市雨母山生态保护条例》《衡阳市历史文化名镇名村街区保护管理办法》4个立法项目建议。针对收集到的立法项目建议，市法制办就立法权限、立法必要性和可行性、拟要解决的主要问题、拟设立的解决问题的制度和措施等方面开展前期研究论证，向省政府法制办进行汇报，并赴外地进行专题调研学习。3. 全面规范立法计划确定程序。经立项研究论证，在与市人大法工委沟通协商，征求其意见建议后，11月底，初步确定2017年政府立法计划草案。12月初，市法制办向市政府提交《关于确定2017年立法计划的请示》报告，并经市政府第16次常务会议审议同意，报市人大常委会。四是推动完善政府立法程序。市法制办根据《立法法》等上位法规定，参照山东、哈尔滨等省市的做法，起草《衡阳市人民政府起草地方性法规草案和制定政府规章办法》（以下简称《办法》），邀请市人大法工委共同进行梳理、论证，对市政府起草地方性法规草案和制定政府规章的立项、起草、审查、决定和、公布、备案、解释、修改、废止等事项作具体规定。《办法》于12月16日经市政府第16次常务会议审议通过，印发至各相关单位，自2017年开始执行。

（汤泽宇）

【行政复议工作】 一是受理审查行政复议案件情况。2016年，市法制办共收到行政复议申请62件，其中受理47件，审结33件。审结率比同期提高7%。在审结的33件案件中，维持13件，撤销2件，责令履行6件，驳回6件，终止6件。针对执法中存在普遍问题，以及案件存在瑕疵和需要做好善后工作的案件，发出行政复议意见书和建议书共5份。二是受理行政诉讼案件情况。市本级行政应诉案件92件，结案61件，共出庭100余人次。三是加强复议制度建设。制定《衡阳市人民政府法制办公室行政复议立案和办案工作规则》。为规范市人民政府法制办公室行政复议立案和办案工作程序，根据《中华人民共和国行政复议法》（下称《行政复议法》）《〈中华人民共和国行政复议法〉实施条例》《国务院办公厅关于国务院行政复议案件处理程序若干问题的通知》《湖南省人民政府办公厅关于省人民政府行政复议案件处理程序若干问题的通知》和《湖南省人民政府法制办公室行政复议立案和办案工作规则》等有关法律法规政策的规定，结合衡阳市行政复议立案和办案工作实际，制定《衡阳市人民政府法制办公室行政复议立案和办案工作规则》。完善行政复议案件审批制度、实行重大疑难案件集体讨论制，提高案件质量和效率。对于重大复杂案件实行集体讨论制，讨论意见提请办务会研究决定，必要时召开专家论证会，经分管副主任、主任审核，报市政府领导审签，从审核程序上严把质量关。举行公开听证，提高案件审理的“透明度”。实行“阳光复议”，使群众以一种看得见、听得懂、说得出的方式参与其中，以公开透明的程序保障审理结果的公正，有效提高案件审理的透明度和公信力。灵活运用行政调解手段，依据《行政复议法实施条例》的规定，将调解、和解工作规范化，在实际工作中作为处理复议案件、解决争议的首选方式。（汤泽宇）

【全市依法行政工作会议】 2016年3月7日，全市依法行政工作会议召开。市委常委、常务副市长段志刚强调，要紧紧把握依法行政的关键环节，立足衡阳发展大局，围绕中心开展工作，确保到2020年基本建成法治政府。2015年，市政府在省政府依法行政考核中继续稳居第一方阵。会上，段志刚要求，要提升行政决策水平，健全决策机制，严格决策审查把关，落实决策责任追究，对决策严重失误或依法应及时作出决策但久拖不决造成重大损失、恶劣影响的，要按照“谁决策、谁负责”的原则，严肃追究负有责任的行政首长、其他负责人和相关责任人员的党纪政纪和法律责任。要深化行政执法改革，优化行政执法权力配置，规范行政执法运行，强化行政执法监督，坚决纠正执法不作为、乱作为、选择性执法、钓鱼执法等现象。要完善依法行政制度建设，注重加强地方立法，强化红头文件管理，加快政府法律智库建设。要强化行政监督制约，规范政府权力运行，完善政府内部权力制约，持续推行政务公开。同时，各级各部门必须切实加强领导，明确责任，加强依法行政的能力建设，确保把推进依法行政工作落到实处。市领导李辉出席会议。

（李铭中）

公　安

【概况】　2016年，在市委、市政府和省公安厅正确领导下，在市人大、市政协监督支持下，全市公安机关忠诚履职，攻坚克难，公安工作和队伍建设取得显著成效。市局全面完成省厅下达的12项绩效评估重点工作、10项基础重点工作和公安改革工作，“一平台八中心”警务机制改革初见成效。建立健全“以文化人立德教育”监管机制和完善刑事案件“三统一”工作机制两项改革分别被评为全省优秀改革项目和成绩突出改革项目，监所管理模式成为全国样板，市监管中心被评为年度“CCTV中国（湖南）十大法治人物”第1名；健全党政领导下的“大情报”“大维稳”“大联动”机制，创造信访维稳“衡阳经验”，大型活动“南岳安保模式”，“祁东情报研判模式”被公安部推介，省市“两会”、党代会安保工作被省委省政府通报表彰；坚持打击开路，先后开展“四个专项整治”、“卫士之光”百日竞赛和“平安号”行动，侦破打击排名全省前列，保持破案上升、发案下降的好势头；持续抓基层打基础、抓改革激活力，派出所综合警务指挥室、点对点平台建设应用、“三实”信息采集全省领先；涌现“中国网事·感动2016十大网络人物”蒋传春等一大批先进典型人物。　（李文杰）

【维稳安保】　2016年，全市公安机关把维护社会政治稳定摆在突出重要位置，不断加大情报信息收集、不稳定因素排查、矛盾纠纷调处化解、突发性事件应急处置等工作力度。加强情报信息搜集研判工作，为党委政府提供前瞻性、综合性情报服务，没有发生因情报失误或不灵而导致的重大群体性事件。认真办理涉法涉诉信访案件，异常上访和群体越级上访大幅度减少，实现敏感和重大活动期间涉法涉诉信访“零滋事”。完成各项警保卫任务，共执行警（保）卫任务103批次，确保元旦、春节、南岳和雁峰寺祈福活动、国省市“两会”、G20峰会、省市党代会、国庆、衡州经济发展论坛、人大换届选举、圣诞节平安夜等重大节点和重大活动安全保卫工作到位。

（李文杰）

【打黑除恶】　始终坚持“打早打小，露头就打”的方针，部署开展惩治农村地区黑恶势力违法犯罪专项行动，继续深化打黑除恶专项斗争。共判决涉黑案件4起，成功判决耒阳市“1·18”周某和梁某涉黑案。判决涉恶团伙33个，追究刑责184人，侦破省厅督办的耒阳市“3·18”、衡南县“4·21”、衡东县文某等一批重大涉黑涉恶团伙案件。

（李文杰）

【攻坚恶性案件】　以命案侦破为龙头，加大对严重暴力性犯罪的惩治力度。共立杀人、放火、爆炸、绑架、伤害、强奸、抢劫、投放危险物质等八类严重暴力案件900余起，破766起。共立现行命案65起，破案64起，另破命案积案6起。先后破获衡山县“1·15”特大系列杀人案、石鼓区王某平故意杀人案、祁东县“6·23”小女孩被杀害案、蒸湘区“9·15”杀人案、耒阳市“11·20”特大杀人案等一批现行命案。　（李文杰）

【惩治侵财犯罪】　部署开展惩治“盗抢骗”专项行动，将打击重心聚焦流窜性、团伙性、系列性案件，突出打击“两抢”、入室盗窃、电信诈骗等侵财犯罪。破获侵财类案件5397起，发案同比下降32.62%，破案率同比上升1.81%，破获系列侵财案件160余串，打掉侵财犯罪团伙136个，为群众挽回经济损失1500余万元。成功破获“2·21”电力新村高层攀爬系列被盗案、发生在蒸湘和石鼓区系列砸车窗玻璃盗窃案、省厅交办的“8·20”特大诈骗案、省厅督办的耒阳籍伍某乐团伙系列技术性开锁入室盗窃案和公安部督办的“4·18”电信诈骗专案等大要案件。（李文杰）

【治理新型犯罪】 提请市政府建立惩治治理电信网络新型违法犯罪工作联席会议制度，由市公安局、市委宣传部等23个部门和单位组成，市公安局作为牵头单位主动担责，统筹协调全市惩治电信网络等新型违法犯罪和地域性职业犯罪工作。12月28日，市“打击治理电信网络新型违法犯罪中心”正式成立，开通“96110”24小时受理专线，实现紧急止付、快速查询冻结、对网络改号诈骗电话进行拦截阻断、快速关停等功能。全市共发生电信网络新型违法犯罪案件2549起，破案1356起，破案率53.19%，查扣电信设备85件，收缴赃款赃物100余万元和一批银行、电信卡。（李文杰）

【打击毒品犯罪】 以侦破毒品大要案件为重点，广辟线索渠道，强化侦查措施，全市共破获毒品案件561起，其中部省督毒品目标案件8起，逮捕、直诉涉毒人员672名，查获吸毒人员5298名，强制隔离戒毒1739人，缴获毒品130.67公斤。成功破获公安部督“2016-642”、“2016-338”毒品目标案件和部督“2016-220”专案。（李文杰）

【打击经济犯罪】 继续加大惩治金融诈骗、涉税、非法集资、传销等扰乱市场经济秩序和侵害群众切身利益的涉众型经济犯罪力度，规范市场经济秩序，全市共立案436起、破案345起、刑拘424人、逮捕189人、直诉106人，涉案总价值30亿元，挽回经济损失近6亿余元。成功破获祁东顺兴钢材公司假冒注册商标钢材案，菱电房地产公司非法转让土地使用权案，领欣铜业公司、祁东顺达铁矿公司骗取贷款案，衡南明鑫贸易有限公司虚开增值税专用发票案等一批大要案件。在全市开展为期2年的新一轮处非专项行动，组建“惩治非法集资”专业侦查队，共立非法集资案件19起、破案12起，抓获犯罪嫌疑人35人，移诉37人，涉案金额达20亿元，涉及投资人7421人，挽回经济损失1.2亿元。（李文杰）

【治安侦查办案】 全力开展打假“利剑”行动和惩治环境污染犯罪“清水蓝天”行动，积极主动与相关职能部门协作，扩大案件线索来源，建立治安侦查联动机制，加大对环境和食品药品犯罪的惩治办理力度，各项工作指标位居全省第一。共破获涉及环境食品药品安全刑事案件76起，抓获犯罪嫌疑人201人，成功破获首个食药类部督“9·13”特大生产销售假冒伪劣产品案、公安部督办的“3·09”污染环境案、公安部督办的向炳亚非法生产销售假药案、国家食药监总局督办的刘礼阳生产销售假药案、省公安厅督办的“10·13”衡南鑫旺废旧金属有限公司非法处置危险废物案、省公安厅督办的陈良等人生产销售假冒注册商标案等一批案件。1月12日，公安部组织的全国重点地区办理毒鼠强案件座谈会在该市召开，推介衡阳工作经验。（李文杰）

【人口与出入境管理】 推进户籍制度改革工作，制订出台《衡阳市人民政府关于进一步推进户籍制度改革的实施方案》和《衡阳市常住户口登记管理办法》，引导农业转移人口落户城镇，有序推进农业转移人口市民化，全面开展人口信息清理整顿，共办理项目变更和补充102.3万余条。进一步加强出入境管理，积极推进示范窗口建设，规范办事流程，严格审批程序，全市共创建12个县级公安人口与出入境示范窗口，180个派出所示范、达标、合格户籍室。规范出国境管理工作，共受理公民出国境申请40.5万人次，审批赴港澳商务备案（年审）65家企业126人，批准赴港澳定居282人，向港澳核查305人。加强境外人员管理，共登记境外人员临时住宿信息6217条，同比增加16.6%，准确率达99.6%，签发境外人员签证证件439本，严厉查处涉外案件40起63人。（李文杰）

【治爆缉枪】 先后部署开展缉枪治爆专项行动、危爆物品安全管理大排查大清理大整治行动和收缴整治枪爆物品专项行动，共检查涉枪涉爆单位325家次，发现、整改安全隐患187处，注销问题爆破作业人员资格104人，签订具结保证书186份；破获涉爆涉枪刑事案件58起，逮捕（直诉）79人，查处治安案件78起，治安拘留47人；收缴各类非法枪支262支、各类子弹20.5万发、炸药7197公斤，雷管8386发，战争遗留炮弹29枚，销毁废旧炮弹20枚。加强城区烟花爆竹限放工作，严厉查处违法燃放行为，行政处罚违法燃放行为122起。

（李文杰）

【特业管理】 强力推行旅馆业治安管理信息系统安装，狠抓旅馆业"实名制管理"，加大对违规旅馆的检查和查处。全市现有旅馆1234家，旅业系统联网率100%，共培训旅馆保卫、前台工作人员1500余人次。强化旧货业管理，将全市23家典当行、8家二手手机交易市场、210家寄卖行、458家废旧物品收购店纳入日常监管，加大检查力度。开展银行单位安防检查指导，发现隐患472处，整改318处。加大医疗机构、重点工程、"三电"设施、输油气管道安全保卫力度，整改安全隐患47处，协助排查医患纠纷35起，破获涉"三电"设施案件346起，刑事拘留97人，移送起诉58人。深入开展"护校安园"专项行动，化解涉校纠纷140起，排查整改安全隐患302处，整治校园周边治安乱点103处。加强水域治安管理，查处乱采乱挖326起，调解纠纷47起。

（李文杰）

【扫黄禁赌】 先后部署开展春季"扫黄禁赌"、集中整治枪爆黄赌食药环违法犯罪、惩治黄赌犯罪"断链"行动等专项行动，采取暗访检查、异地用警、查禁党员涉赌等形式，严厉查处黄赌违法行为，大力净化社会风气。共查破黄赌刑事案件164起，刑事拘留382人，逮捕（直诉）388人，办理黄赌行政案件625起，行政处罚2494人，行政拘留1659人。成功破获以陆某、唐某为首的特大地下"六合彩"网络赌博犯罪团伙、衡阳县"冯某"等人非法经营地下"六合彩"案、"周某"等人开设赌场案、衡南县"3·23"非法经营案、"5·24"地下"六合彩"案、耒阳市"9·25"地下"六合彩"案、祁东县"3·20"段某开设赌场案、雁峰区"周某"等人开设赌场案、常宁市"4·29"非法经营案等8起省督案件。

（李文杰）

【交通安全管理】 集中开展整治严重交通违法行为、交通秩序整治"畅安行动"等专项行动，将酒驾、毒驾、超速、超载、城区闯灯、闯线和农村地区严重交通违法行为作为整治重点，大力优化道路交通秩序。共查处各类交通违法行为148.4万起。共发生道路交通事故722起，72人死亡，1019人受伤，直接财产损失340万余元，同比分别下降26.02%、59.32%、24.63%和3.1%。

（李文杰）

【消防安全管理】 开展夏季消防检查、冬季火灾防控、"三查三清"等专项行动，形成强力整治火灾隐患和惩治消防违法行为的高压态势，全市防控火灾能力得到整体提升。共检查单位16846家，发现并督促整改火灾隐患17035处，责令"三停"201家，查封255家。共发生火灾968起，死亡15人，受伤18人，直接财产损失815万余元，同比分别上升16.2%、400%、157%，下降50.3%。

（李文杰）

【监所安全管理】 围绕"安全监管、爱心监管、教育监管、智慧监管"的新思路，进一步丰富和完善"以文化人立德教育"机制，推进监管场所由看守管理型向学习教育型转变，监所安全管理经验成为全国样板，市公安监管中心被评为2016年度"CCTV中国十大法治人物"。全市各公安监所共收押3680人，其中看守所收押2526人，拘留所收拘274人，强制隔离戒毒所收治821人，康复中心收治8人，公安监管医院收治65人。

（李文杰）

【科技信息建设】 投入3000余万为市局刑科所增添一大批高精尖刑事技术设备，建立痕迹、法医、DNA、理化、声像、文检等专业实验室，其中DNA实验室被公安部评为"全国二级DNA实验室"，雁峰、常宁、祁东、耒阳、衡阳5个县级刑事技术室被公安部评为一级刑事科学技术室；市委、市政府高度重视并大力支持视频监控建设，明确要求三年内新增视频监控3万个，配套新建治安电子卡口270个，并统一联网运行，实现市、县、乡、村四级主要路口高清视频监控全覆盖。2016年全市新增治安视频监控点2216个，并全部接入省厅平台；在全省率先建成市级大数据平台，并向全市开放，日查询量超过1千次，实现海量数据快速查询、自动关联和交叉比对。（李文杰）

【执法规范化建设】 严格落实执法资格等级考试结果运用，加强执法培训，2400余名民警取得中级以上执法资格，100余名民警取得高级执法资格。大力推进刑事案件“三统一”、受立案中心建设和执法办案积分制工作，并在全市全面推开，省厅将衡阳市确定为刑事案件“三统一”改革试点单位。推进执法办案场所标准化建设，开展突出执法问题专项整治，强化执法考评、执法公开和执法过错追究，大力规范执法行为，提高执法质量。全市执法质量考评成绩连续三年名列全省前三，市局获评全市“依法行政示范单位”，南岳分局、常宁市公安局宜阳派出所被评为“全国公安机关执法示范单位”。（李文杰）

【“三实”信息采集】 成立由市长任组长的“三实”信息采集工作领导小组，下发《衡阳市“三实”信息集中采集专项行动工作方案》，形成“政府领导，公安牵头，部门协作，社会参与”的工作格局。市县两级建立公安机关与街道、社区、村组、企业和各职能部门协作配合的工作机制，确保人员、经费到位。加强“三实”信息采集督导，严把标准关、采集关、录入关和维护关，坚持“凡采必核、凡录必审”，定期通报情况，确保信息质量和采集进度。共采集“三实”信息1196万余条，其中录入实有房屋276万间、实有单位9.1万个、实有人口911万条，市局被评为全省公安机关“三实”信息集中采集专项行动成绩突出单位。（李文杰）

公安消防

【概况】 2016年，衡阳市公安消防支队党委在省公安厅、总队党委和市委、市政府、市公安局党委的重视领导下，紧紧围绕“基层基础年”“品牌增质年”“作风改进年”三个主题，坚持打基础、扛红旗、转作风、务实效，全市消防工作和部队建设取得进一步发展进步。市消防支队荣获全省整建制中队实战化比武竞赛团体第三名、总队优秀政治教员评选活动团体二等奖，衡山大队党委获评“公安消防部队先进基层党组织”，特勤中队获评“全国消防部队执勤训练工作先进中队”，另有1个集体、3名个人荣获省级荣誉称号，1个集体、2名个人荣获市级荣誉称号。市委书记、市人大常委会主任周农在“八一”慰问座谈会上说道：“全市消防部队恪尽职守，召之即来，来之能战，战之能胜，有效保护人民群众的生命财产安全，深受衡阳干部群众拥护爱戴”。

（郑　玮）

【消防安全检查常态化】 2016年年初，衡阳市召开“两会”，消防工作首次写入政府工作报告。全年，市政府3次召开常务会议、8次召开专题会议研究消防工作。在市政府第12次常务会议上，周海兵市长当场要求，各县（市）区政府在一个月内召开常务会议解决消防工作实际困难，政府领路、“一把手”牵头的消防工作领导机制基本形成。仅第三季度，全市6名市委常委、12名副市级领导带队开展消防安全检查，全年副市级以上领导带队开展检查35次、调研21次；县级以上领导带队检查89次、调研34次。

（郑　玮）

【队伍管理】 深入开展“五无”创建和夏季百日安全防事故竞赛活动，开展条令条例学习月活动和队列会操，抓官兵行为规范和作风养成，获得总队队列会操三等奖。以“营区营房美化、内务卫生净化、管理教育规范化”为抓手，通过试点规范、召开现场会等形式，大力推进正规化达标创建工作，全市90%以上的大、中队正规化建设达标。修订《部队管理教育日常督察规定》，强化指挥中心全天候视频巡查，全年开展督查13次，下发通报9份，督改问题194处。每季度召开部队管理教育形势会，分享心得，集中“亮丑”，5个大队在会上交流经验，4名大队主官在会上作剖析发言。开展部队管理“五查”教育整顿，重点排查整改思想、管理、作风、措施、落实五个方

面的突出问题，全面整肃部队风气。（郑　玮）

【实战练兵】　坚持练兵工作“一票否决”制，训练不过关的官兵，取消年度评先评优、学驾驶和入党资格。出台《关于加强和改进实战化训练工作的实施意见》，用好用足“封闭式集训、常态化考核、阶段性比武、挂钩式奖惩”4种手段，制定官兵训练档案296份，激发训练热情，深挖内在潜能。支队3人获评全省“训练标兵”，并囊括干部组、战士组两个第一名。坚持“实战先实训”原则，依托远程供水系统，探索创新远程供水操法，突出“一高、一低、一大、一化”熟悉演练和技战术研讨，年内举行跨区域无预案实战拉动演练75次，制定数字化预案278份。提请市政府举办成品油输油管线泄漏爆炸事故应急演练，4名市委常委亲临现场观摩，13个部门200余名工作人员参与配合，得到总队首长批示肯定。（郑　玮）

【执勤作战】　抓值班制度落实，落实指挥长专职调度制度，带班首长随时利用对讲机检查值班情况，每周组织1次全勤指挥部出动集结。支队每月召开1次灭火救援形势分析会，总结分析国内、省内典型战例，研判当月、下月重点灾情。凡遇夜间、人员被困、危化爆炸品火灾，同时调派两个以上中队力量。科学制定支队、大队、中队三级战斗编成，整合一体作战指挥平台和作战指挥决策系统，实行“一键式”调度、扁平化指挥、模块化作战。投入300余万元对支队指挥中心进行改造升级，投入800余万元购置1台通信指挥车，实现灭火救援现场远程可视化指挥。（郑　玮）

【火灾防控】　与国土、住建、规划等部门建立联审联批制度，采取集中会审或协同审批方式，杜绝先天性火灾隐患。大力实施“网格明白人工程”，发动全市8000余名综治网格员深入乡镇、社区开展检查宣传。将消防工作纳入派出所综合考评和民警绩效考核，由公安局“一把手”定期对排名后十位的派出所所长进行问责约谈，抓好基层末端火灾防控。落实“6+1”措施，修订完善950家重点单位“户籍化”档案。加快推进微型消防站建设，建成微型消防站741个，发展队员7480人，购置装备、器材18579件（套）。全面推广简易喷淋和独立式感烟火灾探测报警器，在社会福利机构、幼儿园、学校宿舍安装独立式感烟火灾探测报警器2580个。加快推进政府专职消防队建设，祁东“政府出资建设、消防培训指导、乡镇自主保障”经验得到原副市长周学农的批示肯定，并在全市推广。建立《消火栓管理维护档案》，全市新建市政消火栓875座，维修610座。（郑　玮）

【隐患治理】　结合“夏防”“冬防”两个大活动，开展社会福利机构、在建工地、电气火灾防范整治等10个专项行动，提请市政府下发督办通知，并对火灾隐患整改不力的县市区政府进行约谈，形成整治火患的高压态势。全力推动珠晖区市场群整改搬迁，目前，9个市场已有1个整改销案、2个基本完成整改，5个完成整改设计，1个即将实施关停。提请市政府将消防工作纳入社区“三清三建”提质改造内容，市财政补助每个社区400万元，用于清理电路、管道和消防通道。推动南岳区政府重新修订《南岳寺庙、道观消防安全管理办法》，全区90%的省级以上文物古建完成设施改造和达标验收。（郑　玮）

【消防宣传】　在市主流媒体开通4个专栏节目，每天滚动播发消防公益广告和安全提示不少于30次。深化互联网消防宣传，支队微博、微信注人数分别达到8万、12万，“双微”影响力排名进入全国消防系统百强。落实消防监督员每周至少半天宣传教育制度，广泛开展“行业系统消防安全大培训”、消防宣传车进社区活动，培训各类人员26万。制作3万张居民住宅火灾警示教育片光盘、160万分居民住宅消防知识宣传单，发放到每个社区、每户家庭，拓展消防宣传的广度和深度。开展“119”消防宣传月、“最有影响力社区消防宣传大使”评选等系列活动，衡东大队报送的作文《我是小小消防员》荣获全国三等奖，雁峰区苏眼井社区杨娜荣获全国“优秀社区消防宣传大使”。携手教育局开展“开学第一课”“消防进军训”活动，印发学生消防安全知识读本22万册，全市中小学消防教材普及率和大学、高中消防知识进军训率均超过70%。

（郑　玮）

【段国华带队督导衡阳消防工作】 2016年8月3日，省公安厅副厅长段国华一行前往衡阳南岳机场、富士康衡阳工业园等人员密集场所，检查指导消防工作。省消防总队防火部副部长龚自清，市公安局副局长肖海波、李衡、邓朝晖，消防支队政委刘兴强等领导陪同检查。（郑　玮）

检　察

【依法批捕工作】 一是刑事案件批捕。依法批准逮捕各类刑事犯罪嫌疑人2381人，提起公诉3981人。其中，批准逮捕涉黑涉恶、涉枪涉爆涉毒、严重暴力、多发性侵财犯罪嫌疑人1529人，提起公诉2300人。衡山连环杀人案发生后，市县两级检察机关提前介入，引导侦查，依法快捕快诉，罪犯聂露勇被判处死刑。坚持不枉不纵，依法对不构成犯罪的30人作出不批准逮捕决定，对证据不足、不构成犯罪的212人作出不起诉决定，切实防止错捕错诉。依法对情节轻微、主观恶性不大、双方达成和解的轻微刑事案件不批捕82人、不起诉297人，减少社会对抗。市人民检察院成立未成年人刑事检察处，对未成年人犯罪坚持惩治、预防、挽救、帮教一体化，让一批失足青少年及早回归社会。对9起复杂疑难的涉法涉诉信访案件探索实行律师参与化解和代理申诉案件制度，对8起确有错误的案件启动国家赔偿程序，为5名生活确有困难的刑事被害人提供司法救助，较好地引导群众由“信访”向“信法”转变。二是经济案件批捕。2016年，衡阳市检察机关共批捕破坏社会主义市场经济秩序犯罪嫌疑人187人、起诉254人，对18起非法吸收公众存款、集资诈骗等涉众型经济犯罪实行专案办理，维护法治化营商环境。部署开展优化经济发展环境专项侦查监督活动和“雁过拔毛”式腐败问题专项整治，监督公安机关撤销31起违规插手经济纠纷案件，立案查办项目审批、资金使用、物资采购、招标投标领域职务犯罪嫌疑人50人，净化投资环境。为落实中央关于保障和促进非公经济发展的精神，衡阳市检察院出台专门的实施意见，对涉企案件开辟“绿色通道”，办案中更加注重慎重选择办案时机，慎重采取强制措施，帮助涉案单位堵塞管理漏洞、减少发案损失，构建“亲”“清”型检企关系，省人大对此给予肯定。（肖振兴）

【专项督查民生领域犯罪】 对社会保障、医疗就业、环境资源、食品药品、涉农扶贫等领域，保持高度关注，依法起诉污染环境、破坏性采矿以及生产、销售有毒有害食品药品的犯罪嫌疑人11人，立案查处发生在群众身边、损害群众利益职务犯罪嫌疑人63人，通过开展破坏环境资源犯罪和危害食品药品安全犯罪专项立案监督，已建议行政执法机关移送、监督公安机关立案26件31人。市人民检察院联合市扶贫领导小组，部署开展为期五年的集中整治和预防扶贫领域职务犯罪专项，推进脱贫攻坚战略的深入实施。在全省率先成立生态环境资源检察处，与市食品药品监督管理局、市公安局联合下发《关于加强食品药品行政执法与刑事司法衔接工作的意见》，推动建立司法保护民生的常态化机制。

（肖振兴）

【查办和预防职务犯罪】 依法立案查处涉嫌贪污贿赂犯罪案件94件114人、渎职侵权犯罪案件36件44人，提起公诉138人，人民法院已审结判决105人，反贪立案数、大要案数、起诉数均排名全省第一，反渎立案数排名全省第三，起诉数第二。对衡山县县委原书记周建、衡南县政府原常务副县长申伟亮等11名涉嫌职务犯罪的副处级以上干部，依法立案查处。对造成35人死亡的“6·26”郴州宜凤高速特大交通事故，市人民检察院迅速介入调查，立案查处相关责任人员，为国务院事故调查结论提供重要参考。把预防挺在查办的前沿。全市人民检察机关主动到相关单位上法制课90余次，组织448人次到检察机关廉政教育警示基地开展警示教育开展职务犯罪易发多发的行业和领域开展犯罪分析和预防调查，帮助发案单位整章建制23件，遏制腐败增量。

（肖振兴）

【诉讼法律监督】 依法对刑事诉讼活动进行监督。对应当立案而没有立案的，监督公安机关立案107件，人民法院已审结判处有期徒刑以上的22人；对不应立案而立案的，监督公安机关撤案84件；对涉嫌犯罪而未移送司法处理的案件，建议行政执法机关向公安机关移送31件34人；追捕129人，法院已审结判处3年以上有期徒刑的52人；追诉135人；对认为确有错误的刑事判决，提出抗诉23件，人民法院已审结改判和发回重审7件。依法对民事、行政诉讼和行政执法活动进行监督。对认为人民法院确有错误的民事判决、裁定，提请省人民检察院抗诉8件；办理支持起诉案件3件；对41起行政不作为发出督促履行职责的检察建议后，相关行政机关采纳建议并作出整改。依法对刑罚执行活动进行监督。对168名呈报减刑、假释、暂予监外执行但经审查不符合相应条件的罪犯，依法监督不予批准，开展集中清理判处实刑未执行刑罚专项活动，清理人数居全省第一。对网络曝光的雁北监狱罪犯聚众赌博事件及时开展调查，立案查处涉嫌滥用职权、玩忽职守犯罪的4名监区民警，省人民检察院游劝荣检察长对此批示肯定推广。（肖振兴）

【开展司法专项整治“回头看”活动】 在2015年开展持续一年专项整治的基础上，部署开展规范司法专项整治“回头看”，查摆和纠正执行办案制度不严格、涉案款物处理不规范、律师权益保障不到位等问题，对自身司法中的失误和错误敢于正视纠正，清退各类不当扣押的涉案款物570余万元，处理和处分相关责任人17人，并将12个不规范的典型案例编印成册，促使干警从中汲取教训、引以为戒。（肖振兴）

【检察机关统一业务应用系统建设】 加强立案大厅、赃证物室、律师接待室和检察机关统一业务应用系统建设，确保所有案件一律在立案大厅受理，案件流转和审批一律在网上进行，涉案款物一律随案移送并统一存管，律师接待一律在指定场所。在市政府的大力支持下建成安全保障到位、使用管理规范的指定居所监视居住办案点，最高检先后在全国反贪工作会议、全国法警工作座谈会上，对衡阳规范使用指定居所监视居住的做法予以肯定。

（肖振兴）

【建立规范司法长效机制】 出台《关于进一步深入推进规范司法的意见》，制定《衡阳市人民检察院规范司法行为一览表》，细化和规范办案流程、操作规程、办案权限。推行案件网上按月评查和通报制度，发现问题及时开展督察和调查，并将评查和调查结果量化计分，载入干警执法档案，与考核任免直接挂钩。2016年，全市检察机关所办职务犯罪案件没有出现无罪判决，没有发生办案安全事故，没有因办案引发涉检信访和重大涉检舆情，3起案件被最高检、省人民检察院评为优案，相关做法先后两次在全省检察长会议上作经验介绍。（肖振兴）

法　院

【概况】 2016年，全市法院全年共受理各类案件42081件，审结和执行各类案件40843件，同比分别上升12.2%、19.2%；其中衡阳市中级人民法院共受理各类案件8410件，审结和执行各类案件7944件，同比分别上升8.7%、14.4%。（张远毅）

【刑事案件审判工作】 全市法院共审结各类刑事案件3910件，判处罪犯5540人，其中，五年以上刑罚的达614人。严惩严重危害社会治安犯罪、黑社会性质组织犯罪，审结杀人、抢劫、绑架等犯罪案件180件316人。备受社会关注的衡山连环杀人案，市中级人民法院公开宣判凶犯聂露勇死刑，社会效果较好。严惩毒品犯罪，审结此类案件665件902人，社会影响较大的周天荣等19名被告人贩卖毒品近100公斤一案，市中级人民法院对其中6名被告人依法判处死刑（含死缓）；严厉打击危害食品药品安全、非法传销、金融诈骗等破坏社会主义市场经济秩序犯罪案件，审结此类案件203件328人；依法打击贪污、贿赂等职务犯罪，审结此类案件172件220人，推进反腐败斗争的开展；坚持宽严相济刑事政策，对具有从宽情节的881名被告人依法适用非监禁刑；根据中央要求和法律规定，从严控制职务犯罪、黑社会性质组织犯罪和金融罪犯减刑、假释，办理此类减刑、假释 143 件，裁定不予减刑、假释 17 件。

（张远毅）

【民商事案件审判工作】 全市法院共审结各类民商事案件 23969 件，同比上升 20.2%，涉案标的 106.48 亿元。妥善处理与民生密切相关的矛盾纠纷，审结婚姻家庭纠纷、人身损害、财产权属、民间借贷、劳动争议等纠纷案件 13176 件。发挥民商事审判对市场行为的规范、引导和调节作用，审结买卖合同、租赁合同、金融票据等纠纷案件 2188 件。优化衡阳市投资营商环境，审结涉外、涉港澳台案件 68 件。加大调解力度，基层法院民商事案件调解率达到 42.3%。（张远毅）

【行政案件审判工作】 全市法院共审结各类行政案件 747 件，同比增长 57.9%。加强合法性审查，加大协调力度，依法维持具体行政行为或驳回诉讼请求 298 件，以协调撤诉方式结案 190 件。对一些重大行政案件实行跨区域交叉管辖，确保公正审理。审查和执行涉及土地征收、房屋拆迁等非诉行政执行案件 358 件，依法保障全市重点工程和项目建设。

（张远毅）

【社会热点案件审判工作】 一是非法集资案件的审理工作。为规范民间融资活动，维护金融安全，市中院结合衡阳实际，出台《关于妥善审理非法集资案件维护金融安全的若干意见》等文件指导司法实践，全市法院迅速成立打击和处置非法集资工作领导小组，对涉嫌非法集资的民商事案件，加强与市金融办、公安机关的沟通联系，将收集到的涉嫌犯罪的线索及时移送公安机关处理。对已被公安机关以涉嫌非法集资立案侦查的 19 个公司的 841 件案件加强甄别，依法审理，确保非法集资案件集中统一解决。严厉打击非法集资等犯罪行为，共审结此类案件 15 件 44 人。二是农村征地补偿款纠纷案件的审判工作。市人民中级法院组织专门力量到反响比较大的乡村、社区调研，收集问题，征集意见，制定《关于审理农村集体经济组织征地补偿纠纷案件若干问题的意见》，对农村集体经济组织成员资格、土地补偿费分配方案的认定作出明确界定，指导全市法院审判实践。全市法院共审结此类案件 2107 件，调解或撤诉案件 553 件，使一批老大难案件得到妥善处理。三是房地产纠纷案件。为保障房地产业平稳健康发展，维护社会稳定，市中级人民法院出台《关于新形势下进一步做好房地产和建设工程合同纠纷案件审判执行工作的意见》，统一裁判尺度。全市法院对重大、敏感的房地产案件一律实行风险评估，及时向党委、人大汇报，共审结房屋买卖、租赁、转让以及建设工程合同纠纷案件 991 件。慎重处理因房地产企业资金困难引发的连锁纠纷案件 572 件，调解 102 件，实现双赢的结果。市中级人民法院还成立房地产企业破产案件审判合议庭，引导一批僵尸企业依法有序退出市场，全市法院共审理破产案件 25 件。（张远毅）

【加大法院执行力度】 全市法院不断更新执行理念，强化举措，加大执行力度，确保最高法院提出的“三年内基本解决执行难”任务落到实处。共受理各类执行案件 12003 件，执结 10971 件，执行结案标的额 33.98 亿元。执行机制改革，推行执行警务化，加强对基层法院的指导和监督，实现执行工作统一管理、统一协调、统一指挥。健全执行工作快速反应机制，完善“点对点”网络查控系统，运用执行信息曝光平台，通过电视、报纸、微信等多种方式公布失信名单 5390 人，其中有 186 人迫于压力自动履行法定义务。加大执行强制措施的运用，罚款、司法拘留 262 人次，对 32 名拒不执行生效裁判文书的被执行人依法移送公安机关立案侦查。

（张远毅）

【提高诉讼服务质量】 全市法院简化立案手续，畅通案件入口，市中级人民法院当场立案率达到 99.3%。强化诉讼服务大厅和网上诉讼服务平台建设，开通“12368”热线，尽可能为当事人提供“一站式”服务。提高审判质量，从源头上减少信访矛盾，采取多元化机制解决信访问题。在坚持领导包案、带案下访的前提下，引入第三方力量，由律师参与代理申诉，共有 95 名律师参与代理市中级人民法院信访案件，化解涉诉信访案件 116 件，占总数的 33.6%。开通远程视频接访系统，安排 41 名信访人通过远程视频向最高法院反映诉求，引导群众依法维权。加强司法救助工作，为经济确有困难的当事人减、免诉讼费 46.99 万元，为刑事被害人、困难申请执行人落实司法救助金 21 万元。（张远毅）

【推进司法公开】 全面推进立案、庭审、执行、听证、文书、审务公开。扩大裁判文书上网公布率，市中级人民法院文书上网率位列全省第四，让当事人更加便捷地知晓审判、执行的进展和结果。优化诉讼资产处置程序，评估、拍卖机构的选择实现 100%随机，市中级人民法院系省内首家在淘宝网上处置资产的中级人民法院。推进审务公开，举办“法院开放日”活动，建立新闻发言人制度，召开新闻发布会 6 次。开展庭审直播 54 次，开设法院官方微博及微信公众平台，通过微信、微博推送信息 3486 条，提升人民群众对司法工作的参与度和认同感。（张远毅）

【推进司法改革】 一是实行法官员额制改革。按照上级的部署，在市委的领导和相关部门的配合下，推行司法体制改革，成立领导小组，制定实施方案，从 2016 年 7 月份开始全面启动司法改革，将法院工作人员划分为法官、司法辅助人员、司法行政人员三类，实行分类管理。建立法官员额制度，根据上级要求划定法官员额比例，制定严密的遴选方案，514 名法官通过严格的考核、考试、考察，作为首批员额内法官报省法官遴选委员会审核。二是开展审判权运行机制改革。推进刑事司法体制改革，完善刑事证据制度，建立以庭审为中心的诉讼模式。实施未成年人犯罪记录封存制度，设立未成年缓刑犯社区帮教工作站，市中级人民法院审结涉未成年人案件 194 件；推行民事案件小额速裁机制，通过小额速裁方式结案 765 件；开展知识产权刑事、民事和行政审判“三合一”试点，依法保障创新创业。三是推进审判管理方式改革。市中级人民法院及部分基层法院试行主审法官责任制，让审理者裁判，由裁判者负责。市中级人民法院对所有开庭案件一律实行全程录音录像，确保全程留痕。主审法官责任制有效地激发干警责任心，全市法院结案率、办案均衡度等多项指标进入全省法院先进行列。（张远毅）

【司法学习培训】 全市法院参加和举办各类培训班 76 期，培训法官 1100 余人次，优化全市法官的知识结构和职业技能。加强审判业务指导，通过发布参考性案例、疑难问题解答意见等方式，统一裁判尺度。组织开展庭审评比和优秀裁判文书评选活动，提高法官庭审驾驭能力与裁判文书制作能力。（张远毅）

司法行政

【概况】 2016 年，全市司法行政系统围绕市委市政府中心工作，服务大局，大力实施“一强两好三创”（“一强”即加强司法行政系统班子建设；“两好”即建好基础设施，抓好基层工作；“三创”即服务创优、业务创先、评价创满意）工程，各项工作都取得长足发展，继 2015 年被省司法厅记集体三等功，被市委、市政府评为先进单位，“六五”普法、社区矫正和戒毒等多项工作得到司法部和省厅表彰后，在 2016 年度全省司法行政系统执法状况考评和综治考评中，衡阳市司法局又进入一类单位。市司法局法律援助中心荣获司法部授予的“第五届全国法律援助工作先进集体”称号。（谢水长）

【司法体制改革】 一是推进律师以案释法制度。律师以案释法活动形式多样，覆盖广泛，开展“深化法治宣传教育服务推进脱贫攻坚”专项活动，在村（社区）共开展法治宣传活动 72 场。二是建立健全多元化解社会矛盾纠纷工作体系。12 个县市区已全部落实人民调解考核机制和“以奖代补”机制，矛盾纠纷排查调处协调会议制度得到有效贯彻。三是构建新型公共法律服务体系。在全市范围内积极开展公共法律服务体系建设、政府购买法律援助服务、司法部社区参与式法律需求评估等项目，司法部确定衡阳司法局为全省唯一的全国法律援助工作联系点。（谢水长）

【“法治衡阳”建设工作】 一是科学制定“七五”普法规划。市司法局以政府购买服务方式开展“七五”普法专项课题研究，制定全市“七五”普法规划。二是制订《关于在全市各级国家机关中实行“谁执法谁普法”责任制的实施意见》，建立责任清单，明确普法主体责任和工作机制。三是把法治教育纳入精神文明创建考核。把法治教育纳入精神文明创建考核，法治宣传教育与创建文明城市深度融合。四是健全媒体公益普法制度。市本级在衡阳电视台、都市频道开播普法公益广告，在市主要报刊、电视台等新闻媒体上开设法治专刊专栏，年度普法公益广告量达到广告总量的2%以上。五是深化法治创建活动。全市共有30个基层执法单位被授予“2016—2018年全省依法办事示范窗口单位”称号；按照“九个一”标准，全市共有雁峰区雁峰街道厉家冲社区等24个村（社区）参与法治示范村（社区）创建；市人民检察院反渎职侵权局局长曾建军获得“2015年度湖南省最具影响力法治人物”。

（谢水长）

【国家工作人员学法用法制度落实】 2016年，衡阳市依托省司法厅“如法网”学法考试平台部署开展本年度公职人员学法考法工作，全年共有122236名国家工作人员参加“如法网”学法考试，参考率98%，通过率达96%，并将学法考法成绩作为个人年度考核、晋级、提拔使用的重要依据报市委组织部、市人社局。9月，衡阳市在全省率先建成市本级普法考试中心，年度学法考试试点采用驾考科目一模式，获得湖南省委法治办的肯定，并被中央媒体推介。（谢水长）

【监狱戒毒管理】 2016年度，衡阳市实现衡州监狱“四无”和市强制隔离戒毒所“六无”的工作目标。一是在监管工作上守住底线。坚持每月不少于2次的现场督查，全年共排查出隐患30处，下达限期整改建议书12份，并对监所的整改落实情况进行回头看。二是在教改工作上敢打硬战。定期抽查监所落实罪犯戒毒人员每周五天劳动、一天学习、一天休息的“5+1+1”教育模式和罪犯、戒毒人员思想、文化、技术“三课”教育的开展情况，10月底市局分别对衡州监狱和市强戒所19个方面的执法状况情况进行专项督导检查。三是在执法工作上确保公平。截至2016年11月底，衡州监狱向市中院呈报罪犯减刑材料305份，无一错、假、退案。四是在艾滋病防治工作上出实招。加强与传染病专科医院合作打造特色管理中心，收到很好的效果。2016年对强戒人员入所筛查血样613人次，确诊4人；全年收治强戒人员HIV感染者4人、特殊病违法犯罪人员HIV感染者32人，均予以严格管理和妥善治疗。（谢水长）

【社区矫正管理】 一是严格做好日常督查。采取常规检查和突击式重点抽查结合，对发现的问题及时交办整改。二是认真做好安全监管。通过定期召开监管安全分析会议，对执法督查情况和社区矫正工作中存在的问题进行反馈，制定整改措施。三是开展社区矫正“监管安全隐患排查整治”和“防脱管”专项活动。截至2016年11月底，全市累计接收社区服刑人员8701人，解除5714人，撤销缓刑24人，撤销假释2人，对暂予监外执行服刑人员收监执行21人，警告565人次，治安处罚21人次。全市未发生“因脱管漏管导致的重新犯罪”案件。（谢水长）

【安置帮教工作】 按照刑释解教人员安置帮教工作管理“八有”要求，建立健全刑释解教人员安置帮教工作“八有”档案，做到一人一档。2016年，全市刑满释放人员10890人，列入重点帮教人员900余人，重点帮教人员接送率达98%以上。开展“三帮一促”主题帮教、“情暖高墙、关爱孩子”的联合帮扶活动。2016年，慰问在押服刑人员、强制隔离戒毒人员未成年子女特困户636户，送去慰问金5895元，落实低保229人次，为160余名帮教对象子女解决入学就学困难，落实承包责任田820人次。

（谢水长）

【法律援助工作】 2016年，全市共办理法律援助案件3231件（市法律援助中心办理法律援助案件206件，已结案件170件，其中刑事88件，民事109件，行政9件），咨询人数14293人次（市中心3212人次，含“12348”2140人次），法律援助覆盖面进一步扩大。（谢水长）

【业务用房项目建设】 一是全面完成县市区社区矫正中心建设。2016年，衡阳市7个县市区矫正中心建设被纳入省、市重点民生实事项目考核。市局加强督导，多次与相关县市区委、政府沟通协调，并争取省厅和市委市政府支持，截至2016年12月底，7个县市区的矫正中心建设已全部完成。二是建设公共法律服务中心。截至目前，衡阳市已完成蒸湘区、石鼓区、珠晖区、南岳区、祁东县、衡阳县、衡东县、耒阳市等8个公共法律服务中心、6个公共法律服务示范站点、70余个公共法律服务志愿点建设任务。市十四届人大常委会第二十八次会议专题听取全市公共法律服务体系建设情况的报告，市委书记、人大常委会主任周农对全市公共法律服务体系建设取得的成绩给予肯定。（谢水长）

【人民调解专项工作】 2016年，全市各级调解组织和广大调解员排查调处各类民间纠纷和社会矛盾纠纷17168起，成功17003件，成功率达99%，化解疑难复杂矛盾纠纷1543件，防止民间纠纷引起自杀54件，防止民间纠纷转化为刑事案200件，防止群体性上访253件、防止群体性械斗80件。全年未发现民转刑案件。衡东县“和事佬”工作站等工作方法得到省里的好评与推介。涌现出董金槐、王贵诚等一批全国全省先进个人，云集司法所、西渡司法所等一批全国全省先进集体。（谢水长）

防范和处理邪教

【概况】 2016年，衡阳市防范和处理邪教问题领导小组办公室在市委、市政府的领导下，贯彻落实中央和省、市委的方针、政策，打防并举，综合治理，有所成效，网宣工作在全省排名第一，被央办副主任彭波批示表扬，并在全国性工作会议上作经验发言；教育转化基地建设在全省名列前茅。（易宣传）

【基层建设】 全市各级防范处理邪教办以贯彻落实《中共湖南省委办公厅、湖南省人民政府办公厅关于加强防范处理邪教基层基础工作的意见》为契机，努力推进反邪教基层基础建设。积极主动汇报，争取领导重视，以市“两办”联合下发《实施意见》。省“两办”文件下发后，衡阳市防范和处理邪教问题领导小组办公室多次向市委、市政府进行汇报，得到市委、市政府主管领导的重视和支持。市委常委会于2016年2月26日召开专题会议，研究贯彻落实“两办”35号文件精神。会议同意按照省里文件精神：解决县市区委防范处理邪教办领导班子兼职问题；根据各县市区的“法轮功”人员多少和工作任务需要，增加人员编制和工作经费；及时衔接沟通，加强协调配合，实现市委督查室、市委防范处理邪教办联合督查督办，解决实际问题。省委防范和处理邪教问题领导小组的督办函下发后，市委、市政府主要领导非常重视，亲自指挥部署，深入组织开展专题督查行动。市委副书记邓群策、市委常委、政法委书记邓柯和市委常委、市委秘书长张贺文对此次督查先后作出重要批示，要求市委督查室孔维政主任和市委防范处理邪教办胡征星主任带队，逐县市区督查督办，确保省、市“两办”《意见》精神落到实处。根据市委、市政府领导的指示，从10月14日至22日，市防范和处理邪教问题领导小组办公室与市委督查室组织三个调研组，深入检查督办各县市区贯彻落实省、市“两办”《意见》情况，并及时进行通报，同时要求各地进一步进行自查自纠，切实抓好省、市“两办”《意见》的贯彻落实。以贯彻省“两办”35号文件为契机，注重基层关切，实现反邪教工作保障更加有力。贯彻落实省、市“两办”《意见》以来，从基层关切的问题入手，利用与各地党委政府主要领导交流沟通的机会，毫不避讳地指出当地防范处理邪教工作基础建设存在的难点问题，要求当地党委政府采取得力措施，有效地解决各县市区存在“一人办”、“两人办”的问题。（易宣传）

【防控打击】 严格深入调查摸排，准确掌握邪教人员动态。以敏感期和特别防护期的安保防控为重点，从防控机制和防控队伍入手，完善情况摸排、信息预警、应急处置、部门协调、技术防范等工作机制，建立覆盖市、县、乡三级情报信息队伍。同时，按照省委防范处理邪教办、省公安厅的统一部署，组织开展对其他邪教组织的摸底排查专项行动，进一步澄清其他邪教底数，完善本地“法轮功”“全能神”“门徒会”“呼喊派”“主神教”等邪教人员数据库，并根据日常工作掌握的情况及时更新数据，对邪教人员实行动态管理。严格落实防控责任，准确做好敏感期防控。2016年4月19日，市防范和处理邪教问题领导小组办公室获悉部分“心灵法门”邪教成员准备去新加坡参加法会，立即协调市公安局、市国安局、衡铁公安处等部门进行劝导、处置，在衡阳高铁站成功将这些人员拦截，并交其辖区防范处理邪教办和公安部门严密管控。严格执行精细治理，准确开展专项打击。积极协调公安、国安等部门，深入开展对其他邪教组织摸底排查专项行动”和防范打击“法轮功”网上反宣活动、收缴“法轮功”反宣币等专项行动，及时建立专案，深入开展精准打击。2016年侦破一批“法轮功”等邪教案件，抓获一批邪教人员，收缴大量反宣资料和“法轮功”反宣币。11月29日，市防范和处理邪教问题领导小组办公室获悉衡阳市“呼喊派”邪教组织头目刘某、罗某积极与浙江、福建等地“呼喊派”邪教骨干在衡阳市石鼓区一居民家中进行聚会，迅速协调市公安、市国安和石鼓区委防范处理邪教办、区公安分局等单位联合行动，对聚会点进行迅速查处，当场抓获聚会的邪教人员53人，缴获邪教资料200余份，并依法对刘某等5名首要组织骨干依法打击，其他人员在教育训诫的基础上，责令迅速返回原地，有效地震慑邪教违法犯罪分子。（易宣传）

【警示教育】 一是发挥传统平台宣传。结合重大活动开展宣传：节日活动期间，全市各级防范处理邪教办紧紧围绕宣传活动主题，主动在城区和乡村，开展形式多样的反邪教宣传活动，让群众在喜庆、祥和的节日气氛中受教育。利用新闻媒体宣传：积极与市委宣传部衔接，在衡阳电视台转播《邪教的谎言》等新闻和警示教育片，在《衡阳日报》转载相关新闻稿，让群众在学习娱乐中受教育。二是依托公共平台宣传。2016年，市委防范处理邪教办摄制“远离邪教，拥抱文明”动漫片，依托全市公益广告平台，在主要街口的LED屏上滚动式播放。录制《防邪反邪知识讲座》，依托远程教育平台，在各示范点宣讲。依托文体娱乐平台，积极举办民间文艺、气功、街舞等各种群众性文体活动，引导群众自觉远离邪教，倡导科学健身活动。并联合市教育局、衡阳新闻网站和市书法家协会，举办以“拒邪教·扬正气”为主题的书画展览，营造反邪教良好氛围。三是拓展网络平台宣传。按上级要求，衡阳市借助互联网这一新兴传媒，采取多手段多方式，大力加强网络反邪教宣传力度，积极开展网上舆论引导，拓展宣传“新阵地”，率先在全省创办“衡阳反邪”微信公众号，开通“衡阳反邪”政务微博，打造具有衡阳特色的反邪教“四合一”的网络平台，向广大干部职工转发反邪教公益短信17万条，及时上传、发布、播放反邪教工作动态、反邪教知识和警示语等内容，揭露邪教的反动本质和骗人伎俩，普及反邪教法治知识。同时，加强网宣传队伍建设，积极向《岳麓红枫网》《凯风网》《洞庭云帆网》投稿，形成网上网下、网内网外宣传合力。2016年全市在《洞庭云帆网》上稿542篇（其中：专业稿件93篇，专业视频1部，被《凯风网》评为全国优稿11篇），在《岳麓红枫网》上稿166篇（其中专业稿件45篇）。用稿量在全省名列第一，得到省办、央办的肯定。

（易宣传）

综合经济与管理

责任编辑：申沁生

发展与改革

【宏观经济管理】 2016年，衡阳市发展和改革委员会对接国家、省“十三五”规划纲要精神，形成全市“十三五”规划纲要最终稿，并向社会公开发布；组织编制全市各领域30个专项规划及12个县市区规划纲要，为“十三五”时期全市经济社会发展描绘新的蓝图。在政策制定上，加强梳理对接各项重大政策，牵头拟定出台全市供给侧结构性改革、政府投资项目管理办法、加快县域经济发展、供给侧改革降成本任务落实方案、招投标管理制度等20余项政策文件，为相关领域发展提供政策支撑。在经济分析上，着力加强经济运行监测分析，严密关注相关指标尤其是GDP、第三产业增加值、固定资产投资等关键指标运行走势，并提出有针对性的措施建议，为市委、市政府提供有效的决策参考。

（冯　栋）

【项目建设】 全年组织实施五大板块重点项目481个，完成投资911.4亿元，有效助推全市经济发展和产业转型。交通网络逐步完善，“1189”立体交通网络加快成型，土谷塘航电枢纽建成发电，娄衡高速、南岳高速东延线、衡大高速松木互通建成通车，松木港区建成试运营，大浦通用机场正式开工，怀邵衡铁路、瓦松铁路等项目进展顺利。产业水平有效提升，水口山金铜项目一期、特变电工高端集成智能产业技术改造、祁东官家嘴风电场、城市生活垃圾焚烧发电厂等一大批重点工业、能源项目竣工投产，年新增产能超过200亿元。创新创业园区“135”工程扎实推进，累计建成标准厂房369.8万平方米。城市基础设施提质加速，船山东路、二环北路和长丰大道北延线成功通车，常胜西路、望城路、华耀城路网全面完工，衡阳植物园、耒水西岸风光带接近完工开放，中心城区新建、改扩建供水管网48.3千米、燃气管网64千米，餐厨垃圾处理中心基本建成。新农村建设深入推进，完成农村公路提质改造924.4千米、农村公路安保工程487.5千米，改造危桥57座，完成301个村农村电网改造升级，农村饮水安全巩固提升工程惠及贫困地区人口1.2万以上。

（冯　栋）

【争取资金项目】 全年争取中央、省预算内资金10亿元；继续抢抓中央实施专项建设基金项目的机遇，整合各方力量，扎实做好前期，2016年前三批专项基金项目中，衡阳市有102个项目挤入国家专项建设基金支持范围，获得资金70.06亿元，居全省第二，一批棚户区改造、采煤沉陷区、老工业基地搬迁改造等领域项目及时得到中央专线基金“输血”。招商引资方面，市发改委对全市招商引资项目进行收集、筛选、包装，确定2016年市级招商引资项目160个，总投资约1400亿元，其中47个项目有望进入省级笼子，投资额388亿元。债券融资方面，成功发行来雁新城投资公司债券，募集资金10亿元，另有衡东城建投停车场及养老专项债券12亿元债券获批。

（冯　栋）

【综合改革】 推进供给侧结构性改革，牵头拟定全市推进供给侧结构性改革实施意见，全面部署6大行动28项重点任务，为衡阳市推进供给侧改革提供路线图和时间表。2016年，全市钢铁、煤炭、水泥产量分别缩减16万吨、299万吨、800万吨，中心城区房地产库存去化周期下降到12.08个月。着力推进价格改革，城市公立医院医药价格配套改革全面启动，城区25所公立医院全部实行药品（中药饮片除外）零差率销售，并执行新的医疗服务价格，瓶装液化石油气价格全面放开，价格调节基金全面停征，全年为企业和社会减负8000万元。推进社会信用体系建设，高标准建设全市统一的信用信息共享交换平台，完成一库一网一平台建设任务；抓好信用信息数据归集，累计向省平台推送数据217.4万条，居全省前列。继续巩固服务业综合改革成果，衡阳市被国家发改委授予国家服务业综合改革示范典型称号。牵头抓好公车制度改革，全市党政机关公务用车制度改革工作基本完成。

（冯　栋）

【价格监管】 把价格监管调控作为供给侧降成本和民生保障的重要环节，突出日常监管、重要节点监管和投诉举报处理，较好维护市场价格秩序。突出价格杠杆调节，完成城区供水价格调整，居民阶梯水价推广至全市各县市区，完成城区公租房和衡汽集团部分城际公交线路定价审定工作。推进价格监管，开展景区门票价格专项整治、企业清费减负价格政策执行情况督查等专项行动，定期对银行收费、医药价格、涉农收费、教育收费进行重点检查，查处各类价格违法案件377起，为市民挽回损失653.45万元。认真处理价格举报，全面贯彻“12358”价格举报系统24小时值班值守规定，确保第一时间处理举报投诉，快速化解群众价格矛盾，全年受理价格举报咨询案件850起，全部办结。降低涉企收费，发布实施2016年版政府定价的涉企行政审批前置服务收费目录清单和涉企经营服务收费目录清单，全年取消、降低、调整放开53项服务性收费项目，降低43项行政事业性收费项目，累计为企业减负超过1.5亿元。

（冯　栋）

【行政审批改革】 全面推进行政审批事项“两集中、两整合、两公开”改革，市发改委所有项目立项全部集中到政务中心窗口办理，一审一核件全部做到三个工作日办结，承诺件三个环节十个工作日办结，有效提高政务审批效率。全年受理、办结各类政务审批事项650件，其中项目立项审批294件、项目招投标194件、节能审查103件、商品和服务价格制订调整5件、商品和服务价格备案54件，办结率、满意率均达100%，投诉举报率为零。加强在线审批平台建设，推进审批事项信息公开，对所有非涉密项目的审批、核准、备案事项均在平台实现“一窗受理、一项一码、一表流转、在线审批、电子监察”。全市在线平台运行情况良好，通过在线平台办理投资项目审批822个，全市项目数量在全省14个市州排第4位，衡阳市本级排第3位。

（冯　栋）

国有资产监督管理

【概况】 衡阳市国有资产监督管理委员会是衡阳市人民政府直属特设机构，2005年6月5日成立，有工作人员39人，内设科室13个。市国资委按照市政府授权，依照《中华人民共和国国有资产法》《中华人民共和国公司法》等法律法规代表市政府对监管企业履行出资人职责；对所监管企业国有资产的保值增值进行监督，加强国有资产的管理工作；推进国有企业的现代企业制度建设；依照法定程序对所监管企业的负责人进行任免、考核、奖惩等。另外，国资委还承担29家驻衡阳中央、省属企业对接服务职能。

（蔡小志）

【国企改制】 2016年，衡阳国企改制全面启动二橡、五橡、电机厂、木器厂、原电筒厂、天原股份公司等企业改制工作；完成原建湘、天翔机电等36家企业改制扫尾工作；完成电筒厂资产划转等。对一纺机改制遗留问题及费用进行测算。启动耒水公司改制成本测算等。

（蔡小志）

【国企改革】 在完成以产权制度改革为中心的国企改制基础上大力推进新一轮国有企业改革。推进中央、省属企业“三供一业”分离移交工作，从2016年起至2020年，全市以“衡钢”试点为模板向驻衡中央、省属企业推行“三供一业”分离移交工作。截至2016年年底，26家驻衡阳中央、省属企业完成供水分离移交7095户、供电分离移交16343户、供气分离移交6943户、社区移交3家、退休人员移交3663人；探索发展混合所有制经济，推进紫光古汉定向增发工作，证监会审核通过。支持南岳电控IPO上市，2016年12月中旬完成材料申报，正式进入排序行列；指导企业不断完善国有企业法人治理结构，加强企业党的建设，建立现代制度。制定一系列制度规范、完善董事会的运作，强化监事会的监督，规范经理层的运作机制，把加强党的建设内嵌入公司治理结构的各个环节。

（蔡小志）

【国资监管】 转变监管方式，着力做好全市国有企业改革顶层设计，以管资本为主加强国有资产监管，实现由管资产到管资本转变，推进产权结构多元化，推进股份制改造，发展混合所有制经济。加快国有资产证券化，加快推进国有企业整体上市或核心业务资产上市，使上市公司成为国有企业的重要组织形态。并结合市属投融资公司的规范管理的契机，集中修改完善市属国有企业监管的一系列制度、细则和工作流程；推进政企分开，出台《关于市直机关事业单位与所属企业脱钩工作方案》的通知等正式文件，完成全市110家拟脱钩企业摸底工作；进一步完善市属投融资公司管理，出台关于加强市属投融资公司管理的“一意见五办法”系列文件，对于加强国资监管，特别是深化国资改革，加强市属投融资公司监管，进一步建立和完善现代企业制度。

（蔡小志）

【服务企业】　为一纺机、唯康药业解决新厂区建设问题，2016年年底，唯康药业的新厂区建设顺利推进，一纺机新厂区土地完成办证，老厂区土地落实好摘牌方，多方协调、帮助雁城宾馆五星级改造，改造工程有序推进。界牌资产处置挂牌工作等有序推进，得到省国土资源厅支持。多次赴京与工信部沟通协调，成功为衡阳客车专用车厂争取保留汽车整车生产经营资质。（蔡小志）

【融资引资】　参加“加强产融学合作，推进湖南‘十三五’发展座谈会”和央企战略合作对接会，与中建、中核、大唐、中钢等多家大型央企及战略投资者展开深层次对接合作，签下18个合作框架协议，投资额约240亿元。据初步统计，2016年度，由国资委出资的7家市属投融资公司融资到位262.56亿元，完成任务133.97%，为衡阳经济社会发展筹集大量资金。（蔡小志）

【项目建设】　2016年，市国资委的6个项目进展良好：金铜项目项目建设投资截至2016年12月完成固定投资195823万元，2016年度实际完成投资87234万元，项目用时18个月完成（主体）工程建设，于2016年5月7日正式投产，短时间内（26天）拉通工艺全流程，历经四个月的磨合期后，9—12月份生产运营逐渐持续向好；衡拖棚改项目全年完成投资9200万元；启迪古汉养生精4亿支技改项目累计完成投资1.5亿元，占投资总额的70%，其中，项目的废水处理工程、燃气锅炉工程建成并投入运行，口服液制剂车间、配套仓库完成主体验收和设备采购，2017年4月试运行；车江铜矿尾矿库治理项目2016年完成投资约1800万元，基本完成尾矿库坝体加固和新建排水系统工程；金泰·雁栖新城项目开工累计完成投资额7.8亿元，完成总投资额的43.64%。（蔡小志）

【安全生产】　在“两会”、春节、汛期和假期等重点时期，对企业进行安全工作督查；有针对性地每2个月组织开展一次专项执法行动，开展安全生产“百日大整治”工作。开展各类生产安全事故警示教育活动10场次，培训1430余人次。2016年以来，所监管企业没有发生一起安全生产事故。同时严格落实《衡阳市环境保护工作责任规定（试行）》中有关责任，优化企业发展环境，所监管企业没有发生一起环保责任事故。（蔡小志）

【信访维稳】　2016年，抓信访突出问题，来信来访办结率达100%，息访率达85%以上。办理中央、省、市群众信访件60件，回复“12345”政府热线78件，接待集访52批1106人次，个访290人次，参加召开大小维稳专题会议80余次（其中6次委党委会研究安稳问题），组织信访工作人员深入社区、企业、车站、职工家中摸排稳控58次。与信访、公安、法院、人社、街道社区、企业及主管部门一起成功化解处理32起突发群体性事件。据不完全统计，2016年上访人数及次数比2015年同期均下降25%以上，涉企稳定形势大幅好转。（蔡小志）

【2015年度全市国有资产统计工作会议召开】　2016年1月26日，衡阳市国资委组织召开2015年度国有资产统计工作会。会上对2014年度国有资产统计工作、财务监管工作、财务快报工作先进单位进行表彰，并布置2015年度财务决算及国有资产统计报表编制工作。会议中，衡阳市国资委党委委员、副主任彭少波传达省国资委系统企业财务监督工作会议精神，回顾和总结2015年财务监督管理工作的主要成效，指出当前存在的问题和不足并客观分析监管企业面临的经济形势，部署2016年全市国资系统供给侧改革和国资监管两大重点工作，明确财务监督管理工作的思路和任务，并对财务管理工作提出三项具体要求：一是强化降本增效，优化内部管理；二是强化资本营运，坚持效益为上；

三是强化统计工作，做好财务决算和财务监管。衡阳市工改办、商改办、商粮局、各县（市）区国有资产管理部门、市直有关企业财务负责人参加会议。

（杨　彬）

审　计

【概况】 2016年，全市两级审计机关完成审计项目616个，查出各类违规、损失浪费金额42亿元。先后被评为全省审计工作目标管理考核优秀等次单位、省级文明标兵单位、全省依法行政先进单位、全省巾帼建功先进单位，连续九年被评为市党风廉政建设先进单位、优秀领导班子。

（邹东亮）

【推进审计全覆盖】 按照审计全覆盖的要求，市审计局完成审计项目115个，占年度计划191%。（1）审计署、审计厅统一安排的审计任务完成。对衡阳、祁东、常宁、珠晖4个县市区稳增长等政策措施落实情况进行审计，重点揭露项目推进、简政放权、扶贫政策落实等方面存在的突出问题，查处索拿卡要、乱收费等典型案例。对市本级、4个城区和高新区医保基金进行审计，对市本级及12个县市区保障性安居工程进行专项审计，促进民生政策落实。对嘉禾县书记、县长经济责任履行情况和任期内自然资源资产进行审计，提出审计建议5条、审计问责事项2项。（2）市本级计划项目完成。对财政、地税等8个单位预算执行情况和本级土地整理资金等3项专项资金进行审计，清缴入库9.8亿元，预算执行审计工作报告和审计整改情况得到市人大常委会的肯定。对城建投、弘湘公司、发展投、水务投等7家市属投融资公司进行经营业绩审计，从制度、政策和监管上分析原因，提出审计建议，为摸清家底、核实资产、防范金融风险和加强投融资机构规范管理发挥重要作用。对市教育局、广播电视台等单位9名领导干部实施经济责任审计，查处违规金额和管理不规范金额1.6亿元，提出审计建议23条，组织部门充分运用审计结果，被审计对象提拔1人、继任8人。对16个征地拆迁项目进行跟踪审计，查处并追回挤占挪用、拆借征拆资金4481万元。对75个政府投资工程进行结算审计，在财政评审的基础上，核减金额6735万元。（3）领导临时交办任务完成。2016年共完成市委、市政府领导交办的审计事项29件，如蒸湘区9个工程项目移交高新开发区、全市建筑行业劳保基金、畅通实业公司等临时交办审计事项都出色完成。同时，选派46人次参加省委巡视、市委巡察、专案及专项调查工作。

（邹东亮）

【发挥审计监督效能】 一是服务领导决策。注重抓好审计成果的开发运用，加强对审计情况的综合分析，提出相关建议。2016年共向市委、市政府报送《审计要情》《审计情况专报》和有关综合审计报告22篇。各相关单位根据领导批示整改，制定完善相关制度，做到审计一个项目，推动一个单位一个系统规范管理、建章立制。二是促进财政增收节支。2016年通过财政预算执行审计、政府投资项目结算审计、保障性安居工程审计、征地拆迁跟踪审计等专项审计，共促进财政资金清缴入库9.8亿元、促进税收入库3亿元、审计核减征地拆迁补偿和工程结算造价1.4亿元。三是促进反腐倡廉。严肃查出重大违纪违规问题和经济案件线索，全年下达审计整改函和整改通知书21份，移送相关部门案件线索45起，其中移送公安机关2起，移送检察院1起，移送纪检监察机关27起，移送主管部门15起。相关部门调查案件线索后，立案9起，给予党纪政纪处分22人。

（邹东亮）

【衡阳市全面启动联网审计建设】 2016年3月，衡阳市审计局成功举行联网审计建设项目的软硬件公开招投标工作，衡阳市联网审计建设正式开始。从2014年开始，衡阳市审计局组织技术专家、审计业务骨干开始对联网审计建设进行广泛的调研和周密的论证，制订《衡阳市联网审计建设工作方案》和《衡阳市联网审计实施方案》，成立联网审计建设领导小组，针对联网审计总体架构、内容规划、部署实施、安全保障等方面，编制适度超前的整体规划。

2016年以来，围绕进一步提升大数据时代下的审计监督能力，衡阳市审计局向市政府主要领导和省厅进行汇报，争取政策和资

金支持，结合“金审三期”的具体要求，与财政同级审同步实施联网审计建设，促进审计工作全面提速、提质、提效。（杨　彬）

【衡阳市审计项目质量检查通报会召开】　2016年6月29日，衡阳市审计局召开审计项目质量检查通报会，省审计厅法规处处长肖建郴一行就全市2015年审计项目质量检查情况进行通报。市审计局全体干部，县市区审计局局长、分管法制工作的分管领导、法制股股长参加会议。市审计局局长李艳丽主持会议。会议对检查中发现的审计证据与审计工作底稿记录不够规范、审计结论性文书定性不够准确、审计档案不够完整、个别审计报告存在措辞不准确等问题逐一进行点评。会上还设置现场提问环节，省审计厅法规处就审计人员平时工作中存在的疑惑进行解答，通过现场点评，答疑解惑，达到取长补短、共同提高的实效。（杨　彬）

海　关

【概况】　2016年，审结进出口报关单4021份，同比增长61%；监管货运量104.2万吨，同比增长6%；入库税款2.23亿元，同比增长67.85%；审批征免税证明74份，减免税款1596.8万元，分别增长7.2%和9.2%；合同备案金额2.82亿美元，增长75%。（何荣芝）

【综合治税】　一是加强税源调研。建立关区税源企业档案，加强预警监测，掌握关区企业进出口情况，对40余家企业进行税源调研、动态分析和跟踪服务。二是疏通转关渠道。主要领导带队走访深圳、拱北海关，着重协调金铜矿等重点税源商品转关事宜，疏通转关渠道。2016年进口应税商品转关率达96.36%，实现“应转尽转”。三是拓展新税源。全年新增的税源企业为五矿铜业（湖南）有限公司，多渠道多平台与企业关务、采购、财务人员沟通，帮助企业用好用足优惠政策，确保在常宁的10万吨精铜项目3月投产，2016年进出口总值达到10.12亿元，其中进口铜精矿13.8万吨，涉税约1.6亿元。四是抓补税工作。鸿富锦精密工业（衡阳）有限公司进口数控平面磨床原产地错误案，涉及货值204.82万元人民币，补缴税款30.7万元；南岳电控（衡阳）工业技术有限公司进口设备单次喷射仪由关税处认定归类错误，涉及货值38.9万元人民币，补缴税款2.4万元；衡阳市富创精密工业有限公司加工贸易违规案，补缴税款3.05万元；衡阳胜添精密电子有限公司申请将减免税进口设备钨极氩气电弧焊机提前解除监管，补缴税款2522元，有效避免税款流失。（何荣芝）

【综合监管】　一是正面监管到位。2016年监管货运量104.2万吨，较2015年同期增长6%。落实查验“双随机”工作制度，实行查验“自动派场”和“自动派单”，执行查验工作程序，规范单证填写。吸取天津港“8·12”特别重大火灾爆炸事故教训，开展专题警示教育和专项整治工作，组织综保区管委会和白沙投签订《安全合作备忘录》，提高相关单位和企业安全责任意识，厘清监管场所安全管理责任。不定期对综保区设备设施及系统进行检查，将存在的问题致函管委会按期整改到位。二是稽核查工作执法效能得到提升。新开稽查作业5家，完成4家，作业完成率80%，查发2家。对区内2家加工企业进行保税核查，其中对欧贝尔作前期整改处理，对华安存储作移交缉私部门处理。三是虚假贸易管控到位。坚决把虚假贸易管控工作抓实、抓到位，坚持依法依规严密监管，引导综保区内简单加工企业转型。2016年湖南省暂缓列入统计128亿元，增长26.9%，衡阳市暂缓列入统计仅9.3亿元。3月份之后无转口贸易和简单加工贸易业务。四是企管和减免税审批规范严格。全年完成69家企业的注册登记业务，审核通过132家企业的年度报告。五是严格执行税收优惠政策。审批征免税证明74份，减免税款1596.8万元，分别增长7.2%和9.2%。严格申请资料审核，审核发现南华大学拟进口的66台“直流电流”不符合免税要求，征收税款2.5万元。（何荣芝）

【查缉走私】　全年行政立案10起，刑事立案2起，其中：侦办涉枪走私案件两起，抓获犯罪嫌疑人一名，打掉一个涉嫌组织走私枪支的物流公司，查获枪支

2支、气枪枪管1根、少量零散气枪配件。侦办电台邮包走私案6起，查获涉嫌走私进口的无线电设备达三十余台。查办衡阳富创加工贸易违规案，罚款入库15456元，缉私补税30520.3元。查办得阳鞋业擅自内销保税料件案，应补缴税款约45.67万元。侦办2宗走私大米案件，涉案走私越南大米约1.32万吨，案值约8700万元，涉嫌偷逃税款约4000万元，抓获犯罪嫌疑人5名，其中一名犯罪嫌疑人被依法逮捕，维护国家粮食安全。(何荣芝)

【服务经济】 围绕衡阳开放型经济特点，辅助好宏观决策，全年报送统计分析文章59篇，其中国办采编1篇次、总署《海关要情》采编3篇次、省委省政府采编23篇次。多次深入企业开展“三重”调研，主动邀请特变电工等重点企业座谈，帮助企业解决发展难题，促进衡阳外贸发展。2016年，衡阳市进出口总值151.9亿元人民币，外贸总额居全省第二，占全省进出口总值的10.1%。在耒阳设立海关工作站，认真落实长沙海关在耒阳市召开的县域经济发展座谈会精神，研究解答企业提出的实际问题，参与政府新增重大财源项目引进，集中为外贸企业办理注册登记，促进耒阳县域经济发展。2016年，耒阳市进出口总值3.6亿元，逆势增长10.3%。(何荣芝)

出入境检验检疫

【概况】 2016年，辖区内新增液氯、牛角印章等产品出口检验业务。全年完成出入境货物检验检疫3814批、货值2亿美元，比2015年分别减少15.2%、7.6%。其中：出境货物3527批，货值1.67亿美元，批次比2015年减少14.8%、货值基本持平；入境货物287批，货值0.34亿美元，分别减少19.4%、32.0%。完成出境货物运输包装检验553批，213万件，分别减少17.1%、25.3%。检出不合格出境货物2批，货值25万美元；检出不合格入境货物8批，不合格金额397万美元。(樊倩荣)

【原产地业务】 2016年，衡阳出入境检验检疫局签发各类原产地证书1603份，签证金额7206万美元，比2015年分别减少28.7%、28.7%。其中，签发一般原产地证书704份，减少31.1%，签证金额1022万美元，增加12.4%；签发各类优惠性产地证书899份，签证金额5586万美元，为出口企业获进口国关税减免280万美元。(樊倩荣)

【e-CIQ中国电子检验检疫主干系统上线】 2016年，质检系统上线中国电子检验检疫主干系统(简称e-CIQ主干系统)，e-CIQ是“互联网+质检”的基础，是“智慧口岸”的核心。主干系统定位于检验检疫一体化建设，立足“通报”“通检”“通放”和“一号到底”的功能，实现企业申报地点可选择、时间可预期，实现以检验检疫、监督管理为主线的智能化、规范化、便捷化、扁平化的全新的业务管理平台。主干系统上线后，衡阳出入境检验检疫局运用宣传攻势，在官方微信和网站发布主干系统工作动态，积极与地方新媒体与报社联系，“今日衡阳”掌上APP和《衡阳晚报》均对主干系统上线情况进行报道，扩大主干系统上线的积极影响。(樊倩荣)

【动植物疫情疫病防控】 2016年，衡阳出入境检验检疫局开展动植物疫情疫病和安全风险监控。开展古典猪瘟病毒、古典猪瘟、猪圆环病毒、猪圆环病毒抗体、猪流行性腹泻、非洲猪瘟、口蹄疫、高致病性蓝耳病监测等动物安全风险监控工作，对四环素族、磺胺类、氟喹诺酮类、林可霉素、红霉素5个重点监控和34个一般监控项目进行检测。根据安全风险监控要求，全年抽取供港澳活大猪尿样60份、血样50份、病理组织样5份、内脏样品5份，进行58个项目的检测。开展供港蔬菜农食除害剂全项目筛查，全年抽取供港蔬菜8份；进行共239个项目的监测。开展供港澳活猪乙类促效剂紧急排查，落实批批监装要求，分两批现场抽取注册饲养场10个尿样送检，检测结果均为阴性。全年未发生动植物监测项目不合格情况，未检出动植物疫情疫病。(樊倩荣)

【外来有害生物监测】 在衡阳市进出境货物集散地开展检疫性实蝇、斑翅果蝇、长芒苋等有害生物监测工作。全年布实蝇监测点45个、斑翅果蝇监测点4个，长芒苋监测点10个，松材线虫监测点11个，累计捕获各类有害生物1020只；在综保区的入境货物查验区和存放仓库等重点区域投放监测器具开展蜚蠊、鼠及体表寄生虫、蚊类、蝇类监测，监测各类媒介生物12种，数量560只。监管进口大麦、玉米、高粱、大豆1.94万吨，对企业在进口粮食调运、加工全程监管，有效防止外来生物在衡阳传播。（樊倩荣）

【进口检验监管】 2016年，衡阳出入境检验检疫局发现并上报处置心血管造影系统“整机升级”这一典型事例，即由多份合同和发票以散件形式报关报检，到达医院后再开箱并安装成一台整机，基本不保留旧部件，该形式进口实际上是逃避进口医疗器械法定检验，缺少出厂前的整机联合调试合格这一重要环节，存在较大的质量安全风险。此事引起质检总局的关注，做出相关处置决定并在全系统范围内发布警示通报；2016年1月，衡阳出入境检验检疫局现场查验一批进口分子筛电加热器发现该设备为压力容器，但进口商无法提供特种设备制造许可证，衡阳局拟对该批货物作退运或销毁处理。该批货物是五矿水口山金铜综合回收产业升级技术改造项目的关键部件，考虑到该电加热器的设计运行参数、工作原理和在整个生产运行中未作为压力容器使用的实际工况，衡阳局从服务地方经济发展的角度出发同意由本地检验机构安全性能检验合格并出具安全性能检验合格证明，准许安装使用并办理使用登记后放行。（樊倩荣）

【质量安全监管】 按湖南出入境检验检疫局文件要求，从8月11日起落实供港澳活猪批批监装；对辖区5个注册场可能藏匿或使用乙类促效剂的场所进行拉网式排查，分两批现场抽取注册饲养场10个尿样送检，检测结果为阴性；在日常监管中多措并举，对乙类促效剂严查彻查。6月13日，开展食品安全宣传周集中宣传活动，6月16日，开展进口食品安全社区行及“同线同标同质”主题日宣传活动。累计发放各类宣传资料2000余份。编制《进境粮食检疫法律法规宣传册》，向各进口粮食加工存储企业宣贯法规。组织企业多次参加湖南出入境检验检疫局组织的各类食品安全知识培训班；为祁东创建出口示范区邀请省局专家进行培训，共培训100多人次；2016年衡阳出入境检验检疫局共派出检验检疫10余人次参加湖南出入境检验检疫局组织的进出口食品安全知识培训班。参与举办衡阳市“质量月”活动启动仪式，邀请湖南出入境检验检疫局质量安全处参与启动仪式的全程指导。8月对辖区得阳鞋业、华隆鞋厂、南阳鞋业出口鞋靴的监督抽样，对三家企业出口货物质量问题以及退货进行调查并报送湖南出入境检验检疫局检验处。继续强化进出口企业诚信管理，严格按要求扣除企业诚信失分并向其做好解释、说明工作。在退运调查工作上，加强对欧姆龙公司退运产品的后续监管，和口岸局合作，实现对整个退运流程和企业处置退运产品的全过程监管；广泛发动相关企业参与到全国质量月活动中去；编写湖南出入境检验检疫局的政府协议检验产品质量分析报告；作为联络归口部门，与市“双打”工作领导小组衔接工作、报送材料，参与“质量强市”工作。（樊倩荣）

【出口食品农产品质量安全示范区通过省级验收】 10月，祁东县创建的省级“出口食品农产品质量安全示范区”顺利通过由湖南出入境检验检疫局、省农业委、省商务厅组成的专家组考核验收，成为衡阳首家省级“出口食品农产品质量安全示范区”。2015年以来，为推动祁东特色农产品食品建立出口质量优势，衡阳出入境检验检疫局联合祁东县政府，按照出口食品农产品示范区的八大体系、83个要素的建设要求，选定黄花菜、酥脆枣、西兰花为重点种植产业，推行发达国家和地区先进标准和管理理念，抓产业基础建设。示范区建设取得良好成效。一是有效提升黄花菜产业总体质量安全水平。引导企业加大技改投入，建成6条大型恒温加工线，列支400万元对黄花菜菜农购买太阳能热泵烘干设备进行奖补，解决黄花菜生产加工环节质量安全瓶颈问题；二是促进出口稳步增长。祁东建成核心出口酥脆枣果园200公顷、供港澳西兰花基地333.33公顷，2016年，黄花菜实现直接出口958万美元，同比增长27%。三是带动当地农民增收。国内外市场需求激增带动产业不断壮大，产品质量得到提升，促进优质优价。以黄花菜为例，收购鲜菜价格从每公斤4元左右上涨至每公斤7元左右，菜农的收入得到增长。四是带动第三产业发展。祁东依托黄花菜出口龙头企业，打造黄花菜特色旅游，举办首届“2016中国·祁东黄花菜节”等节会活动，建成“黄花源”主题景区，并与祁东县四明山国家森林公园、归阳古镇等景区有机结合，推进独具特色的乡村生态旅游产业发展。2016年7月，黄花菜节高峰论坛、文艺晚会等活动吸引数万人参加，扩大品牌知名度、影响力和美誉度，成功打造祁东农业产业新名片，成为当地旅游业新的增长极。（樊倩荣）

【出口危险化学品检验监管】2016年检验出口危险化学品83批、2095.6吨、金额152.7万美元，与2015年同期比分别增长34%、41%、12%，主要为砷、液氯、氢氧化钠和氟硅酸。2016年辖区出口危险品略有增长，究其原因一是2015年实施的新版《危险化学品目录》有调整，增加砷56批，二是供港澳的污水处理用的氢氧化钠、液氯打开市场，共计出口22批。（樊倩荣）

【助推特色产品出口】（1）扶持牛角印章首次出口。8月，衡东县新云牛角制品厂牛角印章成功出口日本，为支持企业出口，衡阳检验检疫局从合同签订、法规咨询、产品质量、报检签证全方位为企业提供服务，在极短的时间促成企业顺利出口。（2）落实国家宏观管理严检进口复合橡胶。10月，受理检验一批台湾进口货值6.3万美元复合橡胶片，这是衡阳出入境检验检疫局首次对新纳入法检目录的该类商品进行检验。复合橡胶纳入法检目录源于国家标准的修改，将复合橡胶中天然橡胶含量由95%~99.5%调整为不应大于88%（质量分数）。2016年衡阳出入境检验检疫局检验出口碳酸氢钠1178批、货值2252.8万美元，重量达到10.8万吨。食品添加剂碳酸氢钠是衡阳传统优势化工产品，贸易国家和地区主要为东南亚、中东、美国和俄罗斯等，出口产品质量情况良好，未发生质量安全事故和退运情况，无检验不合格。（樊倩荣）

【促进贸易便利化】2016年，衡阳出入境检验检疫局大力推进无纸化报检和原产地证无纸化申报，全年出入境无纸化报检3493批，无纸化报检率达到91.6%，原产地证无纸化申报1071批，原产地证无纸化申报率达到66.8%；全面上线e-CIQ中国电子检验检疫主干系统，实现数据大集中，全国“一号到底”，免除企业二次申报的麻烦，实现全国通关一体化，便利企业货物更高效、便捷的通关；全面推进“无纸化通关”，辖区出口货物实现全国一体化电子通关，无纸化通关率达到100%；规范收费行为，严格检验检疫收费工作，全年减免各项检验检疫费约72万元；取消自理报检备案企业和原产地证备案企业年审制度，原产地证备案签证实现无纸化；全省原产地签证一体化。受理签发原产地证不再受地域管辖限制。衡阳辖区备案企业可以向湖南省区内任一签证机构申领原产地证书，申报员各局互认，协同管理；对重点企业进行精准帮扶服务，积极推动地方特色产品出口。实现牛角印章、液氯等特色产品出口零的突破；建成衡阳首家省级出口质量安全示范区。2016年10月，祁东县出口黄花菜、酥脆枣、西兰花质量安全示范区顺利通过考核验收，成为衡阳首家省级“出口食品农产品质量安全示范区”，示范区建设带动当地农业增效，促进农村经济发展取得良好的成效。（樊倩荣）

【扶持重点企业发展】一是三家企业上线同线同标同质。在衡阳出入境检验检疫局的指导支持下，2016年3家获得HACCP的企业均进驻认监委“出口食品企业内外销‘同线同标同质’信息公共服务平台”。同时根据企业需求，指导企业对接供港、供日韩等“同线同标同质”商务交易公共服务平台，积极开拓国内市场，争取实现“优质优价”。二是支持口岸招商。7月，配合衡阳综保区赴珠海参与台湾东阪国际保健品生产落户的招商洽谈，洽谈期间，衡阳出入境检验检疫局就检验检疫优惠条件和大陆保健品准入法规进行说明；8月，参加在深圳举办的湖南海关特殊监管区专题推荐会，参会期间与衡阳对口推介单位介绍进出口食品相关政策。大力支持衡阳综保区建设，对其内的公司在进出口检验检疫环节实施风险管理，对“区外入区”的货物免予查验，全力节约其入出库放行时间。对富士康（衡阳）进料加工的低风险电子产品，修订其“一厂一策”，实现“管到点上”“须验才验”；对该司的其他进口产品，批批检验；实现服务与把关两手抓。对水口山金铜项目进口的压力容器进行现场试验、风险评估后准予其保守式使用，确保该项目于当年4月按时达产。（樊倩荣）

【认证认可】 2016年，衡阳出入境检验检疫局受理企业申请注册备案、质量许可11家。开展免于办理强制性产品认证工作，全年为两家企业出具证书7份，其中1个为“为科研、测试所需的产品”，6个为“以整机全数出口为目的而用进料或来料加工方式进口的零部件”，并按要求开展后续监管，做到100%全覆盖。（樊倩荣）

【实验室科技工作】 2016年10月，由衡阳出入境检验检疫局综合实验室申报的《将瓶塞配套连接于容量瓶体的连接带》《一种X射线荧光定硫仪样品池》《一种陶瓷样品检测柜》三项实用新型发明专利正式取得国家知识产权局专利证书。新开发液体氢氧化钠中碳酸钠含量等6个检测项目；顺利通过4项能力验证工作。（樊倩荣）

【出口黄花菜质量安全示范区合作备忘录签署】 2016年4月，衡阳检验检疫局与祁东县人民政府签署《共同推进祁东县出口食品农产品质量安全示范区建设合作备忘录》，祁东县县委相关负责人、县政府职能部门、黄花菜产区乡镇及黄花菜从业单位等500多人见证签署仪式。祁东是中国黄花菜之乡，种植面积达1.067万公顷，拥有菜农40万，产量占全国70%以上。“毒菜”风波之后，黄花菜出口一度中断，2013年在衡阳检验检疫局的支持下，祁东黄花菜开始恢复出口，至2015年，年出口量已达800万美元。此次合作备忘录的签署对保障出口黄花菜质量安全，促进黄花菜出口具有重要意义。（杨　彬）

【外贸企业业务培训工作】 2016年7月，衡阳出入境检验检疫局联合衡阳市商务、海关部门面向衡阳外贸企业开展外贸业务培训，辖区120余家外贸出口企业代表参训。会议重点宣讲中国自贸区优惠原产地证政策、生态原产地产品保护项目、全国通关一体化业务和无纸化报检等检验检疫优惠政策，帮助辖区外贸企业加强外贸知识储备，充分运用好检验检疫优惠外贸政策，助力辖区外贸经济发展。（杨　彬）

工商行政管理

【市场主体发展】 2016年，全市市场主体总量达211637户，比2015年同期增加37032户，增长19.1%。其中企业43923户，比2015年同期增加10868户，增长33.66%；个体户167714户，比2015年同期增加26164户，增长18.7%。（王灵芝）

【商事制度改革】 先后启动以注册资本认缴登记制、放宽经营场所、放宽注册资本登记条件、“先照后证”、“年检改年报”、企业“五照合一”、个体“两照一码”等为重点的商事登记制度改革。改革施行以来，在释放市场活力、简化办事流程、强化事中事后监管等方面取得明显成效。（王灵芝）

【实施品牌战略】 全市拥有注册商标14124件，2016年新增注册商标3015件。商标质量显著提升。全市拥有中国驰名商标15件，湖南省著名商标165件。2016年培育发展省著名商标43件，首次评定市知名商标20件。涉农商标取得新突破。全市涉农商标注册总量达1883件，新增地理标志商标5件。（王灵芝）

【扶持小微企业】 利用动产抵押登记，为企业融资服务。2016年共办理动产抵押登记73起，融资金额7.74亿元，办理抵押注销登记25起，金额1.27亿元。搭建银企融资平台，帮助企业解决融资困难的问题。2016年，共主动向邮政储蓄银行推荐融资客户561户，达成融资意向6.62亿元。（王灵芝）

【服务新农村建设】 （1）把发展农村经纪人作为服务“三农”，促进农村经济快速发展，大力推进社会主义新农村建设的重要抓手，活跃农产品市场流通，促进农民增收、农业增效。年内，共培育发展经纪人248户，其中：一般经纪人13户，农村经纪人235户。（2）年内，抽检化肥、农药等128个品种，无照经营、未建立台账的立案查处22件；“红盾护农”共立案查处63件，罚没金额34.09万元。（王灵芝）

【消费维权】 2016年，全市12315系统共接待来人、来访、接听消费者电话39553起，涉及金额1547.9万元，处理完结100%，为消费者挽回经济损失399.36万元，依法追加赔偿消费者金额72.69万元，咨询、投诉、举报总量与2015年同期相比分别增长342.70%、119.01%和267.95%。全市消委系统共接待来访、接受咨询18008人次，受理消费者投诉918件，调处910件，调处率99.1%，为消费者挽回经济损失244.21万元。（王灵芝）

【市场日常监管】 全面推行年报制度，定期抽查市场主体信息，定期上报市场主体违法记录，构建以信用信息监管为核心的新型市场监管体系。截至2016年6月30日（年报截止日），2015年度应报个体工商户143251户，报133729户，年报率93.35%；应报企业32172户，报28489户，年报率88.55%。年内，全市录入电脑的一般程序处罚案件1880件，公示1805件，公示率96%。积极推广“双随机”抽查机制。对904家随机抽取的企业开展检查并及时公示抽查结果。采取书面检查、实地核查方式对207家企业进行抽查，将40家企业列入经营异常名录并向社会公示。

（王灵芝）

【虚假违法广告整治】 以医疗、药品、食品、网络虚假违法广告为惩治重点，集中开展整治工作。年内，共开展广告专项整治13次，检查户外广告牌900余块，监测广告8600余条，立案137起，罚款161.3万。（王灵芝）

【商标专用权保护】 组织开展保护注册商标专用权专项整治工作。年内，共立案查处假冒侵权案件37件，罚没32万元。（王灵芝）

【查处取缔无照经营专项整治】 年内，共清查市场主体101128户，清出无证无照经营9825户，下达整改文书7210份，立案查处1500户，取缔817户，引导办照5207户，抄送函告相关部门1074户。（王灵芝）

【基础设施建设】 加大资金投入，对基本设施进行提质改造，重点对“12315”申诉举报中心、基层工商所等窗口单位进行修缮、提质和标准化改造。（王灵芝）

【全市系统企业和个体工商户监管工作会议召开】 2016年2月25日上午，市工商局在八楼会议室组织召开全市系统企业和个体监管工作会议。会上，企业管理科和个体经济监督管理科主要负责人就2016年企业和个体监管工作进行安排，重点对2015年度年报公示工作、非法集资隐患清理排查和无证无照经营专项整治等工作进行强调部署。与会人员对新形势下如何做好企业和个体监管工作开展讨论交流，分析工作中存在的困难和问题，提出系列建议和意见。市工商局党组成员、副局长罗云学出席会议并讲话，强调此次会议的重要性，要求各单位要努力开创企业和个体监管工作新局面，为促进衡阳市经济社会健康发展作出新的更大贡献。对下阶段工作，会议上提几点意见：一是统一思想，全力做好年报公示工作。各单位要高度重视、成立专班、集中人力精力做好此项工作，要采取加大宣传培训，开展评比公示，严肃工作纪律等措施，确保年报工作按时保量完成；二是加强市场监管，认真做好查处取缔无照经营、安全生产、校园周边环境等专项整治工作；三是强化责任，明确措施，做好民间金融市场整治。对该项业务暂停办理，对无照经营、违法广告和一般性超经营范围的严厉查处；四是强化信用监管，实行信息互通互动，资源共享。市工商局注册分局局长、企业和个体监管科全体同志，各城区工商分局、县（市）市场和质量监督管理局分管企个监工作的副局长和企个监股股长参加会议。（杨　彬）

【全市工商、食品药品和质量技术监督管理】 2016年3月10日上午，市政府在一楼全会会议室召开全市工商、食品药品和质量技术监督管理工作会议，总结

"十二五"和2015年全市工商、食品药品和质量技术监督管理工作，表彰先进，研判形势，安排部署"十三五"及2016年全市工商、食品药品和质量技术监督管理工作。市人大副主任李慧星、市政府副市长王洪斌、市政协副主席黄保锦等领导出席会议，市政府副秘书长胡深源主持会议。会上，市工商局党组书记、局长蒋云良作全市工商行政管理工作报告，市食品药品监督管理局局长颜昌正、市质监局局长夏日新分别作工作报告。市政府副秘书长胡深源宣读先进单位和先进个人的表彰决定。报告中首先回顾"十二五"和2015年全市工商行政管理工作。市政府副市长王洪斌在会上作重要讲话。他在讲话中肯定"十二五"和2015年全市工商行政管理工作所取得的成绩。随后，就2016年全市工商行政管理工作提出三点要求：一是要进一步深化商事制度改革。以商事制度改革总揽全局，继续加大改革的力度，确保各项改革措施落地生根。二是要进一步加大市场监管力度。加大反垄断和反不正当竞争执法力度，把规范市场秩序、改善市场环境作为供给侧改革的重要举措，构建"宽进严管"的监管体系。三是要进一步服务经济社会发展。围绕市委、市政府的战略部署，进一步更新监管理念，着力在深化改革开放、大力推进创新创业、加快产业转型升级、品牌建设、刺激消费、保障和改善民生、创建全国文明城市等方面做文章、见实效。全市各县（市）区分管工商工作的副县（市）区长，市直相关单位负责人，市工商局、市食药监局、市质监局正科实职以上干部，城区工商、食药监分局局长、办公室主任，各县（市）市场监管局局长、办公室主任参加会议。

（杨　彬）

【"3·15国际消费者权益日"大型宣传活动举办】 3月14日上午，衡阳市工商局、市消委、市盐业局、消防、电力、燃气公司、自来水公司等30多家行政企事业单位在莲湖广场围绕"新消费 我做主"的主题，联合举办一场庆祝"3·15国际消费者权益日"大型宣传活动。市工商局、市消委在现场设置维权咨询台、投诉受理台，宣传维权法律知识，提供消费维权咨询服务，受理投诉、举报，讲解商品辨别真假知识，传播消费维权知识，展示消费维权工作成果。为让消费者更好地维护自己权益，市工商局和市消委联合编印《消费维权实用攻略》和《送你两把维权利剑》，以图文并茂，以案说法的形式，为消费者了解《新消法》和如何维权提供便利。活动现场，当场受理咨询、申诉、举报364起。"3·15"活动期间，衡阳市各级工商部门和消委组织开展宣传活动117场次，共发放新《消法》和《消费维权实用攻略》和《送你两把维权利剑》等宣传手册45716册，印发各种宣传资料35.68万份，出动宣传车辆396台次，举办纪念会议28场次，制作宣传板报271块，悬挂横幅标语5632条，设立咨询服务台915个，现场受理消费者咨询、申诉82314人次，发布消费警示53条。宣传展示结束后，下午，市工商局和市消委在市生活垃圾处理厂联合举行假冒伪劣商品销毁启动仪式，32个品种，共计978件，货值200多万元的假冒伪劣商品被垃圾碾轧车和铲车进行粉碎和填埋销毁。

（杨　彬）

【颁发首批"五证合一、一照一码"营业执照】 2016年9月20日上午，衡阳市副市长王洪斌在市政务服务中心为湖南千弘文化传媒、湖南漠洪商贸、衡阳震华网络科技等6家企业颁发衡阳市市首批"五证合一、一照一码"营业执照。根据国家和省政府的部署，市政务服务中心专门在市工商局设立"五证合一"一站式受理窗口。即在整合工商营业执照、组织机构代码证和税务登记证的基础上，继续整合社会保险登记证和统计登记证，实行"一套材料、一表登记、一窗受理"的工作模式，由工商行政管理部门核发加载法人和其他组织统一社会信用代码的营业执照，社会保险登记证和统计登记证不再另行发放。"五证合一"商事登记制度的推出，不仅缩短企业办证时间，少跑多个部门，还能让企业凭一本营业执照就可以办理相关申请事项、从事经营行为，激发市场活力和全民创业热情，最大限度为企业释放改革红利。申请人只需填写一张涵盖营业执照、组织机构代码证、税务登记证、社会保险登记证和统计登记证基本信息的申请表，提交相关资料，

3个工作日就可到该窗口领到加载注册号、组织机构代码、税务登记证号、社会保险登记证号和统计登记证号的营业执照。

（杨　彬）

【衡阳市消委会消费维权网正式开通】 2016年9月，由衡阳市消费者委员会创建的“衡阳市消费维权网”（www.hnhy315.org）正式开通上线。网站共设有消委动态、县区动态、消费新闻、警示提示、典型案例、最新发布、曝光台、法律法规等重点栏目。其中“律师团在线”是本网站栏目中的重点之中，此栏目常年有三位律师值班，消费者只需在网站上填写遇到的消费纠纷问题，值班律师将尽快回复消费者问题，因此广大消费者要时时关注本网站。除外，该网站还采用ASP投诉咨询处理平台，能为更多的消费者提供方便、快捷、高效的消费维权服务，广大消费者只要上本网站点击“我要投诉”栏目，即可实现24小时在线的网上投诉维权。（杨　彬）

【蔡振红到衡阳调研考察商事制度改革工作】 2016年10月11日，副省长蔡振红率调研组到衡阳调研商事制度改革情况。他指出，衡阳的商事制度改革走在全省前列，为全省经济社会发展作出重要贡献，经验值得全省进一步总结和推广。市委书记、市人大常委会主任周农参加调研并主持汇报会，市委副书记、市长周海兵参加调研并汇报情况。

（杨　彬）

【首批个体工商户“两证整合”营业执照发出】 2016年12月1日上午9点50分，市政府党组成员、副市长候选人廖健在市工商局高新分局长丰工商所颁出衡阳市首批个体工商户“两证整合”营业执照。这标志着从衡阳市个体工商户“两证整合”改革正式启动。“两证整合”是国务院确定的一项商事制度改革重大措施，也是企业“五证合一、一照一码”登记制度向个体工商户的延伸。改革后，涉及个体工商户的税务登记证不再单独颁发，而是与工商营业合并成统一的社会信用代码。一般申请人提交申请成功后，最多5个工作日内可拿到营业执照，有些甚至当日即可取到新版营业执照。同时，老版个体工商户营业执照均可去工商部门换新执照。自2014年底以来，衡阳市先后启动以注册资本认缴登记制、放宽经营场所、放宽注册资本登记条件、“先照后证”“年检改年报”“五证合一、一照一码”等为重点，以“宽进严管”为核心的商事登记制度改革。截至2016年10月底，全市共新发展市场主体数28736户，认缴资本总额879.63亿元，同比分别增长24.1%和43.15%；共吸纳就业人数83147人，同比增长31.14%。全市市场主体总数由改革前的149400户增加到204511户，注册资本同比增长27.6%。（杨　彬）

质量技术监督

【“质量强市”与名牌战略】 提请市政府成立衡阳市质量强市工作领导小组，下发《关于开展2016年政府质量工作考核的通知》，首次对各县市区政府的质量安全和质量发展情况实施单独考核。在全市推广卓越绩效评价准则，对350名企业员工进行全面质量管理相关内容的培训。年内，帮扶特变电工衡阳公司获得中国质量提名奖，帮扶衡阳合力工业车辆有限公司和恒飞电缆公司争创省长质量奖，帮扶和培育17家质量管理先进、产品质量稳定的企业争创湖南名牌产品，10家企业争创衡阳名牌产品；筛选和帮扶泰豪科技、清华古汉、长宏锅炉三家企业成功申报市长质量奖。截至2016年年底，全市共有1家企业获中国质量提名奖，有1家企业获省长质量奖，有6家企业获市长质量奖，湖南名牌产品63个，衡阳名牌产品66个，中国地理标志保护产品4个。

（高福生）

【标准化战略】 提请市政府研究出台《衡阳市人民政府关于全面推进标准化工作的实施意见》。促成华菱衡钢、衡阳运输机械、湖南天雁机械、南岳电控（衡阳）工业技术、衡缘电衡仪电气、衡阳大成锅炉等13个单位起草或参与国家标准、行业标准和湖南省地方标准的制修订工作。企业标准审查备案50个。指导、帮扶2个国家级服务业标准化项目通过国标委专家组验收，帮助指导新立项2个省级项目的标准体系建设。与市烟草专卖局组成烟叶标准质量联合检查组，开展烟叶收

购质量监督检查工作。（高福生）

【认证监管】 组织完成对衡阳市公路工程试验检测中心、衡阳市粮油产品质量检测中心、祁东县疾病预防控制中心、衡山县环境保护监测站、衡阳市食品药品检测中心、衡阳市建设工程质量检测中心等25家检验检测机构的资质认定复查（扩项）评审工作。抽查认证机构的认证活动17次，涉及认证机构11个，涉及审核员34人次。组织指导全市91家获证检验检测机构完成资质认定自查工作。组织11个检验检测机构参与省局蛋白质和沙门氏菌项目能力验证工作。对市区9家检验检测机构开展监督评审工作。

（高福生）

【商品条码】 年内，新注册商品条码系统成员单位25家，成员单位续展35家，订制条码胶片500余张。为200家企业提供三期商品条码技术培训服务。

（高福生）

【计量工作】 年内，突出民生计量，加强“一机二器三表”（加油机、衡器、出租车计价器、电表、水表、气表）的日常巡查，处理计量投诉56起，检定校准计量器具124930台件，强检计量器具109460台（其中医用计量器具5320台、燃气表97391块、水表2669块、加油机420枪、计价器1040台），仲裁检定计量器具128台。开展“让平安走进医院”检测活动，对市第一人民医院、南华医院、中心医院等三级医院进行周期检测，共检测医用CT机、呼吸机、监护仪等医用计量设备3000余台（件），检测合格率达到95%。服务基层医疗，对32家乡镇和社区医疗卫生机构的609台医用计量器具进行免费检定，免除检定费用34.5万元。检查定量包装商品46批次。指导4家C标志企业申报并完成复查考核，助力衡阳金雁米业通过C标志考核。组织开展“诚信计量示范单位”的创建活动，评选出国网湖南省电力公司衡阳供电分公司、衡阳市水务投资集团有限公司等25家企业为“诚信计量示范单位”。（高福生）

【行政审批】 完成特种设备使用登记976台次、特种设备从业人员证复审537本、计量标准考核10个项目、计量检定员发证13本，举办特种设备从业人员取证培训班四期、培训人员639人、发放特种设备从业人员证书610本。

（高福生）

【产品质量监督抽查】 建立健全质量诚信机制，提请市政府出台《衡阳市产品质量诚信红黑名单管理办法》。年内对全市轻工产品、建材产品、电源产品、化工产品、能源产品、农用产品、食品相关产品、电线电缆8类重点工业产品开展质量监督抽查，共抽查272家企业743批次，合格695批次，合格率为93.5%。（高福生）

【车检机构监管】 年内对全市21家安检机构的机构和人员资质、检验能力、档案管理、行为规范、窗口服务等情况进行全方位的检查整治，对5家存在严重问题的车检机构下达责令停业整顿通知书，对4家安检机构存在的问题进行依法处理。（高福生）

【特种设备安全监管】 年内举办特种设备从业人员取证培训班四期、培训人员639人。受理特种设备施工告知1737台件（套），定检9500多台件（套）。在全省率先起草、出台市一级《电梯安全管理办法（试行）》，创新开展“电梯安全示范小区”评比活动，评选出愉景新城等13个小区为“电梯安全示范小区”。接受、处理特种设备投诉举报案件77起，排查特种设备事故隐患422个，督促整改407个，下达特种设备安全监察指令书136份。对全市14家危化品生产企业和21家食品相关产品生产企业进行巡查。对全市21家安检机构的人员资质、行为规范等情况进行全方位的检查整治。全市未发生一起特种设备安全责任事故。

（高福生）

【执法打假】 年内，围绕助推新型工业化、助推现代农业、推动供需两侧改革，以农资产品、建材产品、汽车及其配件、日用消费品、教育基础装备质量、消防安全产品、危险化学品、特种设备、食品相关产品为重点，开展一系列执法整治，严厉惩治制售假冒伪劣产品等违法行为，优化经济发展环境。立案查处各类违法案件46起，查办大案要案7起，未出现诉讼败诉案件。共处

理“12345”“12365”投诉158起，为投诉的群众挽回经济损失近100万元，社会满意度逐步提高。（高福生）

【技术机构建设】 筹建国家输变电产品质量监督检验中心，填补中南地区无输变电国检中心的空白，年内该项目完成室内装修和院内绿化、亮化。市质检所建成3个省级检验中心，具备对农产品、化工、机械、电器、建材、轻工等24大类共562种产品1560个参数的检测能力。市质检所、计量中心两大技术机构具备年检产品9000批次、计量器具15万台件的检验检测能力。年内，市本级有3名检验检测人员晋升为高级工程师（检验师），提升检验检测技术能力。（高福生）

【优化质量发展环境】 年内，组织召开全市重点企业“谈质量、创品牌”座谈会，面对面与企业交流沟通，40多家重点企业代表应邀到会座谈，征集到36条工作意见和建议。认真落实省政府办、省发改委、省财政厅关于降低有关行政事业性收费标准的文件精神，共取消组织机构代码收费、产品质量监督检验收费中的定期检验费和计量认证费、质监考核收费、工业产品许可证审查费4项；计量标准考核费、计量器具型式批准或样机试验费、质监许可证考核审查费、仲裁检验检定费4项降低收费标准70%；计量检定费、产品质量委托检验费、特种设备检测费、产品质量检验检定费等四项降低收费标准40%。年内，为全市企业降低综合成本1229万（含特检院衡阳分院480万）。（高福生）

【3企业荣获2015年度衡阳市长质量奖】 1月21日，衡阳市人民政府公布2015年度衡阳市市长质量奖获奖企业名单。衡阳合力工业车辆有限公司、衡阳市建衡实业有限公司、衡阳运输机械有限公司等3家企业，获得2015年度衡阳市市长质量奖。2015年度（第二届）衡阳市市长质量奖评选工作启动后，共有7家企业参与竞争，经过企业自愿申报、资格审查、专家组现场评审、评审委员会审议、新闻媒体公示等程序，最后3家企业经市政府办公会议批准授予。（高福生）

【“衡变”获中国质量奖提名奖】 3月29日，国务院在人民大会堂召开第二届中国质量奖颁奖大会，特变电工衡阳公司荣获提名奖。中国质量奖是政府奖励，是国家在质量领域的最高荣誉。第二届中国质量奖开评以来，经各地政府、行业部门推荐，共有480家大型企业参加申报，通过专家对资料的评审和企业董事长答辩，最终确定29家企业参加现场考核评审。（高福生）

【衡阳市质监局开展“12365”局长接线日活动】 2016年3月11日，衡阳市质量技术监督局开展“12365”局长接线日的系列活动。活动当天，共接到投诉举报、咨询电话11个；出动稽查执法人员12人，对4家企业开展执法检查，其中，根据举报线索开展执法检查1家；质检“‘12365’单兵”系统正式上线应用。为确保活动顺利开展，局机关相关科室、市局稽查支队等部门，紧密配合，协调统一，反复会商活动方案，培训值班和执法人员，完善装备设施，确保网络和通讯的畅通。活动期间，副局长万新华全程值班接线，执法检查、投诉处理、系统维护等有序展开，衡阳日报社、衡阳电视台、衡阳资讯频道、衡阳红网等多家媒体进行宣传报道。（刘金兰）

【衡阳市质监局召开工会成立大会暨第一次会员大会】 2016年3月29日，衡阳市质监局召开工会成立大会暨第一次会员大会。市总工会副主席万进辉出席会议并讲话，市质监局班子成员和全体会员参加会议，市质监局纪检组长吴纲主持会议。大会差额选举出7名工会委员会委员，等额选举出3名经费审查委员会委员，工会委员会会议选举王先明担任工会主席。（刘金兰）

【市计量测试中心顺利通过多个项目授权考核】 2016年8月，受湖南省质监局委托，由湖南省计量研究院专家组成的考核组，对衡阳市计量测试中心的血液透析装置校准装置、大气采样器检定装置2项新建的计量标准，以及医用诊断X射线辐射源检定装置等5项复查计量标准进行现场考核，全部予以通过。血液透析装置校准装置、大气采样器检定装置两项计量标准的建立，填补本省市级计量技术机构的空白。

（刘金兰）

【衡阳市2016年“质量月”活动盛大启动】 2016年9月12日，由衡阳市委宣传部、市质监局、市农委、市工商局、市食药监局、市教育局、市住建局、市环保局、市商粮局、市交通局、衡阳出入境检验检疫局等11个部门共同举办的2016年全市“质量月”活动启动仪式在莲湖广场举行。市人大副主任李慧星、市人民政府副市长王洪斌、市政协副主席黄保锦出席活动仪式。市质监局夏日新等11个部门负责人以及各有关单位、企业从事质量工作一线的同志参加活动启动仪式。

（刘金兰）

【欧阳彪到衡阳督查特种设备安全工作】 9月29日，湖南省质监局局长欧阳彪来到衡阳督查国庆节前特种设备安全工作。欧阳彪一行听取市质监局的工作汇报，肯定衡阳市特种设备安全监管工作，对质监局在电梯安全整治方面取得的效果表示赞赏，同时对衡阳市特种设备安全监管提出具体意见。欧阳彪一行还在衡阳市人民政府副市长王洪斌的陪同下，深入南岳索道公司进行节前安全检查，现场听取南岳公司周良信总经理关于索道公司的安全管理、国庆节前的安全检查、国庆节期间的安全检查和值守等工作情况汇报。欧阳彪肯定南岳索道公司在安全方面所作的工作，要求市、区质监部门高度重视、抓实安全、查漏补缺，确保索道安全万无一失。

（高福生）

【衡阳市出台全面推进标准化工作实施意见】 12月23日，衡阳市人民政府下发《关于全面推进标准化工作的实施意见》。本次出台的实施意见，明确五大工作目标。一是2016—2020年，力争建成国家标准化技术委员会（分会）1~3个，省级标准化技术委员会1~3个；二是大力推进农业标准化进程，新制订农业地方标准20项，新建农业标准化示范区10个，力争创建部级蔬菜标准园1~3个，省级蔬菜标准园3~5个，力争90%以上农业产业化龙头企业实现标准化生产；三是打造特色的衡阳标准集群，围绕做强做优衡阳特色产业，构建富有市场核心竞争力和国家显著影响力的标准集群，力争主导或参与国家标准、行业标准、地方标准40项，建立以新一代信息技术、生物制药、新能源、新材料、高端装备和“两型”社会等为特色的创新型标准体系，力争强制性国家标准执行率100%，企业自我声明公开率100%；四是重点开展现代物流、文化旅游、公共服务、社会管理等领域服务业标准化建设，创建8个以上服务业标准化试点，制订8个以上服务业省地方标准，全面提升城市管理水平和城市品位；五是到2020年，力争使全市标准化总体水平领先，重点优势领域稳居省内先进，特色产业实现国内主导。意见明确规定，市政府将强化对县市区政府质量工作考核，落实政府对标准化工作的领导责任，对参与制定国际、国家、行业和地方标准、开展国家级标准化试点示范、标准化良好行为创建、采用国际标准以及对建成国家标准化技术委员会或省级标准化技术委员会的单位给予经费补助和支持，并将标准化成果纳入市科技进步奖的评定。

（高福生）

食品药品监督管理

【概况】 2016年，全市未发生较大以上食品药品安全事故，药品生产、药品流通、医疗器械监管，新闻宣传，依法行政，不良反应监测，食品药品检验检测工作在省局绩效考核中名列前三；综合治理、信访维稳、机关党建工作处于市级先进行列。多项工作取得突破性进展，成功创建“省级精神文明单位”和“2016至2018年依法行政示范窗口”，市食品药品监督管理局结对帮扶的珠晖区皇桥村被国家旅游局确定为乡村旅游扶贫重点村，并被评为“湖南省扶贫攻坚示范村”。

（刘　斌）

【食品药品“四查”行动】 截至2016年9月底，全市191个乡镇（街道）按要求开展“四查”行动，乡级覆盖率达100%，普查食品药品生产经营主体31557家，普查完成率为100%；投入经费200余万元，按照统一的式样，为“五品一械”经营门店免费制作食品药品监管信息公示牌，公示牌张贴率为100%，实现数据入库、

新证入户、信息上墙。（刘　斌）

【食品生产流通环节监管】　按照"五证合一"的要求，全面换发食品经营许可证，督促3087家经营户办理新证，取缔无证经营户36家。开展日常检查，全面排查风险隐患。突出抓好食品加工小作坊、小食品经营店、农贸市场等重点主体，大宗食品、进口食品、网络销售食品等重点品种，农村、学校周边等重点区域的监管。深化专项整治，通过开展农村食品安全"扫雷"行动，"白板肉"、米粉整治，农贸市场集中整顿等专项行动，对顽疾锢症痛下杀手，对突出问题标本兼治。

（刘　斌）

【餐饮服务环节监管】　突出抓好重要节日、重大活动期间的餐饮食品安全保障工作，突出抓好学校食堂、农村聚餐等专项整治，严防群体性食品安全事件。对全市9800家持证餐饮单位进行量化分级管理，量化分级率为100%。推广"明厨亮灶"工作，建成"明厨亮灶"示范街12条，新建、改造透明厨房、视频监控厨房2250个，较2015年增长80%，示范街数量和视频监控点总量在全省处于领先地位。4月份，全省餐饮服务"明厨亮灶"工作在衡阳市南岳区召开现场推介会。

（刘　斌）

【药品医疗器械监管】　认真抓好药品GMP、GSP"双证"换发工作和后续监管。组织开展疫苗专项检查，药品生产企业购销、储存、使用管制药品情况专项检查，对毒麻精药品、终止妊娠药品、疫苗等特殊药品进行严格管理，全市未发生药品流弊事件。按照"双随机"要求，对全市39家药品零售企业开展飞行检查，收回GSP证书30本。落实医疗器械"三化"管理，积极开展第一类医疗器械注册备案工作，确保注射用透明质酸钠、分子筛制氧、无菌和植入医疗器械等产品的质量安全。（刘　斌）

【保健食品化妆品监管】　按照"半年一查"的要求，对辖区内9家生产企业和2276家经营企业开展日常检查，检查覆盖率达100%，对存在问题的756家企业下达整改通知。对国家总局通报的39批不合格面膜类化妆品、79批防晒类化妆品及其他69批不合格化妆品开展专项检查。对辖区内4家化妆品生产企业和2家委托生产企业的28种产品进行网上备案初审，对申报国产非特殊用途化妆品备案的生产企业进行现场核查。（刘　斌）

【食品药品稽查打假】　开展药品挂靠走票等三个重点稽查和农村及学校周边食品安全、保健食品销售等五个专项稽查。坚持部门协作、联合执法，与公安、卫生、畜牧水产等食安委成员单位建立联合办案机制，参与"三省九市"稽查协作平台建设，与广东韶关、清远、肇庆，广西桂林、梧州、贺州，湖南郴州、永州等地形成食品药品稽查打假区域联动。坚持群防群治、凝聚合力，畅通"12331"投诉举报热线，安排专人接听投诉电话；制定《衡阳市食品药品安全举报奖励办法》，鼓励群众参与投诉，全年受理各类咨询、投诉举报案件2290起，查办各类案件942起，较大案件12起，重大案件5起，抓捕犯罪嫌疑人10余人，案件总数高于2015年同期，大案数量位居全省第一名。其中，"8·31"互联网销售假药案、"1·19"非法生产销售中药饮片案为国家总局挂牌督办案，涉案金额巨大。

（刘　斌）

【监管能力建设】　一是提升检验检测能力。实施"资金助检、项目兴检、人才强检"战略。完成市食药检中心实验大楼二期装修工程，添置20余套高精尖仪器，开发新的业务管理系统，开通衡阳市食品药品检测中心门户网站。参与能力认证工作，新增检验参数632项。突破科研瓶颈，争取省局科标处项目2个、市科技局项目1个，争取科研经费24万元。二是提升不良反应监测能力。加强网点建设，健全监测网络。全市有各类监测网点796个，药品监测四级覆盖率达100%，医疗器械三级覆盖率达100%。2016年，全市收集四大监测报表12898份，超额完成省局下达的任务，并对ADR报表质量严格把关。三是提升应急响应能力。修订《衡阳市食品安全事故应急预案》，组织开展应急演练，在衡阳县一中成功举办"衡阳市Ⅳ级食品安全事故应急演练"。有序推进食品安全责任强制保险，全市各

类学校、大型餐饮连锁企业均参加投保。（刘　斌）

【依法行政】　认真贯彻依法行政理念，不断强化组织领导、宣传教育、案件把关、问题整改、机制创新，确保食品药品相关法律法规在衡阳落地落实，衡阳市执行“一法一条例”的情况得到省人大执法检查组肯定，《湖南日报》、湖南卫视等9家省级媒体进行专题报道。对分局提交的重大、复杂案件严格审核，应对2起行政复议案和1起行政诉讼案。

（刘　斌）

【白板肉专项整治行动】　为保证市民在春节期间吃上“放心肉”，本市多部门联合开展白板肉专项整治行动。2016年1月23日，市食品药品监督管理局、市公安局、市畜牧水产局多部门联合，共出动执法人员120余名。凌晨6点，执法人员来到易赖街市场开展突击检查，逐档逐户地检查肉类食品及其检验检疫证明，对所有不能出示相关有效票证的白板肉一律依法查扣。每到一个肉品销售摊点，执法人员都详细询问其肉类食品进货渠道，检查肉类食品的检验检疫证明，并严厉查处销售未经检验检疫肉类的违法行为。

（贺　晶）

【《食品生产经营日常监督检查管理办法》施行】　《食品生产经营日常监督检查管理办法》（以下简称《办法》）于2016年5月1日起施行。《办法》按照属地负责、全面覆盖、风险管理、信息公开的原则，着力破解食品生产经营日常监督检查工作中的重点难点问题，强化日常监督检查在食品安全监管中的作用。

（贺　晶）

【衡阳市食安委全体扩大会议召开】　2016年5月5日，衡阳市食品安全委员会全体（扩大）会议在市食药监局召开，各县市区政府、食安办和市食安委成员单位的有关负责人参加会议，副市长王洪斌出席并讲话。会议肯定全市食品安全工作取得的成绩，分析当前全市食品安全形势和问题，对全市食品安全工作提出明确要求。会上，王洪斌副市长强调，食品安全不仅是经济问题，也是民生问题、政治问题，相关单位和责任人要深化认识、牢记使命，切实增强做好食品安全工作的责任感和紧迫感。王洪斌指出，抓好食品安全工作，关键在人、基础在管、重点在治。要以体制改革为契机，配强领导力量、配足资金装备、配专监管队伍，进一步健全监管机制、完善检测体系、提升监管能力。要以日常监管为基础，深入推进食品药品“四查”行动，对重点区域、重点品种、重点环节加强监管，以点带面，织密织牢监管网络，全面落实四有两责。要以执法整治为重点，着力开展“清源”“净流”“扫雷”“利剑”和“查无证、清死角、端窝点”等专项整治行动，对食品安全领域的违法行为坚持零容忍、出重拳、下狠手，进一步加强行政衔接，提高刑责追究效果。会议还就全市食品安全工作应急预案，2016年全市食品安全工作考核方案，食品安全工作奖励办法，食品安全专家库组建方案等文件广泛征求意见。与会人员认真讨论，积极建言，提出有针对性的修改意见。（贺　晶）

【全市安全用药月活动启动】
2016年10月14日上午，全市“安全用药月”启动仪式暨安全用药知识讲座活动在市中心医院15楼会议室举行。市政府副市长王洪斌宣布衡阳市2016年“全国安全用药月”活动正式启动。启动仪式结束后，还举行安全用药专家讲座，邀请衡阳市中心医院药剂科主任蒋崇辉就“用药与用药安全”进行科普知识讲座。市食药监局全体干部职工、全市城区药店负责人及执业药师认真听取讲座。（贺　晶）

【衡阳市Ⅳ级食品安全事故应急演练成功举行】　2016年11月19日上午，由衡阳市食品安全委员会、衡阳县人民政府联合主办的“衡阳市Ⅳ级食品安全事故应急演练”在衡阳县第一中学体育馆成功举行。省食药监局党组成员、副局长吴公平，市人大常委会副主任康强等领导现场观摩并作重要讲话。此次演练采取事故外景多媒体演示与会议现场指挥相结合的形式，分事故报告、应急响应、应急处置、舆情处置、响应终止、善后工作六个环节。通过各应急工作组开展救援行动，整个事件得到有效控制。

（贺　晶）

【《衡阳市食品药品违法行为举报奖励办法（试行）》发布】 2016年12月15日，衡阳市发布《衡阳市食品药品违法行为举报奖励办法（试行）》（以下简称《办法》），该办法从公布之日起开始实施。（贺 晶）

安全生产监督管理

【概况】 2016年，衡阳市安全生产监督管理局被湖南省人民政府授予2012—2016年度全省安全生产先进集体称号。市安监局2016年关闭退出13个煤矿，超额完成省政府下达的落后小煤矿关闭退出任务，做到应关尽关。衡阳市在全省率先实现烟花爆竹生产行业整体退出。信访稳定工作开展有力，被市评为全市信访工作优胜单位。（王 亮）

【建立健全责任体系】 推动全市各级政府和部门健全完善“党政同责、一岗双责、齐抓共管”责任体系。衡阳市在全省率先实现政府常务副职牵头，各分管领导“一岗双责”“三个必须”的责任体系。在机构改革“三定”和《衡阳市安全生产监督管理职责暂行规定》中，制定权力清单，划清责任边界，规定安监、住建、交通、消防、质监等42个部门“管行业必须管安全”的具体责任。在《安全生产巡查督办管理办法》基础上，2016年出台《衡阳市安全生产交叉检查工作方案》，开展3轮交叉检查和综合督查，确保安全生产压力层层传递，安全生产责任层层落实，坚决防范和遏制重特大事故发生，推动全市安全生产形势持续稳定发展。（王 亮）

【非煤矿山依法整顿和攻坚克难】 2016年衡阳市关闭22座金属非金属矿山，其中注销安全生产许可证17家，注销采矿许可证5家，金属非金属矿山总量再由221座降至204座，所有关闭矿井均严格按照“六条标准”切除电源、收缴火工品、拆除设备、炸毁井筒、遣散人员、恢复地貌，做到干净彻底，同时落实盯守单位和盯守人员，严防反弹。近5年，尾矿库、石膏矿、瓷泥矿、采石场、型材厂、页岩砖厂连续实现零死亡零事故目标，市安监局制订《衡阳市遏制尾矿库“头顶库”重特大事故实施方案》，尾矿库“头顶库”治理正稳步推进。全市金属非金属矿山行业的安全生产基础得到较大巩固，安全生产水平极大提高。（王 亮）

【小煤矿关闭退出和烟花爆竹整顿治理】 市安监局超额完成省政府下达的落后小煤矿关闭退出任务，在2015年关闭煤矿48处基础上，2016年关闭退出13个煤矿，除耒阳外，衡南、衡阳、祁东、常宁等产煤县市整体退出煤炭产业，做到应关尽关。市安监局和县市政府、公安等相关部门联合联动，在全省率先实现烟花爆竹生产行业实现整体退出，95家生产企业全部停工停产，其中49家经省政府初步验收。衡阳市相关工作得到省政府的肯定。（王 亮）

【危险化学品监管】 一是加紧推进全市化工行业规划的编制工作，常宁市化工行业发展规划进入评审报批阶段；衡东县完成规划编制工作；耒阳市完成规划编制委托招投标工作；衡南县、衡山县、祁东县启动规划编制委托招投标工作，衡阳县明确不发展化工行业。二是加快企业的搬迁工作进度。全市29家危险化学品生产企业（另15家在建），市城区17家生产企业5家在松木经开区落户，7家确定入园，2家原地改造，1家予以关闭，2家启动入园工作。通过企业的改造、入园重建，提升企业的安全本质水平。三是部门联动形成工作合力。市安监局组织公安、交通、质监等部门联合开展危化行业领域安全监管专项整治。交通、公安、安监等部门联合下文，明确职责，切实加强危险化学品出入库、运输、储存各个环节的安全监管。各级各部门合作更加顺畅，监管执法更加严密。、衡阳市易制毒化学品监管工作得到国家总局肯定，10月份衡阳建滔化工代表赴京参加全国易制毒化学品监管专题会议并作典型发言，《中国安全生产报》作重点推介。（王 亮）

【工贸行管工作】 2016年全市冶金等八大工贸行业通过开展粉尘防爆、液氨制冷、有限空间作业等安全生产专项整治活动，效果明显，全年工贸行业未发生较大以上生产安全责任事故，确保工贸行业安全生产形势持续稳定。（王 亮）

【职业卫生工作】 一是加强组织领导。全市有6县单独设立职业健康监管股室，配备分管领导和专职的职业健康监管人员，其他县市均设置合署的职业健康监管机构，3个工业园区也有专人负责职业卫生工作。二是强化硬件保障。市安监局拨出专门的款项购置便携式数字式测尘仪、放射性个人剂量报警仪等快速检测仪装备，从根本上改变“手摸，眼看，鼻嗅”等凭感觉、靠经验的职业卫生监管状况。三是突破重点难点。全市2016年有40家用人单位开展职业病危害现状评价工作，对1146家产生职业病危害用人单位建立电子和纸质台账，对陶瓷生产、耐火材料、硅酸盐轻质砖生产企业进行专项执法，发现问题56处，下达执法文书20份。

（王　亮）

【安全生产“监管执法年”】 市安委下发制定全市监管执法年活动方案，在二季度安全生产工作会上集中部署推进“监管执法年”活动，市政府将安全监管执法纳入依法行政考核内容。市安监局印发《2016年安全生产“监管执法年”活动联合集中执法工作方案》，把“监管执法年”开展情况纳入2016年年安全生产工作量化考核内容，细化分解活动内容，确保“监管执法年”各项责任和措施落实到位。市安委办及时调度讲评，先后三次发文通报活动开展情况。截至2016年年底，安全生产行政执法管理系统在全市12个县市区和3个工业园区的安监系统全面铺开使用，7个县市区特别是常宁安监局提前超额完成行政执法数据录入任务。各级政府和相关部门特别是基层乡镇日常监管执法更经常更主动，监管执法的规范性、严肃性、权威性明显提高。 （王　亮）

【安全生产“大整治、大排查、大管控”行动】 市安监局对非煤矿山、烟花、危化等直管行业领域制定出台对应行动方案。针对“三大行动”查出的隐患和问题，开展安全生产“百日大整治”进行集中整改，加大处罚和交办督办力度，形成“隐患排查—整治—回头看”闭环工作机制，在G20峰会、省市党代会、人大政协换届等关键节点落实强有力的监管措施，确保安全形势的稳定。2016年全市各行业领域共组织督查组1308个，参加检查人员16695人次，监督检查企事业单位和场所3749家，责令改正、限期整改、停止违法行为1709起，责令停产、停业、停止建设348家，关闭非法违法企业40余家，抓捕犯罪嫌疑人12人。 （王　亮）

【宣教培训工作】 宣传教育。市安监局在《衡阳日报》、衡阳电视台、交通广播等新闻媒体设立安全生产“温馨提示”“安全生产在行动”等专栏，《衡阳日报》开辟专栏逐条解读《中华人民共和国安全生产法》。建立安全生产信息提示制度，重点时段、极端天气及时发布安全生产警示信息。深入开展“安全生产月”各项活动，投入173万元制作安全围裙，免费发放至城区27.6万户居民。开展安全生产大培训，市政府投入资金165万元，市本级举办各类安全生产培训班81期，培训人数17543人。全市各级各部门全年培训监管人员、一线员工十万人以上。安培中心实施教考分离，使用全国统一考试题库实施联网上机考试，杜绝人为操作弊端。加大安全生产投入。市财政安排700万元专项资金用于安全生产“四大三基”、“三三”重点工作，在市财政紧张的情况下，安全生产专项资金不减反增。全市依法从统筹地方工伤保险基金中列支工伤预防费50万元专项用于工伤预防、宣传等工作。 （王　亮）

【示范创建工作】 2016年，祁东县白鹤铺街道、衡南县栗江镇、常宁市宜阳街道、衡阳县井头镇、衡东县荣桓镇、衡阳县长江镇、雁峰区先锋街道、衡南县茶市镇等8个乡镇（街道）成功创建省级安全生产示范乡镇。全市创建安全生产三级标准化企业39家，二级以上标准化企业零摘牌、零事故。 （王　亮）

【全市安全生产工作会议召开】 2016年1月6日，市政府召开全市安全生产工作会议。市委副书记、市长周海兵强调，各级各部门要牢固树立安全发展理念，切实落实安全生产责任制，为全市经济社会发展创造良好的安全环境。会议对全市2015年安全生产工作进行总结，安排部署2016年全市安全生产工作。会议还对2015年度安全生产工作先进单位和先进个人进行表彰。各县

（市）区和市直“两区一园”递交安全生产责任状。市领导段志刚、罗东海、周学农、刘正兴、陈竞、李辉、胡水龙、唐文峰参加会议。（刘金兰）

【2016年衡阳市“安全生产月”活动正式启动】 2016年6月13日上午，衡阳市人民政府、衡阳市安全生产委员会在市高新区采霞街和蔡伦路交汇处古汉工业园内举办2016年衡阳市成品油输油管线泄漏爆炸事故应急演练暨2016年“安全生产月”活动启动仪式，市委副书记、市长周海兵出席仪式，并宣布2016年衡阳市“安全生产月”活动正式启动。

（刘金兰）

【孙华山到衡阳督导调研】 2016年7月19日，国家安监总局副局长孙华山来到衡阳，督导调研安全生产工作。他强调，安全生产是底线工作，要严格落实人防物防技防措施，特别是要充分发挥并完善技防设施功能，全力提高群众的安全感和满意度。市委书记、市人大常委会主任周农，市委副书记、市长周海兵参加调研。国家安监总局监管二司司长苏洁、一司副司长薛剑光、二司副司长官山月，省安监局局长李大剑及市领导段志刚参加调研。

（刘金兰）

【衡阳市“危化领域”安全监管各负其责工作会议首次召开】 2016年7月23日，衡阳市首次针对“危化领域”召开安全监管会议，明确20余个部门有关危险化学品领域安全监管的职责，细化责任分工。市委常委、常务副市长段志刚出席会议并讲话。衡阳市现有危险化学品生产企业28家，在建项目11家，经营企业527家（加油站344家）。2016年1—6月，市本级组织执法人员检查危险化学品企业达400余次，排查隐患1256条，已整改1196条。从2016年上半年的情况来看，危险化学品领域安全形势依然严峻。当前，衡阳危化领域点多面广线长，负有监管职责的部门很多，一些部门对危化领域监管边界存在模糊认识和误区，会议还特发布《衡阳市危险化学品领域安全监管职责分工》的通知，明确划分监管部门职责、落实责任。段志刚强调，危化监管不容乐观，丝毫马虎不得，各级各部门要认真抓好落实安全职责分工，特别是当前汛期和高温季节、雷电等自然因素增大风险的特殊时期。在危化监管工作中，各部门要从抓好源头管理、抓好运输环节、抓好台账监管、抓好责任落实等重点环节着手，确保每一项职责都定岗定人，做到安全生产工作长期抓、抓长期、反复抓、抓反复，全力确保全市安全生产形势持续稳定向好。市领导胡水龙主持会议。（刘金兰）

煤矿安全监察

【概况】 2016年，湖南煤矿安全监察局衡阳监察分局主要工作指标完成情况：一是煤矿基本情况。至2016年11月底，辖区在册保留煤矿71处。其中：央企1处，湘煤18处，衡阳42处，邵阳9处，永州1处。保留的71处煤矿中，煤与瓦斯突出矿井9处，高瓦斯矿井20处，低瓦斯矿井42处，分别占比12.7%；28.2%；59.1%。二是煤矿安全状况。1～11月，辖区内煤矿发生事故2起、死亡5人，与2015年度同期（3起、11人）相比减少1起、6人，分别下降33.33%、54.54%。三是监察计划执行情况。2016年，计划监察96矿次（定期监察31矿次，重点监察43矿次，专项监察22矿次），到11月底止实际监察99矿次（其中：定期监察32矿次，重点监察45矿次，专项监察22矿次）。四是行政处罚情况。1—11月，立案查处43矿次，立案率达43%。其中：经济处罚20矿次，决定罚款116.508万元（其中：事故罚款90.08万元，监察罚款26.5万元），到位罚款74.5万元；责令停产整顿2矿次，暂扣安全生产许可证29矿次。（刘春峰）

【开展“七项专项监察”安全整治活动】 按照省局“7项专项监察”统一部署，衡阳煤监分局结合年度监察执法计划，统筹安排，由联系矿井人员深入辖区煤矿调查摸底，分类建档备案。结合煤矿灾害类型、严重程度及复工复产安排，制订监察方案和检查表格，并按照瓦斯、水害等专项监察要点进行细化分解，确保内容细致，要求具体，可操作性强。专项监察执法中，注重井下现场检查和技术资料及台账制度的检查，构建隐患排查不留死角、现场检查不留盲区、监察执法不留漏洞的立体监察网络。该专项活动监察矿井55处，查处隐患或违法行为895条，其中重大安全隐患32条。现场责令15个采掘工作面立即停止作业，暂扣证18矿次，经济处罚15矿次，决定罚款18.5万元。（刘春峰）

【开展“百日安全无事故”活动】从9月下旬开始，在辖区范围内动员开展煤矿“百日安全无事故”活动。分局与各市安监局（煤炭局）协商开展联合执法行动，制订监管监察联合执法行动方案，制作“隐患排查检查表”，分发到各产煤县（市）煤矿安全监管部门和煤矿企业，要求对表排查。分局集中全部监察力量，联合各市、县（市）煤矿安全监管部门，实行大规模“兵团式”作战，从软件到硬件、从地面到井下、从生产系统到采掘工作面，对各煤矿企业进行“会诊、解剖”式大检查，全面了解煤矿安全生产真实状况。在联合执法行动中，强力推进“五个一批”措施：引导关闭退出一批、责令停工停产一批、指导技术改造一批、督促整改达标一批、重点监管监察一批。对联合检查中发现的重大隐患和违法行为，严格对照“行政处罚自由裁量”标准，联合集体研究处理处罚方案，联合下达监管监察意见。对联合检查发现的重大隐患，及时向地方政府下达监察意见，提请挂牌督办，并责成明确专人驻矿督促整改。不定期联合相关部门开展暗访巡查、跟踪督办，及时掌握煤矿隐患整改进度，推动煤矿隐患整改工作。（刘春峰）

【规范执法行为】规范检查方案。下矿监察前，根据所掌握的煤矿实际情况，结合参与检查人员数量和专业配置，严格按照规范格式编制现场检查方案（预案）。到达煤矿并听取情况汇报、查阅图纸资料以后，再行确定监察重点内容，修改完善现场检查方案。规范现场检查。按照省局下发的《关于进一步规范煤矿安全监察执法工作的实施意见》和分局制定的《规范煤矿安全监察执法工作要点》全面监察，力求查深查透，不留盲区，不漏系统，不缺项目。规范处理处罚。由文书制作人根据现场检查发现的煤矿安全隐患和违法行为，逐条对照相关法律法规和《行政处罚自由裁量标准》，把应给予处罚的隐患和违法行为单列出来，由局务会审查并集体研究后确定处罚意见，监察执法组再根据处罚意见，开展调查取证，一旦证据确凿，依法作出行政处罚决定。规范执法文书。从5月开始，全面推广使用新的执法软件制作文书，并要求每一个监察员现场检查发现的煤矿事故隐患和违法行为必须采用电子传输给文书制作人，做到隐患描述客观公正，事实清楚，格式统一，文字规范。强化执法监督。一是强化事中监督，明确规定每个执法组行政职务最高者为规范执法监督员和廉政监督员，负责煤矿现场执法监督和廉政监督。二是强化事后督查，重点对执法案件的定期通报、文书评查、备案审查、批复结案等环节加强监督检查。（刘春峰）

【规范事故查处】（1）规范事故调查机制。加强与相关部门的沟通和协调，使事故查处制度更加健全，部门协作机制更加完善。年初，分局组织邵阳市纪委、检察院、公安、安监、工会等单位，专门召开事故调查工作座谈会，加强事故调查单位之间的联系沟通和支持配合，提高事故调查工作效率和事故按期结案率。（2）坚持“四不放过”原则。截至12月20日，累计查处煤矿事故2起（1起为省局组织），由分局组织调查的事故按期结案。依法追究事故责任人8名，建议撤销事故责任人安全资格证2人，辞退3人，对3名事故责任人和事故责任单位依法实施行政处罚。（3）严肃事故责任追究。坚持实施事故矿井“回头看”，跟踪督导事故批复落实情况，完善事故调查处理的闭合管理。9月，分局联合市级安监局对2015年的2起事故责任追究落实情况进行全面督查，对检查中发现的问题及时依法予以纠正。（4）开展警示教育。及时组织召开煤矿事故调查情况通报及警示教育和事故集体约谈会议，分析事故原因，研究对策措施。全年发送事故短信7批次、警示短信21批次。（刘春峰）

统　计

【概况】按照“坚持精准统计、

精准服务，为市委市政府精准研判、精准决策提供及时、权威的依据”要求，制定统计服务任务清单和责任清单，建立应急服务机制，提升统计服务的频次和质量。一是预判预警更加及时。开展月度主要经济指标预测工作，有针对性地跟踪监测重点行业领域、大型企业的运行情况，深入挖掘数据变动背后的深层次原因，分析经济数据变动的支撑因素和制约因素。加大各县市季度经济形势调研，完善专业联动、上下联动和部门联动的统计分析研究工作机制。二是形势分析更加精准。逐月组织开展经济形势分析研究，深入分析全市落实“四个全面”战略布局、五大发展理念、供给侧结构性改革的最新情况，提出针对性对策建议。全年共编发决策参考14期、统计分析88篇，其中《产业转移助力打造衡阳经济升级版》《关于推进衡阳供给侧结构性改革的思考与建议》等文章受到市委市政府主要领导的好评。三是服务公众更加优质。每月在主流媒体发布统计新闻，主动做好职工人平工资、电子商务等社会焦点指标的舆情监测和数据解读。成功举办第七届“中国统计开放日”和宪法日现场等重大宣传活动，向社会宣传统计、提供统计信息服务。（曾静静）

【数据质量稳步提升】 狠抓统计数据质量综合治理，力求数据更加真实准确。一是扎实开展“数据造假、以数谋私”专项治理。市、县（区）统计部门联动，相关部门配合，全市上下形成整治工作合力。全面清理各级党委政府及有关部门违反统计法精神的文件和做法，废止将统计部门列为考核指标责任单位的文件，对全市5151个存疑单位进行核实处理，形成相对科学、注重长效的整改措施。二是全面提升统计单位名录库建设水平。牢牢把住统计单位名录库的“入口关”，推动名录库更新维护节点向乡镇、街道延伸，实现全市乡镇街道维护节点全覆盖。三是不断强化数据质量管控。规范源头数据采集，强化数据关联性和趋势性审核；严格实施数据质量评估，对重要指标数据的奇异值逐一排查更正，重点审核数据波动大的市县和企业，确保数据准确性。对照全市经济发展重要指标，采取跟踪测算、实时监测等措施，有效解决数据质量出现的问题。进一步推进“四上企业”联网直报，报送率、直报率都达到100%。

（曾静静）

【农业普查】 全市各级政府及部门高度重视“三农普”工作，各项工作有序推进。一是组织保障有力。市政府成立农普领导小组，召开专门会议进行动员部署，层层签订目标管理责任状。各级积极争取财政等部门的支持，层层传达，认真督查、督办，确保机构、人员、经费、职责“四落实”。二是培训试点扎实。围绕农普方案、PDA操作、数据处理等重点内容，开展多轮次实战培训，在耒阳市开展市级试点工作，各县市区结合实际，有针对性开展入户调查试点。三是物资设备到位。加大协调力度，确保普查宣传用品、培训教材、“两员手册”、PDA、数据处理设备配备到位，为按时全面入户调查创造条件。四是宣传动员广泛。创新开展农业普查宣传，在电视电台、报刊网站、微信平台开设专栏、刊发文章、拍摄特辑，各县市配合开展横幅标语、广告海报、巡回广播等形式，形成立体化、全方位的农普宣传格局。（曾静静）

【统计改革】 一是探索建立“三新”统计制度。开展“新产业、新业态、新商业模式”专项统计，组织“四众”企业、城市商业综合体、台商投资企业、旅游相关产业消费结构调查，开展电子商务进农村统计试点，建立服务业十大重点产业统计报表制度。二是深化统计方法制度改革。规范和完善GDP、能源消费、旅游增加值核算，实现数据基本衔接；将计划投资5000万以上项目纳入联网直报；加强应对气候变化基础统计研究，初步建立绿色发展统计指标体系。三是跟进“五证合一、一照一码”登记制度改革。加强与工商、税务、质检等部门的信息共享，筹备部门共享信息预处理系统。四是完成乡镇街道网络统计电子台账网上直报工作。按照省局统一部署，顺利完成全省乡镇街道电子台账网上直报工作。全市226个乡镇街道及时准确上报，直报率100%。

（曾静静）

【调查监测】 一是常规调查全面实施。全力做好农业、工业、能源、建筑业、房地产、服务业、投资、贸易、人口、就业、劳动力、劳动工资、社会科技、文化产业、开发区、基本单位等统计调查，科学核算地区生产总值和能源消费总量，完成各项调查任务。在省局综合考核的28项业务工作中，取得6个优秀、17个良好的历年最好成绩。二是专项调查扎实推进。做好1%人口抽样调查后续工作，发布《衡阳市2015年全国1%人口抽样调查主要数据公报》。组织开展资源消费、人口变动、劳动力和交通能源消费、非公有制人才资源等一系列专项调查。三是统计监测求真务实。参与全面建成小康社会、政府绩效评估、重点民生实事、新型工业化等一系列考核通报数据的收集与评估认定工作，完成非公有制经济、妇女儿童“两纲”、科技进步等一大批统计监测项目，考核结果均被市委、市政府采纳。(4）民意调查范围扩大。受市委、市政府及有关部门委托，完成南岳管理调查、全市公众安全感调查、公众质量满意度调查、全市基层党建满意度调查、全市公众绿化满意度调查、市公安局监管中心转型评价等多项调查。

（曾静静）

【依法治统】 一是加强统计执法力度。完成全市15个县市区（含园区）统计执法检查工作，检查单位58个，对20个有轻微违法行为的单位进行处理。各县市区统计执法单位325个，对2个单位进行立案处罚。进一步明确执法检查抽查事项目录清单，统计执法监管常态化、制度化。二是依法夯实基层基础。加强与各县（市）区党委、政府的沟通联系，开展专项统计巡查，推动基层统计机构依法独立设置，绝大多数县级统计机构得以保留，部分虽然合并但实现独立运作。加大基层投入，全额下拨统计基层基础经费和各项调查经费，努力为基层解决PDA、电脑等设备需求。三是广泛开展统计法治教育。全市共举办统计法治教育培训班20余期，参加培训500余人次，继续教育300人次。继续推进统计法律法规进党校（院校），将《中华人民共和国统计法》《统计违法违纪处分规定》纳入各级领导干部学习计划和学校课程，提升各级领导干部和统计人员的法律意识。

（曾静静）

【全市统计暨调查工作会议召开】 2016年3月21日，衡阳市人民政府组织召开全市统计暨调查工作会议。市委常委、常务副市长段志刚出席会议并作重要讲话。市政府副厅级干部李辉主持会议。市统计局局长陈淼作题为《适应新形势 树立新理念 大力推进现代统计建设》的工作报告。段志刚要求，全市各级各部门都要高度重视和加强统计工作，为统计工作顺利开展创造良好环境：一是领导力度要加大；二是部门职责要明确；三是服务保障要到位；四是队伍建设要加强。陈淼总结2015年的全市统计工作取得的成绩，并提出2016年全市统计工作总的要求。国家统计局衡阳调查队负责人魏冬伍就调查工作做讲话。市统计局党组书记李晓霞宣读2015年度县（市）区统计局业务工作考核结果的通报。市人大财经委主任委员何旭明、市政协经济委主任易晔、市政府副秘书长魏春生出席会议。各县市区分管统计工作的县市区长、统计局长，各县级国调队队长，市统计局局队领导及科室负责人，市直两区一园分管统计工作的副主任、统计局（办）长（主任），市直有关行政、企事业单位分管统计工作负责人200余人参加会议。

（刘金兰）

国家统计局衡阳调查队

【城乡居民收支调查】 城镇居民人均可支配收入、农村居民人均可支配收入两项指标是衡量地方经济发展水平的重要经济指标，也是全面建成小康社会的监测指标之一。2016年，衡阳调查队重点加强对该两项指标的抽样调查、监测分析力度。一是强化制度建设。健全完善考核和督查制度，进一步明确工作要求，确保入户调查工作有序有效开展。二是开展培训活动。定期开展调查员和辅助调查员业务培训，重点加大对新轮换记账户的培训力度，帮助提高调查业务水平。三是抓数据质量。开展住户调查基础工作和数据质量大检查，做到数出有源，数出有据，促进数据质量稳步提高。2016年，衡阳市城镇居民人均可支配收入为28848元，总量位列全省第四，增速为8.8%，位列全省第六；农村居民人均可支配收入为 15603 元，增速为 8.3%，在长沙、株洲、湘潭、衡阳四市中，衡阳市位列第一。两项指标增速均高于全市 GDP 增速，监测结果客观反映衡阳市经济发展实情。（段光辉）

【规模以下工业服务业调查】 2016 年，衡阳调查队严格按照省总队《规模以下工业抽样调查统计报表制度》《规模以下服务业抽样调查统计报表制度》要求开展调查，制定《衡阳市新设立小微企业和个体户跟踪调查规范化标准》《衡阳市新设立小微企业和个体户跟踪调查考核评比办法》《衡阳国家统计调查样本单位报表工作指南》等制度。先后 5 次组织开展规模以下工业、服务业调查业务培训，按要求及时上报抽样调查数据。在 2016 年全省年度业务工作考评中，衡阳工业统计调查工作获得先进。（段光辉）

【生猪粮食数据监测】 近年来，衡阳调查队负责的生猪、粮食数据监测，为衡阳市争取国家财政支持发挥积极作用，就粮食和生猪两项，全市各县（市）获得财政奖补分别达 1.8 亿元、0.45 亿元以上。2016 年，衡阳调查队规范畜禽监测调查工作标准，夯实基础工作，加大大型规模户网上直报、中小规模户及散养小区抽查和检查工作力度，加大督查力度，重点对日记台账登记情况、回访等工作进行督促检查。从 2016 年衡阳调查队监测抽样调查结果来看，全市 7 个县（市）生猪存栏 448.62 万头，能繁母猪存栏 47.86 万头，生猪出栏 670.07 万头，全年猪肉产量 49.70 万吨。全市粮食总播种面积达 509.1 千公顷，粮食单产为 434 公斤/亩，早中晚稻播种面积和产量均呈现出“早晚稻减少、中稻增加”的态势。全市粮食总产量达 331.78 万吨，总产量连续四年稳居全省第二位，实现市政府提出的“粮食总产量稳定在 320 万吨以上”的目标。

（段光辉）

【价格调查】 成立专门机构。2016 年 5 月，衡阳调查队单独成立价格调查科，专门负责全市居民消费价格采价工作。出台管理办法。制定《衡阳市消费价格调查辅助调查员管理办法》。加强业务学习。每月按时召开全体手机采价人员会议，进行业务辅导和学习。提升数据质量。通过抓现场指导和利用电话查询的手段抓重点数据等方法，确保居民消费价格指数抽样调查数据上报的真实性和时效性。2016 年，衡阳市居民消费价格指数（CPI）累计上涨 2.5%，与全省保持一致，处于可控范围内。（段光辉）

【第三次农业普查调查】 衡阳调查队主要负责衡阳市范围内第三次全国农业普查农作物播种面积遥感测量和事后质量抽查两项工作。2016 年，衡阳调查队对“三农普”调查工作进行重点安排部署。第一时间向市委、市政府主要领导汇报，争取市委、市政府的重视和有关部门的支持。成立领导机构，根据上级文件精神和要求，经市委、市政府领导同意，成立衡阳市第三次全国农业普查主要农作物播种面积遥感测量工作领导小组，加强对该工作的组织领导。加强业务培训。衡阳调查队派出 2 名业务骨干，参加湖南“三农普”遥感测量无人机驾驶员培训学习，考取驾驶执照。强化要素保障，购买一台遥感测量无人机，为“三农普”遥感测量顺利开展打下坚实基础。

（段光辉）

【服务领导决策】 2016 年度，全队共撰写调研分析报告 50 篇，有 15 篇被省总队内网采用；撰写重要信息 58 篇，被总队采用 35 篇。撰写的《关于农村居民“获得感”的调查与思考》《衡阳市农村市场消费情况调查报告》，分别被市委办公室、省委办公厅全文采用。首次编印衡阳国家调查年度数据生产和分析资料及数据季报表，从 2016 年第三季度开始编印的《2016 年衡阳国家调查数据季报表》，打破衡阳调查队无定期向市委、市政府报告数据生产和分析的历史，开辟科学规范服务地方经济社会发展决策的新篇章。（段光辉）

农村经济

责任编辑：熊　雯

概　述

【概况】 2016年，农林牧副渔业总产值709.9亿元，同比增长3.5%；第一产业增加值439.28亿元，同比增长3.6%；农村居民人均可支配收入15603元，同比增长8.3%。粮食总产330.73万吨，因灾同比下降1.5%，是全省受灾最少的市州；油料总产35.97万吨，同比增长3.6%；蔬菜总产376.27万吨，同比增长4.6%；烟叶总产2.14万吨，同比增长3.7%；出栏生猪944.62万头，同比减产2.4%，但农民养猪效益趋好；出栏牛、羊分别达14.47万头、66.36万只，分别同比增长1.4%、3.2%；出笼家禽10938.54万羽，同比增长1.4%。

一、农业结构调整。衡阳市调减水稻近2000公顷用于发展经济作物和旱粮生产，发展优质稻29.47万公顷，占比超过50%。大力推进农业标准化生产，新增2个部级果茶标准园，成功创建3个部级、8个省级畜禽标准化养殖示范场和3个省级水产健康养殖示范场。开展国家农产品质量安全县创建，常宁市成功创建国家首批国家级农产品质量安全县。大力实施农业品牌发展战略，衡南烟草获得国家地理标志认证，“祁东酥脆枣”被授予全国100个名优果品区域品牌，“有吉”黄花菜和齐家古树茶油荣获第十四届中国国际农产品交易会金奖，新认定“三品一标”产品92个。加强畜禽产品检验检测和行政执法，完成畜禽屠宰职能划转，全年未发生区域性重大动物疫情。

二、农业转变发展方式加快构建以粮食、畜禽、油料、林木、蔬菜、茶叶为主导，以中药材、特色水果、特种水产、休闲农业为特色的十大现代农业产业体系。推进268个现代农业产业园建设，其中获得省级认定的综合产业园10个、特色产业园27个，全省现代农业产业园建设推进会在本市召开，推介衡阳经验。以“十百千万”现代农业发展工程为抓手，农业产业化水平得到提升，农产品加工业实现总产值947亿元，同比增长23.6%，农产品加工转化率达到40.6%。大三湘成功创建国家农业产业化重点龙头企业，新认定省级农业产业化龙头16家，培育2家销售收入过10亿元的龙头企业。休闲农业发展步伐加快，新认定国家星级农庄3家、省级47家，全年休闲农业接待游客826万人次，实现营业收入9.2亿元。大力推动一、二、三产融合发展，祁东县、常宁市、衡山县分别获批全国、全省农村产业融合试点县。农村电商迅猛增长，完成交易额突破15亿元，同比增长50%以上，农村电商网点逐步向乡镇、村延伸，祁东县成为全省电子商务示范县，祁东县、衡阳县、衡南县与阿里巴巴集团先后签署“村淘”项目合作框架协议，有吉、新发、新丰等6家企业被认定为全省首批电子商务企业，祁东县成为全省电子商务示范县。

三、农业综合产能提升。2016年，61个农业重点项目全部开复工，完成投资76.56亿元，投资完成率为100.2%。实施永久基本农田划定，城区周边永久基本农田划定已通过国家审核验收。完成水利建设投资11.5亿元，全面启动病险骨干塘除险加固，累计增加水利工程蓄水量5000万立方，新增装机容量5000千瓦，新增和改善灌溉面积2万公顷。加速农业全程机械化进程，农机总量突破74万台（套），主要农作物生产综合机械化率达58.10%，其中水稻综合机械化水平可达到74.1%。推进耕地质量提升行动，完成测土配方施肥60.38万公顷、绿肥种植4.33万公顷，重点在15个乡镇推广秸秆腐熟剂补贴面积1.27万公顷。扎实开展农民素质教育培训，开展现场培训和指导1110场次，举办培训班379期，发放技术资料39.3万份，培训农民12.67万人次。大力实施“互联网+现代农业”促进行动，“衡阳智慧农业综合信息服务平台”和“衡阳智慧农业”公众微信号提供农技信息服务5.1万人次，农业产业化龙头企业数据库设计基本完成，农业信息服务覆盖80%以上的农民。

四、城乡统筹发展。农村基础设施建设进一步巩固，基本公共服务逐步向农村延伸，农民幸福指数明显提升，解决14.4万农村人口饮水不安全问题，新一轮农村电网改造稳步推进，打造清洁能源示范样板21处，新农合参合率稳定在99%以上。明确“一圈一带一片”美丽乡村建设新思路，全年累计投入资金近3亿元。深入实施农村环境和卫生综合整治，大力推广农村清洁能源，受益群众达10万；狠抓文明村镇创建，完成衡阳县渣江镇等16个乡镇的集镇规范化整治。“美丽乡村”建设成效显著，衡阳县、蒸湘区被评为全省美丽乡村建设先进县市区，珠晖区茶山坳镇堰头村等6个村被授予“湖南省美丽乡村建设示范村”称号，均为全省最多。完成人工造林2.13万公顷、通道绿化6820.9千米，全市森林覆盖率达47.01%。全市8.45万名贫困人口成功脱贫，45个省级贫困村摘帽，5个城区整体脱贫，贫困村农村居民人均可支配收入增长15.6%，完成易地搬迁8546人，兜底脱贫对象全部纳入建档立卡扶贫范围，全额享受农村低保标准并上浮10%。

五、推进农村改革。加快推进农村土地确权登记颁证工作，12县市区均超前完成省定目标任务，全市摸底调查、实地指界和两轮调查结果公示工作总体完成量达98%，确权面积达29万公顷，占全市总耕地面积的88.8%。强化农村土地流转政策引导、完善管理服务，农村土地流转34.90万公顷，其中耕地18.25万公顷，耕地流转率55.89%，居全省前列。加快构建新型农业经营体系，新增专业大户达1.2万户，新增农民合作社和家庭农场分别达982个、817个，新型农业经营主体流转土地、出产主要农产品实现双过半，居全省前列。农村金融改革有序推进，涉农贷款余额543.63亿元，比年初增长30.65亿元，同比增长5.56%，“五权”抵押贷款余额达17.2亿元。耒阳市在2016年3月纳入全国农民住房财产权抵押贷款59个试点县（市）之一，共发放农民住房财产权抵押贷款127笔，金额达5871万元。（康　乐）

【“十三五”期间农业十大重点工程】 “十三五”期间，衡阳市将坚持以项目为抓手，大力实施十大重点工程，加快推进现代农业发展。这十大工程包括：一是高标准农田建设工程，到2020年，新增高标准农田11.5万公顷，保有19.67万公顷，完成25.53万公顷基本农田物理、化学及农艺措施和调整耕作制度治理修复；二是农业产业化龙头企业提升工程，省级农业产业化龙头企业发展至69家以上；三是现代农业园区建设工程，建设100个布局合理、要素有效集聚、产业体系健全、科技含量较高、物质装备先进、运行管理机制灵活、综合效益显著的现代农业产业园区；四是设施蔬菜基地建设工程，在城区打造3个国家级农业科技示范园“四园一区”中蔬菜产业园，并强力推进“全国蔬菜重点区域基地县”和“湖南省蔬菜重点县”建设；五是名优经济作物改造工程，到2020年，建设柑橘、茶叶等标准化生产基地120个、面积13.33万公顷以上，新造和改造油茶林14万公顷，新增林下经济面积5万公顷，新造培育特色经济林基地9.67万公顷；六是农业机械化推进工程，每个县（市）区建成1个以上农机综合服务中心；七是重金属污染治理工程，创建100个以上万亩耕地重金属污染修复治理示范片，完成50%的重金属污染耕地修复治理；八是农业循环经济推进工程，农作物秸秆、畜禽养殖类废弃物资源化利用率达85%；九是林业生态体系建设工程，全市森林覆盖率达50%，保护与恢复湿地6500公顷；十是信息进村入户推进工程，在重要生产基地建立100个农业生产数据智能采集点，发展10万户“农信通”、100户电子商务示范企业。

（陈跃英）

【粮食收购和仓储工作】 2016年，衡阳市商务和粮食局大力推进“粮安稳市”战略。全面落实粮食安全行政首长责任制相关内容。粮食收购方面，2016年收购粮食123.3万吨，其中“最低收购价”粮63万吨，居全省第一。粮食收购过程中，确保仓容、收购资金、最低收购价惠农政策“三个到位”，开展“人性化服务”和践行“五要五不准”主题实践活动，被副省长戴道晋赞誉为“为售粮农民提供有温度的服务”。粮食储备方面，落实新增省、市县地方储备粮计划，市县地方储备粮超额完成省计划，储备粮品种结构得到优化，储备体系得到完善，应急保障能力得到提升。粮食仓储方面，2016年共争取中央预算内投资建仓和物流项目资金1585万元，居全省前列；新建粮仓24栋，新增仓容21.9万吨；维修改造军供站（点）的“危仓老库”5个。粮食销售方面，衡阳市粮食企业与广东省等主销区成功签订粮食购销和异地储备合同，签约数量居全省前列，实际外销粮食近30万吨。较好地完成划转粮省内移库工作。粮油产业方面，省粮油千亿产业项目，衡阳市10个粮油加工企业共获得专项扶持资金667万元；市“百亿产业”（粮油深加工和物流业产值）实现157.2亿元，其中加工业产值96.83亿元。角山米业新建年处理30万吨稻谷加工生产线项目；汇升生物的稻米深加工提取海藻糖关键技术产业化项目，填补国内空白，打破日本在该项目上的全球垄断地位。粮油质检方面，衡阳市粮油产品质量检测中心获得新的国家级《检验检测机构资质认定证书》，全年抽检样品3165个，未发现不符合食品安全标准的粮食流入口粮市场。组织参加全省第三届粮食行业的仓库保管、粮食质检职业技能竞赛，夺得团体三等奖的好成绩。依法治粮方面，调整11人充实到市商务和粮食综合执法支队。采取“双随机一公开”方式开展粮油监督检查60次，检查粮油214万吨，发现问题150起，提出整改意见26条，下达整改通知书20份，有效维护粮食流通秩序，净化粮油市场环境。（曾德伟）

【衡阳市启动2016年早籼稻最低收购价执行预案】 根据中国储备粮管理总公司湖南分公司、湖南省粮食局、中国农业发展银行湖南省分行《关于启动2016年早籼稻最低收价执行预案和做好早籼稻收购工作的通知》精神，衡阳市于2016年7月30日启动早籼稻最低收购价执行预案，执行时间到2016年9月30日止。经争取，衡阳市获批执行早籼稻最低收购价指定收储库点63个，比2015年增加10个，其中二批审批达标启动收储库点8个。以2016年生产的国标三等早籼稻为标准品，向农民直接收购的到库价为133元/百斤，相邻等级之间的等级差价为2元/百斤。

（陈跃英）

【新农村建设工作】 出台《关于加快推进美丽乡村建设的通知》文件，明确“一圈一带一片”美丽乡村建设新思路；指导42个“美丽乡村”建设，完成334个农村人居环境重点整治村任务，其中衡阳县、蒸湘区被评为2016年度全省美丽乡村建设先进县市区，珠晖区茶山坳镇堰头村、衡南县洪山镇光辉村、衡阳县曲兰镇湘西村、南岳区南岳镇红星村、衡山县店门镇能仁村、石鼓区角山乡利民村被授予“湖南省美丽乡村建设示范村”称号，衡阳市获评的先进县市区和省级示范村均为全省最多；2016年已完成30个乡镇达到市级二星级文明乡镇标准，正在准备考核验收。全市147个乡镇，2016年已完成20.4%的乡镇达到市级二星级文明乡镇标准；已完成省重点民生实事14个“美丽乡村”示范村建设，完成预定指标的100.3%。

（康　乐　陈跃英）

【新型职业农民培育工作】 截止到2016年12月，衡阳市按照省里要求，完成新型职业农民培育工程指导性培训任务2990人，其中生产经营型1300人（含现代青年农场主144人），专业技能和社会服务型1690人。

（康　乐　陈跃英）

【省级现代农业产业体系建设】 2016年3月，省农委启动湖南省第三批（旱粮和棉花）现代农业产业技术体系建设工作，衡阳农业委员会粮油站和经作站进行申报。2016年6月，按照遴选程序，省农委确定衡阳县经作站作为棉花湘中南地区区试试验站，与2015年确定的茶叶南岭及罗霄山区试验站（委经作站）建设期同步，成为衡阳市第二个现代农业产业技术体系省级区域试验站。

（康　乐　陈跃英）

【基层农技推广补助项目】 为全面贯彻落实中央（2016）1号文件和省、市农业农村工作会议精神，推动衡阳市现代农业发展，确保主要农产品有效供给和农产品质量安全，结合衡阳市农业现状，组装适合全市推广的8项重大农业综合技术推广，发到各县（市、区）农业局和相关单位，并在各新闻媒体报导。具体8项重大综合技术为：（1）水稻旱育保姆综合配套技术；（2）再生稻高效、高产栽培综合配套技术；（3）油菜高效、高产栽培综合配套技术；（4）超级稻高产高效综合配套技术；（5）农作物测土配方施肥综合配套技术；（6）稻田免耕稻草全程覆盖种植马铃薯新技术；（7）葡萄套袋技术推广；（8）水稻重大病虫害绿色防控技术。累计推广8项农业综合技术实施面积148.7万公顷，主推主要农作物品种29个，新增粮食产量约3亿斤；油菜籽1.6万吨，新增产值5.3亿元；为农民增收6.5亿元。（康　乐　陈跃英）

【衡阳市农产品质量安全监测工作】 按照省厅的要求，结合衡阳市实际，衡阳农委制定下发《2016年衡阳市农产品质量安全监测工作方案》，对监测重点时段、重点区域、重点场所、重点品种进行详细的计划。2016年，全市共开展农产品检验检测64693批次，总体合格率99.1%，其中市级开展农残速测9429批次，合格率99.8%，开展定量检测900批次，合格率99.8%；省级三次例行抽检，衡阳市蔬菜综合合格率99.2%、水果合格率97.1%。（康　乐　陈跃英）

【农作物种子质量监管】 一是加强领导，确保种子市场管理工作顺利开展。衡阳市种子站下发《衡阳市农业委员会办公室关于印发〈衡阳市2016年农作物种子市场监管方案〉的通知》和《衡阳市农业委员会办公室关于开展春季农作物种子市场专项检查的通知》两个文件，成立专项行动领导小组，确保种子市场检查整治活动的顺利开展。二是开展以水稻种子为主的春季市场监督检查。2016年3月10—31日，市种子管理站在市区范围内开展种子市场清理整治行动，对种子集中交易市场、种子销售门店等进行全面清查。检查2家种子企业，市区内8家种子批发商、抽查12家种子零售商。未发现无证生产经营的企业和假种子。2016年4月上旬，抽查县区的种子市场，对衡阳县、衡东县、祁东县、常宁市、衡南县、耒阳、南岳种子市场进行抽查，共检查城区种子批发部15家，乡镇种子零售店21家，发现未经审定的品种1个、跨适宜种植区域品种9个、拆包销售种子的行为5起、销售应当包装而未包装的种子12批次、未及时建立农作物种子经营档案的9起。三是开展以油菜种子为主秋季种子市场监督检查。2016年9月上旬开始市种子站对辖区内的1家种子企业，8家批发商的秋冬种种子进行监督抽样，共扦取37批次的油菜种子进行检测，检测结果全部合格。各县市区种子管理部门对本辖区的秋季种子市场进行检查和扦样，没有发现违法经营和销售质量不合格种子。四是严格监管政府集中采购种子质量。首先是根据近几年来衡阳市开展的水稻新品种展示示范结果和对在本市种植面积较大的196个的水稻品种适应性进行的调查结果，以市农委文件下发到各县（市）农业局，通报近年在衡阳市种植表现较好、农户信赖的57个品种（早稻14个、一季稻21个、晚稻22个）供政府采购种子参考；其次是为政府选购种子提供信息，将品种审定信息及禁止推广信息、种子企业诚信经营信息及时提供给政府；第三是对种子质量进行严格控制，对将要采购的种子批进行扦样检测，共扦取15批次的种子样品，进行纯度、真实性、转基因及水分、净度、发芽率检测，检测结果全部合格。（康　乐　陈跃英）

【重金属污染耕地修复治理】 2016年，全市完成重金属污染耕地修复治理面积9904公顷，超计划完成省农业委任务指标13720，完成率110.17%，争取国家、省级财政专项资金1.042亿元。修复治理面积与项目资金名列全省扩面修复区域第一，在全省年度工作考核中排名第一。（康　乐　陈跃英）

【“三品一标”产品认证与管理】 2016年，省农委下达到衡阳市的“三品一标”认证任务为65个，全市新认证“三品一标”产品92个，其中无公害农产品47个、绿色食品33个、有机食品12个，完成率为141.54%。对全市338家市级农业产业化龙头企业的生产技术人员开展专项业务培训，完成辖区内绿色食品企业的年检，年检率100%，并建立完整的年检工作考核档案。开展“三品一标”产品监督抽检，全年抽查产品367批次，产品合格率99%，出具整改通知书13次。2016年衡阳市“三品一标”认证与管理工作被评为全省先进单位。（康　乐　陈跃英）

【实施农业面源污染防治工程】 2016年，衡阳市在梅花、铁塘等3个村实施农业面源污染防治工程建设，防控面积248.2公顷，争取省级财政项目资金320万元。三个项目示范村清洁生产技术推广入户率达到100%；农药、化肥零增长；生活垃圾处理率达到100%；生活污水处理率达到100%；建立农业面源污染防治长效机制。（康　乐　陈跃英）

【完善农业野生植物资源数据库】衡阳市开展衡山县国家级野生大豆原生境保护点野生大豆种群的恢复，由原来的32.56%的野生大豆密度提高到54.68%，确保野生大豆种质资源长久保存。按照国家重点农业野生植物保护名录，2016年全市出动82人次对全市具有一定优势的农业野生植物资源的野生大豆、金荞麦、野菱、野生猕猴桃进行调查，新发现国家二级以上农业野生植物394.67公顷，其中：金荞麦28公顷、野生猕猴桃66.67公顷、白芍133.33公顷、野生绞股蓝166.67公顷，不断补充衡阳市农业野生植物资源数据库。

（康　乐　陈跃英）

【肥料登记监管】　根据省农委统一部署，衡阳市制订《2016年衡阳市肥料登记产品监督抽查方案》，共抽检登记产品13个，其中复混肥10个、有机肥三个，复混肥合格率80%（不合格产品均为外地企业产品）。

（康　乐　陈跃英）

【测土配方施肥技术推广】2016年，衡阳市只有衡山县与耒阳市被确认为测土配方施肥项目单位，其他5个县市为非项目县。通过争取同级财政支持及整合项目资金，全市共完成测土配方施肥技术推广面积60.38万公顷，推广配方肥14.67万吨，农民施用配方肥面积达31.47万公顷，覆盖水稻、棉花、柑橘、蔬菜等作物。一是农作物种植效益得到持续增长。以水稻为例，2016年衡阳市各级土肥站为全市600.16万公顷水稻提供测土配方施肥技术服务，农民应用测土配方施肥技术与农户常规施肥技术相比，平均每亩减少化肥施肥量1.24公斤/亩（纯）、节约施肥成本3.78元/亩，产量增加18.75公斤/亩，亩节本增效53.33元/亩，仅此水稻这一项节本增效达到32272万元，全市60.38万公顷农作物共节本增效48372.54万元；二是农民传统施肥观念得到进一步转变。通过广泛宣传发动和技术培训指导，特别是样板示范效应，让广大农民目睹测土配方施肥技术应用的效果，认识到测土配方施肥才是最科学的施肥方法，自觉地转变施肥观念，并付诸于行动；三是耕地质量得到改善。农户按照测土配方施肥建议卡的指标施用，全市化肥使用量减少1.017万吨，肥料的利用率提高3个百分点，减少养分流失，减轻因盲目过量施肥给作物带来肥害及造成土壤水源的污染，土壤养分结构趋于合理，土壤性质得到改善，耕地质量等级得到提高；四是土肥技术服务能力得到提升。各级土肥技术人员认真学习测土配方施肥技术操作规程，通过理论学习与实践相结合，使全市土肥技术服务能力得到有效提升，同时项目单位加强对化验人员的技术培训，对采样、收样、检测等流程实行规范化管理；五是信息化服务体系得到完善。耒阳市农业局利用“湖南省主要农作物测土配方施肥手机专家系统”和“最美耒阳”微信公众号、红网耒阳手机报、微信朋友圈等电子平台，发布测土配方施肥信息和配方肥供销信息共1200多条次，农户可在网上了解到测土配方施肥信息，为农户提供土肥信息查询服务。2016年，耒阳市全年应用手机信息服务覆盖率达到67.6%以上，总面积达到9.06万公顷，其中水稻6.54万公顷、油菜2.7万公顷、红薯2333公顷、烤烟1733公顷，配方施肥手机专家系统服务实现全覆盖。

（康　乐　陈跃英）

【全市农业法治工作会议召开】2016年1月26日，全市农业法治工作会议召开。全市12个县市区农业局分管领导、法规股长和农业执法大队大队长、教导员参加会议。会议对2016年农业法治工作提出具体要求：一是要规范农业综合执法机构设置。二是要提高执法体系规范化水平。三是要规范行政管理运行机制。四是要探索新的普法途径和方式。

（陈跃英）

【茶山坳镇入选全国美丽宜居示范镇】　住房和城乡建设部公布第三批42个全国美丽宜居小镇示范名单，珠晖区茶山坳镇榜上有名，成为本批次衡阳市唯一入选的乡镇。全国美丽宜居小镇是茶山坳镇继获得“全国计划生育依法行政示范乡镇”和“全国综合减灾

示范社区”后，第三次获颁“国字号”荣誉称号。（陈跃英）

【衡阳市农业产业协会正式成立】2016年3月29日，衡阳市农业产业协会正式成立。协会以“合作、发展、绿色、共赢”为宗旨，发挥合力进一步提振全市农产品品牌，推动全市农业产业化企业提档升级。市人大常委会副主任周晓云出席会议并授牌，副市长陈竞作重要讲话。会议审议通过多项决议，选举产生第一届会长、副会长、理事会理事、协会顾问等。陈新文当选为衡阳市农业产业协会第一届会长。该协会吸纳首批会员389名，其中会员单位332家，个人会员57名，会员主要来自全市规模较大的农业产业化龙头企业和其他农业新型主体，具有较强的代表性。（张东坡）

【“三湘农产品质量安全行”启动】2016年4月27日，2016年全衡阳市“三湘农产品质量安全行”活动启动。此项活动将以保障农产品质量安全为目标，以农产品质量安全体系建设为主要内容，通过开展“宣传、监督、考核、评比”四项活动，全面加强监管能力建设，不断提升农产品质量安全水平，努力确保蔬果茶农药残留、畜禽产品药物残留、生猪“瘦肉精”和水产品产地抽检合格率，分别稳定在96%、98%、99%和97%以上，生鲜乳三聚氰胺抽检合格率为100%。市人大常委会副主任周晓云、副市长陈竞出席活动总结动员会议并讲话。（陈跃英）

【首届“衡茶杯”绿茶评比大赛】2016年5月27日，由衡阳市农业委员会、衡阳市茶业协会主办，海通茶叶城等协办的衡阳市首届“衡茶杯”绿茶评比大赛在海通茶叶城隆重举行。衡阳市人民政府副市长陈竞、衡阳市人民政府原副市长陈新文、中国茶叶流通协会副会长、湖南省茶业协会荣誉会长曹文成，湖南省茶叶学会理事长、湖南农业大学教授肖力争及省农业委员会经作处有关负责人等出席活动。大赛上，众评委对衡阳地区19家茶企、专业合作社选送的20种绿茶进行鉴评。在全场观众的见证下，大赛采用密码评审的方法，评委们逐一对参评的茶样的外形、汤色、香气、滋味、叶底进行鉴评，综合计分，按得分高低排列名次，现场公布鉴评结果。湖南省南岳云雾茶业有限公司、常宁市塔山映山红农业专业合作社等五家单位选送的5个茶样斩获特等奖，衡南县绿叶茶业有限公司、常宁市福塔农业科技开发有限公司等十家单位选送的10个茶样赢得一等奖，南岳怡绿有机茶开发有限公司、衡山县石丰茶场等五家单位选送的5个茶样获评二等奖，衡阳市农业委员会和衡阳市茶业协会联合为获奖单位颁发奖牌和证书。（陈跃英）

【全国无公害农产品检查员（湖南）培训会在衡阳开班】2016年6月7日，全国无公害农产品种植业检查员（湖南）培训会在衡阳市开班，来自全省14个地市州农业系统从事“三品一标”认证工作的200余名业务骨干参加本次培训。自衡阳市开展“三品一标”（无公害农产品、绿色食品、有机食品）认证工作以来，全市累计认证“三品一标”产品525个，其中无公害农产品325个，绿色食品196个，有机食品4个，“三品一标”示范基地面积发展到1333公顷，比2015年同期增加933公顷。2016年，衡阳市开展3次“三品一标”产品及生产企业的专项整治行动，累计出动200余人次对全市18家代表企业和11家大型超市进行清理整顿。全市的绿色食品检查队伍建设也不断加强，全市现有绿色食品检查员19人，绿色食品监管员20人，无公害农产品检查员32人，企业内检员60人，农产品地理标志核查员12人。此次培训班重点讲解无公害农产品认证产管理、产地认定申请、生产技术、质量管理与证后监管等内容。培训结束后，通过考试合格的学员将获得由农业部农产品质量安全中心颁发的无公害农产品检查员证书。（陈跃英）

【祁东入围国家农村第一、二、三产业融合试点示范工程】2016年6月，经衡阳市发改委推荐、省发改委评审、国家发改委审定，衡阳市祁东县与省内其他4个县（区），入围国家农村产业融合试点示范工程。（陈跃英）

【刘宗林赴衡阳调研】2016年7月8—9日，省农委主任刘宗林一行到衡阳市，前往衡山县、珠晖区、衡南县等县区，调研了解农业受灾、灾后生产自救以及农业产业化发展情况。在衡阳期间，刘宗林一行考察衡山县富利园果蔬种植专业合作社、珠晖区力丰现代农业产业园、衡南县再生稻生产示范基地等现场。调研中，刘宗林对衡阳现代农业新亮点、新成就给予肯定。他说，在推进农业供给侧结构性改革中，要加快绿色蔬菜、生态养殖和特色林果业的发展。建立绿色蔬果加工厂，物流仓储配送体系，将乡村旅游休闲同农产品生产、加工多元化结合，全面促进一、二、三产业融合发展。最后，刘宗林主任以“起点高、规模大、技术领先、特色鲜明、前景广阔”对几家龙头企业给予肯定，他要求衡阳要发挥好这些龙头企业在调整农业产业结构、带动农民增收上的示范带动作用，推动衡阳的现代农业又好又快发展。（陈跃英）

【春季库存粮油检查】 市商粮局、衡阳直属库、农发行衡阳市分行三家组成联合检查组，于2016年4月27日至5月7日，对辖区内政策性粮油进行检查，重点检查企业在储粮管理、防汛准备、储粮安全、安全生产等方面的存在的风险隐患。全市共检查28家承储企业、36个库点、189栋仓厫、564578吨政策性粮油。检查储粮数量达到辖区库存政策性粮油的40%。从检查结果来看，绝大部分承储企业储粮管理规范、防汛准备工作到位，粮情稳定、粮温基本上在20℃以下，储粮相对安全。管理得好的有三塘国库、茅坪粮库、四方公司本部、衡山岳北公司、黄花坪国库、衡东桂霞米业本部、常宁国库、衡阳灵瑞寺国库、耒阳军供马水点等单位。（陈跃英）

【全市各县（市）区农业局长工作会议召开】 2016年8月19日，衡阳市农委召开全市农业局长会议，传达贯彻落实8月16日市委书记周农调研全市农业农村工作的重要指示和全省市州农委主任会议精神，分析研究衡阳市农业农村工作形势，并部署下阶段工作。会议认为，2016年衡阳市农业农村经济形势持续向好，“三农”工作有特色、有亮点、有突破，主要表现在：2016年上半年全市农林牧渔业增加值162.77亿元，居全省第一，农产品量足价优，农业产业化逆市上扬，农业新产业新业态不断涌现；绿色发展模式加快推进，新型经营主体持续发展，农村面貌持续改观，脱贫攻坚成效明显；农村综合改革、城乡一体化、农产品质量安全等方面都有明显的突破。会议指出，衡阳市7个县（市）进入全国粮食大县、生猪调出大县、油茶产业重点发展县行列；6个县（市）成为全国油菜大县；3个县（市）区获评全国蔬菜大县；全市粮食产量、农产品加工值增速、生猪出栏量、禽畜出笼量等主要指标均位居全省第一，农业农村经济形势持续向好。但也存在着“总量领先、增幅放缓；农民持续增收压力大、脱贫攻坚任务重；部分领导干部在现代农业发展上思路不清、办法不多、措施不力、信心不足”等短板。会议要求，“三农”工作要认真抓好“突出发展现代农业主题、把握供给侧改革主线、补齐县域经济短板、促进农民持续增收、打造美丽乡村”五个工作重点，强化要素支撑、产业支撑、城镇支撑和项目支撑，抓改革，调结构，增效益，促增收。（陈跃英）

【衡阳市新建农村饮水水质检测中心】 衡阳市发改委、水利、水文等部门于2016年9月7日成立并启用市农村饮水水质检测中心，为农村民众饮水安全提供保障。新成立的市农村饮水水质检测中心设立于市水文局，拥有国家标准的整体实验室，面积达800平方米，配备原子吸收仪、红外测油仪及气相色谱仪等一大批国内外先进的仪器设备；截至9月15日，完成72项水质分析指标任务的建设工作，今后主要承担衡阳市范围内农村饮水安全工程供水水质检测、监督考核工作，负责检测农村集中供水工程水源水、出厂水、管网末梢水，同时负责对辖区内各县（市）区规模农村饮水工程的水质进行抽检和巡检。（陈跃英）

【匈牙利德布勒森大学专家到衡山考察】 2016年10月22日，湖南省外事侨办主任张建新陪同匈牙利德布勒森大学农学院院长莱斯柯·斯丹克、伊斯特万·苏奇博士到衡山县华夏湘江公司，就共同规划华夏湘江国际农业产业示范园建设进行交谈，共商打造世界一流农业园区事宜。华夏湘江国际农业产业示范园是匈牙利华侨曹和平和聂文夫妇投资建设，该项目位于衡山县渲洲古镇，总投资55亿元，现已投资5亿多元，完成200公顷土地征地和游客接待中心、农产品加工园等项目建设。考察组一行实地查看华夏湘江现代农业国际示范园的农业示范基地、物流加工基地、水上乐园、古城镇建设、湿地公园、养生养老基地、游客接待中心等重点建设区域，观看华夏湘江国际农业产业示范园的主题宣传片和萱洲国家森林公园宣传片，肯定华夏湘江已做的各项前期工作。各方就发挥名山优势，区位优势，交通优势和人文优势，借鉴欧美农业现代化和城乡一体化发展理念，以现代农业、生态农业、循环农业为基础，发展乡村休闲度假、养生养老等新型产业，着力打造世界一流的宜居、宜业、宜游示范园区，建设一个农村一二三产业融合发展，国内领先、国际一流，可复制、可推广、可持续发展的现代化国际农业示范园达成广泛共识，力争把该项目打造成国家一路一带的精品示范工程。（陈跃英）

农业综合开发

【概况】 衡阳市2015年度共完成财政资金投资总额21115万元，建设项目56个，其中土地治理项目19个（高标准农田建设项目7个、中型灌区节水配套项目1个、种粮大户项目1个、特色产业园项目1个、地方项目9个），治理面积7246公顷（高标准农田建设6987公顷、中低产田改造259公顷）；产业化经营财政补贴项目36个，产业化经营试点项目1个。2015年度，衡阳市在农业综合开发系统中被评为省先进单位。（段　斌）

【农业土地治理项目】 2015年度，全市农业综合开发土地治理项目上级财政资金15529万元，兴建拦河坝14座，排灌站20座，机电井3口，建小型蓄水工程153处，衬砌渠道148.65千米，修田间干道340千米、田间支路63.5千米，改良土壤2546公顷，造林600公顷，培训5600人次，示范推广6公顷。（段　斌）

【农业产业化经营项目】 2015年度全市产业化经营项目共投入财政资金3598万元，扶持财政补助项目36个。项目实施后，可年新增总产值9.28亿元、年新增利税3160.74万元、固定资产形成总额6570.87万元，直接受益农户29742户，年直接受益农民年收入增加总额9588.21万元，可年新增就业1106人。（段　斌）

【农民增收项目试点】 全市2015年度项目区年新增粮食1256.47万公斤、油料148.94万公斤、棉花2万公斤、蔬菜94.71万公斤、其他农产品30.8万公斤，项目区直接受益农民年收入增加总额2450.67万元。（段　斌）

【科技推广和生态农业建设】 一是推行科技资金向粮食核心产区倾斜。2015年，全市投入115万财政资金进行科技推广，重点投入各县市粮食核心产区，项目区良种普及率达到100%，使土地产出率、资源利用率和劳动生产效率得到明显提高。二是发展生态农业。在项目区大力推广测土配方施肥、平衡施肥等技术，引导农民科学使用化肥、农药；频振式诱蛾灯杀虫等新科技的推广，减少农作物的农药用量，减少农业生产对土地、水资源的污染；工程建设中注重生态环境保护，衬砌渠道创新生态护衬方式，在渠道两边修建“生物通道”，保护有益动物繁殖和活动，实现人与自然和谐相处，促进生态平衡。三是加强技术培训。为解决科技推广“最后一公里”问题，市县两级农开办聘请农业院校和地方农技推广部门的专家、技术人员，深入田间地头和农户家中，累计培训农民5600人次，提高农民的科学种田水平。（段　斌）

【衡阳市初步形成四大优势特色农业产业】 一是粮食优势产业带。以金雁、绿海、角山、金鲲、金泰等龙头企业带动的粮食产业发展迅速。二是油茶优势产业带。以大三湘油茶、天福油脂、江山生态、安邦农资等龙头企业带动的油茶、油菜产业来势喜人。三是生猪养殖优势产业带。以信旺农牧、湘旗牧业、金叶种猪、动物庄园、爱平养殖等企业带动的养殖加工产业势头强劲。四是茶叶优势产业带。怡绿有机茶、南岳云雾茶、塔山山岚茶、宝盖有机茶、江头绿茶等领头的茶叶产业发展来势看好。（段　斌）

【衡阳市“三品一标”工作全面实施】 衡阳市农产品加工企业的国家级品牌达到半数以上，“天天见”“超大”“金雁”“绿海”4个农产品被评为国家驰名商标，常宁无渣生姜、耒阳红薯粉皮2个品牌获国家地理标识认证。衡阳市还有省级品牌72个，有机食品18个，绿色食品93个，无公害食品330个。（段　斌）

【常宁市塔山山岚茶特色产业园项目】 衡阳市常宁市塔山山岚茶特色产业园区内的龙头企业、合作社分别通过扩建精制茶和毛茶加工生产线，共新增就业岗位可安排农村劳动力60人以上，年度工资总额达150.00万元；项目直接受益农户达626户，间接受益农户达1000户以上，可转移农村劳动力560人以上从事茶叶种植、采摘及相关产业经营。通过项目的实施，可示范带动全市新发展2000公顷以上标准化生态茶园建设，按每亩茶园（稳产期）纯利润2000元计算，每年可为基地茶农增加纯收入400万元。

（段　斌）

【祁东黄花菜通过黄花菜原产地认定】 祁东黄花菜代表湖南优势特色产业，在全国率先通过黄花菜原产地认定，获得国家地标产品保护。2016年度，祁东黄花菜产业园项目的建成，有助于推进祁东黄花菜产业的发展、开展精准扶贫攻坚。（段　斌）

农村合作经济管理

【概况】 2016年，衡阳市农经站开创衡阳市农经工作“十三五”开局新局面。2016年，市农经站被省农委经管处、省经管站评为全省农村经营管理工作先进单位，衡阳市被省农民权益维护和农民负担监督管理领导小组办公室评为全省农民权益维护和农民负担监管工作先进市。

（唐东荣　刘小云）

【全面完成村级“三资”合并工作】 根据市委、市政府乡镇区划调整的要求，5月7日至25日抽查全市38个乡镇64个建制村的村级“三资”合并情况。从抽查的情况看，各县市区都召开县市区党委常委会和政府常务会，进行专题研究部署，成立村级“三资”清查合并工作领导小组，下发指导性文件，明确工作内容，统一工作流程，严肃工作纪律，制定“三资”管理制度，完善“三资”管理台账。6月份，全市全面完成村级“三资”合并工作，建立新账。全市已建立农村集体“三资”管理14项制度的村2096个，占总村数的92%。

（唐东荣　刘小云）

【开展村级“三资”清理和村级财务清查审计】 一是结合开展“雁过拔毛”式腐败问题专项整治活动、合乡并村中村级“三资”合并和村居换届工作，市委组织部、市农委、市民政局、市财政局、市审计局、市农经站联合下发《关于印发〈衡阳市开展村居财务清查和村居组织成员任期经济责任审计工作方案〉的通知》，在全市范围内对村级“三资”、财务和债权债务进行全面的清理审计。截止于2016年12月底，全市开展“三资”清理、财务和债权债务清查审计的村2274个，占总村数的99.6%，清理审计资金总额654668.3万元，其中违规违纪资金929.8万元，发现问题116个，涉及178个村，查处违规违纪人员196人，移交司法机关处理25人，清退违规违纪金额522万元，追缴违规违纪金额205.8万元。二是切实加强村级民主管理和民主监督。全市大部分村都建立村务监督委员会或民主理财小组，对村级财务开支和重大决策实行监督，对村级财务实现全面公开。全市建立村务监督委员会或民主理财小组1968个村，占总村数的86.3%，实行财务规范公开1998个村，占总村数的87.6%。（唐东荣　刘小云）

【健全土地流转服务机制】 一是建立健全土地流转服务体系。各地按照“县有土地流转服务中心、乡有土地流转服务所、村有土地流转服务员”的要求，进一步建立健全县乡两级土地流转服务机构，完善各项服务制度，并依托县级土地流转服务中心逐步建立农村土地经营权流转交易服务平台，进一步规范土地经营权依法有序流转。同时各地加强土地流转用途监管和风险防范，各县市区都出台规范农村土地流转的文件，明确流转基本原则，强化流转用途监管，加大对受让方资质审查力度，并按季度对土地承包管理、土地流转和土地纠纷调处的情况进行信息统计和日常监测，促进土地经营权流转交易的公开、公平、公正，有效维护交易双方的合法权益，推进农村土地“三权”分置。截至2016年12月底，全市60%以上的农户参与土地经营权流转，土地经营权流转34.904万公顷，占全市农村土地总面积的30.64%，其中耕地经营权流转面积为18.25万公顷，占全市耕地总面积的55.89%，签订土地经营权流转合同144.66万份。二是开展土地承包经营纠纷调解仲裁。按照《湖南省农业委员会湖南省社会管理综合治理办公室关于转发〈农业部办公厅中央综治办秘书室关于开展2016年度农村土地承包经营纠纷调解仲裁综治考评工作的通知〉的通知》的要求，全市12个县市区都成立仲裁委员会，147个乡镇都成立调解委员会。截至2016年12月底，全市共发生农村土地承包经营纠纷1473件，其中乡村调解1392件次，县级仲裁81件次。在全省的农村土地承包经营纠纷调解仲裁综治考评中衡阳市进入先进行列，并取得全省第二名的优异成绩。三是创新土地流转模式。各地在巩固发展现有土地流转模式的基础上，探索土地托管、股份制、村组集中式、信托等新的流转模式，重点引导支持农技农机专业合作社，在当地采用专业化、标准化、规模化的全程托管流转服务模式，通过与农户签订服务合同，为农民提供翻耕、播种、病虫害防治、收割等服务。截至2016年12月底，全市从事托管服务组织71家，托管服务对象10903户，托管服务面积2785.33公顷，签订托管服务合同9370份。四是强化维权减负领导责任。市委、市政府高度重视农民权益维护和农民负担监管工作，始终把落实强农惠农政策、加强农民负担监管作为增加农民收入、维护农村稳定的重要政治任务来抓。坚持“党政一把手负总责、分管领导具体抓”的领导负责制，健全农民权益维护和农民负担监管领导小组，由政府主要负责人任组长，成员单位涉及所有涉农涉负相关部门。落实“谁分管、谁负责”的部门分工责任制，并对减负惠农政策落实中问题比较多且整改不到位的单位实行“一票否决”或重点监控。各级党委、政府与相关涉农涉负单位和监管部门层层签订落实惠农减负政策工作责任状，明确农民负担监管责任，将农民负担监管工作考核情况与领导干部提拔任用及单位评先评优挂钩。

（唐东荣　刘小云）

【促进农村集体经济加快发展】一是加大目标管理考核力度。2016年市县两级以考核促发展，将发展壮大村级集体经济工作纳入对地方党委一把手党建述职和贫困县精准扶贫考核重要内容。全市各级探索村级集体经济发展有效途径，发展多种形式的村级集体经济，确定对不同地区差异性的发展目标，中心城镇区（城镇化率75%以上）和各类经济园区年经营性收入10万元以上的村达到该地区总村数的65%，城乡复合发展县市区年经营性收入6万元以上的村达到该地区总村数的70%，扶贫开发县年经营性收入4万元以上的村达到该地区总村数的75%。二是加大财政扶持力度。根据省农委办公室《关于2016年村级集体经济发展奖励项目申报有关事项的通知》的要求，经过乡镇推荐，县（市）现场考察核实，市农委、市农经站审核、汇总项目资料，成功申报衡南县谭子山镇大田村等37个村为湖南省2016年村级集体经济发展进步村，争取奖励资金440万元。三是加大智力支撑力度。7—9月，在全市范围内组织一次村级集体经济发展专题调研活动，对发展有特色的村级集体经济典型村和优秀的调研报告推荐给省里参加评奖和报刊媒体进行宣传推介。9月，市农经站组织10名村集体经济发展来势较好、思维活跃的村级集体经济发展带头人参加省里组织的培训学习参观。

（唐东荣　刘小云）

【规范发展新型经营主体】一是全市超额完成农民合作社和家庭农场的“三量”（发展数量、参与农户、运行质量）新增目标。各地根据《衡阳市人民政府办公室关于印发〈关于建设“十百千万”现代农业发展工程的实施方案〉的通知》的要求，培育农民合作社、家庭农场、专业大户等新型农业经营主体。各县市区依托当地优势主导产业和特色农业，科学规划，引导农民专业合作社、家庭农场健康发展，全市农民合作社和家庭农场实现发展数量、参与农户、运行质量的三量提升，分别超额完成“十三五”首年发展任务目标，发展个数和运行质量进入全省第一方阵。截至于2016年12月底，全市共发展农民合作社4517个，其中2016年新发展982个，新增成员10102个，新增带动农户31401户；全市工商登记注册家庭农场2892个，其中2016年新发展817个，新增家庭农场劳动力4080个。二是全市示范创建工作发展良好。各级农经部门把抓示范创建作为规范新型农业经营主体发展的重要抓手，通过抓示范促规范，抓规范促发展，创建示范。根据省农委、省财政厅、市农委、市财政局相关文件的要求，按照县级择优考察推荐，市级核查和综合评审，共成功申报3个国家级示范合作社，7个省级示范合作社，299个省级粮食种植示范家庭农场，评选出26个市级优秀示范合作社，争取合作社扶持资金790万元，其中省级590万元，市级200万元，家庭农场补助资金1750万元。各县市区也创建47个示范合作社和208个示范家庭农场。（3）对合作社运行情况的监测工作进一步规范。按照合作社生产标准化、运行规范化、产品安全化、经营品牌化“四化”提升活动的要求，各类合作社都健全成员大会、理事会、监事会、成员帐户、盈余分配等管理制度，实施农产品全程质量监管，加强合作社产品品牌营销等，全面提升农民合作社的民主、财务和经营管理水平。按照《关于督促农民合作社及时报送年报的通知》的要求，与工商部门一道，要求全市范围内所有已注册的合作社都要到县工商部门和农村经营管理部门进行年度事项报告，对没有进行年度事项报告的合作社纳入经营异常名单，不能申报合作社奖励项目；对国家级示范合作社、省级示范合作社和市级示范合作社未按要求进行报告的取消其相关荣誉称号。

（唐东荣　刘小云）

【开展涉农专项整治】　一是开展专项整治。根据省、市“雁过拔毛”式腐败问题专项整治工作要求，市农经站于4月28日下发《市农经站“雁过拔毛”式腐败问题专项整治实施方案》，要求重点查处惠农补贴政策落实、强农项目资金申报分配、农村集体“三资”管理等领域中的“雁过拔毛”式腐败问题。各县市区都结合各自的实际情况制订实施方案，围绕专项整治的要求，认真组织，落实，并将专项整治结果逐级上报。8月19日，为加大“雁过拔毛”式腐败处理力度，市农民权益维护和农民负担监督管理领导小组下发《关于印发〈全市落实惠农减负政策突出问题检查实施方案〉的通知》，要求全面排查各县市区涉农涉负部门，各乡镇（街道）及涉农站所、村（场）组落实惠农减负政策情况。截止于2016年11月底，全市通过“雁过拔毛”式腐败问题专项整治，共查处乱收费、乱罚款、乱摊派问题7起，涉及12人、涉及金额35.86万元，查处违规收缴、处置群众款物、克扣群众财物、拖欠群众钱款问题2起，涉及2人、涉及金额0.12万元，查处滥用职权、吃拿卡要、收受贿赂问题10起，涉及10人，涉及金额30.04万元，查处重点工程、重大项目违规兼职取酬、乱发乱补问题4起，涉及4人、涉及金额0.52万元；查处惠农补贴、涉农资金、集体资金等虚报套取、截留私分、强占冒领、贪污挪用共186.46万元。二是加大督查力度。为进一步抓好“雁过拔毛”式腐败问题专项整治，6月23日，市农委下发《关于开展对全市农业系统“雁过拔毛”式腐败问题专项整治工作进行督查的通知》，市农委、市维权监管办在全市开展“雁过拔毛”式腐败问题整治专项督查，重点对专项整治工作开展情况、发现和查处问题线索情况进行检查。在检查中，要求各县市区做到边检查边整治，查治结合，确保查有结果，治有实效。7月4日，省农委“雁过拔毛”式腐败问题专项整治办公室对衡阳市衡南县、衡阳县“雁过拔毛”专项整治工作推进情况进行督查，并对本市工作进行肯定。9—10月份，市农委、市维权监管办对“雁过拔毛”式腐败问题整治再次进行明查暗访。11月8—12日，配合省维权监管办对耒阳市、珠晖区的减负惠农政策落实情况进行检查，省检查组肯定两地的工作成绩，也指出问题。11月下旬至12月初，市农委、市维权监管办对全市落实惠农减负政策突出问题检查活动进行验收，问题整改情况将作为2017年重点监控的依据。三是切实强化整改。农民负担问题整改情况，事关维护农民群众的合法权益和农村发展稳定的大局。年初，省党政“两办”下发《关于2015年全省惠农减负政策落实情况的通报》，通报衡阳市衡阳县惠农减负政策落实中存在的问题，市委书记周农、市长周海兵、副市长陈竞都作出重要批示要求抓好问题整改。根据领导的批示，市维权监管办针对省通报中的问题，督促衡阳县迅速落实整改，至7月中旬，衡阳县部分惠农补贴没有通过财政“一卡通”发放和台源镇中学违规收费的问题都已基本整改到位。5月底，市维权监管办配合省维权监管办查处衡南县三塘镇洲市片区大山中学乱收费一案，对违规收取的补课费、饮水费、校服费等286782元进行清退，给予大山中学校长费明国党内严重警告、行政记过处分，免去其大山中学校长职务，给予洲市中学联点专干罗峰奇行政记过处分；给予洲市中学校长刘厚国行政警告处分；对县教育局联系大山中学副局长邹俊福实行诫勉谈话。5月下旬，省维权监管办对石鼓区减负惠农政策落实情况进行回访，回访中对石鼓区前段时间的工作进行肯定，对下段工作提出要求，该区按省检查组的要求迅速整改落实。对于全市“雁过拔毛”式腐败专项整治工作明查暗访时发现的120多个问题，根据陈竞副市长的批示，市委农村工作办公室对各县市区和市直相关单位下发《关于“雁过拔毛”式腐败专项整治工作明查暗访问题的交办函》，要求各相关单位和各县区政府限期整改到位，对未整改到位的将进行查办追责。通过各项整治整改工作，全市2013年、2014年、2015年各类涉农资金均已较规范拨付使用到位，特别是在扶贫资金、移民资金、民政资金、“一事一议”奖励资金等专项资金的使用上，各部门（单位）、乡村基本上能按照财务管理制度使用财政支农资金，落实专款专用。各涉农收费单位基本上做到按标准规范收费，各地各部门（单位）管理逐步规范，能够按照有关政策、法规和制度办事。

（唐东荣　刘小云）

【农村经营性资产产权制度改革试点】 各县市区通过调查摸底，澄清集体资产家底，探索农村集体经营性资产产权制度改革试点前期准备工作。2016年4月，对全市农村集体产权流转交易市场建设情况进行摸底调查。据调查了解，衡南县、衡阳县、常宁市、祁东县、耒阳市、石鼓区已初步建立县级农村集体产权流转交易市场。全市共建立各级农村集体产权流转交易市场79个，其中县级市场数6个，乡镇级市场数73个。建立农村集体资产信息化监管平台50个，其中县级平台数2个，乡镇级平台数48个。

（唐东荣　刘小云）

【农村土地承包经营权确权登记颁证】 一是全面宣传发动。根据3月30日全省农村土地承包经营权确权登记颁证工作会议精神，在2015年5个省定第一批整县推进确权工作试点的基础上，2016年全市其余7个县市区都全部纳入为整县推进确权工作试点单位。为确保确权工作有序开展和完成目标任务，按照《关于转发〈关于进一步做好农村土地承包经营权确权登记颁证有关工作的通知〉的通知》的要求，通过层层召开专题动员大会、举办专题培训班、政策宣传小组专题宣传等进行广泛的宣传发动，利用广播、电视、标语、领导讲话、宣传手册、致农民群众的一封信等多种形式对中央、省市土地确权工作的有关政策要求进行宣讲，做到农户家喻户晓，并支持配合和参与确权工作。二是强化督促检查。为确保全市确权工作按时间节点完成，2016年市级继续将农村土地承包经营权确权登记颁证作为全市深化农村集体产权制度改革的首要内容，时间倒排、任务倒逼，按月上报任务完成情况。市委、市政府将确权工作纳入对县市区目标管理绩效考核内容，并给予一定分值。市农委、市农经站建立定期检查督促和信息上报机制，分别于3月、5月、12月开展农村土地确权工作专题调研、督查，通过听取汇报、查看调查摸底原始记录、权属调查表、公示底图以及公示影像图等相关资料，走访乡镇、村组、农户等方式，全面掌握全市各县市区确权工作进度，发现问题，及时进行调度，下发督查通报，限期整改。各县市区确权领导小组每半月上报一次进度，每月开展一次督查，每个阶段都以现场会或后进单位促进会的形式召开一次调度会，对督查情况及时进行通报，对反复通报整改不力的村组要追究领导责任。各县市区党委、政府把确权登记颁证工作列入对乡镇年度目标管理绩效考核，考核结果与年度绩效考核挂钩，与下拨工作经费挂钩；不能按时间节点完成工作任务的单位，单位本年度不能评先评优，包村镇干部本年度不能评先；对土地确权登记工作滞后村的现任干部，在并村和换届时不纳入干部提名范围，从而激发各级干部的工作动力，促进确权工作的顺利开展。截至12月底，除衡山县、南岳区、衡东县6个乡镇因国土1：2000影像图12月份才到，珠晖区因区划调整和重点工程建设影响外，其他县市区已基本完成摸底调查、外业指界和公示确认。全市2016年共开展农村土地承包经营权确权登记颁证县市区12个、乡镇147个、村数2280个，均占任务总数的100%；确权登记家庭承包耕地面积289965.6公顷，占总耕地面积的（二轮承包耕地总面积489.84万公顷）88.79%；确权登记家庭承包耕地地块4777186块；受理解决土地承包经营纠纷历史遗留问题680件次，建立健全土地承包经营权登记簿763933份，完成确权登记颁证档案187124卷。衡阳县、常宁市、祁东县、蒸湘区已完成农村土地承包经营权确权登记颁证工作的摸底调查、实地指界和第一、二次调查结果公示，已转入数据库和档案建设阶段（等待省确权登记颁证数据库软件）；石鼓区、雁峰区已完成农村土地承包经营权确权登记颁证工作的摸底调查、外业指界、公示确认（一轮公示已完成，正在进行二轮公示）；衡南县、耒阳市完成农村土地承包经营权确权登记颁证工作的摸底调查、实地指界，一轮公示确认分别完成98.3%、87%，二轮公示确认分别完成72%、58.3%；衡东县已完成农村土地承包经营权确权登记颁证摸底调查、实地指界50%；珠晖区、南岳区、衡山县已全面启动开展摸底调查和外业指界工作。全市确权颁证工作得到省深改督查组的高度评价，市委、市政府在全省确权颁证工作会上介绍全市确权登记颁证工作经验。三是狠抓质量检测。各县市区按照确权工作进度全面检验外业调查成果，驻村镇干部、经管部门工作人员、技术人员对相关公示内容反复认真核实，重点审核摸底调查表“五要素”：户主信息、地块总数、地块名称、四至边界和面积是否准确，信息登记是否完整，示意图中承包地块相邻和空间位置是否与实际相符，家庭成员信息与户籍人口信息是否相符；技术公司在公示过程中，严格按照客观、公平、公正和透明的原则，以组为单位张贴公示图和公示信息表，对没有到公示现场的农户，公示小组逐家逐户签字确认，认真接受群众的咨询和监督，对存在错登、漏登或争议的，现场进行勘误修正，最后由农户签字按手印确认，使工作切实做到依法、依规、准确、公开，绝大多数农户满意。每个技术标段二轮公示工作完成后，都将所有确权信息资料录入到预建库中，按照农业部最新颁布的质检软件进行数据检测，做好确权成果县级自查、市级核查、省级验收的相关工作。

（唐东荣　刘小云）

种植业

【概况】 衡阳市共有耕地面积37.8万公顷，其中水田面积30.93万公顷。全市农业系统紧紧围绕“稳粮增收调结构、提质增效转方式”这一目标，推动粮食生产转型发展。

一、粮食面积基本稳定。据初步统计，全市粮食面积在56.67万公顷左右，与2015年持平略增。其中落实早稻面积56.67万公顷，比2015年减少1486公顷；落实中稻面积2万公顷，比2015年增加1万公顷；落实晚稻面积25.93万公顷，比2015年减少1666公顷，旱粮面积近4.67万公顷，比2015年增加4000公顷。

二、粮食产量相对持平。全市粮食总产345.2万吨左右，与2015年持平略减，比前三年平均增加3.15万吨。其中早稻单产401公斤，总产144.5万吨；中稻单产550公斤，总产16.5万吨；晚稻单产405公斤，总产157.3万吨；旱粮单产390公斤，总产2万吨。

三、优质稻面积增加。2016年，衡阳市优质稻种植面积达29.46万公顷，比2015年增加3.33万公顷，特别是玉针香、农香18、湘晚17号、隆晶1号、桃花香等高档优质稻面积大幅增加，达6.45万公顷，比2015年增加2万公顷。

四、高产创建全面完成。各产粮大县的党委、人大、政府、政协主要领导各办好1个集成水稻生产新技术的万亩双季稻示范片；每个乡镇党委书记、乡镇长、人大主席、政协联工委主任各办好1个千亩示范片；每个村主干办好1个百亩示范片，全市绿色高产创建规模突破17.33万公顷。

五、加强集中育秧示范。在完成省厅3万公顷大亩集中育秧任务的基础上，各县市进一步加强集中育秧力度，通过对集中育秧补贴，调动种粮农户特别是粮食新型经营主体的性，全市共推广集中育秧可插大田11.13万公顷。

（康　乐　钱　涛）

畜牧水产业

【概况】 2016年，在市委、市政府领导和上级业务部门的指导支持下，全市畜牧水产部门以“五大发展理念”为引领，以实现养殖业转型升级为目标，以养殖业供给侧改革为重点，抓各项工作措施落实，养殖业各项工作均取得较好成绩。衡阳市养殖业工作被省畜牧水产局评为先进市；单项工作有动物疫病防控工作被省防重指挥部评为优胜单位，“三品一标”工作被省绿色办公室评为先进单位，养殖业信息宣传工作被省畜牧水产局评为先进单位；畜禽水产品质量安全工作、安全生产工作、人口与计划生育工作被市委、市政府评为全市先进单位。2016年，全市出栏生猪1015万头、存栏生猪530万头，同比增长-1.9%、-1.15%；存栏牛34.8万头、出栏牛15.7万头，同比增长5.3%、6.03%；存栏羊61万只、出栏羊72.5万只，同比增长5.9%、6.38%；出栏家禽1.07亿羽，同比增长1.09%。生猪出栏连续九年、家禽出笼连续六年居全省第一。水产品产量32万吨，同比增长4.9%。饲料和饲料添加剂总产量123万吨，同比增长2.41%。全市生猪价格保持高位运行，养猪效益增加。全市养殖业结构不断调整，养殖效益和质量不断提升。

（黄　鹏）

【生猪定点屠宰】 加强屠宰职能划转工作协调力度，全市全部完成畜禽屠宰监管职责调整，七个县市调整后成立的屠宰办均为副科级单位，初步建立市、县对口的屠宰监管体制机制。加强屠宰行业管理，对全市布局不合理、环境不达标、设施设备陈旧简陋的屠宰场进行重点整顿，共清理停业整顿的屠宰场（点）21家，改造10家，重建3家。加强屠宰执法，全市共开展执法行动111次，出动执法人员2142人次，捣毁31处违法私宰窝点，查缴不法肉品23010余公斤。同时加强与其他职能部门工作联系，建立健全联席会议机制、联合执法机制、定期会商机制、信息互通互享等工作机制，监管精准度提升，监管效率提高。2016年，全省畜禽屠宰监管工作现场会在衡阳市召开，衡阳市作典型发言，衡阳经验在全省得到推广。

（黄　鹏）

【养殖污染防治】 围绕“生态引领、绿色发展”要求，认真履行养殖业主管部门职责，全面推进养殖污染防治工作。加强项目引导，推动各县市从奖励资金中安排30%以上用作养殖污染防治，支持规模养殖场建设粪污处理设施。抓好养殖业节能减排，组织开展农村环境综合整治规模养殖场无害化处理专项督查，全年督查乡镇站51个、规模养殖场54个，全市完成规模畜禽养殖减排项目场76个。巩固提升湘江干流禁养区规模养殖退出成果，切实加强巡查力度，严格控制拆后复养行为。推行生态养殖技术，支持饲料企业开发环保生态饲料，探索试行包括种养结合、生态处理、三级沉淀等在内的多种粪污处理模式。

（黄　鹏）

【标准化示范创建】 开展畜禽标准化规模养殖示范创建和水产健康养殖示范创建活动，全力打造一批畜禽鱼标准化规模养殖示范样板。常宁市创建省级畜禽水产品质量安全示范县，衡阳县创建农业部渔业健康养殖示范县。全市全年创建国家级畜禽标准化规模养殖示范场2个，省级示范场8个，市级示范场15个；创建农业部水产健康养殖示范场3个。全市生猪和家禽的规模养殖量分别占养殖总量的80%和85%。

（黄　鹏）

【畜禽水产品质量安全监管】 创

新畜禽水产品质量安全监管机制，全面建立企业质量安全责任人和监管责任人公示制度。抓严抓实养殖投入品监管，加强监督抽检力度，2016年部省在衡阳抽检畜禽水产品合格率为100%，抽检瘦肉精监测合格率为100%，市本级监测抽样合格率达99.99%，“瘦肉精”产地检疫、屠宰检疫均达100%。深入推进质量安全专项整治，全市全年出动执法人员8000余人次，检查养殖基地2838个次、畜禽屠宰场（厂）179家次，养殖业投入品生产经营单位86家次，查处涉及畜禽水产品质量安全违法案件183件，全市全年没有发生畜禽水产品质量安全事故。（黄　鹏）

【动物疫病防控】 严格落实防控责任，推行强制免疫、疫情监测、监督执法、应急处置等综合防控措施，全市各级动物疫病综合防控能力明显提高，防疫工作更加规范细致，痕迹化管理更加到位。全市猪、牛、羊、家禽强制免疫密度均达到90%以上，免疫抗体检测合格率达70%以上。加强防疫能力建设，下发《衡阳市重大动物疫病强制免疫疫苗管理办法》，年内举办兽医防疫技术培训班10余次，培训兽医防疫人员1400余人。推动兽医社会化服务体系建设，加强H7N9流感、牛羊布病等人畜共患病防控，全年没有发生区域性重大动物疫情和动物源性公共卫生安全事件。严格落实动物检疫申报和产地检疫制度，全面实行动物检疫电子出证。加强病死动物无害化处理机制建设，衡南县、衡阳县无害化处理中心正在建设中。（黄　鹏）

【养殖业精准扶贫】 深入开展技术帮扶，择优选择脱贫意愿强烈的养殖户进行集中专题培训，全年组织相关培训10次，培训人员500人。全年落实养殖扶贫资金100万元，重点帮扶市级贫困村发展养殖业。坚持驻村帮扶，扎实做好对常宁市白沙镇冲口村精准扶贫工作，为驻点村引进和实施肉羊养殖项目、低压电力改造项目、异地搬迁项目等。（黄　鹏）

【新型经营主体】 为转变生产方式，提高养殖效益，衡阳市不断培育新型养殖业经营主体。全市现有养殖业国家级龙头企业8家，省级龙头企业15家，养殖专业合作社1600多家，家庭牧渔场6000余个，畜禽加工企业12家，有15个养殖企业成为广州市的生猪定点生产基地，有20余家养殖企业开通网上交易平台。“湘旗”牌湘黄鸡、“衡金优农”咸蛋王、“文妹子”乌骨鸡、“兴旺”生猪、“长永”甲鱼、“易博士”饲料等品牌在省内有一定知名度。全市已建设稻田综合种养基地50余个，发展稻田综合种养926公顷；建设休闲渔业基地约310家，体验式休闲牧业企业120户。（黄　鹏）

【春季禁渔工作】 与往年不同，2016年春季禁渔工作由市畜牧水产局牵头，市水上派出所、市河道执法联合支队、各县市畜牧水产局联合组成“2016年衡阳市春季禁渔联合指挥部”。春禁期间，联合指挥部将对渔业船舶安全设备的配备情况开展检查，对渔船非法载客载货行为进行查处，对“三无”渔船依法取缔。同时禁止湘江干流一切渔业捕捞作业，严厉惩治电、毒、炸鱼等违法活动以及违法制造销售电力捕鱼设施设备行为。先后出动船舰艇100次，人员460人次，发放宣传资料2000份，查获非法电渔船11艘，背包式电渔机14台，整个春季禁渔工作取得阶段性成效。（钱　涛）

【衡阳市2016年省级产地水产品及水产苗种监督抽样结果全部合格】 2016年7月，农业部渔业产品质量监督检验测试中心（长沙）发布2016年省级产地水产品及水产苗种监督抽样结果。衡阳市衡阳县台源鳜鱼繁育基地、衡阳心怡生态农业发展有限责任公司、衡阳瀚海渔业有限公司等11家水产养殖场和水产苗种场抽取的32个样品检测结果全部合格。2016年5月，农业部渔业产品质量监督检验测试中心（长沙）对衡阳市水产品质量安全进行产地监督抽检。样品对孔雀石绿、硝基呋喃类代谢物、磺胺类、氟喹诺酮类、甲基睾酮、乙烯雌酚共22项药残指标进行检测。（钱　涛）

【中南片区动物疫病联防联控协作会议召开】 2016年8月24—27日，农业部在衡阳召开2016年中南片区动物疫病联防联控协作会议，农业部兽医局、农业部兽医局屠宰行业管理处、中国动物疫病预防控制中心、中国兽医药品监察所、中国动物卫生与流行病学中心的领导和湖北、湖南、广东、广西、河北、海南六个省的农业厅（委）兽医工作分管领导、省级动物疫病预防控制中心主任、动物卫生监督所所长参加会议。会议上，各省总结交流禽流感、口蹄疫、小反刍兽疫等重大动物疫病防控工作情况，共同研讨片区内重大动物疫病流行趋势以及下一阶段片区内动物疫病防控重点工作。衡阳市政府分管领导副市长陈竞和湖南省畜牧水产局袁延文到会并致辞，中国动物疫病预防控制中心辛盛鹏副主任做会议总结讲话。与会代表还参观衡阳市动物疫控中心介绍中心实验室和市农业化省级重点龙头企业湖南省动物庄园食品有限公司，听取市畜牧水产局关于衡阳市动物防疫工作情况的汇报。

（钱　涛）

农业机械管理

【概况】 2016年是“十三五”开局之年，全市农机系统围绕市委市政府提出的“机械化耕作、标准化生产和品牌化建设”的现代农业发展思路，推进农业机械化“全程、全面、高质、高效”发展，实现年初“坚持有效作为，促进全面发展，开创农机管理工作新局面”的工作目标，全市农机转变发展方式，初步实现由数量增长为主转到数量质量效益并重上来。全市农机总动力达到584.7万千瓦，主要农作物综合机械化水平58.1%。农机为全市农业农村经济发展实现“十三五”时期良好开局提供坚实支撑。2016年农机综合工作荣获全省第二名，八项单项工作中有7项被评为先进，衡阳县农机局被评为全国农业先进集体，并受到农业部表彰。

（朱明生）

【农机补贴】 通过对购机补贴工作实施全程监控，确保农机购置补贴规范化操作、阳光化运行。严肃处理2015年269台果蔬烘干机补贴畸高问题，保障购机补贴政策的规范有序实施。启动实施农机报废更新补贴，衡阳县被确定为全省农机报废更新试点县之一，试点工作进展顺利。全年共办理报废各类机具40余台，更新机械12台，落实报废补贴资金30余万元。2016年，全市全年争取农机购置补贴资金8050.5万元，完成农机购置补贴资金5256万元，补贴农机具1.1万台，受益农户7907户。

（朱明生）

【机械化水平】 全市贯彻省《关于加快推进农业机械化的通知》精神，优先推进主要作物生产全程机械化，推进经济作物主要环节生产机械化。2016年4月，市政府专门召开全市推进农业生产全面全程机械化现场会，通过样板探索，逐渐突破植保、烘干、秸秆处理等薄弱环节的机械应用难题。在油菜生产方面，继续巩固扩大省在衡阳市建立的省级油菜全程机械化示范基地，继续推行免耕直播技术和无人植保，提质市级油菜生产全程机械化示范点。2016年，全市主要农作物综合机械化水平58.1%，其中水稻耕种收综合机械化水平73.68%；油菜生产机械化水平56.28%，水稻油菜生产机械化率分别较2015年增长3.5%和1.6%。

（朱明生）

【合作组织】 以实施省委、省政府“两个百千万”工程为抓手，大力发展现代农机合作社。在全市继续推介四种模式，即：企业主导型的“安邦模式”、部门主导股份合作型的“泉湖模式”、村委领办型的“大广模式”和户户联合模式。农机社会化服务实现从单一环节的作业服务向全程化的作业服务转变，并向农机销售、农机维修等市场服务延伸，农机作业服务已经成为农业生产性服务的主要内容。截至年底，全市注册农机合作社347家，新发展82家，累计40家农机合作社被评为市级现代农机示范社，100家成功申报省财政扶持建设的现代农机合作社。全市农机合作社专职从业人员1.5万人，流转耕地面积超过5.33万公顷，作业服务面积（含跨区服务面积）超过23.33万公顷，全市农机作业产值超过35.3亿元。

（朱明生）

【农机产业】 针对农业生产发展要求和农机市场变化，发挥企业主体作用，支持研发新型实用的农机具。全省确定的2016—2017年中央农机购置补贴新产品和省级农机购置补贴先进适用型产品，全市共有9家生产企业

13个产品都在一年时间内通过产品鉴定、推广鉴定并顺利进入农机购置补贴目录。（朱明生）

【安全监理】 坚持源头治理，强化全程监督，扎实抓好农机安全监管工作。2016年开展“拖拉机安全生产规范管理年”活动，各县市区农机局对辖区内拖拉机进行排查摸底和综合整治，排查隐患全部整改到位。认真执行市政府关于《衡阳市拖拉机非法载客上路运营专项整治工作方案》，压实相关职能部门的法定职责，严格落实“党政同责”“一岗双责”“失职问责”的安全生产责任体系。2016年耒阳市、衡山县农机局成功创建全省“平安农机”示范窗口，全市11个乡镇创建全省“平安农机”示范乡镇。2016年，全市入保农机具4100台，投保金额140万余元。全年无重特大农机安全事故。（朱明生）

【教育培训】 以建设农机合作社为平台，通过政策支持、项目帮扶、融资联介、技术指导等一系列措施，以提升农机手的技术和素质为目标，推动农机手向新型职业农民转变。年内在全市范围内组织召开农机合作社综合能力建设培训班，提升农机合作社的综合服务能力。同时开展驾驶操作、维护修理、农艺结合、成本核算、经营服务等农机技术培训105期，培训8039人次，有效提高农机手的技术素养和致富能力，推动农机手向新型职业农民转变。（朱明生）

【行业规范化建设】 加强法律法规学习，开办农机专题教育，深入开展调查研究，举办业务知识等培训，完善规章制度，工作效能不断提升。全年10多篇农机调研文章被《中国农机化导报》《中国农业信息》《湖南农业》和《时代农机》采用。全市509篇信息被省局网站采用。（朱明生）

农业科学研究

【科研课题攻关】 2016年，衡阳市农业科学研究所共有12项科研课题攻关，分别是：国家水稻产业技术体系综合试验研究，国家油菜产业技术体系综合试验研究，国家水稻、油菜、大豆区试，省水稻、油菜区试，省水稻、春大豆联合品比试验，省市联合基金项目低镉水稻选育、果园低镉检测等2个，市重大专项2项（2015、2016年各一项），低镉品种筛选，三熟区耕地培肥与合理轮作制项目，湖南农业大学衡阳油菜农科教合作人才培养基地等。（阳建斌）

【农作物新品种选育】 2016年，农科所选育农作物新品种10个参加省联合品比试验，进入国家或省区（预）试品种4个。选育杂交早稻吉丰优317、安丰优422、早丰A/41T0163、早丰A/T0678、天丰A/R14X577，一季晚稻深两优89、创两优648，杂交晚稻95A/42T0154、早丰A/F10-1，高档优质常规晚稻雨母香等10个农作物新品种参加省联合品比试验；早丰优197、五丰优85、C两优226进入省区试，五丰优317进入国家区试。（阳建斌）

【新品种与新技术示范推广】 一是示范推广新品种15个，其中水稻品种10个，分别是杂交早稻五丰优317、T优535，杂交中稻中稻双龙两优755、天丰优421，杂交晚稻T优H505、H优159；双晚迟熟高档优质常规香稻“雨母香”、优质晚稻“金穗128”及红米、黑米、紫色米等特种稻。油菜品种5个，分别是阳光2009、沣油958、沣油628、沣油847。二是示范推广新技术9项，分别是“稻—稻—油”三熟制绿色增产关键技术研究与示范，双季稻全程机械化适度规模生产关键技术研究与示范，双季稻单本密植机插高产栽培技术（三一栽培技术）研究与示范，水稻病虫草害绿色防控技术集成与示范，水稻生产全程机械化栽培技术集成与示范，适合轻简化生产的水稻新品种及其配套技术，油菜机播、施肥、除草剂一体化农机农艺综合防控技术示范，主要害虫绿色高效综合防治技术，绿色高产高效油菜全程机械化抗生产技术示范。三是创办示范点15个，分别是衡南县三塘镇大广村建立水稻抗病、抗虫品种示范点，常宁市三角塘镇江南村建立优质水稻示范种植点，常宁市罗桥镇石盘村、衡阳县演陂镇罗观村、德胜、红荷等村建立油菜机播、施肥、除草剂一体化农机农艺综合防控技术示范点，西渡镇梅花等村建立油—稻—稻和油—稻—再生三熟制早熟油菜新品种示范点，衡南县宝盖镇双河口村开展高含油量、高油酸新品种示范点，茶市镇贺新村开展油—稻—稻和油—稻—再生三熟制早熟油菜新品种示范点，廖田镇青冲村名特优水果示范点，耒阳市灶市零周村、新市镇大兴龙村、大市乡长丰村开展稻油绿色过冬、观赏旅游及油用等多种种植模式示范点。

（阳建斌）

【“优质高产广适杂交晚稻中熟品种的选育与应用”在省内获奖】 2016年，“优质高产广适杂交晚稻中熟品种的选育与应用”荣获省科技进步二等奖。（阳建斌）

【科技服务】 在全市进行中稻双龙两优755、天丰优421、金穗128优质晚、黑米、紫色米等特种稻示范推广；进行油菜阳光2009、丰油730、油研50、丰油682、丰油792、湘杂油188、湘杂油753、亮油9号等新品种示范；示范推广水稻单本密植机插秧、水稻病虫草害绿色防控、水稻生产全程机械化栽培和油菜全程机械化高产高效生产、“一促四防”抗灾、三熟制直播油菜田除草和封闭除草等新技术6项；加上密布全市的水稻和油菜试验示范基地，将我所最新科研成果、最新科研技术，推广到农村地头，推广到千家万户，为农民的增产增收和全民小康建设贡献自己的力量。全所先后派出220多人（次）参加各种科技活动周和科技推广活动，组织召开现场观摩会及专项技术培训等会议13场次，发放科普资料7200余份，培训农技人员180人次，村民3000多人次，培养出一大批懂技术、善经营的“新型农民”，活跃在田间地头。由于科技服务取得的成绩，2016年5月研究所荣获中共衡阳市委宣传部组织的“全市文化科技卫生‘三下乡’”先进集体荣誉称号，受到市委市政府的表彰。

（阳建斌）

【农场改制】 一是拆迁合同签订有重大突破。全年共完成拆迁合同520份，完成整个拆迁任务的82.5%。二是第一期安置房分配完成。11月18日，在市直相关单位、衡南县政府及相关职能部门的大力支持和配合下，第一期安置房第二次分房工作完成，共抽取安置房283套，至此第一期安置房分配工作全部结束。三是安置区配套设施进一步完善。小区绿化基本完成，其他基础设施进一步完善，小区环境越来越舒适优美。（阳建斌）

【精准扶贫】 落实帮扶措施，其中异地搬迁扶贫1户、产业扶贫26户、危房改造6户、医疗救助6户、教育助学4户、社会兜底7户。2015年资助的10万资金修建的断头路建成通车，2016年向扶贫点资助现金8万元，用于基础设施建设，资助的果树苗长势良好。2016年，资助果树苗7000余株栽种，各贫困户正按预期目标实现精准脱贫。（阳建斌）

蔬菜品种研发

【概况】 2016年，衡阳市蔬菜研究所共开展国家、省、市及自选科研课题39个，其中蔬菜新品种选育（南瓜、丝瓜、苦瓜、辣椒、西瓜、甜瓜、冬瓜等）及蔬菜新品种推广应用课题12个，食用菌新品种的选育及其栽培技术的研究课题6个，湖南省蔬菜新品种区域试验及所内蔬菜新品种（组合）比较试验和生产示范试验课题9个，蔬菜植保、组培课题8个，国家、省级项目4个。“蔬菜提早延后关键技术研究与示范推广”项目获衡阳市科技进步一等奖；承担的湖南省农业技术规程制定项目《冬瓜搭架栽培技术规程》《脚板薯栽培技术规程》顺利通过项目验收并发布实施，拟申报2016年度衡阳市科技进步奖；选育的蔬菜新品种鑫帅苦瓜、鑫秀苦瓜通过湖南农作物品种登记（登记编号分别为：XPD004-2016、XPD005-2016）；被评为湖南省优秀科技特派员先进单位，4人被评为衡阳市“优秀科技特派员”。科技人员全年共撰写科技论文、总结材料39篇，在国家、省级专业刊物上发表学术论文12篇。（旷碧峰）

【蔬菜新品种选育】 （1）南瓜新品种选育。对BN、世早、0767、变种牛腿等55个南瓜材料进行自交提纯，对2015年新配的一串铃6号、18×世早、BN×赤、磨盘×满等15个组合进行田间观察，观察结果表明：一串铃6号南瓜在早熟性与丰产性上与对照相比均具有明显优势。2016年还新配南瓜杂交组合12个。（2）丝瓜新品种选育。对历年收集的光皮丝瓜、白皮丝瓜和肉丝瓜等45个丝瓜材料进行自交提纯。开展白皮丝瓜比较试验，试验结果表明选育的110×新26黑、新26黑×新54长两个组合，在早熟性与丰产性方面优于对照品种120号丝瓜，同时2016年还新配丝瓜杂交组合26个。（3）苦瓜新品种选育。对28份苦瓜品种资源进行观察，发现GS2-1、GS2-2、GS3-1、B02-8四个品种资源熟性早，连续坐果能力强，产量高，果实外观各有其特色，可进一步纯化、配组利用。另外，对原表现较好的品种资源进行杂交配组，2016年共配制杂交组合8个。进行苦瓜杂交新组合比较试验，试验结果表明：GS3-1×B02-1-1、GS3-1×B08二个杂交组合杂交优势明显，比对照云南黑籽苦瓜和台湾比秀苦瓜分别提早20天和15天上市，前期产量比二个对照品种分别增产在36.5%和22.7%，总产量分别增加20.8%和16.5%。且果实外观圆瘤突起明显，光泽度好。（4）辣椒新品种选育。2016年共引进观察辣椒种质资源38份，对37个辣椒材料进行自交提纯，经观察表明，A13为淡绿色皱皮大果辣椒，产量高，品质优；A1和A9为长线椒类型品种，A1为黄绿色，A9为绿色，两个品种均生长势强，挂果数多，产量高；对2015年配制的辣椒杂交组合进行比较试验，有两个组合杂交优势表现较为明显；新配辣椒杂交组合9个；以春辣19号对照，在长沙、常德、郴州、株洲，衡阳5个试验点开展雁丰1号辣椒多点区域试验，试验结果表明：雁丰1号和春辣19号生育期相当，同为早熟品种，雁丰1号平均前期产量为1000.9千克/667平方米比对照春辣19号增产4.6%，平均总产量为1576千克/667平方米比对照增产5%，雁丰1号单果质量为19.43克，果实纵径为19.7厘米，横径为1.59厘米，果皮浅绿，适合在湖南省及长江以南地区推广种植。（5）甜瓜新品种选育。对B2、R2（2014）、R2（2015）、M（2014）、M（2015）、D1、绿宝等材料进行进一步纯化，纯度显著提高，M、R2、D1、B2均可以作为常规品种进行推广应用。根据各育种材料历年的表现，进行有针对性的组合配制。种瓜采回以来，经清点成功收获组合4个，即M×D1、M×R2、D1×R2、R2×D1。（6）黄瓜新品种选育。2016年度对收集的12个黄瓜品种资源进行观察、纯化和配组，对2015年配制的6个黄瓜新组合进行品比试验，试验结果表明：JS02×LP3熟性早，主蔓雌花连续性好，前、后期产量均最高，且抗逆性强。JS02×LP1前期产量和总产量排名第二，该组合果实外观为淡绿色，有光泽，瓜头无黄条纹，商品性状适合市场需要，但该组合雌花率高，肥水条件要求高，否则会造成畸形瓜多。其他几个组合表现一般。（7）冬瓜新品种选育。2016年，栽培17个冬瓜品种。其中节瓜类6个，本地扁担型冬瓜5个，广东黑皮冬瓜3个，新品种观察3个。并根据定向选育目标，共配置6个组合，保留8个品种。（8）其他蔬菜新品种选育。2016对2015年选留的8个豇豆品种继续进行田间提纯栽培；新引进的22个番茄材料进行田间观察记载。种植观察观赏南瓜品种8个，观赏辣椒品种6个，观赏茄子品种4个，观赏丝瓜品种3个。

（旷碧峰）

【蔬菜新品种引进筛选】 2016年从中国农业科学院蔬菜所、湖南省蔬菜所、天津市蔬菜研究所、广东省农业科学院蔬菜研究所引进白菜、花菜、辣椒、冬瓜、苦瓜等蔬菜品种22个并在所科研基地及城区蔬菜基地进行种植观察和筛选，共筛选出博辣5号、兴蔬早惠、兴蔬大皱皮辣椒、绿奇青花菜、雪单萝卜、铁柱冬瓜等表现优良的蔬菜新品种6个。

（旷碧峰）

【蔬菜新技术的研究、引进与示范】 一是开展食用菌下脚料作为育苗基质的利用研究。将出菇后的棉籽壳粉碎，与发酵鸡粪按3∶1的比例混合，并加入少量的珍珠岩作为育苗基质，培育的茄果类和瓜类幼苗均可达到壮苗标准。二是开展丝瓜嫁接育苗技术研究：选用白籽南瓜、黑籽南瓜、台湾大肉丝瓜作为砧木材料，发表台湾大肉丝瓜、黑籽南瓜均适合作为丝瓜嫁接砧木材料，丝瓜嫁接愈合期期温度宜保持在25~27℃，温度95%，并进行遮光处理。三是苦瓜秋延后栽培技术研究：以选育的鑫秀、鑫翠苦瓜作为试验品种开展苦瓜秋延后栽培试验，发现两个品种均可以作为秋延后大棚栽培品种，播种期以8月上旬为佳，上市时期的市场价格和产量均较为理想，产品可持续采收至12月中旬。四是IPM综合性控害、控残技术和产品的引进与示范推广：引进谢丙炎、雷仲仁、刘勇等国内专家研发的的大黄素甲醚水剂防治病毒病技术、光合生物丰产技术、蔬菜生产农药减量技术、蓟马高效诱捕技术，并在全市蔬菜基地累计示范推广面积53.33公顷。五是小白菜周年生产技术研究：引进适合高温季节种植的小白菜品种华冠青梗菜，实现小白菜在衡阳地区的周年生产和供应，衡阳地区全年露地与设施相结合最多可种植8茬，种植效益显著提高。六是蔬菜减肥减药技术的研究：初步总结出一套通过水肥一体化、防虫网隔离、利用杀虫灯、黄板防虫相结合的综合减肥、减药技术，实现综合减少农药和化肥用量10%以上的目标。（旷碧峰）

【食用菌研究】 一是食用菌优良新品种、新技术引进与推广应用：共引进优良食用菌新品种23个，其中平菇品种5个（六月灰、平2150、平3230、平3802、平3806），秀珍菇品种1个（秀珍188），特色平菇品种1个（平顶榆黄蘑），姬菇品种4个（姬菇53、姬菇3108、姬菇黑一、姬菇黑二），金针菇品种4个（日本白金、金都43、新美15、金2102），木耳品种1个（新科4号），滑菇品种1个（早壮1号），灵芝品种3个（灵芝2号、韩国灵芝、紫芝），黑鸡枞菌品种1个，猪肚菇品种1个，真姬菇品种1个。完成2015年引进的4个中低温品种和3个姬菇品种的栽培试验及推广应用，从栽培试验和推广应用情况来看四个中低温平菇品种都表现优良，品质好、产量高，很受菇农和消费者欢迎，可加大推广应用力度。三个姬菇品种虽然品质优、产量高，但由于菇形和菌盖颜色不受消费者喜爱，暂时不宜大面积推广应用。二是珍稀食用菌的引进与开发利用研究。一是长根不同覆土材料比较试验，共选取五种覆土材料——菜园土、火烧土、黄泥土、煤灰渣、冲积土进行试验，由于气候条件影响导致试验未成功。二是茶薪菇栽培示范：由于天气条件影响导致试验失败。三是杏鲍菇栽培示范及推广应用，试验成功，取得较好的效果。三是开展鸡腿菇栽培示范和出菇时期的试验。试验上半年从2月17日开始覆土至5月31日，3月7日开始出菇至6月1日，下半年从9月13日覆土，10月13日开始出菇并持续采收到年底。试验取得一定的效果，已被部分消费者和菇农所接受，市场价格比较高。（旷碧峰）

【蔬菜植物保护研究】 一是开展番茄青枯病药效试验。试验在所内试验地进行，试验设两个处理，分别为青枯立克300倍液稀+《大蒜油》1000倍液与农用链霉素1500倍液，对照为清水。试验结果：青枯立克+大蒜油发病率为13%、农用链霉素发病率6%、对照发病率4%，防治效果并不明显。二是开展菜地草害物理性防治技术探索。该方法就是在翻耕整地后铺黑色地膜防止厢面杂草的生长，作物移栽后在沟面铺黑色除草布防止沟里面的杂草生长，种植穴后面生长的杂草人工拔除。通过此方法能有效防除菜地各类杂草，对蔬菜、环境等安全、无污染，具有很好的推广价值。三是开展西瓜白粉病调查与防治。对所内试验地小西瓜280株每隔7~10天进行调查，从4月20日移栽到6月10日其白粉病发病率为29.6%。西瓜抗硫性强，在发病初期喷施硫悬浮剂进行防治效果较理想。四是开展丝瓜疫病调查与防治。对所内试验地丝瓜50株从4月12日移栽到5月20日调查其疫病发率为6%。药剂防治选用58%甲霜灵可湿性粉剂1000倍液喷雾。五是开展辣椒青枯病害调查与防治。对试验地约500株衡东辣椒每隔7~10天进行青枯病调查。4月13日移栽到6月10日试验地的发病死亡率为9.2%。防治措施一是采取轮作方式，二是在发病初期用农用链霉素进行灌根。六是开展辣椒秋延后保护地栽培病虫害的调查与防治。病害方面主要是由于移栽时高温天气引起死苗达6%，虫害主要有烟青虫、甜菜夜蛾、白粉虱。防控措施以“预防为主，综合防治”为方针，在9月12日调查烟青虫、甜菜夜蛾幼虫的有虫株率混合发生率达15%时开始第一次用药，每隔7~10天连续用药三次，农药选用杀虫剂甲维·氯氰、高效氯氟氰菊酯交替使用，同时添加吡虫啉兼治蚜虫防辣椒病毒

病和杀菌剂双炔酰菌胺预防辣椒疫病、炭疽病等病害。（旷碧峰）

【组织培养研究试验】 一是蔬菜种质资源离体保存技术研究。该课题为衡阳市科技局2014年下达的重点项目，在完成组培试验室的基础上，2016年按照项目任务书要求，完成建立蔬菜资源离题保存体系，成功引进马铃薯、百合、芦笋等蔬菜种植资源及其他资源20多个。同时开展离体培养实验、常温保存和低温保存试验。该项目完成验收。二是开展草莓组培脱毒快繁研究。通过愈伤组织成功分化出芽苗，改进生根培养基配方，取得良好的效果，目前生根率在80%以上。找到愈伤组织分化出芽最优配方：MS+NAA0.1毫克/升+TDZ1.0毫克/升，不定芽的增殖最优配方为：MS+6-BA1.0毫克/升。生根培养最优配方为1/2MS+IBA0.2毫克/升+IAA1.0毫克/升。三是开展四季海棠的离体培养试验。试验结果为：继代培养四季海棠生长速度快，不定芽普遍长得较密集，6-BA浓度为1.0毫克/升时增值效果最佳。四季海棠的生根率差异不大，IBA和IAA随浓度上升生根率越来越高，浓度为0.5毫克/升，效果最佳，而浓度为1.0毫克/升则有稍微下降的趋势。最佳生根培养基为MS+IAA0.5毫克/升+IBA0.5毫克/升。

（旷碧峰）

【国家级、省部级项目】 一是蔬菜优质种苗繁育基地建设。全面完成种子发芽室、种子储存室改造；连栋大棚、钢架大棚修复；连栋温室简易大棚、农机具库、种苗包装车间新建；生产道路硬化、排水沟硬化等工程；购置各种仪器设备22台（套）以及配套田间电力改造、水源、土方、绿化、护坡等工程。二是完成大宗蔬菜产业技术体系衡阳综合试验站年度各项考核任务完成蔬菜产业转型新一代品种选育及育种技术研究、重要露地蔬菜优势产区安全生产关键技术研发、露地蔬菜优势产区转型升级关键技术研究、现代蔬菜生产关键技术研发、蔬菜病虫害生物防治技术及其新产品研发、加工蔬菜品质保持技术与新产品的研发等6个方面重点研究任务；在衡阳县、南岳区、石鼓区、衡东县、郴州汝城县的示范基地推广体系岗位专家选育的优良品种共计346.67公顷；新增蔬菜综合防控技术示范面积53.33公顷，完成农户生产效益调查问卷100份；完成体系所指定填写的各类信息采集表任务，完成9类信息采集，收集信息106条。分别于6月和11月召集5个示范县技术骨干召开2次蔬菜新品种、新技术现场观摩会，全年共举办各类培训班9次，培训基层技术人员68人次、培训种养大户5户、培训和指导农民2400人次，发放培训资料2.2万份；参与农业部、体系首席办下达的“大宗蔬菜体系贫困地区产业实地调研”工作；参与自然灾害等突发事件处理3次，提交报告3篇。三是湖南省农业技术规程制订完成《冬瓜搭架栽培技术规程》《脚板薯栽培技术规程》两湖南省农业技术规程项目的制订并通过省级专家、教授评审，正式发布实施。四是蔬菜废弃物沼气化利用与循环生态农业示范。由蔬菜研究所和能源办联合联合申报的湖南省农业专项“蔬菜废弃物沼气化利用与循环生态农业示范”项目旨在通过对蔬菜下脚料的的沼气化利用研究，摸索出一套适用于蔬菜基地应用推广的蔬菜枝蔓、瓜果进行沼气发酵和利用沼渣、沼液进行灌溉施肥的最佳方法，实现蔬菜废弃物的高效利用，促进生态循环。该项目年底已经开始沼气池的建设。

（旷碧峰）

【蔬菜种子质量监管】 2016年是新《中华人民共和国种子法》（以下简称《种子法》）颁布实施的第二年，新《种子法》放宽对种子生产、经营的门槛，但对质量和安全风险控制却有更高要求，为此，本所高度重视蔬菜种子质量安全，组织专业技术人员学习新法律，派出技术人员监督、指导德丰源种业有限公司做好蔬菜良种生产管理，抓好各个制种关键环节，完善整个种子质量监管体系。一是加强对制种基地全过程工作的监管。先后派出30余人次赴甘肃、新疆、常德制种基地，对亲本去杂、授粉等关键时期的技术进行把关。二是及时做好种子进行发芽率、发芽势以及纯度的鉴定。对当年收获的种子及时进行发芽率测定和田间纯度鉴定，并安排在海南三亚、云南元谋等地开展纯度鉴定。三是严格原种培育。在保证隔离条件的前提下，采用套袋和株选相结合的方式扩繁各种蔬菜原种种子。

（旷碧峰）

【科技服务】 2016年，蔬菜研究所围绕蔬菜产业“两增两减”的目标，通过各种方式，开展蔬菜良种、绿色蔬菜综合防控技术示范推广等工作。一是配合市有关部门及市农委开展科技、科普和扶贫工作：先后赴衡东县新塘镇、耒阳新市镇、衡阳县台源镇、石鼓区角山乡、太阳广场、莲湖广场等地开展“三下乡”“科技活动周”“全民科普日”“科技下乡”及扶贫工作，全年通过各种活动共计免费赠送蔬菜良种2万包、优质种苗20万株、宣传画册及技术资料1.2万份；二是选派科技特派员对点技术支持：选派唐昌林、刘志华、余席茂、肖昌华等4名技术骨干到角山乡华桂农业有限公司、雁峰区统一西甜瓜推广中心、三星蔬菜基地、九龙生态等衡阳市重点蔬菜生产企业驻点指导生产。三是支持、配合现代农业示范园开展蔬菜项目建设：派出何振华、许佩两位同志到衡阳市现代农业示范园跟踪“水培蔬菜生产”项目，对项目的前期准备，生产技术进行把关，为项目的实施起到很好的支撑作用。三是为全市蔬菜生产企业提供技术支持：与衡山县景华食用菌合作社、湖南常宏绿色有机蔬菜有限责任公司、衡东县方兴绿色蔬菜种植专业合作社、亮农蔬菜种植合作社、衡南县馨一现代农贸发展有限公司等多家合作社、企业签订技术合作协议，为蔬菜基地开展项目论证、技术咨询、技术培训、技术指导等服务工作。五是联合有关部门开展技术培训：其中与市蔬菜办、衡阳市技师学院、衡阳市农广校、衡阳市移民局及区农业主管部门等单位合作开展培训28期，培训技术人员940余人次，发挥全市蔬菜技术服务中心的作用。六是指导企业培育优质蔬菜种苗：本所利用人才、技术、设施优势，指导衡阳市德丰源种业有限公司培育各类优质蔬菜种苗及食用菌种，全年共计向社会提供辣椒、茄子、番茄、南瓜、丝瓜、苦瓜、黄瓜、冬瓜等各类蔬菜种苗450万株，食用菌母株2万支，原种4万包，促进全市2016年上半年蔬菜生产的发展，发挥蔬菜优质种苗和科技服务中心的作用。（旷碧峰）

林　业

【概况】 2016年，衡阳市林业局落实市委市政府和省林业厅的决策部署，以建设生态文明为总目标，以发展现代林业为总任务，以全面深化改革为总动力，全市森林覆盖率增长到47.01%，森林蓄积量增长到1776.8万立方米，实现双增长目标，推进衡阳生态文明建设和绿色化进程。

（蒋　鹏）

【生态建设】 2016年，市林业局紧扣通道绿化、村庄绿化和荒山造林三项重点工作，营造林任务全面完成。一是完成人工造林2.15万公顷，其中油茶新造8200公顷；涉及“裸露山地”造林1.51万公顷；通道绿化6820.9千米；建设“秀美村庄”示范点599个；封山育林2万公顷；矿山复绿1220公顷；低产低效林改造2.11万公顷，楠竹修复7533公顷，中幼林抚育2.33万公顷；补植补造2.33万公顷。全市营造林总投入8.6亿元，其中祁东县实行县委书记和县长办点示范推动建设“秀美村庄”，乡村绿化美化面积有改善。二是义务植树工作。全市共有7.5万人次参加植树活动，共栽植各种乔木苗子40.3万株。全市已完成义务植树8666公顷，建立义务植树基地12个，完成造林面积57.33公顷，植树造林1363.07万株，适龄公民义务植树尽责率达到87.42%。三是湿地保护工作。通过新建国家湿地公园、湿地保护小区等方式，全市新增湿地保护面积8235.57公顷，湿地保护率增加到75.12%。耒水国家湿地公园试点建设通过国家挂牌验收，横江省级湿地公园获准开展试点建设，衡南江口鸟洲湿地保护试点补偿有序推进。（蒋　鹏）

【资源保护】 一是资源管护严格有序。申报重大项目和民生项目建设占用林地，全市服务林地征占用项目124个，涉及林地面积共计475.9公顷，收取森林植被恢复费8203.4万元；大力开展非法侵占林地清理排查工作，共排查106起，查处43宗；加强木竹经营、加工和安全生产管理，推动南岳区开展全市林地森林生态补偿试点工作；在全市严格实施森林禁伐减伐三年行动，其中衡阳县在全省率先实现全面封山育林，南岳区强化林业生态规划，建立保护发展森林资源目标责任制。二是森林火灾严防有力。继续实施森林防火重点乡镇管理制度、野外用火审批规定和森林防火责任保险金制度。2016年全市发生森林火灾2起，有林地过火面积8.22公顷，未发生人员伤亡事故。其中常宁市严格落实森林防火“党政同责，一岗双责”，实行“网格化”和信息化管理。衡东县强化森林防火宣传与责任落实，查处多起野外违规用火案件，起到震慑与宣传入户入脑同步的效果。三是森防野保严控有方。全市发布8期灾害警报及预报，有效解决基层预防短板。全市林业有害生物发生面积1.67万公顷，同比下降22%，无公害防治1.54万公顷，防治率98.7%。四是涉林犯罪严惩不贷。严厉打击各类涉林案件，全市森林公安共受理涉林案件264起，其中刑事立案105起，移送审查起诉76起84人。查处林业行政案件159起，治安案件13件，惩治处理各类违法犯罪人员288人次。（蒋　鹏）

【产业发展】 一是提升林业工业效益。开展林业星级经济组织评选活动，对全市20龙头企业运行情况进行监测，主动取消4家，新增成功申报13家省级林业产业龙头企业；2016年全市实现林业总产值243.8亿元，增长17.55%，林业产业呈现出健康、有序、可持续发展的良好态势，其中耒阳市突出造林抓资源培育、森林“两防”抓资源保护两个重点，重点发展楠竹和油茶两大产业。二是严控种培标准。2016年，全市累计嫁接生产油茶苗3380万株，育苗面积11.22公顷，保存面积11.22公顷，可产合格苗木7402.12万株。三是扶持林下经济。加强对林下经济发展的帮扶和指导，申报和争取林下经济项目，申报2016年林下经济省级扶持项目6个，申报中央财政林下补贴项目2个，推荐国家级农民专业合作社示范社1个。衡阳县形成金槐、珍稀名贵树种和林下经济为重点的林业经济新增长点。

（蒋　鹏）

【科技推广】 2016年成功申报6个国、省林业科研课题和推广项目。组织开展8次科技下乡活动，发放资料4000余份、优质苗木8000余株。派出林业科技特派员8名，进驻服务次数达70余次。市林业科技推广站荣获全国先进集体表彰。（蒋　鹏）

【编制印发林业十三五规划】 编制印发全市林业十三五规划，明确五年发展方向。一是巩固国有林场改革。进一步指导督促全市12个国有林场巩固改革成果，开展改革“回头看”，确保五个到位全面落实，实现林场可持续健康发展。二是规范林权流转秩序。全面完成全市林业站“一站式、全程代理服务”试点工作。加强对林权流转程序、流转合同、流转方式等的监督检查，开展林权流转服务，完成林权登记发证移交工作。三是强化科技指导服务。发挥科技支撑作用，着力提升科技服务效率与水平。（蒋　鹏）

【依法治林】 举办三期林业法律知识和执法业务培训，组织干部职工进行网上普法教育学习和考试，取得优秀成绩。开展市级案卷交叉评查，推进依法治林进程。

（蒋　鹏）

【林业宣传】 以爱鸟周、植树节等林业特色活动为载体，结合创建全国文明城市，发挥林业作为生态文明建设宣传主力军作用，开展林业大宣传活动，编发《衡阳林业》180期，多次在《衡阳日报》、《衡阳晚报》、《新视报》上开辟专题宣传，营造绿色发展氛围。其中衡山县紧扣林业发展新常态，宣传和培育林业碳汇、森林康养、林下经济和林权交易。

（蒋　鹏）

【衡阳市全面完成2016年绿化增量提质任务】 根据市委、市政府的统一安排部署，由市林业局牵头负责，各县市区组织实施，衡阳市全面开展通道绿化、村庄绿化和荒山造林三项绿化增量提质工作，推进全市绿色发展进程和生态文明建设。市林业局组织12个抽查组，对全市2016年度通道绿化、村庄绿化和荒山造林三项工作开展专项抽查。通过抽查核实，2015年冬至2016年春，全市共完成通道绿化（含新增和提质）6820.9千米，占年度任务的178.8%；建设“秀美村庄”示范点599个，占年度任务的113.9%；完成荒山造林3.29万公顷，占年度任务的141.8%，均超

额完成年度任务。（何　成）

【大三湘茶油荣获2016年度国家科学技术进步二等奖】 2017年1月9日，中共中央、国务院在人民大会堂隆重举行的2016年度国家科学技术奖励大会，衡阳市大三湘茶油股份有限公司的“油料功能脱质高效制备关键技术与产品创新”项目荣获国家科学技术进步二等奖，是全省林业产业龙头企业中唯一获此殊荣的企业，也是获得该类奖项唯一一家纯茶油公司。（何　成）

【城区通道切坡绿化工作正式启动】 1月29日，衡阳市城区通道切坡绿化工作正式启动。市林业局党委书记、局长吴伟生率领局机关部分干部职工现场观看通道切坡绿化启动仪式。根据衡阳市委、市政府创建国家园林城市工作的安排部署，从2015年九月份开始，衡阳市林业局组织开展市城区通道切坡绿化准备工作。通过前期组织专业技术人员进行城区通道切坡绿化的摸底调查和规划设计，全市城区共确定通道切坡裸露地262个小班，切坡绿化长度277765米，总面积262860平方米，整个项目施工工期为4个月，总投资560万元。（何　成）

【李世东一行到衡阳调研指导衡阳林业信息化建设】 2016年6月6日，国家林业局信息办主任李世东、信息办网站处处长杨新民、谢宁波，省林业厅总工程师吴剑波、信息办主任胡雨生一行来衡阳市调研指导林业信息化建设工作。市林业局局长吴伟生，工会主席周德湘陪同调研。会上，吴伟生就衡阳市林业信息化建设情况作详细汇报，市局相关技术人员还现场演示全市森林防火地理信息系统及林火卫星报警系统、无纸化办公、网上行政许可办理、林地测土配方等一系列林业信息系统应用。全国木本油料（衡阳）展示交易中心负责人就油茶交易平台建设情况作简要介绍。李世东对衡阳市林业信息化建设工作和全国木本油料（衡阳）展示交易中心取得的成绩给予肯定和祝贺。（何　成）

【省林业厅专家组对油茶生物产业开展专项调研】 2017年6月上旬，省林业厅派出专家组，对衡阳市全国首个油茶生物产业基地建设及中央财政林业科技推广项目实施开展调研。调研组一行先后调研湖南神农油茶发展有限公司南京油茶基地、湖南江山生态农业发展有限公司荫田镇白马油茶基地、衡阳市湖虹生态农林有限公司油茶基地、湖南大三湘油茶发展有限公司西岭镇油茶基地，在基地现场，调研组深入调研解基地水肥一体化系统的规划建设与运行维护、基地建设后期水土保持举措、基地油茶林大小年的有效防止、鲜果采收的用工成本、生物质除草垫的价格与无害降解等情况，围绕基地建设现状、关键技术创新及油茶配套培育技术管理等情况，调研组都给予宝贵建议。（何　成）

【衡阳市全面完成国有林场改革任务】 2016年7月，衡阳市12个国有林场全部通过省政府验收，各项改革任务全面完成。全市国有林场定性定编定保“三定”全部到位。12个国有林场全部定性为公益Ⅰ类事业单位，纳入全额拨款事业单位管理。其主要功能为保护培育森林资源、维护国家生态安全。全市共核定全额事业编制827人，其中管理人员117人、技术人员280人和骨干人员430人，经费纳入县（市、区）财政全额预算。改革前编制总数为1811个，精简编制984个，精简54.33%。全市国有林场有正科8个、副科2个、正股2个，配备班子领导职数56人，设立办公室、计划财务室、生产经营室、资源保护室四个内设职能部门。全市国有林场实现全面参保，社会保障全面完善，林场职工全部参加社会养老保险和医疗保险，全覆盖解决林场职工保险、养老问题，解决林场职工后顾之忧。（何　成）

【衡阳市第四个中央财政林业科技项目成功落户】 2016年10月，在长沙举行的湖南省中央财政林业科技项目签约启动仪式上，衡阳市申报的中央财政林业科技项目——湖南省耒阳市毛竹标准化示范区建设项目正式落地启动。根据项目合同任务，项目自2016年实施，为期三年，重点围绕毛竹栽培技术与有害生物防治技术标准化示范的任务，从标准化示范与精准化创新两方面着手，在耒阳市规划建设毛竹笋材两用示范基地面积 66.67 公顷，辐射带动毛竹面积 7413 公顷。该项目是衡阳市林业科技推广站成功申报的又一“国字号”项目。

（何　成）

【天天见梳篦实业有限公司获国家林业重点龙头企业荣誉】2016 年 11 月，在国家林业局公布的第二批国家林业重点龙头企业名单中，衡阳市天天见梳篦实业有限公司榜上有名，成为衡阳市唯一获此殊荣的林业企业。衡阳市天天见梳篦实业有限公司是衡阳市第一批省级林业产业龙头企业。该公司先后获得“衡阳市十强私营企业”“衡阳市十佳民营企业”“湖南省百强私营企业”“湖南省十佳农业产业化龙头企业”“全国乡镇企业科技工作先进单位”“全国诚信守法乡镇企业”等荣誉称号。2011 年 4 月，“天天见”商标被国家工商总局认定为“中国驰名商标”，成为衡阳市林业企业的佼佼者。（何　成）

水　利

【防汛抗旱减灾】2016 年 3 月 21 日，全市提前进入汛期，迎来有历史记录以来最强春汛，夏季又遭受 7 轮强降雨，灾情较为严重。市委、市政府 5 月 31 日在常宁市召开衡阳市防汛抗灾工作现场推进会，对防汛救灾、抗旱减灾和抢险救援进行全面安排部署。市防汛指挥部、各县市区政府落实市委、市政府防汛抗灾减灾工作部署，发送山洪灾害预警信息 25000 多条，启动全市防汛应急二级响应 1 次、三级响应 1 次、山洪地质灾害应急响应 10 次，安全转移群众 28000 多人，成功抗击 12 站次超警戒水位和 13 次灾害性天气对全市的破坏，减少农作物淹没 1.67 多万公顷，实现 2016 年防汛抗旱“五个确保”总目标。

（谢　扬）

【项目投资建设】2016 年全市完成水利建设资金投入 11.5 亿元，其中中央、省级资金 5.5 亿元，完成投工 5000 万个劳动日、土石方 5000 万立方米，增加蓄水量 5000 万立方米，新增装机容量 5000 千瓦，新增和改善灌溉面积 2 万公顷。投入 3.35 亿元新建防洪堤 18.1 千米，投入 2500 万元新建和改造排渍站 9 座，提升市城区防洪排涝能力。抓农村饮水安全巩固提升工程，解决全市农村饮水不安全人口 14.4 万人，占全年计划任务 13.58 万人的 104.6%。推进小型农田水利重点县、农电增效扩容和水土保持项目建设。为加大农村水利工作力度，市政府下发《衡阳市病险骨干塘“十三五”除险加固实施方案（2016—2020）》，决定从 2016 年开始，用五年时间，每年市财政拿出 1000 万元，各县市区按 1∶1 落实补助资金，对全市库容 3 万方以上、坝高 5 米以上存在严重病险隐患的骨干塘进行除险加固。全市重点病险骨干塘除险加固已经完成 70%，推动全市小型农田水利建设。（谢　扬）

【湘江保护一号工程】一是项目建设。2016 年衡阳市湘江保护项目建设按照干支流同治和岸上岸下并举的思路，推进工作进度。全市 26 个湘江保护项目，年前完成 22 个，4 个正在推进（角山、松木、酃湖 3 个污水处理厂和横江湿地公园）；推进幸福河治理工程和洣水保护 3 年行动计划；开展河道保洁专项行动，实现流域面积 1000 平方千米以上河道常态化保洁；污水处理率达 95%以上。二是涉水综合执法。2015 年 10 月，市政府主导组建由市水利局牵头、公安、环保、畜牧水产、海事等部门参加的衡阳市城区河道管理联合执法队，抽调执法人员 42 名，配备执法船只 6 艘、执法车 1 辆，全权负责衡阳市城区 108 千米河道执法和管理工作。2016 年，完善协警管理制度、联合办案制度、考勤制度、船舶管理制度、值班登记和交接班制度、河道巡查制度等，提升协同执法和办案能力。全年开展多次集中整治行动，依法惩治非法采砂、非法卸砂、非法水上餐饮、非法电鱼等违法行为。11 月份市政府设立市城区河段闲置挖砂船集中停泊管理处，在原有基础上投资 100 万元对松木船舶停泊区设施进行改造，建成值班室、监控系统、广播和无线对讲系统、船舶固定、水位标识和探照等设施，并在 12 月投入使用。松木船舶停泊区建成后，市水利局在市城区开展为期一个月的河道采砂船集中停靠专项整治行动，对市城区河道原有的 35 条采砂船，12 艘采砂船拖至松木停泊区集中停靠，有 17 条采砂船自行驶离城区河道，拆除1艘采砂船、正要求另外5艘采砂船业主自行拆解。通过涉水综合执法，杜绝市城区非法采砂现象，取缔水上餐饮经营行为，基本无电鱼现象，城区河道管理规范有序。衡阳市建立的水利牵头河道综合执法机制和执法成效得到水利部和省水利厅领导的肯定，被称为涉水执法衡阳模式、衡阳经验。（谢　扬）

【精准扶贫】 2016年，市水利局将精准扶贫作为重要政治任务来抓，制定全市水利精准扶贫措施，将水利精准扶贫纳入水利系统考核范围，先后多次赴省水利厅争取水利精准扶贫资金项目，对省级贫困县祁东和全市395个贫困村在资金项目安排上给予统筹和倾斜。市水利局帮助扶贫点衡阳县溪江乡九峰村落实资金680万元，完成安全饮水、道路硬化、电网改造、水渠修建等大量设施建设，组建乌骨鸡养殖合作社，引进中药材黄精种植等产业扶贫项目。《湖南日报》、衡阳电视台等媒体先后多次报道市水利精准扶贫工作。（谢　扬）

【全市水利（水务）局长会议召开】 2016年3月16日，全市水利（水务）局长会议召开。2015年，衡阳市共完成水利建设投资13.2亿元，完成的投资额和工程量居历年之最；兴建农村饮水安全工程325处，为40.68万农村饮水不安全人口解决问题。2016年衡阳市重点要抓好农村饮水安全巩固提升、农田水利等10大项目建设。2015年，衡阳市以水利重点项目为抓手，重点推进小型水库除险加固、中小河流治理、四水治理、农村饮水安全等工程建设，全年共完成水利建设投资13.2亿元，完成土石方6800万立方米。其中五小水利工程完成投资6.6896亿元，改造山平塘1.5万处，清淤沟渠3200千米，新修加固堤防65千米，疏浚河道50千米，新修改造大型泵站1座，清淤小水泵、机电井改造2400处，修复水毁工程1500处，完成的投资额和工程量居历年之最。会议指出，2016年是“十三五”规划的开局之年，做好各项水利工作，对衡阳市农业发展非常重要。2016年，衡阳市重点要抓好农村饮水安全巩固提升、农田水利、中小河流、四水治理、抗旱应急水源、农村水电、水土保持和小型病险水库除险加固等10大项目建设。要以重点水利工程建设带动面上水利工程建设的整体发展，完成2016年水利项目年度建设目标任务。同时，要切实抓好2015年广济水库、金月水库、白甫水库、小型水库除险加固、抗旱应急水源、中小河流治理等重点工程的建设或扫尾工作。（陈　诚）

【衡阳水利项目全面实现电子招投标】 2016年10月11日，衡南县2016年中央财政农田水利项目在湖南省公共资源交易中心成功开标，市水利局纪委书记喻金平和副局长李朝华参加监标，这标志着衡阳市水利招投标工作全面进入电子化阶段。这也是衡阳市第一个实现电子招投标的项目。（陈　诚）

移民安置

【后扶工作】 一是编制规划计划。一是按照移民规划与全市经济社会发展总体规划相衔接和移民直接受益的思路，认真编制“十三五”规划，“十三五”规划总投资38.88亿元，规划项目8500个；二是编制2016年直补资金计划项目751个，总投资4020万元，后扶直补资金1.056亿元。三是及时编报下达全市大中型水库库区及移民安置区基础设施建设经济发展规划年度计划项目资金近1.3亿元，计划项目共1860个。二是后扶人口动态管理。全年按规定共核减移民后扶人口2210人，完善移民后扶直补资金发放基础信息9800条。三是落实惠民政策。截至2016年年底，按省局要求将2016年度四个季度直补资金全部及时拨付到县市区，采取“一卡通”的形式共发放资金1.056亿元。四是扶贫帮困及时精准。奖励贫困大学生60名，扶持特困计生家庭110户，落实计生优惠资金60万元。协同有关部门落实农村移民低保、社保、救助、粮补等各项惠农政策，确保每个移民享受党的惠民政策。（刘　毓）

【移民工作】 一是移民脱贫解困工程。全年通过摸排建档立卡信息贫困移民10440人，接近贫困线的贫困移民38000人，全部纳入“五个一批”脱贫攻坚计划，初步构建“一村一品、一村一业”产业格局。二是避险解困试点。在精准识别的基础之上开展祁东县避险搬迁安置工作，祁东县避险解困搬迁移民562户2218人试点工作基本完成。三是发展移民产业。全年共新改建油茶基地58处1353.33公顷、茶叶基地14处288公顷、水果基地36处536公顷；新建中药材基地7处90.8公顷、楠竹基地5处77.33公顷、蔬菜基地180.67公顷，新建养鱼网箱46口；采取“以奖代投、以奖代补”模式，重点扶持66家龙头企业和156家专业合作社，“一库一品一特色”产业格局基本形成，通过示范基地建设的带动和辐射，成功运用“公司+农户+基地”的开发模式，实现移民增收致富，年人均移民增收1000余元。四是优质高效开展移民培训。全年培训移民共7031人次，其中转移就业培训820人次，就业率达99%，农业实用技术培训6211人次，完成年初任务的129%。五是打造美丽宜居库区。全年完成通村通组公路528.4千米；解决安全饮水8700人；新建续建山塘900口、涵闸26处、库岸堤防建设36千米，改善农田灌溉面积7333公顷。突出完成常宁市近尾洲水库通库公路3千米、祁东县杨家台水库通库公路12千米、衡南县冠市提水站改造、衡阳县官一村安全饮水、耒阳市黄市镇集中供水和衡东县甘溪镇夏浦村供水工程。全市库区和移民安置区的道路交通、水利设施、能源利用等方面大为改善。（刘　毓）

【资金监管】　一是开展专项治理活动。开展移民资金管理使用专项治理活动和“雁过拔毛”式腐败问题专项整治活动，对全市2013—2015年移民资金分配、拨付、管理使用和项目实施情况进行全面清理排查，得到市纪委和省局督查组的肯定。二是实施项目计划管理。2016年，全市共申报移民后扶基金、结余资金、扶助金等项目计划6批，项目2539个，总投资3.03亿元，其中直补资金1.056亿元，项目资金1.974万元。在实施中，组织开展项目前期工作督查，进一步提高项目计划质量，维护项目计划的严肃性。三是强化机制监督管理。发挥移民资金内审、稽察、监测评估和绩效评价“四位一体”的监管机制作用，按照“县自审、市主审、省抽查”的原则，完成全市2014年度移民扶助专项资金的绩效评价工作、3个县市区专项稽察工作、12个县市区后扶监测评估和6个县市区2014—2015年的移民后扶资金年度内审工作，对稽察和内审中发现的问题进行剖析并整改到位。（刘　毓）

【库区建设】　一是新库建设工作。在土谷塘航电枢纽和常宁广济水库移民搬迁安置中，主导库区移民安置工作的各个环节。在移民安置规划的实施过程中，以移民政策为标尺，以确保移民合法权益为底线，依法依规维护移民合法权益，确保移民安置工作的完成和库区工程建设的顺利推进，确保新库库区的平安稳定。土谷塘四台机组已按预定时间全部并网发电。二是推进库区遗留问题处理。2016年，完成珠晖区石头港排渍机埠改造，有效解决库区茶山坳镇1.6万人生产生活排水及206.67公顷农田被淹问题；大源渡库区排渍专线移交工作取得突破性进展，进入协议签订阶段；成功启动库区基金征收工作，全年共征收到位库区基金104.6万元，为处理小水库遗留问题提供资金来源，也为后续征收工作奠定基础。三是扎实开展信访接访工作。认真落实《湖南省信访条例》，依法维护移民权益，对移民信访和申请复查复核事项及时进行调查核实，坚持将问题处理在萌芽状态，将矛盾化解在基层，全年全市没有发生一起移民进京到省非正常上访。（刘　毓）

【衡阳市移民开发工作迎省考获好评】　2016年11月23—25日，省移民开发局副巡视员马志武带队赴衡阳对衡阳市2016年度移民工作进行绩效考评。省考评组现场察看衡南县、耒阳市的移民产业、基础设施建设、移民避险解困、移民安置等项目，了解查阅效能与党风廉政建设情况及相关资料，听取衡阳市及衡南县、耒阳市移民工作情况汇报。2016年，衡阳完成油茶1066.67公顷、茶叶166.67公顷、水果333.33公顷、蔬菜66.67公顷的移民产业提质改造任务。其中，衡南县移民药材基地和茶油基地合作社在全省移民系统中起到典范作用，得到国家水利部和省领导的肯定；完成常宁市近尾洲水库3千米、祁东县杨家台水库12千米的通库公路等民生工程建设任务，改善全市库区和移民安置区的出行、饮水等系列难题；土谷塘航电枢纽工程移民安置工作、广济水库淹没搬迁任务顺利开展，确保无“生产安全事故发生”的目标；率先建立后扶信息管理系统。市局投入专项资金18万余元，在全省率先开发建立移民后扶信息管理系统，并展开系统操作业务培训，推动完成移民后扶项目录入工作，规范移民资金的使用和管理。考核组对衡阳市移民工作给予肯定。

（王　莉）

工　业

在欧洲，在美洲，在亚洲，在非洲，在大洋洲
Product Exposition of Hengyang Industry
中钢集团衡阳重机有限公司
中钢集团衡阳重机
有限公司

责任编辑：申沁生

总 类

【概况】 2016年，全市工业经济平稳发展，信息化加速推进，全年全市累计完成规模工业总产值2189.5亿元，同比增长9.0%；累计完成规模工业增加值同比增长6.9%，自5月份以来稳居全省第4。加强经济运行调度，协调解决问题，确保经济保持平稳运行；加强重点企业帮扶，实行市级领导挂点帮扶50户重点企业制度，帮助富士康产业配套、支持特变电工加快走出去、引导衡钢产品结构调整等，有效促进重点企业稳定增长；加强规模企业培育，帮助小微企业做大做强，加快开工项目竣工投产达效。继2015年新增153户规模企业之后，2016年申报118户规模工业企业，超额完成新增规模工业企业任务。（胡　耀）

【工业转型升级】 一是坚持规划引领。全面对接“中国制造2025”，编制《衡阳工业发展规划（2015—2025年）》《中国制造2025衡阳行动计划》等系列规划，为工业发展作好顶层设计。二是突出制造强市。以创建“中国制造2025”试点示范城市为契机，编制试点示范方案，申报“中国制造2025”试点示范城市。谋划推进173个制造强市项目，特变电工、南岳生物制药等8个企业项目纳入制造强省重点项目调度范围。衡阳运机等一批企业获重大技术装备首台（套）资金支持。三是突出创新驱动。湖南机油泵被认定国家技术创新示范企业，天雁机械列入国家机电产品再制造试点单位名单，华意机械等4家公司获评工信部工业品牌培育试点企业，合力工业车辆等企业12项新产品、新技术列入省“双百计划”。（胡　耀）

【工业发展】 项目建设方面。推进115个重点工业项目，年内完成投资189.83亿元，投资完成率达110.6%，35个项目竣工投产，形成新的经济增长点。园区建设方面。加大园区投入。全年完成基础设施建设投入91亿元，新增园区建成面积14平方千米。招商引资方面。引进工业项目85个，到位资金132亿元。优化管理体制，出台加快园区发展意见和园区绩效考核办法。（胡　耀）

【“互联网+”建设】 实施“农村信息化三年行动计划”，新建、改造基站2000多座，新增、升级通光纤行政村2000多个。2016年，衡阳市获评“2016年度宽带中国示范城市”“电信普遍服务试点城市”。助力企业“互联网+”转型发展。打造中兴网信全球共享服务中心、湘梦电子商务综合服务平台、特色衡阳电商平台等10余个信息化服务平台。（胡　耀）

【服务企业】 一是加大政策支持力度。研究出台《加快工业经济发展的决定》《衡阳市推进供给侧结构性改革“去产能”专项行动方案》《全市减轻企业负担工作实施方案》，积极推进工业供给侧结构性改革。汇编《支持促进企业发展政策汇编》和《支持促进企业发展政策解读》。二是打造中小企业公共服务平台。为中小企业提供电子商务、融资担保、管理咨询等八大专业服务，惠及企业1000余家。三是加大项目协调服务。为湖南金叶薄片、健源体育器材等50个项目，协调解决100余个问题。组织20户工业企业与国网衡阳公司签订先用电、后缴费合同，减轻企业过亿元的流动资金压力；争取水口山、衡钢等6户企业纳入直供电范围，每年可减少企业负担3000万元。（胡　耀）

【超额完成2016年度新增规模企业目标任务】 湖南省2016年度加速推进新型工业化大会公布衡阳市获全省新增规模企业先进单位荣誉。2016年，面对极其复杂严峻的工业经济运行形势，衡阳市把培育企业入规作为稳定工业增长的重要举措，坚决贯彻省市两级党委、政府的工作部署，锁定年初目标，落实政策，加强协调服务，全力推动新建项目及小微企业升规入统。全市新增规模企业工作成绩显著，为工业经济平稳增长增添新动能。全市2016年度新增规模企业118户，完成率118.0%，超额完成省政府下达的目标任务。（胡　耀）

【全市加速推进新型工业化会议召开】 2016年2月25日，全市加速推进新型工业化工作会议召开。市委副书记邓群策在会上强调，全市各级各部门要牢固树立并自觉践行“创新、协调、绿色、开放、共享”的发展理念，加速培育新动能、拓展新空间、形成新优势，推动产业发展迈向中高端水平，奋力打造工业经济“升级版”。“十二五”时期全市规模工业企业累计实现总产值13472亿元、增加值3797亿元，分别是“十一五”时期的2.45倍、2.36倍。2015年，在全国、全省经济下行的情况下，衡阳市规模工业逆势而上，增速从5月份起连续8个月保持回升，主要经济指标在合理区间连续向上运行，全年规模工业增加值增长7.1%，工业经济结构质量持续优化。2016年，衡阳市主动适应经济发展新常态，坚持稳中求进总基调，坚持改革创新，推进“中国制造2025”和“互联网+”衡阳行动计划，以转型升级为主攻方向，以项目建设为抓手，以园区平台为载体，以信息化为支撑，以优化服务为保障，全力稳增长、促转型，确保工业经济平稳较快发展，努力实现“十三五”良好开局。邓群策指出，要坚持创新发展，着力提高工业发展质量效益。坚持协调发展，着力拓宽工业经济发展空间。坚持绿色发展，着力构建清洁循环发展格局。坚持开放发展，着力提升工业国际竞争能力。坚持共享发展，着力提供优质高效精准服务。邓群策强调，工业是经济增长的“发动机”、新型城市化的“动力源”、劳动就业的“主渠道”、农业产业化的“助推器”。重现衡阳历史辉煌，全面建成小康衡阳，关键在工业。面对工业经济下行压力仍然十分巨大的严峻形势，要做好打持久战的准备，保持住战略定力，坚定信心、勇闯关口，抢抓新常态蕴含的新机遇，抢占发展先进制造业的制高点，打好推进供给侧结构性改革的攻坚战，实现工业更高质量、更有效益、更可持续的发展。市领导李慧星、刘正兴、黄保锦参加会议。

（李　刚）

【珠晖区工业增加值跃居城区第一】 2016年，珠晖区加大科技扶持力度，加速盐卤化工、机械制作等行业提质升级。以环保技术引导化工行业提高资源利用率，以市场、科技引导机械制作行业加快技改步伐，以规划布局提高园区项目土地利用率，扶持湘衡盐化制盐系统综合节能技改，引导金融投资向附加值高、科技含量高的小微型企业倾斜。截至5月底，全区44家规模企业全部恢复生产，其中裕华化工集团有限公司技改项目已投产，一季度产值同比上升4.69%；华意机械有限公司技改项目完工后，一季度产值同比上升16.99%。统计数据显示，2016年1—4月，珠晖区规模以上工业增加值增长7.1%，增速跃居城区首位。（李　刚）

【衡阳7家创业基地获得“湖南省中小微企业创业创新基地”称号】 2016年6月23日，在湖南省第二届中小企业服务对接会上，衡阳市新衡泵中小企业创业基地、三叶中小企业创业基地、金枫中小企业创业基地、瑞安中小企业创业基地、新建湘中小企业创业基地、华翔中小微企业创业基地、湘梦创新创业孵化基地7家创业基地获得“湖南省中小微企业创业创新基地”称号。2016年全市培育中小微企业创业基地23家（其中包含这7家省级中小微企业创业基地）。拥有厂房面积1000多万平方米，入驻中小企业742户，孵化企业170户，吸纳3.6万名劳动力就业。2015年实现产值170亿元，同比增长20%；实现利税6.5亿元，同比增长16%。

（胡　耀）

【吕铁调研衡阳工业经济发展情况】 2016年10月9日，中国社科院工业经济研究所工业发展研究室主任、研究员吕铁到衡阳调研工业经济发展情况。副市长刘正兴出席座谈会并讲话，市政协副主席肖长贵主持会议。会上，来自全市工业系统的有关负责人为促进衡阳工业经济发展建言献策。刘正兴指出，要补齐衡阳工业经济发展的短板，一要盘活存量，优化资源配置，依靠龙头企业带动，加强技术创新，扩大市场占有率，打造优秀团队，做大做强汽车零部件、盐卤化工、军民融合、精品模具等本地优势产业；二要引进增量，打造政策、技术、人才洼地，整合交易、创业等相关平台；三要促使政府正确履职，搭建产学研一体化服务平台，加大对工业的投入和引导力度，做优投资发展环境。吕铁认为，衡阳工业基础好、底子厚，衡阳经济发展的主要潜力在工业。要厘清工业发展的基本思路，找准差距，补齐短板，培植优势，推动工业经济持续健康发展。吕铁应邀参加当月举行的“2016衡州经济发展论坛”，主讲“工业经济”。（李　刚）

【许达哲率队考察衡阳特色产业】2016年10月15日，省委副书记、代省长许达哲率队前往衡钢集团、南岳电控、特变电工实地考察，对衡阳发展特色产业，以及形成的竞争优势表示肯定。省政府副省长、秘书长向力力参加调研。市委书记、市人大常委会主任周农参加调研并作情况汇报，市委副书记、市长周海兵参加调研。实地考察结束后，在召开的座谈会上，许达哲强调，要致力于推动经济转型升级。有效提高供给能力，将产品从中低端向中高端转化。大力实施创新创业发展战略，抓住“中国制造2025”的良好发展时机，培育一些优势产业和创新型企业，打造一批上规模的骨干企业。把南岳的品牌擦亮，把“四大发明”之一的文化资源用好，推动旅游业发展。衡阳是湖南省开放性经济发展条件较好的地区，要有瞄准沿海、放眼全国，乃至走向世界的决心和视野。要致力于以开放促改革、促发展。坚持开放的思维，完善综合保税区各类口岸园区物流平台等开放平台的功能，提高综合承载能力，为产业转移创造更便利的条件。要致力于保障和改善民生，解决百姓需求和关心的问题，切实提高群众的获得感。解决好困难群众的基本生活问题，不让一个贫困户掉队。要致力于保护好绿水青山，牢固树立绿色发展的理念，把生态保护作为经济建设的前提。要致力于营造风清气正的干事环境。深刻吸取衡阳破坏选举案和李亿龙严重违纪违法案的教训，旗帜鲜明态度坚决地抓好反腐倡廉建设，正风肃纪、正本清源，用实际行动重塑衡阳形象。周农全面汇报衡阳市经济社会发展情况。2016年以来，市委市政府贯彻落实中央及省委、省政府各项决策部署，突出“全面从严治党、抓换届、抓发展、抓稳定”的“一严三抓”工作重点，“经济社会发展、保障改善民生、维护社会稳定、换届选举、全面从严治党”各项工作有序推进。周农表示，要在省委、省政府的坚强领导下，以对党绝对忠诚、对事业高度负责的态度，扎实抓好各项工作。会上，省政府和省直有关部门负责人表示，对衡阳白沙绿岛军民融合产业园、中心城区行政区划调整、重大项目土地报批等事项将加大支持力度。省政府副秘书长、办公厅主任石谋军，省政府副秘书长、研究室主任邓立佳，省直相关部门负责人谢建辉、丛培模、李金冬、欧阳彪、毛健刚，市领导邓群策、廖炎秋、谢宏治、段志刚、张贺文、刘正兴参加调研。（李　刚）

【张剑飞专题调研衡阳工业经济情况】　2016年11月2日，副省长张剑飞到衡阳专题调研工业经济发展情况。市委书记、市人大常委会主任周农参加调研并讲话，市委副书记、市长周海兵参加调研并汇报全市工业经济发展有关情况。2016年，衡阳市将工业作为供给侧结构性改革主战场，突出植优补短，着力抓好经济运行、项目建设、园区发展、企业服务等重点工作，全市工业经济实现平稳较好发展。1—9月，全市累计完成规模工业总产值1310.2亿元，增长5.9%；实现规模工业增加值增长6.7%，自5月份以来连续5个月在全省排名靠前。张剑飞先后前往松木经开区和白沙洲工业园，现场解部分重点企业生产运行情况。随后，张剑飞主持召开衡阳市工业经济运行情况座谈会，听取衡阳市工业经济发展情况及部分企业运行情况的汇报。张剑飞强调，要加大政府服务企业的力度，为企业发展营造宽松的环境。要加强企业发展的要素保障工作，及时解决企业用地、用电、资金等难题；要加强部门协调，帮助企业做好环保、招投标等工作；要加强招商引资，积极推介企业及企业产品，打造企业品牌；要想方设法降低企业生产成本，努力减轻企业负担。周农表示，衡阳将进一步植优补短，加快工业经济发展。一方面加强招商引资工作，加快项目建设，特别是抓好衡州经济发展论坛签约项目落地，增强衡阳工业发展后劲；另一方面全力做好企业帮扶工作，成立工作专班，实行“一企一策”，加快推进园区发展和企业技术改造，促进全市工业转型升级和发展方式转变。市领导邓群策、刘正兴参加调研。

（李　刚）

【周海兵会见中钢冶金资源有限公司总经理王洪森一行】 2016年12月21日，市委副书记、市长周海兵会见中钢冶金资源有限公司总经理王洪森一行。双方就推进衡阳市停车场建设和管理进行磋商。周海兵指出，停车场建设是解决城市停车难、破解交通拥堵问题的重大举措，是改善城市环境、建立良好城市秩序的重要手段，是规范城市管理、提升城市功能的有效途径。2016年，衡阳开展智慧城市建设，智能交通建设是智慧城市的重要组成部分，推进停车场建设和管理、破解停车难又是智能交通建设的重要课题，欢迎中钢冶金资源有限公司来衡阳投资，共同推进衡阳停车场建设和管理。市相关部门要加强与中钢冶金资源有限公司沟通，精准定位，科学论证，合理布局，改善城区停车和交通状况，提升城市管理水平。王洪森表示，停车场建设是城市重大基础设施项目和重要民生工程，中钢冶金资源有限公司看好衡阳停车场产业的发展潜力，愿意发挥企业的品牌技术优势，结合衡阳城市发展的需要，使用“互联网+人工智能”的技术、方法，破解停车难、乱停车的城市发展难题，为衡阳完善城市交通基础设施、改善衡阳城区交通和停车环境、缓解区域内停车位不足做出贡献。市领导罗东海、刘正兴参加会见。

（李　刚）

规模工业经济运行

【全市规模工业完成情况】 2016年，全市规模以上工业企业当月完成工业总产值297.3亿元，同比增长19.6%；累计完成规模工业总产值2189.5亿元，同比增长9.0%。当月完成规模工业增加值同比增长7.0%，低于全省0.2%，在全省排位第6；累计完成规模工业增加值同比增长6.9%，与全省持平，在全省排位第4。

2016年湖南省各市州规模工业增加值增速一览表

表6

市州	规模工业增加值增长速度（%）				市州	规模工业增加值增长速度（%）			
	比2015年同月	排位	比2015年同期	排位		比2015年同月	排位	比2015年同期	排位
全省	7.2	*	6.9	*	张家界市	6.8	10	6.7	6
长沙市	8	1	7.9	1	益阳市	7.6	2	6.7	6
株洲市	7.2	4	7.1	2	郴州市	7	6	6.7	6
湘潭市	6.9	9	6.9	4	永州市	6.7	11	6.6	10
衡阳市	**7**	**6**	**6.9**	**4**	怀化市	6.7	12	6.5	12
邵阳市	6.5	13	6.5	12	娄底市	7.3	3	6.7	6
岳阳市	7.1	5	7.1	2	湘西自治州	6.4	14	5.5	14
常德市	7	6	6.6	10					

【市直园区和各县市区规模工业完成情况】 （1）规模工业总产值。在全市市直园区中，白沙洲工业园累计完成规模工业总产值115.4亿元，增长39.3%，高于全市平均水平；高新开发区完成28.1亿元，增长1.5%，松木经开区完成71.5亿元，增长4.4%，增速均低于全市平均水平。在全市11个县市区（南岳区除外，下同）中，祁东（12.8%）、常宁（9.6%）、雁峰（9.4%）等3个县市区累计规模工业总产值增速快于全市平均水平。另外，石鼓（-3.4%）累计规模工业总产值增速为负。（2）规模工业增加值。在市直两区一园中，白沙洲工业园规模工业增加值累计增长9.9%，松木经开区增长6.9%，达到或超过全市平均水平。高开区增长5.3%，增速低于全市平均水平。在全市11个县市区中，衡南（8.0%）、衡阳（7.4%）、耒阳（7.3%）、雁峰（7.2%）、常

宁（7.2%）、衡东（7.1%）、祁东（7.1%）、衡山（6.9%）8个县市区规模工业增加值累计增速达到或超过全市平均水平，并分列前8位，其他各县市区增加值增速均低于全市平均水平。

2016年全市规模工业完成情况一览表

表7

单位	规模工业总产值		规模工业增加值			
	当月增速（%）	累计增速（%）	当月增速（%）	排位	累计增速（%）	排位
全市	19.6	9.0	7.0	*	6.9	*
城区	—	—	—	—	—	—
珠晖区	21.3	4.0	11.3	1	6.5	3
雁峰区	12.3	9.4	7.3	3	7.2	1
石鼓区	13.6	-3.4	9.8	2	3.7	4
蒸湘区	19.8	4.8	2.3	4	6.6	2
县市	—	—	—	—	—	—
衡阳县	11.6	8.8	6.8	4	7.4	2
衡南县	9.7	7.2	9.0	1	8.0	1
衡山县	12.1	8.7	6.4	6	6.9	7
衡东县	17.5	5.7	6.9	3	7.1	5
祁东县	14.9	12.8	7.8	2	7.1	5
耒阳市	16.6	8.4	6.0	7	7.3	3
常宁市	42.3	9.6	6.6	5	7.2	4
两区一园	—	—	—	—	—	—
高新开发区	-33.7	1.5	-36.1	3	5.3	3
白沙工业园	106.5	39.3	10.0	2	9.9	1
松木经开区	23.6	4.4	14.3	1	6.9	2

2016年全市各行业规模工业总产值情况一览表

表8

行业	规模企业户数	规模工业总产值		行业	规模企业户数	规模工业总产值	
		当月速度（%）	累计速度（%）			当月速度（%）	累计速度（%）
机械	192	11.5	5.5	电力	18	37.9	17.7
食品	162	24.2	18.6	冶金	26	7.4	-1.2
建材	174	10.4	4.6	医药	18	26.7	18.5
化工	106	14.0	7.0	纺织	24	21.1	8.0
有色	51	41.4	4.2	煤炭	30	-4.9	-16.8
轻工	106	9.3	7.0	其他	7	19.7	15.6
电子	33	70.3	32.1	合计	947	19.6	9.0

【重点调度企业情况】 2016年，全市50户重点调度企业累计完成工业总产值467.6亿元，同比增长12.1%，占全市比重的21.4%。其中，规模工业总产值累计增速高于全市平均水平的有20户，占全部比重的40%，低于全市平均水平的有30户，占全部比重的60%；规模工业总产值累计增速为正的有31户，占全部比重的62%，增速为负的有19户，占全部比重的38%。（胡　耀）

装备制造工业

【概况】 随着“供给侧改革”的推进，全市装备工业制造产业发展呈现创新驱动、转型升级良好势头。2016年一季度，全市规模以上234家装备企业，共实现工业增加值42.39亿元，实现工业总产值141.16亿元，实现税收7.23亿元，实现利税11.36亿元，同比分别增长6.4%、2.3%、12.1%、10.13%，新产品产值实现73.5亿元，占52.07%，增加值对全市工业的贡献率为26.5%。一是国家省级企业技术中心方面。“十二五”以来，衡阳市先进装备制造产业呈现规模不断壮大发展、产业结构更趋均衡、企业实力明显增强、特色领域日益突出、创新体系逐步完善、集群培育初现成效等特点，“十二五”以来年均增速超过18%，高于同期全市规上工业平均增速3个多百分点，呈现出多点支撑格局，主要集中在输变电装备制造业、汽车及其零部件制造业、现代农业装备制造业、矿山冶金机械装备业、工程施工机械制造业、基础装备制造业等6个门类，涉及2000多个产品品种，拥有国家、省级企业技术中心18家，占全市省级以上企业技术中心总量的78%，44家市级企业技术中心其中装备工业企业有14家，占31.8%，国家级企业技术中心有4家全部在装备制造业。一季度，装备制造业生产经营发展主要得益于开拓创新、转型升级。“衡阳运机”将设计重点从为煤炭、电力等行业提供配套输送装备拓展到轨道交通工程建设上来，为中铁二十局集团打造的“TM1000～600超长距离隧道掘进带式输送机系统”，产品整体性能和技术达到国际先进水平。自主设计开发的“超长距离（≥15千米）平面拐弯曲线物料输送系统”获得湖南省职工科技创新一等奖；“衡阳特变”每年投入不低于5%的（制造业）销售收入作为研发费用，重组以来累计投入研发费用超过10亿元，创造一大批具有自主知识产权的创新成果。截至4月，该公司拥有专利174项，产品获得国家科学技术进步特等奖、一等奖。二是企业转型升级方面。“湖南机油泵”通过德国大众公司的审核，进入该公司采购平台，4月初通过世界顶级企业——德国戴姆勒（奔驰）公司的审核，意味着公司已具备与国际顶级品牌的配套能力，“十二五”以来，该公司每年自主设计开发新产品达100多种，主持参与制定3项国家和行业标准，建立国内一流水平的试验中心，20多项科研成果、新产品获省、市科技进步奖；金杯电缆开拓海外市场，在南美等多地参与投标，进军国际市场。重点企业如南岳电控、天雁机械、衡阳运机、合力叉车等企业主要经济指标均有两位数以上增长。三是四大重点产业发展方面。装备制造业还存在总量规模偏小，大型设备制造能力不强，系统成套能力有待提升；自主核心技术不多，产业整体技术水平不高；制造技术水平低，服务能力有待提高；人才资源匮乏，技术型人才较为缺乏等短板。市委、市政府确定目标：到2020年，初步建成产业链完善、创新体系完整、公共服务体系完备、经济效益和社会效益相统一的现代装备产业集群，发挥引领全市装备制造产业转型升级的核心作用，实现产业规模继续壮大、创新能力明显提高、组织结构更趋合理、空间布局持续优化、服务功能不断完善目标。为实现该目标，全市稳步推进装备制造业四大重点产业发展：（1）输变电产业方面。抓住智能电网建设的契机，依托“衡阳特变”“金杯电工”“恒飞电缆”“巨子变压器”等行业龙头企业，重点发展四个板块21类装备产品，提高先进输变电制备的信息化和自动化水平，加快产业链延伸和国际化步伐，实现由制造商向制造服务商的转变。（2）矿山工程机械产业方面。主要依托“中钢衡重”“中地探矿”“伟业冶金矿山”等行业龙头企业，引进、扶持相关零部件配套企业，打造矿山冶金机械装备制造业产业链，重点发展三个板块20类装备产品，深度融合信息技术、新材料技术、新能源及节能环保技术等高新技术与先进制造技术，实现工程机械成套装备的智能化、轻量化、高端化，提高工程机械装备的可靠性、经济性。(3) 汽车及零部件产业方面。发挥拥有整车生产资质企业的品牌和技术优势，重点支持“华菱汽车”“泰豪通信”“衡山汽车”等技改项目，依托“天雁机械”“风顺车桥”“南岳电控”“中德变速器”“湖南机油泵”“衡山齿轮”“一互电气”等汽车零部件骨干企业，以提升零部件产品电子集成控制系统为导向，重点发展高技术含量、高附加值的产品。(4) 农机装备产业。借助国家“三农”利好政策，加大扶持力度，重点扶持以“衡拖农机”为核心龙头企业，以“湘动柴油机”“耒阳插秧机”“力源动力”为辅助骨干企业，整合市内农机制造企业，做大做强现代农机制备制造，发展以南方水田、水稻农机市场为特色的新型网络农业机械产业集群模式；重点支持“衡拖农机”的大马力轮式拖拉机生产线扩能改造和先进的园林拖拉机开发、“力源动力”的农用机械生产线技术改造、“耒阳插秧机”的轻型耕田机生产线技改等相关项目。

（李　刚）

【湖南机油泵获评 2016 年国家技术创新示范企业】 2016 年，湖南机油泵股份有限公司凭借创新实力入围工业和信息化部、财政部联合公布的 2016 年国家技术创新示范企业名单，全省仅 3 家企业入围，这是继特变电工之后衡阳又一企业获得此项荣誉。国家技术创新示范企业是经工信部和财政部联合认定的技术创新能力较强，在行业中具有重要示范和导向作用的行业领军企业。

（胡　耀）

【天雁机械大功率柴油机增压器项目获省科技进步二等奖】 2016 年 2 月 26 日，在湖南省科学技术奖励大会上，天雁公司的“大功率柴油机涡轮增压技术开发”项目获 2015 年度湖南省科技进步二等奖，这是公司继 2012 年首获湖南省科技进步一等奖以来的又一项殊荣誉。该公司高度重视技术创新工作，先后承担国家重大成果转化、省重大专项等 20 多项国家、省级项目，获省部级科技奖励 30 多项，获授权专利 200 多项，主持和参与制订 11 项国家、行业标准。公司拥有增压器行业唯一的国家认定企业技术中心。2015 年，在国家发改委组织的全国 1098 家国家认定企业技术中心评价中，以 89.4 分位列第 32 位，在湖南省 31 家认定企业技术中心排名第一，公司成为增压器行业公认的技术创新领先企业。“大功率柴油机涡轮增压技术开发”项目的成功开发填补国内无大功率柴油机涡轮增压技术的空白，打破大功率柴油机涡轮增压器外资垄断局面，搭载该技术的 JP98 系列涡轮增压器产品性能达到国际先进水平，被锡柴定为唯一配套的中国品牌增压器。

（胡　耀）

【衡钢鸿华物流有限公司部分专利通过国家专利局审核】 2016 年 3 月，蒸湘区钢管深加工产业园区的衡钢鸿华物流有限公司的污水处理和循环利用设备、高效能的筛分系统等 6 项实用新型专利和 2 项软件著作权，通过国家专利局的审核。这是蒸湘区高新技术产业稳步发展，一批科技成果转化为现实生产力的典型。2015 年，该区高新技术产业增加值达 30.09 亿元，增幅为 15.06%，居城区首位。“十二五”期间，蒸湘区共组织实施各类科技计划项目 56 项，申请专利 2073 件，授权 1141 件。科技经费投入逐年增加，2014 年，研究与开发经费投入占 GDP 的 1.55%，2015 年的比重达 2.5%。2013、2014 年，该区连续两年被评为全省专利工作达标单位，区科技部门被评为湖南省专利工作先进单位。2011 年，鸿华公司联合中集华骏，开发出甩挂运输模式，大幅降低设备采购和运营成本，成倍提高人员及设备的工作效率，解决以车代库、待装待卸的瓶颈制约。2013 年，鸿华公司又开发冶金渣的处理和综合利用技术，每年循环利用衡钢工业固体废弃物 20 万吨。鸿华公司的营收从最初的 1000 万元，增长到 2015 年的 9000 万元，年纳税 500 万元以上。该公司先后获得国家高新技术企业、全国标准示范项目企业、湖南省名牌产品等荣誉。

（李　刚）

【湖南机油泵股份有限公司 A 股股票挂牌上市】 2016 年 11 月 30 日，国内最大的机油泵制造企业——湖南机油泵股份有限公司（简称湘油泵）A股股票，在上海证券交易所成功挂牌上市。挂牌仪式上，市委书记、市人大常委会主任周农与湖南机油泵股份有限公司董事长许仲秋一起敲响开市锣。2015年，全市装备制造规上企业达234家，湘油泵、衡阳特变、湖南天雁等优势企业成长为细分行业龙头企业和行业标准制定者，一批衡阳装备制造产品远销亚欧非等50多个国家和地区。（李　刚）

有色金属工业

【金铜项目主工艺关键设备单体试车成功】 2016年1月7日，金铜项目主工艺关键设备单体试车成功，市委副书记、市长周海兵出席试车仪式并讲话。金铜项目采用的中国恩菲和水口山集团共同研发的氧气底吹熔炼工艺，具有原料适应性强、投资运营成本低、综合回收利用能力强、安全可靠、节能环保等诸多优点，是当今世界上最先进、最具竞争力的冶炼工艺，被誉为“世界冶金技术史上的奇迹”。金铜项目火法熔炼区自2014年10月开工建设，最主要的氧气底吹熔炼炉、转炉、阳极炉、圆盘浇铸机组具备单机空载试车条件，较合同工期和行业通常工期均为提前；质量控制方面，经过有色行业的抽检结论表明，具备创造部优甚至国优工程的条件。为实现金铜项目顺利开工，各方倾注大量人力、物力和财力，常宁市先后投入10余亿元、提供土地86.67公顷、搬迁安置近5000人，拉通一条铁路专线，完善金铜项目工业园的配套设施。项目建设各方采用衡阳本土核心技术，选用衡阳制造的冶金炉窑等核心设备，破解项目建设过程中资金、技术、工期等各种难题。周海兵指出，金铜项目是中国五矿2009年重组湖南有色集团后投资建设的第一个重大项目，是中华人民共和国成立以来以来衡阳市实际投资额最大的项目之一。金铜项目主工艺关键设备单体试车，标志着金铜项目进入设备联动试车和带负荷投料试车阶段。（李　刚）

【段志刚调研金铜项目和瓦松铁路建设】 2016年8月15日，市委常委、常务副市长段志刚率队现场调度金铜项目和瓦松铁路建设。段志刚要求，各级各有关部门要高度统一思想，重申主体目标，全力化解矛盾，切实加强领导，确保项目顺利推进。金铜项目（核心工程火法熔炼区）于2014年10月动工建设，2016年6月工艺流程全线拉通，生产系统基本达标运行。截至7月底，底吹炉累计混合矿投料量7.866万吨，总计可产出合格阳极板12000吨、阴极铜4000吨、合格硫酸80000吨。作为金铜项目的配套项目，瓦松铁路已完成投资3.5亿元，占总投资计划的42.8%，工程总体形象进度完成35%，其中路基工程已完成土石方100万立方米，占总量的50%，桥梁等控制性工程加紧推进，站场建设进展顺利。市领导晏华衡、老领导许祥发参加调度。（李　刚）

【周海兵会见五矿有色控股有限公司总经理黄国平一行】 2016年11月21日，市委副书记、市长周海兵会见五矿有色控股有限公司总经理黄国平一行，双方就进一步做大做优做强水口山有色金属产业、全面升级改造现有生产工艺、共同打造铜锌铅综合基地等事项交换意见。周海兵指出，水口山是全省湘江保护与治理的重点地区，高标准打造水口山铜锌铅综合基地必须以国际先进技术为支撑，全面升级改造现有生产工艺，坚持做到绿色发展、生态发展。相关单位和部门要积极主动，登门服务，帮助企业解决发展中遇到的各类问题，帮助企业开拓思路、转型升级。企业要想方设法提高工艺水平，降低生产成本，增强市场竞争力，提高项目环保效益。各相关部门要围绕高标准打造水口山铜锌铅综合基地这个目标，制定工作计划，加强对接和协调，争取上级支持，尽快推动相关事宜更快更好地落地落细。会谈中，黄国平对衡阳、常宁两级地方政府对商讨事宜的大力支持表示感谢，并表达双方进一步合作的期盼。黄国平表示，长期以来，衡阳市委、市政府高度重视该企业的发展与建设，希望双方能在过去良好合作的基础上，加快推进合作步伐，实现互利共赢。市领导段志刚、刘正兴参加会见。（李　刚）

【湖南水口山有色金属集团有限公司建厂 120 周年】 2016 年 12 月 26 日，“世界铅都”湖南水口山有色金属集团有限公司，迎来建厂 120 周年纪念。截至 2016 年年底，水口山已成为集采矿、选矿、冶炼、加工、贸易为一体的大型有色金属联合企业，拥有 60 万吨矿石采选、30 万吨铜铅锌冶炼、5000 公斤黄金和 700 吨白银的生产能力。2008 年以来，受金融危机影响，水口山面临困难和压力，公司寻求解困之道，转变发展思路。一是以管理提升为手段，实现固本提质。该公司提出“集约、简约、激励、激活”的管理理念，持续开展管理提升年活动，构建新的内部管理模式和控制体系，有效堵塞漏洞，减少内耗，降低成本。二是以运营转型为支撑，激发创效活力。由传统冶炼向“特色冶炼”转变，该公司依托科技创新，建成以综合回收为主的铅锌冶炼系统，自产、外购原料中所有有价金属都能在系统内综合回收，综合利用的产品多达 12 种，综合回收率达 82%。近些年，公司贵金属、小金属的产值超过销售收入的 50%。利用好“两个市场”，在立足国内市场的同时，将重心向海外延伸，打好经营“创效牌”，铅原料和铅产品有 40%以上在海外市场采购和销售。实施业务板块化运作，整合产供销，分铜、铅、锌三大板块运营，实行捆绑考核，生产经营实现无缝对接，激发系统创效活力。三是勇于担当，履行保护湘江的重大历史责任。从 2010 年 1 月开始，该公司关停和淘汰铜冶、氧化锌等 9 条落后生产线，投资 8.82 亿元完成重金属污染治理项目 25 个。2016 年与 2009 年比，工业烟尘减排 43.9%，二氧化硫减排 48.8%，工业废水量减排 43.6%。四是水口山高度重视污染减排技术的开发应用，与科研院所合作研发应用电絮凝、生物制剂、有机胺再生脱硫法等冶炼废水、废气处理新技术，并在全国涉重金属行业得到广泛推广应用，为国家环保行业和铅锌工业重金属污染防治提供重要技术支撑，获得 2016 年度中国铅锌行业“绿色创新发展杰出贡献奖”。

（李　刚）

【常宁市铜铅锌产业基地建设启动】 2016 年，为推进绿色湖南建设、优化产业布局，常宁市水口山经济开发园区引进株冶绿色转型项目。该项目总投资约 80 亿元，占地面积 100 余公顷。截至年底，项目进入前期手续审批阶段，计划 2017 年启动征地拆迁工作，7 月开始建厂房，2018 年底完成厂区建设，2019 年初正式投产，投产后年产值可达 200 亿元，实现年利税 3 亿元。根据中国五矿在水口山的产业战略布局，以株冶绿色转型升级项目落户园区为切入点，承接株冶绿色转型升级项目，启动 30 万吨锌冶炼项目；抓好金铜项目一期 10 万吨铜冶炼，扩建二期 20 万吨铜冶炼项目；全面升级水口山八厂 10 万吨铅冶炼项目。将水口山经济开发区打造成为全省年产量最大的铜铅锌产业综合基地。力争 2020 年成功创建国家级经济开发区，到 2030 年实现园区技工贸总收入 1000 亿元，打造水口山“千亿园区”。

（尹建恒）

能源电力工业

【南阳矿业有限公司建企四十周年上缴利税 8.18 亿元】 2016 年 11 月 29 日，南阳矿业有限公司（以下简称“南阳矿业”）迎来建企四十周年。公司前身为白沙矿务局南阳煤矿，1976 年 11 月 29 日经省煤炭工业局批复成立。2001 年 12 月 26 日，公司改制为白沙能源股份有限公司南阳煤业分公司。2010 年 11 月 29 日，更名为湖南黑金时代南阳矿业有限公司。南阳矿业有限公司矿井产量持续攀升，全员工效由 1993 年的 0.427 吨/工，提高到 2016 年的 0.993 吨/工，累计生产原煤 1302 万吨，最高年产量为 50 万吨。曾通过对前进神仙洞水患区域进行综合治理与科学开采，创造产值上亿元，填补国内复杂积水区下煤层开采的技术空白。2008 年以来，南阳矿业有限公司连续 8 年实现安全生产，百万吨死亡率为零，无重伤事故、无非伤亡事故、无未遂事故。40 余年来，南阳矿业有限公司获多项荣誉称号：“中国最美矿山”、全国“模范职工之家”、全国能源化学系统“五一劳动奖状”、省双文明建设模范单位、衡阳市“优秀企业”、衡阳市“重点纳税大户”等。截至 2016 年，南阳矿业累计上缴利税 8.18 亿元。（李　刚）

【廖家湾变电站升压工程1号主变第五次充电成功】 2016年1月28日下午6点10分，110千伏廖家湾变电站升压工程1号主变第五次充电成功，标志着衡阳市中心城区首座220千伏智能变电站正式投运，从开工建设到投入运营用时7个月，创造国内同类型变电站建设中时间最短、速度最快和效果最好的纪录。升压后的廖家湾变电站是全省坐落在中心城区的第二座220千伏智能变电站，变电站一期主变容量是原变电站供电能力的4倍，终期变电站的供电能力可以达到原变电站的12倍。该变电站建成投运后，可以保障衡阳市中心城区20年发展的供电需求，同时有助于加强城区电网网架，全面提高城市供电的安全可靠性和自动化水平，美化城市环境和提升城市品位，缓解市中心城区的供电压力。

（李　刚）

【衡阳首个分布式太阳能光伏发电站并网发电】 2016年1月28日，由湖南俊虹置业股份有限公司投资建设的太阳能光伏电站首期顺利通过验收发电并网成功，这是衡阳建成的首个分布式太阳能光伏发电站。该电站位于衡阳县西渡高新产业开发园，首期建设完成的光伏发电站设计总容量3.28兆瓦，总投资5200万元，安装太阳能组件13120块，年发电量350万度。首期建设完成后，同时启动20兆瓦光伏电站建设，计划投资4亿元。此次太阳能光伏电站和国家电网正式实现并网，意味着光伏电站和国家电网在用电高峰期时缺电的情况下实行互补，在一定程度上可缓解全市季节性的电荒。衡阳100兆瓦光伏电站项目总投资28亿，计划占地面积2533.33公顷，光伏电站总容量为103.68兆瓦，电站建成后将是目前亚洲最大的分布式太阳能光伏发电站。项目二期和三期将分别规划建设60亿Ah稀土锂电池生产基地和太阳能科技旅游产业园区，完成两个40兆瓦太阳能光伏电站的建设和40万平方米标准厂房，计划于2018年底建成。

（李　刚）

【特变电工衡阳变压器有限公司承建老挝万象115千伏输变电项目】 2016年2月，特变电工衡阳变压器有限公司在老挝首都万象与老挝国家电力公司签署总承包项目合同，承建老挝万象115千伏输变电项目。当天，在中国驻老挝大使馆经济商务参赞处官员及老挝方相关负责人见证下，特变电工南方输变电产业集团董事长、衡变公司总经理种衍民与老挝国家电力公司总裁西沙瓦共同签署合同。该项目包括新建115千伏变电站、115千伏输电线路及周边22千伏配电线路等，资金采用中国进出口银行优惠贷款。截至2月，该公司境外开工建设项目累计已达30亿美元。（李　刚）

【泰国能源部采购委员会一行考察湖南共创光伏科技有限公司】 2016年5月9—10日，泰国能源部采购委员会官员及泰国电力局技术专家一行10人，来到湖南共创光伏科技有限公司，参观考察该公司光伏产品展厅、自动生产线、屋顶电站等技术设备，为泰国国家4吉瓦光伏电站设备采购挑选供应商。经此次访问，湖南共创光伏科技有限公司的产品和工艺，得到泰方肯定，有望与泰国能源部签下1吉瓦的光伏电站设备供货合同，销售总额预计达15000万美元。此次项目若成功合作，可为共创光伏开启东南亚光伏市场具有重大意义的第一步。近年来，共创光伏将目光瞄准全球市场，将产品推广至海外，大力投资光伏电站和设备，“走出去”步伐明显加快。截至2015年年底，该公司的产品已出口到俄罗斯、德国、法国、尼日利亚、埃及等十余个国家，并与美国、波兰、捷克、中非、尼日利亚、荷兰等国外客户及国内多家大型企业达成380余兆瓦的产品销售协议，出口销售额达2500万美元。

（李　刚）

【“±1100千伏特高交直流输变电装备研发制造中心暨产能提升”技术改造项目建设】 2016年5月26日，市委副书记、市长周海兵前往特变电工衡阳变压器有限公司，就“±1100千伏特高交直流输变电装备研发制造中心暨产能提升”技术改造项目建设现场办公。世界最高电压等级的“±1100千伏特高交直流输变电装备研发制造中心暨产能提升”技术改造项目，拟新建±1100千伏世界最高电压等级交直流输变电装备研发制造中心，新增世界最高电压等级的6000千伏冲击发生器、直流高压发生器、精密互感器、电容器塔等世界首台高端实验设备及自动化生产线设备。项目建成后，特变电工衡阳变压器有限公司将具备±1100千伏及以上变压器的批量生产试验能力，可满足全世界最高电压等级变压器类产品的生产试验需要，有效推动供给侧结构性改革，提升公司核心竞争力，引领湖南乃至全国输变电行业发展方向，助推衡阳打造世界一流的智能电网产业集群。听取相关情况汇报后，周海兵要求，要按照重点工业项目标准，全力支持“±1100千伏特高交直流输变电装备研发制造中心暨产能提升”技术改造项目建设。市政府要组织相关部门联合现场办公，就地解决项目建设的各类问题，既做到程序到位、标准不降，又确保项目建设安全；要按照“两集中、两整合、两公开”的要求，进一步优化政务环境，项目建设过程中，由市政务服务中心派专人对接，为项目建设创造便利条件，促进项目早日建成投产。市领导罗东海、刘正兴参加现场办公。（李　刚）

【特变电工衡阳变压器有限公司自主研制的750千伏组装式发电机变压器出厂】 2016年年底，特变电工衡阳变压器有限公司自主研制的750千伏级世界最大容量的1230兆伏安现场组装式发电机变压器，一次性通过出厂试验、型式试验和特殊试验，各项性能指标均优于技术协议和国标要求。国电科学技术研究院、国电浙能宁东发电有限公司领导及专家一致认为该产品达到世界领先水平。该产品是衡变公司为国电浙能宁东发电方家庄电厂研制的100万千伏安容量的现场组装式变压器，也是国产首台容量最大、电压等级最高、科技含量高、设计难度大、制造工艺复杂的变压器，在结构设计、漏磁和温升控制、解体运输、现场组装和干燥工艺等方面进行重大技术创新，填补国内多项技术空白。该产品采用最先进的漏磁控制技术，解决线圈组拆卸、漏磁和局部过热控制、抗短路能力、现场组装和现场干燥工艺等技术难题，达到世界领先水平，是中国超高压、大容量现场组装式变压器实现国产自主化战略的一次重大突破，有助于提升中国变压器行业自主创新能力和民族重大装备业的制造水平。（李　刚）

【昌吉至古泉±1100千伏特高压直流输电线路工程N5869#塔位举行首基试点暨开工仪式】 2016年5月31日，昌吉至古泉±1100千伏特高压直流输电线路工程（甘9标段）N5869#塔位举行首基试点暨开工仪式，标志着该工程全面拉开基础开挖施工序幕，该工程由坐落于珠晖区的湖南省电网工程公司负责建设。这是该公司首次承建±1100千伏特高压工程。昌吉至古泉±1100千伏特高压直流输电线路工程起于新疆自治区准东五彩湾换流站，止于安徽省皖南换流站，航空直线长度为3337千米，输送容量1200兆瓦。该工程刷新世界电网技术的新高度，它是最高电压等级、最高最大容量、最远距离、最先进技术的世界首条±1100千伏特高压输电直流线路。该工程是湖南省电网工程公司首次承建±1100千伏特高压工程，线路长度128.793千米，杆塔181基。线路途经80%以上为山地，沟壑纵横，运输困难，地方关系复杂，施工难度大，工期压力大。（李　刚）

【酒泉——湖南±800千伏特高压直流输电线路工程湘2标段全面进入导线展放阶段】 2016年6月30日，酒泉——湖南±800千伏特高压直流输电线路工程湘2标段全面进入导线展放阶段。该工程由珠晖区的湖南省电网工程公司负责建设，起自益阳市桃江县鲊埠回族乡，止于湘潭县射埠镇湘潭换流站，线路总长169.581千米。线路工程建成后，每年可从甘肃向湖南送电400亿千瓦时，可减少燃煤运输1800万吨，减排烟尘1.5万吨、二氧化碳2960万吨等，对解决东中部地区雾霾问题，在促进节能减排方面将发挥关键作用。导线展放阶段即送电前的最后阶段，该工程正式投入运营后，湖南可实现“电从西边来”。（李　刚）

【特变电工衡阳变压器有限公司16项新产品通过国家级鉴定】 2016年6月，中国机械工业联合会在北京召开特变电工衡阳变压器有限公司新产品鉴定会，鉴定委员会通过该公司16项新产品的国家级鉴定，其中各有8种类型产品分别达到国际领先水平或者国际先进水平。截至当月，衡变公司累计申请召开国家级新产品鉴定会9次，完成国家级新产品鉴定102种，世界级新产品增至51项。此次通过国家级鉴定的新产品都是衡变公司2015年—2016年自主研制的高电压、大容量高科技产品。其中，ZZDFPZ-405200/500-800换流变压器是特高压直流输电的关键设备，该产品设计制造难度大，工艺标准高，尤其针对铁心准确定位、酪素胶使用、静电板和阀出线装置尺寸控制等关键工艺进行自主创新；SFP-JT-1180000/500变压器是当前世界上最大容量的500千伏百万千瓦机组现场组装式发电机变压器，采用解体运输、现场组装的形式，能够有效克服运输条件的限制。衡变自主研制的这些新产品不仅广泛应用于浙北—福州、蒙西—天津南特高压交流输电工程，云南观音岩直流送出工程、百万机组火电等国家标志性重点工程，而且还推动向中东、中亚、南亚、东南亚、南美、非洲等海外市场的出口；另外，此次新产品鉴定还包括330千伏、500千伏新一代智能变压器以及预装式变电站、JP配电综合柜等一、二次融合智能化产品。（李　刚）

【特变电工衡阳变压器现场组装发电机变压器获全省首台（套）重大技术装备奖励资金资助】 2016年8月，特变电工衡阳变压器有限公司自主研制的SFP-JT-1180000/500现场组装发电机变压器通过专家评审和现场审核，成功入选2016年省首台（套）重大技术装备认定产品名单，获得全省首台（套）重大技术装备奖励资金的资助。特变电工衡阳变压器有限公司2015年自主研发的新产品SFP-JT-1180000/500现场组装发电机变压器，其额定容量达1180兆伏安，是目前世界最大容量的500千伏现场组装发电机变压器，填补行业空白。该产品在结构设计、漏磁和温升控制、解体运输、现场组装和干燥工艺等方面进行重大技术创新，首次实现现场组装技术在配套用1000兆瓦机组500千伏发电机变压器中的应用，成功解决大型变压器产品重量超百吨的运输难题，满足运输条件受限制地区对大容量500千伏发电机变压器的迫切需要。截至当月，该产品首台已应用在大唐三门峡火电厂三期扩建工程项目。（李　刚）

【周农会见中油金鸿能源投资股份有限公司董事长陈义和一行】 2016年11月1日，市委书记、市人大常委会主任周农会见中油金鸿能源投资股份有限公司董事长陈义和一行，就有关合作事宜进行深入交流。市委副书记、市长周海兵参加会见。中油金鸿拟在衡阳新投资两个项目，分别为衡阳县界牌陶瓷工业园、裕华盐卤产业园。周农表示，市委市政府全力支持中油金鸿在衡阳投资新建产业项目。衡阳拥有大量优质的高岭土资源，希望中油金鸿陶瓷工业园项目能够提升衡阳市陶瓷产品的品位和质量，将当地的资源优势转化为经济发展优势。同时，对中油金鸿在衡阳打造盐卤产业园满怀信心。陈义和感谢衡阳市委、市政府对中油金鸿的支持和帮助，表示将结合自身优势和企业发展布局，与衡阳有关方面加强对接，并就综合保税区等方面的深化合作实现新的突破。市领导段志刚、刘正兴参加会见。（李　刚）

【城市生活垃圾焚烧发电厂正式投产运营】 2016年12月21日，衡阳市城市生活垃圾发电厂举行投产仪式。这是湖南省第一座完全由本省企业采用自主技术投资、建设、运营的垃圾焚烧发电厂，日处理垃圾近1000吨，年发电量约1亿千瓦时。垃圾发电作为最符合实际需求的垃圾处理方式，当前无害化处理技术方面垃圾焚烧占比为35%，根据国家规划，到2020年底直辖市、计划单列市和省会城市（建成区）生活垃圾无害化处理率要达到100%；全国城镇生活垃圾焚烧处理设施能力占无害化处理总能力的50%以上，其中东部地区达到60%以上。此次投产的衡阳市城市生活垃圾发电厂项目由永清环保投建，设计生活垃圾总处理规模为1500吨/天，分两期建设。一期建设规模为1000吨/天，建设两条500吨/天的生活垃圾焚烧线及余热锅炉。该项目8月15日开始试运行，截至当日，累计焚烧垃圾11万余吨，总发电量约4000万千瓦，上网电量3000余万千瓦，总发电量约4000万千瓦，上网电量3000余万千瓦，预计年发电上网量约1亿度。湖南省副省长何报翔，湖南省环保厅党组书记刘尧臣，湖南省住房和城乡建设厅党组成员、副厅长高东山，湖南省发改委副

巡视员刘年来，衡阳市委副书记、市长周海兵及相关部门领导、永清环保公司领导近200人参与投产仪式。（王　滢）

电子信息工业

【衡山科学城北斗羲和产业基地发展研讨会举行】 2016年4月11日，衡山科学城北斗羲和产业基地发展研讨会举行。市委副书记邓群策出席会议并讲话。希望以此次研讨会为纽带，早日促成北斗羲和产业基地落户衡山科学城。市委常委、市委秘书长张贺文主持会议。会上，北京邮电大学电子工程学院院长邓中亮教授作题为《双核驱动，打造千亿级创新高科技产业园区》的演讲，与会的专家学者、领导和企业家发表意见。根据规划，总部位于北京的北斗羲和公司拟在衡山科学城一期投资6亿元，建设精确定位接收系统生产基地。二期与投资企业和龙头企业共同投资10亿元以上，建设芯片生产基地。同时，建设应用技术服务中心；建设北斗精确定位技术工程技术中心；通过部省合作、科工贸产学研合作，吸纳5个以上工程技术中心、30家以上企业聚集衡山科学城，5年内新增工业产值达到百亿元规模，10年内形成一批上市企业和更大规模工业产值。邓群策强调，衡阳市计划以北斗羲和产业为龙头，突出规划引领，强化资本运作，拉长延伸产业链条，促进更多北斗相关企业、相关科技成果引进落地，致力打造“北斗羲和+”“大数据+”双核园区，打造千亿级创新型高科技产业集群集聚区。衡阳市将提供最优服务，营造良好环境，大力支持北斗羲和产业在衡阳发展壮大。市领导李慧星、周辉斌、肖长贵参加研讨会。（李　刚）

【湘梦集团与衡山县人民政府签署《投资合作协议》】 2016年5月6日，湘梦集团与衡山县人民政府正式签署投资合作协议》，湘梦集团投资5亿元在衡山县开云镇打造湘梦衡山智慧农业电商产业园。该项目计划分两期进行建设，建设周期为6年。主要建设一网（衡山县农村电子商务020综合服务平台网络系统）、一园（湘梦衡山智慧农业电商产业园）、一街（衡山县电子商务及宗教文化示范街）、两中心（在电商产业园设立数据中心及结算中心）。项目建成后产业园电子商务交易额可突破20亿元，税收破亿元，提供创业及就业岗位1万余个，将衡山县打造为全国电子商务示范县，引领湖南省电子商务发展。（李　刚）

【华为（衡阳）联合创新实验室正式落户高新区并举行揭牌仪式】 2016年7月18日，华为（衡阳）联合创新实验室正式落户高新区并举行揭牌仪式。实验室设在市公安局内，华为和衡阳市共同进行基于视频大数据、人工智能、视频分析、神经网络、云存储、监控云平台等技术的联合创新开发，共同致力于衡阳城市信息化建设。实验室研究的课题‘视频算法’是人工智能最核心的内容，在全球技术处于领先位置。以公安部门侦破案件为例，若一个案子涉及到5个摄像头，两天视频至少需要动用8名侦查员查看3天。运用华为的“视频算法”，视频监控拍下嫌疑人后，后台会自动根据嫌疑人特征，调出其在其他地方出没的视频；或者输入嫌疑人的照片，系统立即会将与该照片有关的信息调集出来。这种运用大数据进行识别的技术，将使百亿条记录实现秒级检索，极大提高公安部门侦破案件的效率和成功率。华为率先在业界开展“视频算法”研究，截至当月，在全国选择的合作单位只有衡阳高新区，是华为公司首次在三线城市建联合创新实验室。

（李　刚）

化工食品工业

【钟瀚德到衡阳考察高纯氧化钒项目】 2016年4月14日，市委副书记、市长周海兵会见到衡阳考察的香港瀚德集团有限公司主席钟瀚德。双方就瀚德集团在衡阳投资建设年产1万吨高纯氧化钒项目进行洽谈。周海兵指出，衡阳松木经开区作为一个循环经济产业园，可为项目提供各种原材料。衡阳市交通条件便利，高速铁路、高速公路、航空、水运及国、省干线公路等形成立体交通网络。高纯氧化钒生产是朝阳产业，发展前景广阔，项目落户衡阳，有助于促进衡阳完善产业链条，希望双方加强沟通合作，加快项目落地，将项目打造成为衡阳产业链招商的典范。市相关部门要与瀚德集团加强对接，帮助解决项目落地、建设中的具体问题，促进项目早建成、早投产、早达效。钟瀚德表示，年产1万吨高纯氧化钒项目将成为全球首条氯化法高纯氧化钒高效清洁生产线，并配备还原法高纯钒电解液产品车间，满足高性能全钒液流电池对高纯电解液的需求。项目落户衡阳，一是看中衡阳优越的交通优势、区位优势，二是衡阳松木经开区特别是衡阳建滔有限公司可以为项目提供所需的充足原材料。该项目一期投资5000万美元，计划2017年6月正式投产。市委常委、常务副市长段志刚参加会见。（李　刚）

【湖南裕华化工集团有限公司热法回收氯化铵装置试产】 2016年5月，湖南裕华化工集团有限公司15万吨/年氯化铵项目顺利点火试产。这标志着全球首套自主研发的热法回收氯化铵装置正式落成并试产。该项目正式投产后，可形成消耗处理100万立方米/年高浓度母液水的能力，并从废水中回收15万吨/年氯化铵，成为全国最大的小苏打生产企业。（李　刚）

【燕京啤酒衡阳公司引入湖南第一条罐装啤酒生产线投入生产】 2016年5月7日，燕京啤酒衡阳公司引入的湖南第一条罐装啤酒生产线正式投入生产，该生产线每小时可生产3.6万罐啤酒，年产量可达5万吨。燕京啤酒衡阳公司的罐装啤酒生产线是湖南省引进的第一条罐装啤酒生产线，主要设备从德国和美国进口，总投入4000余万元，各项技术均达到世界领先水平，年产量达5万吨。这条罐装生产线投入生产后有助于提升衡阳燕京啤酒的品质，燕京独有的纯生鲜啤采用罐装包装。（李　刚）

新型材料工业

【湖南国禧新型材料环保节能建筑材料有限公司落户衡阳】 2016年5月，湖南第三家新型建筑材料企业——湖南国禧新型材料环保节能建筑材料有限公司落户衡阳。该公司建设完成后，可年产2000万平方米新型轻质建筑墙板，成为湖南地区产量最大的新型建筑材料基地。该公司生产基地位于珠晖区东阳渡曙光村，厂区占地面积30公顷，计划投资5500万美元。衡阳的区位优势、优越的交通运输条件是该公司选入驻的重要因素。该公司与大型国企上市公司深圳民航机场控股集团有限公司、深圳民航机场金融控股有限公司达成投资合作，共同生产该型环保节能保温墙体材料。（李　刚）

【衡阳建筑工程项目获首个中国建设工程鲁班奖】 2016年11月，2016—2017年度第一批中国建设工程鲁班奖（国家优质工程）在北京揭晓，衡阳市南岳生物制药有限公司血液制品产业园项目建安工程（一期）获得该奖项，这是衡阳建筑工程项目获得的首个鲁班奖。南岳生物制药有限公司血液制品产业园项目工程，由南岳生物制药有限公司投资兴建，湖南省第五工程有限公司施工总承包，工程主要由办公楼、血液制品车间、员工宿舍楼三部分组成，另辅助用房包括动力站、污水站、酒精灌区、动物房、消防水池、南北门卫，总建筑面积52000平方米。该工程应用住房和城乡建设部推广的8项新技术，其中应用创新技术3项，技术攻关1项，在新技术推广应用方面体现“功能型、智能型、环保节能型”的现代化绿色建筑理念。在主体结构施工、外墙保温工程、室内装饰工程、屋面工程、安装工程、智能化系统、节能环保等方面推广使用大量新技术、新材料、新工艺、新设备，以满足其使用功能要求。中国建设工程鲁班奖（国家优质工程奖）是中国建筑行业工程质量的最高奖，代表建筑行业全国质量最高水平，被誉为建筑界的“奥斯卡奖”，由住房和城乡建设部主管，中国建筑业协会组织评选，每年评选一次，两年颁奖一次。（李　刚）

工业企业改制

【概况】 2016年，市工业企业改制服务办公室按照“一手抓改制任务的完成，一手抓遗留问题的处理”的总体思路，全面达到“改一家，稳一家”的既定目标：一是改制目标圆满完成。完成衡阳光学仪器厂、电筒厂、裕民电站、衡阳市电机厂、二橡胶厂职工安置工作，职工总人数2486人，安置职工2477人，兑付率达到98%以上，直接安置职工费用8169.92万元（电机厂、二橡胶厂职工安置工作正在进行过程中）；完成衡阳建湘柴油机厂、天翔机电实业总公司、阀门厂、大石渡物业管理中心、玻璃瓶罐厂、灯泡厂、界牌陶瓷厂、天驰药品公司、化工局供销公司经销部（经营部）9家企业实物资产移交工作，移交手续正在与弘正公司、来雁新城、滨江新区办理；基本完成衡阳建湘柴油机厂、阀门厂、衡阳市灯泡厂、餐具厂、二轻工业产品批发部、大石渡物业管理中心、无线电三厂、无线电五厂、华鑫机电销售处、毛纺织厂10家改制企业验收工作；完成12家事业单位改革改制可行性方案。二是遗留问题妥善解决。原三塑料厂“2688创艺园”、原制钉厂与明兴公司经济赔偿、原三皮件厂因债务问题资产被冻结、玛钢厂的集资建房、伞厂门面出租问题、制革厂职工房屋无产权等诸多问题得到较好处理；原新衡日化总厂职工的医保问题，家属区的供水问题，晶科威托管新衡职工所欠养老、医保、生活费问题，到龄职工不能办理退休手续和茶山坳32户职工的住房国土证办理等问题得到处理；妥善处理莱德生物药业有限公司危化品，督促莱德公司筹措资金，与来雁新城投资公司衔接，力争后续500万元专款到位，将莱德公司三个下属分公司湘华化工厂、金雁化工厂、三塘微生物厂的危化品全部安全处理好；妥善处理唯康药业股份有限公司改制停产后，职工身份没有置换、生活费停发多次上访的问题。市工改办多方筹措资金，发放下岗职工的基本生活费，使职工的最低生活得到保障。

（李依蓓）

【产业转型升级】 为盘活存量资产，促进产业持续性发展及职工再就业，2016年，大力发展园区建设。一是打造文化产业园。在成功创建三叶创业园区的基础上，引进“2688文化产业园”项目。该项目是以文化传播为主要业态，整合中西文化和各种时尚元素的文化创意园，在湖南省内属首创，也是衡阳市唯一的综合婚庆文化产业基地。项目建成后，可安排下岗职工500余人，年产值可达8000万元，年创利税达500万元以上，将成为全市文化艺术展示中心和湘南具有影响力的文化创意产业集聚区。截至2016年底，作为项目的一期工程——万像国际婚纱摄影电影城完成工程量80%，完成建设1.5万平方米，完成投资近4000万元，该创意园吸引来自广西玉林等省内外100多家企业加盟，并与省内外部分艺术院校合作，为学生提供实习场地以及影视拍摄基地和就业机会。二是大发展陶瓷工业园。2015年以来，上市央企中油金鸿能源公司成功收购原湖南省界牌陶瓷总厂界牌生产经营性资产。该项目计划投入10亿元人民币，打造界牌陶瓷工业园，首期支付1亿元人民币。界牌分公司生产经营按照中油金鸿的运行机制、管理模式正在逐步向前推进。三是助力改制企业“退城入园”。协调市有机玻璃厂、制革厂等来雁新城范围的企业腾地搬迁，做好原入驻租赁户的思想工作并为尚未到期租户联系新址建厂房等；配合做好万达广场的腾地搬迁，积极协调原制钉厂的租赁户及住户搬迁，与相关入驻企业就赔偿问题进行谈判，保证市重点工程的腾地搬迁工作如期完成。（李依蓓）

【安全维稳工作】 2016年，市工改办将安全维稳工作作为头等大事来抓。一是牢固树立维护稳定是第一责任的观念。在信访维稳工作中，转变思路，强化措施。对企业分片包干，经常下企业进家门化解矛盾纠纷。全年接待来信来访154余批次，接待上访人员100余人，结案率100%。一年来，无人进京上访，无人赴省上访，无人到市委市政府集访，未有不稳定事件发生。二是树立安全生产是第一生命的观念。利用“五一”、“十一”等重大节假日开展安全生产大检查，集中组织4次安全大检查，排查隐患60处，全部整改到位。同时，组织各企业和管理人员开展安全应急演练。由于措施得力，落实到位，安全形势大为改善，企业安全意识得到增强，实现安全生产零事故。

（李依蓓）

【扶贫帮困】 2016年，市工改办进一步完善帮扶体系，实施精准扶贫送温暖工程，解决困难职工的生活问题。一是加大精准扶贫工作力度。在充分调查摸底的基础上，组织建立特困职工和领导干部联系对口帮扶档案，落实“第一责任人”。进一步完善困难员工档案，新增246名困难职工进入全国工会困难帮扶系统，并建立完善的纸质档案，全面准确地掌握特困员工家庭的情况，做好动态管理，准确掌握特、重困员工的真实情况。元旦春节期间，对1113名困难职工进行慰问，发放慰问金57.36万元；二是与市总工会联系，为23余家特困企业进行“双联”帮扶。春节期间筹集“双联”资金188.95余万元，发放慰问粮16万元（折合57142斤），慰问油10万元，折合油1961桶；三是组织“金秋助学”活动，对因家庭困难而上不起大学的学生进行救助，筹资10.7万元，帮助41名寒门学子读大学；四是对口扶贫衡东县踏庄乡荆茗村，市工改办扶贫工作队先后6次进村入户，访贫问需，访贫问计。经过入户走访摸底，确定34户贫困户，实施一对一帮扶，送去慰问金5万元，并筹资15万元帮助该村农田水渠建设。

（李依蓓）

园区经济与区域开发

责任编辑：李旭东

衡阳国家高新技术产业开发区

【概况】 经济运行稳中有进，地区生产总值增长8.2%；实现财政总收入16.97亿元，增长9%，高于全市平均增速3个百分点；固定资产投资增长26%，增幅居全市前列；社会消费品零售总额增长11.7%；市场经营主体壮大，增长到9311家，同比增长37.2%；在国家级高新区排名由115家的第105位上升到135家的第99位。（唐 笑）

【招商引资】 2016年高新区围绕世界500强、央企和行业龙头企业，共引进各类项目23个，到位资金20亿元。其中跨境电商产业园一期、船山商会总部经济体、新三板上市公司总部、贝蓝斯医疗科技产业总部基地、中兴网信等5个总部经济体落地；华为（衡阳）联合创新实验室、启迪之星孵化器2个研发孵化平台正式启用；策划包装会展中心、五星级酒店等招商项目36个，为2017年招商引资工作做好项目储备。（唐 笑）

【项目建设】 2016年，实施市重点项目37个，占市重点项目总数的10%，完成投资51.2亿元，超额完成年度目标。其中风顺车桥20万台套悬架技改项目、启迪创新科技园（一期）、悦+广场、紫金中央广场等14个项目已完工，衡阳文化艺术城、万恒茶文化广场、创业创新中心、陆家新区棚户区改造等项目超额完成年度投资。紧盯国家政策资金支持方向，策划包装一批项目，争取国、省政策资金支持，其中虚拟大学城、陆家新区棚户区改造一期等6个项目成功获得国家专项基金支持4.4亿元，一批重点项目进入省市投资计划。为保障项目用地需求，向上衔接，批回土地216.6公顷，组卷上报待批土地100.47公顷；加快征地拆迁进度，完成征地165.2公顷，完成房屋拆迁27.5万平方米，保障双创中心、虚拟大学城、总部基地、棚户区改造项目和陆家新区路网等重点项目建设的用地需求；制定出台《高新区集体土地征收与房屋拆迁补偿安置实施细则》，为征地拆迁安置工作的开展奠定基础。（唐 笑）

【平台功能】 年内，衡阳高新投资有限公司（以下简称高新投）成立，发挥投融资公司的造血功能。截至2016年年底高新投资产已达70亿元，完成投资41亿元，完成融资42.7亿元。同时，全面建立科学的运行机制和规范的管理体系，推进集团化改造，湖南雨母旅游投资发展有限公司、衡阳高新投置业有限公司、衡阳高新南粤基金管理公司相继成立，高新物业、高新文化、高新能源公司抓紧注册，高新投的整体实力迅速增长，提升对产业发展的支撑力。（唐 笑）

【创新型园区建设】 推进创新型园区建设，荣获省级大众创业、万众创新示范基地。科技创新经费投入不断加大，创新平台建设经费支出约9100万元，科研企业不断增多，企业及个人发明专利申请量同比增加15%，华为（衡阳）联合创新实验室正式挂牌运行，以最先进的技术研究“视频智能识别”技术，“视频大数据智能分析平台”获全国优秀创新产品特等奖。创新创业平台初见成效，2大创业园、3大众创空间、3大创新创业示范基地和7大科技园加速推进。其中，衡阳市留创园一期已入驻生物医药、跨境电商及信息服务等领域的企业40家；中兴网信一期科技园引进企业已经满员，启迪之星孵化器投入使用。（唐 笑）

【城市建管提质改造】 道路及楼宇亮化工程加快推进，硬改绿工作完成提质改造7.6万平方米；平湖公园提质改造有序推进，陆家新屋提质改造完成。陆家新区路网基本成形；衡阳廉政文化雕塑主体公园正式建成；全市首个公共自行车租赁项目于1月1日起正式投入使用；交通优化和停车管理工程顺利完成，初见成效；农贸市场改造工程抓紧时间进行规划设计。强力推进违法建筑管控工作，拆除违法建筑2.52万平方米，基本完成祥光、银山等5个社区的“三清三建”工作，城市人居环境不断改善，市民文明素质提升。（唐 笑）

【社会事业发展】 统筹经济社会发展，提高公共服务水平。全面完成全民参保登记工作，失地农民养老保险实现全覆盖；加大困难群体救助力度，2016年来共发放城乡低保金591万元，医疗救助金137.7万元；高效完成城镇医保和农村医保合并工作，新成立的城乡居民基本医疗保险基金中心顺利运行，城乡居民获得医疗费用补偿1.8万余人次，补偿金额1929.34万元；坚持计划生育基本国策，出生人口政策符合率、政策外多孩率控制在年度人口和计划生育工作目标计划之内；成功竞拍衡阳市中心血站办公用房，计划作为华新医院办公新址进行升级改造；完成祝融小学扩建工程并投入使用，蒸水小学扩建工程主体完工，以缓解周边适龄儿童入学难问题；校园安全工作被评为“湖南省平安校园示范区”；成功举办首届“最·高新”文化艺术节，彰显高新区独特的文化魅力；办理市人大代表议案9件，市政协提案21件，办复率100%；工会工作扎实推进，区内基层工会组织增加到25个；组织开展形式多样的志愿者服务行动，获得社会好评；全面落实安全生产责任制，抓企业安全生产隐患排查整改，有效遏制各类事故发生，没有发生过一起较大及以上生产安全事故，保证经济社会的平稳健康发展。（唐　笑）

【湘南最大图书城落户高新开发区】 2016年1月27日，位于高新区祝融路与长丰大道交汇处的衡阳图书城正式开张试营业。衡阳图书城投资5000万余元，是全市“十二五”规划重点文化产业项目。衡阳图书城图书经营区面积超过3000平方米，分两层，精选7万个图书品种、20万册图书，衡阳图书城的图书品种和册数，是之前全市最大书城图书品种和册数的2倍以上，其中重点加强对专业类、科技类、生活类、时尚类以及精品图书的引进。书城每日至少有200个品种的新书上架，并在重要位置设置“衡阳籍作家作品专栏”。组建读书沙龙，定期举办读书分享会，邀请全国知名作家前来举办名家讲座、签售会。衡阳图书城采用“图书+咖啡+文创产品+科普体验”的模式，在展示丰富的精品图书的同时，注重文化创意类产品的休闲体验元素，旨在打造衡阳文化“新地标”，为市民提供一道丰富的文化套餐。“咖啡阅读吧”是图书城的特色项目之一，面积200余平方米，读者进去后，可在咖啡吧点上一杯现磨咖啡，“咖啡阅读吧”提供400类畅销图书品种供读者免费阅读，此类“咖啡+阅读”的模式在湘南地区尚属首次尝试。图书城还着重考虑日益增加的少儿教育需求，在引进7000余类儿童图书品种的同时，还规划建设一个500平方米的儿童娱教乐园。儿童娱教乐园包括6个科普性质的儿童娱乐项目，分别是主打体感游戏的娱教馆、智能钢琴教室、9D动感电影体验馆、亲子手工制作馆、娱乐自拍摄影棚以及儿童游乐园。（彭巧玲）

【高新区新增两处应急避难场所】 衡阳市加紧完善城区应急避难场所应急设施建设，截至2016年5月，新建增设6处应急避难场所。其中，高新区增设2处，分别为船山公园和太阳广场；新增后高新区应急避难场所数量共4处，总面积超过10.7万平方米，可容纳7.1万人，能基本满足应急避难需求。每处应急避难场所设有应急水井1至2口，配备发电设备；在确保供水供电的前提下，设立应急指挥部及应急广播系统；并在各场所主入口处设置应急规划平面图。截至2016年5月，衡阳城区现有21处应急避难场所，总面积超过60万平方米，分别为：平湖公园、市一中体育场、西湖公园、莲湖广场、市二中体育场、南华大学体育场、市八中体育场、岳屏公园、南郊公园、市体育中心、湘江二桥桥头公园、铁一中体育场、湖南工学院体育场、衡阳师范学院体育场、营盘山公园、虎形山公园、南湖公园、太阳广场、苗圃公园、船山公园、逸夫中学体育场。（彭巧玲）

【华为（衡阳）联合创新实验室落户高新区】 2016年7月17日华为（衡阳）联合创新实验室正式落户高新区，华为计划与衡阳共同进行基于视频大数据、人工智能、视频分析、神经网络、云存储、监控云平台等技术的联合创新开发，助推高新区信息技术产业集聚，助推衡阳市城市信息化建设。同时，华为公司巡展车开进高新区。此次巡展衡阳站是“2016华为企业业务炫动ICT中国行”的其中一站，巡展主题为“引领新ICT·共建全联接世界”。巡展期间，华为公司还进行《新

ICT开启新梦想》《新ICT：让城市更智慧》的主题演讲。

（彭巧玲）

【“衡阳国家高新区创新创业示范基地”被批准为全省“双创”示范基地】 2016年8月，“衡阳国家高新区创新创业示范基地”被批准为全省“双创”示范基地，系衡阳市唯一入选的示范基地。此外，“启迪之星孵化器”项目被列入2016年省预算内“双创”建设专项投资计划，将获得共150万的专项经费支持。截至8月，衡阳国家高新区创新创业示范基地现已完成规划。项目总投资6亿元，总建筑面积约10万平方米，主要建设科技中心、路演平台、知识产权交易平台、科技企业孵化器、服务外包管理、公共技术服务平台、人才培训及会展服务平台等内容。项目建成后，可为各类创新创业活动提供科研开发、资本运作、信息咨询等全方位的服务支撑，促进高新区创新能力的发展。“启迪之星孵化器”位于启迪古汉行政大楼的3—7层，总面积近7000平方米，拟打造成创业培训区及创业孵化区，由高新区和启迪科技服务公司共建共管。

（彭巧玲）

【高新区国地税联合办税服务厅正式启用】 2016年6月，高新区管委会支持高新区国税局、地税局启动共建联合办税服务厅工作，在场地租金及装修费用给予支援。10月，衡阳市高新区国地税联合办税服务厅正式启用，为市城区第一家共建模式的国地税联合办税服务厅。联合办税服务厅位于解放大道47号，服务厅共设15个办事窗口，分为导税咨询服务区、窗口办理服务区、自助办税服务区及休息等候区四个主要功能区。纳税人只需拿一个号，排一次队，即可办理国、地税业务，实现“一站式”服务、“一窗式”办结，既节约办税成本，缩短办税程序，也能更好地为纳税人提供服务。为提高办税效率，降低办税成本，联合办税大厅设置国地税自助办税区，安装有国地税自助办税机。“国地税自助办税机”，拥有办理国地税业务的自助查询、自助下载打印办税规程和表证单书、自助办税等功能，能满足纳税人24小时全天候办税的需求，让纳税人切实感受到轻松的办税体验。

（彭巧玲）

衡阳市白沙洲工业园区

【概况】 2016年，白沙洲工业园区应对严峻复杂的经济形势和经济下行压力，推进各项工作，较好实现“十三五”良好开局，园区持续稳健发展。

一、经济指标稳定增长。全年完成固定资产投资44.2亿元，增长8.3%；规模以上工业总产值115.4亿元、规模工业增加值34.6亿元，分别增长39.3%、9.9%；财政总收入29.39亿元，增长16.17%；一般预算收入25.65亿元，增长15.45%，各项指标增幅大多处于全市领先水平。规上企业方面。园区现有规模以上企业35家，年产值突破3亿元以上的9家，富士康、南岳电控、南岳生物制药、合力工业车辆、燕京啤酒等继续保持旺盛的发展势头，富士康3家公司实现年产值71.92亿元，成为园区领军企业。资本运作经营方面。利用园区投融资平台白沙投公司对外融资，通过银行贷款、流动资金贷款、发行企业债券和发行中期票据等方式融资22.3亿元，以白沙投为主体成功注册8亿元中期票据，发行6亿元，资金全部到账。国有资产管理理清，资产规模不断扩大，通过接收珠晖工业园、收购发展投位于南江片区的23.27公顷土地等方式，园区平台公司白沙投管理的资产2016年增值30亿元，总额达150亿元。

二、加强财税征管，厘清财税体制。理顺财政关系，完成雁峰区、珠晖区城区搬迁12家企业税收征管体制调整和珠晖区工业园35家企业税收财政体制改革，扩大园区税收征管范围，充裕区级国库资金。摸排清交税款，开展辖区内服务行业税源税款清理清收工作。协助市国税稽查局妥处欧姆龙漏缴“企业所得税”事宜；解决天锦纺织原厂区搬迁遗留问题。预算制度、政府采购制度、国有资产、非税等管理有序、运转正常。

三、落实安全责任，杜绝安全事故。推进打非治违和隐患排查治理专项行动，有效防范和遏制事故的发生，全年未发生一起致人死亡的生产安全事故，确保园区安全生产形势持续稳定向好。

（毛增禄　李育建）

【招商引资】 一是提升开放水平。把综保区招商作为加快开放型经济发展的突破口和着力点来抓。鼓励开辟综保购新业务，打造“垂直类跨境电商产业园”。依托物流优势，逐步打造进口商品集散分拨中心，湖南兴湖泰国际贸易有限公司的中部地区进口矿产分拨中心正式搭建。利用现有基础，延长产业链条，华安储存、欧贝尔等企业成功开辟新产业线。衡阳双极工贸、湖南吉娜宝贝电子商务、衡阳启源供应链管理、衡阳天保商业管理、湖南京城科技等公司的入驻，加快综保区新能源、电子信息、物流等产业发展。二是优化传统产业。南岳电控实施“四代”战略，即“生产一代、研制一代、储备一代、构想一代”，研发的国五、国六排放标准的高压共轨系统，汽油直喷GDI、发动机排放后处理系统、废气再循环系统EGR等已经取得突破性进展，并将新建国家级的研发中心。中科院中科众能科技有限公司已在衡阳注册公司将实行科技成果转化。三是实施精准招商。围绕延伸产业链，8月以来，园区招商分队赴北上广深等地，加强对外宣传和推介工作力度，组织招商对接活动9次，签订合同15个（含综保区），合同总投资额16.72亿元。富士康声控智能音箱、注塑成型及摩拜城市智能自行车等新项目均已成功落地，中国南部最大模具生产基地建设计划进入实施阶段，与中商华厦、华能集团、正威集团、深圳初云会建设规划洽谈合作事宜。

（毛增禄　李育建）

【项目建设】 把项目建设作为重点。按照“签约项目抓开工，开工项目抓投产，投产项目抓达产，达产项目抓增效”的原则，竭力抓服务、搞协调、促落实，提前解决项目建设涉及的土地、规划、资金等问题。2016年实施重点工程项目31个，完成投资37.2亿元，达到预期目标。1. 征地拆迁方面：全年完成征地89.92公顷，拆迁房屋约9万平方米；启动23个项目的征拆工作，其中，12个项目全面完成征拆任务并腾地交地，3个项目完成拆迁量的80%以上，4个项目已按要求启动征拆前期工作。2. 基础设施项目方面：重启西部开发路网建设，续建金桥路、衡常路、富强路、铜桥路、奇峰路等五条道路，完成工程投资2500万元；完成南三环匝道、东三环扫尾工程；风光带建设加快，啤酒广场和绿道规划设计已完成；产教融合基地完成征地66.67公顷、土方平整18.67公顷；栗塘加油站、白沙消防站完成征地和选址；完成雁峰集聚区挡土墙工程。3. 民生项目方面：金桥棚户区、金茶家园公租房、新民安置房、八中初中部、新民小学等建设工程全力推进，缺失手续基本补办完成。4. 工业项目方面：唯康药业、深圳联得自动化专业设备、湖南杜克智能化、衡阳利宁医药、湖南越能电力、深圳兴雅文RFID、中烟薄片、恒天九五8个项目先后开工建设；珠晖工业园初步移交园区，对移交33家企业摸底造册，逐步处理遗留问题。

（毛增禄　李育建）

【园区企业服务】 1. 规划引领方面：完成南江新区概念性规划方案编制、东部控规评审申报、白沙绿岛军民融合产业园12平方千米产业园规划设计与建设概念性规划编制；完成产教融合基地、绿岛大道选址，绿地规划调整方案已报国家、省规划部门审批。2. 国土报批方面：白沙洲片区报批7宗土地99.32公顷。南江片区绿岛大道28公顷和珠晖工业园中烟薄片7.4公顷土地上报待批。绿岛大道5.33公顷基本农田已调整为建设用地。3. 招聘员工方面：为富士康等企业招聘员工6800多人次，与衡阳技师学院合作培训员工2400人次，中科院、财工院、工学院等院校与企业的深度合作得到强化。4. 金融扶助方面：建立企业扶助专项资金，举办金融培训班2次，设立企业“助保贷”，13家企业通过政银企对接活动签约资金2亿元。综合服务方面：通过租金减免、税费返回等方式为企业降低成本6100万元，争取养老保险过渡试点为企业减少费用1.2亿元；为23家企业争取专项资金4544.8万元，支付企业财政优惠政策补贴6151万元；抓好社会治安综合整治，调处企业劳资纠纷300多人次，妥善处置富士康、燕京啤酒、欧姆龙等不稳定隐患，园区服务中心推行“办事不出园”，开辟咨询、受理和办结3个窗口。争取工业用电纳入省电网改造试点，努力降低企业用电成本。5. 遗留问题方面：对园区2013年以来违规招投标的9类项目整改落实到位，并开展项目超预算自查，规范项目建设秩序。补齐44个项目环评手续，完成衡阳金威机械、利宁医药科技、湖南杜克智能化设备等项目的规划修改。批回停批一年的21公顷林地用地指标，完成西部开发21.67公顷违法用地整改工作。（毛增禄　李育建）

【社会民生事业】　民生实事方面，全年新办被征地农民参保398人，财政补贴1678万元；拨付医疗保险资金、教育资金、城乡低保资金共536万元；发放农村城市低保211.21万元、失地农民临时生活困难补助339.3万元、医疗救助和临时救助资金65.57万元（302人）。安置失地农民再就业200余人。为对口帮扶的衡东县桔冲村赞助资金30万元用于建设太阳能光伏发电站，该项目已于2016年11月顺利并网发电。文明创建方面，投入资金525万元提质改造住宅小区。全年拆除各类违章建筑18416平方米，制止各类违章建筑5359平方米；清理维护市政设施，清理雨水井盖700个、维修道板砖4300平方米，补缺路沿石960米；环卫保洁、园林养护常态化、精细化，园区城市管理日趋规范，全国文明城市创建迎检工作得到市创建办的肯定。信访维稳方面，推行领导接访制、包案制。全年接待上访群众239批次、597人次，化解积案4起。顺利完成省委、省政府和市委、市政府主要领导视察及重要客商考察的重大接待活动；做好2016年全国、省、市“两会”及“2016年经济工作会议”等重大节点维稳工作。计划生育、食品药品监管等工作均取得良好成绩。

（毛增禄　李育建）

湖南衡阳松木经济开发区

【概况】　2016年湖南衡阳松木经济开发区（以下简称松木开发区）在宏观经济下行的压力下，克服不足，加快建设、成效显著。全年共实现规模工业总产值73亿元（不含石鼓区8家企业），同比增长9%；实现规模工业增加值21.9亿元，同比增长8.6%；新增规模以上工业企业7个；完成固定资产投资49.07亿元，同比增长22%；实现财政总收入9.02亿元，同比增长13%，各项经济指标增速较好。（罗　彦）

【项目建设】　全年共召开项目建设集中调度会16次（其中9次调度工业项目建设、7次调度基础设施项目建设），解决项目建设中存在的问题，跟踪督查项目建设进度，加快推进项目建设。1. 工业项目推进方面。2016年列入市重点工业项目26个，实际实施26个，开工率100%。其中，凯信化工、旭光锌锗、中民筑友、盛亚化工、捷瑞化工、鸿宇化工、鸿志化工、虹腾建材、潇峰化工、金化科技、志远二期11个项目竣工投产；黎达化工、宝康医药、群立新科和春晓明珠4个项目完成厂房、办公楼主体工程建设，进入设备采购阶段；金新莱孚、湘硕化工、仁发科技、蓝旗格气体、勤天化工、恒缘电工、铖昱锌品、东氟新材料、和飞化工、晋宏化工、建滔年产8万吨双氧水项目等11个项目加紧推进。尤其是中民筑友的建设创造“松木速度”，从正式动工（1月12日）到建成试投产（6月30日），仅用5个多月时间。另外，盛亚化工、鸿志化工等项目推进速度都比较快。2. 基础项目建设方面。2016年列入市重点基础设施项目10个，实际实施10个，开工率100%。第一，全力推进路网建设。中部松涛路已全线贯通投入使用；南片松梅路、花叶路、龙祥路3条路已建成通车（已全部完成道路油化，进入绿化和亮化工程建设阶段）；北边云升路西延、江霞大道北延和聚园路3条路已完成路基工程建设；友谊路、衡大北路2条路启动建设。第二，强力推进房建项目。南片安置房八期10幢小高层可交付使用，2幢高层2017年6月底可交付使用；安置房九期正启动建设，截至年底已完成场地平整；公租房四期即将全部交付使用；标准厂房四期完成验收。3. 市管项目保障方面。全力抓好征地拆迁等工作，及时协调解决项目建设中的涉农纠纷，营造良好的施工环境，确保衡大高速松木互通、107国道城市化改造、二环北路等市管项目顺利通车，彻底解决多年来困扰园区发展的交通瓶颈问题；重要节点项目——湘江特大桥成功合龙，为怀邵衡铁路顺利推进奠定坚实基础；松木生活污水处理厂、松木水上服务区、松木船舶集中停泊区等项目启动建设，征地拆迁等前期工作加紧实施。

4. 招商项目引进方面。通过小分队招商、商会招商、沿海招商、产业链招商、以商招商等方式，2016年累计引进项目12个，招商引资额达42.6亿元。在8月19日"沪洽周"上，与香港建滔化工集团签约投资15亿元的年产5万吨环氧氯丙烷及背压式热电联产项目；在10月22日的衡州经济发展论坛上，签约深圳电科电源大型锂电储能项目、湖南捷瑞化工、湖南广成化工、深圳星荣集团、广州森美机械等5个项目，招商引资额达10.5亿元；在12月20日与湖南大合新材料签订投资11亿元的单晶半导体新材料产业园项目。与上海远孚物流、广州金信达钛金、东莞旭联电子、长沙金炬实业等10个项目加紧洽谈对接。（罗　彦）

【服务企业】 2016年，着重在帮助企业降成本、破解用地瓶颈、提供要素保障方面下功夫。一是降成本。衡阳港松木港区正式启航运行，降低企业的物流运输成本。加快化工管廊建设步伐，降低企业间的物料运输成本。成功获批园区养老保险改革试点，建滔化工、新澧化工、恒光化工等17家企业养老保险单位缴费费率从20%降到14%。促成企业规费由"先交后返"改为"直接减免"，2016年为13家工业企业申报规费直接减免1981万元。呼吁省政府出台降电费的文件，从2016年9月1日起，全省大工业直供电降低3分钱/度。同时，支持建滔化工建设背压式热电联产项目，降低企业用电成本。二是破瓶颈。项目用地紧张、征地拆迁难、国土办证难等用地问题始终是困扰项目建设的一个瓶颈。为全力保障项目用地需求，2016年领回26.67公顷用地批文，共完成征地100公顷、拆迁10万平方米、拆违4000平方米，"两违"建筑实现零增长。三是强保障。第一，资金方面。2016年融资累计到位资金13.28亿元，全力推进松木投12亿元的发债工作，通过"助保贷"解决鑫晟新能源200万元、锦轩化工300万元、力泓化工400万元流动资金贷款。第二，水电方面。建设市自来水公司107国道旁加压泵房，启动松木水厂加压泵房建设。完成松涛路、公租房四期、仁发科技、金新莱孳、埝塘路、聚园路、安置房七期项目10千伏清倪B线的迁改工作，完成虹腾建材、新澧化工、恒缘项目等企业电源点建设工作。（罗　彦）

【园区面貌】 2016年，园区面貌焕然一新，园区承载力和影响力全面加强，园区认同度和美誉度全面提升。一是提质基本完成。截至年底，中部上倪路、化工路、松枫路、107国道、江霞大道、新安路、金源路"三横四纵"路网的提质改造已全部完成，中部地区征地拆迁、土地平整基本完成，松枫广场建设落成。南片松梅路、花叶路、二环北路、107国道、龙祥路、江霞大道"三横三纵"的路网格局已经形成，松梅路、花叶路和龙祥路等三条道路已基本成形。北边云升路东段、埝塘路中段已建设完成，云升路西延、聚园路、江霞大道北延、新安路北延、埝塘路北延等"两横三纵"的路网加紧修建。安置房六期、七期、化工路西延和金源小学的建设已完成，农贸市场、卫生服务中心等配套项目加紧建设。二是管理日趋完善。设立交警中队，加强园区内交通执法、交通秩序的管理维护力度。同时，公用事业管理局联合综合执法大队、派出所和交警中队等各方力量，大力开展治超、整治"两违"、清理占道经营等工作，完善市政设施，实行环卫工作外包，委托专业环卫公司抓好环卫保洁工作，城市管理水平提高。三是严守底线不松。为确保园区大局和谐稳定，2016年抓好安全生产、环境保护、综治维稳等底线工作。安全方面，设立松木消防中队，松木消防站正式运行；邀请省委党校教师到园区开展安全生产开放式培训；年内组织安全生产应急演练1次。环保方面，出台《环境监管网格划分实施方案》，建立二、三级监管网络；抓好金山水泥、新澧化工等企业的脱硝、减排技术改造工作；启动松木污水处理厂重金属处理工作，在各化工企业排污口安装在线监控；完成全年化学需氧量、二氧化硫、氨氮、氮氧化物4项指标的减排任务，PM10、PM2.5浓度明显下降，环境空气质量持续好转。维稳方面，健全完善矛盾调解机制，大部分矛盾纠纷在萌芽状态得到妥善处置，社会秩序平安和谐。全面完成全民参保登记工作，摸底参保登记人数10894名，全民参保登记工作被评为全市先进单位。

（罗　彦）

【戴道晋调研园区安全生产工作】 2016年2月2日，湖南省副省长戴道晋一行调研指导湖南衡阳松木经开区安全生产工作，前往经开区龙头企业衡阳建滔化工有限公司视察指导。戴道晋强调各级各部门要认真吸取国内一些地方发生的各类事故教训，居安思危，抓实抓细把安全生产工作，尤其对重点部位和关键环节，要加大安全监管力度，严格落实各项安全措施，坚决防范和遏制重特大事故发生，确保人民群众生产生活安全。在企业生产一线，每到一处，与正在工作岗位的职工亲切交谈，了解他们对安全生产知识的掌握情况、安全生产培训情况和对应急疏散预案的知晓情况。听取企业负责人情况汇报后，戴道晋强调，安全是企业的生命线，不能有丝毫懈怠，要严防严控，消除隐患，将安全检查、安全培训、安全教育、安全宣传、安全防范等措施落实到位，确保不发生任何安全事故。市委副书记、市长周海兵，常务副市长段志刚，副市长、市公安局局长周学农，松木经开区党工委书记、管委会主任雷华等陪同调研。（彭巧玲）

【首批项目入区专家评审会召开】 2016年2月19日，市松木经开区召开2016年首批项目入区评审会，对拟入区的柳化智成等7个工业项目进行评审，会议邀请市安监局、市环保局以及化工行业的专家担任评委。会议召开之前，评审专家实地踏勘拟用于项目选址的地点，并对各个项目入区情况进行更深刻全面的解。会上，经开区招商和产业发展局介绍参加评审项目的简要情况，评审专家结合市松木开发区实际，就企业环境保护、产业政策、项目用地、原材料供应、经济效益等问题进行研究与讨论，提出项目实施过程中需注意的问题，尤其对科技含量低、能耗高、环境污染、投资强度低、土地占用多、不符合国家产业政策或者已经产能过剩的项目予以严格控制。经过认真评审，对符合国家产业政策和企业发展需要，并且符合松木经开区整体规划的项目，同意入驻松木经开区。（彭巧玲）

【衡阳港松木港区投资合作协议签约】 2016年2月29日，湖南衡阳松木经开区管委会、湖南省水运建设投资集团有限公司就衡阳港松木港区投资合作和注册成立衡阳港投资有限公司一事签署合作协议。松木经济开发区党工委书记、管委会主任雷华、湖南省水运建设投资集团有限公司董事长周志中分别代表双方在协议上签字。松木经开区管委会授权松木投资有限公司履行出资人职责，与省水运投共同出资注册成立衡阳港投资有限公司。该项目位于衡阳松木经济开发区湘江西岸，一期工程占地8.67公顷、已建成千吨级通用泊位2个（含3台装卸设备）、液体泊位1个，以及堆场、仓库、综合楼、港内道路地坪等基础设施。衡阳港松木港区投资合作得到衡阳市委、市政府的高度重视，市长周海兵指挥调度。全力支持开发建设衡阳港松木港区，打造辐射大湘南的铁路、公路、水路货物运输集散中心。合作协议签订后，衡阳港投资有限公司正式成立，注册资本1.1亿元。随后召开的衡阳港投资有限公司第一次股东会议，表决通过衡阳港投资有限公司章程、人事安排等事宜。松木投资有限公司总经理袁万谋、监事会主席刘小平、总工程师熊南恒，湖南省水运建设投资集团有限公司总经理蒋鹏飞、副总经理徐国兵等出席签约仪式。（彭巧玲）

【衡阳港松木港区正式启航】 2016年3月31日，市政府与湖南省水运建设投资集团有限公司签订《关于衡阳港松木港区开发建设战略合作框架协议》。市委副书记、市长周海兵，省交通厅副厅长肖文伟出席签约仪式，标志着衡阳港松木港区正式启航。周海兵指出，省水运投先后在衡阳投资建设大源渡、土谷塘航电枢纽等重大基础设施项目，为衡阳的水运建设和社会经济发展做出重要贡献。周海兵强调，全市上下要全力支持衡阳港松木港区建设，更好地发挥衡阳区位优势，打造面向湘南地区的水运交通枢纽，完善衡阳铁路、公路、航空、水运立体交通网络，促进经济社会转型升级发展。肖文伟要求以此次签约为契机，加快衡阳交通事业发展。衡阳要与省水运投加强合作，共同将松木港区打造成设计一流、质量一流、效益一流的精品工程和示范工程。副市长刘正兴主持签约仪式，省水运建设投资集团有限公司董事长周志中出席签约仪式。副市长王洪斌与省水运建设投资集团有限公司总经理蒋鹏飞代表双方签约。

（彭巧玲）

【衡阳松木港迎来首艘集装箱货轮】 2016年6月15日，“湘远六号”货轮自长沙霞凝港，装载102个集装箱通过湘江衡阳大源渡航电枢纽船闸，驶抵衡阳松木港，接运元明粉等货物经长沙驶往天津港。此系湘江衡阳段迎来的首艘集装箱货轮，实现衡阳市千百年来通江达海的水运发展梦想，也是全市水运发展步入现代化物流的标志性事件。首艘进入衡阳市的集装箱货轮“湘远六号”，功率达660千瓦，载重吨达1980吨，船长73.8米，宽13.2米，型深4.15米，满载吃水3.3米，抗风能力为8级。此次集装箱货轮的首航，结束衡阳无集装箱水运航线的历史，有助于将衡阳的货物用集装箱水运到长江沿线的重庆、武汉、九江、安庆、南京、上海等沿江港口以及国内沿海港口、世界各地港口，并承接从世界各地港口、沿海港口到衡阳的集装箱货物；把松木港区打造成辐射湘南的水运集装箱货物集散中心。

（彭巧玲）

【衡大高速松木互通正式通车】 2016年11月30日，衡大高速松木互通正式通车，通车仪式由市委副书记、市长周海兵宣布开始。松木互通位于衡大高速福星庙互通与石鼓互通之间，是连接衡大高速与蒸阳北路的互通式立体交叉，主线长1千米，匝道长2.377千米，松木收费站收费车道为4进8出，项目总投资1.52亿元。该互通是衡阳城区连接高速公路的第六个出口。市领导段志刚、李辉，松木经开区领导雷华等出席通车仪式。（彭巧玲）

【“沪洽周”签约香港建滔化工集团】 2016年8月18日，“沪洽周”举行湖南省工商界知名人士恳谈会暨重大项目签约仪式。副省长何报翔出席会议并讲话。此次“沪洽周”衡阳市共签约项目32个，总投资额190.9亿元，总引资额190.5亿元。其中，省级签约项目13个，市级签约项目19个；新型工业项目占15个，占比46.9%；现代服务业项目11个，占比34.4%；其他类项目6个，占比18.7%。32个项目中，有31个项目为合同项目，1个项目为协议项目，独资项目24个。会上，松木经开区与香港建滔化工集团，现场签订年产5万吨环氧氯丙烷及背压式热电联产项目，总投资15亿元。（彭巧玲）

衡南云集经济开发区

【概况】 衡南云集经济开发区园区经济运行克服经济持续低迷等困难，保持良好的运行态势。园区累计完成固定资产投资26.5亿元，同比增长10.2%，完成工业总产值96亿元，同比增长11%，实现税收1.39亿元，其中工业税收6321万元，分别同比增长9.2%和9.7%，规模工业增加值25.6亿元，占全县规模工业增加值56%，超额完成2016年小康指标任务。完成道路建设2.5千米，已批回土地14宗，土地面积41.33公顷。园区融资平台实现重大突破，申报国家专项建设基金项目3个，争取资金9300万元，通过融资代建、政府购买服务等模式向县工行、农发行、光大银行争取融资12.6亿元。（刘振国）

【工业新区修编】 2015年，衡南工业集中区总体规划（2015—2030）形成初稿，并通过专家评审。2016年3月，根据县委、县政府的明确要求，由园区牵头与全国顶级的规划设计公司—苏州工业园规划修编单位—新加坡裕廊国际工程规划有限公司（以下简称“裕廊国际”）进行对接。6月20日，“裕廊国际”通过政府采购公开挂网招标方式中标后签约，并就园区产业定位和规划，与相关县领导和部门进行多次沟通磋商，“裕廊国际”加强与衡阳市发改、经信、商粮等部门对接，前往白沙工业园、衡山科学城等重点企业，以及衡南相关部门和企业调研，形成产业规划和空间规划汇报稿；10月13日，向县“四大家”领导和部门作汇报。12月27日，就产业规划和空间规划中期成果向县“四大家”领导和部门进行汇报，并根据会议精神开展后续工作。（刘振国）

【项目建设】 批回土地14宗，土地面积41.33余公顷，家居产业园二期项目用已进窗待批，为园区项目落地提供用地保障。2016年，先后有森香木业、天伦泵业、星珂能源、银鑫加工、金虹包装、沛桐鞋业等13个项目竣工投产。创兴机械、富顺电子、天宇电配、茗添家居、半球家私、华科环保、商业储运等11个项目加紧建设。医友科技、优力环保、森本科技、顺衡电子、特种设备等7个项目即将开工建设。同时，全县组织四个专班，采取“定期走访、全程跟踪”等措施对接衡阳市退城入园项目，与衡阳运机达成初步意向，落实5个招商项目。截至2016年年底，园区与中科光电就购买标准厂房建设中科产业园达成初步意向，大三湘与宏远服装、中源电子协商签订土地转让协议，拟投资4000万元，新建厂房、研发中心、产品展览展销中心和专家楼。（刘振国）

【安置区建设】 争取国家专项基金，以“城关供销社棚户区改造”项目资金化解园区安置区建设资金瓶颈，对园区第二安置区进行提质改造，加快推进第三安置区建设。同时，加强与县公安局、云集镇的配合协作，开展项目征地拆迁。完成第三安置区7.67公顷征地，动迁、拆迁32户，完成土石方工程45万立方米，截至年底，园区第二安置区提质改造已全部完工，第三安置区征地、拆迁、土方、规划、勘探等前期工作全部完成，着手桩基工程实施。园区征拆工作和谐平稳推进。近年来，园区土地征拆未发生一起群体性上访现象。（刘振国）

【基础设施建设】 2016年，园区筹措资金，完成兴园路建成路段的绿化、亮化和人行道工程，打造园区第一条高标准的示范路。完成鸿园路的征拆、路基和路面建设，推进黄金路东段的征拆、路基建设。同时，继续实施全省“135”工程项目，2016年，已建设完成配套公租房9幢，建筑面积3.6万平方米，已完成4幢标准厂房桩基工程，已竣工2幢标准厂房主体工程，建筑面积1.2万平方米。（刘振国）

【融资对接】 为化解园区建设资金瓶颈，园区先后与湖南建工集团、湖南辉腾投资、湖南富荣投资、湖南三建、农银国际、泛华集团、农发行、国开行、工商银行、中交建集团、南昌市政公用集团等30余家投资者进行广泛接触，就“融资+建设”、融资租赁、“PPP”、合作开发等多种融资模式进行全面对接。截至年底，园区已成功申报国家专项建设基金项目3个，争取资金9300万元，通过融资代建、政府购买服务等模式争取融资12.5亿元，其中，工商银行3亿元融资贷款已获通过，预计2017年1月底前发放到位，农业发展银行7亿元融资代款手续基本完成，已启动政府购买程序，光大银行2.6亿元棚户区改造项目融资已进入实际操作性阶段。（刘振国）

【项目服务】 园区全力落实项目“服务员”制度，对48家投产企业和30家建设或投产的重点项目均确定一名园区班子成员为服务员，明确服务员的三项责任，即“园区内的事由服务员全权居中调度，园区外的事由服务员全权跟踪协调，项目建设过程中由服务员全权处理矛盾纠纷”。让园区干部职工“人人肩上有担子，个个身上有压力”，明确每个班子成员必须每月深入联点企业现场服务1次以上，帮助解决企业和项目生产、建设中存在的困难和问题，调度落实企业税收计划。2016年以来，园区班子成员为企业排忧解难和帮助项目业主解决矛盾纠纷40余起，处理群体性劳资纠纷5起。（刘振国）

衡阳西渡高新技术产业园区

【概况】 2016年，衡阳西渡高新技术产业园区（以下简称西渡高新区）招商引资、项目建设、设施建设、融资争资、财政税收、服务管理各项工作进展顺利。截至2016年年底，西渡高新区核心片建设快速推进，土地平整全部完成，三横七纵骨架路网建成通车，3.9万平方米726套公租房、2.2万平方米自建标准厂房全面竣工，落户核心片的工业项目有21个，已建成投产2个，基本建成的5个，在建项目9个；实现技工贸总收入153亿元，其中规模工业产值145亿元，规模工业增加值43.5亿元，高新技术产值45.31亿元，出口创汇5600万美元，实现税收3.6亿元。（谢湘俊）

【招商引资】 一是创新招商选资方式。根据产业发展规划，西渡高新区以智能装备制造、生物医药、电子信息作为三大主导产业，辅之以都市型产业，配套发展现代物流等服务业。这几大产业充分发挥西渡高新区的比较优势，实现与周边园区错位发展。在招商选资的过程中，西渡高新区重点围绕主导产业引进上、下游项目，形成产业集群。以招大引强带动产业链招商、专业型招商，以优质的服务、优惠的政策、优越的区位、优美的环境形成投资洼地，吸引项目入驻。二是注重项目效益。衡阳县政府制订项目入园评估机制，县招商领导小组组织相关职能部门对入园项目在投资强度、用地面积、亩平税收、环境保护等方面进行严格评估，评估通过的才能签约入驻。同时提高园区项目准入门槛，突出“招大引强”。突出引进产业链条项目和总部经济，重点引进科技含量高、经济效益好、资源消耗低、环境污染少的新兴产业项目。园区引进的唯品会项目总投资12亿元，总用地78公顷，首期用地约40公顷，项目建成后将辐射湘中南、赣南、粤北、桂北及黔东南等地1.5亿以的人口，可解决4000人的就业问题，亩平税收在10万元以上。引进的60亿安时稀土锂电池项目，为国家绿色能源重点发展项目。三是建立入园项目专项考评机制。对已进园项目衡阳县政府决定明确专门领导牵头，组织一次专题考评，开展一次回头看，对履约项目作为县委、政府评先评优的依据，对履约不到位或不能如期履约的项目要采取履约追究补偿或处置退出。同时县委、县政府已明确由常务副县长牵头，要在清退僵尸企业、收回闲置土地要实现零的突破。四是招商形势良好。按照产业规划，引进相关产业链条和总部经济，重点引进科技含量高、经济效益好、资源消耗低、环境污染少的新兴产业项目，2016年新签约项目有康和源体育用品、海欧智能沙发、安邦科技孵化平台、美雅特门窗、美佳妮卫生用品、阿里巴巴村淘、万盈化妆品、天地恒一中药提取、叶面肥、丝妮芳制衣。 （谢湘俊）

【项目建设】 年内，西渡高新区项目建设有三类。一是基础设施项目，其中包装对接融资项目1个，即三个水体治理项目；正在做开工准备项目1个，即园区污水处理厂、污水管网及固废处理项目；在建项目2个，即核心片基础设施建设项目及怀邵衡站场及连接线项目。二是民生项目3个，即公租房、标准厂房及16个安置小区项目。三是产业项目，共95个项目，分投产、在建、待建三种情况，1. 投产项目情况。区内现有投产企业62家，其中规上企业36家，高新技术企业7家；在园区征地自建厂房生产的41家，在园区租赁厂房生产的21家。2. 在建项目情况。签约筛选落户核心片推进建设的项目21个，分别建成投产的2个（旭耀床垫、阿里巴巴村淘）；厂房主体建设基本完成的5个（叮当猫贝恩婴童产业园、明旭家居、盛世威得、智华科技、衡泰机械二期）；进行主体工程建设的2个（维泰市政总部、穗源鞋业）；进行围墙、基础建设的5个（同禧包装、美雅特智能门窗、喜传天下家居、美佳妮纸类用品、华高成套设备）；完成征地报批、土地平整、地勘，进行规划设计和审批的7个（唯品会、木工数控机械、致胜电机、富森农产品加工及电商项目、三雁电气、康和源体育用品、誉城盛机械二期）。樟树工业集中片正在建设的项目6个，其中俊虹光伏产业园已部分建成投产，云天锅炉二期生产车间已建成，安邦食用油精加工、王牌广告制作、喜升钢化玻璃进入厂房建设阶段，富华钢化玻璃完成土地平整。3. 待建项目情况。截至2016年年底，正式签约拟落户的项目12个，其中落户S315线阳古片项目6个（富利来环保制品、金大长石粉、爱民制药、雄伟运输机械、昌隆建材、华龙饲料），总用地面积约20.67公顷（签约已逾6年）；落户S315线樟树片项目3个（玮大纸业、智慎堂制药、陶瓷废料利用项目），总用地面积约4公顷（签约已逾6年）；落户船山西路以南项目3个（维泰电子生产基地、海欧智能沙发、光为电器），总用地面积约26.67公顷。

（谢湘俊）

【设施建设】 一是基础设施不断完善。截至2016年年底，核心片“三横七纵”骨架路网除清江北路外，其余玉华路、合顺路、洪山路、培园路、开福路、春园路、顺济路、人和路、联胜路东延9条道路全部完成油化并建成通车，其中洪山路已经完成绿化、亮化，将成为衡阳县首条景观大道；怀邵衡站场及连接线项目征地已经全部完成。二是民生项目快速推进。2016年实施民生项目3个，即公租房、标准厂房及16个安置小区项目。截至2016年年底，11幢公租户746套主体全部建成，1幢2.2万平方米标准厂房建成，16个集中安置区现已建成并入住的3个，主体竣工年底可搬迁入住的4个，进行主体建设的4个，已完成场平进行规划设计的3个，预规划2个。

（谢湘俊）

【融资工作】 一是夯实融资平台。2016年，西渡高新区投入1亿元注册资本金重新组建西渡高新区投资开发有限公司，作为园区建设投融资平台，建立健全公司法人治理机构，明确职能职责，搭配班子，规范运作。通过增加注册资本、注入优质资产等方式做大公司资本，截至年底，公司资产达到60亿元。二是创新方式融资。为筹集核心片建设资金，确保建设不断档，资金不断链，在截至年底土地市场不景气情况下，经开投抓住国家的财政货币政策，降低融资成本，采取融资期限长、中、短与资金利率高、中、低相结合的方式，先后向政策性银行、商业性银行、信托公司融资近10亿元。2016年以来，经开投的重点是向政策性银行融资、项目融资和发行债券等成本相对更低的融资方式转变，以满足高新区及核心片建设需求。三是争资。将高新区核心片基础设施建设项目包装后网上公开招商招投标，高新区污水固废处理设施及管网工程、核心片排水管网工程、高新区棚户区改造工程等3个项目列入中央专项债券基金，总投资达21.5亿元；年内，经开投包装怀邵衡站场及连接线、核心片生态水体打造等项目对接央企融资。

（谢湘俊）

【服务管理】 一是强化企业服务。成立专门的企业服务组，建立“一个项目，一名领导，一套班子，一抓到底”的服务模式，通过开展“服务企业年”活动，为企业提供“保姆式”服务。尽可能让企业“办事不出园，检查不入园”，让“围墙内的事是企业的事，围墙外的事政府全包”形成共识，优化园区发展环境。通过举办银企对接会，为园区10余家企业解决资金难题；通过创建省级创新创业示范园区，促进区内企业申请专利251件，创中国驰名商标3个，省著名商标6个，高新技术企业6家。其中恒生制药项目通过建立国家级研发中心，重点研究中药提纯工艺生产的灯盏素抗肿瘤类制剂，全面得升企业的核心竞争力。

（谢湘俊）

【粤商潮汕代表团一行投资考察】 2016年6月22日，衡阳县政府举行粤商代表团来衡阳县投资考察主题座谈会。县委副书记、县长熊超群会见各位客商，向其介绍衡阳县资源、政策、区位优势等。座谈会期间，西渡高新区党工委书记、管委会主任刘运文向客商介绍西渡高新区核心片建设情况，以及西渡高新区产业规划及招商引资各项政策。粤商代表叮当猫服饰有限公司总经理刘昭认为，衡阳县投资环境优越，以这次考察为契机，增进双方了解，扎根投资衡阳县。

（彭巧玲）

【唯品会中南地区营运总部项目举行奠基仪式】 2016年12月19日，唯品会中南地区营运总部奠基仪式在湖南衡阳西渡高新技术产业园区唯品会项目区举行。衡阳市委书记、市人大常委会主任周农，市委副书记、市长周海兵，市委常委、市委秘书长张贺文，副市长廖健，唯品会高管一行，衡阳县四大家领导，25个乡镇主要负责人，相关职能部门负责人及西渡高新区参加此次活动。奠基仪式由副市长廖健主持，唯品会高级副总裁唐倚智先生致辞，市、县领导，唯品会高管共同为项目铲土奠基。唯品会中南地区营运总部，位于衡阳西渡高新技术产业园区，北靠衡邵高速公路，西邻洪山路，南接船山西路，位于衡阳县西渡镇三垅村、海龙村地段，该项目计划总投资15亿元，建设10万平方米仓储、2万平方米云数据交互中心、1.5万平方米员工公寓、1万平方米车管中心以及近10万平方米的道路和广场等大型物流仓储运营设施以及部分环境打造。计划2年内招录员工2000人以上，实现规模运营，实现税收1亿元。（彭巧玲）

【湖南省建工集团调研西渡高新区】 2016年9月25日，湖南省建工集团董事长叶新平一行到衡阳西渡高新技术产业园区调研，现场查看省建工集团承建的相关园区基础设施建设项目。

（彭巧玲）

衡山经济开发区

【概况】 衡山经济开发区成立于1992年，2006年经国家发改委核准并予以公告为省级经济开发区，为县人民政府派出机构，副处级。2010年5月，按照“政府主导、市场运作、封闭管理、规范运行”的工作思路，开发区管委会与城建投公司分设。2012年，相关职能入驻后，下设7个二级机构，其中5个内设机构，即：办公室、财务科、招商合作服务局、工程规划建设管理科、社会事务管理科；2个派出机构，即：国土资源分局、开发区派出所。派出机构实行双重领导，以管委会为主，业务上接受对口部门指导，领导职位异动，需征求管委会意见。分设后开发区核定在编人数41名，现实际在编22人。2016年，根据“三定”方案，核定7个副科级内设机构，即党政办公室、财务部、招商合作服务部、工程建设管理部、社会事务部、安全生产管理部、产业发展部。核定全额拨款事业编制为28名。设主任1名（副处级），正科级领导职数7名，其中：副书记1名，副主任4名，纪工委书记1名，工会主席1名；部室负责人7名（副科级）。同时，下设县经济开发区综合服务中心，为正股级差额拨款事业单位，核定差额拨款事业编制13名，设主任1名。2016年，园区签约入园项目7家，引资额11.59亿元，分别是总投资2.6亿元佳诚二期项目、总投资0.5亿元的粉煤灰项目、总投资1.6亿元的集中供热项目、总投资1.1亿元高档红木家具项目、总投资1.79亿元的电子产业园项目、总投资3.5亿元的雅鑫钢构项目和总投资0.5亿元诚君机械加工项目。2016年，园区实现产值近74亿元，完成工业税收1.66亿元，经建投公司融资1.8亿元。（熊仲荣）

【规划面积、产业定位】 县人民政府2007年批准开发区范围：东至湘江，西到107国道绕城线，南至衡山大道，北至长江镇。开发区远景规划14.68平方千米，中期规划9平方千米（省环评批复9平方千米，省政府2013年批复为4.03平方千米），截至年底，已开发建设6平方千米。园区存量企业和签约入园企业90余家，其中经省、市认定规模以上企业54家。初步形成以衡山专汽、嘉力机械、衡山齿轮、得鑫泰机械为龙头的机械制造业为主导的支柱产业，以及再生纸业、非金属矿物制造业、服装鞋帽、食品加工以及精细化工等相关配套产业。

（熊仲荣）

【基础设施建设】 现有“六纵八横”（六纵：107国道、工业大道、平青路、朝阳路、长江路、沿江路；八横：衡山大道、黄花路、创品路、永成路、灵官路、青山大道、坪塘路、春昌路）道路交通网络。完成基础设施投入2.5亿元，其中征地约466.67公顷，拆迁6000多平方米，完成约15千米的主干道路（青山大道、工业大道、坪塘路、平青路、朝阳路、春昌路、永成路、创品路、黄花路、长江路、灵官路）建设，完成青山大道、工业大道、坪塘路延伸线、朝阳路、平青路、春昌路、永成路、创品路、灵官路、黄花路、长江路的绿化、亮化。道路覆盖面积达7平方千米，约占老县城的80%左右。园区内已建设好田家冲110千伏变电站和中控纸业内35千伏变电站，并已与烟东岭35千伏变电站、沙泉220千伏变电站、开云110变电站开变所完成T接。园区内电网已架成双回线，确保企业用电需要。园区主干道均已铺设好直径310的自来水主管网，自来水管网已建成回路，并建有日产3万吨工业水厂和自来水加压站，2016年新建日处理2000吨涉重工业污水处理厂一座。沿主干道埋设好直径200的天然气主管网，燃气主管道已埋设到坪塘路东端。园区雨、污管网沿道路已全部埋设并全部实行雨、污分流。开发区标准化厂房建设主要采取自建和代建两种模式。如怡宝厂房属园区自建；2006—2016年，园区共建设标准化厂房面积共计60万余平方米。（熊仲荣）

【园区重点公司选介】 衡山县佳诚新材料有限公司。佳诚新材是一家生产销售汽车及电子类胶粘材料、热控材料、发泡材料、隔音材料、光学材料、石墨烯材料等光、电、热多功能创新型新材料及提供相关解决方案和服务。多年来致力于科技创新，多项产品取代国外进口品牌，填补国内空白。截至年底，拥有自主发明及实用新型专利一百余项，获得国家高新技术企业及中国著名品牌等荣誉；2016年被手机行业协会评为“国内最佳材料供应商”。公司于2015年投产，2016年产值超过亿元，已累积纳税1500多万。年内，该项目进行二期建设。二期规划建设用地土地4公顷，新建两幢4000平方米技术中心大楼和检验检测大楼；6幢各2000平方米标准厂房，2幢各2000平方米仓库，厂房主要用于防蓝光护眼保护膜、PE发泡材料、OCA光学胶、石墨烯、幻影膜等新产品生产线的工艺研究和生产。

湖南省嘉力机械有限公司。湖南省嘉力机械有限公司系湖南机油泵股份有限公司投资兴建的铝合金特种精密铸造项目。项目已完成一期1.9万平方米主体厂房、配套楼建设和相关设备引进，累计完成投资1.5亿元，并于2012年10月正式投产，年产特种精密铸件10000吨。二期项目总投资3.2亿元，生产铝合金特种精密铸造件、机油泵、压缩机等。二期建设2万平米主体厂房，引进生产线6条，年产特种精密铸造件10000吨，年实现销售收入3亿元，上缴税金3000万元，解决就业岗位500个。

衡山新金龙环保科技有限公司。衡山新金龙环保科技有限公司是一家以废纸为原料生产各类中高档包装用纸的大型造纸企业。公司注册资金1000万元，一期工程年产包装用纸25万吨，主要产品为A级高强瓦楞原纸、A级牛皮箱板纸、环保T纸和纱管纸。年产值5.6亿余元。公司占地面积26.13公顷，总建筑面积5.2万平方米。一期工程投资5.8亿元。建设内容包括：一台4600毫米/600米造纸机（1号线）、一台4800造纸机（2号线），一条600吨/日废纸制浆生产线，一套3万吨/日废水深度处理系统，一座7500千瓦热电联产机组，浆、纸、水、电、汽、环保设施配套齐全，装备先进。一期工程建设规模为年产25万吨中高档包装用纸，主要产品为高强瓦楞原纸和纱管纸。二期工程也已建成，投资8亿元，建设年产20万吨环保T纸和仿牛卡纸生产线各一条，年产60万吨中高档包装用纸。

湖南皕成科技股份有限公司。湖南衡山皕成科技股份有限公司是一家上市公司，为年产20万吨活性石灰回转窑生产线项目，已成为湖南省乃至全国同行业内颇具规模工艺先进的石灰生产企业，生产工艺以及生产流程均实现控制自动化、国际标准化。该公司与华菱衡钢、湘衡盐矿、湖北兴发集团建立长久的合作关系。2014年被湖南省工商行政管理局评为“守合同重信用单位”，2015年被湖南省企业质量信用等级委员会评为“湖南省质量信用AAA级企业”，2015年被中国建筑材料企业管理协会评为“2015年中国最具成长性建材企业100强”等荣誉称号。为响应满足市场需要，公司计划新建一条高端氧化钙生产线。选址在第一条生产线旁，年产18万吨氢氧化钙，投资4000万元。（熊仲荣）

衡东经济开发区

【概况】 2016年，衡东经济开发区（以下简称衡东经开区）根据县委、县政府战略布署，在经济发展、项目建设、招商引资、优化环境等方面着力，使经开区迅速形成大开发、大建设、大发展的局面。全年，衡东经开区完成工业总产值116.23亿元，增加值28.57亿元，税收4.51亿元。同比增长10.2%，8.5%，7.3%。新增建成区面积1平方千米，融资3.8亿元，完成基础设施投资1.9亿元。园区综合评价全省排位前移。（周叶华）

【项目建设】 2016年园区在建项目共8个，完成基础设施建设投资1.9亿元。1. 污水处理厂工程。项目总投资9300万元，完成厂部主体工程及1、2、3号管线铺设工作，4号管线铺设进入扫尾阶段，项目已通水，进行试运行。2. 北片区道路提质改造工程。项目总投资6800万元，完成路面硬化及人行道的铺设，道路两旁绿化基本完成。3. 朝阳路、兴园路工程。项目总投资1500万元，进行路基施工。4. 二#标准厂房片区建设。占地4.73公顷，规划建设标准厂房和配套宿舍食堂等用房共计8万平方米，截至2016年年底已完成工程量约90%。5. 工业大道建设。项目概算总投资

2.12亿元，已完成立项、规划设计初评工作。6. 中小企业服务中心。项目已完成土地的报批和平整，正在进行招投标。7. 1#标准厂房共计2万平方米，截至年底，已完成基础浇注。2#标准厂房，占地6.66公顷，主体工程基本完工，进行墙面粉刷和内装修。8. 集中安置区公租房建设项目。规划建设公租房4栋约2.5万平方米，从9月起，以每月完成5000平方米的速度施工。为加快项目建设提速，一是落实项目进场责任。由班子成员牵头工程、国土等前期手续办理部门，分析项目建设推进情况，统筹协调存在的问题，限期解决推进中的问题，确保项目迅速完成前期土地征拆、立项、环评、规划要点及方案设计，具备进场条件。二是落实项目建设责任。对项目指定具体项目责任人，指导、协助项目建设中办理规划许可、消防审查、施工许可、招标程序、图纸审查、质检等各项手续，协调项目建设中出现的杆线搬迁、自来水、矛盾协调等问题，直至项目竣工投产。三是落实项目实施环节。定期召开部门工作例会，每周一次分析、点评项目当前进展；定期组织项目施工方工作会，协调解决项目建设中的问题，确保项目快速推进。（周叶华）

【招商引资】 2016年，园区新引进项目5个，合同引资5亿元。聚豪管业、创大钒铁、广信化工、子廷有色4个项目完成技改投资。湖南三源新材料、卡迪派克电子、湖南盛世电缆、金鸿燃气、生物能源等项目进入开工建设和启动阶段。园区与各大金融机构商洽融资工作，与国家开发银行达成2.17亿元的融资协议，到位贷款资金6000万元；争取到国家发改委专项建设资本金1.66亿元，分别用于工业大道建设和创新创业园建设两个项目；与其他金融机构达成贷款意向1亿元；争取省“135”工程扶持资金等各类无偿资金约2000万元。在招商引资工作上，园区建立主要领导亲自抓、分管领导各负其责的组织领导和责任分工体系，落实专项推进、定期调度、督促检查等关键举措，推进重大项目的落地见效。紧抓沿海等发达地区产业转移的机遇，包装项目进行招商，做好先进制造业和现代物流业的对接和承接。整合招商资源，充实招商队伍，创新招商举措，强化专业招商、以商招商等有效方式，不断提高招商引资实效。对一批转化率高的在谈项目，明确专人紧盯不放。以四大特色区中园为平台载体，实行“园中园”招商，形成主导产业集聚，形成产业特色化。通过整合资产，拓宽融资，加大投入，为壮大园区经济实力奠定坚实的基础。（周叶华）

【优化服务】 一是为企业提供“一对一”精准扶持式服务及全程“保姆式”代理服务。完善制度建设，简化办事流程，完善项目服务方式，利用开发区网站及《办事指南》对办事流程进行政务公开，争取做到项目报批一次性通过。2016年，共帮助企业办理项目报批手续125宗。二是做好企业开工协调服务。帮助企业解决项目开工建设中的实际问题，通过牵线搭桥，多方联系各相关部门，确保企业用水、用电、围墙建设等问题得到解决，以加快项目落地投产达效。2016年，为企业协调各类矛盾纠纷77次。三是提升企业政策对接服务。做好政策对接，帮助企业争取上级资金扶持，宣传各级政府扶持中小企业发展政策，帮助企业理解掌握政策内容，指导企业充分利用政策资源。同时加快扶持资金的兑现，发挥政策和资金的引导作用。全年协助华亚玻璃、朝阳动力、大地泵业争取“135”工程专项资金1500万元，协助和畅食品、安申服饰争取省商务厅承接产业转移专项资金50万元，解决困难职工帮扶资金2万元。（周叶华）

祁东经济开发区

【概况】 2016年，祁东县经济开发区承建市、县重点项目30个，总投资28亿元（不含工业项目投资），其中工业项目13个，基础设施项目17个。全年完成实物工程量8亿元。归阳工业园新增建成面积1.3平方千米；实现工业企业税收1.74亿元；新增规模工业企业12个；新引进入园企业10个，签约资金8亿元，为企业招聘员工1000余人；全年共融资24.3亿元，实际到位资金11.5亿元；助保金管理中心为园区企业融资9270万元；开通县城至园区专用公交。（邱运鹏）

【项目建设】 突出规划龙头和引领作用，抓好项目的前期规划，完成“一区两园”的规划批复。归阳工业园完成千吨级码头、白河路及白河风光带、振兴路、通港路、张家岭路、通港路衡枣高速下穿通道等10个项目的设计及预算。县城做好状元文化公园、安置小区规划设计调整、霞岭路、枫树坳路道路等8个项目的规划设计；做好云鹤四个安置点规划设计。公租房建设稳步推进，A区交付竣工验收、B区完成主体及装饰工程；三期标准厂房及创业路、科技路、兴园大道等5条道路全面完工并完成绿化、亮化等配套设施；完成土石方平整100万立方米；白河路及白河风光带完成大部分路基土石方、雨污水管道的安装等。娄衡高速祁东县城连接线路基工程、控制性工程、涵洞、桥梁等全面完工，进入路面施工阶段。星洪大道南段全面建成交付、南山大道部分建成通车、民怡苑廉租房第二、三期近1600套验收交付使用、小区公共基础配套设施建设全面启动，完成雨污管网工程及道路路基工程，化工路边坡治理工程基本完成。家禽市场六栋交易大厅竣工验收，234套公租房、办公楼、大门、公厕均全面完成，双云路路基、水稳砂的铺筑、排水、场内配套设施基本到位。（邱运鹏）

【招商引资】 围绕园区平台建设，做强工业总量，全年实现规上工业产值、规上工业税收、工业性投资分别持续增长。1. 签约入园。提高精准度和项目落户率，2016年签约荣晟昌科技、锋艺科技、南岭线材、食品工业园等项目10个，签约资金6亿元，规划用地26.67公顷。2. 投产达效。尚鑫科技、万祺科技、罗亚钓具、中亚光电、福鑫不锈钢制品等10个企业新投产达效。及时完成拆迁，为食品加工园企业、锋艺科技、荣晟昌科技等企业提供土地，确保早日动工建设；加快富生钢构、牧诚生物、森岛钓具、福麟纸业等项目进度，确保早日投产。3. 培大育强。成立归阳工业园政务全程代理中心，代办入园企业所有政务事项，明确各项收费标准，规范办事流程，大幅精简办事程序，提高办事效率。在园区设立招工办公室，及时为企业发布招工信息，举行3场大型招工招聘会，为企业招聘员工1000余人，解决企业招工难问题；有效挖掘和支持力方轧辊、万祺科技、尚鑫科技、中亚光电等投产优秀项目开展创牌创新认证，努力提升企业品牌影响力；协助尚鑫科技组建科研工作室。（邱运鹏）

【资金筹措】 与各商业银行、政策性银行进行协商沟通，创造条件对接上级财政部门、银信部门和各类投资公司的放贷要求，化解不利因素的影响，实施投融资体制改革，拓宽融资渠道，取得较好的成效。发挥融资平台作用，筹集资金参与开发区基础设施和配套服务设施的项目建设，为加快开发区建设提供投资金保障。全年融资共24.3亿元，实际到位资金11.3亿元（含财政债务置换资金5.3亿元）。助保金管理中心为园区企业融资9270万元。（邱运鹏）

【征地拆迁】 全年征地52.33公顷，拆迁119户，拆除主房建筑面积近2万平方米；迁坟352冢；完成创新路、兴园路、张家岭路、食品产业园和土地平整等项目共86.67公顷用地的青苗赔损工作和地面附属设施赔偿拆除工作。处理民怡苑廉租房、曙光组、美皇制衣施工遗留问题及矛盾100余起。安置点建设。共建设安置小区16个，归阳柚木等6个安置小区，安置拆迁户650户，共安置680壕（其中货币安置220户），迁坟3960冢。县城兰芝、曙光等6个安置小区，完成土石方工程100万立方米，征地、场地平整和进场道路硬化到位，安置98壕。云鹤工业园百家等4个安置小区已做好征地工作。用地报批。同国土部门组建专门班子，主动对接，包装好项目用地的申报资料，省报批用地46.67公顷，拿回省批文46.67公顷，5宗土地共35.93公顷挂牌摘牌供地。（邱运鹏）

常宁水口山经济开发区

【概况】 2016年，常宁水口山经济开发区围绕创建国家级经济开发区和打造“千亿级”园区的总目标，实施项目建设、招商引资、争资跑项、环境优化等工作，推动园区工业转型升级，各项工作取得较大的成绩。2016年度园区实现技工贸总收入200亿元，同比增长8.1%；完成工业总产值141.1亿元；完成工业增加值约25亿元，同比增长17%；完成税收约4.5亿元，固定资产投资约15亿元。（尹建恒）

【基础设施建设】园区水、电、路、通讯、燃气等配套设施已基本完善。给排水方面，日供水2万吨自来水厂建成供水，园区铺设好主供水管网；供气方面，燃气管道直通园区企业；供电方面，完成17条低压线路搬迁及5条高压线改造并正式供电；道路方面，园区已形成“四纵四横”道路骨架和“五纵五横”生产道路骨架，常青路、大桥路、渡口路、新园路等生活区主干道提质改造全部完成，双园路（新园路至金翼段）正式通车。冶金路和五矿路、皂新路启动施工建设。2016年园区共投资15亿元用于基础设施建设。（尹建恒）

【项目建设】工业项目稳步推进。已竣工投产项目：1. 金铜项目。2016年3月底竣工点火，5月份正式试投产。抓好一期10万吨铜冶炼达产见效，扩建二期20万吨铜冶炼项目。2. 宏兴化工。2016年6月份正式投产，总投资1.3亿元，该项目年产值可达4.5亿元，利税1500万元。3. 华兴冶化。总投资1.8亿元，年产2万吨硫酸锌和1.5万吨次氧化锌，完成正厂房钢构安装和设备安装调试，2016年12月底试投产。在建即将投产项目：1. 金翼铅业。总投资3.6亿元，年产5.4万吨再生铅和13万吨废旧铅酸蓄电池拆解，进入设备调试和试投产阶段，建成试产后年产值25亿元，创税2亿元。2. 大宇锌业。总投资1.5亿元，年产2万吨硫酸锌和1.5万吨氧化锌，进入厂房钢构安装和部分设备安装阶段。3. 一品新能源。总投资2亿元，年产40万吨新型甲醇燃料，开工建设3万立方米的罐区。计划2017上半年完成设备安装，7月份投产。4. 鸿博稀土抛光粉项目。总投资1亿元，年产2000吨稀土抛光粉材料开工建设，计划2017年8月完成厂房建设，建成试产后可实现年产值2亿元，创税2000万元。（尹建恒）

【招商引资】建立健全招商引资平台，2016年园区开通网上招商平台，引进投资企业6个，完成招商引资协议资金6.4亿元以上，实际到位资金60%以上。全力承接株冶绿色转型30万吨锌冶炼产项目，引进世界500强深圳正威集团，建设有色金属产业链服务平台，加快有色金属下游产业及相关配套建设，引入有色金属供应商、贸易商、服务商、物流商，不断延伸产业链。（尹建恒）

【争资跑项】搭建融资平台，利用水口山中天投资有限公司的资产注册水口山开发建设投资有限公司，根据常宁市委、市政府的安排部署，2016年上半年成功申报国家专项基金1.87亿元，第二批水口山经济开发区循环经济技术孵化平台基金和第三批水口山独立工矿有色金属冶炼仓储物流中心项目专项基金于年底到账。共洽谈好融资额度达15亿元，实际到账10亿元，申报审批土地批单150.87公顷。加强与建设银行、农业发展银行对接，为企业融资服务，化解“融资难、融资贵”的难题，为园区企业提供担保，融资达5000万元。（尹建恒）

【管理体制完善】根据衡阳市编办文件精神，园区成立党政办公室、财政局、招商合作局、产业发展局、建设局、社会事务局、政务服务部、纪检监察室等内设机构，人员全部到位，各部门尽职尽责，通力协作，形成合力推动园区发展。2016年3月，常宁市委市政府下发《关于理顺水口山经济开发区管理体制的实施意见》，完善水口山经济开发区内部机构设置，2016年年底，为推进园区管理体制改革，园区制订《常宁市水口山经济开发区关于“植优势、补短板、促发展”三年行动计划实施方案》，报请常宁市委、市政府批准通过。（尹建恒）

【管理体制改革】2016年3月21日，常宁市人民政府下发《中共常宁市委常宁市人民政府关于理顺水口山经济开发区管理体制的实施意见》，完善水口山经济开发区内部机构设置：设立党政办公室、招商合作局、财政局、产业发展局（加挂安全生产监督管理局牌子）、建设局、社会事务管理局、政务服务部等7个内设机构，并成立监察室。2016年年底，为推进园区管理体制改革，园区制订《常宁市水口山经济开发区关于“植优势、补短板、促发展”

三年行动计划实施方案》，请示常宁市市委、市政府批准通过。

（尹建恒）

【启动调区扩区】 为建设铜铅锌产业基地，创建国家级经济开发区和打造“千亿级”园区，园区启动调区扩区工作，将宜阳工业园纳入水口山经济开发区管理，形成“一区两园”管理模式。将园区原来的规划面积由2012年的499.6公顷调整到1140公顷，合理规范产业布局，最大限度的满足更多企业入园的需要。省发改委对常宁市水口山经济开发区开展调区扩区进行批复。截至年底，园区完成园区规划编制（2017—2020年），并启动土规、环评和城市规划调整等工作，经常宁市人民政府和常宁市人大审议通过，上报省政府相关部门审批。

（尹建恒）

耒阳经济开发区

【概况】 2016年，耒阳市经济开发区（以下简称开发区）各项工作稳步推进。截至年底，全区新增规模以上工业企业18家，新增建成面积1.16平方千米。全年实现规模工业总产值130.05亿元，完成高新技术产业产值22.65亿元，完成工业增加值32.18亿元，完成固定资产投资10.6亿元，完成利税4.06亿元，全区经济运行总体保持稳定小幅增长。（谷仍贤）

【招商引资】 2016年，开发区紧抓招商引资工作不放松，加大招商引资工作力度，创新招商引资方式，全区招商引资工作取得一定的成效。一是全区动员，签订责任状。2016年5月4日，针对2016年招商引资过程中出现的情况，及时召开全区招商引资动员大会。对全年招商引资工作周密部署，与机关各部门签订招商引资责任状，提要求、定任务、明奖惩。二是及时汇报，主动出击。党政领导及时向市委、市政府主要领导汇报招商进程、客商意愿，寻求领导和市直相关部门支持。各部门一把手行动，先后率队南下广深、北上京沪、东赴闽厦，取得实效。其中，在8月11日举办的集体签约仪式上一次性签约12家企业入驻园区。创新创业园一期交付使用的11.7万平方米标准厂房租赁一空。截至年底，全区共接待各地客商60余起，签约引进项目38个，总投资10余亿元，其中昭隆五金塑胶（深圳）有限公司选址宝塔路旁，用地4公顷，总投资1.3亿元。另有今汉药业、建达振力数控、金则利特种合金、旗兴服饰4个项目达成意向。三是乘势而上，广泛宣传。在成功引进17家皮具箱包企业的基础上，迅速组队常驻广州，跟皮具箱包产业上下游企业一对一沟通，宣传园区政策优势、人力资源优势、交通区位优势等。截至年底，广州花都皮具箱包协会知名企业先后多次派人前来洽谈入驻事宜，扩大园区皮具产业的知名度，有望在耒阳形成皮具产业链，打造产业集群。

（谷仍贤）

【项目建设】 一是工业项目建设推进快速。2016年，园区开工建设工业项目19个，总投资约21.08亿元。其中，新达微二期全面建设，该厂5层办公楼及职工宿舍共6000余平方米建成封顶。2层钢架构厂房共10500平方米、5层研发中心共4000平方米及围墙建成，即将投产；江东农副产品批发大市场总用地6.67公顷。一期总投资1亿元，占地3.34公顷，建成封顶面积达2.8万平方米，于12月9日开盘销售；另有瑞天泰、天添食品、山井铝颜料、杭州制衣等5家企业建成投产。二是平台建设不断完善。2016年，园区完成基础设施建设投资10.6亿元，有效确保各重点基础设施项目的稳步推进。其中，创新创业园项目总用地面积49.67公顷，总投资约5.9亿元。一期规划建设标准厂房49幢、员工宿舍楼13幢、服务大楼2幢，总建筑面积29.8万平方米。截至年底，共有25幢约16万平方米建成封顶，其中16幢共8.416万平方米已交付广州狮岭皮具协会17家皮具企业装修；园区内配套设施由省建筑集团二公司组织实施；创新创业园配套道路——宝塔路、蔡侯路、纬二路建成通车；二期标准厂房及公租房前期工作进展顺利。计划2017年2月完成首期28幢厂房主体建设；工业大道提质改造于11月17日正式启动建设。截至年底已完成签拆迁协议43户，协议拆迁面积7351.78平方米，占需拆户数的93.5%，并全部付清拆迁款（共862万元）；并争取市综合行政执法局及新闻媒体等支持，强拆1户（面积592.8平方米）；挖运土方约8万立方米，清表1000余米；中小企业园公租房（二期）共6层总面积约15000平方米顺利建成封顶。截至年底，完成主体工程以便交付使用；耒水大道、新城三路东段、哲桥工业污水处理厂等项目各项前期工作已经铺开；另有富民路、宝塔路、东二路、中小企业创业园各处亮化、绿化有序推进；园区排水规划顺利实施，有望彻底解决困扰园区多年的排水问题。（谷仍贤）

【融资工作】 2016年，园区平台公司总资产由最初的4亿元增长至现在的46.39亿元，总负债23.79亿元，负债率为51.28%。全年计划通过政策性贷款、商业银行贷款、信托基金和融资租赁等方式融资20.28亿元，现已完成融资约17.75亿元。其中，向中信银行贷款0.8亿元；以采煤沉陷区接续替代产业平台建设项目，争取农发行国家专项建设基金0.66亿元；“135”省长工程——创新创业园项目争取财政补贴已到位1596万元；成功申报《耒阳市哲桥污水处理厂建设项目》国家计划内资金，到位360万元；成功申报《电子商务服务产业平台》项目，争取省商务厅扶助资金20万元；成功申报公租房配套资金1731万元；湖南财政信托贷款到位5.94亿元；以人民医院作为主体首批融资到位8亿元；完成中江国际第一批1.98亿元债务置换。截至2016年年底，加紧与农业发展银行、光大银行、中信信托等金融机构对接，加快园区平台公司企业债券发行的各项前期准备工作，加速推进哲桥工业新城核心区域开发建设PPP示范项目的实施方案审批程序。

（谷仍贤）

政府投融资平台

责任编辑：李旭东

衡阳市城市建设开发总公司

【概况】 2016年，受国际国内经济情势及相关政策影响，房地产市场仍然处于调整期，衡阳市城市建设开发总公司（以下简称市城建开）面临新项目未开工和商品房库存告罄的双重压力，总体形势严峻。截至2016年年底，市城建开全年完成经营总收入9810万元（含结转），其中，销售收入5544万元，自管门店租金收入163.44万元，雁东大厦租金收入582万元，综合市场租金收入80.5万元，物业公司收入338万元（含预收2017年79万元），幼儿园收入166.5万元，公司设计室对外设计收入3万元。全年上缴地方税收1442万元，实现利润1635万元，净资产收益率9.2%。（邹合意）

【美丽白沙项目】 2016年，美丽白沙项目前期相关工作稳步推进，项目立项、国土证、用地规划许可证等手续办理完成，项目整体规划设计方案已经大规委审议通过，拆迁安置取得实质性进展，地勘工作已完成，项目一期工程初步设计、融资、招商等开工前准备工作抓紧进行。“美丽白沙”项目根据市政府决策和拆迁进度等情况及时调整推进节奏，集中力量抓好拆迁、项目规划设计、报建手续办理等工作，为项目的适时开工打下良好基础。（邹合意）

【重点安全防范单位】 2016年，雁东大厦、综合市场、幼儿园、华新苑、都市村庄小区等几个重点安全防范单位工作到位，全年未发生安全事故。其中，雁东大厦连续十九年无消防安全事故。（邹合意）

衡阳市城市建设投资有限公司

【概况】 2016年，衡阳市城市建设投资有限公司（以下简称市城建投）在宏观经济环境下行形势下，各项工作稳定推进。全年融资到位资金约112亿元；已获金融机构批复的融资额约224亿元。年度平均融资成本为6.25%。年内完成资金调度约130亿元，还本付息约88.1亿元，共置换政府负有偿还责任的一类债务约13.3亿元。（李　慧）

【项目建设】 2016年，共承担建设项目20个总投资144亿元，全年完成新增投资约42.4亿元；为衡州大道、雁城西路、城区25条道路绿化提质改造、华耀城片区基础设施等13个代管项目提供资金支持约7.4亿元。船山东路于12月19日通车；二环路已全线施工，二环南路、二环西路除个别节点工程外，主体已基本完成；东洲湘江大桥、湘江过江隧道快速推进。蒸湘北路延伸除涉高速部分工程外，其余工程已基本完成；蒸水西堤风光带、耒水东岸风光带、铁一中学高中部等项目建设接近扫尾。保障房已按计划交付1万套；清风园和部分消防站等项目交付使用。全年未发生安全质量事故。（李　慧）

【资产经营】 2016年，完成土地挂牌58.93公顷，完成土地报批212.8公顷。完成华融湘江银行18宗共计2.7亿元资产移交工作；清理历年保障房建设中形成的商业配套资产，总建筑面积约30万平方米；位于武广高铁站前的地下停车场约5万平方米，投入使用后，预计可实现年收益500万元。（李　慧）

衡阳弘湘国有投资（控股）集团有限公司

【概况】 2016年，衡阳市弘湘国有投资（控股）集团有限公司（以下简称市弘湘公司）围绕目标任务开展工作。

一、融资引资方面。全年完成融资49.74亿元，实际到账27.64亿元；综合成本均控制在中长期贷款利率1.3倍以下，为年度目标任务的125%。其中：间接融资授信26.54亿元，到账13.14亿元；直接融资批复20亿元，首期发行到账11亿元；其他3.2亿元全部到账。

二、国企改制方面。2016年，按照市改制办工作进度支付企业改制成本费用6亿元，全年实际完成改制成本支付、解决遗留问题及帮扶费用共10.14亿元，为年度目标任务的169%。其中，支付职工安置费7.25亿元、支付解决改制遗留问题维稳资金0.41亿元，支付资金利息2.48亿元。

三、改制后续工作方面。争

取和用活政策，做实10家改制企业社保挂账，挂账金额4.45亿元；协助市改制办社保部完成职工安置成本测算10家，完成企业职工安置费分流6家，签订6家改制分工协议（改制工作补充协议书）和已启动改制的24家企业的社保、医保、失保、工伤等四险协议书和补充协议；与市政府签订国有企业改制项目珠晖区、雁峰区欧水岭片区2个协议，项目总费用约35亿元，协议匹配土地110.8公顷；石鼓区、雁峰区白沙洲片区2个协议已报送市政府相关部门审查，预计项目总费用36亿元、协议匹配土地101.33公顷。

四、项目建设方面。开展幸福河改造、107国道城市化改造、湿地公园及车江铜矿等项目建设管理工作，支付改制成本、解决遗留问题及帮扶费用共10.14亿元，计划完成年度投资任务3.05亿元（含征地拆迁及安置房建设投入），实际完成项目建设投资3.61亿元（含拨付征地拆迁和安置房建设投入），为年度目标任务的118%，全面完成目标任务。

（金添智）

【资产管理】 2016年，公司实际完成新增资产22.37亿元，为年度目标任务的112%，超额完成目标任务，包括缴纳土地成交价款21.5亿元，接收改制企业资产0.87亿元。具体为：全年公司累计调度土地摘牌资金21.5亿元，依规摘牌106.27公顷，缴纳相关费税10743.02万元，办理70.2公顷土地不动产登记证，剩余36.07公顷土地不动产登记证正在依规办理中。其中：一是办理土地资产过户72.88公顷。包括衡南县宝丰、万峰、宏祥化工有限公司3家化工企业6宗17.07公顷、建湘柴油机厂改制3宗30.93公顷、原小拖厂、木材厂、界牌陶瓷总厂、玻璃瓶罐厂、天撑玛钢厂、动力配件厂等6宗24.8公顷；二是项目匹配土地33.47公顷，包括雁峰区湘江乡五星村匹配土地14.2公顷、雁峰区前进村1.21公顷、雁峰区塑田村3.53公顷、“2014年报部实施方案五”项目14.53公顷；三是接收灯泡厂等11家改制企业资产（包括地面房屋、建筑物和机器设备995台等），账面价值0.87亿元。

（金添智）

【安全维稳】 全年未发生重大人员伤亡、设备安全事故和工程质量安全事故，未发生新的群访集访和进京赴省非法上访。年初，分别与各子公司、公司各工程项目部签订11份安全生产责任状，从5月份开始，每月都安排信访安全维稳值班，及时处置突发事件，确保安全稳定。全年针对安全生产工作方面行文9份，悬挂宣传横幅246幅、设置安生宣传栏27个，发放资料500多份；开展消防演练5次，参加人数142人次；安全专项行动督查门面57次，发现安全稳患并提出整改建议156条；例行安全检查200余次，及时排查、整改安全隐患276处，均已按要求整改到位。全年接访长江公司等多起上访事件，经过耐心细致的政策解释和劝返工作，及时化解矛盾，取得良好的社会效应。

（金添智）

【幸福河改造项目】 截至年底，幸福河改造项目完成投资约8181万元，占全年任务的102%（2016年10月本项目年度投资计划调整为0.8亿元），累计完成投资4.22亿元（含征地拆迁费用）。工程建设方面：项目景观工程完成土石方60万立方米，淤泥固化10万立方米，河道铺砌8.5万平方米，景观桥4座；截污工程完成污水管道主管道铺设12000米，雨水、污水支线管道铺设14000米；道路及配套工程完成路基土方7.5万立方米，砼道路930米；箱涵及水闸工程完成箱涵浇筑480米，水闸4座；土壤修复工程的土壤修复治理中心建筑、设备安装及道路硬化工程已经完成。

（金添智）

【107国道城市化改造】 截至年底，完成投资约1.13亿元，占全年任务的125%（2016年10月该项目年度计划投资任务调整为0.9亿元），累计完成投资4.95亿元（含征地拆迁费用）。主干道于9月20日全线正式通车，工程建设方面：完成路基挖方约68.6万立方米，路基填方约43.7万立方米，水稳砂基层及沥青路面约15万平方米；雨污水管道铺设15766米；地下人行通道主体工程已经完成；下穿箱涵工程预制完成，待省高速公路管理局批复行政许可证即可正式施工顶进；道路交通标志标线完成，绿化工程

标准段已完成，进入招投标阶段。

（金添智）

【湿地公园项目】 2016年，完成投资约1600万元，占全年任务的106%，累计完成投资6890万元（含征地拆迁费用）。工程建设方面：园区道路全部完成；人工湖边坡、环湖植物种植基本完成；厕所、小卖部的土建、装修工程基本完成；山顶中心亭土建、中心湖栈桥、湖边亲水平台基础全部完成；山体游路、游路两旁绿化基本完成；园路排水管网完成95%；主广场、四季百花园、服务用房土方工程平整到位。

（金添智）

【车江铜矿尾矿库综合治理】 2016年，完成投资约1124万元，占全年任务的112%，累计完成投资1800万元。工程建设方面：截至年底，1区完成尾矿库闭库工程滩面治理面积109289平方米；初期坝主坝加固碾压堆石6000立方米；初期坝排水管铺设42米；排洪明渠修筑400米；滩面排水沟砌筑2520米；2区生活污水涵管填筑。环保工程基本完成。

（金添智）

【衡拖棚户区改造一期项目】 完成投资约0.95亿元，为年度计划119%。工程建设方面：该项目土石方基础工程已于2016年10月15日正式动工，截至年底，项目手续已办理完成，并依法依规按程序确定招投标代理机构、建筑设计单位、监理单位、造价咨询单位、土石方施工单位。

（金添智）

【化工企业土地收储】 2016年，公司做好衡南县万峰、宝丰、宏翔三家化工厂企业土地收储工作，公司完成全部投资4415.39万元，2016年5月12日，17.07公顷土地已办理国土证，完成收储。

（金添智）

衡阳市交通建设投资有限公司

【概况】 2016年市交通建设投资有限公司（以下简称市交通投）各项工作成绩突出，公司综合实力明显增强，融资工作形势较好，项目建设进展顺利、企业治理完善，较好地完成年度各项工作目标任务。

一、公司资产规模保值增长。截至2016年年底，公司总资产规模达到142亿元，净资产规模达到90亿元，较公司2010年成立时总资产规模0.6亿元增长236倍，较2015年年底增长11%，累计办理土地权证349.27公顷。

二、工程项目建设进度超前。2016年，市交通投承担7个重点项目投资建设，分别为船山西路延伸线、衡州大道西延工程、东三环改扩建工程、雨母湖路、北三环新建工程石鼓区段、欧家町路、市中心城区公共立体停车库；承担1个重点项目投资，为松木互通工程，项目总投资合计约35.48亿。2016年市委、市政府下达市交通投的项目建设目标任务是：完成项目投资4.1亿元，截至2016年12月底完成项目投资6.13亿元，超额完成投资目标任务的150%。

（李文涛）

【融资规模】 2016年，按照市政府“继续加强对接、严控融资成本、掌握到位节奏”的总体融资工作思路，公司年初专题召开融资工作会议确定“降低融资成本、优化债务结构”的总方向，把提高融资工作质量放在首要位置。年初，市委市政府下达市交通投的项目融资目标任务是：到位融资15亿元，综合融资成本控制在7%以内。截至2016年年底，到位融资资金23.24亿元，超额完成融资目标任务的155%，累计融资加权平均成本为4.73%，环比2015年下降33.38%。一是发行企业债券。1月16日，公司以票面利率4.28%发行首期企业债券，债券资金总计到位14亿元。二是银行融资稳步推进。根据项目建设及公司运营资金需求，到位银行间接融资3.74亿元，其中：华融湘江银行1.59亿元流动资金贷款，成本为4.75%/年；北京银行0.65亿元流动资金贷款，成本为5%/年；厦门国际银行1.5亿元流动资金贷款，成本为5.9%/年。三是争取专项债券资金。通过向省财政厅申报专项债券资金，公司获批专项债券资金共计15.9亿元，截至年底，已到位5.5亿元，用于置换华融湘江银行衡西公路贷款。

（李文涛）

【重点投资项目建设】 船山西路延伸线。2016年计划完成投资1.3亿元，实际完成投资2.38亿元，完成年度目标任务的183.09%，已于2016年12月19日全线通车。路基、路面、桥梁、交安、等工程已全面完成，绿化、照明工程基本完成。

衡州大道西延工程。2016年度计划完成投资1亿元，实际完成投资1.099亿元，完成年度目标任务的110%。一是完成征地100%、完成拆迁90%；二是完成路基工程80%、完成路面工程30%、完成桥涵工程92%。

东三环改扩建工程。2016年度计划完成投资0.3亿元，实际完成投资0.4796亿元，完成年度目标任务的160%。一是基本完成征地，启动拆迁工作；二是完成全线涵洞的50%，完成路基土石方20万方，完成珠晖南高速连接线100%路面、管道、交安照明、绿化工程。

雨母湖路。2016年度计划完成投资0.1亿元，实际完成投资0.1818亿元，完成年度目标任务的181.8%。一是完成项目立项、两阶段施工图设计前期工作；二是完成施工招标等工作；三是完成全部集体土地上房屋和国有土地上房屋拆迁摸底工作，完成约12公顷集体土地的征收工作，开展国有土地上房的征拆工作。

北三环新建工程。2016年度计划完成投资0.5亿元，实际完成0.5亿元，完成年度目标任务100%。一是基本完成项目工作；二是征地拆迁工作于8月份正式启动，截至12月底完成大部分征地工作。

欧家町路。2016年度计划完成投资0.3亿元，实际完成投资0.3亿元，完成年度目标任务的100%。一是完成项目备案、节能登记表、初步设计批复、用地选址蓝线图及专家查看现场；二是施工图设计正在组织专家审查；三是启动征地拆迁的前期工作。

市中心城区公共立体停车库。2016年度计划完成投资0.6亿元，实际完成投资0.6052亿元，完成年度目标任务的100.88%。首期规划布局的13个停车库中，红旗、先锋路2处停车库由社会资本投资建设，其他11个停车库由市交通投投资建设，一是司前街停车库现已全部完成工程建设内容，2017年1月进行试运行；二是完成组建衡阳市智能交通停车库建设管理有限公司。

松木互通工程。完成拨付项目投资资金0.5886亿元。

（李文涛）

【衡阳首广联合广告公司成立】2016年，经市委、市政府同意，市交通投与北京首都机场广告公司合资成立衡阳首广联合广告公司，以整合开发南岳机场、蒸湘南路延伸线、衡西公路等广告资。合资公司于2016年年初通过审批正式组建成立，完成南岳机场航站楼内广告媒体建设，加快规划蒸湘南路延伸线两厢广告媒体建设，2016年实现营业收入43.82万元，为公司在自主经营业务领域试运行成功的典范。（李文涛）

【现代企业制度建设探索】2016年，为健全规范公司管理，市交通投根据公司发展需要，初步建立起符合现代企业制度要求的管理体系、制度，组织公司各部门制定和修订各项工程管理、财务管理、内部管理等制度，全年共修订出台各项管理制度19项，明确公司班子成员、各部门管理职责、权限和职能，促进工作制度化、科学化、规范化，提高工作效率、效能。（李文涛）

衡阳市湘江水利投资开发有限公司

【概况】2016年，衡阳市湘江水利投资开发有限公司（以下简称市水利投）以项目建设为方向，以加快转型发展为突破口，以加强企业内部管理为基础，在项目投融资、资产收储等方面取得新成效。全年计划完成融资15亿元，累计到位融资16.11亿元，为年度目标的107.4%，经加权平均后的年融资成本持续控制在5.5%以内。（杨　帆）

【银行融资】2016年5月17日，东洲岛水利综合治理项目6亿元贷款全额发放到位；工商银行方面，耒水南岸新型城镇化建设项目2.97亿元贷款，由于抵押物不足，2016年仅放款0.414亿元；国家开发银行方面，农村综合公共服务中心项目到位0.2亿元；建设银行方面，耒水西岸新型城镇化建设项目贷款到位2.5亿元。发行中期票据。2016年，市水利投发行光大银行承销的7亿元中期票据，于12月7日到账。

（杨　帆）

【项目建设】2016年，市水利

投原计划承建项目10个（续建项目5个，新建项目5个），其中，龙家坪路和农村综合公共服务中心项目因规划不确定、建设主体发生改变等原因，经市政府批准已退出公司年度投资计划，实际承建项目8个，年度计划完成投资9.61亿元，全年累计完成投资9.9226亿元，为年度计划的103.3%，完成市政府年初明确公司的工程投资任务。其中：东洲岛项目年度计划投资1亿元，全年累计完成投资1.0537亿元，为年度目标的105.4%；湘江东岸苏洲湾片区综合整理开发项目年度计划完成投资1.5亿元，全年累计完成投资1.526亿元，为年度目标的101.7%；武广新区耒水西岸新型城镇化建设项目年度计划投资1亿元，全年累计完成投资1.0757亿元，为年度目标的107.6%；耒水南岸新型城镇化建设项目年度计划完成投资1亿元，全年累计完成投资1.0619亿元，为年度目标的106.2%；万福陵园项目年度计划完成投资1亿元，全年累计完成投资1.007亿元，为年度目标的100.7%；白沙片区整体城镇化建设（三路一带）项目年度计划完成投资2.11亿元，全年累计完成投资2.1276亿元，为年度目标的100.8%；横江湿地公园项目年度计划完成投资1亿元，全年累计完成投资1.0407亿元，为年度目标的104.1%；蒸水北堤风光带延伸工程年度计划完成投资1亿元，全年累计完成投资1.03亿元，为年度目标的103%。

（李　政）

【资产规模】 截至2016年年底，公司资产规模为135亿元（为市水利投与武广新区新型城镇化有限公司资产之和。武广公司与市水利投关系为“两块牌子，一套人马”），为年度计划的103.8%。面对2016年国土用地指标紧、任务重的重重困难，公司与省、市两级国土部门对接，争取新的用地指标。2016年，市水利投办证和挂牌土地96.73公顷，土地报批情况在同类型公司中名列前茅。具体情况为：已办理不动产证土地27.07公顷；正在办证的土地9公顷；正在挂牌的土地47.4公顷（含规划道路用地14.73公顷）；办理万福陵园不动产证13.3公顷。此外，年前还新组卷土地34.93公顷。办证和挂牌土地预估资产25.178亿元，为年度计划的125.9%。

（杨　帆）

衡阳市水务投资集团有限公司

【概况】 衡阳市水务投资集团有限公司（以下简称市水务投）是在衡阳市自来水有限公司基础上组建而成的，于2014年4月25日挂牌成立。公司下辖城南、演武坪、江东、城北4个水厂和兴达市政工程有限公司、名洋水务研发公司、鑫源水务营销公司、金达污水营运公司、湘水物业公司、机电安装公司6个基层单位以及17个机关部门。公司确立“建设区域性综合水务服务商”的发展目标，制定“夯实基础、扩大规模、延伸水务、促进发展”的经营方针，形成自来水供应、污水处理、涉水项目设计与承建和水务投融资四大产业板块。截至2016年年底，日供水能力65万立方米，日生活污水处理能力32.5万立方米，总资产30亿元。

一、主要经济指标方面。2016年，市水务投实现营业收入3.08亿元，同比递增20.74%；实现国有资产保值增值率101%。

二、主营业务方面。自来水供应：2016年完成供水量1.83亿立方米，同比上升1.29%。完成售水量1.01亿立方米，同比增长4.93%。水质综合合格率99%。污水处理：2016年，公司下属的松亭、铜桥港两污水处理厂共处理生活污水7863万吨，比2015年增加4.52%；COD减排16784吨，同比增加46.19%；污泥处理量23991吨，比2015年增加76%；松亭污水处理厂出厂水达到国家一级A排放标准，铜桥港污水处理厂出厂水达到国家一级B排放标准，2017年提标工程完工后可达到一级A排放标准。水质合格率100%。

三、到位融资方面。2016年实际到位资金4.765亿元，超额完成0.765亿元，综合利率低于5%。

（罗　剑）

【市政供水管网新建及改造】 2016年，市水利投完成大小工程项目200余个。衡州大道西延、衡西干线、二环路等道路配套管线的安装，改善城郊三塘镇、呆鹰岭镇、107国道沿线、茶山坳及华新开发区等区域的自来水供应。支持滨江新区、来雁新城、华耀城、船山东路、白沙工业园等省市重点工程项目及各安置小区等民生工程配套供水管网建设。配合市政府在城区开展“三清三建”提质改造，启动69个社区管网改造及水表规整工作，与社区提质改造同步推进。2016年累计完成管网新建及改造投资7565万元。

（罗 剑）

【铜桥港污水处理厂二期项目建设】 铜桥港污水处理厂二期项目建设属省、市重点项目之一。2016年，项目在一期日处理5万吨污水规模上，扩建5万吨/日常规处理，建设10万吨/日深度处理和3万吨/日中水回用工程，总投资约1.89亿元。2015年9月16日开工建设，2016年12月28日一级B排放工程完工，通水试运行。2016年完成投资额1.56亿元。项目建设期间，施工现场因地形地势限制，多次因河水倒灌淹没，同时受汛期影响，施工有效天数446天中约50%为不利于施工的雨天，市水务投攻坚克难，在有限的施工时间内完成项目建设，完成国家环保部、省环保厅对衡阳市该项工作的考核任务。

（罗 剑）

【演武坪水厂提质改造工程】 该项目建设规模为30万吨/日提质改造，总投资约为1.61亿元，截至年底已完成投资约1.1亿元。项目于2015年9月16日开工建设。截至2016年年底，完成预处理池、污泥浓缩池、加药间、加氯间、臭氧车间构筑物的主体以及厂区内连接管道和进出厂水管改造等。

（罗 剑）

【城南水厂提质改造工程】 项目建设规模为8万吨/日提质改造，项目总投资约1.35亿元。于2015年7月开工建设，截至2016年年底，完成原生产车间及净水构筑物的拆除，完成基坑支护工程、新建反向滤池工程和新建清水池池体浇筑工程，加快进行沉淀池和预臭氧池池体浇筑施工。2016年度完成投资额5503万元。

（罗 剑）

【白沙工业园纳污管线】 该项目为铜桥港污水处理厂配套管网工程，管线总长约9千米，分为A、B、D管段，设中途提升泵站一座，投资估算2600万元，于2012年8月开工建设。项目建设过程中因临时征地和园区幸福河管涵建设等原因，于2013年10月至2015年9月、2015年11月至2016年3月暂停施工。截至2016年年底，该项目已完工通水。

（罗 剑）

衡阳市湘江流域治理来雁新城建设投资有限公司

【概况】 2016年，衡阳市湘江流域治理来雁新城建设投资有限公司（以下简称来雁新城）共完成年度投资20.8亿元、到位融资22.5亿元、实现新增资产22亿元。

一、规划方面。2016年，来雁新城根据市委、市政府“高起点定位、高水平规划、高标准建设”的总体思路，深度挖掘历史文化元素，把来雁新城真正建设成一张靓丽的城市名片、一个高标准的旅游景区、一个商贸繁荣的“聚宝盆”的总体定位精神。来雁新城以规划工作引领全局、突出规划工作的龙头作用：一是来雁新城控制性详细规划获市城乡规划委员会批复；二是草桥文化风情街、金融聚集区、松梅湖湿地生态新区策划工作进展顺利，金融聚集区、松梅湖湿地生态新区完成第一阶段策划工作，草桥文化风情街区完成中期策划工作及概念性规划初步方案；三是市政道路和安置房建设工程设计、配套设施规划设计满足项目施工需要；四是来雁塔修缮工作完成文物对比、塔内勘测、民间走访、机关对接以及专家意见收集，年内通过省文物局专家评审，开展工业博物馆方案设计，其他保留建筑、古树、寺庙等文物的保留方案已经确定，着力凸显来雁新城历史文化特色；五是完成来雁新城范围内社区管理用房规划方案，社区工作用房得到有效保障。

二、融资工作方面。2016年，来雁公司坚持按需求融资、低成本融资的原则，共获得各类融资审批授信21.98亿元，到位22.5亿元。同时，来雁公司争取有关政策资金支持，落实中央财政棚户区改造专项资金和棚改配套资金共2.6亿元，到位环保资金0.21亿元，并向省财政厅申报合江套老工业区搬迁专项资金1亿元。

三、征地拆迁方面。2016年，共完成集体土地征地229.93公顷（累计征收集体土地500.93公顷），基本完成来雁新城合江街道、五一街道、松木片区集体土地的征收工作，征拆房屋

103209 平方米。

四、项目合作方面。与国家电网、自来水公司、中国电信、中国移动、中国联通、衡阳有线、长途线路局及部队等单位对接管线、强弱电线路改迁事宜，较好地满足工程建设需要。

五、资产培植方面。2016 年来，来雁公司抢抓政策机遇，争取省、市国土局部门的支持，在 2016 年 7 月 1 日实施的“占水田补水田，占优补优”的耕补新政策出台前夕，成功报批 66.67 公顷土地，为公司节约报批成本约 1 亿元。2016 年，共领取 86.8 公顷土地批文，完成土地挂牌办证 83.93 公顷，完成土地报批规费投资约 1.33 亿元。（王雄军）

【基础路网建设】 2016 年，来雁新城加强基础路网建设。湘江西岸防洪堤、道路及风光带项目（三医院至 105 路终点站段）和 A 片路网的建设路东段、来雁路西段、后街路（江套支路—合江套路）已拉通；B 片路网的源湘路已全线拉通。来雁路西段、源湘路的拉通，打开来雁新城与蒸阳北路联系的出口，促成来雁新城与市区交通网络的联接，以解决交通瓶颈问题。（王雄军）

【安置房建设】 江霞村、五一村、友爱村、松梅村和和顺家园（电瓶车厂）、（阀门厂）项目等 6 个安置房项目共有 17 幢封顶和竣工、4 幢完成 20 层以上、5 幢完成 10 层以上。同时，宏兴花苑和振轩房产的收购投资完成 1.93 亿元、投资 0.25 亿元对西豪逸景房产进行团购。安置房可交房 1363 套（江霞村 818 套、宏兴花苑 488 套、西豪逸景 57 套）。与此同时，工程、规划、地勘、景观设计和可研、节能、环评等各项配套工作也有条不紊地同步进行，共完成投资 0.15 亿元。（王雄军）

【环境治理】 2016 年，来雁新城环境治理初见成效。来雁新城总体规划环评报告（2014—2030）已通过市环保局批复，规划环评报告明确的六大历史遗留污染地块，已争取进入国家环保部土壤司“十三五”规划，争取资金支持。水口山二厂土壤修复治理项目已基本完成治理，土壤修复后达到绿化用地标准；莱德生物库存危险物品和生产设备设施清扫、置换、清洗等工作也得到较好的处置。（王雄军）

【搬迁腾地】 2016 年，来雁新城搬迁腾地因市政府对三医院选址工作方案调整，雁北监狱搬迁工作推进需对接省司法厅和省监狱管理局，相关工作推进较为艰难。来雁公司克服各种困难，千方百计搬迁腾地，为各项工程的顺利推进扫平障碍。2016 年，先后完成今天化肥化工公司衡化改制遗留问题的处理、公房签约、过渡费支付；古鼎、飞利、鑫新辉鸿征地补偿费余款的支付；莱德生物危险化学品的处置；市天原公司职工安置的兑现；五一路二期安置房征收的补偿；水口山二厂厂房的拆除、危险废物处置、过渡费支付；市电瓶车厂、市有机玻璃厂医保、社保费用的支付；市阀门厂职工安置、医保、社保费用、工伤保险的支付等工作。（王雄军）

【产业招商】 2016 年，来雁公司策划包装五大类共 18 个 PPP 项目，截至年底重点推动三大产业招商。一是医疗健康产业。先后与多家投资商洽谈，计划建设一个集医、教、学为一体的全科医生培训基地，并推动专业医疗机构入驻。二是品牌教育产业。多家教育集团初步确定可在政府层面，按照“国有民办”的办学路线，以 PPP 模式合资建设意愿，将以履行社会责任、不收取管理费用为合作宗旨支持来雁新城高端教育学校建设。三是文化旅游产业。草桥文化风情街项目计划借鉴有关大型投资开发商先进的运营理念，共同开发经营。四是其他产业项目。金融聚集区城市综合体、工业博物馆、加油加气站等项目正在推进合作协议洽谈。（王雄军）

【湖南天雁公司沿江公产房屋征拆工作启动】 经过长达 9 月的协商谈判和资产摸底、评估、评审等前期准备工作，湖南天雁公司沿江公产房屋征拆工作于 2016 年 4 月 6 日正式启动，涉及租赁户 14 户、企业自管公房住户 107 户、私产房屋 27 户。为做好天雁公司沿江公产房屋征拆工作，石鼓区指挥部、来雁公司、湖南天雁公司组成联合工作领导小组，成立租赁户搬迁洽谈、公产住户洽谈签约等相关征拆工作班子，制订相关搬迁安置工作方案。

（王巨文）

【市防洪管理处杨家坪防洪闸等资产移交】 为推进来雁新城风光带、滨江大道建设，在市指挥部支持与协调下，经市政府批复同意，市防洪管理处、市财政局行政资产管理公司于5月5日将杨家坪1、2号闸及草桥渔港等门面资产无偿移交给来雁新城。截至年底，来雁新城已接收相关土地、房产证件等工作。资产移交完成后，将在市防洪管理处指导下做好防洪防汛管理工作。（王巨文）

【水口山二厂砷品车间危废品处理】 水口山二厂砷品车间紧临湘江，其遗留危废对湘江存在较大污染隐患。为加快处置进度，防范环境污染，公司通过现场勘查、实地测量后，请示相关行政主管部门，办理危险品转运手续。2016年5月12日—5月14日，公司企业部全体员工冒着危废有毒的风险，仅用三天时间全面完成1260余吨危废转运，成功消除环境安全隐患。（王巨文）

衡阳市滨江新区投资有限公司

【概况】 2016年，衡阳市滨江新区投资有限公司（以下简称市滨江公司）各项工作均有序推进。

一、项目建设方面。2016年，市滨江公司项目建设任务为25亿元，受压矿、涉铁、涉军、综合管廊及酃湖公园投资模式调整等因素，实际完成投资约19.18亿元，其中完成建安投资13.43亿元，非建安费用约5.75亿元。

二、安置房建设方面。2016年，滨江新区在建安置区共4处，新开工5幢，累计开工建设40幢，累计完成约50万平方米。其中新华五四安置房25幢开部开工，12幢主体已封顶；东山安置房14幢主体全部封顶，进行配套设施建设；江东安置房已封顶1幢，在建1幢。基础设施建设方面：耒水以北13条路网已经基本成型；北三环湘江大桥桥墩桩开始施工；北三环路开始土方施工；防洪堤基本填筑完成，湘江、耒水风光带开始建设。耒水以南的湘江东路（南段）已完成30万方土石方工程；防洪堤护岸、风光带加速施工推进。

三、酃湖公园建设方面。因前期开工过急并存在一些同步跟进的实际问题，项目原PPP合作模式终止，正报市政府审批。同时，基于对武广新区、酃湖新城升级的发展战略判断，以注入资金、导入品牌、引入业态的理念，对外发布招商引资信息，邀请有实力的知名开发企业，依法依规合作开发，达到互惠互利、风险共担、利润共享。

四、融资发债工作。2016年公司融资任务为22亿元，实际到位融资30.8941亿元，超额完成融资目标。

五、资产管理工作。2016年，公司新增资产任务为30亿元，由于2015年组卷批回100公顷土地、2016年低丘缓坡项目40公顷土地，均处于城规范围外，相关手续办理受限，新增30亿元资产的目标无法达到，2016年实际完成新增固定资产约20亿元。

（王超民）

【滨江文化旅游投资有限公司成立】 2016年，市滨江公司着眼于文化旅游开发，开展产业布局工作，成立全资子公司——滨江文化旅游投资有限公司。多次前往北京、上海、杭州、广州、深圳等地考察调研，同时与深圳华侨城初步达成合作意向。通过滨江文化旅游公司这一平台，充分发挥滨江新区资源优势。

（王超民）

【滨江新区产业布局方案讨论会召开】 2016年7月20日上午，市滨江公司召开滨江新区产业布局方案讨论会，公司领导班子及部门负责人参加会议。会上，就滨江新区产业布局进行讲解，并对布局中可能面临的问题进行阐述。滨江新区产业布局将围绕“南岳衡山国家级旅游休闲度假区”进行打造，具体分为以“盐”为主题的旅游度假区、以山体公园为主题的体育运动区、以医养结合为主题的康体养老区、教育聚集区、文创产业区、南岳衡山禅意小镇、高档居住区等。滨江新区境内共计压覆矿产面积1.4平方千米，与会代表就如何规避压矿影响、充分发挥矿产资源优势进行产业布局展开讨论。会议强调，滨江新区要朝着国家级旅游度假区的目标前进，要做好压覆矿区域地勘和准压协议签订工作，尽量采取低矮楼层建设方式，确保项目安全性。要积极与湘衡盐矿

沟通，可就盐卤资源旅游开发项目与湘衡盐矿展开长期合作，共建美丽滨江。 （王超民）

【省督查组调研棚户区改造项目】 2016年9月29日，省保障房督查小组前往五四安置房现场调研棚改区项目安置房建设情况。督查组成员表示对市滨江新区安置房建设规模、进度、质量、安全情况认可，希望公司加强安置房管理，保障质量安全，确保如期交房。截至9月底，棚户区改造项目五四安置房已全面开工，其中12幢主体已封顶，正在进行外墙装饰施工，12幢正在进行主体施工，三层幼儿园已主体封顶；完成建安投资约7.83亿元；东山安置房14幢高层全面开工，14幢主体完工，进入外墙装饰施工环节，完成建安投资约6.8亿元。

（王超民）

【滨江文化风情街方案专题调研】 2016年9月9日，衡阳历史文化名城专家小组成员彭宁专题调研滨江文化风情街、粤汉码头、粤汉货厂等项目。在工地建设现场，彭宁教授详细估量建筑物的完整程度，提出申公馆、省立三中是省文物重点保护单位，应将它们列入滨江新区乃至衡阳旅游建设的重点保护工程，并提出粤汉码头跟粤汉货场具有很高的文化价值，建议保留修复。彭宁强调滨江文化风情街的开发，要对当地原有建筑进行选择性保留，既要因地制宜合理开发，又要将衡阳历史文化进行传承与发扬。

（王超民）

【杨开忠到衡阳指导滨江新区产业规划布局】 2016年11月28日，北京大学秘书长杨开忠到衡阳指导滨江新区产业规划布局，就滨江新区产业规划和建设进行一系列现场交流讨论。现场调研期间，杨开忠教授提出要深挖衡阳故事，结合新区人文和地质环境，按照休闲度假、研发创意类产业、高档别墅区三个方面进行规划和建设，打造有特色有品味的滨江新区。在打造过程中，既要解决高速、铁路、道路的噪音等实质性问题，又要利用地质优势打造别墅区，做好特色小镇文章，争取国家政策和资金支持。规划座谈会上，杨开忠提出衡阳滨江新区的“定位”要注重以下几点：一是立足交通区位。衡阳位于高铁轴心圈，发展的潜力不可估量。二是要突出品质。新区建设要具备“速度”“自然生态”“配套齐全”“高档消费”等几个打造高端品质的必要条件。三要谋划营销。必须从规划开始就要有客户导向和竞争意识，要从挖掘、包装、营销策划上下功夫。

（王超民）

【华侨城专家团队赴衡阳考察滨江新区】 2016年12月2日，华侨城专家团队赴衡阳滨江新区考察交流。在现场调研中，华侨城专家团队把滨江新区的前期规划方案展开仔细的研究，并根据已策划成功案例的经验，提出一系列建议。在滨江新区产业规划座谈会，市滨江公司各级领导与华侨城专家团队就滨江新区的现状和未来发展方向进行深入分析和讨论，并于交流协商过程中达成合作意向。未来将在“导入品牌”“导入产业”以及“合作模式”三个方面进行深入细化合作。华侨城进驻衡阳滨江新区，将会给滨江新区、乃至衡阳市的旅游带来品牌效应，有利于带动衡阳第三产业的发展。 （王超民）

【西安曲江文化旅游公司考察珠晖塔项目】 2016年12月15日，西安曲江文化旅游股份有限公司旅游团队对珠晖塔项目进行实地考察。在踏勘过程中，公司工程部部长蒋金芸就珠晖塔的历史文化、当前状况及下一步的打造计划作详细的介绍。珠晖塔为雁城三塔之一，荟萃于湘江耒水之间，珠晖塔与原来的来雁塔隔江相望，互为犄角，镇锁风水不致流失，使衡阳地气灵脉永保不逊。西安曲江文化旅游股份有限公司旅游团队对珠晖塔的保护及公司珠晖山地公园的规划设计给予肯定，市旅游经济行动小组副组长刘革生表示，希望滨江公司在今后的工作中能够继续保持当前的良好态势，建设好滨江新区，让珠晖塔走出衡阳。 （王超民）

【滨江公司主体长期信用等级获评为AA级】 2016年12月19日，联合资信评估有限公司通过对市滨江公司信用状况的综合分析和评估。评级结果确定公司主体长期信用等级为AA，确定2016年公司债券信用等级为AA，评级展望为“稳定”。评级报告指出，市滨江司作为滨江新区唯一的的基础设施建设主体，自成立以来获得政府的大力支持，且近年来衡阳市区域经济持续发展，财政收入水平提升，为公司发展创造良好的外部环境。随着滨江新区未来进一步发展，公司代建的城市基础设施建设及土地开发整理业务收入有望获得持续增长。

（王超民）

衡山科学城投资开发有限公司

【概况】 衡山科学城是衡阳市委、市政府为在实施创新驱动和发展战略，抢抓高端智能制造、移动互联网技术应用等重大产业发展机遇的大背景下，按照市场化运作方式，建设的生态智能新城，主要目的是为弥补衡阳市科技创新产业乏力，没有特色产业集群这一重大缺陷。衡山科学城选址衡阳市雁峰区、蒸湘区境内，规划范围为东至蔡伦大道、南至湘江、西至岳临高速、北至南三环，总规划面积20平方千米。科学城以培育一批上市企业、行业领军企业为目标，坚持开放共享、科技创新、绿色环保的发展理念，致力通过“高端产业引导、配套环境先行、资本技术推动、集群品牌创建”，打造湖南和衡阳高新科技产业新的特色优势和名片。

一、招商引资方面。2016年，衡山科学城以培育高端产业集群、上市公司为目标，以培育孵化平台为手段，因地制宜，创新招商模式，坚持全员招商，培育高科技产业。已注册企业37家，注册资金8.7亿。围绕科学城产业发展规划，将招商引资工作重点放在智能制造、光电信息产业、互联网+、新材料、新能源、生物医药等产业上面，力争打造以互联网金融服务平台、大数据信息平台、科技成果交易转换平台为主的“三大服务平台”，以航空航天产业集群、智能机器人产业集群、生物医药产业集群、互联网应用技术产业集群为主的“四大产业集群”。已与北航、北邮、清华、哈工大、中科院等国内顶级科研机构建立合作。新材料、航空航天关键技术、电子通信及互联网技术应用、生物和医疗器械已现雏形。

二、项目建设方面。2016年，衡山科学城开展得重点建设项目主要有：年产10万套件光纤陀螺器件及配套组件生产基地项目，该项目在科学城首期投资10亿元，生产的光纤陀螺及惯性导航系统主要用于导弹、军舰、卫星及车船等军民两用装置，项目达产后将实现年销售50亿元；航空航天电子元器件生产基地项目，该项目总投资5亿元，主要为国家级尖端科研、航天工程、总装备部提供高可靠性航天装备元器件，建成后将成为国内一流的军工及民用电子元器件生产基地；科大讯飞教育信息化基地项目，首期投资10亿元在科学城建设人机语言数据交流工程中心及讯飞研发创新孵化器，截至年底，已在科学城注册资金1亿成立全资子公司；装备级多旋翼无人机项目，该项目产品拥有13项发明专利，居国内一流，主要生产军用、反恐、消防等军民两用无人机；桑谷医疗机器人项目，2016年年底已在科学城设立生产基地及研发销售总部，产品可用于部队医院细胞毒药物配制及大规模药品配置为军民两用医疗机器人。全部对接的重点项目建成达产后将形成200亿元产业规模，初步形成高端制造产业集群及配套生产基地。

三、平台建设方面。一是规划设计方面。衡山科学城概念性规划通过国际招标，由新加坡邦城设计院中标，英国阿特金斯公司、德国IBI公司等参与，按照“产城融合、山水相应”的要求，对科学城20平方千米面积实行统一设计。一期起步区即红树林区由德国著名设计师担任总设计师。2016年年底，总体规划、一期5平方千米控制性详规、市政基础设施专项规划都已获市大规委会审批通过。二是园区开发方面。衡山科学城按照“基础先行、配套到位”的工作思路，迅速拉开园区发展骨架，全面加快园区基础设施建设。在全省率先推行EPC总承包模式建设，实现设计施工深度融合，缩减设计施工流程和办理时间，助推园区健康快速发展。科学城一期红树林研发样板区主体已全面封顶，即将收尾。该项目占地11.13公顷，计划建设14幢建筑，总投资5亿元，建筑面积13万平方米。新建6.9万平方米的安置房一期，投资1.5亿元；新建1.6千米的科学城大道一期，投资7千万；新建雁鸣路一期1.3千米，投资3.5亿；新建9万平方米的企业员工住宅项目以及投资6000万建设1.3千米的地下综合管廊；红树林二、三期、污水处理厂、自来水厂、国际学校、专家村等项目都已启动前期工作。三是抓征地拆迁方面。2016年，科学城共征收土地84.67公顷，正房面积50030.99平方米，累计投入资金1.98亿元；一期5平方千米中的1.86平方千米纳入衡阳市土地利用规划，首期39公顷土地已获审批，进入招拍挂程序。（陆政伦）

【衡山科学城科技发展有限公司揭牌】 2016年3月4日，衡山科学城科技发展有限公司正式揭牌，公司定位为创新园区建设开发模式下成立的产业发展服务型公司，将重点在航空航天、北斗定位等高档科技研发、产业化领域提供专业化的管理和集成服务，系衡山科学城首家平台服务公司。揭牌仪式邀请原总装部长沙军代局局长邹长明、中建投基金公司总裁于开红等人参加。衡山科学城管委会筹备组负责人谭建华、衡山科学城科技发展有限公司董事长李爱夫共同为科技发展公司揭牌。

（周志超）

【衡山科学城首次企业家座谈会召开】 2016年3月24日，衡山科学城投资开发有限公司首次企业家座谈会在科学城一楼会议室召开。为了解企业发展方向、促进企业落地生产，让企业熟悉科学城发展情况，科学城邀请入驻单位北航合作的湖南航空航天特种技术研究中心及科技成果产业化基地、南华大学骨科生物材料工程中心、中部翼天与国防科技大学有关人员合作的先进智能制造工程中心、桑谷医疗机器人、中部芯谷、天雁医疗器械、青鸟科技、南光光电等14家企业参加座谈会。会上公布促进产业孵化的免房租、冲抵购房款、科技资金奖励、设备投入奖励、企业间联动奖励、上市奖励等系列优惠政策。参加座谈会的企业家代表对于衡山科学城管委会为入驻企业进驻所作的务实工作表示赞同和认可，并提出现阶段企业存在的困难及需要解决的问题。

（周志超）

【陈向群一行考察调研衡山科学城】 2016年5月12日，省委常委、常务副省长陈向群到衡阳考察调研。在衡山科学城建设现场红树林样板区项目建设工地，陈向群一行了解到签约进驻衡山科学城的23家注册企业均为占地少、科技含量高、产值利润高、市场前景好的项目，陈向群给予高度关切和赞许。在听取高端智能制造、移动互联网等产业招商引资情况介绍后，陈向群高度评价科学城发展定位、发展思路、发展来势，希望科学城注重产业集聚、产业特色，并要求省有关部门在产业基金、产业并购、产业支撑平台建设及人才引进等方面给予重点支持，努力打造成全省首屈一指的高端科技城。市委副书记、市长周海兵等陪同考察。

（周志超）

【南光光电科技公司缴纳首笔税金】 2016年5月13日，衡山科学城红树林一期企业——衡阳南光光电科技公司缴纳78300元企业增值税，系衡山科学城入驻企业首笔税金。衡阳南光光电科技公司专注生产光学仪器已有20余年历史，为德国蔡司，日本佳能、奥林巴斯等企业生产光学镜头，产品达到出口欧盟国际标准，每年年产值2000万元、利税达200万元，该公司于5月10日注册入驻衡山科学城。（周志超）

【童旭东一行调研考察研发创新区】 2016年6月22日，省科技厅厅长童旭东一行到衡阳就科技创新工作进行调研，考察科学城红树林研发创新区。在科学城红树林研发创新区，童旭东对衡阳能超前引进系列高端科技含量项目表示赞赏，并对科学城“共同营建平台、共投高端项目、共享发展成果”的定位及发展理念高度认同，表示省科技厅将加大对科学城的政策扶持与资金支持。在科技创新座谈会上，童旭东向与会人员传达全国科技创新工作大会精神。市领导张贺文、周辉斌，省科技厅副厅长杨治平参加调研。（周志超）

【何报翔考察建设工地】 2016年6月23日，副省长何报翔到衡阳调研综合保税区运行情况以及园区建设。何报翔在考察科学城红树林一期建设工地时，详细询问科学城负责人单位发展状况、面临的困难、发展规划等，对科学城创新的发展思路和四大高端产业集群表示较大关切，强调将高端产业集群打造成专业规模、形成独特优势，衡山科学城的发展要从优化体制、机制入手，充分运用市场化手段，引进和用好一批专业人才。市领导张贺文、刘正兴、王洪斌陪同调研。

（周志超）

【首次税企交流座谈会】 2016年6月24日上午，首次科学城税企交流座谈会在衡山科学城投资有限公司一楼会议室召开。会议由公司财务总监张少华主持，市雁峰区国家税务局局长刘绍荣、科长郭云辉，科学城项目施工单位、入驻企业代表及科学城相关部门共20余人参会。会上，对国、地税机关税收征管方面的差异展开分析，宣传增值税发票管理、纳税申报的有关政策，并对科学城项目施工单位和入驻企业在税务管理工作方面提出具体要求。会议还结合各项目施工单位和入驻企业的现状，就选择税收征管方式，办理税收外管证明、项目备案，项目税金预缴、开具发票、缴纳申报，以及项目总包与分包方如何开票抵减税额等企业急需解决的问题，进行解答。会议气氛热烈，建立微信互动交流平台，建议实现税企交流机制定期化和常态化。首次税企交流座谈会的召开，对于加强税企双方的沟通交流，营造良好的税企关系，及时解决企业方急需解决的纳税问题，为科学城探索园区税企管理新模式奠定良好开局。

（周志超）

【湖南瑞森可机器人科技有限公司入驻】 湖南瑞森可机器人科技有限公司是一家专业从事协作机器人及智能设备相关工作，并提供系统整体服务方案的机器人科技企业。2016年8月18日，衡山科学城投资开发有限公司与中金九峰（北京）公司、技术方瑞森可机器人科技公司在上海签约，通过设立智能机器人创业基金投资10亿元在科学城组建智能机器人产业园，以推进衡阳市智能机器人产业集群发展和衡阳产业升级换代。 （周志超）

【智能机器人产品亮相第四届湘南国际投洽会】 2016年9月22日，副省长何报翔，市委副书记、市长周海兵参观第四届湘南承接产业转移投资贸易洽谈会湖南名优商品交易展衡阳展厅。衡山科学城智能机器人产业园选送的智能协作机器人，以及即将落户衡山科学城的浙江智天科技有限公司的无人机，展示衡阳市智能装备发展新方向。 （周志超）

【“沪洽周”签约中金九峰（北京）公司】 2016年8月22日，湖南（上海）投资贸易洽谈周“沪洽周”上，衡山科学城与中金九峰（北京）公司的智能机器人创业基金现场签约建设智能机器人产业园项目，总投资10亿元。此次“沪洽周”上，衡山科学城投资开发有限公司负责人对衡山科学城红树林二期项目进行专题推荐并介绍优惠政策，引起参会客商的广泛关注和浓厚兴趣。次日，衡山科学城投资开发有限公司与中金九峰（北京）公司、瑞森可机器人科技公司签约，设立智能机器人创业基金，投资10亿元在衡山科学城建设智能机器人产业园。建设内容涉及单臂协作机器人生产基地建设、智能机器人集成、实验室机器人研发生产等，此外还有通过海外并购引进消毒机器人生产基地建设及机器人产业链上的关键配件生产基地建设，并共同建设协作机器人工程中心及机器人检测基地。“沪洽周”期间，衡山科学城对华东师范大学精准医学项目及上海交通大学信息安全工程项目提交项目建设说明书，考察苏州雄立科技的转移芯片项目，与浙江天智科技的无人机产业园建设项目及赛伯乐（中国）投资集团的互联网创新中心、无人机生产基地达成合作意向。 （周志超）

衡阳高新投资有限公司

【概况】 2016年是衡阳市高新投资有限公司（以下简称市高新投）发展的起步之年。公司克服宏观形势持续严峻、外部环境复杂、公司初创期等诸多困难，围绕市委、市政府下达的年度目标任务，突出抓好投融资、资产注入、工程建设、队伍建设四大重点，推进高新区陆家新区开发建设，开局良好。

一、资产规模方面。2016年，公司资产规模达到70亿；融资规模从无到有，规模达到42.7亿元；投资规模达到41亿元；实现收入3.36亿元（含税）；实现净利润7000万元。

二、项目建设方面。全年实施重点工程项目26个，完成投资41亿元，完成市政府下达的30亿的项目投资任务。蒸水东堤船山路至解放大道段风光带、绿化增量提质工程等基础设施建设基本完成；创新创业中心、新兴金融中心、电商中心、虚拟大学城等产业项目完成计划投资额；蒸水小学扩建、部分棚户区改造等民生工程基本完工；祝融小学、启迪之星一期、城区公共自行车租赁系统投入运营。

三、土地报批方面。2016年，市高新投全力推进国有建设用地报批，2015年批回土地216.6公顷，组卷上报待批土地100.47公顷；成功摘牌土地10宗，面积共39.2公顷，土地资产共13.4亿元，切实解决国际会展中心、虚拟大学城、双创中心、新兴金融中心、总部基地等一批重大项目的用地问题。

四、融资工作方面。多渠道全方位筹集建设资金，全年完成合同内融资42.7亿元，实际到位资金17.4亿元。合同内融资款项，考虑还本付息，节约成本，根据公司实际资金需求可陆续到位。2017年1月以后，合同内融资又到位资金6亿元。全年融资综合成本5.48%。

五、平台建设方面。启动一支总投资16亿元、发债规模10亿元的“衡阳高新区科技创新基地建设项目”收益债的发行工作。为加快转型升级发展，高新区着力推进创新创业平台、市场交易和市场开拓平台、公共服务平台、投融资平台）建设。推进公司集团化改造，先后成立湖南雨母旅游投资发展有限公司、衡阳高新投置业有限公司、衡阳高新南粤基金管理公司3家子公司；出资1000万元参股湖南省国际低碳技术交易中心有限公司；启动高新文化、高新物业、高新能源公司的筹备工作。 （张重晖）

【与广州南粤基金管理有限公司战略合作协议达成】 2016年4月1日，通过市高新投的大力衔接，高新区与广州南粤基金管理有限公司签署战略合作协议。根据协议，双方将共建衡阳高新南粤基金管理有限公司，同时共建200亿基金，分别是100亿的产业发展基金和100亿的城市建设发展基金。尤其是产业引导和投资基金，或从长远上改变高新区产业格局，撬动产业转型，吸引更多的资本、资源向高新区流动和聚集。 （李　宁）

【高新投入股湖南省国际低碳技术交易中心】 2016年7月，高新区投融资平台——高新投召开董事会，正式确定高新投出资1000万元入股湖南省国际低碳技术交易中心（以下简称“交易中心”）。该交易中心于2016年3月正式成立，系全国首个专业的国际低碳技术交易平台，注册资金1亿元，由长沙高新区发起成立。交易中心面向国内外先进低碳技术供给方和需求方，提供技术交易、产品展示、市场咨询、融资对接、认证评价、项目孵化等各类服务。截至7月，中心已确定包括长沙高新区、益阳高新区、衡阳高新区、岳阳经开区等在内的4家园区和华菱环保等4家企业的入股投资。交易中心将建成低碳技术展示平台，并拟筹建“低碳技术产业园”，以实现将交易中心深化延伸为“研发孵化”“国际交流”“综合服务”三大长效平台。该中心成立之初便受到省委省政府的高度重视，且技术支撑强、运行模式清晰、长期效益见好。从6月起，高新区就入股事宜与省发改委等部门进行多次对接，并赴长沙进行实地考察，最终于6月29日正式确定入股。入股后，高新区将紧密对接办理投资入股手续；成立相应的分支机构，加快低碳技术在衡阳的推广应用，争取碳排放交易等相关业务在衡阳落地。低碳技术是指涉及电力、交通、建筑、冶金、化工、石化等部门以及在可再生能源及新能源、煤的干净高效应用、油气资源和煤层气的勘察开发、二氧化碳捕获与埋存等范畴开发的有效掌握温室气体排放的新技术。 （李　宁）

衡阳市发展投资集团有限公司

【概况】 2016年，是衡阳市发展投资集团有限公司（以下简称市担保公司）成立的第一年，公司在稳定、管理、发展三条工作主线均取得较好业绩，完成各项工作任务。受经济持续下行，担保行业风险集中爆发，市担保公司内外交困，面临着严峻的财务状况及维稳压力。公司在保余额达42.3亿元，按3亿元注册资金计算，担保杠杆达14倍；出现风险的项目资金达6.5亿元，具有潜在风险可能的项目资金超过

10亿元，风险压力极大。特别是民间融资担保，违约项目资金达4.5亿元，涉及民间投资者三千多人，引发大规模上访或向在保企业及社会扩散风险危险增大。为化解风险化解，市委市政府以每月至少召开两次以上调度会议的频率，密集部署、调度工作。公司把维护市担保公司稳定放在工作首位，确保将市担保公司风险始终保持在可控范围之内，并逐步得到化解，没有向在保企业及社会广泛扩散，没有出现重大、恶性群体事件。

一、风险防控方面。一是自有债务风险化解。市担保公司原有非金融机构融资10.02亿元，成本高、维稳压力大，现逐步通过正常渠道融资全部进行置换，年利率降到7%以下，财务负担及维稳压力大大减轻。二是担保业务风险化解。公司采取“降杠杆、减风险”“还清结合，以清为主”“分类施策、定向化解”等多种手段，扎实推进民间中介融资担保、金融机构担保、其他非金融机构担保、非融资担保等四大类风险化解工作。年底民间中介担保风险项目全部化解到位；银担风险项目也已与银行达成化解协议，正逐步推进，基本未再出现新的风险项目；其他非金融机构担保、非融资担保等也拿出化解方案，形势基本稳定。市担保公司运转基本正常，240余家在保客户按时转贷续贷，在保余额降到30亿元，较年初减少12.3亿元，风险压力大大减轻。三是做好清收工作情况。在市委市政府的领导以及市公安、法院、检察院、金融办等部门的支持帮助下，通过组织约谈、民事诉讼、刑事立案等手段多管齐下，对违约企业形成强大的震慑作用，加快清收进度。现累计完成现金及资产清收2.46亿元，其中现金清收8352万元，资产清收16203万元。

二、资产规模方面。一是做好土地报批。年内，公司两次共摘牌59.73公顷土地，完成26.27公顷土地的组卷工作。二是强化资产整合。截至2016年年底，公司合并资产总额为43.27亿元，较2015年度资产总额24.81亿元增加18.46亿元，增涨幅度为74.4%；净资产11.51亿元，较2015年度净资产5.15亿元增加6.36亿元，增涨幅度为123.49%。三是拓宽融资渠道。2016年11月18日，上海新世纪资信评估投资服务有限公司出具报告，评定公司信用等级已达AA级，有效降低公司融资成本，增强核心竞争力。年内，公司共获各金融机构资金批复57亿元。其中，到位19.36亿元，综合成本在7%以下。现发债工作评估报告已经完成，首发公司债6亿元。四是开展争资跑项。2015年底，市担保公司在无现成项目和工作基础的情况下，争取到三个专项基金项目，共获专项基金2.55亿元。其中湘南农业公共服务平台暨电商产业园项目获批资金5000万元，中南互联网+智能物流平台项目获批资金7500万元，湘南创业创新孵化基地项目获批资金13000万元。

三、项目建设方面。公司2016年重点工程项目共有5个，除智能物流项目外，其余4个都纳入市政府年度考核任务。年内已完成固定资产投资48800万元。其中，杨柳公租房项目于2016年1月开工，现已平均完成5层楼面施工，完成投资7500万元；长湖棚户区改造初步确定征拆范围，正在抓紧开展各项前期工作；湘南农业公共服务平台暨电商产业园项目已完成投资12000万元，6.67公顷用地已办理好不动产登记证及土地摘牌，正在协调拆迁工作和项目规划设计工作，即将开工建设；智能物流平台项目已完成投资15300万元，完成8000平方米仓储主体工程，并与百世汇通签订入驻协议；双创孵化基地已顺利完成土地摘牌并签订国有土地出让合同，完成土地投资14000万元，并已与15创业企业达成意向协议，完成意向招商17000多平方米，现正抓紧办理土地手续，并完善规划设计工作。

四、企业服务方面。以“服务全市中心工作，服务中小企业发展”为指导思想，扎实推进相关服务工作。年内，湘水物流公司先后为29家企业提供外贸服务，报关出口货物总金额为3500万美元，实现利润180万元，位居全市出口企业前列，被市商粮局授予外贸进出口先进企业；过桥基金共为25家企业提供过桥基金业务，发生业务34笔，业务总额为3.579亿元，截至年底余额0.572亿元，实现利息收入300万余元；按照市政府部署，引入和推广“政府风险补偿基金+贷款对象”的政府增信机制，与工行、农行、建行、邮储银行分别签订《政府风险补偿基金担保贷款合作协议》，选定80余家入池企业，1800万元风险补偿金也分别拨付至各家银行，预计可发放企业贷款2亿元。（张金华）

【现代企业管理制度建设】 一是完善法人治理结构，建立健全内控机制。成立集团党总支及三个党支部，选举成立工会“三委”，设立纪检党群部、法务审计部，加强内控管理，初步形成职责分明的组织体系及有效的监督约束机制。二是加强建章立制工作，各项工作有章可循。在全面梳理内部工作流程、明确各级各部门业务权限的基础上，按照务实管用原则，出台《子公司、部门预算管理办法》《薪酬管理暂行办法》《办文办会规定》等30余项规章制度，对公司的财务管理、绩效考核以及办文办会等方方面面作严格规范，以做到有章可循，有据可依，用制度管人，按制度办事。三是切实抓好团队建设，提升工作执行力。对中层干部实行竞争上岗，对员工实行双向选择，清退不合格人员及临时用工，并严格按照市政府平台办的要求及流程，引进8名紧缺型人才及1名博士、20名全日制硕士研究生等29名高层次人才，公司人员由2015年10月的203人精简为现在的163人，在公司业务板块增加、工作量增大的情况，减少人员总数，减轻人员负担，优化人员结构，提升整体素质。此外，为加快项目推进，重新组建项目管理部，增设金融服务部，将专业人才集中使用，更有效地推进各项工作。（张金华）

【金融机构战略合作签约仪式暨银担风险化解座谈会】 2016年8月31日，市发展投资集团与18家金融机构战略合作签约仪式暨银担风险化解座谈会在市政府举行。衡阳市发改委、经信委等市直部门，市城建投、弘湘公司等融投资公司参加会议。会议现场，衡阳市发展投分别与衡阳18家金融机构签订合作协议。市委常委、常务副市长段志刚出席会议并讲话，市委常委、副市长章彰出席会议，市领导胡水龙主持会议。市担保公司自2007年成立以来，在各合作银行的大力支持下，截至2016年8月，累计为中小企业融资担保120亿元，服务中小企业900多家，有效帮助中小微企业解决融资困难。截至2016年8月，与市担保公司合作的银行共18家，签订的合作协议额度为32.59亿元；在保客户239家，在保金额22.57亿元。其中，合作银行在保余额3亿元以上的有3家，1亿元至3亿元的有4家，1亿元以下的11家。

（刘敏佳）

【获上海新世纪资信评估投资服务有限公司AA信用评级】 2016年，上海新世纪资信评估投资服务有限公司为市发展投出具信用评级报告，确定市发展投资集团有限公司等级为AA级。上海新世纪资信评估投资服务有限公司是中国4大信用评级机构之一，为提供贷款企业资信评级、中小企业资信评级、金融机构资信评级、企业集团资信评级、竞标企业资信评级及担保公司资信评级服务提供优质、高效的信用评级服务，评级业务涵盖全部信用评级业务品种。AA级是社会专业资信评估公司对公司核心竞争能力及优势的综合评价，显示公司短期债务的支付能力和长期债务的偿还能力很强，经营处于良性循环状态，受不利经济环境的影响不大，违约风险很低。（刘敏佳）

【市发展投挂牌4块土地】 2016年11月，市发展投挂牌编号〔2016〕网挂91号、〔2016〕网挂92号、〔2016〕网挂103号、〔2016〕网挂104号4块土地，土地总面积24.33公顷、总价7亿元左右。此次土地的挂牌，有助于集团整合资源，为布局城建产业、与一线城建开发企业看齐奠定坚实的基础。截至年底，集团有杨柳公租房、长湖町片区棚户区改造、湘南新兴产业创新创业孵化基地、湘南农业公共服务平台暨电商产业园等多个项目同时在建，产业规模化、多元化、品牌化发展雏形逐渐显现。（刘敏佳）

衡阳松木经济开发区投资集团有限公司

【概况】 2016年，衡阳松木经济开发区投资集团有限公司突出融资、投资和国有资产管理三大重点工作。

一、融资方面。2016年计划融资12亿元，实际融资到位资金13.28亿元，超额完成年度融资任务。其中，以棚户区改造项目向农发行贷款5亿元；以松木经开区南片棚改项目及污水管网配套工程向光大银行贷款6.3亿元；以“十二五”保障性安居工程项目向国家发展开发银行贷款0.28亿元，以松木经开区蒸阳北路延伸工程项目向工商银行贷款1.7亿元。

二、发行债务方面。一是做好企业债券发行。年内，配合做好工湖南森特实业投资有限公司企业债券发行工作。二是政府置换存量债务工作情况。2016年松木投完成政府债券置换存量债务46785.5万元。其中，江霞大道三标BT项目4248.4万元、化工路西延、新安路北延BT融资项目1039万元、资家港BT项目2850万元、云升路建设BT项目2815.4万元、松梅路建设BT项目3872.7万元、湖南省“十一五”城镇污水管网工程项目贷款2260万元、农发行安置房建设项目贷款9000万元，建行晶珠支行农民安置房二期建设项目贷款20700万元。

三、项目建设方面。2016年，经开区实施基础设施项目23个，完成投资10.3亿元，完成年度计划的113%。其中，路网项目12个，完成投资3.9亿元；房建项目7个，完成投资4.94亿元；其他附属设施建设项目4个，完成投资1.46亿元。松梅路、化工路西延、埝塘路、松涛路、花叶路等5条道路的竣工通车和龙祥路、云升路西延、新安路北延、江霞大道北延、聚元路等道路的继续推进，为经开区“南片敞开面，中部出形象，北边拉骨架，西部抓配套”打下坚实的基础；金源社区管理用房、公租房四期投入使用，安置房八期1~5幢、8~12幢、标准厂房四期主体完工，保障企业和民生需求；金源路、新安路等路网的提质改造全面推进，“工业新城”的形象逐渐凸显；松枫广场、金源小学建成投入使用，资家港排电站完工，卫士服务中心继续加快建设进度，防灾检测平台持续推进，配套建设助推社会经济更好发展。

四、国有资产管理方面。一是土地收储情况。完成10宗地块的国土证办理工作，面积共计67.27公顷，为项目融资尤其是公司发行债券提供有力支持。二是增量资产情况。在市政府支持下，经过前期的洽谈与湖南省水运建设投资集团有限公司合股成立衡阳港投资有限公司，共同经营松木港，完成松木港一期建设，于2016年6月正式开港运营。松木港区投入运营，实现衡阳市集装箱货轮通江达海的梦想。

（罗惠译）

【湖南森特实业投资有限公司企业债券筹备发行】 2016年，湖南森特实业投资有限公司企业债券发行筹备工作为松木投投融资工作重点之一。该企业债券拟发行量不超过人民币12亿元、发行期限不超过7年。全年，采用竞争性磋商的政府采购方式选定主承销商，并以余额包销的方式承销本期债券。完成法律意见书、土地评估报告书、审计报告及信用评级的出具工作，与相关金融机构签署《公司债券受托管理人协议》《偿债资金专户监管协议》等相关协议，在市政府的支持下出具支持森特公司发债意见函，计划于2017年年初前将发债所需相关资料汇总报送至省发改委审核。

（蔡　杰）

【衡阳港口投资有限公司揭牌】 2016年7月26日，衡阳港口投资有限公司（以下称衡阳港投公司）举行揭牌仪式，正式开启将衡阳松木港打造成为湘南地区最大的公路、铁路、水运为一体的港口综合物流集散基地的新征程。副市长刘正兴，湖南省水运建设投资集团有限公司（以下称省水运投）董事长、党委书记周志中为衡阳港投公司揭牌。衡阳港投公司为省水运投与衡阳市松木投资集团有限公司（以下称松木投公司）合资企业，注册资金1.1亿元，省水运投占股51%，松木经开区占股49%。该公司主要负责衡阳松木港的开发建设和经营管理工作，具体经营范围是投资港口码头、物流园区建设及经营管理，国际货物运输代理、海关报关代理、水运物流信息咨询、仓储服务等。

（蔡　杰）

衡阳市白沙洲开发建设投资有限公司

【概况】 衡阳市白沙洲开发建设投资有限公司（以下简称市白沙投）于2016年1月挂牌独立运行。公司共有员工54人，公司班子成员6人，公司内设9个职能部门；公司联合资信信用评级AA，是衡阳市少数几家具备境外化债融资资质的平台公司。

【资产规模】　截至年底，公司总资产规模156亿元，负债总额为74.8亿元，资产负债率为47.94%，累计总投入90.62亿元，建成总长52千米“11纵3横”共14条道路路网；完成2013.33公顷的土地一级开发（征地、拆迁、安置及土地平整）；建设工业标准厂房78.5万平方米，拆迁安置房31.43万平方米，公租房、廉租房137.76万平方米。2016年，共完成到位融资22.3亿元。国有资产管理逐步走上正轨，分类清理资产、建立公司及子公司资产管理台账；全年资产实增30亿元。

（宁　彦）

【项目建设】　争取国家配售电改革试点落地，白沙洲工业园拟被国家发改委纳入国家第一批配售电试点单位，将建立独立的输变电网络，降低入园企业用电成本，为园区未来招商创造优势。做好项目要素保障工作，理顺公司已建和在建项目手续办理情况，全年完成44个项目环评补办手续；协调完善135.87公顷违法用地手续；完成南江乡镇规划编制报批；加快推进在建项目和拟建项截至年底期手续办理，绿岛大道、绿岛军民融合产业园、产教融合基地、中烟薄片、啤酒广场等项目一系列前期工作开展顺利。

（宁　彦）

【土地征迁】　2016年拿回7宗138.87公顷土地批文。项目建设及征地拆迁工作方面。2016年公司项目建设目标总投资12.06亿元，实际完成投资16.71亿元。八中初中部、新民小学、湘江防洪堤开工建设，东三环、南三环及西部零星工程全面完工，金桥安置区、金雁安置区主体完工并交付使用，基础设施、民生工程、绿化亮化、管网配套齐头并进，推进产城融合建设；配合园区管委会完成征地72.2公顷，完成拆迁42433平方米，平整土地48公顷，确保园区重点工程项目建设。

（宁　彦）

【安全维稳】　基本完成金桥安置区、茶园安置区、金茶家园公租房、和谐安置区的建设；全年项目建设安全管理实现零事故；强化信访工作，维护社会稳定。重点做好12345政府热线转办信息，12345政府热线交办案件16件，答复率100%，问题办结15件。

（宁　彦）

城建城管

责任编辑：申沁生

城乡规划

【规划编制】　一是总规修编。根据衡阳市面临的区位、外部环境、发展实际，提前启动新一轮衡阳市城市总体规划（第八版）的修编工作，规划期限为2018—2030年，按照到2030年城市用地规模为200平方千米，人口突破200万，城市规划区控制范围突破2000平方千米的初步框架构建城市发展蓝图。住建部同意上报国务院将衡阳纳入全国30个提前启动城市总体规划修编的试点城市。二是城镇群规划。积极拓展城市战略空间，谋划大衡阳发展战略，将衡阳周边县（市）域中心城镇纳入城市规划促进产业合理分工、交通互联互通、公共服务设施共建共享，为将来行政区划调整提供重要依据。三是控规编制。全面加快城区控规编制，2016年完成控规编制20多平方千米，初步实现衡阳市中心城区建设用地控规编制全覆盖，其中90.1平方千米控规成果获得市政府批准，并向人大备案，近30平方千米控规成果按程序报批。建立完善控规动态维护管理机制，对确需修改的控规严格按程序进行修改，全面增强控规实施的严肃性。四是专项规划。全面推进历史文化名城保护规划，突出衡阳特色，注重文脉传承，重点打造历史文化街区和湘江两岸文化标识，规划成果通过规委会审议。全面推进衡阳生态绿地系统1+5编制，为创建国家园林城市奠定良好基础。积极推进《衡阳市消防专项规划》《衡阳市地名专项规划》《衡阳市移动通信基站及配套设施规划》《衡阳市停车设施专项规划》等规划，进一步厘清城市公共服务设施和基础设施建设脉络。五是乡镇规划。为破解城市建设用地紧张的困局，市城乡规划局推出通过乡镇总体规划补充城市总体规划，实行特殊项目特殊申报的方式保障重点项目的推进。完成市本级“四乡四镇”（呆鹰岭镇、岳屏镇、茶山坳镇、东阳渡镇、雨母山乡、角山乡、和平乡、酃湖乡）的总体规划编制，其中珠晖区酃湖乡、茶山坳镇、东阳渡镇总体规划上报市政府审批，东阳渡镇总体规划经市政府审批通过。六是项目规划。全面做好城市重点建设项目规划，引领城市对标升级，做好道路、公园、管线等基础设施和公共服务设施的规划设计，完成二环路全线施工图方案优化、廻雁峰公园改扩建方案等审查，积极推进湘江南路道路及风光带、船山东路绿化提质及景观亮化、新园路规划等90多个项目规划。　（陈智慧）

【规划管理】　围绕规划自由裁量权为零、规划贪腐为零的目标，把规划权力放在制度笼子里，把规划干部放在玻璃瓶子里，全面推进规划法治化改革，采取“一通两套五禁止”的措施，规划管理呈现新气象。（1）一通：指无条件服务服从于市委市政府的重大项目建设，对市政基础设施和学校、医院、安置房、保障房等民生工程，设立无障碍通道，主动服务，只要项目符合规划要求，无条件满足工程法定需求，确保重大产业项目、重要基础设施、重要民生工程能够落地、规划科学、建设合法。对园区、新区项目实行点对点精细服务，开通直达车。2016年以来，为园区、新区项目办理用地报批、方案设计审查、工程许可等规划手续100多个。（2）两套：即规划审批套《衡阳市城乡规划行政技术准则》、规划执法套《衡阳市城乡规划行政处罚自由裁量权基准》执行。（3）五禁止：禁止补发规划条件和《建设用地规划许可证》，切实维护先规划后国土的法定行政审批程序，对既有240多宗违规用地行为及时进行梳理，积极进行分类处理；禁止地下室、车库（含地上地下）变商业，禁止小区通道改变使用性质，禁止已售已批住宅变商业，坚决维护相关利害人的合法权益，防止开发建设单位肆意追求非法利益。杜绝擅自修改规划和提高容积率的违法行为，全面增强规划权威性，保障业主及公共利益。

（陈智慧）

【规划监督】　一是强化上级监督，维护政令统一。全面接受住建部驻衡阳规划督察员的监督，认真落实督察建议，全面做好遥感卫星重点图斑的核查工作，并对有关重点图斑进行整改。做好市人大常委会年度规划实施情况及计划情况的审议，确保执行规划不走样、不打折。接受市政协对市城乡规划局的民主监督，及时向市政协报告规划重大事项，赢得政协委员对市城乡规划局工作的理解与支持。全年办理人大代表建议、政协委员提案、党代表委员提案共48件，实现答复率、见面率、满意率达到100%。二是强化公众监督，维护公平正义。继续与衡阳日报社签订打包式规划宣传合同，办好规划宣传专栏，规划编制、审批、执法等重大事项全面向社会公开，接受社会监督。严格按照规划公示规定，对涉及公共利益、业主利益的规划事项，主动征求公众意见，切实维护人民群众的合法利益。三是强化内部监督，促进效能提升。继续发挥行政效能督察的作用，创办监察月报，对红线会议审议项目、审批平台审批的项目、窗口受理项目、立案调查项目等落实情况、窗口工作人员按时到岗等情况进行全面清理督查，积极通报慢作为、不作为行为，进一步提升规划审批效能。

（陈智慧）

【建局20周年歌咏比赛举行】 2016年2月3日晚，市城乡规划局“唱响主旋律，汇聚正能量”建局20周年歌咏比赛在衡阳广电演播大厅举行，来自全市规划系统的18个代表队参赛，展示规划系统的精神风貌和风采。市委常委、市委宣传部部长刘丽华，市领导苏营、唐文峰观看比赛。当晚7点半，歌咏比赛在大合唱《没有共产党就没有新中国》中拉开帷幕，《祝福祖国》、《打靶归来》、《共筑中国梦》、《把一切献给党》等一首首主旋律响彻演播大厅，赢得观众的阵阵掌声。所有参赛单位利用业余时间排练，通过激烈角逐，最终祁东县规划局、雁峰规划分局、市设计院和衡阳县规划局4个代表队以优异的成绩夺得第一名。（王　滢）

【国际自然与文化遗产空间技术中心衡阳分中心成立】 2016年11月14日上午，联合国教科文组织国际自然与文化遗产空间技术中心衡阳分中心正式挂牌成立，利用前沿的空间技术，对包括湖南在内的中南六省、甚至是东南亚地区的自然文化遗产进行监测评估、研究与保护。省政协副主席张大方、中国科学院院士、联合国教科文组织国际自然与文化遗产空间技术中心主任郭华东为衡阳分中心揭牌。联合国教科文组织国际自然与文化遗产空间技术中心2011年经联合国教科文组织和国务院批准成立，根据其规划，将在东北、中原、华东、中南、西南、西北等区域设立分中心。衡阳分中心是其继哈尔滨、郑州后在全国设立的第三个分中心，也是中南地区的科研基地。

（王　滢）

住房和城乡建设

【项目建设】 2016年，市住房与城乡建设局负责的城建项目共14个，其中2个续建项目，12个新建项目，计划完成投资2.4亿元，至2016年年底全部完成。长丰大道北延、二环北路、华耀城路网及船山路提质改造如期完成；角山污水处理厂配套管网望城路（蒸湘北路至良益路）干管完成；常胜西路、望城路、华鑫路、松亭污水处理厂提标改造工程、铜桥港污水处理厂二期扩建工程等任务之外的5个项目完工。旧城区中山南北路等7条道路提质改造、蔡伦大道北段和城区配套设施建设列入2017年计划，年内完成设计、招标等全部前期工作，并先行启动红湘南路和万达路施工。角山污水处理厂、松木污水处理厂和酃湖污水处理厂等3个项目因PPP模式实施程序复杂、征地拆迁工作未完成等原因，经市领导同意延期至2017年年底完成，目前角山和松木污水处理厂初步形成特许经营协议，正报政府审批，酃湖污水处理厂完成立项、环评、设计和社会投资人招标工作。

（谢志纯　陈　艳　唐　薇）

【行业管理】 （1）建设行业。一是稳控市场，全市完成建筑业总产值319.5亿元，超原定目标59%；全年完成施工图审查备案的新建工程项目103项，总面积452万平方米，设计阶段建筑节能强制性标准执行率为100%；市本级监管项目117个，总中标价46.52亿元，总建筑面积291.46万平方米，建设工程应招标、实招标、应公开招标、实公开招标率均为100%。二是严管现场，持续推进建筑工地质量安全标准化制度建设，工程质量治理“两年行动”完成，获住建部、省住建厅领导一致好评；获鲁班奖1项（为衡阳零的突破），省级芙蓉奖4个、省优工程12个、市优工程28个，市城区质量安全监督覆盖率、一次性验收合格率100%；对红旗影剧院等人员密集、使用年限长的公共建筑进行排查，同时新签白蚁预防合同562万平方米，灭治白蚁12.5万平方米，及时消除房屋安全隐患，全市城区投入使用的房屋未发生倒塌和人员伤亡事故；市城区建设施工未发生一起亡人的安全生产责任事故，建筑施工安全生产事故连续五年实现“零死亡”，质量安全平稳可控。（2）房地产行业。健全房地产企业信用等级评价制度及开发资质监管机制，建立市场清退制度，狠抓预售资金监管，有效防范房地产开发市场风险；支持物业服务企业发展，新增物业服务企业23家（二级企业1家），归集物业专项维修资金1.9亿元，完成年度任务的190%，使用维修资金686万元，维修项目99个，增值3500万元；全年累计完成房地产开发投资144.56亿元，同比增加16.21%，其中市本级开发完成投资93.10亿元，房地产开发企业累计上缴税规费27.21亿元，为全市经济发展、财政增收作出重大贡献；中心城区网上签约38195套、面积420.01万平方米、金额185.66亿元，与2015年同期相比分别增长21.10%、16.64%、15.68%，其中住宅签约32233套、面积378.43万平方米、金额156.84亿元，同比分别增长24.61%、22.62%、32.68%，房地产市场保持持续发展势头。

（谢志纯　陈　艳　唐　薇）

【农村危房改造】 省政府下达的农村危房改造任务8500户，实际完成15850户，超原定任务86%；武广高铁沿线农村危房改造推进有序，其中衡南县、衡山县、耒阳市的4895户任务全部完成，入住率100%。

（谢志纯　陈　艳　唐　薇）

【保障性住房建设】 全市保障性安居工程建设开工41135套，开工率100%，其中城市棚户区改造开工39986套，国有工矿棚户区改造开工1049套，垦区危房改造开工100户，开工率均为100%；出台货币化安置和政府棚改服务相关政策文件，政府购买棚改服务工作启动，推行城市棚改货币化安置20309户，货币化比例50.8%，达到省厅要求。

（谢志纯　陈　艳　唐　薇）

【直管公房管理】 全市有直管公房6212户，建筑面积32.04万平方米，年租金601万元，根据相关规定，对公房经营进行招投标，确定新的中标经营单位，中标价3000万元；解决公房中危房租赁户的安全隐患问题，通过市政府批准，将把579户危房租赁户搬迁至公租房居住，分配安置方案完成。

（谢志纯　陈　艳　唐　薇）

【“两供一治”建设】 2016年，市城区新增供水管网35.6千米，改造供水管网12.7千米，市政管网水水质均达到《生活饮用水卫生标准》要求；新建燃气管网55.996千米，新建汽车加气站4座（2座建成投入运营，2座竣工验收），改造常胜路等处铸铁燃气管网约8千米，全市新增天然气用户73502户，完成比例达128.95%，市城区城市生活污水处理率达92.8%；投入正式运营的市城区3座污水处理厂，运行状况良好，均达标排放。归阳镇、洪市镇、大浦镇等3个建制镇的污水处理厂建成，三塘镇污水处理厂在建中。

（谢志纯　陈　艳　唐　薇）

【市政管理】 2016年，地下管线普查工作进展顺利，雨、污水管网普查全部完成，衡山科学城规划的5.7千米地下管廊立项，其中科学大道、雁鸣路的地下管廊开工。深入开展渣土运输、扬尘治理、围挡靓化的文明施工“三治”行动，市城区所有临街主干道的96个项目100%落实围档靓化工作，全市在建的293个项目，围档达标率超过80%，冲洗设施覆盖率100%，建筑工地基本做到施工不扰民、现场不扬尘、运输垃圾不遗撒。黑臭水体治理推进，幸福河、酃湖公园、雁栖湖黑臭水体整治项目开工。

（谢志纯　陈　艳　唐　薇）

【优化服务】 简化办事流程，提高服务效能。按照“两集中、两到位”、“一站式”办结要求，全局的40项行政许可、行政确认、行政征收和其他职权，全部进入市政务中心进行集中办理，同时缩减并公布职权事项审批流程，明确职权依据、办理条件和时限等，大大减少相关环节，简化办事程序，提高服务效能，方便广大市民。全年受理办结行政审批及服务事项 685 件。强化办理实效，提高服务质量。一是圆满完成交办事项。落实市委、市政府会议交办事项 55 件，落实率 100%；办理人大代表建议、政协委员提案共计 109 件，答复率、满意率均为 100%；公开各类政务信息近 114 条；受理 12345 政府服务热线工单 343 件，全部办结落实，办结率 100%，回复满意率达 99%。二是妥善处理征收问题。科学开展国有土地征收工作，全面启动房屋征收优先货币化安置工作，开展 8 个项目的货币化安置，完成 21 个项目的成本核评工作，征收面积 13 万平方米，完成清查、控制安置房项目 90 余起，有力维护广大被征收人的合法权益。三是开展维稳工作。全年共接待来信来访 320 件（次）、来访人员 1300 人（次），妥善处理群访案件 6 起，规定时限内办结率 100%，没有发生进京赴省上访事件。（谢志纯　陈　艳　唐　薇）

【衡阳工业项目首次荣获中国建设工程鲁班奖】 2016—2017 年度第一批中国建设工程鲁班奖，即国家优质工程近日在北京揭晓，南岳生物制药有限公司血液制品产业园项目建安工程（一期）获得鲁班奖，这也是衡阳工业项目首次获得该项荣誉。鲁班奖作为中国建筑行业工程质量的最高荣誉，代表中国建筑行业全国质量最高水平，一直以来被誉为中国建筑界的“奥斯卡奖”，由国家住房城乡建设部主管，每年两年颁奖一次。要求在获得省优的基础上才有资格申报，采用建设部“建筑业 10 项新技术”方面不少于 6 项。且工程竣工后经过一年以上的使用检验，没有发现质量问题和隐患。南岳生物制药公司的建安工程均达到这些要求。

（王　滢）

【住建系统组织全面深化工程质量治理两年行动培训】 2016 年 5 月初，衡阳市住建系统在衡阳市委党校组织进行深化工程质量治理两年行动培训，邀请湖南省住建厅领导和专家讲课，衡阳市各县（市）住建局领导、质安两站和建筑市场执法机构负责人，施工、监理企业负责人，在建项目的项目经理和总监理工程师等共计 500 余人参加培训。省厅专家抽查本市两个在建项目的工程质量、施工安全、建筑市场三个方面的行为及实物状况，针对存在的问题，对照部检标准进行深刻剖析和讲评，对如何检查发现问题，施工单位如何整改，监管部门如何进行监管进行手把手的传帮带。（王　滢）

【2016 年房交会召开】 2016 年 12 月 2 日，2016 年衡阳房交会在华新大道南段召开，全市有 40 余家主流房产企业近 60 个楼盘参加，集中展现衡阳城市建设和商品房开发的新成果。各个参展楼盘在展现自身楼盘品质、特色的同时，更是在营销上大尺度让利于购房者。与此同时，在本届房交会上，组委会还提供现场办证、现场咨询等配套服务。（王　滢）

住房公积金管理

【概况】 2016 年，全市住房公积金累计归集额突破 170 亿元，达 171.61 亿元，比 2015 年同期增加 30.04 亿元，同比增长 21.22%。累计发放贷款 104.22 亿元，较 2015 年同期增加 25.18 亿元，增长 31.85%。其中 2016 年全市共归集资金 30.04 亿元，比 2015 年同期增长 5.18 亿元，同比增长 20.85%，提取住房公积金 23.11 亿元，同比增长 7.34 亿元，增长 46.50%。同时住房公积金使用效率大幅提高，截止于 12 月底，住房公积金使用效率达到 69.88%，比 2015 年同期提升 15.11 个百分点，贷款逾期率控制在万分之三以内。通过住房公积金贷款和提取，拉动本市房地产市场消费 52.30 亿元，间接拉动室内装潢业约 20.92 亿元，为政府增加税费收入 21.97 亿元。

（周　雪）

【公积金使用效益提高】 2016 年，中心积极配合国家房地产“去库存”工作，多措并举释放住房公积金，着力提高住房公积金使用效率，提高职工购房能力。受国家宏观调控政策和衡阳住房公积金贷款新政的推动，住房公积金贷款发放量增长迅猛，全年均保持高位运行。（1）调整、放宽政策。为进一步落实住房和城乡建设部住房公积金管理工作电视电话会议精神，市住房公积金管委会先后多次调整、放宽、出台贷款新政策，市公积金管理中心认真按照管委会的决策要求，全力抓好资金调度、贷款发放工作，为全市的房地产市场健康发展注入新的活力。（2）个贷率实现新突破。2016 年下半年个贷率上升势头强烈，至 12 月末个贷比为 69.88%，同比上升 15.11%，为历年最高。（周　雪）

【资金管理实现安全运行】2016 年，着力在决策机制、财务管理、稽核监督等方面提升中心的运作和管理水平。建立完善各项管理制度。对重大资金的调度使用，重大政策的调整，重要决策的事项，中心先后出台完善十余项专门的规章制度，并严格按制度执行，从机制上保证资金使用的绝对安全。规范业务操作流程，确定业务操作 52 个风险防控点，做到每个风险防控点相互监督和制约。加强内审内控工作力度。对每一笔提取、贷款业务，做到三级把关，两级稽核。2016 年以来，尽管中心的业务量大幅增加，但实现资金的安全稳健运行，全年未发现一起资金安全责任事件。（周　雪）

【办事效率提升】为方便群众办事，提高工作效率，2016 年以来，采取多种举措积极营造优质的服务环境。加大公积金政策宣传力度。借助报纸、书刊、网络、电台电视等媒体，全方位、多角度开展住房公积金政策宣传：在衡阳日报开设“住房公积金之声”专栏，在电台开设“住房公积金知多少”栏目，推出有奖问答、街头采访、信息专题推送等一系列宣传活动，通过政策宣传，使公积金新政深入千家万户。优化窗口服务工作。为加强窗口服务管理，强化职工服务理念，树立为住房公积金缴存单位、缴存人服务的宗旨意识，中心建立优质服务长效机制，全面推行服务承诺制、首问负责制和限时办结制等制度，全面推行文明用语服务。实行挂牌上岗，每天对柜台人员进行讲评等。简化办事流程，提高办事效率。下放贷款审批权限，缩短审批时限，将贷款审批时限由原来的 15 个工作日缩短至 10 个工作日，提取业务要件齐全当场办结。同时，对大型企业和人员密集居住场所实行上门服务。（周　雪）

城市管理行政执法

【执法监管法制建设】2016 年，衡阳市城市管理行政执法局严格按照构建权责一致、服务为先、管理优化、执法规范、安全有序的体制机制要求，加快推进城市管理法制化建设步伐。一是助推城市管理地方立法。向市人大、市政府汇报，争取市人大立法委、市法制办等部门支持，配合开展立法调研，提请市人大尽快开展城市管理地方立法。二是规范执法监督和行政审批。编制修订《衡阳市城市管理行政执法程序规定》《衡阳市城市管理行政执法局重大行政处罚备案制度》《衡阳市城市管理行政执法公开制度》《衡阳市城市管理行政执法局执法记录仪管理规定》《衡阳市城市管理行政执法局行政执法过错责任追究制度》等规范性文件；统一修订全市城市管理行政执法文书；严格落实所有行政审批进市政务中心，授权窗口一站式办理。三是健全工作制度和标准体系。提请市政府出台《衡阳市机动车停车场建设和管理暂行办法》《衡阳市政府购买城市维护服务实施方案》等规范性文件；修订《清扫保洁作业规程》《公共厕所管护规程》《果皮箱、保洁车管护规程》《道路清洗作业规程》《垃圾收集站管护作业规程》《垃圾运输作业规程》《政府购买城区道路绿化养护服务标准》。四是强化执法人员法制培训。联合湘潭大学法学院举办法制培训班，组织全市执法队伍中层以上干部分两期在湘潭大学参加培训，提高全市城管执法队伍整体素质和依法行政水平；多次到各城区城管执法队伍开展专题法制培训，加强对一线城市管理行政执法行为监管力度，确保执法人员依法行政、依规办事、文明执法。（李顺立）

【全国文明城市创建】召开创建全国文明城市工作动员会、推进会、调度会多次，部署推进全市城管系统创建工作。（1）牵头创建国家园林城市专项任务。认真履行市创园办工作职责，分解创园新标准新任务，督促创园任务落实，跟踪汇报创园工作进展。2016 年，衡阳市创园工作通过省住建厅初步审查，创园资料报住建部受理备案。（2）开展测评问题专项整改。针对中央文明委测评反馈的问题和衡阳市在市容市貌方面存在的突出问题，制定十四项专项整治方案，在市城管局系统部署组织开展专项整治，有效解决一大批影响城市文明形象的老大难问题。（3）开展文明示范路创建。在四城区和“两区一园”共计38条城市道路，开展文明市容示范路、文明卫生示范路、文明生态示范路创建活动，重点对道路两厢建筑立面、道路绿化、街头小游园、环卫设施、标识标牌、户外广告、照明亮化、环境卫生、城管秩序等全面提标提质。（4）加强创建公益宣传。通过立柱广告、LED屏等发布市党代会、衡州经济论坛、党风廉政建设、文明城市创建等公益广告1217块次，在全市公园、广场、风光带设置文明创建等公益宣传牌1032块，营造浓厚的创建氛围。

（李顺立）

【改革创新城管工作方式】 （1）健全网格化管理。修订《衡阳市城市管理网格化工作方案》，进一步明晰网格责任体系，严格实施网格责任追究，按考核标准进行扣分，考核扣分纳入各单位每月考核成绩。（2）健全数字城管平台。进一步健全数字城管工作制度，持续改进软硬件基础设施，加强全流程关联人员培训，对接12345服务热线平台，开通投诉举报热线、“衡阳城管”微信公众号，发布市民通APP，进一步拓宽公众参与渠道；全面启动城市照明智能化、数字化、网络化管理，实施完成路灯照明智能化控制改造，建立规范的照明监控中心，基本形成精确、高效、全时段、全方位、全覆盖的城市管理数字化监控体系。（3）推广政府购买城市维护服务。2016年在继续实行政府购买社区清扫保洁、风光带养护、“牛皮癣”清理服务的基础上，将衡州大道、蒸湘路、蒸阳路等14条城市主要道路及附属绿地、行道树养护通过公开招投标由中标公司接管养护，绿化管护更加精细常态。（4）推行“以克论净”操作法。在环卫清扫保洁中实行“以克论净”的考核标准，按照“试点先行、全面推广”的原则，在城区文明卫生示范路开展清扫保洁“以克论净”试点工作，将每条路按每100米为标准段划分成若干个标准段，以抽签形式抽出3个标准段，再对每一考核标准段划出1平方米区域，将该区域内尘土收集起来进行称重，取平均值，根据尘土量考核打分，全面提升城区清扫保洁质量和标准。（5）健全城市管理考评机制。坚持以问题为导向，以群众满意为标准，考核方式采取日常督查、数字城管考核、专项考核、综合考核相结合的方式进行，引入社会评价机制，确保考核客观公正全面。考核结果每月在新闻媒体公布，对不达标单位或者连续两个月排末位的单位进行通报批评。（李顺立）

【绿色建设】 从促进城市和谐、提升城市品质，建设生态优美新衡阳的高度出发，在城市管理领域组织实施一系列绿色建设。（1）推进重点项目建设。衡阳市城市生活垃圾焚烧发电厂项目入选湖南省和财政部政府和社会资本合作（PPP）首批示范项目，2016年7月建成试运营，12月21日正式投产并发电上网；衡阳市餐厨废弃物资源化利用和无害化处理中心项目基本建成；吉兴垃圾场封场治理和生态修复项目完成封场施工，开展生态修复；抗战纪念城中心景区项目于2016年4月开工，完成陈列室主体工程，对外开放后成为中心城区又一景区亮点。（2）推进“海绵城市”绿化提质行动。应用“海绵城市”建设理念，开展城市绿化增量提质改造。实施25条城市主要道路绿化提质改造，新增绿地35.04万平方米；完成13个公园广场绿化及设施提质改造；完成20条城市道路人行道“硬改绿”，新增绿地面积26万平方米。至2016年年底，城市建成区绿化覆盖率达40.75%，绿地率达37.35%，人均公园绿地面积达9.39平方米。（3）严格绿化工程质量监管。重点对25条主干道的提质改造、政府购买道路绿化养护服务、彩叶植物种植和道路绿化整治整改工程等项目实施全程质量监管，对开发项目绿化工程严把景观设计初审关和竣工验收关；开展绿化工程样板路建设，高标准高质量完成107国道、二环路、蒸阳北路延伸段、船山东路等绿化样板段施工。（4）开展城市立体绿化试点。编制《衡阳市立体绿化实施方案》，建设船山路人行天桥、跨解放路西合路立交桥、解放路与蒸阳路相交的地下通道入口等立体绿化示范工程。（5）加快推进绿色照明节能改造。

按时完成船山东路、蒸水南三期风光带、船山西路等新建道路路灯安装施工，对符合安装条件的小街小巷，尽量安装路灯扩大道路照明覆盖面；全面整治清理城市照明设施损毁现象，更换亮化电缆 3.44 万米，LED 灯具 4600 多套，确保照明设施美观整洁完好。（李顺立）

【服务民生】 以先进理念和技术统筹解决各种“城市病”，推进民生改善和城市健康发展。（1）规范停车场建设管理。组织开展停车场摸底调查，完成临时停车泊位设置摸底。开展人行道违章设置停车泊位和车辆乱停整治整改，在解放大道、蒸阳路等道路人行道设置隔离桩 12399 个、隔离球 708 个。对具备停车条件的街头空地、路肩和人行道统一施划停车标线，实施定点划线规范管理。（2）推进环卫设施提质行动。新改建压缩式垃圾收集站 30 座、提质改造公厕 120 座、添置垃圾运输车辆 15 台、机械洗扫车 8 台、配套建设环卫设施 17 座，启动在每个城区建设 1 座市政环卫园林作业车辆停放保养场；通过推进垃圾综合治理，加强环卫设施提质建设，统筹城乡垃圾处理处置，保持县以上城镇生活垃圾无害化处理率达到 100%。（3）组织开展社区“三清三建”行动。组织对各城区 120 个社区进行全面提质改造，开展清违建、清垃圾、清管线、建路、建园、建绿“三清三建”行动。全年拆除违章搭建 473720 平方米，清理社区内垃圾废弃物 6000 余吨，清除“牛皮癣”122 万余条，新建小区绿地 9700 平方米，整理绿化用地 2370 平方米，规整各类水、电、移动、联通、电信、有线电视等管线 21142 多米。（4）扬尘污染防治。全面实行生活垃圾和建筑垃圾密闭运输，更新新型环保渣土运输车 81 台，添置环保式密闭垃圾运输车 16 台、道路降尘车 4 台。推行道路机械化清扫冲洗等低尘作业方式，道路机械化清扫率达到 91%。（李顺立）

供　电

【概况】 国网衡阳供电公司成立于 1979 年，为国有大二型企业，现有主业员工 2098 人，担负着衡阳市 7 县（市）5 区、256 万户用户的供电任务。截至 2016 年年底，全市范围内有 35 千伏及以上变电站 198 座（含工矿企业自建变电站 65 座），其中：35 千伏变电站 108 座（含工矿企业自建变电站 40 座），110 千伏变电站 69 座（含工矿企业自建变电站 19 座），220 千伏变电站 20 座（含工矿企业自建变电站 6 座），500 千伏变电站 1 座，初步形成每个县至少有一个 220 千伏变电站为核心，辐射多个 110 千伏变电站的坚强骨干电网。供电区域面积为 1.53 万平方千米，服务于 775 万人口，供电市场占有率为 89.79%。完成售电量 108.05 亿千瓦时，同比增长 7.9%，连续三年居全省第二，其中工业用电量 76.7 亿千瓦时，同比下降 1.3%（全省平均降幅 4.85%）；最高负荷 226.3 万千瓦，同比增长 8.76%；日最大用电量 4307.5 万千瓦时，同比增长 11%。（曾向璟）

【安全生产】 全面开展配网跳闸专项整治，发动涵盖市、县、所三级的全员配网砍青扫障，争取全市所有县（市）、区政府都出台支持配网砍青的政策性文件。全年累计出动砍青人数 4.13 万人次，砍伐树竹 229 万株，10 千伏配网线路跳闸次数同比下降 50.52%。纵深发展配网不停电作业，在省内首次开展不停电更换柱上变压器和不停电更换 10 千伏架空线路，《配网不停电作业技术与工器具创新》获得湖南省科技创新项目二等奖。开展电网设备定期评价工作，连续三年在全省地市公司中排名第一。截至 2016 年底，衡阳电网连续安全运行 8566 天。（曾向璟）

【营销服务】 开展全员降损攻坚，涌现出以“电网卫士”杨元建等为代表的一大批先进个人。加强政企联动，争取地方纪委党纪处分违约窃电党员干部的做法被“国网头条”关注。加强警企联动，先后查处中建酒店窃电案等有较大影响的窃电案件 50 余件。全年累计查处窃电户 2.72 万户，追补电量 4822 万千瓦时。大力践行“你用电、我用心”服务理念，制定投诉管控两个“十条”，健全考核机制；深入开展服务技能提升培训，提升服务水平，实现服务指标大幅提升。9 月、10 月、12 月投诉管控偏差率均排名省公司第一位，取得阶段性突破。积极开展营销现代化建设，实现“基础数据更精准、专业管理更高效、工作评价更公平、供电服务更快捷”目标，该项工作走在省公司前列。大力推广“掌上电力APP”应用，手机缴费金额居全省第一。（曾向璟）

【电网发展】 全年累计争取各级投资计划9.64亿元，110千伏、35千伏项目争取的投资计划资金分别占全省的15%、19%。狠抓规划、设计，《基于村网规划的高损台区降损方法研究》等7个规划项目先后获得国网经研体系科技进步三等奖、省工程咨询协会优秀成果奖、省公司群众科技创新奖等荣誉。《110千伏白沙Ⅱ变电工程设计》、常宁泉峰110千伏变电站工程设计等4个项目分别获得中国电力规划设计协会优秀工程设计奖和省公司设计竞赛特等奖等奖项。狠抓工程质量，萱洲110千伏变电站工程连获省公司“变电安全质量管理流动红旗”“标准工艺应用示范工程”“示范业主项目部”“优秀班组”四项荣誉称号，并作为省公司系统唯一的110千伏电压等级项目，荣获国网公司输变电创优示范工程。城北110千伏变电站工程、马水35千伏线路工程分别荣获省公司“变电工程项目管理流动红旗”和“输变电优质工程”。有序推进电网工程建设，全年累计完成电网投资5.94亿元，完成特高压湘潭换流站—船山变500千伏线路工程属地化协调工作。（曾向璟）

【经营管理】 围绕薄弱环节和上级要求改进业绩，年度企业业绩跃升至省公司A段，实现全面突破。坚持精益导向，全面推行量化管理，以量化管理为核心的绩效考核理念得到公司上下全面理解和广泛接受。检修公司二次班的工作积分制量化考核做法，深化运营监控体系建设，完善重点工作督办流程，建立工作部署有跟踪、工作过程有反馈、工作偏差有监控、工作遇阻有沟通、工作质量有把关、工作完成有考核的“六有”工作机制。（曾向璟）

【全市电力基础设施重点项目建设工作会召开】 全市电力基础设施重点项目建设工作会于2016年3月11日召开。市委常委、常务副市长段志刚强调，要把电力基础设施重点项目建设作为重中之重来抓，各县（市）区、市直相关部门要按照责任分工，确保任务如期完成。2015年，衡阳市电力基础设施重点项目建设进展顺利。全市已有18个独立自供区上划国网公司，223个村、5.3万户、近20.3万人口的区域农网管理体制得以理顺；截至2015年年底，衡阳市农网改造升级累计投入23.72亿元，完成6660个村电网改造（部分村再次升级完善），惠及农村居民165万户、近600万人；户均容量从2001年的0.44千伏安/户增长到2015年的1.11千伏安/户。2016年，衡阳市电网建设投资约10亿元。包括35千伏及以上电网建设项目共27个，共计开工变电容量294.1兆伏安，线路长度115.47千米；农网项目改造行政村254个，新增10千伏线路304.86千米，0.4千伏线路1380千米，新增配变容量40.94兆伏安；城配网项目新增10千伏线路53.33千米，新增配变容量16.3兆伏安。（王　滢）

【“节能减排·低碳宣传周”活动举行】 2016年6月30日，由衡阳市发改委牵头组织的“节能减排·低碳宣传周”活动在衡阳市太阳广场举行，衡阳供电公司紧密围绕国家电网公司“节能领跑、绿色发展”的主题，通过节能减排知识布展、有奖问答以及电动汽车动漫宣传片等多种形式，向过往的民众推广“节能减排、绿色低碳”的生活理念，倡导“以电代煤、以电代油、电从远方来”的能源消费新模式，并呼吁广大民众选择更为环保、清洁的电能。（王　滢）

供　水

【概况】 衡阳市水务投资集团有限公司（以下简称市水务投）是在衡阳市自来水有限公司基础上组建而成的，于2014年4月25日挂牌成立。公司下辖城南、演武坪、江东、城北4个水厂和兴达市政工程有限公司、名洋水务研发公司、鑫源水务营销公司、金达污水营运公司、湘水物业公司、机电安装公司6个基层单位以及17个机关部门。公司确立“建设区域性综合水务服务商”的发展目标，制定“夯实基础、扩大规模、延伸水务、促进发展”的经营方针，形成自来水供应、污水处理、涉水项目设计与承建和水务投融资四大产业板块。截至2016年年底，日供水能力65万立方米，日生活污水处理能力32.5万立方米，总资产30亿元。全年完成供水量1.83亿立方米，同比上升1.29%。完成售水量1.01亿立方米，同比增长4.93%。水质综合合格率99%。污水处理方面。2016年，公司下属的松亭、铜桥港两污水处理厂共处理生活污水7863万吨，比2015年增加4.52%；COD减排16784吨，同比增加46.19%；污泥处理量23991吨，比2015年增加76%；松亭污水处理厂出厂水达到国家一级A排放标准，铜桥港污水处理厂出厂水达到国家一级B排放标准，2017年提标工程完工后可达到一级A排放标准。水质合格率100%。（陈　黎）

【市政供水管网新建及改造】 2016年，市水利投完成大小工程项目200余个。衡州大道西延、衡西干线、二环路等道路配套管线的安装，改善城郊三塘镇、呆鹰岭镇、107国道沿线、茶山坳及华新开发区等区域的自来水供应。支持滨江新区、来雁新城、华耀城、船山东路、白沙工业园等省市重点工程项目及各安置小区等民生工程配套供水管网建设。配合市政府在城区开展“三清三建”提质改造，启动69个社区管网改造及水表规整工作，与社区提质改造同步推进。2016年累计完成管网新建及改造投资7565万元。（李　政）

【三塘镇污水处理PPP项目成功签约】 2016年3月31日，衡阳市水务集团与衡南县三塘镇人民政府签订三塘镇污水处理PPP项目，衡南县县长邹小敏、副县长倪美平、市水务集团董事长郑湘山、总经理唐仲民出席，签约仪式由衡南县常务副县长申伟亮主持。衡南县三塘镇污水处理PPP项目是衡南县“一供一治”重点项目，一期日处理污水能力为1万吨/天。（席　敏）

【市水务集团全国劳模罗益勇、省劳模方彰建载誉归来】 2016年4月30日下午，“全国劳动模范”罗益勇和“湖南省劳动模范”方彰建从北京受奖归来。市水务集团举行热情简朴的欢迎仪式。（席　敏）

【铜桥港污水处理厂5万吨/日二期扩建工程正式通水试运行】 2016年12月28日上午，铜桥港污水处理厂5万吨/日二期扩建工程正式通水试运行，该处理厂日处理能力达到10万吨，服务范围覆盖公铁大桥以南区域及白沙工业园。该项目的运行将使铜桥港污水处理厂的处理能力达到10万吨/日，同时出水水质达到一级B标准排放。二期还将首次建设3万吨/日中水回用工程，使处理过的污水实现循环再利用。随着该项目的运行，衡阳市三个已运行的污水处理厂的日处理能力达到40.5万吨。再加之另外三个规划建设的污水处理厂，衡阳市将在2020年前，污水日处理能力达到54.5万吨，实现城区污水处理100%全覆盖。（席　敏）

供　气

【概况】 2016年，衡阳天然气公司克服国家经济转型增速放缓、新增用户减少、工业用气量下滑等困难。从实际情况出发，立足基础管理，创新工作思路，寻求新的增长点，实现平稳供输气，安全零事故。在累计开户与新增用户方面较同期都有一定增加，气量销售情况同比往年稳步攀升。完成新建管网主干管建设16.375千米，庭院管建设187.198千米。管输天然气13371万立方、衡钢计量站4411万立方。生产运行安全平稳，综合治理和治安内保情况良好，无交通事故、无生产设备事故、无火灾事故、无治安刑事案件，员工健康平安，安全生产态势总体稳定。（尹舒平）

【市场开发】 （1）工业用户、非居民用户发展稳步推进。衡阳天然气公司走访调查工业和商业用户，调动一切力量发展非居用户。工业用户签约2户，有唯康药业、新金生物等8家工业用户正在洽谈中。签订非居民用户用气合同251个。正在跟踪洽谈的大型用户有：南华大学、丽波宾馆、中心医院、旺角新城、华耀城、碧桂园、蒸德大厦、清风园、后勤保障旅等。（2）居民用户开发力度大。与政务中心建设窗口紧密配合，及时掌握住房建设信息。“三同时”新增合同60个。挖掘老城区散户的潜力，进一步提高管网的气化率，重点区域着力开发，先后对北塘村、272、710、联合村7组、高兴二、三、八组、中药厂、衡机里、杨柳二组等的居民用户成片开发。

（尹舒平）

【管网建设】 （1）加快办理新建加气站规划施工手续。会同市住建局、国土局、规划局、设计院等相关部门完成蒸阳北路L-CNG合建站、蒸阳南路欧家町L-CNG加气站和蒸湘南路雨母山CNG加气站的规划选址。（2）衡阳至常宁长输管线建设完工。历时三年、总长31千米的衡常长输管线完工，各项扫尾工程和通气营运手续办理有序开展，点火通气，将成为华南区新的利润增长点。（3）主干管工程有质有量推进。完成主干管建设超过16千米，在建的主干管有来雁新城滨江北路DE200主干管工程、船山东路D325主干管工程、松木园区松梅路DE200主干管工程等，北二环D457燃气主干管湘江穿越工程正在设计，市区燃气大环网形成雏形，并有计划向开发新区延伸。（4）配合市政建设，提质改造旧铸铁管。完成提质改造旧铸铁管4千米，如明翰路铸铁管改造新建DE315主干管工程和常胜路铸铁管改造新建DE315主干管工程，根据城市建设正逐步完成对全市旧铸铁管改造。（5）加快庭院管网敷设、如期完成入户安装。庭院管网建设紧随城市发展规划，积极向新城区及城市周边地区扩大管网敷设面积。累计完成庭院管网建设90余千米。

（尹舒平）

【用户用气管理】 （1）2016年，衡阳天然气公司从实际出发，整合资源，将原点火维修班和安检稽查班合并，分为南区、华新区、北区和珠晖区四个点火维修安检稽查班组，责任到人，提高工作效率。对表具管理，从领用到使用，严格按程序办理，有领用台帐，有更换拍照，有换表记录，做到表具管理上台阶、科学化。（2）加强管网巡检，定期保养设备。加强对市内铸铁管网、城区老旧管网（环氧煤沥青防腐管线）、综合管沟的巡查力度。采取人工巡检、RMLD巡检、机具打孔巡检三种方式及时检测、整改安全隐患。对全市阀门井每年定期清理，对老城区“三油两布”锈蚀严重的管线，采取增补阴、阳极保护桩，减缓管线锈蚀速度。对老城区锈蚀的出地法兰，分区统一油漆防腐处理或更换。对地下管网、综合管沟，加大检测力度，发现问题及时上报并整改到位。对厂站设备，清洗保养、油漆翻新、设备挂牌，LNG启动试机及消防喷淋等工作如期完成，保证输气设备正常运作。（3）接出警及时，守护管输安全。燃气报警电话专人24小时值班，一有警情，及时出警处理。全年接警872次，出警检查301次，带气作业安全监护中压46处、低压8处。送达签收安全保护告知单462份、开挖守险465处。（2）强化安检。对非居民用户安全隐患归为双能源共用、胶管连接设备、私接设备、使用环境不通风、安全设备不到位、漏气等六类。采用专人负责制，发现的隐患要求记录、下单、跟踪、落实并拍照存档，确保非居民用户用气安全。居民用户安检采用外委和外包新模式。2016年签约湖北亿全、衡阳安力通两家安检公司，采取定点、定量，按量结算的模式，1~10月完成安检63838户，发现表具问题17786户，发现漏气64户，全部整改到位。

（尹舒平）

【加强用气分析】 （1）加强对抄收员管理。对抄表人员严格按《2016年抄收管理办法》进行考评，并实行末尾淘汰制，提高抄表员工作责任心和抄收准确率。（2）加强表具管理。对现有的34万用户表具按片区重新编号，清理、归档。对已装的远传表，就表具软件、硬件方面存在的问题与厂方现场测试，现场解决，并积极与政府、水电部门沟通，争取“三表合一”。（3）强化数据分析。非居民用户用气每月100%分析，出具分析表，居民用户通过购气时间、累计购气量以及安检数据等多种形式进行筛查分析，发现问题表具及时更正。非居民用户表维护保养1522次、清洗和送检960块，清理过期表682块，确保计量精准。（4）严格单据管理。根据部门制定的外勤单据填写要求，对点火单、维修单、安检单、换表单、抄表卡严格审核，每天的单据问题及时

反馈到管理群，督促相关岗位及人员及时纠正，提高资料的准确性和完整性。（尹舒平）

【便民服务】 继开通银联全民缴费、建行手机银行和网上银行缴费后，实现支付宝缴费，拓宽用户缴费的途径，方便用户。完成2016年低保登记并减免5983户，自觉承担社会责任，维护社会和谐。对于“12345”政府热线和“12315”消费者投诉来电用户，认真做好受理登记，建立台账，按时结案。2016年，衡阳天然气公司获得市政务中心颁发的“政务服务公开先进单位”和市工商局颁发的“消费者信得过单位”。（尹舒平）

【安全生产管理】 （1）强化安全目标管理考核，落实安全管理责任。2016年年初，公司组织安全考核小组完成公司对部门及员工2015年度安全目标管理考核，把安全管理制度落实到人。完善考核细则，年初完成公司全员签订安全责任状和全员交纳2016年安全风险金的工作。（2）加强防恐抢险应急演练。全年举行室内燃气泄漏应急演练、气源厂防恐防爆应急演练、LNG加注站泄漏应急抢险演练和气源厂消防演练。在演练过程中，应急响应快速，各项抢险环节井然有序，应急处置正确规范。（3）开展安全专项治理。加强节日值班安全检查；继续推进城区燃气管网隐患整改，每月进行隐患整改追踪，及时上报，历史遗留的占压隐患还剩16处，完成整改5处；开展公司第4个用户安全月宣传活动。通过衡阳晚报、短信平台、客服营业厅、入户安检，小区定点宣传等多种形式推动用户开展安全自检、自查，提升安全系数；开展国家安全月咨询日活动。公司派员在太阳广场和莲湖广场，参加市安委会和石鼓区举行的大型安全宣传咨询活动，现场发放宣传手册300余份，接受咨询人数200余人。（4）强化对重点厂站和管线的安全督查。加强对气源厂、松木调压站、衡钢站、过江管线、城区主干管线、铸铁管线和开挖管线的重点检查，确保安全平稳供气。强化施工开挖及顶管区域燃气管线巡查守险，落实守险“五到位”。全年累计检查59起带气作业、19起守险现场，都安全规范。强化压力容器和管道的安全附件、厂站防雷设施的定期检测。（5）强化治安内保，落实消防安全。加强综合治理和治安内保，未发生一起治安、刑事案件。加强消防安全检查，对重点场站，重点用户进行消防抽查，定时检查、更换、维护消防器材，9月份完成公司生产部门灭火器的年检换药，新购进67台灭火器，确保消防器材可靠有效，11月份举行的消防演练，强化公司“消防四个能力”的建设。（尹舒平）

国土资源与环境保护

责任编辑：申沁生

国土资源管理

【概况】 2016年，衡阳市国土资源局把服务发展作为首要任务，着力提升资源保障能力。一是项目用地保障有力。争取低丘缓坡试点指标1065公顷，同比增长55.6%，低丘缓坡试点代表全省接受国土资源部评估验收，给予高度肯定。获批项目用地1629.9公顷，同比增长12.8%（市本级699.4公顷），较好保障用地需求。二是土地匹配收储稳步实施。落实资产经营公司匹配土地641.24公顷。批回储备土地399.4公顷，在报储备土地471.69公顷，在库储备土地439.13公顷。三是规划修编取得重要进展。市本级允许建设区面积调整15平方千米，8个重点项目通过完善规划及时落地，为推进全市一区二园及来雁新城、滨江新区和衡山科技城建设奠定基础；市本级及7个县级矿规完成规划编制、评审和报批工作，全市采矿权规划数提高到619个。《衡阳市地理信息十三五规划》经市人民政府常务会议审议通过，纳入衡阳市“十三五”规划，规划投入财政资金近七千万元。四是国土市场稳定有序。完善土地利用动态巡查制度，开展出让金缴纳巡查、交地巡查、开工巡查、竣工巡查。强化土地去存量，通过加快土地出让、限期签订出让合同、加快划拨手续办理，限期动工建设等措施，确保全市供地率达到部省要求。市本级招拍挂出让土地616.73公顷156.72亿元。征收上缴土地矿产收入100.6亿元，同比增长7.5%。五是地质勘查成效明显。开展找矿突破战略行动，争取新立6个省级两权价款项目，资金近千万元。雨母山地热资源、衡东金盆地下热水项目取得开发利用成果，助力衡阳旅游发展和经济转型。与418队共同投资的常宁狮形岭锡矿探获1.8万吨锡资源量，达到中型矿床规模。（贺仕阳）

【资源利用】 坚持保发展、保资源两手并重。一是守护耕地红线。全面落实耕地保护县、乡行政一把手离任审计制度、绩效考核制度和占补平衡制度，坚决守住耕地底线。市本级增加划入永久基本农田2313.33公顷，各县市区新划入基本农田任务基本完成。完成93.33公顷水田开发项目，启动160公顷旱改水实施工作。全市审批占用耕地项目面积720公顷，全部实现“先补后占”。实施农村土地整治项目59个，建设总规模6446.67公顷，总投资14274万元。二是推进用地节约。严格项目预审，对不符合产业政策的不予通过，对不符合用地定额的核减面积73公顷。开展国土资源节约集约模范县（市）评选、省级以上工业园区土地集约利用评价工作。衡阳县被国土资源部授予“国土资源节约集约模范县（市）”称号，获得新增用地计划指标33.33公顷奖励，市高新技术产业开发区获20公顷用地计划指标奖励。三是抓好矿政管理。开展矿山整合，祁东县高峰铁矿区整合工作基本完成。指导县市区对100家矿山进行实地测量，全面掌握重点矿山的建设开采现状、资源利用、储量动态变化及矿山地质环境等信息。开展市县两级采矿权登记网上报批44宗，完成储量评审报告60个。新立、延续、变更采矿权登记，实行“五合一”报告制度，减少办证资料，提高办事效率。全面更新“基准矿价”，在原有7个矿种基础上新增石英岩等5个矿种，矿产品价格由原来的5档调整到10档。（贺仕阳）

【数字城市建设】 把数字城市建设作为重大基础工作和新兴发展产业来抓，全面推进数字化、信息化管理。一是数字城市建设强力推进。数字衡阳县一体化建设项目通过省级验收，达到国际先进水平，河南、山东、河北等省及省内多个市州前来考察学习。天地图成功对接，基础数据生产持续推进，每月更新市本级道路层、房屋层、兴趣点等专题图层，完成市核心区40平方千米三维倾斜摄影。二是“两控”工作成效显著。开展“违法用地、违规建设”核查地理市情监测项目，控制“两违”新增面积48.1万平方米（1627宗），节约控制拆迁成本近4.81亿元，拆除4.2万平方米（234宗），节约拆迁成本近4200万元。三是基础测绘管理不断强化。落实资金80万元，编制《衡阳市城区图》《衡阳市交通图》《衡阳市旅游图》，启动综合市情地图集编制工作。开展国家版图知识竞赛和少儿手绘地图大

赛，选送207幅作品参加省级赛，2幅作品获全省一等奖、5幅作品获全省二等奖、13幅作品获全省三等奖。（贺仕阳）

【国土市场】 坚持依法履职，加强动态巡查、案件查办和矿山安全，全面规范国土市场。一是抓好卫片执法检查。做到机构、人员、经费、保障、责任五落实。256块土地疑似违法图斑立案查处176宗，没收非法建筑物316.46万平方米，拆除建筑物0.49万平方米，行政处分5人。38宗矿山卫片图斑，立案查处22宗。二是着力推进闲置土地清理。坚持“属地管理和分管领导负责制”，市政府督察室专门督察，对闲置、违法用地未处理前，做到不批地、不供地、不办证，倒逼工业园区、投融资平台整改。完成国家土地督察武汉局交办的100宗540公顷处置任务。同时全市2014年以后新发现的闲置土地16宗，处置到位15宗，处置率达到93.75%，超过部、省80%的要求。三是全力做好省域督察工作。对省域督察发现交办衡阳市4大类、5小类、280个问题，落实责任、限期办结、责任追究，基本整改到位。四是抓好矿山安全生产。采取直奔基层、直插现场、交叉检查的方式深入矿区，从严开展“打非治违”行动。对无证矿山予以彻底关闭；对证照过期矿山督促停工办理延续手续；对超深越界存在安全隐患的矿山予以关闭或整改。检测59个矿山企业，消除安全隐患80起。（贺仕阳）

【拆迁评审】 建立拆迁项目管理数据库和快评快批通道，完成58个重大项目征地拆迁评审，项目用地240公顷，房屋面积52万平方米，评审金额5.5亿元，确保评审在15日内完成。《衡阳市集体土地征收与房屋拆迁补偿安置办法》由省政府审批市政府下发，征地拆迁标准有较大幅度提高。（贺仕阳）

【地环工作】 及时编印年度地质灾害防治方案和应急预案。按照属地管理、捆绑负责原则，对隐患点落实巡查、监测、预警、避险等防灾责任。全年发生地质灾害229起，无群死群伤事故。加快地灾防治工程建设，完成省级治理工程7个，市级治理工程51处，400户搬迁避让工作，避免7000多人受地灾威胁。扎实开展湘江流域矿山复绿工程，复绿面积约6.67公顷。（贺仕阳）

【信访维稳】 争取设立信访科，重新布局信访大厅，打造“信、访、网、电”四位一体的诉求受理平台，实现信访信息全录入、业务全流转、数据全生成、办理全公开，切实提高信访事项及时受理率、按期办结率、群众满意率和群众参评率。受理群众来信18件，接待群众来访258人次，化解信访积案8个，维护大局稳定。遗留问题处理稳妥推进。为防止债务危机引发不稳定因素，市委市政府将市城区工业企业土地、房产等114件历史遗留问题交由市国土资源局办理，处理办结60件，保障广大购房业主的正当权益。调处土地权属纠纷17起。议案意见办理满意。代表委员议案意见反映群众的呼声。局党组领导牵头，将办理责任分解到职能科室，办理情况纳入目标管理考核，作为评先评优的重要依据，办结代表建议16件、委员提案18件，办理结果群众满意、代表委员满意。（贺仕阳）

【重点领域改革】 一是加强人事改革。大刀阔斧，对历年积累的人事“沉疴”进行整改。全面清退临聘人员，无人上访闹事。精减机关在编人数总额20%，充实到不动产登记中心，解决机关人浮于事、不动产登记中心缺人干事的局面。向市政府提出购买服务方案，一揽子解决企业编人员安置问题。进一步梳理完善“三定”方案，做到机关科室职责明确、办事流程优化。将督查室划入纪检监察室，加挂行政效能室牌子，对履职情况实行月评、季评、半年评和年评，增强行政执行力。二是推进不动产统一登记改革。不动产统一登记发证逐步走上正轨，市本级实现班子及人员到位、人员培训到位、窗口设计和流程优化到位、疑难业务问题处理到位、激励机制和奖惩办法到位、对外宣传解释到位、信息平台建设到位、部门之间沟通协调到位、测绘落宗履职到位等九个到位，彻底解决发证慢、办事效率低问题。受理各类不动产登记业务25847件，登簿23709件，发放证书、证明20819件，走在全省前列。三是加强土地管理改革。服务发展的同时，坚决依法行政。（贺仕阳）

【“数字衡阳”建设经验获全国推广】 市国土资源局的“数字衡阳”建设获《中国国土资源报》头版头条报道。在2016年全省国土资源会议、全省地理信息工作会议也将衡阳经验作为典型推介。市国土资源局的“数字衡阳”市县一体化项目被作为省级试点立项，8个县（市）区全部签约，下拨省市配套资金2260万元；开放地质灾害指挥、“两违”（违法用地、违规建设）等五个应用，与公安、规划、城管、水利、卫计委等部门实现数据共享，基础测绘与“两违”（违法用地、违规建设）深度融合，控制“两违”新增面积112.6万平方米，拆除10.25万平方米，节约拆迁成本近1亿元。（杨　彬）

【2016年全市耕地保护工作会议召开】 2016年3月29日上午，全市2016年耕地保护工作会议在市局召开。会议回顾2015年耕地保护主要工作，传达全省耕地保护工作调度会议精神，针对全面落实“占优补优、占水田补水田”政策，结合衡阳市耕保工作面临的新形势，新要求，按照国土资源部、农业部下发《关于进一步做好永久基本农田划定工作的通知》，对2016年的耕保工作进行全面的安排部署。会议还通报2015年在建土地整治项目建设情况，并针对项目管理过程中存在的问题对项目管理提出更高的要求。市局党组成员、总规划师李兴国出席会议并讲话，副调研员王军主持会议，会上各县市区局结合各地实际情况，围绕耕地占补平衡、永久基本农田划定、土地整理开发项目管理等重点工作进行发言，阐述存在问题，对2016年全市耕地保护工作提出建议。市局党组成员、总规划师李兴国肯定衡阳市耕地保护工作取得的成绩，针对现阶段全市耕保工作主要存在的问题以及在当前严峻的反腐倡廉形势和耕地保护工作社会关注度高的情况下，要求大家一定要保持清醒的头脑，引起高度重视。下一步工作重点抓好以下几点：一是抓责任机制建设。二是抓永久基本农田划定。三是抓工作落实。四是抓项目管理。五是抓耕地质量建设。六是抓廉政建设。七是抓舆论宣传。2016年，全市继续紧紧围绕耕地总量动态平衡这一战略目标，进一步建立完善耕地保护共同责任机制、加强耕地保护各项工作，全面推进土地整治项目管理，积极谋划、开拓进取，推进全市耕地保护工作再上新台阶。各县市区国土资源局、城区分局分管耕地保护的副局长、耕保股长、土地整理中心主任，市局耕保科、土地整理中心、执法支队、规划科、财务科、用地科相关人员参加会议。（杨　彬）

【《衡阳市测绘地理信息“十三五”专项规划》获审议通过】 衡阳市人民政府常务会议审议通过《衡阳市测绘地理信息“十三五”专项规划》，规划纳入衡阳市“十三五”规划，并予以印发。规划提出加强制度机制建设、建立现代测绘基准体系、丰富地理信息资源、推进“智慧衡阳”市县一体化建设、开展地理国情监测、共建共享地理信息成果、提升地理信息应用与服务水平、完善测绘应急保障体系、促进地理信息产业发展等9项任务，明确基础测绘生产及年度更新、“智慧衡阳”市县一体化时空信息云平台、综合市情动态监测与发布平台、市本级周期发布“两违”建设检查图项目、多规合一支撑平台、自然资源生态空间统一确权登记与生态审计支撑平台、遥感监测与应用以及湘南地理信息产业协作创新联盟等15项重点工程，规划投入财政资金近七千万元。（杨　彬）

环境保护

【概况】 2016年，市环保局贯彻落实市委、市政府决策部署，以改善环境质量为核心，推进绿色发展，大力实施水、大气、土壤污染防治，强力推进湘江保护和治理“一号重点工程”，全面开展农村环境综合整治，持续推进节能减排和水口山、合江套等重点区域综合治理，确保全市环境质量总体改善。市城区空气质量优良率76.8%；PM10年均浓度76微克/立方米，同比2015年下降10.6%；PM2.5年均浓度52微克/立方米，同比2015年下降5.5%。地表水水质达标率99.7%，同比2015年提升3.9%；13个集中式饮用水水源地水质达标率100%。全市功能区声环境昼间达标率为98.3%，夜间达标率为100%。严守环境安全底线，全年末发生突发环境事件。全省环保重点工作综合考核名列第二。

（王华杰）

【水污染防治】 启动开展湘江保护和治理第二个“三年行动计划”，编制《衡阳市湘江保护和治理第二个“三年行动计划”（2016—2018年）实施方案》和《衡阳市水污染防治2016年度实施方案》，完成湘江污染治理环保项目119个。强化水环境治理，开展蒸水河污染治理，启动对幸福河、雁栖湖、酃湖公园等11个城市黑臭水体的整治。组织重金属专项资金项目申报和实施，争取重金属专项资金项目8个8200多万元，完成“十二五”期间安排的102个重金属治理资金项目建设。加强饮用水源保护，开展湘江城区段饮用水源保护区专项整治，重新确定全市15个饮用水水源地保护范围，安排专项资金6500万，开展城区饮用水源地排污口截污等工作，规范县级以上和乡镇千吨万人以上集中式饮用水源保护地建设，编写《衡阳市集中式饮用水水源2015年度环境状况评估自查报告》。推进工业园区污染防治，11家省级以上工业园区均建成集中式污水处理设施或依托城镇污水处理厂进行污水处理。加强水口山、松柏、合江套等老工业区环境综合整治，推进结构调整和产业升级，关闭“十小”企业13家。（王华杰）

【大气污染防治】 编制并实施《衡阳市大气污染防治专项行动方案（2016—2017年）》《衡阳市大气污染防治2016年度实施方案》和《衡阳市2016年大气污染防治特别防护期工作方案》，完成116个大气污染防治项目。抓工业废气污染治理，对7家企业实施强制性清洁生产审核，完成全市新型干法水泥企业脱硝、除尘改造，开展工业企业粉料堆场专项检查，落实防尘措施。加强城区扬尘污染控制，开展施工场地、渣土运输专项执法行动，采购9台多功能抑尘车防控城区道路建筑扬尘污染。开展衡阳市大气污染防治重点区域环境问题调查，对90家重点单位进行油烟和高污染燃料设施整治。加强机动车排气污染防治，市城区3个机动车排气检测站检测车辆3万余辆，核发环保检验合格标志9.8万余套，淘汰黄标车7795辆，完成7个县级机动车排气检测站建设，推广国V标准车用油。（王华杰）

【生态保护与土壤污染防治】 完成珠晖区农村环境综合整治整区推进预验收和各项终期验收准备工作，加快其余11个县市区整县（市、区）推进项目实施，完成2016年确定的300个行政村的农村环境综合整治任务。加强“二区三园”（自然保护区、风景名胜区、森林公园、地质公园、湿地公园）日常环境监管，配合市政协对衡阳市自然保护区矿山开发情况进行调研。开展生态保护红线划定工作，初步划定全市生态保护红线总面积3483.62平方千米，占国土面积比例22.75%，其中一级管控区面积494.57平方千米，占国土面积比例3.23%。开展土壤污染防治，争取土壤污染防治中央专项资金1250万元，组织实施2016年度治理项目，建立2017年度土壤污染防治项目储备库，争取储备库建立资金及工作资金650万元。（王华杰）

【主要污染物减排】 严控新增污染，实行项目环评与区域总量和环境质量挂钩，否决不符合环境准入条件建设项目17个，为81个项目进行总量调剂或下达总量控制指标。加强“三同时”环境管理，全年对160多个项目（含违规建设清理项目）进行竣工验收，确保项目污染治理设施正常投入运行。强化项目建设和调度，全力推进污水处理厂建设、工业污染源治理等重点减排项目，完成94个重点减排项目建设，火电、水泥、造纸等管理减排项目运行良好。强化减排监测体系建设，全市国控重点企业监督性监测及信息发布率、企业自行监测及信息发布率、自动监控设备有效数据传输率分别达到99.5%、98.36%、99.67%。四项主要污染物化学需氧量、氨氮、二氧化硫、氮氧化物同比2015年分别削减4.79%、3.48%、12.83%、7.84%，均超额完成省厅下达的年度减排目标任务。（王华杰）

【辐射固废监管】 加强危险废物规范化管理检查，开展历史遗留工业固体废物清理清查，规范完善“三个建档”（基本资料档案、年度档案、企业经营台账及污染治理设施运行档案）；加强医疗废物管理处置，全市7家三甲医院及各县市区 164 家大医院的医疗废物实现集中规范处置；完成 81 家环境激素类化学品生产使用企业的调查工作；依法查处固废方面的环境违法行为 14 起，行政拘留 2 起。加强核与辐射安全许可管理，完成全市 234 家核技术利用单位的辐射安全现场监督检查；新办、重办辐射安全许可证 15 家，全市核技术利用单位持证率 100%；出具核技术利用项目辐射环评、验收初审意见 16 份；办理放射源转让预审手续 7 批次，并进行备案；开展放射源安全检查专项行动，协助送贮 3 家单位闲置放射源 21 枚。（王华杰）

【环境宣传教育】 组织开展“六·五”环境日系列宣传活动，3 月 15 日以“大美雁城：奏响‘绿水青山’新强音”为主题在《衡阳日报》进行专版宣传，5 月 11 日在石鼓广场举行“六·五”环境宣传月启动暨绿色卫士湘江漂流与骑行活动欢迎仪式，6 月 3 日在市环保局举行衡阳市环境保护工作新闻发布会，“六·五”环境日当天开展环保咨询、湘江沿岸守护、饮用水源保护宣传活动，还组织参加全省环保法律知识现场比赛。在《湖南日报》、《衡阳日报》、衡阳新闻网、大公网等媒体进行专题环保宣传，每日在衡阳电视台播放环保宣传短片，在全市各主要路口设立环保宣传广告牌，在 LED 灯播出环保相关内容，组织筹办“5·22 国际生物多样性日”宣传活动等。10 月 27 日在南华大学大礼堂举办全市环保系统法制培训班，参训人员达 500 余人。（王华杰）

【环境执法与信访应急】 全面开展环保违规建设项目清理整治工作，完成 1736 家环保违规建设项目清理整治任务。加强对省环保综合督查发现反馈问题的整改，制订《衡阳市贯彻落实湖南省环保综合督查反馈意见整改方案》，由市政府常务会议专门交办整改任务并开展整改。深入推进网格化监管和“双随机”监管工作，建立三级网格化监管体系，对列入名单库的 1012 家企业按比例进行随机抽查。组织开展饮用水源地、涉危险废物、重点行业环保专项执法检查。开辟“环境违法案件曝光台”，全市立案查处违法案件 85 起，其中按日计罚案件 2 起，查封扣押案件 10 起，限产停产案件 10 起，移送行政拘留案件 12 起，移送污染环境犯罪案件 2 起。市本级执法案件被评为全省一等奖，并被选送至环保部参评优秀案例。开展环境安全隐患排查，排查涉危涉化企业 79 家，督促 10 余家企业制定突发环境事件应急预案，妥善处置因外地市非法转移危险废物至衡山县而可能引发的突发环境事件、非法遗弃危险化学品储罐至衡阳县板市乡农村山坡而可能引发的突发环境事件。参与中石化衡阳分公司因成品油输油管线泄漏造成的火灾、爆炸应急演练，指导观摩建滔化工在松木港装卸盐酸造成泄漏突发事件的应急演练等。加强环境信访问题调处，接待处理信访投诉 789 件，办结 710 件，按时办结人大代表和政协委员 25 件建议提案，被市政府评为建议提案办理“先进单位”。（王华杰）

【环境管理改革创新】 进一步建立健全环保责任体系，将环保工作责任落实全面纳入到对县市区政府、园区管委会和 36 个相关市直部门的目标管理绩效考核体系，于年底组织对承担环保责任较重的 12 个市直部门开展现场考核。继续推进环保模范城市创建，创模规划通过省环保厅组织的专家评审，创模重点工程垃圾焚烧发电厂、餐厨废弃物处置处理等项目基本完成，整体创模指标得到有效提升。探索建立生态保护补偿机制，实施《湘江流域生态补偿暂行办法》。继续推进排污权有偿使用和交易，收缴排污权有偿使用费 626 家 879 万余元，发放排污权证 114 家，实施排污权交易 56 笔，交易金额 106 万余元，出台《衡阳市主要污染物排污权有偿使用收入征收使用规定（试行）》。建立环境信用评价机制，对全市 166 家企业进行省级环境信用评价，155 家企业进行市级环境信用评价，建立企业环境信息库，实行动态管理，并在网站公布及向相关部门通报。（王华杰）

【环境基础能力建设】 编制《衡阳市环境保护“十三五”规划》《衡阳市大气污染防治专项行动方案（2016—2017 年）》《衡阳市创建国家环境保护模范城市规划》《衡阳市水污染防治计划实施方案》《衡阳市湘江保护和治理第二个“三年行动计划”（2016—2018 年）实施方案》等各种专项

规划方案。完成15个（其中县市区9个）空气自动监测站数据联网和城区6个空气自动监测站向环保部交接。完成湘江衡阳段5个水质自动监测站升级改造，以及蒸水入河口等6个水质自动监测站和城区饮用水水源地、康家溪重金属水质自动监测站建设。推动78家企业安装181台污染源自动在线监测设备，其中国控企业37家100台，非国控企业41家81台。确定衡阳市“十三五”37个地表水监测断面和16个环境空气监测点位。启动市环保监测监察执法用房建设，投资1300多万的“数字环保”项目加紧推进。加强队伍建设管理，理顺内部科室工作职能，建立统一归口、相互协作的工作机制。规范工作程序流程，制定修订公文处理、行政审批、环保专项资金管理等12项相关制度。充实干部队伍力量，对中层科级及以下干部进行补充、调整、交流；加强作风建设，推进“两学一做”学习教育，全面推进从严治党，工作作风得到改进；加强对干部职工的人文关怀，出台相关探视、慰问制度，增强环保队伍凝聚力和战斗力。

（王华杰）

交通·邮政·通信

责任编辑：申沁生

交通总类

【概况】 2016年，全市交通运输完成投资56.4亿元，完成各项目标任务，实现“十三五”良好开局。娄衡高速、南岳高速东延线顺利建成通车；衡大高速松木互通投入运营；衡阳至西渡等4个项目全部完工，新开工武广衡山西站至黄花坪公路等8个项目；湘江土谷塘航电枢纽实现4台机组全部投产发电，湘江2000吨级航道建设二期工程进展顺利，大源渡二线船闸准备工作全面启动；祁东衡缘物流园铁路专用线试运行；王江汽车站、常宁青市汽车站投入使用。交通运输保障能力持续提升，完成公路客运量9975万人，61.25亿人/千米；公路货运量1.67亿吨，305.63亿吨千米；水路货运量1515万吨，货物周转量37.16亿吨千米，完成重点时期、重大活动、重要任务交通运输及路况保障工作。完成农村公路提质改造966千米，完成农村公路安防设施建设782.4千米，超额完成省下达的为民办实事目标任务，在全省重点民生实事农村公路建设考核中名列第二；实现城区建成区公交线路全覆盖；全市行政村通班车率为98%。 （刘旭中）

【安全生产】 开展“三大行动”。全力落实省厅和市委、市政府关于安全生产的决策部署，在道路运输、水上交通、在建交通项目等领域开展安全隐患“大排查、大整治、大管控”行动。运管部门履行“三关一监督”工作职责，依法强化对“两客一危”车辆和客货运站场的监督管理工作；海事部门加大对重点水域、重点船舶和重点港口码头的日常监管力度；质安部门督促各建设单位和参建各方严格执行工程施工安全管理各项制度、规程和标准；公路管理部门落实公路安保设施维修、路面日常养护责任，确保安全投入、安全管理、安全装备、教育培训等措施落实到位。 （刘旭中）

【春运保障】 2016年2月7日至13日，衡阳市各交通运输单位完成客运量170余万人次，没有出现大面积滞留旅客的情况，交通运输形势整体安全平稳。1.2月13日8时至2月14日8时，京港澳G4湘粤小塘省际站的出省流量72353台次，创历史新高。南下流量剧增，京港澳、平汝高速部分路段一度超饱和，高速交警间歇性在宜章南分流至107国道以减轻京港澳高速小塘段拥堵，在平汝高速引导车辆提前从汝城南下高速以减轻连接线及106国道拥堵。2.衡阳火车站增开9趟临客，开辟“广州通道”。2月14日，衡阳火车站发送旅客47833人，高铁衡阳东站发送旅客19993人，其中以广州方向的旅客居多。为此，衡阳火车站和高铁衡阳东站增开多趟广州方向的临客列车。针对广州方向旅客较多的情况，14日衡阳火车站增开九趟广州方向的临客列车。同时，为了能让众多旅客能够平安上车，火车站搭建的临时候车棚实行“分区放客、母婴优先、座位在前、无座在后”的政策，并专门开辟一条绿色通道，取名为温馨通道，让前往广州方向的旅客用最短的路程进站上车。衡阳火车站和衡阳高铁东站2月22日前南下方向的车票销售一空，而北上方向的车票有少量结余。3.随着返程高峰来临，酃湖汽车站增调12台大巴投入节后春运。15日，酃湖汽车站主要运力由开往省内的班线改为跨省班线，除南下广东方向之外，还增开温州、温岭、上海及福州等地的班次，省内郴州等地线路客流量较为集中，增开郴州线路加班车18趟次。4.2016年2月7日至13日（春节节假期间），全市道路客运日均投入客车3305辆，完成客运量126.92万人次，同比2015年减少0.15%；水路客运日均投入客船264艘，完成客运量4.88万人次，与2015年同期减少1.62%；高铁衡阳东站，衡山西站和耒阳西站共完成客运量23.34万人次；衡阳火车站发送旅客14.03万人次，比2015年同期减少2.86%；南岳机场旅客吞吐量达3879人次，比2015年同期增长132.06%。 （郭绍林）

公路管理

【公路建设】 干线公路建设。衡阳—西渡、武广衡山西站—衡山黄花坪公路等15个干线公路建设项目全面完成目标任务。衡东、祁东等县公路局履行政府干线办职责，承担起公路建设的指导、督查、落实职能，为建设项目顺利推进作出重要贡献。农村公路建设。完成农村公路窄路加宽966千米，农村公路安全生命防护工程完成542.6千米，分别为省目标任务的100.2%、113.0%，完成年度投资35182.9万元。省重点民生实事考核组评价衡阳市农村公路提质改造和农村公路安全生命防护工程为“无可挑剔”“全省标准答案”，获全省第二名。祁东、常宁、衡南、衡阳等县主动作为，采取多种渠道筹措资金，保障农村公路建设顺利推进。普通国省干线公路服务区建设。完成衡山店门、祁东白地市、耒阳小水等三个公路服务区建设前期工作。（张　银）

【公路养护】　干线公路路况优良率再创新高。2016年年末，国省道优良率96%，高出全省平均值2.61%，其中国道优良率96.8%，省道优良率95.3%。日常养护全面强化。开展“4个专项月”活动，推行小修保养专项管理，实行管养一体化，“中心养护站+道班”的养护运行模式运行良好，按照养护技术规范和“七无三有”的要求，以养护劳动竞赛为抓手，加强雨季冬季公路养护，加强公路路面病害处治和水泥路清灌缝，确保公路路况稳定。衡东县根据“管养分离、事企分开”的养护体制改革原则，打破传统的养护模式，将干线公路的日常养护承包给具有养护经验的劳务公司，为全市公路养护市场化改革探索新路。预防性养护力度加大。完成水泥路面破损板修复88297平方米，断角处治10566平方米，裂缝处治127864米，板底灌注294013平方米，整段机械清灌148千米，人工补灌251千米；沥青路面挖补49578平方米，面层修补38767平方米，裂缝处治38767平方米，局部封面175米，薄层罩面180406平方米；完成S219线K98+100-K104+100灾防工程项目，有效延缓路面病害的产生和发展，稳定路况。农村公路养护。以示范创建为切入点，按照“有路必养、养必到位”的工作思路，创建示范县1个、示范乡镇9个，文明示范路27条计181千米，并按照“创建示范，总结经验，全面推广”的工作要求，将农村公路建设、养护管理工作和“四好农村公路”建设工作有机结合，全市农村公路列养率100%，经常养护率的县道达100%、乡道达90%、村道达80%，农村公路综合优良率达85.8%，中等路以上里程85.3%，农村公路养护全面加强。

（张　银）

【依法治路】　一是路域环境建设长效机制基本建立。全年创建S315全线5段为“路政管理示范路”。坚持“一路带一片”，全市普通国省干线公路基本实现“八无”标准全面覆盖。深入开展违法非公路标志标牌、违法涉路施工案件、占用公路案件等专项整治行动。配合养护加大路面清扫清洗、路肩培护、水沟清理力度，路域环境进一步优化。全年全市公路系统路政执法人员上路巡查5760人次，纠正各类违法行为267起，查办各类案件168件，其中行政处罚案件106起，公路赔（补）偿案件62起，清理路障839处3687立方，拆除非公路标志牌382块，下达暂停施工通知书28份，下达责令改正通知书89份，清除公路上临时摊点130起，制止违法建筑12起，清除公路上洗车场加水点3处，路容路貌进一步提升。二是治超工作实现常态化。“政府主导、部门联动”的治超机制基本建立。治超工作实现从部门单独治超向综合治超转变，从路面管控向源头监管转变，从人力治超向科技治超转变，全市治超工作进入规范化常态化新阶段。9月、12月两次省超限率调查全市站点超限率都为零。全面落实联合执法，由各县市区以政府牵头，组织公路、交通、公安、交警等部门的执法人员在固定治超站和临时治超点开展联合治理工作。全面开展查处非法改拼装车辆专项行动，对汽车维修企业车辆和报废汽车回收企业等进行全面排查，建立跟踪台账，教育和劝导企业、车主自行纠正违法行为。治超宣传形成浓厚氛围。全市散发宣传资料41017份，设置固定宣传标语1000余块，报刊宣传300次，衡阳市电视台、交通频道每天滚动播放治超公益广告，投入宣传经费150余万元。推进区域联合治超。市治超办与永州市治超办进行座谈协商，并共同签订《区域治超应急联动机制》，进行通力合作，信息共享，提高处置能力。常宁市将治超工作纳入绩效考核，形成行业管理源头、乡镇（办事处）管辖区、联合执法、路面稽查、社会大监督、责任倒查追究六大治超网络化长效管理机制。

（张　银）

【公路安全环境建设】　汲取“6·26”特大道路交通事故教训，大力开展安全生产大管控、大排查、大整治活动和百日大整治行动，消除安全隐患，全年没发生任何安全事故。市公路局被评为全市安全生产先进单位。一是开展安全隐患排查整治。全市公路系统完成公路急弯陡坡标志牌933块，减速标线201处，反光镜158块，护栏43689米，设置学校门口标准牌301块，减速线18557米，改建四类危桥18座，五类危桥5座。排查出农村公路交通隐患4021处，印发隐患整治通知（函）12件，全年投入整治经费6615.4万元（其中农村公路投入4004万余元）。二是应急抢险保障有力。各县市区公路局及直属单位都相应设立应急救援小组，每个县市区公路局设有1—2个中心养护站，具备公路管理、养护、应急等“三位一体”功能。2016年上半年，衡山县、南岳区等地积极抗洪抢险，完成水毁抢修任务，保障公路安全畅通。

（张　银）

【衡阳市发送旅客10.5万人次】
2016年元旦节最后一天，衡阳市火车站和汽车站迎来返程高峰。两大汽车站三天发送旅客5万人次，安排加班车辆近20个，主要是以短途的探亲游为主；火车站三天发送旅客5.5万人次，往郴州、长沙等中短途方向为主。

（罗素如）

【“南马公路”改建工程通车】
2月2日上午，惠及衡山后山20多万群众、连接南岳景区的交通大动脉——南岳至衡山马迹公路改建工程在衡山县东湖镇举行竣工通车仪式。南马干线公路改建工程起于南岳区南岳镇牌坊，经衡山西岭、东湖至马迹，全长30千米，其中衡山境内有14.976千米，起于东湖镇新路村，止于马迹村。该公路的竣工通车，把南岳衡山景区与文立正故居、唐群英故居、曾国藩故居、岳北农工会等红色景点连成一条“线”，公路沿线还有东湖竹海等众多生态旅游景点。南马干线公路成为衡山一条集红色旅游、生态观光于一体的高标准旅游公路，对于带动衡山后山片旅游资源开发，提升南岳旅游的可进入性，加快构建“大南岳衡山”旅游经济圈，促进衡山、南岳两地融合发展意义重大。

（罗素如）

【周海兵现场调度船山西路延伸线项目建设】　4月13日上午，市委副书记、市长周海兵现场调度船山西路延伸线项目建设。船山西路延伸线项目位于蒸湘区和衡阳县，东起船山西路西端，往西跨蒸水，下穿潭衡西高速公路，与衡阳县樟树大道、英秋大道、洪山大道交叉，终点与衡阳县清江路交叉相接，全长17.14千米，其中城区段5.53千米、衡阳县段11.613千米。

（罗素如）

【周海兵现场调度东三环、新园路、滨江路建设】　8月8日下午，市委副书记、市长周海兵现场调度东三环、新园路、滨江路建设。他强调，要科学规划，优化设计，加快进度，为船山东路顺利通车奠定良好基础。东三环改扩建工程南起衡州大道互通立交南侧，北与衡大高速公路收费站相接，全长8.315千米，按城市交通性主干道标准设计，正式实施拆迁；新园路北延至船山东路东延工程包括船山东路向东延伸至武广高铁下穿涵洞、长260米，新园路北延950米，项目于2015年12月进场施工，截至2016年7月底，累计完成投资2850万元；耒水东岸风光带完成道路排水工程量95%、污水管线工程量98%，一、二号亲水平台全部完成施工，滨江路水稳层第三层铺装完成30%。

（罗素如）

【船山路全线贯通】　12月19日上午，在船山路与衡阳县洪山北路交会处举行船山路全线通车仪式，标志衡阳市“三纵三横三环”的城市交通路网有进一步完善。市委书记、市人大常委会主任周农宣布船山路全线通车。市委副书记、市长周海兵出席通车仪式并讲话。船山路全线总长34.2千米，是贯穿城市东西、连接中心城区与衡阳县的一条交通大动脉。船山路项目总投资45亿元，从2013年7月1日正式动工，历时3年半，实现全线通车。其中船山西路17.4千米、投资约15亿元；船山东路10.4千米、投资约30亿元。它的建成通车，对于改善中心城区交通条件，加速城区功能要素向周边城镇及县区延伸，扎实推进融城战略，促进区域经济发展等具有十分重要的现实意义。

（罗素如）

【二环东路湘江隧道盾构始发】 12月19日上午，二环东路湘江隧道盾构始发仪式现场，市委书记、市人大常委会主任周农下达始发指令，标志湘江隧道建设进入新的阶段。市委副书记、市长周海兵出席。二环东路湘江隧道项目是湖南省第二条、衡阳市第一条过江隧道，既是交通大动脉，更是经济的大动脉。它连接石鼓区与珠晖区，是二环路的重要过江通道，也是武广高铁衡阳东站通往市区的重要通道。隧道起于石鼓区来雁新城中规划的北二环路与五一路交叉口，止于珠晖区京广铁路上行线西北侧，采用盾构法施工，分东线和西线，双向四车道，其中东线盾构长935米，西线盾构段长932米。隧道全长1.8千米，总投资约10亿元。该项目于2015年6月开工建设，计划于2018年8月建成通车。

（罗素如）

【“雨母山景观大道”正式动工】 12月19日，雨母山景观大道项目正式动工。雨母山景观大道项目位于蒸湘区，起点为潭衡西高速，终点连接二环西路。道路等级为城市主干道，线路长度2.25千米，路幅宽60米，总投资约2.2亿元，双向六车道，计划于2018年8月建成通车。（罗素如）

铁　路

【广铁集团衡阳车务段】 衡阳车务段隶属于广铁集团，地跨衡阳、郴州、永州三市，是湘南地区大型车务站段。2010年10月21日由原衡阳车站、郴州车务段、永州车务段组合而成，设行政办公室、党群办公室、安全科、技术统计科、客运科、收入路风科、人事劳资科、计划财务科、职工教育科、信息技术科、保卫科和值班监控分析室。截至2016年12月31日，全段有干部职工3940人（含内退及大集体人员），其中干部393人，职工3547人。

一、设备管辖及担当任务。衡阳车务段管辖京广线茶山坳站至白石渡站、衡柳线衡阳南站至永州站、湘桂线衡阳西站至滩头湾站、资许线桥口站至三都站、洛湛线楠木塘站及吉衡线颜家垄站，管辖里程570.070千米，固定资产总值2亿元。下辖46个车站，其中客运站6个。按照车站等级分特等站2个、一等站2个、二等站1个、三等站5个、四等站29个、五等站1个，未定等站6个。1. 衡阳北站。车站在路网上的作用为区域性特等编组站，按技术作业性质分为编组站，站型为单向纵列式三级三场；按业务性质分为货运站，不办理客运业务；主要担负货物列车解编作业。站区设有：到达场（位于京广线里程K1744+919处）、编组场、出发场（位于京广线里程K1741+455处），下辖茶山坳站（位于京广下行线里程K1741+381处）。衡阳北站区是京广线、湘桂线和吉衡线的交汇点，主要办理京广、湘桂、吉衡线各方向货物列车的到解、编发作业以及各方向旅客列车的通过作业。主要办理食盐、钢铁和化工出发及粮食、燃油到达作业，并承担4条重要专用线的取送作业任务。2. 衡阳站。车站按技术性质为中间站，站型为纵列式两级两场，分为南场和北场，按业务性质为客货运综合性车站；车站等级为特等站。车站位于京广线K1752+300处。衡阳站区是京广线、衡柳线和湘桂线交汇点，主要办理京广、衡柳、湘桂线各个方向旅客列车到发、湘南片客流集散、货物列车通过作业。主要办理瓷土、石膏、集装箱发送及粮食、金属矿到达作业，并承担9条重要专用线的取送作业任务。

二、生产经营情况。全段抓好假日营销、高铁营销，配合地方政府多开车、开好车，加强售票组织和查堵工作，提高服务质量。客运系统在既有线客车线条减少的情况下，2016年衡阳车务段完成发送人1360.8万人、完成客运收入14.54亿元。全年完成发送吨535.4万吨、完成货运收入4.73亿元，完成运输总收入19.27亿元。发挥管内技术站多、拥有特等编组站及集中调度的优势，重点抓好货物作业停留时间分段统计，特别是做好大点车的追踪、考核，2016年全段中时完成4.1、较年计划压缩0.1，停时完成25.1、较年计划压缩0.2。

（傅泽军）

【高铁衡阳东站】 2016年，高铁衡阳东站全年发售票353.9万张；到发旅客970.6万，其中乘车发送人488.3万人。为旅客提供重点特殊服务360件、好人好事402件，收到锦旗22面，表扬信29封。为解决旅客的实际需要，尽量满足旅客的购票需求，多次向集团公司、长沙南站申请增加售票设备，并于2017年春运前将新增售票设备全部安装使用。衡阳东站将各阶段动车组时刻表和调图变化交给衡铁电视台、《衡阳日报》、衡阳电视台等多家新闻媒介，广泛宣传各调图期间动车开行情况，让广大市民充分了解车站运能信息。另将时刻表印制给公汽公司，请求按照动车组开行时刻，相应调整公交车的开行时间。车站售票厅内开设人工窗口5个、自动售票机19台，用于发售各次列车车票；候车室、出站口设自动取票机4台，用于互联网购票旅客方便快捷取票。为维持售票厅正常的售票秩序，防止人员插队、倒票，安排多名武警战士、公安干警共同维持购票队伍的秩序，保证票厅售票井然有序。旅客正常购票时，直接到售票厅按窗口依次排队购票；购票高峰期，为缓解旅客购票排队压力，缩短旅客排队购票时间，对售票厅实行旅客分级排队售票制（即票厅内与票厅外分级排队）。节假日期间，客流量大，考虑到候车室场地有限，在进站口对旅客仔细验票，实行凭票进站的措施，确保旅客有序候车。为确保旅客能有序上车，各次列车提前10分钟开检，车站安排足够人员在进站口协助检票，组织持红色软纸车票的旅客从人工通道进入。列车未进站前，利用小喇叭进行宣传，站停时间只有一分钟，请旅客们按车厢号排队上车，遇同一车厢旅客较多时，及时组织分车厢门上车，以免全部聚集在同一车厢门口，造成拥堵。全体工作人员严格按照铁路总公司“五个一流”的服务要求，加强各岗位巡视，对旅客做到“三要、四心、五主动”，实行“自主式”“无干扰”服务，树立优质高铁形象。加强对老、弱、病、残、孕等重点旅客的重点服务，对重点旅客做到“知到站、知位置、知困难”，并及时与列车和到站联系，配合解决旅客困难。

（宋俊辰）

【现场调度怀邵衡铁路衡阳段和瓦松铁路建设】 4月20日，市委常委、常务副市长段志刚现场调度怀邵衡铁路衡阳段和瓦松铁路建设。深入怀邵衡铁路衡阳段、瓦松铁路各个施工标段，了解项目进展及存在的问题，现场研究解决施工难题。怀邵衡铁路经过怀化、邵阳、衡阳三个市14个县（市）区，为设计时速200千米的客货双线铁路，线路全长318千米，其中，衡阳境内正线长78.71千米，联络线长10.13千米，投资约60亿元。截至4月，完成投资21.23亿元，路基填方完成730.41万方，预计2018年通车。瓦松铁路作为金铜项目的配套设施，正线长17.57千米，在京广线瓦园站南端接轨，穿越武广高铁接入水口山镇，并在水口山八厂南侧与规划金铜项目厂址之间新建企业站，总投资8.5亿元，年运量260万吨，计划2016年底建成通车。截至4月，完成投资2.8亿元，占总投资计划的32.8%。

（郭绍林）

【船山东路跨耒水大桥合龙】 5月4日，船山东路跨耒水大桥合龙。耒水大桥全长607米，投资2.4亿元，于8月全面通车。

（郭绍林）

【衡缘物流铁路专用线通过验收】 衡缘物流铁路专用线由湖南省衡缘兴盛集团旗下的衡缘物流有限公司投资建设，系湖南省“十二五”“十三五”规划重点项目，位于祁东县衡缘物流园，与湘桂铁路风石堰车站接轨，正线长5.9千米，企业站设4股道，实际铺轨11.87千米。正线长5.9千米，途经风石堰、原双桥、原洪桥三镇，总投资4.5亿元，设计年吞吐量为1000万吨。此专用线是衡缘物流园区的重要组成部分和节点性工程。9月22日，广州铁路（集团）公司对湖南衡缘物流铁路专用线组织开展验收工作，经验收组检查确认，符合设计文件和工程质量验收标准，铁路专用线顺利通过竣工验收。10月29日上午，衡缘物流铁路专用线正式通车。11月17日上午，湖南衡缘物流铁路专用线正式试营运。12月30日湖南首条民营企业营运铁路——衡缘物流铁路专用线正式开通。凯迪生物质发电厂、海螺水泥、鑫达石材等16家企业与衡缘物流签订铁路运输意向，入园企业达99家。在当天举行的通车仪式上，中国建设银行、福建德远集团等8家企业，就以后开展多层次、多领域、全方位的金融业务合作，与衡缘物流园区现场签约。该专线的建成营运将使祁东锦上添花，对于大幅降低货物物流成本，促进县域经济和周边县、市物流蓬勃发展，增强祁东县城的承载能力，起着重要推动作用。（郭绍林）

水　运

【概况】　衡阳市地方海事局、衡阳市船舶检验局、衡阳市航务管理局是市交通运输局管理的一家一门三牌的副处级公益一类行政事业性单位，内设办公室、财务计划科、安全监督科、政策法规科、船舶船员管理科、水上运输管理科、港政管理科和人事宣传科8个科室；下设衡阳市地方海事局城区海事（航务管理）处、衡阳市船舶检验中心、衡阳市水上交通安全监控中心、衡阳市海事应急搜救大队、衡阳市地方海事局大源渡海事处、衡阳市地方海事局土谷塘海事处和衡阳市海事综合执法大队7个专门业务机构，有干部职工95人。2016年，全年全市水上交通安全实现零事故、零死亡，水上交通安全形势总体稳定，内河水运货运量平稳增长，运输船舶大型化、标准化趋势明显，海事事业保持良好发展态势。2016年度被评为湖南省水上交通安全管理目标考核先进单位。（阳　方）

【水运安全监管】　安全四项指数实现历史性突破，实现零事故、零死亡的目标，全市水上安全形势持续稳定。安全隐患整治。大石渡撤渡、衡州大道湘江大桥水域撤除钢围堰、土谷塘航电枢纽水域打捞沉船、湘江主城区沿线系船钢缆绳的清理等。开展安全生产监督执法活动。全年查办进入一般程序的行政执法案件26例，处罚金额19.2万元，形成较大影响力和震慑力，有力地打击各类非法违法行为。安全基础设施建设。救援基地动工建设，湘江防污“三年行动计划”应急处置能力建设项目有序推进，完成60米趸船建造、防污物资采购、应急救援快艇等项目的招标和应急救援码头的设计，给衡阳县和祁东海事处各配一台执法车，45道渡口基本启动。水运宣传。印发宣传资料6000余份、客渡船宣传牌2000余块，开展宣讲和答疑解惑400余人次，举办行业安全管理人员知识讲座3期，客渡船船员安全知识培训班7期，切实增强全民安全意识。定期巡航制度。全年组织开展4轮全市辖区水域安全巡航，检查各类船舶4850艘次，纠正违规行为235艘次，下达各类违规行为通知书45份，整改各类安全隐患112处，强制10艘不适航客渡船及时进行维修。汛期安全监管。发布水情及洪水预警信息20次2000条，及时整改安全隐患10处，妥善处置2次走锚和1次搁浅突发事件，确保全市11座在建施工桥梁顺利施工，避免人员伤亡和财产损失。实现第九个平安春运，连续九年被评为衡阳市春运工作先进单位。专项整治。开展安全隐患大排查大管控大整治活动。成立9个督查组，抽查渡口90个，水库8个，重点施工水域6处，企业22家，查取安全隐患32处，要求立即整改的29处，限期整改的3处。（阳　方）

【船舶管理】　船舶检验。执行船检规范，有效规范行业管理，完成船舶检验1255艘次，43万总吨，审查船舶设计图纸4套。推进全市20米以上船舶吨位复核工作，复核船舶415艘，复核率达到82%。推进自卸砂船设置舱底水位监测报警装置，安装报警装置船舶达到86艘。规范船舶船员管理。适应海事监管模式改革新要求，启动运行新版船员管理系统，逐步推进内河船员基础信息采集和证书核对工作，进一步规范船员管理，截至2016年底，采集船员信息240条。加强船舶动态2.0系统船舶安检信息录入，录入率达到98%。开展“平安船舶”创建工作。加强船舶最低安全配员专项检查，现场监督检查内河船舶2100艘次，内河船员2228人，完成1720艘未持有有效国籍证书船舶清理，严厉惩治船舶配员不足、人证不符、假证套证等违法行为。（阳　方）

【水运市场监管】　全市水运完成货运1261.8万吨、货运周转量312845.3万吨千米、港口货物吞吐2418.3万吨，较2015年同比增长11%、12%、10%。全市船舶总艘数达1700艘、总运力达33.9万载重吨，较 2015 年分别增长 -1.44%、18.5%。完成全市水路运输及其辅助业核查和营运船舶换证工作，审核运输企业 14 家，年审合格率 99%，换发货船营运证 520 艘、客船营运证 402 艘。完成客渡船燃油申报工作，全市纳入燃油补贴客渡船 642 艘、18228 客位。申报燃油消耗量 5361.1 吨，较 2015 年减少 47%。（阳　方）

【“三基三化”试点工作】　按照部海事局和省水运局关于认真开展“三基三化”建设要求，做好“三基三化”试点工作，2016 年度大源渡海事处被省交通运输厅评为全省交通系统基层执法站所“三基三化”建设优秀单位。衡阳市地方海事局城区直属海事航务处也被推荐为“2016—2018”年全省依法办事示范窗口单位。积极推动耒阳渡运公交化试点改革工作，渡运公交化改革试点实现重大突破。全省第一家渡运公交化公司耒阳市金惠民水上交通有限责任公司于 2016 年 5 月 18 日正式挂牌营运，运行良好，实现渡运公交化、渡工职业化，得到部水运局调研组和省水运局的肯定，为全省乃至全国创新渡运安全管理积累经验。（阳　方）

【海事机构改革工作】　根据市委市政府关于“落实简放政权要求，将海事管理职责下放各县市政府”的要求，于 2016 年 10 月 28 日和耒阳、常宁、衡南、衡山、衡东、衡阳 6 县（市）交通运输主管部门签订人、财、物移交协议，明确将海事监管职能移交各县，实行属地管理。同时，妥善安置分流涉改干部职工，健全市局内设机构，确保全市海事系统和谐稳定。（阳　方）

民用航空

【衡阳南岳机场】　衡阳机场按照国务院、中央军委立项批复的标准新建，定位民用支线机场，场址位于衡阳市衡南县云集镇，机场规模按 4D 规划、4C 建成、4E 留足发展空间。当前，衡阳机场飞行区等级 4C，跑道长 2600 米，宽 45 米，候机楼 14300 平方米，停机位 5 个，可保障空客 320 及以下机型起降。开通至北京南苑机场、上海，昆明，张家界、西安、三亚、重庆、福州、海口、杭州航线 10 条。衡阳南岳机场有限责任公司采取委托管理经营模式，由集团委派 18 名管理人员进行经营管理，是中南地区第一家采取委托经营管理的机场。

一、运输生产情况。截至 2016 年 12 月 31 日，衡阳机场全年完成旅客吞吐量 311549 人次，货邮吞吐量 881.6 吨，运输起降 3644 架次，平均客座率达 62.36%。衡阳机场投产第二年，旅客吞吐量即突破 31 万人次，客座率 60% 以上，提前实现十三五规划，创写湖南支线机场托管模式最好业绩的记录。

二、安全管理。衡阳机场全面践行持续安全理念，按照最新的行业管理规则、建设标准，以强化安全主体责任为重点，夯实安全管理基础；以风险管理为手段，以增强机场运行安全裕度为目标，借鉴推进集团公司的 SMS 和 SeMS 两个体系建设，努力搭建安全体系管理平台，构建完整的安全管理体系，确保各体系要素在衡阳机场安全生产中“落地生根”。衡阳机场航空安保运行状况符合国家有关法律法规的要求，民航的相关法律法规和标准在衡阳机场得到有效执行，于 2016 年一次性顺利通过第一次航空安保审计。

三、完善服务质量。逐步完善旅客服务质量管理体系（CSMS），健全运输服务质量标准；向社会公布衡阳机场投诉电话，畅通投诉举报渠道，接受社会各界投诉举报，同时不定期开展服务质量走访调查和明察暗访，及时发现和解决服务中存在的问题，努力提升服务水平；针对冬季雨雪冰冻天气、流控等原因造成的航班延误，致使旅客长时间滞留机场不能按时出港的情况，衡阳机场启动《大面积航班延误处置预案》等预案，明确岗位职责，提高特殊情况下的处理能力，未发生旅客投诉、吵闹等不正常事件；认真开展“优质服务比赛”，围绕卫生保洁、贵宾室头等舱服务、旅客意见征集、旅客贴心服务四大内容开展工作，发放“乘机温馨提示”宣传单 3000 多张，收集旅客有效建议并解决 3 起，获得旅客表扬信 2 封。为畅通机场信息发布渠道，积极与衡阳交通广播电台建立每日航班信息播报连线合作，第一时间发布机场航班信息，推广乘机常识，得到社会各界一致好评。

（刘　全）

【南岳机场增加衡阳至上海、昆明航线】　2月21日起，衡阳至上海、昆明航线从每周4个班次增加到每周7个班次，即每日1班次。衡阳市民每天都可坐飞机前往上海、昆明。市委、市政府致力于将机场打造成湘中南地区枢纽航空港。随着衡阳市GDP水平的不断提高，市民消费能力在不断增长，通过航空出行旅游的人越来越多，同时，衡阳的区位优势以及旅游资源也吸引来自全国各地的旅客，此次航班的加密适应机场发展的需要。（郭绍林）

【南岳机场两项指标增幅位居全国第一】　3月31日，2015年全国机场生产统计公报发布，中国境内民用航空机场有210个，衡阳南岳机场以7222.2%的航班起降架次增幅和11729.6%的旅客吞吐量增幅，同时占据全国机场航班起降架次及旅客吞吐量增幅榜首。截至2016年3月31日，南岳机场完成航班起降861架次，同比2015年增长262%，旅客吞吐量6.56万人次，同比2015年增长175%。（郭绍林）

【南岳机场“重庆—衡阳—福州航线”首航】　10月31日，“重庆—衡阳—福州航线”正式通航。14：25，由南航重庆公司执飞的CZ8151次航班满载着143名乘客，经过一个小时的飞行，顺利抵达衡阳。“重庆—衡阳—福州航线”由南航重庆公司执飞，每周一、三、五各往返一趟。航线开通后，由南岳机场出发前往重庆和福州，将比从长沙黄花机场出发节省一半以上的时间，极大地方便衡阳及周边永州、邵阳、郴州等地旅客的出行。（郭绍林）

【大浦通用机场项目正式开工】　12月20日上午，湖南省首个通用航空项目——大浦通用机场项目正式开工建设。大浦通用机场建成后将成为湖南省通用航空发展示范基地、湖南省航空运动管理中心训练基地。按照远期规划，该项目将在满足航空体育运动专业训练的基础上，建立通用飞机展示中心，引进各式各样的私人飞机对外销售，形成观光旅游、飞行培训、农林洒喷、空中支援、航拍航测等空中作业的产业集群，开拓通用航空与农业、商业和旅游业相结合发展的新模式。随着未来的发展，大浦通用机场有望打造成湖南省乃至中南地区最大的飞机“4S”店。大浦通用机场建成后，不仅能够为衡东经济开发区建设一条更快速的物资运输通道，更将为衡东县经济腾飞插上翅膀。（郭绍林）

邮　政

【概况】　2016年，衡阳市邮政业全年累计完成业务量9.93亿元，同比增长41.45%，占全省邮政业务量总量的6.93%，居全省第3位；本年累计完成业务收入9.28亿元，同比增长38.08%，占全省邮政业务收入总量的8.47%，居全省第2位。（罗　玟）

【编制衡阳市邮政业发展“十三五”规划】　2016年，市邮政管理局研究编制《衡阳市邮政业发展“十三五”规划》。规划提出衡阳市邮政业“力争到2020年，行业整体发展规模、发展质量实现大幅提升，服务能力显著增强，市场环境优化，企业活力充分释放，行业监管更加有效，基本建成以创新协调、绿色安全为主要特征，普惠城乡、技术先进、服务优质、安全高效、绿色节能的的现代邮政体系”的总体发展目标。（罗　玟）

【落实三个“100%”】　2016年，衡阳市邮政管理局将100%落实收寄验视、实名寄递、过机安检三项安全制度作为市场监管的一项中心任务抓紧抓好。收寄验视。加大执法过程中对收寄验视检查的倾斜，通过暗测、调取监控等手段，重点整治企业不执行收寄验视的违法行为，形成“查企业必查验视，查验视必有暗测”的长效监管机制。实名收寄创新。市邮政管理局积极向企业宣贯《邮件、快件实名收寄实施办法》，为企业制作实名收寄、收寄验视等警示岗位牌、公告各300块（张），帮助企业统一印制实名收寄登记本300本，推动企业更好地落实实名寄递工作。安检机配置。市邮政管理局积极传达省局对于安检机配置的有关要求，鼓励企业先行先试，完善配套实施。2016年，衡阳市快递企业配有安检机18台，全市省际分拨中心、市级品牌企业处理中心安检机配置率100%，确保实现每一件从衡阳出港的快件都能过机安检。举办“实名验视寄递安检你我有责”主题活动。活动围绕快递行业“收寄验视、实名寄递、过机安检”三个百分之百制度和“双11”（11月11日淘宝天猫购物节）旺季服务保障工作展开，邀请省局市场监管处、市政府领导及市级主流媒体共同参与，通过宣誓、签名等形式表达维护寄递渠道安全畅通的决心和信心，扩大工作影响力，增强社会认同感。开展“培训下乡”活动。市邮政管理局重点面向县级一线快递业务员，紧紧围绕与其业务息息相关的收寄验视、实名收寄、安全生产操作规范等内容，利用晚间业务员休息时间，下到基层开展巡回培训。2016年，到常宁、耒阳等县开展培训活动，培训160余人次，收获企业员工良好反馈。（罗　玟）

【法律法规宣传贯彻】　2016年6月7日，为全面加强法治邮政建设，加大全市邮政普遍服务相关法律法规的宣传贯彻力度，提高邮政行业安全监管水平，市邮政管理局组织召开全市邮政普遍服务法律法规培训电视电话会。为增强培训效果，市邮政管理局印发《邮政普遍服务法规汇编》，其中收录与邮政普遍服务相关的9项法律法规，督促邮政企业切实提高学习的自觉性和主动性。市邮政管理局针对新修订的《邮政法》、《邮政普遍服务监督管理办法》等行业法律法规的重点难点，结合工作实际，对相关法条进行生动解读，并按照相关法律法规的要求，对近年来衡阳市普遍服务监管工作中发现的一些问题进行通报，提出整改要求。

（罗　玟）

【行政执法】　（1）严格准入门槛。通过精心组织，市邮政管理局于2016年4月30日前，顺利完成辖区内41家快递公司经营许可年度报告的审核工作，对6家未按期提交年度报告书的快递企业进行立案处罚。严格按照省局《关于加强快递业务经营许可审批工作的通知》要求，对申请许可、增设分支机构、换证、变更的企业资料和实地情况逐一审核，严格各项审核标准，按时真实反馈核查信息，确保行业规范运行。积极对接工商部门，讨论落实“一照多址”等与快递业务相关的商事制度改革问题，为企业办证减负。（2）开展执法检查。2016年开展市场执法检查170次，出检97天、398人次，检查单位115家；下达责令改正通知书8份，完成立案行政处罚19起，约谈企业负责人10人次。实现经营许可、安全生产、服务质量三大监管类型的全覆盖。通过执法行动，消除安全隐患，强化企业安全规范经营意识，提升行业抗风险能力。全年无重特大安全生产责任事故，无责任亡人事故。（3）妥善处理申诉。市邮政管理局2016全年处理申诉919件，申诉工作正确处理率99.13%，及时率100%，申诉处理工作综合考评排名全省第2位，消费者申诉处理满意率达到98%。开通“12345”政务服务平台，对接衡阳市投诉信访工作，拓宽本市邮政业服务用户咨询投诉渠道。

（罗　玟）

【强化部门合作】　市邮政管理局与综治委、公安局、国安局等部门在G20峰会、省党代会、双十一等重要活动和旺季服务期间联合开展邮政行业安全生产执法检查，并及时与市反恐办联系对接，每月定期参加反恐信息情报研判会。市邮政管理局配合公安局禁毒支队严厉打击寄递渠道毒品犯罪活动，2016年，该局再次被授予“全市禁毒工作先进单位”荣誉称号。市邮政管理局积极与市综治办寄递渠道领导小组成员单位保持经常性沟通、通报机制，2016年度荣获“全市社会治安综合治理工作先进单位”称号。

（罗　玟）

中国电信股份有限公司衡阳分公司

【概况】　2016年，中国电信衡阳分公司积极履行央企的政治责任、社会责任、经济责任，努力打造领先的综合智能信息服务运营商，全年上缴地方税收1621万元，快速响应各类通信应急保障，配合城市改造无偿投入管线下地费用4308万元，支持1800多名青年创业就业，资助200名寒门学子重返校园。在全省市州分公司业绩考核中排名第一，获湖南电信“业绩考核先进单位”称号、“市场份额提升贡献奖”“优质服

务工程先进单位”称号等荣誉，4G和宽带客户满意度排行业第一。（张艺于）

【乡村公共设施服务】 中国电信衡阳分公司独家承接3个县区1318个行政村的建设运营任务（2016年完成798个村），满足对中小学、村委会等农村公共服务机构以及居民的覆盖，有线宽带接入速率达到20Mbps以上，并提供不低于6年的运营维护服务。（张艺于）

【助推衡阳“互联网+”战略】 随着互联网与经济社会各领域的融合发展进一步深化，基于互联网的新业态成为新的经济增长动力。中国电信衡阳分公司聚焦政务云、医疗云、教育云、公有云等，参与衡阳教育信息化、政府信息化、警务信息化等项目的建设，并成功与妇幼保健院签约全省医疗影像云第一单。（张艺于）

【提速降费】 聚焦LTE800M、无线补盲建设，确保4G网继续领先。市、县城区4G网络覆盖率达99.6%，农村达99.36%，领先于友商4G网络。推进网络转型实现“光网衡阳”。新增FTTH端口数34.3万端口，光网端口完成率200%，全区FTTH端口总数达103.8万，在全省排名第二。城域网出、入方向分别达到340G、200G，与长沙同为省际出口，占湖南互联网出口总流量的35%。公司的有线宽带用户平均下载速率为16.4兆比特每秒，超过全国平均水平（11.9兆比特每秒），超过美国、法国等发达国家；4G用户下载速率44.3兆比特每秒，超过全国平均水平（11.9兆比特每秒），超过日韩等发达国家。有线宽带平均单价两年内下降81%，接入速率两年内提升3.65倍。移动上网平均单价两年内下降57.4%，用户下载速度两年内提升40倍。（张艺于）

【优质服务工程提升客户感知】 立足客户感知，全面推行“六项服务承诺”，实行当天修障、次日装机。推进服务互联网化新手段，公司的微信客服推广提升在全省排名第一，全年自助服务量高达386万次。（张艺于）

【防范通讯信息诈骗】 严格落实电话用户实名登记制度。强化网络信息安全防护力度，加强个人信息安全保护工作。全面清理规范语音专线、企业总机、呼叫中心等业务。（张艺于）

【安全生产综治维稳】 召开安全保卫暨安全生产工作会议，部署任务和目标，并与各单位签订《目标管理责任书》；定期对生产重要场所进行安全检查，安全隐患做到发现一处整改一处，不留死角；完善各项管理制度的落实，对消防代维人员明确工作计划。理顺机房的消防应急处理流程对市、县护线队伍明确工作职责和电缆被盗定损上报流程；强化管理和监督机制，把安全生产工作贯彻到整个企业生产和经营的全过程。成立综治维稳工作领导小组和综治维稳工作推进办公室，切实做好综治维稳工作；做好本单位的综治民调工作，及时调处化解矛盾，有效防范不稳定事件，遏制群体性事件发生；过细排查不稳定问题，严格落实稳控责任，做好预防处理。（张艺于）

中国移动通信集团湖南有限公司衡阳分公司

【网络建设】 4G网。持续锻造4G精品网络，全年累计新增4G基站1700余个，全市城区、乡镇驻地、行政村、3A以上景区、交通干线等区域的4G覆盖率基本达2G覆盖水平，4G平均下载速率达到42M。宽带网。以市场为导向，加大宽带建设投入，全年新增宽带覆盖小区700余个，覆盖用户55万户，覆盖行政村690个，城区住户覆盖率超90%，所有乡镇驻地实现宽带资源全覆盖。深化宽带网络质量提升，公司在全省有线宽带超越大会战中荣获省公司二等奖，公司关于宽带维护支撑的经验材料被集团公司收录。传送网。加强传输建设，坚持推进基础网络资源储备工作，全年新增汇聚机房10个，新建光缆近800皮长千米，新增OLT设备80套，网络接入能力进一步增强。（文杨晓）

【业务发展】 实现4G运营突破。坚持终端牵引，聚焦农村市场和低端市场拓展，全年累计净增4G客户数80万户，以4G拉动流量增长，实现无线上网收入对传统业务收入的超越，成为拉动收入增长的主要驱动力。实现宽带发展突破。把宽带发展作为“一把手”工程，通过小区包保、渠道发展、精准营销、组队直销、全员营销等多种方式发展宽带业务，全年累计净增宽带客户9万户，同比增长近4倍。实现信息化拓展突破。开展“凝心聚力拿大单”活动，全年拓展行业信息化大单近20个，衡阳市农商银行、衡阳烟草公司、祁东县电子政务、耒阳煤炭局等项目合作取得明显成就和进展。深入推进物联网业务发展，通过车联网视频监控等项目实现车与人、车与路、车与车之间的互联互通服务。

（文杨晓）

【客户服务】 强化服务质量管理，聚焦服务短板改善，全年以“心服务，新体验”为主线开展各类主题服务活动，客户满意度、客户净推荐值均排名全省前列。狠抓不知情定制专项治理，万位客户投诉率全省最低，全年未发生重大投诉和升级投诉判责。打造精准服务平台，针对性指导前台提升服务效率。打造星级服务模式，与全市多家影院、车行合作，为星级客户提供优质服务，拓展精品服务项目，全年组织多场全球通大讲堂活动，不断提升客户感知。（文杨晓）

【内部管理】 组织队伍管理。持续优化组织机构。面向移动互联网、大数据和全业务发展需要，重新梳理、调整公司各部门的人员编制数及岗位，优化部门职责和运转流程，有力支撑企业转型发展。持续优化激励机制。进一步树立多劳多得、奖优罚劣的分配导向。调整薪酬结构与发放方式，将薪酬资源向核心岗位及一线员工倾斜。优化绩效考核等级评定，年度绩效等级D+E比例由10%降为5%，规定生育期间的女职工不参与年度绩效评定，直接认定为平均绩效，体现人文关怀。运营基础管理。深化业财融合，推动渠道营收资金向低成本渠道归集。持续加强风险防控力度，落实审计整改和问责闭环管理机制，优化“三重一大”决策目录，进一步规范“三重一大”决策行为，防范决策风险；稳步推进“法治移动建设”，法律风险防范能力进一步增强；加快安全检查和隐患整治，杜绝重大责任事故发生。构建和谐企业。关心关爱员工，“暖心工程”“幸福1+1”活动、H-EAP员工幸福成长计划等有序推进。全年以“凝聚正能量激发新活力”为主题，组织开展主题演讲比赛、主题宣讲会、“互联网+正能量圈”评选等活动，营造“正能量”的企业文化氛围。公司先后获得市级文明单位、市级团青工作先进单位等荣誉，网络优化中心荣获“省级青年文明号”称号。（文杨晓）

【服务社会】 落实网络信息安全维护管理，深入开展防范打击通讯信息诈骗专项和不良信息治理，垃圾短彩信投诉量同比下降25%。落实手机实名制工作，实现全市新增移动用户100%实名登记，全年累计完成存量非实名客户补登21.2万户。融入地方经济社会发展，完善应急通信工作制度、流程，加强专业化应急保障队伍的建设，完成丹心向阳红歌会、常宁印山旅游文化节、四国篮球赛等23个通信保障工作。（文杨晓）

中国联合网络通信集团有限公司衡阳市分公司

【概况】 2016年，衡阳联通业务收入同比2015年增长6.1%，净利润同比2015年增长10%；新建各类渠道两百多家，有效渠道总数达到一千多家，在网用户规模超过130万户；聚焦4G和宽带建设，新建4G站点近千个，新增公众宽带端口10万多个，新增行政村宽带覆盖300多个；全年累计缴纳税费2000多万元，累计提供就业岗位1000多个。（刘 蓓）

【网络建设】 聚焦4G建设，深入推进网络提速降费。聚焦用户集中使用的重点场景、道路沿线、重点区域等，持续加大4G网络建设，确保用户网络使用感知；进一步强化深度覆盖，开通人流密集区域120个站点，完成南岳景区、武广高铁、湘桂线及高速公路等的4G覆盖，实现景区主要道路和主要景点的4G信号覆盖；全年完成投资3000万元，大力推动光纤到户宽带网络建设，加大乡镇和村组宽带建设投入力度，进一步扩大农村宽带覆盖范围，持续推动现网宽带用户免费提速工作，完善项目建设质量评价体系，降低网络故障率，不断提升用户感知。（刘 蓓）

【业务发展】 4G、3G业务发展。

新增各类自由组合及适应大众市场的4G新套餐，整合终端厂商资源打造完善的终端销售服务一体化体系，全年新增4G、3G用户50万户，移动用户总量超过100万户；固网业务发展。加大乡镇和村组宽带建设投入力度，聚焦明星战略产品，坚持高带宽引领，全面实施装维一体化，构建线上线下联动的立体化营销装维服务体系，不断降低网络故障率，缩短故障历时，打造宽带产品核心竞争力，宽带在网用户数环比提升30%，宽带用户市场份额环比提升3%；行业应用拓展。致力于打造以信息产业、“互联网+”为代表的智慧经济，先后拓展绿色军营、顺丰速递、金税通、司法矫正和警务通等项目。在教育信息化领域，衡阳联通开发的平安校园、校车监控等业务为全市中小学生的安全保驾护航，赢得广大师生和学生家长的好评。

（刘　蓓）

【客户服务】 始终坚持“以客户为中心，用服务促发展”的服务理念，不断提高通信网络质量和客户服务水平。加强用户投诉闭环管理，主动维护客户权益，建立投诉快响机制，确保用户投诉解决率达到100%；强化实名管控，确保新入网用户实名率100%；开展系统服务升级活动，通过“精彩为您10分满意”、渠道及员工“找茬”、“我为客户代言”、“综合服务竞赛”等活动，不断提升联通服务能力；全力打造“以客户为先”的自营连锁品牌，实行“一户一策”个性化精准营销与服务，对用户实行全生命周期关怀服务；持续深化渠道“1233”分层分级存量经营体系，引导渠道执行标准化服务营销动作，打造存量经营标杆渠道，带动全市社会渠道存量经营氛围。到2016年底，基本实现每个乡镇拥有1家社会渠道作为示范性服务网点，确保每个示范性服务网点都能针对不同用户提供一对一个性化服务。2016年，公司被湖南省消费者协会评为“消费者信得过单位”。

（刘　蓓）

商贸服务业

责任编辑：熊　雯

概　述

【概况】 2016年，衡阳市商务经济主要指标稳居湖南省第一方阵，实现“十三五”开门红，为衡阳经济平稳健康发展做出贡献。一是消费稳增长作用增强。全年完成社零总额1127.98亿元，排全省第三；同比增长11.8%，超额完成考核目标。衡南县商务和粮食局获省内贸工作先进单位。二是招商引资量质齐升。全年实际使用外资11.456亿美元，总量居全省第三，增长11.22%；使用内资336.25亿元，总量居全省第六，增长14.61%，内外资均超额完成考核目标。耒阳市商务和粮食局获省招商引资工作先进单位。三是外贸居全省前三。完成进出口总额177亿元（26.73亿美元）。常宁市商务和粮食局获省外贸工作先进单位称号。四是外经合作增长较快。对外投资中方合同投资额10458万美元，增长28.67%；对外承包工程和劳务合作营业额26038.76万美元，增长44%，均超额完成考核目标。衡东县商务和粮食局获省外经工作先进单位称号。（曾德伟）

【“开放强市”战略】 2016年，衡阳市商务和粮食局推进“开放强市”战略。精准招商。引进中冶天工集团、大连万达、深圳华为、阿里巴巴、天洋控股、唯品会等战略投资者。全年签约项目97个，总引资613.4亿元，其中衡州经济论坛签约项目65个，总引资422.9亿元。全年新开工2000万元以上的大项目105个，总投资118.9亿元，到位资金18.18亿元；新竣工大项目94个，总投资82.3亿元，到位资金41.74亿元。召开异地衡阳商会会长恳谈会，与五大异地衡阳商会搭建招商联络平台和物流战略合作协议。一是拓口兴岸。推进铁路口岸建设，新增衡阳至上海水运集装箱班轮和衡阳至珠海高栏港铁海联运。二是衡品出境。衡阳市与146个国家和地区成为贸易伙伴，对47个陆上丝绸之路经济带国家贸易额同比增长15.5%；对伊朗、智利、毛里塔尼亚、秘鲁等49个国家贸易额实现“破零倍增”。电子产品、文化产品成为衡阳市外贸出口新亮点。衡阳市2016年实现外贸“破零”企业48家，“倍增”企业17家，均超额完成省计划。衡阳市商务和粮食局联合相关部门指导祁东县成功创建省级“出口食品农产品质量安全示范区”。2016年为企业争取外经贸发展专项资金1753.31万元。三是衡企出海。全年新批对外投资企业17家，特变电工在老挝承揽的输变电工程项目，以服务贸易带动硬件装备出口；中铁五局二公司获得对外承包工程和劳务合作资质。服务外包方面，为高新区成功争取省服务外包示范园区资金50万元，为特变电工争取省服务外包发展资金22万元。（曾德伟）

【“流通旺市”战略】 2016年，衡阳市商务和粮食局推进“流通旺市”战略。一是物流发展。云集空港物流市场初步选址，与特变电工达成合作意向；白沙洲物流园、雁城物流园、红光物流园开展第三方物流；“仁通智能物流”和“福思柏信息科技”合作推进互联网+智能物流项目。会展促销方面，举办或参与阿里村淘招商会、汽车博览会、农博会、农餐对接等促消费活动；组团参加食餐会、沪洽周“湘品入沪”、湘南“投洽会”暨湖南省名优商品展等。其中食餐会，衡阳市商务和粮食局被省组委会评为优秀组织奖。二是品牌培育。瞄准三大衡阳湘菜（衡东土菜、南岳素菜、祁东黄花菜）开展创品牌行动。祁东县举办黄花菜节。湖南日报以《为了“舌尖”上的幸福——衡阳以“三品”战略推进食品餐饮行业转型升级》推介衡阳市商务和粮食局的经验做法。评选雁城餐饮名店39家、酒类行业诚信经营示范店40家。新增“湖南老字号”企业4家（石鼓牌酥薄月、谋彩牌湖之酒、湖芝牌湖之酒、恒飞电缆）。全年新培育限上企业146家。三是市场建设。推进流通体系再造工程，打造电子商务进县市、乡村的大流通网络格局；出台城区农贸市场标准化改造实施方案等系列文件，完成城区3家样板市场改造，指导并引进大型企业参与衡阳市城区及县乡市场建设；整治规范衡阳市商品现货交易市场；取消二手车限迁政策，开展汽贸行业专项集中整治规范大行动，引导推进4家报废汽车回收拆解企业达标升级改造，促进汽车行业健康有序发展；推进52个商贸服务业项目建设，完成投资 118.46 亿元。四是电商发展。出台《衡阳市关于加快农村电子商务发展工作的实施方案》；引进阿里巴巴村淘项目；电商村级服务站点达 3718 个（阿里村淘、邮乐购、农民伯伯）；建设并运营五大电商产业园（湘梦电商产业园、祁东合丰电商产业园、耒阳市大湘南电商孵化园、雁峰区创新创业孵化基地、衡阳县电商产业园）。五是规范市场秩序。落实环保工作责任，坚持招引绿色低碳项目，严禁引进“高耗能、高污染、高排放”项目；落实市委、市政府关于中亿汽贸城划行划市管理的决策部署；全市在营的 239 个加油站油气回收装置改造完毕，全市加油站全面供应“国Ⅴ”（国五）车用汽、柴油。组织开展成品油、二手车、单用途商业预付卡等专项整治行动；加强药品流通、生活必需品供需的监测监管；打造诚信经营示范街 4 条。全面落实安全生产和食品安全责任制，商务领域未发生重大安全生产和食品安全责任事故，衡阳市商务和粮食局被评为全市安全生产先进单位和全市食品安全工作先进单位。

（曾德伟）

【衡阳市中小企业公共服务平台建成运营】　市中小企业公共服务平台于 2016 年 3 月 1 日正式建成营运。市委副书记邓群策出席启动仪式并讲话。省经信委副主任黄东红，副市长刘正兴出席活动。该平台是市经信委按照工信部、省经信委要求建立的直接面向全市中小企业的公共服务平台，位于市政务服务中心四楼，拥有 2000 多平方米的服务场地，涵盖“96871”语音服务、在线服务、实体服务、移动微窗口等多种服务形式，为中小企业提供电子商务、融资担保、法律、财务、知识产权、项目咨询、管理咨询、人才培训八大专业服务。两年来，已完成与全省中小企业公共服务网络平台、各县（市）区窗口服务平台、盐卤化工及输变电两个产业窗口服务平台的互联互通；征集 150 余名中小企业服务专家，组建“衡阳市中小企业公共服务平台专家库”；甄选 10 余家市中小企业公共服务平台网络战略合作机构，成立市中小企业服务联盟。截至年底，该平台网络注册企业 2245 家、注册服务机构 261 家、服务项目发布 1075 条、组织活动 177 次。（何　琴）

【万达商业广场项目开工】　万达商业广场项目于 2016 年 2 月 29 日成功摘牌，正式落户蒸湘区。该项目总投资 20 亿元，占地 5.59 公顷，总建筑面积达 10 万余平方米。计划于 2017 年 9 月 1 日正式开业。项目建成后，可吸纳就业 6000 人，年纳税 8000 万元以上，向市民呈现一个集购物、餐饮、文化、娱乐等多种功能于一体，国际化、现代化的“一站式城市生活圈”。（何　琴）

【“衡阳综保购”网上商城正式运行】　2016 年“双十一”期间，“衡阳综保购”网上商城正式运行。衡阳综保购于 2015 年 9 月在衡阳综保区内正式运营，随后该企业呈现出迅猛的发展势头，相继开设祁东店、芷江店、浏阳店，经营规模不断壮大。在“双十一”期间，综保购网上商城 PC 端、微信端、WAP 端、安卓 APP 全面上线，苹果 APP 版本已在审核中。截至年底，上线孕婴童用品、化妆品保健品、食品、箱包个护、红酒等 5 大类、近 50 个国家 4500 多种商品（含跨境电商）。

（何　琴）

贸易促进

【招商引资】　2016 年，市贸促会共引进和接待 10 起近 40 位中外客商到衡阳考察，截至 2016 年年底，在谈项目 8 个，已落地项目 1 个，即异地衡阳籍企业家回乡创办服装加工出口贸易厂项目，项目总投资 1000 万元，已接外贸订单 7 万件；中铁工程设计咨询集团有限公司投资建设衡阳城市轨道交通项目取得重大突破。

（谭美纯）

【国际展会】　组织企业参加国际展会 4 个，分别是华胜精密模具有限公司参加的德国汉诺威工业展、华菱衡钢参加的德国杜塞尔多夫国际管材线材展览会、连续运输机械参加的在伊朗举办的中国商品展览会、湖南新食康农业、湖南神龙油茶、蔡伦竹海旅游发展有限公司等 9 家企业参加的“走进欧洲——湘欧城市交流暨企业对接会”。（谭美纯）

【国内展会】　组织企业参加国内

展会6个，分别为5月在北京举办的第十届北京科技博览会、6月在广州举办的第五届中国（广州）国际食品食材展览会、9月在长沙举办的中国国际农产品供应链交易洽谈会、10月在云南河口举办的中越边境经济贸易交易会、11月在长沙举办的2016中国国际轨道交通博览会、12月在香港举办的亚洲农产品展。其中，北京科博会重点衔接城市轨道交通相关事项，市贸促会、财政局、国资委、衡南县、耒阳县共同参会，就衡南县一供一治项目、耒阳市哲桥工业新城核心区域开发建设项目、耒阳市第二自来水厂综合提质改造等有关市、县PPP推介项目与参会企业代表进行详细沟通洽谈；广州国际食品食材展览会共对接客商数百人，达成合作意向30余项，签约金额2300余万元；中国国际轨道交通博览会期间，格利数控有限公司与株洲中铁轨道公司签订价值几十万元道叉加工刀具合同，并与中南大学粉末冶金研究院达成合作研发高铁刹车片的合作意向。

（谭美纯）

【服务商会会员】 2016年，市贸促会领导先后带队走访湖南天雁机械有限责任公司、衡阳华菱钢管有限公司、农民伯伯电子商务有限公司等30余家企业，与企业负责人进行座谈，了解企业生产经营状况、面临的困难以及亟需解决的问题，搜集企业在经营管理方面的难题和困难近20个，帮助企业解决相关难题近10个。2016年，市贸促会共通过会网站发布政策信息、贸易信息及外贸知识等信息110余条，通过微信发布信息108条，帮助企业及时了解国内外经济发展动向，促进企业国际化经营的发展。2016年，市贸促申请开通会微信公众号，增强移动终端的信息服务效果。2016年3月，市贸促会组织召开签证员座谈培训会，邀请衡钢、特变电工、富士康等17家重点签证企业代表座谈，与签证员“面对面”沟通交流，并对2015年度工作成绩突出的5家企业签证员给予表彰。市贸促会加强与湖南省贸促会的联系，跟踪省贸促会、省财政厅下发的国际展览促进资金及时发放给参展企业，增强企业的参展意愿，2016年为华胜精密模具有限公司落实2015年度参展补贴3万元。

（谭美纯）

【业务管理】 出证认证方面。2016年1—12月，市贸促会共办理一般原产地证1057份，出口55个国家和地区，签证数同比2015年增长8.3%，出口合同金额3.04亿美元，较2015年同期减少47.7%，办理优惠原产地证51份，出口合同金额354万美元，外贸单据认证207份，同比增长8.9%。为企业提供代办领事认证业务78份，同比下降55.1%，新增注册办证企业7家。商事法律服务方面，发布相关国际经贸风险信息31条，发放国际法律服务宣传资料130余份，接待进出口企业法律咨询22人次，为衡钢国贸、得阳鞋业、中地探矿等3家企业协调进出口业务法律咨询服务。国际联络方面。利用各种渠道建立友好联系，加强沟通合作，2016年与美国皇桥国际教育集团美国皇桥咨询公司签订友好合作协议。与国内异地衡阳商会、兄弟贸促会（如广州、郴州、永州、邵阳等地）通过省贸促会、政协、政府驻外办事机构等关系进行深度交流沟通，为开展经贸联系、招商引资铺路搭桥。

（谭美纯）

商企改制

【概况】 2015年，全市商改办系统内最后一批企业改制工作启动，共有市商业大厦等11家企业，企业员工达2200余人。2016年，市商业大厦等11家企业的职工安置（含离退休人员）、资产移交、人员（含党员）移交、档案移交、离任审计、专项资金审计、验收公示等各项工作已全部完成，并已逐一经市改制办验收完毕。这标志着商改办系统所辖45家国有（集体）企业的改制工作已经全面完成，22500余名职工（除个别人员无法取得联系外）已全部按政策妥善安排到位，全系统企业改制工作全部结束。

（赵利民）

【信息公开服务群众】 为方便群众，特地制作《市商改办领导分工、科室设置方案》宣传栏，连同电话号码等在大厅一并公示，方便基层领导、来访群众、办事人员来机关办事。对市委、市政府的决策、工作安排及临时指派任务，及时召开党委会、行政办公会及专题会议予以部署、落实，

及时办理上级交办事项。无推诿、拖沓、打折扣或拒不办理情况，未造成负面影响。（赵利民）

【信访工作】 2016年，信访工作按照《衡阳市2016年信访工作要点》和商改办2016年工作要点的要求，全年共接待上访人员156人次，到市劝访32人次；在市信访联席办统一安排下，到北京、长沙信访值班5人次；班子全体成员轮流在市信访局值班接访，未有无故缺席现象。全年共办理信访案件8件，其中不再受理的4件，按《信访条例》规定程序，向上访人王秀琴、蒋力斌、谭家良、刘勇出具不再受理告知书。上访老户的资料全部录入网上信访信息系统，建立台账及电子文档。受理的四件信访案办理情况：1. 原有色金属材料总公司周长云反映的拖欠养老金问题，已通过特困金形式进行帮扶解决。2. 原纺织品公司21户房产证问题，已办理总证，正在市房改办办理房改审批手续。3. 原食品总公司王钢铁反映拆迁补偿问题，市信访复查复核委员会下发："市商改办答复意见书事实清楚，适用政策正确，予以维持"的复查意见书。4. 原劳保公司成建亮要求补发拖欠工资问题，已出具书面答复意见书，上访人在规定时间内未再提出复查复核要求，故此案已程序性办结。此外，共办理网上来信来访案件10件，办结"12345"热线信访件2件。（赵利民）

【综治维稳】 设立市商改办综治、维稳工作领导小组，制订《综合治理工作方案》和《信访维稳工作应急预案》，设立专门维稳机构，配备专职干部；按照市委、市政府的要求，节假日、"特护期"执行值班制度；配合石鼓区区委、区政府、街道、社区开展日常维稳工作。（赵利民）

【安全生产工作】 坚持开展"消防安全及安全生产大检查"，全年4次定期检查，3次随机抽查，及时下达《整改通知书》。全年无安全事故。（赵利民）

粮油流通

【粮食收购】 2016年，收购粮食123.3万吨，其中"最低收购价"粮63万吨，居湖南省第一。粮食收购过程中，确保仓容、收购资金、最低收购价惠农政策"三个到位"，开展"人性化服务"和践行"五要五不准"主题实践活动，被戴道晋副省长赞誉为"为售粮农民提供有温度的服务"。（曾德伟）

【粮食储备】 落实新增省、市县地方储备粮计划，市县地方储备粮超额完成省计划，储备粮品种结构得到优化，储备体系得到完善，应急保障能力得到提升。2016年共争取中央预算内投资建仓和物流项目资金1585万元，居全省前列；新建粮仓24栋，新增仓容21.9万吨；维修改造军供站（点）的"危仓老库"5个。（曾德伟）

【粮食销售】 衡阳市粮食企业与广东省等主销区成功签订粮食购销和异地储备合同，签约数量居全省前列，实际外销粮食近30万吨。完成划转粮省内移库工作。（曾德伟）

【粮油产业】 衡阳市10个粮油加工企业共获得专项扶持资金667万元；市"百亿产业"（粮油深加工和物流业产值）实现157.2亿元，其中加工业产值96.83亿元。角山米业新建年处理30万吨稻谷加工生产线项目；汇升生物的稻米深加工提取海藻糖关键技术产业化项目，填补国内空白，打破日本在该项目上的全球垄断地位。（曾德伟）

【粮油质检】 衡阳市粮油产品质量检测中心获得新的国家级检验检测机构资质认定证书，全年抽检样品3165个，未发现不符合食品安全标准的粮食流入口粮市场。组织参加湖南省第三届粮食行业的仓库保管、粮食质检职业技能竞赛，夺得团体三等奖的成绩。（曾德伟）

【粮油流通市场执法】 调整11人充实到市商务和粮食综合执法支队。采取"双随机一公开"方式开展粮油监督检查60次，检查粮油214万吨，发现问题150起，提出整改意见26条，下达整改通知书20份，有效维护粮食流通秩序，净化粮油市场环境。（曾德伟）

供销合作

【概况】 2016年，衡阳市供销合作社系统共完成商品销售112.80亿元，实现利润11659.65万元，完成市委、市政府下达的绩效考核各项目标任务，被省社评为2016年度综合业绩考核一等奖，排名全省14个市州第一。 （王国朝）

【综合改革】 一是综合改革小组成立。2016年6月，市委、市政府成立深化供销合作社综合改革领导小组。市委周农书记、市政府周海兵市长、市委邓群策副书记、原副市长陈竞及现任副市长杨龙金等领导专门听取汇报或开展专门调研。12月，市委、市政府出台深化供销合作社综合改革的实施意见。各县市区党委政府也分别成立领导小组，酝酿出台文件，加强领导力量和政策支持。二是试点县取得成绩。衡阳县是全省深化供销社综合改革14个试点县之一。2016年，衡阳县社完成全县系统国土、房产“两证确权”，银行债务化解和职工养老金挂账工作，为企业改制打下基础，先后获得省财政专项资金共240万元。2016年9月，在省级验收评估中，得分排名全省14个试点县之首，跻身全省供销社综合改革4个重点县之列。三是发展电子商务。全市系统各单位主动适应互联网迅速发展的新形势，探索发展农村电子商务，年网上交易额突破4亿元。衡山县供销社参与全县农村综合服务平台建设试点工作，承担起全县9个村级综合服务平台“八务合一”中的电子商务和便利店建设工作，得到广大农民好评和党委政府肯定，省内许多市、县兄弟单位纷纷前来学习考察。祁东县社年内成立自身控股的祁东县惠农电子商务公司，投资325万元，建立县级运营中心1个、网点20个，实现网上销售6000万元，带动就业400人，电子商务迈出坚实步伐。常宁市社发展电子商务下乡、已装机布点20多处，解决大德专业合作社辣椒、湖广熟专业合作社生姜的网上销售。 （王国朝）

【为农服务】 一是农资供应有保障。全市系统大力构建现代农资经营服务体系，已打造湖南安邦农资、祁东新三湘农资、衡南创新供销、衡山兴农农资、常宁华湘农资等农资经营龙头企业，建立县级农资配送中心10个，配送分部200多个，农资经营服务常设网点2948个，覆盖全部乡镇和70%的行政村，建立库容4万吨以上的储备仓库9个，通过开展“农资经营诚信店”、组织万人送货进村入户、加强农业科技服务等多种措施，每年冬储化肥超过20万吨，年均销售化肥近60万吨，约占全市市场总额的70%，并始终做到“四保”，即保量、保质、保价、保服务，持续发挥农资供应主渠道作用。湖南安邦农资公司不仅占据全市较大市场份额，还在省内其他市州以及两广、河北等地建立销售网络。二是开展农业社会化服务。全市系统通过专业合作社和龙头企业带动，为农户提供产前、产中、产后全程服务，推动社会化服务的开展。全市系统共巩固、培育、发展专业合作社269家，入社社员28万户，种植基地面积3333.33余公顷，带动农户59万户，专业合作社农产品年销售过5亿元，其中4家专业合作社被确定为2015年度全国系统农民专业合作社示范社，30%农产品专业合作社实现“农超对接”。耒阳市小岸生态种养殖专业合作社，带动周边400余户农民共同致富，帮助当地农民年增收达200余万元，与超市对接年销售额达120万元；衡东县兴益达专业合作社和黄贡椒种植专业合作社每天为县内4个超市、6个宾馆直接配送蔬菜，并带动周边60多户群众发展黄贡椒和蔬菜种植。与此同时，全市系统龙头企业社会化服务功能增强。湖南安邦新农业科技股份有限公司推行“公司+大耕作户+农户”的经营模式，创建4个育秧工厂，全年早中晚三季供秧能力可达800公顷，推行机械化育秧、机械化插秧，从产前、产中、产后全过程为农户提供全方位服务，流转土地3346.67公顷，土地托管5666.67公顷，服务面积10余万公顷；衡南县宝盖有机茶业专业合作社为茶农统一提供种苗、统一技术服务、统一收购价格，年产中高档有机茶35吨，产品得到欧盟认证，销往德国、日本和中国台湾、香港地区，成为当地带动茶农增收致富的龙头。

（王国朝）

【基层建设】 全市系统恢复重建经营网点，用现代流通方式改造提升经营网络。全市系统年内新增基层社8个、新增专业合作社54个、新增综合服务社200个，已累计建立基层供销社151家（其中省级以上基层标杆社4家）、专业合作社269家（其中省级以上农民专业合作社示范社6个）、发展连锁企业138个、各类经营网点8000多个，遍布全市所有乡镇和70%的行政村，连锁配送得到推广，日用消费品、农资、农副产品、再生资源、烟花爆竹五大经营网络初具规模，流通网络不断完善。南岳区供销社年内巩固完善烟花爆竹配送中心1个、连锁网点500余个，开放办社吸纳基层社4个、专业合作社5个、综合服务社52个。（王国朝）

【项目建设】 年内共获批项目10个，可争取项目资金约2000万元，增强为农服务实力。其中6个项目为全国总社企业在衡阳的股权投资。耒阳市社通过沟通协调，促成全国总社旗下的中农联控股有限公司在该市兴建全国性大型农副产品批发市场，项目总投资16亿元，占地33.33公顷，中农联控股公司与耒阳市正式签约，项目协调指挥部已成立，各项工作进入实施阶段。该大型市场的建设将有效疏通耒阳及周边地区农副产品“走出去”和优质实惠农产品“流进来”的双向流通渠道，充分发挥区域辐射作用。

（王国朝）

石油销售

【资源供应】 以“服务经营，精细调度”为工作目标，从优化运力结构、节前提高油站库存、成立公司应急指挥领导小组、建立应急保供预案等方面，抓住配送运行的准心、重点，推行精准配送，强化车辆调度，杜绝配送不力造成加油站断档脱销；开展核查站点运距，推进“物流优化创效”，降低二次物流运费，实现从保障型向经营型物流转变，累计配送量49.99万吨。科学调整统筹，按照“先油库、后加油站”“先小站、后大站”的原则，从加油站库存、油库库容和配送计划上做文章开展置换工作，完成167座加油站、569个油品油罐的国V油品升级置换。（雷欣雨）

【经营服务】 强化“市场就是战场”的竞争意识，推行优化平衡资源、优化物流运行、优化库存运作、扩大销售规模的“三优一扩”经营策略，资源统筹和低库存运作水平提高。零售持续优化激励约束机制，用活优价政策，推行“一站一策、一户一策”精准营销，开展“多卖一吨油”、油非互动等营销活动，推广加油卡、开展网厅营销。直分销紧盯油价和市场变化，抓准时间波段操作、造势推价，大力开展“扩销新常态”“油非双增长”等促销活动，全力抢客户、拼市场、增效益，实现油品和非油品销售双增长。非油业务打破固定“守站待客”模式，紧密结合油非互动、名品进万家等营销活动，加大重点商品销售力度；实施专业化运营、标准化管理，门店基础类营业额同比增幅37%。探索新业务的合作，结合门店的地理位置与客户类型，全力推进汽服业务的合作经营，深耕新业务的增长点。11月，东风路加油站携手“和记”开展全省第一家站内茶餐厅业务后，其营业额增长8%。

（雷欣雨）

【网络建设】 2016年公司秉承“网络固企、网络强企”的发展理念，优化网络布局，全年共新增加油站3座；完成土地储备3宗；歇业恢复站1座；深入开展实地调研，制定公司“十三五”网络发展规划，为衡阳石油未来五年的发展描绘蓝图、奠定基础。网络内涵和形象提升，综合考虑地理位置、基础设施条件、增量潜力、与竞争对手“面对面”竞争以及开发非油品业务等因素，对改造站点现场调研，逐站论证。2016年完成加油站安全隐患改造27座；加油站提量改造5座；加油站油气回收专项改造11座；视频监控改造及加油站监控安装130余座。耒阳油库项目工程试生产方案具体细致，投营工作进展顺利。（雷欣雨）

【规范管理】 公司以管理创新为保障，持续强化基础管理工作。以“安全生产月”活动为抓手，牢固树立安全发展观念和红线意识，开展各项应急预案的演练工作，2016年6月，公司承办衡阳市危险化学品输油管线泄漏爆炸事故应急演练，提升库站对火灾爆炸事故的应急处置能力；推进加油站油罐清罐工作，新建大浦油库隔油池和事故池，不断强化库站环保工作。优化用工，激活队伍，加强人力资源基础管理，公司初步建立专业分布优化、梯次结构合理、业务技能突出的技能人才队伍，具有职称和中高级技能等级的员工占员工总数的58.74%。依法依规，强化内控管理，配合商务局、工商局开展成品油专项整治活动，共清理自建罐9个，清理非法流动加油站4座，配合缉私部门查获涉嫌成品油案共3宗，有效净化成品油市场环境。效益优先，围绕利润完成率、吨油利润等效益指标，开展专项经济活动分析，降本增效，持续增强创收增收能力。以“盘活闲置资产”为抓手，探索创新盘活处理方式，规范资产处置流程，稳妥有序推进各项处置实施工作，以多种方式实现资产盘活效益最大化。（雷欣雨）

烟草专卖

【概况】 2016年，衡阳市烟草专卖局全年销售卷烟24.59万箱，收购烟叶27.8万担，实现税利20.16亿元，同比增长7.82%，实现税收14.22亿元（含所得税2.02亿元），同比增长12.31%。（陈铭浩　孙腾飞）

【卷烟营销工作】 全年销售卷烟24.59万箱，同比下降5.96%，单箱销售均价2.71万元（含税），同比增长1.99%。一是全面改革“促销售”。供给侧全面启用市场化改革软件系统，积极推进“六网合一”工程，最大限度提高市场响应速度；需求侧稳步扩面消费环境建设，改善吸烟体验，稳定和满足社会消费需求。二是全员营销“优服务”。借助“本是一线营销人员”主题活动，全员深入市场访需问策，一同深化“2+1”客户服务和“九式服务法”的运用。全年开展集中培训5009场，培训77502人次，深化客本关系。三是全力育牌“去库存”。坚持“商业搭台、工业唱戏”的品牌培育思路，通过体验营销、微信营销等新手段，促进重点品牌落地消费。全年举办各类品牌培育活动34场次，销售重点骨干品牌22.09万箱，占比89.84%。四是全程调控“稳价格”。做精做细“购进—投放—反馈—反制工业”的“1234”全程调控机制，按照“存销比”购进，确保所购货源适销对路，全年通过置换，增加羊城1310箱、芙蓉王（蓝）1800箱，调减玉溪（软）1250箱、云烟（软珍品）550箱。五是全线优化“精物流”。借助GIS/GPS公共服务平台，动态优化线路，减少配送车辆2台；配合完成访销周期“5改4”，缩短配送里程5%以上，减少物流从业人员49人，节约成本245万元；探索使用无笼车直装运输方式，年均降低运输费用约5万元，降低中转站运输费用59万元。（陈铭浩　孙腾飞）

【专卖管理工作】 推动市场监管向“深度型治理”转型，筑牢市场监管网，提升市场规范度。全年查处各类涉烟案件1189起，查获涉案卷烟2065.1万支，移送追刑案件44起，拘留42人、逮捕35人、判刑22人，破获网络案件11起，其中省标网络案5起，国标网络案6起（含部督网络案1起）。一是强化非法流通治理。全年查处真烟非法流通案件598起，查获卷烟1825.95万支，其中5万元以上非法流通案件49起。全市真烟非法流通排名退至全省第14位。二是严打“假私非”烟。全年查处假烟及走私烟案件591起，破获网络案件11起，案件全部立足本地市场，起到“打掉一个网络、净化一片市场”的效果。三是汇聚整治合力。联合公安、工商部门开展“雁城风暴”专项行动，借助相关部门执法力量，严厉惩治市场违法行为。开展清理取缔无证户专项行动4次，下发整改通知书1049份，取缔无证户43户，辖区卷烟市场净化率达到98.3%。四是提升监管效率。全市客户诚信经营体系建设项目正式运行，对接移动办公平台实现线索及时登记，全市22000余户零售户信息实时更新，可帮助稽查人员迅速找准重点、精准破获。（陈铭浩　孙腾飞）

【烟叶生产工作】 切实抓好“两稳、两控、两试点”工作。全市种植烟叶7260公顷，收购烟叶27.8万担，落实种烟农户3289户，户均种烟面积2.21公顷，烟叶生产总体水平持续提升。一是推进技术落实。围绕“两控”，全市亩均栽烟1143株，地膜覆盖比例96.1%，亩均施氮量同比减少0.2公斤以上，烤后烟青杂比例整体控制在5.5%以下，同比下降2.9%。二是推进减工降本。全市减少烟叶收购点1个，减少收购线3条，单线日均收购量达180.25担，同比增加36.75担，担均收购费用减少2.71元。三是推进烟农增收。全市淘汰不适宜种烟乡镇2个、不适宜种烟村76个，实施“采烤分一体化”作业266.67余公顷，专业化初分10.2万担，专业化烘烤覆盖率70%以上，帮助烟农节约亩均120元以上，实现烟农种烟亩均收入4680元，同比增加57元，烟农户均收入达到13.96万元，同比增加2.2万元。四是推进原收原调。探索建立基于“一打两扫”的烟包身份信息识别系统，实施好“原收原调”试点。在国家局组织的烟叶收购质量检查和工商交接质量检查中，全市烟叶等级合格率分别达到82.55%、63.3%。五是推进生产创新。全年开展科研项目16项，获省局科技进步奖二等奖1项，获市政府科技进步奖二等奖1项，获发明专利1项、实用新型专利6项。实施烟蚜茧蜂防治蚜虫面积8540公顷，防治蚜虫效果达到75%，减少农药用量71%。烟基建设方面，下达全市烟基补贴资金计划11009.66万元，建设项目2309个。（陈铭浩　孙腾飞）

【企业管理工作】　以精益管理为抓手，推动企业运行向“质量型增长”转变。一是精益管理。开展日常改善性项目46个、课题性改善项目30个，1个课题获全省系统QC课题发布一等奖，1个课题获省质协QC发布一等奖，QC小组获评“全国优秀质量管理小组”。二是理念立新。探索立起“八个更加懂得”的新理念的“四进八法”，相关做法和思想建设工作成果，在全省烟草系统思想政治工作会暨政研年会上进行交流，得到一致好评。三是基础保障。成功承办全国“云计算”标准编制研讨会，参与工信部《工业云服务能力总体要求》、《信息技术服务级别协议指南》2项标准研究和编制。全年全市系统无安全生产事故发生。利用“3·15”“6·29”等重要时间节点开展法律宣传活动，发放宣传资料45000余份，提供咨询1500余人次，营造良好的遵法守法环境。（陈铭浩　孙腾飞）

电子商务

【概况】　衡阳市电子商务发展迅速，从业人员已突破5万人。2016年，衡阳市出台《衡阳市关于加快农村电子商务发展工作的实施方案》；引进阿里巴巴村淘项目；电商村级服务站点达3718个（阿里村淘、邮乐购、农民伯伯）；建设并运营五大电商产业园（湘梦电商产业园、祁东合丰电商产业园、耒阳市大湘南电商孵化园、雁峰区创新创业孵化基地、衡阳县电商产业园）。（曾德伟）

【2016年全市电子商务工作座谈会召开】　2016年3月4日，衡阳市商务和粮食局召开2016年全市电子商务工作座谈会，就如何做好衡阳市电子商务工作和推进电商进农村等当前重点问题进行研讨。各县市区及园区商务局分管领导、部分电子商务企业代表参加会议。会上，各县市区、园区商务局分别就本区域内电子商务工作基本情况进行汇报并提出下一步工作思路。市商粮局向各县市区、园区商务局解读湖南省商务厅关于电子商务企业示范企业认定及2016年电子商务示范企业申报的相关文件。会上阐述衡阳市发展电子商务的优势和前景，论述发展电子商务对促进本市经济发展的现实意义，客观分析本市在发展电子商务中存在的问题并提出解决思路，分享其他市州电子商务的发展经验，并特别指出要把电商进农村做为当前工作的重中之重，要求大家提高认识、增强信心、务实工作、加快推进。（刘　均）

【衡阳市农村电商带头人赴浙江大学集中培训】　自2016年4月下旬开始，市委组织部等在县（市）区推荐的农村电子商务带头人中，挑选部分年轻、有一定电商基础、热爱农村电商、服务意识较强的推荐对象200人，分四批赴浙江大学开展农村电子商务带头人培训，到7月下旬结束。此次培训时间为5天/期，采取专题重点辅导、课堂讲授交流、实地参观考察、电子商务案例分析等方式进行。截至本月，已有来

自衡阳县、衡山县、祁东县、衡南县、衡东县、常宁市的100多名学员分别参加培训。（刘 均）

【肖彬一行到湘梦电商产业园调研】 2016年8月30日，省商务厅副厅长肖彬一行到湘梦电商产业园调研。肖彬一行调研湘梦集团产业园、湘梦学院、湘梦购、湘梦创新创业孵化基地、电商产品展示区，详细了解公司在农村电商O2O的开发运营情况。肖彬就下一步工作提出建议：在工业品下行的同时也要兼顾农产品上行，做电商先易后难，要充分利用市场来找到盈利点，注重产品的两品四化（品质、品牌，规模化、专业化、标准化、产业化），同时还要加强电子商务应用人才和运营人才的培育。（刘 均）

【阿里巴巴“村淘”项目落户衡南】 2016年11月23日，衡南县政府与阿里巴巴“农村淘宝”项目签订战略合作协议，标志着该县推进农业产业化，实施“互联网+”战略取得重大突破。截至2016年12月底，建成阿里巴巴农村淘宝县级服务中心1个、村级服务站50个。（刘 均）

【衡阳县电商产业园开园】 2016年12月21日，衡阳县电商产业园举行开园仪式，市委书记、市人大常委会主任周农，市委副书记、市长周海兵出席仪式。开园仪式后，周农详细视察衡阳县电商产业园，详细询问农产品的来源，电商的入驻情况以及各类电商设备的投入情况。周农指出，农村电子商务是通过网络平台来服务于农村的资源，拓展农村信息服务业等服务领域，从而解决一定的农产品销售问题。产业园一定要设立准入条件，筛选讲诚信的电商企业入驻园区，以合理的价格、优质的产品，对消费者负责，对企业自身负责。衡阳县电商产业园占地面积4公顷，总投资5000万元。项目分三期建设，目前项目一期电商产业园主楼已建设完成，使用面积5600平方米，共分三层，一层为阿里巴巴农村淘宝物流分拣中心；二层为电商公共服务平台；三层为电商孵化平台、电商实训等。产业园已有28家电商入驻，力争3年内入驻电商企业100家，电商配送企业30家，安排就业人员1000人，电商网上成交额达10亿元以上，实现税收2000万元以上。市委常委、市委秘书长张贺文出席，市领导廖健主持开园仪式。（刘 均）

【唯品会中南地区运营总部奠基】 2016年12月21日，唯品会中南地区运营总部在衡阳县举行奠基仪式。仪式上，市委书记、市人大常委会主任周农，市委副书记、市长周海兵一同为项目奠基培土。唯品会中南地区运营总部的奠基，对衡阳市乃至中南地区物流业发展具有重要意义，该项目是唯品会中南地区电子商务总部、结算中心、物流中心和快递分拨中心，计划用地66.67公顷，总投资15亿元，用工2000人以上，服务辐射湖南、广西、贵州、江西等地约3亿人口，5年内该项目年纳税将超过1亿元。市委常委、市委秘书长张贺文出席。市领导廖健主持奠基仪式。（刘 均）

【衡阳市电子商务协会年会召开】 2017年1月17日，衡阳市电子商务协会年会暨衡阳市电商十大风云评选活动座谈会在湘梦国家级创新创业基地举行。此次出席年会座谈会的领导嘉宾有衡阳市商务和粮食局副局长康新生、衡阳市电子商务协会会长胡瑜贞、衡阳各县区电商协会等相关领导，各个会员企业嘉宾共计70余人。会议总结该协会2016年取得的工作成绩和宣布2017年工作计划，评选出2016年年度优秀会员并举行颁奖典礼。（刘 均）

服务业

【概况】 2016年，衡阳市服务业继续保持高速发展，生产总值达到2853.02亿元，同比增长7.9%，第三产业增加值达1237.62亿元，同比增长11.1%，分别高出第一、第二产业7.6和4.7个百分点。三次产业占比为15.1∶41.5∶43.4，服务业占比提高3.2%，在规模上成为第一大产业。

一、投资规模扩大，项目带动作用显著。投资总量保持高位。2016年，全市固定资产投资规模达到2282.18亿元，增速为13.8%，其中服务业投资1272.92亿元，同比增长15.1%，增速高于平均值1.3%，服务业占总投资比为55.8%，高于工业投资16.8%。项目支撑作用明显。2016年全市服务业重点项目98个，实际完成投资192.36亿元，占全年计划数的101.5%。

二、重点行业得到较好发展。一是金融业保持平稳健康发展。2016年年末，全市金融机构本外币各项存贷款余额分别为3283.44亿元和1674.28亿元，同比分别增长17.8%和15.8%，存贷款余额总量均位居全省第二。金融机构盈利37.14亿元，同比增长24.4%，年末金融机构不良贷款余额为48.01亿元，同比下降10.5%，不良贷款比率为3.38%，下降1.1个百分点。2016年，全市保险业实现保费收入73.21亿元，同比增长26.1%，保费规模列全省第3位。按险种类别分：财产险保费收入19.06亿元，同比增长14.4%；寿险保费收入54.18亿元，同比增长17.7%。赔付支出28.38亿元，同比增长30.9%。其中，财产险赔款支出12.04亿元，同比增长14.6%；寿险赔付支出16.33亿元，同比增长43.3%。二是邮电通信业快速发展。2016年全市邮政业务总量完成9.93亿元，同比增长41.5%，增幅比2015年年末提升17.3%，业务量居全省第3位。其中快递业务量增长迅猛，全年累计完成2517.19万件，同比增幅196.60%；业务收入完成2.68亿元，同比增长157.86%。电信业业务总量实现高速增长，2016年完成业务总量95.62亿元，同比增长57.3%，增速比2015年同期提高38.9%。截至12月末，固定电话用户数75.75万户，同比增长2.9%；宽带接入用户92.65万户，同比增长23.8%；移动电话用户数为477.42万户，同比增长13.2%，其中4G用户发展迅速，用户数突破239.83万户，增加125.90万户，增长110.5%。三是消费和旅游持续繁荣。城乡居民消费对经济增长的拉动作用进一步巩固。2016年全市实现社会消费品零售总额1127.98亿元，同比增长11.8%，其中批发业完成销售额75.10亿元，增长10.5%；零售业完成930.87亿元，增长11.9%；住宿业完成21.78亿元，增长8.4%；餐饮业完成零售额100.22亿元，增长12.5%。2016年，衡阳实施旅游经济补强战略，旅游业实现快速健康发展，全年共接待国内外旅客5812.35万人次，同比增长15.2%，增速高于2015年1%。实现旅游收入388.66亿元，同比增长26.4%，高于2015年10.4%。四是房地产业产销两旺。2016年，全市商品房施工面积2501.15万平方米，增长10.5%；商品房竣工面积304.56万平方米，增长80%；商品房销售面积506.83万平方米，增长34.99%；销售额达到184.03亿元，增长37.9%。五是公水路运输保持稳定发展，民用汽车拥有量大幅增加。2016年，公水路运输保持低速增长，从周转量看：2016年衡阳市公、水路客货运换算周转量346.41亿吨千米，增长2.7%，其中公路换算周转量309.56亿吨千米，同比增长2.8%；水路换算周转量36.85亿吨千米，同比增长1.3%。2016年底全市民用汽车达到41.03万辆，同比增长20.2%，占民用车辆比重达74.3%，提高8.8%，摩托车占比则下降9%，营运车辆保持平稳，其中载客营运汽车1.26万辆，同比增长7.6%。

三、规上服务业实现较好发展。一是单位总数大幅提升。2016年规模以上服务业共新增单位125家，退出30家，净增95家，年报期间单位数已达到530家，在全省各市州中位居前列。二是营业收入保持高速增长。1—11月，全市规上服务业实现较好发展，规上服务业营业收入136.01亿元，同比增长28.4%，其中，其他营利性服务业营业收入60.27亿元，同比增长30.5%，增速分别高出全省平均数7.8%和3.1%，省内均位居第三。三是行业发展较好。1—11月，10个行业门类中，有9个营业收入增速达到两位数，其中文化、体育和娱乐业，居民服务、修理和其他服务业增速超过50%，整体实现盈利的有9个行业门类，仅有交通运输、仓储和邮政业亏损，亏损行业比2015年减少1个。四是职工薪酬和从业人员稳步增长。1—11月应付职工薪酬达到18.52亿元，同比增长11.0%，其中文化、体育和娱乐业同比增长30.7%，信息传输、软件和信息技术服务业同比增长26.4%。规上服务业从业人员46658人，同比增长9.7%。（易　念）

【消费品市场】 2016年全市消费品市场发展总体平稳，2016年全市消费品市场运行基本稳定，1—12月，衡阳实现社会消费品零售总额1127.98亿元，同比增长11.8%，比2015年回落0.4%，仍高于全省平均水平0.1%。城镇市场占主体，乡村增幅略高于城镇。1—12月，城镇实现社会消费零售总额1018.6亿元，同比增长11.8%；乡村实现社会消费零售总额109.38亿元，同比增长12%。批发零售业带动明显，餐饮业发展略占优势。1—12月份批发、零售、住宿、餐饮业分别实现社会消费品零售额75.1亿元、930.87亿元、21.78亿元、100.22亿元，较2015年分别增长10.5%、11.9%、8.4%、12.5%。

（易　念）

2016年衡阳市社会消费品零售总额

表9

项目		1—12月累计（亿元）	同比±%
社会消费品零售总额		1127.98	11.8
按销售单位所在地位分	城镇	1018.60	11.8
	其中：城区	921.78	11.6
	乡村	109.38	12.0
按消费形态分	餐饮业	122.00	11.7
	零售业	1005.98	11.8

【限额以上企业类值零售额】

1—12月份，限额以上批发零售、住宿餐饮业法人单位实现零售额354.72亿元。一是基本消费持续增长。1—12月，全市限上法人单位中，粮油、食品类实现零售额27.37亿元，同比增长15.2%，饮料类实现零售额6.91亿元，同比增长22%，烟酒类实现零售额12.06亿元，同比增长22.6%；服装、鞋帽、针纺织品类实现零售额共计25.08亿元，其中服装类、鞋帽类同比分别增长12.4%、14.6%。二是享受性消费增长较快。1—12月，全市限上法人单位中，化妆品类实现零售额3.17亿元，同比增长32.4%；日用品类实现零售额7.61亿元，同比增长27.5%；体育、娱乐类实现零售额0.8亿元，同比增长41.6%。三是房地产带动相关消费。房地产销售趋好和家居家装更新换代带动相关消费走旺。建材、家具、家电零售额分别增长21.1%、19.5%和18.6%。四是汽车类商品零售较好。1—12月份，全市限额以上批发和零售业法人单位中，汽车类商品实现零售额112.14亿元，同比增长18.1%。五是石油及制品类商品降幅收窄。1—12月，全市限上法人单位中，石油及制品类实现商品零售额48.66亿元，同比下降2.6%。

（易　念）

【民用车辆拥有量快速增长】

2016年，随着衡阳市城乡居民收入的不断提高，带动全市民用车辆拥有量的快速增长。一是民用汽车快速增长，摩托车保有量则持续下降，车辆结构比发生较大变化。2016年全市民用车辆拥有量74.67万辆，其中民用汽车41.03万辆、摩托车29.74万辆，同比分别增长20.2%和下降17.7%。民用汽车占比从46.1%提高到54.9%，摩托车占比从48.8%下降到39.8%。二是个人汽车增幅提高。2016年全市个人汽车37.23万辆，比2015年同期增加6.91万辆，增长22.8%，比2015年同期提升22.7%，其中个人轿车18.99万辆，比2015年同期增加3.87万辆，比2015年多增加8899辆，同比增长25.6%，比2015年提升1.1%。三是新注册车辆继续增加，新注册汽车占比提高。全市2016年新注册车辆11.26万辆，比2015年增加2.01万辆，同比增长21.8%，其中新注册汽车8.36万辆，比2015年同期增加1.81万辆，同比增长27.7%，新注册汽车占新注册车辆74.3%，比2015年提高3.5%。四是营运车辆小幅下降，其中载客汽车少量增加，载货汽车继续下降。全市2016年营运车辆为9.77万辆，比2015年同期减少1493辆，下降1.5%，载客营运汽车1.26万辆，比2015年同期增加889辆，增长7.6%；载货营运汽车4.18万辆，比2015年同期减少3681辆，下降8.1%，降幅比2015年低3.5%。五是机动车驾驶员增加迅猛。全市2016年机动驾驶员人员达到112.63万人，比2015年增加13.89万人，增长14.1%，同比多增加3.17万人，其中汽车驾驶员91.18万人，比2015年增加14.61万人，增长19.1%，同比增加2.05万人。

（易　念）

【餐饮行业举行发展交流讨论会】2016年9月9日下午，衡阳市相关部门领导和10多家大中型餐饮酒店负责人齐聚一堂，共商衡阳餐饮行业发展大计。会上，各餐饮企业负责人就近年来经营发展情况，以及如何进一步加快餐饮业发展进行深入交流探讨，并提出许多切实可行的对策和建议。如加强品牌形象宣传、加快餐饮业转型发展、加强与旅游公司的合作、组织促进消费主题活动等。

（易　念）

【衡阳再添4家“湖南老字号”】2016年，经过湖南省商务厅组织专家进行审查和调查，认定37个品牌为第三批“湖南老字号”，其中，衡阳市4家企业的产品入围，分别是恒飞电缆有限公司生产的恒飞电缆、衡阳市南北特食品有限公司生产的石鼓牌酥薄月、湖南省鼎谷一酒业有限公司生产的“湖之”牌湖之酒、衡阳市怡和实业发展有限公司生产的“谋彩”牌湖之酒。（易　念）

【参加中国首届食品餐饮博览会签下1.12亿元订单】2016年9月9日至12日，为期4天的中国首届食品餐饮博览会（以下简称“食餐会”）在长沙开幕，衡阳代表团组织40余家企业参展。展会期间签订供货协议1.12多亿元，现场完成成交额12万元，接待客商、顾客2万余人次。展会结束后，参展企业的订单仍在不断增加，供销对接持续升温。此次展会，衡阳市参展产品涵盖餐饮、粮油、食品加工、酒类、农特产品等，选送的名优产品主要有：祁东县选送的农民伯伯电商平台的红薯粉、柚子糖、南瓜糖、槟榔芋、酥脆枣；衡阳县选送的安邦农业发展有限公司生产的菜籽油、酃渌酒业发展公司生产的湖之酒、妈妈酿、黄龙玉液；衡南县选送的大三湘茶油科技有限公司的茶油、雁城食品发展有限公司的山茶油、豆制品、衡州鸭；耒阳市选送的湖南新食康农业发展有限公司生产的红薯粉皮；常宁市选送的湖南齐家油业有限公司生产的齐家茶油；蒸湘区选送的衡阳市怡和实业发展有限公司生产的黄龙玉液黄酒；珠晖区选送的海联三一小苏打有限公司生产的小苏打；石鼓区选送的君玲传统食品科技发展有限责任公司生产的酥薄月；雁峰区选送的雁峰丁记酱品厂生产的酱菜等。

（易　念）

【衡阳消费维权网正式开通】2016年9月，由衡阳市消费者委员会创建的“衡阳市消费维权网”（www.hnhy315.org）正式开通上线。网站设有消委动态、县区动态、消费新闻、警示提示、典型案例、最新发布、曝光台、法律法规等重点栏目。其中“律师团在线”是该网站栏目中的重点，此栏目常年有三位律师值班，消费者只需在网站上填写遇到的消费纠纷问题，值班律师将尽快回复消费者问题，因此消费者要时时关注本网站。此外，该网站还采用ASP投诉咨询处理平台，能为更多的消费者提供方便、快捷、高效的消费维权服务，消费者只要上该网站点击“我要投诉”栏目，即可实现24小时在线的网上投诉维权。（易　念）

【陈玉莲获“中国餐饮行业优秀企业家”称号】2016年12月，在北京召开的中国烹饪协会年会上，玉莲餐饮有限公司董事长陈玉莲女士获“2016年度中国餐饮行业优秀企业家”荣誉称号。玉莲餐饮公司是衡阳市一家大中型餐饮企业，在经济发展的新常态下，该公司积极应对，率先推行“透明厨房、明厨亮灶”活动，对全市餐饮企业转型升级、创新经营等起到积极的推动作用，该公司并于2016年获评“雁城餐饮名店”。（易　念）

旅游业

责任编辑：熊　雯

总　类

【概况】　2016年，衡阳市共接待国内外游客5812.35万人次，实现旅游综合收入388.66亿元，分别同比增长15.17%和26.39%，实现旅游工作的新跃升。2016年出台《关于实施全域旅游战略加快建设旅游强市的决定》《衡阳市促进旅游经济发展实施办法》等系列政策文件，为促进旅游业持续健康快速发展提供坚强的政策保障。编制完成《衡阳市旅游业“十三五”发展规划纲要》《衡阳市全域旅游发展总体规划》，为衡阳市旅游业“十三五”期间又好又快发展奠定规划基础。2016年全市共有23个旅游重点项目进入现代服务业重点项目，总投资为336.8亿元，2016年计划投资42.7亿元。截至2016年11月底，23个项目已有21个开工建设，开工率91%，共完成投资36.2亿元，占年度投资计划的84.9%。汇景衡南·莱茵小镇、南岳天子山火文化公园、丽波国际（五星级）酒店等旅游重点项目加快建设。南岳区被国家旅游局确定为全国第二批“国家全域旅游示范区”创建单位。完成衡南县宝盖银杏公园、衡山县花果山景区、蒸湘区雨母旅游区、衡阳县夏明翰故居等4家AAA级旅游景区的评定，并在网上进行公示；常宁印山景区申报AAAA级旅游景区进行景区景观的改造。糖果大酒店、半岛假日酒店成功创评三星级旅游饭店，林隐假日大酒店、丽波大酒店等高档酒店加快五星级饭店创评工作。成功举办衡阳县第五届油菜花节、第二届南岳星空节、第二届衡南宝盖银杏文化节等10余个节会活动，进一步丰富四季旅游产品业态，做大做强衡阳市节庆旅游品牌。2016年12月29日，《人民日报》要闻版刊发衡阳市依托节会做热乡村旅游的经验。在中央电视台一套《新闻联播》前黄金时段播放衡阳旅游形象广告，在湖南卫视《天气预报》栏目投放景区广告；补充完善城区道路旅游交通指示牌和户外广告牌；运营“乐游衡阳”微信公众号和衡阳城市云名片；在EMS信封上印制衡阳市国家AAAA级以上旅游景区的图片、资料等信息；举办“寿比南山·南岳衡山2016旅游营销签约大会”和武汉市、南昌市、南宁市三地旅游推介会，扩大影响力与知名度。　（湛玉平）

【猴年春节衡阳旅游开门红】　猴年新春，衡阳旅游喜迎“开门红”。农历大年三十至正月初六，全市共接待国内外游客223.45万人次，实现旅游综合收入10.55亿元，同比增长5.36%和7.08%，星级宾馆日均客房出租率达95%以上，旅游接待人次和旅游总收入位居全省第二。春节期间，全市假日旅游安全有序，旅游市场和谐稳定，没有发生一起大的旅游安全事故，也没有发生一起大的游客投诉事件。2016年春节黄金周，衡阳市旅游市场主要呈现出以下三个特点：1. 龙头景区“一马当先”。南岳衡山龙头带动效应明显，共接待国内外游客50.28万人次，完成门票收入1562万元，分别同比增长10.58%和13.91%。日均游客接待量高达7.18万人次，旅游接待人次在全省各大景区中排名第一。蔡伦竹海、石鼓书院等主要景区游客接待量较往年也有大幅增长。2. 乡村游、祈福游“两翼齐飞”。衡南宝盖、珠晖区茶山坳、常宁庙前等乡村旅游景点和欧阳海山庄、绿野芙蓉山庄等乡村旅游服务区（点）受到游客热捧。新春祈福游热度不减，南岳大庙、南岳第一峰雁峰寺、衡南岐山仁瑞寺、雨母山雁雨寺人流如潮、香火鼎盛。其中仅农历正月初一，南岳大庙便接待游客18.43万人次。3. 自驾游、高铁游、航空游“三量提升”。随着高铁和机场的开通，衡阳作为全国重要交通枢纽城市的地位进一步凸显，自驾游、高铁游、航空游游客数量持续增长。据不完全统计，春节期间，平均每天进入衡阳的外地车辆近6万台，南岳机场航班上座率达75%以上，热门航线一票难求。　（秦　军）

【“五一”小长假旅游指标平稳增长】　2016年“五一”期间，衡阳市接待旅客情况：总人次为88.58万人次、收入为5.07亿元。其中，南岳衡山接待游客12.29万人次，同比增长5.58%，门票收入909.01万元，同比增长3.50%。一是乡村自驾生态游备受青睐。通过几届乡村旅游文化节的营销宣传，衡阳市衡山野莓谷、衡东格桑花海、常宁天堂山、雨母山、茶山坳等乡村生态旅游景区游人如织。同时国家实行的重大节假日高速公路免收小型客车通行费的政策，使衡阳作为全国重要交通枢纽城市的地位进一步凸显，自驾车游客数量持续增长。二是智慧旅游成效明显。南岳衡山景区实现免费 Wi-Fi 全覆盖，信息指挥中心将公安、景区、道路等多个部门的监控资料统一起来集中调度，给游客营造有序温馨的旅游环境。同时通过微信、微博等网络平台时时推送景区天气、安全提示等信息，并推介各大景区亮点和活动，为游客提供无时不在的无形服务。（秦　军）

【全市旅游大会召开】 2016 年 9 月 21 日，全市旅游发展大会召开。市委书记、市人大常委会主任周农出席会议并强调，要深入贯彻落实中央和省委的决策部署，牢固树立和贯彻五大发展理念，大力实施全域旅游战略，补齐旅游经济短板，奋力推动衡阳由旅游资源大市向旅游强市转变。市委副书记、市长周海兵主持会议并讲话。会议指出，要统一思想，深刻认识发展旅游的重大意义。加快建设旅游强市是适应经济发展新常态、推进供给侧结构性改革的战略举措，是实现经济社会平稳较快发展的内在要求，是脱贫致富、全面建成小康社会的重要抓手，是衡阳厚植优势、补齐短板的必然选择。会议指出，要更新观念，明确建设旅游强市的目标和任务。下一步，衡阳市加快建设旅游强市的主要目标是：到 2020 年，全市旅游接待总人次达到 1.1 亿人次，旅游总收入突破 1000 亿元，旅游业直接就业人数达到 20 万人，创建一批名县、名村，新增一批国家 AAAAA 级、AAAA 级景区，努力把衡阳建设成为历史文化的展示地、美丽湖南的精品区、全域旅游的示范市和生态宜居的幸福城。实现这一目标，必须解放思想，强化全域、融合、创意、生态四个理念。重点抓好六个方面的工作：一要重视规划引领，谋好旅游发展总体布局。把全衡阳市作为一个大景区来打造，着力构建以南岳为龙头、以城区为中心、以市县为基础、以景区景点和旅游项目为支撑的全域旅游发展大格局。二要坚持项目驱动，全面推进景点景区建设。力争全市“十三五”期间新创国家 AAAAA 级旅游景区 1 家、国家 AAAA 级旅游景区 10 家、国家 AAA 级旅游景区 20 家，现有 AAA 级旅游景区要全部提质创建 AAAA 级旅游景区，每个县市要新增 1～2 个 AAAA 级以上旅游景区。三要提高供给水平，拉长旅游产品链条。坚持做强特色、升级业态、丰富产品，特别是要用精品旅游线路把南岳衡山与滨江新区、来雁新城以及周边旅游景点串联起来，用城区的休闲度假资源和靓丽名片把游客留下来、把消费带起来。四要注重市场主导，培育壮大旅游市场主体。加快培育一批具有核心竞争力、带动力的大型旅游企业和旅游综合体。五要立足内外兼修，树立衡阳旅游品牌形象。要内强素质，大力整治景区环境；要外树形象，创新营销推广手段。六要突出富民惠民，发挥旅游脱贫致富作用。让老百姓共建共享旅游业发展成果，变贫困地区的绿水青山为脱贫致富的金山银山。会议强调，要落实责任，为建设旅游强市提供坚强保障。通过加强组织领导、加大资金投入、强化政策扶持、创新体制机制、扩大对外开放，加快建成全国知名、全省一流的旅游强市。会上，市旅游外侨民宗局、南岳区、常宁市、珠晖区茶山坳镇 4 个单位主要负责人作表态发言。省旅游局党组副书记、副局长王超祥出席会议并讲话。副市长王洪斌宣读《关于实施全域旅游战略，加快建设旅游强市的决定》。市领导邓群策、廖炎秋、谢宏治、段志刚、罗东海、包昌林、刘丽华、邓柯、何录春、张贺文、章彰、贺小坤、康强、刘日煊、刘运定出席会议。（秦　军）

【衡阳旅游业“十三五”发展纲要出台】 2016 年 10 月，《衡阳市旅游业“十三五”发展规划纲要》（以下简称《纲要》）正式出台。《纲要》指出，要在“十二五”基础上，形成以南岳衡山为核心、城区为中心、县域为基础、景区景点为支撑的全域旅游空间布局，力争至 2020 年，接待游客达 1.1 亿人次。《纲要》明确，衡阳市要突出做好山、水、城、乡文章，统筹规划“两心、两圈、三带、四区”旅游产业空间布局（即南岳衡山核心旅游区、城市中心休闲区；环南岳旅游圈、环城游憩圈 107 国道旅游经济带、湘江生态旅游带、湖湘名人文化休闲带；耒阳蔡伦文化旅游区、常宁印山—天堂山瑶寨风情旅游区、衡东洣水—罗帅故里生态旅游区、洪桥—岐山—曲兰名人山水休闲区。（秦　军）

【官方微信公众号“乐游衡阳”正式上线】 为提升衡阳对外旅游形象，方便广大游客在衡阳游览，市旅游外侨民宗局对外公开招标，通过政府采购程序，确认与衡阳师范学院合作制作运营衡阳旅游微信公众号。双方于11月11日正式签订框架协议，副市长王洪斌现场宣布微信公众号启动。“乐游衡阳”微信公众号是由衡阳市旅游外侨民宗局主管，衡阳师范学院新闻与传播学院主办，用于发布衡阳旅游资讯的官方平台。内容涵盖吃、住、行、游、购、娱等多个要素，旨在为游客提供最全面的衡阳旅游信息，吸引更多人来衡阳旅游观光。微信用户只需在公众号中搜索“乐游衡阳”或扫描二维码，即可成功关注。（秦　军）

【衡阳旅游订制版EMS信封投入使用】 市旅游外侨民宗局与中国邮政速递衡阳分公司在2016年11月达成合作，以邮政特快专递（EMS）封套为载体，在信封的正面印制南岳衡山、罗荣桓故居—纪念馆、蔡伦竹海、石鼓书院四个旅游景区的图片、文字、电话、二维码等信息，借助中国邮政的全覆盖销售网，将衡阳市的美景宣传推广到全国各地。通过快递的流动，扩大受众范围，提高关注度，增加衡阳旅游的影响力和认知度。12月21日，市旅游外侨民宗局订制的4万个EMS信封陆续投入衡阳邮政各分公司营业部使用。（秦　军）

旅游区（点）建设

【百年申公馆实施保护性迁建】 2016年2月19日，市城乡规划局在媒体公示，申公馆迁移异地保护工程的《建设用地规划许可证》已获批，计划往北迁移200米选址修复，用地面积9152平方米。申公馆是晚清记名提督、江西赣南总兵申道发的宅邸，采用砖木结构，现占地面积3200平方米，建筑面积2900平方米，为衡阳市区现存最完整、规模最大的清代私家园林建筑，2006年3月被列入市级文物保护单位目录。（王　滢）

【衡阳首个非物质文化遗产传承展示基地正式揭牌】 2016年7月26日，位于南岳区松麓文化一条街的衡阳市非物质文化遗产传承展示基地和南岳版画馆正式对外开放。衡阳市非物质文化遗产传承展示基地为衡阳首个非遗体验基地。体验基地分为体验区、展示区、特产区。这里传统文化氛围浓厚，游客不仅可以品鉴戏曲、皮影、剪纸、绘画、雕刻等衡阳本土文化艺术，还可动手制作工艺品。在体验区内，游客可以现场扮演戏曲角色，通过体验的方式将衡阳“非遗”项目生动传承。此外，在特产区内，广大游客可选购祁东黄花菜、南岳湖之酒、常宁土茶油等衡阳正宗的本土“非遗”类食品。（王　滢）

【衡山县引资5亿开发紫盖峰风景区】 2016年8月，衡山县政府与衡山紫盖峰旅游度假有限公司正式签约，该公司计划投资5亿元开发湖南衡山紫盖峰风景区。衡山紫盖峰风景区项目位于岭坡乡境内，总开发面积174.67公顷，其中建设用地28.13公顷，流转用地146.8公顷。项目建设周期5年，分三期建设。主要建设“一轴、两心、三大组团、十大板块”，即以蜀龙大道为主轴，打造以乡村式旅游休闲度假为主题的仰心园和以山水式旅游度假为主题的涤心谷，围绕仰心园、涤心谷和紫盖峰三大组团，重点建设印象岭坡迎客中心、七彩梯田农耕园、养生花园等十大板块。（王　滢）

【衡阳萱洲申报国家级森林公园】 国家林业局场圃总站处长周素芹率领专家组到衡阳，对湖南衡阳萱洲国家级森林公园申报进行现场考察和评估。拟设立的萱洲国家森林公园由萱洲片区、紫金山片区和白云片区组成，总面积2995.17公顷，森林覆盖率89.90%（不含水域），森林面积2458.98公顷。专家组一行前往萱洲片区、紫金山片区和白云片区等现场，对萱洲国家级森林公园申报创建工作进行实地考察，详细了解公园森林资源保护情况。考察结束后，专家组听取衡山县人民政府关于萱洲国家级森林公园申报工作情况、研究设计单位编制的可行性报告和制作的PPT，考察评估组认为，湖南萱洲国家级森林公园生态区位重要，森林资源丰富，符合国家森林公园建设要求。（王 滢）

【南岳忠烈祠入选首批中国20世纪建筑遗产名录】 2016年9月29日，由中国文物学会、中国建筑学会联合公布的“首批中国20世纪建筑遗产”名录在北京公布，湖南南岳忠烈祠与人民大会堂、人民英雄纪念碑等一起入选公布的98项建筑名录，这也是湖南省唯一一处入选该名录的建筑遗产。南岳忠烈祠是中国大陆唯一纪念抗日阵亡将士的大型烈士陵园，是为纪念在抗日战争中阵亡的将士而修造。祠宇位于南岳衡山香炉峰下，于1938年筹建，1943年落成，占地面积15.33余公顷，其中建筑面积890平方米，其建筑仿南京中山陵形式建造。在布局设计上，牌坊、七·七纪念塔、纪念堂、安亭战役纪念碑和享堂五进建筑均坐落在同一中轴线上，由花岗岩大道和台阶连成一体，全长320米，宽70米，规模宏大，结构严谨，依山而建，显得格外庄严肃穆。忠烈祠周围现存个人墓葬有郑作民、孙明瑾、罗启疆等12座，集体墓葬有54军、74军、16军53师等6座。1996年，南岳忠烈祠被国务院公布为全国重点文物保护单位；2009年评为全国爱国主义教育示范基地；2011年被列入全国重点红色经典旅游景点；2014年被列入首批国家级抗战纪念设施、遗址名录。（王 滢）

【南岳开启全域旅游系列活动】 2016年10月29日，南岳举办“乐游南岳”旅游APP平台、“12345”旅游热线启动仪式暨首届“南岳如飞”山地越野赛，“三大活动”同时启动，开启全域旅游系列活动。“乐游南岳”APP是南岳旅游官方公众平台，是一款集多种游客服务功能于一体的手机APP，包括票务、电子商城、导游、交通、管理、公告等版块，被称为“功能最齐全、操作最简单、服务最人性化”的景区旅游落地平台。游客只要轻点手机，软件能根据游客所处位置，自动提供停车预览、门票购买、酒店预定以及旅游路线设计和语音导览等全方位服务，让游客获取内容丰富的旅游信——为游客提供全面的吃住行游购娱一键式功能服务。除了游客引导服务功能，该APP能统计开放式景区的游客数量，以及提交游客评价，开启景区与游客全新的互动模式。“乐游南岳”APP还推出公益内容——旅游“精准扶贫”窗口，为贫困户打造一个对外联络、沟通、帮扶、创业的渠道，引导游客共同推动扶贫工作。“12345”旅游热线是南岳处理行政机关职能范围内的非应急事务的公开电话服务平台。主要受理游客和市民通过各种电话、短信等手段提出的咨询、意见、建议、投诉、举报和一般性求助，了解社情民意，密切党和政府与人民群众的联系，为市民排忧解难。南岳如飞——2016首届南岳山地越野赛也于10月29日正式启动，30日激情开跑。作为首次在AAAAA级景区举办的越野赛事，南岳衡山景区也是首次向全国山地越野运动爱好者敞开比赛的大门。赛道分为50千米和30千米，有来自全国20多个省、市以及加拿大的800多名山地越野达人报名。截至2016年，是国内山地越野赛事里人员最多、专业级别最高的赛事。（王 滢）

【横江湿地公园项目正式开工】 横江湿地公园于2016年11月29日正式开工，项目涉及石鼓区、松木经开区、衡阳县三个区域，占地面积约1000公顷，其中400公顷位于市区，600公顷位于衡阳县境内，计划总投资约16亿元。整个项目于2021年建成后将集湿地保护、美丽乡村、休闲旅游于一体。项目整体功能布局为“两园四镇”，即横江湿地公园、樟木森林公园、湘江樟木古镇、创意田园小镇、原乡文化小镇、松木果香小镇。建设内容包括湿地保育、生态治理、古镇修缮、湘江文化风光带、防洪水利、道路及停车场等配套基础设施。（王 滢）

【市8个重大森林旅游项目获批建设】 2016年12月，省发展和改革委员会发布《湖南省“十三五”服务业发展重大项目表》，“十三五”期间，在衡阳市计划投资994亿元，建设8个重大森林旅游项目。8个项目具体是：南岳风景区提质升级工程、雨母山国际休闲城、岣嵝峰国家森林公园风景旅游区开发及禹文化产业园、祁东县四明山森林公园风景区续

建工程、耒阳市蔡伦竹海国际生态养生旅游度假区项目、罗荣桓故里生态旅游景区开发建设项目。（王 滢）

旅游市场开发

【全国红色旅游宣传推广培训南岳开班】 2016年4月6日，由全国红色旅游工作协调小组办公室、湖南省旅游局等单位主办的全国红色旅游宣传推广培训班在南岳开班，来自全国31个省（市、区）的学员代表近百人参加培训。此次培训课程为期3天。期间，学员代表集中学习红色旅游市场营销、航拍为红色旅游增光添彩等内容，培训通过专家授课、现场交流、座谈讨论和实地考察等形式，促进区域间红色旅游交流与合作，提升红色旅游市场的影响力。（肖银银）

【2016年中国旅游日公众宣传主题活动】 2016年5月19日，市旅游外侨民宗局统筹协调各县市区旅游局和部分旅游企业，围绕“爱旅游·爱生活·爱衡阳”活动主题，宣传和组织开展“中国旅游日”系列活动。1. 活动过程中，市旅游外侨民宗局发动各景区、旅行社、星级宾馆、农家乐等23家旅游企业推出“中国旅游日”优惠措施。5月19日过生日的游客可以免费游览南岳衡山风景区，耒阳蔡伦竹海旅游风景区、衡阳市奇石文化博物馆当日免费参观；石鼓书院5月19日当天向市民免费发放1000张门票；衡东县罗荣桓故居（锡岩仙洞风景区）、常宁中国印山风景区票价5至8折优惠。开展旅游企业展示推广活动，组织A级景点、星级宾馆、旅行社等旅游企业开展对景点、房价、线路等的宣传推广、咨询和相关优惠活动。2. 在湖南省“2016年中国旅游日湖南分会场活动暨中国旅游网络媒体湖南行启动仪式”上，市旅游外侨民宗局推介衡山县九龙峡漂流、衡阳县龙王峡漂流两个漂流体验点和南岳衡山、蔡伦竹海、岣嵝峰森林公园、雨母山风景区四个避暑胜地，通过省级平台向社会发布宣传衡阳旅游企业的优惠措施。3. 衡阳市旅游外侨民宗局以本次“中国旅游日”为契机，通过采用LED屏广告车在市区移动播放衡阳旅游宣传片、文明旅游知识等相关资料。在衡阳新闻网、衡阳人民广播电台、旅游网等媒体上提前宣传衡阳2016年“中国旅游日”活动项目、优惠措施情况。4. 5月19日上午，来自衡阳市市旅游系统的百名文明旅游志愿者在石鼓广场组织志愿者服务活动，热情为民众解答旅游知识咨询、发放宣传资料。据统计，当天发放景区推介资料、线路报价、旅游风光图片、文明旅游宣传手册等宣传资料6000余份。（肖银银）

【“寿比南山·南岳衡山”南宁旅游推介会】 2016年7月7日，“寿比南山·南岳衡山”的南宁旅游推介会成功举办，南宁市旅游发展委员会党组成员喻学文、衡阳市旅游外侨民宗局副局长王文华、衡阳市旅游外侨民宗局市场开发科科长旷立志、衡阳市南岳区旅游局局长旷诗秦等领导参与推介会。广西海外旅行社，广西康辉旅行社，广西光大国际旅行社等100多家旅行社，南宁电视台、广西交通台、《中国旅游报》、南宁电台、《广西日报》《南国早报》《南宁日报》等20余家媒体参加此次推介会。在此次旅游推介会上，南岳区旅游局与广西海外旅行社，广西康辉旅行社，广西光大国际旅行社等签订合作协议。（肖银银）

【2016中国（湖南）国际旅行商大会暨湖南省旅游节嘉宾来南岳考察】 2016年9月15日，2016年中国（湖南）国际旅行商大会暨中国国际旅游节嘉宾，包括韩国旅行商、媒体记者、旅游节嘉宾共40余人来到南岳，进行为期两天的踩线考察。该参访团先行参观考察南岳大庙，随后进入中心景区，参观忠烈祠、磨镜台、南台寺、祝融峰等景观景点。参访团成员表示将会大力宣传南岳衡山，让更多的国际游客了解南岳，到南岳观光旅游、祈福求寿。此次参访为南岳旅游开拓国际市场和今后的广泛合作打下良好基础。（陈跃英）

【衡山乡村生态旅游节召开】 2016年10月1日，中国·衡山乡村生态旅游节暨西游洞天·花果山景区开园迎客。上万名游客齐聚衡山县白果镇，到此观丹霞地貌、赏岩洞美景、忆西游故事、品土特产。市委常委、副市长罗东海宣布开园。花果山景区是衡山万合旅游开发有限公司投资开发的“西游洞天旅游区”3个景区之一，西游洞天旅游区总开发面积为333.33公顷，是衡山县第一个经营性旅游区。旅游区将建成一个集观光、康复疗养、休闲于一体的复合型景区，按照国家AAAA级景区规范管理，每天可接纳游客15000人。（肖银银）

【“特色小镇开发联盟”赴衡阳参观考察旅游项目】2016年10月18日，衡阳市“特色小镇开发联盟”招商洽谈会召开，衡阳市委常委、市委秘书长张贺文出席会议，对客商们的到来表示欢迎，并诚邀大家到衡阳投资兴业。“特色小镇开发联盟”由上海长午投资集团、浙江万镇兴投资发展有限公司等多家企业负责人组成，考察组一行先后赴衡阳市滨江新区、来雁塔、雨母山片区等项目现场进行实地参观考察，对来雁塔，雨母山片区的古镇、帝尝寺，拟建的盐浴度假区等部分重点旅游项目的发展规划、发展现况进行详细了解。洽谈会上，拟到衡阳投资的客商们从非遗主题思考和特色小镇龙头计划、产业基金背景下的特色小镇、地产新形态、特色小镇的运营与资源统筹等方面各抒己见，并用先进、科学的旅游发展理念，国内政策、国际旅游发展动态等内容与参会人员进行沟通、交流。（肖银银）

【衡阳抗战纪念城中心景区主体工程完成封顶】2016年11月，衡阳抗战纪念城中心景区工程完成封顶，该工程将全面进入内外装修阶段。衡阳抗战纪念城中心景区建设工程项目已被列入国家红色旅游经典景区基础设施建设项目。2016年3月动土开建，建设项目共为13项，包括改扩建内设抗战陈列室、展览室及演示厅，新建停车场及旅游厕所，以及垃圾、污水处理、消防设施等基础设施的改造维修等项目。工程总用地面积达12890平方米，配套绿化面积约1万余平方米，总投资1300余万元。（肖银银）

【“绿色蒸湘·花漫雨母”全民徒步活动】2016年衡阳“绿色蒸湘·花漫雨母”市民徒步大会暨蒸湘区美丽乡村生态旅游活动在雨母山举行。3000多名徒步爱好者参加。衡阳市委常委、宣传部部长刘丽华宣布活动启动，并与大家一起参与徒步活动。此次徒步线路全程约9千米，途经雨母湖、灵山广场等8个乡村景点，最终到达罗家大屋。活动同时开展“美丽乡村，我来记录”的摄影竞赛活动。（肖银银）

旅游行业管理

【衡阳市加大旅游不文明行为惩处力度】自2016年1月6日开始，市旅游外侨民宗局正式出台并实施《衡阳市游客不文明行为举报有奖办法》（以下简称《办法》）。《办法》设定可接受的举报范围，包括扰乱公共汽车、电车、火车、船舶、航空器或者其他公共交通工具秩序；破坏公共环境卫生、公共设施；违反旅游目的地社会风俗、民族生活习惯；损毁、破坏旅游目的地文物古迹；参与赌博、色情、毒品内容的活动或者危险性活动；严重扰乱旅游秩序的活动；国务院旅游主管部门认定的造成严重社会不良影响的其他行为。针对游客不文明行为，市民可以通过书面、电话、邮件、照片、视频等方式进行举报。（肖银银）

【“旅游网站严重违规失信”专项整治】2016年，市网信办、市旅游外侨民宗局联合部署，在全市范围内开展为期3个月的“旅游网站严重违规失信”专项整治工作。本次专项整治的对象包括综合旅游网站、旅行社网站、旅游在线预订服务网站、旅游景点网站等提供旅游服务的各类网站（含网站旅游频道、旅游网站APP、微博、微信公众号等）。旨在通过集中开展专项整治行动，坚决清理、查处、关闭一批违法违规和严重失信的旅游网站，促进各类旅游网站依法依规经营，遏制虚假欺诈、侵犯隐私、违规经营等扰乱在线旅游交易的现象，督促旅游网站落实诚信主体责任。（肖银银）

【旅游厕所建设管理工作专题调度会召开】2016年11月3日，衡阳市召开旅游厕所建设管理工作会议，专题研究“旅游厕所革命”推进过程中存在的问题，调度各县市区加快进度，力争2016年度全市旅游厕所建设管理实现新突破。会议通报2016年以来旅游厕所建设情况，对各县市区旅游厕所建设工作逐一排名，就下一步工作提出具体要求。会上，各县市区旅游部门负责人汇报前段旅游厕所建设情况，探讨工作中存在的突出问题，并就如何落实旅游厕所建设管理任务作表态发言。

（肖银银）

【衡阳6家休闲农业与乡村旅游单位获评全国星级】 农业部公布2016年全国休闲农业与乡村旅游星级示范企业（园区）、全国十佳休闲农庄、中国最美休闲农庄名单，衡阳市3家休闲农业与乡村旅游企业及3家休闲农庄榜上有名。湖南省欧阳海现代农业投资有限公司获评五星级全国休闲农业与乡村旅游示范企业，衡阳云野休闲农业股份有限公司、衡阳市贤达生态休闲发展有限公司获评四星级示范企业。湖南欧阳海山庄、湖南莲湖湾生态农庄、湖南衡阳绿野梦缘生态度假村三家农庄被评最美休闲农庄。

（肖银银）

【樊亚萍获评全国旅游系统劳模】 2016年12月16日，衡阳市推选的全国旅游系统劳模——樊亚萍进京受奖回衡。衡阳市旅游外侨民宗局及全市星级酒店工作人员代表共60余人在南岳机场欢迎樊亚萍载誉归来。樊亚萍获评全国旅游系统劳模，成为衡阳市旅游行业获此殊荣第一人。（肖银银）

财政·税务

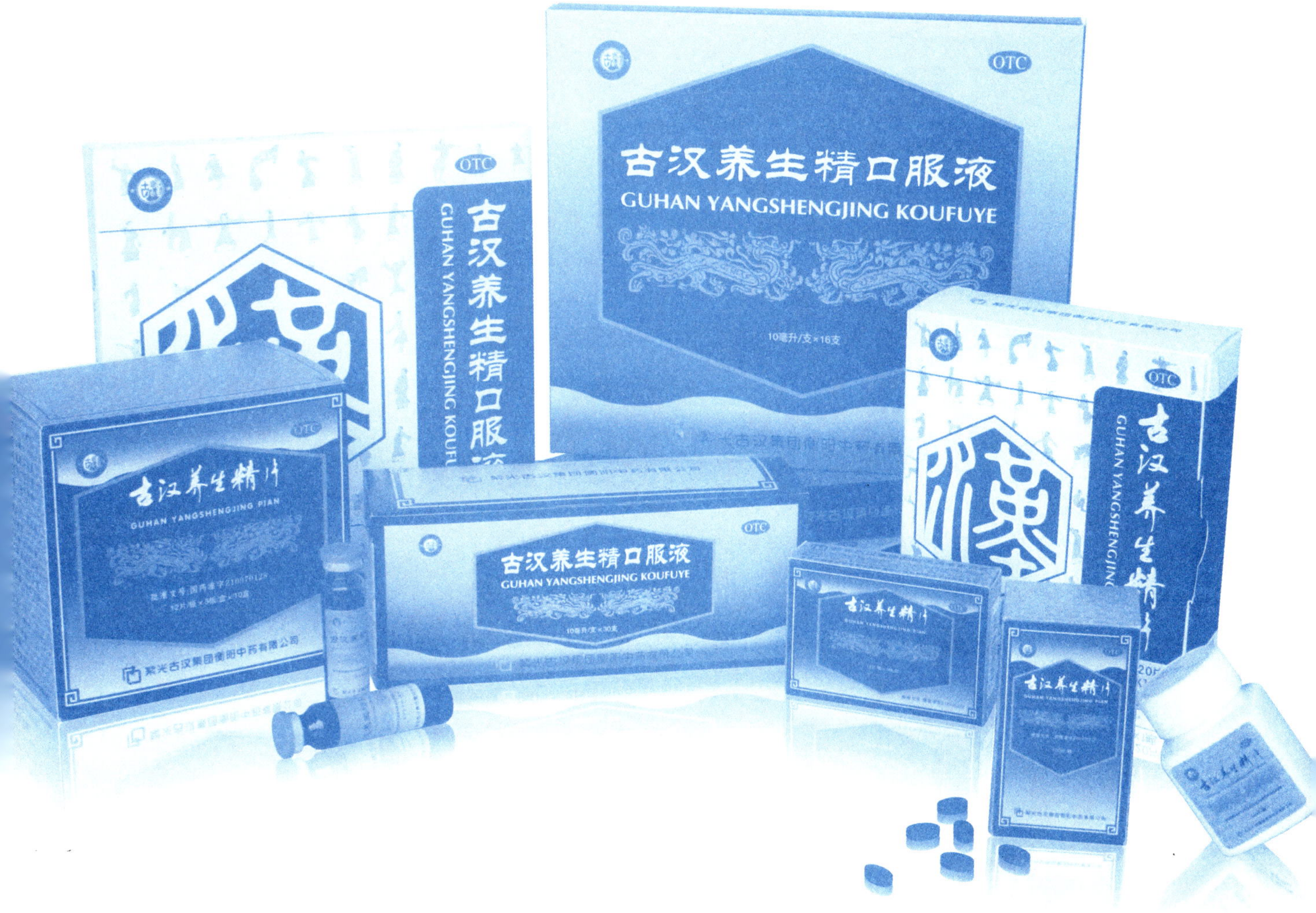

责任编辑：周嘉晖

财 政

【概况】 2016年，全市一般公共预算收入完成277.96亿元，比2015年（下同）增加15.8亿元，增长6.03%。其中地方收入完成204.67亿元，增加14.32亿元，增长7.52%；上划中央收入完成56.94亿元，增加0.52亿元，增长0.91%；上划省收入完成16.35亿元，增加0.96亿元，增长6.25%。全市一般公共预算支出完成541.36亿元，增加49.49亿元，增长10.06%。市本级一般公共预算收入完成93.78亿元，减少1.01亿元，下降1.07%。其中地方收入完成59.72亿元，减少3.08亿元，下降4.91%；上划中央收入完成27.28亿元，增加1.6亿元，增长6.23%；上划省收入完成6.78亿元，增加0.47亿元，增长7.51%。市本级一般公共预算支出完成119.13亿元，增加1.45亿元，增长1.23%。加大企业支持力度。全市安排工业发展资金7.65亿元，支持和引导企业向创新驱动等方向发展，全市高新技术产业、高加工度产业增加值占规模工业增加值比重分别达到9.7%和39.4%。市本级安排市农业科技担保公司注册资本金0.5亿元，引导银行融资向小微企业倾斜。落实减税降费政策。全面推进“营改增”改革，落实各类减税降费政策，全年为企业和社会减负15亿元以上。保障重点项目资金。市本级投融资公司到位融资资金316.55亿元，增长25.66%，支持来雁新城、滨江新区、衡山科学城等一大批重点项目建设。注重开放型经济建设。市本级安排开放型经济发展资金1.5亿元，支持开放平台建设、外贸发展等。争取上级支持。全市争取一般性转移支付、专项补助、新增债券和置换债券等上级资金526.81亿元，促进衡阳市经济社会发展。完善民生保障机制，持续释放改革红利。全市民生支出379.66亿元，比2015年增加48.3亿元，占财政总支出比重达到70.13%。加大社会保障力度。全市拨付城乡居民医保补助资金2.85亿元，城乡居民参保率达到97.92%，医疗保险支出25.06亿元，262.42万人次享受医疗保险待遇；实现企业养老保险“十二连调”，人均月退休工资提高到2135元；发放低保金、五保供养资金8.11亿元。落实惠农政策。全市通过“一卡通”平台发放惠农补贴16.77亿元，拨付农业保险保费补贴2.26亿元；市本级安排1.32亿元，用于新农村建设、水利建设和农业公共服务等，安排2000万元支持精准扶贫。支持教育事业发展。全市安排各类资助资金近3亿元，建立从学前教育到高等教育的全程资助体系；从2016年开始，将免除学杂费、免费提供教科书政策范围扩大到所有义务教育阶段，惠及77.61万名学生。市本级安排5000万元奖补资金，继续支持化解城区大班额“三年行动计划”项目，城区小学一、二年级班额基本控制在50人左右。推进民生工程建设。市本级安排城市维护资金5.3亿元用于改善城市面貌，安排“三清三建”资金3.49亿元，对中心城区所有社区进行改造；市区两级安排社区经费7000万元，在安排每个社区10万元惠民资金的基础上，将运行经费从30万元提高到40万元；取消城区出租车特许经营权有偿使用费，清退有偿使用费4199万元。促进就业。全市通过安排财政贴息资金撬动银行发放促进就业小额担保贷款4.19亿元。市本级安排残疾人就业保障金2000万元，支持残疾人就业；设立就业扶持资金，用于创新创业项目工程奖补、培训补贴、高校毕业生创业项目扶持等支出。（周 林）

【预算管理】 一是提高收支效益。推进综合治税平台建设，初步建立城区综合涉税信息系统；健全各级征收部门统筹联动的管理机制，强化税收征管服务；增强财政资金统筹能力，继续压缩一般性开支，集中财力用于亟需支持的重点领域；加快财政支出进度，提高财政资金使用效益。二是防范债务风险。组织开展政府存量债务置换工作，全市争取置换债券215.77亿元，比2015年增加151.51亿元，增长235.78%，缓解全市债务还本付息压力；市本级安排偿债资金2.33亿元，确保土地储备贷款、外债转贷等财政统借统还债务按时还本付息。三是加强财政监督。市本级组织政府采购、招投标、专项资金、单位公用经费四个专项检查，开展政府性债务资金和行政事业单位票据检查，举办全市行政事业单位财务管理培训，营造规范财务开支、严肃财经纪律的良好氛围。四是规范往来借款管理。建立对外借款回收保证和责任追究机制，市本级收回往来借款10.9亿元，余额比2015年压缩60.35%。五是完善政府采购制度。建立政府采购内控机制，规范市场秩序，完善工作流程，强化监督机制。市本级政府采购规模比2015年增长22.8%，节支率7.93%。六是严格财政投资评审。市本级出具评审报告531份，评审资金总量93.1亿元，审减资金28.37亿元，核减率30.47%。

（周　林）

【财政改革】（1）完善部门预算体系。所有市直部门纳入预算管理范围，单位行政事业性收费、罚没收入、专项收入等全部编入部门预算，统筹使用。（2）推进预决算公开。政府预决算、部门预决算、“三公”经费预决算全部按要求公开；教育、社保、医疗、卫生、农业等98项重点民生资金的分配和使用情况向社会公开。（3）实现国库集中支付改革全覆盖。市本级纳入国库集中支付单位306家，覆盖率100%；2016年，市本级国库集中支付直接支付比例达到95%以上。（4）深化财政体制改革。完成“营改增”改革信息移交、收入调库等工作；理顺园区与城区财税管理体制，将城区搬迁至工业园区的35家工业企业实行税收属地征管。（5）推进投融资体制改革。出台《市属投融资公司融资资金及财务成本管理办法》和投融资管理实施细则，对投融资公司的预算编制、项目招投标等进行全面规范管理。（6）开展办公用房清理。市本级清理办公用房总面积41.22万平方米，腾退、封存1.85万平方米。（7）推广PPP模式。全市储备PPP项目51个，总投资额428亿元。其中市本级启动项目8个，总投资额53.35亿元。（8）完成公车改革工作。全市封存和取消公车2851辆，交付处置平台公开拍卖；建立公务用车运行管理平台，所有保留的公务用车全部统一标识。（周　林）

【全市财税工作汇报会议召开】2016年1月6日，2015年度全市财税工作汇报会在市财政局举行。会议指出，在经济下行压力非常大的2015年，全市财税部门、各县（市）区和园区的工作富有成效，全市财政收入实现总量增加、结构改善、质量提升的目标，市委、市政府是满意的。同时还要看到，全市的财政收入与衡阳的地位还不相称，下一步的工作仍然任重道远。会议强调，要关注总量、着眼增量、保证结构。财政总收入占GDP比重反映经济结构，事关经济发展质量，要予以特别关注，注意科学辩证地分析；做大总量关键靠引进增量，要通过考核目标指引，全力扩大财政增量；要进一步提升财政总收入占GDP比重、税收收入占财政总收入比重、支柱税种收入占税收比重，继续优化财税收入结构，推动经济持续健康发展。要保障运转、倾斜民生、支持改革。从现有财力看，保运转压力不大，今后财政收入特别是增量部分要加大向社会民生事业倾斜的力度，尽快补上民生“欠账”。同时，研究制定财税政策要充分考虑结构性改革的要求，进一步支持实体经济发展、产业结构调整、技术水平提高和房地产去库存，支持城区管理体制改革、农村区划改革，加快财税系统自身改革，在实施“零基预算”、压缩“三公经费”、提高财政透明度等方面积极作为。市委副书记、市长周海兵以“实现中高速增长、质量进一步提高、保支出成效明显、管理水平上新台阶”对2015年度全市财税工作予以肯定。他表示，要一如既往抓好2016年度全市财税工作，确保增速，确保质量，确保均衡入库，全力落实好改革要求，使财税工作在新的一年再上新台阶。市委常委、常务副市长段志刚主持会议。市领导邓群策、廖炎秋、谢宏治、邓柯参加会议。（王　滢）

【“营改增”5月起全面实施】自2016年5月1日起，衡阳市的建筑业、房地产业、金融业、生活服务业全部纳入营业税改征增值税（即“营改增”）试点范围，实现全覆盖。市财政局、国税局、地税局已于3月21日联合举行“营改增”纳税人资料交接仪式，目前已移交纳税人资料1.6万户，涉及年营业税额近29亿元。为确保顺利全面推行“营改增”，市国税局制定《全面推开营改增试点实施方案》和《全面推开营改增试点工作任务分解表》，将工作任务分解到岗、落实到人；建立国地财工作联动机制，强化部门沟通协调，及时解决矛盾和困难；有序开展宣传动员、数据核实、资料录入、纳税辅导等工作，引导新增试点纳税人主动适应改革试点。为进一步减轻企业负担，此次国家在设计全面推开“营改增”试点方案时，将新增不动产所含增值税全部纳入抵扣范围，并明确新增试点行业的原营业税优惠政策原则上予以延续，对老合同、老项目以及特定行业采取过渡性措施，确保全面推开“营改增”试点后，总体上实现所有行业全面减税、绝大部分企业税负有不同程度降低的政策效果。自2013年8月1日“营改增”试点政策实施以来，衡阳市“营改增”试点纳税人达到4500余户，97%的试点纳税人税负下降或持平，共计为纳税人减负4亿元。（王　滢）

国家税务

【概况】　2016年，衡阳市委书记、市人大常委会主任周农从“税收职能发挥好、税收改革推进好、干部队伍建设好”三个方面对全市国税工作给予肯定。税收收入增加，全市国税系统入库各项收入78.48亿元（含海关代征及车购税），其中完成市县级国税收入69.29亿元，总量居全省第四，增幅列全省第六。统筹开展文明创建活动，全市国税系统有10个单位和3位个人获得省级以上荣誉称号，市国税局在衡阳市文明创建工作推进会上作典型经验介绍，市国税局志愿服务队获评“全省学雷锋志愿服务百强社团”。2016年5月，衡阳市国税局被中宣部、司法部、全国普法办联合授予“2011—2015年全国法治宣传教育先进单位”荣誉称号，为衡阳市直机关唯一获此奖项的单位，并连续5年被评为“衡阳市依法行政先进单位”。衡阳市国税局连续11年被评为“衡阳市市直机关先进基层党组织”。衡阳市国税局连续3年被评为“全市党风廉政建设先进单位”。

（陈　科）

【减税降负】　衡阳市国税局融入全市经济社会发展大局，持续释放税制改革和税收政策红利，以税收“减法”赢得纳税人发展和经济结构转型的“加法”。推进全面营改增试点，做好宣传培训、政策辅导、税负分析、后续管理，顺利完成“开好票”“报好税”“分析好”“改进好”等“活动”，保障纳税人适应新税制、遵从新税制、受益新税制。落实扶持小微企业发展、鼓励高新技术企业、节能环保、外贸企业等税收政策，确保税收优惠“应享尽享”，为纳税人减负，助力经济转型升级。参与商事制度改革，开展“五证合一”“两证整合”，做好新增市场主体信息补充登记，进一步减轻纳税人办税负担。（陈　科）

【依法行政】　坚持依法治税，通过全员学法，完善法律法规学习培训机制，着力提高法治能力；全面普法，开展营改增等一系列税法宣传活动，着力促进税法遵从；全心用法，按照法律法规要求履行职责，发挥公职律师和法律顾问职能作用，加强执法督察考核，着力规范执法行为，全市系统依法行政水平持续提高，税收法治环境不断优化。深入推动简政放权，落实税务行政审批、行政处罚双公示制度，推进公开审批，接受各方监督。（陈　科）

【合作便民】　全面落实《深化国税地税征管体制改革方案》和湖南省委实施意见，逐项承接改革任务，委托代征、联合风险管理、联合稽查、信息共享等合作举措接续推出，国税、地税合作范围进一步扩大、合作事项进一步拓展、合作实效进一步增强。提升征管主观努力程度，制定下发考核实施细则，对纳税评估、税务稽查、欠税管理、第三方涉税应用等9个考核指标进行细化量化，对BT和BOT项目、预拌水泥、投融资平台、农商银行等行业进行重点突破，进一步强化税收风险管理。维护良好的税收秩序，惩治各类涉税违法犯罪行为，与市公安局、市地税局建立税警联络机制，实行联合办案，全年开展税务稽查251户次，查补入库2.09亿元。以纳税人需求为导向，全面推行联合办税服务，全市设国税地税联合办税场所17个，全部实现“一窗一人办税”，纳税人“进一家门、到一个窗、办两家事”的愿景成为现实。深入落实首问责任制、限时办结、自助办税、“二维码”一次性告知等服务制度，方便市民办理税务事项。开展“需求大征集服务大走访”活动，走访纳税人、人大代表、政协委员等17237人次，现场答复咨询1754个，征集意见建议546个，逐一落实反馈。参考纳税信用评价结果，推进“银税互动”，全年累计有145户小微企业获得纳税信用贷款2.16亿元。（陈　科）

地方税务

【概况】　衡阳市地方税务局于1994年9月25日组建运作，2016年，机关内设20个科室（中心），2个直属行政单位（直属局、稽查局），下设13个县（市）区局，43个税务分局，现有在职干部1162人。管辖地方税收纳税人5.4万余户，其中企业和纳税单位2万余户，个体经营户3.4万余户。2016年，组织入库各项收入98.67亿元，同比增收3.17亿元，增长3.32%（剔除2015年6—12月营业税收入情况进行计算，下同），其中完成湖南省地方税务局计划口径收入97.53亿元，同比增收3.29亿元，增长3.49%；完成市政府考核口径收入96.91亿元，同比增收2.8亿元，增长2.97%。全系统在大要案件查办、异地稽查、税警协作等方面查补入库收入1.72亿元（含自查）。征管能手竞赛工作被湖南省地方税务局评为先进。政策法规工作被湖南省地方税务局评为先进，衡东县局、祁东县局获评全省“依法办事窗口单位”。开展文体活动，在全省地税系统第一届职工运动会中，衡阳地税气排球代表队获得冠军，象棋比赛获得个人第一名。全面加强党建工作。开展“道德讲堂”活动，获得全省地税系统党建工作创新成果一等奖，被评为“我身边的优秀共产党员”巡回宣讲活动组织宣传先进单位。开展文明创建活动，衡南县局被评为全省文明标兵单位，开发区局、衡山县局被评为省级文明单位。开展精准扶贫活动，衡阳地税局扶贫联系点衡阳县界牌镇将军村被评为全省“脱贫攻坚示范村”。（李兴隆）

【税收征管】　实施征管质量常态化考核，通报基层单位15次、税管员67人次，全系统申报率、催报率、催缴率大幅提升。推送5期风险事项，处理风险管理数据，增加纳税户1.6万余户。税收风险管理工作被湖南省地方税务局评为先进。组织优秀纳税评估案例现场点评，开展纳税评估1800余户，补缴入库税款6800万元。完善综合治税，由市政府主导召开全市协税护税工作会议，下发《协税护税责任清单（第一批）》，明确32个责任单位的协税护税责任。依托全市综合治税信息平台，采集31个单位的73个项目共计2670万条涉税数据信息。强化与财政、工商、公安、国土等部门的协税护税机制，控管税源，促进应收尽收。落实《深化国税、地税征管体制改革方案》，与国税局联合开展个体定税、非正常户管理、欠税管理、纳税信用等级评定和税务稽查等工作，开通“一窗一人办税”窗口121个。举办“银税互动”签约仪式，为107户企业授信1.5亿元。开展“便民办税春风行动”，做好税收宣传、12366服务热线、办税事项“二维码”一次性告知、涉税事项同城通办等工作。（李兴隆）

【税政执法】　推进营改增工作，移交营业税数据16884户，清理未缴销发票2.9万份、外管证168份，清理欠税5.6亿元，入库营业税18.75亿元。围绕“以地控税”强化财产和行为税管理，与国土管理部门进行信息比对，登记应税土地9491万平方米，国土7755万平方米，入库税款5.9亿元。加强房地产税收管理，建立项目档案台账，实行全过程监控。加大土地增值税清算力度，完成清算项目68个，补缴税款4232万元，土地增值税规模居全省第四。做好土地使用税调等工作，强化管理，全年土地使用税增量1.57亿元，居全省第一。抓好企业所得税预缴管理，全年企业所得税增幅17.86%，居全省第一。提请市政府下文明确，由工商部门监督股权变更地方税收508起，入库个人所得税1600余万元；督促各行政事业单位做好个人所得税全员全额扣缴申报工作，有163户行政事业单位补办扣缴义务人登记。严格执行规费政策，突出税费“六同步”管理，入库各项规费5.74亿元。落实税收优惠政策，全年减免地方个税8.09亿元。（李兴隆）

银行·保险·证券

责任编辑：周嘉晖

总　类

【概况】 2016年，衡阳市金融继续保持平稳运行，各金融机构贯彻中央和省金融工作方针政策，全面落实市委、市政府各项决策部署，有效推动经济社会平稳健康发展，金融对稳增长的支撑作用得到充分发挥。一是立体的金融服务体系逐步完善。全市现有银行业金融机构28家，网点917个，从业人员1万余人。其中政策性银行1家（农发行），国有大型银行6家（工、农、中、建、交、邮储），股份制银行8家（华融湘江、民生、招商、广发、中信、光大、浦发、长沙），农村商业银行8家（衡阳、衡州、耒阳、常宁、南岳、衡南、衡山、衡东），农村信用联社市级办事处1家，村镇银行4家（常宁珠江、耒阳融兴、衡阳县沪农商、衡南县浦发）；保险机构35家（产险、寿险各18家），保险营销服务部185个；证券营业部23家；期货营业部2家；融资性担保公司12家；小额贷款公司25家；典当行23家。二是存贷款余额、社会融资总量持续增长。至2016年12月末，全市存款余额3283亿元，同比增长18%，较年初新增496亿元，余额及增量均居全省第一（长沙除外）。贷款余额1422亿元，同比增长19%，较年初新增227亿元，余额及增量均居全省第一（长沙除外）。全市社会融资总量为195亿元。新型城镇化建设、棚户区改造、园区建设等领域成为资金投入重点，如滨江公司粤汉棚户区改造、衡阳市保障性安居工程、国有老工矿区土地整理和环境治理、湘江水利工程等项目均获得资金较好支持。

（方博文）

【实施稳健货币政策】 一是创新支持工业转型升级，培育新兴产业发展壮大。引导各金融机构按照去产能、去库存的总体要求，综合运用“扶优限劣”的信贷政策，创新金融产品与服务，支持新型优势产业发展，推进产能过剩产业兼并重组，稳妥处置僵尸企业。引导银行机构以转型升级为主攻方向加快制造强市，对接输变电、电子信息、钢管及加工等12大标志性产业集群，支持研发智能化装备、精密化产品，改造提升自动化生产线、生产工艺水平，加快提高衡阳制造话语权、衡阳品牌美誉度，创新推进循环经济产业、再制造示范工程。截至12月末，新增中长期贷款176亿元，同比多增69亿元。二是推进两权抵押贷款试点，精准扶贫。多方协调推动耒阳农房抵押贷款试点和金融精准扶贫工作，加大对“三农”的支持，截至12月末，发放支农再贷款16笔、金额13亿元，同比增长1.5倍，发放扶贫再贷款3亿元，带动金融机构投放涉农贷款28.71亿元，余额达541.69亿元。耒阳农房抵押贷款试点工作取得阶段性成果。完善确权颁证、价值评估、流转交易、抵押担保、银行贷款、风险补偿机制，在全省率先发放符合要求的首批农房抵押贷款49万元。综合产权要素激活，截至12月末，农村房屋确权颁证达11.7万户，带动农村土地确权颁证7.1万户，新增集体林权确权颁证100%。金融精准扶贫工作全线推进，完成所有327家金融扶贫服务站建站任务，祁东县韭菜坪村等七个村被评为湖南“脱贫攻坚示范村”。制订《衡阳市贫困村金融扶贫服务站建设实施方案》《2016年衡阳市金融精准扶贫工作计划》，召开全市金融精准扶贫推进会，以全市395个贫困村、105042户，444091人贫困户为主要对象，通过支农再贷款、扶贫再贷款、差别存款准备金率等货币政策，引导金融机构精准扶贫。推动政府部门出台优惠政策，有效整合银行、财政、扶贫等多部门力量实施精准扶贫。三是鼓励大众创业万众创新，支持民生金融改善。运用好创业担保贷款政策，引导金融机构加大信贷支持，帮助有技术、有能力、有创业需求的创业人员成功创业，为大学生“村官”、农村妇女创业提供更加配套的金融服务。截至12月末，全市发放创业担保贷款2206笔、金额3.73亿元，余额达5.37亿元。加强保障性安居工程、棚户区改造金融服务，改善全市人居环境。截至2016年12月末，办理再贴现14笔、金额8.23亿元，引导银行机构支持小微企业发展，缓解西意设备、浩源工贸、南岳生物、兴达市政、天健锡业等民生、小微企业出现的资金周转困难。组织开展2016年衡阳市小微企业信贷政策导向效果评估，引导金融机构加大对小微企业的支持力度，至2016年12月末，金融机构发放小微企业贷款36.86亿元，余额达226.07亿元。

（方博文）

【金融生态持续改善】 稳步推进金融生态良好城市创建试点工作，联合政府7个部门发布民间投融资风险提示公告。配合市政府非法集资，衡阳市惩治和预防非法集资工作考评居全省首位。全面推进农村信用体系建设，各县（市）均开展“信用村”创建工作，采集农户信息1.68万户，评定信用农户4122户、信用村22个，523户信用农户获得贷款5969万元。开展大学生诚信宣誓教育活动，建立南华大学诚信教育基地，活动情况被《湖南日报》全省推介。整治网上银行卡非法买卖，联合公安、工商、银监等单位下发《关于联合整治银行卡网上非法买卖专项行动的通知》，组织开展专项行动18场次。加大反洗钱信息化建设力度，推广应用反洗钱信息管理系统。规范“12363”电话运行，实现金融消保信息管理系统银行业金融机构全覆盖，受理投诉36件、咨询73件，办结率达100%。耒阳、衡东、衡南、衡山、常宁5县（市）跻身全省县域综合排名前50强。

（方博文）

中国人民银行衡阳市中心支行

【概况】 2016年年末，中国人民银行衡阳市中心支行辖6县（市）支行，全辖有干部职工281人，其中中支机关157人，县支行124人（耒阳24人，常宁17人，祁东21人，衡阳县16人，衡山23人，衡东20人）。女职工78人。工人编制6人。聘任制人员10人。按职务结构分，全辖正处1人，副处5人，正科42人，副科69人。按党员结构分，全辖共有中共党员283人（女65人）。在职中共党员211人，其中中支机关117人，县支行94人；民主党派1人（民进党）；离退休中共党员72人，其中中支机关38人，县支行34人。按学历结构分，全辖有全日制硕士研究生13人，本科学历176人，专科70人，中专8人，高中及以下11人。按职称结构分，高级职称4人，中级职称129人，初级职称74人。

（方博文）

【落实稳健货币政策】 畅通金融管理“三种途径”，引导信贷总量合理增长。按照货币政策“灵活适度”总要求，围绕全市“项目建设年”活动，通过“窗口指导、政策工具、金融管理”3种途径，保持全辖信贷投放合理适度增长。瞄准转型升级“四项重点”，促进信贷结构不断优化。围绕“支持工业转型升级、化解过剩产能、发展养老服务业、促进新消费”四项供给侧改革重点领域，引导辖内银行机构创新信贷产品、升级服务方式，全力支持全市12大标志性产业集群发展，促进经济结构调整和转型升级。截至12月末，全市制造业贷款余额157.22亿元，信息技术服务业贷款余额0.76亿元，同比分别增长19.3%、24.6%。深化信贷扶弱“三个领域”，推动民生金融加速发展。联合人社、财政部门印发《2016年衡阳市创业担保贷款工作方案》，加大对个人工商户、大学生“村官”、妇女等创业就业重点群体金融支持力度。截至12月末，累计发放创业担保贷款4.03亿元，余额达5.12亿元。加强保障性安居工程、棚户区改造金融服务，截至12月末，通过抵押补充贷款向耒阳、常宁、衡东、松木工业园4个棚改项目投放资金17.5亿元。加大小微企业支持力度，累计发放小微贷款29.32亿元，余额达223.67亿元。衡南浦发村镇银行获“全国服务三农与小微企业优秀村镇银行称号”。

（方博文）

【强化金融生态建设】 一是健全风险防化机制，打非经验全国推介。构建地方金融监管协调机制，按照“职责清晰、分工明确、加强协调、密切配合、齐抓共管”的原则，加强部门间沟通协作，提升风险防化能力。抽调2名业务骨干参与金融市场专项整治行动，累计排查民间金融公司325家，收集问题线索87条，打非工作经验被国务院部际联席会议内刊向全国推介。开展不良资产专项评估，完成8家银行机构现场评估。推进“支付市场整治年”活动，成立衡阳市联合整治支付结算重大违法犯罪办公室，编纂《电信网络诈骗案例汇编》，提高金融机构及市民电信诈骗防范能力。二是加强金融市场管理，在全省率先实现银证保综合评价全覆盖。推动地方法人金融机构改革，衡山、衡东、衡阳县、城区4家联社成功改制农商行，祁东联社挂牌工作有序推进。制订下发《衡阳市证券期货业、保险业金融机构综合评价办法》《关于加强证券期货业、保险业金融机构重大事项报告工作的通知》，全省率先实现银证保综合评价和重大事项报告工作全覆盖。处置常宁农商行存款异常变化和衡东农商行董事长涉案事件，维护辖区金融稳定。推进金融消保工作，全年受理咨询95件、投诉43件，投诉办结率达95%。三是改善金融生态环境，征信经验全省交流。指导衡南县申报“省级金融安全区创建”，印发《衡南县新型农业经营主体信用等级评定实施办法》，对当地新型农业经营主体开展信用评定。参与起草《衡阳市十三五社会信用体系建设发展规划》，搭建衡阳市“数据库+服务网”信息服务平台，加速中小企业信用体系建设，工作经验被《金融时报》推介，并在全省会议作交流。强化反洗钱监管。继续加强与公、检、法的联系，遏制和打击洗钱犯罪活动，协查2起反洗钱案件，涉及金额5155万元。及时发布反洗钱风险提示，开展反洗钱风险排查，对相关银行机构高管进行约见谈话。开展惩治离岸公司和地下钱庄转移赃款专项行动，加强外逃人员名单和可疑交易报告监测。（方博文）

【推动金融服务创新】 一是全国试点“两权抵押贷款”，探索服务三农新经验。研究出台《耒阳市农民住房财产权抵押贷款试点工作实施方案》，推动发布《耒阳市农村集体土地使用权登记发证实施细则》，搭建“四中心两公司一协会”工作平台，不断完善“确权颁证、价值评估、流转交易、抵押担保、银行贷款、风险补偿”各个环节，将试点工作引向深入。至2016年11月末，耒阳农村房屋确权颁证达19.38万户，带动农村土地确权颁证27.48万户，发放农房抵押贷款149笔，金额6617万元，全省首批农房抵押贷款在耒阳顺利发放。试点工作被《人民日报》头版大篇幅报道，“耒阳模式”得到长沙中支副行长侯加林肯定。二是全力推动“金融精准扶贫”，搭建服务三农新平台。先后制订《衡阳市贫困村金融扶贫服务站建设实施方案》《2016年衡阳市金融精准扶贫工作计划》，探索形成“小额信贷引路、分贷统还带路、产业扶贫铺路”的金融扶贫“点、线、面”立体推进模式。截至12月末，全市建成金融扶贫服务站395个，顺利完成全部建站任务，全省率先完成贫困村助农取款服务点建设任务，建成扶贫再贷款示范点4个，完成建档立卡贫困户14.6万户，参加农户评级14.5万户，获得授信额度21.42亿元，发放小额扶贫信用贷款1.52亿元。精准扶贫经验得到长沙中支侯加林副行长肯定批示，并被《湖南省金融扶贫工作简报》全省推介。在省级贫困县祁东县开展信用扶贫试点，构建“两横一纵”信用扶贫体系，建立贫困农户信用档案3.2万户，新型农业经营主体信用档案196家，信用扶贫经验被总行内刊推介。三是开展“农村金融服务基础设施建设调研”，找准服务三农新路径。组织25名业务骨干成立调研专班，历时一个半月，走访全辖6个县（市）、18家涉农金融机构、96个农村经济主体，顺利完成《农村金融服务基础设施建设调研报告》，调研成果得到总行副行长潘功胜、衡阳市市长周海兵、副市长章彰肯定批示，调研报告被总行《金融简报》全文刊用。

（方博文）

中国银行业监督管理委员会衡阳监管分局

【概况】 2016年，在实体经济发展较为困难的状况下，指导辖内银行机构适应经济新常态，在风险可控的前提下，保持衡阳银行业快速稳健发展，各项主要指标再创历史新高。截至12月末，全市各项存款余额3283.44亿元，比年初增加496.17亿元，同比增长17.8%，存款存量和增量在全省市州中（除长沙）稳居第一；各项贷款余额1422.4亿元，比年初增加227.28亿元，同比增长19.02%。资产质量不断提升，截至12月末，全市不良贷款余额48.01亿元，贷款不良率为3.38%，分别比年初减少5.64亿元和下降1.11个百分点。银行机构盈利能力增强，全行业实现总利润32.8亿元，同比增长26.45%。

（管雪丽）

【支持经济发展】 信贷投放持续

加大，全市12月末贷款增速同比多增加2.53%，存贷比43.32%，同比增加0.44%。薄弱环节金融服务持续增强，全年发放小微企业贷款391.06亿元，同比增加61.86亿元，小微企业贷款总计38674户，同比增加2526户，小微企业申贷获得率91.19%，同比增加2.53%。涉农贷款555.54亿元，占各项贷款的39.06%，同比增长8.3%。金融扶贫有成效，全年发放扶贫小额信用贷款3.0591亿元，带动建档立卡贫困农户脱贫300余户，省定贫困县祁东县的贷款余额达77.76亿元，比年初增加8.66亿元。（管雪丽）

【风险防控】 守住不发生区域性、系统性风险底线。处置常宁农商行和祁东联社2亿余元的票据资金异地冻结事件，风险资金全部被追回，避免一次严重的风险事故。督导机构采取风险化解、清收处置及核销等风险管控措施，实现不良贷款双降。风险抵补能力进一步增强，截至12月末，全市银行业贷款损失准备金余额38.27亿元，同比增加3.68亿元，拨备覆盖率79.71%，同比上升15.2个百分点。（管雪丽）

【推进改革】 围绕“凝聚共识、形成合力”，加强对农信社改制工作的全流程指导、督促、协调、汇报，全年完成农信社改制6家，实现衡东农商行、衡州农商行、衡阳农商行顺利挂牌营业。仅剩的祁东联社也完成改制筹建前期工作，报湖南省银监局筹批。长沙银行、兴业银行、衡山潭农商村镇银行落户衡阳，村镇银行增设乡镇网点4家，邮储银行衡阳分行完成48家“名行实所”机构改革，衡阳银行体系更加健全，服务功能有效提升。（管雪丽）

【监管服务】 多次主动向地方党政领导反映辖内金融生态环境问题，市委政府更加重视金融，明确一季一会议、一月一对接，出台《关于加快推进金融业信用体系建设的实施意见》，搭建中小企业融资项目信息与金融信息对接平台。出台《关于加强和改进信访投诉工作的意见》，成立专门的信访接待室，全年处理来信、来电、来访等各类投诉169件，维护金融消费者的权益，促进银行提升服务质量。（管雪丽）

中国农业发展银行衡阳市分行

【概况】 2016年，中国农业发展银行衡阳市分行（以下简称农发行）发挥贷款“期限长、利率低、金额大、领域广、品种多、条件宽、紧贴政府重点项目”等政策优势，融入全市发展战略，挺进全市社会经济发展纵深领域，服务于全市经济社会发展大局。2016年，投放贷款和重点建设基金102.7亿元，同比多放36.1亿元。贷款、基金净增59.1亿元，居全市银行业第二位。其中贷款净增26.4亿元，基金净增32.7亿元。截至2016年年末，信贷总规模192.6亿元，其中贷款138.8亿元，基金53.8亿元。信贷总规模全省系统第三位，全市银行业金融机构第二位。贷款、基金净增量占全省系统净增量的12%。脱贫攻坚方面。与省定贫困县祁东县签订《易地扶贫搬迁框架协议》，审批扶贫搬迁贷款8亿元，实现投放3亿元。全年累放产业扶贫、改善人居环境、棚户区改造等扶贫贷款19.9亿元，年末扶贫贷款余额29.8亿元，占比21.5%。（陆　娟）

【重点项目建设】 全年营销中长期贷款重点项目48个、金额283亿元，主要涉及棚改、水利、公路、新型城镇化等领域，做到市级、各县（区）全覆盖。通过省分行审批项目贷款金额86.3亿元，实现投放42.9亿元，重点支持市湘江水利投水利建设、市松木经开区森特公司城中村改造、市滨江新区农民集中住房建设、市清泉公司水利建设、衡阳县开元公司农民集中住房建设、常宁水口山棚户区改造、耒阳城中村改造、衡东河西安置房建设等重点项目。（陆　娟）

【投放重点建设基金】 全年投放三批基金32.7亿元，重点支持市白沙洲农村电子商务平台建设、市高新区虚拟大学城建设、耒阳交通水利公司基础设施配套建设等重点项目62个，涉及棚户区改造、老城区矿区改造、水污染防治、城镇排水供热、“互联网+”工程等十大领域。自2015年8月以来，农发行投放重点建设基金6批、支持项目101个、金额53.8亿元，直接拉动增加社会投资720亿元，农发行支持基金项

目数和投放额分别占全省系统的16.9%、17.4%，均处在全省系统第一位。（陆　娟）

【粮食收购资金供应与管理】 农发行把粮油信贷业务作为“立行之本、发展之基”，从保障国家粮食安全的战略高度出发，执行国家粮油收购和调控政策，充分发挥政策性银行收购资金供应主渠道作用，确保不出现“卖粮难”和“打白条”问题。累放政策性粮食收购贷款17.9亿元，支持企业收购粮食65万吨，同比多收21万吨，贷款金额和收粮数量均居全省第一。（陆　娟）

【帮扶实体经济】 对经营暂时出现困难的天之衡酒业、环球科技、金雁米业、绿海粮油、力源动力、朝阳机电等18家产业化龙头企业的8.2亿元贷款，不抽贷、不压贷、不断贷，进行重点维护，帮助企业渡过难关，采取“借新还旧”方式，降低企业融资成本，完成续贷工作，确保企业正常生产经营。（陆　娟）

中国工商银行股份有限公司衡阳分行

【概况】 2016年，中国工商银行股份有限公司衡阳分行（以下简称工行衡阳分行）贯彻落实总行经营发展战略和上级行行长会议精神，突出从严治党、从严治行，全行干部职工勤奋工作，开拓进取，各项工作有序推进，取得成效。一是各项存款较年初增加19.8亿元，全省排名第九，排同业第三。其中储蓄存款较年初新增9.09亿元，同业第四，全省排名第十；对公存款净增10.68亿元，居同业第二，全省排名第八。其中公司存款较年初增长10.69亿元，全省排名第七；机构存款较年初减少73万元，全省排名第十二；同业存款较年初增加232万元，同业排名第二。二是各项贷款余额126.42亿元，全省排名第7，同业排名第2；比年初增加18.8亿元，全省排名第2，同业排名第2；其中人民币公司贷款较年初净增2.05亿元，全省排名第7，同业排名第2；个人贷款余额38.62亿元，全省排名第6，同业排名第4；较年初净增8.17亿元，全省排名第2，同业排名第3；票据贴现7.79亿元，全省排名第4，同业排名第1；较年初净增1.62亿元，全省排名第5，同业排名第2。三是全年实现拨备前利润2.59亿元，全省排名第9，同比减少3351万元；实现中间业务收入2.45亿元，全省排名第3，同业排名第1，同比减少3643万元；实现净利润0.97亿元，全省排名第10，同业排名第4，同比减少0.3亿元，完成下达的调度任务。四是不良资产余额16459万元，比年初增加6642万元，不良贷款额居全省第3名（由少到多）。各项贷款不良率为1.3%，比年初上升0.39个百分点，不良贷款率居全省第4名（由低到高）。不良资产控制在上级行核定的计划之内。五是全年销售各种法人理财产品1，230，391万元，同比增加1，136，115万元；年日均余额87681万元，同比增加79467万元。新开对公结算账户1378户，公司客户拓户达7045户，较年初净增595户，其中日均金融资产1万元以上客户较年初净增41户；日均金融资产5万元以上客户较年初净增55户；有效现金管理客户净增106户（11月数据）；新上线的工银e缴费项目13个，实现缴费交易金额2810万元；重点结算产品新开财智账户卡1258张、销售结算套餐12套。销售养老金理财产品44.613亿元，日均销售27亿元，日均完成率4821%，销售量和日均销售额均居全省第一；新拓三方存管客户28658户；年内新增日均5万元机构金融客户账户49户。一般个人理财累计销售29.74亿元，同比增幅47.01%，余额有12.95亿元，同比增幅59.78%；私银专属理财累计销售7.36亿元，同比增幅-9.47%，余额有2.89亿元，同比增幅-13.21%。个人保险销售2.3亿元，同比增幅77.03%；基金销售4.03亿元；国债完成省行下达的额度，销售0.82亿元；信用卡客户数总量达109976户，全省排名第四位；新发卡32811张，发卡总量171731张，全省排名第三。全年消费额81.8亿元，同比增长7.5亿元，实现收单交易117.8亿元，全省排名第二。信用卡透支余额14.8亿元，分期付款余额5.2亿元，分期交易9.1亿元，全省排第三位。累计发放个人信用消费贷款335户，612笔，2755万元。电子银行在综合考评中位居前列。其中，融e联客户净增指标完成全年任务的159%，排名全省第一；融e行移动端客户净增指标完成全年任务的164%，排名全省第二；工银e支付客户净增指标完成全年任务的147%，排名全省第二；融e行移动端客户动户指标完成全年任务的137%；企业网上银行证书客户指标完成全年任务的109%；电子银行交易额指标完成全年任务的118%；融e购B2B非金融交易额指标完成全年任务的130%；融e购B2C非金融交易额指标完成全年任务的123%；融e购手续费收入指标完成全年任务的103%。在2016年总行“全员营销融e联活动及免费账户余额变动提醒短信切换至融e联工作”中，获得总行“融e联推广应用先进单位”荣誉称号。 （廖芬良）

【存款业务】 实施有效的稳存增存举措，从组织架构、完善制度入手，转变经营理念，改进存款工作。做好理财产品和重要时点存款的互动工作。促进对公存款工作持续发力，加大对系统户、龙头户的走访营销力度。加大对市公共资源交易中心、市机关事业单位养老保险账户的营销力度，开通市、区6个职业年金归集户、机关养老收入户5个账户、支出户6个账户。机关养老财政专户4个账户。新拓衡阳县衡州农商行等8家优质养老金理财客户。

（廖芬良）

【信贷业务】 确立“抓重大项目”为信贷增长突破口，重点开展对纳入“湖南制造强省90个重点项目、湖南制造强省四大标志性工程以及财政部、省财政厅的211个PPP项目”在衡阳区域重点项目以及民生领域和省、市重点项目进行对接和营销，累计投放公司贷款55.79亿元。全年对衡阳市政府融资平台的民生工程、政府招商引资重点项目、城市基础设施、二甲以上医院加大贷款投放力度，新增投放公司贷款达到18.67亿元，其中对民生工程投放贷款1.46亿元（即保障性安居住房0.76亿元、自来水公司0.7亿元）、对五矿金铜等重大项目投放贷款2亿元、对特变电工等先进制造业投放1.6亿元、对市政府重点招商引资华耀城项目投放贷款0.5亿元、富士康发放存单质押贷款6.64亿元、对衡阳市中心医院等二甲以上医院投放贷款3.6亿元、南岳旅游项目投放贷款1亿元、城市基础设施项目2.1亿元、新能源风电项目投放0.98亿元、娄衡高速投放1.9亿元。加快业务创新，通过网络融资和保理加保险投放优质客户贷款3.6亿元。突出个人住房贷款业务核心地位。2016年，衡阳分行个人住房贷款增量净增8.09亿元，同业排名第三，净增额在全省排名第二。小微金融业务实现可持续发展。按照监管口径，小微企业贷款余额19.8亿元，同比净增1.8亿元，增长9.87%。小微贷款户数313户，同比净增61户，超额完成省分行计划任务335.7%；小微企业贷款申贷获得率97.75%，高于2015年同期11.28%个百分点。（廖芬良）

【中间业务】 加强中间业务组织推动，促进中间业务收入平稳发展。用创新增收机制，拓展增收渠道，引导各产品线增收，特别是加强战略性产品对中间业务收入的贡献，提升中间业务持续快速增长能力和市场竞争力，2016年，实现中间业务收入2.45亿元，其中仅养老金理财一个品种实现中间业务收入2203.8万元（税后），占整个中间业务收入的9%，为全行的经营发展做出贡献。 （廖芬良）

【风险防控】 一是强化目标和责任，落实“一把手”信贷资产质量管理履职报告制度，制定严格的信贷考核办法，对法人逾期贷款、个人关注类贷款、贷款迁徙劣变率、贷款剪刀差、不良贷款压降等指标进行考核，将任务的完成情况与全行绩效及支行领导班子相联系。二是重视存量贷款的移位管理，推进信贷结构的有效调整。工商银行衡阳分行新增信贷全部投向实体经济中的积极进入类、适度进入类行业，特别是投向安居工程、公共基础设施、新能源、医院、绿色环保项目、文化娱乐等积极支持类行业。2016年，向湖南省保障性安居工程投资有限公司投放7600万元；向市自来水公司贷款7000万元；向湖南森特实业投资有限公司投放贷款17000万元；向衡阳市中心医院、常宁市人民医院、衡南县人民医院分别投放11400万元、3600万元和2000万元；向中国水电顾问集团祁东能源开发有限公司风电项目贷款9756万元。先后向衡阳富泰宏精密工业有限公司、特变电工衡阳变压器有限公司、五矿铜业、新澧化工等工业企业发放各类贷款超过10亿元，促进地方实体经济发展。钢铁、有色、煤炭等行业贷款进一步下降。三是强化关键环节管控，提高信贷风险防控效率。加强信贷作业监督与资金支付监管；加强关注贷款风险管控，遏止新增不良贷款，对重点大户和潜在风险客户，着重进行风险排查。加强潜在风险贷款管理；落实清收转化责任，做好贷款重组工作，缓解企业偿债风险。四是强化不良资产处置，开展呆账核销和批转工作。累计清收转化25312万元，完成全年任务的230.11%，其中现金清收（不含批量转让）622万元，批转19019万元，核销620万元，转化4739万元。（廖芬良）

【转型业务】 一是信用卡业务。以效益增长为中心，加大信用卡市场拓展和新产品推广力度，手机信用卡营销完成率由全省后四名跃升到第三名。实施整体联动，加快发卡速度。注重与各支行、机关相应业务部室、省分行信用中心在业务上的互动联系，加强对一线网点的后继服务工作，加快调查、审核速度。持续加大不良压降力度。加大对各支行的不良压降考核力度，任务落实到人，加强督办工作，对不良额高的重点支行加大催收督促力度；进一步加快信用卡不良透支核销进度，做到应核尽核；加强与司法部门与公安机关的联系，加大司法催收力度，提高清收效率。二是电子银行业务。对于融e联注册客户数净增、融e行移动端客户净增、工银e支付客户净增等指标，网点阵地营销是重要的增长渠道。各支行把握网点现场营销机会，落实“手机银行+工银e支付+融e联”的产品捆绑营销要求，根据员工工作岗位特点，明确柜员、大堂经理、客户经理的营销职责分工，利用人工辅导、网点Wi-Fi、自助设备等途径，完成对目标客户的一站式全产品营销。发挥业务联动效应，抓住为代发工资、批量发卡等重点客户上门服务机会，大力宣传电子银行产品优势，同步营销开办电子银行业务。10月份，与南岳区政府在南岳主景区南岳大庙联合举办工银融e联表情大赛暨“五岳联盟—南岳站主题营销活动”。国际业务。全行国际业务结算量达到51982万美元，贸易融资发生额12048万美元，跨境人民币结算量102439万元；国际结算业务收入（含对外担保）535万元；外汇存款时点增量9598万美元；结售汇业务量14245万美元，结售汇业务收入173万元。2016年，举办衡阳企业境外发债业务培训会。（廖芬良）

【优化网点布局】 物理网点建设。完成衡阳县支行营业室、衡阳潇湘支行装修改造，完成汽西支行O2O标杆网点的试点装修改造工作，并于12月28日对外试营业。自助银行布局提速。2016年12月末，全市有自助银行97家，其中，附行式自助银行47家，离行式自助银行50家，物理网点与离行式自助银行比为1∶1.04，物理网点与离行式自助银行比达到上级行的1∶1的水平。截至12月末，全市总计投放ATM自助设备238台，2016年新增ATM设备投放11台（不含调整投放），台均业务量接近300笔（含查询、密码修改），高于全省平均业务量。2016年全年选点自助银行7家，立项7家。其中，离行式自助银行5家，离行式银亭自助银行1家，附行式自助银行1家。完成全市ATM自助渠道台账、ATM设备台账档案的接管。客户体验综合评价。柜面中高端客户平均满意度为99.18%，比2015年度提升1.52个百分点，普通客户平均满意度为98.98%，比2015年度提升2.36个百分点；柜面效率提升。柜面办理业务客户934035个，客户平均办理业务时间6.6分钟，比2015年度减少1秒。提升服务水平。对服务工作进行四次现场检查和四次非现场检查，对发现的问题进行通报。举办服务培训班一期，以检查、培训班的方式对员工进行服务提升工作再教育，提高员工服务意识。（廖芬良）

中国农业银行股份有限公司衡阳分行

【概况】 2016年，中国农业银行股份有限公司衡阳分行（以下简称衡阳农行）下辖市分行营业部和12个支行，其中：农村支行7个，城区支行6个（含市分行营业部）；营业网点95个，其中：城区网点30个，农村网点65个；全行在职员工1537人。2016年年末，衡阳农行各项存款414亿元，各项存款较2015年净增31亿元，其中储蓄存款余额339亿元，较2015年净增22.9亿元，在衡阳四大行中存量市场份额排名排名第一。价值创造能力增强，实现经济增加值4.09亿元，增幅69.71%。2016年，衡阳农行各项贷款余额98.32亿元，比2015年增加12亿元，同比多增5.26亿元。全行资产结构不断优化，优质法人客户贷款占比提高，不良贷款余额8553万元，不良率0.87%，不良余额和不良率成功实现“双降”。风险管理水平不断提高，风险评价得分持续保持全省第一。2016年，衡阳农行通过构建“大内控”体系，筑牢风险防线。衡阳农行机关和13个支行内控评价等级全部达到一类行。全行未发生一起经济案件、责任刑事案件和重大风险事件，被省分行评为“党风廉政建设和内控案防先进单位”。2016年，衡阳农行在湖南省农行年度考核中取得综合绩效考核第一、领导班子目标考核第一、党风廉政建设和内控案防第一，连续三年蝉联“全省农行系统先进行”荣誉称号。衡阳农行机关12个部室被评为省分行先进部室，其中9个部室排名全省第一，连续三年为全省数量最多的二级分行。

（罗秀广　谭　娟）

【“三农”业务】 2016年，衡阳农行支持县域政府购买服务项目7个，贷款总额14.79亿元。实现县域“三农”创新“五个第一”，即发放全省农行系统第一笔油茶林抵押贷款、第一笔农房抵押带快、第一笔单户金额最高的公司类土地经营权抵抵押贷款、第一个在全省创新推出“信用村”精准扶贫模式和第一个在全市13个县市区范围全面启动“农民养老贷”业务。支持新型农业主体贷款增量达1.1亿元，排名全省第一。

（罗秀广　谭　娟）

中国建设银行股份有限公司衡阳市分行

【概况】 2016年，中国建设银行股份有限公司衡阳市分行（以下简称建行衡阳分行）坚持“构和谐，谋发展，保平安”的工作思路，有效地推进各项工作。建行衡阳分行各项存款新增、对公存款新增、个人存款新增、各项贷款新增、公司贷款新增、个人贷款新增、中间业务收入、利润、资产质量等9大指标，保持同业四行第一。其中：一般性存款余额449.03亿元，系统排名第一，较年初新增52.79亿元，系统排名第一，存款余额及新增额四行占比分别为33.27%和45.97%，均连续5年位居同业四行第一。各项贷款余额201.41亿元，地市行排名第一，较年初新增26.57亿元，贷款余额和新增四行占比分别达到38.38%和45.89%，同样连续5年位居同业四行第一。资产质量保持稳定，不良贷款1.32亿元，不良率0.60%，低于系统平均水平0.45个百分点。拨备前利润88975万元，人均创利超过130万元，综合经营能力继续保持同业第一，市场领先优势进一步扩大。全年缴纳税收8311万元，比2015年增加89万元。

（文新华）

【对公业务】 全年累计发放公司类贷款54.13亿元，对公贷款余额达135亿元，比年初新增14.75亿元，完成率全省排名第二。结算与现金管理业务发展迅速，单位结算卡、湘商卡、密码器新增等多项产品夺取全省第一。财政、社保及民生领域重要客户进一步拓展，先后开办市本级、衡山、雁峰、祁东、西渡的职业年金业务，市本级、衡东、南岳公共资源交易中心账户也均成功开立，本年度建行社保卡申办人数四行排名第一。（文新华）

【个人贷款】 全行投放个人贷款21.94亿元，余额达66.4亿元，新增13.15亿元，余额、新增均创历史最高。个贷户数达32918户，比年初净新增3642户。全年新增按揭楼盘44个，与建行合作的楼盘达392个。（文新华）

【移动业务】 个人手机银行用户新增135385户，系统排名第一；个人短信客户新增125377户，系统排名第一；电子银行渠道实现中间业务收入1792万元，系统排名第一。（文新华）

【助保贷平台】 年内成功搭建衡阳市市级“发展投”助保贷平台，全行助保贷平台达8个，助保贷客户数28户，贷款余额达到2.3亿元，占全部小企业贷款的1/6。大数据业务12月底254笔，

较年初新增 29 笔，余额达 2.07 亿元，业务发展符合“三个不低于”的监管要求。（文新华）

【外汇业务】 全行 91%的网点顺利开办个人外汇结售汇业务，并进一步扩宽海外合作渠道，先后承办跨境信用证转通知、海外代付、出口风参等产品，成功办理省内首笔“出口/进口代付+跨境受托代付”业务。截至 12 月末，建行衡阳分行对公外汇存款时点余额当地四行占比第一。对公外汇贷款余额 2.3 亿美元，比年初增加 1.7 亿美元，系统排名第一。

（文新华）

【金融生态圈建设】 2016 年，全行通过省行立项金融生态圈达 44 个，验收完成 33 个。建行衡阳分行报送的两个重点金融生态圈——中国人寿和衡阳华菱钢管等两个项目均完成服务方案的提供和生态圈协议的签订。

（文新华）

【转型重点指标取得突破】 债券承销业务发展取得良好开端，弘湘公司 6 亿元债券承销额度成功获批。ETC2016 年发卡量及累计发卡量均在全省排名第 1 位。贵金属租赁业务实现破零，水口山有色金属有限公司的 5915 万元贵金属租赁业务带来中间业务收入 55.88 万元；“快贷”产品发展迅速，成功营销一大批优质代发工资单位的白名单客户，业务笔数位居全省系统前列；信用卡分期业务拓展成效较好，全年分期交易额达 10.8 亿元；贵金属销售实现发展，日均余额达 3400 万元，市场占比提升 25.05%，同业第一；代理保险业务全年实现代理保费 3.97 亿元、办理 5487 笔、贡献手续费 1232.87 万元，获总行“价值提升，期缴致胜”代理对私保险业务营销活动一等奖；银校通、银医通客户新增 4 户，市场占比四行第一。（文新华）

【发展个人客户】 个人有效客户（折算前）加权新增 4.9 万户，个人有效客户（折算后）加权新增 22.76 万户，均为全省第一。1000 万以上私人银行客户新增 23 户，500 万～1000 万私行客户新增 92 户，系统第一。个人有资产客户增长比年初新增 86903 名，新增数量系统第一。全年代发工资个人有效客户新增 71723 户，年累计代发额达 54 亿元，代发资金沉淀率达 18.15%，系统排名前列。年新增电话 POS 机 1410 台，全行签约电话 POS 总数达 10848 台，系统第一。年末，个人客户金融资产总量日均余额 317.39 亿元，新增 29.93 亿元。

（文新华）

【人民币结算】 2016 年，建行衡阳分行单位人民币结算账户（人行口径）总量、增量、增速均为四行第一。单位人民币结算账户总数增加 1901 户，系统第一，其中单位基本结算账户较年初新增 1600 户，新增数系统第一。同时基本户占比提升至 65.6%，较年初增长 2.7%。（文新华）

【县域支行发展】 2016 年，县域支行存款余额达 174.84 亿元，占全行存款余额 38.99%，存款新增 27.59 亿元，占全行存款新增 52.57%，新增占比较 2015 年增长 36%，时点新增四行占比有四个支行排名第一，四个支行排名第二，为全行业务发展贡献较大力量。

（文新华）

【完善内部管理机制】 信贷风险管控。贷后管理得到加强，建立贷款专项工作小组制度，及时处置对公信贷风险事项。全力推动不良贷款的回收与处置，完成年度新进 13 笔不良贷款的保全系统接收。“双基”管理。全年开展“正风守纪、合规经营、稳健发展”主题教育、“全员合规学讲查改”专项行动、内控“双基”巡讲等活动；审计整改率和系统录入率均达到 100%，实现内控“三无两降一确保”目标；法律工作持续强化，在依法维权、法律服务、规章制度管理等方面取得较好的成绩，协助业务部门化解多起贷款风险，涉诉金额达 2608.47 万元。财务管理。全行财务资源配置继续坚持向一线倾斜、向县支行倾斜、向战略性业务倾斜，明确各项财务管理及核算规定，落实成本支出负责制，严格实行预算管理，各指标均控制在上级行及建行衡阳分行计划内，全行营业费用支出降幅 7.47%。同时开展“营改增”税务管理、税改后财务核算以及财务风险控制等培训。人力资源优势。干部梯度管理进一步完善，2016 年提拔副经理级干部 4 人、其他职级管理干部 2 人、五级专业技术人员4人、六级专业技术人员8人；人才培养更加有效，向省行推荐补充2名七职等后备人才，推荐213人才7人；员工晋升通道更加畅通，通过民主测评、公开选拔方式为49名员工办理职等晋升手续。（文新华）

【提升综合服务能力】 一是柜面服务能力。2016年，全行抓住客户反映强烈问题，围绕服务质量提升、服务效率提升、服务创新能力提升和服务示范效应提升四大专项工作开展10项主题活动。在2016年中国银行业文明规范服务千佳创建中，分行营业部被授予“2016年度中国银行业文明规范服务千佳示范单位”称号。二是自助渠道服务能力。全年新增现金类设备41台，更换自助设备13台，自助设备投产进度全省领先；自助设备全功能服务率提高到97.71%；现金类自助设备全年完成账务性交易量1807万笔，账务性交易总量系统第一；完成交易收入1044.5万元，系统第一。全年完成安装投产智慧柜员机144台，交易量超过45万笔，有力地推进网点自助转型。地市行首家微银行12月在衡山开业。三是员工服务能力。公司条线先后成立国际业务学习团队、资管业务学习团队，大力培养转型人才。个人条线组织封闭式“掘金存量”客户维护技巧与实战培训、成立青年员工讲师团，并组织培训团队下网点进行政策解读和产品营销技巧的培训，提升全员维护意识和综合素质；在湖南省第一届私人银行财富大赛获得“优秀组织奖”。电卡条线组织多次电卡专管员培训班，衡阳建行参赛队伍在省行第一届网络金融业务知识大比武获“团体三等奖”。会计营运条线组织新一代系统相关知识多项培训，员工培训率达100%，2016年省行一级柜员考试中，市建行24人获得一级柜员资格，通过比例最高。（文新华）

【2016年政银企对接座谈会召开】 2016年11月28日，市政府金融办、白沙洲工业园与建行衡阳分行共同举办2016年政银企对接座谈会。会上，建设银行衡阳分行与13家企业成功对接，现场签约授信3.64亿元。市委常委、副市长章彰出席座谈会并讲话。此次座谈会是全市政银企对接系列活动的第一站。章彰就加强银企对接提出三点要求，一是要站在发展全局看银企对接，各金融机构和广大企业要把思想统一到省、市党代会的部署上来，积极进行对接，解决相互间信息不通、交流不畅的问题，实行共赢发展。二是要围绕合作共赢办银企对接，企业家要有金融意识，规范管理、与时俱进、诚实守信；金融家要突出补齐“三大短板”，支持中小微企业，把更多资金投向衡阳。三是要强化政务服务促银企对接，各相关部门要继续搭好平台，确保每月的对接活动办出特色；要通过加强宣传、建好金融信用信息管理平台、建立完善风险共担分散机制、设立产业引导基金和补偿机制等方式优化金融生态环境，使衡阳市成为区域经济发展的“信用高地”和“资金洼地”。（李　政）

中国银行股份有限公司衡阳分行

【概况】 2016年，中国银行股份有限公司衡阳分行（以下简称衡阳中行）围绕“担当社会责任，做最好的银行”战略目标和衡阳市委、市政府的指导思想，依法合规经营，坚持防风险与促发展并重，重视干部队伍建设、业务转型、客户质量。截至2016年12月31日，衡阳中行本外币资产总额216.39亿元，较2015年年末增加13.12亿元，增长6.45%。按五级分类口径，不良资产率为1.01%，较年初下降1.97个百分点，实现双降目标。全行实现税后净利润31288万元，同比增长382.43%。全年向国家上交各项税金合计1.2亿元。在抢抓机遇、做强主业的发展中，全行上下整体发力、全面推进，培育黄金客户，各项存款稳中有升，竞争优势突出。在个人存款方面：做大做强储蓄存款发展目标，促进客户基础、客户规模、存款规模的稳步发展。在公司存款方面：深入推进“2+1”营销模式，确保公司业务发展保持新动力。围绕市委市政府重点项目和重点企业，与发改、招商等部门对接，签订战略合作协议，并开展“行长走企业”“网点服务企业”等活动，全面了解企业发展状况。充分发挥中国银行国际化、多元化优势，深耕“海内、海外”两个市场，通过“中银信贷工厂”“内保外贷”“出口融资无抵押式担保+银行优惠贷款”等金融产品，全年累计发放本外币各类贷款折人民币53.78亿元（含国际贸易融资）。（彭年春）

【质量管控】 将资产质量管控作为全年工作重中之重。提早部署，全面掌控清收化解主动权。克服困难，资产质量实现“双降”。拓宽思路，全面攻克压降难关。（彭年春）

【人才培养】 为提高员工综合素质和服务能力，实现员工“一岗精、二岗通、三岗会”和“转岗能上岗、上岗能胜任”的目标，结合员工发展需要，组织员工参加银行业各类资格证书考试，多措并举抓员工业务培训与系统学习，完善人力资源管理。2016年，举办各类培训36期，参训人员共1794人次，奖励各类学习员工达206人次，奖励金额为10.3万元。（彭年春）

【丰富企业文化】 2016年，衡阳中行组织开展“健康生活·快乐工作”讲座、“中国梦·中行情·员工美”员工才艺比赛、“创新·述学”演讲赛、“挑战自我·勇攀高峰”登山比赛等各类文体活动。2016年，先后涌现出总行“五星级”柜员、行“百优服务明星”、湖南省金融工委“百佳优秀个人”等一批优秀员工，以及被中国银行业协会评为《2016年度中国银行业文明服务千佳示范网点》的市分行营业部等一批优秀集体。同时，主动践行“担当社会责任，做最好银行”的理念，组织员工无偿献血“慈善一日捐”、对帮扶企业特困职工送温暖和慰问定点扶贫村特困户等等。（彭年春）

【周海兵会见中国银行湖南省分行行长魏国斌】 2016年10月19日，市委副书记、市长周海兵会见中国银行湖南省分行行长魏国斌。双方就加强衡阳市与中国银行湖南省分行合作进行深入探讨。魏国斌对衡阳市委、市政府关心中国银行湖南省分行在衡阳的发展表示感谢。魏国斌表示，中国银行湖南省分行将发挥优势，继续支持衡阳分行搭建海外融资平台，破解融资难题，支持衡阳经济社会发展，助推企业开拓海外市场。中国银行湖南省分行对衡阳发展充满信心，愿意将更多更好的项目布局衡阳。周海兵指出，衡阳经济发展居全省前列，金融业务活跃，离不开包括中国银行在内的各类金融机构的大力支持。希望中国银行湖南省分行加强对衡阳各类项目的支持，加快项目建成见效；在人力、技术、财力等方面提供帮助，助力衡阳搭建金融信息服务平台，促进衡阳金融业态、融资模式创新。市委常委、副市长章彰参加会见。2016年，中国银行衡阳分行致力服务支持衡阳地方经济发展，自身发展加速。截至9月30日，该行本外币各项存款余额203.53亿元，本外币表内贷款余额100.81亿元。（肖　菁）

交通银行股份有限公司衡阳分行

【概况】 2016年，交通银行股份有限公司衡阳分行（以下简称交通银行衡阳分行）秉承“责任立业，创新超越”的理念，坚持“业务经营，风控先行”，依托衡阳经济，实现自身的快速发展。截至2016年12月31日，交通银行衡阳分行本外币存款余额达512878.11万元，本外币贷款余额337899.92万元，存贷比为65.88%。上线住房公积金归集系统、物业维修基金、非税代收缴系统、烟草新商盟系统、国土网上招拍挂系统、二手房交易资金托管、国库集中支付系统、诊疗卡、商品房预售资金监管系统、社保卡在诊疗领域运用、燃气缴费通等系统，成为衡阳系统上线最多的银行。2016年，全体干部员工在开展营运销售的过程中不断强化合规意识，全年全行内控管理由B上升为B+。（高　莹）

【重点项目发展】 在符合交通银行衡阳分行信贷投向指引的前提下，对接市城建投、交通投、水务投、弘湘公司、来雁公司、滨江公司等政府平台公司的融资需求，大力推进市区级重点项目的对接，在争取获审批的重点授信项目贷款资金及时到位的同时，做好与新项目的对接。截至12月31日，交通银行衡阳分行申报已列入总行重点储备项目的有11个，总金额达50亿元。（高　莹）

【服务实体经济】 交通银行衡阳分行在服务实体经济方面，全年新增3.1亿元授信款。2016年，交通银行衡阳分行加大对白沙工业园和高新技术工业园的支持，以及加大对有色金属、机械、电子等衡阳制造业龙头，房地产、燃气等城市发展建设行业龙头企业及重点工业园区的支持。通过黄金租赁、资产池、总行池等创新方式解决一批企业的融资需求。交通银行衡阳分行开展境外联动，通过存贷通、内保外贷、跨境人民币等业务为企业解决融资需求，为企业提供更完善的金融解决方案。在扶持中小企业方面，交通银行通过“电子供应链”创新性地批量开发百货类优质小企业，有效解除多个小微商户资金周转的困扰。 （高 莹）

【便民工程】 交通银行衡阳分行支持衡阳市两家大型三甲医院成功上线“诊疗卡”项目，有效释放医疗资源。通过二手房交易资金监管系统有效规范二手房交易服务，确保交易双方资金安全，为购房者提供按揭服务，解决其资金需求。在向国家工商总局注册“雁城通”专利商标后，上线运行燃气公众智能缴费系统，市民在家门口即可实现燃气缴费。以“雁城通”卡为载体，搭建水电、通信、有线电视等的一站式智能金融服务。针对不同客户群交通银行衡阳分行开展一系列的客户答谢活动：“灵猴攀高，展望2016”投资报告会、杨连粤健康讲座活动、系列小小金融家活动“超市大比拼”“亲子萌宝秀“小小大堂经理体验日”、绘画亲子互动活动、社区金邻节，等等。

（高 莹）

湖南省农村信用社联合社衡阳办事处

【概况】 2016年，全市农村信用社（农村商业银行）存款余额达747.59亿元，比年初增加92.76亿元，活期存款余额264.51亿元，占比35.4%。存款总量稳居全市金融机构第一位，其中衡阳农商行、衡州农商行、衡南农商行分别进入“百亿元俱乐部”，分别达到134.86亿元、121.51亿元、102.45亿元。各项贷款余额达382.9亿元，比年初增加57.31亿元，其中涉农贷款余额228.69亿元，较年初增加11.57亿元，占59.73%；小微企业贷款余额150.87亿元，较年初增加20.65亿元，占40.1%。不良贷款余额18.14亿元，不良率4.74%，分别比年初下降8.2亿元和3.35个百分点。资产质量进一步改善，抗风险能力得到增强。提取各项拨备5.49亿元，拨备覆盖率和充足率分别达到120.54%和134.21%，资本充足率9.09%。实现财务总收入39.83亿元，同比增加1.35亿元。实现经营利润15.07亿元，同比增加1.47亿元，完成任务的110.8%，2016年衡阳农信系统缴纳税费2.7561亿元。网上银行、手机银行、电话银行等电子银行业务加快发展，福祥惠民卡、福民卡、便民卡、微信支付等业务深入民心，电子银行替代率达到58.7%，社保卡发行总量达3299405张，发卡量居全市金融机构第1位。中间业务加速推进，在衡南国库代理成功之后，各行社积极跟进，加强与医院、电力、学校业务合作，扩大代收代付代理业务，全市中间业务收入达到5783万元。（王玉艳）

【金融扶贫】 2016年，以扶贫小额信贷为轴，以驻村帮扶脱贫为点，以驻村信贷员、金融扶贫服务站、金融便民利民服务点“三位一体”建设为线，以产业项目带动为面，通过项目支撑、创新方式、龙头带动等，践行金融企业社会责任，提高农户贷款获得率，实现普惠金融落地生根。2016年，全市农存信用社建档立卡贫困户117579户，评级授信参评率达到98%，获得有效授信户数90091户，授信金额247071万元，累计发放扶贫贷款13625万元，建立金融扶贫服务站190个；金融便民服务点665个，基本实现主要乡村全覆盖。 （王玉艳）

【信贷业务】 加强有效投放。落实特色县域经济发展、“六个一、六个一百”等政策，加强对有地方特色的粮油、林木、蔬菜、茶叶、席草等现代农业的支持力度。全年累计投放2.99个亿，贷款余额13.17亿元。开展重点营销。对接政府、协会、商会等单位，择优支持县、市级优质教育、卫生产业。对掌握的客户资源，提前介入，开展“两扫五进”、评级授信，抓好信贷资源的战略储备。抓重点产品。重点向公务人员、小微企业、商户推广便民卡、福民卡这些优质产品。对优质客户实行贷款优先、利率优惠、灵活用信，逐渐用便民卡替代“贷款证”，发放便民卡67997张，授信金额81.81亿元，用信金额53.74亿元。（王玉艳）

【存款组织】 树立营销理念。采取多渠道、多元化的营销手段，适应利率市场化的要求，采取差别化定价策略，发挥政策导向作用。衡南农商银行在“三八妇女节”“周年庆”期间，上浮存款利率，开展揽储竞赛。全市农信社（农商行）通过形式多样的宣传方式，做好存款破700亿宣传，切实推进存款稳步有效增长。强化以贷引存。注重以资产业务推动负债业务发展，抓好贷款资金归行率考核，要求贷款客户其基本账户开在农信社（农商行），按照客户的忠诚度、贡献度在贷款利率方面予以优惠。争取财政资金。抓住“五险一金”精简归并的机遇，主动向政府汇报沟通，大力争取财政资金。取得社保IC卡发行、政府“三农”资金、项目资金的“落户”，降低资金成本。（王玉艳）

【产权改革】 围绕产权制度改革这个重点，基本完成改革任务。除祁东县联社因底子薄弱延迟改革时间外，其他原11家联社全部组建为农商行。衡东、衡州、衡阳三家农商行在2015年相继开业，祁东县联社产权制度改革于2016年9月正式启动，稳步推进清产核资。（王玉艳）

【国家金库衡南县代理支库揭牌仪式举行】 2016年1月4日，国家金库衡南县代理支库揭牌仪式在衡南农商银行举行，标志着该银行正式成为国家金库衡南支库代理银行，为全省第一家农信系统国库代理银行。（肖　菁）

【衡东农商银行挂牌开业】 2016年2月25日，衡东农商银行正式挂牌开业。开业当天，衡东农商银行向衡东县慈善总会捐款20万元，帮助困难群众改善生产生活条件。省农信联社党委委员、副主任徐达华，市领导胡水龙出席开业活动。（肖　菁）

【衡山首家村镇银行签约】 2016年5月17日，衡山县人民政府与湘潭农商银行正式签约，共同组建村镇银行。此系衡山县设立的首家村镇银行，重点为该县“三农”、中小微企业发展提供存款、贷款、结算等金融服务。湘潭农商银行由原湘潭市岳塘区农村信用合作联社、雨湖区农村信用联社合并改革而成，2012年10月26号挂牌开业，是湖南省首家市级农商银行，曾获得“全国农村商业银行标杆银行”等称号。该行在衡山县设立的村镇银行，股本为5000至8000万元。（肖　菁）

【衡州农商银行挂牌开业】 2016年7月13日，衡州农商银行正式挂牌开业。开业当天，捐赠50万元教育基金。2014年9月23日，衡州农商银行正式启动改制工作，前身为衡阳县农村信用联社。改制前属高风险行社，在全省117家县级行社排名为110名。清产核资时，不良贷款和财务包袱达16亿元，不良贷款占比高达22.6%，数额和占比之高在全市少见。通过改制，衡州农商银行各项业务存款余额由改制前的91.9亿元增加到130.3亿元，增加38.4亿元，存款市场份额达到58%，贷款规模由改制前的42.0亿元增加到48.6亿元，增加6.6亿元，贷款市场份额达到55%，不良贷款率由改革前的22.6%下降到2.4%，下降20.2个百分点。截至2016年6月末，各项业务指标均完成时间过半、任务过半的目标。改制后，衡州农商银行员工精神风貌，社会形象和社会地位均大为改观。（肖　菁）

【衡阳农商银行授牌开业】 2016年8月26日，衡阳农村商业银行股份有限公司（以下简称“衡阳农商银行”）授牌开业暨市政府与省农村信用社联合社（以下简称“省联社”）签约仪式举行。市委书记、市人大常委会主任周农，省联社党委书记、理事长张志军共同为衡阳农商银行授牌。市委副书记、市长周海兵出席仪式并讲话。活动现场，衡阳农商银行向市八中捐资150万元，以资助贫困学生。衡阳农商银行是经中国银监会批准成立，在原石鼓联社、蒸湘联社、雁峰联社、珠晖联社的基础上，以新设合并方式发起设立的市级地方性股份制农村商业银行，银行网点覆盖市城区各乡镇和主要街道。截至2016年6月底，该行各项存款余额148.17亿元，各项贷款余额61.62亿元，存贷款规模位居全市银行业金融机构前列。周海兵代表市委、市政府对衡阳农商银行开业表示祝贺。周海兵表示，衡阳农商银行的组建是衡阳市创造性贯彻落实国、省金融政策，深化农村金融体制改革，推动地方金融创新发展的重大举措，对完善全市金融服务体系，繁荣金融市场，促进全市经济社会发展产生积极推动作用。周海兵希望衡阳农商银行始终秉承服务“三农”和小微企业的宗旨，完善经营机制，明确市场定位，突出经营特色，加快服务创新，努力为衡阳城乡居民提供全方位的金融服务，为促进新农村建设、城镇化发展及县域经济崛起发挥更大作用。市委常委、常务副市长段志刚，省联社党委副书记、主任李勤分别代表市政府和省联社签订战略合作协议。根据协议，双方约定2016年至2017年两年内，在符合国家产业政策和信贷政策、有关法律法规及监管部门规范性文件的前提下，省联社指导辖内农商行、农信社为衡阳经济社会发展提供总额不低于人民币100亿元的意向性信用额度支持。市委常委章彰主持仪式。市领导谢宏治、张贺文、李平、胡水龙，老领导陈新文出席仪式。

（肖　菁）

【衡阳农村信用社存款突破700亿元】　截至2016年8月31日，衡阳农村信用社系统9家行社各项存款突破700亿，达到737.16亿元，比2016年年初净增82.33亿元，完成省联社全年分配任务的102%。在存款增长的同时，各项贷款有效投放，各项贷款比年初净增41.55亿元，余额达到367亿元。其中，衡阳农商行、衡州农商行存款分别达到127.93亿元、127.90亿元，衡南农商行突破100亿元，突破百亿大关。2016年，衡阳农信社坚持“支农支小、以人为本”的战略理念和“服务‘三农’、服务中小、服务区域经济发展”的市场定位，在“小微、‘三农’、社区”等领域精耕细作，做普惠金融服务的积极实践者。围绕“立足衡阳、面向湘南、辐射中部”的中长期发展战略，打造区域强社。截至8月底，有1家县级联社，8家农村商业银行，城乡营业网点414家，员工3900余人，存贷款总量居全市金融机构第一位。

（肖　菁）

中国邮政储蓄银行股份有限公司衡阳市分行

【概况】　2016年，全行累计实现利润14559万元，完成收入34805万元；利润、收入总额排名全省前列。全行人均创收63.86万元、人均创利26.71万元，点均创收1122.73万元，三大经济效益指标均排全省前列且实现大幅增长。人均经济增加值19.85万元（全省二分平均值为14.9万元）；经济资本回报率38.9万元（全省二分平均值为29.46万元）。常宁市支行获得全省“创效十强支行”“进位十强支行”“十佳支行行长”奖荣誉称号；市分行营业部获得总行级“优秀支行”荣誉称号。

（邓亚楠）

【个金业务】　全行自营储蓄余额72.38亿元，全年净增5.62亿元。代理保险10730万元，排名全省第一。信用卡年度发卡首次突破一万张，达10250张。布放结算机具1199台。发展三方存管业务6595户。理财有效销量80241万元。贵金属交易量164532万元，交易绝对值和完成比排全省第一。手机银行交易笔数896万笔，新增手机银行注册户数39147户。率先在全省成功对接中储粮项目。在全省2015—2016年“心计划”活动中获优胜组织奖。市分行被评为“全省电子银行业务发展先进单位”。（邓亚楠）

【公司业务】　全行公司存款余额37.66亿元，年净增1.1亿元。公司信贷余额13350万元，增幅150%。票据贴现81824万元，增长40%。新农保、新农合、城居保、乡镇国库集中支付和一手房监管项目得到稳步推进；在非税及平台公司营销方面实现大的突破。获批医院和天然气公司贷项目，成为全省在医院、能源两个行业的首单；成功营销2亿元同业理财业务；成功办理福费廷业务4笔，金额4800万元，实现零的突破；地方产业基金、ppp项目合作逐步引向深入。（邓亚楠）

【零售信贷】　全行零售贷款余额514974万元，全年放款294704万元，年净增 83919 万元。市分行被评为“全省小企业贷款业务发展先进单位”和“全省小额贷款业务发展先进单位”。小企业贷款突出客户优化。在总体市场形势不利的大背景下实现年度正增长，排名全省第二。在全省主推的新产品中，医院贷、民营幼儿园放款规模领先全省。消费贷款实现转型提速。在合作平台的强力支撑下全年消费贷款放款 13.4 亿元，净增 8.7 亿元，其中汽车消费贷款净增 1.16 亿元，耒阳支行发放汽车消费贷款 5500 万元，排全省第三位，全国第十一位，实现县市支行发展的历史性突破。小额贷款平台开发有所突破。逐步走出仅仅依靠就业担保贷及烟贷支撑发展的被动局面，平台类贷款实现有效突破。家庭农场贷款净增 1113 万元，耒阳“农房抵押贷款”初见成效，有力支撑小贷余额增长。全市成功创建金融扶贫服务站 19 个，为“惠农易贷”的推广奠定良好基础。

（邓亚楠）

【资产质量】 坚定“合规银行”提质之路，风控体系日益健全。清收压降。全年清收不良贷款现金 5273.88 万元，排名全省第一。在全省一季度不良贷款清收竞赛活动中获先进单位称号；在下半年“百日清收”竞赛活动中，排名全省第一。信贷风险管控有力。担保贷款风险得到有效控制，通过多方运筹，积极缓释，清收追偿，实现担保类风险贷款平稳着陆。创新开展逾期贷款清册动态管理工作。大额不良处置成效突出。按照“重视而不懈怠、担责而不推诿、协同而不缺位、快处而不拖延、灵活而不教条、维权而不妥协”的“六不”原则持续推进清收处置工作。市分行领导挂点落实 100 万元以上不良贷款的重点清收与处置。 （邓亚楠）

【合规管理】 全行开展“管理标准化践行”和“内控达标年”活动，制定科学激励方案，丰富创新活动载体，设立高位创建目标，通过集中学习、现场指导、知识抢答赛以及“三个对标”自查自纠工作的推进，营造出浓厚的“标准践行、对标整改”氛围，内控机制有效运行。从严开展不良贷款责任认定，建立“宽严相济、尽职免责”的问责文化，为信贷合规发展扫清障碍、肃清杂音。防范法律、合规与案件风险，整体工作效果良好，全年无重大风险事件或资金案件发生，完成上海审计分局和监管部门的专项检查工作，在年度内控评价中排名全省第二。 （邓亚楠）

【基础工作】 坚定“质量银行”升级之路，体制机制持续优化。人力资源配置更加优化。聚焦后备干部培养。致力优化客户经理队伍，全市实行信贷客户经理淘汰机制，并在全省率先建立信用卡专营团队。人力资源倾斜营销一线，支撑业务发展。市分行各部室和城区支行副职全部兼职具体岗位；全市全面实现大堂经理外包。开展分层走访人员集中排查活动。制定《员工行为规范考核办法》，规范员工日常行为。财务资源管控更加有力。流程管理做减法，效率提升。支撑服务做加法，保障给力。2016 年 8 月，接受集团巡视组对分行“三重一大”、采购、选人用人、财务管理等全方位的现场巡查，得到充分肯定。完成衡阳县、祁东县支行办公楼和营业部的装修改造及搬迁工作。金融网安全运行各项竞赛指标进入全省先进行列。安全保卫、舆情管控等工作有序推进。重大风险事件、资金安全事故为零。

（邓亚楠）

【企业文化】 坚定“和谐银行”惠民之路，创业动力不断夯实。学习型银行建设氛围浓厚。全行上下致力打造“有愿景理想，有专业素养，有文化内涵，有生活品味”的现代“四有”邮储银行人，持续强化全员业务培训。组织行内资格证考试 59 场，内部证书持证率 100%，银行从业资格持证率 77.59%。党群、监察、工会工作深入开展。推进党风廉政建设工作，对中层管理人员的效能监察工作实施积分制考核。推进“两学一做”学习教育的深入开展。打造党建示范点，衡南县支行党支部通过总行基层党组织建设验收，并被授予全省 2015—2016 年度“十佳先进基层党支部”称号。组织开展劳动竞赛，“三八”登山暨手机摄影比赛、“5·1”职工运动会、职工“健步走”“二次创业、突围再出发”主题演讲比赛等职工文体活动。

（邓亚楠）

华融湘江银行股份有限公司衡阳分行

【概况】 2016年，华融湘江银行股份有限公司衡阳分行克服宏观经济持续下行、企业经营普遍困难、外部环境复杂多变等诸多困难与挑战，取得一些成绩。截至2016年12月末，分行一般性存款时点余额203.16亿元，较年初增长18.02%；信用总量129.64亿元，各项贷款101.94亿元，较年初增长26.13%。在加快自身经营发展的同时，为地方经济社会发展做出应有的贡献，2016年，分行获得2016年市政府目标管理考核优秀单位；市人行综合评价为A类银行，并排名全市同业首位。同时，业务经营稳步发展；风险管控有力有效；内部管理不断夯实；党建工作扎实推进。（李长君）

【雁峰区南郊高兴棚改基金获批】 2016年年初，由华融湘江银行衡阳分行创新参与设立的雁峰区南郊高兴棚改基金45亿元，经华融湘江银行总行批准落地，为衡阳市最大的一笔产业基金。2016年1月，该项目第一期资金14.7亿元投放到位，全部用于支持雁峰区南郊高兴棚户区改造及配套城镇化基础设施建设。2015年10月，该基金由华融湘江银行衡阳分行与市城市建设投资有限公司联手启动，总金额达45亿元。根据该基金设立的方案，市城建投公司作为劣后级出资人出资13.5亿元，华融湘江银行作为优先级出资人出资31.5亿元，基金共分三期投入。（肖　菁）

中国民生银行股份有限公司衡阳分行

【概况】 2016年，全行存款规模创新高达47亿元；存款余额较年初新增13亿元，排名长沙分行第二。对公不良清收压力较大，通过重组方式处置3笔不良资产，现金收回4笔不良资产。受政策及内生动力不足，以及来雁提前还贷7亿元等原因影响，表内授信规模萎缩。明确创新发展思路，培育业务增长新动力。创新对业务发展的支持作用增强，营销区县级财政、融资、资产业务；加强与政府平台项目的业务合作关系；把机构业务作为经济下行期负债业务增长的主要抓手。创新对平台拓展的推动作用增强。搭建项目来源和审批通道平台，加大金融机构联系，了解各平台公司的融资需求。创新对零售业务的拉动作用增强。全年围绕存款、贷款、不良及获客等零售核心指标，出台14个零售竞赛方案，通过全员营销、微信推动等举措，取得较好的成绩。主动负债、大额存单、财富资产余额指标均名列长沙分行第一。强化风险管控手段。通过专业化清收举措提高不良化解成效，成立催清收团队，制订不良资产清收及压降管理考核办法。通过客户分层推动差异化逾期重组和清收，全年重组8户公司问题贷款，现金清收8户问题贷款，金额1.21亿元，完成万元集团4000万元贷款以资抵债工作，通过以上措施处置和收回问题贷款1.82亿元，占全部问题贷款的36%。通过主动信贷管理确保小微不良实现“双控”目标，对小微不良贷款客户进行批量起诉，同时启动核销，核销金额达1030万元，全年现金清收小微不良贷款207.51万元，已诉促谈重整化解988万元，冻结客户资产1753万元，其中冻结现金113万元。（郭　娟）

招商银行股份有限公司衡阳分行

【概况】 2016年，招商银行股份有限公司衡阳分行贯彻落实长沙分行2016年工作会议精神，坚持“理性发展，质量先行，强化管理，严格内控”的“十六字”经营管理思路，致力市场开拓创新，强化联动交叉营销，坚守合规经营底线，夯实内控风险管理，加强员工队伍建设，营造招银“家园文化”，全年各项工作指标的稳健运行。

一、客群建设。零售客群方面。截至11月月底，私人银行客户累计达9户，较年初新增3户；钻石客户累计达35户，较年初新增11户，完成长沙分行下达任务的83%。金葵花客户累计达1230户，较年初新增239户，完成长沙分行下达任务的75%；金卡客户累计达，5582户，较年初新增952户，完成长沙分行下达任务的134%。截至11月月底，有效大众客群累计达21562户，较年初新增4063户，完成长沙分行下达任务的67%。钻石客户

86户，达标32户，达标率37%；私人银行客户10户，达标3户，达标率30%。剔除三方保证金后，私钻客户总资产余额为2.6亿元。公司客群方面。一是以客户的性质区分看。授信客户。截至11月月底共25户，其中大中型授信客户15户，授信金额18.1亿；小企业授信客户10户，授信金额1.12亿。基础客群。截至11月底，共有对公账户2021户，其中有效户510户，较年初增加73户。核心客群。截至11月月底，大中型核心价值客户3户。二是以客户对公存款规模区分看。截至11月月底，存款年日均100万（含）以上的客户78户，500万（含）以上的客户39户，1000万（含）以上的26户，5000万（含）以上的核心存款客户8户（其中7户为机构类客户）。

二、风险管理。强化风险管理，截至2016年11月月末，全口径不良贷款笔数16笔，余额4720万元。其中，对公不良贷款笔数2笔，余额1076.62万元，比年初减少123.88万元，不良贷款率1.19%，比年初下降0.16%，控制在长沙分行下达任务5373万元、2%内；个人不良贷款笔数14笔，余额3644万元，较年初增加1300万元，不良贷款率8.75%，较年初增加4.23%。2016年，该行清收不良贷款7户，收回金额1750.49万元，其中：对公收回3户，收回货币资金1521.49万元（含已账销案存的“德润食品”）；个贷收回4户，收回货币资金229万元。

三、收益类指标。截至11月月末，全行实现经营利润4625万元。各项经营收入累计达13487万元，其中零售财富中收累计达成1383.61万元，完成长沙分行下达任务的95.09%；公司条线今年前8个月完成考核利润2807.44万元，实现轻型导向非利息净收入510万元。（石卓越）

【存贷业务】 截至2016年11月月末，全行AUM月日均余额32.43亿元，剔除三方保证金后余额为27.01亿元，较年初新增4.92亿元。存款方面。2016年11月末，全口径各项自营存款余额20.71亿元，较年初减少0.05万，与年初基本持平。其中，对公存款时点余额14.03亿元，较年初增加5334万元，增幅3.95%。储蓄存款时点余额6.68亿元，较年初减少5847.58万元，减幅8.05%；月日均6.83亿元，较年初减少8231.34万元，减幅10.76%。贷款方面。截至2016年11月末，全口径各项表内外贷款投放余额42.57亿元，较年初增加25.73亿元，增幅152.79%。其中，对公贷款表内外投放余额38.59亿元，较年初增加26.93亿元，增幅230.96%。个人贷款时点余额4.16亿元，较年初减少1.02亿元，降幅19.69%。其中，消费贷余额5907万元，占比14%，较年初增加411万元；小微贷余额23700万元，占比57%，较年初减少9453万元；房贷余额12000万元，占比29%，较年初减少1129万元。（石卓越）

【经营拓展】 树立“轻型银行”的经营理念，推动融资新业务和新产品的营销。其一，针对当地企业的特点开发适合不同主体、不同产业的信贷产品，从而拓宽企业的融资渠道，拓展新的业务增长点。2016年以来，成功营销华菱钢管跨行信用证议付业务4亿元、他行担保贷款1.43亿元，单此一项增加信贷投放5.43亿元；成功为中油金鸿天然气输送有限公司的母公司金鸿能源申请承销20亿元超短期融资债券，为该公司发行10亿元超短期融资债券；成功落地衡阳市第一人民医院融资租赁业务3000万元。其二，根据当地经济特色，通过票据贴现、票据开立、票据池、票据再贴现等一揽子业务品种，满足企业资金需求。截至11月末，办理票据贴现6.95亿元，办理票据再贴现2.65亿元。其三，加强同业合作，2016年加大当地信用联社（农商行）等同业业务拓展力度，已经成功签约“招赢通”客户7户，并实现客户购买理财产品2亿元，为同业客户的资金争取更大的收益。（石卓越）

【精准营销】 根据战略部署，实施对重点客户的精准营销。一是用活“智慧医疗”。通过“智慧医疗”的嵌入，与衡阳市第一人民医院成功签约，成为长沙分行“智慧医疗”首单业务，为拓展衡阳市中心医院等医院板块战略客户奠定基础。二是全面对接平台。与衡阳市交通投达成为其发行15个亿融资债券的合作意向，与衡阳市城建投达成10个亿保理业务的合作意向，与衡阳市滨江公司、衡阳市高新投、衡阳市白沙投等十余家平台公司均建立合作关系。2016年12月22日，该行协同衡阳市政府成功举办100余人参加的大规模、高规格的“衡阳市2016年‘植优补短’政银企对接会”，全面对接衡阳市所有的平台与园区，并且延伸到县（市）区。三是纵深推进战略性客户合作。2016年，该行深入营销重点战略客户，中油金鸿、恒飞电缆、湖南机油泵、南岳生物制药等8家企业入围长沙分行第一批战略客户名单，进一步纵深营销、提升合作，通过增信、公私联动、新产品对接等，成为这些战略客户在结算、融资等各方面业务的主办银行。（石卓越）

中信银行股份有限公司衡阳分行

【概况】 2016年，中信银行股份有限公司衡阳分行（以下简称中信银行衡阳分行）围绕实现“以价值创造和轻型发展为导向坚持效益、质量、规模协调发展努力建设成最佳综合融资服务银行”的指导思想，坚持“信心百倍迎挑战传承创新续新篇”的经营思路，年内成为长沙分行第二家全口径存款时点突破100亿元的二级分行。(1) 截至2016年12月，全口径存款70.5亿元，自营性存款时点余额48.59亿元，其中对公存款时点余额40.07亿元，比年初新增0.69亿元，零售存款时点余额8.52亿元，较2015年基数增加0.66亿元；零售管理资产时点16.08亿元，较2015年基数增加4.17亿元。（2）截至2016年12月，中信银行衡阳分行表内外资产总量达到108.46亿元，较年初新增15.94亿元，增幅15.72%，其中表内资产71.7亿元，增幅5.01%，表外资产36.76亿元，增幅11%。贷款时点余额30.54亿元，比年初下降7.92亿元，其中公司贷款26.23亿元，比年初下降5.14亿元，个人贷款4.27亿元，比年初下降2.52亿元。（3）截至2016年12月，不良贷款余额7476万元，其中对公无不良贷款。不良率2.47%，略高于长沙分行0.7个百分点。（宾金琳）

【人员机构】 截至2016年末，中信银行衡阳分行员工85名，拥有本科及以上学历的人数占比达96%。内设公司银行部、零售银行部、风险管理部和办公室，下属营业部、常胜路支行、白沙洲支行及耒阳支行。其中白沙洲支行装修完毕并开始试营业。

（宾金琳）

【服务衡阳经济发展】 坚持“立足衡阳，幅射周边”的发展思路，以“助推客户成长”为使命，发挥中信集团金融与实业并举的独特竞争优势，支持当地经济建设。中信银行衡阳分行自成立5年以来，累计投放贷款总额超过240亿元，其中表内投放147.63亿元，表外投放73.71亿元，表表外投放18.29亿元。

（宾金琳）

【加强政府企业互动】 在2016衡州经济论坛上作为股份制银行唯一代表发言；彭娇强行长在市政府举办的“衡阳市金融创新与项目投资”培训班上进行授课；开展与衡阳市老年大学战略合作，向社会推介中信银行，推介中信产品。（宾金琳）

【周海兵会见中信银行长沙分行行长王顺清一行】 2016年9月26日，市委副书记、市长周海兵会见中信银行长沙分行行长王顺清一行。双方就加强中信银行长沙分行与衡阳深度合作进行深入交流。2012年5月，中信银行衡阳分行正式对外营业。经过五年发展，中信衡阳分行依托中信集团综合金融平台，借助中信控股旗下证券、保险、信托、基金等不同类型金融子公司在资源、信息、产品、创新等方面形成的合力，全方位、多渠道满足客户的需要。截至2016年8月，中信银行衡阳分行存款时点余额79.10亿元，该行通过“商行+投行”的全景融资模式为衡阳经济建设在2016年度投入76亿元资金。王顺清表示，中信银行衡阳分行在衡阳发展稳定，奠定良好的合作基础。中信银行长沙分行将发挥中信集团金融产品门类齐全的优势，支持中信银行衡阳分行加强与衡阳全面合作，不仅要做好政府项目，而且要在旅游、企业扶持等方面加大合作力度。衡阳旅游资源丰富，关键是要打造好品牌；衡阳企业很多，关键是要打造优质资源。周海兵指出，衡阳是全国老工业基地，工业门类齐全、产业基础好，相关部门要站在银行家的角度，重新梳理企业，打造平台，向银行推介衡阳企业。希望中信银行长沙分行以先进的理念，理顺体制机制，创新合作模式，防范金融风险，打好组合拳，支持衡阳实体经济、小微企业发展。衡阳区位优越、交通便利，已形成以南岳为龙头的大旅游格局，希望中信银行长沙分行积极投资衡阳旅游，发掘衡阳旅游文化，提升衡阳旅游品质。市领导段志刚、章彰参加会见。

（肖　菁）

中国光大银行股份有限公司衡阳分行

【概况】　2016年，中国光大银行股份有限公司衡阳分行（以下简称光大银行衡阳分行）不断转变观念、调整思路、明确目标，坚持以发展为第一要务、以做大规模为任务、以推进大资产项目为突破口，抢抓市场机遇，各项业务实现平稳、良性发展，资产、负债规模取得突破性增长。截至2016年12月末，光大银行衡阳分行各项存款余额67.17亿元，较年初新增41.94亿元。其中对公存款61.14亿元，较年初新增40.46亿元。对私存款6.03亿元，较年初新增1.48亿元。在当地5+1同业中排名第一，增量和增幅均排名第一。在长沙分行七家异地分支机构中排名第三。截至2016年12月末，各项贷款余额51.56亿元，较年初新增36.12亿元。其中，对公贷款46.58亿元，较年初新增34.77亿元，个人贷款4.57亿元，较年初新增1.35亿元。截至2016年12月末，光大银行衡阳分行两家社区银行九资余额6640万元，各项存款时点余额5093万元。核心存款时点余额1900万元，核心占比37.31%。2016年，光大银行衡阳分行超额完成长沙分行下达的任务，在当地5+1同业排名，一般性存款规模实现“保二争一”，增量、增幅排名“第一”；大资产业务和贷款增量排名第一。

（刘　璐）

【贷款风险可控】　受国内外经济形势影响，经济下行压力明显，经济运行中的一些深层次矛盾和不确定因素依然存在，银行不良贷款反弹压力较大，民间融资、部分重点企业的风险开始显现。光大银行衡阳分行资产质量一直较为稳定，面对经济下行的趋势，配合长沙分行调整贷款客户结构，加强贷后管理工作，加大民营企业风险排查力度，对高风险客户密切关注。提高客户经理风险意识，帮助客户经理养成良好的工作习惯，提高风险管理水平，不良贷款余额3400万元，不良率0.62%；其他贷款风险整体可控，资产质量基本良好。

（刘　璐）

中国广发银行股份有限公司衡阳分行

【概况】　2016年，中国广发银行股份有限公司衡阳分行（以下简称广发银行衡阳分行）内控管理工作继续保持安全运营无事故、资产质量保持优良的健康发展态势。截至12月31日，全行一般性存款余额20.24亿元，其中公司存款15.56亿元，储蓄存款4.68亿元；个人AUM日均7.82亿元。全行贷款余额18.5亿，表内余额15.1亿元，其中小微企业贷款余额3.26亿元，个人贷款余额3.03亿元；表外授信余额3.4亿元，其中银票余额3.26亿元，保函0.13亿元。不良贷款余额共计266万元，不良率0.17%。全年完成总营收1.32亿，完成率78.76%，实现净利润5472万，完成率100%；实现经济利润2453万，完成率74.32%。新增大中型授信客户10户，新增现金管理有效客户数187户，新增核心客户达到13户，其中战略核心客户11户；新增中小授信客户20户；新增储蓄存款账户3800户，其中净增VIP有效户客户161户，完成率72%；生意人卡及自信卡户数282户，完成率104%；手机银行新增8122户；三方存管新增有效户336户。全年新增激活卡2800张。白金卡227张，其中臻尚192张，臻享35张。签约优惠有效商户100家，核心商户60家。营业收入3404万。

（谭建林）

【公司业务】　表内授信业务。全年合计上报审批授信72户，其中大中型授信客户27户，小企业45户，重点新增天然气公司、启迪古汉、公交公司、衡阳白沙投、衡阳滨江投、衡阳白沙投、风顺车桥、雁能集团等一批在衡阳具有代表性的平台和企业客户。全年累计出账169笔，累计出账金额201593万元，其中贷款出账137946万元。投行业务。批复衡阳市城投公司20亿元综合发债额度，并上报20亿元短期融资券注册资料到交易商协会。撮合衡阳寰城投公司在中海信托公司批复10亿元信托贷款。批复湖南猎豹汽车公司1.84亿元并购衡阳风顺车桥公司股权业务。与衡阳市滨江投公司达成发行10亿元PPN的合作意向。贸易融资业务。全年完成现金管理有效户187户，其中交易户10户。与长丰集团达成票据池业务合作方案，启动子公司衡阳风顺车桥票据池业务，累计办理出账金额7000万元。办理衡阳市滨江投公司8000万元应收账款质押授信业务，获得贸融中收39万元。金融市场。全年累计办理同业存款35亿元，办理同业理财2亿元。全年累计办理银票贴现2.63亿元。（谭建林）

【个人业务】 （1）有效卡完成情况。两卡有效户全年完成280张，超出长沙分行下达的目标任务271张。全年任务完成的主要支柱为人寿渠道产出、5—9月特惠利率活动产出、房贷放款量换算产出。（2）个贷余额。截至12月31日，个贷余额达到30，317万元，较2015年年底余额数28，563万元新增1754万元，。比较2015年度，自信一贷余额增长明显，信用贷所占比例由43.43%升为46.24%，整体余额结构相较2015年底更为合理稳固：质押类贷款比例下降、按揭类贷款比例上升，抵押易贷款比例上升。（3）风险控制。逾期超过90天的合计余额2，666，492元，不良率为0.87%。主要构成生意红、配套易（化解贷款）、抵押易合计154.46万元；自信一贷及其他消费类贷款余额合计112.19万元。（谭建林）

浦发银行股份有限公司衡阳分行

【概况】 2016年2月，浦发银行股份有限公司衡阳分行（以下简称浦发银行衡阳分行）被浦发总行评为“青年文明号”，被市银行业协会评为“服务明星网点”。2016年4月，浦发银行衡阳分行获得浦发银行长沙分行2016年度旺季营销竞赛对公基础日均存款新增“优胜单位”称号和对公合意资产新增“标王”称号。2016年11月，浦发银行衡阳分行首单债务融资工具——弘湘公司10亿元PPN业务成功发行。2016年12月，浦发银行衡阳分行与衡阳市国家税务局、衡阳市地方税务局在浦发衡阳分行四楼会议室成功签订“银税互动”战略合作协议。2016年12月，浦发银行衡阳分行在衡南县谭子山镇洋湖村设立的首家金融扶贫站正式挂牌，标志浦发银行衡阳分行“普惠金融、精准扶贫”项目在县域正式成立。2016年12月，浦发银行衡阳分行获得浦发银行长沙分行2016年度“先进集体”称号。2016年12月，浦发银行衡阳分行被衡阳市公安局授予2016年度全市金融系统安全保卫工作“集体三等功”。（谭盛成）

长沙银行股份有限公司衡阳分行

【概况】 2016年，经各方努力，长沙银行在衡阳开设分行。该行于7月8日正式开门营业，地址设在衡阳市蒸湘区人大花苑。分行有内设机构七个，分别为综合保卫部、公司一部、公司二部、零售业务部、运营管理部、风险合规部和营业部，全行共有职员50人。（石卓越）

【存贷业务】 截至2016年年底，各项存款时点数为17.17亿元，时期数为5.2亿元。其中对公存款时点数为16.69亿元，时期数为4.9亿元，储蓄存款时点数为4821.9万元，时期数为2706.8万元。累计授信60万元，已过会35.95亿元，累计发放贷款13.52亿元。（石卓越）

【制度建设】 2016年，该行完善内部治理，加强制度建设根据总行相关政策及时出台分行业务管理制度35项，每周定时组织各条线、各部门学习制度文件不小于两小时，每月组织各类制度考试不低于2次，在日常管理过程中，根据制度逐项检查，对发现问题坚决按照制度进行处理，形成靠制度管人，靠流程管事的习惯，保证各项制度的落实。（石卓越）

【风险防控】 2016年，完善制度体系建设，全面把控风险，搜集风险合规条线相关文件300余篇，结合分行实际，制定衡阳分行授信审批、信审会、征信、档案、责任追究、内控管理等相关方面的制度9篇，并组织相关人员学习，督促全行员工在实际操作中时刻严守制度底线，防范操作风险。制定标准化授信审批操作流程，提高审批效率。将资料上报、审批签字、项目放款等流程的操作标准化，制定各类产品不同环节需要上报的资料清单和审查表格，使复杂的流程简单化、模式化，让客户经理更好更快实现项目上报和审批。建立初审、复审、终审三级审批制度，层层把关、一级一级复核，确保风险最低化。（石卓越）

【项目拓展】 夯实业务发展基础，营销各大客户群体，洽谈合作意向，储备资产项目。截至年底，对接的表外（投行）项目8个，总金额70亿元，与市县各园区达成初步合作意向。

（石卓越）

【长沙银行衡阳分行举行开业暨银企合作签约仪式】 2016年7月8日，长沙银行衡阳分行举行开业暨银企合作签约仪式，与3家单位签订战略合作协议。市委副书记、市长周海兵，长沙银行党委书记、董事长朱玉国共同见证签约。衡阳高新技术产业开发区管委会、市弘湘国有投资（控股）集团、市滨江新区投资有限公司与长沙银行衡阳分行分别签订战略合作协议。市委常委、常务副市长段志刚表示，衡阳全市上下致力于打造更加优良的金融生态环境，为包括长沙银行在内的各金融机构营造优质高效的市场环境，支持各大银行在衡阳有序经营、健康发展。市领导章彰、伍清明、肖长贵、胡水龙参加签约仪式。（肖 菁）

中国人民财产保险股份有限公司衡阳市分公司

【概况】 2016年，中国人民财产保险股份有限公司衡阳市分公司（简称人保财险衡阳市分公司）围绕省分公司“品质公司，百亿公司，创新公司，和谐公司”战略目标，突出发展、效益、合规主题，各项工作稳步推进，公司呈现出持续向好的发展态势。一是保费收入突破10亿。全市系统全年累计完成生效保费103710万元，历史性突破10亿元，成为衡阳市首家十亿量级的财险公司。保费收入同比增长22.77%，跑赢市场增速6.33个百分点；累计完成实收保费103683万元，同比增长24.44%，生效保费和实收保费同比增速和计划完成率均排在全省系统前列，公司市场份额为44.82%，同比提高2.31个百分点。18家经营单位保费收入实现正增长。二是盈利能力提升。全年综合赔付率为61.67%，同比上升0.8个百分点，综合费用率为29.29%，同比上升0.39个百分点；综合成本率为90.96%，累计实现报表利润8570万元，完成年计划的126.03%。三是运营状况稳定。全年未到期责任准备金总量达31603万元，较年初增提3356万元；未决赔款准备金总量达31786万元，2016年计提净额7693万元，期末未决赔款准备金占已赚净保费的31.99%。百元保费净现金流25.48元。四是服务水平。全险种案件处理率为100.6%，全险种结案率为95.13%，万元以下车险理赔周期15.59天，同比下降23.13%，车险万元以下5日结案率61.19%，同比上升11.16%，全险种未决存量4706件，同比下降11.84%，在全省系统理赔质量考核中排名第5名。五是优化员工结构。全年新进人员70人，全市系统本科学历及以上人员占比70.61%，较2015年提高6.88个百分点；35周岁以下青年员工占比64.34%，较上年提高2.82个百分点；新聘和提拔干部12人次；完成19名员工的身份转换，劳务派遣用工占比为14.1%，较2015年年底下降2.93个百分点。(6) 品牌力量彰显。全年公司累计支付赔款5.34亿元，缴纳和代征税收10440.81万元。服务和服从于衡阳经济社会发展大局，推动民生类、社会保障型保险，提升特色农险保障覆盖范围。有效应对各类自然灾害，做好“6·26”高速公路事故、衡南雹灾等重案理赔工作。（段海文）

中国人寿保险股份有限公司衡阳分公司

【概况】 2016年，中国人寿保险股份有限公司衡阳分公司（以下简称中国人寿衡阳分公司）适应寿险业高速发展的大趋势，以经营指标和职能指标考核为导向，以改革创新为动力，取得较好成绩。2016年，公司经营指标考核排名全省系统第三名，成功入围3A类公司，实现年初既定目标。

2016年，中国人寿衡阳分公司长期险首年标准保费、首年期交保费、10年及以上首年期交保费、长险新单保费和短期险保费均提前一个季度达成年度预算指标，预算完成率均在120%以上，较2015年增长率均超过30%，其中首年期交保费和10年及以上首年期交保费成功实现“翻番”，首年期交保费指标中耒阳成功实现“翻番”、10年及以上首年期交保费指标中衡阳县成功实现“翻番”。队伍建设有效果，全年销售队伍持证人力达到9089人。经营效益稳步提升，全年实现创费9692万，同比增长63.1%。各条线职能考核在全省系统均取得较好的排名位次，银保、收展和教培职能考核排名全省第一，团险和健康险排名全省第二，个险、人发、A柜面和内控排名全省第三，综合、人力和财务排名全省第四。2016年，中国人寿衡阳分公司获得省公司“先进分公司”“创新成果奖”“市场竞争卓越奖”“人力发展成就奖”“价值贡献奖”，银保和收展渠道获得“发展突出奖”，个险中心城区和常宁获得“重点区域竞争突围奖”，蒸湘、雁峰和收一入围“全省城区十六强”，祁东和常宁入围“全省县域三十强”，人力发展部经理李云辉被评为“感动湖南国寿十大人物”。 （蒋宏伟）

【业务发展】 （1）个险渠道。全年实现首年标保1.7亿，达成年度预算的121.7%，同比增长61.9%；实现首年期交3.6亿元，达成年度预算目标140.3%，同比增长114.4%；实现10年及以上首年期交2.5亿元，达成年度预算目标123.3%，同比增长105.3%；实现短期险2598.4万元，达成年度预算目标107.1%，同比增长33.67%。其中，首年期交指标中蒸湘、珠晖和收一实现“翻番”；10年及以上首年期交指标中蒸湘、珠晖、收一和衡阳县实现“翻番”；短期险指标中蒸湘、城郊、祁东、衡山、衡南、常宁和珠晖实现“翻番”。（2）银保渠道。实现长险首年标保2798.9万元，达成年度预算的146.9%，同比增长78.9%；实现新单保费3.4亿元，达成年度预算的102.6%，同比增长19.1%；实现首年期交1.2亿元，达成年度预算的130.6%，同比增长92.3%；实现10年及以上首年期交2833.4万元，达成年度预算的180.9%，同比增长126.5%；实现短期险527.8万元，达成年度预算目标196.2%，同比增长327.5%。其中，长险首年标保指标中耒阳和衡阳县实现“翻番”，新单保费指标中雁峰、衡山、理财和耒阳实现“翻番”，首年期交指标中雁峰和耒阳实现“翻番”，10年及以上首年期交指标中衡阳、耒阳、衡东、祁东、常宁和理财实现“翻番”；短期险指标中衡东、耒阳、衡南、雁峰、衡阳、常宁、祁东、理财和衡山实现“翻番”。（3）团险渠道。实现短险保费收入8465.1万元，达成年度预算的108.8%，同比增长27.6%。其中、祁东、衡南增长率过60%。（4）收展渠道。全年实现首年标保4349.5万，达成年度预算的128.7%，同比增长101.2%；实现首年期交9017.1万元，达成年度预算目标144.1%，同比增长149.2%；实现10年及以上首年期交6386.1万元，达成年度预算目标133.5%，同比增长144.7%；实现短期险643.0万元，达成年度预算目标109.1%，同比增长174.3%。其中，首年标保指标中祁东、衡阳县实现“翻番”，首年期交指标中祁东、衡阳县、常宁和收一实现“翻番”，10年及以上首年期交指标中祁东、衡阳县、收一和常宁实现“翻番”，短期险指标中常宁、衡山、祁东、衡阳县、收一、衡东和衡南实现“翻番”。（5）健康险渠道。全年新增大病保险业务，承办区域7个（四县三区），大病基金规模7840万；承办新农合经办业务4个，新农合基金规模5357万，新增常宁新农合经办业务，基金规模527万；新增衡南新农合带动业务435万，工伤补充保险120万。 （蒋宏伟）

【队伍建设】 （1）银保渠道。保险规划师持证人力达成1155人，完成年度预算目标120.3%；月均有效举绩人力达成465人，完成年度预算目标121.1%；季均有效人力达成289人，完成年度预算目标126.6%。客户经理人数达到265人，完成年度预算目标的236.6%。其中雁峰、耒阳、衡南和衡山队伍建设效果明显。（2）团险渠道。销售队伍稳步增长，达到391人，较2015年增加128人；业务拓展团队达47个，较2015年增加7个。（3）收展渠道。月均T3人力1816人，达成年度预算125.6%；季均有效人力924人，达成年度预算192.3%；月均增员率13.8%；月均三晋率52.3%。 （蒋宏伟）

【经营效益提升】 全年实现创费9692万，同比增长63.1%，非人员经营管理费用节余1222万元。全年员工薪酬总额4615.86万，较2015年增长43.47%，人均薪酬达到12.97万，较2015年增长39.49%。全年短期险赔款支出2945万元，综合简单赔付率25.4%，其中个险渠道35.7%，团险渠道22%，排在全省第一位。全年实现续收保费7.8亿，个险渠道续期收费率94.2%，银保渠道续期收费率88.5%，年度复效率15.95%。全年实现缴纳税收1786.29万，较2015年增长6.2%。 （蒋宏伟）

【市场竞争】 2016年，中国人寿衡阳分公司与主要竞争对手的个险新单期交（折算保费）对标值从2015年的1.06提高到2016年的1.52，个险月均销售人力（剔除三个月低零绩效人力）对标值从2015年的1.44提高到2016年的1.73，增幅分别为0.46和0.29。其中中心城区从2015年的双落后变成2016年的双领先，个险新单期交（折算保费）对标值从2015年的0.85提高到2016年的1.53，个险月均销售人力（剔除三个月低零绩效人力）对标值从2015年的0.79提高到2016年的1.43，增幅分别为0.68和0.64。在县域竞争中，常宁业务和人力领先优势都有扩大；耒阳人力由落后变为领先，业务落后差距有所减少；祁东业务领先优势扩大，人力领先优势维持；衡阳县业务领先优势扩大，人力领先优势缩小；衡东业务领先优势扩大，人力领先优势缩小；衡山业务领先优势缩小，人力领先优势扩大；衡南业务和人力领先优势都有缩小。 （蒋宏伟）

【创新经营】 个险渠道中心城区“崛起2016”项目被省公司评为年度创新成果奖。个险和收展渠道的职场裂变计划得到总部认可。银保渠道在鑫项目成熟推进的基础上研发渠道“总裁峰会”，现场签单1276万，回收保费1206万，总公司银保部总经理亲临衡阳调研，并在全国银保渠道工作会议上推广总裁峰会模式。银保渠道在全省范围内，首创与建设银行签订“金融生态圈”战略合作协议，将渠道合作推向新的起点。团险和健康险渠道通力合作，协助衡南支公司在做好政策性业务管理服务的基础上，创新开展新农合带动业务，收取保费435万，是全市第一家突破新农合带动业务的公司。 （蒋宏伟）

万联证券有限责任公司衡阳证券营业部

【概况】 2016年，营业部实现考核利润2，265.27万元，市场占有率为0.215‰。新增有效账户3，568户，新增资产值26，277.05万元，衍生品指标完成率68.85%，客户覆盖率2.28%，资产覆盖率2.36%，托管规模820万元，签约金额100万元，储备项目2个。综合完成率60.40%。 （何谦礼）

【私募托管业务】 私募托管业务实现零的突破，完成嘉顺1号产品的引进与落地，因该公司急需资金，在10月份赎回大部分资金。嘉联3号私募结构化基金的公司流程全部走完，2017年将进入募集期。 （何谦礼）

【服务投资者】 2016年，营业部的投资顾问团队新增有效户116户，新增资产1481万元，销售基金2637万元。 （何谦礼）

【营销工作】 营业部在衡阳市本地高校、58同城广发招聘信息，组织应聘人员参与证券从业考试，营业部截止于11月30日，引进试用期业务主管1名，营销员工2名，经纪人3名。营销团队2016年客户数13782户，占营业部客户数28.11%；新增有效户数749户，占营业部新增有效户57%；资产数11619.78万，占营业部新增资产的44.62%。营销团队交易量为173.4亿元，占营业部交易量的32.6%，净佣金648.7万，占营业部净佣金28.59%，这些占比数据同比都在上升。营业部的营销团队在上半年完成新三板签约项目一个，帮助营业部在机构协同业务方便取得进展。实现300万康泽的销售，超额完成公司这只封闭期长达5年的资管产品。 （何谦礼）

【产品销售】 2016年，基金销售任务加重，营业部发挥主观能动性，向客户推荐适当的产品，截止于2016年11月销售基金3000万元，较2015年在绝对数量上增长55%。 （何谦礼）

方正证券股份有限公司衡阳证券营业部

【概况】 截至2016年12月底，船山、东风、衡东洣江大道、衡阳解放大道、耒阳金桥路、衡阳衡山人民西路营业部六家营业部资产账户共计19.71万户，2016年新增账户3.71万户。衡阳船山大道中心营业部2016年期末资金账户户数达到119771户，托管市值44.45亿，股票基金交易量885.97亿；融资融券交易总额53.34亿，信用账户有效户1733户；期货IB业务客户期末数943户，成交金额251.53亿元；广义代买收市场占比千分之0.882，2016年实现利润6151万元。 （魏 英）

【营业部活动】 2016年5月9日，营业部参加衡阳市人行中心支行金融学会组织的金融科学知识普及活动，宣传证券法、反洗钱法、金融消费者权益保护法，发放宣传手册及折页200多份。2016年8月，特邀上海证券交易所讲师来衡举办“期权大讲堂”个人投资者培训班方正证券衡阳专场，开展投资者期权知识教育，参加人数达300余人。2016年9月9日，衡阳船山大道中心营业部在中期工作总结会议期间，参观井冈山革命博物馆、北山革命烈士陵园、茨坪旧居群、黄洋界保卫战旧址、小井红军医院，了解井冈山两年零四个月的革命斗争史，由六个营业部组成六个团队，围绕红军井冈山红色革命事迹，自编、自导，自演，以诗词朗诵、红歌演唱、话剧、舞蹈等节目活动形式，宣扬革命优良传统，进行爱国主义教育。2016年11月27日，营业部协同公司财富管理部，特邀民族证券财富首席分析师段少崴、央视财经特邀评论员，在衡阳广电中心举办大型投资报告会，普及金融知识，树立正确的理财观念，远离非法证券活动，传递正能量，宣导金融创新产品首席方略、投资顾问服务业务，做理性投资者教育及指导，参加人数近600余人。

（魏 英）

科学技术与科技服务

责任编辑：郭 琦

总　类

【概况】　2016年，衡阳科技工作坚持发挥科技创新在全面创新中的引领作用，聚焦产业转型升级，聚焦科技成果转化利用，聚焦“大众创业、万众创新”，各项工作取得新成效。

一、国家创新型城市。中央提出到2020年要进入创新型国家行列，加快推进创新型城市试点工作是未来几年国家科技创新工作的重点。2015年9月，市委、市政府提出要创建国家创新型城市。2016年，市科技局多次向科技部、省科技厅汇报。3月，邀请北京有关专家来衡阳市考察和座谈，就编制《衡阳市国家创新型城市试点工作实施方案》提出相关意见和建议。6月上旬，北京有关专家来衡阳指导申报工作，并编制《衡阳创建国家创新型城市试点方案》。

二、科技创新环境。围绕衡发〔2015〕16号文件，构建“1+X”制度体系。制定《衡阳市专利资助办法》，在专利技术运用、专利资助政策和质押融资等领域进行积极探索，对专利权质押融资给予贴息和评估资助。形成《关于促进衡阳市科技企业孵化器发展的意见》初稿，实施市级科技孵化器发展专项，设立种子基金，为创客提供创业场所，支持在孵企业成长；着手制定《实行企业技术需求和科技成果转化清单制度》及《衡阳市加快科技成果转移转化的实施意见》，促进科技与经济的深度融合发展，加快推动科技成果转化为现实生产力。

三、高新产业。2016年，推荐44家企业参加高新企业认定，37家通过认定，全市有高新技术企业93家。进入高新技术产品统计笼子的企业达到308家。高新技术产业产值1402亿元。高新技术产业增加值380亿元，比2015年同期增长17%，高出全省平均水平1个百分点。全市R&D达到28.5亿，占GDP比重达到1%。

四、创新平台。新增省级工程技术研究中心1家，南华大学湖南省铀尾矿库退役治理技术工程技术研究中心；省级重点实验室2家，南华大学肿瘤细胞与分子病理学湖南省重点实验室、衡阳师范学院智能信息处理与应用湖南省重点实验室。市级工程技术研究中心5家、市级重点实验室5家。衡阳国家农业科技园区和耒阳、祁东省级农业科技园区建设不断步入正轨。衡阳市中关村金种子创业谷投入试运营，入驻的中介机构和创新创业团队近30家。

五、知识产权。衡山县国家知识产权强县工程试点县通过省验收。科技与金融结合专利质押融资实现零的突破，帮助鹏润锻造等企业开展5笔专利质押融资，质押融资4100万元。2016年，专利授权2266件，全省排名第4，同比增长11.8%；其中，发明专利授权259件，同比增长21.6%；市本级专利行政执法部门查处侵权假冒案件21件，侵权纠纷案件4件，结案率100%，知识产权环境进一步优化。

六、产学研结合。雁峰区成功申报湖南省科技成果转移转化示范县区，省科技厅将为此提供3年1000万项目经费。指导特变电工组建湖南高端输变电装备创新战略联盟、湖南高速铁路职业技术学院组建湖南盐卤化工产学研战略联盟、天雁机械组建衡阳市汽车及零部件产业技术创新战略联盟。　（彭　迪）

工业科技

【衡阳召开核电产业技术创新座谈会】　2016年1月22日，衡阳市科技局组织召开核电产业技术创新座谈会，南华大学、湖南工学院、二七二铀业、特变电工等核产业相关院校企业技术负责人参加。此次会议主要是为凝炼核电产业链重大关键技术，促进全市核电产业发展，对接国家“一带一路”和核电“走出去”发展战略。参会人员交流本单位核电产业发展现状，“十三五”期间拟建设的重大项目和平台、拟突破的重大关键技术。以南华大学、二七二铀业为依托的核科技产业园、核产业基地纳入省国防科工委“十三五”发展规划。　（文爱菊）

【白沙洲工业园牵手与中科众能科技有限公司签订共建合作协议书】　2016年9月6日，白沙洲工业园区管委会与中科院下属的北京中科众能科技有限公司签订共建合作协议书，该公司将首期投资1000万元，在园区内注册成立中科众能绿圃科技成果转化服务平台，着力促进衡阳市企业在科技创新、科研成果等方面的转化及应用。北京中科众能科技有限公司是中国科学院工程热物理研究所科技成果转移转化的平台。近年来，中科众能通过体制机制创新，整合并嫁接社会资源，有效促进科技成果转化及产业化应用，成为助力地方经济发展、企业转型升级的强力支撑平台。中科众能绿圃科技成果转化服务有限公司在9月份完成注册并正式投入运营。该公司作为白沙洲工业园区的科技成果转移转化服务平台，为衡阳市企业的科技创新、科研成果转化，提供“保姆式”服务，为全市工业发展补短板和园区发展增添新动力。（文爱菊）

【衡山科学城金融与科技融合三大中心挂牌】 2016年9月19日，衡山科学城成立科技创新中心、科技金融众创空间和科技成果转化交易中心。三大中心成立的目的主要是为扶持具有发展潜力的科技型、创新型企业发展，促进高新技术成果商品化、产业化，打造适应发展的软环境。市委常委、市委秘书长张贺文，市委常委、副市长章彰共同为三大中心揭牌。（文爱菊）

【第三届湖南省创新创业大赛颁奖】 2016年，第五届中国创新创业大赛（湖南赛区）暨第三届湖南省创新创业大赛揭晓，衡阳市中科光电子有限公司经过多轮角逐获得三等奖，衡阳镭目科技有限责任公司、湖南农民伯伯电子商务有限公司、耒阳市焱鑫有色金属有限公司等3个企业获得优胜奖，市科技局获得优秀组织奖。（文爱菊）

【衡阳市新认定高新技术企业37家】 2016年，全国高新技术企业认定管理工作领导小组办公室公示湖南省2016年拟认定高新技术企业名单，衡阳市湖南创大玉兔化工有限公司、湖南汇升生物科技有限公司、湖南开磷雁峰塔涂料有限公司、特变电工集团衡阳电气工程修试有限公司、衡阳水口山有色工程设计有限公司等37家企业入围。2016年，市科技局大力培育高新技术企业，在工作中，一是精准服务抓培育。以实施高新技术产业倍增计划、科技型中小企业成长计划为抓手，深入企业调研，逐个进行摸底，开展专题辅导，兑现奖励政策，要把短板补齐，把企业做多做大做强，培育一批高新技术企业。二是精准谋划抓产业。加强重大科技攻关项目论证，支持研发一批具有自主知识产权的核心技术，抢占智能制造技术和市场制高点。强化特变电工等企业的龙头牵引作用，重点支持天雁机械、南岳电控、湖南机油泵攻克关键技术，支持南岳生物、启迪古汉、恒生制药打造生物制药产业，支持二七二“核级海绵锆（铪）产业化。三是培育知识产权优势企业，开展专利技术产业化推进试点、企业发明专利扫零和县市区、园区、高校知识产权试点，通过有效培育，快速提高有效发明专利。（文爱菊）

科普活动

【2016年衡阳市科技活动周开幕】 2016年5月16日，以“创新创业、科技惠民”为主题的2016年衡阳市科技活动周在岳屏广场拉开帷幕。活动现场，市科技局组织市直有关部门、高校、科研院所和医疗机构的科技服务人员，为公众开展科技咨询、科普知识讲解和健康普查等服务活动，发放科普知识资料、优质瓜果蔬菜种子。科技活动周期间，衡阳市展示一批重大科技创新成就，大众创业、万众创新成果，增强公众科技创新意识；组织高端科技资源向社会开放。南华大学、衡阳师院、湖南环境生物职业技术学院等高校的实验室，南岳树木园等科普基地，向青少年和社会公众免费开放，让公众特别是广大青少年体验科技魅力，激发创新创造兴趣；开展专题科普活动，向公众普及食品安全、空气质量、应急避险、低碳节能、健康生活等科技知识。突出科技服务“三农”，惠及民生。组织科技人员下乡进村入户开展科技服务，传授农业实用技术，进行农民工技能培训，让农民工在科技服务“三农”上有更多的获得感。（谭　媛）

【全省青少年机器人赛衡阳选手夺金25枚】 2016年5月20日—22日，第九届湖南省青少年机器人竞赛在株洲举行。本次比赛衡阳市组织15所中小学校、36支代表队、97名选手参赛，9支队伍获省一等奖。特别是FLL工程挑战赛小学组和综合技能赛小学组，衡阳市实现金牌零的突破。成章实验中学和市八中参赛队分别获FLL工程挑战赛初中组、高中组冠军，将代表湖南参加7月份在北京举行的第十六届全国青少年机器人竞赛。衡阳市在本届竞赛中获得金牌25枚，占全省总数的13%。市科协获得大赛“优秀组织奖”。（谭　媛）

【三大科技体验区】 2016年8月10日，市科技馆试运行，包括3D打印魔法坊、机器人活动区、球幕电影等科技体验馆。每周三至周日免费对外开放。科技馆是衡阳市重要的展教平台，展厅内的展品和展项集科学性、知识性、趣味性与参与性为一体，或体现科学原理，或展示应用技术，让市民在体验中感受科技的魅力。（谭　媛）

【3D体感互动亲子体验活动】 2016年8月12日至13日，衡阳市图书馆特邀上业科技到馆联合举办3D体感互动亲子体验活动，让市民感受高科技的魅力。这次举办的3D体感互动亲子体验活动有体感互动拍照、体感互动酷跑学英语、自制3D海洋馆。市民可以直接使用肢体动作与体感设备装置互动，达到无需任何控制设备，就可以与内容作互动。（谭　媛）

【“全国科普日”暨“双创周”活动】 2016年9月10日，2016年“全国科普日”暨“双创周”活动在南华大学拉开序幕。本次活动由市委市政府主办，市发改委、市科协、南华大学等单位承办，主题为“创新放飞梦想·科技引领未来”。活动当天，来自工、商、农等多个领域的科技创新成果在现场展示。（谭　媛）

【蒸湘区“全国科普日”科普大篷车进校园启动仪式暨蒸湘区第四届青少年科技创新区长奖颁奖典礼】 2016年9月11日，2016年蒸湘区“全国科普日”科普大篷车进校园活动启动仪式暨蒸湘区第四届青少年科技创新区长奖颁奖典礼召开，该区以百万花海艺术庄园为依托，打造一所全省有特色有影响的科普教育基地。在区第四届青少年科技创新区长奖颁奖典礼活动上，北塘小学的《社区健身喷泉》科技创新项目、雨母山中学的《类篮球单手肩上投篮姿势训练器》和衡钢小学的《教育机器人即兴擂台赛》项目受到表彰，展现出蒸湘区学生的创新能力和机器人编程能力。“科普大篷车”进校园活动期间，航空模型、3D打印机等科技成果，在蒸湘区各中小学进行集中展示和互动，让同学们亲身感受智慧生活，体验创新魅力；市、区科协准备的科普宣传展板、挂图和资料，吸引市民驻足参观与咨询。（谭　媛）

【市政协捐资助学暨科普活动在渣江镇举行】 2016年11月2日，市政协科协界别委员工作室捐资助学暨科普行活动在衡阳县渣江镇举行。本次活动以“创新放飞梦想·科技引领未来”为主题，旨在弘扬乐善好施、扶贫济困的社会新风尚，激发学生爱科学、学科学、用科学的潜能。此次科普行活动为渣江的孩子们送去科普丛书、工程机械模型、科普大篷车、机器人演示等科普设施设备，让同学们现场体验科学奥秘。本次活动市科协投资2万余元在渣江小学捐建科普教育示范课堂。此外，活动还为20名贫困学子捐助资金2万元。（谭　媛）

【第31届衡阳市青少年科技创新大赛】 2016年12月16日。第31届衡阳市青少年科技创新大赛决赛在衡阳市科技馆举行。本次大赛由市科协、市教育局、市科技局主办，市青少年科技活动中心承办，市科技馆协办。此次大赛有全市各县（市）区1400余名中小学生参加，申报项目达到1200多项。经各县（市）区初选，全市有92所学校、277个项目、674名中小学生参加市级初赛。市赛组委会聘请专家学者组成评审委员会进行评审后，有57个项目，69名选手胜出并参加决赛，这其中工程类27项、论文类15项、科幻类15项。（谭　媛）

科技成果

【衡阳市获13项湖南省科学技术奖励】 2016年，湖南省科学技术奖励大会对获2015年度湖南省自然科学奖、技术发明奖、科学技术进步奖和湖南专利奖获奖人员予以表彰。此次评奖，衡阳共有13项科技成果获得湖南省科学技术奖励。所获奖项中，湖南共创光伏科技有限公司创建人之一的美籍华人李廷凯博士，获省国际科学技术合作奖；湖南天雁机械有限责任公司“11L（6DM）大功率柴油机涡轮增压技术开发”等4个项目获省科学技术进步二等奖；特变电工衡阳变压器有限公司“750千伏有载调压自耦联络变压器”等4个项目获省科学技术进步三等奖；南华大学“糖尿病合并动脉粥样硬化基础及新药研究”获省自然科学三等奖；衡阳华菱钢管有限公司“P91无缝钢管及其制备方法”等2个专利获得省专利奖一等奖；衡阳合力工业车辆有限公司“隔爆型无触点喇叭”获得省专利奖二等奖。2016年，衡阳市获奖项目的一个显著特点是，由企业主导、高校和科研院所参与研发、实施后取得显著经济社会效益的成果占大多数，企业、高校、科研院所之间的协同创新成效更显著。

（顾文岚）

【2016年度衡阳市科学技术进步奖获奖项目】 一等奖（6项）：160Mvar/1100kv特高压并联电抗器研制及应用；8AT变速箱油；10千伏非晶合金变压器系列产品研制及应用；高性能超薄壁绝缘电缆关键技术与应用；年产20万吨铝盐产品节能减排提质增效技术产业化；无硫免症植物粉剂处理黄花菜加工新技术。二等奖（12项）：移动应急通信指挥系统研究和示范应用；高压比涡轮增压器研制；全自动环保节能生物质锅炉的研制与开发；大厚度大宽度水泥稳定碎石底基层施工关键技术研究；500毫米大管径曲线圆管带式输送机；热核聚变用大脉冲电流低烟无卤电力电缆关键技术与应用；核电用关键绝缘材料半导体波纹板的开发与应用；靶向调控ABCA1新药研究；湖南省农业技术规程：脚板薯、冬瓜搭架栽培技术规程；车桑子亚科及其近缘经济植物的研究和开发；衡阳烟区植烟土壤保育技术研究与应用；衡阳市农村民居实用抗震技术与地震灾害防御研究及推广应用。三等奖（11项）：基型军用方舱系列F44/A111级电子方舱；大型燃生物质有机热载体炉研发项目；电控单体燃油喷射系统回位弹簧；一种淀粉重组脱支酶发酵生产工艺技术研究与产业化；含氮多齿配体的有机锡配合物的合成及生物活性研究；电子产品防爆膜；硅烷表面处理剂及其制备方法专利转化应用项目；开环式氡析出率连续测量仪改进研究；免焊接喷涂环保锌钢型材；南岳衡山藤本植物资源及其应用研究；山苍子优良种质资源选择及丰产栽培技术研究。（顾文岚）

【2016年度衡阳市技术发明奖获奖项目】 一等奖（1项）：一种特高压变压器高压绕组间的联线结构。二等奖（2项）：钢管及其在线淬火方法；一种高效黄花菜连续杀青烘干机。三等奖（2项）：球形熔池多用途倾动炉及其制造方法；一种具有雷达隐身并防破片穿透的方舱壁板。

（顾文岚）

【2016年度衡阳市产学研合作奖获奖项目】 一等奖（1项）：高精度、长寿命数控机床（P4、P2级）轴承关键技术研发。二等奖（1项）：自动加渣。（顾文岚）

知识产权

【知识产权专题调研活动】 2016年3月中旬，衡阳市科技局开展为期一月的知识产权专题调研活动，集中调研全市各县市区、各园区、有关高校和科研院所等23家单位。专题调研的内容包括：对相关单位的专利工作机构、人员、经费、成果及激励政策等进行全面深入的解；就机构改革后知识产权部门有关职能、工作进行衔接；就专利资助、专利宣传培训、维权执法等工作进行沟通交流。衡阳市非城区县市区每万人发明专利拥有量偏少，低于全省3.29件、全国6.3件，也低于市中心城区5.67件；知识产权发展水平不一，少数县市区没有专利专项经费和专利资助政策；大部分院校专利保护意识较强，鼓励政策较大；部分科研院所存在重成果、轻专利现象；高新区出台专利资助办法。（顾文岚）

【知识产权维权大讲堂】 2016年4月25日，第16个世界知识产权日，市知识产权协调领导小组和市“双打”工作领导小组联合举办“知识产权维权大讲堂”，来自全市各县市（区），相关部门、科研院所、高校及企业知识产权管理人员80余人参加。讲座邀请长沙正奇专利事务所副所长卢宏进行授课。卢宏对新常态下国家、省层面知识产权发展的大环境进行剖析，就衡阳市知识产权工作面临的形势与任务、知识产权执法维权等问题作讲解。

（顾文岚）

【南岳举办“世界知识产权日”系列活动】 为加强知识产权保护运用，加快知识产权强区建设。2016年4月26日，南岳区商务和经信科技局联合区文广新局、区工商局等部门开展集中宣传咨询、惩治侵犯知识产权和制售假冒伪劣商品等“世界知识产权日”系列活动。上午，南岳区商务和经信科技局联合区文体广新局等部门，在南岳衡山牌坊广场以悬挂横幅、摆放知识产权宣传展板、设立咨询台及发放宣传资料等方式开展“世界知识产权日”集中宣传咨询活动，向市民宣传知识产权保护基本知识。宣传活动发放《专利法规与政策选编》等资料600余份。下午，南岳区商务和经信科技局组织区工商局等部门前往南岳区粤客隆超市、万家惠超市、人民大药店和新华书店等商场开展“打击侵犯知识产权和制售假冒伪劣商品”联合执法检查行动。检查食品、日用品、药品、书籍等类别商品200余件，重点查看相关商品是否存在假冒伪劣、侵犯注册商标专用权等行为，对不合格、打虚假广告的产品进行下架处理。同时，执法人员向业主讲解专利号的识别、假冒专利行为认定等基本常识，并就企业在经营中如何规避知识产权纠纷提出指导性意见和建议。

（顾文岚）

科协工作

【概况】 2016年，衡阳市各级科协工作取得新成效，市科协获批承办2017年第38届湖南省青少年科技创新大赛；先后获中国科协2016年全国科普日活动优秀组织单位、第九届湖南省青少年机器人竞赛省级“优秀组织奖”、第37届湖南省青少年科技创新大赛“优秀组织奖”、十二五《全民科学素质纲要》实施工作先进集体、青少年高校科学营优秀组织单位等荣誉称号；市政协科协界别被评为“2016年度三好界别”；市政协科协界别委员工作室被评为“优秀委员工作室”。在全国科普示范县（市、区）创建工作中，常宁市、蒸湘区被中国科协命名为首批2016—2020年度全国科普示范县（市、区）；常宁市科协、衡阳市八中获第37届湖南省青少年科技创新大赛“优秀组织奖”。（唐华明）

【科普工作】 （一）青少年科技创新活动方面。一是机器人竞赛方面：组织承办第二届衡阳市青少年机器人竞赛，全市33所学校、237支队伍、约500人参加竞赛，决出一等奖54支、二等奖71支、三等奖87支；组织参加第九届湖南省青少年机器人竞赛，衡阳市36支代表队获金牌25枚，银牌23枚，铜牌33枚；组织参加第16届中国青少年机器人竞赛，衡阳市成章实验中学、衡阳市八中、衡山县岳云中学3支队伍11名选手获得1金2铜。二是青少年科技创新大赛方面：组织参加第37届湖南省青少年科技创新大赛，衡阳市报送的43个项目斩获一等奖6项、二等奖16项、三等奖17项；组织参加第31届全国青少年科技创新大赛，《火星上的家》《神奇的美丽机》分获二等奖、三等奖；组织承办第31届衡阳市青少年科技创新大赛，评出一等奖61项，二等奖92项，三等奖107项。三是流动科技馆巡展有序进行。自2015年12月，中国流动科技馆巡展活动进驻衡阳以来，受到全市公众特别是广大青少年学生的关注和参与。2016年，高新区、蒸湘区、雁峰区、常宁市完成巡展活动，全市平均每月接待参观人数达5500人，直接参与人数超过20万人，有效弥补和改善衡阳市科普资源紧缺、科技馆阵地薄弱的现状，成为广大公众和青少年学习参与科普活动的重要平台。四是青少年高校科学营工作持续推进。2016年，衡阳市从衡阳市八中、衡山县岳云中学、衡南县一中各选派10名优秀高中生，分别参加江苏分营、陕西分营和湖南营活动，以拓宽视野、增长见识，培养学习志向，树立远大理想。五是信息学奥林匹克竞赛方面：组织承办第22届全国信息学奥林匹克联赛初赛，衡阳市八中等6所学校、85名选手参加比赛。本次竞赛推动衡阳市各中小学校信息化软件编程教育课程的发展，提高青少年普及计算机科学知识的水平。六是命名衡州小学等5所青少年科技活动示范学校，并在衡阳县渣江镇完小开设科普示范教育试点课堂。（二）“全国科普日”暨“双创周”活动。围绕“创新放飞梦想·科技引领未来”主题，以“科普日+双创周+民间学术交流+科技馆免费开放”的活动形式，开展为期10天的“全国科普日”暨“双创周”系列科普宣传活动。活动的时间、规格、规模、影响力都创历史之最。一是邀请德国专家教授缪勒到衡阳作“德国制造，工业4.0”的专题讲座，并聘请其为市科协外籍专家，推进创新衡阳战略的实施。二是举行衡阳市2016年“全国科普日”暨“双创周”活动启动仪式。市纲要办成员单位负责人、科普志愿者、驻衡阳7所高校师生代表等近2000余人参加启动仪式。来自工、商、农等多个领域的30个参展单位现场展示科技创新成果。同时，联合市发改委就协同推动“双创”工作颁发《关于共同推进大众创业万众创新工作的意见》。三是邀请旅美博士胡少华到衡阳作“美国慢性病现况和防治对策”专题学术报告，推进民间国际学术交流活动纵深发展。四是推进科技馆免费开放。试运行期间，超过3000名参观者前来参观，充分激发公众讲科学、爱科学、学科学、用科学的强烈兴趣，成为衡阳市贯彻落实《全民科学素质纲要》的重要科普阵地。本次全国科普日活动覆盖面广、影响力大。据统计，活动期间，全市举办科普报告、讲座6场，受益听众达4000多人；举办各类培训班13期，参训人数达5000多人；举办展览15场，展出科普展板3000余块，发放科普资料2万余份。同时，蒸湘区、石鼓区、珠晖区、雁峰区、常宁市、祁东县等县（市）区都分别开展形式多样的科普日活动，在全市范围内形成讲科学、爱科学、学科学、用科学的氛围，公众的科学素质有所提升。（唐华明）

【“基层科普行动计划”】 一是科普惠农益民项目建设再创佳绩。经中国科协、省科协评定，衡阳县华鑫黑山羊养殖专业协会等8个项目被中国科协评为2016“基层科普行动计划”奖补单位；耒阳市江头茶叶协会等13个项目获湖南省科协2016“基层科普行动计划”奖补单位，获奖补资金260万元，居全省前列。二是省级惠农益民项目绩效评价严格实施。对湖南省2015年奖补的“基层科普行动计划”项目进行绩效评价。三是实行市级“基层科普行动计划”项目奖补。奖补17个市级科普示范基地、3个市级科普带头人和4个开展“四个一”建设的城区科协，奖补资金达114万元。四是推荐蒸湘区奇石文化博物馆等5家单位为省科普教育基地候选单位。五是命名衡南县茅市镇玉泉街社区居委会等18个社区为衡阳市市级科普示范社区，并在此基础上推荐石鼓区黄沙湾街道雁栖湖社区等14个社区为湖南省科普示范社区申报单位。六是组织编纂《科普知识手册》，共印制2万册，受公众好评。（唐华明）

【政协科协界别工作】 政协科协界别委员工作室贯彻落实“创新、协调、绿色、开放、共享”五大发展理念，重点围绕“衡阳生态农村建设”“全市科学普及”“企业转型升级”等主题，建言献策，为党委政府决策当好参谋。一是参加市科协承办的系列调研活动。在“衡阳生态农村建设”调研集结的85篇论文基础上，形成《加强农村环境治理，推进绿色农村建设》的综合调研报告和《关于有效遏制湘江衡阳段重金属污染》等4个提案。其中，《加强农村环境治理，推进绿色农村建设》报告被市政协评为“2016年理论研究优胜奖”；《关于有效遏制湘江衡阳段重金属污染的提案》被市政府批示为重点提案进行督办。通过督办，承办单位衡阳市环保局负责整改的湘江衡阳段环评指标基本达标，被评为“2016年度提案办理先进单位”。市政协常委会对该项提案办理满意率达到85%以上。二是举办企业转型升级、推进供给侧结构性改革专题座谈会。会上，各企业代表结合自身实际就“去产能、去库存、去杠杆、降成本、补短板”，提出很多实际困难和解决问题建议。三是带领政协科协界别委员参与精准扶贫和捐资助学活动；以委员工作室名义，开展青少年科普示范课堂活动。（唐华明）

【第七届衡阳市大学生科技创新大赛】 2016年，市科协承办组织

8所驻衡高校开展大学生科技创新大赛。4月25日，第七届衡阳市大学生科技创新大赛评审答辩会在湖南工学院建工楼举行，近400名学生，124个参赛项目参加答辩会，评选出一等奖4项，二等奖8项，三等奖16项，优胜奖12项。5月19日，第七届衡阳市大学生科技创新大赛总结暨项目对接会在市广电中心演播厅举行。南华大学和湖南工学院分别与湖南睿度、衡阳宇东新能源、长沙爱乐博三家公司签订校企合作协议，现场进行项目对接，进一步迸发大学生创新创业激情，促进科技项目成果的转化。（唐华明）

【学会工作】 一是开展民间国际学术交流活动。邀请中科院衡阳籍院士助理孔文俊回衡阳开展“高比能锂离子电池阳极材料研制”等高新技术项目合作洽谈、学术讲座等活动。二是开展学会走访、交流活动。先后走访市农学会等13家学会，了解学会现状，听取对科协工作的意见和建议。动员各市级学会发挥自身优势相继开展系列活动：如市气象学会、市预防医学会和市自动化学会3家学会年内成功换届；市老科协组织召开科技示范基地建设现场会，推广衡山县老科协科技示范基地建设的经验；市心理卫生协会开展以“抑郁症识别和治疗”“儿童教育”等为主题的系列公益讲座等。三是开展择优资助活动。市科协投入资金12.8万元对近两年来学会重大活动进行资助。（唐华明）

【人才智库建设】 一是建设科技人才库和科技帮扶站。与市委组织部联系，组织学会统计报送学会人才信息，建立本市具有副高以上职称的专家人才库（已有2100名专家信息入库），建立科技帮扶站；组织编纂《衡阳市科技人物志》《衡阳市科学技术协会志》。二是建设科普项目库。经各县（市）区科协筛选、市科协考察审核，有107个项目、个人入选数据库。其中：农技协23个，科普基地53个，科普带头人31人。三是建设院士专家、博士工作站。衡阳师范学院被省科协认定为2016年第二批湖南省院士专家工作站。（唐华明）

【科普宣传工作】 在《衡阳日报》开辟“衡阳市科协科普行”专栏，在衡阳日（晚）报发布新闻稿件54篇；联合衡阳电视台录制科普宣传片，并在全市范围内选取10个科技人物典型，开展衡阳科技人物风采录专项工作；借助网络、微信平台等多种媒体，开展各类科普宣传活动，扩大科普工作影响力和覆盖面；全国科普日暨双创周、青少年机器人竞赛、青少年科技创新大赛、流动科技馆巡展、大学生科技创新大赛、民间国际学术交流等多项活动，得到《湖南科技报》、衡阳电视台、《衡阳日报》等多家媒体的关注，公众反响良好。（唐华明）

防震减灾

【概况】 2016年，衡阳市地震局贯彻落实《中华人民共和国防震减灾法》，以地震监测预报，抗震设防监管为重点，开展农村民居示范和推广以及形式多样的防震减灾科普宣传，着力创建示范学校、示范社区，完成全年工作计划，获得全省防震减灾工作优秀单位称号。

一、重视复杂震情，做好地震监测。衡阳市非地震多发区，但具备发生破坏性地震的地质条件，震情形势严峻。一是加强地震台建设，财政安排专项资金20万确保地震台各设备仪器正常运行，及时、准确地传输观测信息；二是召开全市震情会商会，提出年中和年度会商意见；三是加强宏观观测点管理，并新建宏观观测点5个。

二、加强抗震设防监管、依法行政。全市严格按照第五代区划图要求，全面提升抗震设防要求。一是依法行政、认真履行抗震设防监管职责。发挥市政务中心服务窗口的作用，落实首问负责制、限时办结制和责任追究制；优化办事流程，全年完成抗震设防要求行政审批15大项，业主投诉率为零；做好行政审批项目分类管理，抗震设防要求审批做为一审一核件3个工作日办结；按国务院有关文件精神，修订抗震设防要求审批清单；落实“两集中、两到位”，所有行政许可项目都实行在政务中心设立的办事窗口办理，全面实行网上政务公开，有效提高新建、改建和扩建工程的抗震设防能力。二是主动沟通协调、理顺抗震设防监管机制。与省发改委相关部门联系沟通，在湖南省在线审批监管平台市本级程序中将地震部门补录为立项环节联审单位。《衡阳市建设领域行政审批制度改革实施方案》文件明确要求工程建设项目在初步设计文件评审、竣工验收等环节须将地震部门纳入联审单位，切实加强事中事后抗震设防监管，真正履行抗震设防监管职责。三是县市抗震设防监管工作全面推进。3月7日，市地震局组织开展拟建工程抗震设防审批培训，针对第五代地震烈度区划图技术要求，简要分析第五代参数区划图与第四代区划图的区别。对直接与项目单位对接的窗口工作人员提出具体要求，并着重在项目场地类别判定、各参数推演计算、现场查勘的主要内容等方面进行培训，并到具体工程项目地点进行现场勘察指导。（刘雪芬）

【烈度速报与预警工程建设】“国家地震烈度速报与预警工程”项目于2015年8月正式启动实施，衡阳市计划新建、改建、扩建台站10个，其中基准站1个，基本站7个，一般站2个。2016年3月10日，组织各县（市）区相关负责人召开专题会议，下发《衡阳市实施国家地震烈度速报与预警工程台站勘选工作要点》，安排部署前期勘选工作。4月，市地震局前往各县市区开展勘选及仪器现场测试工作，按要求上报各台站资料信息。

（刘雪芬）

【提升城市地震应急能力】 一是完善应急避难场所建设。4月14日，地震局与应急办、民政局、人防办、高新区等单位在虎形山公园召开应急避难场所建设现场会，下发文件《关于进一步完善衡阳市应急避难场所建设的若干意见》，明确各应急避难场所需完善的设置配置，有效推进全市应急避难场所建设。截至2016年10月，衡阳市城区应急避难场所数量达到20个，总面积超过60万平方米，基本能满足地震应急需求。二是地震应急处置高效。2016年广西梧州、湖南郴州等地发生的几次地震，衡阳地区均有震感，市地震局召开紧急会商会，对衡阳地区的震情形势进行讨论、研判；在接到市民关于疑似地震异常报告的电话后，立即组织工作人员，赴黄茶岭开展疑似地震异常情况调查，确定不是地震前兆异常后，及时向当地群众做出合理解释和说明，有效的避免群众出现恐慌情绪，维护社会的稳定。三是开展应急演练。分别于5月11日在华新小学、5月12日在市十五中开展示范性防震疏散演练，城区其他中小学校按照《关于在全市中小学校开展应急演练和创建省级防震减灾科普教育示范学校活动的通知》的相关要求，自行组织开展地震科普宣教和演练活动。（刘雪芬）

【开展宣传活动】 一是做好第五代地震动区划图宣贯工作。在衡阳资讯频道《政务公开》栏目对第五代地震动区划图进行专题报道，重点对《中国地震动参数区划图》（GB18306—2015）的作用、意义进行介绍，并就衡阳列入六度设防区后市民关心的一些热点问题进行详细说明和解释，专题报道进行5次重播。二是举办科技活动周。在岳屏广场开展防震减灾集中宣传活动，发放自编主题宣传单、《防震减灾科普知识手册》《公众应急常识》等各项资料3000册、展出宣传展板30块、播放宣传短片22次。现场专人讲解防震减灾有关的法律法规和地震科普知识，解答群众疑惑，受到市民好评。三是开放防震减灾科普教育基地。5月12日上午，五一路小学176名师生走进地震台，通过听讲解，看展板、视频，体验模拟地震，进行逃生演练等方式，学到地震科普常识，学会防震避险本领。“5·12”期间，该基地先后接待学校团体5个、社会团体4个，共计842人次参观；截至2016年10月，教育基地接待各类参观学习团体33个，共计1462人。被湖南省科技厅授予“湖南省科学技术普及基地”称号。四是新闻媒体大力宣传。“5·12”期间《衡阳日报》和《衡阳晚报》分别刊发《衡阳市有15处应急避难场所》《一般建设工程要按地震烈度6度设防》等3篇宣传文章，衡阳电视台生活频道《天天生活》对衡阳市防震减灾科普教育基地进行专访和报道。（刘雪芬）

【开展示范创建工作】 一是举办农村民居培训班。在雨母山乡雨城社区、衡阳县集兵滩镇等地举办农村民居抗震技术培训班4期，共计158名农民参加培训，发放《农村民居抗震设防指南》《农村抗震民居图集》等资料 400 余份。二是开展示范创建工作。前往社区、基层开展防震减灾示范创建工作，雁峰区白沙洲街道欧水岭社区、白竹皂社区，石鼓区黄沙湾街道雁栖湖社区，白沙洲工业园区金龙坪街道福龙湾社区被评为 2015 年度衡阳市地震安全示范社区，并推荐白沙洲街道欧水岭社区申报省级示范社区；指导衡阳县演陂中学成功创建 2015 年度省级示范学校。三是推进防震减灾知识“六进”活动。先后向学校、机关、企业和社区发放动漫光碟和科普手册等宣传品 3600 份，组织师生观看科普教育片《地震来怎么办》等电影 20 余次；联合县市区向乡村发放《农村民居抗震图集》《农村民居抗震设防指南》各 3000 余册。（刘雪芬）

【北斗地基增强系统勘选工作】 2016 年 3 月 15 日至 16 日，中国地震局地壳运动监测工程研究中心高级工程师王坦、湖南省地震局监测中心章辉舟一行 3 人到衡阳开展北斗地基增强系统基准站站址勘选工作。衡阳地震台位于蒸湘区呆鹰岭镇，占地 1.4 公顷，独立成院，远离铁路、主干公路，没有噪音、电磁干扰，台站海拔高程约为 280 米，周边无高大建筑遮挡，附近 2 千米范围内均为白垩—古近纪红色砂岩，地层产状稳定。勘选组一行在详尽解台站信息后，实地查勘台站观测环境，认为较符合 GNSS 基准站建设标准，选定原测震摆房旁一空地为监测点，架设专业仪器设备，开展技术测试。本次北斗地基增强系统基准站建设主要用于监测地壳运动，探索 GNSS 手段在震前、震中和震后等方面的应用和发展。（李文翔）

水　文

【水文监测】 2016 年，水文监测资料质量较好。3 月下旬，衡阳水文站流量在线监测系统正式投入使用；衡东站激光粒度仪于 5 月投入使用。常宁站雷达波在线测流系统的比测分析报告完成，金桥站、衡东站、井头江站、大市站、冠市站、洪山站、渣江站、硫市站的雷达波在线测流系统的比测分析工作有序开展；衡阳站、神山头站、石门坎站、井头江站和欧阳海站的激光粒度仪取得比测分析成果。2016 年，《湖南省水文监测测验资料计算系统》《湖南省水文监测综合管理系统》两个系统基本建成，并完成全市水文测站相关资料的录入、试算工作。涉水工程建设点也在逐渐增加，受涉水工程影响的站点也在逐年增加，结合衡阳市各站受水利工程影响的严重程度，对归阳站、衡山站、石门坎站进行水文测验方式改革探讨。2016 年，完成衡阳市范围内 349 条 10—50 平方千米的河流普查工作；抓好中小河流水文监测系统建设项目的收尾工作；完成衡阳站趸船建造和测轮维修、衡山站测轮建造和趸船维修；完成衡阳站水位井加固维修等。2016 年，衡阳市的水文监测工作在湖南省获第一名。（段安圭）

【水文情报预报】 2016 年，受“厄尔尼诺”极端天气影响，湘江流域出现自 1998 年以来最大春汛。从 3 月 21 日开始，坚持 24 小时值班，严密监视雨水情变化，参加防汛会商，及时向各级领导及防汛成员单位提供准确及时的雨水情信息和预测分析材料，为防汛抗旱提供有力的技术支撑和科学依据。2016 年，水情信息采集系统收发雨水情报文 18 余万份，人工收发雨水情报文约 4200 余份，拦截错报 10 余份，修改奇异值 60 余站次，上传省局差错率为 0，30 分钟到报率 100%，无缺报、漏报现象。水情网络通畅率为 99% 以上，水情数据库运行稳定。全年发布雨水情简报 26 期，正式发布洪水预报 12 站次，预报合格率 95% 以上。组织技术人员对全市 344 个水文自动测报系统站点进行维护，确保正常运行。完成对部分山洪易发区水情信息采集系统的升级改造工作，淘汰相对落后的设备，降低故障发生的频率，保证水情数据的采集、传输。根据省防指要求，从 5 月 24 日开始，对山洪预警系统故障站点进行全面的排查和维护、改造。完成耒阳、常宁、衡南、西渡的视频会议系统的建设工作。对刊印的归阳、衡阳、衡山、衡东、耒阳、神山头等 6 个预报断面的 10 个预报方案进行补点修订。2016 年，由于及时提供准确的雨水情信息和洪水预报，为水库科学调度、人员财产转移做出突出贡献，减少直接经济损失约 1.28 亿元，取得良好经济效益和社会效益，衡阳水文局获

"2016年全省抗洪抢险先进集体"称号。（段安圭）

【水环境水资源】 2016年，衡阳市水环境水资源工作完成64个水质监测断面的1000多批次的水质分析，完成衡阳市饮用水源地的水质监测及监测站的高低水监测，并定期向各级政府或部门发布《衡阳市水资源质量状况通报》12期，做好湖南省对衡阳市40个水功能区的监督考核工作，完成衡阳市12个水功能区的监测工作；完成国家计监委、水利部、长江委对实验室氨氮、挥发酚、总汞等项目的能力验证考核，完成省中心29个盲样的考核和实验室比对、人员比对实验，确保衡阳市水环境日常监测成果的质量；严格按照计量认证的技术要求，做好日常实验室的内部审核和质量控制工作；做好水资源监控能力建设的前期查勘和协调工作。多次邀请分析仪器生产商的技术人员对原子吸收、原子荧光、气象色谱、流动注射仪的日常维护和使用培训。完成《衡阳市水功能区纳污能力核定》报告书的初步审查。（段安圭）

【禁止水库化肥养鱼水质监测工作】 2016年，衡阳市农村环境综合整治禁止水库化肥养鱼水质监测工作完成四个季度的监测考核，监测水库208座，编制《衡阳市农村环境综合整治水库水环境质量状况通报》，形成对各县（市）区的直接考核依据。通过各级政府和部门的共同治理，衡阳市水库水质达标率在90%以上。以市中心城区为主，对湘江干流、耒水、蒸水三条河流两岸的入河排污口统计与核查，核查线路总长127.5千米，形成《衡阳市城区入河排污口核查报告》。（段安圭）

【开展"共饮一江水，湘江水资源调查与保护"志愿服务活动】 2016年6月13—14日，湖南省水利厅直属机关青年代表在衡阳开展"共饮一江水，湘江水资源调查与保护"志愿服务活动。青年志愿者坐上水文测船，来到湘江、蒸水、耒水"三江"汇流河段，测查湘江水质状况。2月，衡阳市农村饮水水质检测中心正式开工建设，7月中旬，一个全新的、现代化的整体实验室通过省局验收，实验室的监测能力、监测手段、监测目标等都得到大幅度的提升。（段安圭）

【衡阳市农村饮水水质检测中心挂牌成立】 2016年9月7日，衡阳市农村饮水水质检测中心在市水文局挂牌成立，对切实加强全市农村饮水安全，提高预防控制和应急处置农村饮用水突发事件的能力具有非常重要的现实意义。完成衡阳市第一次农村饮水城区30个供水点的水质监测工作，并编制《衡阳市农村饮水水质状况通报》，监测结果达标率为70%。8月底和9月初，根据省水利厅《关于进一步规范和加强全省农村饮水水质检测管理工作的通知》及衡阳市《关于开展衡阳市农村饮水安全工程水质监测工作的通知》的规定和要求，衡阳市农村饮水水质检测中心分别对衡阳市辖区衡南县、衡阳县、衡山县、衡东县、祁东县、常宁市、耒阳市日供水规模1000吨及以上规模农村饮水安全工程，对南岳区、石鼓区、雁峰区、蒸湘区、珠晖区日供水规模20吨以上农村饮水安全工程的水源水、出厂水及管网末梢水进行随机抽样监测，抽检比例大于农村饮水安全工程总数的20%，监测取水点89个，监测结果达标率为78.7%。通过监测，为确保各集中式饮水点的水质能够满足生活饮用水卫生标准（GB5749—2006）的基本要求，为确保人民群众不仅有水喝，还能喝上安全水、放心水具有重要的意义。（段安圭）

【水文科技服务】 2016年，完成多项水文分析计算、水文勘测、水文情报预报、水环境监测、水资源论证、防洪评估、水土保持方案编制等业务，向欧阳海、遥田、白渔潭、耒中、大源渡、近尾洲等大中型水库及水利工程提供雨水情信息。编制完成新增的5个中小河流预报方案。完成《衡阳市天然气管道湘江穿越工程防洪评价》《耒水耒阳渡改桥项目鹿岐峰大桥防洪评价》《常宁市北高峰钙业专用码头工程防洪评价》等一些技术方案。对受湘祁电站和近尾洲电站影响的归阳站断面预报进行试点分析，收集电站建前、建中、建后的相关洪水资料，分析探讨电站顶托对归阳站断面洪水预报的影响，提高归阳站洪水预报精度。（段安圭）

气象服务

【气象灾害防御服务】 2016年，衡阳市天气气候总体平稳，灾害性天气比历年偏少。无春寒、倒春寒、五月低温、寒露风发生。稳定通过11℃时间为3月14日。年内发生10次较强降雨天气过程。冬季降雪量级小，无严寒和明显的冰冻天气，但出现持续重度雾霾；春夏季出现短时雷雨大风、冰雹、暴雨、局部内涝等灾害性天气；夏季高温持续时间长，天气炎热，≥35℃高温天数43（常宁）—54（衡山）天，较历年平均偏多13天。高温主要出现在7—8月，年极端最高气温41.1℃（衡山，7月31日）；衡阳市气象部门气象灾害防御服务共启动Ⅲ、Ⅳ级应急响应5次，分别为1月20—23日低温雨雪冰冻、5月19—20日、6月14—16日、10月21日暴雨、11月22日寒潮过程；发布各类气象灾害预警信号162次，其中，暴雨34次，冰雹6次，大雾21次，高温28次，寒潮3次，雷电59次，雷雨大风3，霾7次。向市、县政府部门、服务单位、基层农户提供各类预报服务材料380期；向各种传媒发布重要天气消息13次；接受媒体防灾减灾专题采访40余次。根据市政府《衡阳市2016年大气污染防治特别防护期工作方案》，与市环保局联合开展空气质量、污染天气监测预报预警。市、县气象部门与当地水利、国土、民政、烟草、农业局签订合作协议，成立气象专家联盟，多次就重大气象灾害性天气实行联合会商、联合制作发布预警信息。5月15日，衡南县气象局通过“村村响”广播发布5月17—18日衡南全境将遭受暴雨袭击的气象灾害预警信息，衡南县各级政府紧急组织防灾避险。由于防范及时，没有造成人员伤亡，财产损失也降到历史最低点。此外，衡阳市、县气象局与当地政府相关部门合作开展气象灾害应急演练。5月20日、24日，衡阳县气象局、耒阳市气象局分别与台源镇、遥田镇政府及当地水利、国土局在台源花滩村、遥田洋洲村联合开展气象灾害应急演练；5月16日、31日，常宁市气象局和常宁市政府部门在洋泉镇进行防汛抗灾应急演练和常宁八中山体滑坡地质灾害防治演练。演练内容包括组织指挥、灾害预警及信息传递、灾害自救和互救逃生、转移安置、灾情上报等内容。 （周立平）

【春运气象服务】 衡阳市气象局于2016年1月初部署春运气象服务工作。在40天的气象服务保障过程中，市气象局对路面结冰、积雪、寒潮大风、雾霾的发生发展变化进行气象观测，并将每天的天气预报信息和服务材料呈送市委、市政府主要领导，并通过传真、QQ群传送至市政府春运工作领导小组及电力、交通、农业等重要部门和服务单位，通过电视、广播、96121信箱、MAS手机短信平台、腾讯微博等传媒向社会公众发布。期间共发布《春运气象专题预报》材料35期，道路结冰黄色预警信号1次，大雾橙色预警2次，大雾黄色预警2次，寒潮黄色预警1次，高森林火险气象等级预警6次。衡阳市气象局被市政府评为春运工作先进单位。 （周立平）

【春耕春播气象服务】 衡阳市气象部门于2016年3月20日启动春耕春播气象服务工作。以农业生产、防灾减灾和为政府领导决策气象服务为重点，以做好天气趋势预测和灾害天气的连续跟踪监测预报为技术支撑进行服务保障。3月23日，市气象局组织召开春播汛期趋势研讨会，就天气气候变化趋势进行交流研讨。3月20日至4月30日，市气象台和市农业气象试验站每周定期向政府主管农业的领导、农业部门、专业气象服务用户及生产一线的农户提供春耕春播气象服务专报；通过“96121”声讯电话、气象短信、DAB广播、微博等传媒发布一周天气趋势预报、重要天气消息、育秧期出现的倒春寒天气、有利播种天气时段等信息，并根据天气变化情况提出早稻（播种育秧、直播）、中稻（一季中稻）、春玉米（播种）、烟草（移栽）、春大豆、花生（播种）等农作物的生产建议；对雷暴、大风、短时强降水等强对流性天气，则通过手机短信MAS机、气象灾害预警平台向用户及时发布预警信息和信号，通过“96121”外呼的形式将信息传递到农户家。期间制作发布《衡阳市春耕春播气象服务专报》6期；《一周天气趋势》7期；《重要天气消息》4期。

（周立平）

【汛期气象服务】 2016年3—8月，衡阳市平均气温24.0℃，较历年偏高0.54℃；3—6月的主汛期无汛情。境内强降水过程较少，多分散性暴雨，雨季结束时间为6月19日，较历年偏早。较大降水过程出现在5月19—20日、6月14—16日、9月9—10日三个时段。5月19—20日，衡阳市出现持续性强降水，区域自动气象站监测的实况是：50毫米以上有146站，100毫米以上有53站。降水造成衡阳、衡南、衡东三县和雁峰区严重洪涝灾害。6月13日—15日，衡阳境内50毫米以上降水有41站，100毫米以上13站，200毫米以上6站，最大降水量为365.9毫米（衡山长青乡）。降水造成衡山县部分乡镇洪涝，农田受灾面积4333公顷，并伴生塌方、泥石流、滑坡等地质灾害。9月9日降水强度不大，但持续时间长，除常宁、耒阳、衡南外均出现暴雨，最大降水量118.9毫米（南岳）。降水未造成灾害，反而对前期的干旱起到缓解作用。衡阳市气象局在汛前成立汛期气象服务领导小组，制定并实施服务方案。在服务过程中针对关键性、转折性、灾害性天气进行预警预报和决策气象服务，及时发布市、县气象局预报会商指导产品。同时加强与上级气象台站的预报会商交流。与水利、水文、国土、农业、林业等合作单位交流相关情报资料。定期或不定期地向政府、相关部门和服务单位提供天气实况和最新气象信息。汛期（3—9月）共制作和发送各类预报服务材料34期，其中《专题气象服务》材料12期，《重要天气消息》10期，通过预警平台发布各类气象灾害预警信号138次，其中，暴雨33次，冰雹6次，大雾8次，高温28次，雷电59次，雷雨大风3次；发布一周天气趋势、高温森林火险信息10次；每次较大的降雨过程都通过MAS手机短信及时发布降雨实况及降雨趋势；通过报刊、网络发布重要天气消息13次；启动（5月19—20日、6月14—16日）2次Ⅳ级应急响应命令。使衡阳市因汛期气象和次生灾害造成的经济损失降到最低点。

（周立平）

【气象为农服务】 2016年，气象为农服务体系建设继续得到当地政府的支持：将气象为农服务工作列入“十三五”发展规划的有衡阳市、常宁市、衡阳县、耒阳市人民政府，纳入政府责任清单或目标考核的有衡南县、常宁市、衡阳县、耒阳市政府，纳入政府公共财政预算的有常宁市、衡阳县政府。衡阳市气象局加强对各县（市、区）气象局为农服务工作的指导和培训，组织开展为农服务调研活动，以掌握衡阳市的特色农业分布情况。收集、整理并建立起种养殖大户、专业合作社、家庭农场、涉农企业等新型农业经营主体名册和气象为农服务用户数据库，用于“直通式”为农服务。截至2016年年底，衡阳市气象部门建成技术力量比较成熟的农业气象科研基地，可以定期或不定期地实时监测农作物生长情况，指导农民抓住有利天气时段开展农业生产工作，以达到趋利避害、稳产高产的目的。衡南县气象局联合县农业局、乡镇农技站专家对7个66公顷以上的种粮大户（含合作组织）进行农业种植技术培训和指导。在春耕春播、夏收夏种、秋收秋种等关键农时季节，衡阳市气象台及农业气象试验站为政府部门和农户提供《农业气象服务情报》《农用天气预报》《农业气象灾害预警》等服务产品；根据各类新型农业经营主体的需求，提供《大棚种植专业气象服务》《生态与农业气象情报》《农业病虫害信息通报》等多样化的服务产品；针对水稻、油菜、棉花等主要农作物、油茶、烟叶、三红柚等特色作物，将编纂的《烟草优质高产实用技术手册》《水稻优质高产适用技术手册》《三红柚高产高效栽培气象保障技术实施方案》等系列丛书发放到生产基地、种植大户手中。2016年提供农业气象灾害预警2期、作物产量预报3期、生态与农业气象情报9期、土壤水分监测公报12期。

（周立平）

【气象综合业务】 2016年，衡阳市9个市（县、区）气象观测站业务质量继续保持优质，其中地面测报错情率为0.00‰，农业气象测报错情率为0.00‰，太阳辐射、酸雨观测、发送气象电码报文等均无错情，未出现缺测、缺报、迟测、早测及涂改伪造等违规现象和事故。新一代天气雷达在汛期投入试运行后，相应的业务流程和工作平台建立起来，雷达观测、数据上传、资料共享和短时天气预报预警等业务工作逐步展开，并开始为衡阳地区和邻近区域提供预警预报服务。2015年12月—2016年10月，城镇天气预报业务集体综合成绩及个人综合预报质量较2015年度有明显下降，在湖南省气象部门14个单位中仅排名第13位。

（周立平）

【气象科研】 2016年6月，衡阳市气象局选举产生第五届科学技术委员会，承担衡阳市气象事业、气象科学技术及现代化建设项目发展规划、计划、评审论证、科技成果推荐及评奖工作。与市气象学会共同组织开展2016年度科技创新活动和科研项目的申报评审。先后组织专业技术人员参与中国和澳大利亚合作项目《亚澳季风中的大气河水汽输送及其对气候变化的响应》的子课题研究以及湖南省气象科研所国家自然科学基金《基于微气象学方法的江南丘陵区双季稻需水量精细研究》课题的田间试验工作；与湖南省气候中心合作完成基于“分钟降水量”资料进行短历时降水量分析的《衡阳市城市暴雨强度公式编制及雨型确定》课题；继续参与湖南省科研所“十二五”农村领域科技计划2个国家级课题研究任务：《湖南双季稻区自然降水特征与干旱监测评估技术研究》《超级稻（双季）高产稳产气象保障技术推广应用》及省气候中心《油茶高产高效栽培气象保障示范试验基地建设》科研项目。2016年，有5个课题通过评审准予科研立项；其中2个获湖南省气象局“短平快”课题立项。2014年下达的9个课题研究通过评审验收合格，予以结题。专业技术人员在国家核心刊物发表论文3篇，省级刊物发表论文15篇。向2016年湖南省气象学术年会推荐论文9篇。向2016年长江流域中下游大气探测、通信与信息技术交流会推荐论文2篇并获奖。

（周立平）

【气象装备保障】 一是承担刚建成的新一代天气雷达的运行维护保障。从2月起，衡阳市气象局装备中心与北京敏视达公司技术人员协同调试雷达，协调湖南省气象局信息中心开通2兆雷达传输专线。二是完成衡阳市气象广域网系统建设。该气象数据内网在实现双网动态、实时、自动备份的同时，网络带宽亦扩大1倍，使气象信息网络的安全性、可靠性得到提高。三是完成酃湖、旭东两个双要素区域气象站的搬迁，并对衡阳市区19个区域自动气象观测站进行巡检和标校，确保通信质量和数据可靠性。四是分别与衡阳空军气象训练基地和南岳机场签订气象服务保障合同，为其提供雷达等气象资料和服务产品。

（周立平）

【人工影响天气】 一是组织市、县人影机构将以往自存的碘化银炮弹和火箭弹集中送往衡阳军分区的民兵弹药仓库存放。二是举办人影高炮、火箭炮操作规程及安全防范培训班。三是对市、县人影机构在役的11门“三七”双管高炮中的4门和19架火箭系统中的8架进行更新和自动化改造。四是对衡阳境内48个人影作业固定和移动炮点进行安全等级评定。五是与市林业局就“人工增雨森林防扑火系统建设”达成初步合作意向。衡阳市森林防火指挥部于10月24日向各县市区森林防火指挥部、市气象局、林业局发布《衡阳市森林防火人工增雨作业应急预案》，使人工影响天气工作服务于森林防火工作。2016年7月1日—10月30日，市、县人影办共出动高炮3门，车载火箭16架，开展人工增雨作业20余次，发射碘化银炮弹260发、增雨火箭弹68枚，对作业区域的旱情和高温热害起到缓解作用。

（周立平）

【现代化建设】 新一代多普勒天气雷达工程于2016年4月1日投入汛期业务试运行，雷达可提前数小时探测和精确预报预警水平方向250千米、垂直高度10千米范围的暴雨、冰雹、雷雨大风等中小尺度灾害性天气，可为人工增雨、消雹作业提供科学依据；石鼓区角山乡茅茶亭村的衡阳市农业气象试验基地经过3年基本建设，能正常开展油菜、双季稻的常规、物候、自动土壤水分观测；衡阳市标准化人工影响天气基地于2016年年底前在农业气象试验基地内建成，成为衡阳市第10个标准化人影基地，承担衡阳市区抗旱、防雹人工影响天气工作；衡阳市第一个县级国家突发事件预警信息发布中心在衡阳县气象局成立；耒阳市气象局完成耒水国家湿地公园气象监测站建设。（周立平）

【气象灾害风险普查】 2016年，完成衡阳市蒸湘区、石鼓区、雁峰区、珠晖区中小河流和山洪暴雨洪涝风险普查数据录入257条、山洪记录24条、滑坡隐患点13个；完善市级风险普查数据库的构建，对普查数据294张表格进行整理、审核和质量控制。截至年底，完成市县两级暴雨洪涝气象灾害风险普查工作。（周立平）

【两个体系建设】 2016年，继续开展农村气象灾害防御和农业气象服务两个体系建设。截至2016年年底建成农村气象信息服务站184个，覆盖衡阳市全部乡镇。主要工作是向当地政府部门及农户提供《重要天气消息》、春耕春播、夏收夏种、秋收秋种关键农时气象服务材料和农业气象预警。（周立平）

【科普宣传】 2016年3月23日前后，由衡阳市气象局及所属气象学会举办以“直面更热、更旱、更涝的未来”为主题的世界气象日纪念系列活动。一是在市气象局召开旱涝趋势研讨会，并对2016年汛期旱涝趋势意见和预报理由及预报方法进行交流。二是于3月22日在岳屏广场和衡阳名郡社区开展科普宣传。三是举办气象台站对外开放日等科普宣传活动14场次。（周立平）

【依法行政】 2016年，衡阳市气象部门重点开展防雷安全生产监管执法。出动500余人次，对衡阳市境内230个石油化工企业、学校、医院等公众密集场所以及电力通信、金融证券网络等重要公共设施开展防雷安全检查工作，其中加油加气站45家、重要电子信息机房24家，其他大中小型企业和单位共18家。同时完成对各县（市、区）政府以及“两区一园”的防雷安全生产抽查考核工作。查出21家单位129处雷击灾害隐患，下达21份整改意见书，停止违法行为通知书18份，处罚告知书1份，消除雷击安全隐患76处。2016年，市气象局在市政务中心受理防雷审批事项107项，其中受理申请防雷装置设计审核54项，防雷装置竣工验收53项，纠正问题3个。在政务网上防雷审批办结率100%，投诉率0%。（周立平）

教 育

责任编辑：郭　琦

基础教育

【小学概况】 2016年，衡阳市有全日制小学1431所（城区173所，镇区289所，乡村969所），教学班14495个（城区3526个，镇区4206个，乡村6763个），在校学生569669人（城区177066人，镇区205079人，乡村187524人），其中女生261322人（城区78482人，镇区93465人，乡村89375人）。班均学生39人，校均学生398人。有教职员工27333人（城区7869人，镇区9224人，乡村10240人），其中专任教师27763人，其专业技术职称为：中学高级315人，小学高级14857人，小学一级8040人，小学二级644人，小学三级42人，未定职称3865人；其学历结构为：研究生毕业49人，本科毕业11251人，专科毕业13869人，高中阶段毕业2563人，高中阶段以下毕业31人。另有代课教师866人（城区115人，镇区257人，乡村494人），兼任教师25人（城区0人，镇区1人，乡村24人）。学校占地面积11601762.58平方米，生均20.37平方米；校舍建筑面积4419539.2平方米，生均7.76平方米。校藏图书12124084册，学校固定资产总值399171.23万元，其中仪器设备总值55953.49万元。

（张子良）

【中学概况】 全市有普通中学434所（城区79所，镇区177所，乡村178所），其中初中378所（城区53所，镇区149所，乡村176所），高中56所（城区26所，镇区28所，乡村2所）；初中有九年一贯制学校97所，高中有完全中学13所，十二年一贯制学校9所。有教学班7085个（城区2413个，镇区3421个，乡村1251个），其中初中教学班4959个（城区1430个，镇区2355个，乡村1174个），高中教学班2126个（城区983个，镇区1066个，乡村77个），在校学生417372人（城区140665人，镇区211730人，乡村64977人），其中初中在校学生279072人（城区80541人，镇区138786人，乡村59745人），高中在校生138300人（城区60124人，镇区72944人，乡村5232人）。初中学生中有九年一贯制学生29231人，十二年一贯制学生18162人，完全中学中初中生11048人；高中在校学生中有完全中学的高中生25088人，十二年一贯制学校高中生14223人。初中班均学生56人，校均学生738人，高中班均学生65人，校均学生2469人。中学有教职员工32958人（城区10406人，镇区15693人，乡村6859人），其中初中21394人（城区4715人，镇区10230人，乡村6449人），高中11564人（城区5691人，镇区5463人，乡村410人）。中学专任教师26798人，其中初中专任教师19278人，其专业技术职称为：中学高级1613人，中学一级9861人，中学二级5148人，中学三级264人，未定职称2392人；学历结构为：研究生毕业91人，本科毕业14023人，专科毕业5022人，高中阶段毕业132人，高中阶段以下毕业10人。高中专任教师7520人，其专业技术职称为：中学高级2110人，中学一级2949人，中学二级1799人，中学三级50人，未定职称612人；学历结构是：研究生毕业217人，本科毕业7052人，专科毕业234人，高中阶段毕业17人。中学另有代课教师187人，兼任教师56人。初中校园占地面积9175380.71平方米，生均32.88平方米，校舍建筑面积3597668.67平方米，生均12.89平方米。校藏图书7085138册，生均25册；学校固定资产总值328844.43万元，其中仪器设备总值42464.05万元。高中校园占地面积4759473.3平方米，生均34.41平方米，校舍建筑面积2395371.93平方米，生均17.32平方米；校藏图书2404445册，生均17册；学校固定资产总值313140.09万元，其中仪器设备总值23626.7万元。

（张子良）

【促进学校均衡发展】 一是继续推进义务教育合格学校建设工作。2016年，全市创建合格学校102所，原计划投资7854.6万元，实际共投入资金8485万元。二是开展结对帮扶工作。建立优质学校与薄弱学校的帮扶机制，扩大优质教育资源。雁峰区成立的环城南路小学教育集团、六一小学教育集团着力打造合作办学升级版，走集团办学的新常态，推动区域内办学的整体水平；蒸湘区大立小学在实验小学的帮扶下，成为品牌学校。10月份，按照省教育厅的部署，衡阳市开展新一轮“校校结对帮扶”工作，结成160对帮扶对象，校校之间按步骤开展帮扶活动。三是开展义务教育调查研究。2016年，市人大对全市义务教育进行专项评议，3月份开始启动，12月份结束，客观公正地对全市义务教育工作进行评议，肯定成绩、指出问题，提出改进意见和建议。（张子良）

【保障弱势群体平等接受义务教育】 一是统一规范进城务工人员随迁子女入学与转学政策。各区明确“随迁子女”入学具体工作安排，确保“随迁子女”与所在城市义务教育阶段学生享受同等政策待遇。根据中小学生学籍系统统计，全市2016年秋季义务教育阶段中小学生有84.8万人，其中随迁子女6.07万人，进城务工人员子女约占义务教育中小学生总人数的7.24%。二是注重关爱农村留守儿童。学校及时建立留守儿童教育档案，加强与家长联系，注重留守儿童的心理健康。三是加强对家庭困难学生扶助。在全面落实义务教育经费保障新机制的同时，衡阳市为城市低保家庭子女和家庭经济困难学生免费提供教科书，通过教育基金会、资助中心、社会捐助等途径资助家庭困难学生就读，确保全市不让一个学生因家庭经济困难而失学的目标。（张子良）

【构建“345家庭教育服务公共体系”】 2016年，衡阳市着力建设以学校为主导、以家长为主体、以社会为依托的家庭教育平台，逐步构建家庭教育衡阳模式——“345”家长学校，确定“建立完整的家庭教育服务体系”、组织“百万家长进学堂”、打造“互联网+”的衡阳家庭教育新模式，培养和培植3有学生（有目标、有自信、有快乐）、4要家庭（要友好、要合作、要规则、要安全）、5会家长（会示范、会唤醒、会关注、会鼓励、会保护）。一是在机构设置与工作机制方面：设立“衡阳市家庭教育指导中心”，配备专职人员，作为家庭教育的专门工作机构负责常态化工作。二是在人员队伍发展方面：2016年，一千余名指导师深入学校、社区家长学校等地，为家长提供专业指导。1月，组织首期“345”家长学校首批家庭教育讲师集训，培训家庭教育高级讲师100人，组成“衡阳家庭教育讲师团”。三是在措施实施方面：1. 行政部门大力推动。3—4月，市教育局举行2016年全市家庭教育宣传月启动仪式，组织开展年度全市家庭教育公益讲座，邀请全国知名专家陆士桢教授进行两场专题讲座；4月，召开全市家庭教育工作研讨会；6—9月，开展全市家庭教育征文活动，收到学生、教师、家长的参评论文966篇，评出一等奖94篇，二等奖194篇，三等奖282篇，优秀奖385篇。2. 建立“互联网+”。市教育局牵头研发“345”教育APP，11月份，衡阳“345”家庭教育公共服务APP正式公布。3. 借力社会资源。开展“百万家长进学堂活动”和“十万教师进家庭”活动，全市约50余万名家长走进家庭教育课堂，接受家庭教育指导服务。

（张子良）

【衡阳市18万余名考生参加中考】 6月18日至20日，衡阳市举行2016年初中毕业学业水平考试。全市有18.7万余名考生参考。其中初三考生94113人，较2015年增加7600余人，设考点122个，城区考生11873人、考点9个、考室398个；初二会考考生93281人，比2015年减少4000余人，设考点122个，城区考生11888人、考点9个、考室398个。2016年继续实行毕业、学业“两考合一”，全市统一命题、统一考试。与往年不同的是，2016年考试数学学科可使用符合标准的计算器，其他学科均不能使用计算器等电子产品。应届招生录取全面取消全市公办普通高中学校择校生计划，严格按照招生计划、学生志愿和中考成绩统一录取。全市普通高中招生计划为5.01万人，中职招生计划为4.04万人。其中，市城区普高招生7150人，县（市）区普高招生42950人；市城区（含市本级）中职招生25400人，县（市）区中职招生15000人。市城区普通高中学校具体招生计划分别为市一中1100人，市八中1000人，铁一中800人，市二中600人，市田家炳实验中学600人，市五中600人，市六中600人，市七中500人，市二十六中500人，衡钢中学500人，船山英文学校400人，市十九中50人。县（市）区普高招生42950人，其中衡南县7500人，衡阳县7600人，衡山县2400人，衡东县4200人，祁东县6200人，常宁市5800人，耒阳市8900人，南岳区350人。（张子良）

【全面取消中小学“择校”】 4月27日，衡阳市召开中小学招生工作会，下发一系列招生方案，明确规定全面取消中小学“择校”，确保每个适龄儿童（少年）相对就近入学，平等享受良好教育。从2016年开始，义务教育阶段和高中教育阶段公办学校全面取消择校生招生，全面实施阳光招生，以促进教育公平、社会和谐。（张子良）

【衡阳市2016年城区公办初中招生划定服务区】 根据市教育局《关于印发〈2016年衡阳市城区初中招生工作方案〉的通知》及《关于下达2016年市城区初级中学招生计划的通知》精神及各区域生源分布情况，按照公办初中“相对就近、划片招生、计划到校、免试入学”的招生原则，衡阳城区公办初中学校招生区域划分并于5月30日公布。划定的服务区是相对稳定的划分，在实际招生工作中，根据招生计划和生源状况可能作一些微调，具体以预分名册和调节通知为准。

石鼓区市外国语学校：环城北路连船山东路、中山北路以西，解放路以北，蒸湘北路连船山西路、红湘北路、立新大道、廖家湾路以东，蒸水河以南所围成的区域。

逸夫中学：以湘江、蒸水河为界，望城路、电厂以南，蔡伦大道以东所围成的区域。

市十四中：以湘江、蒸水河为界，先锋路连环城南路、环城北路转船山东路，再沿中山北路以东所围成的区域。

合江中学：以江霞峰以南，望城路、电厂（含电厂）以北，七里井以东，合江套以西所围成的区域。

松木中学：松木乡所管辖的区域。

角山中学：角山乡所管辖的区域。

雁峰区市五中：以湘江为界（含东洲岛），衡州大道以南（不含巷荫岭、新家村、新家花苑），黄茶南路至蒸阳南路连衡常路以北，蒸湘南路以东、所围成的区域。

市九中：以湘江为界，一环南路至白沙大桥以南，茅叶村、长塘村、奇峰村、茶园村、金龙村、金龙坪村、金桥村、兴隆村、五星村。

市十五中：黄茶南路以南，蒸阳南路以东，一环南路至白沙大桥以北，纺印厂与铝制品厂之间通往江边路至湘江河以西区域。

市十六中：以湘江为界，从湘江南路沿黄茶路1号至向蒸路、过蒸阳南路连双拥路、双拥支路、老锁厂侧巷及南三角路至蒸湘南路所围成的双拥路以西，双拥支路以北，蒸湘南路以东所围成的区域（含亚华名都）；沿蒸湘南路连衡州大道、红湘南路、雁城西路、两路口至天马山路所围成的衡州大道以北，红湘南路以东，雁城西路至两路口以南，天马山路以西的区域；沿先锋路连广场路以东，解放路以南，环城南路以西再到先锋路以南，湘江南路以西所围成的区域。

雁峰中学：岳屏镇各村、各社区（兴隆、金桥除外）。

飞雁中学：湘江河以西，黄白路以东，珠江桥岔路口以南，纺印厂与铝制品厂之间通往江边路以北区域。

珠晖区市三中：以湘江为界，由湖北路、京广线至169医院区域。

市十七中：以耒河为界，狮子山路、光明立交桥、京广铁路、湖北路以北。

市二十三中：衡茶路以北，京广线以东、光明立交桥、狮子山路以南；农田里、空八师。

珠晖一中：东阳渡镇、新湘街道。

珠晖二中：茶山村、藕塘村、垅塘村、盐矿社区、胜利村、上托村、新华村、五四村、光明村、凌塘村。

茶山中学：茶山坳镇所管辖的区域。

酃湖中学：双江村、解放村、大众村、国庆村、向阳村、合福村、东湖村。

蒸湘区市六中：从广场路至先锋路上蒸湘南路转雁城路以西，湘桂铁路线以北，西外环路以东，解放路以南；水泥厂、岳屏村、联合村4~8组。

实验中学：蒸湘北路（富安大厦——步步高百货段）以西；解放大道（步步高百货——西合路，不含名仕华府）以北；西合路以东（不含书香门第），廖家湾路以东（不含华南城市广场）连立新大道以南、红湘北路以西区域。

衡钢中学：衡钢社区、杨柳村、北塘村、幸福路段。

华新中学：西外环线以西、解放西路以南、湘桂铁路以北，长胜、互助、光辉、新桥、农场管理处和华新管理处，湘桂村、二塘村。

蒸湘中学：解放西路以北，蒸水河以南；廖家湾路以西，蒸水河以东。

呆鹰岭中学：呆鹰岭镇所管辖的区域。

雨母山中学：雨母山乡所管辖的区域。（张子良）

【化解城镇“大班额”】 2016年，除高新开发区以外的四个城区各小学一年级新生班额继续控制在50人以内，对高新开发区超班额的几所学校下达整改令。（张子良）

【深化养成教育“衡阳模式”】 在全市中小学校继续深入开展养成教育，落实养成教育“一周一课时”“一月一主题”“一期一考核”。2016年4月，出版52万字专著《中小学生养成教育“衡阳模式”的理论与实践》。在第四届湖南省基础教育教学成果奖评选中，衡阳市《中小学生养成教育“衡阳模式”的理论与实践研究》获全省一等奖。在全省德育精品课评选中，衡阳市48堂中小学德育精品课被评为省级优秀课。（张子良）

【全市启动中小学生经典诵读活动】 从5月起到9月底，全市中小学开展以“孝敬、友善、节俭、诚信”为主题的中华经典诵读活动。其中9月为活动集中开展月。活动参加对象包括中小学（含职业学校）在校学生。各学校在课堂阅读和校园阅读之外，还要提倡家庭阅读、亲子阅读，组织有关主题活动开展趣味阅读。全市各中小学校可根据推荐书籍名录，自行选择。（张子良）

【美国高考考点落户市一中】 5月25日，衡阳市一中GAC（全球大学预科项目）教学中心和ACT（美国高考）考点正式挂牌成立。此次GAC教学中心和ACT考点正式落户市一中，一方面可以依托学校自身的教育教学优势，结合GAC官方授权的与美国接轨的同步课程，打造最为优质的GAC课程教学中心，为有志留学海外的学生提供便利。另一方面，经由“美国高考”ACT的官方授权，所有在该中心报名学习GAC课程的学生无需出国即可在校内参加ACT考试，考试成绩被所有美国、英国、澳大利亚等多个国家的高校认可。（张子良）

【湖南省首个“圆梦班”落户市八中】 1月30日，中远助学帮老基金会发起人、原理事长徐中远一行到市八中参观调研，对市八中的校园环境和办学成绩大加赞赏，确定在该校创建湖南省首个“圆梦班”。该“圆梦班”由中远助学帮老基金会理事张浩林总经理捐资，冠名为“浩林圆梦班”，助学对象为家庭贫寒、成绩优良、品质优秀的八中学生。这是江苏中远助学帮老基金会在湖南省设立的第一个“圆梦班”。（张子良）

【衡云中学落户云集】 6月8日，衡南县引资兴办的“衡云中学”项目正式签约，标志着湘南地区投资最大、功能最全的民办中学成功落户云集。衡云中学选址衡南县云集，办学性质为民办学校，计划总投资10亿元，规划总占地面积23.33公顷，建筑面积20万平方米，办学规模为高中4500人、初中1800人、小学2700人，共计约9000人，该校建成后，将与河北衡水中学、长沙长郡中学、长沙雅礼中学、长沙市一中、湖南师大附中等省级或全国知名学校合作办学，引进先进的教育教学管理理念和经验，促进衡南基础教育质量和水平的提高。（张子良）

【市八中成立全省首个中学科技创新协会】 3月17日，湖南省首个中学科技创新协会在衡阳市八中成立。中学科技创新协会聘请专业的教师及导师，指导科协学生参加各类奥赛、科技创新、研究性学习及科技活动。（张子良）

【“衡南县一中教育集团”挂牌成立】 5月26日，旨在促进教育资源优化配置与合理利用的“衡南县一中教育集团”挂牌成立。衡南县一中是一所百年学府，又是省属示范高中。该教育集团有8所成员学校。集团将设立衡南县一中教育集团董事会，董事会下设衡南县一中教育集团行政事务

中心、教学督导中心、学生发展中心、师资培训中心四个职能管理部门，各中心可在集团内调配各校资源。（张子良）

【推进乡村学校少年宫建设】 截至2016年年底，衡阳市争取中央、省级彩票公益金资助创建150所乡村学校少年宫，覆盖到全市所有县市区。2016年创建27所省级乡村学校少年宫。4月份，会同市财政局、市文明办对全市2015年度和2016年度乡村少年宫项目创建和运转进行督查，下发督查通报。乡村少年宫的创建，丰富农村留守儿童的课外生活，促进农村留守儿童的健康成长。

（张子良）

【建立未成年人校外心理健康辅导站】 2016年，全市建有未成年人校外心理健康辅导站7个，五个城区各建成一个心理辅导站，市本级建有2个，即衡阳市未成年人阳光心理辅导站、衡阳市未成年人康宁心理辅导站，实现衡阳市心理健康辅导站从无到有的跨越。（张子良）

【艺术教育特色工作】 2016年，出台《关于认真做好2016年衡阳市初中毕业学业水平考试工作的通知》《关于印发2016年衡阳市初级中学艺术学业水平考试指导纲要》。在这两个文件中明确艺术考试的时间与分值、考试内容与目标；考试时间与中考同步；全市中考音乐、美术各占30分。11月份，体卫艺科组织中小学生艺术素质测评，随机抽测不同年级不同班级的学生，对其艺术素质进行问卷测评和现场检测。《衡阳日报》在6月18日以《“艺术教育的春天”离孩子越来越近》为标题进行专题报道。（张子良）

【开展群体艺术教育活动】 市教育局组织2016年全市中小学生“三独”（独唱、独奏、独舞）比赛。选送21名优秀选手参加全省“三独”（独唱、独奏、独舞）比赛，共取得一、二等奖14个。举办全市首届中小学生建制班合唱比赛。全市中小学师生4800余人参与比赛，经过层层选拔，专家评委评选出一等奖22名，二等奖23名，三等奖8名。耒阳市、衡阳县、祁东县、高新区、南岳区、蒸湘区、雁峰区、石鼓区八个单位获优秀组织奖。参加全省首届中学生建制班合唱比赛活动，衡阳市教育局获优秀组织奖。选送的衡阳市二中班级合唱，在全省现场比赛展演中获省建制班合唱比赛一等奖。市教育局还与共青团衡阳市委共同举办“衡阳市第二届中学生街舞大赛”。

（张子良）

【抓好校园毒品预防教育】 持续开展省、市级毒品预防宣传教育示范学校和优秀教师的评选工作。2016年先后开展全市校园禁毒教育“十佳示范校、十佳先进校”评选工作，石鼓区人民路小学、耒阳市水东江完小等20所学校分别受到全市表彰。参加全国青少年禁毒知识竞赛，衡阳市组织学生参赛情况得到省禁毒办和教育厅有关部门的高度评价，并由耒阳市三中、衡阳市船山实验中学和祁东职业中专3名学生组成湖南代表队参加全国比赛，衡阳市教育局连续多年被评为“衡阳市禁毒工作”先进单位。（张子良）

【非语文学科文科类教师普通话水平省级抽查工作】 8月22日至25日，省教育厅对对市直867名45岁以下的文科教师分两批进行为期4天的提高培训，8月29日至30日，组织模拟测试。各县市区按照市里的要求都不同程度的组织提高培训。测试系统显示，市直、石鼓区、衡东县合格率100%。（张子良）

【三类城市语言文字工作评估会】 2016年，由市政府组织，市教育局牵头联合市文广新局、市工商局、市卫生局、衡阳电视台等市语委成员单位于11月22日至24日对衡山县党政机关、学校、新闻媒体和公共服务行业等4个重点领域的14个单位进行实地考查评估。衡山县成为衡阳市第二个成功通过三类城市语言文字工作评估的县（市）。（张子良）

【市八中获授“清华生源中学”】 11月12日，清华大学根据最新的生源情况、学生在校竞赛成绩、毕业去向等综合考量，确定市八中为“2016年生源中学”，计划将每年进行一次考评。（张子良）

【市实验中学“云课”平台上线】 2016年，衡阳市实验中学启动教师“云课空间”制作活动。截至4月，全校教师都在“云课”平台开通自己的空间。市实验中学是省教育厅批准的教育信息化试点学校，该校一直致力于“微课”的建设与应用模式探索，构建基于组播技术的校内名师网络课堂，实现稳定、安全的交互共享平台。在推进教育信息化试点工作的过程中，校领导班子高度重视，邀请专家进行教育信息化中长期规划，组织学校信息技术骨干教师进行名师“微课”“微视频”应用的实践探索与尝试。（张子良）

【航模表演亮相市八中科技节】4月11日，衡阳市八中开展第十届科技活动节。开幕式上，南京航空航天大学航模队进行航模表演。开幕式结束后，南京航空航天大学向市八中授予“优秀生源基地”称号，航空学院教授硕士生导师李明成为全校同学作“克服万有引力——航空航天知识漫谈”的主题讲座。（张子良）

【幼教概况】全市有幼儿园1417所（城区449所，镇区549所，乡村419所），教学班8319个（城区2722个，镇区3265个，乡村2332个），在园幼儿252486人（城区83343人，镇区99051人，乡村70092人）；当年毕业103484人（城区29285人，镇区39549人，乡村34650人），本年招生118068人（城区31846人，镇区44569人，乡村41653人）。班均幼儿30人，园均幼儿178人。幼儿园有教职工20940人（城区7886人，镇区8796人，乡村4258人），其中专任教师9969人（城区3906人，镇区4026人，乡村2037人）。园长和专任教师（共11316人）专业技术职称为：中学高级59人，小学高级387人，小学一级1018人，小学二级419人，小学三级304人，未定职称9129人；其学历结构是：研究生毕业6人，本科毕业968人，专科毕业6556人，高中阶段毕业3519人，高中阶段以下267人。幼儿园占地面积2112010.06平方米，生均8.36平方米；园舍建筑面积1475883.53平方米，生均5.84平方米。园藏图书2225456册，生均9册。（张子良）

【学前教育新发展】一是普及率有进一步提升。截至2016年12月，全市学前三年入园率达78.54%，五城区三年毛入园率平均值为121.68%，七县市三年毛入园率平均值为75.52%，较2015年度大幅度提升，全市学前教育事业普及程度进一步提高，基本解决“入园难”问题。二是教育资源得到新扩充。2016年，全市在建农村公办幼儿园12所（10所实事项目、2所自建项目），计划投资2504万元（其中实事项目园计划投资2401万元），截至11月底，实事项目园共完成投资2804万元。在衡阳市城郊结合部投入1200万元新建衡阳幼师附属幼儿园1所，不断完善幼儿园保教质量评估认定工作，确立“抓示范、促一级、带二级”的管理理念，以幼儿园等级评定为载体，“分级管理、分类指导”，使幼儿园在办园条件、管理水平、保教质量和师资队伍建设等方面均有大幅度改善和提升，全市优质教育资源得到扩充，2016年新增市级示范性幼儿园3所，市一级幼儿园7所，市二级幼儿园78所。三是普惠性民办幼儿园建设和管理进一步加强。衡阳市共认定普惠性民办园773所，其中2016年度新增109所，全市公办幼儿园和普惠性民办幼儿园总数占全市幼儿园总数的66.48%，超过省厅要求年度建设达55%的指标。四是整体发展水平实现新突破。通过“结对共建、区域联动、整合互动”模式，努力实现优质学前教育资源的拓展与均衡。衡东县新塘镇中心幼儿园、珠晖区东阳渡镇中心幼儿园通过结对共建，由薄弱园成长为优质园。全市17所省、市级示范幼儿园与68所为民办实事项目园、社区和农村薄弱幼儿园开展结对帮扶，全市幼儿园办园整体水平得到提升。

（张子良）

【特殊教育概况】本市有特殊教育学校6所（城区4所，镇区2所），教学班62个（城区50个，镇区12个），在校学生1425人（城区696人，镇区729人）。本年度毕业150人（城区78人，镇区72人），当年招生397人（城区161人，镇区236人）。有教职工134人（城区110人，镇区24人），其中专任教师104人（城区80人，镇区24人）。专任教师专业技术职称为：中学高级7人，小学高级54人，小学一级16人，小学二级1人，未定职称26人；其学历结构为：研究生学历0人，本科毕业44人，专科毕业56人，高中阶段毕业4人。学校占地面积32460平方米，生均22.78平方米；校舍建筑面积20577平方米，生均14.44平方米；校藏图书12600册，生均9册。（张子良）

【扩大“特校”招生规模】 衡阳市扩大特教学校招生规模，提高残疾儿童入学率，实现“教育零拒绝”。2016年，全市6—14周岁三类残疾儿童1704人，在校1543人，入学率达90.6%。是年秋季，衡阳市特殊教育学校开设24个教学班，比2015年增加班级2个、学生25名。祁东、耒阳、衡阳县特校扩招1至2个培智教育班。常宁上半年正式成立特殊教育学校，秋季招收37名学生。（张子良）

【推进普通学校随班就读工作】 结合省教育厅特殊教育提升计划试点，确定衡阳市特殊教育学校等6所特校、衡阳县演陂镇中心幼儿园等12所幼儿园为全省学前特殊教育试点单位，市二中、市职业中专为省高中阶段特殊教育试点单位，各县（市）区分别明确一所普高、一所职高为随班就读试点单位，进一步规范和推进随班就读工作。（张子良）

【开展送教上门服务】 2016年9月，市教育局、市残联联合制定《关于义务教育阶段适龄残疾儿童少年送教上门的实施细则》，要求对部分重度残疾儿童少年采取送教上门服务。市特校与四个城区的15名重度智障儿童家庭签订“送教上门服务协议”，保障每名儿童每周半天的学习康复时间。耒阳、祁东、衡阳县的送教上门达72人。市特校选派10位优秀骨干教师从周一至周五到“衡阳市儿童福利院”开展“送教服务”。（张子良）

【“衡阳市特殊教育研究中心”挂牌】 5月18日，第二十六个“全国助残日”活动暨“衡阳市特殊教育研究中心”挂牌仪式在市特殊教育学校举行。新成立的“衡阳市特殊教育研究中心”旨在指导全市随班就读、送教上门、师资培训、教研教改，以推进全市特殊教育发展，提升特殊教育水平，全面推进全纳教育，使每一个残疾孩子都能接受合适的教育。（张子良）

职业和成人教育

【中职教育概况】 2016年，衡阳市有中等职业学校37所（中等技术学校1所，中等师范学校2所，成人中等专业学校11所，职业高中23所；地方教育部门办20所，其他部门办8所，民办9所），其他机构1个；在校学生76785人（普通中专27662人，职业高中42924人，成人中专全日制4111人，非全日制2088人），当年毕业21992人，当年招生29350人。中职学校有教职工3732人（女1684人），其专业技术职称为：正高级18人，副高级707人，中级1327人，初级790人，未定职称890人。其中专任教师2474人（女1209人），其专业技术职称为：正高级12人，副高级513人，中级1074人，初级571人，未定职称304人；其学历结构为：博士研究生5人，硕士研究生121人，本科2026人，专科316人，高中阶段6人。此外，尚有聘请校外教师339人。中职学校校园占地面积3047534平方米（学校产权2911674平方米，非学校产权135860平方米），生均39.69平方米；校舍面积1035332.32平方米（学校产权952025.32平方米，非学校产权83307平方米），生均13.48平方米。学校有计算机11923台，校藏图书1563228册，固定资产总值122674.03万元。（张子良）

【专业建设调整】 市教育局对没有在校学生或连续两年未招生和不符合学校长远发展方向、不具备开设条件（缺少专业师资、教学条件、行业企业支持和就业去向不明）的专业，采取不予注册的制裁措施。主动对接全市产业，重点发展信息技术、电子、机械加工、财经商贸、交通运输、文化艺术、旅游服务、轻纺食品等专业，鼓励中等职业学校发展与本市产业转型升级相关的生物制药、新能源、新材料、节能环保等战略性新兴产业和现代物流、金融保险、商务会展、文化创意、科技信息、商贸、养老、家政等现代服务业、现代生态农业相关的专业。适度控制会计、文秘、学前教育、护理等专业的发展。（张子良）

【开展技能竞赛】　在湖南财经工业职业技术学院、衡阳农工贸职业学校（衡阳技师学院）、衡阳市职业中等专业学校等九个赛点举办2016年“嘉杰杯”衡阳市中等职业学校技能竞赛。本次竞赛有30所职业学校、811名选手参加信息技术类等12个专业类别40个竞赛项目的角逐。5月7日至11日组织衡阳市15所中职学校92名选手参加全省的9个类别分别在长沙、株洲、湘潭等地14个赛点共30个竞赛项目的技能大赛。衡阳市中职代表团参加湖南省职业院校学生技能大赛取得16个一等奖、23个二等奖、24个三等奖，团体总分排全省第二名。衡阳市9所职业学校29名选手代表湖南省参加全国职业院校技能竞赛，共获得1个一等奖，2个二等奖，8个三等奖，实现近五年来无国赛一等奖的突破，取得参加国赛以来的最好成绩。信息化教学大赛，衡阳市中职代表队参加2016年湖南省信息化教学设计与说课大赛，共获得3个一等奖，12个二等奖，10个三等奖，获得省团体二等奖。11月份结束的2016年湖南省黄炎培职业教育奖创业规划大赛，衡阳市获得1个一等奖，3个二等奖，3个三等奖，团体总分继续位居全省各地市州第一名。市职教中心获得优秀组织奖。　（张子良）

【组织全市中职公共文化基础课程抽考工作】　6月25日，市教育局对全市一年级学生组织统一抽考工作。本次抽考应参加33所学校1060名学生，其中衡山县科技中专学校20名学生和其他学校个别学生因特殊原因没有参加统一抽考，实际参加抽考的32所学校1015名学生。全市各学科抽考平均成绩结果如下：德育优秀率21.51%，合格率69.62%，平均分：64.29；语文优秀率22.26%，合格率73.40%，平均分：64.04；数学优秀率2.17%，合格率9.43%，平均分：30.96。　（张子良）

【中职招生实现新突破】　2016年，衡阳市中职招生完成全日制招生36543人（含技工学校），比2015年净增3000多人，所有中职学校在校生人数都达到学校实际容纳量。普职分流比为46.93%，无论招生总人数和全日制招生人数均位居全省第二。并且在校学生的控流保学巩固率达到93.89%。　（张子良）

【推进农村中职攻坚行动计划等重点项目建设】　4月21—25日，市教育局组织人员对衡南县、衡阳县、耒阳市等七县市农村中等职业教育攻坚计划实施情况进行督查，下发督查通报。9月21—23日，在全市县市党委、政府领导班子配备到位后，市政府督查室与教育局组成联合督查组，对七县市农村中等职业教育攻坚计划实施情况再次进行专项督查，下发专项督查通报，对全市农村中职攻坚计划推动较大。启动市级卓越校和特色专业群建设，2016年立项建设市卓越中职学校3所，市级特色专业群4个。2016年，加大对国家和省级职业教育重点建设项目的指导和监管。全年共组织两批专家对在建的国家、省级职业教育重点项目进行核查指导，帮助在建项目单位解决实际困难。2013年立项建设，2016年组织验收的10个省职业教育重点建设项目全部通过省评估验收。在2016年省职业教育重点建设项目申报中，衡阳市共申报省卓越中等职业学校2所，省示范性特色专业群2个，省生产性实训基地建设项目1个，常宁市申报国家职业教育与成人教育示范县项目，项目评审结果还未公示。此外，还有7个中职学校争取到国家发改委立项的产教融合示范性生产实训基地项目。　（张子良）

【市职业中专与韩国永进专门大学签约】　3月16日，衡阳市职业中等专业学校与韩国永进专门大学正式签订合作协议。根据协议，两校专业学分互认，市职业中专可推荐学生去韩国留学，学分修满后可升入大专、本科继续深造。毕业后，韩国永进专门大学将负责推荐到韩资企业工作。韩国永进专门大学有本科和专科，学历得到韩国和中国教育部的认可。两校合作采用“3+2”合作培养学生模式，学生在市职业中专学习三年之后，可申请韩国永进专门大学的对口专业入读，完成两年的学业后可获得大专文凭，毕业之后可以在继续升学读本与工作之间进行选择。6月，韩国永进专门大学派遣第一批韩语教师来校，针对对口专业的三年级学生进行专门培养。　（张子良）

【扩大社区教育影响力】 2016年社区教育重点抓三项工作：一是开展“社区教育学习品牌项目”评选活动。年内评选出市级“社区教育学习品牌项目”8个，其中《童蒙养正》获评省级“终身教育学习品牌项目”称号，《石鼓书院大讲坛》获省级、国家级“终身教育学习品牌项目”称号。二是组织参加全国社区教育I-实验室8个项目竞赛活动。上报参赛作品78件，获一等奖3个，二等奖5个，三等奖8个，获得4个项目的“优秀组织奖”。三是开展衡阳市社区教育内涵提升示范建设单位初步遴选工作。确定雁峰区幸福社区、蒸湘区立新二社区、石鼓区蒸阳社区（或雁栖湖社区）、珠晖区和平社区（或临江社区）为衡阳市首批社区教育内涵建设示范建设点。（张子良）

【提升社区教育工作活力】 突出活动，增强社区教育的活力。一是开展“相约文明”市民学习活动。组建一支由各行业、各系统行家里手组成的近200人的讲师团队，组织编写“相约文明”市民学习读本。开发课程视频资源37集。活动覆盖全体市民，全市举行1300多场学习活动，直接受众达8万多人。开展“文明雁城你我同行”微信有奖知识竞答活动，助推全国文明城市创建。二是组织开展社区教育工作问卷调查活动。对市民和社区教育工作者发放调查问卷1000余份，回收调查问卷880份。三是展示衡阳社区教育特色活动。“相约文明”市民学习活动、“船山故里国学飘香”“社区教育活动月”等特色项目在享学网公开展示。四是开展“百姓学习之星”评选活动。评选出市级“百姓学习之星”10人，其中唐备战被评为省级“百姓学习之星”。五是组织举办衡阳市“2016年全民终身学习活动周活动”。在常宁市举行启动仪式，实现社区教育向县市的拓展。全民终身学习活动周期间，市社区大学和各社区教育机构开展一系列以全民终身学习为主题的相关活动。活动周期间各区也相应开展区级全民终身学习活动周活动，全市举行各级各类社区教育活动达150多场次，参与群众达到2万余人次。（张子良）

民办教育

【民办教育概况】 2016年，全市有民办教育学校（机构）1367所，其中高职2所，中职9所，高中3所，十二年一贯制学校8所，九年一贯制学校24所，初中17所，小学55所，幼儿园（班）1248所；在校学生383738人，其中中职15617人，高中20146人，初中75927人，小学68977人，幼儿园202989人。有教职工28598人，其中专任教师16481人。学校占地面积566.33公顷，校舍建筑面积3225541平方米（自有2892416平方米，租赁333125平方米）。固定资产总值312302万元，其中教学仪器设备总值36349万元，电脑14611台，校藏图书4096755册。（张子良）

【规范民校办学行为】 一是严把准入条件。对民办非学历教育培训机构设置标准进行修订，在原有基础上提高民办非学历教育培训机构开办的准入条件。二是严抓办学行为。3月17日，召开全市民办教育工作会，85所市直民办学校全部签订《衡阳市民办学校规范办学行为承诺书》，之后陆续审批通过的市直民办学校也相继签订《承诺书》。加强对民办学校的招生简章严格审核，并层层签订《关于禁止买卖生源的承诺书》。4月23日，下发《关于开展清理整顿民办教育培训机构的通知》，要求各县市区在暑期开展清理整顿非法办学的专项行动。开展局直民办教育培训机构信用评级活动，评定信用A级培训机构11所，信用B级培训机构34所，信用C级培训机构8所。从9月起，在全市各级各类民办学校中开展办学章程的修订工作。三是严格规范托管。2016年7月25日，市政府印发《关于规范全市中小学校外托管机构管理的指导意见（试行）》，对校外托管机构的准入和经营范围、监管准入、日常管理行为以及责任追究等做出明确规定。四是严格监督检查。8月30日至9月1日组织开展全市2016年秋季开学暨年度重点工作落实情况专项督导检查。由市教育局领导带队，成立督查组分赴各县市区及市直相关学校，了解真实情况，解决实际问题。根据《中华人民共和国民办教育促进法》和省教育厅有关文件精神，结合衡阳市实际情况，开展民办学校办学情况和质量检查评价。市教育局年检组于11月15日至12月13日分组到各民办学校采取“听、看、查、议”的方法进行核查。各县（市）区同步开展检查评价工作，检查结果经市教育局汇总后报省教育厅。通过办学情况年检评估，对部分管理混乱，质量低下，条件不达标的民办学校提出整改要求。

（张子良）

【营造民办教育发展的良好氛围】市教育局牵头召开民办教育协会年会、组织新闻媒体报道等形式，大力推介民办教育先进典型。市教育局明确要求全日制民办学校建立自己相对稳定的教师队伍，兼职教师要控制在20%以下，出台《关于进一步加强民办学校教师队伍建设的指导意见》，并制订出全市统一的《衡阳市民办教育机构教职员工聘用合同》，与公办学校教师同等对待。常宁市允许民办学校到公办学校择优选聘教师，凡义务教育阶段公办学校教师到民办学校任教的，“五险一金”全部由财政购买，其他教师由民办学校和教师个人参照公办学校教师缴费比例分别承担。制订《衡阳市民办教育协会与教育行政机关脱钩的实施方案》，并于2016年9月底前与衡阳市民办教育协会脱钩，脱钩后的市民办教育协会不断完善治理结构，真正成为依法自治的现代社会组织。以贯彻落实《中共衡阳市委衡阳市人民政府关于深化改革进一步加快民办教育发展的决定》为契机，强化服务意识，协调相关部门落实优惠政策：与财政部门协调落实民办义务教育阶段学校生均公用经费和市本级民办教育发展专项资金。落实局直民办义务教育阶段的学校生均公用经费1696.2万元，做到与公办学校一视同仁；市本级民办教育发展专项资金落实500万元。与物价部门协调改善民办学校的收费环境，全面放开除公办民助和民办公助中小学以外的学历教育收费审批权限，由民办学校自主定价。民办学校收费备案制有关政策落实。与编制部门协调落实民办事业单位的登记问题，下发《关于贯彻落实衡发〔2014〕3号文件精神的通知》，湖南交通工程学院等部分全日制民办学校与编制部门衔接登记工作。

（张子良）

高等教育

【基本情况】 2016年，衡阳市境内有高等院校13所（南华大学、南华大学船山学院、衡阳师范学院、衡阳师院南岳学院、湖南工学院、湖南交通工程学院、湖南环境生物职业技术学院、湖南财经工业职业技术学院、湖南高速铁路职业技术学院、湖南工商职业技术学院、中钢衡重职工大学、衡阳工业职工大学、衡阳广播电视大学），在校学生182067人（普通教育128407人，成人教育53660人），当年招生65251人（普通教育39846人，成人教育25405人），当年毕业56345人（普通教育34073人，成人教育22272人）；其他培训生58275人（普通教育8237人，成人教育50038人）。有教职员工8714人，其中教学科研人员6752人。教学科研人员的学历结构为：博士研究生789人，硕士研究生2444人，本科生3380人，专科及以下139人；其专业技术职称：有教授627人，副教授1900人，讲师2546人，助教1007人，其他663人。高校共有院系科116个，开设专业470个，有硕士研究生授予点26个，博士研究生授予点4个。在衡阳高校占地面积7767941平方米，生均42.67平方米；校舍建筑面积3065352平方米，生均16.84平方米。学校固定资产总值1939593.7万元，校藏图书1569.06万册。

（张子良）

【HIST-HYB落户衡阳师范学院】11月14日，联合国教科文组织国际自然与文化遗产空间技术中心（HIST）衡阳分中心（HIST-HYB）成立，正式落户衡阳师范学院。衡阳分中心是继哈尔滨分中心、郑州分中心之后HIST在中国设立的第三个分中心，是HIST在中南地区的科研基地。该中心计划依托衡阳师范学院的“古村古镇文化遗产数字化传承”协同创新中心建设，利用空间技术开展中南地区古村古镇等自然与文化遗产调查、监测、评估、管理、保护与研究，覆盖湖南、湖北、广东、广西、江西和海南等省，并辐射到东南亚地区。成立大会上，衡阳师范学院与HIST签署合作共建协议。

（张子良）

【首个高校生态校园规范编制项目落户衡阳】 2016年，正式批复同意湖南环境生物学院申报项目——《湖南省普通高校生态校园建设规范》，该项目是国内首个高校生态校园规范编制项目。通过生态校园建设规范的制定，对校园建筑物、装饰、道路、景点及其名称等多方面规范生态校园建设。（张子良）

【南华大学与衡山科学城签订战略合作协议】 12月21日，南华大学与衡山科学城举行战略合作签约仪式暨产学研座谈会。会上，南华大学与衡山科学城首先举行战略合作协议签约仪式。根据双方协商，结合南华大学学科特色和衡山科学城建设目标，南华大学与衡山科学城在航空航天、3D打印及新材料、智能机器人等领域搭建产业共享平台，实现双方优势互补、共同发展。同时，南华大学将鼓励优势学科优先在园区进行成果的孵化和转化，与衡山科学城共同推进科技成果向现实生产力转化。此外，双方计划根据入驻企业的实际，技术需求，在衡山科学城开展硕士生和博士生联合培养计划及实践活动。

（张子良）

【衡阳四高校新增8个备案本科专业】 2016年，教育部在官网公布《2015年度普通高等学校本科专业备案和审批结果》。湖南高校新增70个备案本科专业，衡阳有4所高校新增8个备案本科专业。这些专业分别是南华大学新增的医学信息工程专业，衡阳师范学院新增的教育学专业，湖南工学院新增复合材料与工程，还有湖南交通工程学院新增5个专业，分别是国际经济与贸易、电子信息工程交通工程、护理学、电子商务。除此之外，湖南工学院的工程管理、工程造价两个专业调整学位授予门类和修业年限。

（张子良）

【市政府与广铁集团共建高铁学院】 5月16日，广州铁路（集团）公司与衡阳市人民政府共建湖南高速铁路职业技术学院签约仪式在湖南高速铁路职业技术学院举行。此次共建内容涉及校区建设、人才培养、专业建设、实训基地建设、科技创新推广、设立企业工作站以及办学过程中提供实习平台等方面。（张子良）

【衡阳师院与通拓科技合作办学】 2016年4月1日，通拓科技与衡阳师范学院签订合作办学协议，成立“国际电商学院”，双方合作培养跨境电商人才。秋季开学，国际电商学院首届招收60名新生，国际电商学院突破原有的人才培养模式，由校企双方共同制定人才培养方案，承担课程教学。9月27日，由深圳通拓科技有限公司出资打造的通拓国际电商学院实践教学基地落户衡阳师范学院。

（张子良）

【碳汇基金会在湖南环境生物职业技术学院成立志愿者工作站】 中国绿色碳汇基金会正式发文《关于同意设立中国绿色碳汇基金会志愿者工作站的批复》，决定在湖南环境生物职业技术学院成立中国绿色碳汇基金会志愿者工作站。这是中国绿色碳汇基金会在湖南高校中成立的首家志愿者工作站。湖南环境生物职院和中国绿色碳汇基金会注重用生态教育理念统领绿色生态校园建设，通过“生态绿苑”工程、“校园环保日”“生态文明学会”等方式传承生态文明，为绿色湖南建设提供精准人才供给。（张子良）

【湖南财经工业职业技术学院举办赴海外游学宣讲会】 12月6日，湖南财经工业职业技术学院（以下简称湖南财工院）特邀湖南省国际交流协会副会长兼秘书长赵雅茜一行到校，举办赴海外游学项目宣讲会。该校将联合新西兰商学院和林肯大学开展“2.5+1+1”专升硕项目。“2.5+1+1”项目是湖南财工院与新西兰商学院、林肯大学的硕士联合培养直通车项目。项目参加者首先应在湖南财工院完成专科两年半的学习，然后在新西兰商学院完成原专科专业的毕业设计和顶岗实习，即可获得学院颁发的专科文凭，1年内完成新西兰商学院的7级课程后，即可获得新西兰商学院颁发的7级本科证书。最后学生可在达到相应要求的情况下进入林肯大学深造15个月的研究生课程。

（张子良）

【湖南工学院举办毕业生供需见面会】 湖南工学院举行2017届毕业生大型校园供需见面会，来自全国各地的236家单位进场揽才，提供7600个就业岗位，有近千人与用人单位达成就业意向。随着毕业生招聘季来临，学校自9月中旬启动招聘平台的搭建，举行80多场招聘活动，有300多家用人单位提供12000多个岗位，与2015年同期比较，增幅达51%。学校形成以大型供需见面会为主、区域性专场为辅、日常招聘不间断的校园招聘模式。（张子良）

【湖南财工院启动骨干教师海外培训计划】 湖南财工院从2016年开始，正式启动骨干教师海外培训计划和学生海外游学计划。6月1日，学院召集首批赴新加坡培训学习的10名优秀教师和赴美游学的3名学生召开简单的座谈会。（张子良）

【大学生科技创新赛出成果】 5月19日，衡阳市第七届全市大学生科技创新大赛总结暨项目对接会举行。本次大赛有驻衡阳8所高校的1万余名大学生和指导教师参与，申报参加高校初评的项目2500余项，各高校申报推荐参加决赛的项目124项，共评选出获奖项目40项，其中一等奖4项、二等奖8项、三等奖16项、优胜奖12项。会上，南华大学与湖南睿度科技有限公司、衡阳宇东新能源公司，湖南工学院与长沙爱乐博信息科技有限公司围绕“开展科技合作、科技研发、技术创新合作”三大重点事项签订校企合作协议。（张子良）

【“授渔计划·大三湘班”落户衡阳电大】 10月25日，中国福利基金会“授渔计划”携手湖南大三湘油茶科技有限公司到衡阳，为实施“授渔计划”项目的衡阳电大信息网络工程学校正式授牌，并为该校“大三湘班”50名受助学生发放50万元助学金。“授渔计划·大三湘班”资助对象为衡阳地区初中毕业的适龄孤儿和贫困学生，资助期限为五年。其中中专学习二年，大专学习三年，帮助学生完成中等职业教育和成人高等教育，并帮助他们实现稳定就业。（张子良）

【湖南高铁学院首次为“港铁”培训救援技术】 湖南高铁学院举办香港铁路有限公司救援技术培训班，本次培训是湖南高铁学院首次为港铁进行救援技术培训。现场救援演练在该院校外实训基地——广州工务段韶关救援基地进行，在深圳进行夜间工务维修作业及安全防护教学。（张子良）

【“致公·阳光班”落户湖南财工院】 11月4日，湖南“一家一”助学就业·同心温暖工程走进湖南财工院，由致公党衡阳市委牵头组建的“致公·阳光班”正式落户该校，致公党衡阳市委联合爱心企业现场捐资20万元。“致公·阳光班”是致公党衡阳市委按照“一家一”助学就业·同心温暖工程“统战教育牵头、部门党派联动、社会各界捐资、校企工学对接”模式打造的教育扶贫项目，由市中医院、致公党员陈炫名等单位和爱心企业家联合捐款20万元，帮助阳光班50名学生在湖南财工院更好地完成学业。（张子良）

【衡阳电大与北京航空企业合作办学】 6月，“北京翔宇通用航空集团生源选拔基地”揭牌仪式在衡阳电大信息网络工程学校举行，标志着衡阳电大与北京翔宇通用航空集团合作办学正式启动。北京翔宇通用航空有限公司是一家专门从事私用、商用飞行驾驶执照培训的通用航空企业。此次双方合作办学，将采取订单培养，学生在学校学习文化和专业基础课程，学业优异者将前往北京翔宇集团学习专业技能和其他课程，毕业后推荐到各大航空公司及机场就业。（张子良）

【衡阳市启动畜牧兽医专业“农民大学生培养计划”招生和培养工作】 2016年，衡阳市启动畜牧兽医专业“农民大学生培养计划”招生和培养工作。此次畜牧兽医专业“农民大学生培养计划”对象主要是全市辖区内各县（市）的规模养殖户，由所在村、乡镇推荐，县（市）畜牧水产局、组织部审核，经衡阳电大录取，取得开放教育大专学籍，学制两年半，纳入全市“农民大学生培养计划”培养范围。学员毕业颁发广播电视大学大专文凭，国家承认学历。对于纳入全市“农民大学生培养计划”的毕业学员，在符合基本条件的情况下，实行“七优先”，即在安排创业资金、聘为村级远教站点管理员、推荐提名为村“两委”班子人选、推荐参加基层公务员考试、推荐担任“两代表一委员”，推荐提名劳动模范、入党等方面优先。（张子良）

【湖南财工院首家多功能创客空间启用】 湖南财工院首家多功能创客空间“斗芽草根创客空间”正式启用。这是由该校2012级毕业生房胡芳牵头，召集学院在校大学生共同创办的创业平台，旨在让有创业梦想的同学们能够抱团取暖，集聚资源，创业孵化。空间内设有斗芽服务馆、斗芽生活馆、斗芽创意馆，有多达1~5家企业入驻。（张子良）

【湖南财工院师生“湖湘工匠”赛佳绩】 “十行状元，百优工匠”是由湖南省总工会联合省人社厅、省经信委等17家省直单位推出的以打造“湖湘工匠”为主题的全省性职业技能竞赛，该赛项在全省范围内对数控车工等10个行业的技术能手进行选拔，参赛对象含企业职工和各类院校师生，分为职工组、中职中技学生组、高职高技学生组三个组别。湖南财工院派出教师、中职学生、高职学生各1名选手参赛，学院3名选手均获奖，学院获优秀组织奖。教师高伟在数控车工职工组赛项中获第二名，并作为湖南省唯一一名教师组选手代表湖南省参加全国数控决赛。（张子良）

师资队伍

【“国培计划”】 2016年，衡阳市全年教师培训工作坚持把乡村教师队伍建设摆在优先发展的突出地位，保障经费投入，确保乡村教师培训时间和质量，全面提升乡村教师能力素质。为此，2016年“国培计划”实施工作以贯彻落实乡村教师支持计划为核心任务，以乡村教师为重点，申报“国培计划”项目县，将送教下乡、网络研修与集中培训相结合，对广大教师进行周期性、专业化培训。作为落实“支持计划”、推进“国培计划”综合改革创新试点，在2015年推选衡东县申报为全省首批“国培计划”项目县后，2016年又推选常宁市申报成功为第二批省“国培计划”项目县。项目县实行培训计划、项目、经费、管理、考核等单列，得到重点支持，年度争取到国家、省专项教师培训经费500万元。2016年，组织两个项目县除外的9301名中小学教师参加“国培计划”十大系列项目的培训。其中：（1）教育部示范性培训83人；（2）乡村教师培训团队高端研修156人；（3）“送培到县”示范性培训3200人；（4）教师远程网络研修与校本研修整合培训3700人；(5)示范性工作坊研修143人；（6）能力提升工程”种子教师”工作坊研修432人；（7）高中教师工作坊研修300人；（8）乡村学校教师访名校培训547人；(9)乡村校长（园长）培训522人；（10）基地校与乡村校手拉手培训218人。（张子良）

【“省培计划”】 全市1690名教师、校长参加省级十七个项目的培训。其中：（1）高中校长高级研修7人；（2）高中教学副校长提高培训7人；（3）高中德育副校长提高培训8人；（4）高中校长任职资格培训8人；（5）初中教学校长提高培训7人；（6）初中德育校长提高培训4人；（7）小学校长提高培训10人；（8）乡村初中（小学）留守儿童心理健康教育骨干教师培训50人；（9）禁毒知识教育中小学骨干教师培训22人；(10)教育新闻宣传骨干教师高级研修10人；（11）乡村幼儿园骨干教师培训34人；（12）幼儿园学习活动体系建设骨干园长高级研修6人；（13）高中教师网络研修1500人；（14）乡村小学数学骨干教师访名校13人；(15)省”双百工程”建设骨干教师高级研修4人。（张子良）

【“市级培训”】 2016年，市级培训进一步下移，注重送培训到县（校）模式创新，受到基层教师赞同。全年共组织市级培训14721人次。(1)全市民办幼儿园园长暑期培训179人；（2）市直学校新聘教师岗前培训101人；（3）衡阳市第二届名师论坛66名学科带头人及市骨干教师参加活动；(4)国培远程集中培训528人；（5）中小学教师信息技术应用能力提升培训2095人；（6）市级骨干教师“送培到县（校）”培训590人；（7）中小学教师非学历远程教育培训4941人；（8）普通话培训及测试1998人次；(9)教师资格考官培训310人次；(10)教师学分补修培训3913人。（张子良）

【中小学教师资格认定工作】 衡阳市教育局发出通知，2016年下半年教师资格认定工作于10月

15日开始，其中网上申报时间为10月15—30日，现场确认时间为11月3—10日（节假日除外）。此次教师资格认定范围包括在衡阳市内申请幼儿园、小学、初级中学、高级中学、中等职业学校教师资格和中等职业学校实习指导教师资格的人员（上述6类教师资格以下统称中小学教师资格）。申请中小学教师资格的申请人户籍所在地或应届毕业生的就读学校所在地应在湖南省行政区域内，且未达到国家法定退休年龄，符合国家及湖南省规定的申请条件。认定条件包括，应遵守宪法和法律，热爱教育事业，履行《中华人民共和国教师法》（以下简称《教师法》）规定的义务，遵守教师职业道德；应具备承担教育教学工作所必需的知识以及运用所学知识分析和解决教育教学实际问题的能力；应具备《教师法》规定的相应学历，应届毕业生在教师资格认定机构作出认定。教师资格的结论前应取得毕业证书。其中：申请幼儿园、小学教师资格的应当具备大学专科毕业及以上学历；申请初级中学、高级中学、中等职业学校教师资格应当具备大学本科毕业及以上学历；申请中等职业学校实习指导教师资格应当具备中专及以上学历，还应具备相当于助理工程师以上专业技术资格或中级以上工人技术等级。同时，应达到国家语言文字工作委员会颁布的《普通话水平测试等级标准》二级乙等以上标准，其中申请语文教师资格和对外汉语教学教师资格的普通话应当达到二级甲等以上水平，申请普通话教师资格和语音教师资格的普通话应当达到一级乙等以上水平。按照“湖南省申请认定教师资格人员体格检查表”项目要求，具有符合规定的从事教育教学工作的身体条件，县级及以上医院或教师资格认定机构指定的医院体检合格。除此之外，非师范教育类专业毕业的申请人应当参加相关考试、测试，并达到相应要求。申请认定高中（中专）及以下教师资格的还应在相应层次的中小学校进行不少于一个学期的教育实习，经考察或考核确认为合格以上等级，同时还要参加中小学教师资格全国统一考试获得合格证书，且合格证明在有效期内。符合条件的申请人须在规定的时间内登陆网报系统。其中，参加中小学教师资格国家统一考试并获得《中小学教师资格考试合格证明》的申请人点击“全国统考合格申请人网报入口”图标，注册网上申报账号；申请高中（中专）及以下教师资格师范教育类专业毕业人员点击“未参加全国统考申请人网报入口”图标，注册网上申报账号。网上报名后应在规定的时间内携带申请材料到教师资格认定机构指定的地点进行现场确认。申请高中（中专）教师资格的现场确认在衡阳市政务服务中心教育局窗口确认。申请初中及以下教师资格的认定机构为申请人户籍（应届毕业生为就读学校）所在县（市、区）教育局。各教师资格认定机构将成立教师资格专家审查委员会耐非师范教育类专业毕业申请人的材料进行认真审查，并作出是否合格的结论。并将在规定的时间内为符合认定条件的申请人颁发教师资格证书。（张子良）

【庆祝第32个教师节表彰大会】 9月9日，衡阳市举行庆祝第32个教师节表彰大会，表彰一批为全市教育工作作出重大贡献的教师。会上，108名优秀教师获得表彰，其中优秀教师68名、最可爱乡村教师30名、优秀教育工作者10名。衡阳市新华书店、湖南省育邦校园超市连锁有限公司、中国人寿保险股份有限公司衡阳分公司、中国人民财产保险股份有限公司四家爱心单位和企业向市教育局爱心捐款208万元，用于教师表彰和特困教师救助。

（张子良）

【启动名师工程】 2016年5月，对全市592名学科带头人和市级骨干教师进行考核，2人考核不合格，5人取消市级骨干教师称号。2016年，全市组织名师论坛1次，组织名师送教下乡19次，参培教师1480人，组织名师工作室调研1次。2015—2016年名师工作室导师共立项或结题课题4个，编著专著（含校本教材、习题集）3本，发表（获奖）论文3篇，指导学员完成（立项）课题2个，编写专著2本，发表论文5篇，参加各类教学比赛共获教育部优胜奖1人，省一等奖1人，二等奖1人；工作室全年共组织各类培训、交流、研讨40余次，受众面近5000人。（张子良）

【衡阳市评选首批“教学名师”】 2016年，衡阳面向全市各级各类学校在职专任教师，将首批遴选50名“教学名师”。这50名“教学名师”主要在骨干教师中评选。其中，衡南县、衡阳县、耒阳市推荐申报名额各8个；祁东县、常宁市推荐申报名额各7个；衡东县推荐申报名额6个；衡山县推荐申报名额5个；雁峰区、石鼓区、珠晖区、蒸湘区推荐申报名额各3个；南岳区推荐申报名额2个、高新技术开发区推荐申报名额1个；市教育局直属单位（含民办学校）推荐申报名额11个。“教学名师”人选，应长期从事一线教学工作，培养优秀青少年有突出贡献，对教育思想和教学方法有重要创新，为人师表、师德高尚。同时注重向农村教师特别是农村义务教育阶段学校教师倾斜，各县（市）区要严格控制其他各类申报人员的比例。在推荐上报人员中，专任教师所占比例不少于推荐申报总人数的80%，其中，小学、幼儿园人数应不少于专任教师总人数的30%；管理人员、教研人员所占比例不得超过推荐申报总人数的20%。

（张子良）

【公费定向师范生工作】 衡阳市2016—2020年农村教师公费定向师范生的招生计划为4700人，其中幼儿园教师394人，小学教师2981人，初中教师1065人，特殊教育教师33人，中职专业课教师227人。2016年10月，衡阳市与善小公益基金会合作，拟在2017—2021年由衡阳幼儿师范学校培养小学教师3000人，年均600人，经费由市财政和善小公益基金会各承担50%，善小公益基金会同时适当补助学生生活费。2016年，全市招收公费定向师范生350人（其中中职专业教师15人，初中教师66人，小学教师233人，幼儿教师33人，特殊教育教师3人）。应届省项目公费师范生毕业206人，除1人从军，1人未报到，6人按省文件要求赔付违约金，同协议县市区解约外，其余198人均按政策落实编制和岗位。

（张子良）

【特岗教师工作】 2016年，“湖南省农村义务教育阶段学校特岗计划”全市7个县（市）共申报计划为1236人，实际聘用人数为833人，其中衡山62人、衡东60人、祁东154人、耒阳87人、常宁159人、衡阳县139人、衡南县172人。2013年服务期满3年转正教师人数为1002人，其中祁东县150人、耒阳市207人、衡山县25人、常宁市182人、衡阳县211人、衡东县52人、衡南县175人。

（张子良）

【教师资格首次注册工作】 国家教育部根据《教师法》《教师资格条例》在全国实施教师资格定期注册制度，按照统一部署，湖南省教育厅决定2016年在全省实施教师资格首次注册。2016年，衡阳市教育局下发《关于印发〈衡阳市中小学教师资格定期注册改革试点工作实施方案（实行）〉的通知》和《关于召开全市教师资格首次注册工作动员部署会议的通知》；成立衡阳市中小学教师资格定期注册改革试点工作领导小组；9月29日召开全市教师资格首次注册工作动员部署暨培训会议；建立教师资格定期注册工作QQ平台，发布省厅的相关政策、工作指南，及时对各单位提出的问题进行回复；严格市直单位教师资格的初审工作，完成市直初审4354人；按时完成市级教师资格复核工作，全市共51616人。

（张子良）

【湖南省第二届师范生教学技能大赛在衡阳师院举行】 11月12日，湖南省普通高校第二届师范生教学技能竞赛在衡阳师范学院举行，来自全省23所高校的128名选手进入决赛。大赛最终评选出18个一等奖，24个二等奖，32个三等奖。衡阳师范学院13名选手参赛获得两个一等奖。

（张子良）

【衡阳65名足球教师参加全国青少年校园足球骨干教师培训】 教育部开展的2016年全国青少年校园足球骨干师资国家级专项培训16000人。此次培训，湖南省有521人参加，其中衡阳有65名足球教师参与。此次国家级专项培训采用分期、分批、分层集中培训的办法进行。根据安排，衡阳市24人参加骨干教师培训；24人参加中小学校长培训；3人参加骨干教师提高培训；还有1人参加体育教研员培训。珠晖区作为全国青少年校园足球试点县（市）区，此次派出13人参加培训。培训内容包括国内外青少年足球发展现状及趋势分析；校园足球发展政策规划解读；校园足球教育教学质量标准讲解；校园足球教学、训练、竞赛相关活动的设计与组织；校园足球技战术教材教法；足球教学研究与实践能力提升；校园足球管理策略和案例分析；足球竞赛规则与裁判法等。（张子良）

【市实验中学启动第二批“国培”工作】 11月21日，衡阳市实验中学启动第二批“国培计划”项目县教师培训团队脱产研修“影子教师”实践培训工作。此次培训的学员共45名，涉及语文、数学、物理、化学、地理、美术、音乐、信息八个学科，学员来自湖南省长沙市、常德市、怀化市等七个地区，培训时间从2016年11月20日至27日，此次培训方式以跟岗听课学习和参加“同课异构”实践活动为主。（张子良）

【组织“开展劳动竞赛，争当金牌教师”评选活动】 2016年，市教育局在全市教育系统组织“开展劳动竞赛，争当金牌教师”的评选活动。成立衡阳市“开展劳动竞赛，争当金牌教师”评选委员会，下设办公室。经各县市区教育局及各级单位层层评选推荐，市评选委员会办公室共收到推荐材料30份，评选工作领导小组对30名侯选人通过先审核材料，以无记名投票方式评选出5名金牌教师：祁东二中教师周青、衡南一中教师肖小华、雁峰区高兴小学校长张谊、衡阳市八中副校长宋仕利、衡阳市特殊教育学校教师王筠。（张子良）

经费保障

【规范教育经费投入和财务管理工作】 一是加强财务管理和内部控制规范。及时准确地在教育信息网上公开2016年市本级教育系统部门预算和“三公”经费预算、2015年市本级教育系统部门决算和“三公”经费决算，提高预决算的透明度。二是加强专项资金的绩效管理。按照省财政厅、省教育厅的要求，对2015年高等教育发展专项资金、基础教育发展专项资金、职业教育基础能力建设专项资金、教育综合发展专项资金进行绩效评价。突出项目绩效，强化项目管理，提高专项资金使用效益。三是加强市直学校债务化解力度。在市直义务教育阶段学校的债务全部化解完毕后，于2015年对非义务教育单位债务做专题报告呈送市政府，请求启动化解工作。2016年，在教育费附加中给6所高中学校（除市一中和中职学校外）安排2499万元专项资金，全部用于化解教师集资款，2017年市直非义务教育阶段学校的教师集资款将全部化解完毕。通过加强项目管理、绩效评价和财务监督工作，市直各单位没有发生新的债务，债务得到有效控制并逐年减少。四是争取加大财政投入力度。及时与财政部门协调，足额安排2016年义务教育学校生均公用经费基准定额补助标准为：普通小学每生每年600元，普通初中每生每年800元，特殊教育学校和随班就读残疾学生每生每年6000元。在此基础上，增加对寄宿制学校按照寄宿生年生均200元的标准增加公用经费补助，对农村地区不足100人的规模较小学校按100人核定公用经费，从2016年秋季起，对城市义务教育学校贫困寄宿生发放生活补助与农村标准一致，即小学每生每年1000元，初中每生每年1250元。从2016年春季学期起，增加对城市公办义务教育学校的教学及教学辅助用房、行政办公用房、生活服务用房等校舍的维修改造，按每平方米800元的标准给予补助。此外，认真落实国家有关规定，取消普通高中择校生收费政策，为确保普通高中学校的良好运行，根据省财政厅、省教育厅《关于健全普通高中生均公用经费保障机制的通知》精神，从2016年起按每生每年600元补助普通高中学校公用经费，以后年度视情况动态调整。市本级所属高中学校所需资金由本级财政承担，在财政年初预算没有安排的情况下，及时与财政进行沟通，争取财政在年终决算前安排部分资金。（张子良）

【推进“全面改薄”工作】 根据“全面改薄”双月报系统数据统计，截至2016年10月底，全市累计支出资金200022万元，占总规划数的69.2%；校舍建设开工面积1074401平方米，占总规划数的74.4%；竣工面积965912平方米，占总规划数的66.9%；完成设备采购金额54181万元，占总规划数的

71.6%。覆盖1277所学校，惠及503598名学生。（张子良）

【加强教育重点项目建设和管理】2016年，全市教育重点项目27个，计划投资183570万元，截至11月底，完成144700万元，完成计划的80%。一是强化组织领导。成立衡阳市教育系统重点项目建设领导小组。出台衡教通《关于下达2016年衡阳市教育系统重点工程建设项目任务计划的通知》，将教育系统建设任务分解到各县（市）区教育局，强化县（市）区的责任。二是强化项目调度和考核。全年进行两次教育系统重点项目建设调度会，并对进度较慢的项目进行实地督查，较好地促进项目建设。大部分县（市）区重点项目进展顺利，年底全部完成年度计划。三是强化月工作报表。按市民生项目推进办的要求，每月25日之前上报重点项目月报表，及时解项目进展情况。四是强化项目管理与服务。所有项目及时办理相关审批手续，落实政府对重点项目建设的优惠政策；所有项目实行目标管理，落实责任制；资金管理到位，严格按进度拨款；安全防护到位，未出现任何安全事故；未发生“三乱”等违纪违规行为；施工中未发生矛盾纠纷现象。（张子良）

【基本完成城区中小学化解大班额“三年行动计划”】城区中小学化解大班额项目共26个，其中新建项目16个，改扩建项目10个。26个项目将增加教学班700多个，学位32000多个，增加用地面积约58.67公顷，建筑面积30多万平方米，预计投资约7亿元。市政府2014—2016年每年拿出5000万元作为城区小学化解大班额的奖补资金，用于奖励义务教育学校建设。2016年是化解城区中小学大班额“三年行动计划”最后一年，紧抓机遇，认真开展攻坚行动。2016年，市政府督查室牵头，市教育局、市财政局定期督查调度三次，听取资料汇报和实地查看相结合，督查项目建设进度，将督查结果通报到四个城区和“两园一区”。至2016年年底，完成建设并投入使用的项目10个，其中珠晖区3个：东站路小学、东风路小学、粤汉小学；雁峰区2个：飞雁学校、欧水岭小学；石鼓区1个：五一路小学；蒸湘区2个：杨柳小学、实验小学；高新区2个：衡州小学、祝融小学。正在建设的项目10个（其中7各项目的建筑主体已经完工），其中珠晖区2个：上托小学、苗圃小学；雁峰区1个：奇峰小学；石鼓区2个：角山前进小学、松木明德学校；蒸湘区3个：大立小学、呆鹰岭中心小学、衡钢小学；白沙工业园1个：新民路小学；松木工业园1个：新竹小学。还未开工的项目6个，珠晖区1个：东山小学（主要是滨江新区落实建设计划不力）；石鼓区2个，虎形山小学（原因是未能完成征地拆迁）、华耀城一小（原因是华耀城未能及时落实建设计划）；蒸湘区2个，红银小学（原因是国土手续迟迟不能办理，征地拆迁未落实）、中平小学（原因是征地事项影响工期）；白沙工业园1个：金桥小学（学校用地性质变更没有结果，建设迟滞）。对进度较慢的建设项目，一方面约谈相关部门领导，督促其加快进度；另一方面解项目建设中遇到的困难和问题，及时向有关方面反映，想办法化解难题。（张子良）

【严查“以钱择校、以优择生、以权入学”行为】市发改委、市财政局、市教育局和市文体广电新闻出版局联合下发《关于进一步规范2016年秋季中小学教育收费管理有关事项的通知》，对全市中小学教育收费管理有关事项进行规范，提出坚决制止中小学教育择校乱收费、全面规范“公参民办”学校办学等内容。坚决查处“以钱择校、以优择生、以权入学”行为，严肃查处违规招收借读生、择校生等行为。严禁以任何名义收取与入学挂钩的费用。严肃查处学校及其教职工组织或参与补课乱收费的行为；禁止公办中小学向社会培训机构提供举办补课活动的场所和设施。各级各类学校要认真贯彻国家和省市关于中小学校服务性收费和代收费管理的规定。不得将讲义资料、试卷、电子阅览、计算机上机、图书馆查询和电子阅览、午休管理服务、课后看护、自行车看管、取暖、降温、饮水、校园安全保卫等费用纳入服务性收费和代收费事项。严禁任何社会团体、群众组织和企业通过中小学校向学生收取饮水、饮奶和课间餐等经营服务性费用。严禁各中小学校代收商业保险费，严禁学校在军训期间向学生收取军训费、住宿费、交通费、照相费等费用。各中小学校不得将面向学生公开发行的刊物列入教辅材料，应由学生自愿向邮政机构征订。凡未经公示的收费或公示内容与政策规定不符的，学生有权拒交，已交费的退还给学生。民办教育收费将继续按湘发改价费〔2016〕667号文件有关民办中小学收费规定执行。（张子良）

【普通高中贫困学子可免学杂费】从2016年秋季学期起，为公办普通高中建档立卡家庭经济困难学生、非建档立卡家庭经济困难残疾学生、农村低保家庭学生、农村特困救助供养学生免除学杂费。其中，建档立卡家庭经济困难学生是指符合国务院扶贫办发布的《扶贫开发建档立卡工作方案》相关规定，在全国扶贫开发信息系统中建立电子信息档案，持有《扶贫手册》的普通高中学生。非建档立卡的家庭经济困难残疾学生是指残联下发残疾证的学生。非建档立卡的农村低保家庭学生是指民政局下发农村低保证的家庭的孩子，必须是农村户籍。非建档立卡的农村特困救助供养学生是指民政局下发五保证家庭的学生，也可凭特困求助供养金领取存折申请，同样必须是农村户籍。免学杂费现行标准为，省示范性高中每生每学期1000元，其他高中每生每学期800元，经省教育行政部门评定的特色教育学校参照执行省示范性高中免学杂费标准。对在政府教育行政管理部门依法批准的民办普通高中就读的符合免学杂费政策条件的学生，按照当地同类型公办普通高中免学杂费标准给予补助。民办学校学杂费标准高于补助的部分，学校可以按规定继续向学生收取。据统计，2016年秋季学期全市有4200名普通高中贫困生共减免学杂费359.68万元。按照省教育厅“收多少、免多少；免多少、补多少”的原则，因遗漏、身份变化、跨区域入学、信息存疑等原因影响学生身份认定而收取学费的学校均一次性退还到位。（张子良）

【2016年秋季中小学收费标准】市发改委、市财政局、市教育局和市文体广电新闻出版局联合发文，明确本市2016年秋季中小学收费项目和标准。一是义务教育阶段免收课本费。2016年秋季本市城市义务教育阶段，除按规定向学生收取作业本费和教辅材料费外，还可在坚持学生自愿原则的前提下，向接受相关服务的学生收取住宿费、伙食费、校服费、就餐卡补办费和校外活动费。任何学校不得再强制向学生收取课本费。农村义务教育阶段可向自愿在校就餐的学生收取伙食费（含饭菜加热服务费或大米加工服务费），按规定代收作业本费和教辅材料费，除此之外，不得另收其他费用。关于义务教育阶段的教辅材料代购，学校应根据市发改委、市文体广电新闻出版局、市教育局下发的《关于公布2016年秋季中小学教辅材料指导价格目录的通知》规定，在严格坚持学生自愿的前提下，按照“一科一辅”的原则，为学生无偿提供统一代购服务。义务教育阶段作业本费，城市小学1～3年级同步教学实践训练，仍按原规定执行。同时，与教材配套的磁带、光盘，可由学生自愿选择购买，学校不得要求学生统一购买。以上各项标准和政策，各级中小学校必须确保进城务工的农民工子女与城市学生享受同等待遇。二是普通高中要严格执行招生计划。从2016年起，公办高中停招择校生，由此，全市取消普通高中“三限”政策。普通高中学校要严格执行经核定的年度招生计划，不得未经批准擅自追加计划招生、超计划招生和无计划招生。普通高中学费标准分省级示范性高中和其他高中两个档次，省级示范性高中学费标准为每生每期1000元，其他高中为每生每期800元。经省教育行政部门评定的特色教育学校对照执行省级示范性高中收费政策。此外，作业本费为每生每期21元，其中课堂作业本13元、寒假作业本8元。职业高中仍按原学费标准执行。（张子良）

【开展经济责任审计】2016年，抓住重点，继续以经济责任审计为主线，贯彻“三年一审、一审三年”的工作思路，全年安排并实施经济责任审计8项。坚持从任期经济责任履行情况、期内单位财务和经济状况、被审计单位和被审计人遵守财经法纪和廉洁自律情况以及单位内部控制与民主决策等四个方面进行查证和评价，促使被审计单位和被审计责任人明确自己的工作目标和经济责任要求，将法人代表管理单位经济工作重点从传统的财务收支导向全面履行包括财务管理、资产管理、债权债务等各项经济责任上来。同时，还把各单位资产保值增值情况、消赤减债任务完成情况、校长职务开支情况、单位经费自给能力等列入审计的重要内容。通过审计，查处有问题资金 324 万元，提出意见建议 35 条。（张子良）

【开展财务收支审计】 2016 年，把财务收支审计列入教育内审工作的重要内容，完成对局直 4 所学校近三年来财务预算执行情况、资金管理和使用情况的审计，审计重点是近三年来学校所有收入的合法性、完整性及收入管理是否符合财经政策；学校所有支出的合理性、效益性及支出管理是否违反财经纪律，特别是预算外资金收支是否存在问题。同时，联合计财科对局直 36 个单位近三年的财务工作进行督查，督促各单位财务收支依法依规，并对不规范的问题下达整改通知书，限期整改到位。（张子良）

教育行政

【全市教育工作会】 3 月 1 日，衡阳市召开全市教育工作会议，确定 2016 年全市基础教育工作的重点是：抓好合格学校、“全面改薄”“特殊教育提升计划”“第二期学前三年行动计划”项目实施，推动基础教育事业科学发展；深化课堂教学改革、推进中小学考试招生制度改革、推进普通高中学生综合素质评价改革、推进学校（体育、艺术、科技、国防）四项课程建设，提高基础教育质量和育人水平；规范办学行为，优化资源配置，加强安全教育，完善校车安全管理机制，提高基础教育治理能力和治理水平。在中小学考试招生制度改革方面，该市制定出台民办义务教育招生工作意见，取消以文化性考试或任何变相考试的方式选拔新生，鼓励民办学校根据办学特色与需要，采取面试等方式，选择符合学校办学特色的学生，逐步完善以“免试”为原则的民办学校招生制度。高中阶段招生，将调整优化特长生录取办法，取消普通高中择校生政策。同时，全面提升教育质量被列为本年教育工作的重中之重。为此，确定 2016 年为“教育科研质量发展年”，将加大优质课题培生力度，引导教师打造“高效课堂”，在全市范围内推出一批课堂教学改革示范校；全力推进名师工程，强化对“名师工作室”、学科带头人和骨干教师的考核管理，发挥名师辐射力，并通过整合全市优秀教师资源，利用信息技术开展远程支教。

（张子良）

【衡阳市 4.7 万名学子参加高考】 6 月 7—8 日，衡阳市 4.7 万余名考生在 29 个考点参加高考。高考期间，各大考点秩序井然。所有考点全部配备使用第二代身份证识别仪、金属探测仪、手机信号屏蔽器。高考成绩公布后，衡阳市高考一本上线 4522 人，列全省第三，比 2015 年增加 222 人；二本上线 12701 人，居全省第二，比 2015 年增加 611 人。600 分以上 526 人，全省第三，其中理科 518 人，亦排全省第三名。理科 6 人进入全省前一百名，位居全省第五位。清华、北大录取 12 人。

（张子良）

【四城区义务教育通过“国检”】 1 月 11 日，国家教育督导组公布的报告显示，衡阳市的雁峰、石鼓、蒸湘、珠晖四个城区均达到义务教育均衡发展标准，全面通过“国检”。（张子良）

【全市部署开展“护校安园”消防安全专项行动】 市教育局和市消防支队决定在全市范围内开展“护校安园”消防安全检查专项行动，加强中小学校、幼儿园消防安全管理，确保中小学校、幼儿园安全稳定。此次专项行动一是检查督导中小学校、幼儿园消防设施设备的完善与配套，加强对消防设施设备的维护和保养，确保性能良好；二是开展对中小学、幼儿园的消防安全教育、培训与演练，协助中小学校、幼儿园建立健全消防预案和应急救援方案，提高中小学校、幼儿园的自防自救能力。（张子良）

【衡山县被认定为省教育强县】 5 月 21—26 日，省教育督导委员会督导评估组先后对常宁市和衡山县进行“两项督导评估考核”。11 月 22 日，省教育督导委员会在衡阳召开县级教育工作“两项督导评估考核”意见反馈会，常宁市和衡山县教育工作集中接受意见反馈。经省委组织部、省教育厅、省教育督导室共同审议，并报省教育督导委员会同意，常宁市和衡山县县（市）级政府教育工作和县（市）级党政主要领导教育工作实绩均合格，其中衡山县被认定为湖南省教育强县。

（张子良）

【省督导团评估“蒸湘教育”】 4月23日，湖南省教育厅原副主任督学、第二督导评估考核组组长聂荣华率省政府教育督导团一行，对蒸湘区教育两项督导评估考核、教育强区视导工作，进行督导评估考核。认为蒸湘区围绕建设“教育强区”总体目标，坚持教育优先发展战略，领导重视，责任明确，教育发展长效机制完善；以区为主，保障投入，办学条件进一步改善；以人为本，优化配置，师资素质进一步提高；育人为本，德育为先，办学品位进一步提升；齐抓共管，统筹兼顾，各类教育进一步协调发展；规范行为，营造氛围，教育发展环境进一步优化，不断巩固“两基”成果，完善教育管理体制，教育事业步入良性发展轨道。

（张子良）

综合纪要

【“平安校园”衡阳经验全国推介】 4月8日，衡阳市教育局局长周法清在2016年全国学校安全工作电视电话会议上作题为《立足细节狠抓落实扎实推进“平安校园”建设》的发言，向全国推介“平安校园”衡阳经验。其突出经验和举措是：一是全方位拉网式排查学校安全。全市进行全方位、多层次监管，创建“网格化”教育综合管理模式。二是筑起校园安全铜墙铁壁。衡阳市建立健全政府、部门、学校安保工作责任机制和维护校园安全的长效工作机制。据统计，全市95%的学校设立门卫室，配备专职保卫人员6000余人。每所学校都成立校园安全巡逻队，1000人以上的学校最少成立两支巡逻队，24小时不间断巡查，全市巡逻队达到1180支。同时，加强安保装备建设，近三年“三防”投入约1.5亿元，全市学校共新配备警棍等防范器械6967套，安装摄像探头8695个，做到全市校园安保人员、安保器械、监控设备全覆盖。三是及早预见、采取防范措施。教育系统每年年初召开一次学校安全工作会议，总结上一年的学校安全工作，科学研判新一年的安全工作防控重点。每学期初召开一次学校安全工作分析会，通报近期出现的新情况和新问题，县局学校安全工作领导组每月召开一次例会，研究学校安全工作。四是强化安全专项检查。每逢开学、期中、期末三个重要时期都派出由局领导带队、各相关科室干部参与的学校安全工作检查小组，到各县（市、区）部分学校和57所市直学校就卫生、防溺水、交通、消防、校舍等各个方面进行全方位、拉网式排查，对发现的问题都当即向校方一一指出，当场下发学校安全检查整改意见书，要求学校限期整改，并在两个星期内递交整改情况汇报。五是强化师生安全意识。全市小学校坚持每学期至少开展1～2次应急避险演练活动。（张子良）

【家庭教育“入驻”衡阳学校“课表”】 2016年，全市有家长学校1020所，其中，国家级示范性家长学校1所，省级示范性家长学校27所，市级示范性家长学校144所，县级示范性家长学校414所。全市参加家长学校学习的共有40万人。且培训国家级家庭教育指导师500人，家庭教育高级讲师100人，市县建立家庭教育讲师团11个，拥有讲师65人。鼓励学校和教师开展相关科研活动，“十二五”期间，衡阳市申报家庭教育主题市级课题36个，结题21个，获省级一等奖6个，二等奖11个，三等奖4个，撰写家庭教育论文450篇。

（张子良）

【中考录取政策有重大调整】 《2016年衡阳市高中阶段学校招生工作实施方案》正式公布，中考录取政策有重大调整。一是全面取消全市公办普通高中学校择校生。《方案》指出，市、县两级教育行政部门根据各高中阶段学校办学规模和当年初中毕业生的数量以及普职分流5∶5的比例，合理制定各校招生计划，取消全市公办普通高中学校择校生计划。各县（市、区）的招生计划意向应及时上报市教育局，经审核后，由市教育局统一下达，并下发普通高中学校招生代码表和中等职业学校招生代码与专业代码。招生计划下达后，各级教育行政部门和学校必须严格执行，并按省厅有关规定编班，严格控制班额。从2016年起，全市所有高中阶段学校一年级新生班额均控制在55人以内。职业学校的招生计划分区域内计划和区域外计划。区域内计划实行指令性计划，区域外计划实行指导性计划。城区职业院校的招生计划分校下达到各县（市、区），各县（市、区）将城区职业院校约招生计划下达到相关初中学校，建立城区职业院校生源基地。二是普高学校不得录取控制分数线下学生。《方案》指出，市城区和各县（市、区）分类别分批次同步录取，依次为提前批、普高批、职高批。县（市、区）在划定普高录取最低控制分数线后，应及时将控制线以下的生源数据移交市中招办，由市中招办统一办理市直职业学校的录取手续，普高学校不得录取控制分数线下学生。被录取的考生不得重复录取，没有填报志愿的考生不能录取。定向生、直升生、直选生、特长生四类学生参加提前批次录取。参加提前批次录取的学生必须通过相关专业测试或资格审查。被提前批次录取的学生不再参加后续录取，未录取的学生按其志愿参加后续普通文化生录取。根据《湖南省教育综合改革方案（2015—2020）》文件要求，普通高中继续实行定向招生制度。将省示范性高中学校招生计划的40%定向分配到本区域各初中学校，按考生志愿、学业成绩在省示范性高中录取分数线下降30分且综合素质评价达到A等第且三年学籍无异动的学生中择优录取，定向生计划适当向新课改初中合格校倾斜（在基本标准上提高1个百分点的比例）。考生综合素质评价工作不规范、不及时的初中学校不予分配此项招生计划。经市教育局批准的直升生、直选生、特长生招生按市教育局有关文件执行。三是普通文化生录取以初中毕业学业考试成绩（满分1080分）、理化生实验操作等第、综合素质评定等第和考生志愿作为录取依据。利用中招招生系统，根据志愿优先、分数优先（总分相同按语文、数学、英语三科总分排序）、择优投档录取。考生理化生实验操作、综合素质评定达到C等（含C等）以上，才具有录取普通高中阶段学校的资格。四是中职招生以初中毕业证书、考生志愿和综合素质评定等第作为录取依据，计划内录取，录满为止。市城区和各县（市、区）教育局中招办在中考成绩出来后，应根据招生计划科学划定本区域内各类普通高中的录取分数线，按要求报市教育局中招办备案，严格执行线上录取。

（张子良）

【2000多辆“爱心车”免费送考】6月5日上午，2016年衡阳市爱心送考社会公益活动启动。本次爱心送考公益活动由市广播电视台、市交通运输局、市教育局主办，衡阳人民广播电台承办。2016年，衡阳市有2000多台公交车、出租车、社会团体车辆及私家车加入“爱心送考”，高考期间，所有“爱心送考队”车辆将统一粘贴爱心车贴，行驶于市区大街小巷。考生只要在路上招手，凭准考证便可免费乘坐爱心车。考试结束后，也可免费乘坐爱心车返家。交通不便的考生还可拨打衡阳交通频道热线电话“2591018”“2591019”联系爱心车辆，享受“点对点”“一对一”接送服务。

（张子良）

【完善就业服务与就业援助】一是抓公共就业服务。主要体现在三个方面：1. 基层服务平台实现全覆盖。在乡镇（街道）及村和社区搭建基层公共服务平台，建立724个服务窗口，配备1517名工作人员，覆盖面达到100%。2. 公共信息服务实现全方位。在衡阳市人力资源网免费发布岗位信息11734个，登记求职者22113人，每周发行一期的《衡阳日报·人社周刊》，累计为企业免费发布招工信息5422条，提供岗位信息52011条。3. 各类招聘会实现全免费。在南华大学、衡阳师院、湖南工学院、湖南交通工程学院、衡阳财工院等5所高校，开展“送岗位、送政策、送服务”高校毕业生招聘服务周活动，组织入场企业400家次，提供各类岗位1200余个，吸引近万名应届毕业生进场求职，2000余人次达成就业意向。二是抓实名制登记。严格执行首问责任制，通过帐户管理对接待大学生就业工作的服务人员和部门进行监督，保证数据来源的真实有效。通过积极主动的就业登记和服务工作，为省、部里提供大学生就业形势的分析依据。对2000名高校毕业生进行实名登记。三是抓就业援助。对1920名孤儿、残疾人、低保家庭、获得国家助学贷款的2017届高校毕业生发放求职补贴1536000元，对200多名纯农户、30多名少数民族和500多名困难高校毕业生开展职业指导和求职登记，并有针对性地向企业重点推荐。通过援助，实现未就业高校毕业生100%动态清零。

（张子良）

【落实政策规定资助项目】 2016年，全市享受家庭经济困难幼儿入园补助共16909人，总资金1690.9万元；享受普高助学金共21565人，总资金4313万元；享受普高建档立卡家庭经济困难学生免学杂费共4200人，总资金368.8万元；享受中职助学金共7680人，总资金1536万元；享受中职免学费共52011人，总资金13227.2万元；享受高校国家奖助学金共13328人，总资金2315.5万元；生源地信用贷款共4043人，总资金3214.93万元；义务教育“两免一补”按政策予以落实。（张子良）

【受理社会捐资助学】 2016年全市社会捐资助学达20229人，总资金1128.31万元。其中，受助“阳光雨露”资助的学生600余人，受助资金150多万元。此外，对市局党建帮扶点开展困难学生资助工作，对困难企业职工子女开展金秋助学活动，共计资助资金约10万元；通过多方努力促成广东拍翼教育科技有限公司向衡阳市捐赠1.56亿元教育设备。（张子良）

【做好年度国家和省级监测样本县的监测工作】 2016年，衡阳市南岳区被国务院教督委办抽定为全国基础教育质量监测样本县，珠晖区、衡山县被省教督委办抽定为基础教育质量监测预监测县，蒸湘区、衡南县、耒阳市、衡阳县被省教督委办抽定为基础教育质量监测样本县。从3月开始到10月省现场监测完成，市县两级按照监测规程要求扎实有序推进各项工作。南岳区完成国家基础教育质量监测任务，珠晖区、衡山县完成省基础教育质量预监测任务，蒸湘区、衡南县、衡阳县、耒阳市完成省基础教育质量监测任务。衡阳市教育局被省教督委办公室评为优秀组织单位；蒸湘区教育局、衡南县教育局、耒阳市教育局同时被评为优秀组织单位。

（张子良）

【督学责任区工作】 2016年，衡阳市有督学责任区50个，专、兼职责任督学310名，覆盖各级各类学校1295所；督学责任区开展随访督导6582次、专项督导36项、专题调研15项、督学随堂听课评课8210节次，进行满意度调查35次，覆盖学生、家长、社会民众4563人；督导发现问题8144起，涉及校务管理、招生收费、课程开设、学生负担、师德师风、周边环境、安全等诸多方面，出具督导报告130份，提出整改意见建议1521条，督查落实整改1466条。（张子良）

【推进为民办实事项目校（园）建设】 2016年，衡阳市义务教育合格学校建设主要任务集中在村小和教学点。紧扣“实事项目学校、幼儿园”“学校项目工程建设”两个重点难点，克服村小和教学点位置偏远、基础薄弱、规模小等实际困难，以年中督查促年末评估，强化过程的督查指导。一是开展中期督查，督促、推进实事项目校（园）建设。8月23日至30日，由督导、计财、基教等部门联合组成督查组，对全市教育为民办实事项目、重点工程、薄改等工作推进情况进行教育督导检查，发现问题并现场指导。二是组织年度任务完成情况督导评估验收。11月15日至24日，市教育督导委员会办公室会同市统计局实事办和市教育局基教科，组织部分省、市督学和教育督导评估专家，对2016年全市义务教育合格学校、农村公办幼儿园（教育为民办实事项目校园）建设情况进行全面督导评估验收。2016年度省下达衡阳市教育为民办实事项目校（园）114所验收为合格等次，其中：省政府重点民生实事项目校30所，省政府重点民生实事项目园10所，备案项目校42所，自建项目校20所，自建项目园2所，验收确认，全市投入11392万元，全面完成全年创建任务。12月8日，按规定将2016年教育系统重点民生实事完成情况在衡阳教育政务网和衡阳市教育信息网上同时公示；市统计局对2016年教育系统重点民生实事考核数据进行评估认定，同意市教育局的认定意见。12月6—7日，省教育厅对衡阳市2016年教育为民办实事项目校（园）及乡村教师支持计划落实情况进行督导评估。（张子良）

教改教研

【统筹推进全局教育综合改革任务】2016年，市教育局有6项改革任务：一是贯彻落实普及高中阶段教育试点方案；二是制定新型城镇化背景下统筹城乡义务教育一体化发展的实施意见；三是制定衡阳市乡村教师支持计划实施细则；四是制定关于健全中小学安全风险防控机制实施意见；五是发展学前教育，鼓励普惠性幼儿园发展；六是支持和规范民办教育发展。截至年底，所有改革任务全部完成，结果上报市委深改办。（张子良）

【建立健全教学评价和激励保障机制】一是定期开展教学质量监测。2016年，市教育局拿出100万元，对全市小学、城区初中不同年级进行质量抽测，推动义务教育阶段教学质量的提升。二是改革教学评价机制。在高考质量评价中，尤其注重三年前入学成绩（即中考成绩）和高考成绩的比较，突出对提升幅度和优势生源的考核。三是加大教育质量奖励。2016年，根据《衡阳市市直普通高中教育教学质量奖励办法（试行）》，市财政拿出350万元进行奖励。（张子良）

【“光学”国际研讨会在衡阳举行】6月，由湖南大学、衡阳师范学院联合主办的“纳米光学与等离子光学”国际研讨会在衡阳市举行。来自新加坡国立大学、清华大学、北京大学等国内外高校90余名教授、青年学者参加讨论。在为期两天的研讨会上，与会专家、学者交流及探讨近年来国际上“纳米光学”与“等离子光学”在科学领域的发展与生活中的应用，并预测其发展趋势。来自美国《科学》杂志副主编、普渡大学鲍勃和安妮·伯内特教授及美国加州大学、英国伯明翰大学、南京大学、复旦大学等高校教授作9个学术报告，介绍相关领域的最新科研成果。光学学科于2001年被确定为衡阳师范学院首批重点学科，2011年被确立为“十二五”院级重点学科。学术研究机构“光电研究所”于2003年被批准为首批院级学术机构。2011年12月，光学学科被确定为湖南省重点建设学科。该会议的举办有助于促进本省光电子学科发展，加强衡阳师范学院“光学”研究方向的教师与国内外著名专家合作，提升全院乃至全省光电子学方向的科研水平。（张子良）

【启动中小学教师职称制度改革】9月19日，市人社局、市教育局联合召开大会，对全市深化中小学教师职称制度改革工作进行动员部署。会议明确此次改革实施的范围：全市普通中小学、职业中学、幼儿园、特殊教育学校、教研室及校外教育机构中实行中小学教师职称（职务）系列的在岗人员均列入改革范围。民办中小学、幼儿园教师参照本方案参加职称评审。同时，会议明确改革的主要内容：一是建立统一的中小学教师职称体系。将原中学和小学（幼儿园）教师相互独立的职称（职务）制度体系，统一并入新设置的中小学教师职称（职务）系列。在等级上，设置从正高级职称到员级5个等级，依次为正高级教师、高级教师、一级教师、二级教师、三级教师，与职称的正高、副高、中级、助理级、员级相对应。除新设的正高级职称（职务）外，新的职称（职务）系列与原中小学教师专业技术职称（职务）系列都有直接对应关系。统一后的中小学教师职称（职务）分别与事业单位专业技术岗位等级相对应。二是完善评价标准。明确规定按照“注重师德表现、注重教育教学工作实绩、注重教育教学方法改进、注重教育教学一线实践经历”的要求，将教书育人工作业绩作为教师职称评聘的主要依据。三是创新评审机制。中小学教师职称（职务）评审工作实行分级管理和实施。正高级教师职称由省里组织评审；高级教师、一级教师（耒阳市除外，待条件成熟下放到县里评审）职称由市里组织评审；二、三级教师职称由县（市）区组织评审。职称评审采取实地考核和集中评审相结合的方式进行，积极探索利用现代化信息技术手段实施评审。全面推行评审公示制度，对岗位空缺情况、申报情况、考核推荐结果、评审结果实行公示。四是与岗位聘用制度相衔接。中小学教师职称评审，在核定的岗位结构比例内进行，不再进行与岗位聘用相脱离的资格评审。中小学教师中增设正高级职称，是这次改革的一大突破和亮点，也是一项大的政策调整，主要是为提高中小学教师的社会地位，拓展中小学教师的职业发展空间。全省 2016 年中小学正高名额为 146 名，衡阳市正高名额将以省里下达的为准。会议明确，凡在乡村学校任教 3 年以上、经考核表现突出并符合具体评价标准条件的教师，同等条件下优先评聘；建立中小学教师跨校评聘机制，鼓励优秀教师到农村学校、薄弱学校任教。2016 年，衡阳市将在衡山县和珠晖区进行试点，逐步全面铺开。此次改革涉及全市 5 万多名中小学教师。会议强调，深化中小学教师职称制度改革，涉及面广，情况复杂，改革过程中必须坚持以人为本、遵循规律，统一制度、分类管理，民主公开、竞争择优三个基本原则，正确处理好人员过渡、职称评审、制度衔接、正高级职称申报推荐等重点难点问题。会议明确全市中小学教师职称制度改革总体安排。9 月底前，各县（市）区改革实施方案报市里审批；10 月底前，完成在岗人员职称过渡申报审批及归档工作；12 月底前，完成中小学教师职称（职务），新体系下的首次评审。（张子良）

【启动新一轮“晒课”活动】 2016 年 6 月起，全市中小学启动 2015—2016 年度“一师一优课、一课一名师”活动，组织所有中小学教师参与网上“晒课”，从中评选“优课”。“一师一优课、一课一名师”活动是覆盖全国中小学教师的一项重要活动，课程覆盖义务教育阶段和普通高中各年级、各学科、各版本。该活动鼓励基层教师探索利用信息技术和教育教学融合的不同方法和多种模式，展示优秀课堂教学，推动数字教育资源在不同教学环境下的应用，形成“人人用资源、课课有案例”的教学应用环境。市教育局明确，各县（市）区和市直各学校参加本次活动“晒课”的教师应不少于本单位专任教师总数的 50%，省、市级示范性高中和各级（国家级、省级和市级）现代教育技术实验学校的专任教师原则上全部参加本次“晒课”活动。教师“晒课”截至 9 月底。全市拟评出 800 堂左右的市级“优课”，并从中推荐“优课”参加省级“优课”评选。教育部门将把教师参加“一师一优课”活动情况纳入教师专业发展档案，作为教师职务（职称）评聘、考核评价和评选先进的重要依据。把获得市级及以上“优课”作为教师参评国家和省、市优秀教师、特级教师、名师、教学能手的重要条件。（张子良）

【衡阳技师学院试点“现代学徒制”】 2016 年，衡阳技师学院率先启动校企合作“现代学徒制”育人模式。1 月 28 日，该院数控加工专业的 91 名学生到南岳电控，他们以“现代学徒”的全新身份开始另一种学习生活。这是衡阳技师学院与南岳电控共同开展的“现代学徒制”新型试点班。现代学徒制最大的特点是“招生即招工、入校即入企、企校双师联合培养”。相比于传统学徒制，最大不同就在于现代学徒制需要在“一带一”的技术传承中加入学历教育，让学生同时接受正规的学校教育和企业师傅的指导，同时能够有效解决学校教育与企业岗位需求脱节问题，比订单式培养更精细化，体现对技能人才的“私人订制”。（张子良）

部分成果业绩

【获学科竞赛和教学比武奖】 一是学科竞赛。全市学生参加全国数学、物理、化学、生物、信息术等奥赛，获国家级二等奖 50 人次，三等奖 75 人次；省级一等奖 85 人次，二等奖 125 人次，三等奖 176 人次，居全省第二。其中化学高三获全国二等奖 16 人，全国三等奖 13 人，省一等奖 11 人，省二等奖 20 人，省三等奖 8 人；高二化学竞赛获省一等奖 29 人，省二等奖 44 人，省三等奖 15 人。高三生物获全国二等奖 12 人，全国三等奖 16 人，省一等奖 7 人，省二等奖 10 人，省三等奖 13 人。二是教学比武各个学科皆开展或独立创设或配套省里或承办省赛的各类比赛。其中选拔参加国家级、省级比赛的教师，获国家级一等奖 2 人次，国家二等奖 1 人次；获省级一等奖 10 人次，省二等奖 8 人次。（张子良）

【南华大学师生参加“新人杯”全国大学生室内设计竞赛获奖】 南华大学设计与艺术学院选送的4件师生作品在CIID2016“新人杯”全国大学生室内设计竞赛上获一等奖、二等奖、三等奖和优秀奖各一个。同时，指导老师唐果、陈祖展、滕娇、张颖荣获优秀指导老师称号。CIID“新人杯”全国大学生室内设计竞赛是中国建筑协会室内分会为全国在校学习室内设计、环境艺术设计的学生专门设置的竞赛活动，是国内院（系）间有着重要影响的室内设计教学交流活动之一。南华大学参赛作品之一的《“纸最今迷”——蔡侯纸文化概念店》获得竞赛一等奖。（张子良）

【湖南财工院师生揽国赛一等奖】 湖南财经工业职业技术学院经济贸易系市场营销教研室主任伍方勇和黎琦宇老师指导的周健、周政、易蓓、卢宁勇四位学生代表湖南省参加2016全国职业院校技能大赛高职组市场营销技能赛，以97.27（满分100分）拿下该赛项的团体一等奖，两位老师获优秀指导老师奖。（张子良）

【残奥冠军获特殊贡献奖】 在2016年里约残奥会田径女子T35-38级4×100米接力比赛中，衡阳师范学院学生蒋芬芬与三名队友以50秒81的成绩夺得冠军，并打破该级别世界纪录。11月23日，学校授予她特殊贡献奖并颁发3万元奖金。（张子良）

【龚彩福获“中国好校长”提名奖】 衡阳市八中龚彩福校长获得“中国好校长”提名奖。此次2016“寻找中国好校长”大型公益活动由光明日报社主办，《教育家》杂志社、光明网承办，留学杂志、人民教师网协办。组委会共评选出中国好校长10名，其他奖项包括中国好校长提名奖、中国好校长优秀奖、中国好校长组织工作奖、中国好校长组委会特别奖等五个类别。（张子良）

【黄俐获全国英语教学竞赛一等奖】 5月下旬，衡阳市高新区蒸水小学黄俐老师代表湖南省参加第八届全国小学英语课堂教学观摩培训会。最终入围前八，获全国一等奖。（张子良）

【刘一华获评“全国普法先进个人”】 湖南高铁职院党委书记刘一华被全国普及法律常识办公室授予“全国‘六五’普法中期先进个人”荣誉称号。（张子良）

【衡阳市7名学生入选宋庆龄奖学金候选人名单】 2016年，衡阳市7名学生入选宋庆龄奖学金候选人名单。这7名中小学生分别是石鼓区都司街小学五年级学生王之奕、祁东县鼎兴特色教育学校六年级学生彭雨璐、衡山县实验中学八年级学生胡湘媛、珠晖区光明路小学五年级学生王艺璇，蒸湘区实验小学五年级学生朱阳琦、市成龙成章中学九年级学生胡勇哲和市逸夫中学九年级学生戴黄梦琦。（张子良）

【衡阳选手获全国职业院校学生比拼技能一等奖】 5月，全国职业院校学生技能大赛服装设计比赛成绩揭晓，衡阳市职业中专服装设计与工艺专业学生董青获立体裁剪与电脑设计项目一等奖。这是此次竞赛中湖南省中职代表队中首个一等奖，同时，也实现衡阳市近五年来中职组职业技能竞赛一等奖“零”的突破。全国职业院校技能大赛是专业覆盖面最广、参赛选手最多、社会影响最大、联合主办部门最全的国家级职业院校技能大赛，此次比赛共有通过市赛、省赛选送的全国33个省市的191名选手，其中，一等奖的获奖率不超过10%。湖南省此次参加全国职业院校技能大赛服装类专业的学生共6人，获得一等奖1人，三等奖2人。衡阳市职业中专派出的2名选手全部获奖，另一名是阳东红获CAD绘制与样衣制作项目三等奖。（张子良）

【市一中女足挺进全国足球决赛】 代表湖南省出征全国青少年校园足球省级挑战赛暨第十三届全国学生运动会足球项目预赛的衡阳市一中女子足球队，以小组第一的成绩挺进全国八强。三年一届的全国学生运动会由教育部、国家体育总局、团中央等举办，此次共有来自全国22支代表队500多名运动员参加。在小组赛中，衡阳市一中女子足球队四战全胜，进入决赛。（张子良）

【市特校教师获评“首届全国十佳小学体育教师”】 “生命建筑师之歌——首届全国双十佳中小学体育教师评选”颁奖仪式在北京举行，衡阳市特殊教育学校教师欧阳吉彦获“首届全国十佳小学体育教师”称号并到北京接受表彰。欧阳吉彦通过12年不懈努力，掌握一整套独特的残疾学生体育课堂教学和训练模式，让残疾孩子在取得成绩自信的基础上，全面提高综合素质。在第五届全国特奥会上，欧阳吉彦带领孩子们取得两金五银四铜的好成绩，这也是衡阳市首次在全国特奥会上取得奖牌。（张子良）

【市八中谢燕燕获发明专利】 衡阳市八中教师谢燕燕发明设计的“分子力模拟实验仪”获得国家知识产权局认定，被授予“发明专利证书”。该项发明是物理教学领域的模拟试验仪，目的在于利用仿真的模拟分子间作用力大小与分子间距变化的函数关系，让学生能直观的认识和理解很抽象的物理概念，提高学生动手动脑、分析问题和解决问题的能力。

（张子良）

【市七中肖俊获全国日语作文一等奖】 第20届全国高中生日语作文大赛落幕。衡阳市七中肖俊获得本次大赛的一等奖。郭智、张雨琪获得二等奖。全国高中生日语作文大赛由中国青少年研究中心和日本青少年研究所共同举办，每年一届。目的是鼓励高中生积极参加社会活动，提高学生的日语学习兴趣。（张子良）

【市青少年代表队省科研大赛获佳绩】 第37届湖南省青少年利技创新大赛在邵阳市邵东县一中举行，衡阳市报送43个作品参加6类项目角逐，共获一等奖6项、二等奖16项、三等奖17项。衡阳市科学技术协会、常宁市科学技术协会和衡阳市八中获得优秀组织奖，祁东县鼎兴特色教育学校校长李跃进获得“湖南省十佳教师”称号。本次大赛中，衡阳市选手在教师项目、创意项目、科学幻想画、科学DV等项目中表现突出。蒸湘区雨母山中学教师罗章青的《篮球单手肩上投篮姿势训练器》获得教师项目金牌，耒阳市一中学生曹淑媛《基于物联网和O2O模式的有毒有害物品智能回收柜》和石鼓区人民路小学钟卓江同学的《我设想的汽车遮阳隔热装置》获得创意项目金牌，蒸湘区蒸湘北路小学汤肖语同学的《火星上的家》和常宁市宜城小学肖碧玉同学的《神奇的美丽机》获得科学幻想画项目一等奖，这些获奖项目将参加全国青少年科技创新大赛角逐；耒阳市一中的《偏移的主航道——耒水河道左右岸水深差异原因探秘》获得科技DV类项目一等奖，作为参赛项目参加8月份的全国青少年科学影像节。（张子良）

【湘环职院队包揽湖南省大中学生定向越野赛8个大项全部金牌】 2016年，湖南省大中学生定向越野比赛在湖南人文科技学院落幕，湖南环境生物职业技术学院代表队包揽8个大项全部金牌，卫冕本届比赛高职专科组团体冠军。比赛中，该校定向越野队战胜劲旅娄底职院、长沙航空职院等高职院校，获8金3银2铜，包揽8个大项全部金牌，女子团队赛获3连冠。（张子良）

【市成章实验中学获2016首届湖南省青少年国学大赛衡阳赛区复赛冠军】 12月23日，2016首届湖南省青少年国学大赛衡阳赛区复赛举行，衡阳市成章实验中学获得冠军，并将代表衡阳参加湖南总决赛。市委常委、市委宣传部部长刘丽华出席活动并颁奖。

（张子良）

【全省青少年机器人赛衡阳选手夺金25枚】 2016年5月20—22日，第九届湖南省青少年机器人竞赛在株洲举行。衡阳市在本届竞赛中获得金牌25枚，占全省总数的13%。市科协获得大赛“优秀组织奖”。本次比赛衡阳市组织15所中小学校、36支代表队、97名选手参赛，9支队伍获省一等奖。特别是FLL工程挑战赛小学组和综合技能赛小学组，衡阳市实现金牌零的突破。成章实验中学和市八中参赛队分别获FLL工程挑战赛初中组、高中组冠军。（张子良）

【湖南残疾少儿比拼艺术基本功】 湖南省第二届残疾少儿及艺术老师基本功形体比赛举行。比赛分教师组、小学组、中学组3个组别，全省各市州14支代表队136名选手同台竞技。衡阳市特殊教育学校有1名教师和10名学生代表衡阳参赛。在为期3天的比赛中，该校罗佳敏老师获教师组一等奖，兰婷婷、肖盈获小学组一等奖，游嘉获中学组一等奖，吴耀晾、李思萱、黄忠明获小学组二等奖，肖莉、周田田、颜美珍获中学组三等奖，该校代表队还获得优秀组织奖。（张子良）

【11所学校获评市级教育信息化示范校】 经单位申报和专家评审，市八中等11所学校被确定为“衡阳市教育信息化创新应用十百千万工程”（以下简称“工程”）中的示范学校。该“工程”自2015年起在全省范围内组织实施，是根据湖南省教育信息化发展新阶段的重点任务，立足信息化教学、教研和管理应用创新，遴选确定一批“工程”示范项目，即十个省级教育信息化创新应用示范县（市）区、三百所省级教育信息化创新应用示范学校、一千所省级中小学网络联校、一万个省级教师信息化教学应用示范网络学习空间。此项工程的启动能“以点带面”，推动信息化教育教学的高质量、大规模、普遍性应用以及教育信息化创新应用全方位展开。衡阳市按照省级“工程”实施要求，在全市范围内启动实施相应的教育信息化创新应用示范工程，实现示范项目的更大范围覆盖，以典型引领来推动全省教育信息化创新应用水平的更快提升。2015年已有市一中、高新区祝融小学、耒阳师范等11所学校入选示范校，雁峰区获评示范区。2016年获评市级示范校的11所学校分别是市八中、衡阳幼儿师范学校、市实验中学、珠晖区实验小学、石鼓区人民路小学、珠晖区泉溪村小学、衡南县车江镇初级中学、衡南县明德小学、衡南县洪山镇古城中学、南岳区金月完小和南岳完小。（张子良）

【全省高校体育教师比赛教学湖南环境生物职院高职组夺冠】 在2016年度全省普通高等学校青年体育教师课堂教学竞赛活动中，湖南环境生物职业技术学院体育部青年教师何伟珍的“轻器械有氧舞蹈”以高职组排名第一的成绩获一等奖。（张子良）

【石鼓区足球小将获佳绩】 石鼓区足球队以成章小学雁栖湖校区足球队为班底组建小学生男子足球队参加在株洲举办的湖南省青少年足球夏令营。此次夏令营有来自全省14个地州市的28支队伍、386名球员及教练员参加，接受为期11天的专业学习训练并进行竞技比赛。在11天的学习和比赛中，石鼓区足球小将以6战全胜的成绩获得小学男子组冠军，并获体育道德风尚奖，其中成章小学雁栖湖校区的陈保帆、汤润宇、朱家豪三名学生入选赛事最佳阵容，陈保帆、汤润宇获得最佳运动员称号。（张子良）

关工委工作

【“五老”献余热关爱百万青少年】 在2016年全省教育系统关工委工作年会上，衡阳市教育局“关心下一代”工作作为典型被全省推介。该市教育局关工委成立于1993年，通过发挥“五老”人员（老教师、老党员、老干部、老军人、老模范）在青少年思想道德教育工作中的优势，加强全市教育系统关工委队伍建设。连续3次被评为全国教育系统关心下代工作先进集体、4次被评为全省教育系统关心下一代工作先进集体；全国主题教育演讲大赛，拿回一金二银一铜。2016年，全市12个县（市）区教育局、2106所中小学，全部建立关工委组织，专兼职工作人员达1470人。并组建3支专兼结合、近5000人的“五老”队伍：分别是关工委班子队伍、讲师团队伍和校外辅导员队伍，其中退休教师占80%。

一、市教育系统各级关工委组织上千名“五老”深入区（县）、乡镇、社区、学校，老少同读、老少同写、老少同讲、老少同行，以老带少，以爱育人。围绕“立德树人”根本任务，抓住读书、实践、征文、演讲四个环节，把主题教育与教学活动、常规德育、智力开发、健康人格教育等结合起来，相继开展社会主义核心价值观、“中国梦·我的梦”“老师你好，我的好老师”“爱学习、爱劳动、爱祖国”“祖国好·家乡美”等宣讲教育和征文演讲活动3000余场次，吸引全市百万中小学生和干部群众参与。

二、为提高家长素质，提升家庭教育水平。市教育局关工委建设家长学校，并按照“345”家长学校办学要求提高办学水平。至2016年，衡阳市有家长学校

1200余所，其中国家级示范性家长学校1所、省级37所、市级201所、县级280所，参加学习的家长达40余万人。家长学校普遍达到“十有”，即有班子、牌子、经费、场地、教员、教材、计划、制度、活动、实效，建立以家长学校教师为主的师资队伍，每所家长学校每学期开展2~3次家长学员的教学活动，聘请教育专家、家教名师、先进典型到家长学校进行讲座活动，开展亲子共读、互动等系列活动。现年84岁高龄的王治震自退休后一直担任衡南县冠市中心学校的校外辅导员。多年来，他退休牵头在全镇建立6个校外辅导站和10所家长学校，与100多名中小学生结成忘年交，帮助60多名后进生进步；为贫困留守儿童捐款，同时与教育、团委、妇联等部门对接，寻求解决办法。

三、衡阳市有留守儿童36万人，正是有一大批像王治震这样“五老”人员的无私奉献，各级关工委竭尽所能为他们办实事、解难事。全市共有3000多名退休教师和志愿者担任“代理家长”，建立校外辅导站400余所，来加强对这些孩子的教育管理和学习指导。同时采取“一帮一、多帮一”“大手拉小手”“关爱进校园”等多种多样的工作方法进行爱心帮扶，近3年共筹集资金3600多万元，资助3.6万名贫困学生上学和生活。（张子良）

【创建示范家长学校】 2016年，全市创建省级示范家长学校10所：衡阳县界牌中心小学、衡阳县集兵中心小学、衡南县明德小学、衡南县宝盖镇中学、衡山县城西完小、衡东县城关镇第三完小、衡东县杨桥完小、常宁市烟洲镇中学、珠晖区苗圃小学、雁峰区环城南路小学。创建市级示范家长学校53所：衡阳县杉桥中心小学、衡阳县樟木中心小学、衡阳县板市中心小学、衡阳县栏垅中学、衡阳县金溪聚英小学、衡阳县渣江中学、衡南县松江镇长岭中学、衡南县栗江镇林泉完小、衡南县谭子山镇翔龙完小、衡南县车江中学、衡南县柞市中学、衡南县江口镇九龙完小、衡南县廖田镇中学、衡山县星源家长学校、衡山县江东中学、耒阳市实验小学、耒阳市城北小学、耒阳市聂洲小学、耒阳市金杯小学、耒阳市彭桥小学、耒阳市水东江完小、耒阳市梅桥小学、耒阳市金星小学、耒阳市南正小学、耒阳市西关小学、耒阳市灶市小学、常宁市江河完小、常宁市蓬塘中学、常宁市蓬塘田尾中学、常宁市宜城小学、常宁市罗桥镇汤市完小、常宁市荫田龙门学校、祁东县洪桥四小、祁东县玉和石门小学、祁东县黄土铺七姓小学、祁东县蒋家桥镇一中、祁东县蒋家桥中心小学、祁东县蒋家桥中心幼儿园、祁东永昌同乐小学、珠晖区新华实验小学、雁峰区广场小学、雁峰区白沙小学、石鼓区草后街小学、石鼓区演武坪小学、石鼓区松木中学、蒸湘区蒸湘中学、蒸湘区立新小学、蒸湘区胜利小学、蒸湘区红湖逸夫小学、衡阳市二中、衡阳市三中、衡阳市逸夫中学、衡阳市十六中。（张子良）

【家庭教育科研成果】 衡阳市参加省家长学校研究会组织的2016年家庭教育科研论文评选，有104篇论文获奖，其中获一等奖17篇，二等奖31篇，三等奖56篇。（张子良）

【第十九届全国青少年五好小公民“老师您好，我的好老师”主题教育读书征文活动】 按照教育部关工委和省教育厅关工委的部署，2015年8月至2016年7月，在全市中小学中开展五好小公民主题教育“老师您好我的好老师”读书征文活动。各县市区教育行政部门、市直学校和关工委将主题教育活动列入重要议事日程，层层发动、组织。2015年10月20日在市实验小学举行主题教育活动启动仪式。2016年5月在衡南县三塘镇星火实验小学召开主题教育活动观摩会。全市共订购教育读本115139册。全市有925000名师生参加，办墙报、黑板报、手抄报28220期，举办班团活动、主题教育班会6637场（次），撰写读书征文22958篇，参加各级演讲比赛的中小学生24125人次。从班级、年级、学校、乡镇到县区，再到市都层层举行主题教育演讲比赛，层层向上推荐演讲优秀选手。由市局关工委推荐报省教育厅和教育部关工委的优秀征文，经教育部关工委和主题教育活动组委会最后评定，授予特等奖14篇，一等奖312篇，二等奖377篇，三等奖

499篇。参加教育部关工委组织的全国演讲总决赛中，衡阳市有2名学生分别获得演讲决赛中学组和小学组二等奖。获全国书法一等奖1人，书法优秀奖1人，获全国绘画一等奖1人，绘画三等奖1人。参加省教育厅关工委组织的演讲比赛中，衡阳市有2名学生获省级演讲比赛一等奖，3名学生获二等奖，2名学生获三等奖，2名学生获书画比赛一等奖，3名获二等奖，1名三等奖，有6名学生获省级“尊师爱师好少年”称号。在参加市局关工委组织的“老师您好我的好老师”主题教育读书活动演讲比赛中，获一等奖16名，二等奖25名，三等奖24名，有9名学生获市主题教育活动微视频一等奖，11名学生获二等奖，9名学生获书画比赛特等奖，113名学生获一等奖，187名学生获二等奖，128名学生获三等奖。有479名学生被评为衡阳市“尊师爱师好少年”。在主题教育活动中，衡阳市教育局关工委、衡阳县教育局关工委、耒阳市教育局关工委、衡南县教育局关工委、衡东县教育局关工委、石鼓区教文体局关工委、珠晖区教文体局关工委7个单位被评为全国主题教育活动先进集体，衡阳市一中、市成章实验中学、衡南县松江镇中心学校、衡山金桥镇中心学校、耒阳市梅桥小学、祁东步云桥镇中学、珠晖区实验小学、蒸湘区蒸湘中学、衡阳市八中、市船山实验中学、衡阳县金兰镇金兰中学、衡东二中、常宁市夏联小学、雁峰区中南路小学、石鼓区荷池路小学、南岳区南岳完小等16所学校被评为全国主题教育活动示范学校。获湖南省中小学“老师您好我的好老师”主题教育读书活动优秀组织奖7个单位，分别是：衡阳市教育局关工委、衡南县教育局关工委、衡阳县教育局关工委、衡东县教育局关工委、耒阳市教育局关工委、珠晖区教文体局关工委、石鼓区教文体局关工委。2016年4月25日，衡阳市教育局关工委被评为全国教育系统关心下一代工作先进集体。衡南县教育局关工委主任胡吉祥被评为全国教育系统关工委关心下一代工作先进工作者。 （张子良）

文 化

责任编辑：郭　琦

文化事业

【概况】 2016年，市文体广新局获2016年度全省新闻出版广电（版权）工作目标管理考核先进单位，全省“扫黄打非”工作先进单位，全省“户户通”“村村响”建设优秀组织单位，获2016湖南省文化志愿服务工作先进单位。湖南衡阳“8·2”网络传播淫秽色情信息牟利案被列为2016年全国“扫黄打非”十大案件。

（易　芳）

【公共文化服务体系建设】 2016年3月，市委市政府出台《关于加快构建现代公共文化服务体系的实施意见》。7个县（市）区启动建设13个文体基础设施项目。在全市2200多个村启动建设农村综合公共服务中心，首批衡山县9个农村综合公共服务中心建设示范点全部建成。市艺校实验剧场建设有序推进。在厂家供货严重不及时的情况下，衡阳市“户户通”文化惠民、文化扶贫工程攻坚克难，11月底完成全市108940套设备安装任务，12月底，完成“村村响”县、乡、村三级平台建设，安装高音喇叭3万余个，获全省“户户通”“村村响”建设优秀组织单位。开展衡阳市“乡音乡韵”特色乡镇（街道）综合文化站评比活动，打造乡镇（街道）文化建设“一乡一品，一乡一韵”格局。六大主题基层文化志愿服务活动贯穿全年，新增文化志愿服务品牌10余个。全年开展“周末百姓剧场”23场，“广场旬旬演”36场，“社区周周乐”310场，“雁城市民课堂”12讲，“周末快乐读书”24期，“童书推荐”12期，“雅韵雁城”4场，送戏下乡1109场，举办柯桐枝花鸟画作品展等高水平艺术展览39次。衡南县文化馆获评为全省唯一的全国先进文化馆。衡阳市获12项2016年全省公共图书馆优秀服务成果奖，全省占比1/5。

（易　芳）

【文艺精品创作】 力邀国家级、省级知名专家指导、参与，重点打造大型歌剧《一塘清水一塘莲》。围绕庆祝建党95周年、红军长征胜利80周年，开展形式多样、内容丰富的文艺生产创作活动。各类文艺活动蓬勃开展，特别是“欢乐潇湘·幸福衡阳”“红旗颂”大型群众合唱比赛等主题创作展演展示活动。全省红旗颂大型群众合唱比赛中衡阳获金奖。湘剧小戏《妈妈，儿子回来了》、少儿歌曲《一甲麻雀》获国家艺术基金扶持，唐亮（油画《回忆家园》）、崔文学（油画《疏木寒山斜阳》）获得国家青年艺术创作基金。小歌剧《多多的春天》被邀请赴北京参加展演。制定印发《衡阳市文体广电新闻出版局文艺家采风制度（试行）》，推动衡阳市文艺家采风活动长期化、常态化、制度化。开展地方戏曲剧种普查工作，清查登记5项地方戏曲剧种，96个演出团体。

（易　芳）

【文体产业市场】 一是文体产业有点有面。健全文体产业数据库，入库项目30个。组织奇石文化博物馆、常宁市版画产业文化园、衡阳非物质文化遗产传承展示基地等18个项目申报省、市级文产引导资金610万元。携手省演艺集团，启动市影剧艺术中心运营策划工作，打造市影剧艺术中心文化产业高地。与湖南品派网络科技有限公司进行战略合作，一期投资320万元，建设线上文体公共服务平台——衡阳市文体产业网，开启文体产业“互联网+”模式。全年衡阳全地区彩票销售总量达2.32亿元，比2015年提升4900万，新增97个网点，实现历史性突破。二是市场监管创新创优。开展“扫黄打非”专项行动，星级宾馆接收境外电视节目专项整治，惩治治理“黑广播”违法犯罪活动专项整治行动，电影市场“百日整治行动”，有效净化社会文化环境。抓广播电视安全播出，落实各地广播电视台安全播出工作，完成“两会”“六四”等重要保障期安全播出，实现“零插播”“零停播”。撤销市级违规频道4个，完成整治任务。衡阳市“扫黄打非”工作小组办公室在省“扫黄打非”工作小组办公室、省出版物质量检测中心联合举办的湖南省首届出版物鉴定知识大赛中获一等奖。

（易　芳）

【文化遗产保护】 衡阳市人大就《中华人民共和国非物质文化遗产法》贯彻落实情况开展专题调研，并召开人大常委会专题研究，市委书记周农在会上作重要指示。

2016年，衡阳市新增省级非遗项目9个，公布第六批市级非遗项目11项，挂牌省级非遗保护传承展示基地1个。国际博物馆日和文化遗产日期间的宣传活动办得有特色、有规模、有影响，特别是利用文化遗产日契机，举办非遗项目传承人培训基地授牌仪式，首届文化遗产研究与保护论坛等六大主题活动，得到省文化厅领导的肯定。非遗“进校园”“进市场”“进演出”活动深入开展。市歌舞剧团公司和南岳区文体广新局联合打造南岳松麓文化街衡阳非遗传承展示基地。与连卡福商业广场合作举办“纸雁絮语”衡阳时装周，将蔡伦造纸文化与都市时尚文化结合。（易　芳）

文化执法

【概况】　2016年，衡阳市文化执法局保持“执法零投诉、案件零诉讼、市场零事故”，连续4年获评全国“查处侵权盗案件”有功集体，获2016年度全省扫黄打非有功集体，共22人次获全国查处侵权盗版案件有功个人，在2016年度平安文化市场和非法卫星电视接收整治两项“省考”中均获得满分。（段奕宏）

【监管执法】　一是落实“扫黄打非”的主体责任。始终将“扫黄打非”作为市场监管的“一号工程”，深入开展“清源”“净网”“秋风”等系列专项行动，严密查堵、惩治非法出版物和网上“涉黄”违法犯罪行为。尤其是严密监控、严防死守，抓住出版物摊店集中地段、人口流动大的区域、“黄牌”记录经营单位、城郊结合部重点印刷企业，采取周周巡查、日查夜访方式，进行全方位立体式检查，持续保持着高压态势。2016年，文化执法局在新闻出版领域出动执法人员1580人次，检查各类单位、企业1490家次，查办案件92起，其中印刷业32起（含移送公安机关一起）、出版物市场50起（含移交外地一起）、版权案件10起。收缴各类非法出版物（含印刷半成品）61600余件。同时加大对无证照经营场所的整治，多次同市工商局进行商谈，共同查处取缔无证照经营行为。对不依法经营的无证照摊点，执法人员当场依法没收其非法出版物，并予以取缔。二是持续不断地保持对以网吧为重点的传统文化领域监管的高压态势。始终把保护未成年人作为执法工作的重中之重，将净化校园周边文化环境，维护未成年人健康成长作为文化综合执法“主阵地”和“主战场”。先后开展“2016年度‘两会’‘两节’期间全市文化市场专项整治‘百日’行动”“2016年衡阳市互联网上网服务营业场所专项整治行动”“2016年校园周边文化场所专项整治‘护蕾’行动”“文化市场集中整治行动”及文化市场安全生、查处取缔无照经营等各项文化市场专项行动。坚持日常监管与专项行动相结合，按照“谁主管、谁负责”“谁监管、谁负责”“不尽责、就问责”的原则，加大对重点时段（课余、节假日）、重点区域（校园周边和农村及城乡结合部）、重点单位的日常巡查力度，变被动巡查为主动出击，变漫游式巡查为有针对性突查，“反复查，查反复”，确保检查力度到位。同时，通过新闻宣传、业主培训、“校队共管”等举措，营造良好氛围，震慑违法违规，形成整治合力。2016年，在网吧等传统文化市场出动执法人员7104人次，检查经营单位2951家次，立案251起，结案251起，其中责令停业整顿28家次。三是加强对广电传播环节的市场监管执法。重点放在卫星电视治理、规范发展IPTV业务、整治广播电视信号传输秩序和引导规范电影放映市场上，全年出动执法人员488人次，检查经营单位159家次，查办唯影、爱沫、朋友圈以及啡影等4家私人影院未经著作权人许可向公众放映其电影作品案件。规范衡阳市卫星广播电视传播秩序，在省新闻出版广电局的考评中获得满分。四是着力查办一批大案要案。坚持把查办大案要案作为检验执法成效、锻炼发现人才、提升执法水平的重要举措，持续加大案件查办力度。“衡阳‘8·31’发行非法小学教辅案”办结，依法对2家涉案企业分别处以罚款5万元的行政处罚。“衡阳“11·3”印刷淫秽等非法出版物案”查获非法出版物56800册，其中包括淫秽色情非法出版物15650册及少量的“六合彩”图书。依法查处“关于金钟集团未经批准举办营业性演出活动”“常宁市华岁商业擅自从事营业性演出活动”等商演领域的新案件。五是行业安全生产。按照“管行业必须管安全，管业务必须管安全，管生产必须管安全”的要求，局组织开展以文化市场安全生产为主要内容的专项大检查，检查文化市场114家，其中检查网吧58家、歌舞娱乐市场4家、电子游戏厅1家、出版物市场39家、电影市场12家。通过检查及时发现并排除安全隐患，保证全市文化市场安全。（段奕宏）

【转变执法方法模式】 一是坚持用衡阳市独创的“两大行动”引领各项专项整治活动和日常监管工作。以严密封堵查缴政治性等非法出版物、抵制“三俗”之风、维护经营秩序为重点的文化市场“百日”行动（每年12月15日至次年3月25日），和为有效整治校园周边文化经营场所，为未成年人健康成长提供良好文化环境的“护蕾”行动（4月15日至10月15日），2016年是连续第5个开展年。并将文明城市创建与净化校园周边文化环境作为重中之重，开展“2016年衡阳市互联网上网服务营业场所专项整治行动”“文化市场集中整治行动”及文化市场安全生产、查处取缔无照经营等各项文化市场专项行动。二是全面推行网格化管理和包干负责制。按照“谁主管、谁负责”“谁监管、谁负责”“不尽责、就问责”的原则，实行三级责任制。即：分管领导负领导责任，科室负责人负主要责任，执法人员负直接责任，分片包干、量化要求、责任到人。同时，强化宣传教育工作。分类组织召开全市文化市场经营单位负责人会议，深入学校举办“远离网吧，健康成长”主题班会活动，制作、分发未成年人远离网吧公益广告、宣传小册子等举措，加强正面引导宣传。三是加大督查暗访力度，建立问题倒逼机制。每月由局领导带队对市场进行不定期暗访督查，重点对网吧违规接纳未成年人现象，采取随机抽查、暗访督查、交叉检查，区域互动、整体推进。要求每月每区暗访督查不少于10家，并建立督查督办工作台账。（段奕宏）

【依法执法】 一是严格行政执法责任制。落实首问首办负责制、限时办结制、责任追究制。坚持以事实为依据、以法律为准绳，依法依规依程序办案。按照“依法依规依程序”要求，完善《衡阳市文化市场综合执法局工作问责制》，对干部职工在履行职责过程中的20种情形进行问责，凡被问责，必公开通报，杜绝办“关系案、人情案、金钱案”的问题。二是做好全国文化市场技术监管与服务平台推广应用工作。组建平台推广应用工作领导小组，配置上线应用所需的设施设备，组织各县市区局分管领导和科室负责人、平台管理员参加平台建设学习，掌握平台应用操作。提升衡阳市文化市场执法水平，促进政务公开，提高工作效率。

（段奕宏）

文博工作

【文物宣传工作】 将2016年召开的全国文物工作会议精神，中共中央总书记习近平、国务院总理李克强关于文物工作的重要批示，《国务院关于进一步加强文物工作的指导意见》作为重点，一是会议宣讲，在各种会议上反复宣讲“保护文物也是政绩”“对历史文物要有敬畏之心”“文物保护责任终身追究制”等关键信息；二是活动宣传，在“国际博物馆日”“文化遗产日”等各类活动中，以横幅、板报等各类形式进行宣传；三是媒体宣传，与《衡阳日报》《衡阳晚报》等媒体携手，经常刊登文物知识、文物保护工作动态等文章；四是举办衡阳市文物保护单位解说词征稿大赛，在《衡阳日报》、衡阳全搜索、《文化衡阳》等媒体刊登公告，并拿出约5万元奖金，发动社会各界人士参加，并组织选送作品参加首届湖南文物价值解读与传播大赛优秀解说词评选，衡阳地区共有39篇作品入围。

（刘辉辉）

【文物工作基础性问题】 一是编制衡阳市主城区文物保护规划图，以城区数字化地形图为基础，划定主城区56处区级以上文物保护单位文物本体、保护范围和建设控制地带三条基线，35处不可移动文物本体基线及若干地下文物埋藏区，明确控规要求，纳入衡阳市控制性详规。二是起草《衡

阳市文物保护管理办法》，完成征求意见工作。三是争取设立衡州窑管理处。（刘辉辉）

【文物保护】 2016年，衡州窑、王船山故居及墓进入国家发改委“十三五”期间文物保护利用设施建设项目，其中衡州窑可申报资金900万元；与白沙工业园就衡州窑考古遗址公园建设进行对接，编制完成衡州窑考古工作计划，申报考古专项经费1000余万元。推进酃县城址考古遗址公园建设，与滨江公司就项目推进步骤达成共识，启动考古工作计划编制。稳步实施石鼓书院摩崖石刻、船山书院、杨梅桥、护国寺等修缮工程和申公馆迁移保护工程，指导各县（市）区推进南岳庙、忠烈祠、大善寺、王氏宗祠、桐梓山工农游击队旧址、刘氏大屋祠堂、文立正故居、王船山故居、青山书院、环绣楼、杜甫墓、黑田罗氏新大屋、洪塘贞节牌坊等修缮工程，沙井古建筑群抢险加固及环境整治工程验收通过。推进中田村保护规划、立项报告、设计方案的编制工作。（刘辉辉）

【文物基础工作】 一是完成“一普”阶段性工作。全市39家国有文物收藏单位全部完成可移动文物信息登陆目标任务，登录数量总数为29353件（套），完成市级审核工作任务并派员参加省级审核。二是开展考古发掘工作。完成衡阳市临水路建设项目狮子岭段考古调勘；完成申公馆建筑基址考古调勘工作；完成彭玉麟墓考古调勘工作；配合省考古所怀邵衡铁路衡阳段的考古发掘工作。三是促进博物馆工作。加强全市博物馆、纪念馆免费开放、绩效考核工作。做好全市16家博物馆、纪念馆的信息公开工作。四是抓文物保护单位“四有”工作。市人民政府《关于公布衡阳市第七批全国重点文物保护单位保护范围及建设控制地带的请示》上报省政府；制作并安装市保单位及主城区不可移动文物临时保护标志牌。五是编制《衡阳市各级文物保护单位信息表》（377处），进一步摸清市县级以上文保单位“家底”。（刘辉辉）

【文物安全】 一是依法保护。将珠晖塔、文峰塔保护下来，对2家投融资平台公司的违法施工行为下达停止侵害通知书。二是明确责任。市人民政府办公室出台《关于加强主城区不可移动文物保护的通知》，明确各城区政府、乡镇（街道）、村（社区）的文物保护职责。三是组织培训。11月30日，文物局组织城区文物义务保护员开展业务培训，提升义务保护员的专业水平，增强他们的责任意识。四是加强巡查。开展季度文物安全巡查工作，将南岳庙火灾事故通报全市，敲响文物安全警钟；8月，首次与消防部门联合开展文物建筑消防安全检查，形成联合检查机制。（刘辉辉）

艺术教育

【概况】 衡阳艺术学校始建于1960年，1986年，经省政府批准定名为“衡阳戏曲学校”，1995年更名为“衡阳市艺术学校”，是湘南地区唯一一所国办中等专业艺术学校。有在编教职工88人，在册学生674人。开设社会文化艺术、舞蹈、音乐、播音与节目主持、美术等专业，是“全国文化工作先进集体”、湖南省“事业单位优秀法人”。经过50多年的发展，衡阳市艺术学校发展成为湖南省具示范效应的艺术特色专业学校。（张婉瑶）

【专业成绩】 2016年3月，衡阳市艺术学校包揽衡阳市嘉杰杯职业院校技能竞赛戏曲赛项的一、二、三等奖。2016年4月，全省职业院校技能竞赛戏曲赛项目中，衡阳市艺术学校参赛选手获省级二等奖一个，三等奖一个。2016年4月，学校被中国舞蹈家协会授予“全国中小学舞蹈教育传统校”称号。2016年8月，衡阳市艺术学校创作的女子独舞《天水边》获得第四届“荷花少年”全国舞蹈展演银奖，学生刘昱彤获中国舞蹈家协会颁发的“星光少年”称号。2016年12月，衡阳市艺术学校以综合评分全省前三的成绩跻身于湖南省示范性特色专业群行列，成为湖南省职业教育领域艺术体育类院校和专业中唯一一个示范性特色专业群。（张婉瑶）

【基础建设】 2016年6月3日，实验剧场按规定程序进行公开招标，7月11日，与中标单位湖南禹班建设集团有限公司签订实验剧场土建合同。8月27日正式进

场施工。（张婉瑶）

【衡艺品牌】 2016年5月，衡阳市艺术学校校刊《小飞雁》创刊。10月，《衡阳艺校》微信公众号成功上线。校刊《小飞雁》和微信公众号《衡阳艺校》作为衡艺师生交流的重要平台，是展示衡阳艺术学校教育成果的重要窗口。（张婉瑶）

体　育

责任编辑：郭　琦

总　类

【概况】　2016年，衡阳市各项体育事业取得良好成绩。一、体育基础设施日趋高端、完善。全市拥有体育场地11589个，其中体育馆21座。运动场976个，游泳池39个，各种训练房958个，完成1403个行政村的农民体育健身工程建设任务，新建全民健身路径100余条。二、竞技体育。成功举办全市十运会。先后有21人次打破16项市纪录，全市竞技水平得以提升。举办四国女篮对抗赛，提升衡阳影响力。三、群众体育。“元旦环城跑”“全民健身日”“体育服务进社区”点燃衡阳群众运动热情。（李文翔）

【体育事业发展】　有序、有力、有效推进湖南省第十三届运动会筹备工作。加快设施建设，场馆有基本保障；承办多项赛事，办赛有基本经验；积极备战训练，参赛有基本力量。组织举办四国女篮对抗赛、全省青少年五项锦标赛等体育赛事。元旦环城赛跑、万人徒步大拜年、雨母山自行车赛、彩跑、电子竞技、“8·8”全民健身日等一系列大型全民健身活动蓬勃开展。衡阳市体校建校60周年之际，体校学生刘策君被清华大学录取。衡阳市女子青少年足球队获全省青年足球比赛冠军，代表湖南省参加全运会。市体校整体搬迁工程实质性启动。

（易　芳）

群众体育

【元旦环城赛跑】　1月1日上午8点40分，衡阳市2016年“滨江杯”元旦环城赛跑启动，来自全市机关事业单位、厂矿企业、驻衡院校、中小学校、部队军营、城市社区的5000余名跑步爱好者参加。衡阳市委常委、宣传部部长刘丽华宣布起跑。“滨江杯”元旦环城赛跑由市委市政府主办，市委宣传部、市文体广新局等单位联合承办，市滨江新区投资有限公司冠名。环城赛跑分长跑组、徒步组、自行车骑行组等三个组别，其中长跑组又分为小学生男女组、中学生男女组、大学生男女组、机关男女组、驻衡部队组和社会男女组。刘丽华在致辞中指出，举办元旦环城赛跑活动，不仅是以体育健身形式迎接新年，更重要的是借助这个平台，展示全市人民同心同德、昂扬奋发的精神风貌，凝聚全市人民加快发展的信心和决心。（李文翔）

【市冬泳协会队员游湘江庆元旦】　1月1日，衡阳市冬泳协会组织近两百名冬泳队员畅游湘江，欢庆元旦。这是衡阳市冬泳协会连续十年以畅游湘江的形式迎接新年。

（李文翔）

【万人徒步拜年活动】　2月17日上午，由市委、市政府主办，市文体广新局、市体育总会承办的2016年衡阳市“来雁新城杯”万人徒步大拜年活动在湘江两岸举行。本次活动在市城区湘江两岸设立主、分场。主场启动仪式设在石鼓广场，徒步大拜年路线为起点——湘江西岸风光带——千吨级码头广场；分场徒步大拜年路线则为船山大桥桥头公园——湘江东岸风光带——湘水明珠广场。健身徒步走是大众有氧锻炼项目，衡阳市的徒步大拜年活动连续举办六年，成为全市人民喜迎新年的标志性活动、全民健身的群众体育品牌、广大市民春节期间重要的文体活动。

（李文翔）

【气排球比赛】　4月23日上午，衡阳市文体广新系统首届“体彩杯”气排球比赛在市体育中心体育馆拉开帷幕。这是全市文体广新系统组建以来举办的第一次大赛事，活动丰富系统干部职工的文化体育生活，为大家切磋、交流、展示提供良好的平台，弘扬阳光、健康的运动精神。全市文体广新系统32个代表队，365名运动员参赛，分为8个小组，共开展96场比赛。经过三天角逐，市文体广新局机关一队、市体校、衡阳市全民健身服务中心、市游泳跳水中心、耒阳市文体广新局、常宁市文体广新局、衡阳县文体广新局、市体彩科研产业联队获一等奖。（李文翔）

【湖南省第六届全民广场舞大赛衡阳站海选】　4月23日上午，2016“欢乐潇湘·群舞飞扬”湖南省第六届全民广场舞大赛海选首站在衡阳启动，共21支队伍参赛。湖南广场舞大赛成功举办

5届，首站选择衡阳，得益于衡阳深厚的广场舞基础。从乡村到城市，从社区到广场，随处可见广场舞爱好者。（李文翔）

【山地车挑战赛】 5月8日上午，捷安特自行车嘉年华暨2016年衡阳第三届雨母山“珠江合创杯”山地车挑战赛在雨母山镇举办。这次山地车挑战赛，共400多名山地车业余爱好者参加。山地车挑战赛的赛道，从雨母山东阳广场出发，经东阳村、青松村、灵山村，再返回到东阳广场，线路将近10千米。此次活动，还设置慢骑赛、迷你障碍赛、小骑手赛等趣味比赛，吸引广大骑行爱好者及游客参与。举办这次比赛旨在倡导全民健身，以及绿色出行、贴近大自然的环保理念。

（李文翔）

【蒸湘区校园足球活动暨衡钢小学首届校园足球文化艺术节】 5月23日，蒸湘区衡钢小学以“阳光体育、快乐足球”为主题，举办第一届校园足球文化艺术节。来自全区的16所中小学校的足球少年参加。开幕式上，有方块队表演、千人足球操表演、足球社团的足球技巧展示，文化节持续一个月。蒸湘区以校园足球为载体举行系列活动，将足球联赛和摄影、写作、绘画有机融合在一起，让每个孩子更好地走近足球、了解足球。此次文化节旨在以球立德、以球健体、以球养智、以球促学。（李文翔）

【湘江马拉松赛衡阳站】 5月29日上午，由市委、市政府主办、市文体广新局承办的2016湘江马拉松赛·衡阳站比赛在市体育中心启动，2000余名参赛选手冒雨参加。湘江马拉松赛·衡阳站全程约10千米，起终点均设置在市体育中心。参赛选手从起点出发，转酃合路再沿衡洲大道东往西方向至新园路向北第一个路口折返，经衡州大道西往东方向行至衡茶路口折返至终点站。最终，来自中南大学的大二学子张明杰以34分40秒的成绩夺冠；女子组由湖南大学的大二学子赵禹晴折桂，比赛成绩为39分46秒。2016湘江马拉松赛是由长沙、株洲、湘潭、衡阳4市体育部门共同举办的一项赛事，于4、5月份分别在4座城市举办。（李文翔）

【“人社杯”全市离退休人员乒乓球邀请赛】 5月21—22日，衡阳市2016年“人社杯”离退休人员乒乓球邀请赛在市全民健身中心举行，本次邀请赛由市人社局主办，市老年人体育协会、市老年人乒乓球协会协办。来自各县（市）区和市直单位的24支代表队、98名运动员参加，参赛运动员均为党政机关、国有企事业单位的离退休干部职工，参赛者最大年龄74岁。邀请赛分男女混合团体、男子单打、女子单打三个比赛项目进行。市人社局代表队、珠晖区代表队分别获得男女混合团体冠、亚军，来自市人社局代表队的廖德宝、杨友香分别获得男子单打、女子单打冠军。

（李文翔）

【衡阳市新增29所国家级足球特色学校】 2016年，全国有4755所中小学校拟认定并命名为全国青少年校园足球特色学校，31个县（区）拟认定并命名为全国青少年校园足球试点县（区）。其中，湖南省有233所学校入选，衡阳市有29所学校，新增数量居全省第一。珠晖区为湖南省唯一的全国青少年校园足球特色试点县（区）。至此，加上2015年入选的学校，衡阳市有68所国家级校园足球特色学校。全市常年参加青少年足球活动人数达到5万人以上，有专兼职教练437人，在训运动员1500余人，有培训基地7个，每年都组织2次以上市级比赛。这次新增29所足球特色学校中，有小学17所，初中8所，高中2所，9年一贯制学校2所。分别是市第十五中学、市船山英文学校、市实验小学、市蒸水小学、市第二十三中学、珠晖区英发实验学校、珠晖区第二中学、珠晖区实验小学、珠晖区茶山坳镇中心学校、珠晖区第一中学、雁峰区六一小学、石鼓区演武坪小学、石鼓区松木灵官庙小学、蒸湘区清华园学校、蒸湘区实验小学、南岳区实验中学、南岳区完全小学、衡阳县元培学校、衡南县第一中学、衡南县向阳镇中心小学、衡南县茶市镇初级中学、衡山县萱洲镇中心学校、衡东县第一中学、衡东县城关镇第三完全小学、衡东县第六中学、耒阳市前进小学、耒阳市马水镇洲陂陆新小学、常宁市明珠学校、常宁市第八中学。（李文翔）

【衡阳市举行趣味游泳比赛】 为纪念毛主席畅游长江50周年，激发市民参加游泳健身的热情，7月15日，2016衡阳市趣味游泳比赛在市游泳跳水中心举行。比赛分为花样游泳表演、100米自由游泳、50米自由泳竞速、4×50米水中持球游泳接力、3×50米推人过河游泳接力、大家乐混水摸鱼、水中投篮、4×50米穿越障碍接力等8个项目，4个城区和高新区及市游泳跳水中心均派出选手参赛。经过3个多小时的角逐，石鼓区以49.5分的成绩获得趣味比赛的冠军。（李文翔）

【2016·湖南山地户外健身休闲大会（衡南站）暨“莲湖湾荷花节”】 7月16至17日，为期两天的2016·湖南山地户外健身休闲大会（衡南站）暨“莲湖湾荷花节”在近尾洲镇莲湖湾国家湿地公园举行。3200名来自全国各地的山地户外健身运动爱好者参加。省体育局原纪检组长、省登山运动协会主席曹任远宣布开幕。世界蹦床冠军罗丹等体育名人到现场助阵。此次活动由省体育局、省旅游局主办，衡南县文体广电新闻出版局等8个单位承办，开展趣味清凉跑、钓鱼比赛、山地自行车赛三大竞技项目，嘉年华、音乐晚会、露天电影、露营、吃西瓜比赛、终极扑克王等6大体验项目。本次全省山地户外健身休闲大会设6站，衡南是第3站。（李文翔）

【广场健身操舞集中培训】 常宁市组织各乡镇街道办事处60余名文化站工作人员在体育场集中培训广场健身操舞。为普及推广广场健身操，倡导健康生活，常宁市选派人员参加湖南省广场健身操培训，精选6个节目在全市进行推广，组织全市各乡镇文化站工作人员进行免费培训，采用集体辅导和个别指导相结合，并将培训成果以展演形式向全市人民推广，掀起全民跳广场健身操热潮。（李文翔）

【全民健身日】 8月8日上午，2016年衡阳市“8·8全民健身日”暨“我爱足球”中国足球民间争霸赛衡阳赛区启动仪式在衡阳市体育中心举行。这次的全民健身日活动突出“全民健身与奥运同行”的主题，内容更丰富、形式更多样，各县（市）区、各体育协会也开展丰富多彩的健身活动，各体育场馆、俱乐部向市民免费开放、提供免费体质监测服务。当天，市体育中心还进行2016年“我爱足球”中国足球民间争霸赛衡阳赛区的足球技巧展示、足球宝贝表演，娃娃组、青少年组和社会组共16支队伍举行精彩的比赛。进行鼓舞、太极拳、广场舞、柔力球、流行舞、街舞、瑜伽、自行车骑行的展演。（文爱菊）

【37个体育健身场所免费或优惠对市民开放】 8月8日为“全民健身日”，衡阳市城区37个体育健身场所免费或优惠对市民开放，其中包括市体育中心体育馆与体育场、石鼓区青少年羽毛球培训中心、全民健身中心（五环广场）在内的13个体育健身场所全天免费对市民开放，包括市游泳跳水中心游泳场、市体育馆篮球场、乒乓球、台球（岳屏广场）、市国民体质检测中心（市体育中心）在内的11个场所限时免费开放，包括西湖水上乐园、冠都游泳池、岳屏公园游泳池在内的13个健身场所开展优惠活动。（文爱菊）

【珠晖区成为“全国青少年校园足球试点县（区）”】 2016年，珠晖区被教育部命名为“全国青少年校园足球试点县（区）”，是全省2016年唯一被教育部命名的试点县（区）。同时该区英发实验学校、第二中学、实验小学、茶山坳镇中心学校、第一中学等5所学校被授予“全国青少年校园足球特色学校”称号。截至2016年年底，珠晖区34所学校全部将足球纳入教学教育，并拥有12所国家级青少年校园足球特色校。近三年获得省级以上荣誉30余项，先后为大专院校培养足球人才200余名，为多个省队输送足球运动员近50名，为女足国少队、男足国青队输送队员5名。珠晖区在青少年校园足球发展方面一直颇有建树，有冶金小学等为代表的响亮“品牌”，全区建有十一人制足球场2个，八人制足球场10个，五人制足球场20个，2015年投资200万元新建3个足球场。成功举办首届“区长杯”校园足球比赛。（文爱菊）

【全民健身项目展演】 2016国庆期间，衡阳市举办全民健身项目展演。10 月 1 日，400 人广场舞展示在市体育中心举行；10 月 3 日，200 余名柔力球爱好者在岳屏广场展现柔力球运动。通过表演活动展示让广大群众感受到健身的魅力。（文爱菊）

【省运动健身科学指导活动衡阳站启动仪式】 11 月 11 日上午，由省体育局主办，省体育科学研究所和市文体广电新闻出版局承办的以“科学健身、快乐同行”为主题的省运动健身科学指导活动衡阳站启动仪式在市体育中心举行。活动围绕“科学健身，快乐同行”的主题，激发市民对自身身心健康的重视，从而参与到科学的体育健身锻炼中来。本次活动包括群众体育健身活动展示、科学健身科普讲座、科学健身知识推广和国民体质检测。检测项目包括血压、身高体重、握力等 8 个项目。从力量、肌肉、柔韧性和平衡感等多方面的数据分析出详细的个人身体检测报告，让广大群众能够根据自身的数据制定合理的健身方法。（文爱菊）

【市直工交系统第九届“雁能房产杯”乒乓球邀请赛】 12 月 10—11 日，市直工交系统举行第九届“雁能房产杯”乒乓球邀请赛。比赛设团体、单打两个项目，分六个组别，有 16 支团队、125 名运动员参加角逐。国网衡阳供电公司、市公路局、市邮政局分获团体赛前三名。市人大常委会党组书记、常务副主任谢宏治、市领导刘正兴、刘运定，市老领导李安平出席开幕式并参加比赛。

（文爱菊）

竞技体育

【2015 年度衡阳市乒乓球总决赛】 1 月 9 日，2015 年度衡阳市乒乓球总决赛在市体育馆举行。本次比赛分为男子单打、女子单打和领导干部单打三个组别，其中男子单打甲组要求年龄为 23—44 岁，男子乙组比赛选手年龄为 45 岁及以上。各县（市）区均派出选手参加比赛。比赛为 5 局 3 胜制，每局比赛采用 11 分制。所有组别的比赛均不设种子选手，比赛分两阶段进行，第一阶段采用分组循环赛，每组取前两名进入第二阶段淘汰赛，用附加赛办法决出名次。最终，珠晖区代表队的何明辉获得男子单打甲组第一名，石鼓区代表队的胡建伟、廖玲娜则在男子单打乙组和女子单打中折桂。（唐小红）

【四国女篮对抗赛】 5 月 14—16 日，四国女篮对抗赛在衡阳举行。为期三天的比赛，CCTV5 连续直播、录播，“中国·衡阳”首次频频亮相央视体育频道。借助电视媒介，以及各大门户网站，衡阳之名进入全国成千上万观众的视野。四国女篮对抗赛的举办，对于提升衡阳城市品位和形象，意义重大。四国女篮对抗赛衡阳站赛事以 84-24、71-54 和 74-35 战胜新西兰队、捷克队和黑山队，获得“四国女篮对抗赛”第一阶段对抗赛三战全胜战绩圆满落幕，这是中国女篮为备战奥运落选赛进行热身训练的第一站，也是衡阳城市形象、赛事组织、市民风采第一次全景展示。（唐小红）

【“校长杯”足球赛】 6 月 14 日，高新区蒸水小学校园内“校长杯”校园足球联赛开赛。学校在开学初提出举办“校长杯”校园足球联赛，各班组织队员进行两个多月的训练。本次联赛在 19 支球队中进行 18 场单循环赛，历时两周，最终决出冠亚军并根据赛场表现评选出“最佳球员”和“最佳射手”各一名。

（唐小红）

【衡阳市中小学生田径运动会】 6 月 29 日，2016 年全市中小学生田径运动会在市一中开幕。来自市二中、市八中和船山英文学校的学生以“阳光体育之歌”为主题，进行阳光体育运动大课间活动展示，活动将篮球训练、排球训练、跳绳运动与大课间活动相结合。此次比赛时间为 3 天，来自全市 36 支代表队的 520 名运动员分成 4 个组别，围绕 17 个比赛项目展开角逐。全市中小学生田径运动会每年举办一届，是衡阳市校园阳光体育运动系列活动中最重要的赛事之一，是衡阳市传统体育赛事。其目的在于展示和总结衡阳市学校体育工作成果，为衡阳市竞技体育选拔培养优秀后备人才。（唐小红）

【市逸夫中学女子足球队获佳绩】 7 月 12 日，2016 年全国青少年“未来之星”阳光体育大会（湖南分会场）在株洲举行，有来自全省14个地州市的595名运动员参加为期10天的各个项目的角逐与体验。市逸夫中学女子足球队代表衡阳市参赛，最终获省青少年足球锦标赛（女子乙组）第五名及全国青少年“未来之星”阳光体育大会（湖南分会场）颠球比赛团体奖二等奖。（唐小红）

【衡阳市代表队获湖南省青少年射击锦标赛总比分第一】 8月8日，2016年湖南省青少年射击锦标赛在衡阳市体育馆落下帷幕，衡阳市代表队以总比分829分的绝对优势，获得总分排名第一，斩获22枚金牌。此次比赛为期5天，32个比赛项目产生个人和团体金牌56枚，衡阳代表队共派出39名运动员出赛。（唐小红）

【周瑜获湖南省青少年花样游泳锦标赛首枚金牌】 8月18日下午6点，2016年湖南省青少年花样游泳锦标赛在衡阳市跳水中心开赛，比赛持续两天，来自全省7个代表队，共56名运动员参赛，衡阳代表队共派出14名女将参赛。在第一天的比赛中，衡阳选手周瑜以最终得分55.3949分的成绩，取得甲组规定动作项目第一名，获本届锦标赛首枚金牌。（唐小红）

【衡阳市代表队获湖南省青少年田径锦标赛总分排名第四】 8月23日，历时4天时间的2016年湖南省青少年田径锦标赛闭幕，此次全省各地市州共17支代表队参加比赛，衡阳市代表队总分排名第四。此次比赛衡阳代表队共派出80人参加全部项目比赛。（唐小红）

【2016年湖南省青少年跳水锦标赛在衡阳开赛】 8月23日—27日，2016年湖南省青少年跳水锦标赛在市游泳跳水中心举行，来自长沙、衡阳等省内8个市州的代表队共79名运动员参加10个项目的角逐。此次跳水比赛项目有甲组：1米板、跳台；乙组：1米板、跳台；丙A：1米板、跳台；丙B：1米板、跳台，甲组团体；乙组团体；丙A、丙B组合并团体。（唐小红）

【石鼓区足球小将获省青少年足球夏令营佳绩】 2016年，湖南省青少年足球夏令营在株洲举办，此次夏令营有来自全省14个地州市的28支队伍、386名球员及教练员参加，接受为期11天的专业学习训练并进行竞技比赛。石鼓区以成章小学雁栖湖校区足球队为班底组建的小学生男子足球队以6战全胜的成绩获得小学男子组冠军，并获体育道德风尚奖，其中成章小学雁栖湖校区的陈保帆、汤润宇、朱家豪入选赛事最佳阵容，陈保帆、汤润宇获最佳运动员称号。（唐小红）

【衡阳师院学子蒋芬芬残奥会夺金】 9月15日，在里约残奥会中，衡阳师范学院的蒋芬芬与三名队友以50秒81的成绩夺得里约残奥会T35-38级4×100米的冠军，打破该级别世界纪录。（唐小红）

【衡阳首届足球超级联赛】 9月24日，衡阳市首届足球超级联赛在平湖公园足球场开赛。此次足球联赛由市文体广新局、市足球协会主办，湖南众乐体育文化有限公司承办。比赛采取的是单循环积分制，即每支球队分别跟其余23支球队比赛来积分，决出最终名次。24支参赛队伍来自全市各行各业，涵盖大学生、公务员、企事业单位职工等。此次足球联赛同时在平湖公园足球场和湖南财工院足球场进行，比赛定于每周周末举行，以每天一个赛场三轮比拼的进度，每个周末开展12场比赛。这是衡阳市有史以来规模最大的足球赛事，共276场比赛，赛事持续至2017年5月。（唐小红）

【衡阳籍运动员里约奥运表彰会】 9月26日上午，衡阳市召开衡阳籍运动员参加2016年里约奥运会表彰会。会前，市委书记、市人大常委会主任周农会见回乡的奥运健儿董斌，以及董斌、柴飚的亲属与教练。周农代表市委、市政府首先对董斌和柴飚在里约奥运会上取得的优异成绩表示祝贺，对奥运健儿回乡表示欢迎，对董斌及董斌、柴飚的亲属与教练表示慰问和感谢。周农指出，运动健儿们在奥运赛场上顽强拼搏、奋勇争先所展现出来的奥林匹克精神和良好的精神风貌，正是衡阳需要的正能量。希望两位运动健儿发挥引领示范作用，多与衡阳广大青少年交流，激发更多青少年投身到体育运动中来，为推动衡阳体育事业蓬勃发展做出更

大贡献。（唐小红）

【衡阳市首届电竞职业联赛启幕】10月1日，衡阳首届电子竞技职业联赛户外赛在高新区步步高广场启动，衡阳本土的鑫金亿等4支队伍参赛。参赛的4支队伍选手趋年轻化，年龄都未超过20岁。比赛采用国际电竞职业联赛的标准进行网上直播，三位主播进行全程网络直播解说。这是衡阳市此次联赛的第一战，旨在为省赛选出两队种子选手。这次举办的电竞职业联赛为衡阳市的草根电竞玩家提供一个较好的平台，有助于衡阳市电竞运动走向规范化。（唐小红）

【湖南省大中学生羽毛球比赛在衡阳举行】10月16日上午，2016年湖南省大中学生羽毛球比赛在衡阳师范学院开赛。此次比赛由省教育厅主办，省学生体育协会执行，衡阳师范学院承办。赛时四天，来自全省各市州15所高校、10所中学的240余名羽毛球选手参赛。此次比赛在竞赛组别上首次分甲组（普通组）、乙组（专业组）进行。比赛包括团体赛和单项赛2个竞赛项目，采用三场二胜制，产生男子团体、女子团体、男子单打、女子单打、男子双打、女子双打、混合双打项目共计42枚金牌。（唐小红）

【首届青少年校园足球联赛】10月18日下午，衡阳市首届青少年校园足球联赛拉开帷幕。此次比赛是衡阳市有史以来规模最大、赛程最长、参赛人数最多的一次校园足球盛事，有32支中小学足球队的500多名足球小将参加此次联赛。参赛的32支中小学足球队均来自青少年校园足球特色学校，其中有小学组9支球队、初中组15支球队、高中组8支球队，比赛时间为18日至28日，同时在成章小学雁栖湖校区、成章实验中学和市一中足球场三个赛场同步进行。联赛共设男女小学组、男女初中组、男女高中组6个组别。其中，小学组和初中组均采用八人制比赛，高中采用十一人制比赛，经过小组赛、半决赛、决赛，最终决出冠亚军。自国家大力开展校园足球以来，衡阳市通过组织形式多样的足球比赛、常态化的足球体育教学、内容丰富的足球社团和俱乐部等方式推动校园足球的发展，使足球运动真正地融入校园。2016年，衡阳市创建全国青少年校园足球特色学校68所，珠晖区申办全国青少年校园足球特色区县（湖南省仅两个）。全市常年参加青少年足球活动人数超过5万人，有专兼职教练437人，在训运动员1500余人，有培训基地7个。2016年，在竞技足球方面成绩突出，小学男队获省五人制足球赛冠军，初中男队获省初中联赛一等奖，高中女队获全省总决赛冠军，创衡阳市三大球首夺高中组冠军的历史。（唐小红）

【衡东代表队在省首届校园武术段位赛获奖】11月，湖南省首届校园武术段位赛决赛在长沙举行，62支代表队、1300多名武术运动员参加比赛。经过角逐，衡东少林武校获得小学组一等奖，衡东少年军校获得中学组一等奖，衡东育星小学获得小学组二等奖。（唐小红）

基础设施建设

【体育运动学校整体搬迁工作】9月7日上午，衡阳市委常委、常务副市长段志刚率相关部门负责人调研衡阳市体育运动学校（十九中），并就市体育运动学校整体搬迁工作召开会议。市体育运动学校（十九中）始建于1956年，是全国首批设立的48所重点业余体校之一。1989年与市十九中合并，成立一所集学习、训练、生活为一体的“三集中”体育运动学校，2016年是该校建校60年。60年来，学校培训和输送的运动员共获国际大赛金牌72枚，全国金牌598枚。先后培养出董斌、柴飚、李敬等国际著名运动员，是衡阳体育代表团的核心力量。该校共开设11个训练项目，其中田径、足球、羽毛球、散打因场地限制，没有训练场地；射击、举重、体操、蹦床场馆破旧不堪；各类训练场地狭小，不能满足正常的训练需求，教学环境亟待改善。（文爱菊）

【衡阳市首条沿江彩色跑道完工】11月，衡阳市首条沿江彩色跑道完工。彩色跑道位于蒸水北堤风光带西段的滨江公园内，全长1500米，橙、蓝相间，中间铺有石径小路，适合观光、跑步。（文爱菊）

【平湖公园提质改造】 2016年，平湖公园全民健身文化广场启动提质改造。改造主要包括“两道路”——环湖步道、老年人户外运动步道；“两区”——中老年健身区、残障人士康复训练区；“两场”——溜冰场、乒乓球场；“两点”——南入口大门、重檐亭。同时对公园内的绿化进行“补妆”升级。（文爱菊）

新闻出版广电

责任编辑：郭　琦

报业发展

【概况】 2016年，衡阳日报社党委坚持改革创新、转型融合发展，克服报业发展形势持续严峻的困难，各项工作实现稳中有进，取得新的成绩。

一、影响力持续增强。衡阳日报社跻身中国报业新媒体影响力“副省级和地市级党报百强榜”前30位。发起组建湖南省市州党报经济发展联盟，并成功召开座谈会。全省14个市州党报负责人参加此次座谈会，另外湖南多个市州党报专程赴衡阳日报社考察学习，分享经验、成功以及项目。《掌上衡阳》稳居全省党报客户端前列。两报官微稳居全省第一方阵。其中晚报官微长期领先。新闻作品获得中国新闻奖一等奖。创造衡阳市新闻界历史，一人获“省优秀新闻工作者”称号。传播理念、传播手段的超前和创新得到领导、同行和广大用户的高度赞扬和充分认可。

二、发展质量持续提高。新媒体中心工程竣工并投入使用、职工住房圆满封顶、印刷设备更新提质基本到位、大采编大广告平台更新提质到位。融媒体布局基本完成。衡阳日报社以改革创新与转型融合为总目标，逐渐步入由单一媒体向全媒体、大众媒体向分众媒体兼顾、做新闻向做品牌、新闻产业向大文化产业及多元产业、传统经营向现代营运、同质化共生向错位发展等六个转型的正轨，形成日报、晚报、掌上衡阳移动客户端、全搜索官方网站、手机报、社区报、日报官微、晚报官微等传统媒体与新媒体组成的8大主要媒体。

三、新的发展机制初步形成。一是与融媒体格局相适应的报道出版机制初步形成。主要形成三大机制。1. 形成“梯次”发布机制。快“首”。以《掌上衡阳》客户端为首发平台，形成传播时间与重大新闻事件基本同步的特色。在党委的直接指导下，《掌上衡阳》客户端对重大新闻、突发新闻等做到第一时间发布，同时大胆探索和实践，对党代会、衡州论坛、人大政协两会进行文图视频直播，首开纸媒直播先河，衡阳日报社抢占新闻发布先机。宽“腰”。以全搜索网和官微官博为接力平台，次第发布，使新闻在PC端、移动端通过不断的反复传播，实现几何级数的扩张，从而与直播一道形成传播领域“零距离”的特色。深“尾”。以日报、晚报为主发平台，对重大新闻、重要事件进行深度发布和解读，满足人们的求真、求细、求深的心理，从而形成传播效果“虎头豹尾”首尾呼应的特色。2. 形成媒体“互通”机制。传统媒体与新媒体宣传互相，内容互享，栏目互设。3. 形成统筹报道力量机制。人员统筹、设备统筹、手段统筹，形成合力，各种报道更精彩。二是与经济发展新常态相适应的经营创收机制初步形成。1. 优化领导机制，衡阳日报社成立经营创新项目实施领导小组，寻求广告经营工作的突破，开辟新的经济增长点。各经营部门都签订《目标管理责任书》，将创收指标落实到责任人，考核标准全部统一并进行细化。2. 优化考核机制，重点推行项目制。在推行项目制的指导下，2016年一批新项目，有前景的项目落地生根。“衡阳文化产权交易中心”项目申报获批；云支付、淘宝达人项目顺利开展；大数据项目推进有序。3. 优化经营机制。广告经营中心全力推进“全面代理、参与分成”的战略合作模式，分别与满崽龙虾、汇艺红木等厂商达成战略合作模式，全面代理对方的广告营销，根据客户广告营销总费用确定分成比例，开创获得广告费用的新方式。在市政府的支持下，衡阳日报社举办2016年衡阳房交会活动，现场人气火爆，观展市民近10万人次，成交商品房屋1187套、总成交面积11.67万平方米，总成交商品房总金额5.4亿余元。（周仲辉　戴佳兵）

图书发行

【概况】 2016年，省新华书店有限责任公司衡阳分公司销售规模、利润完成、应收货款回笼等各项主要经济指标全部超额完成省公司下达的任务，年终考核排名全省14个市州公司第一，再次被省公司评为优秀企业，公司党委书记、总经理陈志辉获“第二届湖南出版政府奖”优秀人物奖。

（胡革立）

【门店形象】 湖南省中南部面积最大、品位最高、服务最全的综合性图书卖场——衡阳图书城于2016年1月试营业，6月1日正式营业，图书城运营良好，年销售突破千万元，成为全省新华书店地级市门店中首家年销售过千万的卖场。衡阳图书城的投入使用更进一步彰显新华书店的社会责任，得到各级领导的关注，省委宣传部副部长魏委、出版控股集团董事长龚曙光、总经理彭玻、副书记胡建勇，省文广新局相关领导、中南传媒总经理丁双平、市委书记周农、市委常委宣传部部长刘丽华及市委市政府相关领导等先后前来视察；行业内也引起较大的反响，广东省新华书店总经理率团队前来衡阳图书城参观学习，山西省新华书店派专人到衡阳图书城跟班学习，出版发行业中的权威杂志《出版人》杂志社专程派记者独家实地采访，省内长沙、株洲、湘潭、永州、张家界等地市新华书店先后专程到衡阳图书城参观学习。社会反响好，在中国出版传媒商报组织的年度网络评比中，衡阳图书城被评为全国2016年度“十佳大书城”。（胡革立）

【全民阅读推广】　公司充分发挥自身职能，开展全民阅读活动，助力书香衡阳建设：一是为方便老师、学生阅读，公司大力发展校园书店建设，2016年在衡南县、衡东县、衡山县、耒阳市有数家校园书店建成并相继投入使用，衡阳市城区、常宁市、衡阳县、祁东县的校园书店建设启动报批建设；二是为弘扬中华民族传统文化、展示湖湘文化特色、提升青少年文化涵养，全市各级新华书店组织举办衡阳市“小先生·十五志于学2016年湖南省青少年国学大赛大型公益活动”衡阳赛区的初赛及复赛，最终衡阳代表队拿下全省国学大赛决赛总冠军。

（胡革立）

广播电视

【概况】　2016年，衡阳市广播电视台共有人员1116人，其中在职人员846人，离退休人员270人。台机关内设办公室、总编室、人事科、事业发展科、产业经营科、计划财务审计科、监察室和工会等8个科室，下辖衡阳人民广播电台（新闻频道、交通频道）、衡阳电视时政频道（衡阳电视台）、衡阳电视公共频道（衡阳有线电视台）、衡阳电视生活频道、娱乐频道、资讯频道、党建先锋频道、新视报、衡阳广电网站9个媒体和广播电视有线网络传输中心（湖南有线衡阳分公司）、广告监管中心、技术中心、物业管理部、会计核算中心、产业发展中心、无线数字电视开发管理中心、广播电视器材供应站、影视艺术中心、进步影视文化有限责任公司、红色影视文化有限责任公司等11个服务经营部门，共20个二级单位。9个媒体办有《衡阳新闻联播》《都市报道》《政风行风热线》《民声面对面》《天天生活》《乡里乡亲》《石鼓书院大讲坛》《政务公开》《廉政视窗》等知名栏目。自办广电节目通过有线、无线无缝隙传输覆盖全市12个县（市）区及周边地区。2016，衡阳广电全面完成第五轮人事制度改革，整合频道资源，2016年11月3日，按照上级主管部门要求，撤销衡阳电视生活频道和资讯频道，完成上级下达的频道整治目标任务。

（胡高培）

【宣传工作】　一是新闻宣传。2016年年初，衡阳广电陆续推出两会报道《记者看两会》《数说两会》，春节期间推出《身边喜事》《舌尖上的年味》等节目；围绕市委、市政府中心工作先后推出《挺进大项目》《正风肃纪看换届》《攻坚时刻》《信仰》《喜迎党代会·建设新衡阳》等报道。配合市委提出的“补短板、促发展”推出大型策划报道《攻坚时刻》和市委十届九次全委（扩大）会议后推出的《解读“五个新衡阳”系列》，从一个个点入手，延伸到全局，带来更深层次的思考，其中《变“短板”为“跳板”，提振我市经济发展内生动力》一篇，得到资深新闻阅评员的高度肯定和表扬。2016年9月28日，广电“三个主新闻频道”完成市第十一次党代会开幕式的并机直播任务。2016年，衡阳广电先后策划《文明创建大擂台》《不文明行为曝光台》《三清三建进行时》等主题报道等，还重点推出《倡导“光盘行动”拒绝“舌尖上的浪费”》《节约水资源·保护水环境》等系列报道，播出三十余篇，从产业转型、循环经济、光盘行动等多个角度进行宣传教育。其中，“三清三建促文明创建”的专栏——《家园》获高度肯定。二是活动宣传。为全面提升《石鼓书院大讲坛·国学讲座》影响力，衡阳广电对这档名牌栏目进行一系列提质升级；2016年，强力推出“才高八斗——衡阳市全民国学电视争霸赛”，通过数十场海选赛、九场精英赛到最后的总决赛，历时四个月，吸引万余名选手参赛，数十万市民现场观看，数百万电视观众，在衡阳市掀起一股“国学风”。“2016衡州经济论坛”也得到市委、市政府领导和与会嘉宾的一致肯定。（胡高培）

【创优外宣】 一是新闻创优、公益类广告评优实现新突破。在2015年度新闻优稿评选中，有10件作品获得“湖南新闻奖”，18件作品获得“湖南广播电视奖”，连续第20年获“湖南广电宣传创优组织奖”，由衡阳人民广播电台创作的《请为生命留一条通道》和《生如夏花》两件公益广告作品，获得全国广播电视公益广告扶持项目广播作品类二类大奖，填补衡阳市在该奖项的空白，获奖档次和数量位居全省各广播电视媒体首位。在2016年度第七届衡阳新闻奖评选中，两件作品获得一等奖，十余件作品分获二、三等奖。二是掌握外宣工作主动权。紧盯上级新闻单位报道选题，精准制定送稿计划，围绕换届选举、供给侧结构性改革、文明创建、衡州经济论坛等中心工作，推出一批有影响力的稿件。《衡阳147个乡镇党委顺利完成换届》《蒸湘区：强化同级监督·让“有权”也不能“任性”》等稿件在“湖南新闻联播”第一时间播发。2016年，衡阳广电台在央视上稿13条，卫视上稿132条，上稿的数量和质量名列全省前茅。三是拍摄完成第一部高清城市外宣片《舞动衡阳》。首次采用无人机航拍、延时拍摄、5D高清等新技术，《舞动衡阳》在“2016衡州经济论坛”上首播，获得国务院参事徐宪平、市委、市政府主要领导的一致好评，在网上发布后，点击率突破十万次。（胡高培）

【产业发展】 1.2016年，全台各媒体完成播出任务共计32216小时，台内台外停播率均为零秒/百小时，未发生任何安全播出事故。确保春节期间特别是党的十八届六中全会等重要保障期安全播出工作万无一失。2.2016年，衡阳广电台对广电中心演播厅进行全面升级改造，4K高清LED显示屏系统、德国k&f音响系统等声光电设备更新升级，改造后的衡阳广电演播厅整体设施设备达到全国领先、全省一流的水平。3.2016年，全新形象的衡阳广电网和“看衡阳”微信公众号正式上线，百度统计数据显示，衡阳广电网日均浏览量保持在6000左右，月访问量达17万。衡阳电台官方APP——开吧上线，广播微信公众号粉丝达到21万，一个传统媒体+“两微一端”的模式成型。4.2016年，完成OA协同办公管理平台试运行，成为全市首家启用OA协同办公系统的单位。5.产业经营上，在继续办好“衡阳市星光艺术培训学校”的同时，利用演播厅升级改造的有利条件，开展多种经营，2016年，演播厅先后承接和举办活动121场，放映电影264场，成为全台产业经营新的亮点。无线数字电视“户户通”工程稳步推进，新发展用户9105户，总用户近7万户。（胡高培）

【衡阳广播首次直播国际A级赛事】 2016年5月14—5月16日，衡阳广电台FM101.8衡阳交通频道和FM98.9衡阳新闻频道同步直播衡阳市体育中心举行的四国女篮对抗赛的全部六场比赛，这是衡阳市广播史上第一次直播高水平、高规格、多场次的国际A级体育赛事。（罗素如）

【衡阳广电特别策划《衡州工匠》】 2016年，“衡阳新闻联播”与市总工会联合，从4月30日起推出五一特别策划《衡州工匠》，展示衡阳“工匠精神”，致敬最美劳动者。《衡州工匠》大型策划报道将用镜头聚焦战斗在一线岗位，做出特殊成绩的工匠们，用纪实性的手法记录在普通岗位上做出不平凡成绩的劳动者。节目通过对能工巧匠和金牌技师的挖掘，助力衡阳能工巧匠劳动竞赛，弘扬工匠精神，把广大职工的智慧和力量调动到创新、转型、升级发展上来，促进大众创业、万众创新。（罗素如）

【《我上一年级》暑期成长夏令营】 2016年7月，衡阳广电旗下都市频道携手星光教育培训学校共同打造《我上一年级》暑期成长夏令营活动。夏令营以准一年级6～7岁孩童为主体，通过7天的全封闭式集体生活，成就孩子蜕变。《我上一年级》暑期成长夏令营是全新电视的“真人秀”模式。配合整个夏令营活动的开展，衡阳广电《都市报道》播出8篇、平均时长11分钟的《我上一年级》专题报道，以纪录片的拍摄手法，还原孩子在夏令营生活原貌。（罗素如）

【衡阳人民广播电台FM989全新改版】 2016年9月8日，衡阳人民广播电台新闻频道“FM98.9”全新改版，正式更名为“乐听989·衡阳新闻综合广播”，上午9点正式推出，并筹办“20万现金红包，为爱喊不停”等系列公益活动。“乐听989衡阳新闻综合广播”节目框架将以新闻资讯加音乐伴随、互动类节目为主。通过全国名牌栏目《政风行风热线》以及早晚高峰《乐听早点到》和《嗨·989》等精品音乐互动节目营造出好听、阳光、轻松的整体频道形象。（罗素如）

【2016衡州经济发展论坛专题演讲】 10月21日，衡阳广电中心演播厅举办以“新常态·新理念·新衡阳”为主题的2016衡州经济发展论坛，来自全国各地的经济发展论坛，来自全国各地的专家学者、商会代表、企业精英为衡阳市“营造发展氛围、问计发展路径、招商发展项目、凝聚发展合力”献计献策，投资投智。参加论坛的嘉宾与观众开展互动提问。（罗素如）

电视调频发射

【概况】 2016年，湖南省南岳电视调频发射台（以下简称南岳台）担负着转播7个电视频道、8套调频广播、两套地面数字电视共17个广播电视频道、频率的发射并完成数字微波信号的中继任务。它发出的广播电视信号直接覆盖湘中南22个县市、近3000万人口，同时为湘中、南地区各级广播电视转播台、站提供信号源，在湖南省无线网络覆盖中，有着十分重要的地位和作用。2016年，南岳台获省台安全保卫工作先进集体、省台党风廉政建设暨纪检监察工作先进集体、衡阳市高新区社会综合治理先进单位等荣誉称号。（袁　燕）

【安全播出】 2016年，南岳台的安全播出工作继续保持全省领先地位，完成春节、两会、五一、G20峰会、十一重要时段的播出任务及日常的播出任务，全年17套频道（率）累计播出时间完成约10.3万小时。绝大多数频道（率）的台内停播率为零，台外停播率也较往年有较大幅度的降低。处于新铁塔亟待建设、老铁塔超期服役的特殊时期，南岳台采取以下几个措施确保安全播出。一是健全制度，强化责任意识。严格制度规范，建立健全问责制度，在重要播出时段台领导亲自进机房带班，有重要播出任务时双岗双责，确保安全播出万无一失。二是加强设备设施维护，确保设备设施正常运行。重点加强对老塔的检查与维护保养。设立专人，采取盯防措施，加强观测与检查密度。同时进一步做好防护保养，确保过渡时期老塔平安无恙。根据播出工作任务需要，检测机器运行指标，采取日常定期维护检修和特别时段紧急维护相结合的方式。三是加强技术革新，提升工作效能。组织业务骨干进行技术攻关，及时解决设备疑难问题。先后自主解决89.7MC哈里斯发射机风量不足，致使多个功放温度告警故障、91MC设备不能自动开机，只能手动开机问题，91MC、93MC多个功放插座接触不良造成的设备故障，处理好41CHV9的故障、31CHV4的故障和14CH2号机功放5告警的问题，维修好31CH工控机触摸屏。四是加强技术培训，立足岗位成才。2016年，台里投入大量的人力物力在技术培训上。（袁　燕）

【铁塔重建】 铁塔重建是事关南岳台可持续发展的大事，在省市领导的高度重视下，自2014年正式启动，到2016年完成立项、论证、选址、评估、勘查、设计招投标、初步设计等一系列前期准备工作。一是相关评估工作完成。二是选址论证核准。4月15日，湖南省住房与城乡建设厅下发《关于南岳衡山风景名胜区南岳电视高频发射台发射塔重建项目选址方案的核准意见》，核准铁塔建设高度130米，配套机房2层，总面积1500平方米，机房控高11米。三是铁塔设计招投标启动。5月底，铁塔设计招标公告在湖南省招投标监管网公示，7月26日，南岳电视调频发射台广播电视塔实施性方案设计（第二次）进行国内招标。10月，区规划局出台评审意见。年底相继完成水土保持、林地报批、建设规划许可证办理等一系列工作。（袁　燕）

【事业发展】　一是造山上水路设施。高山基地供水线路全面改造并通过验收，建台以来沿用至今的老供水线路得以全部更换，高山自动供水系统正式投入使用。二是改造办公院环境。高山基地监控系统数字化升级、南岳山下院数字监控系统安装、一台三院监控系统的定期维护体现南岳台安全保卫的保障力度。三是注重防治结合、杜绝安全隐患。落实安保工作，除常规的“全年三大检、每月三小检”外，在“两会”和“G20”期间，安排全台性的全面安全大检查，加强值班巡逻。（袁　燕）

【经营创收】　一是高山宾馆拓宽销售渠道，加大营销力度。与携程网、去哪儿网、艺龙网、美团网等优质网站建立良好的合作关系，同时与各地驴友群建立良好合作关系，建立晨曦宾馆公众微信平台和公司网站，树立优质形象，吸引散客入住。2016年，在各旅游网站订房比例占全年客房总收入的8%左右。着力经营宾馆餐厅，推出乡里特色菜、快餐及素菜业务，餐厅的效益较往年相比有所提升。高山宾馆完成台里要求的创收任务。二是产业科的各项工作有条不紊地推进，截至年底，全年各媒体代维费与门面创收资金都催缴到位。（袁　燕）

卫生和计划生育

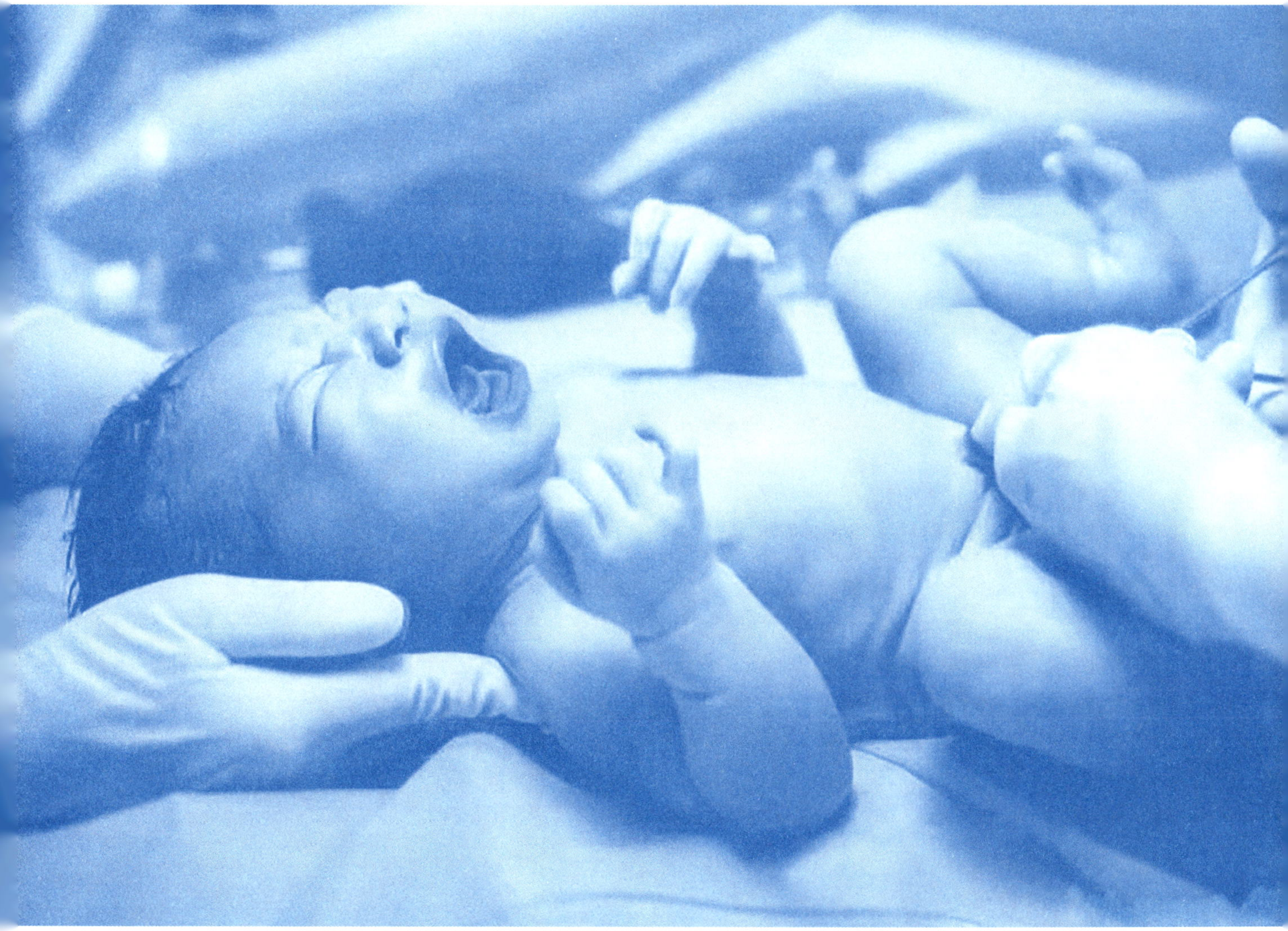

责任编辑：郭　琦

卫生和计划生育

【概况】 2016年是实施卫生计生“十三五”规划开局之年，衡阳市卫生计生工作稳妥推进公立医院综合改革试点和县乡卫生计生机构合并改革，实施全面“两孩”政策，完善计划生育服务管理，完成年度各项工作任务，计划生育工作经省考核评估认定，衡阳市被省评为良好单位，县(市)区中没有出现重点管理单位。

（赵 俊）

【医药卫生体制改革】 一是公立医院综合改革试点稳步推进。出台《衡阳市城市公立医院综合改革试点实施方案》《衡阳市城市公立医院综合改革医药价格调整实施方案》，召开全市城市公立医院综合改革试点工作动员会，从10月1日起，全市涉改的26家城市公立医院取消药品加成政策，实施药品零差率销售。各涉改医院运行平稳，实现“零时启动、零差率销售、零投诉”和“政府满意、老百姓得实惠、城市公立医院稳定发展”的预期目标。在2015年18家县级公立医院实现药品零差率销售的基础上，2016年又将5家县级医院纳入县级公立医院改革范畴，实现县级公立医院综合改革全覆盖。加快推进分级诊疗制度，市政府印发《衡阳市推进分级诊疗制度建设工作实施方案》，确定衡阳县、蒸湘区为分级诊疗试点县。二是新农合保障水平逐步提高。新农合参合率稳定在99%以上，受益水平达到58%。推进城乡居民大病保险工作，医保防大病、兜底线能力进一步增强。三是基本药物制度实施效果明显。国家基本药物制度覆盖城乡，政府办基层医疗卫生机构全面实施基本药物制度，全市大部分二级以上医疗机构使用基本药物的品规和金额同比上升。四是基层卫生服务能力不断提升。衡阳市委、市政府两办出台《关于进一步加强基层医疗卫生服务体系建设的实施意见》，有效推动基层医疗卫生体系建设。落实乡村医生补偿、养老政策，稳定乡村医生队伍。继续开展“群众满意的乡镇卫生院”创建活动和社区卫生服务提升工程，创建30所“群众满意的乡镇卫生院”。全市所有乡镇全面开展乡村医生签约服务工作，签约率达80%以上。

（赵 俊）

【计划生育服务管理】 2016年衡阳市出生人口10.4万人，人口出生率为12.75‰，同比提高0.31个千分点；符合政策生育率为92.13%，高出责任目标0.83个百分点；出生性别比为107.71，同比下降1.52个比点。主要工作有：一是基层卫计机构实现整合。下发《关于加强乡镇(街道)卫生计生队伍建设有关工作的意见》，在乡镇街道单独设立卫生计生办公室和卫生计生综合监督执法所，整合乡镇(街道)卫生院妇幼保健和计生技术服务机构。二是妇幼保健工作稳步推进。制定《衡阳市出生缺陷防治工作实施方案》，建立由分管市长任召集人的全市出生缺陷综合防控工作联席会议制度，成立技术指导小组以及产前筛查、新生儿疾病筛查等技术检测诊断中心，设立各类服务机构422个，实现综合服务全覆盖。全市孕产妇死亡率为14.17/10万，5岁以下儿童死亡率5.68‰；免费孕前优生健康检查目标人群覆盖率为81%、产前筛查综合到位率为88.8%、新生儿筛查率为88.8%，听力筛查率94.4%。三是基层基础工作得到加强。出台《衡阳市计划生育基层基础工作规范》，编印下发《计划生育基层服务管理操作手册（2016年版）》，着力打造“六个一”工程，即建立一套机制、配强一支队伍、理顺一种关系、出台一本规范、打造一个阵地、优化一组台账，重构计划生育基层基础工作获全省计划生育服务管理创新奖二等奖。全市189个乡镇街道、3889个村(居)委会的8156块公开栏、宣传栏全部更新到位。所有乡村两级8156本台账资料全部配套到位，计生工作的针对性和有效性不断增强。四是利益导向机制得到完善。出台《关于提高我市计划生育家庭特别扶助费标准的通知》，在省定标准的基础上，衡阳市2016年特扶对象每人每月提标100元，并从2017年元月开始，每人每月再增加50元。各级财政共配套农村奖扶金5215.3万元、特扶金2050.78万元、独生子女保健费428.69万元。五是“两非”专项整治成效明显。市、县均成立联合办案机构，制定下发《衡阳市2016年出生人口性别比专项整治行动实施方案》，建立完善奖惩机制。查处“两非”典型案件28例，超过省定任务16例。六是加强计生协会工作。在建立生育关怀资金筹措机制，全面落实从社会抚养费提取10%用于生育关怀政策的基础上，在规范基层计生协能力建设、计生“三结合”、计生特殊家庭综合保险、计生家庭创业贷款贴息等项目管理上下功夫，出台《衡阳市计划生育项目和资金管理办法》，经常走访项目户，协助他们解决生产生活中遇到的实际困难。2015年省计生协下拨衡阳市项目专项资金的168.74万元按照省专项资金管理办法规定，及时足额下拨到各项目单位，各个项目实施情况良好，项目效果初步显现。耒阳市计生协项目工作被中国计生协推介。（赵　俊）

【推进公共卫生服务均等化】 一是规范基本公共卫生服务管理。基本公共卫生服务经费标准提高至45元/人年，12类45项基本公共卫生服务项目全面实施。全市城乡居民健康档案规范化电子建档率达82%，65岁及以上老年居民健康管理率达93.5%；高血压规范管理率达81%；糖尿病患者规范管理率达81.5%；适龄儿童免疫规划疫苗报告接种率保持在90%以上。推进流动人口卫生计生基本公共服务均等化，流动人口免费孕前优生健康检查率70%，流动人口健康档卡建档率82%，流动人口预防接种率99%以上，蒸湘区蒸湘区街道创建为省级示范单位。二是全面落实重大传染病防控措施及卫生应急工作。对艾滋病、结核病等重大疾病逐步建立定点医院诊断治疗、基层医疗卫生机构随访管理、疾控机构信息管理、早期干预、监测评价、督导检查的防治管理新模式。对出血热、狂犬病、乙肝等重点传染病实行专病专策精细化防控。甲乙类传染病报告发病率210/10万，保持在较低水平。制订《衡阳市突发事件紧急医疗卫生救援应急预案》《衡阳市寨卡病毒病防控预案》，组织医疗应急队参加衡阳市成品油输油管线泄漏爆炸事故应急演练，模拟开展应急处置等演练26起，处置突发公共卫生事件7起，发病180人，未发生死亡病例与暴发流行。派出69批365人次开展突发事件紧急医学救援处置和支援工作。三是推进民生实事项目。救治救助贫困重性精神疾病患者956人，完成任务数的100.6%。祁东县人民医院精神科改扩建项目总投资410万，面积3000平方米，2016年竣工正式收治病人。实施农村妇女“两癌”检查项目，筛查40315例。四是推进爱国卫生运动。继续实施农村改厕工作，农村卫生厕所普及率提高到80%。做好病媒生物防制，不断改善城乡环境卫生，“灭蚊”“灭蝇”工作达到国家C级标准。五是加强无偿献血工作。在火车站、南华大学等人口相对集中地段设置8块免费公益广告宣传位；在报纸、电视台、公交车上投放无偿献血公益广告。2016年衡阳市发展无偿献血43514人，比2015年同期增加6.38%，采集无偿献血量66772个单位，比2015年同期增加5.25%；供应临床总血量139850.25个单位（含成分血），比2015年同期增加8.84%，其中成分血供应率为100%；机采血小板采集2435个治疗量，比2015年同期增加4.24%。加强临床输血工作督查，对全市31家医疗机构的临床合理用血情况进行检查，限期整改到位。（赵　俊）

【医疗质量和服务水平】 一是整合院前急救指挥平台。出台《衡阳市院前急救管理办法》，将市“120”急救指挥平台整合到市政府信息调度指挥中心平台，实现与“110”“12345”的联动调度，提高院前急救能力。二是开展改善医疗服务行动。在全市二级以上医疗机构全面实施进一步改善医疗服务行动计划，改善群众就医体验。建立完善医疗质量安全常态化的巡查、点评、约谈制度，跟踪评估整改效果。加大抗菌药物使用的监管和医院感染管理力度。开展专项督导检查，逐一下发问题清单，对问题严重的医疗机构开展“回头看”督查，督促问题整改到位。三是深化“平安医院”创建工作。建立医患纠纷排查化解机制，推行医疗纠纷第三方调解，妥善处置医疗纠纷和信访维稳工作，加强二级及以上医疗机构“三防、四室”（人防、物防、技防；警务室、投诉室、调解室、监控室）的建设。2016年，全市医疗纠纷人民调解成功率为89%，医疗事故鉴定55起，完成医疗技术鉴定63例。全年城区医疗机构共计投入医疗责任保险 977.506 万元。四是强化医疗护理队伍建设。每千人口执业（助理）医师达到 2.47 人，较 2015 年度提高 0.25 人/千人。持续推进行业作风建设，开展行风建设及商业贿赂综合治理工作情况督查，重点整治医药购销领域不正之风和纠正医疗服务中不合理检查、不合理用药、不合理用血、不合理治疗等不正之风。联合市总工会评选“优秀护士”40 名、“十佳护士”10 名，同时授予“十佳护士”衡阳市“五一劳动奖章”。评选“衡阳名医”19 名，安排专项资金，建立名医工作室。（赵　俊）

【信息规划工作】 出台《衡阳市”十三五”卫生计生事业发展规划》和《衡阳市区域卫生规划（2016—2020 年）》，2016 年争取到 9 个中央投资项目，总投资额 19448 万元，其中中央投资额达 10315 万元。大部分开工建设。（赵　俊）

【中医药工作】 争取中医药项目资金 847 万元，所有项目资金均严格实行专款专用，严格按照各项目的实施方案使用专项经费，无挪用现象。加强中医药特色优势建设，市中医医院中医类别执业医师占比、采用非药物中医技术治疗人次占医院门诊总人次的比例、中药处方比例、开展中医护理技术项目 4 个项目均达标。推进基层中医师承工作，有 20 名学术经验继承人员跟师学习。常宁市中医医院南詹正骨技术被列入省非物质文化遗产。（赵　俊）

【依法行政工作】 衡阳市卫生计生委党委中心组建立学法制度。制订《关于规范行政审批事项办事流程的通知》，明确即办件、一审一核件和承诺件的审批流程和办结时限，落实一个窗口进，一个窗口出的运行机制。全年完成行政审批事项 2627 件，做到“零投诉，零差错，零超时”。全面贯彻落实卫生计生法律法规。全面贯彻落实《传染病防治法》，免疫规划疫苗接种率以乡镇（街道）为单位均达到 90%以上，免疫规划针对性疾病控制在较低水平。贯彻落实《职业病防治法》《放射诊疗管理规定》等法律法规，开展职业与放射卫生工作全面调查摸底，下发食品安全风险监测工作实施计划及食源性疾病监测实施方案，食品安全风险监测点实现县级行政区域全覆盖，食源性疾病监测哨点医院达到 50 家，无漏报和上报不及时现象。（赵　俊）

【健康宣教工作】 出台《衡阳市卫生计生委新闻、信息上稿奖励办法》《衡阳市卫生计生委新闻宣传工作制度》《衡阳市卫生计生系统优化户外宣传环境实施方案》，7 月 14 日《中国人口报》头版头条刊登耒阳的《计生协会“强”带来计生家族受益“实”》，在省级以上媒体发表新闻稿件 128 件，开设第三类专题专栏 13 个。开展健康促进。与各县（市）区签订健康素养促进项目责任书，播放两部以上的健康教育公益广告，播放时间均达 3 个月以上，平均每月播放达 100 次以上；完善专家队伍，开展健康巡讲 126 场次，覆盖城乡居民 3.78 万人。常宁市第四人民医院戒烟门诊免费提供戒烟健康服务和一氧化氮检测，27 人戒烟成功。祁东县对 240 位居民开展健康素养监测调查和烟草流行监测调查问卷。落实衡阳市艾滋病健康教育“五个一工程”，坚持艾滋病健康教育宣传“常态化”；开展“你我共同参与，依法防控结核”主题系列防控结核病健康宣传活动；围绕“健康中国，职业健康先行”主题，开展《职业病防治法》宣传周活动；耒阳市相关对象燃煤型氟中毒知识知晓率达 90%。（赵　俊）

【综治维稳工作】 落实计划生育工作职责，加大对医疗卫生机构的监管力度，全市卫生系统全年没有发生计划外生育情况，按要求落实惩治“两非”案件的查处任务。落实安全生产责任制，下发《卫计系统安全生产大排查大整治工作方案》《卫计系统百日大整治工作方案》，制定完善《衡阳市卫计系统安全生产应急预案》，开展 4 次安全生产工作大检查，及时排查安全隐患。加强综治维稳工作，重点开展医疗纠纷处置和惩治涉医违法犯罪行动，有效处置各类医疗纠纷案件，全市医疗秩序良好，没有发生任何恶性群体性事件。（赵　俊）

【抓好工会、红十字会、健康保健、离退休人员管理及考试培训工作】 从严落实“职代会”制度，确保院务公开的质量。督促和指导市直各医疗卫单位能严格按照《湖南省职工代表大会条例》的要求，按程序、按规矩开好职代会，确保职工群众的知情权、参与权、监督权、决策权在阳光下运行，使依法决策、民主决策、科学决策落到实处。积极开展维权服务，以“保收入”为重点，继续做好《集体合同》和《女职工专项集体合同》签订和履约工作。开展岗位技能培训和职工技术创新活动，推进职工（劳模）创新工作室创建，5 人被评为市金牌医生（护士），享受市劳模待遇。市第一人民医院眼科主任陈恩亚被全国总工会授予“五一劳动奖章”。开展红十字博爱送万家活动，各级红十字会组织共筹集现金 131000 元、发放物资价值 107710 元（其中接收省红十字会物资价值 60710 元），共计 238710元，受益群众 2831 人。完成造血干细胞志愿者资料入库 289 人/份，8 人进入高分辨程序，4 人进入体检程序。完成 21 例人体器官捐献。为衡阳市 17 家医院争取到应急救助资金 192 万元。同时，在全省的疾病应急救助基金检查中，衡阳市应急救助基金管理工作获得一等奖。坚持以保健对象为中心抓好保健工作，根据“自主选择承检医院和就近就便”的原则，将全市 103 家 3061 名保健对象分别安排在南华附一医院、南华附二医院和市中心医院组织健康检查，督促 3 家体检医院严格按照《干部健康检查工作规范实施细则》的要求，加强体检工作的组织管理，共有 2846 名保健对象参加健康检查，参检率为 93%。带着感情做好离退休干部工作，做到“三个关心”：关心老干部生活、关心老干部身体健康、关心老干部学习，投资 4 万多元对老干活动中心进行改造，慰问生病住院离退休人员 20 人，困难帮扶慰问 15 人，家庭重大变故慰问 6 人，会同市老干局对委机关和市直医疗卫生单位 18 名在衡阳的离休干部开展“两学一做送上门”“夏季清凉送上门”“爱心敬老送上门”“政策宣传送上门”“问计衡阳送上门”为主题的“五上门”走访慰问活动，组织 89 名离退休人员参加健康体检；完成 6074 名护士资格考试、4312 名中初级专业技术资格考试及 2683 名医师执业资格考试工作。（赵　俊）

【常宁市举办第一届急救技能大赛】 2016 年 1 月，常宁市举办第一届急救技能大赛，此次技能大赛，常宁市卫生系统 36 个单位、229 名选手参加理论竞赛、心肺复苏、电除颤、气管插管、急救包扎和搬运等多项技能比武，共决出 90 个奖项。此次竞赛对常宁市急救队伍的专业素质进行检验和训练，促使医疗机构提高应急处理能力、保障医疗质量和安全。（李国为）

【祁东县做好“全面两孩政策”宣传引导工作】 祁东县卫计局抓住春节期间群众务工返乡团聚时机，突出为民服务这一主题，做好祁东县“全面两孩政策”的宣传引导工作，科学引导育龄群众适时生育、优生优育。一是认真做好卫生计生服务人员的学习培训工作。二是精准做好“准两孩”家庭的调查摸底跟踪服务。三是做好“二孩”政策的社会宣传引导。（李国为）

【石鼓区计划生育服务管理创新推出“五个一”工作法】 2016 年，石鼓区立足新起点，主动适应新常态，计划生育服务管理工作创新推出“五个一”工作法，即：一月一督查，一月一排名，一月一通报，一月一讲评，一月一整改。根据日常工作要求，每月制定督查计划，按督查项目进行打分，督查结束后，形成督查报告，通报各乡街（片区）工作完成情况、排名分类、整改时限及上月整改情况。通过督查发现工作问题，通过排名认清工作差距，通过通报发出工作警示，通过讲评交流工作经验，通过整改补齐工作短板，确保各项工作任务落实到位。（李国为）

【整顿医疗秩序】 2016 年 4 月，衡阳市卫生计生委在全市范围内开展整顿医疗秩序，惩治非法行医专项行动。一是严厉惩治无证行医行为。重点惩治未取得《医疗机构执业许可证》擅自开展诊疗活动的“黑诊所”“美容机构”“游医”“假医”“坐堂行医”，擅自变更执业地点的医疗机构，以及不具备相应资质从事医疗卫生技术工作的人员。二是严厉查处医疗机构违法执业行为。重点查处超出执业登记范围开展诊疗活动；出卖、转让、出借《医疗机构执业许可证》或者出租、承包科室；发布违法医疗广告；使用非卫生技术人员从事医疗卫生技术工作、使用卫生技术人员从事本专业以外诊疗活动的违法行为。查处逾期未校验《医疗机构执业许可证》仍从事诊疗活动的行为。三是核查辖区内取得《医疗机构执业许可证》的医疗美容机构和医疗机构内设医疗美容科室的名称、诊疗科目、医生、护士、设备、医疗美容项目等基本准入资质情况，对达不到基本标准条件或不具备相应资质的医疗美容机构或医疗机构内设医疗美容科室，予以严厉查处。四是严厉惩治从事生活美容服务的单位或个人开展医疗美容服务的违法行为。五是严厉查处以养生馆、健康体验中心或疾病研究机构为幌子非法开展医疗活动的行为。六是严厉查处非法义诊活动。重点查处以义诊名义非法行医、推销产品、诈骗钱财、欺骗群众的行为。七是依法查处违反《医疗广告管理办法》规定发布医疗广告的医疗机构。八是严厉惩治“医托”行骗等扰乱医疗机构正常医疗秩序的行为。对雇佣“医托”行骗的医疗机构和人员实行重点监管，配合公安机关对违法违规行为坚决从重从严处理。九是严肃查处非医学需要的胎儿性别鉴定和选择性别的人工终止妊娠行为。

（李国为）

【湖南省“红色记忆”义诊活动走进耒阳】 4月16日，湖南“红色记忆”义诊团队来到耒阳市开展义诊，140余位脑中风、偏瘫患者在家门口享受到来自北京各大医院专家教授的诊疗服务。此次义诊专家团队由来自解放军总医院、陆军总院等医院的正师职以上主任医师组成，他们都有一个特别的身份——红色后代。义诊活动后，专家们分头到耒阳市人民医院、中医院的神经内科进行查房，对一些重症病人或疑难病人病例现场会诊。（李国为）

【全市5852名高考学子完成体检】

4月18日，衡阳市中心医院完成对衡阳市高考考生的体检工作，来自市八中、市一中、市二中、市五中、市六中、衡钢中学、田家炳中学、市十九中学的5531名高三学生完成普检，321名报考军校的学生完成军检。此次体检历时11天。从城区高考学生的体检中发现，高三学生身体素质较往年有所提高，肝功能异常现象明显下降，谷丙转氨酶异常比率降至5%，体重超标学生明显减少。学生近视率达70%以上，尤其是重点中学近视比率达70%。

（李国为）

【国务院医改办肯定衡东县公立医院综合改革工作】 4月22日，国务院医改办考核复评组到衡东县考核复评2015年度公立医院综合改革工作。考核复评小组先后到衡东县卫生计生局、衡东县人民医院、衡东县中医院通过查阅文件资料、复核报表、问卷调查、与医院的管理者、医务人员和患者面对面交流等方式，全面了解该县公立医院综合改革进展、效果和推进过程取得的成效及存在的问题。衡东县公立医院综合改革自2015年4月启动试点以来，全面构建县、乡、村三级医疗服务体系，坚持公立医院公益性质，以破除“以药补医”为突破口，以完善补偿机制为核心，以缓解看病难看病贵为目标，统筹推进采购、定价、补偿、监管机制和人事分配、医保支付制度等多方面改革，取得较好成效。

（李国为）

【衡东大浦中心卫生院被评为全国“群众满意的乡镇卫生院”】

2016年，衡东县大浦镇中心卫生院被国家卫生计生委评为首批全国“群众满意的乡镇卫生院”。大浦中心卫生院始建于1968年，地处衡东县南大门，位于衡东、衡山、衡南、衡阳、南岳四县一区交界之地，全镇39个行政村，1个居民委员会，服务人口近7万。大浦中心卫生院建筑面积8000平方米，新建有5层的住院楼、消毒供应中心、中医馆。有干部职工103人，其中专业技术人员85人，设有内科、外科、儿科、妇产科、五官科、骨伤科、检验科、放射科、药剂科等十几个临床及医技科室。年门诊2万余人次，年住院5千余人次，年业务收入900余万元。（李国为）

【衡阳市召开灭蚊灭蝇达标活动动员会】 4月26日，衡阳市召开灭蚊灭蝇达标活动动员会，明确病媒生物预防控制的方法、措施和实施步骤，要求做到街不漏片、片不漏户、户不漏室、单位不漏外环境，确保灭蚊灭蝇达到国家C级标准。此次达标活动，衡阳市政府出台《衡阳市开展灭蚊灭蝇达标活动实施方案》，明确本次灭蚊灭蝇工作的控制范围和重点是雁峰区、石鼓区、珠晖区、蒸湘区、市高新技术产业开发区、松木经济开发区、白沙洲工业园所辖行政区域。重点单位和区域如下：池塘、河道、溪流等大中小各类水体；各类建筑物的阳台、雨棚、屋顶排水沿沟等容易积水的部位；轮胎、废品、陶瓷存放等容易积水的特殊场所；餐饮行业、粮站粮库、食品加工厂、窗口单位、建筑工地、集贸市场等病媒生物活动频繁单位及区域，尤其是老居民区、城中村、城郊镇郊结合部等；果皮箱、垃圾中转站、垃圾填埋场、公共厕所等重点部位；排水排污管网，综合管线沟等。在8月中旬前，组织专业PCO公司于春秋两季统一开展药物灭杀工作，其余时间根据病媒生物密度不同，开展常年灭杀工作。（李国为）

【出生缺陷防治向新模式转变】 4月27日，衡阳市委、市政府召开全市出生缺陷防治工作推进会，会议提出出生缺陷防治要向新模式转变实现“逢怀孕必检查、逢分娩必诊断、逢缺陷必报送、逢风险必干预”防治机制的创新。（唐　玮）

【蒸湘街道开展基本公共卫生均等化服务活动】 2016年，蒸湘街道计生办、计生协会与蒸湘区妇幼保健院在太平二社区开展“关爱女性，乐享人生”为主题的基本公共卫生免费体检和健康讲座活动。此次体检为辖区内的女性居民（包括流入的育龄妇女）有针对性的进行妇科内诊检查、白带常规检查、超声检查及宫颈检查等免费检查。区妇幼保健院的医生向前来检查的已婚育龄妇女讲解女性生殖系统疾病的特点、症状、危害和预防等方面的知识，使她们对自己的身体状况有更深的了解，以做到有病早发现、早治疗。对患有疾病的女性，医生当场给出合理的治疗建议。（唐　玮）

【珠晖区“生育关怀”行动表彰先进】 5月31日上午，珠晖区计生协会、珠晖区卫计局、珠晖区民政局、珠晖区教文体局联合举办以“实施全面两孩政策，促进人口均衡发展”为主题的大型宣传服务活动，集中服务活动现场对工作特别突出的12个优秀基层计划生育协会、10名先进工作者、18名优秀会员予以表彰，对计生贫困家庭、流动人口贫困家庭、计生低保家庭、计生贫困教师等各类计划生育家庭共300户进行慰问，发放慰问金15万元，并赠送“计划生育家庭意外险”3万元。“5·29”计生协会活动期间，珠晖区开展不同形式的生育关怀活动，全区关怀计生家庭450多户，发放慰问金25万余元，送出“计划生育家庭意外险”5万余元。2016年，珠晖区所有乡级单位推广实施“计划生育特别扶助家庭关爱中心”项目。（唐　玮）

【国家卫计委确定耒阳市西元村为流动人口服务国家试点】 6月23日上午，国家卫计委流动人口服务中心副主任（主持工作）肖子华一行来到衡阳市，调研耒阳市基层流动人口流入和流出情况。经调研后，确定耒阳市余庆街道办事处西元村为流动人口流出管理国家试点。（唐　玮）

【衡阳市妇幼保健院通过三级甲等复核评审】 6月29日下午，省卫计委副主任易露茜在衡阳市妇幼保健院三级甲等复核评审反馈会现场宣布，衡阳市妇幼保健院以936.25的高分通过复核评审。衡阳市妇幼保健院此次复评审核是湖南省5家地市级三甲妇幼卫生保健医疗机构的首家。衡阳妇幼保健院自2012年成功创建三级甲等妇幼卫生保健医疗机构以来，全市孕产妇死亡率下降16.41/10万，2015年为10.30/10万，为历史最低；开展创建儿童保健合格县等项目工作，使5岁以下儿童死亡率和新生儿死亡率由2012年的10.81‰和4.37‰，下降到2015年的6.90‰和2.83‰；实行全市产前筛查免费项目，2015年产前筛查率为74.48%，超过省定60%目标任务值；剖宫产率由2012年的63.67%下降到2015年的42%。（唐　玮）

【衡阳市卫计系统查处一起套取农合资金案】 2016年6月以来，市第一精神病医院医疗保险管理科工作人员利用职务之便，伙同该院设备科工作人员，多次采取更改患者门诊发票姓名、加盖医院医保农合公章、伪造农村合作医疗门诊补偿表等方法，套取农合资金2075元并进行私分。7月，市卫生计生委纪检监察室联合市第一精神病医院纪检组对此套取农合资金案进行查处。（唐　玮）

【衡阳市提高计划生育特别扶助金标准】　2016年，衡阳市人民政府办公室印发《关于提高我市计划生育家庭特别扶助费标准的通知》，提高计划生育家庭特别扶助金标准。这是衡阳市在2012年提高特别扶助金标准的基础上，再一次提高扶助标准。衡阳市政府决定，将从2017年起提高计划生育特别扶助标准。独生子女死亡家庭特别扶助标准提高到每人每月540元，独生子女伤残家庭特别扶助标准提高到每人每月470元。计划生育家庭特别扶助标准提高所需资金，由市、县财政按照相关规定分别纳入年度财政预算。坚持和完善计划生育家庭特别扶助制度资格确认、资金管理、资金发放与监督评估“四权分离”的运行机制，确保按照提高后的标准将扶助金及时、足额发放到计划生育家庭特别扶助对象手中，确保政策执行的公平公正。

（唐　玮）

【城市公立医院改革全面启动】

10月1日，衡阳市全面启动城市公立医院综合改革试点工作，实行药品（中药饮片除外）零差率销售，并执行新的医疗服务价格。此次全市城市公立医院综合改革试点的对象是南华大学所属附属医院、市直和4个城区及南岳区所属共25所政府举办的公立医院，解放军第169医院自愿参加。改革的重点主要是破除公立医院逐利机制，注重体制机制创新，构建布局合理、分工协作的医疗服务体系和分级诊疗就医格局。城市公立医院将取消药品加成政策，所有药品（中药饮片除外）实行零差率销售，医院补偿由服务收费、药品加成收入和政府补助三个渠道改为服务收费和政府补助两个渠道。合理提高诊查、护理、床位、治疗、手术、中医类以及组织病理学检查与诊断等医疗服务项目价格，降低药品价格，降低医用耗材加价差率、降低CT、核磁共振等大型医用设备检查价格。（唐　玮）

【举行中医中药湖南行衡阳站活动】　10月13日上午，2016年“中国梦·文明心”中医中药湖南行衡阳站活动暨“共建文明拥抱健康”大型公益活动启动仪式在衡阳市神龙大酒店、莲湖广场同步举行。在启动仪式现场，常宁市中医医院在现场展示该院所获得的湖南省第一批中医药专长绝技项目；国家中医药管理局健康巡讲专家、省中医附一院治未病中心主任李定文教授作《健康养生快乐一生》的主题讲座。来自省中医附一、南华大学附属附一医院、南华大学附属第二医院、南华大学附属南华医院和市中医医院、市中心医院、市第一人民医院、市妇幼保健院等8家医疗机构的20名中医药专家为市民进行现场义诊，市疾控中心现场发放健康宣传资料和小礼品。

（唐　玮）

【珠晖区创建省级慢性病综合防控示范区】　2016年，省卫生计生委专家组来到衡阳市珠晖区，对慢性病综合防控工作进行一系列调研和现场评审，最终认定珠晖区创建省级慢性病综合防控示范区成功，填补衡阳市多年来无慢病示范区的空白。（唐　玮）

【衡钢职工医院正式移交至市中医院】　12月30日，衡阳市中医医院举行衡阳钢管（集团）有限公司职工医院（简称衡钢医院）移交至衡阳市中医院的签约仪式，标志着衡钢职工医院整体移交至市中医院正式启动。衡钢医院以及衡钢医院承办的衡钢社区卫生服务中心，按现状、成建制、整体移交给市中医院后，将其更名为“衡阳市中医医院南院”，成为衡阳市中医医院南院区，与衡阳市中医医院本部人、财、物进行统一管理。（唐　玮）

社会福利与社会保障

责任编辑：熊　雯

人力资源和社会保障

【概况】 2016年，衡阳市人社系统以“365”计划为统领，重点加大创业就业力度，全市新增城镇就业6.52万人，新增创业主体2.43万个；提高社会保障水平，全市五大社会保险参保总量突破1300万人次，达到1366万。全年征缴基金突破110亿元，达到115亿元；发放待遇近150亿元；加快人才队伍建设、规范人事制度管理。完成县以下机关公务员职务与职级并行制度改革、中小学教师职称改革等各项改革。坚持“四考合一”，公务员招录、事业单位公开招聘、“三支一扶”、机关事业单位工勤技能岗位等级考试等各类人事考试有章有序进行。在人才管理上，打造“阳光安置”，一次性完成165名军转干部安置任务，开展首届享受衡阳市政府特殊津贴人员资格审查工作。人才信息库各类人才信息数据总量达到11645人。构建和谐劳动关系，已建工会企业工资集体协商建制率达到92%；全市调解仲裁各类人事劳动争议案件4700多起，结案率达到97.9%；为4281名劳动者追回工资及押金3253万元。 （陈跃英）

【助力社会经济发展】 下调企业养老保险、失业保险、工伤保险及生育保险缴费费率；为75家改制国企争取社保挂账2.88亿元；享受养老保险费率过渡试点的企业达到80家，每年为企业减负超过2亿元；发放小额担保贷款超4亿元，发放额居全省第一；协助企业招工近10万人次；2016年向上争取转移支付资金63.46亿元，较2015年增长50%；编纂《人社政策一本通》，首版四万本免费发放给全市企事业单位及办事群众；精准扶贫取得阶段性成效，联点村常宁市西岭镇石山村提前达成三年脱贫目标。 （陈 洁）

【就业创业】 一是就业方面。全市新增城镇就业6.52万人，失业人员再就业3.41万人，就业困难对象再就业1.07万人，新增农村劳动力转移就业6.53万人。二是创业方面。新增创业主体2.43万个，创业带动就业4.61万人。实施“雁归兴衡”计划，全市建成各级各类创业孵化基地254家，进驻小微企业4000家，吸纳10万人就业，26家单位或个人获得省级创新创业称号。三是失业预防方面。城镇登记失业率3.77%，始终控制在4.5%以内，为企业发放稳岗补贴1200万元。 （陈 洁）

【社会保障】 全市五大社会保险参保总量突破1300万人次，达到1366万；2016年征缴基金突破110亿元，达到115亿元；发放待遇近150亿元，这三项数据均为历年新高；养老保险覆盖率首次突破90%，达到92.9%，全面完成城乡医疗保险制度整合，三项基本医疗保险参保率达到99.8%；机关事业单位养老保险改革顺利落地，新系统全面上线；被征地农民累计参保突破8万人，与农业银行合作推出“农民养老贷”；社保卡持卡人数突破400万，达到420万，占全市总人数超50%。 （陈 洁）

【人事管理】 一是制度改革。县以下机关公务员职务与职级并行制度改革、中小学教师职称改革等各项改革均已完成。二是组织考试。坚持“四考合一”，公务员招录、事业单位公开招聘、“三支一扶”、机关事业单位工勤技能岗位等级考试等各类人事考试实现有章、有序、有口碑。三是人才管理。打造“阳光安置”，一次性完成165名军转干部安置任务。开展首届享受衡阳市政府特殊津贴人员资格审查工作。人才信息库各类人才信息数据总量达到11645人。 （陈 洁）

【劳动关系】 已建工会企业工资集体协商建制率达到92%；全市调解仲裁各类人事劳动争议案件4700多起，结案率达到97.9%；开展劳动监察，为4281名劳动者追回工资及押金3253万元。 （陈 洁）

【2016年全市人社工作会议召开】 2月18日，2016年全市人社工作会议召开。会议全面总结衡阳市“十二五”期间的人社工作成绩，部署2016年工作要点。市委常委、常务副市长段志刚出席会议并讲话。“十二五”期间，全市城镇就业总量达160万人，新增城镇就业35万人、农村劳动力转移就业32万人，城镇登记失业率控制在4 %左右，成功创建省级创

业型城市。全市五大险种参保总量达到810.86万人次，累计征缴基金228.63亿元，发放待遇支出306.11亿元；各项社保待遇不断上调，企业职工连续五年上调养老金，人均由“十一五”期末的1109元/月增长到1773元/月，增幅60%。全市专业技术人才达9.5万人，高技能人才达4.5万人。建立面向城乡劳动者各个技能等级的技工教育培训体系，累计发放职业资格证书17.2万人次，执行国省引智项目80个，引进外国专家560人次。实行“四考合一”，5年来累计招录公务员2400名，完成人事考试20万人次，接收安置军转干部620名；事业单位公开招聘制度、聘用制度、岗位管理制度基本实现全覆盖，出台《紧缺型创新型人才引进办法》，改革职称评审机制。推行集体合同和集体协商制度，已建工会集体协商企业建制率达到93%，5年来全市共处理争议案件2万余件，结案率达97.4%，累计查处各类违法案件6222件，追发劳动者工资等待遇4.2亿元，督促补缴社会保险费6582万元。段志刚肯定全市人社系统为实现全市经济平稳发展、社会大局和谐稳定、民生极大改善做出的贡献。他要求，全市人社系统和各单位，要强化组织领导，凝聚工作合力；坚持统筹推进，狠抓工作落实；牢牢守住基金安全、考录安全、信息安全、队伍安全这四条底线，彰显人社形象。市委常委、组织部部长、统战部部长何录春主持会议并讲话，市人大常委会副主任王旭明、市政协副主席李平出席。

（左轩丞）

【衡阳市2016年“春风行动”启动】 2016年2月18日，衡阳市2016年“春风行动”活动月启动仪式暨大型现场招聘会，在莲湖广场举行。市委常委、常务副市长段志刚出席活动并讲话，与求职者和用人单位亲切交谈。活动启动当天共有218家企业。提供涵盖金融保险、教育培训、建筑建材、餐饮服务、房地产、加工制造等行业的21050个就业岗位；招聘现场有10453人进场求职，达成就业意向2327人。市人社局的医疗保险、养老保险、劳动就业等部门及雁峰区、石鼓区、珠晖区、蒸湘区人社局搭建咨询平台，在现场为广大求职者提供政策咨询、岗位信息、法律维权等服务，发放“春风行动卡”、《外出务工人员维权手册》等宣传资料7000余份。（左轩丞）

民政工作

【概况】 2016年，衡阳市民政局完成年度各项工作目标任务，民政工作整体提升。农村低保兜底脱贫和养老服务业的经验做法在全省推介，殡葬改革和信访工作在全国民政系统培训班上作经验交流，防灾减灾救灾工作在全省防灾减灾工作会议上作经验发言。市民政局获评全省民政工作先进单位，安全生产、综合治理、信访维稳、提案办理等多项工作在全市评为先进。（李　湘）

【社会保障兜底脱贫工作】 2016年，衡阳市被确定为全省社会保障兜底脱贫对象认定唯一市级试点单位。2016年，全市重新认定农村低保对象8.2万户15.4万人，清退率达45%。其中兜底脱贫对象0.87万户1.96万人，全部纳入建档立卡扶贫范围，建档立卡率100%。农村低保兜底脱贫“衡阳经验”经验在全省推介。

（李　湘）

【社会救助工作】 一是城乡低保。2016年，全市月均保障城市低保对象为5.4万户、9.23万人，占全市非农业人口的5.2%，累计发放低保金3.33亿元，月人均救助水平300.7元，与2015年相比，增长8.8%；月均保障农村低保对象为11.9万户、21.3万人，占全市农业人口的3.4%，累计发放农村低保金3.58亿元，月人均救助140.87元，与2015年相比，增长18.2%。二是五保供养。8—9月，开展特困供养人员认定和生活自理能力评估工作，精准认定农村特困供养人员3.56万人（原有农村五保对象5.2万人），占农村人口的0.6%。2016年全市月均供养农村五保对象40568人，累计发放农村五保供养资金1.48亿元。分散供养水平3200元/人/年，同比增长15.5%；集中供养水平6250元/人/年，同比增长3%。三是城乡医疗救助。2016年，全年共资助352675人参加新农合和城镇居民基本医疗保险，对5261人次进行重大疾病医疗救助，累计发放医疗救助金1307.6万元。四是临时救助。2016年，全市共对

6.37万户家庭开展临时救助，共发放临时救助资金7826.2万元。

（李 湘）

【防灾减灾救灾】 2016年，本市比2015年提前12天进入汛期，连续多轮遭受暴雨风雹等灾害的袭击，全市累计受灾达到113.1324万人次。灾情发生后，市领导多次亲临救灾一线指导救灾工作，及时妥善安置和救助灾民，确保灾区社会稳定。2016年，全市共下拨救灾资金5400多万元，紧急转移安置31232人次，紧急生活救助13173人次，切实保障受灾群众的基本生活。全市共创建省级综合减灾示范社区12个，其中创全国示范社区7个，开展“5·12”防灾减灾日等主题宣传活动，全方位营造浓厚的防灾减灾氛围。 （李 湘）

【社会组织管理】 一是社会组织管理。稳妥推进直接登记，对行业协会商会类、科技类、公益慈善类和城乡社区服务类四类社会组织实行直接登记。推动社会组织统一社会信用代码制度改革，实行市社会组织统一社会信用代码“三证合一”。二是行业协会商会与行政机关脱钩改革。推进行业协会商会与行政机关脱钩改革，按照与行政机关联系紧密、资金量较雄厚、行业性较明显、与省、市试点安排同步的原则，筛选确定首批试点名单，全市共有173个行业协会商会开展第一批试点。第一批试点173家行业协会商会与行政机关脱钩工作于2016年9月底前全部完成，占应脱钩总数的45.96%。三是社会组织综合监管。扎实做好社会组织年度检查工作，市本级应参加年检的445个社会组织中有61个未参加年检，年检率86%，市本级依法撤销39个社会组织，所属12县市区社会组织年检率85.2%。四是加强社会组织培育。全市建成13个社会组织孵化基地，入驻社会组织70家，并给入驻社会组织3万元的公益创投项目资金资助，促使社会组织快速、规范发展。

（李 湘）

【双拥优抚安置军休】 2016年，开展“双拥在基层”、纪念红军长征胜利80周年系列活动，推动军民深度融合发展。全面落实各项双拥优抚安置政策，实现医疗保障待遇、伤残评定、义务兵家庭优待金等方面的“百分之百落实”。做好退役士兵安置工作改革，实现2016年安置任务和历年安置遗留任务两个100%到位。2016年，全市共接收退役士兵3053名，其中自主就业退役士兵2629人，符合政府安排工作对象424名。开展退役士兵职业教育和技能培训工作，培训2015年退役士兵2193人，占退役人数的71%，其中短期培训2088人，学历教育105人。培训的合格率、推荐就业率分别在99%、90%以上。开展“双带双促”活动，建设“退役军人之家”示范点26个。落实军休人员两项待遇，举办军休人员运动会，繁荣军休文化。

（李 湘）

【乡镇区划调整改革工作】 围绕省定的“并乡镇37个、合村2286个以上”的目标任务，按照“优化结构、合理布局、规模适度、有利发展”的原则，科学务实、依法依规、发扬民主、稳妥有序地抓好合乡并村工作。乡镇合并于2015年11月在全省率先得到省政府批准，获得省民政厅批复后，全市继续保持高质量、快速度的工作状态推进建制村合并工作，在2016年3月底全面完成。合并建制村2574个，减幅52.7%，均超额完成省定任务，超出省里下达任务数288个。

（李 湘）

【基层社会治理】 一是村（居）民自治。城镇居委会依法自治达标率为97.11%，农村村委会依法自治达标率为96.14%。基层民主参选率98.41%。二是社区“两化两体系”建设。2016年，市委书记周农调研社区工作，为社区发展把关定向，市长周海兵明确要求“两化两体系”与“三清三建”捆绑推进。副市长陈竞多次调度社区用房建设。加紧落实房源，采取市级领导联点、市直多部门督办、城区协调落实等多项措施，多途径解决社区用房房源，截至2016年12月底，中心城区社区用房已全部落实房源。加大资金投入，四城区累计投入资金约1.2亿元，保证社区用房建设的资金需求。继续安排每个社区10万元/年的惠民项目资金。加大社区运转经费投入，2016年财政预算达到40万元/年，实现“三连涨”。

（李 湘）

【社会福利及老龄事业】 一是推进养老服务政策创制。市政府出台《关于加快发展养老服务业的实施意见》，推出安排财政专项预算资金支持养老服务业发展、土地供应、减免税费等方面的政策举措。会同市财政局、市人社局制定《衡阳市城区养老服务财政补助实施办法》。二是加快医养融合发展。全力支持市中心医院养老中心打造旗舰标杆项目。建成首家医养融合养老服务机构——蒸湘区新阳社区老年人服务中心，率先在建国里、船山路等社区探索开展医养一体化服务，推动医疗养老等公共服务进社区、进家庭。三是发展社区居家养老服务。中心城区全面启动试点建设工作，2016年完成40个社区老年人服务中心建设。四是全面落实老年人优惠政策，全市高龄补贴政策得到全面落实，1.5万余老年人享受高龄补贴，近25万城市和近郊老年人享受免费公交。基本养老服务补贴覆盖率99.6%。五是加强农村留守儿童、残疾人等工作。探索建立农村留守儿童关爱保护制度，为全市10万多名农村留守儿童全部建立个人台账资料。为4179名孤儿按照集中供养1000元/月和散居600元/月的标准发放生活费。启动残疾人“两项补贴”，为13万多名对象发放“两项补贴”资金4900多万元。

（李　湘）

【慈善事业】 2016年，以《中华人民共和国慈善法》出台为契机，普及和宣传慈善法，开展以“慈善一日捐”为重点的慈善募捐活动，2016年市本级募集慈善款物1400多万元，创衡阳市历史新高。重点推出“关爱军人困难家庭”“特困家庭大病医疗”“暖心工程·关爱失独家庭”等重点慈善救助项目，得到社会各界的好评。全市福彩销售突破5亿元大关。

（李　湘）

【殡葬改革】 巩固提升殡葬改革成果，在全省率先规范殡葬运输车辆管理和医院太平间统一管理，落实惠民殡葬政策，组织开展纪念老一辈革命家签名倡导遗体火化60周年活动，启动3个殡仪馆、1个县级公益性骨灰安放设施的建设。衡阳市殡仪馆获“全国殡葬管理先进单位”。规范殡葬运输车辆管理，实现医院太平间统一管理，从源头上控制违规殡葬行为。落实惠民殡葬政策，推进加快殡葬基础设施建设，满足公众殡葬服务需求。 （李　湘）

【社会事务】 （1）婚姻登记。严格按照《婚姻登记管理条例》要求，规范登记程序。全市共办理结婚登记50702对，离婚登记13156对。没有出现一例违规操作现象。（2）救助管理。对生活无着的流浪、乞讨人员实施救助，保障其基本生活权益，2016年，共救助流浪乞讨人员27142人次，其中未成年人1505人次。开展“寒冬送温暖”“夏季送清凉”专项救助行动，开展“接送流浪孩子回家”和“帮助流浪孩子回校园”活动。（3）加强地名公共服务。全年完成1条市级界线和5条县级界线的界线联检工作。编制市本级和各县市区行政区划图，规范地名规划管理，出台《衡阳市城市地名专项规划（2015—2020）》。继续开展第二次全国地名普查工作，完成地名普查外包服务招标工作。 （李　湘）

【社工队伍和志愿服务】 2016年，出台《关于推进社会救助领域社会工作服务的实施办法》《关于加强和创新社区社会组织培育发展的通知》等政策文件。开展“国际社工日”主题宣传周活动，在市级主流媒体开辟专栏连续7天刊文宣传社会工作，提高社会工作的认知度和普及度。加强社会工作者职业考试报考工作，全年报考1137人，通过人数204人，报考率和通过率连续两年排名全省第二。截至2016年，全市共有持证社会工作者407人。

（李　湘）

【福利机构消防安全专项整治】 加强民政福利机构安全管理。特别注重民政福利机构的安全发展，在全省首创由市政府与各县市区政府签订民政福利机构消防安全责任状，多次召开专题会议研究民政福利机构消防安全问题，协调相关部门办理福利机构消防审批等手续。市民政、消防两家对全市各类民政福利机构开展8次专项治理督查，及时将消防安全隐患整治到位。 （李　湘）

【全市民政工作会议召开】 2016年2月26日，全市民政工作会议召开，学习传达全国、全省民政工作会议和全市经济工作会议精神，总结2015年全市民政工作，安排部署2016年工作任务。2015年，全市民政系统围绕建成小康衡阳目标，坚持“民政民生、一心为民”的理念，服务和保障发展大局，全面深化民政领域改革，完成各项民生指标，全市民政事业转型发展取得成效。乡镇区划调整改革、社区建设、双拥创建、殡葬改革、社会组织登记改革等多项工作创造“衡阳经验”，成为全省亮点。市民政局被评为“全省民政工作先进单位”，老龄、信访、福彩、新闻宣传等单项工作获评全省先进。会议强调，2016年各级民政系统要重点抓好区划调整改革、养老服务发展、精准救助体系、救灾应急能力、社区建设、涉军保障、社会组织、普惠福利建设、社会事务管理、福彩事业发展等10项重点任务，深化民政领域改革、加快民政法治进程、突出民政文化培育、加强民政队伍建设、优化民政发展环境，全面完成全年各项目标任务，确保“十三五”民政事业取得良好开局。局党委副书记、副局长冯国旺主持会议，宣读《关于表彰2015年度民政重点工作综合评估和目标管理绩效考核先进单位的通报》，各县市区民政局局长、办公室主任，园区民政办主任，局属单位党政主要负责人，市局机关全体干部职工等130余人参加会议。（陈跃英）

【全省脑瘫孤儿康复工作座谈会召开】 2016年1月7日上午，“全省脑瘫孤儿康复工作座谈会”在衡阳市福利院办公楼四楼“儿童之家”会议室召开。省民政厅收养管理服务中心主任蔡畅主持会议，中心相关科室领导、长沙、株洲、邵阳、岳阳、常德福利院、康复医院代表及本院院长江丽君、副院长王振华、医疗康复中心主任蒋蓝天参加会议，省儿童医院、市妇幼保健院专家应邀出席。会议要求各地儿童福利机构今后工作除做好传统养育服务工作外，要用好国家专项经费做好脑瘫孤儿康复工作，以促进儿童身心全面发展。会议就脑瘫孤儿康复工作如何开展、专业人才的培养、标准化建设、社会工作人才和社会慈善组织如何介入提供帮助，以及如何改变观念，争取政府更多支持等方面展开激烈讨论。

（刘　罡）

【全市福彩工作会议召开】 2016年3月29日，衡阳市福彩中心召开2016年度全市福彩工作会议，会议由市民政局副局长李福顺主持，市民政局党委书记、局长周小风、市财政局综合科科长王秋林出席会议，市福彩中心主任胡建设、市财政局综合科副科长李彦云、各县市区民政局局长、分管副局长和福彩销售管理站站长、以及全市福彩工作人员参加会议。会议重点分析衡阳市2015年福彩市场形势，总结2015年福彩工作情况，安排部署2016年福彩工作。会上，对全市福彩工作先进单位、先进个人进行表彰通报。祁东、衡阳、衡南三个先进单位作典型发言。最后，会议肯定衡阳市福彩在经济下行、负面舆情、市场竞争激烈等多种矛盾和压力下所取得的成绩，2015年销售4.80亿元，同比增长11.3%，销量排位较2014年前移三位，跻身全省前五。（刘　罡）

【全省专项社会事务工作会议召开】 2016年5月6日，2016年全省专项社会事务工作会议在衡阳召开，会议就湖南省的殡葬改革事业发展、流浪乞讨人员救助、婚姻登记服务规范化建设等社会事务工作进行经验交流。省民政厅副厅长陈慈英出席会议并讲话，对衡阳市殡葬改革等社会事务工作予以肯定。全省各市州民政部门与会人员实地考察衡阳殡仪馆、珠晖区婚姻登记处、衡阳县救助管理站等处。（刘　罡）

【《衡阳市城市地名专项规划（2015—2020）》公告实施】 《衡阳市城市地名专项规划（2015—2020）》（以下简称《地名规划》）经市政府批准，于2016年9月23日在《衡阳日报》上公告实施。《地名规划》的编制坚持“尊重历史、照顾现实、相对稳定、科学合理、内涵确切、好找好记”的总原则，各项工作扎实推进，涉及中心城区道路375条。其中，主次干道81条、支路和巷294条，另有桥梁5座、公园和广场54个。（刘　罡）

【烈士陵园举行公祭烈士活动】 2016年9月30日，衡阳市在市烈士陵园举行烈士纪念日公祭活动。市政府副秘书长颜东程、市民政局领导班子成员及市消防支队党委成员等出席活动。上午8点

30分，民政系统干部职工、消防支队官兵、军队离退休干部、烈属、参战人员、伤残军人和学生代表等300余人组成5个方阵来到市烈士陵园纪念广场参加公祭活动。（刘　罡）

【2016年衡阳市最新城乡低保标准提高】　2016年6月30日前，衡阳市城市低保标准为城区（含南岳区）和耒阳市为370元每人每月，其他县市区为330元每人每月。农村低保标准为城区（含南岳区）和耒阳市为185元每人每月，其他县市区为165元每人每月。从2017年7月1日开始，经市政府常务会议研究，对全市城乡低保标准进行提高，城市低保标准提高到420元每月、农村低保标准提高到220元每月。

（刘　罡）

衡阳市第四届道德模范名单

一、助人为乐道德模范

李金林　男，53岁，水口山有色金属集团第四冶炼厂维修工

魏文彦　男，35岁，衡南县向阳镇彭祠小学教师

二、见义勇为道德模范

罗学云　男，64岁，原衡山县师古乡人大主任

温琦华　女，28岁，耒阳市蔡子池街道居民

三、诚实守信道德模范

邹平祥　男，59岁，衡阳县曲兰镇前进村村民

夏良糙　男，48岁，上海申宝泵业有限公司驻衡阳办事处业务员

四、敬业奉献道德模范

刘玲琍　女，43岁，衡阳市特殊教育学校教师

阳晓丽　女，46岁，蒸湘区红湘街道联合新村社区党支部书记

五、孝老爱亲道德模范

聂东元　女，73岁，珠晖区冶金街道居民

李伟娥　女，65岁，衡山县江东乡江东村村民

衡阳市第四届道德模范提名奖名单

一、助人为乐道德模范提名奖

王继斌　男，35岁，衡阳县船山助学志愿者协会会长

李梅英　女，68岁，南岳区南岳镇樟树桥村村民

二、见义勇为道德模范提名奖

王若军　男，44岁，衡南县车江镇居民

侯　建　男，18岁，南华大学环境保护与安全工程学院学生

三、诚实守信道德模范提名奖

肖志洪　男，44岁，衡山县印象衡山餐饮连锁店负责人

谭小龙　男，60岁，耒阳市全友家私总经理

四、敬业奉献道德模范提名奖

申洪涛　男，43岁，衡南县人民医院医生

张宏伟　男，45岁，空军航空兵95183部队副参谋长

五、孝老爱亲道德模范提名奖

唐莲秀　女，34岁，石鼓区青山街道居民

雷建勋　男，64岁，常宁市新河镇中华村村民

衡阳市“身边雷锋·衡阳好人”名单

邓松华　男，31岁，衡阳市公安局交警支队宣教科干警

全周崔　女，32岁，南华大学附一医院神经内科护士

朱志辉　男，46岁，湖南水口山志辉冶化有限责任公司总经理

汤小奇　男，59岁，衡东县大浦镇堰桥村党支部书记

许中辉　男，45岁，衡阳市卫生计生综合监督执法局副局长

杨元建　男，40岁，耒阳供电公司公平供电所主任

杨英秀　女，63岁，石鼓区松木管理处乡村医生

周　艳　女，48岁，衡南县江口镇大岭学校教师

罗正中　男，46岁，衡山县公安局店门派出所副所长

曾艳云　女，37岁，祁东县玉合街道居民

衡阳市"身边雷锋·衡阳好人"提名奖名单

王兴亮　男，68岁，衡阳市一华电脑外语培训学校董事长

刘　义　男，36岁，市高新技术产业开发区华兴街道居民

刘洋美　女，11岁，耒阳市金杯小学五年级学生

许　逸　女，41岁，蒸湘区环卫局副局长

何少芬　女，54岁，衡阳市中心医院产科主管护师

何文兵　男，39岁，衡东县公安消防大队大队长

何光明　男，52岁，蒸湘区雨母山镇临江村村民

宋太华　男，65岁，衡阳县检察院退休干部

李品丽　女，39岁，常宁市东湖村小学教师

曹　星　女，19岁，衡山县开云镇山田村村民

（刘　罡）

残疾人事业

【残疾人康复救助】　一是康复项目工作。2016年，省定本市"贫困残疾儿童抢救性康复"项目任务500名，项目入训805名，完成742名，完成148.4%，其中入训脑瘫434名、智障儿童240名、孤独症儿童118名、为13名聋儿植入人工耳蜗。为贫困残疾人进行辅助器具适配1399件，超额完成全市规定的1000件任务，为市绩效考核任务的140%。二是其他康复救助。2016年，完成白内障复明500例、聋儿语训50名、适配成人助听器50例、贫困肢体残疾人假肢装配200例。投入经费26.30元，发放辅助器具1339件，服务残疾人1162人次，行程3500千米。三是社区康复培训。规范和建设残疾人康复机构9家，培训社区康复协调员50名，各项指标在省残联绩效考核中居全省前列。　（肖恒兵）

【残疾人教育就业】　一是开展托养救助工程。全市新增和规范集中托养机构24家，全年实施阳光家园居家托养服务2455名残疾人（指标数1500名）。二是开展精准扶贫工作。2016年，全市残疾人扶贫任务1500名，全市各级各部门广泛发动党员干部职工及社会各界爱心人士与残疾人结对子、结穷亲，结对帮扶3200余人次，慰问残疾人5800余人次。开展"联村帮扶"活动，市残联成立联村帮扶工作队，7次进驻衡南县谭子山镇大田村进行现场办公，4次就残疾人扶贫项目进行座谈，签订帮扶协议9户，建立大田村残疾人康复服务站，帮助大田村56名残疾人购买意外伤害保险，12月下旬对该村10名贫困户进行慰问，每人送慰问金400元和一床棉被。开展"连千村帮万户"活动，组织在职17名党员干部与衡阳县建坪村18户残疾人结成帮扶对子，筹集各方资金60万余元，在全市农村建立首个村级残疾人综合服务中心，对建坪村16户贫困残疾人家庭进行走访慰问，慰问资金28000元。争取各方支持，为城区1.39万残疾人购买每人20元的意外伤害保险，最高理赔金额可达3万元，弥补残疾人在受到意外伤害时医保报销的不足。三是开展残疾人就业培训。2016年，完成残疾人实用技术和职业技能培训2556名（指标数1500名），完成170%。为25名盲人开展保健按摩及特色手法从业培训，完成SYB（残疾人创业）培训人数30名、IYB（残疾人创业）培训人数60名、电子商务培训人数20名、电子及手机维修培训人数30名、手工编织培训人数30名、订单式定岗培训人数60名、托养机构技能培训人数60名，培训后的残疾人就业率达75%。成立全市首家残疾人心理咨询室后，为200余人次残疾人提供心理辅导和心理咨询服务。全面推进残疾人就业和按比例安排残疾人就业工作，全年新增残疾人就业100人，按比例安排残疾人308人，分散就业（推荐）25人，与珠晖区残联共同举办残疾人就业专场招聘会，联系各类企业27家提供用工岗位85个，参加招聘的130多名残疾人中有63名达成就业意向。2016年，全市各县市区已建扶贫基地25家、就业基地13家，共有860余名残疾人受益。四是开展残疾人教育救助。2016年，市残联共为市、县特校解决学前班、培智班教育经费88.9万元，协调市特校为残疾儿童开设2个学前班，为47名智障、听障儿童提供学前教育。衡阳县特校开设1个学前班，为15名智障、听障儿童提供学前教育。蒸湘区启迪培智

学校是一所民办学前教育机构，为27名残疾儿童提供学前教育服务。开展“扶残助学”活动，解决小学、初中、高中的残疾人学生或贫困残疾人子女读书困难，通过特困救助的方式解决3860多人次，救助资金342.8万元。对省特教中专2015级、2016级60人衡阳籍学生进行慰问，慰问现金6万元及发放26000元的学习用品。做好高中阶段残疾学生和高中阶段贫困残疾人家庭子女资助工作，2016年，全市上线录取残疾人大学生64人，其中研究生5人、本科22人、专科37人。贫困残疾家庭子女大学生96人，其中研究生15人、本科25人、专科56人。新注册的高中阶段残疾学生116名、高中阶段贫困残疾人家庭子女189名，市县两级资助经费全部按政策落实到位。

（肖恒兵）

【丰富残疾人文体生活】 一是发展残疾人体育事业，推进全民健身运动，做好省第十届残运会筹备等工作，组织开展残疾人运动员选拔工作。2016年，共选拔残疾人运动员115名，并确定66名符合最低参赛标准的备选运动员进行集中试训。二是做好残疾人事业宣传。2016年，市残联本级共发表各类报道408篇。三是组织参加各类文化活动。2016年，参加2014—2015年度湖南省残疾人事业好新闻评选，获得1个二等奖和2个三等奖。参加第四届全省残疾人文化周活动，推选作品43篇参加比赛，衡阳市残联宣文部获组织奖，书法作品获1个一等奖、3个三等奖、1个优秀奖，绘画作品获1个二等奖、3个优秀奖，手工艺作品获1个二等奖、2个三等奖。参加第二届全省残疾少年儿童及特校艺术老师基本功比赛，衡阳代表队教师组获一等奖，小学组获一等奖2名、二等奖3名，中学组获一等奖1名、三等奖3名。参加第三期全省基层残联、特校文艺专干培训班和全省第一届“活力、健康、自强、快乐”主题文化活动。第五届“帮好人万里行”大型公益活动在衡阳慰问因见义勇为致残的廖桂英现金10000元。

（肖恒兵）

【残疾人信访维权】 一是“12345”政府服务热线各项指标达标。指定专人负责衡阳市12345政府服务热线工单受理，全年受理案件数25件，及时签收25件，办理25件。二是为残疾人提供法律援助。市残联为残疾人提供司法救助，2013年4月与市中级人民法院、市人民检察院等九部门联合成立衡阳市残疾人法律救助工作领导小组及办公室，不断加强法律维权，为残疾人开展维权工作。申请省级残疾人法律救助工作站，南岳区、衡南县、衡阳县和常宁市已成功申报省级残疾人法律救助工作站。2016年12月成功开通“12385”残疾人服务热线，为残疾人提供更加便捷的服务。三是为残疾人提供优质信访服务。2016年，市残联县处级领导干部到市政府接访1起，处理得力。按期结办和回复上级交办的信访案件1起。全年接待残疾人1600余人次，比2015年同期下降近40%，其中业务咨询35起、涉法涉诉10起、生活困难及医疗救助12起，临时救助270余人，共发放残疾人救助金8000余元。完成贫困残疾人家庭无障碍改造280户，为5139名肢体残疾人发放机动燃油补贴133万6141元。举办全市“残联系统无障碍知识竞赛”，参加全省残联系统无障碍知识竞赛获得二等奖。

（肖恒兵）

【组织建设】 组织建设工作实现新突破，衡阳市残联机关支部被市直机关工委确定为全市机关党建首批示范点之一。一是残疾人组织网络日益健全。2016年，全市残疾人总数约为46.64万，占总人口比例6.39%。全市持证残疾人总数16.73万，其中持证一、二重度残疾人数8.66万，占办证数比例51.76%。全市217个乡镇（街道）成立残联，4891个行政村、571个社区基本建立残协。全市成立65个残疾人专门协会。二是残疾人组织工作有成效。2016年，完成机关支部换届选举。抓党员进社区活动，全会在职23名党员全部按时到祥云社区党支部报到，自觉接受社区党支部的领导，参加和支援社区支部的建设，全体党员人均参加社区支部活动6次以上。按时完成2016年全市残疾人基本服务状况和需求信息动态更新工作，对全市164527例办证残疾人开展调查，调查率达到96.6%。完成残疾人证办理情况督查，2016年11月，省残疾督查组对本市衡东县和珠晖区残疾人证办理情况进行实地督查，给予现场表扬。指导协会开展活动，2016 年 8 月，在全国第七次肢残人节日来临之际，指导市肢残协会组织近 30 名肢体残疾人开展“体验无障碍、实现融合梦”的主题活动。2016 年 10 月，在第 33 届国际盲人节到来之际，指导市盲人协会组织市城区盲人按摩店老板代表及陪护共计 30 余人开展衡阳市盲人培训交流会。2016 年 11 月，指导市智力残疾人及亲友协会组织残联系统相关工作人员和部分智力残疾人及陪护 36 人在南湖公园开展“牵着蜗牛去散步”活动。三是残疾人综合素质有效提升。2016 年，参加上级业务知识培训 21 人次，2 人参加省、市党校学习。组织市残疾人工作者骨干 53 人参加为期七天的“浙江大学——残联领导干部综合素质绩效提升培训班”。组织机关中层以上干部 17 名参加衡阳市干部教育在线自学，人均学时居全市第 2 名。组织全会在编 28 名干部职工参加法宣在线考试，通过率 100%。四是残疾人志愿组织活动丰富。2016 年，开展“春节慰问”活动，为全市残疾人送去慰问金和慰问品 15 万元，为 12 名困难党员和残疾人干部职工送去慰问金 7200 元。开展“双联帮困”活动，为市商业大夏困难职工送去慰问金 72000 元。承办市政协“三助”活动暨澳大利亚魏基成天籁列车慈善活动助听器捐赠活动，接受捐赠助听器 1 万台，价值 2000 万元，使上万听障障碍人士恢复听障功能。开展衡阳市“百万贫困家庭无障碍助残工程”，三年累计完成 1055 户贫困残疾家庭无障碍改造任务。开展“创建全国文明城市”各项活动，制作户外文明广告画 3 幅，滚动播放文明用语 12 条，参加交通劝导活动 420 人次、“包路段”活动 512 人次，在全市第一个完成文明城市创建网上资料审报工作，审报材料作为样榜材料被创建办推荐给其他单位学习。开展“3·5”学雷锋志愿服务、第 26 次“全国助残日”、上门送辅助器具活动、下乡植树活动等。（肖恒兵）

【衡阳市首家残疾人支持性就业实训基地挂牌运营】 2016 年 3 月 17 日，衡阳市首家残疾人支持性就业实训基地——慧家爱心超市正式挂牌运营。市残联副理事长曾冬华、副理事长张桂生，教就科科长李涛，蒸湘区残联理事长李伯利参加挂牌仪式。（黄　成）

【市残联第五届主席团第四次会议暨残疾人工作会议召开】 2016 年 4 月 27 日上午，衡阳市残联召开第五届主席团第四次会议暨 2016 年全市残疾人工作会议。副市长、主席团主席陈竞和市政协副主席李平出席会议并讲话。市残联副理事长曾东华代表执行理事会作工作报告。会议由市政府办副主任周湘晖主持。会议传达学习省残联第六届主席团第四次会议暨 2016 年全省残联工作会议精神。通过关于增补及调整市残联第五届主席团副主席、委员的决议。总结回顾 2015 年和“十二五”期间主要工作并对“十三五”期间和 2016 年全市残疾人工作进行全面部署。宣读衡阳市残工委表彰通报，获奖单位常宁市和珠晖区残联主要负责人在会上作先进经验介绍。各县市区政府向市政府递交工作责任状。最后，市政府副市长、市残联主席团主席、市人民政府残疾人工作委员会主任陈竞肯定市残联 2015 年及“十二五”期间取得的成绩，对 2016 年和“十三五”期间的工作指出具体要求，他指出：要深化认识，切实增强做好残疾人工作的责任感；突出重点，加快推进残疾人全面小康进程；凝聚合力，不断推动全市残疾人事业再上新台阶。市残联全体主席团委员，各县市区分管残疾人工作的副县市区长、残联理事长、残联办公室主任，有关康复托养机构负责人、媒体记者，市残联全体工作人员 120 余人参加会议，会议聘请市特教学校教师蒋旭峰对全程作手语翻译。（黄　成）

【2016 年就业援助月残疾人专场招聘会】 2016 年 3 月 30 日，衡阳市残联与珠晖区残联、珠晖区人力资源和社会保障局共同在珠晖区人力资源市场举办 2016 年衡阳市残疾人就业招聘会。招聘会由市残联党组成员、副理事长张桂生主持，市残联党组成员、副理事长曾东华参加招聘会。市、区残联广泛发动宣传，上门了解情况，入户登记就业需求，确保广大残疾人了解本次活动。招聘会现场设立政策、法律、心理等咨询台，由业务骨干对残疾人在就业政策、创业培训、法律法规

等方面的问题进行现场答疑解惑，并发放各类宣传手册及资料300余份。招聘会现场提供“裕华化工、香江百货、人人乐超市”等27家各类企业的85个用工岗位，共有130多名残疾人参与招聘，63名残疾人现场达成就业意向。

（黄　成）

红十字会救助

【社会救助】　一是开展红十字博爱送万家活动。在2016年“红十字博爱送万家”活动中，衡阳市各级红十字会组织共筹集现金131000元、发放物资价值107710元（其中接收省红十字会物资价值60710元），共计238710元，受益群众达到2831人。红十字会于2016年元旦期间对寒门学子、重症病人、五保户等困难群体进行慰问；还对陈佳佳和陈武等器官捐献者家属进行慰问，送去现金、衣物及食用油价值5000余元；购买手套、衣物等慰问品价值3000元，组织红十字小志愿者走上街头为劳作的环卫工人送去温暖和关怀；清理全市的募捐箱善款并自筹34000余元用于慰问，对全市困难人群进行专门走访慰问，送去食用油、大米、衣物、棉被等过年物资并发放慰问金。石鼓区红十字会给13名困难职工、28名困难党员及10名特困户送去价值3万余元的慰问物资和慰问金。衡南县红十字会组织对白血病患者、低保户、残疾人家庭等困难群体41户进行慰问，送去慰问金75000余元，大米和食用油价值7000余元。耒阳市红十字会结合“双联”“三联三促”“精准扶贫”等为民工作，筹措慰问物资价值20000余元，自筹资金5000元，走访蔡子池办事处太胜村、大和圩乡茂泉村及莲花村、小水镇敬老院及李家村和小圩村、永济镇柏马村、南阳镇金星村、太平圩乡山碧村以及供销联社企业等特困户、下岗特困职工、孤寡老人以及“生育关怀”对象，受益户数170户，受益人口逾500人。雁峰区红十字会举办“同心爱心超市”，把爱心团体和志愿者服务结合起来，为贫困学子、孤寡老人、因病致贫的特困家庭人员进行“一帮一”和“多对一”的服务。二是做好红十字博爱周纪念宣传活动。5月8日是第69个世界红十字日，主题是“处处为人人”，市红十字会开展一系列主题宣传活动。8号上午，市红十字会组织志愿者前往衡阳市福利院，看望和慰问那里的小朋友，并送去油、米、纸尿裤、足浴盆、卷纸、儿童服装、蛋糕（志愿者捐赠物资）等慰问品价值16000余元。各县市区红十字会也开展形式多样的活动来纪念世界红十字日。蒸湘区红十字会组织区红十字医院、区妇幼保健院开展进社区免费送药活动为群众讲解合理用药常识、发放健康手册，当天接待就诊群众300人次，发放药品200余份。衡阳县红十字会组织医务志愿者开展送医送药、现场义诊活动。雁峰区红十字会组织对区内患病贫困老人进行慰问，给10名患病贫困老人每人500元的慰问帮扶。南岳区红十字会联合区卫计局等12家单位、30余名志愿者在牌坊广场联合开展世界红十字日博爱周活动，开展应急救护演示、专家义诊服务、“三献”咨询、爱心募捐等一系列宣传活动，同时还发动区直各单位、学校、银行、宾馆、旅行社、药店等50多个单位利用LED显示屏广泛宣传红十字宣传标语。南岳区对3户地中海贫血症患者、单亲贫困母亲走访慰问，送发慰问金7000多元，让她们感受到红十字会的关爱。此次活动共发放宣传资料20000余份，义诊500人次，发放药品价值10000余元，发放慰问款物价值30000余元，在《衡阳晚报》上刊登心肺复苏及固定包扎小知识，制作应急救护主题宣传片在衡阳电视台等6家主流媒体循环播放。

（涂闻卿）

【灾难救助】　2016年4月，衡阳市多地大雨，造成部分乡镇房屋倒塌。市红十字会会向省红十字会报灾争取物资，同时组织受灾县市区红十字会第一时间开展灾害救援救助工作。衡阳县红十字会组织群众募捐，向在外工作企业家发出倡议，支持家乡建设，募集资金300万元，并将资金全部用于修路建校和帮助贫困学生。祁东县红十字会在本地遭遇水灾和山崩后，向河洲、乌江、凤歧坪、城连墟等乡镇发放棉被、草席、家庭包、衣服、大米等救济物资价值4万元，受益人口逾456人。南岳区红十字会多次深入红星、烧田、岳东等受水灾的村、社区，送去24件物品的家庭生活应急救助包。市红十字会还将来自爱心人士的10万元善款用于慰问衡阳县曲兰镇两户因水灾导致房屋倒塌、生活困难的家庭，助其早日摆脱困境。（涂闻卿）

【生命关爱工程】 一是开展无偿献血和造血干细胞捐献宣传工作。通过举办讲座、大型宣传活动，让大家对无偿献血和造血干细胞的步骤有初步的了解。利用重要宣传活动日，开展无偿献血和造血干细胞捐献的相关知识的科普和宣传。2016年共完成造血干细胞志愿者资料入库289人/份，8人进入高分辨程序，4人进入体检程序。二是推动人体器官捐献工作。坚持开展宣传普及工作，在报纸、网站等媒体上进行宣传普及，提高广大市民对遗体和人体器官捐献知识的知晓率和认同率。8月，组建恒雁器官捐献志愿者团队作为衡阳市红十字会下专门开展器官捐献宣传工作的志愿服务队，定期开展业务培训，将宣传工作常态化、专业化。做好器官捐献完成后捐献者家庭及家属的慰问和关怀工作，对两户困难器捐者家属杨炎芝、陈佳佳进行回访慰问，为杨炎芝联系爱尔眼科医院，为其免费检查白内障及做手术，并安排志愿者定期看望杨奶奶，为腿脚不便的爷爷送去轮椅。同时，全程陪同捐献者家属前往长沙凤凰山陵园进行安葬和缅怀。3月29日上午，市红十字会工作人员陪同4个捐献家庭家属在凤凰山陵园举行清明祭扫活动，为长眠于此的器官捐献者献上花圈与鲜花。2016年，全市成功完成22例人体器官捐献。三是开展防治艾滋病宣传工作。12月1日，本会联合市疾控中心，组织来自第一人民医院、第三人民医院、中心医院、市妇联等10余家团体会员单位的100余名志愿者在衡阳火车站前坪广场进行以“携手抗艾、重在防艾”为主题的大型防艾宣传活动。通过展出图片、发放宣传册和安全套、专家义诊，现场接受群众咨询等方式向市民宣传艾滋病防治知识，倡导健康生活方式。活动当天累计发放宣传资料20000余份，安全套10000余个，设立宣传展板30余块，悬挂横幅20余条，接受群众咨询300余次。（涂闻卿）

【业务工作】 一是应急救护培训工作。2016年，市红十字会进学校进社区进企业开展普及应急救护培训，培训人员近63300人。上半年对全市的幼儿园园长、生活老师、校医进行救护员培训，并于7—9月对全市消防官兵开展大规模的初级救护员培训工作，全年累计为衡阳市幼儿教育系统、消防官兵、企业一线员工培训红十字初级救护员800余名。全年开展应急演练两期，发放应急救护宣传品、宣传手册1万份，出宣传展板20余块，横幅20条，完成亲子救护培训16300人。南岳区红十字会与祝融街道社区卫生服务中心、老年大学联合开展应急救护知识讲座，并联合区有线电视台等单位，突出心肺复苏等意外伤害的紧急处置与救护，在南岳电视台和游客服务中心室外LED屏开辟专栏，同步陆续播放“红十字救在身边”系列应急救护科普知识宣传片。珠晖区红十字会工作人员在和平小区、前进里、服务里等社区为居民讲授基本应急救护等红十字防灾避险常识。祁东县红十字会通过ETL电视媒体，在各街道人流聚集地和学校里连续半个月每天三次播放《应急现象救护培训》视频，取得很好的社会反响。二是红十字青少年工作。为白血病患儿提交基金申请书，并将小天使基金彩票公益项目资助告知书发送至22名白血病患儿家长的手中，患儿家庭获得3万元左右的救助金，共计70万元。3月24日，“红扶贫——少儿教育帮扶工程”项目启动仪式暨“智慧树”业务培训会议在衡阳召开，来自全市各县市区申请资助的81家幼儿园负责人参加首批业务培训，市红会共为333家幼儿园提交申请使用“智慧树”幼教云平台系统。祁东县红十字会组织开展“小书包，大爱心”活动，在全县7个乡镇，12所小学开展送书包活动，共送小书包550多个，帮助贫困儿童解决实际困难。（涂闻卿）

【人道救助】 一是疾病应急救助基金管理工作。落实“三无”病人和其他无支付能力急救病人的医疗救助工作。3月和11月，本会组织医院专家及财政局领导前往各申报医院现场审核资料。2016年，为衡阳市17家医院争取到应急救助资金192万元。同时，在全省的疾病应急救助基金检查中，衡阳市应急救助基金管理工作获得一等奖。二是扩大筹资渠道，拓宽救助人群。2016年，全市完成人体器官捐献22例，市红十字会从南华附二募集善款68万元，全部用于慰问器官捐献者家属。中秋节前夕，市红十字会对6个特别贫困的器官捐献家庭，为他们送去牛奶、月饼、水果及慰问金，累计价值3000余元。同时对捐献过的家庭定期进行回访和慰问。5月以来，市红十字会对全市2011年以来的近50个器官捐献者家庭进行回访活动。对41户家庭进行电话回访，并前往9户困难家庭实地走访调查和慰问。衡阳县红十字会与湘中医院合作，在全县城乡开展大型义诊、免费治疗白内障患者的公益复明活动，参加义诊群众13000余人，诊断白内障患者4300人，接受免费治疗370余人，接受爱心企业捐赠医疗费10万余元，全部用于公益复明患者。（涂闻卿）

县市区概况

责任编辑：曾士青

衡南县

【地理、区划与人口】 衡南县位于衡阳市东南部，因地处南岳衡山之南而得其名。东界安仁县，南连耒阳、常宁市，西邻祁东县，北抵衡阳、衡山、衡东县，并从东南西三面环抱衡阳市城区。县城位于距衡阳市城区 18 千米的云集镇。全县辖 21 个镇 1 个乡，下设 72 个居委会、375 个村委会。总面积 2621.1 平方千米，其中陆地 2378.6 平方千米，占 90%；水域 242.5 平方千米，占 10%。

2016 年年末全县户籍总人口 110.77 万人，34.38 万户；常住人口 97.14 万人，城镇人口 38.04 万人，农村人口 59.1 万人，城镇化率达 39.2%。人口出生率 10.88‰，死亡率 5.41‰，人口自然增长率 5.47‰，出生人口性别比为 111.4。年内气温日平均 18.8℃，极端最高气温 41℃，出现在 7 月 31 日，极端最低气温 -4.3℃，出现在 1 月 25 日。全年总降水量为 1335.5 毫米。

【经济总量】 全年完成生产总值（GDP）315.69 亿元，增长 7.7%。其中第一产业实现增加值 71.53 亿元，增长 3.3%；第二产业实现增加值 136.04 亿元，增长 7.4%，第三产业实现增加值 108.12 亿元，增长 11.1%。按常住人口计算，人均生产总值（现价）32365 元，增长 9.8%。三次产业结构比为 22.7∶43.1∶34.2，第三产业比重提高 1.1%。第一、二、三次产业对经济增长的贡献率分别为 9.7%、42.6% 和 47.7%，其中，工业增加值对经济增长的贡献率为 31.7%；工业增加值占生产总值（GDP）的比重为 32.9%，下降 1.1%。规模以上服务业实现营业收入 6.32 亿元，增长 30.7%。

【农业】 全县完成农业总产值 115.95 亿元，增长 3.4%，全县实有耕地面积 70.33 千公顷，其中水田 65.62 千公顷，旱地 4.71 千公顷；全年完成粮食播种面积 108.89 千公顷，其中谷物种植面积 101.15 千公顷，油料种植面积 42.78 千公顷，棉花种植面积 4.9 千公顷，烟叶种植面积 1.8 千公顷。

粮食总产量达 59.5 万吨，减少 1.5%；油料产量达 7.05 万吨，增长 0.1%；棉花产量达 0.69 万吨，增长 4.5%；烟叶产量达 0.45 万吨，增长 9.8%；瓜果总产量 11.11 万吨，增长 4.4%；肉类产量达 15.01 万吨，增长 0.8%，其中：禽肉产量 2.89 万吨；水产品产量 6.16 万吨；生猪存栏 98.43 万头，减少 4.1%，其中：能繁母猪 10.32 万头，减少 4.4%；生猪出栏 162.53 万头，减少 0.9%；家禽存笼 1195.78 万羽，增长 0.5%；家禽出笼 1928.89 万羽，增加 0.1%。

全县完成造林面积 3.54 千公顷，其中荒地造林面积 2.13 千公顷，实有封山育林面积 3 千公顷。新增农民专业合作社 246 家，累计达 1133 家。

【工业】 全县完成规模以上工业总产值 103.85 亿元，规模以上工业实现增加值 45.86 亿元，增长 8.0%；其中铅产量 1.3 万吨，减少 23.5%。；水泥 170.8 万吨，减少 8.5%；饲料 22.3 万吨，增长 19.3%；电子元件 0.3 亿只，减少 50.0%；钨精矿 1346.4 吨，增长 0.7%。在规模以上工业中，非公有制企业增加值完成 40.36 亿元，占全部规模以上工业增加值的比重 88.0%。园区工业增加值占规模以上工业增加值的比重为 59.6%，提高 2.2%。

【固定资产投资】 全县固定资产投资完成 219.68 亿元，增长 18.4%。其中，民间投资 137.03 亿元，下降 5.7%。分经济类型看，国有投资 80.54 亿元，增长 99.9%；非国有投资 139.14 亿元，下降 4.2%。

【招商引资】 全县共引进外资项目 47 个，到位外资 11850 万美元，增长 10.5%。引进内资项目 55 个，到位内资 28 亿元，增长 12.1%。实现外贸进出口总额 1936 万美元，下降 25.8%。

【建筑业】 全县建筑业完成总产值 121.16 亿元，增长 7.5%，完成增加值 32.19 亿元，增长 8.1%。房屋建筑施工面积 196.76 万平方米，增长 20.2%。房屋建筑竣工面积 20.39 万平方米，下降 40.5%。

【国内贸易与对外经济】 全县实现社会消费品零售总额 100.36 亿

元，增长11.8%。其中限额以上社会消费品零售总额完成6.17亿元，增长16.8%。

【运输、邮电与通信业】 全县交通运输、仓储及邮政业实现增加值21.06亿元，增长6.1%。公路客运量完成2216万人次，客运周转量58982万人千米，货运量497万吨，货运周转量21781万吨千米，增长11.0%。

全县共完成农村公路提质改造150千米，完成35条乡村道路安防工程155.3千米，完成示范公路建设100千米。

全县完成邮电业务总量42095万元，同比增长68.6%。其中邮政业务总量8225万元、电信业务总量4900万元、联通业务总量1.9亿元、移动业务总量9970万元。互联网宽带用户88567户，增长98.6%。

【财政、金融与保险业】 全县一般公共预算收入完成17.55亿元，增长6.0%。税收占一般公共预算收入的比重63.2%，下降1.7%。

全县金融业实现增加值3.87亿元，增长17.1%，金融机构各项存款余额230.37亿元，增长13.8%。金融机构各项贷款余额86.6亿元，增长25.6%。

全县各种保费收入完成21034万元，增长49.2%。各种保险赔付支出7743万元，下降25.2%。

【教育和科学技术】 全县共有中小学384所，共有在校学生150912人，增加27317人。其中普通高中在校学生19892人，增加560人，普通小学在校学生63955人，减少2233人。共有教师8259人，其中在编在岗教师8112人，增加329人。退休教师4325人，增加372人。

全县高新技术企业完成高新技术产业增加值34.78亿元，增长18.3%，占GDP比重为11.02%，提高1.8%。

【文化、卫生与体育事业】 全县拥有艺术表演团体18个（其中专业团体3个，业余团体15个），文化馆1个，公共图书馆2个，博物馆12个、纪念馆2个，省级非物质文化遗产项目保护目录3个，无线数据电视台1座，无线数据电视节目1套，有线数字电视用户达6万户。广播和电视综合覆盖率分别达到98%和98.5%。

全县综合医院2个，卫生机构拥有床位数3947张，卫生技术人员3226人，其中医师2022人，注册护士1204人。疾病预防控制机构1个，卫生技术人员10人。妇幼保健院1个，卫生技术人员92人。县乡两级新型农村合作医疗住院补偿率达81.78%，农村五保户对象在县乡级新农合定点医疗住院实行基本医疗费全免，国家基本药物制度落实率达100%。五保户县乡两级住院补偿率72.89%。

全县拥有各类健身队伍100余支，公共体育场地1458处，举办各类体育活动30余场次，全县运动员在参加各级比赛中，获得国家级金牌4枚，银牌4枚，铜牌1枚。省级金牌5枚、银牌6枚、铜牌5枚。

【旅游业】 全县累计接待游客151.74万人次，完成旅游总收入2.76亿元，分别增长28%和29%。

【人民生活与社会保障】 全县城镇居民人均可支配收入27841元，增长8.6%。农村居民人均可支配收入17581元，增长8.3%。

全县各项社会保险参保人数94.3万人次，其中：企业养老保险7.82万人、机关事业养老保险2.97万人、医疗保险（包括职工医保、居民医保、生育保险）18.45万人、工伤保险人数5.9万人、失业保险参保4.5万人、新型农村养老保险人数达54.6万人。城镇职工基本医疗保险、城镇居民基本医疗保险、生育保险、工伤保险赔付支出分别为10326万元、6232万元、293万元和1130万元。

全县城镇新增就业人数6735人、失业人员再就业3436人、就业困难对象再就业1043人、零就业家庭动态就业援助达100%、新增农村劳动力转移就业8513人。

全县共有1个福利中心、26个敬老院、5个村级“五保之家”，供养人数1697人。销售福利彩票3458万元，接收社会定向捐赠104.2万元，“慈善一日捐”活动共收到捐款104.5万元。全县城镇低保月均保障0.72万人，全年累计发放最低生活保障金2891万元，月人均补差280.6元；农村低保月均保障3.29万人，全年累计发放最低生活保障金

5974万元，月人均补差132.3元。全县共发放城乡医疗救助资金1461.3万元，住院救助0.58万人，资助参保参合4.47万人。

全县解决农村饮水不安全人数67.269万人，新增公共租赁住房1292套，完成农村危房改造1500户。

【资源、环境和安全生产】 全县全年城区空气质量优良天数270天，地表水质达标率100%，农村生活污水处理率71.2%。

全县城市建成区绿地面积1809.3公顷，城镇建成区绿化覆盖率34.1%，森林资源蓄积量增长率4.2%，森林覆盖率41.56%。

全县规模工业综合能源消费量11.04万吨标准煤，单位GDP能耗下降率4.89%。

全县亿元生产总值（GDP）生产安全事故死亡率0.0353人，交通事故死亡率0.1128人，火灾事故死亡率0。

【县城7条道路提质改造工程竣工】 2016年1月12日，县城第二批7条道路的提质改造基本完成。本次提质改造共投入资金3850万元，改造范围包括县城新塘路、雅园路、云峰路北段、云集大道东段、黄金路、公园南路、鸿业路等7条道路，共计10.5千米。改造重点为：路面基层处理，道路黑化，绿化提质，以及加固提升雨水口、检查井等市政设施。

【物流产业融合发展推介大会召开】 2016年2月3日，在县城云集举办以“整合融合，共兴共赢”为主题的物流产业融合发展推介大会。当天，还举行加盟企业与合作企业签约仪式和衡南物流产业发展高峰论坛。即将组建的衡南县物流集团总公司，将是一个集运输、物流地产、仓储、装卸、加工、整理、配送、信息处理、电子商务等多功能综合性零担物流平台。通过整合，衡南县物流集团总公司将成为现代化、专业化、信息化、国际化的中国物流企业巨头。

【宝盖入列全省100个特色旅游小镇】 2016年3月28日，《湖南省旅游业“十三五”发展规划纲要》出台。《规划》指出，未来5年内，湖南要建设100个特色旅游小镇，衡南县宝盖镇榜上有名。衡阳市共有衡山县萱洲镇，衡东县荣桓镇、白莲镇，衡南县宝盖镇，珠晖区茶山坳镇，常宁市庙前镇，南岳区南岳镇等7个乡镇入列全省100个特色旅游小镇。

【华融湘江银行衡南支行试营业】 3月30日，华融湘江银行衡南支行对外试营业。该行的入驻，是衡南县招商引资工作的一项重要成果，对该县完善金融体系，促进地方经济发展具有重要意义。华融湘江银行衡南支行座落于县城云集大道华融湘江银行办公楼（原交通局征稽所办公楼）。截至3月底，该行发放贷款5千万元，支持衡南县经济发展。

【三塘污水处理厂（PPP）项目正式签约】 3月31日，衡南县举行三塘镇污水处理厂（PPP）项目合作签约仪式。三塘镇污水处理厂项目于2014年启动，占地1.67公顷，总投资5231万元，建成投产后，日处理污水将达到1万吨，对保护湘江干流水质有重要意义。

【“一供一治”特许经营权按PPP模式推向市场】 5月30日下午，县委副书记、县长邹小敏主持召开县政府常务会，审议并原则通过全县“一供一治”特许经营PPP项目有关工作，决定将供水、污水处理经营性市政公用设施的建设和运营推向市场，采用PPP模式来改组改造现有公用存量资产。衡南县“一供一治”特许经营权按PPP模式，经营期限30年，在特许经营期30年合同期满后，将正常运营情况下的“一供一治”特许经营PPP项目中资产无偿、完好且能正常运转地移交给县政府或其指定机构。

【民办“衡云中学”落户云集】 2016年6月8日，衡南县引资兴办的“衡云中学”项目正式签约，这标志着湘南地区投资最大、功能最全的民办中学成功落户云集。衡云中学选址衡南县城云集，办学性质为民办学校，计划总投资10亿元，规划总占地面积23.33公顷，建筑面积20万平方米，办学规模为高中4500人、初中1800人、小学2700人，共计约9000人。

【衡南县颁发首批不动产权证书】 9月22日，衡南县举行不动产登记中心揭牌暨首证颁发仪式，6名不动产权利人分别从省、市、县领导手中接过首批不动产权证书，标志着该县不动产统一登记制度正式落地。县委副书记、代理县长李军出席仪式并揭牌。该县自启动不动产统一登记以来，完成机构整合、人员划转、资料移交、平台建设、流程再造、窗口改造等工作，县国土资源局设置12个不动产登记窗口。县领导邱清燕、梁国雄、王振国、周秋生等出席仪式。

【开通县城至南岳机场公交专线】 10月10日上午9时18分，衡南县城至南岳机场1路公交专线正式开通运行。南岳机场专线运行线路是在1路公交基础上延伸至南岳机场的一条新公交路线。该路线共投入4辆海格新能源大型空调客车，共计200万元，起讫地为县委党校至南岳机场，旨在实现县城城区与南岳机场、市区公交无缝对接，为百姓出行提供便利。

【衡南县11个村被列入全国乡村旅游扶贫重点村】 10月，国家旅游局官方网站发布由国家旅游局、国家发改委、国务院扶贫办等10多个部门和单位共同制定并印发的《乡村旅游扶贫工程行动方案》。该方案中显示，湖南省共有1978个村被列入全国乡村旅游扶贫重点村，其中衡南县松江镇的潇湘村、大洲村，江口镇的楠木村、三坪村、泉边村、袁家村、杨湖村，宝盖镇的双园村、连鱼村、良崇村、东华村等11个乡镇入选。

【土谷塘航电枢纽工程进入运营阶段】 10月25日，湘江土谷塘航电枢纽工程4#机组正式投产发电，标志着工程建设任务基本完成，全面进入运营管理阶段。电站4台机组全部实现并网发电，累计实现上网电量16712.79万千瓦时。土谷塘航电枢纽工程主要建筑物包括设计年通过能力为1420万吨千吨级的船闸一个，总装机容量9万千瓦、年发电量3.57亿千瓦时的电站一座，17孔泄水闸和跨湘江大桥一座。

【阿里巴巴“农村淘宝”项目落户衡南县】 11月23日，县政府正式与阿里巴巴农村淘宝项目签约。项目由政府与阿里巴巴集团共建，阿里提供平台、技术等服务，帮助和完善当地电子商务建设。通过搭建县、村两级服务网络，解决农村买卖难问题，实现“网货下乡”和“农产品进城”的双向流通功能。衡南县将建成农村淘宝县级服务中心1个、村级服务站50余个，培养本地优秀村淘合伙人，负责运营服务站点。乡村服务站点的服务项目包括网上代买代卖、便民服务及电商培训等。

【《中国姓氏起源考与历史名人》在衡南县首发】 由衡南籍作家胡秀华编撰的《中国姓氏起源考与历史名人》一书在湖南人民出版社出版。2016年12月13日，该书首发仪式在县国土资源局举办。县委常委、宣传部长黄科卫出席首发式。《中国姓氏起源考与历史名人》正文共分为三大篇：第一篇为当代最新100大姓氏与历史人物名录；第二篇为古今常见的360个姓氏与历史人物名录；第三编为中国历史上少数民族建立的国家政权及其民族、姓氏与代表人物名录。同时，该书附录编写有《中国历代纪元简表》，简表所列历史年代，上起传说中的远古三皇，下迄1949年10月1日中华人民共和国成立。简表共50余页，设计科学，查阅方便。

【川口独立工矿区改造搬迁安置工程开工】 2016年12月22日，川口独立工矿区改造搬迁安置工程项目开工建设。该项目首期工程总投资5000余万元，建设内容包括道路广场，安置房及附属工程建设，建设安置房7幢130套，建筑面积23010平方米，安置矿区居民400余人。

【南岳机场旅客吞吐量突破30万人次】 2016年12月26日，衡阳南岳机场通航两年来，机场旅客吞吐量突破30万人次，根据设计规划，南岳机场原本计划在2020年达到30万旅客吞吐量，2030年达到40万，通航两年时间吞吐量突破30万人次，创造省内支线机场发展速度第一的成绩。截至年底，南岳机场开通至北京、上海、张家界、西安、三亚、昆明、重庆、福州等8个城市的航班，基本形成“南北相联，东西贯通”的“米”字架航线网络。

【“银杏枕头”获得省级荣誉】 12月27日，从省旅博会上传来喜讯，由衡阳湘梦家纺公司选用衡南县宝盖银杏材料生产的“银杏枕头”，获得此次省旅博会旅游商品大赛铜奖。

【存在的主要问题】 一是受宏观经济形势严峻、结构调整等因素影响，地区生产总值、财政收入等主要经济指标虽然完成市定目标，但发展速度低于预期。二是工业园区、县城发展未取得根本突破，园区财税贡献率偏低、产业带动力不强的状况没有改变；县城人气不旺、吸引力不强的困局还未突破。三是农业、服务业转型升级有待加快，农业产业化、特色化、品牌化、市场化不够突出；服务业比重偏小、层次较低、带动力不强。四是财政收支矛盾仍然突出，税占比偏低，可用财力严重不足，保工资、保运转压力巨大。五是政务环境、亲商氛围有待改善。

县委、人大、政府、政协领导名录

中共衡南县委员会
书　记　杨洪峰
副书记　李　军　吴旭东
常　委　朱诗军　王振国
　　　　黄日荣　黄科卫
　　　　刘国荣　徐旭敏
　　　　倪美平
　　　　李桂花(女)
　　　　石　杰(挂职)

衡南县人大常委会
主　任　邱清燕(女)
副主任　邓中文(女)
　　　　贺育生　王　励
　　　　周向阳

衡南县人民政府
县　长　李　军
副县长　王振国
　　　　石　杰(挂职)
　　　　周秋生　张东成
　　　　蒋长富　蔡志刚
　　　　唐湘黔
　　　　谢　辉(女)

政协衡南县委员会
主　席　梁国雄
党　组副书记　倪美平
副主席　李小林　罗平石
　　　　谢　炜　王念华

县行政企事业单位负责人

组织部部长　刘国荣
纪委书记　朱诗军
县委办公室主任　李桂花(女)
政法委书记　黄日荣
宣传部部长　黄科卫
统战部部长　倪美平
武装部部长　徐旭敏
　　政委　周久虎
公安局局长　张东成
工商联主席　罗平石
党校校长　贺育生
总工会会长　邓中文(女)
人民检察院检察长　盛云平
人民法院院长　廖宏伟
衡南工业集中管理委员会主任　刘　峰
政府办公室主任　阳文吉
监察局局长　罗名勇
人大办公室主任　谭顺芝
政协办公室主任　王祥彬
纪委办公室主任　刘军辉
食品药品工商质量监督管理局　杨冬明
金融办主任　谢羽萍(女)
老干局局长　宁云忠
社科联主席　廖飞龙
侨联主席　邹玉灿
台办主任　欧雪梅(女)
档案局局长　贺晓林
党史办主任　肖　斌
政务服务中心主任　唐耀明
法制办主任　唐鸣春
电子政务管理办主任　黄红贵
司法局局长　罗友平
发展和改革局局长　邱清令
统计局局长　唐春辉
企业改制服务中心　陈春豫
交通投董事长　周四平
人力资源和社会保障局局长　邓河平
商务和粮食局局长　唐云秋
贸促会会长　肖力元
粮油服务中心主任　刘宏权
烟叶办主任　王新华
市场管理服务中心主任　唐小云
国有资产管理中心主任　肖建华
财政局局长　刘弟军
审计局局长　胡南云
供销社理事会主任　武英杰
农业局局长　贺全平
林业局局长　胡文电
水利局局长　唐代增
农机局局长　肖　华
畜牧水产局局长　胡良炜
农村经营服务中心主任　胡玉元
气象局局长　成少丽(女)
农业综合开发办公室主任　罗滨峰
民政局局长　黄小琼
残联理事长　唐月生
国土资源局局长　贺遵元
人民防空办公室主任　王旭华
地方志办公室主任　罗中汉
信访局局长　刘华军
移民局局长　贺　信

安全生产监督管理局局长　李文波
卫生和计划生育局局长　贺能君
红十字会会长　罗小玲(女)
人民医院院长　王孝诚
编办主任　颜明亮
团县委书记　刘　艳（女）
妇联主席　费明巧（女）
科协主席　刘启和
文体广电和新闻出版新局局长　阳祥云
广播电视台台长　刘传伟
文联主席　胡　素
交警大队大队长　符方华
消防大队大队长　曾高山
经济科技和信息化局局长　倪勇军
交通运输和旅游局局长　刘振国
公路局局长　谢秋生
教育局局长　祝小雪
住房保障和城乡建设局局长　杨松柏
城乡规划局局长　欧阳海鹏
环保局局长　段函江
城建投董事长　陆元华
城市管理和综合执法局局长　胡宏勇
国家统计局衡南调查队队长　唐代清
邮政局局长　罗琼金
邮政储蓄银行衡南支行行长　黄忠强
电信公司经理　赵　冰
移动通讯公司经理　詹伟平
联通公司经理　肖德众
电力局局长　刘　凯
石油公司经理　冯　翔
国税局局长　何　铭
地税局局长　王芳柏
烟草局局长　李柞衡
农业银行行长　廖晓煌
浦发村镇银行行长　吴　军
华融湘江银行衡南支行行长　江新文
农业发展银行行长　张向阳
农村商业银行行长　邹小平
建设银行衡南支行行长　陈　方
工商银行行长　吴小玲
人寿保险公司经理　周余庆
人寿财产保险公司经理　欧阳威
财保公司经理　谭光明
新华书店经理　颜丽华(女)
住房公积金管理中心主任　蒋宏武
市第五技校校长　全昌宏
一中校长　李绍斌
二中校长　贺朝晖(代)
三中校长　朱　斌
五中校长　罗战辉
教师进修学校校长　左国太
职业中专校长　邓红君
云集镇向阳片区服务中心党委书记　肖俊毅
主任　谢云成
廖田镇党书记　周金生
镇长　何小衡
茶市镇书记　罗惑敏
镇长　刘小坤
相市乡书记　肖恒会
乡长　刘向群
冠市镇副书记　谢华东
镇长　周　平
江口镇书记　杨宏辉
镇长　吕孝平
宝盖镇书记　廖维良
镇长　徐书明
花桥镇党委书记　陈新彬
镇长　邱清毅
花桥镇川口片区服务中心书记　颜忠红
主任　彭秋文
铁丝塘镇党委书记　何龙勇
镇长　胡文海
洪山镇党委书记　李乔生
镇长　罗诗华
泉溪镇书记　谢凌起
镇长　谢秋生
咸塘镇党委书记　阳晓宏
镇长　康国军
三塘镇书记　肖明旭
镇长　欧小江
谭子山镇书记　全昌华
镇长　唐　敏
泉湖镇书记　李春辉
镇长　阳小平
鸡笼镇书记　阳姣丽(女)
镇长　唐元诚
歧山办事处书记　曾凡琪
主任　贺桂香(女)
柞市镇书记　阳永生
镇长　李选军
茅市镇书记　罗文生
镇长　邱福全
硫市镇党委书记　肖威威
镇长　王芳喜
栗江镇书记　周小云
镇长　刘建武
近尾洲镇书记　颜小国
镇长　刘熙晴
云集镇车江片区服务中心书记　唐荣华
主任　吴少艳(女)
松江镇书记　汤爱民
镇长　孙志芳
云集镇书记　周新生
镇长　欧　剑

（撰稿人：胡英武　贺文君）

衡阳县

【区划与人口】　2016 年年末，全县共辖 8 个乡，17 个镇，

443个村民委员会，48个社区居委会。总面积2568平方千米，耕地面积69.67千公顷，年末全县户籍总人口125.68万人，增加9799人。全年出生人口16008人，人口出生率为12.85‰，上升0.38个千分点；死亡人口8196人，死亡率为6.58‰，下降0.09个千分点；人口自然增长率为6.27‰，提高0.47个千分点。出生人口性别比为108.2（以女性为100）。年内最高气温39.0℃，最低气温-1℃，年降水量1235.6毫米。

【经济总量】 2016年，全县实现生产总值317亿元，增长8.0%（按可比价格计算，下同）。分产业看，第一产业增加值69.3亿元，增长3.4%；第二产业增加值115.3亿元，增长6.7%；第三产业增加值132.4亿元，增长12.1%。第一、二、三产业对GDP增加贡献率分别为9.8%、31.1%和59.1%。按常住人口计算，人均GDP28606元，增长10.3%。三次产业结构调整为21.8∶36.4∶41.8。

【农业】 2016年，实现农林牧渔总产值121.23亿元，增长3.4%。全年粮食播种面积107.27千公顷，增长0.9%，其中稻谷播种面积95.66千公顷，增长1.0%。油料播种面积50.7千公顷，增长0.6%。棉花播种面积5.66千公顷，下降10.6%。全年粮食总产量63.23万吨，下降0.8%。其中，稻谷产量57.89万吨，下降1.6%；全年棉花产量7900吨，下降9.5%。水果总产量20.38万吨，增长3.19%。出栏肉猪170.1万头，下降2.3%；年末生猪存栏96.2万头，下降3.0%。出笼家禽2176万羽，增长1.9%。全年肉类总产量16.75万吨，下降0.7%。禽蛋产量4.29万吨，增长1.6%。水产品产量6.59万吨，增长3.2%。年末农田有效灌溉面积达32.93千公顷，节水灌溉面积213.33公顷。农业机械总动力达75.13万千瓦。获得“全国产油大县”称号，继续保持“全国粮食生产先进县”“全国生猪调出大县”地位。

【工业】 2016年，实现工业增加值106.8亿元，增长6.7%。规模以上工业实现增加值73.17亿元，增长7.4%。在规模以上工业总产值中，按经济类型看，股份合作企业增长9.8%，股份制企业下降8.5%，外商及港澳台商投资企业增长2.1%，其他经济类型企业增长4.2%。按轻重工业看，轻工业增长13.4%，重工业增长6.6%。工业用电量为4.56亿千瓦时，增长1.2%。规模以上工业企业实现利润总额18.67亿元，增长21.8%。其中，主营业务活动利润14.79亿元，增长23.7%。规模以上工业企业主营业务收入中的成本为149.9亿元，主营业务收入利润率为25.51%。实现全社会建筑业增加值8.46亿元，增长5.7%；实现全社会建筑业总产值32.32亿元，增长21.6%。

【固定资产投资与项目建设】 2016年，实现固定资产投资（不含农户）259.41亿元，增长19.7%。其中，第一产业投资40.48亿元，下降8.7%；第二产业投资75.1亿元，增长1.1%；第三产业投资143.84亿元，增长46.8%。在第二产业投资中，工业投资67.9亿元，下降8.6%。产业投资50.8亿元，占总投资比重为19.6%。全年房地产开发投资4.5亿元，下降46.01%，其中住宅投资下降50.9%。房屋新开工面积19.9万平方米，下降46.8%，其中住宅新开工面积14.02万平方米，下降50.01%。全县商品房销售面积37.03万平方米，增长20.5%，其中住宅销售面积35.4万平方米，增长15.51%。全县商品房销售额11.26亿元，增长53.5%，其中住宅销售额10.4亿元，增长42.78%。房地产开发企业土地购置面积1.19万平方米，下降80.63%。

【招商引资】 2016年，全县审批外资项目10个，减少16.7%；实现利用外资11000万美元，增长5.8%。全年引进内资项目59个，减少50.8%；实现利用内资65.08亿元，增长0.3%。

【建筑业】 2016年，实现全社会建筑业增加值8.46亿元，增长5.7%；实现全社会建筑业总产值32.32亿元，增长21.6%。

【国内贸易与对外经济】 2016年，实现社会消费品零售总额93.73亿元，增长11.8%。分地区看，城镇消费品零售额

77.8亿元，增长11.1%；乡村消费品零售额15.95亿元，增长15.1%。分行业看，餐饮收入9.1亿元，增长12.4%；商品零售68.01亿元，增长11.6%；批发业收入14.63亿元，增长12.2%；住宿业收入2.0亿元，增长10.3%。2016年，实现进出口贸易总额10007万美元，增长0.2%。其中，出口7806万美元，增长0.1%；进口2201万美元，增长0.5%。贸易顺差为5605万美元。

【运输、邮电与通信业】2016年，全年实现交通运输、仓储和邮政业增加值5.33亿元，增长2.2%。全社会货物周转量32.86亿吨千米。其中公路货物周转量32.82亿吨千米。全社会旅客周转量5.76亿人千米，增长65.99%。其中公路旅客周转量5.67亿人千米，增长67.26%。行政村客运（公交）班线通达率99.5%。全年邮电业务总量4.22亿元，增长16.8%。其中，邮政业务总量0.71亿元，增长19.3%；电信业务总量3.45亿元，增长14.59%。全年发行报刊187.1万份，杂志29.58万份，包件10.49万件，函件98.07万件；年末固定电话用户6.93万户，固定电话普及率为6.34户/百人；年末移动电话用户61.86万户，移动电话普及率为56.56户/百人；互联网宽带用户数37.23万户，普及率为34.04户/百人。

【财政、金融与保险业】2016年，全县实现财政总收入13.93亿元，增长8.6%。其中税收收入9.8亿元，增长6.7%。实现地方财政收入9.7亿元，增长7.0%；非税收入4.2亿元，增长15.0%。完成一般预算支出45.39亿元，增长4.8%。其中一般公共服务、教育、科学技术、社会保障和就业、医疗卫生与计划生育、节能环保、公共安全、城乡社区支出等分别增长41.2%、17.4%、-20.1%、18.6%、3.7%、-6.8%、11.4%、-14.2%。金融机构年末各项人民币存款余额316亿元，比年初增长14.4%，其中住户存款余额253.7亿元，比年初增长11.9%。年末各项贷款余额101.7亿元，比年初增长17.2%。贷存比为32.17%，比2015年提高0.79%。年末拥有各类保险机构13家，全年实现保险业务收入48688万元，增长19.1%。实现保费收入46038万元，增长19.1%。其中寿险收入28748万元，增长19.8%；财产险收入5513万元，下降32.1%；健康及意外险保费收入4657万元，增长95.1%；农业保险收入4361万元，增长4.87%。各项保险业务支出43934万元，增长83%。

【科技、教育与文化事业】2016年，全年承担各类科技计划项目9项。其中，省级项目3项，市级项目6项。签订技术合同9项，技术合同成交金额3180万元。专利申请量450件，下降9.5%。其中，授权量260件，发明专利申请量90件，下降59.6%；发明专利拥有量27件。实现高新技术产业增加值35.45亿元，高新技术产业增加值占GDP比重为11.15%。年末全县有普通小学281所（另有教学点63个），普通初中74所，普通高中7所，普通小学在校学生73428人，减少1475人，下降2%，普通初中在校学生39746人，减少2772人，下降6.5%，普通高中在校学生21856人，减少262人，下降1.2%。全年义务教育阶段建合格学校20所，新建农村公办幼儿园2所。年末全县有艺术表演团体14个，文化馆1个，公共图书馆1个，纪念馆1个，夏明翰事迹陈列馆1个。25个乡镇全部有综合文化站。广播电台1座，电视台1座。有线电视用户10.5万户，全年新增0.8万户。年末广播综合人口覆盖率99.76%，提高0.01%，电视综合人口覆盖率99.93%。

【卫生与体育事业】2016年，全县拥有卫生机构33个（不含村卫生室）。其中，医院2家，卫生院26个，妇幼保健院1个，疾病预防机构1个，私立医院2个。医院和卫生院拥有床位总数5062张，增长11%。卫生技术人员2789人。其中，执业医师和执业助理医师1905人，增长8%；注册护士1320人，增长11%。年末拥有体育场地468个。其中，体育馆3座，运动场445个，游泳池2个，各种训练房39个。全年体育彩票销量1000万元，增长19.85%。人均拥有公共文化体育设施面积5.1平方米。

【旅游业】 2016年，全年接待游客345.33万人次，增长19.5%，实现旅游总收入21.04亿元，增长21.4%。

【环境与安全生产】 2016年，全县年末县城污水处理率83.0%，农村垃圾集中处理率为100%。空气质量达标率91.7%，地表水质达标率100%。森林资源蓄积量增长率4.3%，提高0.08%。城镇建成区绿化覆盖率38.4%，提高2.92%。单位GDP能耗（2010年不变价0.42吨标准煤/万元，下降2.4%。全年生产安全事故死亡人数15人。交通事故死亡人数15人，下降6.25%。亿元GDP生产安全事故死亡率0.0473。群体性食品安全事故年报告发生数为零。全年刑事犯罪人数269人，下降3.9%。

【人民生活与社会保障】 2016年，全县城乡居民人均可支配收入19514元，增长9.4%。按常住地分，城镇居民人均可支配收入28320元，增长8.7%；农村居民人均可支配收入14785元，增长9.9%。城镇居民人均消费性支出20736元，增长5.9%。农村居民人均生活消费支出10421元，增长13.5%。城镇居民恩格尔系数为31%，农村居民恩格尔系数为37%。全年新增城镇就业人员8760人，比2015年减少365人。年末全县参加企业基本养老保险人数56724人，增加8937人；机关事业单位养老保险职工人数28234人，增加1414人；城乡居民养老保险参保人数72万人，全县社会养老保险制度实现全覆盖。参加失业保险职工人数5.5万人，减少0.5万人。参加工伤保险职工人数6万人，增加0.18万人。参加生育保险职工人数3.2万人。全县参加基本医疗保险人数114.6万人，基本医疗保险覆盖率为104.8%。其中，参加城镇职工基本医疗保险人数5.1万人，参加城乡居民基本医疗保险人数109.5万人。年末全县共有提供住宿的社会服务机构1个，收养救助各类人员120人。养老服务机构190个，床位2688张，收养各类人员1099人。年末全县共有6155户、11082人纳入城市居民最低生活保障，9663户、20714人纳入农村居民最低生活保障，7749人纳入农村五保供养。全年救助医疗救助对象83829人；发放基本养老服务补贴人数5115人，基本养老服务补贴覆盖率100%。

【存在的主要问题】 一是经济总量仍然较小，新的经济增长点尚未形成规模，经济增长基础不够牢固。二是产业结构有待优化，工业规模小、第三产业弱的结构性问题没有根本解决，工业经济、旅游经济依然是发展的主要短板。三是发展要素保障不足，用地、资金、人力、环境等要素保障乏力。四是民生事业欠账较多，教育卫生、食品药品监管等还存在许多薄弱环节，脱贫攻坚的任务还比较艰巨。五是城乡发展不均衡，农村基础设施建设相对滞后，农民增收的难度依然很大。六是作风建设仍需加强，个别干部作风不实、担当不够、能力不足、用权不公、为政不廉的现象仍然存在，经济发展环境有待进一步优化。

县委、人大、政府、政协领导名录

中共衡阳县委员会
书　记　曾　秀
副书记　孙鹏伟　蒋达宏
常　委　王苏龙　阳旭辉
　　　　李世钧　肖正才
　　　　方云耕
　　　　贺　畅(女)
　　　　邹永焱　宋任飞

衡阳县人大常委会
主　任　刘　健
副主任　彭家果　廖瑞荣
　　　　黄威虎　洪　勇
　　　　张云芳

衡阳县人民政府
县　长　孙鹏伟
副县长　王苏龙　范振华
　　　　周丽华(女)
　　　　罗小伟
　　　　王致伟　蒋志勇
　　　　唐仕海　蒋立冬
　　　　易宏友

政协衡阳县委员会
主　席　杨秋良(女)
副主席　凌奉云　凌晓林
　　　　陈吉红(女)
　　　　廖双九

县行政企事业单位负责人

纪律检查委员会书记	李世钧
监察局局长	朱　斌
县委办公室主任	宋任飞
政研室主任	朱辉日
机要局局长	杨海云

督查室主任 陈耀云
保密局局长 冯　华
党史办主任 王　韧
档案局局长 蒋益忠
组织部部长 阳旭辉
编办主任 张云芳
人社局局长 李　勇
党校校长 李绪国
直机关工委书记 王振华
老干局局长 郑新生
总工会主席 彭家果
妇联主席 欧阳红丽
科协主席 杨晓梅
红十字会主任 汤明亮
宣传部部长 贺　畅
新闻办 阳精华
网管办 李　军
文体广新局局长 龙国华
卫计局局长 谭爱平
人民医院院长 龙美成
广播电视台台长 肖高登
新华书店经理 赵建华
文明办主任 屈汉荣
文联主席 王雁鸣
统战部部长 方云耕
工商联会长 陈吉红
侨联主席 邱曙光
对台办 凌　源
政法委书记 肖正才
公安局局长 罗小伟
人民法院院长 谢云业
人民检察院检察长 杨发云
综治办主任 蒋永红
防范和处理邪教问题办公室主任 廖红梅
稳定办 杨朝辉
交警大队长 沈启龙
公安局城东派出所所长 黄　盛
公安局城西派出所所长 罗　伟
公安局高琴新园区派出所所长 范　文
司法局局长 李培运
人大办公室主任 阳蔚文
人大内务司法工委主任 高　峰
人大财政经济工委主任 吴永定
人大教科文卫工委主任 陈　涛
人大城市建设环境与资源保护工委主任 刘伍平
人大农业与农村工委主任 罗仕友
人大选举任免联络工委主任 黄承慧
人大研究室主任 周维龙
预算工委主任 刘仲初
政府办公室主任 廖双九
西渡高新技术产业园区主任 刘运文
接待处主任 李海鹏
信访局局长 曾繁根
政务服务中心主任 刘炳辉
改制服务中心主任 龙平武
国有资产管理中心主任 阳忠球
矿管办主任 付仁峰
城市行政执法局局长 罗仕友
界牌工业园主任 邹连春
县志办主任 周海波
法制办主任 洪镇西
人防办主任 李　智
城乡建投资有限公司董事长、总经理 汪荣汉
移民开发局局长 罗义清
国土资源局局长 庾江荣
民政局局长 许耀新
农开办主任 宁新忠
审计局局长 凌奉云
电子政务办主任 王　欣
残联理事长 王辉国
政协秘书长、办公室主任 刘俊辉
政协教科文卫体委员会主任 陈立平
政协提案和联络委员会主任 易运初
政协财政经济委员会主任 刘中秋
政协文史学习委员会主任 冯余宝
政协人口资源环境和法制委员会主任 邓存良
政协研究室
经济科技和信息化局局长 刘光长
交通运输和旅游局局长 汪衡木
邮政局局长 祝建华
电信分公司经理 周泽军
移动公司经理 王维勇
联通公司经理 凌　云
国家电网衡阳县公司经理 杨小平
公路局局长 肖高峰
技校校长 廖少华
商务和粮食局局长 廖明亮
烟草专卖局局长 尹湘宾
石油公司经理 郑安生
财政局局长 王　强
国税局局长 王一名
地税局局长 文素芳
市场和质量监督管理局长 李小龙
人民银行行长 罗俊意
农业银行行长 李孝古
衡州农商银行 谢　罡
农发行行长 彭晓林
工商银行行长 全宏林
建设银行行长 蒋一波
邮政储蓄银行行长 刘　勇
人寿保险公司经理 刘懿龙
农业局局长 黄明成
林业局局长 邹铁合
水利局局长 陈福生
农机局 邓玉增
农经服务中心主任 许亚平
畜牧水产局局长 王辉宇
能源办主任 阳友至
气象局局长 王　巍
烟办主任 李云和

发展和改革局局长	贺仕吉
统计局局长	解卫国
教育局局长	李　俊
三中校长	李　俊
一中校长	李和平
教育局副局长兼县六中校长	吴同春
职业中专校长	肖启梁
住建局局长	段卫国
环保局局长	凌晓城
城乡规划局局长	刘国平
樟木乡书记	王春霖
乡长	陈吉斌
集兵镇书记	刘耀华
镇长	蔡旭辉
岣嵝乡书记	贺一琪
乡长	欧阳罡
杉桥镇书记	蒋建平
镇长	刘　剑
樟树乡书记	邹立新
板市乡书记	王志宏
乡长	李卫群
西渡镇书记	胡胜利
镇长	温松柏
岘山镇书记	周新生
镇长	邹　勇
井头镇书记	彭文辉
镇长	龙　骁
关市镇书记	罗永忠
镇长	刘春茂
演陂镇书记	龙红军
镇长	廖志鹏
栏垅乡书记	彭德军
乡长	刘国荣
库宗桥镇书记	龙显蓉
镇长	洪　桥
金兰镇书记	肖志龙
镇长	汪建军
镇长	陈向群
曲兰镇书记	黄山森
镇长	王　伟
大安乡书记	张宇宙
乡长	罗　皓
金溪镇书记	王水清
镇长	蒋志成
溪江乡书记	邓　琼
乡长	邓玉才
界牌镇书记	周建军
镇长	周绍友
石市镇书记	王志宏
镇长	左传伟
渣江镇书记	庾仲伟
镇长	陈　昊
三湖镇书记	熊国祥
镇长	蒋辉亮
台源镇书记	廖俊魁
镇长	欧海龙
长安乡书记	王溢珅
乡长	颜　卫

（撰稿人：曾文仲　仇　琼）

衡山县

【地理、区划与人口】　衡山县位于衡阳市北部偏东，湘江中游西岸。2016年，衡山县辖5乡7镇，土地总面积934平方千米。年末总人口45.4万人，年末常住人口38.9万人。人口出生率11.2‰，增长率4.8‰。

【经济总量】　地区生产总值149.75亿元，增长8.1%。其中，第一产业实现增加值31.36亿元，增长3.6%；第二产业实现增加值42.33亿元，增长6.3%；第三产业实现增加值76.06亿元，增长11.2%。三次产业比为20.9∶28.3∶50.8。人均GDP为38270元。

【农业】　农林牧渔业总产值47.01亿元，增长3.7%。其中，农业产值21.95亿元，增长3.3%；林业产值6.63亿元，增长4.4%；牧业产值15.3亿元，增长3.3%；渔业产值2.02亿元，增长5.7%。农林牧渔服务业产值1.11亿元，增长9.6%。粮食总产量20.93万吨。其他主要产品产量：油料1.78万吨，瓜果3.2万吨，茶叶450吨，水果4.16万吨，席草7400吨。出栏生猪67万头，出笼家禽915万羽，水产品1.27万吨。继续保持全国产粮大县和生猪调出大县地位。与2015年比较，种植业占农林牧渔业比重上升3.8%，畜牧业占农林牧渔业比重下降3.8%，林业、渔业和服务业与2015年基本持平。年末全县农业机械8.3万台，总动力38.96万千瓦。全年机耕面积44.97千公顷，机插面积9.3千公顷，机收面积27.4千公顷，机电排灌面积36.6千公顷，农副产品加工量26.6万吨。

【工业】　规模以上工业企业实现产值92.97亿元，增长8.7%。园区产值69.8亿元，增长9.7%。全年实现全部工业增加值36.03亿元，增长6.3%，其中规模以上工业增加值24.45亿元，增长6.9%。规模以上工业占整个工业的比重67.9%，下降5.1%。园区工业占规模工业的比重达74.1%，上升1.9%。工业对GDP的贡献率18.7%，拉动GDP增长1.6%。园区新增投产企业7家、上市企业1家、高新技术企业4家，创新创业园区“135”工程建设标准厂房34.4万平方米，园区建成区实现水电路气通信全覆盖，综合排名跻身全省40强。全县高新科技企业达32家，实现高新技术产业增加值19.99亿元，占GDP比重13.3%。主要产品产量：高岭土8.1万吨、包装饮用水29.9万吨、机制纸及纸板16.3万吨、服装128.2万件、鞋312万双、钢结构9.2万吨、改装汽车1000辆。

【固定资产投资与项目建设】 固定资产投资94.25亿元，增长16.5%。其中：城镇投资91.1亿元，增长20.6%；房地产投资3.15亿元，下降41.6%。86个重点项目开工59个，开工率68.6%，完成投资26.31亿元。其中，列入市重点工程的24个项目全部开工，投资完成率达到105%。

【招商引资】 新引进总投资过千万元产业项目24个，其中，总投资过亿元项目8个；实际利用内资24.61亿元，增长26.5%；实际利用外资1.17亿美元，增长39.3%。

【建筑业】 实现建筑业增加值6.3亿元，增长6.1%。全县有资质等级的建筑业企业13家，全年完成建筑施工产值30.28亿元，增长22.3%。房屋施工面积110.13万平方米，竣工面积81.4万平方米。

【国内贸易与对外经济】 社会消费品零售总额29.63亿元，增长11.4%。实现城镇销售额24.9亿元，增长11.5%；实现乡村销售额4.73亿元，增长10.9%。按行业分，批发零售贸易业销售额23.93亿元，增长11.3%；住宿餐饮业销售额5.69亿元，增长11.8%。全县自营进出口总额654万美元，增长37.1%。

【运输、邮电与通信业】 2016年年末，全县拥有大小货车1786辆/9120吨，大小客车223辆/5055客位。城市新能源电动公交得以推广。邮政业务总量和电信业务总量分别增长17.8%和20.6%。通信更为便捷，通信信号基本实现全覆盖。年末固定电话用户总量2.42万户；移动电话用户占据通信主要阵地。国际互联网络用户进一步发展，固定宽带网络用户3.75万户。

【财政、金融与保险业】 全年完成财政总收入9.54亿元，增长10.2%。实现税收收入5.76亿元，税收占财政收入比重60.4%。实现一般预算收入7.12亿元，比2015年增长17.5%。地方财政支出24.7亿元，比2015年增长11.8%。全县各项存款余额124.09亿元，比2015年增长13.8%；各类贷款余额39.05亿元，比2015年增长6.6%。保险业务收入1.47亿元，增长25.2%。其中：财产险5186万元，增长27.1%；人身险9563万元，增长24.2%。

【科技、教育与文化事业】 全县拥有各类专业技术人才12763人。其中：高级职称717人，中级职称5738人，初级职称6308人。万人拥有专业技术人员305人。高中教育水平全市领先，获评全省教育强县。适龄儿童入学率100%，残疾儿童入学率100%，初中生年巩固率为98.7%。本学年新招普通高中生2285人，毕业2154人；招收初中生4404人，毕业5035人。招收小学生5395人，毕业4524人。年末，普通高中在校学生6834人，初中在校学生13091人，小学在校学生28334人。文化事业保持健康发展，全年举办11次文艺特色活动。组建皮影艺人协会，举办“非物质文化遗产日”皮影展；衡山拜龙被评为省级非遗保护项目。放映农村公益电影4000场，“演艺惠民、送戏下乡”106场。

【卫生与体育事业】 年末全县医疗卫生机构25个，卫生工作人员1851人，其中卫生技术人员1478人，卫生机构病床1783张。人口和计划生育工作连续十二年保持全省先进。普及群众体育运动，开展大型体育活动8次。推进体育场地设施建设，修建健身路径62条，建设农村综合服务平台9个，争取农民健身工程项目太阳能灯光篮球架40副。总投资1.5亿元、可容纳3000人的标准化综合体育馆开工建设。

【旅游业】 成功获批萱洲国家森林公园，华夏湘江国际农业产业示范园等项目加快建设，白果西游洞天景区建成营业并成功创建国家AAA级景区，永新生态休闲农庄创建省级五星级乡村旅游服务区；举办中国衡山第三届乡村生态旅游节等节会活动，吸引游客50万人次以上，实现旅游收入5000万元以上。完善唐群英故居、萱洲古镇、紫盖峰、紫金山森林公园、百合谷等旅游景点设施设备。

【城乡建设】 交通路网日趋完善，开云大道加紧建设，紫巾路实现开工，湘江二级航道及停泊区完成年度计划任务。新建和拓宽农村公路201.2千米，改造危桥3座、渡口码头3个。城建城管力度加大，实施城建“八大工程”，启动“四城同创”，黄花新区“百日攻坚”一举完成200多幢房屋的拆迁任务，殡仪馆及陵园项目加快实施，垃圾压缩中转站重新选址并开工建设。规范人民路、义安路、解放南路等重点路段管理，县城清扫保洁范围扩大、效果更好。完成44个村农村电网升级改造。“智慧衡山·光网乡村”行动完成年度任务。

【环境与安全生产】 湘江流域保护和治理第二个“三年行动计划”扎实开展。地表水水质达标率100%，空气环境质量达标率98.6%。削减化学需氧量592吨，削减氨氮40吨，削减二氧化硫23吨，削减氮氧化物112吨，全面超额完成省市下达的减排任务。安全生产形势整体保持平稳，未发生较大以上安全生产事故，安全生产工作获评全省先进。

【人民生活与社会保障】 农民人均可支配收入17681元，增长8.2%；城镇居民人均可支配收入28171元，增长8.7%。新增城镇就业2610人，新增农村劳动力转移就业4500人，扶持创业主体1200户。城乡居民社会养老保险制度成功并轨并提标扩面，城镇医保覆盖率100%，城乡低保标准分别提高到每人每月420元、220元。建设公租房678套，改造棚户区913套，发放住房补贴1350户，完成农村危房改造1700户。城乡居民养老保险政策全面施行，参保23.1万人，农村合作医疗参合人数35.1万人。行政事业单位参加养老保险人数1.25万人，企业单位职工参加养老保险人数2.71万人，基本医疗保险参保5.31万人，工伤保险参保2.99万人，生育保险参保0.99万人，失业保险参保2.55万人。

【湖南萱洲国家森林公园成功获批】 湖南萱洲国家森林公园位于衡山县中部，涉及开云、萱洲、店门、福田铺、岭坡等5个乡镇10个村和紫金山国有林场、九观桥国有水库2个国有单位，总面积2995.17公顷，公园由萱洲、紫金、白云3个片区组成。园内有紫盖峰等5座主峰列入南岳衡山七十二峰，有“东方莱茵河”之称的湘江，有地下温泉资源和湖南省面积最大的香果树群落，有禹王碑、萱洲古镇、毛泽建烈士陵园等人文景点，有大禹治水、韩愈开云等历史传说，有岳北山歌、衡山皮影等民俗文化。2016年12月28日，国家林业局召开国家级森林公园专家评审会，湖南省衡山萱洲国家森林公园正式获批成立。

【衡山拜龙入选湖南省非物质文化遗产项目】 衡山拜龙主要流行于衡山县店门、祝融、九观及南岳周边一带，因以席草制作而成，又称席草龙，源于明朝初期，是湘南地区唯一将舞龙娱乐与祭祀拜神完美结合的民间传统舞蹈。衡山拜龙舞龙技巧独特，并融入南岳佛、道文化精髓，表达古人对大自然、对菩萨的敬畏之心，是湖湘农耕文化的重要组成及中华民族传统文化的艺术瑰宝，具有极高的保护价值。在第四批省级非物质文化遗产代表性项目名录中，衡山拜龙成功入选。

【存在的主要问题】 经济总量偏小、产业结构不尽合理、支柱产业粗放；重点项目建设推进步伐不快，大项目、好项目不多，发展后劲有待增强；城镇集聚不足，消费不旺，辐射带动和集聚要素能力有待提高；财政收支矛盾较为突出，财政收入质量不高，可用财力严重不足。

县委、人大、政府、政协领导名录

中共衡山县委员会

书　记　尹培国

副书记　蒋　青　段晓赛

常　委　任中元(女)

旷志军　陈平阳

谢石中　唐年初

张桂南　廖文伟

肖秋良

衡山县人大常委会

主　任　阳建中

副主任　赵申广　赵晓阳

唐文育

戴立华(女)

聂水平

衡山县人民政府

县　长　蒋　青

副县长　廖文伟　肖文斌

雷继红(女)

刘　伟　黄润葵

陈　琛　符文彬

谢文俊(挂职)

政协衡山县委员会

主　席　盛小平

副主席　罗佳贤　文铁良

胡文星(女)

周湘宁(女)

周冬初

县行政企事业单位负责人

宣传部部长　任中元

政法委书记　旷志军

纪委书记　陈平阳

统战部部长　谢石中

组织部部长　唐年初

人武部部长　张桂南

县委办主任　肖秋良

人民法院院长　胡家舜

人民检察院检察长　李　清

公安局局长　肖文斌

政委　范　烨

总工会主席　汪炳林

工商联主席　胡文星

经济开发区管委会主任　曹兰平

县委党校校长　彭汉梅

城管执法局局长　成桂林

人大办主任　刘新周

政府办主任　谭　斌

政协办主任　唐立华

矿产资源税费征管办主任　陈伟新

城建投总经理　文更村

政务中心主任　符文忠

法制办主任　周伏立

电政办主任　沈忠辉

司法局局长　沈雁中

财政局局长　曹时国

卫生和计生局局长　旷立伟

审计局局长　颜长坤

监察局局长　王朝晖

发展和改革局局长　柳红军

国土资源局局长　朱向华

环保局局长　颜　靖

商务和粮食局局长　李磊建

市场和质量监督管理局局长　李　刚

民政局局长　戴建衡

经济科技和信息化局局长　罗光辉

住房和城乡建设局局长　阳　涛

城乡规划局局长　曹波宁

人防办主任　江　南

教育局局长　王维荣

交警大队大队长　刘洪国

文体广新局局长　周湘宁

广播电视台台长　唐自立

农业局局长　宗维平

林业局局长　张海量

水利局局长　颜海峰

畜牧局局长　颜昌茂

农机局局长　王　琪

经营管理局　郭晶亮

农业开发办主任　曹海龙

能源生态局局长　符汉文

移民开发局局长　廖志光

供销社主任　尹朝阳

信访局局长　符洪钧

安监局局长　郑　彪

统计局局长　李涌文

人力资源和社会保障局局长　任秋良

交通运输和旅游局局长　李待琪

国有资产管理中心主任　李佳云

机关事务管理局局长　尹俊超

禁毒办主任　彭应祥

萱洲湿地公园管理处主任　徐爱民

金融办主任　赵卫平

档案局局长　杨应军

史志办主任　熊仲荣

接待处主任　阳慰伦

老干局局长　杨才能

妇联主席　廖建萍

编办主任　周永兵

残联理事长　杨　群

新华书店经理　文志强

烟草局局长　阳建成

国税局局长　王小宁

地税局局长　陈　驰

气象局局长　杨科传

人民银行衡山支行行长　廖先进

工行衡山支行行长　彭　合

中行衡山支行行长　彭韶泉

农行衡山支行行长　李　骞

建行衡山支行行长　刘艳平

农发行衡山支行行长　吴文志

邮政储蓄银行衡山支行行长　周永斌

农商行董事长　屈夏清

电力局局长　管小玲

电信衡山县分公司经理　谭彦宇

邮政局局长　刘　瑛

移动衡山县分公司经理　郭　箭

联通衡山县分公司经理　龙文斌

水文局局长　伍　辉

石油公司经理　田　伟

住房公积金管理中心主任　雷　兵

人民医院院长　刘　旺

开云镇书记　李宇坤

镇长　朱学锋

长江镇书记　李　伟
副镇长　李晓珊
（主持镇政府全面工作）
福田铺乡书记　李春林
乡长　刘云伟
岭坡乡书记　廖继峰
乡长　李　龙
白果镇书记　刘衡岳
镇长　宾智敏
江东乡书记　陈昌义
乡长　胡向军
贯塘乡书记　陈燕春
乡长　沈铁锋
新桥镇书记　康才伟
镇长　旷海滨
东湖镇书记　周智勇
镇长　彭桂林
店门镇书记　杨伟武
镇长　李伟奇
萱洲镇书记　曹亚明
镇长　刘华江
永和乡书记　康岳峰
乡长　胡奇才
岳云中学校长　李桂元
二中校长　康泰平
职业中专校长　汪维扬
四中校长　彭文星
教师进修学校校长　肖　荣
开云实验中学校长　郑德宇
（撰稿人：宾科鹏）

衡东县

【地理、区划与人口】　衡东县位于湖南省东部偏南，居湘江中游洣水流域，东邻攸县，南接安仁、衡南，西濒湘江与衡山、湘潭隔水相望，北与株洲接壤。南北长72.9千米，东西宽53.6千米，地理坐标为北纬26°47′~27°27′，东经112°45′~113°17′。总面积1926平方千米，约占全省总面积的0.9%。2016年，衡东县辖15个镇2个乡，233个村，23个社区居委会。全县年末常住人口为63.82万人，其中：城镇人口24.45万人，农村人口39.37万人。全年出生人口9259人，死亡人口4158人，全县人口出生率为12.08‰，死亡率为5.43‰，自然增长率为6.65‰。

【经济总量】　2016年全县实现地区生产总值261.70亿元，同比增长7.9%。其中，第一产业增加值44.18亿元，增长3.7%；第二产业增加值91.66亿元，增长6.4%；第三产业增加值125.86亿元，增长10.7%。按常住人口计算，人均GDP为40846元，增长8.2%。三次产业结构为16.88∶35.02∶48.1，与2015年比“一稳一降一升”：第一产业比重保持平稳，第二产业比重下降1.8%，第三产业比重提高1.8%。第三产业比重持续上升，现代服务业发展提速。全县能源消费总量为141.21万吨标准煤，增长0.8%；单位GDP能耗为0.540吨标准煤/万元，下降0.08%。2016年全县全面小康实现程度为83.7%，比2015年提高2.8%。

【农业】　2016年，全县农林牧渔总产值80.79亿元，增长3.8%。规模以上企业农产品加工产值39.14亿元，规模以上企业农产品加工产值与农业产值比为48.4%。继续保持“全国产粮大县”“全国生猪调出大县”“湖南省产油大县”地位。全县农作物播种面积112.44千公顷，减少1.29千公顷，下降1.1%，其中：稻谷播种面积60.78千公顷，减少0.52千公顷，下降0.8%；油料播种面积21.83千公顷，增加0.16千公顷，增长0.7%。粮食总产量40.01万吨，减少0.6万吨，下降1.5%，其中：稻谷产量37.83万吨，减少0.66万吨，下降1.7%。油料总产量3.96万吨，增加0.76万吨，增长23.8%。出栏生猪103.48万头，减少2.06万头，下降2.0%；年末生猪存栏58.54万头，下降2.1%。出笼家禽936.5万羽，下降4.3%。水产品产量1.96万吨，增长2.3%。年末农业机械总动力达69.82万千瓦，增长7.0%。

【工业】　全县规模工业增加值增长7.1%，新增规模工业企业14家。规模以上工业销售产值171.07亿元，增长5.9%，产销比99.8%，实现利润7.26亿元，下降14.6%，全部从业人员平均人数2.5万人，增长0.3%。规模以上工业增加值占全部工业的比重达到79.6%。园区规模工业增加值占规模工业增加值比重为59.4%。全县全部工业增加值86.27亿元，增长6.5%。工业对GDP贡献率为28.5%，拉动GDP增长2.3%。规模工业主要产品产量：服装3487.9万件，增长31.4%；中成药0.5万吨，增长66.7%；水泥147.8万吨，增长36.2%；大米21.6万吨，增长29.3%；锌6.6万吨，增长11.9%；

泵2.7万台，下降14.4%；商品混凝土75.2万立方米，增长14.1%。

【固定资产投资与项目建设】 全县固定资产投资152.01亿元，增长18.2%。工程施工项目达449个，增长24.7%，其中全年新开工项目407个，增长13.1%。全年投产项目个数335个，增长15.9%。全县工业投资75.28亿元，增长6.1%，占全县固定资产投资的比重为49.5%，其中：工业技术改造投资38.66亿元，下降10.1%。

【招商引资】 2016年完成招商签约项目11个，引资26.2亿元。引进聚味堂农副产品加工、莲园生态旅游开发、20兆瓦林光互补分布式光伏发电、土菜文化产业园、尚达现代农业产业园、佳佳乐食品生产、承远博览馆、合金粉末及高温合金生产等一批大项目、好项目。

【建筑业】 2016年，全县建筑业总产值11.9亿元，增长11.1%；建筑业增加值5.39亿元，增长3.9%。房屋建筑施工面积73.9万平方米，下降1.3%；房屋建筑竣工面积48.71万平方米，下降5.0%。

【国内贸易与对外经济】 2016年，全县社会消费品零售总额89.52亿元，增长11.6%，扣除物价因素，实际增长8.5%。分地区看，城镇消费品零售额71.62亿元，增长10.1%；农村消费品零售额17.9亿元，增长10.4%。

【财政、金融与保险业】 2016年，衡东县财政总收入13.25亿元，增长6.5%。财政总收入占GDP的比重为5.06%。人均财政总收入2068元/人。全县税收收入7.56亿元，税收占财政总收入的比重为57.1%，其中地方一般公共预算收入10.0亿元，增长7.4%。年末全县金融机构各项存款余额175.71亿元，增长15.3%；金融机构各项贷款余额66.81亿元，增长15.2%。全县金融机构存贷比为38%。

【科技、教育与文化事业】 2016年，全县高新技术产业增加值19.16亿元，占GDP的比重为7.3%。全县高新技术企业30家，新增7家。科技投入加大，全县共投入研究与试验发展（R&D）经费3.29亿元，增长21.6%。全县初中升学率90.9%。职业教育在校学生规模扩大，普通高中在校学生呈上升趋势。全县中职招生数4265人；普通高中招生数3985人，普通高中在校生24938人，高中阶段毛入学率89.8%。全县平均受教育年限10年。全县拥有各类艺术表演团体3个，文化馆1个，公共图书馆1个，博物馆、纪念馆2个。全县有广播电台1座，中、短波广播发射台和转播台3个，电视台1个。年末有档案馆1个。

【卫生与体育事业】 2016年，全县拥有二甲医院2个，妇幼保健院1个，疾病预防控制中心1个。年末医疗卫生机构床位数2690张，每千人拥有4.2张。5岁以下儿童活产数6319人。5岁以下儿童死亡率为5.2‰，优于国家12‰的全面建成小康社会目标值。全县公共文化体育设施面积达158.46万平方米，其中，公共文化设施面积52.95万平方米，公共体育设施面积105.51万平方米。人均公共文化体育设施面积达2.47平方米，提前达到小康水平。

【旅游业】 全年接待游客530万人次。衡东旅游在湖南电视台推介。土菜产业产值22亿元，完成税收5100万元，餐饮业创税1600万元，分别增长19%、12%、11.5%。罗荣桓故居景区整改提质工程完成，洣江生态园开园并申报为省级三星级休闲农庄。

【城乡建设】 2016年，衡东县城镇化率38.3%，比2015年提高2.1%。县城污水处理率92%；县城建成区面积为11.2平方千米；城镇建成区绿化覆盖率41.7%。“一江两岸”的发展格局基本形成，县城主干道基本实现油化，城镇功能得到完善，城镇集聚辐射能力增强。吴南公路全线贯通，栗德公路拓宽改造、永乐江大桥、霞流公跨铁工程全面竣工，“畅、安、舒、美”的城乡路域环境逐步形成。完成小农水重点县、节水灌溉和电站增效扩容建设，渠道全面清淤，红旗干渠、德圳灌区西干渠全线硬化，栗木等主要干旱死角得到有效治理。建成乡镇垃圾中转站21个，农村基础设施日益完善。

【环境与安全生产】 2016年，全县空气质量达标率为95.8%，地表水质达标率为100%。全县国土绿化达标率98.7%，活立木总蓄积量264.3万立方米，活立木增幅4.3%，全县森林覆盖率52.1%。农村垃圾无害化处理的行政村252个，农村垃圾集中处理率98.4%，比2015年提高1.1%。完成湘江保护和治理“一号重点工程”第一个“三年行动计划”。全力推进农村环境综合整治工作，开展“三边造林”和裸露山地造林，完成通道绿化1098.6千米，建设秀美村庄62个。全县企业生产安全事故死亡人数较2015年大幅减少。亿元GDP生产安全事故死亡率0.0038人。群体性食品安全事故年报告发生数为零。

【人民生活与社会保障】 2016年，全县城乡居民人均可支配收入20855元，增长9.1%，其中：城镇居民人均可支配收入28226元，增长9.0%；农村居民人均可支配收入16989元，增长8.1%。城乡居民人均储蓄存款23311元。居民文教娱乐服务消费支出占消费总支出比重为16.4%，提前实现全面建成小康社会统计监测目标。全县共完成省、市政府下达的21项重点民生实事指标。坚持民生优先，民生支出占财政总支出比重达79.9%。脱贫攻坚成效显著，完成易地扶贫搬迁449户、1221人，在省考核中位列全市第一。实现脱贫7000人。新增城镇就业4730人。开工建设保障性安居工程2195套，完成农村危房改造1000户。武家山廉租房交付使用，河西公租房全面竣工。全县机关事业单位养老保险参保人数1.84万人，城乡居民养老保险参保人数36.12万人，企业职工养老保险参保人数5.3万人，全县各类养老保险覆盖率达90.6%。城镇职工医疗保险参保人数3.14万人，参加城镇居民医疗保险2.67万人，参加新型农村合作医疗58.34万人，全县基本医疗保险覆盖率达99.74%。全年共发放基本养老服务补贴人数2435人，基本养老服务补贴覆盖率100%。全年共发城乡低保资金4892.6万元，城乡低保实现动态管理、应保尽保，月人均补助标准分别增至420元、220元。全县城镇居民最低生活保障人数2064人，农村居民最低生活保障15262人，农村低保覆盖面扩大。各项社会事业都有较快发展，人民群众满意度明显提升。

【衡东县2镇入列全省特色旅游小镇创建名录】 2016年4月，《湖南省旅游业十三五发展纲要》出台，衡东县荣桓镇、白莲镇进入全省一百个特色旅游小镇创建名录。荣桓镇是共和国开国元帅罗荣桓元帅的故乡，镇内有罗荣桓故居纪念馆、锡岩仙洞、荣桓水库、金觉峰、萧家老屋、“南湾八景”等自然和人文旅游资源，2015年荣桓镇共接待游客80多万人次。白莲镇有千年白莲风情园、“湖南省美丽乡村”马房村、小初茶场、万亩杉木林基地、白莲古寺遗址、爱莲书院遗址等景观，2015年举办的“千年白莲风情园游”活动，吸引游客10万人次，乡村旅游风生水起。

【大浦中心卫生院获全国“群众满意的乡镇卫生院”】 2016年4月14日，大浦镇中心卫生院被国家卫生计生委评为全国“群众满意的乡镇卫生院”。大浦中心卫生院始建于1968年，地处衡东县南大门，位于衡东、衡山、衡南、衡阳、南岳四县一区交界之地，全镇16个建制村，2个社区，服务人口近7万。卫生院建筑面积8000平方米，新建有5层的住院楼、消毒供应中心、中医馆。现有干部职工103人，其中专业技术人员85人，设有内科、外科、儿科、妇产科、五官科、骨伤科、检验科、放射科、药剂科等十几个临床及医技科室。配置四百多万元的GE彩超、DR数字化X线成像系统、多功能颈腰椎牵引床、中药熏蒸机、全自动生化分析仪、全自动血球分析仪、经颅多普勒、心电工作站、微波慢病治疗仪、电子阴道镜和妇科综合治疗仪等先进诊疗设备。并且在全院规范运行农村卫生信息系统，各科室密切协作，实现基本医疗、中医药、基本药物、健康管理、新型农村合作医疗、绩效考核等功能的紧密衔接，提高工作效率，方便群众，病人办理入出院及新农合兑付程序大大简化，排队时间不超过15分钟，满足广大群众的就医需求。年门诊2万余人次，年住院5千余人次，年业务收入900余万元。

【“鸿达湘莲”入选全国“合作社+农户”旅游扶贫示范项目名录】 2016年8月22日，国家旅游局下发《关于公布全国旅游扶贫示范项目名单的通知》，衡东县鸿达湘莲种植专业合作社入选全国“合作社+农户”旅游扶贫示范项目名录。据悉，此次共公布的280个全国旅游扶贫示范项目，该合作社是衡阳市唯一一家入选全国旅游扶贫示范项目名录的单位。衡东鸿达湘莲种植专业合作社于2014年12月在白莲镇白莲村成立，流转农田66.67公顷用于湘莲种植，其品种有太空莲1号、太空莲13号、寸山莲、老湘莲、睡莲等。莲花可持续开放4个月以上，莲籽产量高，经济效益可观。为增加收入，合作社还在荷田中放养“荷花鱼”。2016年，周边几个村也相继种上湘莲，湘莲种植总面积达200多公顷。依托湘莲基地建设“千年白莲风情园”，完善旅游基础设施，2016年，园区共接待游客20万余人次，带动村民新建农家乐、土菜馆12家，新增大小旅游购物点7家。白莲村是全省建档立卡贫困村，村民收入低，贫困户较多。合作社成立以来，把帮助村民脱贫致富当作自己的份内事。合作社组织村里的贫困户到合作社帮工，按时发放工资；合作社还引导村民建起农家乐、土菜馆，为游客提供食宿；帮助贫困户在园内建设旅游购物点，出售湘莲、土鸡、豆角、黄瓜皮等旅游土特产。合作社固定用工20多人，最忙的时候用工可达100多人。2015年，合作社带动24户贫困户脱贫，2016年，帮助8户走上脱贫之路。为村民早日脱贫致富打下良好基础。

【凤凰山风力发电项目服务衡东见成效】 凤凰山风力发电项目自2015年8月份正式投入运营以来，年发电量近4亿千瓦时，为衡东县域经济发展提供充足的电能。凤凰山风力发电项目于2014年9月启动，经过近一年时间施工、试运营，一、二期工程50余台风力发电机，于2015年8月份正式并网运行。该项目发电经长岭变电站后，主要为杨桥、荣桓、蓬源及红狮水泥厂提高电力支持，剩余的电力再由栗木变电站进入大电网，输送到全县其他地区。凤凰山风力发电项目运行近一年来，平均发电负荷为5万千瓦，最高时期达到8万千瓦，实现年收入近亿元，上缴税收1000余万元。

【举行“风华五十年”暨2016年“欢乐潇湘·美丽衡东”群众文艺汇演】 2016年11月8日晚，衡东县“风华五十年”暨2016年“欢乐潇湘·美丽衡东”群众文艺汇演在滨江广场举行。晚会总结衡东50年来的发展历程，展示衡东取得的辉煌成就，更描绘衡东未来发展的美好蓝图，激励全县广大干部群众不忘初心，继续前进，为加快推进“五县五化”战略、全面建成小康衡东接续奋斗。汇演分为《时空的回响》《青春的画卷》《追梦的脚步》三个篇章。整台晚会以传统艺术的风韵糅合现代艺术的活力，展现衡东独具魅力的县域风情和悠远深厚的人文底蕴，并描绘出中国梦衡东篇章的灿烂前景。

【“湘油泵”A股上市】 2016年11月30日，湖南机油泵股份有限公司在上海证券交易所正式挂牌交易，股票名称：湘油泵，代码：603319，当天开盘一字涨停。实现衡阳市近20年来IPO上市零的突破，这是衡东的第一家A股上市公司。湖南机油泵股份有限公司是全国发动机泵类生产企业的领军者。1949年，公司前身（民生工厂）成立，1994年成立湖南机油泵股份有限公司，2002年改制为民营股份制企业。2015年，实现销售收入6个亿，创税5000万元。2016年11月29日，跻身“2016湖南省民营企业百强”。湘油泵秉承“诚信、创新、执行、改进”的企业精神，始终以技术创新引领发展，不断提高制造能力，始终保持国内行业技术领先，追赶国际一流。先后通过ISO 9002、QS 9000、TS 16949、ISO 14000等体系认证。湘油泵设有国家级企业技术中心，拥有国内一流的试验中心，开启智能制造，建设新综合车间、自动生产线、无尘车间等一系列新型工业化车间，每年设计开发新产品达100多种，申请国家专利、发明专利200多项。公司拥有美国康明斯等十多家国际客户和玉柴机器等六十多家国内客户，并被美国康明斯、美国卡特彼勒及国内多家主机厂定为战略合作供应商。

【南岳高速东延线通车】 2016年12月31日，南岳高速公路东延线正式通车运营。南岳高速东延线，是南岳高速公路向东延伸部分，与衡炎高速相接，并直达衡东县城。南岳高速于2012年12月23日建成通车，2013年10月8日，南岳高速东延线正式开工建设。该项目全部位于衡东县境内，起于南岳高速与京港澳高速互通口，终点与衡炎高速相接。全长12.581千米，双向四车道，设计时速100千米。南岳高速东延线通车后，使京港澳高速、南岳高速、衡炎高速串连起来，形成方便快捷的高速网络，将“红色摇篮”井冈山、桃源洞、炎帝陵、南岳衡山等旅游资源串成一条旅游精品线路，对综合开发沿线旅游资源，改善地区经济发展环境具有重要意义。

县委、人大、政府、政协领导名录

中共衡东县委员会
书　记　吴伟生
副书记　徐志毅　贺　般
常　委　丁秋文　尹立鑫
陈　嘉　段忠贤
刘卫平　李一帆
赵乔峰　刘运仕
晏志君　李　博

衡东县人大常委会
主　任　谭向勤
副主任　阳水源　李上峰
康培远　陈　磊

衡东县人民政府
县　长　徐志毅
副县长　丁秋文　李　博
刘光荣　王春生
谭志兴　刘　敏
钱永明　颜亚华

政协衡东县委员会
主　席　夏崇礼
副主席　李思源　邓岳华
陈斌智　肖可员
向卫平

县行政企事业单位负责人

纪委书记　刘卫平
县委办主任　晏志君
组织部部长　李一帆
宣传部部长　刘运仕
统战部部长　陈　嘉
人武部部长　赵乔峰
政法委书记　段忠贤
人民法院院长　肖海军
人民检察院检察长　刘永忠
衡东经济开发区管委会主任　周叶华
公安局局长　王春生
政委　陈　皓
政研室主任　刘桂林
督查室主任　陈友力
保密局局长　向国华
机要局局长　曹建湘
改革办常务副主任　肖文宇
县委巡察办主任　王晓瑜
档案局局长、书记　颜金楚
史志办主任　陈华良
接待处主任　刘志新
老干局局长　肖　萍
县直机关工委书记　刘永兴
编办主任　向正平
县委党校校长　廖红徽
妇联主席　文　明
团委书记　尹　路
科协主席、书记　马会清
文学艺术界联合会主席　何彩维
广播电视台台长、书记　文　星
文体广电新闻出版局书记　肖珍珠
局长　陈中平
人防办主任、书记　邓细志
罗帅故居管理处主任　刘凤华
侨联主席　许素珍
书记　刘清辉
对台办主任　颜斌鹏
工商联主席　陈斌智
综治办主任　尹朝辉
防范和处理邪教问题办公室主任　颜亨伏
维稳办主任　刘焱熙
交警大队大队长　刘晓红
教导员　刘泽平
司法局局长、书记　李旭峰
人大常委会党组成员、办公室主任　彭庆桃
人民代表大会财政经济委员会主任　胡　华
人民代表大会法制委员会主任　冯义东
人大常委会内务司法工作委员会主任　向晓燕
人大常委会教科文卫工作委员会主任　文朝晖
人大常委会农业与农村工作委员会主任　邓富云
人大常委会选举任免联络工作委员会主任　曾明勇
人大常委会研究室主任　谢志勇
人大常委会预算工作委员会主任　吴艳华
人大常委会法制工作委员会主任　向海华
人大常委会信访办公室主任　唐志军
人大常委会城市建设环境与资源保护工作委员会主任　文晓春
政协秘书长、办公室主任　刘碧兰
政协提案和委员联络工作委主任　朱坤联
政协财政经济委主任　罗国武

政协人口资源环境和法制委主任　邓知云
政协教科文卫体委主任　胡淑娟
政协文史学习委主任　单秋珍
政协研究室主任　董柏清
政府办主任　李建华
政府督查室主任　曹设文
监察局局长　陈检春
电子政务办公室主任、书记　阳明勇
法制办主任、书记　赵艳刚
信访局局长、书记　向仲贤
民政局局长、书记　尹友平
残联理事长、书记　刘国锋
国土资源局局长、书记　陈和平
审计局局长、书记　向平少
移民局局长、书记　赵志辉
交通运输和旅游局局长、书记　单外香
公路局局长、书记　单美中
安监局局长、书记　谭作仁
卫生和计划生育局局长、书记　彭剑飞
红十字会会长　陈涤峰
发改局局长、书记　丁昭泉
统计局局长、书记　李中林
人力资源和社会保障局局长、书记　李建芸
农业局局长、书记　谭文灵
畜牧水产局局长、书记　赵衡辉
农机局局长、书记　董小平
农村经营服务中心党组副书记、副主任　周金云
林业局局长、书记　侯鲲鹏
水利局局长、书记　刘仁秋
经济科技和信息化局局长、书记　罗忠奇
二轻联社负责人　康红军
商务和粮食局局长、书记　文和平
财政局局长、书记　阳满生
农业综合开发办主任、书记　单志雄
供销社理事会主任　文洪斌
供销社监事会主任　许冬富
住房和城乡建设局局长、书记　赵自文
城乡规划局局长、书记　柳杰夫
环境保护局局长、书记　谢正辉
教育局局长、书记　陈宏建
市场和质量监督管理局局长、书记　苏金平
河西新区管委会主任　宋迪云
工委书记　刘章云
公共资源交易中心主任、书记　尹诗明
城市管理行政执法局局长、书记　周志波
国有资产管理中心书记　胡卫民
主任　谢光明
投融资管理办公室主任、书记　阳忠华
金融工作办公室主任　罗　湘
城建投资有限公司董事长　侯富喜
总经理　刘秋艳
大地交通投资有限公司董事长　苏根林
总经理　陈建伟
湖南浦园投资有限公司董事长　黄小林
总经理　阳　勇
湖南富城新区投资有限公司董事长　汤迪儒
总经理　周洣洋
水务投资开发有限公司董事长　尹诗明
总经理　聂进军
衡鑫国有资产管理有限责任公司总经理　武文澜
政务服务中心主任、书记　刘文君
矿产资源税费集中征收管理办公室主任、书记　陈建平
洣水湿地公园管理处主任、书记　陈扬荣
重点工程建设办公室主任、书记　向　前
地方海事处处长　伍建仲
国税局局长　周　勇
地税局局长　文小潘
气象局局长　杨　华
邮政局局长　洪生和
电信局局长　常艺缤
移动公司经理　赵　敏
联通公司经理　成惊秋
人民银行衡东支行行长　冯新华
工商银行衡东支行行长　张　欣
农业银行衡东支行行长　秦舰军
农发行衡东支行行长　上官海斌
建设银行衡东支行行长　伍大军
中国银行衡东支行行长　王光智
信用联社董事长　李来华
行长　肖必胜
邮政储蓄银行衡东支行行长　成召魁
华融湘江银行衡东支行行长　杨坤霖
盐务管理局局长　周正中
财产保险公司经理　吴珠红
人寿保险公司经理　刘懿龙
中华联合财产保险公司经理　周志红
太平洋财产保险公司衡东分公司经理　龙检成
石油公司经理　彭鲜锋
烟草局局长　黄海涛
电力有限公司经理　易建刚
新华书店经理　成桂香
水文水资源局局长　刘四林
消防大队大队长　段远武
衡汽集团衡东分公司经理　王岳平
75711部队队长　杜锦华

衡山火车站部长　张定雄
衡阳市住房公积金管理中心衡东县管理部主任　周迎春
洣水镇书记　刘志丹
镇长　邓小杨
大浦镇书记　许长城
镇长　胡国粒
吴集镇书记　文小辉
镇长　聂晓华
新塘镇书记　周　黎
镇长　赵　健
霞流镇书记　刘武扬
镇长　邓新文
甘溪镇书记　刘　峰
镇长　肖正中
杨林镇书记　刘雄建
镇长　廖吉献
高湖镇书记　文亚荣
镇长　向文聘
草市镇书记　李远韶
镇长　吴红波
荣桓镇书记　刘　科
镇长　尹乙鸣
杨桥镇书记　李振华
镇长　罗香蓉
蓬源镇书记　彭宏平
镇长　丁明修
石湾镇书记　谷建辉
镇长　刘冬瑞
白莲镇书记　朱爱国
镇长　倪秋华
三樟镇书记　刘春元
镇长　陈佳东
石滩乡书记　蒋小平
乡长　单梦平
南湾乡书记　胡雪松
乡长　陈中华

（撰稿：胡青燕　颜知明）

祁东县

【地理、区划与人口】 祁东县位于湖南省衡邵盆地西南边缘，湘江中游北岸，东接衡南、常宁，南连祁阳、冷水滩，西邻东安、邵阳，北抵邵东、衡阳。地理坐标为北纬26°28′1″~27°4′34″，东经111°32′16″~112°20′10″。县域周长372千米，其中界衡阳县16千米，界衡南县60千米，界常宁市18千米，界永州市（含祁阳县、冷水滩区、东安县）189千米，界邵阳市（含邵阳县、邵东县）89千米。2016年，全县辖17个镇、3个乡、4个街道、1个国家级森林公园管理处，296个行政村、72个社区、居委会。土地总面积187.13千公顷。年末户籍总人口1072624人，性别比112.8∶100。全年出生人口11106人，出生率10.4‰；死亡人口3617人，死亡率3.4‰；人口自然增长率7.0‰；出生人口性别比114.3∶100。

【经济总量】 全年实现地区生产总值（GDP）266.17亿元，按可比价格计算，增长8.2%。其中，第一产业实现增加值66.91亿元，增长3.7%；第二产业实现增加值90.17亿元，增长6.2%；第三产业实现增加值109.09亿元，增长13.0%。第一、二、三产业对全县经济增长贡献率分别为11.4%、26.8%、61.8%，分别拉动全县GDP增长0.9%、2.2%、5.1%。按常住人口计算，人均地区生产总值26657元，增长8.7%。全县三次产业比为25.1∶33.9∶41。与2015年相比，第一、二产业占比分别下降0.1%、1.9%，第三产业占比提高2%。其中，工业增加值占GDP比重32.4%，对经济增长贡献率26.5%，拉动GDP增长2.2%。

【农业】 全县农林牧渔业总产值99.96亿元，增长3.8%。农作物总播种面积155.71千公顷，增长0.7%；粮食作物播种面积82.20千公顷，增长1.0%；油料种植面积31.64千公顷，下降0.1%；蔬菜种植面积26.82千公顷，增长3.5%。粮食总产量46.21万吨，下降1.5%；出栏肉猪123.31万头，下降2.4%；出栏牛1.16万头，增长1.8%；出栏羊30万头，下降0.3%；出笼家禽998.5万羽，下降0.02%；水产品产量5.39万吨，增长0.2%。农民专业合作社553个，增长25.1%；农民专业合作社成员31934人，增长13.2%。全年农村用电量33245万千瓦时。年末农业机械总动力934161千瓦。

【工业】 全县规模以上工业总产值241.77亿元，增长12.8%；规模工业增加值65.01亿元，增长11.2%。规模工业中，轻工业增长10.7%，重工业增长12.4%。规模工业行业中，有色金属冶炼及压延业增长3.2%，电气机械及器材制造业增长13%，化学原料及化学制品制造业减少11.2%，非金属矿物制品业增长31.4%。全县规模工业实现产销率

99.86%，比2015年下降1.17%，实现利税25.7亿元，下降5.2%；利润22.25亿元，增长26.4%。

【固定资产投资】 全县固定资产投资156.15亿元，增长18.5%。其中，城镇和非农户固定资产投资150.25亿元，增长16.47%；国有投资61.42亿元，增长15.9%。年内新开工项目298个，增长35.58%。工业固定资产投资73.15亿元，增长19%。其中，工业技术改造投资59.64亿元，下降3.2%；工业投资占固定资产投资比重46.8%；制造业投资60.43亿元，下降0.6%；电力、燃气及水的生产供应业投资9.91亿元，增长46.8%。房地产投资完成5.9亿元，增长1.05倍。商品房销售面积21.09万平方米，增长1.57倍。

【建筑业】 全县建筑业总产值11.71亿元，下降3.7%；建筑业增加值3.89亿元，增长2.4%。房屋建筑施工面积99.62万平方米，下降30.5%；房屋建筑竣工面积47.27万平方米，下降55.37%。

【国内贸易和物价】 全县社会消费品零售总额105.73亿元，增长12.0%。限额以上批发零售企业零售额中，粮油食品类增长24.0%，日用品类增长19.3%，家用电器和音响类增长7.2%，汽车类增长17.0%，文化、娱乐、体育、健康类增长13.4%。居民消费价格总水平上涨2.5%，商品零售价格指数上涨1.6%。在居民消费价格指数中，服务价格指数上涨2.5%，消费品价格指数上涨2.6%。

【对外经济和旅游】 全县进出口总额1897万美元，增长46.6%。引进内资项目67个，增长39.6%；实际到位内资32.14亿元，增长10.1%；新批外资项目10个，下降9%；实际利用外资13262万美元，增长19.4%。对外劳务输出424人，下降16.9%。全年实现旅游总收入15.93亿元，增长3.6倍，接待游客260.1万人次，增长1.29倍。

【运输、邮电与通信业】 全县公路货运量596.71万吨，增长6.1%；公路货运周转量60602.84万吨千米，增长6%。公路客运量1390.32万人，增长8%；公路客运周转量2748.12万人千米，增长10.7%。年末公路线路里程5621千米，其中高速公路40.89千米。全县邮电业务总量4.27亿元，增长13.9%，其中邮政、电信业务总量分别为1.06亿元和3.21亿元，分别增长16.5%和13.0%；年末固定电话用户8.49万户，增长22.2%；移动电话用户52.8万户，增长21.6%；年末互联网宽带用户数6.69万户，增长32%。

【财政、金融与保险业】 全县财政总收入11.11亿元，增长10.04%；其中，一般预算收入7.76亿元，增长4.39%。一般预算支出45.15亿元，增长8.43%；其中教育支出、社会保障和就业支出以及医疗卫生与计划生育支出分割为10.79亿元、8.69亿元和6.08亿元，分别增长22.42%、16.83%和3.04%。年末全县金融机构本外币各项存款余额290.98亿元，增长15.20%。其中，个人存款234.78亿元，增长12.38%；单位存款48.97亿元，增长20.17%。金融机构本外币各项贷款余额77.76亿元，增长12.53%。其中，短期贷款为19.73亿元，下降10.72%；中长期贷款44.21亿元，增长7.94%。全年保险保费收入40944万元；各项保费支出19840万元。

【教育、科技与文化事业】 全县小学适龄儿童入学率100%，平均受教育年限9.24年。中等职业教育在校学生5818人，普通高中在校学生17787人，初中学校在校学生38118人，普通小学在校学生70082人，特殊教育在校学生70人。全年完成高新技术产业增加值23.71亿元，增长14.8%；2016年专利申请量为208件，其中发明专利申请量为40件、实用新型专利申请量为67件，全年专利申请增长率达31%，其中发明专利申请增长达90%，争取国、省科技项目4个，共获无偿科技资金80万元。全县免费开放图书馆、文化馆和23个文化站；全年新书上架14批次余册，电子图书2万余册，免费接待读者13万人次；免费图书外借8.2万人次，为乡村和学校捐赠图书2000余册。举办祁东黄花节，完成沙井古建筑群第一期抢救性维修和石亭子镇贞节牌坊、文化艺人周策纵、周策横及管鋤非的故居维修。

祁东祁剧、草席传统制作技艺入选省第四批非遗保护项目名录；三官骨牌灯入选市第六批市级非遗保护项目名录；被省非遗中心授予“国家级非物质文化遗产项目——‘湖南渔鼓’保护传承基地”。电视综合人口覆盖率100%，城市有线电视用户36149户，农村有线电视用户72109户，全县有线电视用户108258户。全县档案馆1个，馆内存档175760卷，开放各类档案136082卷。

【卫生与体育事业】 全县乡镇村卫生室医疗机构326个，公办二级医院6个，公办一级和一般卫生院30个，民营医院6个，其中二级民营医院3个，妇幼保健院1个，卫生监督所1个，卫技人员4914个，执业医师（助理）1991个，执业护士1629个，床位4323张。全县新建农民体育健身工程18个，新建室外健身路径15条。共组织开展全县性大型群众体育活动10次，举办“中国·祁东”首届黄花菜节乒乓球、羽毛球大赛。人均拥有公共体育场地设施面积达到1.427平方米，经常性参加体育锻炼的人数比例达到42%。

【城乡建设】 县城实施基础设施项目共计13个，完成总投资5.41亿元；污水处理总量1213万吨，处理率为92%；建成区绿化覆盖率达到40.3%，新增燃气开户4500户，新增路灯210盏。完善乡镇（街道）基础设施，投资20万元以上项目41个，其中100万以上6个；农村危房改造完成3155套。

【环境与安全生产】 全年空气质量达标率为95.9%，地表水质达标率为100%。化学需氧量排放量、二氧化硫排放量、氨氮排放量和氮氧化物排放量分别为14718吨、782吨、1650吨和2156吨，分别减少0.67%、48.9%、0.6%和23.5%。全年共发生各类安全生产事故96起；道路交通万车死亡人数为3.2人，下降13.5%。

【人民生活与社会保障】 全县城镇居民人均可支配收入22695元，增长8.6%；城镇居民人均消费性支出13856元，其中食品支出4775元，居住支出3751元，医疗保健支出391元，文化教育娱乐服务支出1987元；城镇恩格尔系数为34.4%。农村居民人均可支配收入11987元，增长8.1%；农村居民人均消费支出9283元，其中食品支出3118元、居住支出2642元、医疗保健支出529元，文化教育娱乐服务支出1497元。农村居民家庭恩格尔系数为33.5%。全年城镇低保人数9302人，农村低保人数25428人，发放城镇和农村最低生活保障经费5258万元和6336万元。2016年末，全县参加城镇职工基本养老保险8.33万人；城镇基本医疗保险职工参保人数15.53万人，其中城镇职工参保人数5.64万人，城镇居民参保人数9.89万人；失业保险3.4万人；工伤保险6.84万人；城乡居民养老保险51.9万人；机关事业单位养老保险2.5万人；新型农村合作医疗参合人数76.6万人；社保基金安全完整率和规范运作率达100%。

【圣云大道开工建设】 3月30日，圣云大道西段（G322—黄星路）路正式开工。县人大常委会主任张永法主持开工仪式，县长杜登峰宣布项目开工。圣云大道全长12千米，是祁东县城一条非常重要的主干道，贯通整个县城，其北跨湘桂铁路及322国道，东接益娄衡高速连接线直达衡阳，并与衡祁快速线相连是县城的主要交通动脉。圣云大道西段（G322—黄星路）全长共计3.84千米，规划绿线宽100米，双向12车道。设计为城市主干道、车速50千米/小时，沥青混凝土路面。

【风力发电场签约】 5月10日，副县长周国栋代表县人民政府与中国风电集团湖南分公司总经理尚佳在县政府常务会议室就风力发电场落户风歧坪签订合作协议。此次签约引进风力发电机组25个，总装机容量50兆瓦，年发电量达1亿度，总投资5亿元。7月22日，县委常委、常务副县长刘桢干代表县人民政府与中国电建集团中南勘测设计院副总经理傅胜在县政府常务会议室就大马风电场签订合作协议。大马风电场由中国电建集团中南勘测设计院设计建设，引进风力发电机组25台，总装机规模5万千瓦，预计投资4.5亿元，风力发电场主要建设地在马杜桥乡，部分位于风石堰镇、玉合街道。

【祁东举办首届黄花菜节】 7月4日晚，在玉合广场举办2016中国·祁东黄花菜节开幕式文艺晚会。县委书记雷高飞致辞，中国蔬菜流通协会专职副会长董校堂向县长杜登峰授“中国黄花菜之乡”牌，副市长陈竞宣布首届黄花菜节正式开幕，台商与县内三个黄花菜示范企业互换合作文本。文艺汇演在民间民俗表演《骨牌灯》中拉开帷幕，系列节目陆续登场。祁东丝弦《母亲花》，祁东渔鼓《黄花情》、少儿表演唱《禾堂童谣》、交响祁剧《祁东，我为你歌唱》《祁东美》，舞蹈《亭亭萱草》，祁东小调《黄花恋歌》《我家黄花分外香》唱出祁东人的骄傲和自豪。7月10日，举办“黄花菜”创建省级“黄花菜出口质量安全示范区”活动、“舌尖上的黄花仙子”名厨竞技黄花宴、“黄花仙子起舞百里花海”乡村精品旅游线路等系列活动，以花旺游，以节兴菜，振兴黄花产业，发展乡村旅游，促进精准扶贫。

【祁东县公共文化服务中心开工建设】 11月6日，祁东县公共文化服务中心建设项目正式开工。中心规划选址位于永昌街道温泉、燕子岩村，圣云大道与永昌大道的交汇处，项目占地面积10公顷，总征地面积27.2公顷，总投资3.3亿元。工程建设以政务中心、文化馆、图书馆、博物馆、档案馆、电影院、祁剧院、电视演播厅、会议中心等为主体，配套建设文化广场、大型停车场，将打造成集行政审批、便民服务、群众休闲、公共娱乐和教育文体、培训、会议接待等公共服务为一体的综合性公共文化服务中心平台。

【衡缘物流专用铁路通车营运】 11月17日上午，一列满载化肥的火车驶进衡缘物流铁路专用线企业站，标志衡缘物流专用铁路正式通车营运。衡缘物流铁路专用线与湘桂线风石堰火车站接轨，正线长5.9千米，途径风石堰镇和永昌街道12个村49个组，实际铺轨11.87千米，总投资4亿元。2013年9月底破土动工，2016年9月底经广州铁路（集团）公司验收合格，报经中国铁路总公司运输批准，取得正式营运资格，纳入全国货运网络。衡缘物流铁路专用线货运站位于衡缘物流中心南向，拥有建筑面积1474.1平方米的货运站（信号楼）一幢，仓库13000平方米，露天堆场17000平方米，以及龙门吊等一批装卸机械，为到站的火车提供现代化货物运输、装卸、集散、重组等服务，设计年吞吐量400万吨。截至年底，与凯迪生物发电厂、海螺水泥、顺达矿业、永州燃料有源有限公司、鑫达石材等十六家企业达成年货物运输量在150万吨以上意向。

【祁东首家孔子学堂揭牌】 12月1日，祁东县首家孔子学堂观礼仪式暨香港恩慈教育基金等7家单位募捐活动在金桥镇枧桥小学举行。湖南省孔子学堂推广指导委员会副秘书长赵子维等出席本次揭牌仪式。这是衡阳市农村小学第一家孔子学堂。“香港恩慈教育基金会”“浙江舟山嵊泗教育慈善委员会”“衡东县聚创文化传播有限公司”等多家爱心企业为学校募捐现金和棉衣、音响设备、篮球架、羽毛球架等物品价值近6万元。

【祁东举办中国首届智能手机发展高峰论坛推介会】 12月17日，2016年中国首届智能手机发展10年高峰论坛在祁东县举行，当晚，祁东县举办招商推介会。祁东县委常委、统战部部长邹文胜主持，县长胡果雄作PPT招商推介，县委书记杜登峰在招商推介会致辞，欢迎与会人员到祁东县实地考察。来自华为、苹果等10家终端品牌生产企业的中外高管、研发机构技术骨干，以及国内多所高等院校专家和国内数十家手机配套上市企业代表等近500人参加招商推介会。招商推介会播放VCR宣传片《梦舞归阳》。

县委、人大、政府、政协领导名录

中共祁东县委员会

书　记　杜登峰

副书记　胡果雄　周志敏

常　委　龙建程　杨宏发

周跃军　雷建军

王国民　周乾坤

邹文胜　李东伟

陈小云

祁东县人大常务委员会

主　任　张永法

副主任　陈金定(女)

赵双凤(女、兼)
张伟麟　邹　皓
周皆民

祁东县人民政府

县　长　胡果雄
副县长　雷建军
高　瑛(女)
周国栋　肖乔峰
肖　钟　邹凌云
官三元

政协祁东县委员会

主　席　周艳春
副主席　唐德鸿
夏文运(兼)
贺安生(兼)
王新喜　匡学政

县行政企事业单位负责人

人武部部长　旷桂林
政委　李东伟
纪委书记　杨宏发
监察局局长　陈　玲
县委办主任　周跃军
机要局局长　陈小勇
保密局局长　李茂生
督查室主任　唐　彬
党史研究室主任　贺重阳
政策研究室主任　刘继海
档案局局长　王和平
接待处主任　周曙初
组织部部长　周乾坤
基层党建办主任　高　全
老干局局长　曾乐群
直属工委书记　唐吉祥
党校校长　彭中华
编办主任　李增庭
人社局局长　陈德元
总工会主席　周中朝
团县委书记　周玉峰
妇联主席　尹美莲
科协主席　李小阳
宣传部部长　龙建程
文体广电新闻出版局局长　高尚升
广播电视台台长　赵建新
祁东报社社长　肖素芳
新华书店经理　刘中良
统战部部长　邹文胜
工商联会长　匡学政
侨联主席　江安民
政法委书记　陈小云
防范和处理邪教问题办公室主任　周利民
综治办主任　王学成
公安局局长　肖乔峰
政委　李云龙
人民检察院检察长　蔡　艺
人民法院院长　刁俊军
司法局局长　李积福
交警大队教导员　申瑞红
队长　刘卫国
消防大队队长　杨震林
教导员　刘长青
人大办主任　陈黎明
人大财工委主任　周建元
人大选举任免联络工委主任　陈安生
人大内务司法工委主任　邹　凤
人大城建环保工委主任　赵北平
人大农工委主任　何红云
人大科教文卫工委主任　周国联
人大预算工委主任　严东华
经济开发区管委会主任　刘启明
归阳工业园主任　赵志明
政府办主任　张振宁
法制办主任　曾兰清
信访局局长　徐桃生
人防办主任　张　瑜
县志办主任　江满意
电子政务办主任　桂黛丽
政务中心主任　唐百利
禁毒办主任　邹兴宏
食安办主任　李满元
残联理事长　旷湘奇
中心市场管理处主任　李　杰
机关事务管理局局长　谢之明
城乡建设投资中心主任　周　军
财政局局长　谭志尚
民政局局长　陈助元
国土资源局局长　张云星
环保局局长　彭朝晖
国税局局长　曹永红
地税局局长　邱珍良
安全生产监督局局长　徐京一
移民局局长　张　瑛
城市管理行政执法局局长　李晓球
政协秘书长　彭定芳
政协提案法制委主任　刘伟文
政协财政经济联络委主任　周冰波
政协科教文卫体委主任　曾湘莲
政协文史群团委主任　尹才元
政协人口资源环境和法制委主任　陈　念
政协委员联系室主任　王志军
经济信息化局局长　汪选民
轻工业集团总公司负责人　雷云山
供电公司经理　陈恢军
电信祁东分公司经理　李小元
邮政局局长　王　勋
移动公司经理　李永新
联通公司经理　刘　博
发展和改革局局长　周安德
统计局局长　周松生
国家调查队队长　胡登高
农业局局长　谢雪峰
林业局局长　陈彦青
农机局局长　王铭章
畜牧水产局局长　李祥云
农村经营服务中心主任　刘红卫
农业开发办主任　袁养道
农民负担监管办主任　罗立海

水务局局长	王定昊
气象局局长	管　斌
商粮局局长	陈高良
粮食储备中心主任	曾爱军
商业集团总公司总经理	王泽全
供销社理事会主任	王晓峰
市场和质量监督管理局局长	官中平
市场管理局局长	肖启军
烟草局局长	周　辉
盐务局局长	肖飞虎
人民银行行长	封　晖
工商银行行长	石生明
农业银行行长	段　炼
建设银行行长	贺坚义
中国银行行长	王　璐
农业发展银行行长	苏书连
邮政银行行长	刘云华
农村信用合作联社理事长	梁新斌
人民保险公司经理	王文军
人寿保险公司经理	仇　猛
交通旅游局局长	官东生
公路局局长	王　绅
湘运集团祁东公司经理	官志刚
书记	蔡春红
祁东火车站站长	曾小明
书记	钱常青
教育局局长	王君晖
一中校长	付三元
总支书	陈吉光
二中校长	匡宗春
总支书	李德宝
育贤中学校长	贺安生
书记	邓松柏
职业中专校长	唐卫民
总支书	江佰顺
教师进修学校校长	周所有
总支书	陈红光
卫计局局长	刘良宝
住建局局长	何　剑
规划局局长	陈善东
审计局局长	王君辉
洪桥街道办事处书记	陈　琼
主任	周卫勇
玉合街道办事处书记	刘文勇
主任	李冬莱
永昌街道办事处书记	雷发明
主任	周超平
白鹤铺街道办事处书记	肖湘东
主任	邹西伟
金桥镇书记	周　波
镇长	陈旭亮
鸟江镇书记	张中柏
镇长	龙能腾
粮市镇书记	刘康柏
镇长	谢　俊
河洲镇书记	陈学军
镇长	陶建芳
归阳镇书记	刘卫华
镇长	周志杰
过水坪镇书记	龙振华
镇长	周天宇
双桥镇书记	曾小卫
镇长	邹成平
灵官镇书记	王志英
镇长	高建军
风石堰镇书记	陈慧忠
镇长	王盛华
白地市镇书记	陈一江
镇长	郝建明
黄土铺镇书记	肖　轲
镇长	刘登定
石亭子镇书记	丁国顺
镇长	周伟罡
官家嘴镇书记	张　峰
镇长	高国军
步云桥镇书记	谭朝晖
镇长	谢建兵
砖塘镇书记	王克强
镇长	陈志强
蒋家桥镇书记	彭安华
镇长	肖旭东
太和堂镇书记	陈　鹏
镇长	谭绪红
马杜桥乡书记	李兴成
乡长	蒋建国
凤歧坪乡书记	段海桥
乡长	彭双娣
城连墟乡书记	肖巍峰
乡长	周　波
四明山国家森林公园管理处书记	郝迪林
主任	罗志宏

（撰稿人：徐文成）

常宁市

【地理、区划与人口】 常宁市位于衡阳市西部，湘江中游南岸。2016 年，常宁市有 18 个乡镇、3 个街道办事处、1 个风景名胜管理处。全市国土总面积 206400 公顷，年末耕地面积数 50630 公顷。全市年末户籍人口总户数 29.21 万户，总人口 97.01 万人；常住人口 83.14 万人，其中：农村 43.15 万人，城镇 39.99 万人。城镇化率 48.1%。据市计生委统计，全市共上报出生 12050 人，出生率为 12.53‰，其中政策内出生 10921 人，符合政策生育率为 90.63%，出生人口性别比为 107.04。

【经济总量】 全年实现地区生产总值（GDP）296.67 亿元，按可比价格计算（下同），增长 7.8%，低于衡阳市平均水平 0.1%。其中：第一产业完成 51.98 亿元，增长3.4%；第二产业完成114.11亿元，增长5.9%；第三产业完成130.58亿元，增长11.5%。第一、二、三产业对全市经济增长贡献率分别为7.6%、30.4%、62%，分别拉动GDP增长0.6%、2.4%、4.9%。按常住人口计算，人均地区生产总值35619元，增长6.7%。全市三次产业比为17.5∶38.5∶44。与2015年相比，第二产业占比下降1.9%，第三产业占比提高1.9%，第三产业成为本市经济发展的支撑行业。占经济总量比重达为44%，对GDP贡献率达62%，直接拉动GDP增长4.9%。新增“四上”企业33个，其中：规模工业企业14个，资质建筑业、房地产企业6个，限上贸易企业11个，规模服务业企业2个。

【农业】 农林牧渔业实现总产值86.4亿元，增长3.5%。其中，农业产值28.9亿元，林业产值9.4亿元，牧业产值40.2亿元，渔业产值5.5亿元，农林牧渔服务业产值2.2亿元。完成农林牧渔业增加值53.09亿元，增长3.5%。坚持以粮食生产为重点。全年完成粮食播种面积70.64千公顷，实现现粮食总产量40.6万吨；蔬菜总面积13.74千公顷，总产45.07万吨；油菜3.83万吨；全市共落实烟叶种植面积2.2千公顷，分布在13个种烟乡镇，133个种烟村，1145户烟农，户均种植1.92公顷，收购烟叶84115担。出栏生猪117万头，牛3万头，羊12.76万只，出笼家禽1678.97万羽，水产品总量35154吨，年末存栏生猪61.37万头，牛4.38万头，羊9.35万只，存笼家禽1269.16万羽。完成荒山造林面积4.03千公顷，其中完成油茶造林2.45千公顷，杉树造林0.97千公顷，松树造林0.1千公顷；完成退耕还林造林0.25千公顷。

【工业和建筑业】 全部工业增加值109.4亿元，增长6.6%，其中，规模以上工业企业增加值累计增长7.2%。规模以上工业企业完成总产值196.4亿元，增长9.6%，其中：大中型工业企业增长-11.2%，省级及以上产业园区（含集中区）增长8.2%。按轻重工业分：轻工业增长15.4%，重工业增长8.1%。从经济类型来看，外商和港澳台投资企业下行较快，增速为-20%。规模工业的重点行业中，有色金属冶炼及压延业增长11.2%；化学原料及化学制品制造业增长0.2%；非金属矿物制品业增长14.5%。全市规模工业企业累计实现工业销售产值194.1亿元，增长9.2%，工业产品销售率为98.8%。重点工业项目顺利推进。全市纳入衡阳市2016年重点工业项目7个，其中新建项目5个，续建项目2个，竣工2个，累计完成投资28.07亿元。嘉兴木业年产4.5万立方米胶合板及生态板生产线在7月竣工投产；金翼铅业配套建设年处理50万吨废旧铅酸蓄电池拆解生产线标准厂房建设和设备安装；鸿博稀土抛光高新材料建设项目征地4公顷，完成标准厂房建设；华兴冶化、大宇锌业进入设备安装和水泥硬化阶段。全市建筑业总产值10.96亿元，增长-5.6%；全市建筑业增加值4.71亿元，增长-9%。全市共有质资建筑业企业15家，其中，二级质资建筑业企业2家。

【固定资产投资】 完成固定资产投资179.00亿元，增长15.9%，环比上月提高0.9%，低于衡阳市平均水平0.3%。其中，房地产完成投资5.58亿元，增长28.14%，商品房销售面积21.01万平方米，增长43.4%。完成投资105.5亿元，占年度计划的101.7%。其中列入衡阳市重点工程建设项目33个，总投资197.4亿元，年度计划投资66.8亿元，完成投资68.3亿元，占年度计划的102.2%。水口山环境治理污染场地主体工程完成；嘉兴木业竣工投产，西一环（南段）竣工通车，青市车站主体工程完工。瓦松铁路全力施工、广济水库工程灌区渠道隧洞和大坝基础砼浇筑工程稳步推进，田野绿世界正在进行基础设施建设。华岁国际商贸城正进行主体工程。抓好项目争取。全年，共争取上级部门安排的各类投资补助资金11.1亿元。中央、省预算内资金项目15个，到位资金3.25亿元，其中：资源枯竭型城市获得国家转移支付资金2.12亿元，保障性安居工程配套基础设施到位中央资金4402万元，环境污染治理2130万元，政法基础设施1368万元，新增粮食产能1200万元。前三批成功争取专项建设基金项目15个，资金额达7.85亿元，其中：棚户区改造

1.29亿元，城镇供排水基础设施6000万元，重点水资源配置1.2亿元，易地扶贫搬迁8965万元，旅游基础设施3000万元，独立工矿区搬迁改造1.87亿元，城镇污水垃圾处理设施4660万元，增强制造业核心竞争力1.13亿元，养老服务1000万元。

【贸易和旅游】 全市完成社会消费品零售总额89.22亿元，增长11.5%，低于衡阳市平均水平0.3%。支持中国邮政常宁分公司利用现有便民服务网点，构建农村新型电商流通布局，全市建村级服务站147个。全市进出总额28388万美元，增长3047%，出口总额2272万美元，增长166.2%。共引进项目40个，引进资金35.5亿元；其中，引进内资项目28个，引进内资28.5亿元；引进外商再投资项目12个，引进资金10819万美元。全市实现旅游总收入6.66亿元，增长25.6%，接待游客228万人次，增长23.4%；年末全市共有等级旅游区（点）9个。

【交通和邮电】 全年实现交通运输、仓储和邮政业增加值7.98亿元，增长1.6%。全市民用车辆保有量达到8.89万辆。完成货物周转量32.23亿吨千米，增长6.3%；完成客运周转量27.69亿人千米，增长4.9%。完成农村公路提质改造项目48个总里程131.1千米，其中，县乡道25.5千米，村道105.6千米。

全市邮电业务总量（按不变价计算）5.05亿元，增长15.3%，其中：电信业务总量4.45亿元，增长15.4%；邮政业务总量0.6亿元，增长15.3%。年末固定电话用户9.79万户，下降3.5%。移动电话用户66.06万户，增长14.7%。年末互联网宽带用户数15.4万户，增长13.3%。

【财政与金融】 全年实现财政总收入16.85亿元，增长3.2%，较2015年同期下降12.4%。其中：地方收入13.41亿元，增长7.5%，较2015年同期下降10.4%，人均财政收入2023元/人。税收占财政收入比重为55.1%，较2015年下降10.2%。公共财政支出53.97亿元，增长5.4%，较2015年同期下降26.5%。其中：民生支出完成35.79亿元，占财政总支出的比重为66.3%。截至年底，全市金融机构各项存款余额247.98亿元，增长20.8%，其中，住户存款184.58亿元，增长14.9%。各项贷款余额为104.70亿元，突破百亿关口，增长27.9%。存贷比为42.239.9%，较2015年同期提高2.3%。

【教育和科技】 全年有学校225所，在校学生12.64万人，普高、职高、初中、小学在校学生分别为14010、5304、34251、72874人，在岗教师7367人。全市适龄儿童、少年入学率达到100%，小学、初中巩固率分别达到98.7%、97.27%。本级招考教师到位155人，到位特岗教师159人，到位免费师范生50人。启动常宁一中、二中新校区建设。二中新校区的征地工作、立碑定界、环评和规划设计工作完成，启动学校建设；一中新校区完成选址工作。实验高中于8月10日投入使用。常宁七中教学楼完成主体建设。宜城小学综合楼全面完成。宜阳小学新建教学楼投入使用。全年城区增加学位3000多个。结合薄弱学校改造、合格学校建设，推进乡镇“两校一园建设”，完成合格学校（园）建设项目共17所。为全市70余所学校添置补充实验教学仪器、设备和音乐、美术器材。2016年，有3家企业获国家高新技术企业认定，高新技术产值达78亿元，同比增长20%，高新技术产值占规上工业总产值41%，列入省科技计划项目2个，衡阳市科技计划项目7个，全年专利申请186件，其中发明专利申请36件，发明专利申请量增长24.1%，有效发明专利拥有量36件，有效发明专利增幅71.4%。高新技术产业增加值占GDP比重为5.2%，较2015年提升0.4%。

【文化、卫生和体育】 2016年，全市拥有6处省级文物保护单位，30处市级文物保护单位，共登记在册的可移动文物8261件。人均拥有公共文化体育设施面积4.6平方米。“南詹正骨”申报为省级非物质文化遗产。全市公共文化场所全部免费正常开放，组织文化演出20多场，培训班10期，参训1100多人次。全市完成公益性电影放映7000多场。放映平安建设法制宣传短片或普法、禁毒教育影片等2000多场。在市文化馆举办两期为期10天的农村业余文艺骨干培训班，全市70名骨干参加培训，有效地提高基层文艺工作队伍的素质，推动本市文化建设。累计开展市级全民健身活动20多次，参与健身活动人数3万多人次。协助、指导各级单位、乡镇、学校开展各种体育健身活动60多次，参加活动人数达到2万多人次。组织参加衡阳市文体广新系统气排球比赛并获得一等奖。全市有电视台1个，广播电台1个。新增有线电视基本客户5780户；净增宽带客户5364户；新建宽带专网5条；净增无线数字电视5300户。

全市拥有各级各类卫生机构870所，其中市直二级医疗机构7所，包括二级综合医院2所、中医院1所、妇幼保健院1所、专科民营医院3所，乡镇卫生院22所、社区卫生服务中心4所、村级卫生室367个、民办诊所50所、其他各类各种机构80所（包括分院、厂矿医务室等）。卫生技术人员4198人，其中执业医师和执业助理医师1913人，注册护士1459人。各级各类医疗机构总床位3987张。新增居民健康档案51446人，累计建档人数达到77万余人，其中电子建档76万余人，共查出高血压42457人、糖尿病患者10679人，重性精神病患者3560人，并建立慢病患者管理档案，规范化管理高血压患者41126人，糖尿病患者10255人，重性精神病患者3365人，规范化管理率分别为96.86%、96.0%和94.5%。全年年活产数为8464人，产妇数为8441人，孕产妇系统管理7504人，系统管理率88.66%，住院分娩活产8464人，住院分娩率为100%，高危孕妇筛查1742人，筛查率为20.64%；5岁以下儿童死亡53例，死亡率6.26‰。全年农村孕产妇住院分娩5546人，补助资金166.425万元。全年无甲类传染病报告，乙类传染病报告9种942例，无死亡病例，报告发病率104.6/10万，发病率同期上升0.25%。

【城建、环保和安全】 城市一环线全部完成路面油化，于2016年12月26日实现全面通车。补修主次干道破损路面17523平方米，完成9条主次干道沥青油化提质工程。完成市府路、南塘小区道路、宜青路人行道建设；宜阳工业走廊常兴路、富园路、兴园路建设完成管道制安、路基、道路碎石垫层等工程量；青阳北路提质改造工程完成完成路基、路面、人行道板砖、绿化、亮化建设。完成20余条背街小巷改造任务。实施完成宜水西岸风光带污水主管二期工程，纳污主干管长约1600米；龙家湾下水道改造工程完成农业局至北一环段长约750米管道铺设；启动实施南门湖污水管网和水口山镇污水管网建设。完成宜水、潭水四个排污口的截污工程；完成国土局路口等7处城市易涝区域治理，及时解决排水问题。年内安装供气主干管17千米（其中城区5千米、水口山12千米），庭院管网47千米（其中城区30千米、水口山5千米）；完成6300多户居民燃气管道入户安装，天然气用户累计达1.5万户，签约用户累计近3万户，天然气管网覆盖率约70%，气化率30%，城区供气量高峰期突破1.6万方/天、水松地区近5万方/天。引进民间企业负责弱电管沟出资建设、经营管理和维护工作，明确城市规划区地下弱电管网实行下地共沟、集约化建设。完成东风广场提质改造、锡爵塘公用停车场建设、南一环和林业局2处公厕建设；宜水湾广场已完成土方开挖、换填、树苗栽植等；谷家洲小游园防洪堤建设项目完成护坡砌筑、抛石去淤、土方外运及回填等；砚池山公园完成部分路基土石方、路面、雨污管及园区内部分绿化亮化、游道、小游园等配套基础设施并对外开放；青阳广场正在加紧施工。城区LED路灯节能改造项目于2016年10月开工，完成2100多盏路灯更换；完成房产局门前、南塘、自来水公司路段等三处路灯安装工程。

推进燃煤锅炉治理淘汰，2016年常宁市城镇燃煤锅炉淘汰项目8个，常宁市宜城大酒店、常宁市中医院等8家全部改用天然气或生物质燃料；启动挥发性有机物（VOCs）治理，确定需安装油气回收装置的加油站38家。全市二氧化硫均值为22微克/立方米、二氧化氮均值为20微克/立方米、可吸入颗粒物均值为56微克/立方米、一氧化碳均值为0.8毫克/立方米、臭氧均值为60微克/立方米、细颗粒物均值为35微克/立方米，全年环境空气考核天数366天，优良天数为358天，空气优良率为97.8%。纳入《衡阳市水污染防治2016年度实施方案》重点项目共36个，其中农业农村污染防治项目2个，饮用水源和水质较好湖泊（水库）保护项目3个，重金属污染防治及重点区域污染综合整治项目31个。大气降水点位常宁市环保局楼顶共采集雨样72个，其中酸雨个数50个，酸雨百分比为69.4%。降尘三个监测点位：环保局楼顶、泉峰中学和柏坊镇红泥村富子组，每个点位监测2次，共获取有效数据6个，降尘全市均值5.6吨/平方千米/月。城市集中式饮用水源源头洋泉水库、自来水取水口断面水质分别达到Ⅰ类、Ⅲ类水质标准，达标率100%；湘江松柏断面水质已达到Ⅲ类水质标准，舂陵水罗渡断面各项污染因子浓度较2015年均有不同幅度的下降，基本能达标。共完成70余个建设项目的环境影响评价及审批手续，完成40家企业的“三同时”验收工作；排污费征收工作超额完成，征收排污费1000余万元；处理来信来访，共接到环境信访案件95起，全部结案，信访投诉办结率100%。

全市共发生各类安全生产事故18起，死亡14人，无重伤人员。各项指标均在控制范围以内。亿元GDP生产安全事故死亡率0.0202；火灾事故死亡率0.012；交通事故死亡率0.3602；无一起群体性食品安全事故。

【人口、社会生活和保障】 2016年，全市年末户籍人口总户数29.21万户，总人口97.01万人；常住人口83.14万人，其中：农村43.15万人，城镇39.99万人。城镇化率48.1%。据市计委统计，全市共上报出生12050人，出生率为12.53‰，其中政策内出生10921人，符合政策生育率为90.63%，出生人口性别比为107.04。

2016年，城镇居民人均可支配收入为27491元，增长8.6%；农村居民人均可支配收入为14080元，增长9.9%。城乡居民收入差距缩小，收入比为195.2：100，较2015年缩小2.4%。居民人均文教娱乐服务支出2226元，居民文教娱乐服务支出占家庭消费支出比重为16%，较2015年提高1.5%。人均住房使用面积62.7平方米。

基本社会养老保险覆盖率达到95%，参保人数和基金征缴稳中有增。机关事业单位养老保险在职参保20970人，征缴养老保险基金35027万元，为7563名离退休人员发放待遇31583万元。企业养老保险参保人数49326人，共征缴基金29804万元，新增参保人数3802人，为30610名退休人员发放养老金58357万元。同级财政落实补助资金578万元，企业退休职工养老金“十二连调”，人均增加养老金139元。城乡居民养老保险参保人数48.03万人，征缴社会养老保险基金3548.2万元，为11.06万人发放待遇11287.7万元。被征地农民参加社会养老保险1586人。基本医疗保险覆盖率达到100%，全面完成城乡居民基本医疗保险制度整合，建立城乡统一的居民基本医疗保险制度。城镇职工基本医疗保险参保人数51487人，征缴基金12900万元，完成全年任务148.3%，为22106人发放待遇12400万元。城镇居民医疗保险参保人数10.2万人，征缴基金5378万元，享受待遇17864人次，待遇支出4981万元。新型农村合作医疗参保人数68.075万人，待遇支出29788.03万元。生育保险参保人数31025人，征缴基金386万元，为845人发放待遇314万元。失业保险参保人数55086人，征缴基金1223.5万元，完成全年任务的203.9%。工伤保险参保人数57356人，征缴基金1657万元，为884名工伤职工支付待遇1333万元。

2016年，全市共有城市低保5473户、6287人，农村低保13459户、25253人。月人均补差水平提高到420元、220元；全市共有五保对象5593人，其中分散供养对象4670人，集中供养对象923人。供养标准分别达到3240元/年/人、6480元/年/人。医疗救助4758人次，发放救助金527.6万元。全市667名孤儿基本生活得到保障，其中集中供养59人，月人均发放1000元；分散孤儿608人，月人均600元。基本养老服务补贴覆盖率达100%。共接收慈善资金96.2万元，其中上级慈善资金13.9万元，接受捐赠物资价值360.7万元。开展慈善救助解难工作。全年共救助434人次，发放救助金85.52万元。福利彩票销售达到2474余万元。

【成功创建省级卫生城市】 2016年11月，常宁市成功通过省级卫生城市检查验收。近年来，常宁市全力以赴推进省级卫生城市创建，坚持全民动员，全员参与，实行路段长包干负责、部门协作联动，全面开展“三清三建”，着力消除脏、乱、差现象，城区环境卫生明显改观，基础设施明显改善，城区交通秩序、经营秩序明显好转。

【获“2016年度全国重点产茶县”光荣称号】 2016年11月，在第十二届中国茶业经济年会上，常宁市被授予“2016年度全国重点产茶县”称号。近年来，常宁市大力发展茶叶产业带动群众脱贫致富，先后获“全省生态有机茶之乡”“全国重点产茶县”等多项殊荣。截至年底，常宁市从事茶叶产业的农户有4600多户约1.5万人，其中建档立卡的贫困户有118户614人，茶叶成为精准扶贫的“致富叶”“幸福叶”。

市委、人大、政府、政协领导名录

中共常宁市委员会
书　记　刘达祥
副书记　吴乐胜　唐奇林
常　委　周晓侣　谌惠渝
　　　　张　斌　陈苏杭
　　　　邹雄杰　郭松青
　　　　张　昕　梁宇琦
常宁市人大常委会
主　任　李新华
副主任　彭芳楠　肖孝慈
　　　　唐高峰　李支农
　　　　张志斌
常宁市人民政府
市　长　吴乐胜
副市长　郭松青　阳　青
　　　　王一花（女）
　　　　蒋　隽　邹远国
　　　　廖　勇　段　鸣
　　　　彭晓宏
政协常宁市委员会
主　席　王若君
副主席　肖荣望　郭秀清
　　　　谭云峰（兼）
　　　　郭云金（兼）
　　　　盘　芳（女，兼）

市行政企事业单位负责人

政法委书记　张　昕
组织部长　周晓侣
宣传部长　谌惠渝（女）
纪委书记　邹雄杰
人武部长　谭盾钢
市委办主任　梁宇琦
公安局局长　廖　勇
政委　袁丰力
人民检察院检察长　王胜利
人民法院院长　张永灵
水口山经济开发区管委会主任　尹建恒
天堂山国家森林公园管理处主任　谢小平
监察局长　刘国生
优化办主任　张志军
巡察办主任　秦小乔
常宁报社社长　王学辉
档案局局长　姚小明
接待处主任　朱俊清
史志办主任　廖爱国
党校校长　曾小春
总工会主席　何　军
老干局局长　唐贵琳（女）
编委办主任　汪　华
团市委书记　彭　波
妇联主席　刘晓梅（女）
市科协主席　唐高峰
文联主席　陈坤山
文体广新局局长　邹求荣
广播电视台台长　吴岳清
工商联主席　盘　芳（女）
台办主任　尹书成
侨联主席　李秀英
水口山公安分局局长　李云龙
交警大队队长　崔琼璋
政府办主任　易泽忠
人大办主任　赵桂文
政协办主任　江月华
人防办主任　尹国文
政府商业企业改制工作主任　彭秋桂
法制办主任　王　颂
政务中心主任　刘振华
电子政务办主任　刘伟华
安监局局长　许智维
金融办主任　谭炎文
经济科技和信息化局局长　刘文春
信访局局长　段　骁
移民局局长　邓承华
民政局局长　肖卫东
老龄办主任　宁丽艳
残联理事长　周建新
审计局局长　詹先辉
环保局局长　吕秋明
卫生和计划生育局局长　雷青元
人民医院院长　刘志坚
中医院院长　邓芳文
妇幼保健院院长　胡　凡
市场和质量监督管理局（市食品药品监督管理局、市食安办主任）局长、书记　段曙辉
发改局局长、书记　王经余
人力资源和社会保障局局长　罗更生
统计局局长　唐　彬

交通运输和旅游局党委书记、局长 张志斌
公路局局长 李国儒
商务和粮食局局长 张建军
粮食服务中心主任、书记 段利圭
烟办主任、书记 管志善
财政局局长 滕　文
供销社主任、书记 段晓宏
轻工业总公司党委书记、总经理 陈海华
煤炭服务中心主任、书记 李月初
农业局局长、书记（市农办主任） 郭文峰
林业局局长 谢金山
弥泉林场场长 陈辉华
大义山自然保护区管理局局长 姚　宏
水利局局长 雷荣华
房产局局长 欧秋生
洋泉水库管理局局长 谢爱平
农机局局长、书记 唐雍钧
农村经营服务中心党组书记、主任 盘玖余
畜牧水产局局长、书记 刘志刚
农业综合开发办主任、书记 黄小南
住建局局长 邓耀龙
公共交通道路运输管理处主任 刘建国
建筑工程质量监督站站长 刘四成
规划局局长 阳　磊
城管局局长 雷知生
国土资源局局长 颜　青
城市开发总公司总经理 邹　胜
教育局局长、书记 封红伟
教师进修学校校长 滕仲春
一中校长 张永康
二中校长 易　昕
职专校长 郝绍华
市委第一巡查组组长 李亚东
市委第二巡查组组长 彭秋桂
市委第三巡查组组长 邓　珂
市委第四巡查组组长 梁武刚
市委第五巡查组组长 漆詹洪
市委第六巡查组组长 李勇民
城市和农村建设投资有限公司董事长 郭　雄
交通建设投资有限公司董事长 陈开宝
环境保护投资有限公司董事长 吴良忠
水务投资集团有限公司董事长 邹少文
农业投资发展有限公司董事长 黄建国
水文局局长 施冬奇
新华书店经理 袁　峰
国家统计局常宁调查队队长 彭运瑞
电力局局长 彭　坚
电信局局长 邓卫民
地税局局长 陈全红
国税局局长 欧阳成
烟草局局长 唐海峰
气象局局长 宾素芝
住房公积金管理中心常宁管理部主任 杨伫风
邮政局局长 肖永红
移动公司经理 李　晖
中石化公司经理 阳桂元
中石油公司经理 黄　浩
盐务局局长 段　俊
人行行长 张向东
工行水口山支行行长 申顺国
常宁工行行长 张孔昭
农行行长 胡　炜
建行行长 高　辉
中行行长 刘志伟
农发行行长 李爱民
农商行董事长 黄敦福
农商行行长 朱国良
人寿公司经理 江　涌
财保公司经理 杨　明
邮政储蓄银行行长 李小林
联通公司经理 李　建
中华联合保险公司经理 吴传平
珠江村镇银行行长 车　铭
华融湘江银行行长 万慕辉
水口山有色金属集团总经理 吴世忠
书记 肖富国
五矿铜业有限公司总经理兼法人 肖功明
衡阳市柏坊煤矿矿长 邹忠德
书记 张志红
衡阳市裕民煤矿矿长 华连谷
书记 陈小荣
消防大队队长 曹令福
消防大队教导员 王书传
武警中队队长 周文杰
教导员 雷　佳
湘运公司常宁分公司 张旭宁
中油金鸿管道燃气公司经理 左小仲
水口山镇书记 彭文忠
镇长 刘政兵
白沙镇书记 欧伯春
镇长 吴煜斌
洋泉镇书记 彭旭大
镇长 刘朝阳
兰江乡书记 彭　评
乡长 邓运香
三角塘镇书记 雷华清
镇长 漆詹洪
柏坊镇书记 刘清河
镇长 谢春桂
蓬塘乡书记 颜晓曦
镇长 阳韶清
烟洲镇书记 袁立明
镇长 李　平

荫田镇书记	刘向阳
镇长	刘扬徕
西岭镇书记	刘新华
镇长	周志强
罗桥镇书记	彭晓洪
镇长	汪　珀
庙前镇书记	彭国喜
镇长	张　涛
板桥镇书记	刘湛艳
镇长	段　立
胜桥镇书记	王志华
镇长	张良相
塔山乡书记	彭小冬
乡长	盘凤成
官岭镇书记	易泽忠
镇长	唐　成
新河镇书记	邓志军
镇长	刘卫菊
大堡乡书记	王元成
乡长	吴瑞嵘
宜阳街道办事处书记	周林文
主任	张明武
培元街道办事处书记	罗格文
主任	刘劲松
泉峰街道办事处书记	曹行贻
主任	李芳林
天堂山办事处党书记	彭益玲
主任	李尤生
宜潭片区服务中心主任	周　泉
水口山铅锌矿社区服务中心主任	唐百才
柏坊铜矿社区服务中心主任	梁武钢

（撰稿人：段云席）

耒阳市

【地理、区划与人口】 耒阳市位于湖南省东南部，衡阳盆地南端，五岭山脉北面，东北邻安仁县，东南及南面连永兴县，西南角接桂阳县，西临舂陵水与常宁市隔河相望，北界衡南县。地处北纬26°08′～26°43′，东经112°38′～113°13′。南北长62千米，东西宽58千米，成不规则菱形。2016年，全市辖24个乡镇、6个街道办事处，市内设1个省级正处级经济开发区。土地总面积2656平方千米。年末常住人口总户数34.22万户，总人口117.22万人。其中，男性60.51万人，女性为56.71万人；农村人口58.64万人，城镇人口58.58万人；城镇化率达49.97%。全年出生人口1.91万人，出生率13.01‰；死亡率6.17‰；人口自然增长率6.84‰；出生人口性别比为107。年内气温最高39.7℃，最低-4.5℃，全年降水量1534.7毫米。

【经济总量】 全年实现地区生产总值（GDP）428.6亿元，增长7.9%。其中，第一产业实现增加值69.16亿元，增长3.5%；第二产业实现增加值154.8亿元，增长6.7%；第三产业实现增加值204.65亿元，增长10.5%。一、二、三产业对全市经济增长贡献率分别为7.0%、31.7%、61.3%，分别拉动全市GDP增长0.6%、2.5%、4.8%。按平均常住人口计算，人均地区生产总值36393元，增长10%。

全市三次产业比为16.1∶36.1∶47.8。与2015年相比，第一产业占比持平、第二产业占比下降1.5%，第三产业占比提高1.5%。其中，工业增加值占GDP比重为35.3%，对经济增长贡献率达31.4%，拉动GDP增长2.5%。

【农业】 2016年，全市农作物总播种面积158.11千公顷，增长1%；粮食作物播种面积89.32千公顷，增长0.1%；油料种植面积35.43千公顷，增长2.5%；蔬菜种植面积21千公顷，增长2%。粮食总产量51.02万吨，下降1.8%；出栏肉猪140.05万头，下降0.3%；出栏牛3.76万头，增长1.3%；出栏羊4.31万头，增长4.9%；出笼家禽2064.16万羽，增长4.8%；水产品产量30460吨，下降3.7%。油茶示范林超2万公顷，年产茶油600多万公斤，耒阳油茶成功注册国家地理标志。

全市新增农民专业合作社115个，总共有农民专业合作社615个，其中国家级专业合作示范组织4个，省级专业合作示范组织6个；农民专业合作社成员9265人。新增家庭农场145家，全市共有家庭农场434家。

2016年度完成4座重点、68座一般性小二型水库除险加固工程，完成淝江河三都镇治理工程和耒阳重要河段泗门洲右岸保护圈治理工程，新建51处供水工程，解决饮水困难人口3.21万人，农村自来水普及率达到72.3%。加强小型农田水利建设，年末农业机械总动力90.56万千瓦，增长6.3%。

【工业和建筑业】 全市工业增加值为151.39亿元，增长6.8%。

其中规模工业增加值增长7.3%；规下工业增加值增长3.7%。出口交货值为3.54亿元，增长14.1%。在规模工业中，园区规模工业增加值为33.22亿元，占全市规模工业比重达45%。全市规模工业实现产销率99.7%，增长0.21%。新产品产值19.88亿元，下降4.9%。

规模工业实现主营业务收入250.76亿元，增长11.6%；实现利润总额17.3亿元，下降7.7%。吸纳从业人员3.5万人。经济开发区签约引进项目34个，总投资超过10亿元，创新创业园建成租赁招商，广州花都皮具协会14家皮具箱包企业签约入驻，焱鑫有色金属、诚松新材料、金悦科技等企业积极筹备上市。

建筑业总产值7.46亿元，增长8.72%。全市建筑业增加值3.4亿元，增长2.9%。房屋建筑施工面积182.95万平方米，增长5.14%；房屋建筑竣工面积53.65万平方米，增长18.12%。

【固定资产投资】 2016年，全市固定资产投资完成357.59亿元，增长7.5%。其中，城镇固定资产投资346.79亿元，增长6.7%。房地产投资完成10.79亿元，增长40%。商品房销售面积40.59万平方米，增长71.7%。

工业固定资产投资142.29亿元，下降1.3%。工业投资占固定资产投资的比重为39.8%，下降6.2%。

【国内贸易和物价】 2016年，全市社会消费品零售总额127.4亿元，增长11.9%。其中，限额以上企业商品零售额10.1亿元，增长18.7%。

居民消费价格总水平上涨2.1%，商品零售价格指数上涨2.1%。分类别看，全年食品价格上涨7.2%；烟酒类上涨1.7%；中西药品及医疗保健用品上涨10.2%；体育娱乐用品上涨2%；建筑材料及五金电料上涨1.6%；金银珠宝上涨3.6%；日用品下降0.3%；交通、通信用品下降2.1%。

【对外经济和旅游】 引进产业项目136个，实际到位内外资金31.5亿元，引进五公仙景区、鹿岐峰大桥、全民健身中心等过亿元项目12个。

全市实现国内旅游总收入57.32亿元，增长13.2%；接待游客716.45万人次，增长11.07%，其中：过夜游客317.39万人次，增长23.5%；一日游游客399.06万人次，增长73.7%。

【交通和邮电】 2016年，全市机动车保有量10.25万台，其中汽车5万台，重点车1953台，摩托车4.99万台，挂车97台，农用车451台。全年交通运输、仓储和邮政业完成增加值33.93亿元，增长1.1%。全年各种方式完成客运周转量6.15亿人/千米，增长1.8%。全市公路线路年末里程4400千米。

耒阳大桥如期通车，鹿岐峰大桥建设顺利，城市外环线107国道改道和竹哲公路、余长公路顺利启动建设，完成农村公路提质改造120千米、安保设施建设60千米，新建或改造危桥21座、渡口码头15座，农村交通状况大为改善。治超工作稳步推进，竹市治超站被评为全省十佳站。

全年完成电信业务总量3.81亿元，比2015年增长13.4%。年末固定电话用户10万户，移动电话用户68.18万户，互联网宽带用户数9.92万户。

【财政、金融和保险】 全市财政总收入27.16亿元，增长6%；其中，一般预算收入20.68亿元，增长12.94%。税收收入为13.69亿元，占总收入的50.4%。一般预算支出63.62亿元，增长9.08%。

年末，耒阳市金融机构本外币各项存款余额为349.54亿元，比年初增加53.22亿元，其中人民币各项存款余额344.97亿元，比年初净增53.05亿元，增长18.17%。其中，个人存款余额为258.85亿元，比年初增加29.41亿元，增长12.82%；单位存款余额为85.97亿元，比年初增加23.61亿元，增长37.9%。全市金融机构各项贷款余额为125.72亿元，比年初增加17.21亿元，增长15.87%。年末存贷比为35.97%。

全年保险保费收入达5.2亿元，增长23.8%；赔款支出2.1亿元，赔付率为40.4%。

【教育和科学技术】 2016年，全市有各类基础教育学校（园）718所，其中，幼儿园297所。义务教育学校411所，高中学校 8 所，特殊学校 2 所。总共有在校学生人数 24.71 万人，其中普通中学在校学生 7.8 万人，普通小学在校学生 11.6 万人，在园幼儿 5.3 万人，特殊学校在校学生 188 人。年内新增学位 3800 个，创建合格非完全小学和教学点 20 所，改造“三无”学校 35 所，创建乡村中小学少年宫 3 所。新改建校舍 24940 平方米，消除危房校舍 14350 平方米。教育质量稳步提升，高考二本以上上线 1891 人；高二学业水平正考一次性合格率 81.53%。

完成高新技术产业产值 179.29 亿元，实现高新技术产品增加值 45.36 亿元，增长 5.8%，占全市 GDP 比重为 10.58%。截至年末，耒阳市有 52 家高新技术企业。2016 年共申请专利 873 件（发明专利 300 件、实用新型 333 件、外观设计 240 件），拥有发明专利 33 件，全年授权 10 件。

【文化体育和卫生计生】 年末全市拥有影剧院 4 个，公共图书馆 1 个，博物馆、纪念馆 3 个，广播电台 1 座，电视台 4 台，乡镇综合文化站 31 个，农家书屋 625 个。公共文体服务体系不断完善。耒阳市“两馆一中心”（图书馆、文化馆、青少年活动中心）项目建设进入主体工程施工阶段；农村广播“村村响”工程全面启动；民生实事项目广播电视“户户通”18818 户建设任务完成。省级文保单位环秀楼（八角亭）外部修缮保护工程完成，打造耒阳首家 24 小时自助图书馆，并正式对外开放；开展“乡音乡韵”特色乡镇（街道）综合文化站示范创建工作，将东湖圩乡、余庆乡综合文化站创建为衡阳市“乡音乡韵”特色乡镇文化站；评选出耒阳新八景。文物保护和非遗保护传承卓有成效，新增 5 名衡阳市级非遗传承人。小水小圩村、三都南基村和太平寿洲村被确定为国家级传统村落；公共文化服务水平提升。年内组织开展各类群众文化体育活动 300 余次，其中举办承办大型群众文化体育活动 60 余次，指导、协助开展各类文化体育活动 200 余次，组织开展送戏下乡惠民演出 55 场次。

完成直播卫星“户户通”18818 户，广播电视综合覆盖率达 99.9%，有线电视用户达 18.2 万户。

全市拥有各类卫生机构 773 个，其中医院 26 个（二级医院 4 个、一级医院 12 个、专科医院 10 个）、卫生院（分院）44 个、疾控中心 1 个、社区卫生服务中心 5 个、村卫生室 656 个，专业公共服务机构 41 个。有卫生技术人员 4569 人，其中执业医师 1187 人，执业助理医师 825 人，注册护士 1682 人，其他专业技术人员 875 人。医院、卫生院有床位 4955 张。人民医院通过二甲复评，妇幼保健院通过二甲初评，建成 5 个基层医疗机构国医馆，东湖、永济、三都、淝田等 4 个乡镇卫生院被评为全国“2015—2016 年群众满意的乡镇卫生院”，落实全面二孩、计划生育家庭扶助保障政策，人口计生工作挤进全省先进行列，创建国家计生协流动人口工作示范点单位。全市总体免疫规划疫苗接种率达 95%以上，文明卫生城市达到国家 C 级标准。

2016 年全市完成 136 个行政村农民体育健身工程项目和 90 套村（社区）室外健身路径建设，免费配送健身器材 1228 套（件）；全市新增体育场地面积 82848 平方米，人均体育场地面积达到 1.94 平方米，健身设施条件得以改善。年内共组织开展各级各类群众性体育活动 200 多次，其中大型体育活动赛事 20 余场次；向省、衡阳市输送优秀运动员 21 人；参加全国、全省锦标赛获 7 块金牌、5 块银牌、8 块铜牌，其中代表衡阳市取得金牌 5 块（摔跤 2 块、游泳 2 块）。

【城市建设、环境和安全生产】 2016 年，全市城市面积 49.65 平方千米。其中，建成区面积 44.8 平方千米。城市道路长度 296 千米。自来水用水户数达 3.94 万户；供水总量达 1853 万立方米；天然气供应总量 10.12 万立方米；城市污水处理量达 2250 万立方米。城市绿地面积达 1469 公顷。城市垃圾无害化处理量达 20.75 万吨。

主要污染物排放总量为：二氧化硫排放量为 4915.95 吨；氮氧化物排放量为 9452.85 吨，化学需氧量排放 143682.3 吨，氨氮排放量 895.75 吨。

全市共发生各类生产安全事故 14 起，死亡 3 人，直接经济损失 304.7 万元。分别增长 55%、50%、101.6%。

其中，工矿商贸共发生事故 3 起，死亡 3 人；道路交通共发生事故2起，无伤亡人数；消防火灾共发生事故9起，无人员伤亡。

【人民生活和社会保障】 全市人均城乡居民可支配收入23078元，其中城镇居民人均可支配收入29444元，增长8.6%；农村居民人均可支配收入17461元，增长8.2%。居民家庭消费总支出14700元。

2016年，全市参加机关事业单位养老保险的人数为3.27万人（含离退休人员0.78万人），企业单位参加养老保险人数6.41万人（含离退休人员2.1万人）。新型农村养老保险参保人数达到68.98万人，发放人数16万人。参加城镇职工医疗保险参保人数7.8万人，城镇居民基本医疗保险人数8万人。农村合作医疗参保人数103.14万人，参合率为98%。城镇居民最低生活保障月均保障人数10976人，农村居民最低生活保障月均保障人数32307人。

民生投入继续增加，全年共支出48.76亿元，占财政总支出的75.72%，办成一批群众关注度高、受益面广的民生实事，其中重点民生实事项目16个，大市乡花坪村被确定为省重点民生实事项目建设示范村。新开工保障性住房项目32个8489套，发放住房租赁补贴536万元，在保城镇居民家庭2474户；城镇新增就业、农村劳动力转移就业分别达9842人、8400人，城镇登记失业率控制在4.5%以内，应届纯农户家庭未就业高校毕业生和零就业家庭实现100%动态清零。社会保险基本实现全覆盖，参保总人数达215.3万人次。全面清查农村低保，农村低保对象减少到9780户21176人，城乡低保标准分别提高到每人每月420元、220元，农村五保分散供养标准提高到每人每年3200元。发放困难和重度残疾人补贴1691.78万元，5000名残疾人实现精准康复，城区中心敬老院基本建成，民政办事大厅投入使用，民政小康指标排名衡阳前列。是年蝉联全国双拥模范城，烈士陵园被批准为国家级烈士纪念设施。

【城乡生态建设】 耒阳市《城市总体规（2015—2030）》、中心城区土地利用总规调规通过省级评审。狮子岭、马阜岭公园建成开园，烈士陵园提质升级，金山路、文化路、五梅路等10余条道路完成油化改造，神农北路、城北东路、沿江北路片区实施提质改造，首批11个背街小巷提质改造招标项目完成施工。“三场一站一厕”（农贸市场、停车场、夜宵场、垃圾中转站和公共厕所）建设加快推进，城市承载力提升。以建市30周年为契机，开展城市建设和管理集中攻坚行动，马路市场、违章占道以及“两违”建筑得到有效整治，市容市貌明显改善。

出台《小城镇建设工作目标管理考核办法》，新增新市、小水、南阳、公平等小城镇建设示范点。总投资约2.6亿元，将棚改和公租房政策延伸至乡镇，提升乡镇风貌、改善基层干部职工居住条件。新农村建设稳步推进，完成农村危房改造4370户、房屋美化亮化820户，武广沿线风貌改造基本完成，淝田集凤村被确定为全省新农村建设示范村。

继续实施“创建园林城市、打造森林耒阳”绿化行动，全年完成荒山造林0.81万公顷、秀美村庄绿化74个，国道、省道绿化补植122千米，县乡村道绿化796.9千米，全省裸露山地绿化攻坚暨春季造林现场会在耒阳召开，工作经验及成效得到省政府肯定。耒水国家湿地公园通过试点验收。总投资3.1亿元的矿山地质环境治理项目基本完成。新能源电动公交车、共享单车先后投入使用，淘汰改造城区20家燃煤小锅炉。循环经济产业园污水处理厂、新市镇污水处理厂建设进展顺利，大唐华银废水综合治理、畜禽养殖禁养区划定、畜禽养殖场污染治理、集中式饮用水源保护区划分等11个项目加快实施，城乡生态环境明显改善。

【深化各项改革】 有效对接省直管县下放的406项经济社会管理权限。供给侧结构性改革纵深推进，成功举办两届房交会，去商品房库存4771套，工作经验被中央电视台、《人民日报》《湖南日报》等重要媒体宣传推介。取消或下调32项行政收费项目，规范收费项目和标准。经济开发区成功申报湖南省第二批产城融合示范区。深化商事制度改革，市场准入渠道畅通，市场主体增多，新发展近5000户。卫生计生机构、医药卫生体制、县级公立医院综合、乡镇国库集中支付及公车、殡葬等改革扎实推进。不动产统一登记改革落地见效，在全省率先成立30个不动产登记站。综合行政执法体制改革成效初显，组建综合行政执法局。

【强化作风建设】 出台《机关事业单位“吃空饷”、在编不在岗和临时聘用人员的处理意见》。136个预算单位公开部门预算和“三公”经费信息。开展“纠四风、治陋习”和“雁过拔毛式”腐败专项整治行动，立案审查31起，党纪政纪处分29人。严厉查处国家公职人员违纪违法案件，全年处分182人，政务环境明显好转。开展“发展环境优化年”活动，严肃查处损害经济环境案件49件，刑拘1人，治安拘留11人，3名党员干部受到责任追究，发展环境有效改善。

【落实精准扶贫】 投入精准扶贫资金2亿元，实现脱贫人口11557人，精准扶贫工作获省督查考核组肯定。易地扶贫搬迁总投资7032万元，搬迁322户1172人。发放贫困寄宿生生活补助31260人次1832万元，发放扶贫贷款187户4464万元。完成40个省级贫困村2.66万人的饮水工程前期规划设计工作，农村自来水普及率达72.3%，农村饮水困难问题基本解决。完成因病致贫返贫人员建档立卡5137人，建档立卡贫困人员新农合参保率达100%。建立建档立卡贫困户就业信息台账，组织贫困村创业致富带头人参加省级培训38人次。

【庆祝建市30周年】 2016年11月11日是耒阳建市30周年纪念日，耒阳市委市政府成立领导小组，制定系列庆祝活动方案，各项活动有序开展。11月10日，在市文体中心隆重举行大美耒阳——耒阳“新八景”发布暨第三届“耒阳好人”颁奖晚会，市委书记彭玉明宣布第三届“耒阳好人”获奖名单，市委副书记、代市长李向阳宣布竹海观涛、关王醉月、敖山走船、湿地飞鸿、顺湖逸仙、寨下鸣金、新市寻幽、古街听雨为耒阳“新八景”，并进行文娱节目表演；11月11日上午，召开建市30年发展报告大会，时任及历任耒阳市四大家主要领导、耒阳籍在外成功人士代表、商会代表等2000余人参加会议，市主要领导及嘉宾在会上发言，回顾耒阳发展历程及取得的成就。11日下午，举行建市30周年投资促进推介会暨项目集中签约仪式，市委、市政府主要领导作项目投资推介并与签约客商签约，共享发展成果，共谋发展大计。

【存在的主要困难和问题】 经济转型压力大，财政收支紧张，招商引资、项目建设存在瓶颈，城乡发展不够协调，民生任务仍然艰巨，安全生产特别是煤矿安全生产压力大，精准扶贫工作实效不明显，工作作风有待改进。

市委、人大、政府、政协领导名录

中共耒阳市委员会

书　记　彭玉明

副书记　李向阳　邱小兵

常　委　刘华文　管林立

　　　　李　云

　　　　卿晓英（女）

　　　　刘　洋（女）

　　　　谢　培　易文和

　　　　李兴武

　　　　黄含茂（兼）

耒阳市人大常委会

主　任　黎家能

副主任　曾阳生　曹晓江

　　　　资　雷

　　　　刘菊香（女，兼）

　　　　徐进先

耒阳市人民政府

市　长　李向阳

副市长　管林立

　　　　卿晓英（挂职）

　　　　黄扬波

　　　　王　卿（女）

　　　　邓朝晖（兼）

　　　　王　翔　曾三成

　　　　陈　宁

政协耒阳市委员会

主　席　张东辉

党　组副书记　黄含茂（兼）

　　　　罗才国　陈　飞

　　　　曾祥礼

副主席　曾祥礼

　　　　刘　英（女、兼）

　　　　伍检告（兼）郭兴中

　　　　高爱民（兼）

市行政企事业单位负责人

组织部部长、总工会主席　刘华文

市委办主任　李　云

宣传部长　刘　洋（女）

纪律检查委员会书记　谢　培

人武部政委　易文和

政法委书记 李兴武
统战部部长 黄含茂
经济开发区工委书记 雷德芽
经济开发区管委会主任 谷文仕
人民法院院长 刘卫华
人民检察院检察长 雷振湘
人大办公室主任 郭兴中(兼)
政府办公室主任 李春生
政协秘书长、办公室主任 梁志雄
监察局局长 秦玉林
市委巡察办主任 谢庭武
市委优化办主任 李 森
督查室主任 李群林
机要局局长 蒋满成
保密局局长 黎勇军
应急管理办主任 王 芳(女)
接待处处长 段 毅
警卫处处长 陈宏国
竹海办党工委书记、主任 罗茵芾
信访局局长 曹慕云
史志办主任 郑久芳(女)
档案局局长 梁春林
编办主任 徐冬开
老干局局长 曾晓秋
党校校长 蒋清平
人社局局长 钟文光
总工会主席 刘华文(兼)
团市委书记 邓 雅(女)
妇联主席 李 纬(女)
科协主席 欧阳毅
文联主席 周少鸣
文体广电新闻出版局局长 李乙平
广播电视台台长 王和云
卫生和计划生育局局长 曾群利
红十字会常务副会长 李林玉(女)
人民医院院长 黄小都
第三人民医院院长 李小保
中医院院长 谷井文
疾控中心主任 肖龙成
卫生监督所所长 李永进
妇幼保健院院长 罗秋生
教育局局长 阳华耕
教师进修学校校长 曾 华
中等职业技术学校校长 李松林
一中校长 曹飞跃
二中校长 邓玉明
公安局局长 邓朝晖(兼)
政委 方雨平
司法局局长 肖熙仁
统战部部长 黄含茂(兼)
台办主任 谭诗华
侨联主席 邓小凤
工商联主席 刘菊香(女、兼)
宗教局局长 李 林(女、兼)
督查室主任 张海峰
外事侨务办公室主任 伍全胜
政府总值班室主任 徐桂元
法制办主任 伍琦伟(兼)
电子政务管理办主任 徐玉成
采煤沉陷治理办主任 刘又春
政务中心主任 邓惠远
重点办主任 李建军
金融办主任 罗国利
城镇工作办主任 张小勇(兼)
公共资源交易中心主任 蒋志红
国有资产管理中心主任 刘 刚
民政局局长 尹坤庚
国土资源局局长 曹洲文
环保局局长 李清河
人民防空办公室主任 彭校安
矿产品税费征收管理局局长 周绍武
烤烟办主任 肖秀文
安全生产监督管理局局长 邓洪元
食品药品工商质量监督管理局局长 徐 坚
城市和农村建设投资有限公司董事长 周后卫
残联理事长 杨松青
综合行政执法局局长 聂 晶
农业局局长 周金星
林业局局长 刘 凡
耒水国家湿地公园管理局局长 何孝任
五峰仙国有林场场长 梁华生
水利局局长 贺 斌
欧阳海灌区管理所所长 段诗扬
移民局局长 陈文胜
畜牧水产局局长 欧阳建
农机局局长 刘功平
农开办主任 李选武
农村经营服务中心主任 陈平海
商务和粮食局局长 伍检告(兼)
财政局局长 李连飞
市场服务中心主任 陈清华
贸促会会长 廖 鹏
企业改制服务中心主任 刘功才
审计局局长 谭红平
供销社理事会主任 陈先华
经济科技和信息化局局长 梁贱芽
煤炭局局长 段甘霖
交通运输和旅游局局长 罗锡钢
公路管理局局长 曹爱祖
国省干线公路建设开发有限公司总经理 陈寿谆
发展和改革局局长 黄小平
统计局局长 谢东平(女)
房产局局长 谷 峰
城乡规划局局长 徐 璞
城管局局长 郭 伟
大市循环经济产业园管委会主任 谭爱民
交通水利建设投资有限公司总经理 刘洪全
韶能集团耒阳电力实业有限公司总经理 谷碧成
棚户区改造投资有限公司董事长 李康军
人大常委会民主与法制研究室主任 邓正华

人大常委会预算工委主任 刘文芬(女)
人大农村经济工委主任 王爱民
人大教科文卫工委主任 许梦娟(女)
人大内务司法工委主任 毛 轩
人大城乡建设环境保护工委主任 唐林辉
人大选举任免代表联络工委主任 李志成
人大财财政经济委员会主任委员 曹秋华
人大规范性文件备案审查室主任 王桃古
人大法制工委主任 孙延斌
人大信访室主任 蒋寿康
政协提案和委员联络工作委主任 刘 谭
政协研究室主任 李玉凤(女)
政协科教文卫体委主任 刘运力
政协人口资源和法制委主任 刘功华
政协文史学习委主任 曾祥国
政协财经经济委主任 邓承连
人民银行耒阳市支行行长 屈晓斌
工商银行耒阳市支行行长 邓 培
农业银行耒阳市支行行长 陈文仕
建设银行耒阳市支行行长 李海军
中国银行耒阳市支行行长 王晓军
农业发展银行耒阳市支行行长 李先峰
邮政储蓄银行耒阳市支行行长 蒋小华
农农商银行董事长 蒋生文
人民保险公司耒阳市支公司经理 左齐团
中华保险耒阳市支公司经理 陆 彬
人寿保险公司耒阳市支公司经理 资 勇
平安保险公司耒阳市支公司经理 肖用清
城市调查队队长 梁晓红(女)
国家税务局局长 杨 刚
地方税务局局长 王文昭
邮政局局长 单 峰
电力局局长 艾 伟
电信局局长 徐伟国
移动公司经理 易永革
联通公司经理 黄 权
铁通公司经理 李洪生
盐业公司经理 欧阳鹏飞
石油公司经理 方 峥
烟草局局长 王国平
新华书店经理 刘明华
蔡子池街道办事处书记 刘书钟
主任 张海清
灶市街街道办事处书记 刘功文
主任 黄从文
水东江街道办事处书记 陆冬生
主任 谢更碧
五里牌街道办事处书记 罗晓华
主任 郑德任
余庆街道办事处书记 谢淑洪
主任 廖秋林
三架街道办事处书记 邱月乃
主任 张小各
马水镇书记 谢慧荣
镇长 李 平
亮源乡书记 曹江富
乡长 刘永专
新市镇书记 刘仁佺
镇长 谢正军
大市镇书记 刘云贵
镇长 伍运欢
遥田镇书记 孙宗兵
镇长 陆 成
淝田镇书记 段志雄
镇长 罗育义
永济镇书记 李建安
镇长 陈汉成
哲桥镇书记 刘建国
镇长 罗 艺
坛下乡书记 雷 俊
乡长 谢碧松
大和圩乡书记 欧阳洪研
乡长 刘春梅(女)
东湖圩镇书记 贺光辉
镇长 肖小坚
三都镇书记 匡凌云
镇长 姚阶文
导子镇书记 阳华生
镇长 钟林国
龙塘镇书记 郑洪文
镇长 曹彬成
夏塘镇书记 曾 伟
镇长 曹 云
大义镇书记 谢廷泉
镇长 贺胜亮
南阳镇书记 王子菲
镇长 陈跃清
小水镇书记 谷文华
镇长 李曙光
公平圩镇书记 刘廷斌
镇长 罗志球
太平圩乡书记 邓立英(女)
乡长 倪秋衡
黄市镇书记 梁育波
镇长 刘 丰
长坪乡书记 刘 歆
乡长 梁淑荣(女)
南京镇书记 陈 鑫
镇长 王解琼
仁义镇书记 欧阳辉明
镇长 伍永方

（撰稿人：曹启文）

南岳区

【地理、区划与人口】 南岳区位于湖南省中部偏东南，地处湘江之西北的湘中丘陵山区，衡阳市区之北侧，地处北纬27°11′29″~27°20′5″，东经112°33′44″~112°46′34″之间。全区总面积181.5平方千米，为湖南省最小的县级区；区境东西长15.60千米，南北宽10.05千米；以南岳古镇为中心，北、东、南三面被衡山县环绕，西面与衡阳县界牌镇毗邻。2016年，南岳区辖1镇1乡1街道，即南岳镇、寿岳乡、祝融街道办事处，共18个建制村，296个村民小组，7个社区居委会，101个居民小组。2016年年末，全区常住人口6.29万人，其中：城镇人口4.34万人，农村人口1.95万人，城市化率69%；出生人口899人，出生率14.76‰；死亡人口282人，死亡率4.63‰；人口自然增长率10.13‰。

【经济总量】 2016年，全区实现地区生产总值（GDP）36.21亿元，增长8.9%，其中：第一、二、三次产业增加值分别为3.70亿元、3.24亿元、29.27亿元，分别增长3.6%、2.6%、10.4%。三次产业结构由2015年同期的10.4∶9.9∶79.7调整为10.2∶9.0∶80.8。其中，第一、二产业比重分别下降0.2%、0.9%，第三产业比重上升1.1%。第三产业占GDP的比重首次超过80%，产业结构得到优化。三次产业对经济增长的贡献率分别为4.3%、2.9%、92.8%，分别拉动经济增长0.4%、0.3%、8.3%。

【旅游业】 2016年，全区累计接待游客875.67万人次，增长10.15%；其中：团队游客83.14万人次，增长9.24%。实现旅游总收入69.84亿元，增长10.07%。实现门票收入3.83亿元，增长21.05%。全年，南岳区旅游产业稳中求进，旅游态势良好。龙凤度假村、天子山火文化园、方广景区开发等一批产业项目稳步实施，月光下的村落、中国星村加紧谋划，丰富全域旅游的内涵；万寿宫古戏台涅槃重启，大庙圣帝殿、大善寺、忠烈祠烈士墓葬维修完毕，邺侯书院保护利用规划编制完成，城景区标识标牌、环卫设施、“厕所革命”的加速推进，“智慧南岳”、景区门禁改造、公共安全“六大系统”的建成，为旅游管理提供强有力的支撑。坚持依法兴旅，颁布衡阳市首部地方性法规《衡阳市南岳区综合管理条例》；举办旅游营销签约大会、“南岳如飞”山地越野赛、星空节、南岳佛教协会成立60周年等“一月一活动”，持续扩大南岳旅游业的影响力和辐射力。2016年，南岳区跻身“国家全域旅游示范区”创建名录，获“湖南省旅游产业发展十佳县（市、区）”“湖南省2016年度风景名胜区行业先进单位”“2016湖南最佳避暑胜地”等荣誉称号。

【农业】 2016年，全区实现农林牧渔业总产值55788.21万元，增长3.7%。全年粮食播种面积2.56千公顷，油料种植面积0.11千公顷；蔬菜种植面积1.31千公顷。粮食产量14754.9吨，油料产量198.46吨，蔬菜产量40.01万吨。出栏生猪6.81万头、肉牛0.08万头、肉羊0.26万只、家禽38.7万羽。肉类总产量达5852.7吨、水产品产量614吨。

【工业与建筑业】 2016年，全区完成工业增加值18809万元，增长2.2%，建筑业完成增加值13590万元，增长3.3%。

【固定资产投资与项目建设】 2016年，全区固定资产投资（不含农户）31.77亿元，增长21.43%。其中，城镇以上及非农户投资28.60亿元，增长17.26%；房地产开发投资完成3.17亿元，增长78.91%。商品房销售面积4.64万平方米，增长17.18%，其中：现房销售面积1.20万平方米，下降11.11%；期房销售面积3.44万平方米，增长31.64%。全年实施重点项目25个，完成投资12亿元。其中，古镇景区提质改造全面完成东、西、南街的市政综合工程，南街景观园林工程和房屋整修整治全面启动，南岳衡山牌坊、古戏台、“荷韵蛙鸣”等重要景观节点基本完工；南城区综合开发启动祥光路、和顺路建设，公租房主体工程完工，林场棚户区改造主体工程完成60%左右，司法局业务用房投入使用，法院业务用房完成装修，公安业务用房进场施工；

大庙周边环境整治项目庙东河道改造开工建设；龙凤度假村风雨长廊及游泳池基本完工，项目主体加紧建设；潭衡西高速东湖出口至南岳公路建设全面完成；武广高铁衡山西站至南岳公路全线路基基本成型；天子山火文化主题公园、金月水库大坝工程、城景区停车场站、智慧南岳、核心景区整治以及城市基础设施建设等项目有序推进。

【财政与金融】 2016年，全区公共财政收入6.78亿元，增长10.13%。其中：地方财政收入58367万元，增长6.61%；上划中央收入6982万元，增长66.71%；上划省级收入2492万元，下降6.49%；一般预算支出总计96508万元，增长14.87%。全区金融机构本外币各项存款余额56.53亿元，增长11.18%，其中，居民储蓄存款余额40.07亿元，增长11.56%；年末金融机构本外币各项贷款余额26.93亿元，增长3.09%。

【城景乡建设】 2016年，全区强化资源保护，重新核定自然保护区生态红线，启动实施《南岳森林景观格局优化规划》，完成造林100公顷、通道绿化36千米。改革风景资源保护补偿费发放模式，发放风景资源补偿费646万元。严格按照禁建区、控建区红线范围，执行核心景区建设项目审核备案制度，拆除“空心房”和违章建筑2700平方米。科学推进兴隆水库饮用水源地综合治理与保护，启动实施六大截污工程，推进餐饮业油烟污染专项治理，加快殡葬改革步伐。扎实推进美丽乡村。完成水濂洞、陈孝冲水库除险加固，提质改造乡村公路17.8千米，农村客运班线100%通达，光纤宽带覆盖率达76.66%，自来水普及率达到87%。全面推进农村土地承包经营权确权登记，流转土地面积866.67公顷，改扩建茶园80公顷。红星村获评2016年新农村建设省级示范村，岳林村获评省级“百岁健康区”示范村。加快乡村旅游建设，试点红星村与船山村的乡村旅游建设，成功举办“相约花海，体验农趣”“诗画红星，葵花少年”等乡村旅游主题活动。

【教育与文化事业】 2016年年末，全区有各类公办学校（园）21所，在编教职员工520人，在校学生（含幼儿）9251人。有各类民办学校及培训机构26所，在校学生及幼儿4373人，教职工525人。全区小学巩固率达100%，初中巩固率达98.6%，小学毕业率和就读初中比率均达100%。拥有艺术表演团体7个，文化艺术馆1个，公共图书馆1个，版画馆1个，博物馆（纪念馆）1个，乡镇文化站5个，农家书屋27家。省级非物质文化遗产保护目录1个。有数字电视用户9730户，电视综合人口覆盖率99.9%。

【卫生与体育事业】 2016年，全区共有医疗卫生机构67家，其中：医院2家，基层医疗卫生机构57家（其中诊所22家），专业公共卫生机构6家（其中计划生育技术服务机构2家），其他卫生机构2家。医疗机构拥有床位700张，使用率68%。拥有医疗工作人员886人，其中：卫生人员687人（执业医师270人，执业助理医师38人，注册护士284人，药师（士）60人，技师43人，其他卫生技术员30人），乡村医师30人。新型农村合作医疗参合34279人，参合率达99.77%，累计建立居民健康档案56484份。全区有体育场3个，运动场26个，训练房3个，“农民体育健身工程”行政村25个。

【环境、资源与安全生产】 2016年，南岳区森林覆盖率76.50%，城镇建成区绿化覆盖率44.4%，本年度活立木总蓄积量144.7万立方米。全年空气质量达标率94%，地表水质量达标率100%，城镇污水处理率达到90%，农村垃圾集中处理率达到100%。全区单位GDP能耗保持在0.29吨标准煤/万元以下。全区共发生各类生产经营性安全事故0起；亿元GDP事故死亡人数0人；工矿商贸从业人员十万人事故死亡人数0人；道路交通安全事故死亡人数2人。

【人民生活与社会保障】 2016年，全区城乡居民人均可支配收入33518元，比2015年同期增长8.8%。其中：城镇居民人均可支配收入33818元，增长8.8%；农村居民人均可支配收入17432元，增长8.5%。人均住房建筑面积47.6平方米；居民文教娱乐服务消费支出4533元，占消费总支出的比重为18.5%。全区基本养老保险参保人数33252人。其中：机关事业单位参保2365人；企业参保人数7754人；城乡居民养老保险参保登记23133人。失业保险参保2000人。城镇职工基本医疗保险参保7110人。城镇居民医疗保险累计登记参保20036人。生育保险参保4844人。工伤保险参保9624人。城镇新增就业942人，失业人员再就业500人，就业困难对象再就业200人，新增农村劳动力转移就业1000人。基本养老服务补贴覆盖率100%，基本医疗保险覆盖率97.1%。获得政府最低生活保障的城乡居民1665人。其中：城镇低保558人，农村低保1107人，全年累计发放最低生活保障金748.16万元。

【成功入选“国家全域旅游示范区”创建名录】 2016年11月，国家旅游局公布第二批创建“国家全域旅游示范区”名单，南岳区入选“国家全域旅游示范区”，成为衡阳市唯一入选的县市区。

全年，南岳区以列入“国家全域旅游示范区”创建名录为契机，按照国际精品旅游目的地的标准，着力丰富全域旅游的内涵。“旅游+媒体”“旅游+互联网”线上线下全媒发声，专题形象宣传登陆央视和湖南卫视，户外广告向“三高”（指高铁、高速、高飞）延伸；网上分销全面开启，与驴妈妈等网络平台深度合作，分销省外、境外市场门票4000万元；全民营销逐步形成，“乐游南岳”APP正式启用，旅游官方微信、微博人气持续发酵，南岳旅游微信排位2016年全国旅游类政务微信第7名；正式启动“12345”旅游热线；细分目标市场，“禅修之旅”“山盟之旅”等旅游产品获好评；举办旅游营销签约大会，全面发布南岳旅游招商建设项目、南岳特色游旅游线路，组建衡阳全域旅游线路联盟和“景区+媒体”营销联盟，并签署五岳旅游卡发行意向协议，展示出南岳旅游迈向全域旅游发展战略转变的宏伟蓝图。

【南岳忠烈祠入选“首批中国20世纪遗产”名录】 2016年9月29日，由中国文物学会、中国建筑学会联合公布的“首批中国20世纪建筑遗产”名录在北京公布，湖南南岳忠烈祠与人民大会堂、人民英雄纪念碑等一起入选公布的98项建筑名录，成为湖南省唯一一处入选该名录的建筑遗产。

【教育工作获教育部“2016年国家义务教育质量检测实施优秀组织单位”】 2016年12月，根据各省的申请、推荐，基于省、县级优秀组织单位评选标准，综合各省、县级有关组织单位在本次监测实施工作的具体表现，南岳区教育局被国家教育督导委员会评定为“县级优秀组织单位”，湖南省仅有六个县区获评。2016年3月，南岳区被推荐为国家义务教育质量监测样本区，全区有四年级的12所小学、3所有初中班的中学被抽取为全国义务教育质量监测样本学校，其中实验中学、文定学校分别被多次抽取4个样本班、3个样本班。

【南岳区完成全国林业有害生物普查工作】 2016年11月，南岳区完成第三次全国林业有害生物普查工作。南岳衡山国家级自然保护区管理局严格按照第三次全国林业有害生物普查工作的总体要求，通过两年的林业有害生物普查工作，共查清南岳区林业有害生物种类57种。制作实物标本79套，拍摄影像资料1200多份，包括主要有害生物野外生态照片，有害植物照片，主要病害病症照片，有害生物成虫、幼虫、蛹、危害状、标本照等。

【南岳古镇获“中国报业特别关注古镇”】 2016年12月13日，2016中国青岩·古镇峰会在贵州省贵阳市花溪区启幕。在峰会的主题活动之一——报旅融合创新发展高峰论坛上，百名报业社长总编共同研讨古镇创新发展之路，寻求报旅融合共建，公布5个“2016中国报业特别关注古镇”名单，南岳古镇位列其中。

南岳古镇是“南宋四大名镇”之一，是一座承载衡山四千年历史文化、展现南方民俗风情的大观园，是恰当体现江南民居风格的建筑群，是中国南方最大的宗教用品香市。古镇景区以南岳古镇为中心，以岳庙建筑、古镇老街为主要景观特色：老街清一色的小青瓦白粉墙、高高翘起的屋檐、雕着双龙戏珠的屋尖、仿古建造的茶楼等等。南岳全力打造古镇景区提质改造项目，打造秀峰如飞、荷韵蛙鸣、寿岳赐寿、金龟引路、福气东来、绮绣探春、寿樟引泉、西涧井院、清池涵月、柳月风节“新十景”。

【打造首条文化旅游街——松麓街】 作为南岳唯一没有卖香的首条文化街区，被当地老百姓称之为“南岳第九怪”的松麓街于2016年7月31日正式开街。该文化街的以南岳宗教艺术馆、衡阳市非物质文化遗产传承基地、南岳版画馆三馆为核心。衡阳市首个“非遗”体验基地收纳宣州古镇的雕刻皮影、大桥乡的剪纸、界牌的五彩瓷等衡阳市30余种非物质文化遗产，包括衡阳地区80%以上的非遗项目；非遗体验基地以活化打造为主要手法，将非遗项目生活化、场景化，把传统文化与体验者相结合，让游客在游览过程中不断寻找、产生惊喜。体验者可以扮演曲艺戏曲中的某一个角色，在现场的中心舞台体验艺术魅力，同时让游客感受传统文化的精髓。宗教艺术馆内收藏数十位南岳高僧大德书画约60幅；南岳版画馆则藏有镇馆之宝“天下南岳”版画；街区内崖柏根雕、旗袍馆、改良汉服、古玩字画等也各有特色；除了文化精神食粮外，还有衡山派叫化鸡、特色薯丝饭、五谷杂粮膳食、音乐休闲清吧等特色餐饮店，从味觉、视觉、听觉等各个方面满足五湖四海的游客。

【举办南岳佛协成立六十周年纪念活动】 2016年11月28—30日，南岳区“千年修行路弘禅护法心”南岳佛教协会成立60周年系列纪念活动举办。活动由湖南省宗教文化交流促进会、湖南省佛教协会、南岳区民族宗教局共同指导，南岳佛教协会主办，共包括“千年修行路弘禅护法心”南岳佛教协会成立60周年纪念晚会、南台寺“护佑苍生，瞻礼舍利”启动仪式、南岳佛教协会成立60周年书画图片展、纪念南岳佛教协会成立60周年暨成立南岳佛教文化研究院座谈会、祝圣寺“禅·夜”活动启动仪式、三德讲堂讲经活动、禅意人生修炼营等7项活动。

【存在的问题】 经济结构单一，产品供给与市场需求不相匹配；经济发展的内生动力不足，有效投资增长乏力，特别是质量效益好、发展潜力大、支撑能力强的产业项目少，招商引资项目建设进度不快；景区拆迁整治、安全生产、环境保护、信访维稳等领域矛盾交织、风险积聚；城乡区域发展不平衡，少数群众增收渠道不多，生活还比较困难。

区委、人大、政府、政协领导名录

中共南岳区委员会

书　记　曾建华

副书记　王　燕(女)　蒋炳炎

常　委　魏仲文　刘　军　胡书伟　曹时桂　陈历昇　伍　松　翟亮月(女)　黄顺发

南岳区人大常委会

主　任　胡显西

副主任　王一平　黄洲康　周孝华　旷文峰(女)　释怀辉(兼)

南岳区人民政府

区　长　王　燕(女)

副区长　胡书伟　郭继放　旷慧忠　谭建红　徐红松　旷诗秦　王志运

政协南岳区委员会

主　席　周精华

副主席　尹朝晖(女)　黄至安(兼,女)　邓先平　旷顺年(兼)　吴兴龙

区行政企事业单位负责人

纪委书记	伍　松
区委办主任	魏仲文
组织部部长	翟亮月
宣传部部长	曹时桂
统战部部长	黄顺发
政法委书记	刘　军
人武部政委	陈历昇
部长	蓝曙光
人民法院院长	徐　鉴
人民检察院检察长	李　智
督查室主任	王建林
深改办主任	魏仲文
史志办主任	周岳红
档案局局长	邓　辉
机要局局长	旷　励
区委党校校长	陈德荣
机构编制委员会办公室主任	伍中明
政策研究室主任	刘运凯
台办主任	吴立华

事业单位登记管理局局长　袁　敏
网络新闻宣传管理办主任　陈　芳
区委总值班室主任　何建平
广播电视台台长　刘全林
书记　赵烨平
人大常委会办公室主任　蒋和平
人大选举任免联络工委主任　曾宋招
人大教科文卫工委主任　旷文益
人大内务司法工委主任　旷文明
人大财政经济工委主任　胡启华
人大城乡建设、环境与资源保护工委主任　李嘉荣
人大法制工委主任　张志强
人大信访办公室主任　杨迎春
政府办主任　谭建红
统计局局长　郑　警
发展和改革局局长　钟　焰
农业局局长　陈铁清
旅游局局长　旷诗秦
商务和经信科技局局长　文祥锋
书记　刘元龙
教育局局长　王明海
民政局局长　邓先平
司法局局长　綦新桂
财政局局长　廖飞鹏
人力资源和社会保障局局长
国土资源局局长　廖红武
住房和城乡建设局局长　刘冬林
交通运输局局长　杨承坤
卫生和计划生育局局长　张志煌
审计局局长　旷国华
环境保护局局长　刘元莲
安全生产监督管理局局长　郭刚毅
食品药品监督管理局局长　张天明
监察局局长　尹朝晖
文体广电新闻出版局局长　戴慧玲
城乡规划局局长　赵岳峰
人民防空办公室主任　刘宏新
电子政务管理办公室主任　袁　冕
金融办主任　高文太
自然保护区管理局局长　杨东亮
书记　周和平
水务移民局局长　何良佐
文物局局长　胡朝军
民族宗教局局长　赵　涛
接待处处长　朱方群
环境卫生管理局局长　易仕南
书记　段成学
行政管理综合执法局局长　何小平
国有资产管理中心主任　董果扬
政务服务中心主任　周建国
书记　王小刚
信访局局长　赖向阳
公安分局局长　郭继放
政委　左文华
交警大队队长　李永忠
森林公安局南岳分局局长　唐德顺
政委　陈　军
房产管理处处长　李　勇
书记　刘　伟
农村和城市建投资开发有限公司经理　胡融峰
交通建设投资公司经理　唐红军
门票管理处处长　赵和金
书记　唐鸣凤
水濂洞景区管理处处长　陈瑶光
公路管理局局长　何文利
树木园主任　彭珍宝
书记　何逢斌
南岳林场场长　周桂廷
书记　李春辉
景区管理处处长　赵生昭
风景名胜资源管理办主任　沈正恒
书记　张安星
景区综合执法大队队长　康培红
旅游发展服务中心主任　艾　宁
南岳区第一中学校长　左传益
书记　曾淑荣
实验中学校长　伍泗洋
南岳完小校长　谢小才
书记　罗　伶
疾病预防控制中心主任　杨小红
妇幼保健院院长　郑湘翅
书记　李　静
人民医院院长　郑湘翅
书记　阳艳春
新农村合作医疗管理办主任　王　健
政协秘书长、办公室主任　邹声锋
提案委员会主任　郭国辉
教科文卫体委员会主任　陈敦斌
财政经济委员会主任　杨素芬
人口资源环境和法制委员会主任　周英燕
工商业联合会会长　旷顺年
总工会主席　符江波
共青团南岳区委书记　周　全
妇女联合会主席　周　艳
残疾人事业联合会理事长　雷泽迅
归侨侨眷联合会主席　沈海平
文学艺术界联合会主席　康松柏
红十字会会长　刘　焕
邮政局局长　周　斌
电信分公司经理　刘卫峰
移动通信南岳分公司经理　黄　彬
气象局局长　丁知明
国税局局长　杨　刚
地税局局长　吴国华
供电局局长　陈　疆
工商分局局长　曹欣耀
质量技术监督局局长　欧阳旭东
烟草专卖局局长　罗　霖
中国银行股份有限公司南岳支行行长　廖哲谦
工商银行股份有限公司南岳支行行长　谢利平
农业银行南岳支行行长　肖大庆
建设银行股份有限公司南岳支行行长　欧阳景卫

南岳农村商业银行股份有限公司理事长　雷小洪
中国邮政储蓄银行湖南省南岳支行行长　王贻武
财产保险股份有限公司南岳支公司经理　王伟民
中华联合财产保险公司经理　胡安峰
住房公积金南岳管理部主任　李珍菊
消防大队队长　谭朝晖
　教导员　唐　明
岳云中学校长　李桂元
南岳电视调频发射台台长　李晓春
南华大学附属第三医院院长　罗志刚
衡阳市干部疗养院院长　曾庆田
南岳镇书记　何　湘
　镇长　谭庆年
寿岳乡书记　熊水球
　乡长　周孝兵
祝融街道办事处书记　徐红松
　主任　曹文球

（撰稿人：苏　静　周　婷）

雁峰区

【地理、区划与人口】　2016年，雁峰区位于衡阳市城区南部，辖先锋、雁峰、天马山、黄茶岭、白沙洲、金龙坪6个街道办事处（其中金龙坪街道由白沙洲工业园管理）和岳屏镇、湘江便民服务中心（撤乡后工作机构）。总面积94平方千米。全区常住人口22.34万人，户籍人口19.34万人，其中城镇户籍人口15.24万人。人口自然增长率6.90‰；出生人口性别比为104.5。

【经济总量】　全区地区生产总值完成236.12亿元，增长8.5%，其中第一产业增加值3.07亿元，增长3.5%；第二产业增加值158.91亿元，增长7.8%；第三产业增加值74.14亿元，增长10.4%，第一、二、三产业贡献率分别为0.5%、62.8%、36.7%，三次产业结构为1.3∶67.3∶31.4。

区本级完成地区生产总值（剔除白沙工业园区）146.99亿元，增长8.6%，其中第一产业增加值3.07亿元，增长3.5%；第二产业增加值70.38亿元，增长7%；第三产业增加值73.54亿元，增长10.5%，一、二、三产业贡献率分别为0.8%、40.5%、58.7%，三次产业结构为2.1∶47.9∶50.0。

全面建成小康社会速度加快，小康社会总体实现程度91.9%，进入全省小康社会基本达标县（市）区行列。

【农业】　全年全区完成农业总产值4.83亿元，增长3.6%。

全年粮食种植面积1.57千公顷，与2015年减少0.03千公顷，下降1.9%，其中稻谷种植面积1.30千公顷，比2015年减少0.03千公顷，减少1.5%；油料种植面积0.19千公顷，与2015年持平；蔬菜种植面积1.35千公顷，比2015年增加0.06千公顷，增长4.7%。

全年粮食总产量9100吨，比2015年减少125吨，下降1.4%，其中稻谷产量7888吨，比2015年减少114吨，下降1.4%。油料总产量297吨，比2015年减少5吨，下降1.7%。蔬菜总产量46130吨，比2015年增加1935吨，增长4.4%。

全年出栏生猪7.66万头，比2015年减少0.20万头，下降2.5%；年末生猪存栏4.71万头，比2015年减少0.16万头，下降3.3%。出笼家禽27.35万羽，比2015年减少0.12万羽，下降0.4%。全年禽蛋产量468吨，比2015年减少3吨，下降0.6%。

全年水产品产量2283吨，比2015年增加64吨，增长2.9%。

【工业和建筑业】　全区完成规模工业总产值（剔除白沙工业园区）276.61亿元，增长8.8%，其中，轻工业实现总产值27.05亿元，重工业实现总产值249.56亿元。按注册类型分，国有企业实现总产值3.35亿元，股份制企业实现总产值237.32亿元，外商和港澳台商投资企业实现总产值5.27亿元，其他经济类型企业实现总产值30.67亿元。

全年规模以上工业企业实现利润总额11.96亿元。按国民经济行业分，农副食品加工业实现利润0.06亿元，食品制造业实现利润0.07亿元，酒、饮料和精制茶制造业0.07亿元，医药制造业0.68亿元，橡胶和塑料制品业0.05亿元，非金属矿物制品业1.00亿元，黑色金属冶炼和压延加工业0.10亿元，有色金属冶炼和压延加工业0.21亿元，金属制品业0.11亿元，通用设备制造业0.86亿元，专用设备制造业0.95亿元，汽车制造业0.70亿元，电气机械和器材制造业

6.48 亿元，仪器仪表制造业 0.61 亿元，电力、热力、燃气及水生产和供应业 0.01 亿元。

按注册类型分，股份制企业实现利润 10.51 亿元，外商及港澳台商投资企业实现利润 0.03 亿元，国有企业实现 0.68 亿元，其他企业实现 0.74 亿元。

完成建筑业总产值 40.78 亿元，增长 16.1%。实现建筑业增加值 7.86 亿元，增长 7.4%。

【固定资产投资】 区本级完成固定资本投资（剔除白沙工业园区）132.53 亿元，增长 16.2%。按产业投资分，第一产业完成投资 0.63 亿元，下降 64.3%，第二产业完成投资 31.55 亿元，增长 63.4%，第三产业完成投资 100.35 亿元，增长 8%。

区本级固定资产投资中，城镇固定资产投资 116.26 亿元，增长 12.45%，房地产开发投资 16.27 亿元，增长 25.9%。

房地产开发投资中，住宅投资 13.98 亿元，增长 25.9%；办公楼投资 0.05 亿元，增长 294.5%；商业营业用房 1.33 亿元，增加 247.4%；其他 0.91 亿元，下降 33.9%。

【贸易】 全年社会消费品零售总额为 110.48 亿元，增长 11.6%。按行业分，批发业零售额 19.87 亿元，增长 8.7%；零售业零售额 81.56 亿元，增长 18.3%；住宿业零售额 4.41 亿元，增长 -5.7%；餐饮业零售额 4.64 亿元，增长 25.2%。

【对外经济】 全年内联引资 21.7 亿元，新开工项目 10 个，新竣工项目 9 个。引进外资项目个数 8 个，投资额 4523 万美元，外派劳务 104 名。进出口总额 4201 万美元，出口 674 万美元，进口 3527 万美元。

【财政】 全年完成财税总收入 17.17 亿元，增长 6.1%。完成地方一般预算收入 3.38 亿元，增长 15.2%。地方一般公共预算支出完成 8.38 亿元，增长 30.8%。用于教育、文化、体育与传媒、社会保障与就业、医疗卫生与计划生育、住房保障等民生方面的支出 5.92 亿元，占财政一般预算支出 70.6%，较 2015 年增长 32.1%。

【教育和卫生】 全区在校小学生 16862 人，毕业 2789 人。学前一年教育率 100%，小学、初中入学率均 100%，小学生巩固率 100%，初中生巩固率 100%，初中毕业生普高升学率 96.6%。2016 年加大教育投入，通过国家义务教育发展基本均衡区验收。全面改善农村义务教育薄弱学校办学条件，争取专项资金 1202 万元。全年减免义务教育阶段学生杂费及补助公用经费 763.47 万元，支付困难学生享受免费教课书经费、补助贫困学生资金共计 291.07 万元，补助贫困幼儿 600 人，资金共计 30 万元。小学教师学历合格率为 100%，初中教师学历合格率 100%。

卫生医疗管理年度医疗机构执业许可证校验率 100%，医疗机构持证率 100%，卫生技术从业人员持证率达 100%。卫监、疾控、雁峰社区卫生服务中心、急救中心“四合一”项目和妇幼保健计划生育服务大楼改扩建项目正在建设。

孕产妇系统管理率为 89.9%，住院分娩率 100%。3 岁以下儿童系统管理率为 95.5%。全年无重大传染疾病和重大疫情的发生。

【人民生活和社会保障】 全区城镇居民人均可支配收入 29338 元，增长 10.1%。农村居民人均可支配收入 17454 元，增长 9.6%。全年新增城镇就业人员 0.39 万人。城镇零就业家庭 100%实现动态就业援助。城市、农村低保对象月人均补助（不包括临时补助）分别为 372 元、232 元。城镇居民基本医疗保险住院费补偿率 68%，新型农村合作医疗保险统筹地区住院费补偿率 75%。

共办理重点实事 10 项投入 3791 万，涉及农村危房改造，养老服务，美丽乡村建设、残疾儿童康复等方面。完成新增城镇就业，城市棚户区改造，法律援助，救治救助贫困重性精神疾病患者，新增社会治安视频摄像头等指标。

【环境和安全生产】 全区二氧化硫排放量削减 133.15 吨，氮氧化物削减 15 吨，全区油烟、噪音问题接诉率下降 25%，整改率达到 98%。全年发生 8 起生产安全死亡事故，工矿商贸生产安全事故死亡 1 人。亿元地区生产总值生产安全事故死亡率为 4.2‰。

【中共雁峰区第四次代表大会召开】 8月30日—9月1日，中共雁峰区第四次代表大会召开。大会应到党代表206人。会议以举手表决的方式，通过邹致和代表中共雁峰区第三届委员会作的题为《高扬党建主旋律，加快发展“大雁峰”，昂首阔步迈向实现基本现代化新征程》工作报告的决议和刘云代表中共雁峰区纪律检查委员会作工作报告的决议。大会以无记名投票的方式，选举出35人为区委委员，7人为区委候补委员，19人为区纪委委员，10人为出席市第十一次党代会代表。9月1日，中共雁峰区第四届委员会召开第一次全体会议，选举产生区第四届委员会常务委员会委员和区委书记、区委副书记，邹致和当选为区委书记。9月1日，中共雁峰区第四届纪律检查委员会第一次全体会议召开，会议选举产生新一届区纪委常委和书记、副书记，刘云当选为区纪委书记。

【雁峰区政协四届一次会议召开】 11月26日—29日，中国人民政治协商会议衡阳市雁峰区第四届委员会第一次会议召开。会议审议并通过区政协常委会工作报告和提案工作情况报告，听取并协商政府工作报告及其他报告，协商讨论区人民政府、区检察院、区法院重要人事安排，选举周春华为政协雁峰区第四届委员会主席，颜新华、肖越男、陈祥顺、郭强、刘毅为副主席，欧红宇为秘书长和31名常务委员，会议审议通过政治决议和其他决议。

【雁峰区四届人大一次会议召开】 11月27日—30日，雁峰区第四届人民代表大会第一次会议召开。会议选举欧阳梅芳为区第四届人大常委会主任，周华、黄永刚、谷田生、文林森、李萍为副主任，扶勇等25人为委员；选举何子君为区人民政府区长，李健、陈俊华、陶朝晖、刘浪涛、洪流、许和平、谭海荣为副区长；选举陈鸿煦为区人民法院院长、张光耀为区人民检察院检察长。大会选举刘丽华、邹致和等29名同志为市第十五届人民代表大会代表。会议表决通过区人民政府、区人大常委会、区人民法院、区人民检察院工作报告的决议，表决通过区第四届人民代表大会法制委员会和财政经济委员会主任委员、委员。

【省委巡视组巡视意见整改】 2015年11—12月，省委巡视第三组对雁峰区巡视，2016年2月24日反馈巡视意见。区委先后召开6次区委常委会议、12次整改工作推进会、8次整改专题督查。成立整改落实工作领导小组，制定下发《关于贯彻落实省委巡视第三组反馈意见的整改方案》和6个子方案，对4类15个问题逐项分解为34项具体整改任务，列出问题清单、任务清单、责任清单，实行台账动态管理。每项整改由区委常委牵头负责，将整改落实情况作为区委常委履行“一岗双责”考核重要依据。区委明确五个整改时间节点，每个时间节点由整改办汇总情况，对整改到位的实行“对账销号”；对推进不畅的再次专题研究，拿出更具操作性的整改意见；对省委巡视组移交的问题线索督促纪委、组织部、监察局优先研办。对“吃空饷”“三公经费”管理不严、在指挥部多头领取补助、作风建设、项目建设中的“三强”行为等问题自查自纠；以问题为导向，建立或完善22项制度规定。4月29日，雁峰区向社会公开巡视整改通报。

区委、人大、政府、政协领导名录

中共雁峰区委员会
书　记　邹致和
副书记　何子君　张　伟
常　委　欧军林　聂卫华
　　　　李竞雄　李　健
　　　　刘　云(女)
　　　　秦正云　龙元河
　　　　陈泰山

雁峰区人大常委会
主　任　欧阳梅芳(女)
副主任　周　华(女)
　　　　黄永刚(兼)
　　　　谷田生　文林森
　　　　李　萍(女)

雁峰区人民政府
区　长　何子君
副区长　李　健
　　　　陈俊华(兼)
　　　　陶朝辉(女)
　　　　刘浪涛　洪　流
　　　　许和平　谭海荣

政协雁峰区委员会
主　席　周春华
副主席　颜新华
　　　　肖越男(女)
　　　　陈祥顺(女、兼)

郭　强(兼)
刘　毅

区行政企事业单位负责人

宣传部部长　欧军林
政法委书记　聂卫华
区委办公室主任　李竞雄
律检查委员会书记　刘　云
组织部部长　秦正云
统战部部长　陈泰山
工商联主席　黄永刚
公安分局局长　陈俊华
政务中心主任　陈祥顺
总工会主席　熬国华
人民检察院检察长、党组书记　张光耀
人民法院院长、党组书记　陈鸿煦
老干部局局长　周光辉
区直机关工委书记　陈　芳
机构编制委员会办公室主任　肖美燕
信访局局长　李新华
610办主任　文美华
共青团区委书记　唐　玲
妇女联合会主席　周志萍
人大办公室主任　扶　勇
人大研究室主任　陈海清
人大预算工委主任　邓楚敏
人大内司工委主任　龙　霞
人大选举任免联络工委主任　蒋雪梅
人大城建环资农工委主任　王秀忠
人大教科文卫工委主任　张继军
人大法制工委主任　蒋金华
政府办公室主任　唐　雁
发展和改革局局长、党组书记　邓建华
经济科技和信息化局局长、党组书记　苏飞燕
商务局局长、党组书记　武素梅
安全生产监督管理局局长、党组书记　冯赛柳
工业项目集聚区管委会主任、党组书记　涂万里
教育文化体育局局长、党委书记　何井盛
民政局局长、党组书记　卢雅琴
司法局局长、党组书记　肖显伟
人力资源和社会保障局局长、党组书记　杨成栋
住房和城乡建设局局长、党组书记　汤　杨
农林局局长、党组书记　曹福寿
水利和移民局局长、党组书记　罗东峰
卫生和计划生育局局长、党委书记　黄　昕
审计局副局长、党组书记　邹彩慧
统计局局长、党组书记　罗　飞
人民防空办公室主任、党组书记　李华山
城管管理行政综合执法局局长、党组书记　彭　亮
法制办主任　姚轲华
重点项目工作办公室主任、党组书记　张　智
城市建设投资管理办公室主任、党组书记　唐红卫
电子政务管理办公室主任　邓轶群
园林所所长、党组书记　马建民
环境卫生管理局局长、党委书记　胡宏斌
残疾人联合会理事长　曾令军
政协秘书长、办公室主任　欧红宇
政协人口资源环境和法制委主任　王晓辉
政协提案委主任　何英文
政协财经委主任　朱章冬
政协教科文卫体委主任　陈忠华
先锋街道办事处主任　刘　恒
天马山街道书记　刘　勇
雁峰街道书记　彭湘波
主任　曾向前
黄茶岭街道书记　谭海荣
主任　陈昌华
白沙洲街道书记　蒋福宝
主任　孙　辉
岳屏镇书记　许和平
镇长　肖　稹
湘江便民服务中心书记、主任　陈　酬

（撰稿人：李云志）

石鼓区

【地理、区划与人口】　石鼓区位于衡阳城区北部。2016年，辖1个乡、7个街道（含松木经开区金源街道）。土地面积112平方千米，耕地面积2807公顷。全区常住人口22.40万人，流动人口5.85万人。人口出生率11.49‰，人口自然增长率6.97‰。年内气温最高39℃，最低1℃，年降水量1316.5毫米。

【农业】　全年粮食总产量为2.3万吨，增长0.88%；蔬菜总产量为5.62万吨，增长-18.4%；瓜果总产量为1100吨，增长-17.3%。畜牧水产业方面，出栏肉猪9.8万头；出栏牛360头；出笼家禽96万羽；水产品2530吨。

全区粮食种植面积完成2.2千公顷；种植商品蔬菜面积完成0.13千公顷；病虫草鼠害综合防治0.13千公顷；测土配方施肥完成0.13千公顷；争取农业专项

资金1064.9万元。

全区新增农业企业5个，共有各类农业企业27家，其中市级以上龙头农业加工企业8家；建成农产品基地5个，建成蔬菜基地428.13公顷，建成无公害种植面积94.26公顷；建成标准化生猪养殖场11个；全年新增农民专业合作社4个，共有农民专业合作社43个，农民专业合作社成员4630人。

【工业和建筑业】 全区工业增加值16.34亿元，增长3.6%，规模以上工业增加值增长3.7%，年末规模以上工业企业37家，新增规模工业企业2家。其中，规模以上工业总产值达39.75亿元（平台数据），轻工业实现总产值8.93亿元，增长-24.8%；重工业实现总产值30.82亿元，增长5.2%。按注册类型分，国有企业实现总产值2.76亿元，增长18.0%；股份制企业实现总产值35.40亿元，增长-2.4%；外商和港澳台商投资企业实现总产值1.59亿元，增长-38.0%。

全区实现高新技术产业增加值15.47亿元，增长25.1%，高新技术产业增加值占GDP比重为10.9%；新增高新技术企业2家；完成专利申请量226件，授权专利量93件，其中有效发明专利申请56件。

全区建筑业总产值28.06亿元，增长0.78%；房屋建筑施工面积282.06万平方米，增长-3.6%。年末建筑业企业合计20家，按资质类别分，施工总承包企业15家，专业承包企业1家，劳务分包公司4家；按资质等级分，一级单位3家，二级单位10家，三级单位7家。

【固定资产投资】 全区完成固定资产投资141.94亿元，增长22.5%。其中，城镇固定资产投资118.73亿元，增长19.7%；5000万元以上项目51个，完成投资97.7亿元，占城镇固定资产投资总额82.3%，亿元以上项目42个，新开工亿元项目26个，投资92.2亿元。全年房地产开发投资23.21亿元，增长38.7%；房地产销售面积71.90万平方米，增长68.7%；年末房地产企业有47家，按资质等级分，二级单位3家，三级单位20家，四级单位9家，暂定资质14家，其他1家。

【内外贸易】 全年社会消费品零售总额109.28亿元，增长12.0%，增速位列全市第二。限额以上商品零售额，零售业综合零售类增长7.2%；食品、饮料及烟草类增长20.4%；服装及日用品类21.0%；文体用品类增长15.8%；医药及医疗器材类增长23.7%；汽车类增长14.0%；家用电器类增长24.8%；五金材料类增长18.6%。

全年进出口总额1462万美元，其中出口1449万美元，进口13万美元。进出口额同比负增长33.5%，位列四城区第二。

全年实际利用外商直接投资4467万美元，增长14.36%。实际利用内资到位资金20亿元，增长14.95%。

【交通和旅游】 全年建设完成农村公路提质改造13千米、水渠修建4千米、塘坝维修15口、公共环卫及绿化项目1个。专项整治超限超载并联合执法6次，超限检测站点车辆超限超载率控制在0.3%以内。

全区共接待游客478.52万人次，完成旅游总收入28.49亿元。制定《石鼓区乡村旅游发展规划（2015—2025）》，并开通“衡阳石鼓旅游”微信公众号，以“生态农业小镇——角山”为主题向省旅游外侨民宗局申报第二批“湖湘文化风情旅游小镇”，被列入备选笼子。

【财政收入】 全区完成一般公共预算收入22.13亿，突破22亿元关口。增长11.8%，高于全市平均增幅5.8%，税占比为94.61%。总量位居全市七县五区第二，同比增幅、税占比位居全市七县五区第一。全区完成一般公共预算支出10.5亿元，较2015年同期增加1.93亿元，增长22.52%。其中民生支出7.56亿元，占财政支出的比重达72.02%，同比增长23.13%。

【教育文化】 全区有小学35所，中学6所，在校学生17772人；幼儿园44所，在园幼儿7037人。有在职教师856人，共96.3%以上小学教师拥有专科以上学历，83.3%以上中学教师拥有本科以上学历。全区教师在各级各类竞赛评比活动中，获国家级28人次，省级137人次，市级228人次。组织9个学校的课题获得省级教育科研优秀成果奖。1所学校获湖南省小学数学课例点评与分析活动的优秀组织奖。

全区实施义务教育阶段免费发放教科书工作，惠及辖区30056人次，合计201.51万元；资助幼儿园孩子1136名，发放学前教育入园补助金56.80万元；资助农村义务教育贫困寄宿生280名，发放助学资金17.5万元；为区内37名家庭经济贫困学生办理助学贷款，共计贷款31.34万元；发放中职助学金1794人，合计206.5万元；投入1665万元化解5个“大班额”建设项目；投入1229万元用于《2016年石鼓区中小学维修改造计划》，计划改造面积47045.2平方米，进度达85.8%。

全区有省级以上文物保护单位3个，即来雁塔、摩崖石刻（含石鼓书院）、市博物馆；省级非物质文化遗产项目1个，市级非遗项目3个，区级非遗项目19个，囊括民间文学、传统音乐、传统美术、传统民俗、传统技艺、传统医药五个方面。

【卫生和公共服务】 全区共有卫生医疗机构183所，医疗机构床位数3201张；执业（助理）医师384人，护理人员3086人；共建居民健康档案规范档案化人数18.9万份，建档率86.85%；活产数2172人，住院分娩率100%，孕产妇系统管理率95.2%，孕产妇死亡率0，5岁以下儿童死亡率5.06‰，7岁以下儿童系统管理率93.41%。

全区完成社区“三清三建”工作，投入资金5000余万元，新增铺设沥青5.7万平方米，硬化路面2.6万平方米，人行道火烧板1.2万平方米，安装路缘石0.9万平方米；完成农村危房改造任务23户，其中低保、五保等困难户占比35%，资金补助户均11956元。

【人口、人民生活和社会保障】 全区常住人口22.40万人，出生人口2576人，死亡人口1015人，符合政策生育率97.36%，人口出生率11.49‰，人口自然增长率6.97‰，出生人口男女性别比107.24：100。其中，流动人口5.85万人，流动人口电子健康建档率86.2%，办理生育证及再生证2168个，被评为“全省计划生育工作优秀单位”。

全区新增城镇就业人数4561人，其中失业人员再就业人数2977人，占比65.3%；新增创业主体1163个，带动城乡就业人数2353人；零就业家庭动态就业援助率达100%；新增农村劳动力转移就业1728人；登记失业率为3.7%；完成扶贫开发工作90件；新发放小额担保贷款630万元；完成职业鉴定272人，职业培训4758人。

城镇人均可支配收入30908元，增长9.8%。农村居民人均可支配收入17466元，增长9.9%。城市低保月保障标准420元/人；农村低保月保障标准220元/人，困难残疾人生活补贴月保障标准60元/人，重度残疾人护理补贴月保障标准50元/人。全年发放养老金12057.91万元，征缴养老金14539.07万元，其中，企业养老保险发放10638.73万元，征缴10864.67万元；机关事业单位养老保险发放468.98万元，征缴3500万元；城乡居民养老保险发放950.2万元，征缴174.4万元。城镇职工医疗保险征缴2936.39万元，城镇居民医疗保险征缴3405.72万元，新农合征缴2135.58万元；生育保险征缴基金86.84万元；失业保险累计征缴基金75.65万元；全区基本医疗保险覆盖率达100%。

【资源、环境和安全生产】 全区城镇建成区绿化覆盖率40.4%，本年度活立木总蓄积量61696立方米，增长4.2%。全年空气质量达标率90.6%（三项监测指标），地表水质量达标率97.5%，城镇污水处理率达到84%，单位GDP能耗下降到0.804吨标准煤/万元。

全区全年共开展社会调查48例，接收社区矫正250人，解矫189人，办理法律援助案件180件，调解组织共排查各类矛盾纠纷865件，调解率达100%；调处成功857件，调处成功率99%。

全区共发生各类安全生产事故7起（均为生产经营性道路交通事故），死亡3人，受伤7人，直接经济损失13.71万元，其中，工矿商贸生产安全事故0起，亿元生产总值生产安全事故死亡人数为0.049人。

区委、人大、政府、政协领导名录

中共石鼓区委员会
书　记　杨龙全
副书记　刘　浪　肖立建
常　委　郑建芳　尹腾芳
　　　　赵　伟　叶　强
　　　　周文源　龚建民
　　　　曾梦龙　朱鸿波
石鼓区人大常委会
主　任　高鸿升
副主任　陈国春
　　　　冯春娥（兼）
　　　　刘卫国　宁华梁
　　　　彭爱民
石鼓区人民政府
区　长　刘　浪
副区长　曾梦龙　谢　宏
　　　　朱建社　聂文化
　　　　吴　颖　汪衡湘
　　　　王　砺
政协石鼓区委员会
主　席　王仲晓
副主席　李长刚
　　　　刘振湘（兼）
　　　　卢　行（兼）
　　　　李在定

区行政企事业单位负责人

区委办主任　郑建芳
政法委书记　赵　伟
组织部长　叶　强
宣传部长　周文源
纪委书记　龚建民
统战部长　朱鸿波
人民检察院检察长　宋顺武
人民法院院长　谷　敏
机要局局长　肖云根
区委督查室主任　蔡秋云
老干局局长　李妍莛
工商联主席　冯春娥
610办主任　罗友迪
总工会主席　龙平省
团区委书记　万倩雯
妇联主席　张传翠
人大办公室主任　阳平剑
人大内务司法工委主任　范云龙
人大教科文卫工委主任　杨　蓉
人大城乡建设环境资源保护与农业农村工委主任　李　科
人大选举任免联络工委主任　李在定
人大财政经济农业工委主任　李会能
政府办主任　李亚晖
接待处主任　洪云辉
重点项目工作办公室党组书记、主任　蒋夏林
发改和科技局党组书记、局长　肖　军
商务局党组书记、局长　阳长辉
教育文化体育局局长　李长刚
民政局党组书记、局长　汪衡湘
残联理事长　屈光明
司法局局长　邓　琳
财政局局长　成志辉
人力资源和社会保障局局长　刘卫国
住建局局长　钱　波
农林局局长　曾宏辉
水利局局长　颜国清
农开办主任　沈建辉
电子政务管理办公室主任　梁惠清
公共资源交易中心主任　郭金国
金融工作办公室主任　张小平
科技创业服务中心主任　蒋宗辰
移民安置办主任　刘运国
城市建设投资管理办公室主任　欧阳浩男
卫计局局长　何一流
审计局局长　颜福元
人防办主任　廖明明
城管执法局局长　曾　鸿
环卫局局长　蒋传汉
统计局局长　陈炜伟
　　书记　谭　华
安监局局长　朱永忠
政协财政经济委主任　李建宁
政协教科文体卫委主任、政协文史学委主任　伍世梅
政协提案和委员联络委主任　雷玉保
政协人口资源和法制委主任　曹美丽
角山乡书记　石海燕
　　乡长　曾怒安
人民街道书记　王志勇
　　主任　陈　沧
青山街道书记　王　磊
　　主任　罗轶达
潇湘街道书记　朱华兰
　　主任　肖建军
五一街道书记　李阳武
　　主任　刘礼美
合江街道书记　王　砺
　　主任　王容易
黄沙湾街道书记　文　鸣
　　主任　徐崇斌
黄沙湾街道副书记、负责松木片区党务工作　曾利荣
黄沙湾街道副书记、负责松木片区政务工作　戴　胜

（撰稿人：李兴华）

珠晖区

【地理区划与人口】　珠晖区位于北纬26°45′02″～27°01′50″，东经

112°34′41″~112°43′54″。总面积234.03平方米，其中陆地面积192.53平方千米，占82.2%，水域面积：41.5平方千米，占17.8%。地处衡阳市东部，东南与衡南县接壤，西与雁峰区、石鼓区隔湘江相望，北与衡阳县毗邻。2016年辖广东路、东风、冶金、苗圃、粤汉、衡州路、东阳渡7个街道，茶山坳、和平乡、酃湖乡3个乡镇、金甲岭农场。全区年末总人口34.7万人。全年出生人口3450人，出生率为11.5‰；死亡人口1471人，死亡率为4.99‰。人口自然增长率为6.51‰，出生人口男女性别比为106.22∶100。符合国家政策生育率为97.7%，多孩子率为2.6%。

【经济总量】 2016年全区实现地区生产总值（GDP）228.16亿元，比2015年增长8.8%（可比价增速，下同）。其中：第一产业实现增加值9.9亿元，增长3.7%，对经济增长贡献率为1.8%，拉动GDP增长0.2%；第二产业实现增加值125.03亿元，增长7.8%，对经济增长贡献率达49.8%，拉动GDP增长4.4%；第三产业实现增加值93.23亿元，增长10.9%，对经济增长贡献率达48.4%，拉动GDP增长4.3%。全区三次产业结构比为4.3∶54.8∶40.9，与2015年比，第一产业下降1.9%，第二产业下降1.6%，第三产业上升3.5%，经济结构进一步改善。

【农业】 全区农林牧渔业实现增加值100.44亿元，增长3.8%。农业产量方面，粮食总产量为3.28万吨，增长0.9%；油菜籽产量为0.26万吨，增长1%，蔬菜总产量为1.96万吨，增长1.0%；瓜果总产量为2.17万吨，增长1.0%。畜牧水产业方面，出栏肉猪23.98万头；出栏牛0.02万头；出栏羊0.09万头；出笼家禽64.47万羽；水产品0.45万吨。

全区有市级以上龙头农业加工企业18家；建成农产品基地24个，扩建蔬菜基地20公顷，建成无公害种植面积113.33公顷；新增农民专业合作社21个，有农民专业合作社119个，增长21.4%，农民专业合作社成员4076人，增长1.0%；家庭农场35个；耕地流转面积1400公顷。

全年新增农田效灌溉面积300公顷，新增节水灌溉面积200公顷。年末农业机械总动力0.91万千瓦，增长6%。新建和改建各类水利工程110余处，累计投入资金近3000万元。全年争取资金200万元，续建东阳水厂二期管网铺设工程，解决约0.25万人的饮水困难及饮水不安全问题。

全年完成农村危房改造35户，棚户区改造2064户，新建安放农村垃圾桶1.3万个，完成庭院绿化16000户，栽种树木80万余株。以茶山坳、东阳渡等丰富的乡村旅游资源为依托，蓬勃发展，茶山坳获得“全国美丽宜居乡镇”“全国生态乡镇”等荣誉。

【工业和建筑业】 全区拥有规模以上工业企业46个。实现规模以上工业增加值增长6.5%。实现规模以上工业销售产值102.97亿元，产销率达99.5%。全年规模工业实现利税1.18亿元，下降75.76%；利润3.46亿元，下降30.8%。

全区共有资质以上建筑业企业12个，完成总产值132.87亿元，上升13%；实现建筑业增加值66.59亿元，增长9.2%。房屋建筑施工面积36.65万平方米，增长30%；其中，全年新开工面积7.72万平方米，增长22.9%；房屋建筑竣工面积9.95万平方米，下降23.4%。

【固定资产投资】 全区完成固定资产投资187.31亿元，增长17.4%。国有投资92.17亿元，增长52.1%；第三产业投资79.44亿元，增长40.7%；民生工程、生态环境、基础设施投资分别增长38.4%、282.9%、23.3%。项目建成效明显，全年实施各类项目369个，其中省重点项目61个。

区房地产开发投资6.9亿元，增长2.3%。商品房竣工面积9.02万平方米，下降14.11%；商品房屋销售面积16.13万平方米，增长40.5%。

【商贸、旅游和招商引资】 在城乡居民收入增加、居民消费能力提升等利好因素的带动下，城乡消费品市场继续呈现活跃态势。全区完成社会消费品零售总额125.22亿元，增长11.9%。新增规模以上商贸单位17个，限额以上单位共86个。外贸进出口完成1500万美元，下降43.75%。

实现旅游总收入28.3亿元；接待国内外游客491.5万人次，

增长109.1%。

投资2000万以上产业新开工项目8个，引资16.55亿元，到位6.58亿元；新竣工项目6个，引资14.92亿元，到位14.23亿元。全区实际利用外商直接投资4709万美元；实际利用内资20亿元。

【财政】 全区一般公共预算收入达到15.3亿元，增长6.1%；其中，地方收入合计6.25亿元，增长10.3%。税收占财政收入的比重达80.37%，财政总收入占GDP的比重达6.71%。财政一般公共预算支出14.58亿元，增长17.2%，其中社会保障和就业支出1.64亿元，增长0.96%；农林水事务支出7857万元，增长8.9%；科学技术支出65万元，下降50.38%；医疗卫生支出15226万元；教育支出17657万元；交通运输支出346万元，下降28.8%。

【教育、科技】 全区有在职教师1171人，小学44所，九年一贯制学校1所，中学4所，在校学生共23091人（含民办学校）。完成投资5000万元，新建校舍25000平方米，完成1所合格学校建设。一是学前教育质量提升。全年投资500万元，完成1所公办幼儿园重点民生实事项目校（园）。全区幼儿园拥有量达到66所，在园幼儿9415人，学前三年毛入园率101%，学前一年入园率100%。二是义务教育全面发展。小学在校学生21029人（含民办小学），小学适龄儿童入学100%，巩固率100%。初中在校学生2062人（含民办学校）；初中适龄人口入学率100%，巩固率99.6%。

完成高新技术产业产值221.95亿元，增长14.98%，实现增加值70.86亿，增长20.57%。获上级部门科技项目14项，经费242万元，按新标准累计认定并有效的国家高新技术企业数12家，专利申请数509件，授权专利数249件，其中发明专利申请数159件，授权发明专利数42件。10万人专利申请数150件，10万人授权专利数73件，10万人授权发明专利数12件。

【文化、体育和卫生】 全区共拥有乡镇、街道文化站10个，其中综合性乡镇文化站3个，街道文化站7个。文化馆1个，公共图书馆1个，电影院2个。青少年学生校外活动中心1个，社区文化活动中心51个，6000平方米以上的全民健身广场5个，社区文化广场13个，示范性学院1个、学校4个、学习中心10个；新增图书4500余册。文化活动有声有色，全年共举办“广场旬旬演、社区周周乐”65场，其中“广场旬旬演”5场，“社区周周乐”60场；举办“欢乐潇湘·幸福衡阳”大型系列文艺活动。

全区拥有体育场地290个，其中体育馆1座，运动场236个，游泳池2个，各种训练房51个。体育成绩斐然，参加省青少年常规体育比赛获37枚金牌，网球参加国际比赛获得国际比赛冠军20个，亚军8个，季军1个，网球参加全国比赛，获全国比赛冠军23个，亚军27个，季军39个。

全区共拥有各类卫生机构254个，其中区属医院3家，乡镇卫生院3个，社区卫生服务中心7个，妇幼保健院1个，妇女儿童医院1个，疾病预防控制中心1个，卫生监督所1个，其他各类医疗机构及个体诊所237个。卫生技术人员987人，其中执业医师和执业助理医师589人，注册护士495人，卫生防疫人员94人；医院、卫生院床位924张。着力抓好重大传染病防治，保障人民健康。全区无甲类传染病报告，乙类法定传染病发病数847例，发病率256.66/10万，全年计划免疫接种一类苗，接种率97.3%以上；孕、产妇系统管理率93.1%，住院分娩率100%；7岁以下儿童管理率89.6%，5岁以下儿童死亡率5.2‰。作为衡阳市首个申报创建省级慢性病综合防控示范区单位，全年区内专项经费58万用于慢性病综合防控工作；组建区、街道（乡、镇）、社区（村）三级健康教育网，发送健康提示手机短信10万条，向居民群众派发健康支持工具5万套，向社区健康自测点配送自助检测工具10多套；建立困难慢性病人医疗救助平台，开展上门服务共16万余次，免费医疗救助困难慢性病人18250人次，免费发放到医优惠卡23280张，赠送药品总价值150.2万元，开展生活方式指导17500人次。

【城市建设、环境和安全生产】 全区两厢提质改造总投资约2180.74万元，其中，粤汉路一广西路道路全长2.95千米，两厢旧貌换新颜。拆除防盗网2580平方米，拆除遮阳罩857米，新增绿地4500平方米，墙面粉刷5.57万平方米。投资357万解决与市民生活息息相关的“沟不通、路不平、灯不亮、化粪池淤塞”等问题，硬化路面2400平方米，增加路面油化4862平方米，疏通下水道4200米，清化粪池297座，维修路缘石7217米，安装太阳能路灯87盏，修复路灯175盏。投入资金207.46万元对商业城、太平洋市场、雁东市场、金泉路进行维修改造。启动王江汽车站周边道路建设，436米的主道路成型。

全年共发生安全生产事故3起，比2015年减少13起；死亡3人，未发生较大及以上事故。

【就业、人民生活与社会保障】 全区发放农村部分计划生育家庭奖励124.61万元，共计1298人、独生子女死亡伤残特别扶助306.35万元，共计547人。全区共办理结婚登记2110对，离婚登记904对，办理老年优待证3253个。全年发放90岁以上高龄老人长寿生活补贴54.63万元。

全区城镇新增就业人员4451人，城镇登记失业率为4%，零就业家庭动态清零100%；失业人员再就业3153人，新增农村劳动力转移就业人数1207人。

全区共征缴企业养老保险20118万元，完成年度目标任务的136%，发放基本养老金17975万元，按时足额发放率100%；征缴失业保险78.2万元，完成全年目标任务的196%；新农保和城居保263.12万元，完全全年目标任务的150%，共发放基础养老金2388.33万元；城镇职工医疗收入3039.9万元，完成全年目标任务217%；城镇居民医疗保险1484.3万元，生育保险收入70.85万元，完成全年任务101%；基本医疗保险覆盖率97%。发放廉租住房租赁补贴对象为2708户，居民居条件进一步改善。

全区城镇居民人均可支配收入30343元，增长9.4%；农村居民人均可支配收入17483元，增长8.8%。

区委、人大、政府、政协领导名录

中共珠晖区委员会

书　记　陈礼洋

副书记　刘桢千　王　敏

常　委　唐黎明　彭顺利

段志阳　谢　韬

魏春生　殷　亮

刘毅辉　罗军荣

珠晖区人大常委会

主　任　黄常耿

副主任　陈清学

邓春华（兼）

凌小敏　周定缘

廖永忠

珠晖区人民政府

区　长　刘帧千

副区长　罗　毅　罗宏俊

江　莉　周爱民

何玉竹　旷　善

政协珠晖区委员会

主　席　梁璞存

副主席　阳启宝　曾刚乔

何奇志　丁倩茹

邓志超

区行政企事业单位负责人

区委办主任	唐黎明
组织部长	彭顺利
宣传部长	段志阳
统战部长	谢　韬
纪委书记	殷　亮
人武部长	刘毅军
政法委书记	罗军荣
人民法院院长	冯　卫
人民检察院检察长	廖雪生
公安局长	何玉竹
监察局局长	周治华
区委巡察办主任	资勇廷
区直机关工委书记	陈永进
政策研究室主任	蒋志辉
督查室主任	周胜利
机要局局长	覃湘龙
保密局局长	胡彦娟
档案局局长	陈婷婷
接待处主任	唐利民
人社局党组书记、局长	邹　辉
区委老干局局长	欧阳承友
编办主任	贺湘燕
团区委书记	吕雁玲
妇联主席	周宏丽
残联理事长	刘　俊
红十字会会长	欧阳素芳
610办主任	曹绍平
维稳办主任	尹鹏辉
司法局局长	彭忠阳
人大办公室主任	李必根
人大内务司法工作委员会主任	曹湘宁
人大教育科学文化卫生工作委员会主任	阳绪清
人大城乡建设环境资源保护与农村工作委员会主任	雷龙桥
人大选举任免联络工作委员会主任	高丽娜

人大财政经济委员会（预算工作委员会）主任　赵文萍
人大法制委员会（法制工作委员会）主任　彭旭升
人大研究室主任　邓　丹
人大信访办主任　许飞艳
政协秘书长、办公室主任　胡光荣
政协提案法制委员会主任　林　敏
政协政策研究室主任　贺康政
政协财政经济委员会主任　危杰林
政协教科文卫体委员会主任　唐　燕
政协人口环境资源和法制委员会主任　杨　欣
政府办主任　郭　然
信访局局长　阳佳玉
金融办主任　彭江锋
机关事务服务中心主任　彭荣芳
政府法制办公室主任　周　俏
电子政务管理办公室主任　王　华
政务服务中心主任　谢东平
审计局局长　肖喜贤
发改局局长　刘　蓓
统计局局长　周宇红
财政局党组书记、局长　朱迎春
农业综合开发办公室主任　李娉婷
商务局局长　王　敏
市场管理办公室主任　江忠华
旅游投总经理　段智勇
经济科技和信息化局党委书记、局长　羊　斌
安全生产监督管理局局长　贺东甫
党组书记　王宏伟
工业园区建设管理委员会主任　宋顺带
农林局党组书记、局长　奉满元
扶贫办主任　李满凤
水利局党组书记、局长　王浩文
畜牧水产站站长　汤水华
移民开发局局长　刘夏生
住房和城乡建设局党委书记、局长　邹淑均
城市建设投资管理办公室主任　陆键飞
城市管理行政综合执法局党委书记、局长　王　钧
环境卫生管理局党委书记、局长　张　伟
园林所所长　伍　辉
人民防空办公室党组书记、主任　彭丽梅
衡阳广场管理委员会办公室党组书记、主任　唐　伟
民政局党组书记、局长　刘　勇
教文体局党委书记、局长　谢志军
卫生和计划生育局党委书记、局长　赵冰峰
广东路街道书记　谭咸龙
主任　罗志刚
粤汉街道书记　卿彰谦
主任　谢亚玲
东风街道书记　黄秀峰
主任　雷　华
苗圃街道书记　谢子健
主任　陈　鑫
冶金街道书记　赵　鹏
主任　宋龙绍
衡州路街道书记　雷　宇
主任　贺海啸
东阳渡街道书记　刘　卫
主任　谭超鹏
和平乡书记　彭建军
乡长　胡向东
酃湖乡书记　伍建春
乡长　何庆华
茶山坳镇书记　王武军
镇长　刘李进

（撰稿人：肖晓初）

蒸湘区

【区情简述】　蒸湘区位于雁城西面，蒸水河岸。2016 年，全区辖 2 镇 4 个街道办事处（雨母山镇、呆鹰岭镇，蒸湘、红湘、华兴、联合街道办事处），总面积 111.65 平方千米，常住人口 31.48 万。全区地区生产总值（不含华兴街道，下同）193.94 亿元，比 2015 年增长 8.7%。其中，第一产业增加值 4.90 亿元，增长 3.7%；第二产业增加值 106.72 亿元，增长 6.0%；第三产业增加值 82.32 亿元，增长 12.9%。三次产业结构比为 2.5∶55.0∶42.5。按常住人口计算，人均 GDP 达 66662 元，增长 6.4%。财政总收入 21.63 亿元，增长 6.36%；其中地方一般预算收入 5.35 亿元，增长 44.0%。全年城乡居民人均可支配收入 30002 元，增长 10.1%，城镇和农村居民人均可支配收入分别达到 30116 元、17437 元，较 2015 年分别增长 10.1%、8.6%。蒸湘区为全市唯一、全省首批 20 个“全面小康达标县”之一。

【经济建设】　经济结构有新的优化，第三产业增加值比重由 39.9% 提高到 42.5%，现代服务业强势发展，新产业、新业态、新商业模式不断涌现。具体来说，2016 年，全区三次产业结构由上年的 2.5∶57.6∶39.9 优化为 2.5∶55.0∶42.5，第二产业所占比例较 2015 年下降 2.6%，第三

产业所占比例较上年提升2.6%。从产业贡献率来看，一、二、三产业对经济增长的贡献率分别为1.1%、39.9%和59.0%，分别拉动经济增长0.1%、3.5%和5.1%，现代服务业成为拉动经济增长的新动能。其中，旅游业总收入达到26.58亿元，同比增长76.0%；杨柳汽车4S街区税收达到7350万元，同比增长67%。从企业培育效果来看，2016年，全区共新增“四上”企业31家，居中心城区第二位。

【城乡建设】 中心城区：推进社区办公用房建设，基本建成温家台、冶金等11个社区的办公用房。完成太平一、太平二等15个社区“三清三建”任务。通过社区“三清三建”，共清理管线31万平方米，清理垃圾2726车次，修复改造地面16.5万平方米，疏通下水管道3.5万米，更换破损井盖1300个，修建小游园、小广场3.36万平方米。提质改造后的社区“颜值”和品位得到全面提高。立新二社区获评全省“和谐示范社区”和“全市志愿服务十佳社区”，廖家湾、衡邵、幸福路、联合新村等社区获评“全市文明示范社区”，学院路社区获评“全市和谐社区”。乡村建设：柿江河治理和呆鹰岭水渠改造任务全面完成，鸡市防洪保护圈工程全面推进，新竹、临江、幸福、土桥等4个村的16处骨干山塘修缮一新。投入资金3729万元修建乡村道路、文化广场、篮球场、乒乓球场等体育设施，改善村民用水、用电及信息网络条件。连通呆鹰岭镇老街的自来水和天然气管道。完成荒山造林100.54公顷、通道绿化70.6千米。完成中小流域治理工程建设任务，治理面积340.02公顷。实行最严格的水资源管理制度，严禁骨干山塘水体化肥养鱼。加强蒸水河道采砂管理，巩固河道专项整治成果。耕地保护工作有序推进，黄花千亩农田综合整治、新竹土地整理项目全面开工。通过“村收集、乡清运、区处理”的方式，推进农村环境卫生综合治理，农村垃圾集中处理率100%。蒸湘区获评“全省美丽乡村建设先进（县市）区”。

【深化改革】 全区9大类28项改革任务全部按时间节点完成，中央、省、市主流媒体推介蒸湘区改革成效20余次。全面完成区党政机关公务用车改革工作。“营改增”试点开出全市首张发票，国地税实施“一窗一人双系统”联合办税模式。商事制度改革成效明显，“五证合一、一照一码”工作有序开展，新登记市场主体4264户。行业协会商会去行政化管理顺利推进，7家行业协会商会严格按“五分离、五规范”要求与行政机关脱钩。雨母山市民徒步和山地自行车赛成为旅游文化品牌。政府法律人才培训在全省率先探索“寓人才培养于法律服务之中”新模式。社会治安防控“以楼管房、以房管人、以人找房”经验在全省推介。医养融合养老服务先行先试，全市首家“医养结合”型非营利性综合医院落户蒸湘区。开展残疾人支持性就业试点，全市首家残疾人支持性就业实训基地——慧家爱心超市正式运营。

【民生事业】 财政支出向民生倾斜，民生支出占财政总支出的76.1%。2016年，全区实现农村转移就业2000人，零就业家庭动态清零24户。各项社会保险做到应保尽保。推进民生救助工作，累计发放各类救助资金3647万元，惠及1.72万人。全区农村低保对象减少536人（388户）。推进扶贫攻坚，减贫2040人，2个贫困村成功摘帽，减贫率100%。争取移民后扶专项资金334.12万元，惠及移民800人，实施移民项目32个，惠及移民1000余人。全区每千人拥有床位数14.61张，较2015年增加0.31张。面向低收入家庭分配公租房1044套，完成农村危房改造42户，发放廉租住房补贴366.9万元，惠及1924户。

【社会事业】 启动25所学校校舍新建、改扩建项目，维修改造面积2.1万平方米，新增教学楼面积1.1万平方米，新增学位3000多个。面向社会公开招聘教师45人；创建全国校园足球特色学校2所。蒸湘区获评“全省校车安全管理工作先进单位”。长湖卫生院装修工程全面启动。公立医院改革稳步推进，区人民医院、区妇幼保健院实施药品零差价销售。蓝方中医院、明仁妇女儿童医院、世和医院3所民办医院开业运营。蒸湘区获评“全省计生协会工作优秀单位”。修缮雨母山艺术家部落和蒸湘街道文化站，健全完善区老干活动中心基础设施，广泛开展群众文化活动。在全市纪念中国共产党成立95周年“红旗颂”大型群众合唱比赛中，蒸湘区获二等奖。歌舞节目《小康蒸湘》在全省“欢乐潇湘”群众文化活动汇演中获二等奖。开展群众体育活动，推广武术段位制进校园活动。蒸湘区获评“全省校园武术段位制推广先进单位”。在全省跳水、花样游泳锦标赛中，蒸湘区获金牌11枚、银牌3枚、铜牌1枚。新增高新技术企业4家，累计申报专利426件，居全市第一。蒸湘区获评“中国流动科技馆湖南巡展活动先进组织单位”。网络舆情监控稳步推进，“12345”热线交办工作做到事事有答复、件件有回音，蒸湘区获评“全市政府信息公开工作先进单位”。

【社会稳定】 推进“平安蒸湘”建设，破获“1·18”太平小区故意杀人案等一批大案要案，维护社会公平正义，促进社会平安稳定。区公安分局先后两次获得省、市专项奖励。推进安全生产“四大三基”“安全监管执法年”等活动，夯实基层基础，加大执法力度，整改安全隐患，安全生产形势总体平稳。食品药品安全工作再次实现“零事故”目标。信访工作连续十一年保持省、市先进。蒸湘区在全国和全省先后两次获得司法工作专项奖励。严查非法集资行为，维护金融秩序稳定。人民防空体系建设持续加强，蒸湘区获评“全省人民防空先进单位”。文明创建成效明显，区国税局获评“全省文明标兵单位”，立新小学、区工商分局等单位获评省、市级文明单位。

【政府效能】 依法向区人大常委会报备规范性文件，依法受理行政复议涉诉案件，立案办结率100%。依法办理人大代表议案建议30件、政协提案82件，办复率100%。全面推进“两集中、两到位”工作，受理行政审批及政务服务事项1.47万件，办结率100%。推进审计全覆盖，完成审计项目13个，查出问题资金9182万元。支持纪检监察机关查处案件，立案36件，处分党员干部36人，查处“雁过拔毛”式腐败问题9个，收缴违纪款34.4万元。

区委、人大、政府、政协领导名录

中共蒸湘区委员会
书　记　周玉梅(女)
副书记　袁谷平　于德辉
常　委　刘利民　尹熙明
　　　　殷苌茗　邓宗南
　　　　谢　斌　唐仕龙
　　　　肖军生　阳宏伟

蒸湘区人大常委会
主　任　彭东阳
副主任　汪仲兆
　　　　杨艳斌(女)
　　　　陈政军(兼)
　　　　罗锡桂(女)
　　　　黄亚君(女)

蒸湘区人民政府
区　长　袁谷平
副区长　尹熙明
　　　　谢铷鸿(女)
　　　　吴小平
　　　　罗　琼(女)
　　　　李正金　廖东笙
　　　　刘著章

政协蒸湘区委员会
主　席　陈硕果
副主席　吴兰湘(女)
　　　　陈全生(兼)
　　　　谢云亚(兼)
　　　　钟柏喜
　　　　黄文洁(兼)

区行政企事业单位负责人

纪律检查委员会书记　刘利民
区委办公室主任　阳宏伟
巡察办公室主任　冯朝辉
组织部部长　谢　斌
宣传部部长　唐仕龙
统战部部长　殷苌茗
政法委员会书记　肖军生
处理法轮功问题领导小组办公室主任　李康平
机构编制委员会办公室主任　周世忠
直属机关工作委员会书记　彭伟初
群众工作部部长、区信访局局长　申　弼
档案局局长　陈　玲
工商业联合会主席　谢云亚
总工会主席　陈光华(兼)
中国共产主义青年团蒸湘区委员会书记　梁芷薇
妇女联合会主席　刘锦玲
残疾人联合会理事长　李伯利
科学技术协会主席　刘巧兰
红十字会会长　谢志红
人大常委会党组成员、办公室主任　刘力源
人大常委会内务司法工作委员会主任　彭玉萍

人大常委会教育科学文化卫生工作委员会主任 肖松柏
人大常委会城市建设环境与资源保护工作委员会
（农业与农村工作委员会）主任 汤九生
人大常委会选举任免联络工作委员会主任 王礼康
人大常委会预算工作委员会主任 刘衡学
人大常委会法制工作委员会主任 许智卓
人大常委会研究室主任 陈 卿
人大常委会信访办公室主任 黄露青
区政府办公室主任 刘朝荣
监察局局长 彭澄清
发展改革和科学技术局局长 邓冬福
旅游外侨民宗局局长 陶宏伟
商务局局长 黄文洁
农林局局长 肖泽荣
教育文化体育局局长 廖东笙
民政局局长 谢先铸
财政局局长 阳宏伟
人力资源和社会保障局局长 易艳云
住房和城乡建设局局长 郑成庚
卫生和计划生育局局长 夏 敏
审计局局长 钟 波
统计局局长 杨邦生
安全生产监督管理局局长 何湘衡
人民防空办公室主任 刘峥嵘
区水利局局长 蒋福员
城市管理行政综合执法局局长 刘 新
环境卫生管理局局长 邓 成
重点工程项目管理领导小组办公室主任 朱忠清
钢管深加工产业园区管理委员会主任 唐续武
杨柳汽车销售街区管理委员会主任 聂 虹
移民开发局局长 杨青松
园林绿化所所长 李元昶
城市建设投资管理办公室主任 唐振荣
法制办公室主任 段 威
接待处主任 李 斌
地方金融工作办公室主任 何跃斌
政务服务中心主任 贺登元
雨母山景区管理处处长 谢培武
社区工作办公室主任 谢茂群
区交警大队大队长 刘 伟
工商分局局长 张社荣
国税局局长 梁冰琼
地税局局长 王吉文
环保分局局长 徐小鹏
国土分局局长 罗衡志
规划分局局长 欧阳勇
政协党组成员、秘书长、办公室主任 杨松滨
政协提案和委员联络工作委员会主任 刘 勇
政协教科文卫体（文史学习）委员会主任 唐继红
政协财政经济委员会主任 陈智荣
政协城市建设管理委员会主任 江常军
政协研究室主任 罗 健
武装部部长 邓宗南
政委 邹志华
人民法院院长 乐喜莲
人民检察院检察长 贺晓斌
公安局蒸湘分局局长 吴小平
司法局局长 刘前进
雨母山镇书记 冯时旺
镇长 廖章海
呆鹰岭镇书记 郑 刚
镇长 彭克俊
蒸湘街道书记 邓 勰
主任 蒋 承
蒸湘街道副书记，负责长湖便民服务中心党务工作 李 松
蒸湘街道副书记，负责长湖便民服务中心政务工作 周三清
红湘街道书记 杨安平
主任 周 晴
联合街道书记 刘著章
主任 李 嵩

（撰稿人：蒋后园）

人　物

责任编辑：熊　雯

市级领导

周　农　男，汉族，1962年8月生，在职研究生文化，湖南省益阳市人，1982年7月参加工作，1985年2月加入中国共产党。

1978年9月—1982年7月，湖南大学化工系无机化学工程专业学生。1982年7月—1985年3月，任资江氮肥厂技术员、厂团委副书记。1985年3月—1991年6月，任共青团娄底地委副书记、党组成员。1991年6月—1993年11月，任共青团娄底地委书记、党组书记。1993年11月—1997年4月，任中共双峰县委副书记（正处级）。1997年4月—1999年10月，任中共娄底地委宣传部副部长（正处级）。1999年10月—2001年8月，任中共会同县委副书记、县人民政府县长。2001年8月—2001年11月，任中共会同县委书记、县人民政府县长。2001年11月—2004年2月，任中共会同县委书记。（2003年9月—2004年1月，在中央党校第七期县委书记进修班学习。）2004年2月—2006年3月，任中共溆浦县委书记。（2004年3月—2006年1月，中央党校函授学院法学专业在职研究生班学员；2005年2月—2005年5月，由省委组织部选派到美国弗吉尼亚州奥德多梅恩大学学习MPA。）2006年3月—2006年6月，任中共怀化市鹤城区委书记。2006年6月—2006年11月，任湖南省监察厅副厅长。2006年11月—2010年3月，任中共湖南省纪委常委、省监察厅副厅长。2010年3月—2011年11月，任中共湖南省纪委常委、省监察厅副厅长、省预防腐败局副局长。2011年11月—2014年7月，任中共湖南省纪委副书记。（2014年1月—2014年7月，任省十二届人大常务委员会委员。）2014年7月—2016年3月，任湖南省人民政府党组成员，中共湖南省纪委副书记、省监察厅厅长、省预防腐败局局长。（2015年6月—2015年9月，任中共中央第十一巡视组副组长，参加中共中央第二轮巡视。）2016年3月—2016年5月，任中共衡阳市委书记、市人大常委会主任候选人提名人选。2016年5月，任中共衡阳市委书记、市人大常委会主任。2016年9月30日，在中共衡阳市委十一届一次全会上当选为中共衡阳市委书记。

周海兵　男，汉族，1971年2月生，湖南大学土木系结构工程工学硕士，研究员级高级工程师，湖南岳阳市人，1994年9月加入中国共产党，1995年3月参加工作。

1988年9月—1992年9月，湖南大学土木系工业与民用建筑专业本科学生。1992年9月—1995年3月，湖南大学土木系结构工程专业硕士研究生。1995年3月—1997年11月，任湖南建工集团总公司直属工程处技术员、科长。1997年11月—2000年4月，任湖南建工集团总公司直属工程处副处长。2000年4月—2003年4月，任湖南建工集团总公司直属工程处处长。2003年4月—2004年5月，任湖南建工集团总公司工程总部董事长、总经理。2004年5月—2007年3月，任湖南建工集团党委委员、副总经理。2007年3月—2013年3月，任湖南建工集团党委副书记、总经理。2013年3月—2013年4月，任中共衡阳市委副书记。2013年4月—2013年5月，任中共衡阳市委副书记、市人民政府副市长、代理市长、党组书记。2013年5月—2016年9月，任中共衡阳市委副书记、市人民政府市长、党组书记。2016年9月30日，在中共衡阳市委十一届一次全会上当选为中共衡阳市委副书记。

邓群策　男，汉族，1964年5月生，在职研究生文化，法学硕士，湖南祁阳市人，1984年8月参加工作，1986年11月加入中国共产党。

1981年9月—1984年8月，衡阳师范专科学校中文专业学生。1984年8月—1988年9月，任湖南省建材干部学校教师、人事科干部。1988年9月—1989年2月，任湖南省建材干部学校教师、人事科副科长。

1989年2月—1991年3月，任湖南省建材局办公室秘书。（1990年9月—1992年12月，中央党校函授学院经济管理专业本科班学员。）1991年3月—1993年9月，任中共湖南省委组织部组织指导处主任科员。1993年9月—1997年4月，任中共湖南省委组织部组织指导处副处级组织员。1997年4月—2000年6月，任中共湖南省委组织部组织指导处副处长。2000年6月—2001年1月，任中共湖南省委组织部组织指导处副处长、正处级组织员。（2000年9月—2003年7月，湖南师范学院国际法学专业在职研究生班学员。）2001年1月—2007年8月，任中共湖南省委组织部组织指导处处长。2007年8月—2008年12月，任中共湖南省委基层党建办主任、组织部组织指导处处长。2008年12月—2011年4月，任中共湖南省委基层党建办主任。2011年4月—2013年5月，任中共湖南省委组织部部务委员。2013年5月—2013年12月，任中共衡阳市委副书记。2013年12月—2014年10月，任中共衡阳市委副书记、组织部部长。2014年10月—2014年12月，任中共衡阳市委副书记、组织部部长、市委党校（衡阳行政学院、市社会主义学院）校长（院长）。2014年12月，任中共衡阳市委副书记、市委党校（衡阳行政学院、市社会主义学院）校长（院长）。2016年9年30日，在中共衡阳市委十一届一次全会上当选为中共衡阳市委副书记。

罗东海 男，汉族，在职研究生文化，经济学硕士，1963年4月生，湖南衡南县人，1983年7月参加工作，1985年12月加入中国共产党。

1979年9月—1983年7月，江苏工学院金属材料热处理专业学生。1983年7月—1987年2月，衡阳拖拉机厂技术员。1987年2月—1988年12月，任共青团衡阳市委干事。1988年12月—1991年7月，任共青团衡阳市委青工部副部长。1991年7月—1994年6月，任衡阳市青少年宫主任。（1993年10月—1995年8月，华中师范大学法商学院经济管理专业研究生班学员，获经济学硕士学位。）1994年6月—1995年11月，任共青团衡阳市委副书记。1995年11月—1997年8月，任中共衡阳市郊区区委常委、政府副区长。1997年8月—2002年8月，任中共衡山县委副书记。2002年8月—2002年12月，任中共衡山县委副书记、政府副县长、代理县长。2002年12月—2006年6月，任中共衡山县委副书记、政府县长、党组书记。2006年6月—2006年9月，任中共衡山县委书记。2006年9月—2010年1月，任中共衡阳市委委员、衡山县委书记。（2006年10月—2007年4月，省第六期赴美国中青年干部培训班学员。）2010年1月—2011年10月，任中共衡阳市委常委、秘书长、办公室主任。2011年10月—2014年8月，任中共衡阳市委常委、秘书长、办公室主任、市直工委第一书记。2014年8月—2014年10月，任中共衡阳市委常委、秘书长、办公室主任、市直工委第一书记、市委全面深化改革领导小组办公室主任（兼）。2014年10月—2014年11月，任中共衡阳市委常委、市人民政府副市长候选人。2014年11月—2015年2月，任中共衡阳市委常委、政府党组成员、市人民政府副市长候选人。2015年2月—2016年10月，任中共衡阳市委常委、市人民政府副市长、党组成员。2016年10月，任中共衡阳市委常委、中共衡阳市委统战部部长、市政协党组副书记。

包昌林 男，汉族，本科文化，湖南慈利人，1963年4月生，1981年7月参加工作，1988年8月加入中国共产党。

1981年7月—1986年2月，慈利县五中教师。1986年2月—1990年1月，任慈利县二坊坪中学副校长、校长。（1987年9月—1990年7月，华中师范大学历史专业函授本科学习。）1990年1月—1990年7月，任慈利县教育局团工委书记。1990年7月—1992年3月，任中共慈利县纪委干部。1992年3月—1993年5月，任中共张家界市纪委副科级干部。1993年5月—1997年1月，任中共张家界市纪委宣教室副主任。1997年1月—1997年3月，任中共长沙市纪委正科级纪检员、监察员。1997年3月—2001年2月，任中共长沙市纪委宣教室副主任、《长沙党风政纪》主编。2001年2月—2002年7月，任中共长沙市纪委副县级纪检员、监察员。2002年7月—2006年8月，任中共湖南省纪委调研法规室副处级纪检员、监察员。2006年8月—2008年1月，任中共湖南省纪委调研法规室副处长级副主任。2008年1月—2008年6月，任中共湖南省纪委党风廉政建设室副处长级副主任。2008年6月—2010年6月，任中共湖南省纪委党风廉政建设室正处长级副主任。（2007年3月—2009年2月，任省纪委建设扶贫点新宁县花桥村建设扶贫队队长。）（2007年5月—2009年1月，挂职任中共新宁县委常委。）（2009年1月—2009年7月，挂职任中共新宁县委副书记。）2010年6月—2012年8月，任中共湖南省纪委办公室正处长级副主任。2012年8月—2013年12月，任中共湖南省纪委副秘书长（副厅长级）。2013年12月— ，任中共衡阳市委常委、纪委书记。2016年9月30日，在中共衡阳市委十一届一次全会上当选为中共衡阳市委常委、在中共衡阳市纪委十一届一次全会上当选为市纪委书记。

刘丽华　女，汉族，1964年3月生，在职研究生文化，湖南衡阳县人，1981年7月参加工作，1985年6月加入中国共产党。

1978年9月—1981年7月，长沙师范学校中师专业学生。1981年7月—1984年4月，衡阳自行车厂教师。1984年4月—1990年1月，衡阳拖拉机厂教师、劳动人事处干事。（1986年10月，湖南省高等教育自学考试大专毕业。）1990年1月—1993年3月，任衡阳拖拉机厂（大型企业）团委副书记。（1992年8月—1994年12月，中央党校函授学院经济管理专业本科班学习。）1993年3月—1993年12月，任衡阳拖拉机厂团委书记。1993年12月—1996年12月，任衡阳拖拉机厂党委委员、团委书记。（1995年9月—1996年3月，衡阳工学院企业中青年干部班学习。）（1996年3月—1996年9月，在衡阳市经委组干科挂职。）1996年12月—1997年8月，任衡阳拖拉机厂副厂长、纪委书记。1997年8月—2000年12月，任中共耒阳市委常委、组织部部长。2000年12月—2002年8月，任中共耒阳市委副书记。2002年8月—2002年12月，任中共衡阳市南岳区委副书记、南岳区人民政府副区长、代理区长。2002年12月—2006年5月，任中共衡阳市南岳区委副书记、南岳区人民政府区长。（2004年9月—2007年12月，中央党校函授学院法学理论专业在职研究生班学员。）2006年5月—2006年6月，任中共衡阳市南岳区委书记、南岳区人民政府区长。2006年6月—2008年11月，任中共衡阳市南岳区委书记。2008年11月—2014年1月，任中共湖南省委台湾工作办公室（省政府台湾事务办公室）副主任、党组成员。2014年1月—2014年2月，任衡阳市人大常委会副主任。2014年2月—2014年10月，任衡阳市人大常委会副主任、党组成员。2014年10月—2014年11月，任中共衡阳市委常委、市人大常委会党组成员。2014年11月— ，任中共衡阳市委常委、宣传部部长。2016年9月30日，在中共衡阳市委十一届一次全会上当选为中共衡阳市委常委。

邓　柯　男，汉族，1960年2月生，本科文化，湖南衡阳县人，1976年10月参加工作，1984年7月加入中国共产党。

1976年10月—1978年10月，国营常宁县铜钟岭林场知青。1978年10月—1981年7月，衡阳师范专科学校政史专业学生。1981年7月—1983年11月，任衡阳地区行署文教办干事。1983年11月—1984年12月，任衡阳市职教办干事。1984年12月—1986年7月，任衡阳市职教办教育科副科长。1986年7月—1989年11月，任衡阳市教委宣教科副科长。1989年11月—1992年3月，任衡阳市教委正科级组织员。（1990年9月—1993年7月，华中师范大学思想政治教育专业函授本科班学员。）1992年3月—1995年5月，任衡阳市教委组干科科长。1995年5月—1997年1月，任中共常宁县委常委、组织部部长。1997年1月—1997年9月，任中共衡东县委副书记、组织部部长。1997年9月—2000年2月，任中共衡东县委副书记。2000年2月—2000年3月，任中共衡阳市城北区委副书记、城北区人民政府副区长、代理区长。2000年3月—2001年6月，任中共衡阳市城北区委副书记、城北区人民政府区长。2001年6月—2002年8月，任中共衡阳市石鼓区委副书记、城北区人民政府区长。2002年8月—2009年7月，任中共衡阳市石鼓区委书记。2009年7月—2010年12月，任衡阳市副厅级干部、中共衡阳市石鼓区委书记。2010年12月—2011年4月，任衡阳市副厅级干部。2011年4月—2014年10月，任衡阳市人民政府副市长、党组成员。2014年10月—2014年11月，任中共衡阳市委常委、市政府党组成员。2014年11月—2015年11月，任中共衡阳市委常委、秘书长、办公室主任、市直工委第一书记、市委全面深化改革领导小组办公室主任（兼）。2015年11月—2016年1月，任中共衡阳市委常委、政法委书记、市委秘书长、办公室主任、市直工委第一书记、市委全面深化改革领导小组办公室主任（兼）。2016年1月— ，任中共衡阳市委常委、政法委书记。2016年9月30日，在中共衡阳市委十一届一次全会上当选为中共衡阳市委常委。

何录春　男，汉族，1971年4月出生，大学学历，农学学士，湖南省安仁县人，1995年6月参加工作，1994年12月加入中国共产党。

1991年9月—1995年6月，湖南农业大学园艺专业本科班学生。1995年6月—1995年12月，任临武县同益乡政府干部。1995年12月—1996年12月，任临武县同益乡团委书记。（其中：1996年2月—1997年8月，挂职任中共临武县同益乡三村党支部书记）1996年12月—1998年3月，任中共临武县同益乡人民政府副乡长。1998年3月—1999年10月，任中共临武县同益乡党委副书记。1999年10月—2001年2月，任共青团临武县委书记。2001年2月—2001年5月，任中共临武县武水镇党委副书记、人民政府镇长。2001年5月—2002年12月，任中共临武县汾市乡党委书记。

2002年12月—2005年6月，任临武县人民政府副县长。2005年6月—2006年5月，任中共临武县委常委、组织部部长。2006年5月—2006年12月，任中共桂东县委副书记、人民政府副县长，代理县长。2006年12月—2010年4月，任中共桂东县委副书记、人民政府县长。2010年4月—2010年5月，任中共郴州市苏仙区委副书记、人民政府区长提名人选。2010年5月—2011年5月，任中共郴州市苏仙区委副书记、人民政府区长。2011年5月—2013年12月，任中共郴州市苏仙区委书记。2013年12月—2014年12月，任中共常宁市委书记。2014年12月—2015年1月，任中共衡阳市委常委、组织部部长、常宁市委书记。2015年1月—2015年3月，任中共衡阳市委常委、组织部部长、统战部部长、市政协党组副书记、中共常宁市委书记。2015年3月—2016年10月，任中共衡阳市委常委、组织部部长、统战部部长、市政协党组副书记。2016年10月— ，任中共衡阳市委常委、组织部部长。

张贺文　男，汉族，1967年10月生，在职研究生文化，医学硕士。1987年12月参加工作，1989年6月加入中国共产党。

1985年9月—1987年12月，中共湖南省委党校党史专业大专班学生。1987年12月—1993年11月，任中南制药机械厂统计员、办公室秘书、副主任、主任、企管科科长。（1989年8月—1991年12月，中央党校函授学院经济管理专业本科班学员。）1993年11月—1994年6月，任中共长沙市西区区委办公室常委秘书。1994年6月—1996年12月，任湖南省医药管理局办公室主任科员。1996年12月—1998年1月，任湖南省医药管理局直属机关团委书记（副处级）、局党组秘书。（1997年9月—2000年7月，中央党校函授学院经济管理专业领导干部在职研究生班学员。）1998年1月—1998年3月，任湖南省医药管理局办公室副主任。1998年3月—2001年2月，任浏阳市人民政府副市长。2001年2月—2003年5月，任浏阳市人民政府副市长、浏阳工业园党工委副书记、管委会主任（正县级）。2003年5月—2004年

3月，任浏阳市人民政府副市长、湖南浏阳生物医药园党工委书记、管委会主任。（2003年9月—2006年5月，中南大学生物医药工程专业在职研究生班学员，获医学硕士学位）2004年3月—2008年11月，任中共浏阳市委副书记（兼）、湖南浏阳生物医药园党工委书记、管委会主任。2008年11月—2014年1月，任长沙市人民政府副厅级干部（长沙国家生物产业基地管委会主任）。2014年1月—2014年2月，任衡阳市人民政府副市长。2014年2月—2015年11月，任衡阳市人民政府副市长、党组成员。2015年11月—2016年1月，任中共衡阳市委常委、市人民政府副市长、党组成员。2016年1月— ，任中共衡阳市委常委、秘书长、办公室主任、市直工委第一书记、市委全面深化改革领导小组办公室主任（兼）。2016年9月30日，在中共衡阳市委十一届一次全会上当选为中共衡阳市委常委。

章 彰 男，1972年11月生，博士，山西太原人，2000年7月参加工作，1997年5月加入中国共产党。

1990年9月—1994年9月，南开大学价格专业本科学生。1994年9月—1997年9月，南开大学经济学专业硕士研究生。1997年9月—2000年7月，中国社会科学院世界经济专业博士研究生。2000年07月—2001年11月，任中国银行风险管理部干部。2001年11月—2004年6月，任中国银行风险管理部调查统计处主任科员。2004年6月—2005年3月，任中国银行风险管理部风险管理规划处副处长。2005年3月—2006年3月，任中国银行风险管理部主管（内部控制）。2006年3月—2009年2月，任中银香港风险管理部主管（处主管）。2009年2月—2011年4月，任中银香港风险管理部模型验证主管（副总经理级）。2011年4月—2011年12月，待分配。2011年12月—2014年3月，任中国银行风险管理总部新资本协议实施规划协调办公室副主任（按部门助理总经理层级管理）。（2012年08月—2012年9月，中国银行风险管理总部（轮岗）（2012年10月—2014年6月，挂职任银监会银行监管一部主任助理。）2014年3月—2014年9月，任中国银行风险管理部助理总经理。2014年9月—2016年6月，任中国银行风险管理部副总经理。2016年06月—2016年8月，挂职任中共衡阳市委委员、常委。2016年08月— ，任中共衡阳市委常委、衡阳市人民政府副市长。

贺小坤 男，汉族，1963年3月生，在职研究生文化，军事学硕士，1981年10月参加工作，1984年12月加入中国共产党。

1981年10月—1983年9月，五十五军一六四师四九一团一机连战士。1983年9月—1985年7月，军械工程学院步兵武器维修专业学员。1985年7月—1987年10月，任四十一军一六四师四九一团修理所排长。1987年10月—1989年10月，任四十一集团军一六四师四九一团修理所所长。1989年10月—1990年12月，任四十一集团军一六四师军械科副连职助理员。1990年12月—1993年5月，任四十一集团军一六四师军械科正连职助理员。1993年5月—1994年1月，任四十一集团军后勤部军械处正连职助理员。1994年1月—1994年4月，任四十一集团军后勤部军械处副营职助理员。1994年4月—1994年6月，任四十一集团军技术部军械供应处副营职助理员。1994年6月—1994年12月，任四十一集团军修理营代营长。1994年12月—1998年3月，任四十一集团军修理营营长。1998年3月—1998年12月，任四十一集团军装备技术部修理器材处副处长。1998年12月—2000年3月，任四十一集团军装备部军械装甲装备处副团职助理员。2000年3月—2006年8月，任四十一集团军装备部战技勤务处处长。2006年8月—2007年9月，任四十一集团军装备部副部长。2007年9月—2009年10月，任常德军分区副司令员。2009年10月—2014年9月，任湖南省军区后勤部副部长。2014年9月—2016年8月，任衡阳警备区司令员。2016年8月，任中共衡阳市委常委、衡阳警备区司令员。2016年9月30日，在中共衡阳市委十一届一次全会上当选为中共衡阳市委常委。

陈　竞　男，汉族，1971年2月生，在职研究生文化，公共管理硕士，1990年7月参加工作，1993年12月加入中国共产党。

1987年9月—1990年7月，湖南省劳动人事学校人事管理专业学生。1990年7月—1994年12月，长沙市节约用水办公室干部。1994年12月—1995年4月，中国建设银行长沙市分行工作。1995年4月—1996年2月，任共青团湖南省委青工部科员。1996年2月—1997年6月，任共青团湖南省委青工部副主任科员。（1996年12月—1997年12月，在新田县十字乡老夏荣村从事建整扶贫工作。）1997年6月—1998年5月，任共青团湖南省委青工部企业科副科长。1998年5月—1999年4月，任共青团湖南省委青工部机关事业科科长。1999年4月—2001年5月，任共青团湖南省委组织部组织科科长。2001年5月—2002年12月，任共青团湖南省委办公室副主任。2002年12月—2003年6月，任共青团湖南省委青工部副部长（主持工作）。2003年6月—2004年2月，任共青团湖南省委青工部部长。2004年2月—2007年2月，任共青团湖南省委常委、青工部部长。2007年2月—2007年4月，任中共张家界市永定区委副书记、区人民政府区长提名人选。2007年4月—2007年12月，任中共张家界市永定区委副书记、区人民政府副区长、代理区长。2007年12月—2011年12月，任中共张家界市永定区委副书记、区人民政府区长。2011年12月—2013年12月，任中共慈利县委书记。2013年12月—2014年10月，任中共衡阳市石鼓区委书记。2014年10月—2014年11月，任中共衡阳市石鼓区委书记、衡阳市人民政府副市长提名人选。2014年11月—2014年12月，任中共衡阳市石鼓区委书记、衡阳市人民政府党组成员、副市长提名人选。2014年12月—2015年2月，任衡阳市人民政府党组成员、副市长提名人选。2015年2月—　，任衡阳市人民政府副市长、党组成员。2016年9月30日，在中共衡阳市委十一届一次全会上当选为中共衡阳市委常委。

段志刚　男，汉族，1962年12月生，在职研究生文化，湖南省耒阳市人，1982年7月参加工作，1984年1月加入中国共产党。

1979年9月—1982年7月，郴州师范专科学校数学专业学生。1982年7月—1984年9月，任耒阳第一中学教师、团委书记。1984年9月—1987年10月，任共青团耒阳市委副书记（主持全面工作）。1987年10月—1989年12月，任共青团耒阳市委书记。（1989年9月—1992年7月，中央党校函授学院党政管理专业本科班学员。）1989年12月—1993年6月，任中共耒阳市公平区委书记。1993年6月—1994年9月，任耒阳市人民政府办公室主任。1994年9月—1995年6月，任耒阳市人民政府市长助理。1995年6月—1996年1月，任耒阳市人民政府副市长。1996年1月—1997年8月，任中共耒阳市委常委、政府常务副市长。1997年8月—2000年10月，任中共耒阳市委副书记、政府市长。2000年10月—2001年6月，任中共衡阳市江东区委书记。2001年6月—2005年7月，任中共衡阳市珠晖区委书记。（2004年3月—2006年1月，中央党校研究生院政治经济学专业在职研究生班学员。）2005年7月—2006年9月，任中共衡阳市委助理巡视员、珠晖区委书记。2006年9月—2011年10月，任中共衡阳市委常委、市人民政府副市长、党组成员。2011年10月—2016年9月，任中共衡阳市委常委、市人民政府常务副市长、党组副书记。2016年9月—　，任衡阳市人民政府常务副市长、党组副书记。

晏华衡　男，汉族，研究生文化，1960年4月生，湖南省新化县人，1977年7月参加工作，1986年6月加入中国共产党。

1977年7月—1978年12月，衡阳县大安公社茶场下放知青。1978年12月—1986年12月，衡阳冶金总厂劳动服务公司工人。1986年12月—1988年3月，任衡阳冶金总厂劳动服务公司团委副书记。（1983年8月—1986年8月，衡阳冶金职工大学机械制造专业大专班学员。）（1985年9月—1987年7月，湖南广播电视大学法律专业大专班学员。）1988年3月—1992年1月，任衡阳冶金总厂芬芳化工厂副厂长。1992年1月—1993年9月，任衡阳冶金总厂芬芳化工厂厂长。1993年9月—1996年4月，任衡阳冶金总厂附属厂厂长、党支部书记。（1993年9月—1995年8月，华中师范大学政治经济学研究生班学员。）1996年4月—1996年11月，任衡阳冶金总厂附属厂厂长。1996年11月—1997年1月，任衡阳市轻工业总公司副总经理、党委委员。1997年1月—1997年9月，任衡阳市轻工业总公司副总经理、党委委员兼市灯泡厂厂长。1997年9月—2002年6月，任衡阳市轻工业总公司副总经理、党委委员。2002年6月—2003年9月，任衡阳市轻工业总公司总经理、党委书记。2003年9月—2005年3月，任衡阳市经委副主任、工交工委委员、轻工业总公司总经理、党委书记。2005年3月—2007年6月，任衡阳市经委副主任、党组成员、轻工业总公司总经理、党委书记。2007年6月—2013年7月，任衡阳市人民政府副秘书长、政府办党组成员。2013年7月—2014年3月，任衡阳市人民政府副秘书长、政府办党组副书记。2014年3月—2014年4月，任衡阳市人民政府副秘书长、党组成员、政府办党组书记。2014年4月—2015年11月，任衡阳市人民政府秘书长、党组成员、政府办主任、党组书记。2015年11月—2016年1月，任衡阳市人民政府秘书长、党组成员、政府办主任、党组书记、市人大常委会副主任候选人提名人选。2016年1月—　，任衡阳市人大常委会副主任、党组成员。

伍清明　男，汉族，1962年3月生，大学文化，湖南省祁阳县人，1982年7月参加工作，1984年9月加入中国共产党。

1979年8月—1982年7月，湖南农学院衡阳分院农学专业大专班学生。1982年7月—1984年2月，任常宁县桐黄公社管委会副主任。1984年2月—1984年12月，任常宁县宜阳区团委书记。1984年12月—1985年2月，任常宁县团委常委、宜阳区团委书记。1985年2月—1986年2月，任中共衡阳市南岳区委组织部副部长。1986年2月—1987年6月，任中共衡阳市南岳区委组织部副部长、区机关工委书记。1987年6月—1995年2月，任中共衡阳市南岳区委组织部部长。（1986年9月—1988年7月，湖南省委党校党政管理专业函授本科班学员。）1995年2月—1997年3月，任中共衡阳市南岳区委常委、宣传部部长。（1996年9月—1998年8月，湖南大学科技哲学专业研究生课程进修班学员。）1997年3月—2000年12月，任中共衡阳市南岳区委常委、组织部部长。2000年12月—2002年10月，任中共衡阳市南岳区区委副书记。2002年10月—2008年6月，任中共衡阳市珠晖区委副书记。（2003年9月—2003年12月，深圳市龙岗区大鹏镇挂职锻炼。）2008年6月—2010年12月，任衡阳市环境保护局局长、党委副书记。2010年12月—2013年12月，任衡阳市环境保护局局长、党委书记。2013年12月—2014年1月，任衡阳市环境保护局局长、市人大常委会秘书长人选、办公室主任人选。2014年1月—2014年2月，任衡阳市人大常委会秘书长、办公室主任人选。2014年2月—2015年11月，任衡阳市人大常委会秘书长、党组成员、办公室主任。2015年11月—2016年1月，任衡阳市人大常委会秘书长、党组成员、办公室主任、副主任候选人提名人选。2016年1月—2016年11月，任衡阳市人大常委会副主任、秘书长、党组成员、办公室主任。2016年11月—　，任衡阳市人大常委会副主任、秘书长、党组成员。

谭敦龙　男，汉族，1964年7月生，在职研究生文化，湖南省祁东县人，1981年10月参加工作，1984年6月加入中国共产党。

1981年10月—1987年1月，任广西通信团班长、代理分队长。1987年1月—1987年10月，任祁东县蒋家桥镇腊元村村主任、支部书记。1987年10月—1991年12月，祁东县蒋家桥镇政府临时工作人员。1991年

12月—1992年12月，祁东县蒋家桥镇人民政府计生办职工。1992年12月—1998年1月，任祁东县蒋家桥镇副镇长。（1993年9月—1996年6月，衡阳市委党校经济管理专业函授大专班学员。）1998年1月—2000年2月，任中共祁东县蒋家桥镇党委副书记。2000年2月—2001年2月，任中共祁东县太和堂镇党委副书记、人大主席团主席。2001年2月—2001年3月，任中共祁东县太和堂镇党委副书记、镇人民政府镇长候选人。2001年3月—2001年11月，任中共祁东县太和堂镇党委副书记、政府镇长。2001年11月—2004年2月，任中共祁东县官家嘴镇党委副书记、政府镇长。（2002年8月—2004年12月，中央党校函授学院法律专业本科班学员。）2004年2月—2006年7月，任中共祁东县石亭子镇党委书记。2006年7月—2007年7月，任湖南省信访局督查处副处长、调研员。2007年7月—2013年8月，任湖南省信访局接访二处处长。（2007年9月—2010年6月，湖南省委党校法学理论专业在职研究生班学员。）（2010年3月—2010年7月，湖南省委党校第38届中青班学员。）2013年8月—2016年10月，任湖南省信访局副巡视员。2016年10月，任衡阳市人大常委会党组成员。

廖　健　男，汉族，1974年4月生，在职博士研究生文化，湖南省衡山县人，1996年7月参加工作，1994年5月加入中国共产党。

1992年9月—1996年7月，湘潭大学汉语言文学专业学生。1996年7月—1999年11月，任湖南省国税局监察审计室科员。1999年11月—2004年2月，任湖南省国税局监察审计室副科长级监察员。（2001年11月—2003年3月，挂职任衡东县国税局局长助理、党组成员。）（2003年3月—2004年2月，挂职任衡东县国税局副局长、党组副书记。）2004年2月—2004年10月，任湖南省国税局征收管理处主任科员。2004年10月—2006年3月，任永州市冷水滩区国税局局长、党组书记。（2005年12月，获湘潭大学法律专业法学硕士学位。）2006年3月—2008年5月，任湖南省国税局人事处副处长。2008年5月—2010年4月，任湖南省国税局人事处副处长、正处级干部。（2008年8月—2010年4月，挂职任永州市国税局副局长、党组副书记。）2010年4月—2011年4月，任湖南省国税局国际税务管理处处长。2011年4月—2012年9月，任邵阳市国税局局长、党组书记。2012年9月—2012年11月，任湖南省人大常委会法工委副主任提名人选。2012年11月—2015年6月，任湖南省人大常委会法工委副主任。（2012年9月—2016年6月，湖南大学法学专业在职博士研究生班学员，获法学博士学位。）（2014年3月—2015年1月，中央党校第14期中青年培训二班学习。）2015年6月—2016年10月，任长沙市人民政府副市长、党组成员。2016年10月—　，任衡阳市人民政府党组成员。

胡志文　男，汉族，1968年11月生，大学文化，湖南省道县人，1990年7月参加工作，1993年6月加入中国共产党。

1988年9月—1990年7月，湖南省人民警察学校公安专业学生。1990年7月—1990年9月，任湖南省公安厅政治部干部。1990年9月—1993年6月，任湖南省公安厅技侦处干部。1993年6月—1996年5月，任湖南省公安厅政治部秘书科副科长。1996年5月—1997年9月，任湖南省公安厅宣教处科长。1997年9月—2001年4月，任湖南省公安厅办公室中心指导科科长。2001年4月—2005年7月，任湖南省公安厅交警总队办公室主任（副处级）。（2002年7月，湘潭大学法律专业自考本科毕业）。（2002年6月—2003年6月，挂职任常德市公安局副局长、党委委员。）2005年7月—2006年2月，任湖南省公安厅交警总队高支队副支队长（排第一，副处级。）（2005年12月，获湘潭大学法律专业法学硕士学位。）2006年2月—2007年3月，任湖南省公安厅政治部宣传处副处长。2007年3月—2012年11月，任湖南省公安厅警令部副主任。2012年11月—2012年12月，张家界市人民政府党组成员、中共张家界市委政法委副书记（排第一）、市公安局局长、党委书记。2012年12月—2016年10月，任张家界市人民政府副市长、党组成员、中共张家界市委政法委副书记（排第一）、市公安局局长、党委书记。2016年10月— ，任衡阳市人民政府党组成员、市公安局党委书记、警务督察长。

王洪斌 男，汉族，本科文化，助理农艺师，1967年1月生，湖南华容人，1987年7月参加工作，1986年6月加入中国共产党。

1984年9月—1987年7月，湖南农学院常德分院农学专业大专班学生。1987年7月—1989年1月，任华容县新洲乡团委书记。1989年1月—1990年1月，任华容县农业工作站干部。1990年1月—1991年8月，任共青团华容县委干部。1991年8月—1993年5月，任共青团华容县委副书记。1993年5月—1993年11月，任中共华容县南山乡党委副书记。1993年11月—1995年2月，任中共华容县江洲乡党委副书记、乡人民政府乡长。1995年2月—1995年9月，任中共华容县塔市驿镇党委副书记、政府镇长。1995年9月—1998年9月，任中共华容县东山乡党委书记。1998年9月—2001年4月，任中共华容县注滋口镇党委书记。（2000年8月—2002年12月，中央党校函授本科班经济管理专业本科班学员。）2001年4月—2002年2月，任中共华容县三封寺镇党委书记、县长助理。2002年2月—2002年11月，任中共华容县委常委、三封寺镇党委书记。2002年11月—2004年12月，任中共华容县委常委、宣传部长。2004年12月—2006年4月，任中共华容县委常委、县人民政府常务副县长。2006年4月—2007年1月，任中共平江县委常委、县人民政府常务副县长。2007年1月—月—2013年3月，任中共平江县委副书记、县人民政府县长。2013年3月—2013年12月，任中共平江县委书记。2013年12月—2016年1月，任中共衡阳县委书记。2016年1月，任衡阳市人民政府副市长、衡阳县委书记。2016年7月—2016年11月，任衡阳市人民政府副市长。2016年11月— ，任湖南省纪委常委、纪委委员。

周学农 男，汉族，1962年10月生，在职研究生学历，工学硕士，高级工程师，湖北省孝感市人，1983年7月参加工作，1984年12月加入中国共产党。

1979年9月—1983年7月，西安公路交通大学自动控制专业学生。1983年7月—1985年12月，长沙市公安派出所、治安、交通大队民警。1985年12月—1987年1月，任中共长沙市委驻望城县杨桥乡农村整党联络组组长。1985年1月—1987年7月，任长沙市公安局交通大队事故股股长、技术股股长。1987年7月—1992年4月，任湖南省长沙市交警支队设施科副科长（主持工作）、党支部书记。（1991年9月—1994月6月，湖南大学土木系道路工程专业硕士研究生，获工学硕士学位）1992年4月—1995年1月，任长沙市公安交通科研所副所长（主持工作）、党支部书记。1995年1月—1995年9月，任长沙市公安局交警支队副支队长。1995年9月—2001年10月，任长沙市公安局交警支队支队长、党委书记。（1998年—2004年，湖南大学管理科学与法学专业学习，获博士学位。）2001年10月—2002年11月，任长沙市公安局副局长、党委委员（正处级）。2002年11月—2006年1月，任湖南省公安厅交警总队副总队长。2006年1月—2010年6月，任湖南省公安厅交警总队党委副书记、常务副总队长。2010年6月—2012年9月，任湖南警察学院副院长、党委委员（副厅级）。2012年9月—2016年8月，任衡阳市人民政府副市长、党组成员，衡阳市公安局党委书记、局长，衡阳市警务督察长。2016年9月，任湖南警察学院第一届委员会委员、党委书记。

周辉斌 男，汉族，1972年1月出生，博士研究生，法学博士，副教授，湖南洪江人。

1997年6月—2003年10月，在湖南师范大学法学院法律系工作，任法学院国际法系主任、副教授、国际法专业硕士生导师。2001年毕业于武汉大学法学院，获国际私法专业博士学位。2003年10月至2012年9月，任长沙县人民政府副县长。2012年9月，任衡阳市人民政府副市长候选人。2012年12月—2016年8月，当选衡阳市人民政府副市长。2016年8月，任湖南广播电视大学副校长。

外地衡阳籍领导选介

胡衡华　男，汉族，1963年6月出生，在职研究生文化，工商管理硕士，湖南衡南人，1983年7月参加工作，1985年6月加入中国共产党。

1979年7月—1983年7月，西安冶金建筑学院工业自动化专业学生。1983年7月—1990年12月，任湖南省衡阳钢管厂100车间工程师、副工段长、工段长。1990年12月—1996年6月，任湖南省衡阳钢管厂100车间副主任，76车间副主任。1996年6月—1996年12月，任湖南省衡阳钢管厂108车间主任。1996年12月—1997年11月，任湖南省衡阳钢管厂厂长助理兼连轧车间主任。1997年11月—1998年10月，任湖南省衡阳钢管厂副厂长。1998年10月—1999年8月，任湖南省衡阳钢管（集团）有限公司副总经理。1999年8月—2005年7月，任湖南省衡阳钢管（集团）有限公司执行董事（法人代表）、总经理。2005年7月—2008年3月，任湖南省经济委员会主任、党组书记。2008年3月—2009年1月，任湖南省益阳市委副书记、市人民政府代市长。2009年1月—2011年1月，任中共湖南省益阳市委副书记、市人民政府市长。2011年1月—2011年6月，任湖南省发展和改革委员会主任、党组书记。2011年6月—2013年12月，任湖南省发展和改革委员会主任、党组书记，省长株潭“两型社会”建设综合配套改革试验区党工委副书记（兼）。2013年12月—2014年1月，任中共长沙市委副书记，市人民政府副市长、代理市长。2014年1月—2015年11月，任中共长沙市委副书记，市人民政府市长。2015年11月，任中共长沙市委副书记，市人民政府市长，湖南湘江新区党工委书记。2016年9月28日，在中国共产党长沙市第十三届委员会第一次全体会议上，当选为中共长沙市委副书记。2016年11月—　，任中共湖南省委常委、长沙市委副书记、市人民政府市长、湖南湘江新区党工委书记。

盛荣华　男，汉族，1962年10月出生，在职研究生学历，衡阳市衡阳县人，1982年7月参加工作，1984年6月入党。

1979年9月—1982年7月，衡阳师范专科学校中文专业学习。1982年7月—1983年2月，湖南省衡阳县财贸学校教师。1983年2月—1985年2月，任共青团湖南省衡阳县委干部。1985年2月—1985年7月，任中共湖南省衡阳县委组织部干部。1985年7月—1989年2月，任共青团湖南省委组织部干部、副主任科员、主任科员。1989年2月—1994年12月，任中共湖南省委组织部干部二处主任科员。1994年12月—1997年10月，任中共湖南省委组织部干部二处副处级组织员。1997年10月—2001年1月，任中共湖南省委组织部干部二处副处长（1996年3月—1999年11月，借调至中组部干部二局工作；1996年5月—1998年5月，中国社会科学院法学系民法经济法专业课程班学员）2001年1月—2003年6月，任中共湖南省委组织部干部四处处长。2003年6月—2003年11月，任中共湖南省岳阳市委组织部部长（2000年9月—2003年7月，中央党校政治经济学专业在职研究生班学员）。2003年11月—2006年9月，任中共湖南省岳阳市委常委、组织部部长。2006年9月—2007年8月，任中共湖南省岳阳市委常委、市人民政府副市长（常务）。2007年8月—2011年12月，任中共湖南省岳阳市委副书记（2005年9月—2009年6月，湖南师范大学中共党史专业在职研究生班学员，获法学博士学位）。2011年12月—2012年1月，任中共湖南省岳阳市委副书记、市人民政府代市长。2012年1月—2015年5月，任中共湖南省岳阳市委副书记、市人民政府市长。2015年

5 月—2016 年 11 月，任中共湖南省岳阳市委书记。2016 年 11 月，任中共湖南省委常委、岳阳市委书记。2016 年 11 月— ，任中共湖南省委常委、省委秘书长、省直属机关工作委员会书记。

阳卫国 男，汉族，1967 年 7 月生，大学文化，历史学硕士，湖南衡东人，1990 年 7 月参加工作，1993 年 12 月加入中国共产党。

1986 年 9 月—1990 年 7 月，武汉大学中文系汉语言文学专业学习，获文学学士学位。1990 年 7 月—1993 年 8 月，任湖南省委办公厅综合调研室干部。（1991 年 12 月—1992 年 12 月，湖南省委办公厅驻桃江县天湾乡樊洲村社教工作队队员。）1993 年 8 月—1995 年 10 月，任中共湖南省委办公厅综合调研室副主任科员。1995 年 10 月—1998 年 11 月，任中共湖南省委办公厅综合调研室主任科员。1998 年 11 月—2002 年 4 月，任湖南省委办公厅秘书处副处级秘书。2002 年 4 月—2002 年 7 月，任中共湖南省委办公厅综合调研室正处级秘书。2002 年 7 月—2003 年 2 月，任中共湖南省委组织部干部一处副处长、正处级组织员。（2002 年 9 月—2006 年 12 月，湖南大学岳麓书院专门史专业硕士研究生学习，获历史学硕士学位。）2003 年 2 月—2006 年 8 月，任中共茶陵县委书记。2006 年 8 月—2007 年 1 月，任中共株洲市委常委、宣传部部长、中共茶陵县委书记。2007 年 1 月—2010 年 8 月，任中共株洲市委常委、宣传部部长。2010 年 8 月—2011 年 5 月，任中共株洲市委副书记、宣传部部长。2011 年 5 月—2014 年 10 月，任中共株洲市委副书记。2014 年 10 月—2016 年 3 月，任中共株洲市委副书记，市委党校（市行政学院）校（院）长。2016 年 3 月—2016 年 4 月，任中共株洲市委副书记、市人民政府市长候选人。2016 年 4 月—2016 年 5 月，任中共株洲市委副书记，市人民政府代理市长、党组书记。2016 年 5 月，任中共株洲市委副书记，市人民政府市长、党组书记。2016 年 9 月 30 日，在中国共产党株洲市第十二届委员会第一次全体会议上，当选为中共株洲市委副书记。

聂方红 男，汉族，1967 年 1 月出生，研究生学历，经济学硕士学位，教授，湖南衡阳县人，1990 年 7 月参加工作，1992 年 12 月加入中国共产党。

1983 年 9 月—1987 年 7 月，湘潭大学政治经济学专业学生。1987 年 7 月—1990 年 7 月，中国人民大学政治经济学专业学习，获经济学硕士学位。1990 年 7 月—1992 年 10 月，任株洲市人民政府经济研究室干事。（1991 年 1 月—1991 年 12 月，任株洲市郊区五里墩乡社教工作队员。）1992 年 10 月—1994 年 8 月，任株洲市政府经济研究室副科级研究员。1994 年 8 月—1995 年 9 月，任株洲市人民政府经济研究室正科级研究员。1995 年 9 月—1997 年 6 月，任株洲市人民政府常务会议秘书、督察室主任。（1996 年 3 月—1996 年 12 月，市委党校中青班学习。）1997 年 6 月—2000 年 8 月，任株洲市人民政府办副主任、党组成员。（2000 年 3 月—2000 年 7 月，国防科技大学领导干部系统工程研究班学习。）2000 年 8 月—2001 年 2 月，任株洲市人民政府副秘书长、政府办党组成员。2001 年 2 月—2003 年 4 月，任中共炎陵县委副书记、县长。2003 年 4 月—2005 年 7 月，任株洲市人民政府副秘书长，市人民政府办党组副书记、正处级督查员。（2003 年 12 月—2004 年 6 月，湖南省选派赴美国巴尔的摩大学工商管理、公共管理专业学习。）2005 年 7 月—2014 年 10 月，任株洲市委党校（行政学院）校（院）长。2014 年 10 月—2016 年 9 月，任株洲市委党校（行政学院）常务副校（院）长。2016 年 9 月，任中共株洲市委常委、宣传部部长，株洲市委党校（行政学院）常务副校（院）长，中共株洲市第十次、十一次、十二次代表大会代表，株洲市第十二届、十三届、十四届人大代表。2016 年 9 月 30 日，在中国共产党株洲市第十二届委员会第一次全体会议上，当选为中共株洲市委常委。

廖桂生 男，汉族，湖南省耒阳市人，1970 年 7 月出生，中南大学博士研究生学历，1995 年 6 月加入中国共产党。

曾任湖南省临武县万水乡团支部书记、乡长助理；湖南省临武县政府办副主任、县矿管办主任，地矿局局长，湖南省临武县万水乡党委书记，湖南省临武县政府县长助理、副县长、党组成员；中共湖南省临武县委副书记。

2004年6月—2006年4月，任中共湖南省汝城县委副书记。2006年5月—2012年2月，任中共湖南省汝城县委副书记、代县长、县长。2012年3月—2014年2月，任中共湖南省汝城县委书记。2014年3月—2015年9月，任中共湖南省桂阳县委书记。2015年10月—2016年1月，任中共湖南省湘潭市委常委、组织部部长。2016年1月— ，任中共湖南省湘潭市委常委、组织部部长、统战部部长。湖南省第九届人民代表大会代表，湖南省郴州市第四届委员会委员。2016年9月29日，在中国共产党湘潭市第十二届委员会第一次全体会议上，当选为中共湘潭市委常委。

刘和生　男，汉族，1962年1月出生，大学本科学历，湖南祁东县人，1981年7月参加工作，1984年11月加入中国共产党。

1978年9月—1981年7月，湖南农学院衡阳分院（湖南环境生物学院）学习。1981年8月—1984年4月，在衡阳市祁东县农业局工作。1984年4月—1984年11月，任衡阳市祁东县洪桥区团委书记。1984年11月—1988年1月，任共青团衡阳市祁东县委副书记。1988年1月—1992年6月，任共青团湖南省委副主任科员、主任科员（1989年6月—1992年6月，参加自学考试获湘潭大学法律专业文凭。）1992年6月—1994年12月，任中共湖南省委组织部主任科员。1994年12月—1995年3月，任中共湖南省委组织部副处级组织员。1995年3月—2000年10月，任中共湖南省委组织部研究室副主任（1996年12月—1997年12月，在麻阳县新田村参加中共湖南省委建整扶贫工作队任队长。）2000年10月--2001年12月，任中共湖南省攸县县委书记。（1999年7月—2001年7月，中央党校函授学院本科班经济管理专业学习。）2001年12月—2006年6月，任湖南省总工会副主席、党组成员（2003年12月—2004年6月，在美国巴尔的摩大学学习经济管理和行政管理。）2006年6月—2006年9月，任中共娄底市委常委。2006年9月—2010年5月，任中共娄底市委常委、市纪委书记。2010年5月—2010年6月，任中共娄底市委常委。2010年6月—2013年5月，任中共娄底市委常委、常务副市长、市政府党组副书记。2013年5月—2015年6月，任中共郴州市委副书记、市委党校（市行政学院、市社会主义学院）校（院）长。2015年6月—2015年7月，任中共岳阳市委副书记，提名为岳阳市人民政府市长候选人。2015年7月，任中共岳阳市委副书记，市人民政府市长、党组书记。2016年9月29日，在中国共产党岳阳市第七届委员会第一次全体会议上，当选为中共岳阳市委副书记。

周德睿　男，汉族，1966年2月出生，研究生学历，法学硕士学位，衡阳市祁东县人，1989年12月参加工作，1991年12月加入中国共产党。

1989年12月，清华大学研究生毕业后，任零陵地区行署财办干部、湖南省经济技术协作办公室干部。1992年12月，任湖南省经济技术协作办公室副主任科员、省人民政府办公厅经济处副主任科员。1995年4月，任湖南省人民政府办公厅经济处、秘书二处主任科员。1998年4月，任湖南省人民政府办公厅秘书二处副处级秘书。2000年9月，任湖南省国土资源厅办公室主任。2005年5月，任湖南省国土资源厅财务处处长。（2005年1月至2005年7月，参加中共湖南省委组织部选派中青年干部赴美学习班学习。）2006年5月，任湖南省国土资源厅副巡视员。2006年10月，在中国共产党永州市第三届委员会第一次全体会议上，当选为永州市委常委，中共永州市委常委、市委组织部部长，2009年7月兼任永州市委党校（永州市行政学院）（单位升格为副厅级）第一校长（院长）。2010 年 11 月，任中共永州市委常委、市人民政府常务副市长、党组副书记。2013 年 3 月，任中共常德市委副书记、常德市人民政府市长候选人。2013 年 4 月，任中共常德市委副书记、常德市人民政府副市长、代理市长。2013 年 5 月，任中共常德市委副书记、常德市人民政府市长。2016 年 9 月 30 日，在中国共产党常德市第七届委员会第一次全体会议上，当选为中共常德市委副书记。

陈恢清　男，汉族，1968 年 9 月生，大学学历，硕士学位，湖南衡东人，1991 年 7 月参加工作，1994 年 3 月入党。

1987 年 9 月—1991 年 7 月，湖南农学院农经系经管专业学习。1991 年 7 月—1994 年 1 月，任湖南省政府农村工作办公室基层组织处干部（1991 年 7 月—1992 年 12 月，在望城县白马乡蹲点锻炼。）1994 年 1 月—1996 年 1 月，任湖南省农办基层组织处副科级干部。1996 年 1 月—2000 年 12 月，任湖南省农办基层组织处主任科员（1998 年 10 月—1999 年 12 月抽调到省平垸行洪移民建镇领导小组办公室工作，任综合组组长。）2000 年 12 月—2001 年 9 月，任湖南省农村经营管理局副局长。（2001 年 1 月—12 月，任省农办、省科协驻保靖县阳朝乡石家村建整扶贫工作队队长。）2001 年 9 月—2005 年 5 月，任湖南省农办综合调研处副处长。（2004 年 3 月—2008 年 6 月，在国防科学技术大学信息系统管理学院公共管理研究生班在职学习。）2005 年 5 月—2005 年 12 月，任湖南省农办综合处副处长、调研员兼省县域经济领导小组办公室副主任。2005 年 12 月—2011 年 4 月，任湖南省委农村工作部、省政府农村工作办公室综合调研处处长。2011 年 4 月—2011 年 6 月，任湖南邵阳市人民政府副市长候选人。2011 年 6 月—2014 年 11 月，任湖南邵阳市人民政府副市长、党组成员（2012 年 3 月—2013 年 1 月，挂职任国家商务部对外贸易司副司长。）2014 年 11 月—2016 年 5 月，任湖南岳阳市人民政府副市长、党组成员。2016 年 5 月，任中共湖南常德市委常委、市纪委书记。2016 年 9 月 30 日，在中国共产党常德市第七届委员会第一次全体会议上，当选为中共常德市委常委、市纪委书记。

胡丘陵　男，汉族，1963 年 10 月 25 日出生，大学学历。国家一级作家，中国作家协会会员，湖南衡南县花桥镇人。1982 年参加工作，1985 年 5 月加入中国共产党。

1980 年 9 月—1982 年 7 月，衡阳供销学校财会专业学生。1982 年 7 月—1984 年 11 月，任衡南县望江公社民政助理员、乡财税所副所长。1984 年 11 月—1987 年 3 月，任衡南县人民政府办公室综合组干事、副组长、组长。1987 年 3 月—1993 年 3 月，任衡南县人民政府办公室副科级干事。（1990 年 9 月—1993 年 7 月，华中师范大学行政管理专业函授本科学员。）1993 年 3 月—1994 年 2 月，任中共衡南县委办公室副主任。1994 年 2 月—1994 年 1 月，任中共衡南县委政研室主任。1994 年 1 月—1995 年 5 月，任中共衡南县委办公室副主任。1995 年 5 月—1995 年 7 月，任中共衡南县三塘镇党工委书记。1995 年 7 月—1995 年 11 月，任中共衡阳市委组织部办公室副主任。1995 年 11 月—1998 年 2 月，任中共衡阳市委组织部办公室主任、市干教培训中心主任。1998 年 2 月—2000 年 12 月，任中共衡阳市委组织部副处级组织员、办公室主任、市干教培训中心主任。1998 年毕业于湖南大学科技哲学研究生班。2000 年 12 月—2006 年 5 月，任中共常宁市委副书记、常宁市委党校第一校长。2006 年 5 月—2006 年 1 月，任中共常宁市委副书记、市人民政府副市长、代市长。2006 年 1 月—2008 年 5 月，任中共常宁市委副书记、市人民政府市长。2008 年 5 月—2012 年 1 月，任中共常宁市委书记。2012 年 1 月—2012 年 12 月，任常德市人民政府党组成员、市公安局党委书记。2012 年 12 月—2016 年 9 月，任常德市人民政府副市长、党组成员、市公安局局长、党委书记。2016 年 9 月—2016 年 12 月，任中共常德市委常委、宣传部部长、市人民政府副市长、党组成员、市公安局局长、党委书记。

董 岚 女，汉族，1972年10月出生，法学博士，讲师，湖南衡东人，1992年11月加入中国共产党，1993年6月参加工作。

1989年9月—1993年6月，西南政法学院法律系法学专业本科学习，获法学学士学位。1993年6月—1999年9月，湖南省政法管理干部学院教师。1999年9月—2002年6月，湖南大学法学院经济法专业硕士研究生班学习，获法学硕士学位。2002年6月—2003年9月，湖南师范大学法学院教师。2003年9月—2006年6月，任中共湖南省常德市鼎城区人民政府副区长。（2003年9月—2007年12月，湖南大学经济学法专业博士研究生班学习，获法学博士学位。）2006年6月—2007年3月，任中共湖南省常德市鼎城区委常委、纪委书记。2007年3月—2009年6月，任中共湖南省临澧县委副书记。2009年6月—2009年8月，任中共湖南省常德市鼎城区委副书记。2009年8月—2010年1月，任中共湖南省常德市鼎城区委副书记、区人民政府代区长。2010年1月—2013年3月，任中共湖南省常德市鼎城区委副书记、区人民政府区长。2013年3月—2014年12月，任中共湖南省石门县委书记。2014年12月—2015年1月，任湖南省益阳市中级人民法院党组书记、代理院长。2015年1月— ，任湖南省益阳市中级人民法院党组书记、院长。2016年9月30日，在中国共产党益阳市第六届委员会第一次全体会议上，当选为中共益阳市委常委。

冯海燕 女，汉族，1975年7月出生，研究生学历，公共管理硕士学位，湖南衡阳人。

2000年8月，任共青团湖南省衡阳市委副书记、党组成员。2007年1月，任共青团湖南省衡阳市委书记、党组书记。2007年12月，当选为共青团衡阳市第十八届委员会书记。2009年3月，任共青团湖南省委副书记、党组成员。2012年3月—2016年9月，当选为共青团湖南省第十四届委员会副书记。2016年9月29日，在中国共产党郴州市第五届委员会第一次全体会议上，当选为中共郴州市委常委。

邹文辉 男，汉族，1965年2月生，研究生学历，高级会计师，湖南常宁人，1983年7月参加工作，1986年10月加入中国共产党。

1981年9月—1983年7月，衡阳地区财政会计学校财政专业学生。1983年7月—1987年1月，任常宁县财政局干事、股长（1984年10月—1986年12月，湖南财经学院会计专业自考大专毕业。）1987年1月—1990年3月，任常宁县财政局副局长。（1988年9月—1990年7月，湘潭大学行政管理专业函授本科班学员。）1990年3月—1993年3月，任常宁县财政局局长。1993年3月—1995年6月，任衡阳市财政局预算科科长。1995年6月—1998年2月，任衡阳市财政局副局长、党组成员（1996年9月—1998年7月，湖南大学经济与科技管理专业研究生课程进修班学员。）1998年2月—2001年11月，任衡阳市财政局局长、党组副书记。2001年11月—2004年12月，任衡阳市人民政府秘书长、党组成员、政府办主任、党组书记（2004年9月—2007年7月，中央党校研究生院经济管理专业在职研究生班学员。）2004年12月—2008年1月，任中共衡阳县委书记。2008年1月—2008年5月，任衡阳市人民政府副市长、党组成员，中共衡阳县委书记。2008年5月—2011年2月，任衡阳市人民政府副市长、党组成员。2011年2月—2014年7月，湖南省人民防空办公室党组成员、副主任。2014年7月—2016年1月，任湖南省教育厅副厅长、党组成员，中共省委教育工委委员。2016年1月，任中共湖南省怀化市委副书记、市委党校（市行政学院、市社会主义学院）校（院）长。2016年9月29日，在中国共产党怀化市第五届委员会第一次全体会议上，当选为中共怀化市委副书记。

李荐国 男，汉族，1963年3月出生，在职研究生文化，管理学博士学位，衡阳市衡东县人，1983年1月加入中国共产党，1983年7月参加工作。

1980年9月—1983年7月，衡阳师专（今衡阳师院）中文专业学生。1983年7月—1984年7月，衡阳师专（今衡阳师院）中文系教师、政治辅导员。1984年7月—1985年10月，任衡阳师专（今衡阳师院）团委副书记（主持全面工作）。1985年10月—1987年5月，任共青团衡阳市委办公室、研究室副主任。1987年5月—1989年1月，任共青团衡阳市委研究室主任。1989年1月—1992年10月，任共青团衡阳市委青工部部长。1992年10月—1994年3月，任共青团衡阳市委副书记。（1994年3月—1995年11月，挂职任衡南县人民政府副县长。）1995年11月—1996年6月，任共青团衡阳市委书记、党组书记。1996年6月—2000年2月，任中共衡阳市城北区委（今石鼓区）副书记、区长。2000年2月—2002年8月，任中共衡南县委副书记、县长。2002年8月—2006年9月，任中共衡阳市衡南县委书记。2006年9月—2011年9月，任中共郴州市委常委、宣传部部长。2011年9月—2013年4月，任中共邵阳市委常委、组织部部长、统战部部长。2013年4月—2015年4月，任湖南省人民政府副秘书长（兼）、省人民政府驻北京办事处主任、党组书记。2015年4月—2015年5月，任中共娄底市委副书记、代市长。2015年5月—2016年3月，任中共娄底市委副书记、市长。2016年3月，任中共娄底市委书记。2016年9月30日，在中国共产党娄底市第五届委员会第一次全体会议上，当选为中共娄底市委书记。

欧友生 男，汉族，信息安全专业硕士，湖南常宁人，1962年4月出生，1978年11月参加工作，1981年12月入党。

2016年9月30日，在中国共产党娄底市第五届委员会第一次全体会议上，当选为中共娄底市委常委。

曹普华 男，汉族，1966年9月出生，研究生文化，法学硕士，湖南衡山县人，1987年6月加入中国共产党，1988年7月参加工作。

曾任中共湖南省委统战部干部处副处长。1999年6月，任中共湖南省委统战部联络处副处长。2000年12月，任中共湖南省委统战部联络处处长。（2003年12月—2006年1月，挂任中共长沙市芙蓉区委副书记。）2006年10月，任中共湖南省委统战部办公室主任。2008年3月，任中共省委统战部副厅级纪检员兼办公室主任。2008年12月，任中共省委统战部副厅级纪检员。2010年1月，任中共湘西州委常委、州委组织部部长。2016年9月，任中共湘西土家族苗族自治州州委副书记。2016年9月30日，在中国共产党湘西土家族苗族自治州第十一届委员会第一次全体会议上，当选为中共湘西州州委副书记。

衡阳籍艺术家选介

何满宗 男，1956年生，湖南常宁市人。清华大学历史学硕士，国家一级美术师。任中国书法家协会理事，湖南省文联副主席，湖南省书法家协会主席，湖南省红十字会副会长。湖南省德艺双馨中青年文艺工作者，湖南省人民政府记一等功。历任湖南省九届人大代表，长沙市十一届人大代表，湖南省青联第七届常委，湖南年轻人杂志社副总编辑，湖南省广播电视学校校长，湖南省青年书法家协会主席等职。

书法家何满宗的书法专集及书法理论著作有：《当代书风　何满宗书法系列》《中国书法与传统文化研究》《怀素自述帖技法》《王铎草书技法》等；主要书法论文有：《毛泽东书法宏观思考》《中国书法百年论》《湖湘书风分析》等。在创作主题上主张：用书法弘扬中华美德，在创作实践中追求：创意经典，在事业上倡导：湖湘书法碑林建设，在理论上总结湖湘书风为：浪漫豪放。

书法家何满宗致力于公益事业和慈善事业，为社会捐赠书法作品千余件、捐款。2006年1月，在全国名家书画作品春季拍卖会上，所书“寿”字拍卖成交22万元，全部捐建南岳万寿碑。2006年8月，所书“福”字竞买33万元，全部捐建麻阳“福寿石林”。2011年在北京大学进行“身边哲学”学术讲座，清华大学进行“诗词意境”学术讲座。2012年“被评选为当代30位最具学术价值与市场潜力的书法家。2013年在北京大学倡导书法家书写当代标准汉字、投身乡村书法建设、提升自身艺术修养。中国艺术品评估鉴定中心组织专业与业内人士评估鉴定，何满宗书法作品每平方尺值约5500元。

张　卫　男，1960年9月生，籍贯衡阳市，任衡阳市公安局机关党委专职副书记，系中国美术家协会会员、全国公安文联理事、湖南省美术家协会漫画艺委会主任、湖南省公安美术家协会主席、衡阳市公安文联副主席、市美术家协会副主席和国家民政部全国漫画社团组织的常务理事。曾担任中央电视台第二届全国环境漫画大赛评委，多次担任湖南省美术家协会主办的全国、全省漫画展评委会主任和上海电影艺术学院“国际漫画竞赛大奖——首届中国漫画家十大精品奖”评审团主席、首届“湖南省十杰漫画家”评审委员会主席等。张卫作为新中国成立以来公安部首次表彰的全国10位突出公安艺术家于2015年12月29日赴京参加首次全国公安文艺座谈会并接受中宣部、公安部、中国文联、国家新闻出版广电总局等单位领导颁奖，张卫成为历史上湖南省唯一受表彰的公安艺术家。中国新闻最高奖（漫画、版面）评委会主任张耀宁在纪念中国记协——中国新闻漫画研究会成立30年之际称张卫是湖南漫画承前启后之人。中国美术家协会理事、湖南省美术家协会主席朱训德说：“张卫是中国一流漫画家，我省漫画领军人物。”

张卫的漫画作品被中央组织部特约收入习近平总书记作序、中组部编写的第四批全国干部学习培训教材中，他有些作品入选第十届、第十一届全国美展。他获过中国漫画的最高奖“金猴奖”、中宣部批准常设的由中国作家协会等单位联合主办的全国综合类性的文艺奖，还先后在被誉为中国的奥林匹克漫画赛——《人民日报》第三届全国体育漫画大赛中获得第一；在中国美术家协会“首届全国动漫大赛”中获最高奖；在全国政协、国家新闻出版广电总局、国家林业局、中国记协“第五届关注森林文化艺术奖”评审中获得漫画桂冠；在司法部、国家互联网信息办、全国普法办“第十一届全国法治漫画、动画、微电影征集活动”中荣获一等奖等全国漫画最高奖。特别是他是目前中国唯一一位在文化部国际动漫大展中获得过第一名和在中国美术家协会“国际漫画双年展”中获得最高奖，同时作品上作品集封面的漫画家。张卫也是中国目前唯一在葡萄牙举办的“世界新闻漫画大赛”中获重量级奖并刊登在画册封面上（也是中国入选这个大赛最多作品的漫画作者）的美术家。中国美术家协会漫画艺术委员会副主任兼秘书长夏大川常讲：“张卫在美国、日本、英国、法国等国家动漫大师非常挑剔下能获大奖太不容易了！”而且张卫这些获奖作品全是环保题材，所以漫画界许多同仁称他为“中国环保漫画第一人。”中央电视台网站首开漫画专版，第一个为他开设环境漫画专版：《绿色漫画：张卫专版》。《南方都市报》为他首开全国第一个环保漫画专版——《小漫画、大环境》。

他撰写的理论文章在中国美术家协会主办的首届中国漫画节——中国国际漫画论坛上作优秀论文入选和中国美协漫画艺委会“中国漫画家网站”首批论文入选的作者以及和中国百岁漫画泰斗方成作为仅有的两位漫画家的文章收录在第一部综合性描述和回忆中国漫画第一人——华君武一生的《印象华君武》精装图书里等，亦是唯一漫画作者单独与华老合影照上该书的漫画家。中国美术家协会漫画艺委会主任徐鹏飞对他的水墨漫画研究也给予很高评价：“文章写得很中肯，对当下水墨漫画的问题剖析地较深！”

经济社会主要统计数据

责任编辑：李旭东

2016年国、省、市主要指标及市占全省的比重统计表

表10　　　　单位：亿元

	全　国	全　省	全　市	全市占全省的比重（%）
生产总值（当年价）	744127	31244.68	2853.02	9.1
一产业增加值	63671	3578.37	430.61	12.0
二产业增加值	296236	13180.97	1184.78	9.0
#工业	247860	11177.25	1019.55	9.1
三产业增加值	384221	14485.34	1237.62	8.5
人均 GDP	53980	45931	39020	85.0
社会消费品零售总额	332316.30	13436.53	1127.98	8.4
固定资产投资	596500.75	27688.45	2282.18	8.2
#房地产开发投资	102581	2957.04	150.84	5.1
一般公共预算收入	159552.00	4252.08	277.96	6.5
#地方收入	87195.00	2697.86	204.67	7.6
上划中央收入	—	1554.22	56.95	3.7
税收收入	130354	3105.52	161.21	5.2
税收占比（%）	81.7	73.0	58.0	—
人均财政总收入	11577.68	6250.73	3801.63	60.8
金融机构本外币各项存款余额	1555247.07	41996.74	3283.44	7.8
#住房存款	606522.00	21242.12	2135.88	10.1
金融机构本外币各项贷款余额	1120551.79	27532.30	1674.28	6.1
城镇居民人均可支配收入（元）	33616	31284	28848	—
农村居民人均可支配收入（元）	12363	11930	15603	—
进出口总额（亿美元）	243386.00	1782.20	177.17	9.9
#出口	138455.00	1205.20	107.05	8.9
进口	104932.00	577.00	70.12	12.2
实际利用外资（亿美元）	1260	128.52	11.46	8.9
接待旅游人数（万人次）	440000	56000	5812.35	10.4
旅游总收入（不含外汇）	39390	4707.40	388.66	8.3
居民消费价格总指数（%）	102.0	101.9	102.5	—
城镇登记失业率（%）	4.02	4.19	3.8	—

十八大以来衡阳市主要经济指标完成情况统计表

表 11

		2012 年	2013 年	2014 年	2015	2016 年	总量累计完成（现价）/平均增速
地区生产总值							
地区生产总值（GDP）	亿元	1957.7	2169.44	2395.56	2601.57	2853.02	11977.29
增长率	%	11.8	10.2	9.9	8.7	7.9	9.7
其中：第一产业	亿元	322.89	338.41	364.79	395.84	430.61	1852.45
增长率	%	4.3	2.8	4.5	3.6	3.5	3.7
第二产业	亿元	949.51	1039.42	1119.88	1161.02	1184.78	5454.61
增长率	%	13.2	10.7	9.1	7.1	6.4	9.3
其中：工业	亿元	834.64	913.63	979.50	1006.33	1019.55	4753.65
增长率	%	13.6	11.1	9.0	6.7	6.5	9.4
第三产业	亿元	685.3	791.61	910.98	1044.71	1237.62	4670.22
增长率	%	13.5	12.8	13.1	12.6	11.1	12.6
财政收入							
一般公共预算收入	亿元	185.36	211.88	235.26	261.86	277.96	1172.32
增长率	%	20.4	13.0	11.0	11.1	6.0	12.3
其中：地方收入	亿元	133.38	157.2	172.85	194.64	204.67	862.74
增长率	%	28.2	16.0	10.0	12.2	7.5	14.8
三大需求							
固定资产投资	亿元	1063.75	1437.30	1767.01	2125.93	2282.18	8676.17
增长率	%	36.3	35.1	22.9	20.3	13.8	25.7
社会消费品零售总额	亿元	642.62	731.92	825.51	1009.10	1127.98	4337.13
增长率	%	15.5	13.9	12.8	12.2	11.8	13.2
进出口总额	亿美元	20.24	18.14	29.43	31.33	26.73	125.87
增长率	%	61.2	-10.4	62.4	7.9	-14.6	21.3
人民生活							
城镇居民人均可支配收入	元	20286	22297	24370	26515	28848	—
增长率	%	13.5	10.0	9.3	8.8	8.8	10.1
农村居民人均可支配收入	元	10116	11876	13242	14407	15603	—
增长率	%	18.9	12.9	11.5	8.8	8.3	12.1

说明：从 2011 年起，固定资产投资起报点由 50 万元提高到 500 万元，全社会固定资产投资指标调整为固定资产投资

2016年衡阳市全面建成小康社会统计监测结果统计表

表 12

指标名称	单位	目标值（2020年）	权重	2016年	
				数值	实现程度
一、经济发展	—	—	22		86.8
1. GDP（2010年不变价）	万元	比2010年翻一番	4	25777124	90.7
2. 第三产业增加值占GDP比重	%	≥47	2	43.4	92.3
3. 居民消费支出占GDP比重	%	≥36	2.5	51.9	100.0
4. R&D经费支出占GDP比重	%	≥2.3	1.5	1.00	43.3
5. 每万人口发明专利拥有量	件	≥3.2	1.5	1.16	36.2
6. 工业劳动生产率	万元/人	≥12	2.5	17.71	100.0
7. 互联网普及率	%	≥50	2.5	47.4	94.7
8. 城镇人口比重	%	≥60	3	51.1	85.1
9. 农业劳动生产率	万元/人	≥2	2.5	2.08	100.0
二、民主法制	—	—	14		93.2
10. 基层民主参选率	%	≥95	3.5	98.4	100.0
11. 廉政指数	人/万人	≤8	3.5	4.34	100.0
12. 社会安全指数	%	100	4	98.1	98.1
每万人口刑事犯罪人数	人			5.3175	95.3
每万人口交通事故死亡人数	人			0.2065	100.0
每万人口火灾事故死亡人数	人			0.0109	100.0
每万人口工伤事故死亡人数	人			0.0342	100.0
13. 每万人口拥有律师数	人	≥2.3	3	1.63	70.7
三、文化建设	—	—	14		92.7
14. 文化及相关产业增加值占GDP比重	%	≥5	3	4.30	86.0
15. 人均公共文化财政支出	元	≥200	2.5	152	75.8
16. 有线广播电视入户率	%	≥60	3	70.2	100.0
17. 每万人口拥有“三馆一站”公用房屋建筑面积	平方米	≥450	2.5	655	100.0
18. 城乡居民文化娱乐服务支出占家庭消费支出比重	%	≥6	3	6.3	100.0
四、人民生活	—	—	28		96.8
19. 城乡居民人均收入（2010年不变价）	元	比2010年翻一番	4	18877	82.2
20. 地区人均基本公共服务支出差异系数	%	≤40	1.5	26.26	100.0
21. 失业率	%	≤6	2	3.77	100.0

表 12 续

指标名称	单位	目标值（2020 年）	权重	2016 年	
				数值	实现程度
22. 恩格尔系数	%	≤40	2	32. 2	100. 0
23. 基尼系数	—	0. 3~0. 4	1. 5	0. 31	100. 0
24. 城乡居民收入比	以农为 1	≤2. 8	1. 5	1. 85	100. 0
25. 城乡居民家族住房面积达标率	%	≥60	2	73. 5	100. 0
26. 公共交通服务指数	%	100	2		100. 0
每万人拥有公共交通车辆	标台	≥14		14. 9	100. 0
行政村客运班线通达率	%	≥95		98. 5	100. 0
27. 平均预期寿命	岁	≥76	2	75. 2	99. 0
28. 平均受教育年限	岁	≥10. 5	2	9. 9	94. 3
29. 每千人口拥有执业医师数	人	≥1. 95	1. 5	2. 35	100. 0
30. 基本社会保险覆盖率	%	≥95	3		100. 0
基本养老保险覆盖率	%	≥95		94. 0	98. 9
基本医疗保险覆盖率	%	≥95		100. 0	100. 0
31. 农村自来水普及率	%	≥80	1. 5	76. 9	96. 2
32. 农村卫生厕所普及率	%	≥75	1. 5	80. 0	100. 0
五、资源环境	—	—	22		89. 8
33. 单位 GDP 能耗（2010 年不变价）	吨标准煤/万元	≤0. 62	3	0. 494	100. 0
34. 单位 GDP 水耗（2010 年不变价）	立方米/万元	≤110	3	128. 9	85. 3
35. 单位 GDP 建设用地占用面积（2010 年不变价）	公顷/亿元	≤62	3	62. 3	99. 5
36. 空气质量达标率	%	100	2	76. 8	76. 8
37. 环境质量指数	%	100	4		94. 4
PM2. 5 达标天数比例	%	≥95		79. 8	84. 0
地表水达标率	%	≥90		99. 5	100. 0
森林覆盖率	%	≥23		46. 4	100. 0
城市建成区绿化覆盖率	%	≥40		40. 4	100. 0
38. 主要污染物排放强度指数	%	100	4		72. 6
单位 GDP 化学需氧量排放强度	吨/亿元	≤27. 7		53. 92	51. 4
单位 GDP 二氧化硫排放强度	吨/亿元	≤24. 6		15. 97	100. 0
单位 GDP 氨氮排放强度	吨/亿元	≤2. 78		7. 12	39. 1
单位 GDP 氮氧化物排放强度	吨/亿元	≤24		14. 93	100. 0
39. 城市生活垃圾无害化处理率	%	≥85	3	100	100. 0
总实现程度	—	—	100		92. 0

说明：单位 GDP 二氧化碳排放量用空气质量达标率替代，PM2. 5 达标天数比例只有 6 个市州有数据，其他市州用平均数据替代

2016年衡阳市总户数和总人口

表 13

	单位	2016年	2015年	比上年±%
一、年末总户数	万户	205.58	206.78	-0.58
二、年末常住人口	万人	728.59	733.75	-0.70
#男性	万人	377.45	380.12	-0.70
女性	万人	351.14	353.63	-0.70
#城镇人口	万人	372.09	361.01	3.07
乡村人口	万人	356.50	372.74	-4.36
三、年平均人口	万人	731.17	732.05	-0.12
四、人口出生率	‰	14.62	12.44	2.18
五、人口死亡率	‰	7.14	5.99	1.15
六、人口自然增长率	‰	7.48	6.45	1.03
七、常住人口分布密度	人/平方千米	476.2	479.60	-0.71
#市区	人/平方千米	1707.62	1689.41	1.08

2016年衡阳市农林牧渔业总产值一览表

表 14　　单位：万元

	总产值	农业	林业	牧业	渔业	服务业
总　计	7098955	3303621	354394	2761642	492261	187038
珠晖区	160030	87781	558	57844	10814	3034
雁峰区	48348	23478	812	19459	3402	1197
石鼓区	81151	35929	2404	36585	5485	749
蒸湘区	78570	39785	1198	29998	6165	1424
南岳区	55788	29674	3968	20169	1013	964
衡阳县	1212301	479981	64020	532179	102808	33312
衡南县	1159538	566407	69449	383217	106309	34156
衡山县	470117	219454	66277	153066	20192	11128
衡东县	807865	310677	86070	347123	43894	20101
祁东县	999611	536628	25692	328876	80754	27661
耒阳市	1116041	571110	50205	403329	54052	37345
常宁市	863972	289392	94579	402702	55270	22030

2016年衡阳市规模以上工业企业单位数及总产值一览表

表15　　单位:%

	企业个数（个）	比上年±%
全市总计	947	9.0
一、按轻重工业分		
轻工业		13.9
重工业		7.1
二、按经济类型分		
1. 国有经济	14	21.8
2. 集体经济	7	7.4
3. 股份合作制经济	1	6.4
4. 股份制经济	847	7.8
5. 外商及港澳台经济	37	21.2
6. 其他经济类型	41	1.0

2016年衡阳市固定资产投资完成额统计表

表 16　　　　单位：亿元

	2016年	比上年±%
全社会固定资产投资	2282. 2	13. 8
按产业分		
1. 第一产业	120. 3	23. 8
2. 第二产业	889. 0	10. 8
#工业	813. 3	1. 6
3. 第三产业	1272. 9	15. 1
城镇投资和非农户投资	2131. 3	14. 3
一、按登记注册类型分		
1. 内资企业	2226. 6	12. 9
2. 港澳台商投资企业	30. 5	154. 7
3. 外商投资企业	19. 1	23. 9
4. 个体经营	6. 0	0. 7
二、按隶属关系分		
1. 中央	18. 6	-23. 4
2. 地方	2263. 6	14. 3
三、按构成分	0. 0	
1. 建筑工程	1716. 0	18. 8
2. 安装工程	114. 6	26. 3
3. 设备、工具购置	320. 6	-20. 0
4. 其他费用	131. 1	88. 4
四、按性质分	0. 0	
1. 新建	1258. 4	39. 1
2. 扩建	246. 1	-13. 3
3. 改建及技术改造	576. 7	-12. 2

2016年衡阳市社会消费品零售总额统计表

表17 单位：亿元

	2016年	比上年±%
总计	1127.98	11.8
分地区：		
城镇	1018.60	11.8
#城区	921.78	11.6
乡村	109.38	12.0
在总计中：		
批零贸易业	1005.98	11.8
住宿餐饮业	122.00	11.7
在总计中：		
珠晖区	125.22	11.9
雁峰区	110.48	11.6
石鼓区	109.28	12.0
蒸湘区	123.12	12.1
南岳区	24.29	11.8
衡阳县	93.73	11.8
衡南县	100.36	11.8
衡山县	29.63	11.4
衡东县	89.52	11.6
祁东县	105.73	12.0
耒阳市	127.40	11.9
常宁市	89.22	11.5

表 18 2016 年衡阳市财政收入与金融收入统计表

表 18-1 财政收入 单位：万元

	2016 年	增长（%）	2015 年	增长（%）
一般公共预算收入	2779636	6.0	2618616	11.1
税收收入	1612051	-1.4	1634313	6.8
地方财政收入	2046693	7.5	1946410	12.2
#税收收入	879108	-4.0	962107	6.1
增值税	177836	44.6	83329	1.5
营业税	119653	-25.9	247154	10.6
个人所得税	30540	-3.6	31693	13.8
资源税	7297	-40.7	12310	-8.8
城市维护建设税	48435	2.8	47115	-2.4
房产税	27767	0.3	27673	17.3
印花税	12344	13.1	10917	-4.2
城镇土地使用税	52377	26.5	41403	23.1
土地增值税	87730	-3.5	90944	-9.0
车船税	11977	17.9	10157	23.7
耕地占用税	79748	-7.7	86389	-35.4
契税	153635	-27.1	210656	47.4
烟叶税	8289	13.7	7288	-10.2
#非税收入	1167585	18.3	984303	18.9
上划中央收入	569464	0.9	503016	7.3
上划省级收入	163479	6.3	169190	9.7

表 18-2 分县市区财政收入 计量单位：亿元、%

	一般公共预算收入		地方收入	
	2016 年	增长（%）	2016 年	增长（%）
全　　市	277.96	6.0	204.67	7.5
珠　晖　区	15.30	6.1	6.25	10.3
雁　峰　区	17.17	6.1	3.38	19.0
石　鼓　区	22.13	11.8	3.66	-4.1
蒸　湘　区	21.63	6.3	5.35	48.5
南　岳　区	6.78	10.1	5.84	10.0
衡　阳　县	13.93	8.6	9.67	7.0
衡　南　县	17.55	6.0	13.25	11.8
衡　山　县	9.54	10.2	7.12	13.8
衡　东　县	13.25	6.5	10.00	7.4
祁　东　县	11.11	10.0	7.76	9.8
耒　阳　市	27.16	6.0	20.68	13.7
常　宁　市	16.85	3.2	13.41	7.5
高新开发区	16.95	9.0	6.47	62.5
白沙工业园	29.39	11.9	25.65	15.4
松木经开区	9.19	14.5	6.48	9.6

说明：财政数据雁峰、石鼓、蒸湘不包括园区

表 18-3 财政支出 单位：万元

项　目	2016 年	2015 年	增减额	增减±%
一般公共预算支出合计	5413633	4920316	493317	10.0
一般公共服务支出	484297	416347	67950	16.3
外交支出	0	0	0	0.0
国防支出	9725	13249	-3524	-26.6
公共安全支出	258482	204180	54302	26.6
教育支出	872805	757336	115469	15.2
科学技术支出	25291	21044	4247	20.2
文化体育与传媒支出	110913	60998	49915	81.8
社会保障和就业支出	860591	753435	107156	14.2
医疗卫生与计划生育支出	557025	507497	49528	9.8
节能环保支出	100242	96654	3588	3.7
城乡社区支出	716524	614306	102218	16.6
农林水支出	537271	515447	21824	4.2
交通运输支出	235976	227688	8288	3.6
资源勘探信息等支出	222175	280043	-57868	-20.7
商业服务业等支出	36011	34343	1668	4.9
金融支出	1333	1231	102	8.3
国土海洋气象等支出	44048	39069	4979	12.7
住房保障支出	230129	225988	4141	1.8
粮油物资储备支出	21250	20223	1027	5.1
债务付息支出	63463	131238	-67775	-51.6
其他支出	26082	0	26082	0.0

表 18-4 分县市区财政支出 单位：万元

	2016 年	2015 年	增减额	增减（%）
合　计	5413633	4920316	493317	10.0
县市小计	3215081	2896427	318654	11.0
衡南县	532297	445579	86718	19.5
衡阳县	454576	437132	17444	4.0
衡山县	250852	220943	29909	13.5
衡东县	351065	312433	38632	12.4
常宁县	539658	512022	27636	5.4
祁东县	450400	416403	33997	8.2
耒阳市	636233	551915	84318	15.3
市区小计	2198552	2023889	174663	8.6
市本级	1227805	1177984	49821	4.2
南岳区	95510	84012	11498	13.7
珠晖区	163798	124379	39419	31.7
雁峰区	74542	64086	10456	16.3
石鼓区	104995	85772	19223	22.4
蒸湘区	97962	74089	23873	32.2
高新开发区	121790	98626	23164	23.5
白沙洲工业园	264096	238232	25864	10.9
松木经开区	48054	76709	-28655	-37.4

2016年衡阳市金融机构本外币存贷款余额统计表

表19 单位：亿元

	2016年	
	年末余额	比年初增减
一、各项存款	3283.44	496.17
（一）境内存款	3281.71	496.12
1. 住户存款	2135.88	214.34
（1）活期存款	684.20	81.76
（2）定期及其他存款	1451.68	132.58
2. 非金融企业存款	674.86	179.27
（1）活期存款	457.95	140.71
（2）定期及其他存款	216.91	38.56
3. 广义政府存款	463.73	102.66
4. 非银行业金融机构存款	7.25	-0.14
二、各项贷款	1674.28	228.54
（一）境内贷款	1422.31	227.22
1. 住户贷款	523.72	63.25
（1）短期贷款	120.77	-12.79
（2）中长期贷款	402.95	76.04
2. 非金融企业及机关贷款	898.58	163.97
（1）短期贷款	291.97	13.88
（2）中长期贷款	479.01	100.86
（3）票据融资	127.61	49.23
（二）境外贷款	0.09	0.06
（三）表外及其他贷款	251.88	1.26

2016年衡阳市价格指数一览表

表 20 计量单位:%

	2016年	2015年
	(以上年为100)	
居民消费价格总指数	102.5	101.5
#服务价格指数	102.5	103.3
消费品价格指数	102.6	100.9
1. 食品烟酒	105.1	—
#食品	107.0	101.6
#粮食	105.1	101.3
食用油	99.4	99.0
菜	119.1	97.6
猪肉	112.0	108.5
水产品	97.1	105.6
蛋类	102.7	113.6
干鲜瓜果类	99.0	100.3
烟酒	101.5	102.1
2. 衣着	100.9	101.1
3. 居住	100.7	98.5
4. 生活用品及服务	100.2	101.5
5. 交通和通信	98.6	99.2
6. 教育文化和娱乐	103.1	105.4
7. 医疗保健	107.2	103.2
8. 其他用品和服务	101.0	—
商品零售价格指数	101.6	100.0

表 21　2016 年衡阳市各县市区主要经济指标在全省排位情况

表 21-1　地区生产总值　单位：亿元

市县	生产总值			
	绝对值	位次	速度（%）	位次
珠晖区	228. 16	55	8. 8	26
雁峰区	236. 12	53	8. 5	34
石鼓区	156. 74	71	8. 4	41
蒸湘区	208. 25	60	7. 6	93
南岳区	36. 21	120	8. 9	25
衡阳县	317. 01	30	8. 0	70
衡南县	315. 69	31	7. 7	90
衡山县	149. 75	75	8. 1	62
衡东县	261. 70	46	7. 9	78
祁东县	266. 17	43	8. 2	52
耒阳市	428. 60	17	7. 9	78
常宁市	296. 67	37	7. 8	82

说明：雁峰区、石鼓区、蒸湘区各项指标均包含园区

表 21-2　第一产业　单位：亿元

市县	第一产业			
	绝对值	位次	速度（%）	位次
珠晖区	9. 90	95	3. 7	20
雁峰区	3. 07	119	3. 5	51
石鼓区	4. 59	115	3. 4	64
蒸湘区	4. 90	113	3. 7	20
南岳区	3. 70	117	3. 6	30
衡阳县	66. 34	9	3. 4	64
衡南县	71. 53	5	3. 3	76
衡山县	31. 36	48	3. 6	30
衡东县	44. 18	34	3. 7	20
祁东县	66. 91	8	3. 7	20
耒阳市	69. 16	7	3. 5	51
常宁市	51. 98	23	3. 4	64

说明：雁峰区、石鼓区、蒸湘区各项指标均包含园区

表 21-3 **第二产业** 单位：亿元

市县	第二产业			
	绝对值	位次	速度（%）	位次
珠晖区	125. 03	38	7. 8	22
雁峰区	158. 91	28	7. 8	22
石鼓区	42. 65	87	3. 0	117
蒸湘区	119. 53	39	4. 5	112
南岳区	3. 24	123	2. 6	119
衡阳县	115. 28	41	6. 7	62
衡南县	136. 04	34	7. 4	34
衡山县	42. 33	88	6. 3	77
衡东县	91. 66	54	6. 4	73
祁东县	90. 17	56	6. 2	82
耒阳市	154. 80	29	6. 7	62
常宁市	114. 11	43	5. 9	91

说明：雁峰区、石鼓区、蒸湘区各项指标均包含园区

表 21-4 **第三产业** 单位：亿元

市县	第三产业			
	绝对值	位次	速度（%）	位次
珠晖区	93. 23	52	10. 9	81
雁峰区	74. 15	70	10. 4	96
石鼓区	109. 50	39	11. 0	78
蒸湘区	83. 82	62	12. 9	20
南岳区	29. 26	105	10. 4	96
衡阳县	135. 40	24	12. 1	40
衡南县	108. 12	41	11. 1	74
衡山县	76. 06	68	11. 2	69
衡东县	125. 86	30	10. 7	85
祁东县	109. 08	40	13. 0	15
耒阳市	204. 65	15	10. 5	92
常宁市	130. 58	27	11. 5	58

说明：雁峰区、石鼓区、蒸湘区各项指标均包含园区

表 21-5 **规模工业增加值** 单位：亿元

市县	规模工业增加值	
	速度（%）	位次
珠晖区	6.5	86
雁峰区	8.0	31
石鼓区	3.7	115
蒸湘区	5.2	108
南岳区	0.1	118
衡阳县	7.4	45
衡南县	8.0	31
衡山县	6.9	62
衡东县	7.1	55
祁东县	7.1	55
耒阳市	7.3	48
常宁市	7.2	53

说明：雁峰区、石鼓区、蒸湘区各项指标均包含园区

表 21-6 **固定资产投资** 单位：元

市县	固定资产投资			
	绝对值	位次	速度（%）	位次
珠晖区	187.31	53	17.4	28
雁峰区	176.72	60	-1.7	118
石鼓区	191.00	51	22.3	6
蒸湘区	277.77	28	9.8	112
南岳区	31.77	117	21.4	8
衡阳县	259.41	35	19.7	11
衡南县	219.68	40	18.4	21
衡山县	93.70	91	15.8	52
衡东县	152.01	67	18.2	23
祁东县	156.15	65	18.6	20
耒阳市	357.66	14	7.5	114
常宁市	179.00	59	15.9	51

说明：雁峰区、石鼓区、蒸湘区各项指标均包含园区

表 21-7　　社会消费品零售总额　　单位：元

市县	社会消费品零售总额			
	绝对值	位次	速度（%）	位次
珠晖区	125. 22	23	11. 9	41
雁峰区	110. 48	31	11. 6	93
石鼓区	109. 28	32	12. 0	31
蒸湘区	123. 12	25	12. 1	22
南岳区	24. 29	104	11. 8	58
衡阳县	93. 73	49	11. 8	58
衡南县	100. 36	39	11. 8	58
衡山县	29. 63	98	11. 4	107
衡东县	89. 52	51	11. 6	93
祁东县	105. 73	36	12. 0	31
耒阳市	127. 40	22	11. 9	41
常宁市	89. 22	53	11. 5	103

表 21-8　　农村居民人均可支配收入　　单位：亿元

市县	农村居民人均可支配收入			
	绝对值	位次	速度（%）	位次
珠晖区	17483	23	8. 8	75
雁峰区	17454	26	9. 6	55
石鼓区	17466	24	9. 9	47
蒸湘区	17437	27	8. 6	77
南岳区	17432	28	8. 5	81
衡阳县	14785	52	9. 9	47
衡南县	17581	22	8. 3	88
衡山县	17681	21	8. 2	92
衡东县	16989	32	8. 1	98
祁东县	11987	70	8. 1	98
耒阳市	17461	25	8. 2	92
常宁市	14080	55	9. 9	47

表 21-9　**城镇居民人均可支配收入**　单位：亿元

市县	城镇居民人均可支配收入			
	绝对值	位次	速度（%）	位次
珠晖区	30343	26	9.4	29
雁峰区	29338	34	10.1	6
石鼓区	30908	23	9.8	20
蒸湘区	30116	27	10.1	6
南岳区	33818	15	8.8	56
衡阳县	28320	40	8.7	65
衡南县	27841	44	8.6	71
衡山县	28171	43	8.7	65
衡东县	28226	42	9.0	43
祁东县	22695	81	8.6	71
耒阳市	29444	33	8.7	65
常宁市	27491	47	8.6	71

表 22 2016年衡阳市物价指数

表 22-1 **2016 年 1 月衡阳市民生价格**

采价时点：2016 年 01 月 01 日 7 时 36 分 单位/元

商品名称	规格、等级、单位	西园市场	龙家坪市场	仙姬巷市场	后宰门市场	君昇市场	桑园街市场	衡西市场	香江百货	步步高广场店	生源超市衡钢店
早籼米	标—500 克	—	—	—	—	—	—	—	—	2. 39	—
晚籼米	标—500 克	—	—	2. 1	2. 1	2. 2	2	2. 2	1. 9	2. 19	1. 98
富强面粉	特一粉 500 克	—	2. 5	2. 5	2. 5	—	2. 6	2. 5	—		2. 5
标准面粉	500 克	—	—	2	2	—	2. 2	2. 3	—	2. 78	2. 38
菜籽油	一级桶装 金龙鱼 5L	—	64	66	70	70	49	65	52	47	69. 9
花生油	一级桶装 鲁 花 5L	—	—	—	—	—	—	—	149. 9	149. 9	149. 9
大豆油	一级调和油 金龙鱼 5L	—	50	53	—	55	—	—	35. 9	42. 9	42. 9
调和油	一级桶装 金龙鱼 5L	—	55	63	65	—	59	65	59. 9	50	59. 9
鲜猪肉	精瘦肉 500 克	—	18	13	14	16	14	14	16. 98	12. 58	15. 5
鲜猪肉	一刀切 500 克	—	14	12	12	13	11	12	9. 98	9. 98	11. 68
鲜牛肉	新鲜去骨 500 克	—	48	40	—	45	49	45	49. 8	39. 9	—
鲜羊肉	新鲜带骨 500 克	—	32	20	23	30	25	21	24. 8	29. 9	—
鸡 肉	白切鸡开膛 上等 500 克	—	12	—	12	13	10	12. 5	9. 98	—	—
鲜鸡蛋	新鲜 鸡场蛋 个	—	0. 65	0. 6	0. 6	0. 6	0. 7	0. 65	0. 59	0. 75	0. 5
鸭 蛋	新鲜 500 克	—	7	7	7	7	6	6. 5	5. 98	—	—
草 鱼	活 500 克	7	7. 5	7	7	7. 5	6. 5	6	4. 98	4. 98	5. 98
大白菜	新鲜一级 500 克	1. 1	1. 5	1. 5	1. 5	1. 5	1. 2	1	0. 88	0. 99	1. 28
黄 瓜	新鲜一级 500 克	2. 5	3. 5	4	3. 5	3	3	3	3. 68	3. 99	2. 48
青 椒	新鲜一级 500 克	2. 2	4	3. 5	3	3	3. 5	3	2. 18	2. 99	2. 48
茄 子	新鲜一级 500 克	2. 5	3	3. 5	3	3	3. 5	3	3. 28	5. 68	2. 48
西红柿	新鲜一级 500 克	2. 6	3. 5	3. 5	3	3. 5	3	3. 5	3. 48	4. 99	3. 48
白萝卜	新鲜一级 500 克	1. 3	1. 5	1. 2	1. 5	1. 5	1. 5	1	0. 98	1. 18	1. 48
南 瓜	新鲜一级 500 克	2	1. 5	1. 3	2	1. 5	1	1. 2	1. 48	1. 99	0. 98
苹 果	红富士 一级 500 克	—	7	7	—	6	6	5. 5	6. 98	4. 28	3. 98
香 蕉	国产 一级 500 克	—	2. 5	2. 5	—	2. 5	2. 8	2	2. 98	1. 99	1. 98
西 瓜	当地主销 一级 500 克	—	1. 5	1. 5	—	3	2	2. 5	1. 98	1. 68	0. 98
鲜牛奶	当地主销 250ML	—	—	—	—	—	—	—	2. 2	—	—
婴儿奶粉	雀巢 3 段 450 克	—	—	—	—	—	190	—	—	—	—
白豆腐	块	—	1	1. 2	1. 5	1. 5	2	1	2	1	1. 2
油豆腐	500 克	—	8	6. 5	7	7	7. 5	6. 5	7. 8	8. 5	6. 98

表 22-2　　2016 年 2 月衡阳市民生价格

采价时点：2016 年　02 月　01 日　7 时　36 分　　单位/元

商品名称	规格、等级、单位	西园市场	龙家坪市场	仙姬巷市场	后宰门市场	君昇市场	桑园街市场	衡西市场	香江百货	步步高广场店	生源超市衡钢店
早籼米	标—500 克	—	—	—	—	—	—	—	—	2.39	—
晚籼米	标—500 克	—	—	2.1	2.1	2.2	2	2.2	1.9	2.19	1.98
富强面粉	特一粉　500 克	—	2.5	2.5	2.5	—	2.6	2.5	—	—	—
标准面粉	500 克	—	—	2	2	—	2.2	2.3	—	2.78	2.38
菜籽油	一级桶装　金龙鱼　5L	—	64	66	70	70	49	65	48.9	47	62.8
花生油	一级桶装　鲁　花　5L	—	—	—	—	—	—	—	149.9	149.9	159.9
大豆油	一级调和油　金龙鱼　5L	—	50	53	—	55	—	—	42.9	42.9	56.8
调和油	一级桶装　金龙鱼　5L	—	55	63	65	—	59	65	59.9	50	59.9
鲜猪肉	精瘦肉　500 克	—	18	13	15	16	14	14	18.8	12.58	14.8
鲜猪肉	一刀切　500 克	—	14	12	13	13	11	13	10.98	11.58	12.98
鲜牛肉	新鲜去骨　500 克	—	48	40	—	48	49	45	49.8	43.8	—
鲜羊肉	新鲜带骨　500 克	—	32	20	23	30	25	21	24.8	29.9	—
鸡　肉	白切鸡开膛　上等　500 克	—	12	—	12	13	10	12	9.98	—	14.8
鲜鸡蛋	新鲜　鸡场蛋　个	—	0.65	0.6	0.6	0.6	0.7	0.65	0.69	0.75	0.58
鸭　蛋	新鲜　500 克	—	7	7	7	7	6	6.5	5.98	—	—
草　鱼	活　500 克	6.8	7.5	7	7	7.5	6.5	5.5	4.98	5.98	6.48
大白菜	新鲜一级　500 克	1.6	2	2	2	1.5	1.2	1.5	1.38	1.69	1.98
黄　瓜	新鲜一级　500 克	3	5	4	4.5	3	3	4	6.38	5	4.98
青　椒	新鲜一级　500 克	2.5	4.5	3.5	3.5	3.5	3.5	2	1.98	2.98	3.28
茄　子	新鲜一级　500 克	2.5	3	3.5	4	3	3.5	3	5.98	5.68	4.98
西红柿	新鲜一级　500 克	2.5	4	3.5	3.5	3.5	3	3.5	3.98	5.5	4.98
白萝卜	新鲜一级　500 克	1.1	1.5	2	1.5	1.5	1.5	1.5	1.28	0.79	1.68
南　瓜	新鲜一级　500 克	1.8	1.5	2	2	1.5	1	1.2	1.48	2.28	1.78
苹　果	红富士　一级　500 克	—	7	7	—	6	6	5.5	5.98	4.99	4.98
香　蕉	国产　一级　500 克	—	2.5	2.5	—	2.5	2.8	2	2.98	1.99	2.5
西　瓜	当地主销　一级　500 克	—	1.5	1.5	—	2.5	2	2.5	2.28	1.68	—
鲜牛奶	当地主销　250ML	—	—	—	—	—	—	—	2.5	—	—
婴儿奶粉	雀巢　3 段　450 克	—	—	—	—	—	190	—	—	—	—
白豆腐	块	—	1	1.2	1.5	1.5	2	1	2	1	1.2
油豆腐	500 克	—	8	6.5	7	7	7.5	6.5	7.8	8.5	6.98

表 22-3　　**2016 年 3 月衡阳市民生价格**

采价时点：2016 年　03 月　01 日　7 时　36 分　　单位/元

商品名称	规格、等级、单位	西园市场	龙家坪市场	仙姬巷市场	后宰门市场	君昇市场	桑园街市场	衡西市场	香江百货	步步高广场店	生源超市衡钢店
早籼米	标—500 克	—	—	—	—	—	—	—	—	2.29	—
晚籼米	标—500 克	—	—	2.1	2.1	2.2	2	2.2	1.9	2.59	1.98
富强面粉	特一粉　500 克	—	2.5	2.5	2.5	—	2.6	2.5	—	2.38	—
标准面粉	500 克	—	—	2	2	—	2.2	2.3	—	1.99	2.38
菜籽油	一级桶装　金龙鱼　5L	—	64	66	70	70	49	65	52	52	62.8
花生油	一级桶装　鲁　花　5L	—	—	—	—	—	—	—	149.9	149.9	159.9
大豆油	一级调和油　金龙鱼　5L	—	50	53	—	55	—	—	42.9	42.5	56.8
调和油	一级桶装　金龙鱼　5L	—	55	63	65	—	59	65	59.9	59.9	59.9
鲜猪肉	精瘦肉　500 克	—	18	13	15	16	18	14	18.8	16.98	14.8
鲜猪肉	一刀切　500 克	—	14	12	13.5	13	11	13	10.98	12.2	12.98
鲜牛肉	新鲜去骨　500 克	—	48	40	—	50	49	46	49.8	39.8	—
鲜羊肉	新鲜带骨　500 克	—	32	20	23	30	25	21	24.8	—	—
鸡　肉	白切鸡开膛　上等　500 克	—	12	—	12	13	11	13	9.98	—	14.8
鲜鸡蛋	新鲜　鸡场蛋　个	—	0.65	0.6	0.6	0.6	0.7	0.65	0.55	0.69	0.58
鸭　蛋	新鲜　500 克	—	7	7	7	7	6	6.5	4.98	—	—
草　鱼	活　500 克	6.5	7.5	7.5	7	7.5	7	7	5.88	5.98	6.48
大白菜	新鲜一级　500 克	1	2	1.2	2	2	1.5	2	1.48	1.88	1.8
黄　瓜	新鲜一级　500 克	3.2	4	4.5	3.5	4	7.5	4	4.68	2.99	5.98
青　椒	新鲜一级　500 克	2	6	4.5	2.5	5	3.5	3.5	3.48	3.99	3.98
茄　子	新鲜一级　500 克	3	4	5	6	3	8.5	5	4.28	6.99	5.98
西红柿	新鲜一级　500 克	2	3.5	4	3.5	3.5	4	3.5	3.68	4.58	4.56
白萝卜	新鲜一级　500 克	1	1.5	1.2	1.2	1.5	1.5	1	1.28	0.99	0.78
南　瓜	新鲜一级　500 克	1.1	1.5	1.8	2	1.5	1	1.2	1.58	2.99	2.68
苹　果	红富士　一级　500 克	—	7	7	—	6	6	5.5	5.98	4.99	4.98
香　蕉	国产　一级　500 克	—	2.5	2.5	—	2.5	2.8	2.5	2.88	1.99	2.5
西　瓜	当地主销　一级　500 克	—	1.5	1.5	—	2.5	3	2.5	2.58	3.99	—
鲜牛奶	当地主销　250ML	—	—	—	—	—	—	—	2.2	2.99	—
婴儿奶粉	雀巢　3 段　450 克	—	—	—	—	—	190	—	—	198	—
白豆腐	块	—	1	1.2	1.5	1.5	2	1	2	—	1.2
油豆腐	500 克	—	8	6.5	7	7	7.5	6.5	7.8	—	6.98

表 22-4　　**2016 年 4 月衡阳市民生价格**

采价时点：2016 年　04 月　01 日　7 时　36 分　　单位/元

商品名称	规格、等级、单位	西园市场	龙家坪市场	仙姬巷市场	后宰门市场	君昇市场	桑园街市场	衡西市场	香江百货	步步高广场店	生源超市衡钢店
早籼米	标—500 克	—	—	—	—	—	—	—	—	2. 29	—
晚籼米	标—500 克	—	—	2. 1	2. 1	2. 2	2	2. 2	1. 9	2. 69	1. 98
富强面粉	特一粉　500 克	—	2. 5	2. 5	2. 5	—	2. 6	2. 5	—	2. 78	—
标准面粉	500 克	—	—	2	2	—	2. 2	2. 3	—	2. 38	2. 38
菜籽油	一级桶装　金龙鱼　5L	—	64	66	70	70	49	65	52	49. 9	62. 8
花生油	一级桶装　鲁　花　5L	—	—	—	—	—	—	—	149. 9	159. 9	159. 9
大豆油	一级调和油　金龙鱼　5L	—	50	53	—	55	—	—	38. 9	42. 5	56. 8
调和油	一级桶装　金龙鱼　5L	—	55	63	65	—	59	65	59. 9	59. 9	59. 9
鲜猪肉	精瘦肉　500 克	—	18	14	15	16	18	14	19. 8	16. 98	14. 8
鲜猪肉	一刀切　500 克	—	14	12. 5	14	14	11	13	12. 48	13. 98	12. 98
鲜牛肉	新鲜去骨　500 克	—	48	41	—	50	49	44	49. 8	39. 8	—
鲜羊肉	新鲜带骨　500 克	—	32	20	23	30	25	—	24. 8	—	—
鸡　肉	白切鸡开膛　上等　500 克	—	12	—	12	13	11	13. 5	9. 98	11. 8	14. 8
鲜鸡蛋	新鲜　鸡场蛋　个	—	0. 65	0. 6	0. 55	0. 6	0. 7	0. 65	0. 49	0. 7	0. 58
鸭　蛋	新鲜　500 克	—	7	7	7	7	6	6. 5	4. 98	5. 5	—
草　鱼	活　500 克	6. 5	7. 5	7	7	7. 5	7	6	5. 88	5. 38	6. 48
大白菜	新鲜一级　500 克	2	3	1. 2	3	3. 5	1. 5	3	2. 88	—	1. 8
黄　瓜	新鲜一级　500 克	2. 4	3. 5	5	3	4	5	3	3. 68	2. 99	5. 98
青　椒	新鲜一级　500 克	5. 8	10	7	7	5	5. 5	6	6. 98	7. 99	3. 98
茄　子	新鲜一级　500 克	4. 6	6	5	5. 5	3	5	4	4. 28	7. 99	5. 98
西红柿	新鲜一级　500 克	3. 4	4. 5	4	4	3. 5	4	5	4. 88	5. 99	4. 56
白萝卜	新鲜一级　500 克	1. 2	2	1. 2	1. 2	1. 5	1. 5	1	1. 88	1. 48	0. 78
南　瓜	新鲜一级　500 克	1. 2	4	2. 5	3	1. 5	1. 5	1. 2	1. 98	2. 99	2. 68
苹　果	红富士　一级　500 克	—	7	6. 5	—	6	6	5. 5	3. 98	4. 99	4. 98
香　蕉	国产　一级　500 克	—	2. 5	2. 5	—	2. 5	2. 8	2. 5	2. 98	2. 48	2. 5
西　瓜	当地主销　一级　500 克	—	1. 5	1. 5	—	2. 5	3	3	3. 28	3. 99	—
鲜牛奶	当地主销　250ML	—	—	—	—	—	—	—	2. 2	2. 99	—
婴儿奶粉	雀巢　3 段　450 克	—	—	—	—	—	190	—	—	198	—
白豆腐	块	—	1	1. 2	1. 5	1. 5	2	1	2	—	1. 2
油豆腐	500 克	—	8	6. 5	7	7	7. 5	6. 5	7. 8	—	6. 98

表 22-5　　　　　　　　　　　　2016 年 5 月衡阳市民生价格

采价时点：2016 年　05 月　01 日　7 时　36 分　　　　　　　　　　　　单位/元

商品名称	规格、等级、单位	西园市场	龙家坪市场	仙姬巷市场	后宰门市场	君昇市场	桑园街市场	衡西市场	香江百货	步步高广场店	生源超市衡钢店
早籼米	标—500 克	—	—	—	—	—	—	—	—	2.29	—
晚籼米	标—500 克	—	—	2.1	2.1	2.2	2	2.2	1.9	2.69	1.5
富强面粉	特一粉　500 克	—	2.5	2.5	2.5	—	2.6	2.5	—	2.78	—
标准面粉	500 克	—	—	2	2	—	2.2	2.3	—	2.38	2.3
菜籽油	一级桶装　金龙鱼　5L	—	64	66	70	70	49	65	52	49.9	63
花生油	一级桶装　鲁　花　5L	—	—	—	—	—	—	—	144.9	159.9	159.9
大豆油	一级调和油　金龙鱼　5L	—	50	53	—	55	—	—	38.9	42.5	56.8
调和油	一级桶装　金龙鱼　5L	—	55	63	65	—	59	65	59.9	59.9	59.9
鲜猪肉	精瘦肉　500 克	—	18	14	15	16	18	15	19.8	16.98	15.5
鲜猪肉	一刀切　500 克	—	14	13	14	14	11	14	12.48	13.98	13.98
鲜牛肉	新鲜去骨　500 克	—	48	40	—	50	49	41	49.8	39.8	—
鲜羊肉	新鲜带骨　500 克	—	32	20	23	30	25	—	24.8	—	—
鸡　肉	白切鸡开膛　上等　500 克	—	12	—	12	13	11	13	9.98	11.8	14.8
鲜鸡蛋	新鲜　鸡场蛋　个	—	0.65	0.5	0.55	0.6	0.7	0.65	0.49	0.7	0.5
鸭　蛋	新鲜　500 克	—	7	7	7	7	6	6.5	4.98	5.5	—
草　鱼	活　500 克	6.5	7.5	7	7	7.5	7	6	6.98	5.38	8.28
大白菜	新鲜一级　500 克	1.1	2	1.5	2	2	1.5	2	1.28	—	1.78
黄　瓜	新鲜一级　500 克	2	2.5	3	2.5	4	5	2.5	2.28	2.99	2.88
青　椒	新鲜一级　500 克	2	5	4	3.5	3.5	5.5	4	2.68	7.99	5.98
茄　子	新鲜一级　500 克	1.9	3.5	3.5	3	3	5	3.5	3.28	7.99	3.98
西红柿	新鲜一级　500 克	3.5	4	3.5	4.5	3.5	4	5	3.28	5.99	4.98
白萝卜	新鲜一级　500 克	1.8	2.5	1.2	1.8	1.5	1.5	2	1.28	1.48	1.98
南　瓜	新鲜一级　500 克	1.6	4	2.5	3	2	1.5	3	2.28	2.99	1.98
苹　果	红富士　一级　500 克	—	7	6	—	6	6	5.5	4.98	4.99	5.98
香　蕉	国产　一级　500 克	—	2.5	2.5	—	2.5	2.8	2.5	2.98	2.48	2.98
西　瓜	当地主销　一级　500 克	—	1.5	1.5	—	3	3	3	3.28	3.99	—
鲜牛奶	当地主销　250ML	—	—	—	—	—	—	—	2.2	2.99	—
婴儿奶粉	雀巢　3 段　450 克	—	—	—	—	—	190	—	—	198	—
白豆腐	块	—	1	1.2	1.5	1.5	2	1	2	—	1.5
油豆腐	500 克	—	8	6.5	7	7	7.5	6.5	7.8	—	6.48

表 22-6　　**2016 年 6 月衡阳市民生价格**

采价时点：2016 年　06 月　01 日　7 时　36 分　　单位/元

商品名称	规格、等级、单位	西园市场	龙家坪市场	仙姬巷市场	后宰门市场	君昇市场	桑园街市场	衡西市场	香江百货	步步高广场店	生源超市衡钢店
早籼米	标—500 克	—	—	—	—	—	1.8	—	—	2.09	—
晚籼米	标—500 克	—	2	2.1	2.1	2.2	2	2.2	1.9	2.39	1.5
富强面粉	特一粉　500 克	—	—	2.5	2.5	—	2.6	2.5	—	—	—
标准面粉	500 克	—	2.5	2	2	—	2.2	2.3	—	2.78	2.3
菜籽油	一级桶装　金龙鱼　5L	—	55	65	70	70	49	65	52	69.9	63
花生油	一级桶装　鲁　花　5L	—	—	—	—	—	—	—	149.9	159.9	159.9
大豆油	一级调和油　金龙鱼　5L	—	50	53	—	55	—	—	42.9	—	56.8
调和油	一级桶装　金龙鱼　5L	—	55	63	65	—	59	65	59.9	49.9	59.9
鲜猪肉	精瘦肉　500 克	—	18	15	16	17	18	16	19.8	16.98	15.5
鲜猪肉	一刀切　500 克	—	16	13.5	14	15.5	13	15	12.48	12.98	13.98
鲜牛肉	新鲜去骨　500 克	—	45	40	43	50	49	42	49.8	39.8	—
鲜羊肉	新鲜带骨　500 克	—	32	20	—	30	25	—	24.8	—	—
鸡　肉	白切鸡开膛　上等　500 克	—	12	—	11	13	11	13.5	9.98	10.98	14.8
鲜鸡蛋	新鲜　鸡场蛋　个	—	0.5	0.5	0.5	0.6	0.7	0.65	0.55	0.7	0.5
鸭　蛋	新鲜　500 克	—	5	7	7	7	6	6.5	4.98	4.99	—
草　鱼	活　500 克	6.8	7	6.5	7	7.5	7	6.5	6.98	5.99	8.28
大白菜	新鲜一级　500 克	1	1.5	1.2	1.5	2	2	1.5	1.28	1.99	1.78
黄　瓜	新鲜一级　500 克	1.3	1.5	2.2	1.5	4	2	1.5	1.48	1.68	2.88
青　椒	新鲜一级　500 克	1.8	3.5	3.2	2.5	3.5	3	3	1.88	2.99	5.98
茄　子	新鲜一级　500 克	1.6	2.5	3	3	2.5	3.5	3	1.98	2.99	3.98
西红柿	新鲜一级　500 克	2.4	3	3.2	3	3.5	4	3.5	2.38	4.99	4.98
白萝卜	新鲜一级　500 克	1.2	1.5	1	1.5	1.5	2	2	0.98	1.28	1.98
南　瓜	新鲜一级　500 克	1.5	2	2	2	2	2.5	3	1.48	2.99	1.98
苹　果	红富士　一级　500 克	—	6	6	—	6	6	5.5	6.98	3.99	5.98
香　蕉	国产　一级　500 克	—	3.5	2.5	—	2.5	3	2.5	3.68	2.69	2.98
西　瓜	当地主销　一级　500 克	—	2	1.5	—	3.5	3	2	1.48	3.69	—
鲜牛奶	当地主销　250ML	—	—	—	—	—	—	—	2.2	2.99	—
婴儿奶粉	雀巢　3 段　450 克	—	—	—	—	—	190	—	—	198	—
白豆腐	块	—	1	1.2	1.5	1.5	2	1	2	—	1.5
油豆腐	500 克	—	6	6.5	7	7	7.5	6.5	7.8	—	6.48

表 22-7　**2016 年 7 月衡阳市民生价格**

采价时点：2016 年　07 月　01 日　7 时　36 分　单位/元

商品名称	规格、等级、单位	西园市场	龙家坪市场	仙姬巷市场	后宰门市场	君昇市场	桑园街市场	衡西市场	香江百货	步步高广场店	生源超市衡钢店
早籼米	标—500 克	—	—	—	—	—	1.8	—	—	2.09	—
晚籼米	标—500 克	—	2	2.1	2.1	2.2	2	2.2	1.9	2.39	1.5
富强面粉	特一粉　500 克	—	—	2.5	2.5	—	2.6	2.5	—	—	—
标准面粉	500 克	—	2.5	2	2	—	2.2	2.3	—	2.78	2.3
菜籽油	一级桶装　金龙鱼　5L	—	55	60	70	70	49	65	52	69.9	63
花生油	一级桶装　鲁　花　5L	—	—	—	—	—	—	—	149.9	159.9	159.9
大豆油	一级调和油　金龙鱼　5L	—	50	50	—	55	—	—	42.9	—	56.8
调和油	一级桶装　金龙鱼　5L	—	55	58	65	—	59	65	59.9	49.9	59.9
鲜猪肉	精瘦肉　500 克	—	18	15	16	17	18	16	19.8	16.98	15.5
鲜猪肉	一刀切　500 克	—	16	13.5	14	15	13	15	12.48	12.98	14.88
鲜牛肉	新鲜去骨　500 克	—	45	40	43	50	49	42	49.8	39.8	—
鲜羊肉	新鲜带骨　500 克	—	32	—	—	30	25	—	24.8	—	—
鸡　肉	白切鸡开膛　上等　500 克	—	12	11	11	13	11	13	9.98	10.98	14.8
鲜鸡蛋	新鲜　鸡场蛋　个	—	0.5	0.5	0.5	0.6	0.7	0.6	0.49	0.7	0.45
鸭　蛋	新鲜　500 克	—	5	7	7	7	6	6	4.98	4.99	—
草　鱼	活　500 克	6.8	7	6.5	7	7.5	7	7	7.28	5.99	8.28
大白菜	新鲜一级　500 克	0.9	1.5	1.2	1.8	2	2	1.5	0.98	1.99	0.78
黄　瓜	新鲜一级　500 克	1.5	1.5	1.8	2.5	2	2	1.5	2.28	1.68	1.58
青　椒	新鲜一级　500 克	1.6	3.5	2	3	2	3	2	1.48	2.99	4.98
茄　子	新鲜一级　500 克	1.2	2.5	2	2.5	2	3.5	2	1.98	2.99	2.5
西红柿	新鲜一级　500 克	1.6	2.5	2.5	3	2.5	4	2	1.98	4.99	3.48
白萝卜	新鲜一级　500 克	1	1.5	1	1.5	1.5	2	1.5	1.48	1.28	1.98
南　瓜	新鲜一级　500 克	1.1	2	2	2	2	2.5	1.8	0.68	2.99	1.98
苹　果	红富士　一级　500 克	—	6	6	—	6	6	5.5	6.8	3.99	5.98
香　蕉	国产　一级　500 克	—	3.5	2.5	—	2.5	3	3	3.58	2.69	3.48
西　瓜	当地主销　一级　500 克	—	2	1.5	—	1.5	3	1.8	0.98	3.69	—
鲜牛奶	当地主销　250ML	—	—	—	—	—	—	—	2.2	2.99	—
婴儿奶粉	雀巢　3 段　450 克	—	—	—	—	—	190	—	—	198	—
白豆腐	块	—	1	1.2	1.5	1.5	2	1	2	—	1.5
油豆腐	500 克	—	6	6.5	7	7	7.5	6.5	7.8	—	6.48

表 22-8 **2016 年 8 月衡阳市民生价格**

采价时点：2016 年 08 月 01 日 7 时 36 分 单位/元

商品名称	规格、等级、单位	西园市场	龙家坪市场	仙姬巷市场	后宰门市场	君昇市场	桑园街市场	衡西市场	香江百货	步步高广场店	生源超市衡钢店
早籼米	标—500 克	—	—	—	—	—	1.8	—	—	2.09	—
晚籼米	标—500 克	—	2	2.1	2.1	2.2	2	2.2	1.9	2.39	1.5
富强面粉	特一粉 500 克	—	—	2.5	2.5	—	2.6	2.5	—	—	—
标准面粉	500 克	—	2.5	2	2	—	2.2	2.3	—	2.78	2.3
菜籽油	一级桶装 金龙鱼 5L	—	55	60	70	70	49	65	52	69.9	63
花生油	一级桶装 鲁 花 5L	—	—	—	—	—	—	—	149.9	159.9	159.9
大豆油	一级调和油 金龙鱼 5L	—	50	50	—	55	—	—	42.9	—	56.8
调和油	一级桶装 金龙鱼 5L	—	55	58	65	—	59	65	59.9	49.9	59.9
鲜猪肉	精瘦肉 500 克	—	16	14	15.5	15	18	16	17.8	16.98	15.5
鲜猪肉	一刀切 500 克	—	15	13	14	14	13	15	12.48	12.98	14.88
鲜牛肉	新鲜去骨 500 克	—	45	40	43	43	49	40	49.8	39.8	—
鲜羊肉	新鲜带骨 500 克	—	32	—	—	30	25	—	24.8	—	—
鸡 肉	白切鸡开膛 上等 500 克	—	12	11	11	13	11	13	9.98	10.98	14.8
鲜鸡蛋	新鲜 鸡场蛋 个	—	0.5	0.5	0.5	0.6	0.7	0.5	0.49	0.7	0.45
鸭 蛋	新鲜 500 克	—	5	7	7	7	6	5	6.48	4.99	—
草 鱼	活 500 克	7	7	6.5	7	7.5	7	6.5	7.28	5.99	8.28
大白菜	新鲜一级 500 克	1.3	2	1.5	1.8	1.5	2	1.5	1.38	1.99	0.78
黄 瓜	新鲜一级 500 克	1.8	2	1.8	2	1.5	2	1.5	1.68	1.68	1.58
青 椒	新鲜一级 500 克	2.3	2.5	3	2.5	2	3	1.5	2.28	2.99	4.98
茄 子	新鲜一级 500 克	1.4	2.5	2	2	2	3.5	1	1.88	2.99	2.5
西红柿	新鲜一级 500 克	2.1	2.5	2.8	2.5	2.5	4	2	1.88	4.99	3.48
白萝卜	新鲜一级 500 克	1.1	1.5	1.2	1.5	1.5	2	1.5	1.48	1.28	1.98
南 瓜	新鲜一级 500 克	0.9	2	2	1.5	2	2.5	1.5	0.58	2.99	1.98
苹 果	红富士 一级 500 克	—	6	5	—	6	6	5.5	5.98	3.99	5.98
香 蕉	国产 一级 500 克	—	3.5	2.5	—	2.5	3	2.5	3.28	2.69	3.48
西 瓜	当地主销 一级 500 克	—	2	0.8	—	1.3	3	1.2	0.98	3.69	—
鲜牛奶	当地主销 250ML	—	—	—	—	—	—	—	2.5	2.99	—
婴儿奶粉	雀巢 3 段 450 克	—	—	—	—	—	190	—	—	198	—
白豆腐	块	—	1	1.2	1.5	1.5	2	1	2	—	1.5
油豆腐	500 克	—	6	6.5	7	7	7.5	6.5	7.8	—	6.48

表 22-9　　2016 年 9 月衡阳市民生价格

采价时点：2016 年　09 月　01 日　7 时　36 分　　单位/元

商品名称	规格、等级、单位	西园市场	龙家坪市场	仙姬巷市场	后宰门市场	君昇市场	桑园街市场	衡西市场	香江百货	步步高广场店	生源超市衡钢店
早籼米	标—500 克	—	—	—	—	—	1.8	—	—	—	—
晚籼米	标—500 克	—	2	2.1	2.1	2.2	2	2.2	1.9	—	1.5
富强面粉	特一粉　500 克	—	—	2.5	2.5	—	2.6	2.5	—	—	—
标准面粉	500 克	—	2.5	2	2	—	2.2	2.3	—	—	2.3
菜籽油	一级桶装　金龙鱼　5L	—	55	60	70	70	49	65	52	—	69.9
花生油	一级桶装　鲁　花　5L	—	—	—	—	—	—	—	149.9	—	119
大豆油	一级调和油　金龙鱼　5L	—	50	50	—	55	—	—	42.9	—	45.9
调和油	一级桶装　金龙鱼　5L	—	55	58	65	—	59	65	59.9	—	58.9
鲜猪肉	精瘦肉　500 克	—	16	14	15.5	15	15	16	18.8	—	15.5
鲜猪肉	一刀切　500 克	—	15	12.5	13.5	14	12	14	11.98	—	13.68
鲜牛肉	新鲜去骨　500 克	—	45	40	43	43	49	42	49.8	—	—
鲜羊肉	新鲜带骨　500 克	—	32	—	—	30	25	—	24.8	—	—
鸡　肉	白切鸡开膛　上等　500 克	—	12	11	11	13	11	13	9.98	—	12.9
鲜鸡蛋	新鲜　鸡场蛋　个	—	0.5	0.55	0.55	0.6	0.7	0.55	0.6	—	0.48
鸭　蛋	新鲜　500 克	—	5	7	7	7	6	5	6.48	—	—
草　鱼	活　500 克	6.8	7	6.5	7	7.5	7	7	7.58	—	5.9
大白菜	新鲜一级　500 克	1.7	2	2	1.8	2	1.5	1.8	1.48	—	1.68
黄　瓜	新鲜一级　500 克	3	2	2.5	2	1.5	2	1.2	2.88	—	1.68
青　椒	新鲜一级　500 克	2.8	3	3	2.5	2	2.5	1.5	3.98	—	—
茄　子	新鲜一级　500 克	1.8	2.5	2.2	2	2	2	1	1.88	—	2.38
西红柿	新鲜一级　500 克	2.2	3	3	2.5	3	2.5	2.5	1.68	—	3.48
白萝卜	新鲜一级　500 克	1.1	1.5	1	1.5	1.5	2	1.5	1.68	—	2.68
南　瓜	新鲜一级　500 克	0.9	2	2	1.5	2	1.5	1.2	0.78	—	1.88
苹　果	红富士　一级　500 克	—	6	5	—	6	6	5.5	6.98	—	5.88
香　蕉	国产　一级　500 克	—	3.5	3	—	2.5	3.5	2.5	3.88	—	3.98
西　瓜	当地主销　一级　500 克	—	1	1.2	—	1.5	1.5	1.3	0.98	—	—
鲜牛奶	当地主销　250ML	—	—	—	—	—	—	—	2.2	—	—
婴儿奶粉	雀巢　3 段　450 克	—	—	—	—	—	190	—	—	—	—
白豆腐	块	—	1	1.2	1.5	1.5	2	1	2	—	1.5
油豆腐	500 克	—	6	6.5	7	7	8	6.5	7.8	—	5.98

表 22-10　　2016 年 10 月衡阳市民生价格

采价时点：2016 年　10 月　01 日　7 时　36 分　　单位/元

商品名称	规格、等级、单位	西园市场	龙家坪市场	仙姬巷市场	后宰门市场	君昇市场	桑园街市场	衡西市场	香江百货	步步高广场店	生源超市衡钢店
早籼米	标—500 克	—	—	—	—	—	1.8	—	—	—	—
晚籼米	标—500 克	—	2	2.1	2.1	2.2	2	2.2	1.9	—	1.5
富强面粉	特一粉　500 克	—	—	2.5	2.5	—	2.6	2.5	—	—	—
标准面粉	500 克	—	2.5	2	2	—	2.2	2.3	—	—	2.8
菜籽油	一级桶装　金龙鱼　5L	—	55	65	70	70	49	65	52	—	69.9
花生油	一级桶装　鲁　花　5L	—	—	—	—	—	—	—	149.9	—	119
大豆油	一级调和油　金龙鱼　5L	—	50	55	—	55	—	—	42.9	—	45.9
调和油	一级桶装　金龙鱼　5L	—	55	55	65	—	59	65	59.9	—	58.9
鲜猪肉	精瘦肉　500 克	—	16	14	15	16	16	15	18.8	—	15.5
鲜猪肉	一刀切　500 克	—	15	12.5	13.5	14	13	13.5	11.98	—	12.68
鲜牛肉	新鲜去骨　500 克	—	45	40	43	43	43	44	49.8	—	—
鲜羊肉	新鲜带骨　500 克	—	32	—	—	30	—	—	24.8	—	—
鸡　肉	白切鸡开膛　上等　500 克	—	12	11	11	13	11	13.5	9.98	—	12.9
鲜鸡蛋	新鲜　鸡场蛋　个	—	0.5	0.55	0.55	0.6	0.7	0.55	0.58	—	0.46
鸭　蛋	新鲜　500 克	—	5	7	7	7	6	5	6.48	—	—
草　鱼	活　500 克	7	7.5	6.5	7	7.5	7	6.8	6.98	—	5.78
大白菜	新鲜一级　500 克	1.6	2	2	2	2.5	1.8	1.5	1.58	—	2.38
黄　瓜	新鲜一级　500 克	2.2	2	2.5	2.5	1.5	2	2	1.88	—	1.98
青　椒	新鲜一级　500 克	2.4	3	3.5	3.5	2.5	2.5	3	3.68	—	—
茄　子	新鲜一级　500 克	1.9	2.5	2.5	2.5	2	2	1	1.88	—	3.28
西红柿	新鲜一级　500 克	2.5	2.5	3	3	3	2.5	2.5	2.88	—	2.68
白萝卜	新鲜一级　500 克	1.7	2	1.5	2	1.5	2	1.5	1.68	—	1.2
南　瓜	新鲜一级　500 克	0.9	1.5	2	1.5	2	1.5	1.5	0.98	—	0.96
苹　果	红富士　一级　500 克	—	6	5	—	6	6	5.5	5.88	—	5.98
香　蕉	国产　一级　500 克	—	4	3	—	2.5	3	3	3.28	—	4.68
西　瓜	当地主销　一级　500 克	—	2	1.5	—	1.8	1.5	1.5	2.98	—	—
鲜牛奶	当地主销　250ML	—	—	—	—	—	—	—	2.5	—	—
婴儿奶粉	雀巢　3 段　450 克	—	—	—	—	—	190	—	—	—	—
白豆腐	块	—	1	1.2	1.5	1.5	2	1	2	—	1.5
油豆腐	500 克	—	6	6.5	7	7	8	6.5	7.98	—	5.98

表 22-11　　2016 年 11 月衡阳市民生价格

采价时点：2016 年　11 月　01 日　7 时　36 分　　　　单位/元

商品名称	规格、等级、单位	西园市场	龙家坪市场	仙姬巷市场	后宰门市场	君昇市场	桑园街市场	衡西市场	香江百货	步步高广场店	生源超市衡钢店
早籼米	标—500 克	—	—	—	—	—	1.8	—	—	—	—
晚籼米	标—500 克	—	2	2.1	2.1	2.2	2	2.2	1.9	—	1.5
富强面粉	特一粉　500 克	—	—	2.5	2.5	—	2.6	2.5	—	—	—
标准面粉	500 克	—	2.5	2	2	—	2.2	2.3	—	—	2.8
菜籽油	一级桶装　金龙鱼　5L	—	55	65	70	70	49	65	52	—	65.5
花生油	一级桶装　鲁　花　5L	—	—	—	—	—	—	—	144.9	—	119
大豆油	一级调和油　金龙鱼　5L	—	50	58	—	55	—	—	42.9	—	45.9
调和油	一级桶装　金龙鱼　5L	—	55	55	65	—	59	65	59.9	—	58.9
鲜猪肉	精瘦肉　500 克	—	16	13	15	16	16	15	18.8	—	15.5
鲜猪肉	一刀切　500 克	—	15	11.5	13.5	13	13	13.5	11.48	—	12.68
鲜牛肉	新鲜去骨　500 克	—	45	41	42	43	43	45	49.8	—	—
鲜羊肉	新鲜带骨　500 克	—	—	—	—	30	—	—	24.8	—	—
鸡　肉	白切鸡开膛　上等　500 克	—	12	11	11	13	11	13	9.98	—	12.9
鲜鸡蛋	新鲜　鸡场蛋　个	—	0.5	0.5	0.55	0.6	0.7	0.55	0.55	—	0.46
鸭　蛋	新鲜　500 克	—	5	7	7	7	6	5	6.48	—	—
草　鱼	活　500 克	6.9	7	6.5	7	7.5	7	6.5	6.48	—	5.48
大白菜	新鲜一级　500 克	1	1.2	1.5	1.5	2.5	1.8	1	1.38	—	2.38
黄　瓜	新鲜一级　500 克	2.2	2.5	2.5	2.5	1.5	2	2.5	2.88	—	1.98
青　椒	新鲜一级　500 克	2.6	3	3	3.5	3	2.5	3	2.88	—	—
茄　子	新鲜一级　500 克	1.6	2.5	2	2.5	2	2	2	3.48	—	3.28
西红柿	新鲜一级　500 克	2.6	—	3.5	3.5	3	2.5	3.5	2.98	—	2.68
白萝卜	新鲜一级　500 克	1.3	2	1.5	2	1.5	2	1	1.88	—	1.2
南　瓜	新鲜一级　500 克	1	1.5	2	1.5	2	1.5	1.5	1.28	—	0.96
苹　果	红富士　一级　500 克	—	6	5	—	6	6	5	5.88	—	5.98
香　蕉	国产　一级　500 克	—	3	3	—	2.5	3	2.5	2.68	—	4.68
西　瓜	当地主销　一级　500 克	—	2.5	2	—	2	1.5	2.5	2.48	—	—
鲜牛奶	当地主销　250ML	—	—	—	—	—	—	—	2.5	—	—
婴儿奶粉	雀巢　3 段　450 克	—	—	—	—	—	190	—	—	—	—
白豆腐	块	—	1	1.2	1.5	1.5	2	1	2	—	1.5
油豆腐	500 克	—	6	6.5	7	7	8	6.5	7.98	—	4.98

表 22-12　　**2016 年 12 月衡阳市民生价格**

采价时点：2016 年　12 月　01 日　7 时　36 分　　　　单位/元

商品名称	规格、等级、单位	西园市场	龙家坪市场	仙姬巷市场	后宰门市场	君昇市场	桑园街市场	衡西市场	香江百货	步步高广场店	生源超市衡钢店
早籼米	标—500 克	—	—	—	—	—	1.8	—	—	—	—
晚籼米	标—500 克	—	2	2.1	2.1	2.2	2	2.2	1.9	—	1.5
富强面粉	特一粉　500 克	—	—	2.5	2.5	—	2.6	2.5	—	—	—
标准面粉	500 克	—	2.5	2	2	—	2.2	2.3	—	—	2.8
菜籽油	一级桶装　金龙鱼　5L	—	55	65	70	70	49	65	52	—	65.5
花生油	一级桶装　鲁　花　5L	—	—	—	—	—	—	—	149.9	—	119
大豆油	一级调和油　金龙鱼　5L	—	50	58	—	55	—	—	42.9	—	45.9
调和油	一级桶装　金龙鱼　5L	—	55	55	65	—	59	65	59.9	—	58.9
鲜猪肉	精瘦肉　500 克	—	16	13	15	16	16	15	18.8	—	15.5
鲜猪肉	一刀切　500 克	—	15	11.5	13.5	13	13	13.5	10.48	—	12.68
鲜牛肉	新鲜去骨　500 克	—	45	41	42	43	43	42	49.8	—	—
鲜羊肉	新鲜带骨　500 克	—	—	18	—	30	—	—	24.8	—	—
鸡　肉	白切鸡开膛　上等　500 克	—	12	11	11	13	11	13	9.98	—	12.9
鲜鸡蛋	新鲜　鸡场蛋　个	—	0.5	0.5	0.55	0.6	0.7	0.55	0.55	—	0.46
鸭　蛋	新鲜　500 克	—	5	7	7	7	6	5	6.48	—	—
草　鱼	活　500 克	6.9	7	6.5	7	7.5	7	6.5	6.48	—	5.48
大白菜	新鲜一级　500 克	1.4	1.2	2	1.5	2.5	1.8	1	1.28	—	2.38
黄　瓜	新鲜一级　500 克	2.2	2.5	3	2.5	1.5	2	2.5	2.68	—	1.98
青　椒	新鲜一级　500 克	2.7	3	3.8	3.5	3	2.5	2.5	3.28	—	—
茄　子	新鲜一级　500 克	2	2.5	2	2.5	2	2	2	3.68	—	3.28
西红柿	新鲜一级　500 克	2.8	—	3.5	3.5	3	2.5	3.5	4.28	—	2.68
白萝卜	新鲜一级　500 克	1.7	2	1.8	2	1.5	2	2	2.28	—	1.2
南　瓜	新鲜一级　500 克	1	1.5	2	1.5	2	1.5	1.5	1.28	—	0.96
苹　果	红富士　一级　500 克	—	6	5	—	6	6	5	5.88	—	5.98
香　蕉	国产　一级　500 克	—	3	3	—	2.5	3	2.5	1.98	—	4.68
西　瓜	当地主销　一级　500 克	—	2.5	2	—	2	1.5	2.5	2.48	—	—
鲜牛奶	当地主销　250ML	—	—	—	—	—	—	—	2.5	—	—
婴儿奶粉	雀巢　3 段　450 克	—	—	—	—	—	190	—	—	—	—
白豆腐	块	—	1	1.2	1.5	1.5	2	1	2	—	1.5
油豆腐	500 克	—	6	6.5	7	7	8	6.5	7.98	—	4.98

表 23 2016 年衡阳市及各县（市）区主要经济指标完成情况

表 23-1　　2016 年 1~2 月全市及各县（市）区主要经济指标完成情况

制表单位：衡阳市统计局　　计量单位：亿元、%

增速排位	一般公共预算收入			规模以上工业增加值		固定资产投资			社会消费品零售总额		
	单位	1~2 月	增长	单位	1~2 月增长	单位	1~2 月	增长	单位	1~2 月	增长
	全市	31.92	10.0	全市	6.3	全市	128.90	15.3	全市	172.48	11.3
第一	石鼓区	3.64	41.5	衡阳县	7.4	雁峰区	6.43	23.6	珠晖区	19.19	11.5
第二	雁峰区	2.18	16.8	衡南县	6.5	石鼓区	15.78	21.2	衡东县	13.63	11.5
第三	祁东县	1.23	14.5	常宁市	6.4	衡东县	8.28	17.3	石鼓区	16.80	11.4
第四	珠晖区	1.36	10.8	雁峰区	6.2	衡阳县	15.59	15.1	祁东县	16.08	11.4
第五	南岳区	0.64	9.0	衡东县	6.2	衡南县	5.36	14.8	蒸湘区	16.37	11.3
第六	衡山县	1.19	5.8	蒸湘区	6.1	衡山县	6.43	13.8	雁峰区	16.94	11.2
第七	衡南县	2.24	2.9	衡山县	6.1	珠晖区	13.61	13.3	常宁市	13.75	11.2
第八	衡阳县	1.89	-3.1	珠晖区	6.0	蒸湘区	9.79	10.2	衡南县	15.35	11.1
第九	常宁市	1.36	-17.9	祁东县	6.0	耒阳市	20.55	9.0	衡阳县	14.30	11.0
第十	耒阳市	1.80	-20.4	石鼓区	5.7	常宁市	10.15	8.3	耒阳市	19.42	10.9
第十一	蒸湘区	1.63	-28.7	耒阳市	4.5	祁东县	6.94	7.2	衡山县	4.52	10.7
第十二	衡东县	1.01	-36.7	南岳区	0.9	南岳区	1.26	5.4	南岳区	3.70	10.4
—	高新开发区	2.22	3.9	高新开发区	6.3	高新开发区	3.31	58.2	高新开发区	2.44	11.6
—	白沙洲工业园	2.98	24.8	白沙洲工业园	8.7	白沙洲工业园	2.50	20.6	白沙洲工业园	—	—
—	松木经开区	1.39	29.9	松木经开区	12.5	松木经开区	2.93	74.2	松木经开区	—	—

说明：雁峰区、石鼓区、蒸湘区各项指标值均不含白沙洲工业园、松木经济开发区、高新开发区

表 23-2　　**2016 年 1~5 月全市及各县（市）区主要经济指标完成情况**

制表单位：衡阳市统计局　　计量单位：亿元、%

增速排位	一般公共预算收入			规模以上工业增加值		固定资产投资			社会消费品零售总额		
	单位	1~5月	增长	单位	1~5月增长	单位	1~5月	增长	单位	1~5月	增长
	全市	106.43	13.2	全市	6.6	全市	747.48	15.5	全市	424.10	11.5
第一	石鼓区	9.80	39.3	衡南县	7.8	石鼓区	61.56	26.5	蒸湘区	40.25	11.7
第二	珠晖区	5.87	33.1	蒸湘区	7.2	南岳区	10.01	24.6	衡东县	33.67	11.7
第三	常宁市	7.11	30.6	衡东县	7.1	常宁市	65.07	18.2	石鼓区	41.18	11.6
第四	衡南县	7.47	22.7	珠晖区	7.0	耒阳市	128.69	18.0	衡阳县	35.38	11.6
第五	祁东县	3.50	18.5	耒阳市	6.9	珠晖区	73.62	17.7	衡南县	37.75	11.5
第六	衡阳县	5.53	17.7	祁东县	6.8	祁东县	53.72	17.3	珠晖区	47.07	11.4
第七	蒸湘区	8.37	13.9	衡山县	6.2	衡山县	14.57	17.0	常宁市	33.81	11.4
第八	雁峰区	6.28	12.4	衡阳县	5.7	衡东县	48.44	16.7	南岳区	9.13	11.4
第九	衡东县	4.56	12.2	常宁市	5.6	蒸湘区	55.74	10.3	耒阳市	47.78	11.3
第十	衡山县	3.43	10.6	雁峰区	4.4	衡南县	64.48	9.5	雁峰区	41.58	11.3
第十一	南岳区	2.50	10.0	石鼓区	3.6	雁峰区	43.98	9.1	衡山县	11.09	11.2
第十二	耒阳市	8.33	-13.0	南岳区	3.3	衡阳县	72.19	1.6	祁东县	39.43	11.1
—	高新开发区	8.27	37.3	高新开发区	7.0	高新开发区	24.65	47.8	高新开发区	5.96	11.2
—	白沙洲工业园	11.87	11.1	白沙洲工业园	10.2	白沙洲工业园	17.84	38.6	白沙洲工业园	—	—
—	松木经开区	3.65	36.8	松木经开区	8.4	松木经开区	12.91	3.6	松木经开区	—	—

说明：雁峰区、石鼓区、蒸湘区各项指标值均不含白沙洲工业园、松木经济开发区、高新开发区

表 23-3　　2016 年 1~6 月全市及各县市区主要经济指标完成情况

制表单位：衡阳市统计局　　计量单位：亿元、%

增速排位	地区生产总值			一般公共预算收入			规模以上工业增加值		固定资产投资			社会消费品零售总额		
	单位	1~6 月	增长	单位	1~6 月	增长	单位	1~6 月	单位	1~6 月	增长	单位	1~6 月	增长
	全市	1083.52	7.5	全市	144.85	10.4	全市	6.7	全市	919.23	15.1	全市	514.86	11.5
第一	南岳区	14.21	9.5	石鼓区	11.98	12.5	衡南县	7.4	石鼓区	69.36	23.5	蒸湘区	48.92	11.8
第二	珠晖区	81.56	9.3	南岳区	3.39	11.1	蒸湘区	7.3	南岳区	12.11	23.4	石鼓区	49.94	11.7
第三	石鼓区	59.11	9.2	祁东县	5.45	10.9	耒阳市	7.0	珠晖区	77.68	16.7	衡东县	40.88	11.7
第四	蒸湘区	85.34	9.1	衡阳县	7.38	10.7	雁峰区	6.9	雁峰区	54.80	15.5	衡阳县	42.92	11.6
第五	雁峰区	69.60	9.1	衡南县	9.02	10.5	祁东县	6.9	祁东县	58.13	14.7	珠晖区	57.18	11.5
第六	祁东县	112.56	8.2	雁峰区	9.10	10.4	珠晖区	6.8	衡山县	22.95	14.5	衡南县	45.77	11.5
第七	衡山县	50.54	8.1	珠晖区	8.19	10.4	衡东县	6.8	衡南县	93.59	14.3	南岳区	11.10	11.5
第八	耒阳市	179.75	8.0	蒸湘区	11.81	10.2	衡阳县	6.4	衡东县	61.21	14.1	耒阳市	58.02	11.4
第九	衡阳县	138.99	7.5	衡东县	6.44	10.1	衡山县	6.3	耒阳市	149.87	13.8	雁峰区	50.52	11.4
第十	衡南县	117.89	7.3	常宁市	9.24	9.5	常宁市	6.1	衡阳县	92.72	13.7	常宁市	41.0	11.3
第十一	衡东县	105.05	7.2	衡山县	4.81	8.7	南岳区	3.4	常宁市	76.15	13.6	祁东县	47.90	11.2
第十二	常宁市	115.45	7.0	耒阳市	14.12	6.4	石鼓区	2.8	蒸湘区	83.46	9.1	衡山县	13.45	11.1
—	高新开发区	26.59	8.8	高新开发区	9.66	18.4	高新开发区	7.1	高新开发区	28.16	41.4	高新开发区	7.25	11.3
—	白沙洲工业园	28.40	9.9	白沙洲工业园	15.29	13.3	白沙洲工业园	10.6	白沙洲工业园	22.06	28.5	白沙洲工业园	—	—
—	松木经开区	6.19	4.7	松木经开区	4.38	13.7	松木经开区	4.4	松木经开区	17.00	1.5	松木经开区	—	—

说明：雁峰区、石鼓区、蒸湘区各项指标值均不含白沙洲工业园、松木经济开发区、高新开发区

表 23-4　　2016 年 1~9 月全市及各县市区主要经济指标完成情况

制表单位：衡阳市统计局　　　　计量单位：亿元、%

增速排位	地区生产总值			一般公共预算收入			规模以上工业增加值		固定资产投资			社会消费品零售总额		
	单位	1~9 月	增长	单位	1~9 月	增长	单位	1~9 月	单位	1~9 月	增长	单位	1~9 月	增长
	全市	1949.88	7.5	全市	205.46	6.1	全市	6.7	全市	1489.68	13.3	全市	795.54	11.7
第一	石鼓区	105.08	8.8	祁东县	8.21	17.2	衡南县	7.6	石鼓区	105.80	22.9	耒阳市	89.91	11.9
第二	南岳区	23.96	8.5	石鼓区	17.23	12.0	衡阳县	7.4	南岳区	19.85	19.7	蒸湘区	75.49	11.9
第三	珠晖区	154.44	8.4	衡山县	6.82	10.2	耒阳市	7.3	珠晖区	123.85	15.4	石鼓区	77.15	11.8
第四	蒸湘区	126.87	8.1	衡东县	9.54	10.1	雁峰区	7.2	祁东县	97.59	14.8	祁东县	74.29	11.8
第五	雁峰区	100.07	8.0	南岳区	5.11	10.0	衡山县	6.5	衡阳县	158.71	14.6	珠晖区	88.53	11.7
第六	祁东县	188.15	7.7	耒阳市	19.61	7.2	衡东县	6.4	衡南县	143.88	13.7	衡东县	63.16	11.7
第七	耒阳市	282.19	7.6	衡南县	12.50	7.1	常宁市	6.3	常宁市	115.75	13.2	雁峰区	78.05	11.6
第八	衡山县	92.75	7.5	雁峰区	12.56	5.1	祁东县	6.2	耒阳市	257.98	12.2	衡阳县	66.07	11.6
第九	衡阳县	232.74	7.5	珠晖区	11.47	3.2	蒸湘区	5	衡东县	98.36	10.8	南岳区	17.15	11.5
第十	常宁市	199.58	6.7	衡阳县	10.06	2.1	珠晖区	4.5	衡山县	38.37	10.4	衡南县	70.77	11.5
第十一	衡南县	194.17	6.6	常宁市	12.01	1.2	南岳区	1.8	蒸湘区	116.97	7.9	常宁市	62.91	11.4
第十二	衡东县	170.60	6.5	蒸湘区	15.82	0.7	石鼓区	-3.3	雁峰区	90.72	1.1	衡山县	20.85	11.2
—	高新开发区	41.93	8.2	高新开发区	12.73	12.0	高新开发区	6.2	高新开发区	53.18	45.7	高新开发区	11.22	11.7
—	白沙洲工业园	27.74	7.1	白沙洲工业园	23.46	13.2	白沙洲工业园	9.9	白沙洲工业园	35.04	1.7	白沙洲工业园	—	—
—	松木经开区	9.49	7.0	松木经开区	6.92	17.8	松木经开区	5.2	松木经开区	33.64	13.7	松木经开区	—	—

说明：雁峰区、石鼓区、蒸湘区各项指标值均不含白沙洲工业园、松木经济开发区、高新开发区

表 23-5　　2016 年 1~10 月全市及各县市区主要经济指标完成情况

制表单位：衡阳市统计局　　计量单位：亿元、%

增速排位	一般公共预算收入			规模以上工业增加值		固定资产投资			社会消费品零售总额		
	单位	1~10 月	增长	单位	1~10 月增长	单位	1~10 月	增长	单位	1~10 月	增长
	全市	217.35	4.9	全市	6.7	全市	1711.00	13.5	全市	911.56	11.7
第一	祁东县	8.60	17.8	衡南县	7.7	石鼓区	117.21	22.3	蒸湘区	86.60	11.9
第二	石鼓区	18.89	14.4	衡阳县	7.4	南岳区	24.18	20.9	祁东县	85.33	11.9
第三	衡山县	7.24	11.0	耒阳市	7.3	祁东县	113.92	16.8	耒阳市	103.09	11.8
第四	衡东县	9.94	10.7	雁峰区	7.2	衡阳县	191.16	15.6	石鼓区	88.30	11.8
第五	耒阳市	20.62	8.4	衡山县	6.7	衡南县	160.73	15.5	珠晖区	101.29	11.7
第六	南岳区	5.29	7.6	衡东县	6.4	衡东县	115.22	15.2	衡阳县	75.78	11.7
第七	衡南县	13.12	7.0	常宁市	6.3	常宁市	136.32	14.9	雁峰区	89.51	11.6
第八	衡阳县	10.98	5.8	祁东县	6.2	珠晖区	141.64	14.8	衡南县	81.17	11.6
第九	珠晖区	11.99	4.6	蒸湘区	5.9	耒阳市	300.35	14.2	南岳区	19.68	11.6
第十	雁峰区	13.44	4.5	珠晖区	3	衡山县	41.44	8.7	衡东县	72.35	11.5
第十一	常宁市	12.48	1.4	南岳区	0.2	雁峰区	105.19	5.2	常宁市	71.58	11.4
第十二	蒸湘区	16.88	-1.1	石鼓区	-9.2	蒸湘区	125.98	2.3	衡山县	24.01	11.3
—	高新开发区	13.60	10.7	高新开发区	5.5	高新开发区	62.69	26.0	高新开发区	12.87	11.7
—	白沙洲工业园	24.00	4.1	白沙洲工业园	9.9	白沙洲工业园	36.81	-9.6	白沙洲工业园	—	—
—	松木经开区	7.82	19.7	松木经开区	4.2	松木经开区	38.18	15.0	松木经开区	—	—

说明：雁峰区、石鼓区、蒸湘区各项指标值均不含白沙洲工业园、松木经济开发区、高新开发区

政策法规选登

责任编辑：李旭东

衡阳市人民政府办公室关于印发《衡阳市大气污染防治专项行动方案（2016—2017年）》的通知

衡政办发〔2016〕26号

各县市区人民政府，市直机关各单位：

《衡阳市大气污染防治专项行动方案（2016—2017年）》已经市人民政府同意，现印发给你们，请认真组织实施。

衡阳市人民政府办公室

2016年8月18日

衡阳市大气污染防治专项行动方案（2016—2017年）

为深入推进大气污染防治工作，持续改善环境空气质量，根据《中华人民共和国大气污染防治法》和《大气污染防治行动计划》等相关要求，立足我市实际，特制定本方案。

一、指导思想

按照创新、协同、绿色、开放、共享的发展理念，以改善环境空气质量为核心，以降低污染物排放总量为主线，按照"统筹兼顾、标本兼治"的原则，突出重点地区、重点时段、重点问题，采取行政、市场、经济、科技等综合手段，加快建立政府负责、部门尽责、企业自律、群众自觉的大气污染防治齐抓共管格局，持续改善全市环境空气质量。

二、主要工作目标

通过两年努力，全市环境空气质量达标率稳定提升，重污染天气大幅度下降。到2016年年底，市城区及其他县市区PM2.5年均浓度低于53微克/立方米，PM10年均浓度比2013年下降8%以上。到2017年年底，全市15个县（市）区、园区PM10年均浓度比2013年下降10%以上，且各县市区、园区环境质量优良天数达到300天以上（优良率达到82%以上）。

三、主要工作任务

（一）深化工业污染防治。

1. 调整优化产业结构和布局。积极研究制定产业结构调整规划和产业布局规划，细化功能分区，明确区域环境准入条件，严格高污染产业项目准入。全市不再审批钢铁、水泥等产能严重过剩行业新增产能项目。其他行业新、扩、改建项目严格实行主要污染物排放等量或减量置换。积极化解过剩行业产能，依法淘汰落后产能。（市发改委牵头，市经信委、市环保局参与，各县市区人民政府、园区管委会负责落实。以下各项工作任务均需各县市区人民政府、园区管委会落实，不再列出）

2. 加快实施燃煤电厂超低浓度排放。2017年年底前，大唐耒阳电厂3#、4#机组实现超低排放。2017年年底前，所有65蒸吨以上燃煤锅炉（含小火电和热电联产机组）必须安装高效脱硫脱硝除尘设施，烟尘、二氧化硫、氮氧化物做到稳定达标排放。（市环保局牵头，市发改委、国网衡阳供电分公司参与）

3. 加强钢铁、水泥、有色等行业污染整治。加快推进钢铁企业脱硫除尘设施建设和改造，推进新型干法水泥企业脱硫脱硝除尘技术改造，确保污染物稳定达标排放。加强有色行业规范化整治，2017年年底前，国控重点企业达到国家清洁生产先进水平。鼓励钢铁、水泥、有色等行业企业秋冬季实行错峰生产、限产或停产检修。（市环保局牵头，市发改委、市经信委参与）

4. 推进挥发性有机污染物治理。2016年年底前，完成加油站、储油库、油罐车油气回收治理。（市商粮局牵头，市环保局参与）

2016年启动挥发性有机物排放源调查和治理工作。2017年年底前，完成有机化工、表面涂装、包装印刷等重点行业企业开展挥发性有机物综合治理。（市环保局牵头，市发改委、市经信委参与）

（二）严格机动车排气污染控制。

1. 加强城市交通管理。优化城市功能和布局规划，推广城市智能交通管理，积极推进错峰上下班，缓解交通拥堵。实施公交优先战略，加强步行、自行车交通系统建设，提高绿色交通出行比例。优化交通体系，减少重型载货车辆穿行主城区。通过鼓励绿色出行、增加使用成本等措施，降低机动车使用强度。（市住房城乡建设局牵头，市公安局、市交通运输局参与）

2. 加强机动车环保管理。加强新生产车辆环保监管，严厉打击生产、销售环保不达标车辆的违法行为。（市经信委牵头，市环保局参与）

严把注册登记和转入关，新注册和转入车辆同步执行国家阶段性机动车污染排放标准。加强在用机动车环保监管，认真落实排放检测/维护（I/M）制度，经检验合格的，方可上道路行驶；未经检验合格的，公安机关不达标车辆不得核发安全技术检验合格标志。（市环保局牵头，市公安局、市质监局参与）

2016年年底前，市城区主要路段全面实施“黄标车”限行，并逐步扩大限行区域。（市公安局牵头，市环保局参与）

3. 加快淘汰“黄标车”及老旧车。大力推广使用新能源汽车，依法强制报废达不到要求的机动车。2016年年底前，全市淘汰“黄标车”及老旧车7550辆。2017年年底前，基本淘汰剩余的“黄标车”。加强工程机械等非道路移动机械和船舶的污染控制，鼓励和支持高排放机动车船、非道路移动机械提前报废。（市公安局牵头，市财政局、市环保局、市住房城乡建设局、市交通运输局参与）

4. 提升燃油品质。全面供应符合国家第四阶段标准的车用汽、柴油，力争2017年年底前，在全市范围内供应符合国家第五阶段标准的车用汽、柴油。定期或不定期开展油品质量监督检查，严厉打击非法生产、销售不合格油品行为。（市商粮局牵头，市发改委、市经信委、市工商局、市质监局参与）

（三）强化燃煤污染治理。

1. 全面整治燃煤锅炉。根据《湖南省人民政府办公厅关于印发贯彻落实〈大气污染防治行动结合〉实施细则的通知》要求，通过加大天然气、液化石油气、煤制气、电能、生物质能等清洁能源的供应和推广力度，全面整治10蒸吨及以下燃煤锅炉，2017年年底前，基本淘汰10蒸吨及以下的燃煤小锅炉。加强其他燃煤锅炉监管，2016年年底前，完成65蒸吨以下、10蒸吨以上燃煤锅炉达标整治。（市环保局牵头，市经信委、市质监局参与）

2. 积极推进煤炭清洁利用。将煤炭更多地用于燃烧效率高且污染治理措施到位的燃煤电厂，鼓励电厂对附近工业园区企业实施集中供热。限制高硫份高灰份煤炭的开采与使用，限制销售灰份高于15%、硫份高于1%的散煤。提高煤炭洗选比例，2017年年底前，全市原煤入洗率达到70%以上。（市发改委牵头，市环保局、市质监局参与）

（四）狠抓扬尘污染防治。

1. 加强施工工地扬尘污染控制。积极推进绿色施工，建筑施工工地要按规范设置硬质围挡，并采取有效防尘降尘措施。建筑土方、工程渣土等要及时清运；在场地内堆存的，要采用密闭式防尘网遮盖。暂时不能开工的建设用地，建设单位要对裸露地面进行覆盖，超过三个月要进行绿化、铺装或者遮盖。2017年年底前，全面开征施工工地扬尘排污费（税），对控尘措施落实不到位的要适当提高征收标准。（市住房城乡建设局牵头，市环保局、市发改委、市城管执法局参与）

2. 加强道路扬尘污染控制。加快城乡结合部道路硬化进度，强化城区路面养护、保洁，逐步推广机械化等低尘作业方式和环卫专业冲洗机制，减少道路二次扬尘，重污染天气适当增加道路冲洗保洁频次。2016年年底前，渣土、沙石等运输车辆全部采取密闭措施或其他措施防止物料遗撒造成扬尘污染，并逐步安装卫星定位系统，按照规定路线行驶。（市城管执法局牵头，市环保局参与）

3. 加强粉料堆场扬尘污染控制。贮存煤炭、石灰等易产生扬尘的粉料堆场应实现封闭储存或采取防风抑尘措施。2017年年底前，全市钢铁、水泥、有色等行业企业要完成物料堆场规范化整治。同时，码头、矿山、填埋场和渣土消纳场要严格实施分区作业，并采取有效措施防治扬尘污染。（市环保局牵头，市城管执法局、市国土资源局、市交通运输局参与）

（五）深化城乡面源污染整治。

1. 扩大高污染燃料禁燃区范围。2016年年底前，各县市区完成高污染燃料禁燃区划定或调整工作，禁燃区面积不低于城市建成区面积的80%。2017年年

底前，市城区和各县市区高污染燃料禁燃区范围要逐步由城市建成区扩展到近郊。（市环保局牵头，市住房城乡建设局参与）

加强烟花爆竹燃放管理，在城市人民政府通告规定的时段和区域内，任何单位和个人不得燃放烟花爆竹。（市公安局牵头，市城管执法局、市环保局参与）

限期关闭达不到环保要求的或存在环境安全隐患的砖瓦厂。（市环保局牵头，市经信委、市国土资源局参与）

2. 严格治理餐饮业排污。加强对饮食服务业布局管理，2017 年年底前，各县市区重点餐饮服务经营场所全部安装高效油烟净化设施，并定期清洗和维护，大力推广使用高效净化型家用吸油烟机。加强管理和执法，提倡引导健康饮食消费习惯，坚决制止违反规定的营业性露天烧烤行为。（市城管执法局牵头，市环保局、市工商局参与）

3. 禁止垃圾露天焚烧。采取专项巡查、集中宣传告知等措施，禁止露天焚烧生活垃圾以及其他产生有毒有害烟尘和恶臭气体的物质。同时，居民小区、城镇生活垃圾收集点以及转运站要及时清理、转运生活垃圾，并安装必要的净化装置或者采取其他封闭措施，防止排放恶臭气体。（市城管执法局牵头，市环保局、市农委参与）

4. 积极发展生态循环农业。加强监管，严格控制秸秆焚烧，支持地方建立秸秆收集、贮存、运输和综合利用服务体系，推进秸秆进行肥料化、饲料化、能源化等综合利用。加强畜禽养殖污水、粪便和尸体等处理，大力推行测土配方施肥和化肥减量增效技术，减少农业生产氨挥发和逸出。（市农委牵头，市发改委、市环保局参与）

5. 大力推进城乡绿化。积极创建国家森林城市，推动公共绿地建设和单位绿化，倡导庭院绿化、垂直绿化和屋顶绿化，扩大城市建成区绿地规模。（市城管执法局牵头，市住房城乡建设局参与）

加强城市及周边绿化，全面整治城市周边采矿、采石和采砂企业。加快实施森林禁伐减伐三年行动，因地制宜，积极引导地方创建生态文明乡镇、村，不断扩大森林面积。（市林业局牵头，市国土资源局、市环保局、市水利局参与）

（六）大力加强监管与整治。

1. 全面实施网格化环境监管。2016 年年底前，市、县（市、区、园区）、乡镇（街道）要层层签订责任状，按照“定区域、定职责、定人员、定任务、定考核”的要求，建立网格化环境监管体系。网格化环境监管方案要明确监管对象、具体整治措施、整治期限和责任单位（人），并实现动态管理，对所有污染源实行全覆盖、全方位、全时段管控。（市环保局牵头，市公安局、市经信委、市住房城乡建设局、市农委等部门参与）

2. 深入开展专项执法检查行动。建立专项执法检查制度，定期或不定期开展工业企业防治、燃煤锅炉整治、生活垃圾及秸秆禁烧、建筑施工扬尘防治、机动车排气监管等执法检查，市直相关部门每年至少开展一次督查。积极推进联合执法、区域执法、交叉执法等执法机制创新，突出监管重点，对重点环境问题进行挂牌督办，督促地方及时整改落实。（市环保局牵头，市公安局、市经信委、市住房城乡建设局、市农委等部门参与）

3. 严厉打击环境违法行为。始终保持执法监管高压态势，对大气污染违法犯罪行为“零容忍”。对不正常运行防治污染设施逃避监管违法排放污染物的，一律依法行政拘留；对大气污染物超标、超总量排放的，一律依法停产整治；对违法问题严重且治理无望的，一律依法淘汰关闭；对涉嫌构成环境污染犯罪的，一律依法移送司法机关追究相应责任。（市环保局牵头，市公安局、国网衡阳供电分公司等部门参与）

4. 严格落实排污许可证制度。实行排污许可管理的企事业单位和其他生产经营者要按照排污许可证的要求排放污染物，未取得排污许可证的，不得排放污染物。继续深入推进企业环境行为信用等级评价工作，定期公布环境诚信、合格、风险和不良企业，定期将企业环境失信行为信用信息推送至省信用信息共享交换平台，实现共享交换、联合惩戒。（市环保局牵头，市发改委等部门参与）

5. 加强问题区域大气污染整治。根据环境空气质量现状，研究试点建立分区控制体系，对达标率靠后、超标率较高的县市区，当地政府要组织相关部门、科研单位排查分析原因，并及时采取针对性的整改措施。（市环保局牵头，市发改委、市经信委、市

公安局、市住房城乡建设局等部门参与）

（七）加强基础能力建设。

1. 加强环境监管能力建设。全面启动“数字环保”、“智慧环保”建设，增加、调整优化大气环境自动监测站，建立大气监测网络，制定科学的环境空气质量评价体系。推进国控、省控重点污染源按规范要求建成在线监测设施，并实现市、县联网。2016年年底前，各县市区环保部门设立机动车排气监管机构。（市环保局牵头，市财政局、市气象局等部门参与）

2. 加大科技创新力度。加强大气污染形成机理、来源解析、变化趋势和监测预警等研究分析。加大大气污染防治工艺技术装备研究、示范和推广力度，扶持壮大一批节能环保龙头企业和产业集群。搭建大气污染防治等环境治理技术、项目供需交流平台，定期开展环保产业展览。（市科技局牵头，市发改委、市环保局、市气象局参与）

3. 提升重污染天气应对能力。环保部门要加强与气象部门的合作，建立会商机制，建立覆盖全市各县市区的重污染天气监测预警体系。2016年年底前，各县市区人民政府要制定或完善重污染天气应急预案并向社会公布，并定期开展应急演练。将重污染天气应急纳入地方政府突发事件应急管理体系，根据重污染天气的预警等级，及时采取预案确定的应急措施，并引导公众做好卫生防护。（市环保局牵头，市发改委、市公安局、市住房城乡建设局等部门参与）

四、保障措施

（一）加强组织领导。根据衡政办函〔2015〕62号文件的要求，市大气污染防治联席会议主要负责统筹研究制定相关重大政策和措施，将年度重点项目纳入政府绩效考核，指导、协调地方政府落实大气污染防治工作方案。

（二）明确责任分工。各县市区人民政府、园区管委会对本区域内的大气环境质量负总责，应根据国家、省、市政府相关要求制定本地大气污染防治方案和年度工作计划，确定工作重点和年度控制指标，完善相关政策措施，及时全面完成各项工作任务。市直相关部门要根据《衡阳市环境保护工作责任规定（试行）》，各司其职，各负其责，协调联动，密切配合，依法做好各自领域的环境保护工作，形成大气污染防治强大合力。

（三）严格监督考核。市人民政府每年初对上年度环境空气质量改善和治理任务完成情况进行考核，考核结果向社会公布，对未通过政府大气污染防治年度绩效考核的县市区、园区提出整改意见，并督促落实。根据《湖南省环保督查方案》，对环境空气质量持续下降、问题突出的地方及时开展环保综合督查，并严格进行责任追究。充分发挥行业协会、公众、专家学者和咨询机构的积极性，探索开展第三方评估。

（四）完善政策措施。根据《湖南省大气污染防治条例》及配套规章制度，制定出台餐饮油烟整治、扬尘防治等领域实施细则，进一步细化大气污染防治要求，推进精细化管理。完善排污收费制度，制定落实挥发性有机物、建筑扬尘等污染物的排污收费（税）政策。按照“谁改善、谁受益，谁污染、谁付费”的原则，以环境空气质量逐年改善为目标，探索建立环境空气质量生态补偿机制。建立企业节能环保“领跑者”制度，对先进企业给予奖励。落实鼓励秸秆等综合利用的税收优惠政策，深入推进绿色电力调度，严格执行烟气脱硫脱硝除尘电价。深入推进排污权有偿使用和交易，积极推进污染第三方治理。

（五）加大资金投入。各级财政设立大气污染防治专项资金，加大对大气污染防治的投入力度，空气质量监测站点建设及其运行和监管经费、重点污染源的监控及监督性监测经费等要纳入各级财政预算予以保障。加大“煤改气”项目、重点区域污染整治、黄标车及老旧车淘汰等工作的资金支持力度。拓宽投融资渠道，深化节能环保投融资体制改革，鼓励和引导民间资本和社会资本进入大气污染防治领域。引导银行业金融机构加大对大气污染防治项目的信贷支持，拓宽节能环保设施融资、租赁业务。

（六）推进公众参与。利用各种新闻媒体，及时发布环境空气质量状况及预警预报信息，宣传大气污染防治相关政策措施及科普知识，提高全民环保意识和实践能力。加大政务信息公开力度，定期公开环境空气质量排名和大气污染防治工作进展情况，对环境违法典型案例，开展建设性舆论监督。企业要依法公开环境信息，试点重点企业实行年度环境报告制度。建立举报奖励政策，对举报相关环境违法行为的要给予适当奖励，并及时处理环境违法行为。

衡阳市人民政府办公室
关于印发《衡阳市实施知识产权战略行动计划(2016—2020年)》的通知

衡政办发〔2016〕30号

各县市区人民政府，市直有关单位：

《衡阳市实施知识产权战略行动计划（2016—2020年）》已经市人民政府同意，现印发给你们，请认真遵照执行。

衡阳市人民政府办公室

2016年9月13日

衡阳市实施知识产权战略行动计划（2016—2020年）

根据《湖南省人民政府办公厅关于印发《湖南省实施知识产权战略行动计划（2015—2020年）》的通知（湘政办发〔2015〕73号）要求，结合我市实际，制定本行动计划。

一、总体要求

（一）指导思想。以邓小平理论、“三个代表”重要思想和科学发展观为指导，深入贯彻落实中共十八大和十八届三中、四中、五中全会精神，按照“四个全面”战略布局和党中央、国务院决策部署，深入实施国家及湖南省知识产权战略，有效促进知识产权创造运用，进一步加强知识产权保护和管理，积极营造良好的知识产权发展环境，促进知识产权事业与经济社会发展紧密结合，为创新型衡阳建设提供支撑。

（二）计划目标。到2020年，衡阳做为湘南地区知识产权领先城市的地位得到全方位巩固，将衡阳建设成湖南省知识产权强市，达到创新型城市的中等以上水平。

1. 知识产权创造水平显著提升。专利、商标、著作权、植物新品种等知识产权拥有量大幅增加、质量显著提高、结构更加优化。

2. 知识产权运用能力逐步增强。建立健全知识产权转化运用机制，建立知识产权转化服务信息网络平台，促进知识产权质押融资工作，知识产权转化效益明显提高。

3. 知识产权保护力度明显加强。知识产权保护体系更加完善，知识产权侵权假冒行为得到全面遏制，公众知识产权保护意识明显增强。知识产权行政保护与司法保护衔接更加顺畅，知识产权维权援助服务质量显著提高。

4. 知识产权管理和服务水平不断提高。加强知识产权管理体制机制建设，优势企业、高等院校和科研院所普遍建立知识产权管理制度。知识产权服务业规模进一步扩大、水平进一步提升。知识产权人才队伍不断壮大、能力显著增强。

2016—2020年知识产权战略实施工作主要预期指标

二、重点行动

（一）激励知识产权创造。

1. 强化政策导向。加快实施创新驱动发展战略，充分发挥知识产权对创新驱动的引领和支撑作用。进一步完善激励知识产权创造的各项政策措施，并严格遵守和认真执行。在产业发展、科技进步、招商引资、人才引进等具体活动中充分体现知识产权导向，进一步发挥知识产权政策在激励发明创造、推动结构调整、促进经济发展方式转变中的作用。

2. 完善考核体系。创新考核方式，加强对县市区知识产权工作考核。完善知识产权创造考核指标体系，将知识产权工作列入各级政府的考核指标，增强各级政府抓知识产权工作的积极性，增强企业、高等院校以及科研院所创新能力。将拥有自主知识产权的创新成果作为高等院校、科研院所专业技术职称评聘的重要依据。将知识产权拥有情况纳入科技项目立项、实施和验收考核的评价指标体系。

3. 鼓励专利创造。健全专利创造体制机制，加大专利补助资助力度，支持战略性新兴产业和优势产业发展。开展企业专利“扫零”工作。全面推进试点示范，重点推进县市区、企业、高等院校等各类知识产权试点示范工作，推进全国版权示范单位创建，开展“知识产权优势企业培育工程升级版”工作，重点支持100家左右优势企业，引导围绕主导产品和重点技术申请发明专利，抓好“知识产权富民强县工程”建设，力争到“十三五”末，培育知识产权优势企业100家、培育知识产权示范县（市、区）6家。激励群众性发明创造，组织开展优秀专利发明人、技术革新能手、巾帼发明家评选以及青少年发明创造竞赛。

4. 发展特色知识产权。鼓励和支持我市现代装备制造、文化体育、盐卤化工及精细化工、矿产品开发、新型能源、生物医药、农产品深加工等主导产业加大自主创新和知识产权创造的力度。以核电产业为突破口，在相关领域形成知识产权集群，形成关联产业企业核心竞争力，使新型能源产业成为我市新的经济增长点。

5. 培育商标品牌。构建布局合理、结构优化的注册商标体系，加大重点商标品牌培育力度，充分发挥高知名度商标的品牌效应。挖掘衡阳地理标志资源，支持具有衡阳特色的产品及时申报国家地理标志产品保护，引导和鼓励具有经济潜力的地理标志产品及时进行商标注册，引导帮助外向型企业进行马德里商标国际注册。

6. 培育植物新品种。推动植物新品种权的创造、申请和授权数量持续增长。积极推进植物新品种权保护工作，提升我市现代农业核心竞争力。

（二）促进知识产权运用。

1. 加强知识产权转化。加大对知识产权转化扶持力度，完善配套政策，强化重大科技成果转化、自主创新等财政资金的知识产权导向，重点支持具有良好市场前景和经济价值的专利技术实施转化。实施衡阳市知识产权优势企业培育和专利技术转化实施工程。组织1—2次湘南地区知识产权成果交流展会，促进民间知识产权流转和应用。设置专利奖，对经济效益和社会效益好的专利技术进行奖励。

2. 促进知识产权资本化。支持和鼓励市场主体以入股、质押、转让、许可等方式实现知识产权资本化。建立知识产权质押融资风险补偿机制，制定知识产权投融资和交易规则，建立知识产权评估体系，探索建立政府、银行、企业、担保机构及中介机构共同参与的知识产权质押贷款机制。

3. 实施知识产权审议。建立重大经济活动知识产权评议制度，规范评议范围和程序。围绕政府重大产业规划、高技术领域重大投资项目和涉及国有资产的重大经济活动开展知识产权评议，增强经济活动的知识产权风险防控能力。

（三）加强知识产权保护。

1. 加强行政执法。健全知识产权行政执法体系，加大展会、电子商务等领域知识产权执法力度，加强海关知识产权执法保护。进一步推进侵犯知识产权行政处罚案件信息公开。进一步完善统筹协调机制，建立部门定期会商制度，开展跨区域、跨部门联合执法。按照行业、领域、区域等不同类别培育知识产权保护示范单位。

2. 加强司法保护。加强知识产权行政执法与刑事司法衔接，建立行政执法与刑事司法衔接工作信息共享平台。推进专利纠纷行政调解协议司法确认工作。加大对侵犯知识产权犯罪案件的侦办力度。

3. 加强维权援助。发挥知识产权维权援助中心衡阳分中心的作用，建立健全知识产权维权援助体系，完善知识产权快速维权机制，为权益人提供知识产权咨询和维权援助。突出重点区域、重点领域、重点企业的维权保护。

4. 建立预警防范机制。将故意侵犯知识产权行为情况纳入企业和个人信用记录。推动完善商业秘密保护法律法规，加强人才交流和技术合作中的商业秘密保护。加强大型专业化市场知识产权管理和保护工作，加强在线创意、研发成果的知识产权保护，加强对小微企业知识产权保护援助力度，构建公平竞争、公平监管的创新创业和营商环境。

5. 推进软件正版化。落实中央和省关于软件正版化有关文件要求，出台和完善正版软件采购、资产管理、经费预算、审计监督、考核和责任追究等配套实施细则。巩固政府机关软件正版化整改成果，推进大中型企业软件正版化工作。

（四）完善知识产权管理和服务。

1. 健全管理体系。各县市区要建立与经济社会发展相适应的知识产权管理部门，配强知识产权管理和执法人员。充分发挥市知识产权协调领导小组和打击侵权假冒工作领导小组的统筹协调作用、业务主管部门的职能作用和相关部门的协同作用，增强知识产权事业发展合力，加大对拥有自主知识产权企业和产品的支持力度，形成统一管理、结构合理、协调有序、联动发展的知识产权工作新格局。

2. 加快人才培养。贯彻落实《湖南省知识产权人才发展规划（2011—2020 年）》，加快推进知识产权人才队伍建设，大力提升人才数量和质量，建立知识产权人才奖励制度，加大对知识产权行业人才的培养力度。建立知识产权人才库、专业人才信息网络平台和知识产权远程教育平台；培养中高级知识产权专家、高校知识产权师资和各领域知识产权业务骨干；建成一支知识产权管理和行政执法队伍，培训企事业单位知识产权实用人才。

3. 改善知识产权服务业及社会组织管理。加强对知识产权服务业及社会组织的管理，制定知识产权服务行业激励措施，引进培育一批处于国家领先水平的知识产权代理机构，促进服务业优质高效发展。充分发挥知识产权服务行业协会对于知识产权创新的推动作用，打造信息服务平台，为驻衡企业提供专利、商标等重点领域的技术创新和产业发展趋势的数据信息。

4. 加强舆论环境建设。充分利用报刊杂志、广播电视、网络等媒体，全方位、多角度宣传知识产权知识。加强知识产权宣传工作，重点宣传典型人物、典型单位、典型事例，不断扩大知识产权战略的社会影响力，提高知识产权工作的社会满意度。

三、保障措施

（一）加强组织领导。各级各部门要切实加强知识产权战略实施行动计划推进工作的领导，认真组织实施，定期研究解决实施过程中的具体问题和困难。要将实施知识产权重点任务纳入国民经济和社会发展总体规划统筹考虑、抓好落实。市知识产权协调领导小组要负责组织指导与实施，认真履行职责，建立完善相互支持、密切协作、运转顺畅的工作机制。

（二）加大财政投入。各级各部门要增加知识产权投入，引导各类科技研发、成果转化及产业化项目资金向拥有自主知识产权数量多质量高的项目倾斜。

（三）加强监督检查。市知识产权协调领导小组要组织相关单位加强对各县市区知识产权战略实施行动计划工作的监督指导。各县市区要按照行动计划的部署，制定相应的行动计划，建立工作目标责任，扎实推进。县市区和市直相关部门要对知识产权战略实施行动计划落实情况开展监督检查，并及时向市知识产权协调领导小组办公室通报情况。

衡阳市人民政府办公室
关于印发《衡阳市城市公立医院综合改革试点实施方案》的通知

衡政办发〔2016〕31 号

各县市区人民政府，市直相关单位：《衡阳市城市公立医院综合改革试点实施方案》已经市人民政府同意，现印发给你们，请认真组织实施。

衡阳市人民政府办公室

2016 年 9 月 18 日

衡阳市城市公立医院综合改革试点实施方案

2016 年，衡阳市被国家卫计委、财政部、国务院医改办确定为第四批城市公立医院综合改革国家联系试点城市。根据《国务院办公厅关于城市公立医院综合改革试点的指导意见》（国办发〔2015〕38 号）精神，在省医改办统筹指导下，为积极稳妥推进市域内城市公立医院综合改革试点工作，制定如下实施方案。

一、改革的思路与目标

（一）总体思路。

深入贯彻落实党的十八大和十八届三中、四中、五中全会和习近平总书记系列重要讲话精神，统筹优化医疗资源布局，巩固县级公立医院改革成果，加快推进城市公立医院综合改革。落实政府办医责任，完善医疗服务体系，构建合理就医秩序，充分发挥公立医院公益性质和主体作用，鼓励社会办医，不断满足人民群众多层次、多样化的基本医疗卫生服务需求。

坚持整体统筹。整体规划市域内公立医院、社会办医院、基层医疗机构发展，统筹推进政府举办的省部属、市属、区属公立医院改革，形成优势互补、分工合作、协调发展的良好格局。

坚持“三医”联动。同步推进医疗、医保、医药改革，增强在破除“以药补医”、分级诊疗、医保付费等方面的改革系统性和协同性。

坚持探索创新。在国家确定的改革方向和原则下，政府各部门要进一步解放思想，完善改革配套措施，综合推进。不同层级、不同类型的公立医院，要大胆探索、锐意创新，突破政策障碍和利益藩篱，建立符合城市公立医院实际的机制体制。

（二）基本目标。

破除公立医院逐利机制，落实政府的领导责任、保障责任、管理责任、监督责任，建立起维护公益性、调动积极性、保障可持续的运行新机制，构建起布局合理、分工协作的医疗服务体系和分级诊疗就医格局。2016 年 10 月 1 日起，全市城市公立医院综合改革试点全面启动。到 2017 年，现代医院管理制度初步建立，医疗服务体系能力明显提升，就医秩序明显改善，群众就医更加方便，三级医院普通门诊就诊人次占医疗卫生机构总诊疗人次的比重明显降低，医疗费用不合理增长得到有效控制，药品价格趋于合理，医疗服务效率和管理水平明显提高。政府卫生投入合理有效增加，群众满意度明显提升，就医费用负担明显减轻，医务人员积极性得到进一步提高。总体上，个人卫生支出占卫生总费用的比例降低到 30%以下，公立医院药占比（不含中药饮片）总体降到 30%左右，百元医疗收入（不含药品收入）中消耗的卫生材料降到 20 元以下。

（三）基本路径。

建立现代医院管理制度，加快政府职能转变，推进管办分开，完善法人治理结构和治理机制，合理界定政府、公立医院、社会、患者的责权利关系。建立公立医院科学补偿机制，以破除以药补医机制为关键环节，通过降低药品耗材费用、取消药品加成、深化医保支付方式改革、规范药品使用和医疗行为等措施，留出空间，同步理顺公立医院医疗服务价格，建立符合医疗行业特点的薪酬制度。构建协同发展的服务体系，以基层服务能力建设为基础，以分工协作机制为支撑，综合运用法律、社保、行政和市场手段，优化资源配置，引导合理就医。

（四）实施范围。

全市四个城区及南岳区 25 所政府举办的公立医院为实施对象，解放军第 169 医院自愿参加改革（具体名单见附件）。

二、主要任务

（一）改革公立医院管理体制。

1. 建立高效的政府办医机制。实行政事分开，合理界定政府作为出资人的举办监督职责和公立医院作为事业单位的自主运行管理权限。积极探索公立医院管办分开的多种有效实现形式，明确政府及相关部门的管理权力和职责，逐步构建决策、执行、监督相互分工、相互制衡的权力运行机制。理顺管理体制，把涉及公立医院改革的有关医药、医保、医疗等职能部门归口管理，集中到一位市领导分管，全权负责，全面统筹改革工作。建立协调、统一、高效的办医体制，组建由政府领导牵头，市编办、发改、财政、人社、卫计、食品药品监督管理等部门和部分人大代表、政协委员及部分二、三级医院的院长组成的管理委员会，履行政府办医职能，负责公立医院的发展规划、章程制定、重大项目实施、财政投入、运行监管、绩效考核等。管理委员会办公室设在同级卫生计生部门，承担日常工作。

2. 完善公立医院法人治理结构和管理机制。健全院长选拔任用制，明确院长任期。试行院长聘任制和年薪制。实行院长年度、任期目标责任考核与问责制。逐步取消公立医院的行政级别。落实公立医院人事管理、内部分配、运营管理等自主权。采取有效形式建立公立医院内部决策和制约机制，实行重大决策、干部任免、重大项目实施、大额资金使用等集体讨论，并按规定程序执行。

3. 建立考核评价机制。建立以公益性为导向的考核评价指标体系，突出功能定位、职责履行、费用控制、运行绩效、财务管理、成本控制和社会满意度等考核指标，定期组织公立医院绩效考核以及院长年度和任期目标责任考核，考核结果向社会公开，并与医院财政补助、医保支付、工资总额以及院长薪酬、任免、奖惩等挂钩，建立激励约束机制。

4. 加强医院成本核算和控制，实施精细化管理，强化成本核算与控制，落实三级公立医院总会计师制度。推行公立医院后勤服务社会化。规范临床检查、诊断、治疗、使用药物和植（介）入类医疗器械行为。继续开展便民惠民服务，不断优化医疗服务流程，改善患者就医环境和就医体验。二级以上公立医院全部实现优质护理服务。

5. 完善多方监管机制。强化卫生计生行政部门的监管职能，建立属地化、全行业管理体制。发挥监察、财政和审计等机构的监督作用，加强对医院经济运行、财务活动的会计和审计监督。探索对公立医院进行第三方专业机构评价，强化社会监督。发挥医疗行业协会、学会等社会组织作用，加强行业自律。

（二）破除以药补医机制。

1. 改革补偿机制。四个城区及南岳区实施公立医院综合改革的试点医院取消药品（中药饮片除外）加成政策，实施药品零差率销售。改革补偿机制，公立医院补偿由服务收费、药品加成收入和政府补助三个渠道改为服务收费和政府补助两个渠道。通过调整医疗服务价格、加大政府投入、改革医保支付方式、降低医院内部运行成本等措施，改变公立医院收入结构。对医院的药品贮藏、保管、损耗等费用列入医院运行成本予以补偿。

2. 降低药品和医用耗材费用。根据《国务院办公厅关于完善公立医院药品集中采购工作的指导意见》（国办发〔2015〕7号），按照有利于破除以药补医机制、降低药品虚高价格、预防和遏制腐败行为的原则，建立量价挂钩、招采合一、推行从生产到流通和从流通到医疗机构各开一次发票的“两票制”的药品集中招标采购机制，成交价格不得高于省级中标价格。高值医用耗材通过省级集中采购平台进行阳光采购，网上公开交易。在保证质量的前提下，药品采购实行“一品两规”，即一个品种两个规格。同时，对医疗机构中使用的“疗效不确切，价格很确切”的所谓“神药”，要列为重点药品监控目录。鼓励试点医院优先配备和使用基本药物，三级医院不低于30%，二级医院不低于40%；鼓励试点医院采购国产高值医用耗材。

3. 推进医药分开。医院在开具电子处方的同时，对有需要的患者提供标注药品通用名的纸质处方。建立医院处方共享网络平台，实现医院处方与有条件的社会零售药店信息共享，让患者自主选择在医院门诊药房或凭处方到零售药店购药。采取处方负面清单管理、处方点评等形式控制抗菌药物不合理使用，强化激素类药物、抗肿瘤类药物、辅助类用药的临床使用干预。

（三）建立医疗价格调整机制。

1. 按照“总量控制、结构调整、有升有降、逐步到位”的原则，合理制定医疗服务价格调整方案。在降低药品（医用耗材）费用和取消药品加成的同时，降低大型医用设备检查治疗价格，合理提高诊查（含挂号费）、手术、护理、床位、中医、儿童医疗等服务项目价格，体现医疗服务合理成本和医务人员技术劳务价值。调整后的医疗费用按规定纳入医保支付范围，避免增加患者就医负担。

2. 改革医疗服务价格形成机制。逐步理顺不同级别医疗机构间和医疗服务项目的比价关系，建立以成本和收入结构变化为基础的价格动态调整机制。加强医药价格监管，建立价格监测和预警机制。加大对价格垄断和欺诈等违法行为的查处力度。

（四）落实政府投入责任。

按照国务院规定，政府要履行举办公立医院的职责，落实符合区域卫生规划的公立医院基本建设和设备购置、重点学科发展、人才培养、符合国家规定的离退休人员费用和政策性亏损补贴等投入，对公立医院承担的公共卫生任务给予专项补助，保障政府指定的紧急救治、救灾、援外、支农、支边和城乡医院对口支援等公共服务经费。落实对中医院、传染病院、精神病院、职业病防治中心、妇产医院、儿童医院以及康复医院等专科医院的投入倾斜政策。改革财政补助方式，强化财政补助与公立医院的绩效考核结果挂钩关系。完善政府购买服务机制。为确保城市公立医院综合改革试点顺利进行，市财政设立公立医院综合改革专项资金，并纳入年度财政预算。

（五）推进医保支付方式改革。

1. 根据“以收定支、收支平衡、略有结余、公开透明”的原则，实行“总量控制、预算管理、月预结算、年度决算”为结算方式的总额控制付费模式。逐步减少按项目付费的医疗服务项目数量，建立以按病种付费为主，按人头付费、按服务单元付费等复合型付费方式。建立住院周转金制度，即从医保基金中预拨一定的住院周转金。逐步扩大门诊日间手术、单病种费用包干等结算范围。加快推进临床路径管理，建立适宜的临床路径、处方集和诊疗规范。医保支付方式改革逐步覆盖所有公立医院及所有医疗服务项目。临床路径管理病例数要达到公立医院出院病例数的30%，按病种付费的病种数不少于100个。

2. 逐步提升医保保障水平，逐步缩小政策范围内住院费用支付比例与实际住院费用支付比例间的差距。完善疾病应急救助制度。鼓励提供和使用适宜的中医药服务。全面实施城乡居民大病保险。探索推行商业健康保险。加强基本医疗保险、城乡居民大病保险、职工补充医疗保险、医疗救助、商业健康保险等多种保障制度的衔接，进一步减轻群众医药费用负担。

3. 建立并实行医保经办机构与医保协议管理医疗机构之间的谈判协商和风险分担机制。充分发挥各类医疗保险对医疗服务行为、医疗服务费用的调控引导和监督制约作用，建立医保医师制度，全面推行医保智能审核系统。逐步将医保对医疗机构服务监管延伸到对医务人员医疗服务行为的监管，有效控制医疗成本。

（六）完善公立医院人事薪酬制度。

1. 深化编制人事制度改革。在现有编制总量内，合理核定公立医院编制数，逐步实行编制备案制，探索建立动态调整机制。在岗位设置、收入分配、职称评定、管理使用等方面，对编制内外人员待遇统筹考虑。实行聘用制度和岗位管理制度，人员由身份管理向岗位管理转变，定编定岗不固定人员，形成能进能出、能上能下的灵活用人机制。落实公立医院用人自主权，对医院紧缺、高层次人才，可按规定由医院采取考察的方式予以招聘，结果公开。

2. 强化绩效考核，合理确定医护人员薪酬水平。完善绩效工资制度，探索制定公立医院绩效工资总量核定办法，着力体现医务人员技术劳务价值，合理确定医务人员收入水平，并建立动态调整机制。强化医务人员绩效考核，突出岗位工作量、服务质量、行业规范、技术能力、医德医风和患者满意度，绩效考核结果与医院管理人员和临床医务人员的岗位聘用、职称晋升、个人薪酬挂钩；绩效工资由医院自主合理进行分配，体现多劳多得、优绩优酬，重点向临床一线、业务骨干、关键岗位以及支援基层和有突出贡献的人员倾斜，合理拉开收入差距。合理确定儿科医务人员工资水平，儿科医务人员收入不低于本单位同级别医务人员收入平均水平。严禁给医务人员设定创收指标，医务人员个人薪酬不得与医院药品、耗材、大型医学检查等业务收入挂钩。建立信息公开制度，二级以上公立医院每年向社会发布相关信息。

（七）构建协同发展的服务体系。

1. 优化城市公立医院规划布局。按照《全国医疗卫生服务体系规划纲要（2015—2020年）》要求和全省卫生资源配置标准，结合衡阳市医疗机构服务人口、服务半径、城镇化发展水平和群众医疗需求变化，完善区域卫生规划、人才队伍规划和医疗机构设置规划。加强儿童医院、综合医院儿科和妇幼保健机构建设。要把落实规划情况作为医院建设、财政投入、绩效考核、医保支付、人员配置、床位设置等的依据，增强规划的约束力，定期向社会公示规划执行情况。从严控制公立医院特别是三级公立医院的床位规模、建设标准和大型医疗设备配备。对超出规模标准的公立医院，要采取综合措施，逐步压缩床位。公立医院优先配置国产医疗设备。严禁公立医院举债建设和超标准装修。控制公立医院特需服务规模，提供特需服务的比例不超过全部医疗服务的10%。2. 提高基层医疗卫生服务水平。继续实施基层医疗卫生服务能力提升三年行动方案（2016—2018年），重点加强业务用房、人才队伍、信息化建设和医疗设备配备等工作，全面实现基层医疗机构标准化。探索构建包括医疗联合体在内的各种分工协作模式，完善管理运行机制，引导开展有序竞争。

3. 提升中医服务能力。完善中医医院、综合医院中医专科的规划，积极推进中医人才队伍建设。鼓励使用疗效确切、安全、价廉的中医药及适宜技术。鼓励名老中医、专技专长医务人员开设中医诊所，提高中医药在基层的服务作用。

4. 实行检查、检验结果互认。在统一质量控制标准前提下，逐步实行同级医疗机构医学检查、检验结果互认。探索设置专门的医学影像、病理学诊断和医学检验机构，促进医疗机构之间大型医用设备共享使用。

5. 推进医教研协同发展。积极扩大全科及儿科、精神科等急需紧缺专业的培训规模。加强公立医院院长职业培训。全面实施住院医师规范化培训，原则上所有新进城市公立医院医疗岗位的本科及以上学历临床医师必须接受规定期限的住院医师规范化培训。2016 年全市二级以上医疗卫生机构所有新进医疗岗位的本科及以上学历临床医师，以住院医师的身份在认定的住培基地接受规范化培训率，三甲医院达到 100%，二级以上医疗机构不得低于 50%。

6. 加强医学重点专（学）科建设。搭建科研创新、高层次人才培养和交流合作平台，加强学科带头人培养和人才梯队建设。研究一批具有科技创新的医疗卫生科技项目，打造一批特色优势显著、“省内领先，国内知名”、具有示范带动作用的医学重点学科（专）科，提高重大、疑难疾病的诊治能力。

（八）建立分级诊疗制度。

1. 逐步构建基层首诊、双向转诊、急慢分治、上下联动的分级诊疗模式。在公立医院与基层医疗机构之间，建立长期稳定、紧密合作的双向转诊机制。推进和规范医师多点执业，促进优质资源特别是优质儿童医疗资源下沉到基层。到 2016 年年底前，预约转诊占公立医院门诊就诊量的比例要达到 20% 以上，逐步减少三级医院普通门诊就诊人次。

2. 制定促进建立分级诊疗制度的医保支付政策，完善不同级别医疗机构医保差异化支付政策，适当拉开不同级别医疗机构的起付线和支付比例差距，对符合规定的转诊住院患者可以连续计算起付线。

（九）加强卫生信息化建设。

加强区域卫生信息平台与各县市区卫生信息平台、医院的互联互通。全面实施健康医疗信息惠民行动计划，方便居民预约诊疗、分时段就诊、共享检验检查结果、诊间付费以及医保费用的即时结算，为药品零售企业通过网上信息系统核实患者提供的医师处方提供便利。建立标准化电子健康档案和电子病历数据库。逐步实现居民基本健康信息和公共卫生、医疗服务、医疗保障、药品管理、综合管理等应用系统业务协同。适时启动与国家药品电子监管系统对接，开展药品电子监管码核注核销。2017 年年底前实现所有二级以上医院信息化标准建设；实现所有二级以上公立医院、80% 以上的基层医疗卫生机构与卫生信息平台对接；实现 60% 的基层医疗卫生机构与上级医院建立远程医疗信息系统。

（十）鼓励社会力量参与改革。

1. 充分利用国家对医疗卫生事业建设发展的财政、税收和金融支持政策，吸引社会资本创新投融资方式，加快衡阳市医疗卫生服务体系建设。

2. 鼓励社会力量通过出资新建、技术合作、参与改制等多种形式投资医疗，优先支持举办非营利性医疗机构。鼓励部分二级医院通过迁建、整合、转型等多种途径改造为社区卫生服务机构、专科医院、老年护理和医养结合医院等机构，可选择部分公立医院引入社会资本进行改制试点。

三、工作步骤

城市公立医院综合改革共分为三个阶段：

（一）学习培训及调查摸底阶段（2016 年 6 月 27 日—7 月 20 日）。

1. 组织市医改领导小组相关成员单位、试点医院等学习《国务院办公厅关于城市公立医院综合改革试点的指导意见》（国办发〔2015〕38 号）精神，对城市公立医院改革政策进行学习和培训。

2. 组织市编办、发改、财政、人社、卫生计生等部门认真做好涉改城市公立医院的调查摸底工作，对城市公立医院的资产、床位、编制、人员等情况进行核实和登记，详细掌握医院改革前的医疗服务、绩效考核、收支及负债情况，重点是以上一年年底药品销售额为基数，对因取消药品加成政策减少的合理收入进行认真核定，并做好医疗服务价格调整的测算和论证工作。

（二）启动准备阶段（2016 年 6 月 27 日—9 月 30 日）。

1. 确定城市公立医院编制数，妥善解决编制遗留问题。

2. 落实政府责任，合理制定市级财政对城市公立医院的补助方法和标准，出台补助方案。

3. 对试点城市公立医院运行情况进行调研、分析，并按照国家、省关于城市公立医院改革相关要求，制定城市公立医院综合改革试点实施方案。

4. 制定出台城市公立医院医疗服务价格调整方案、城市公立医院人事编制管理改革试点实施方案等。

（三）全面实施阶段（2016 年 10 月 1 日—2017 年 3 月 31 日）。

从 2016 年 10 月 1 日起，所有涉改的城市公立医院全面取消药品加成政策，实施药品零差率销售，实施分级诊疗制度。

（四）深化完善阶段（2017 年 4 月 1 日—12 月 31 日）。

全面推进城市公立医院综合改革各项政策措施和任务的落实，客观评价城市公立医院综合改革成效，协调解决改革过程中遇到的困难和问题，进一步完善相关政策和措施，持续推进城市公立医院综合改革。

四、工作要求

（一）加强组织领导。

将城市公立医院综合改革试点作为当前医改重中之重，加强组织领导、政策指导和督促推进。城市公立医院综合改革试点在市医改领导小组的领导下开展工作，领导小组下设城市公立医院综合改革试点办公室，挂靠市医改办，明确专人负责，并从成员单位抽调专人联合办公。

（二）落实部门责任。

各部门要明确改革的路线图、时间表，把握好改革重点任务、优先顺序、推进方式，做到科学测算、分类施策、分级指导。城市公立医院综合改革试点办公室负责统筹协调、组织实施城市公立医院综合改革试点工作；编办负责组织实施公立医院人事编制管理改革相关工作；发改部门负责牵头制定、组织实施取消药品加成后医疗技术服务价格调整的方案；财政部门负责牵头制定、组织实施公立医院改革财政补偿方案；人力资源社会保障部门负责牵头制定、组织实施医保政策调整配套方案和城市公立医院医务人员薪酬分配实施方案；公立医院管理委员会办公室负责牵头制定城市公立医院绩效考核实施方案；卫生计生部门负责牵头制定、组织实施分级诊疗制度等政策，实施城市公立医院综合改革试点的各项具体工作；食品药品监督管理部门负责对中标（入围）药品的质量和本地企业配送情况进行监督检查；其他成员单位各负其责，确保城市公立医院综合改革试点工作顺利实施。

（三）强化财力保障。

市医改领导小组相关成员单位要按照国家和省里的有关规定，认真做好城市公立医院改革经费的测算和核实工作；涉改的市直医疗卫生单位，其药品加成率按 15%核定，实施药品零差率销售后，其减少的合理收入市级财政按 20%给予补偿，所需补偿资金纳入预算管理。

（四）加强督导评价。

建立督导、考核、评估、问责机制，督促各部门整体推进改革任务，并将公立医院改革工作纳入绩效考核内容。相关部门要加强对城市公立医院综合改革试点工作的指导，制定改革效果评价指标体系。建立改革推进情况定期通报机制，对改革进展滞后、工作不力的单位或部门予以通报并实行问责。

（五）加强舆论引导。

大力宣传和解读改革的政策措施，及时解答和回应社会各界关注的热点问题。合理引导社会舆论和群众预期，形成尊医重卫、关爱患者的风气；做好医务人员的宣传动员工作，发掘和宣传先进典型，调动广大医务人员参与改革的积极性、主动性。凝聚共识、增强信心，为城市公立医院综合改革试点营造良好的社会环境和舆论氛围。

附件：衡阳市城市公立医院综合改革实施范围名单（略）

衡阳市人民政府办公室 关于印发《衡阳市建设领域农民工劳动报酬支付管理规定》的通知

各县市区人民政府，市直机关各单位，驻衡国省属单位：

《衡阳市建设领域农民工劳动报酬支付管理规定》已经衡阳市人民政府同意，现印发给你们，请认真贯彻执行。

衡政办发〔2016〕44 号

衡阳市人民政府办公室

2016 年 12 月 7 日

衡阳市建设领域农民工劳动报酬支付管理规定

第一章　总　则

第一条　为了维护农民工合法权益，根据《中华人民共和国劳动法》、《中华人民共和国劳动合同法》、《国务院关于进一步做好农民工服务工作的意见》（国发〔2014〕40 号）、《国务院办公厅关于全面治理拖欠农民工工资问题的意见》（国办发〔2016〕1 号）、《湖南省建设领域农民工劳动报酬支付管理规定》（湘政办发〔2015〕19 号）、《湖南省人民政府办公厅关于全面治理拖欠农民工工资问题的实施意见》（湘政办发〔2016〕66 号）等有关法律法规和政策规定，结合我市实际，制定本规定。

第二条　本规定适用于在本市行政区域内各类建设单位、建筑施工企业、建筑劳务分包企业以及与其建立劳动关系的农民工。

第三条　本规定所称农民工，是指具有农村户籍，并与建设单位、建筑施工企业或建筑劳务分包企业建立劳动关系的人员。

第四条　建设单位、建筑施工企业、建筑劳务分包企业招用农民工建立劳动关系应当订立书面劳动合同。

第五条　建筑施工企业不得将经营项目分包给不具备相应资质条件的单位。建筑劳务分包企业不得将承包的建筑劳务再分包。

第二章　建设单位、建筑施工企业和建筑劳务分包企业责任

第六条　建设单位在建设施工项目开工前，应当按规定的标准预存建设领域农民工劳动报酬保证金。农民工劳动报酬保证金专户由有管辖权的人力资源社会保障部门具体负责监督管理。本规定实施前已建立农民工劳动报酬保证金制度的住房城乡建设、交通运、水利等行业主管部门应将农民工劳动报酬保证金专户移交有管辖权的同级人力资源社会保障部门负责监督管理。农民工劳动报酬保证金的具体管理办法，由衡阳市人力资源和社会保障局会同相关部门制定。

第七条　建筑施工企业和建筑劳务分包企业应当按照国家和省、市有关规定以及劳动合同的约定，将劳动报酬按时足额直接发放或委托银行代发给农民工本人。农民工劳动报酬不得以实物、有价证券或者其他非法定货币形式支付，不得克扣或拖欠，且不能低于当地当年最低工资标准。农民工劳动报酬支付应当制作劳动报酬支付表，如实记录支付单位、支付时间、支付数额、支付对象及签名，并保存两年以上备查。工程建设领域应当建立健全农民工工资（劳务费）专用账户管理制度，实行人工费用与其他工程款分账管理制度，推动农民工工资与工程材料款等相分离。施工总承包企业应分解工程价款中的人工费用，在工程项目所在地银行开设农民工工资（劳务费）专用账户，专项用于支付农民工工资。建设单位应按照工程承包合同约定的比例或施工总承包企业提供的人工费用数额，将应付工程款中的人工费单独拨付到施工总承包企业开设的农民工工资（劳务费）专用账户，积极做好保障农民工工资支付工作。

第八条　发包人或者承包人将工程承包或者分包给不具备相应资质条件的单位，发包人或者承包人应

当承担支付劳动报酬的连带责任。不具备相应资质条件的单位拒不支付或者无力支付农民工劳动报酬时，发包人或者承包人先予支付。建筑施工企业应当加强对建筑劳务分包企业支付农民工劳动报酬情况的监督管理。建筑劳务分包企业拖欠、克扣农民工劳动报酬的，发包的建筑施工企业负连带责任。

第三章　政府部门及其他组织的工作任务

第九条　市、县两级人民政府分别负责本地区的农民工劳动报酬支付保障工作。要建立由各级人民政府牵头，人力资源社会保障部门具体负责，农民工工资支付情况专项检查协调指导小组各成员单位参加的协调机制，及时研究建设领域农民工劳动报酬支付保障工作中的重大问题。要将保障农民工劳动报酬支付工作纳入政府绩效考核评估范围。

第十条　政府有关部门在职责范围内承担以下工作任务：人力资源社会保障部门负责农民工劳动报酬支付情况的监督检查；依法受理和处理农民工劳动报酬拖欠问题的投诉举报案件；对拒不支付农民工劳动报酬涉嫌犯罪的用人单位或个人移送司法机关处理；依法处理农民工与建设施工企业或建筑劳务分包企业因履行劳动合同发生的争议。信访部门负责农民工反映拖欠工资问题的接待处理，协调督促相关有权处理的职能部门维护好农民工的合法权益等工作。住房城乡建设、交通运输、水利等部门要采取有效措施防止建设工程非法转包、违法分包，对不按照规定落实建设资金的建设工程项目，依法不予核发施工许可证。督促企业落实劳务用工实名制管理等制度规定，负责督办解决因挂靠承包、违法分包、转包、拖欠工程款、结算纠纷、未交工资保证金等源头问题造成的欠薪案件，牵头落实实名制用工管理、农民工工资账户单独列支、银行定期代发农民工工资等制度，协助人力资源社会保障部门做好农民工工资保证金收缴工作和因拖欠工程款或工程结算纠纷引发的欠薪处置工作。发展改革部门负责加强本级政府投资项目审批管理，严格审查资金来源和筹措方式，牵头做好社会信用体系建设等工作。财政部门负责加强对本级人民政府投资项目建设全过程的资金监管，按规定及时拨付财政资金等工作。

公安机关负责做好涉嫌拒不支付劳动报酬犯罪案件立案侦办和参与处置因拖欠农民工工资引发的群体性事件，依法查处并严厉打击以讨要工资名义扰乱社会治安秩序的行为等工作。国有资产监督管理部门负责督办所属企业因违法发包、转包、分包等导致拖欠农民工工资案件等工作。凡当年发生拖欠农民工工资的企业，一律不得参加评优评先，企业经营者不得兑现年度绩效薪酬。工商部门负责依法查处无照经营行为并通过湖南省市场主体信用信息公示系统公示严重拖欠工资失信企业等工作。

审计部门负责及时做好政府投资项目的竣工结算审计工作，对竣工未结算或存在结算纠纷的项目，应按照审计管辖权限依法进行结算审计，提出处理意见。

司法行政部门负责指导法律服务机构和法律援助机构为农民工提供劳动维权法律服务和法律援助。

监察机关负责对不履行职责造成严重后果的国家行政机关及其工作人员、国家行政机关任命的企业负责人追究责任。

第十一条　工会组织负责监督建筑施工企业或建筑劳务分包企业履行劳动合同管理和工资支付的法律义务，维护农民工合法权益；配合有关部门处理农民工权益被侵害而引发的群体性事件。

第四章　监督管理措施

第十二条　建设单位、建筑施工企业、建筑劳务分包企业不与农民工订立书面劳动合同、不按时足额支付劳动报酬的，由人力资源社会保障部门按照《中华人民共和国劳动合同法》等法律法规规定追究法律责任。

第十三条　建设单位、建筑施工企业、建筑劳务分包企业有下列行为之一的，对责任单位通报批评，向社会公开曝光：

（一）不与农民工订立书面劳动合同、不按时足额支付工资，经人力资源社会保障部门、行业主管部门责令改正而不改正的；

（二）因不执行国家有关劳动合同和工资支付规定造成农民工集体上访的；

（三）对因合同、结算、工期、质量等问题引发的农民工工资支付纠纷，不配合政府或有关部门协调；或经协调达成一致意见，但未按意见执行的；

（四）以工程款未到位为由故意拖欠农民工工

资的。

第十四条 建设单位、建筑施工企业、建筑劳务分包企业以及不具备用工主体资格的组织拒不支付农民工劳动报酬，涉嫌犯罪的，依法移送司法机关追究刑事责任。

第十五条 个人以“欠薪”为名、解决经济纠纷为实，组织或煽动人员聚众闹事、堵路、围堵政府机关，甚至发生打砸抢行为的，由公安机关根据《中华人民共和国治安管理处罚法》的规定进行处理；构成犯罪的，依法追究刑事责任。

第十六条 建设单位、建筑施工企业、建筑劳务分包企业违反劳动合同和劳动报酬支付相关规定的，农民工可以根据订立的劳动合同和其他劳动关系证明材料，通过以下方式维护自身合法权益：

（一）向人力资源社会保障部门投诉。

（二）向劳动争议仲裁机构申请仲裁。

（三）依法向人民法院申请支付令或提起诉讼。

第十七条 农民工和任何组织、其他个人发现建设单位、建筑施工企业、建筑劳务分包企业有下列情形之一的，可向人力资源社会保障部门举报投诉：

（一）未与农民工订立书面劳动合同的；

（二）未按照劳动合同约定足额支付劳动报酬的；

（三）解除或者终止劳动合同，未依法支付经济补偿或赔偿金的。

第十八条 本规定自公布之日起施行。

衡阳市人民政府办公室
关于印发《衡阳市城市公园管理办法》的通知

衡政办发〔2016〕45号

各县市区人民政府，市直有关单位：

《衡阳市城市公园管理办法》已经市人民政府同意，现印发给你们，请认真遵照执行。

衡阳市人民政府办公室

2016年12月7日

衡阳市城市公园管理办法

第一章 总 则

第一条 为提高公园建设和管理水平，保护和改善生态环境，创造良好的公众休憩环境，根据有关法律、法规，结合本市实际，制定本办法。

第二条 本办法所称的公园，是指改善城市生态环境的公共绿地及供公众休憩、观赏、进行文化娱乐和科学普及活动的场所，包括综合公园、带状公园、专类公园、社区公园、街旁绿地等。

第三条 本市市区范围内公园的规划、建设、管理和使用应当遵守本办法。

第四条 公园实行市、区二级管理。城管执法部门是城市公园行政主管部门并负责市管公园的行政管理工作及组织对市区公园管理的考核和评比。市园林局负责承担城市公园的行业管理，业务指导和监督检查。

四城区政府、“两区一园”城管执法部门负责本辖区内区管公园的行政管理、业务指导和监督检查职能，业务上受市城管执法局的指导。

住建、规划、财政、发改、国土资源、质监、环保、公安等部门应当按照各自的职责，协同市、区公园行政主管部门做好公园管理工作。

各公园管理单位具体负责公园的日常管理工作。

第五条 市、区人民政府应当将公园规划建设纳入国民经济和社会发展计划。政府管理的公园，养护、管理等经费应当列入同级政府财政预算。市、区人民政府应当鼓励和引导社会力量筹集公园的建设、管理和养护资金。市、区人民政府应当加强公园建设，并积极创造条件，鼓励公园免费开放，逐步增加公益性公园。

第二章　规划和建设

第六条　市城乡规划部门应当会同市城管执法等有关行政部门，根据城市总体规划、土地利用总体规划和绿地系统规划，编制城市公园建设与保护专项规划，并纳入城市绿线和蓝线管理。

第七条　公园规划确定的公园用地，任何单位和个人不得擅自占用或者改变其使用性质。确需占用或者改变的，应当按《城市绿化条例》等相关规定及程序办理审查、审批手续后报市人民政府批准。

禁止出租公园用地，不得以合作、合资或者其他方式，将公园用地改作他用。

第八条　严格控制公园周边可能影响其景观和功能的建设项目；公园地下空间开发不得影响公园的使用功能及公园内植物的正常生长。

第九条　新建、改建、扩建公园绿地的项目设计应当符合城市公园建设与保护专项规划及有关设计规范。设计、施工应当由具有相应资质等级的单位承担，设计方案应按规定报规划、住建、城管执法等相关部门审批。

公园建设项目竣工后，应按有关规定验收，市园林绿化主管部门应参与公园建设项目的综合验收。

第十条　新建公园应当布局合理，优先选择历史、文化等遗迹、遗址和自然景观资源的区域、地点。鼓励利用荒地、荒滩、废弃地、垃圾填埋场等建造公园。

公园选址定点，由规划部门会同住房和城乡建设、国土资源、园林主管部门共同踏勘，由规划部门核发建设工程选址意见书。涉及文物保护的，应当征求文物行政管理部门的意见。

第十一条　公园用地范围内不符合公园功能要求的驻园单位和个人应当逐步迁出；暂时不能迁出的，应当遵守本办法，不得破坏公园景观及设施，不得影响游人安全。

第三章　移交管理

第十二条　公园建设项目应当在竣工验收合格后，投入使用前办理移交。

本办法实施前已投入使用未办理移交的公园，应当按本办法规定移交相应单位接管。

市政府出资建设的综合公园及其他大型公园，由市城管执法局接收管理；市政府出资建设的小型公园，经市政府同意后交由四城区政府、“两区一园”城管执法部门接收管理。四城区政府、“两区一园”出资建设的公园，由其城管执法部门接收管理。

非政府投资建设的公园由建设单位自行管理。非政府投资建设的转由政府管理的公园由公园所在地的城区政府、“两区一园”城管执法部门接收管理。

接管单位应当有专业管理机构负责接管公园的日常养护和管理。

第十三条　公园移交采取单次整体移交方式。分期实施的公园建设项目可在每期工程竣工验收后按期移交，未完工部分由建设单位继续投资建设。

第十四条　公园项目配套建设的商业设施等应按照本办法第十二条规定统一移交。政府负责管理的公园配套商业设施应按照国有资产管理有关规定，由接管单位报同级财政同意后办理资产出租手续，租金收入纳入财政预算管理。

第十五条　已完工但未经验收的公园建设项目，特殊情况需要移交管理的，经市、区政府（“两区一园”管委会）同意后可先移交。移交后验收工作仍由建设单位牵头负责完成。

新建公园内的游乐设施及涉及结构安全的建筑物、构筑物未经验收合格不得移交。

第十六条　公园移交后，接管单位应当按照养护管理标准编制资金计划报财政部门批准。各级财政部门应当及时提供城市公园绿地养护管理资金保障。

第四章　保护管理

第十七条　市公园行政主管部门应当按照有关规定制定本市公园的管理标准，定期组织考核评比活动。公园考核应当根据公园的不同档次、管理级别及类别分别考核。

第十八条　公园管理单位应当按照公园管理标准加强日常管理，完善管理制度，提升养护管理的质量与水平。

公园管理单位应当建立完整的公园建设档案。

第十九条　公园管理单位应当依法保护公园内的古树名木和文物古迹。

第二十条　公园内的建筑物和设施，由公园管理单位负责维护和保养，不得擅自改变用途。

第二十一条 任何单位和个人不得擅自改变公园绿化用地的使用性质或者占用、挖掘公园绿地，不得擅自砍伐、移植和修剪公园树木。

因城市建设需要临时占用公园用地的，须经公园行政主管部门同意，按规定办理临时占用手续，占用期满后予以恢复原状。造成损失的，依法承担赔偿责任。

第二十二条 在公园内进行工程施工或设施设备维修时，应当设置围挡和安全警示标志，应当采取措施保护公园景观和设施，保护游人游览安全，保持现场环境整洁。工程结束后，应当及时清理施工现场，恢复绿地原状。

第二十三条 公园内举办宣传、演出、咨询、展览等公众活动均应报公园行政主管部门审批。

举办活动的单位或者个人，应当服从公园管理单位的管理。活动结束后，应当及时清理场地，恢复公园景观、绿地、设施原状。对公园树木、草坪、设施造成损坏的，应当赔偿。

第二十四条 任何单位和个人不得在公园内或者向公园排放烟尘、有害气体，倾倒废弃物，不得向公园内水体排放污水。

第二十五条 公园管理单位应当建立投诉制度，公布服务监督电话，认真受理游客投诉。

第五章　园容管理

第二十六条 公园管理单位应当按照有关规定制定措施，加强公园园容园貌管理，保持各类植物生长良好，公园设施安全完好，公园环境整洁美观。

第二十七条 公园内设置的各类广告不得影响公园整体景观效果。

第二十八条 公园管理单位应当制定游园服务规范，管理、服务人员必须按照规范要求为游客提供文明、热情、周到、方便的服务。

第二十九条 公园管理单位应当在公园内规范设置导游牌、说明牌、警示牌等服务和安全标识。

第六章　经营管理

第三十条 公园管理单位应当按照统一规划、控制规模、限制数量、合理布局、方便游客的原则，根据有关技术规定，制定商业服务网点的布置方案，报公园行政主管部门备案。

公园内设置游艺、游乐、康乐和服务设施，应当符合公园规划布局，与公园功能、景观相协调。新增和改造游艺、康乐和服务设施，报公园行政主管部门批准。

第三十一条 公园内各类商业、文化娱乐等经营活动均应符合国家、省、市有关规定，应当接受相关行政主管部门和公园管理单位的监督管理，不得影响公园景观和游园秩序。

第三十二条 严禁任何与公园公益性及服务游人宗旨相违背的经营行为。严禁在公园内设立为少数人服务的会所、餐馆等；严禁利用“园中园”等变相经营，禁止将公园作为旅游景点进行经营开发。

第七章　安全管理

第三十三条 公园管理单位应当建立健全安全管理制度，加强安全管理，维护游览秩序。

公园所在地的公安派出所，负责辖区内公园的日常治安管理，及时制止、查处公园内违反治安管理规定的违法行为。

第三十四条 公园管理单位应当按照有关规定做好防风、防雪、防汛、防雷、防火和安全用电等工作，做好各类设备、设施的日常维修、保养和安全检修工作。

第三十五条 公园内动力、照明电气设备的安装，应当严格按程序实施，验收合格后方可投入使用；未经公园管理单位同意，任何单位和个人不得擅自搭接电源，移动和变更已定位的电线和电气设备。

第三十六条 公园管理单位应当加强车辆管理。除老、幼、病、残者使用其专用车辆外，其他车辆未经允许不得进入公园。

经允许进入的车辆，行驶和停放不得影响游览和安全。

第八章　附　则

第三十七条 违反本办法的行为，由相关部门依据相关法律法规和规章的规定，实施行政处罚。

第三十八条 全市各广场、各县（市）范围内公园广场的管理，可参照本办法执行。

第三十九条 本办法自 2016 年 12 月 7 日起施行。

索　　引

说明：

一、本索引把年鉴的专稿、条目（表格、大事记、附文除外）用主题分析的方法，按汉语拼音字母顺序排列。

二、地方文献的条目未作索引。

三、类目、专稿标题和地名用黑体字标明。

四、索引名称后的阿拉伯数字表示内容所在页码，拉丁字母（a、b、c）表示栏别（从左至右分1、2、3栏）。

A

B

C

D

E

F

G

H

J

M

N

R

T

W

X

Y

Z